제2판

Rechtsprechung Strafrecht AT

판례교재
형법총론

신양균
조기영

박영사

판례교재 형법총론은 형법총론의 이해를 돕기 위한 보조교재이다. 2014년 판례교재 형법총론 제1판을 출간한 후 8년 만에 다시 제2판을 출간하게 되었다. 본 교재는 형법총론의 다양한 쟁점을 다루고 있는 판례들을 교과서의 체계에 따라 정리한 것이다.

    2021. 12. 31. 현재까지의 대법원 판례, 하급심 판례, 그리고 헌법재판소 결정 가운데 총론적 지식을 이해하는 데 필요한 판례를 선별하여 사실관계(굵은 글씨)와 법리(밑줄)가 명확하게 드러나도록 노력하였다. 형법총론 교과서에서 다루어지는 쟁점과 관련된 판례를 최대한 소개하고 있는 것이 본 판례교재의 특징이다. 아울러 판례교재 형법각론과 마찬가지로 법학전문대학원협의회의 연구용역 과제 보고서인 「변호사시험의 자격시험을 위한 형법표준판례연구」에 수록된 표준판례를 포함시키고 있다.

    체계적인 판례학습을 위한 교재 개발의 필요성에 대한 저자들의 확신에 전적으로 동의하고 판례교재 형법각론과 함께 판례교재 형법총론의 출간을 흔쾌히 수락해 주신 박영사의 이영조 팀장님께 깊은 감사의 말씀을 드리고자 한다. 이번에도 교재의 편집과 교정에 전문가로서의 기량은 물론 깊은 열정을 쏟아 주신 윤혜경 선생님께도 감사드리지 않을 수 없다.

    판례교재 형법총론이 변호사시험을 준비하는 로스쿨 학생이나 자신의 목표를 달성하기 위해 정진하는 형법학도들에게 미력이나마 도움이 될 수 있다면 그것 만한 보람은 없을 것이다.

2022. 2.

임인년(壬寅年) 봄을 기다리며

신양균 · 조기영

PART 02   범죄론

CHAPTER
01 구성요건 —————————————————— 99

형법의
기본이론

01

PART

제1절 형법의 의의

Ⅰ. 형벌과 보안처분

〈이원적 형사제제 : 형벌과 보안처분〉

대법원 1997. 6. 13. 선고 97도703 판결 [국가보안법위반·집회 및 시위에 관한법률위반·공직선거 및 선거부정방지법위반]

원심은 피고인이 1995. 6.부터 1995. 11. 15.까지 사이에 범한 이 사건 판시 제1, 2의 범죄사실(국가보안법위반, 공직선거 및 선거부정방지법위반)을 유죄로 인정하여 피고인에게 징역 1년 6월에 집행유예 3년의 형을 선고하면서, 1995. 12. 29. 법률 제5057호로 개정·신설되어 1997. 1. 1.부터 시행된 개정 형법 제62조의2 제1항, 제2항을 적용하여 보호관찰을 받을 것을 명하였음을 알 수 있다.

개정 형법 제62조의2 제1항에 의하면 형의 집행을 유예를 하는 경우에는 보호관찰을 받을 것을 명할 수 있고, 같은 조 제2항에 의하면 제1항의 규정에 의한 보호관찰의 기간은 집행을 유예한 기간으로 하고, 다만 법원은 유예기간의 범위 내에서 보호관찰의 기간을 정할 수 있다고 규정되어 있는바, 위 조항에서 말하는 <u>보호관찰은 형벌이 아니라 보안처분의 성격을 갖는 것으로서, 과거의 불법에 대한 책임에 기초하고 있는 제재가 아니라 장래의 위험성으로부터 행위자를 보호하고 사회를 방위하기 위한 합목적적인 조치이므로, 그에 관하여 반드시 행위 이전에 규정되어 있어야 하는 것은 아니며, 재판시의 규정에 의하여 보호관찰을 받을 것을 명할 수 있다고 보아야 할 것이고, 이와 같은 해석이 형벌불소급의 원칙 내지 죄형법정주의에 위배되는 것이라고 볼 수 없다.</u>

> 대법원 2010. 12. 23. 선고 2010도11996, 2010전도86 판결 [생 략]
> 특정 범죄자에 대한 위치추적 전자장치 부착 등에 관한 법률에 의한 전자감시제도는, 성폭력범죄자의 재범방지와 성행교정을 통한 재사회화를 위하여 그의 행적을 추적하여 위치를 확인할 수 있는 전자장치를 신체에 부착하게 하는 부가적인 조치를 취함으로써 성폭력범죄로부터 국민을 보호함을 목적으로 하는 일종의 보안처분이다. 이러한 전자감시제도의 목적과 성격, 그 운영에 관한 위 법률의 규정 내용 및 취지 등을 종합해 보면, <u>전자감시제도는 범죄행위를 한 자에 대한 응보를 주된 목적으로 그 책임을 추궁하는 사후적 처분인 형벌과</u>

구별되어 그 본질을 달리하는 것으로서 형벌에 관한 소급입법금지의 원칙이 그대로 적용되지 않으므로, 위 법률이 개정되어 부착명령 기간을 연장하도록 규정하고 있더라도 그것이 소급입법금지의 원칙에 반한다고 볼 수 없다.

II. 공법(公法)으로서의 형법

1. 형벌과 행정처분·징계처분과의 구별

〈형벌과 행정처분의 상호독립성〉

대법원 2017. 6. 15. 선고 2015두39156 판결 [감사결과통보처분취소]

일정한 법규위반 사실이 행정처분의 전제사실이 되는 한편 이와 동시에 형사법규의 위반 사실이 되는 경우에 행정처분과 형벌은 각기 그 권력적 기초, 대상, 목적을 달리하고 있으므로 동일한 행위에 관하여 독립적으로 행정처분이나 형벌을 과하거나 이를 병과할 수 있는 것이고, 법규가 예외적으로 형사소추 선행 원칙을 규정하고 있지 아니한 이상 형사판결 확정에 앞서 일정한 위반사실을 들어 행정처분을 하였다고 하여 절차적 위반이 있다고 할 수 없다 (대법원 1986. 7. 8. 선고 85누1002 판결 등 참조).

소외 1이 원고와 그 산하에 설치된 서남대학교를 실질적으로 운영하는 자로서, 사립학교법과 사학기관 재무·회계 규칙이 규정하는 절차를 위반하여 서남대학교 교비회계에 속하는 금원을 임의로 인출한 바 있으므로, 피고가 이러한 사정에 관하여 서남대학교 총장, 회계 담당 직원, 원고의 감사 등에 대한 조사 등을 거친 다음, 소외 1의 횡령 유죄판결이 아직 확정되지 않은 상태에서 원고에 대하여 위와 같이 인출된 금원을 소외 1로부터 회수하여 서남대학교 교비회계로 회복시키도록 시정명령(이하 '교비회계 시정명령'이라 한다)을 한 것은 적법하다.

〈형벌과 징계의 구별〉

대법원 1982. 9. 14. 선고 82누46 판결 [파면처분취소]

원고의 비위사건에 관하여 현재 형사사건으로 기소되어 재판계류중이라 하더라도 형사사건의 귀추를 기다릴 것 없이 피고로서는 징계처분을 할 수가 있음은 물론(당원 1969.10.4. 선고 69누88 판결 참조), <u>징계와 형벌은 그 권력의 기초, 목적, 내용 및 그 사유를 각각 달리하는 것이므로 형사재판의 결과는 징계사유의 인정에 반드시 방해가 되는 것이라고 볼 수 없을 뿐만 아니라</u>, 원고가 위 사건에서 무죄선고를 받았다고 볼만한 자료도 찾아 볼 수 없다.

2. 형벌과 과징금의 구별

〈형벌과 과징금의 상호독립성〉

대법원 2007. 7. 12. 선고 2006두4554 판결 [과징금부과처분취소]

부동산실명법 제5조에 규정된 <u>과징금은 그 취지와 기능, 부과의 주체와 절차 등에 비추어 행정청이 명의신탁행위로 인한 불법적인 이익을 박탈하거나 부동산실명법상의 실명등기의무의 이행을 강제하기 위하여 의무자에게 부과·징수하는 것일 뿐 그것이 헌법 제13조 제1항에서 금지하는 국가형벌권 행사로서의 처벌에 해당한다고 할 수 없으므로 부동산실명법에서 형사처벌과 아울러 과징금의 부과처분을 할 수 있도록 규정하고 있다 하더라도 이중처벌금지 원칙에 위반한다고 볼 수 없고</u>, 나아가 그 과징금의 금액에 관하여도 행정청이 과징금을 부과할 당시에 명의신탁관계가 있으면 부과하는 날 현재의 부동산 가액, 과징금을 부과받은 날 이미 명의신탁관계가 종료되었거나 실명등기를 하였으면 명의신탁관계 종료시점 또는 실명등기시점의 부동산 가액, 위반기간, 조세를 포탈하거나 법령에 의한 제한을 회피할 목적으로 하였는지 여부 등을 고려하여 부동산 가액의 100분의 30에 해당하는 금액의 범위 안에서 각 부과하도록 하고 있으므로 비례원칙에 반하는 과잉제재라 할 수 없다.

제2절 실질적 범죄개념

Ⅰ. 의의

〈어떤 행위를 범죄로 처벌할 것인가?〉

대법원 2008. 6. 26.자 2008초기202, 2007도6188 결정 [위헌심판제청]

어떤 범죄를 어떻게 처벌할 것인가 하는 문제 즉 법정형의 종류와 범위의 선택은 그 범죄의 죄질과 보호법익에 대한 고려뿐만 아니라 우리의 역사와 문화, 입법 당시의 시대적 상황, 국민 일반의 가치관 내지 법감정 그리고 범죄예방을 위한 형사정책적 측면 등 여러가지 요소를 종합적으로 고려하여 입법자가 결정할 사항으로서 광범위한 입법재량 내지 형성의 자유가 인정되어야 할 분야이다. 따라서 어느 범죄에 대한 법정형이 그 범죄의 죄질 및 이에 따른 행위자의 책임에 비하여 지나치게 가혹한 것이어서 현저히 형벌체계상의 균형을 잃고 있다거나 그 범죄에 대한 형벌 본래의 목적과 기능을 달성함에 있어 필요한 정도를 일탈하였다는 등 헌법상의 평등의 원칙 및 비례의 원칙 등에 명백히 위배되는 경우가 아닌 한, 쉽사리 헌법에 위반된다고 단정하여서는 아니 된다. 그리고 형법규정의 법정형만으로는 어떤 범죄행위를 예방하고 척결하기에 미흡하다는 입법정책적 고려에 따라 이를 가중처벌하기 위하여 특별형법법규를 제정한 경우에는 형법규정의 법정형만을 기준으로 하여 그 특별형법법규의 법정형의 과중 여부를 쉽사리 논단해서도 안 될 것이다(헌법재판소 2001. 11. 29. 선고 2001헌가16 결정, 2006. 4. 27. 선고 2005헌가2 결정 등 참조).

Ⅱ. 보호법익의 개념

〈보호법익에 따른 목적론적 해석 : '방법론적·해석학적 보호법익 개념'〉

대법원 1982. 2. 23. 선고 81도2691 판결 [제전방해]

형법 제158조에 규정된 제전방해죄는 제전의 평온을 그 보호법익으로 하는 것이므로 제전이 집행 중이거나 제전의 집행과 시간적으로 밀접 불가분의 관계에 있는 준비단계에서 이를 방해하는 경우에만 성립한다 할 것인 바, 이 사건에서 원심이 적법하게 확정한 사실과 같이 **피고인이 피해자의 집에 가서 시비 중에 마침 제사상에 사용할 음식을 마련하여 임시로 작은 상위에 올려놓은 것을 발로 찼다는 정도의 행위는 제전방해죄에 해당되지 않는다고 할 것이다.**

Ⅲ. 형법의 과제로부터 도출되는 보호법익의 개념

1. 자의적·이데올로기적 동기 또는 기본권을 침해하는 형벌법규

〈기본권을 침해하는 형벌법규는 부정당하며 법익을 보호하는 것도 아님〉

헌법재판소 2015. 10. 21. 선고 2013헌가20 결정 [구 형법 제104조의2 위헌제청]

심판대상조항의 신설 당시 제안이유에서는 '국가의 안전과 이익, 위신 보전'을 그 입법목적으로 밝히고 있으나, 언론이 통제되고 있던 당시 상황과 위 조항의 삭제 경위 등에 비추어 볼 때 이를 진정한 입법목적으로 볼 수 있는지 의문이고, 일률적인 형사처벌을 통해 국가의 안전과 이익, 위신 등을 보전할 수 있다고 볼 수도 없으므로 수단의 적합성을 인정할 수 없다. 심판대상조항에서 규정하고 있는 "기타 방법", 대한민국의 "이익"이나 "위신" 등과 같은 개념은 불명확하고 적용범위가 지나치게 광범위하며, 이미 형법, 국가보안법, 군사기밀보호법에서 대한민국의 안전과 독립을 지키기 위한 처벌규정을 두고 있는 점, 국가의 "위신"을 훼손한다는 이유로 표현행위를 형사처벌하는 것은 자유로운 비판과 참여를 보장하는 민주주의 정신에 위배되는 점, 형사처벌조항에 의하지 않더라도 국가는 보유하고 있는 방대한 정보를 활용해 스스로 국정을 홍보할 수 있고, 허위사실 유포나 악의적인 왜곡 등에 적극적으로 대응할 수도 있는 점 등을 고려하면 심판대상조항은 침해의 최소성 원칙에도 어긋난다. 나아가 민주주의 사회에서 국민의 표현의 자유가 갖는 가치에 비추어 볼 때, 기본권 제한의 정도가 매우 중대하여 법익의 균형성 요건도 갖추지 못하였으므로, 심판대상조항은 과잉금지원칙에 위배되어 표현의 자유를 침해한다.

> 대한민국 또는 헌법상 국가기관에 대하여 모욕, 비방, 사실 왜곡, 허위사실 유포 또는 기타 방법으로 대한민국의 안전, 이익 또는 위신을 해하거나 해할 우려가 있는 표현이나 행위에 대하

여 형사처벌하도록 규정한 구 형법(1975. 3. 25. 법률 제2745호로 개정되고, 1988. 12. 31. 법률 제4040호로 개정되기 전의 것) 제104조의2가 표현의 자유를 침해한다고 판단한 사안

2. 법률의 목적이 보호법익으로 각색되어 있는 경우

〈대마초 자가소비 처벌의 정당성!〉

헌법재판소 1995. 4. 20. 선고 91헌바11 전원재판부〔합헌〕[특정범죄가중처벌등에 관한법률 제11조 및 마약법제60조에대한헌법소원]

마약은 이를 매수하여 사용하는 경우가 보통이나, 매수가 아닌 다른 방법, 즉 재배·채취·증여·습득·직무상 취득 등으로 소지하게 된 마약을 사용하는 경우도 얼마든지 있을 수 있으므로 마약의 사용이 반드시 그 매수를 전제로 하는 것은 아니다. 그리고 이와 같이 <u>적법하게 취득하거나 매수 이외의 방법으로 취득한 마약을 단순히 사용하는 행위는 마약매매행위와 같이 적극적으로 마약의 위법한 공급을 창출하여 마약의 확산을 촉진하는 것이 아닐 뿐만 아니라 일차적으로는 사용자 본인의 정신적, 육체적 건강만을 침해하는 데 그치는 것임에 반하여, 마약매수행위는 마약매수자금의 제공을 통하여 마약의 공급원을 새로이 창출하거나, 기존의 제조 및 판매조직을 확대시키고 마약의 확산을 촉진함으로써 공중의 건강까지 직접적으로 위협하는 행위라 할 것이고</u>, 이 점에서 소비매수라고 하여 다를 바가 없다. 이와 같이 그 행위의 구조, 위험성 및 비난가능성 등에 있어서 마약의 소비매수와 단순사용행위와는 크게 다르다. 따라서 소비매수행위에 대하여, 구 마약법 제62조 제1항, 제3항 및 제65조 제1항 제1호에서 규정하고 있는 마약사용행위 등과는 별도로 그보다 훨씬 중한 법정형을 규정하였다고 하더라도 이는 위에서 본 마약사용으로 인한 해독의 심각성과 마약확산의 실태 및 그 확산방지의 필요성 등에 비추어 일응 합리적인 이유가 있다고 할 것이다. 그러므로 이 사건 심판대상 조항들이 소비를 위한 마약매수행위를 다른 매매행위와 특별히 구별하지 아니한 채 동일한 법정형으로 처벌하도록 규정하고 있다고 하여, 그것이 곧 앞에서 본 헌법상의 평등의 원리나 비례의 원칙 또는 과잉금지의 원칙에 위배되어 입법권이 자의적으로 행사된 경우에 해당한다고 볼 수는 없다.

3. 법익침해 없는 비도덕적 행위

〈사회도덕·윤리와 법익보호〉

헌법재판소 2015. 2. 26. 선고 2009헌바17 등 전원재판부 [형법제241조위헌소원등]

[재판관 박한철, 재판관 이진성, 재판관 김창종, 재판관 서기석, 재판관 조용호의 위헌의견] 사회 구조 및 결혼과 성에 관한 국민의 의식이 변화되고, 성적 자기결정권을 보다 중요시하는 인식이 확산됨에 따라 간통행위를 국가가 형벌로 다스리는 것이 적정한지에 대해서는 이제 더 이상 국민의 인식이 일치한다고 보기 어렵고, 비록 비도덕적인 행위라 할지라도 본질적으로 개인의 사생활에 속하고 사회에 끼치는 해악이 그다지 크지 않거나 구체적 법익에 대한 명백한 침해가 없는 경우에는 국가권력이 개입해서는 안 된다는 것이 현대 형법의 추세여서 전세계적으로 간통죄는 폐지되고 있다. 또한 간통죄의 보호법익인 혼인과 가정의 유지는 당사자의 자유로운 의지와 애정에 맡겨야지, 형벌을 통하여 타율적으로 강제될 수 없는 것이며, 현재 간통으로 처벌되는 비율이 매우 낮고, 간통행위에 대한 사회적 비난 역시 상당한 수준으로 낮아져 간통죄는 행위규제규범으로서 기능을 잃어가고, 형사정책상 일반예방 및 특별예방의 효과를 거두기도 어렵게 되었다. 부부 간 정조의무 및 여성 배우자의 보호는 간통한 배우자를 상대로 한 재판상 이혼 청구, 손해배상청구 등 민사상의 제도에 의해 보다 효과적으로 달성될 수 있고, 오히려 간통죄가 유책의 정도가 훨씬 큰 배우자의 이혼수단으로 이용되거나 일시 탈선한 가정주부 등을 공갈하는 수단으로 악용되고 있기도 하다.
결국 심판대상조항은 과잉금지원칙에 위배하여 국민의 성적 자기결정권 및 사생활의 비밀과 자유를 침해하는 것으로서 헌법에 위반된다.

〈군대에서의 동성애 문제〉

헌법재판소 2011. 3. 31. 선고 2008헌가21 전원재판부 [군형법제92조위헌제청]

(가) 이 사건 법률조항의 입법목적과 보호법익
형법과 '성폭력범죄의 처벌 등에 관한 특례법' 등에서 추행과 관련된 일반적인 형벌규정이 존재함에도 불구하고(형법 제298조, 제302조, '성폭력범죄의 처벌 등에 관한 특례법' 제10조, 제11

조 등), 이 사건 법률조항이 추행에 관하여 별도의 처벌규정을 둔 것은, 상명하복의 엄격한 규율과 집단적 공동생활을 본질로 하는 군대의 특수한 사정을 고려한 것이다. 즉, 군 내부에 성적으로 문란한 행위가 만연하게 된다면 궁극적으로 군의 전투력보존에 직접적인 위해가 발생할 위험성이 있기 때문에 이러한 문제 발생을 예방하기 위하여 이 사건 법률조항을 제정한 것으로 봄이 상당하다.

따라서 이 사건 법률조항은 군 내부의 건전한 공적생활을 영위하고, 군 조직 전체의 성적건강을 유지하기 위하여 제정된 것으로서, 주된 보호법익은 '개인의 성적 자유'가 아니라 '군이라는 공동사회의 건전한 생활과 군기'라는 사회적 법익이라 할 것이다. …

(나) "기타 추행"의 의미

이 사건 법률조항 중 일반조항에 해당하는 '추행'이란 정상적인 성적 만족 행위에 대비되는 다양한 행위태양을 총칭하는 것으로, 그 구체적인 적용범위는 사회적 변화에 따라 변동되는 동태적 성격을 가지고 있으나 그 대표적이고 전형적인 사례가 '계간'이며, '계간'의 사전적 의미는 '사내끼리 성교하듯이 하는 짓'으로 남성 간의 항문성교를 뜻한다. 또한 앞에서 살펴본 바와 같이, 이 사건 법률조항의 주된 보호법익은 '개인의 성적 자유'가 아니라 '군이라는 공동사회의 건전한 생활과 군기'라는 사회적 법익이다.

따라서 이 사건 법률조항에서 말하는 "기타 추행"이란, 계간에 이르지 아니한 동성애 성행위 등 객관적으로 일반인에게 혐오감을 일으키게 하고 선량한 성적 도덕관념에 반하는 성적 만족 행위로서 군이라는 공동사회의 건전한 생활과 군기를 침해하는 것을 의미한다고 할 것이고, 이에 해당하는지 여부는 행위자의 의사, 구체적 행위태양, 행위자들 사이의 관계, 그 행위가 공동생활이나 군기에 미치는 영향과 그 시대의 성적 도덕관념 등 제반 사정을 종합적으로 고려하여 신중히 결정되어야 할 것이다(대법원 2002. 4. 26. 선고 2001도2417 판결; 대법원 2008. 5. 29. 선고 2008도2222 판결 등 참조).

4. 인간의 존엄과 가치를 침해하는 경우

〈스스로 인간의 존엄을 떨어뜨리는 행위 : 불처벌〉

헌법재판소 2015. 2. 26. 선고 2009헌바17 등(병합) 전원재판부 [형법제241조위헌소원등]

[재판관 김이수의 위헌의견]

법은 사회질서를 유지하는 데 필요한 최소한도의 도덕을 실효성 있게 만들기 위한 것이다.

부도덕한 성적 일탈행위에는 간통뿐만 아니라 수간, 혼음, 근친상간 등 다양한 형태가 존재함에도 불구하고 형법은 그 중 간통만을 처벌하고 있다. 이는 간통을 일부일처의 혼인 제도를 무너뜨리고 나아가 법공동체의 평화로운 공존질서를 해할 우려가 있는 비윤리적인 일탈행동으로 보고 최소한도의 도덕을 지키도록 하기 위하여 그 행위의 금지를 법률로써 강제하고자 하는 것이다.

(다) 형법이 보호하는 법익은 인간실존의 가장 근본적인 가치임과 동시에 인간의 구체적이고 현실적인 사회생활에 필요한 가치이다. 따라서 인간의 어떤 행위를 법익침해행위라고 보아 국가가 형벌권을 행사하여 이를 규제할 것인지, 아니면 단순히 도덕률에 맡겨 도덕적 비난, 질책, 분노와 도덕적 회오(悔悟)의 대상으로 삼을 것인지의 여부는 전체 법질서의 흐름과 사회구성원들의 경험적 인식의 변화에 따라 달라질 수 있는 것이다.

5. 법감정과 보호법익

〈분묘발굴죄의 보호법익〉

헌법재판소 2019. 2. 28. 선고 2017헌가33 전원재판부 [형법 제160조 위헌제청]

심판대상조항은 1953. 9. 18. 법률 제293호로 제정되었는데 시신 등이 매장된 분묘의 평온을 유지하여 사자(死者)에 대한 추도의 감정 및 제사·예배·기념을 통해 수호·봉사하는 사회적 풍속을 보호하기 위한 것으로, 제사·예배·기념의 대상이 되는 분묘를 발굴한 행위를 일반예방적 효과가 있는 형벌로 처벌할 필요성이 있다.

예로부터 우리 민족은 조상을 높이 숭배하였고, 이러한 조상숭배사상의 영향으로 좋은 장소를 찾아서 조상의 분묘를 설치하고, 그곳을 조상의 시신이나 유골 뿐만 아니라 영혼이 자리잡고 있는 경건한 곳으로 생각하였다. 또한 자손들은 물론 보통사람들도 이를 존엄한 장소로서 존중해야 하며 함부로 훼손하여서는 아니 된다는 관념이 형성되었다. 이처럼 부모에 대한 효사상이나 조상숭배사상을 중시하는 전통문화의 영향이 남아있는 우리 사회의 기본적인 장묘의 방법은 시신이나 유골을 땅에 묻는 '매장'이었다. 화장률 증가 등과 같이 전통적인 장사방법이나 장묘문화에 대한 사회 구성원들의 의식에 일부 변화가 생겼다고 하더라도 여전히 우리 사회에 매장문화가 자리 잡고 있고 사설묘지의 설치가 허용되고 있는바, 분묘에 대한 사회 구성원들의 위와 같은 인식이 소멸하였다거나 본질적으로 변경되었다고 보기 어렵다. 1995. 12. 29. 법률 제5057호로 형법을 개정할 당시 정부가 제출한 개정법률안에서는 심판대상조항의 법정형에 벌금형을 선택형으로 규정하고자 하였음에도, 입법자는 이러한 우리의 전통문화와 사상, 국민들의 법감정 등을 고려하여 다른 범죄들과는 달리 심판대상조항의 경우 징역형만을 법정형으로 정하여 엄하게 규율하고자 한 것으로 보인다.

이처럼 입법자가 앞서 본 바와 같은 보호법익과 우리의 전통문화와 사상, 분묘에 대하여 가지는 국민 일반의 가치관 내지 법감정, 범죄예방을 위한 형사정책적 측면 등 여러 가지 요소를 고려하여 심판대상조항에 벌금형을 선택적으로 규정함이 없이 '5년 이하의 징역'만을 법정형으로 정한 것에는 수긍할 만한 합리적 이유가 있다고 할 것이다.

> **대법원 2007. 12. 13. 선고 2007도8131 판결 [분묘발굴]**
> 분묘발굴죄는 그 분묘에 대하여 아무런 권한 없는 자나 또는 권한이 있는 자라도 사체에 대한 종교적 양속에 반하여 함부로 이를 발굴하는 경우만을 처벌대상으로 삼는 취지라고 보아야 할 것이므로, 법률상 그 분묘를 수호, 봉사하며 관리하고 처분할 권한이 있는 자 또는 그로부터 정당하게 승낙을 얻은 자가 사체에 대한 종교적, 관습적 양속에 따른 존숭의 예를 갖추어 이를 발굴하는 경우에는 그 행위의 위법성은 조각된다고 할 것이고, 한편 분묘에 대한 봉사, 수호 및 관리, 처분권은 종중이나 그 후손들 모두에게 속하여 있는 것이 아니라 오로지 그 분묘에 관한 호주상속인에게 전속한다(대법원 1995. 2. 10. 선고 94도1190 판결 등 참조). 위와 같은 법리에 비추어 원심판결의 이유를 살펴보면, 원심이 피고인은 이 사건 분묘에 관한 구 민법상의 호주상속인이고, 그 판시와 같은 방법으로 이 사건 분묘를 발굴하여 납골당에 안치한 행위는 종교적, 관습적 양속에 반하지 아니하여 위법성이 조각된다고 판단한 것은 정당하(다).

Ⅳ. 법익보호를 넘어서는 형법적 규율영역의 확대

〈배아의 보호〉

헌법재판소 2010. 5. 27. 선고 2005헌마346 전원재판부 [생명윤리및안전에관한법률제13조제1항등위헌확인]

가. 제한되는 기본권 − 배아생성자의 배아에 대한 결정권

배아는 정자 및 난자의 제공과 그 결합에 의해 생성되므로, 정자 및 난자 제공자는 배아생성

자라 일컬을 수 있다. 배아생성자는 배아에 대해 자신의 유전자정보가 담긴 신체의 일부를 제공하고, 또 배아가 모체에 성공적으로 착상하여 인간으로 출생할 경우 생물학적 부모로서의 지위를 갖게 되므로, 배아의 관리 또는 처분에 대한 결정권을 가진다고 할 것이다.

이러한 배아생성자의 배아에 대한 결정권은 헌법상 명문으로 규정되어 있지는 아니하지만, 헌법 제10조로부터 도출되는 일반적 인격권(헌재 1990. 9. 10. 89헌마82, 판례집 2, 306, 310 ; 헌재 2003. 6. 26. 2002헌가14, 판례집 15-1, 624, 642 등 참조)의 한 유형으로서의 헌법상 권리라 할 것이다.

한편, 배아의 이익을 가장 잘 보호할 수밖에 없는 입장에 있는 배아생성자는 배아에 대한 결정권을 가짐으로써 타인으로부터 가해지는 배아에 대한 위험을 배제할 수 있게 되고, 이를 통해 헌법질서가 요구하는 배아에 대한 충실한 법적 보호를 도모할 수 있다.

다만, 배아생성자의 자기결정권도 일반적인 기본권 제한의 경우와 마찬가지로 국가안전보장·질서유지 또는 공공복리를 위하여 필요한 경우에는 그 본질적 내용을 침해하지 않는 범위 내에서 법률로써 제한이 가능하다. 배아의 경우 형성 중에 있는 생명이라는 독특한 지위로 인해 국가에 의한 적극적인 보호가 요구된다는 점, 배아의 관리·처분에는 공공복리 및 사회윤리적 차원의 평가가 필연적으로 수반되지 않을 수 없다는 점에서도 그 제한의 필요성은 크다고 할 것이다. 그러므로 배아생성자의 배아에 대한 자기결정권은 자기결정이라는 인격권적 측면에도 불구하고 배아의 법적 보호라는 헌법적 가치에 명백히 배치될 경우에는 그 제한의 필요성이 상대적으로 큰 기본권이라 할 수 있다.

〈동물의 보호〉

대법원 2016. 1. 28. 선고 2014도2477 판결 [동물보호법위반·재물손괴]

가. 동물보호법은 동물에 대한 학대행위의 방지 등 동물을 적정하게 보호·관리하기 위하여 필요한 사항을 규정함으로써 동물의 생명보호, 안전보장 및 복지 증진을 꾀하고 동물의 생명 존중 등 국민의 정서를 함양하는 데에 이바지함을 목적으로 제정된 법률로서(제1조), 그 보호대상인 '동물'을 '고통을 느낄 수 있는 신경체계가 발달한 척추동물'로서 포유류 등에 해당하는 동물로 한정하고(제2조 제1호), 누구든지 동물에 대하여 '목을 매다는 등의 잔인한 방법으로 죽이는 행위'(제8조 제1항 제1호), '노상 등 공개된 장소에서 죽이거나 같은 종류의 다른 동물이 보는 앞에서 죽이는 행위'(같은 항 제2호), '고의로 사료 또는 물을 주지 아니하

는 행위로 인하여 동물을 죽음에 이르게 하는 행위'(같은 항 제3호), '그 밖에 수의학적 처치의 필요, 동물로 인한 사람의 생명·신체·재산의 피해 등 농림축산식품부령으로 정하는 정당한 사유 없이 죽이는 행위'(같은 항 제4호)를 하여서는 아니된다고 규정하는 한편, 이를 위반한 자에 대하여는 1년 이하의 징역 또는 1천만 원 이하의 벌금에 처하는 것으로 규정하고 있다(제46조 제1항). 위와 같은 동물보호법의 목적과 입법 취지, 동물보호법 제8조 제1항 각호의 문언 및 체계 등을 종합하여 보면, 동물보호법 제8조 제1항 제1호가 규정하는 '잔인한 방법으로 죽이는 행위'는, 같은 항 제4호의 경우와는 달리 정당한 사유를 구성요건 요소로 규정하고 있지 아니하여 '잔인한 방법으로 죽이는 행위'를 하는 것 자체로 그 구성요건을 충족한다 할 것이고, 설령 그 행위를 정당화할 만한 사정 또는 행위자의 책임으로 돌릴 수 없는 사정이 있다 하더라도, 이로 인해 위법성이나 책임이 조각될 수 있는지는 별론으로 하고 구성요건 해당성이 조각된다고 볼 수는 없다.

나. 원심판결 이유 및 적법하게 채택된 증거들에 의하면, 당시 **피고인이 피해견으로부터 직접적인 공격은 받지 아니하여 피고인으로서는 진돗개의 목줄을 풀어 다른 곳으로 피하거나 주위에 있는 몽둥이나 기계톱 등을 휘둘러 피해견을 쫓아버릴 수도 있었음에도 불구하고 그 자체로 매우 위험한 물건인 기계톱의 엑셀을 잡아당겨 작동시킨 후 이를 이용하여 피해견의 척추를 포함한 등 부분에서부터 배 부분까지 절단함으로써 내장이 밖으로 다 튀어나올 정도로 죽인 사실**을 알 수 있는바, 위와 같이 피해견을 죽이게 된 경위, 피해견을 죽이는 데 사용한 도구 및 방법, 행위 태양 및 그 결과를 앞서 본 법리에 비추어 보면, <u>위와 같은 피고인의 행위는 동물보호법 제8조 제1항 제1호에 의하여 금지되는 '목을 매다는 등의 잔인한 방법으로 죽이는 행위'에 해당한다고 봄이 상당할 뿐 아니라, 나아가 피고인의 행위에 위법성 조각사유 또는 책임조각사유가 있다고 보기도 어렵다.</u>

〈미래세대의 생활기반 보호〉

헌법재판소 2010. 4. 29. 선고 2008헌바170 지정재판부 [특정범죄가중처벌등에 관한법률 제9조제2항등위헌소원]

산림은 국유림이든 사유림이든 국토의 중요 일부로서 경관적 가치, 문화적 활동과 휴양을 위한 공간적 가치, 홍수예방·공기정화 등 생태·환경적 가치, 희귀 수목 등 산림산물의 경제적 가치 등을 갖고 있는바, 이러한 가치의 중요성과 공공성에 주목하여 산림자원법은 산림의 지속가능한 보전과 이용 등을 도모함으로써 국토의 보전, 국가경제의 발전 및 국민의 삶의 질 향상에 이바지할 목적으로 제정되었다(산림자원법 제1조 참조). 따라서 산림자원법이 규정한 산림산물 절도죄는 산림보전에 관한 국가적 또는 사회적 법익의 보호를 주된 목적으로 하는 범죄로서 재물의 사적 소유권만을 보호법익으로 하는 형법상의 각종 절도죄와는 그 본질을 달리 한다 할 것이다.

한편, 산림자원은 절도 등으로 한 번 훼손되면 그 복원에 시간이 매우 오래 걸릴 뿐만 아니라, 산림은 일반적으로 인적이 드문 곳이 많고 매우 광범위하며 그 산물이 매우 다양하기 때문에 산림의 소유자 또는 관리자의 산림산물에 대한 지배력이 매우 약한 반면, 산림산물을 절취하고자 하는 자의 산림에 대한 접근은 매우 수월한 특성이 있다. 따라서 산림산물의 절도행위가 쉽게 이루어질 수 있는 데 반하여, 산림에 관한 관리강화를 통해 절도를 사전에 억제하거나 사후에 발견하여 처벌하는 것이란 쉽지 아니하다. 나아가 이 사건 법률조항이 가중 처벌대상으로 삼은 '차량사용 산림산물 절도'는 장물 운반에 차량을 사용하여 절도범행을 보다 신속히 완료함으로써 그 밖의 산림절도보다 그 발각이 더욱 어렵고, 무엇보다 차량을 사용하여 장물을 운반하여야 할 정도로 범행대상의 규모가 크거나 그 수량이 많은 경우로서 수령이 오래된 수목 등 산림자원으로서 보존가치가 높은 것이 범행대상이 되거나 또는 범행에 따른 산림훼손의 정도가 큰 경우이다. 또한 '차량사용 산림산물절도'는 대부분 경제적 교환가치가 높은 임산자원을 판매하여 이득을 취하고자 하는 동기에서 저질러지는 범죄로서 절취·운반·판매에 이르는 과정이 계획적이고 조직적으로 이루어진다.

그러므로 '차량사용 산림산물 절도죄'를 일반 산림산물 절도죄보다 가중 처벌할 필요성을 인정할 수 있는바, 입법자가 그 보호법익의 중요성, '차량사용 산림산물 절도죄'의 죄질 및 책임의 정도, 적발하기 어려운 범죄의 특성 등을 고려한 일반예방의 형사정책적 목적 달성을 위하여 '차량사용 산림산물 절도죄'에 대하여 일반 산림산물 절도죄와 달리 '무기 또는 5년 이상의 징역형'이라는 비교적 중한 법정형을 정한 것은, 산림의 지속 가능한 보전과 이용을 통한 국토보전, 국민의 삶의 질 향상 등을 추구하는 입법목적을 고려할 때 충분히 수긍할 만한 합리적인 이유가 있다고 할 것이다.

V. 법익보호의 보충성

〈불법영득의 의사와 사용절도〉

대법원 1983. 10. 11. 선고 83도2218 판결 [절도]

제1,2심판결이 피고인은 일시사용목적으로 본건 자전거를 타고 갔다고 인정한 조치를 수긍할 수 있고 그 사실인정과정에 거친 증거취사에 소론과 같은 위법이 있다고 할 수 없을 뿐 아니라 거기에 불법영득의 의사에 관한 법리오해가 있다고도 할 수 없으니 피고인에게 무죄를 선고한 제1심판결을 유지하여 검사의 항소를 기각한 원심판결의 판단은 정당하(다).

〈채무불이행과 사기〉

대법원 2016. 6. 9. 선고 2015도18555 판결 [사기]

가. 피해자가 피고인의 신용상태를 인식하고 있어 장래의 변제지체 또는 변제불능에 대한 위험을 예상하고 있거나 예상할 수 있었다면, 피고인이 구체적인 변제의사, 변제능력, 거래조건 등 거래 여부를 결정지을 수 있는 중요한 사항을 허위로 말하였다는 등의 사정이 없는 한, 피고인이 그 후 제대로 변제하지 못하였다는 사실만 가지고 변제능력에 관하여 피해자를 기망하였다거나 사기죄의 고의가 있었다고 단정할 수 없다(대법원 2016. 4. 28. 선고 2012도14516 판결 참조). 또한 사업의 수행과정에서 이루어진 거래에 있어서 그 채무불이행이 예측된 결과라고 하여 그 기업경영자에 대한 사기죄의 성부가 문제된 경우, 그 거래시점에서 그 사업체가 경영부진 상태에 있었기 때문에 사정에 따라 파산에 이를 수 있다고 예견할 수 있었다는 것만으로 사기죄의 고의가 있다고 단정하는 것은 발생한 결과에 따라 범죄의 성부를 결정하는 것과 마찬가지이다. 따라서 설사 기업경영자가 파산에 의한 채무불이행의 가능성을 인식할 수 있었다고 하더라도 그러한 사태를 피할 수 있는 가능성이 있다고 믿었고, 계약이행을 위해 노력할 의사가 있었을 때에는 사기죄의 고의가 있었다고 단정하여서는 안 된다(대법원 2001. 3. 27. 선고 2001도202 판결 참조).

나. 이 사건 당시 피고인 회사가 진행하던 공사에 대하여 공사대금을 지급받지 못하여 자금운영이 원활하지 않았고, 이 사건 후 2012. 5. 31. 피고인 회사 발행의 액면금 1억 원의 당

좌수표에 관하여 예금부족을 이유로 지급정지처분을 받았으며, 2012. 7. 13.경에는 파산신청을 하여 결국 파산선고를 받은 사실은 인정할 수 있다. 그러나 사후적으로 보아 당시 부도가능성을 예견할 수 있었다고 평가되더라도, 아래에서 보는 바와 같은 피고인과 피해자의 거래관계, 당시 피고인 회사의 사업수행 상황, 계약의 체결과 이행과정, 피해자의 직업과 경험, 범행의 내용 등을 종합해 보면, 피고인이 이 사건 거래 당시 자재대금을 변제할 의사와 능력에 관하여 피해자를 기망하였다거나 사기죄의 고의가 있었다고 단정하기 어렵다.

〈형벌과 손해배상〉

대법원 2017. 4. 13. 선고 2016도15264 판결 [모욕]

당시 피고인에게 정당한 요금을 지불하게 하고 안전하게 귀가하게 하기 위하여 법집행을 하려는 경찰관 개인을 향하여 경멸적 표현을 담은 욕설을 함으로써 경찰관 개인의 인격적 가치에 대한 평가를 저하시킬 위험이 있는 모욕행위를 하였다고 볼 것이고, 이를 단순히 당시 상황에 대한 분노의 감정을 표출하거나 무례한 언동을 한 정도에 그친 것으로 평가하기는 어렵다. 그리고 설령 그 장소에 있던 사람들이 전후 경과를 지켜보았기 때문에 피고인이 근거 없이 터무니없는 욕설을 한다는 사정을 인식할 수 있었다고 하더라도 공연성 및 전파가능성도 있었다고 보이는 이상, 피해자인 경찰관 개인의 외부적 명예를 저하시킬 만한 추상적 위험을 부정할 수는 없다고 할 것이다.

> **[공소사실]** 피고인이 2015. 9. 24. 00:45경 춘천경찰서 ○○지구대 앞길에서 택시비 지불문제로 택시기사 공소외 1과 말다툼을 하던 중 현장에 출동한 위 지구대 소속 경찰관인 피해자 공소외 2로부터 귀가를 권유받자 화가 나 위 공소외 1과 동료 경찰관 공소외 3, 공소외 4가 듣고 있는 가운데 피해자에게 "뭐야. 개새끼야.", "뭐 하는 거야. 새끼들아.", "씨팔놈들아. 개새끼야."라고 큰소리로 욕설을 하여 공연히 피해자를 모욕하였다.

제3절 형벌의 목적 및 정당화

Ⅰ. 응보형주의

〈형벌의 응보적 성격〉

대법원 2015. 8. 27. 선고 2015도5785, 2015전도105 판결 [살인·준강간·절도·상해·폭행·감금치상·부착명령]

사형은 인간의 생명을 박탈하는 냉엄한 궁극의 형벌로서 사법제도가 상정할 수 있는 극히 예외적인 형벌이라는 점을 감안할 때, 사형의 선고는 범행에 대한 책임의 정도와 형벌의 목적에 비추어 누구라도 그것이 정당하다고 인정할 수 있는 특별한 사정이 있는 경우에만 허용되어야 한다. 따라서 사형의 선고 여부를 결정함에 있어서는 형법 제51조가 규정한 사항을 중심으로 범인의 연령, 직업과 경력, 성행, 지능, 교육정도, 성장과정, 가족관계, 전과의 유무, 피해자와의 관계, 범행의 동기, 사전계획의 유무, 준비의 정도, 수단과 방법, 잔인하고 포악한 정도, 결과의 중대성, 피해자의 수와 피해감정, 범행 후의 심정과 태도, 반성과 가책의 유무, 피해회복의 정도, 재범의 우려 등 양형의 조건이 되는 모든 사항을 철저히 심리하여야 하고, 그러한 심리를 거쳐 사형의 선고가 정당화될 수 있는 사정이 있음이 밝혀진 경우에 한하여 비로소 사형을 선고할 수 있다(대법원 2006. 3. 24. 선고 2006도354 판결, 대법원 2010. 6. 10. 선고 2010도4347 판결 등 참조). …

이러한 이 사건 범행의 동기와 경위, 범행계획의 내용과 대상, 범행의 준비 정도와 그 수단, 범행의 잔혹성, 피해자들과의 관계, 피해자 공소외 2, 공소외 3이 살해당하고 피해자 공소외 1 또한 극심한 신체적·정신적 고통과 후유증을 겪게 된 점, 특히 피고인이 피해자 공소외 2, 공소외 3 살해 후 보인 행태가 지극히 패륜적인 점, 피고인의 이 사건 범행이 우리 사회에 끼친 충격, 그 밖에 양형의 조건이 되는 제반 사정을 모두 참작하면, 사형을 선고할 경우의 양형 기준을 아무리 엄격하게 적용한다고 하더라도, 피고인의 이 사건 각 범행에 상응하는 책임의 정도, 범죄와 형벌 사이의 균형, 범죄에 대한 응보, 일반예방 및 사회보호의 제반 견지에서 볼 때, 이 사건은 피고인에 대한 극형의 선고가 정당화될 수 있는 특별한 사정이 있다고 봄이 타당하다.

Ⅱ. 특별예방주의

〈형벌 목적의 하나로서의 특별예방주의〉

대법원 2008. 4. 24. 선고 2007도8116 판결 [생 략]

우리 헌법은 "모든 국민은 신체의 자유를 가진다. 누구든지 … 법률과 적법한 절차에 의하지 아니하고는 처벌·보안처분 또는 강제노역을 받지 아니한다."(헌법 제12조 제1항)라고 정하여 처벌, 보안처분, 강제노역에 관한 법률주의 및 적법절차원리를 선언하고 있다. 이를 이어받아 이른바 범죄인에 대한 사회 내 처우의 한 유형으로 도입된 사회봉사명령 등에 관하여 구체적인 사항을 정하고 있는 형법 제62조의2와 보호관찰 등에 관한 법률 제59조 내지 제64조, 특히 제59조 제1항 "법원은 형법 제62조의2의 규정에 의한 사회봉사를 명할 때에는 500시간 … 의 범위 내에서 그 기간을 정하여야 한다." 등의 내용을 종합적으로 검토하여 보면, 법원이 현행법에 의하여 형의 집행을 유예하는 경우 명할 수 있는 사회봉사는 500시간 내에서 시간 단위로 부과될 수 있는 일 또는 근로활동을 의미하는 것으로 해석된다. 따라서 법원이 형법 제62조의2의 규정에 의한 사회봉사명령으로 피고인에게 일정한 금원을 출연할 것을 명하는 것은 현행법상 허용될 수 없다.

오늘날 범죄인의 사회 내 처우에 대한 관심과 지원의 필요성이 증대하고 있고, 형사정책적·특별예방적 견지에서 볼 때 다양하고 효과적인 내용의 사회봉사명령 및 특별준수사항이 개발 시행되는 것은 바람직하다 할 것이다. 그러나 이는 필연적으로 범죄인의 권리와 법익에 대한 제한과 침해를 수반하게 되므로, 그 요건과 절차 등에 관한 사항은 가능한 한 구체적으로 법률에서 정해져야 하고, 적법절차의 원리에 따른 것이어야 하며, 범죄인에게 불리하게 해석 운용되어서는 아니 된다.

이와 다른 견해에서, 피고인이 경영하는 주식회사 소유 자금을 횡령하였다는 등의 범죄사실이 유죄로 인정된다는 이유로, 사회봉사로서 금전 출연 등을 주된 내용으로 하여 그 이행을 명한 원심판결에는, 사회봉사명령의 내용에 관한 법리를 오해한 위법이 있어 그대로 유지될 수 없다.

대법원 1989. 9. 12. 선고 87도2365 전원합의체 판결 「대법관 배만운의 별개 의견은 다음과 같다. 우리 형법에서 형의 집행유예제도를 규정한 것은 모든 징역형과 금고형을 기계적으로 집행함으로써 생기는 폐단을 방지하고 특별예방의 목적을 달성하고저 하는 형사정책상의 고려에 의한 것이며 그러므로 집행유예의 요건을 어떻게 정할 것인지는 입법에 관한 문제라고 할 것이나 집행유예제도의 위와 같은 목적과 기능에 비추어 보면 집행유예 기간중에 있는 자에 대한 집행유예를 일률적으로 배제하는 것이 반드시 옳다고 할 수는 없다고 보며 오히려 집행유예 기간중에 있는 자에 대하여도 다시 집행유예를 선고하는 것이 타당하다고 인정되는 사건이 허다하게 있음을 우리가 경험하는 바이다.」

대법원 2009. 5. 14. 선고 2009도1947, 2009전도5 판결 「누범을 가중처벌하는 것은 전범(前犯)에 대한 형벌의 경고적 기능을 무시하고 다시 범죄를 저질렀다는 점에서 초범에 비하여 비난가능성·반사회성 및 책임이 더 크고, 사회방위, 범죄의 특별예방 및 일반예방, 더 나아가 사회의 질서유지의 목적을 달성하기 위한 하나의 수단이기도 한 점 등을 고려하면, 위 특례법 제3조 중 "특정강력범죄로 형을 받아 그 집행을 종료하거나 면제받은 후 3년 이내에 다시 '성폭력범죄의 처벌 및 피해자보호 등에 관한 법률' 제9조 제1항, 제6조 제1항, 형법 제297조 소정의 죄를 범한 때에는 그 죄에 정한 형의 장기 및 단기의 2배까지 가중한다."라는 부분이 위 입법 목적에 비하여 비례의 원칙에 반할 정도로 합리적인 입법재량의 범위를 일탈하였다고 볼 수는 없는 것이다.」

서울고등법원 2011. 4. 8. 선고 2011노465 판결 「양형에서 첫 번째 고려 요소는 행위 불법인데 이 사건은 피고인이 계획적으로 가장 안전과 평온이 보장되어야 할 피해자들의 주거 앞까지 따라가 범행한 것이어서 강제추행의 태양 중 죄질이 불량하다. 또한 범행이 짧은 기간 동안 2건 적발되었는데 이 사건 자체로 그리고 원심 변호인 제출 자료로도 피고인에게는 충동장애와 성도착증 등이 의심되어 원심도 인정하였듯이 재범의 위험성이 예상된다. 그렇다면 피고인이 아직 만 19세의 대학생이고 초범이며, 피해자 1인과 합의한 점(불특정인 대상범죄이므로 크게 고려할 요소가 아니다), 가족들이 간절히 탄원하는 점(이 사건 자체로 원심도 예견한 재범의 위험성을 가족들 손에 맡겨둘 수 없게 되었다) 등에도 불구하고 형벌의 주된 기능인 응보와 피고인을 위한 특별예방의 견지에서 벌금형으로는 부족하다고 판단된다.」

Ⅲ. 일반예방주의

〈일반예방주의의 의미와 한계〉

헌법재판소 2004. 12. 16. 선고 2003헌가12 전원재판부 [폭력행위등처벌에관한법률제3조제2항위헌제청]

형벌은 범인에 의해 저질러진 규범침해를 이유로 그 범인에게 내려지는 공적·사회윤리적 반가치판단이다. 그러나 국가작용으로서의 형벌인 만큼 범죄와는 질적으로 다른 도덕적 우월성을 지녀야 한다.

(가) 국가의 형벌권을 정당화하는 이론으로는 보통 응보이론, 일반예방이론, 특별예방이론, 절충이론 등이 알려져 있다. 폭처법과 같은 형가중적 특별법은 사회 일반에서 물의를 빚고 있는 특정 범죄행위를 기존의 형량보다 중한 형으로 처벌한다. 이는 범죄로부터 일반 사회인을 보호하고 아울러 일반인을 위하(威하)시킴으로써 그러한 범죄를 예방하려는 소위 "소극적 일반예방"의 목적에서 비롯된 것이라고 할 수 있다. 그러므로 형가중적 특별법의 제정은 일반예방이라는 형사정책적 목적의 달성을 실현하기 위한 것이라고 할 수 있다.

그러나 특정 범죄행위에 대한 처벌의 필요성이 아무리 높고 범죄행위에 대한 사회적 반감이 고조된 상태라 하더라도 형법의 기본원칙인 죄형의 균형성을 무시하면서까지 형량을 높이는 것은 바람직하지 않다. 형벌이 지나치게 가혹하거나 잔인하면 일시적으로는 범죄 억지력을 발휘할지 모르지만 결국에는 중벌에 대해 면역성과 무감각이 생기게 될 뿐이고, 나아가 범죄예방과 법질서 수호로 이어지는 것이 아니라 법의 권위를 실추시키고 법질서의 영속성과 안정을 저해하는 요인이 될 뿐이다.

(나) 일찍이 몽테스키외는 "모든 이완의 원인을 살펴보면 이완은 범죄를 처벌하지 않았던 것의 결과이지 형벌을 경감한 결과가 아니라는 것을 알게 된다. 형벌을 받아도 부끄럽지 않다고2 생각하는 나라가 있다면 그것은 폭정의 결과이다. 폭정은 악당에 대해서나 정직한 사람에 대해서나 동일한 형벌을 과해 왔기 때문이다. 그리고 만약 잔혹한 형에 의해서 사람들이 억압되어 있는 나라가 있다고 하면 그것도 역시 대부분 정부의 폭력의 결과라고 간주할 수 있다. 그러한 정부는 이런 형을 가벼운 죄에도 행사해 왔기 때문이다."라고 하여 중벌의 문제점을 지적하였다.

이는 규범준수를 담보할 것으로 기대되는 요소로서 더 큰 비중을 차지하는 것은 "제재의 양 내지 강도"(Sanktionshhe)가 아니라 "제재의 개연성 내지 가능성"(Sanktionswahrscheinlichkeit)이라는 것을 말해 준다. 즉, 규범을 위반한 경우에 제재가 가해질 개연성 내지 가능성이 높을수록 규범준수의 실효성을 높일 수 있는 것이다.

> 야간에 흉기 기타 위험한 물건을 휴대하여 형법 제283조 제1항(협박)의 죄를 범한 자를 5년 이상의 유기징역에 처하도록 규정한 구 폭력행위등처벌에관한법률 제3조 제2항 부분이 형벌과 책임간의 비례성원칙에 위반된다고 판단한 사안

Ⅳ. 응보적 결합설

〈응보를 기본으로 한 특별·일반예방 목적의 결합〉

헌법재판소 1995. 2. 23. 선고 93헌바43 전원재판부 [형법제35조등위헌소원]

(1) 누범가중과 일사부재리의 원칙

형법 제35조 제1항이 규정하는 누범은 금고 이상의 형을 받아 그 집행을 종료하거나 면제받은 후 3년 내에 금고 이상에 해당하는 죄를 범한 경우로, 같은 법조 제2항에서 누범을 그 죄에 정한 형의 장기의 2배까지 가중하도록 규정하고 있는바, 이와 같이 가중처벌하는 취지는 범인이 전범에 대한 형벌에 의하여 주어진 기왕의 경고에 따르지 아니하고 다시 범죄를 저질렀다는 잘못된 범인의 생활태도 때문에 책임이 가중되어야 하고, 범인이 전범에 대한 형벌의 경고기능을 무시하고 다시 범죄를 저지름으로써 범죄추진력이 새로이 강화되었기 때문에 행위책임이 가중되어야 한다는 데 있으며 또한 재범예방이라는 형사정책이 배려된 바 있다 할 것이다. …

(2) 누범가중과 평등의 원칙

… 누범을 가중처벌하는 것은 전범에 대한 형벌의 경고적 기능을 무시하고 다시 범죄를 저질렀다는 점에서 비난가능성이 많고, 누범이 증가하고 있다는 현실에서 사회방위, 범죄의 특별예방 및 일반예방이라는 형벌목적에 비추어 보아, 형법 제35조가 누범에 대하여 형을 가중한다고 해서 그것이 인간의 존엄성 존중이라는 헌법의 이념에 반하는 것도 아니며, 누범을 가중하여 처벌하는 것은 사회방위, 범죄의 특별예방 및 일반예방, 더 나아가 사회의 질서유지의 목적을 달성하기 위한 하나의 적정한 수단이기도 하는 것이므로 이는 합리적 근거있는 차별이어서 헌법상의 평등의 원칙에 위배되지 아니한다고 할 것이다.

대법원 2010. 6. 10. 선고 2010도4347 판결 「사형을 선고할 경우의 양형 기준을 아무리 엄격하게 적용한다고 하더라도, 피고인의 이 사건 각 범행에 상응하는 책임의 정도, 범죄와 형벌 사이의 균형, 범죄에 대한 응보, 일반예방 및 사회보호의 제반 견지에서 볼 때, 사형제도가 존치하는 한 피고인을 영원히 사회에서 격리시키는 극형의 선고는 불가피한 선택이라고 하지 않을 수 없다.」

V. 예방적 결합설

〈특별·일반예방과 책임주의의 결합〉

헌법재판소 2004. 4. 29. 선고 2003헌바118 전원재판부 [특정범죄가중처벌등에관한법률제2조제1항제1호위헌소원]

[재판관 전효숙, 이상경의 반대의견]

형벌은 행위자에게 속죄의 기회를 제공하고 일반예방과 특별예방의 기능을 동시에 수행할 것을 목적으로 하고 있지만, 지나치게 가혹하거나 관대한 형벌을 가능하게 하는 예방목적은 책임비례의 원칙에 의하여 한계가 있다. 그런데 이 사건 법률조항은 일반예방의 목적만을 강조한 나머지 법정형이 지나치게 높게 되어 있다. 이는 비교법적으로 볼 때도 그 유래를 찾을 수 없고, 법원의 실제양형과도 괴리를 보일 뿐만 아니라 애초의 입법목적인 일반예방의 효과도 나타내지 못하고 있다. 뿐만 아니라 이 사건 법률조항은 수뢰액에 따라 차등적으로 가중처벌하는 것을 내용으로 하고 있어 형벌체계상의 균형성도 상실하고 있고, 법관에게 양형선택과 판단권을 극도로 제한하고 있으며, 또 범죄자의 귀책사유에 알맞은 형벌을 선고할 수 없도록 법관의 양형결정권을 원천적으로 제한하고 있는 것이다.

〈책임주의에 의해 한계가 지워지는 예방목적〉

대법원 2007. 4. 19. 선고 2005도7288 전원합의체 판결 [특정경제범죄가중처벌등에관한법률위반(사기)]

특정경제범죄 가중처벌 등에 관한 법률(이하 '특경가법'이라 한다) 제3조 제1항은 "형법 제347조(사기)·제350조(공갈)·제351조(제347조 및 제350조의 상습범에 한한다)· 제355조(횡령, 배임) 또는 제356조(업무상의 횡령과 배임)의 죄를 범한 자는 그 범죄행위로 인하여 취득하거나 제3자로 하여금 취득하게 한 재물 또는 재산상 이익의 가액(이하 '이득액'이라 한다)이 5억 원 이상인 때에는 다음의 구분에 따라 가중처벌한다."라고 규정하면서, 그 제1호에서는 "이득액이 50억 원 이상인 때에는 무기 또는 5년 이상의 징역에 처한다."고 규정하고, 제2호에서는 "이득액이 5억 원 이상 50억 원 미만인 때에는 3년 이상의 유기징역에 처한다."고 규정하는 한편, 같은 조 제2항에서는 "제1항의 경우 이득액 이하에 상당하는 벌금을 병과할 수 있다."고 규정하고 있다. 이들 규정을 단순사기죄에 관한 형법 제347조의 규정과 대비하여 보면, 형법 제347조의 사기죄는 사람을 기망하여 재물의 교부를 받거나 재산상의 이익을 취득하거나(제1항) 제3자로 하여금 재물의 교부를 받게 하거나 재산상의 이익을 취득하게 함으로써(제2항) 성립되고, 그 교부받은 재물이나 재산상 이익의 가액이 얼마인지는 문제되지 아니하는 데 비하여, 사기로 인한 특경가법 제3조 위반죄에 있어서는 편취한 재물이나 재산상 이익의 가액이 5억 원 이상 또는 50억 원 이상이라는 것이 범죄구성요건의 일부로 되어 있고 그 가액에 따라 그 죄에 대한 형벌도 매우 가중되어 있으므로, 이를 적용함에 있어서는 편취한 재물이나 재산상 이익의 가액을 엄격하고 신중하게 산정함으로써, 범죄와 형벌 사이에 적정한 균형이 이루어져야 한다는 죄형균형 원칙이나 형벌은 책임에 기초하고 그 책임에 비례하여야 한다는 책임주의 원칙이 훼손되지 않도록 유의하여야 할 것이다.

제4절 죄형법정주의

Ⅰ. 의의

〈의의 및 근거〉

헌법재판소 1991. 7. 8. 선고 91헌가4 전원재판부〔위헌〕[복표발행,현상기타사행행위단속법제9조및제5조에관한위헌심판]

"법률이 없으면 범죄도 없고 형벌도 없다."라는 말로 표현되는 죄형법정주의는 이미 제정된 정의로운 법률에 의하지 아니하고는 처벌되지 아니한다는 원칙으로서 이는 무엇이 처벌될 행위인가를 국민이 예측가능한 형식으로 정하도록하여 개인의 법적 안정성을 보호하고 성문의 형벌법규에 의한 실정법질서를 확립하여 국가형벌권의 자의적(恣意的)행사로부터 개인의 자유와 권리를 보장하려는 법치국가 형법의 기본원칙이며, 우리 헌법도 제12조 제1항 후단에 "법률과 적법한 절차에 의하지 아니하고는 처벌·보안처분 또는 강제노역을 받지 아니한다."라고 규정하고, 제13조 제1항 전단에 "모든 국민은 행위시의 법률에 의하여 범죄를 구성하지 아니하는 행위로 소추되지 아니하며"라고 규정하여 죄형법정주의를 천명하였고, 이를 근거로 형법 제1조 제1항은 "범죄의 성립과 처벌은 행위시의 법률에 의한다."라고 규정하고 있다.

그러나 법률의 위임은 반드시 구체적이고 개별적으로 한정된 사항에 대하여 행해져야 한다. 그렇지 아니하고 일반적이고 포괄적인 위임을 한다면 이는 사실상 입법권을 백지위임하는 것이나 다름없어 의회입법의 원칙이나 법치주의를 부인하는 것이 되고 행정권의 부당한 자의와 기본권 행사에 대한 무제한적 침해를 초래할 위험이 있기 때문이다. 우리 헌법 제75조도 "대통령은 법률에서 구체적으로 범위를 정하여 위임받은 사항⋯⋯에 관하여 대통령령을 발할 수 있다."라고 규정하여 위임입법의 근거와 아울러 그 범위와 한계를 제시하고 있는데 "법률에서 구체적으로 범위를 정하여 위임받은 사항"이라 함은 법률에 이미 대통령령으로 규정될 내용 및 범위의 기본사항이 구체적으로 규정되어 있어서 누구라도 당해 법률로부터 대통령령에 규정될 내용의 대강을 예측할 수 있어야 함을 의미한다. 그리고 위임입법에 관한 헌법 제75조는 처벌법규에도 적용되는 것이지만 법률에 의한 처벌법규의 위임은, 헌법이 특히 인권을 최대한으로 보장하기 위하여 죄형법정주의와 적법절차를 규정하고, 법률(형식적 의미의)에 의한 처벌을 특별히 강조하고 있는 기본권보장 우위사상에 비추어 바람직스럽지 못한 일이므로, 그 요건과 범위가 보다 엄격하게 제한적으로 적용되어야 한다. 따라서 처벌법규의 위임은 특히 긴급한 필요가 있거나 미리 법률로써 자세히 정할 수 없는 부득이한 사정이 있는 경우에 한정되어야 하고 이러한 경우일지라도 법률에서 범죄의 구성요건은 처벌 대상인 행위가 어떠한 것일 것이라고 이를 예측할 수 있을 정도로 구체적으로 정하고 형벌의 종류 및 그 상한과 폭을 명백히 규정하여야 한다.

헌법재판소 2000. 2. 24. 선고 99헌가4 전원재판부 [도로교통법 제20조의2 제2호 등 위헌제청]
우리헌법 제12조 제1항 후문은 "누구든지 법률에 의하지 아니하고는 체포·구속·압수·수색 또는 심문을 받지 아니하며, 법률과 적법한 절차에 의하지 아니하고는 처벌·보안처분 또는 강 제노역을 받지 아니한다"고 규정하고 있다. 이러한 죄형법정주의의 원칙은 법률이 처벌하고자 하는 행위가 무엇이며 그에 대한 형벌이 어떠한 것인지를 누구나 예견할 수 있고, 그에 따라 자신의 행위를 결정할 수 있도록 구성요건을 명확하게 규정할 것을 요구한다. 형법법규의 내용이 애매모호하거나 추상적이어서 불명확하면 무엇이 금지된 행위인지를 국민이 알 수 없어 법을 지키기가 어려울뿐더러 범죄의 성립여부가 법관의 자의적인 해석에 맡겨져 죄형법정주의에 의하여 국민의 자유와 권리를 보장하려는 법치주의의 이념은 실현될 수 없기 때문이다.

〈법률 없이 범죄 없다〉

대법원 2001. 9. 25. 선고 2001도3625 판결 [특정범죄가중처벌등에관한법률위반(절도)·편의시설부정이용]

원심은, 피고인이 절취한 피해자 소유의 케이티전화카드를 이용하여 전화통화를 함으로써 금 647,522원 상당의 재산상의 이득을 취득하였다는 사실을 인정한 다음, 이를 형법 제348조의2에서 규정하는 편의시설부정이용의 죄로 처단하고 있음을 알 수 있다.

그러나 편의시설부정이용의 죄는 부정한 방법으로 대가를 지급하지 아니하고 자동판매기, 공중전화 기타 유료자동설비를 이용하여 재물 또는 재산상의 이익을 취득하는 행위를 범죄구성요건으로 하고 있는데, 이 사건과 같이 타인의 케이티전화카드(한국통신의 후불식 통신카드)를 절취하여 전화통화에 이용한 경우에는 통신카드서비스 이용계약을 한 피해자가 그 통신요금을 납부할 책임을 부담하게 되므로, 이러한 경우에는 피고인이 '대가를 지급하지 아니하고' 공중전화를 이용한 경우에 해당한다고 볼 수 없어 편의시설부정이용의 죄를 구성하지 않는다고 할 것이다.

〈법률 없이 형벌 없다〉

대법원 1979. 12. 26. 선고 78도957 판결 [부정선거관련자처벌법위반등]

부정선거관련자처벌법 제5조 제1항에 의하면 부정선거에 관련하여 사람을 살해하거나 또는 부정선거에 항의하는 국민을 살해한 자는 사형, 무기 또는 7년 이상의 징역이나 금고에 처한다고 규정하고, 동법 제5조 제4항에 의하면 제1항의 예비, 음모와 미수는 이를 처벌한다고 규정하고 있으나, 한편 형법 제28조에 의하면 범죄의 음모 또는 예비행위가 실행의 착수에 이르지 아니한 때에는 법률에 특별한 규정이 없는 한 처벌하지 아니한다고 규정하고 있어 범죄의 음모 또는 예비는 원칙으로 벌하지 아니하되 예외적으로 법률에 특별한 죄형규정이 있을 때에 한하여 이를 처벌할 수 있다할 것이므로, 부정선거관련자처벌법 제5조 제4항의 입법취지가 동법 제5조 제1항의 예비음모죄를 처벌할 의도 있었다 할지라도 그 예비, 음모의 형에 관하여 특별한 규정이 없는 한 이를 본범이나 미수범에 준하여 처벌함은 죄형법정주의의 원칙상 허용할 수 없으니 위 소위는 처벌할 수 없다.

Ⅱ. 죄형법정주의의 내용

1. 법률주의

가. 관습형법금지의 원칙

〈보충적 관습법 : 해석의 자료〉

대법원 2018. 7. 19. 선고 2017도17494 전원합의체 판결 [사기방조·횡령]

형법 제355조 제1항이 정한 횡령죄의 주체는 타인의 재물을 보관하는 자라야 하고, 여기에서 보관이란 위탁관계에 의하여 재물을 점유하는 것을 뜻하므로 횡령죄가 성립하기 위하여는 그 재물의 보관자와 재물의 소유자(또는 기타의 본권자) 사이에 위탁관계가 있어야 한다. 이러한 위탁관계는 사실상의 관계에 있으면 충분하고 피고인이 반드시 민사상 계약의 당사자일 필요는 없다. 위탁관계는 사용대차·임대차·위임·임치 등의 계약에 의하여 발생하는 것이 보통이지만 이에 한하지 않고 사무관리와 같은 법률의 규정, 관습이나 조리 또는 신의성실의 원칙에 의해서도 발생할 수 있다(대법원 1985. 9. 10. 선고 84도2644 판결, 대법원 2003. 7. 11. 선고 2003도2077 판결 등 참조).

〈관습법에 의한 위법성조각사유의 긍정 가능성〉

대법원 1990. 10. 30. 선고 90도1456 판결 [폭행치사(예비적죄명:과실상해)]

논지는 이 사건에서 피고인이 저지른 피해자에 대한 폭행행위는 교사인 피고인에게 주어진 교권을 행사한 것으로서 피교육자인 학생에 대한 정당한 징계행위라고 주장하나 원심이 판시한 바와 같이 피고인 이 국민학교 5학년인 피해자를 양손으로 교탁을 잡게 한 다음 길이 50센티미터, 직경 3센티미터 가량되는 나무 지휘봉을 거꾸로 잡고 엉덩이를 두번 때리고, 아파서 무릎을 굽히며 허리를 옆으로 트는 피해자의 엉덩이 위 허리부분을 다시 때려 판시와 같이 6주간의 치료를 받아야 할 상해까지 입힌 것이라면 위 징계행위는 그 방법 빛 정도가 교사의 징계권행사의 허용한도를 넘어선 것으로서 정당한 행위로 볼 수는 없다 할 것이다.

나. 위임입법의 한계

〈위임입법이 용인되는 한계〉

헌법재판소 2000. 7. 20. 선고 99헌가15 전원재판부(위헌) [약사법 제77조 제1호 중 '제19조 제4항' 부분 위헌제청]

법률에 의한 처벌법규의 위임은, 헌법이 특히 인권을 최대한 보장하기 위하여 죄형법정주의와 적법절차를 규정하고 법률에 의한 처벌을 강조하고 있는 기본권보장 우위사상에 비추어 바람직하지 못한 일이므로, 그 요건과 범위가 보다 엄격하게 제한적으로 적용되어야 한다(헌재 1991. 7. 8. 91헌가4, 판례집 3, 336, 341; 헌재 1994. 6. 30. 93헌가15등, 판례집 6-1, 576, 585; 헌재1997. 5. 29. 94헌바22, 판례집 9-1, 529, 535).

일반적으로 헌법에 의하여 위임입법이 용인되는 한계인, 법률에서 구체적으로 범위를 정하여 위임받은 사항이라 함은 법률에 이미 하위법령으로 규정될 내용 및 범위의 기본사항이 구체적으로 규정되어 있어서 누구라도 당해 법률로부터 하위법령에 규정될 내용의 대강을 예측할 수 있어야 한다는 것을 의미한다. 위임입법의 위와 같은 구체성 내지 예측가능성의 요구정도는 문제된 그 법률이 의도하는 규제대상의 종류와 성질에 따라 달라질 것임은 물론이고, 그 예측가능성의 유무를 판단함에 있어서는 당해 특정 조항 하나만을 가지고 판단할 것이 아니라 관련 법조항 전체를 유기적·체계적으로 종합판단하여야 하며, 각 대상법률의 성질에 따라 구체적·개별적으로 검토하여야 한다. 특히 처벌법규에 관하여는 앞에서 본 바와 같이 그 요건과 범위가 보다 엄격하게 제한적으로 적용되어야 하는 것이므로, 처벌법규의 위임은 특히 긴급한 필요가 있거나 미리 법률로써 자세히 정할 수 없는 부득이한 사정이 있는 경우에 한정되어야 하며 이러한 경우일지라도 법률에서 범죄의 구성요건은 처벌대상행위가 어떠한 것일 것이라고 예측할 수 있을 정도로 구체적으로 정하고 형벌의 종류 및 그 상한과 폭을 명백히 규정하여야 한다(헌재 1991. 7. 8. 91헌가4, 판례집 3, 336, 341; 헌재 1995. 10. 26. 93헌바62, 판례집 7-2, 419, 428-429; 헌재 1997. 9. 25. 96헌가16, 판례집 9-2, 312, 323 참조). 이 사건 법률조항은 처벌규정의 구성요건 부분의 위임에 해당한다. 그러나 이 사건 법률조항은 그 자체에서 '약국관리에 필요한 사항'이 어떠한 것일 것이라고 예측할 수 있을 정도로 구체적으로 정하고 있다고 보기 어렵다. 이 사건 법률조항에서 '보건복지부령으로 정하는' 부분을 빼고 보면, "약국을 관리하는 약사 또는 한약사가 약국관리에 필요한 사항을 준수하지 아니하는 것"이 처벌규정의 구성요건이 되는데, 여기서 행위요소인 '약국관리에 필요한 사항'은 행위주체인 '약국을 관리하는 약사 또는 한약사'와의 관계에서 동어반복에 불과하고, 그 개념 또한 추상적이고 광범위한 측면이 있다.

한편 이 사건 법률조항의 처벌대상행위는 관련 법조항 전체를 유기적·체계적으로 종합 판단하여도 그 내용을 예측하기 어렵다. 약사법은 약사의 조제, 의약품의 취급 등에 관하여는 별도의 장·절로 구체적인 규정을 두고 있으나, 약국의 관리에 관하여는 약국의 개설등록(제16조) 및 폐업 등의 신고(제20조) 이외에 특별한 관련규정을 두고 있지 않다. 또 약사법의 일반적인 목적(제1조)을 볼 때, "이 법은 약사에 관한 사항을 규정하고 그 적정을 기하여 국민보건 향상에 기여함을 목적으로 한다"고 되어 있는바, 이러한 입법목적만으로는 '약국관리에 필요한 사항'이 어떠한 것인지에 관하여 예측하기도 쉽지 않다. 또한 약사법은 약국개설자 자신이 약국을 관리할 수 없는 경우 승인을 얻어 약국을 관리하게 할 자를 지정할 수 있게 하였으나(제19조 제2항), 이 조항에서도 약국관리의 개념에 관한 내용이 어떤 것인지를 찾아볼 수 없다.

<u>비록 형벌법규의 구성요건을 규정함에 있어서는 가치개념을 포함하는 일반적, 규범적 개념을 사용하지 않을 수 없지만, 범죄구성요건에 일반적, 규범적 개념을 사용하더라도 법률의 규정에 의하여 그 해석이 가능하고 또한 일반인이 금지된 행위와 허용된 행위를 구분하여 인식할 수 있어야 할 것이다</u>(헌재 1996. 8. 29. 94헌바15, 판례집 8-2, 74, 84 참조). 그런데 일반적으로 '관리(管理)'란 개념의 사전적(辭典的) 의미는 통상 그 내연과 외포가 광범위한 것이며, 약국관리에 필요한 사항이란, 예를 들자면, 약국의 설비, 의약품의 저장 및 진열, 약국의 위생상태, 약국종업원에 관한 사항, 약국관리상 장부의 기록과 보관, 영업시간, 당국에 대한 보고의무 등 일반적으로 약국의 관리에 필요한 매우 넓은 범위의 사항이 포함될 것인데, 이 중에서도 구체적으로 어떠한 사항이 위반시 형사처벌을 받게 되는 '준수'사항으로 정하여 질 것인지는 약사법 제19조 제4항의 규정만으로는 쉽게 그 대강을 예측하기 어려운 것이다. … <u>죄형법정주의(명확성원칙) 내지 포괄위임입법금지원칙은 국민의 자유의 제한에 대한 한계를 설정하는 법원리로서, 하위법령에 규정될 내용은 가능한 한 구체적으로 그 대강을 예측할 수 있게 모법에서 정하라는 취지이며,</u> <u>이는 적어도 국민의 자유와 권리를 제한하는 입법은 되도록 국회 스스로가 행해야 하며 행정부에 포괄적으로 위임해서는 안된다는 것을 요청하고 있는 것이다.</u> 따라서 현실적인 규제의 필요성이 아무리 크다고 하더라도 그것은 헌법이 정하는 기본원칙의 범위 내에서 이루어지지 않으면 안되는 것이다. 역으로 헌법적인 범위내

에서라면 국민보건상 반드시 필요한 규제는 오히려 적극적으로 행하여져야 하는 것이다. …
한편 이 사건 법률조항상의 '약국관리에 필요한 사항'이라는 표현은, 그 부준수(不遵守)가 단
순한 훈시규정 위반에 그치거나, 행정상의 과태료와 같은 제재대상에 그치지 아니하고, 벌금
형에 처해지게 되어 있는 것을 감안한다면, 보다 구체적이고 명확한 것이어야만 했던 것이
다. 이 사건 법률조항과 같이 행정부에게 지나치게 광범위한 입법재량권을 주게 되면 약사
또는 한약사를 자의적 행정입법에 불안정한 상태로 노출시키게 되는 결과가 되고, 이는 결
국 헌법상의 죄형법정주의와 포괄위임입법금지 원칙이 예방하고자 하는 '행정권에 의한 자
의적인 법률의 해석과 집행'을 쉽게 용인하는 결과를 초래할 수 있게 되는 것이다.
이상의 이유에서 이 사건 법률조항은 '약국관리에 필요한 사항'에 관하여 보다 구체적인 기
준이나 범위를 정함이 없이 그 내용을 모두 하위법령인 보건복지부령에 위임하고 있는 것이
므로, 죄형법정주의를 규정한 헌법 제12조 제1항 후문 및 제13조 제1항 전단과 위임입법의
한계를 규정한 헌법 제75조, 제95조에 위반된다.

대법원 1999. 2. 11. 선고 98도2816 전원합의체 판결 [총포·도검·화약류등단속법위반]
총포·도검·화약류등단속법(이하 "법"이라고 한다) 제12조 제1항은 총포 등을 소지하기 위
하여는 관할 지방경찰청장 또는 경찰서장의 허가를 받아야 하는 것으로 규정하고, 법 제70
조 제1항은 법 제12조 제1항에 위반한 때에는 10년 이하의 징역 또는 2천만 원 이하의 벌
금의 형으로 처벌하는 것으로 규정하는 한편, **법 제2조 제1항은 "이 법에서 '총포'라 함은
권총·소총·기관총·포·엽총 그 밖의 금속성 탄알이나 가스 등을 쏠 수 있는 장약총포와
공기총(압축가스를 이용하는 것을 포함한다. 이하 같다) 중에서 대통령령이 정하는 것을
말한다."라고 규정하고, 이에 따라 법시행령 제3조 제1항에서는 "법 제2조 제1항의 규정에
의한 총포는 다음 각 호의 총과 포 및 총포의 부품을 말한다."라고 규정한 후, 그 제3호에
서 (가) 내지 (다)목으로 총의 부품에 해당하는 것을 구체적으로 규정하고 있다.** 그러므로
법시행령 제3조 제1항은 법 제2조 제1항의 위임에 의하여 총포의 범위를 정함으로써 법 제
2조 제1항과 함께 법 제12조 제1항 및 제70조 제1항의 규정과 결합하여 총포의 무허가 소
지에 대한 처벌법규를 이루고 있다고 할 것이다.
일반적으로 법률의 시행령은 모법인 법률에 의하여 위임받은 사항이나, 법률이 규정한 범위
내에서 법률을 현실적으로 집행하는 데 필요한 세부적인 사항만을 규정할 수 있을 뿐, 법률
의 위임 없이 법률이 규정한 개인의 권리·의무에 관한 내용을 변경·보충하거나 법률에서
규정하지 아니한 새로운 내용을 규정할 수 없는 것이고(대법원 1995. 10. 13. 선고 95누
8454 판결 참조), 특히 법률의 시행령이 형사처벌에 관한 사항을 규정하면서 법률의 명시적
인 위임 범위를 벗어나 그 처벌의 대상을 확장하는 것은 헌법 제12조 제1항과 제13조 제1

항에서 천명하고 있는 죄형법정주의의 원칙에도 어긋나는 것으로 결코 허용될 수 없다고 할 것이다.

그런데 법 제2조 제1항은 총포에 관하여 규정하면서 총에 대하여는 일정 종류의 총을 총포에 해당하는 것으로 규정하면서 그 외의 장약총이나 공기총도 금속성 탄알이나 가스 등을 쏠 수 있는 성능이 있는 것은 총포에 해당한다고 규정하고 있으므로, 여기서 말하는 총은 비록 모든 부품을 다 갖추지는 않더라도 적어도 금속성 탄알 등을 발사하는 성능을 가지고 있는 것을 가리키는 것이고(대법원 1996. 11. 8. 선고 96도1995 판결 참조), 단순히 총의 부품에 불과하여 금속성 탄알 등을 발사할 성능을 가지지 못한 것까지 총포로 규정하고 있는 것은 아니라고 할 것이다.

그럼에도 불구하고 법시행령 제3조 제1항은 법 제2조 제1항의 위임에 따라 총포의 범위를 구체적으로 정하면서도 제3호에서 모법의 위임 범위를 벗어나 총의 부품까지 총포에 속하는 것으로 규정함으로써, 법 제12조 제1항 및 제70조 제1항과 결합하여 모법보다 형사처벌의 대상을 확장하고 있으므로, 이는 결국 위임입법의 한계를 벗어나고 죄형법정주의 원칙에 위배된 것으로 무효라고 하지 않을 수 없다.

〈시행령이 위임입법의 한계를 한계를 벗어나 무효인 경우〉

대법원 2017. 2. 16. 선고 2015도16014 전원합의체 판결 [의료법위반]

법률의 시행령은 모법인 법률의 위임 없이 법률이 규정한 개인의 권리·의무에 관한 내용을 변경·보충하거나 법률에서 규정하지 아니한 새로운 내용을 규정할 수 없고, 특히 법률의 시행령이 형사처벌에 관한 사항을 규정하면서 법률의 명시적인 위임 범위를 벗어나 그 처벌의 대상을 확장하는 것은 죄형법정주의의 원칙에도 어긋나는 것이므로, 그러한 시행령은 위임입법의 한계를 벗어난 것으로서 무효이다(대법원 1998. 10. 15. 선고 98도1759 전원합의체 판결, 대법원 1999. 2. 11. 선고 98도2816 전원합의체 판결 참조).

의료법(2016. 12. 20. 법률 제14438호로 개정되기 전의 것, 이하 같다) 제41조는 "각종 병원에는 응급환자와 입원환자의 진료 등에 필요한 당직의료인을 두어야 한다."라고 규정하는 한편, 제90조에서 제41조를 위반한 사람에 대한 처벌규정을 두었다. 이와 같이 의료법 제41조는 각종 병원에 응급환자와 입원환자의 진료 등에 필요한 당직의료인을 두어야 한다고만 규정하고 있을 뿐, 각종 병원에 두어야 하는 당직의료인의 수와 자격에 아무런 제한을 두고 있지 않고 이를 하위 법령에 위임하고 있지도 않다.

그런데도 의료법 시행령 제18조 제1항(이하 '이 사건 시행령 조항'이라 한다)은 "법 제41조에 따라 각종 병원에 두어야 하는 당직의료인의 수는 입원환자 200명까지는 의사·치과의사 또는 한의사의 경우에는 1명, 간호사의 경우에는 2명을 두되, 입원환자 200명을 초과하는 200명마다 의사·치과의사 또는 한의사의 경우에는 1명, 간호사의 경우에는 2명을 추가한 인원수로 한다."라고 규정하고 있다. 의료법 제41조가 "환자의 진료 등에 필요한 당직의료인을 두어야 한다."라고 규정하고 있을 뿐인데도 이 사건 시행령 조항은 그 당직의료인의 수와 자격 등 배치기준을 규정하고 이를 위반하면 의료법 제90조에 의한 처벌의 대상이 되도록 함으로써 형사처벌의 대상을 신설 또는 확장하였다. 그러므로 이 사건 시행령 조항은 위임입법의 한계를 벗어난 것으로서 무효라고 할 것이다.

원심은 판시와 같은 이유로, 의료법의 위임 없이 이 사건 시행령 조항에 규정된 당직의료인의 수를 준수하지 아니한 행위를 의료법 제90조에 따라 처벌하는 것은 죄형법정주의 원칙에 위반된다고 판단하여, 이 사건 공소사실을 유죄로 인정한 제1심판결을 파기하고 무죄를 선고하였다.

위와 같은 원심의 판단은 앞에서 본 법리에 기초한 것으로서 정당하고, 거기에 상고이유 주장과 같이 죄형법정주의에 관한 법리를 오해한 위법이 없다.

[대법관 이상훈, 대법관 김용덕의 별개의견] 법률의 시행령은 모법에 의한 위임이 없으면 개인의 권리·의무에 관한 내용을 변경·보충하거나 모법이 규정하지 아니한 새로운 내용을 정할 수 없음이 원칙이다. 특히 해당 규정이 형사처벌에 관한 법률의 내용을 보충하는 것으로서 법률과 결합하여 형사처벌의 근거가 되기 위해서는 죄형법정주의의 원칙상 법률로부터 구체적으로 범위를 정하여 위임받을 것이 요구된다.

그렇지만 법률의 시행령이 모법으로부터 직접 위임을 받지 아니한 규정을 두었다 하더라도 그 규정을 둔 취지와 구체적인 기능을 살펴 그 내용을 해석하고 그에 따라 그 규정의 모법 위배 내지 적용 가능성을 가려야 한다. 예를 들어 모법에서 어떠한 행위를 하도록 포괄적으로 규정하는 한편 그 법률 규정 위반에 대하여 처벌하도록 정하였는데 시행령에서 모법의 위임 없이 그 행위와 관련된 내용을 규정한 경우에, 모법의 처벌규정을 해석·적용할 때에는 해당 시행령 규정이 모법으로부터 직접 위임을 받지 아니한 것이어서 모법에 의한 처벌은 그 법률 규정 자체의 위반에 그치고 해당 시행령 규정을 모법의 행위규범과 결합한 처벌근거로 삼아 이를 적용할 수 없다고 하더라도, 모법의 행위규범과 관련하여서는 그 해석 가능한 범위 내에서 그 내용을 보완하는 규정이 될 수 있고 또한 적어도 그 시행 또는 집행을 위하여 필요한 지침이나 준칙으로서 기능할 수도 있으므로 그 범위 내에서는 유효하여 이를 적용할 수 있다고 보아야 하며, 무조건적으로 법에 위배된다거나 무효라고 단정하여서는 아니 된다.

의료법 제41조에서 "입원환자와 응급환자의 진료 등에 필요한 당직의료인"의 내용에 관하여 시행령에서 정하도록 직접 위임하는 규정을 두지 아니하였더라도, 그 제도의 시행을 위하여 각종 병원에 적합한 당직의료인의 자격과 수나 근무형태에 대하여 기준을 정하는 것은 허용되며, 시행령 조항이나 의료법 시행령 제18조 제2항에서 각종 병원별로 당직의료인의 자격과 수에 관하여 정하고 특히 정신병원, 재활병원, 결핵병원 등에 대하여는 해당 병원의 자체 기준에 따라 배치할 수 있도록 한 것은 이러한 취지에서 규정되었다 할 수 있다. 비록 시행령 조항에 대하여 구체적인 위임이 없음에 비추어 시행령 조항에서 정한 각종 병원별 "당직의료인의 자격과 수"가 의료기관 내지 병원의 당직의료인 배치 의무에 관한 내용을 직접 변경·보충하는 것으로 보아 직접적으로 의료기관에 의무를 지우거나 그 위반을 제재하는 근거 규정으로 삼기는 어렵더라도, 적어도 당직의료인 제도를 시행하거나 집행하기 위하여 필요한 지침이나 준칙으로서의 의미를 가진다.

한편 의료법 제90조는 제41조를 위반한 사람에 대하여 300만 원 이하의 벌금에 처하도록 규정하고 있다. 의료법 제90조에 의한 처벌 대상은 제41조를 위반한 행위이므로, 각종 병원에서 응급환자와 입원환자의 진료 등에 필요한 당직의료인을 두지 아니한 경우에 처벌 대상이 된다. 그런데 시행령 조항이 의료법 제41조의 시행을 위하여 둔 규정이라 하더라도 의료법으로부터 구체적인 위임을 받지 아니하고 규정된 이상, 제90조의 적용과 관련하여서는 처벌 대상인 "진료 등에 필요한 당직의료인"을 두지 아니한 경우에 해당하는지를 가리는 직접적인 근거 규정이 될 수 없으므로 시행령 조항이 제41조와 결합하여 처벌의 근거 규정이 된다고도 볼 수 없고, 결국 제41조의 규정 자체의 해석에 의하여 "진료 등에 필요한 당직의료인"이라고 인정되는 범위 내에서 위반 여부가 판단되어야 하며, 그에 따라 위반으로 판단되는 행위에 대하여 제90조를 적용하여 처벌할 수 있다.

〈입법기술상 부득이한 경우〉

대법원 2009. 1. 30. 선고 2008도8607 판결 [건설폐기물의재활용촉진에관한법률위반]

사회현상의 복잡다기화와 국회의 전문적·기술적 능력의 한계 및 시간적 적응능력의 한계로 인하여 형사처벌에 관련된 모든 법규를 예외 없이 형식적 의미의 법률에 의하여 규정한다는 것은 사실상 불가능할 뿐만 아니라 실제에 적합하지도 아니하기 때문에, 특히 긴급한 필요가 있거나 미리 법률로써 자세히 정할 수 없는 부득이한 사정이 있는 경우에 한하여 수권법률(위임법률)이 구성요건의 점에서는 처벌대상인 행위가 어떠한 것인지 이를 예측할 수 있을 정도로 구체적으로 정하고, 형벌의 점에서는 형벌의 종류 및 그 상한과 폭을 명확히 규정하는 것을 전제로 위임입법이 허용된다(대법원 2006.3.24. 선고 2005도3717 판결 등 참조).

법 제13조 제1항은 '누구든지 건설폐기물을 배출, 수집·운반, 보관, 중간처리 하고자 하는 자는 대통령령이 정하는 기준 및 방법에 의하여야 한다'고 규정하고, 그 위임에 따라 같은 법 시행령(2007.1.5. 대통령령 제19828호로 개정되기 전의 것, 이하 '시행령'이라고만 한다) 제9조 제1항은 건설폐기물의 수집·운반, 보관, 중간처리의 기준과 방법의 대강을 규정하면서, 제2항에서 그 구체적 기준과 방법을 다시 같은 법 시행규칙에 위임하고 있는바, 건설폐기물의 종류가 다양한 점이나 그 처리 등의 기준 및 방법이 기술적·전문적인 것인 점에 비추어, 입법기술상 이를 그 업무를 관장하는 환경부장관으로 하여금 정하도록 한 것은 부득이하다고 볼 수 있고, 또 법 제13조 제1항은 행위주체에 관하여 건설폐기물을 배출, 수집·운반, 보관, 중간처리 하고자 하는 자로 명백히 하고 있고, 같은 조항이 정하는 건설폐기물 처리 등의 기준 및 방법의 각 개념이 사전적으로도 비교적 구체적 의미를 갖는 것일 뿐만 아니라, 법의 목적과 전체 내용에 비추어 보면, 건설폐기물처리업을 하는 자가 건설폐기물 처리 등을 함에 있어서 지켜야 할 제반 사항을 의미하고 있는 것이 분명하므로 처벌대상 행위에 대한 예측가능성이 충분히 기대되며, 형벌의 종류 및 그 상한과 폭을 명확히 규정하고 있으므로, 위 규정이 죄형법정주의나 위임입법의 한계를 일탈한 것이라고 볼 수 없다.

한편, 위임명령은 법률이나 상위명령에서 구체적으로 범위를 정한 개별적인 위임이 있을 때에 가능하고, 여기에서 구체적인 위임의 범위는 규제하고자 하는 대상의 종류와 성격에 따라 달라지는 것이어서 일률적 기준을 정할 수는 없지만, 적어도 위임명령에 규정될 내용 및 범위의 기본사항이 구체적으로 규정되어 있어서 누구라도 당해 법률로부터 위임명령에 규정될 내용의 대강을 예측할 수 있어야 하나, 이 경우 그 예측가능성의 유무는 당해 위임조항 하나만을 가지고 판단할 것이 아니라 그 위임조항이 속한 법률의 전반적인 체계와 취지·목적, 당해 위임조항의 규정형식과 내용 및 관련 법규를 유기적·체계적으로 종합판단하여야 하며, 나아가 각 규제 대상의 성질에 따라 구체적·개별적으로 검토함을 요한다(대법원 2004.7.22. 선고 2003두7606 판결 등 참조).

시행령 제9조 제1항은 앞서 본 바와 같이, 법 제13조 제1항의 위임에 따라 건설폐기물의 수집·운반, 보관, 중간처리의 기준과 방법의 대강을 규정하면서, 제2항에서 그 구체적 기준과 방법을 다시 시행규칙에 위임하였고, 그에 따라 같은 법 시행규칙(2007. 1. 9. 환경부령 제226호로 개정되기 전의 것, 이하 '시행규칙'이라고만 한다) 제5조 제2항 [별표 1]은 '배출자는 그의 사업장에서 발생하는 건설폐기물을 보관개시일부터 90일을 초과하여 보관하지 아니하여야 한다'고 규정하고 있는바, 보관기간을 제한하는 것은 건설폐기물의 보관의 기준 또는 방법을 정한 것임이 분명하므로, 상위법령에서 직접적으로 보관기간의 제한의 위임을 정하지 않았다고 하더라도 위 시행규칙 조항이 위임입법의 한계를 벗어난 것이라고 볼 수 없다.

〈위임입법의 한계를 벗어나지 않은 경우〉

대법원 2019. 7. 25. 선고 2018도7989 판결 [결혼중개업의관리에관한법률위반]

가. 형사처벌에 관련된 모든 법규를 예외 없이 형식적 의미의 법률에 의하여 규정한다는 것은 사실상 불가능할 뿐만 아니라 실제에 적합하지도 아니하다. 그로 인하여 특히 긴급한 필요가 있거나 미리 법률로써 자세히 정할 수 없는 부득이한 사정이 있는 경우에 한하여 위임법률이 구성요건의 점에서는 처벌대상인 행위가 어떠한 것인지 이를 예측할 수 있을 정도로 구체적으로 정하고, 형벌의 점에서는 형벌의 종류 및 그 상한과 폭을 명확히 규정하는 것을 전제로 위임입법이 허용되며, 이러한 위임입법은 죄형법정주의에 반하지 않는다. 위임명령은 법률이나 상위명령에서 구체적으로 범위를 정한 개별적인 위임이 있을 때에 가능하다. 구체적인 위임의 범위는 위임명령에 규정될 내용 및 범위의 기본사항이 구체적으로 규정되어 있어서 누구라도 당해 법률이나 상위명령으로부터 위임명령에 규정될 내용의 대강을 예측할 수 있어야 한다. 이 경우 그 예측가능성의 유무는 당해 위임조항 하나만을 가지고 판단할 것이 아니라 그 위임조항이 속한 법률이나 상위명령의 전반적인 체계와 취지·목적, 당해 위임조항의 규정형식과 내용 및 관련 법규를 유기적·체계적으로 종합 판단하여야 하고, 나아가 각 규제대상의 성질에 따라 구체적·개별적으로 검토하여야 한다(대법원 2018. 6. 28. 선고 2017도13426 판결).

나. 구 결혼중개업의 관리에 관한 법률(2017. 3. 21. 법률 제14700호로 개정되기 전의 것, 이하 '결혼중개업법'이라 한다) 제26조 제2항 제4호는 '제10조의2 제1항을 위반하여 신상정보를 제공하지 아니한 자는 3년 이하의 징역 또는 2천만 원 이하의 벌금에 처한다.'라고 규정하고 있고, 제10조의2 제1항은 '국제결혼중개업자는 계약을 체결한 이용자와 결혼중개의 상대방으로부터 혼인경력, 건강상태, 직업, 범죄경력 등의 신상정보를 받아 각각 해당 국가 공증인의 인증을 받은 다음 신상정보(증빙서류 포함)를 상대방과 이용자에게 서면으로 제공하여야 한다.'라고 규정하고 있으며, 제10조의2 제4항은 "제1항에 따른 신상정보의 제공 시기 및 절차, 입증방법 등에 필요한 사항은 대통령령으로 정한다."라고 규정하고 있다. 그 위임에 따른 결혼중개업의 관리에 관한 법률 시행령 제3조의2 제3항(이하 '이 사건 규정'이라 한다)은

'국제결혼중개업자는 신상정보를 이용자와 상대방이 각각 이해할 수 있는 언어로 번역·제공한 후 이용자와 상대방이 모두 만남에 서면 동의한 경우에 만남을 주선하여야 한다.'라고 규정하여 국제결혼중개업자에게 '이용자와 상대방의 만남 이전'에 신상정보를 제공할 의무를 부과하고 있다.

다. 위와 같은 결혼중개업법과 같은 법 시행령의 규정 내용과 체계에다가 국제결혼중개업자를 통한 국제결혼의 특수성과 실태 등을 앞서 본 법리에 비추어 살펴보면, 결혼중개업법 제10조의2 제4항에 의하여 대통령령에 규정하도록 위임된 '신상정보의 제공 시기'는 적어도 이용자와 상대방의 만남 이전이 될 것임을 충분히 예측할 수 있으므로, 이 사건 규정이 결혼중개업법 제10조의2 제4항에서 위임한 범위를 일탈하여 위임입법의 한계를 벗어났다고 볼 수 없다. 그 구체적인 이유는 다음과 같다.

1) 결혼중개업법 제10조의2 제4항은 명시적으로 국제결혼중개업자의 신상정보 제공 시기를 대통령령에 위임하고 있다. 신상정보의 제공 시기는 시대적·경제적·문화적 변화나 국제결혼에 대한 인식의 변화에 따라 달라질 수 있고, 국제결혼중개업의 운영실태, 이용자 등의 피해사례, 신상정보의 제공 절차 등 여러 가지 요소들을 고려하여 정해지므로, 이를 일률적으로 법률에 자세히 정하기는 어렵다.

2) 결혼중개업법 제10조의2 제1항에 규정된 국제결혼중개업자의 신상정보 제공의무 제도는 이용자와 상대방 간 정보부족 및 상호 이해 결여로 발생하는 피해를 최소화하여 건전한 국제결혼문화가 정착될 수 있도록 하고자 도입되었다.

3) 이용자가 개인적으로 상대방에 대한 정보를 입수하는 것이 불가능하여 전적으로 국제결혼중개업자가 제공하는 정보에 의존할 수밖에 없는 국제결혼 중개과정의 특수성과 첫 만남에서 결혼식까지 대체로 3~4일 정도밖에 소요되지 않는 국제결혼중개업자를 통한 국제결혼의 관행 및 이로 인해 발생하는 심각한 피해 상황 등을 감안하면, 국제결혼 여부를 결정함에 있어 중요한 판단자료인 신상정보의 제공 시기를 '이용자와 상대방의 만남 이전'으로 최대한 앞당겨 상대방을 선택하는 단계에서부터 신중을 기하도록 하여 국제결혼의 신뢰성을 확보할 필요가 있다.

4) 결혼중개업법 제10조의2 제4항은 국제결혼중개업자를 수범자로 하므로, 피고인을 포함한 평균적인 국제결혼중개업자라면 신상정보의 제공 시기가 적어도 이용자와 상대방의 만남 이전이 될 것임을 충분히 예측할 수 있다.

대법원 2013. 6. 13. 선고 2013도1685 판결 「관계 법령의 취지와 내용에 더하여 공공기관의 운영에 관한 기본적인 사항과 자율경영 및 책임경영체제의 확립에 관하여 필요한 사항을 정하여 경영을 합리화하고 운영의 투명성을 제고함으로써 공공기관의 대국민 서비스 증진에 기여함을 목적으로 하는 법의 입법 목적과 경제상황이나 정책상 목적에 따라 공공기관의 사업 내용이나 범위 등이 계속적으로 변동할 수밖에 없는 현실, 국회가 공공기관의 재정상태와 직원 수의 변동, 수입액 등을 예측하기 어렵고 그러한 변화에 대응하여 그때마다 법률을 개정하는 것도 용이하지 아니한 점 등을 감안할 때 공무원 의제규정의 적용을 받는 공기업 등의 정의규정을 법률이 아닌 시행령이나 고시 등 그 하위규범에서 정하는 것에 부득이한 측면이 있는 것이고, 법 및 그 시행령상 '시장형 공기업'의 경우 자산규모가 2조원 이상으로 직원 정원이 50인 이상인 공공기관으로서 총수입액 중 자체수입액이 85% 이상인 기업을 의미하는 것으로 명시적으로 규정되어 있어서 법령에서 비교적 구체적으로 요건과 범위를 정하여 공공기관 유형의 지정 권한을 기획재정부장관에게 위임하고 있는 것으로 볼 수 있으며, 특히 종래 '기타 공공기관'으로 지정되어 있다가 기획재정부장관 고시에 의하여 '시장형 공기업'으로 지정된 기관의 임직원은 고시를 통하여 그 기관이 '시장형 공기업'으로 지정되었는지 여부를 확인할 수 있고, 시장형 공기업의 임직원이라는 의미가 불명확하다고 볼 수도 없는 점 등에 비추어 보면, 법 제53조가 공기업의 임직원으로서 공무원이 아닌 사람은 형법 제129조의 적용에 있어서는 이를 공무원으로 본다고 규정하고 있을 뿐 구체적인 공기업의 지정에 관하여는 그 하위규범인 기획재정부장관의 고시에 의하도록 규정하였다 하더라도 죄형법정주의에 위반되거나 위임입법의 한계를 일탈한 것으로 볼 수 없다.」

〈백지형법과 법률주의〉

헌법재판소 2005. 9. 29. 선고 2003헌바94 전원재판부 [도로교통법제107조의2제1호위헌소원]

(2) 먼저 위임의 필요성에 관하여 본다. 구 법 제41조 제1항에 규정된 "술에 취한 상태"에 관한 기준을 설정함에 있어서 화학적, 생리학적 개념이 사용될 수밖에 없고, 이를 규정하는 방법에는 혈중알콜농도를 기준으로 하는 것 외에도 다른 방법이 있을 수 있으며, 이는 과학기술의 발전에 따라 달라질 수 있다. 나아가 '운전이 금지되는 술에 취한 상태의 기준'도 교통량이나 도로의 상황 등에 비추어 사회현상의 변화에 대하여, 그 대응이 느릴 수밖에 없는 입법부가 일일이 개입하는 것 보다는 사회상황, 기술상황의 변화에 근접한 행정부의 수반에게 그 규율을 위임할 필요성을 부인할 수 없다.

(3) 다음으로 예견가능성에 관하여 본다. 이 사건에서 핵심적인 물음은, 대통령령에 의하여 정해질, "운전이 금지되는 술에 취한 상태의 기준"의 범위나 한계의 대강을 예측할 수 있겠는가 하는 것이다.

그런데, 우리 도로교통법은 음주운전에 관하여 취기운전방식과 주기운전방식의 절충방식을 택하고 있음은 위에서 보았다. 즉 구 법 제41조 제1항에서는 '술에 취한 상태에서의 운전'을 금하면서도(취기운전방식), 미국이나 독일의 경우처럼 주취상태의 판단을 법원에 맡기지 아니하고, 구 법 제41조 제4항은 그 일률적 기준을 대통령령에 위임하고 있다(주기운전방식).

순수한 주기운전방식에 의한다면, 그 기준을 하위 법령에 위임하는 것이 부적절할 수 있다. 예를 들어, "누구라도 주기를 띠고 차량 등을 운전하여서는 아니된다"고 규정하면서 그 주기 정도를 하위법에 위임한다면, 하위법에서 정해질 주기정도를 예견하기 어려운 바 있다. 왜냐 하면 주기운전방식에서는 운전자가 술에 취하여 정상적인 운전을 할 수 있었는가 여부를 문 제 삼지 아니하는 것이므로, 이론상 주기정도의 하한을 논리적으로 획정할 수 없기 때문이다. 이 사건 법률조항 중 제4항은 주기방식과 같이 일률적으로 가벌적인 주기정도를 대통령령에 위임하고 있기는 하나, 이 사건 법률조항 중 제1항이 '누구든지 술에 취한 상태에서 자동차 등을 운전하여서는 아니 된다'고 규정함으로써 이 사건 법률조항 제4항에 의하여 대통령령 에 정해질 기준을 설정하는 역할을 한다. 양자를 체계적으로 해석하면, 이 사건 법률조항은 '술에 취한 상태', 즉 술에 취하여 정상적인 운전을 할 수 없는 상태로 볼 수 있는 주기정도 로서 대통령령에 정해진 기준 이상의 알콜을 체내에 보유한 상태로 운전을 하여서는 아니된 다는 의미로 이해된다. 따라서 위 제4항에 따라 대통령령에 정해질 기준은 술에 취하여 정 상적인 운전을 할 수 없는 상태로 볼 수 있는 주기정도 이상만이 정당한 것이 된다.

그러므로, 이 사건 법률조항은 내재적 위임의 범위와 한계를 객관적으로 확정할 수 있는 경우 에 해당하여 포괄위임금지원칙 또는 포괄위임을 이유로 한 죄형법정주의에 반하지 아니한다.

2. 유추금지의 원칙

가. 형벌법규 해석의 한계

〈유추해석 금지의 원칙 : 죄형법정주의 취지에 따른 형벌법규 해석 원칙〉

대법원 2011. 8. 25. 선고 2011도7725 판결 [도로교통법위반(무면허운전)]

죄형법정주의는 국가형벌권의 자의적인 행사로부터 개인의 자유와 권리를 보호하기 위하여 범죄와 형벌을 법률로 정할 것을 요구한다. 그러한 취지에 비추어 보면 형벌법규의 해석은 엄격하여야 하고, 명문의 형벌법규의 의미를 피고인에게 불리한 방향으로 지나치게 확장해석하거나 유추해석하는 것은 죄형법정주의의 원칙에 어긋나는 것으로서 허용되지 아니한다(대법원 1992. 10. 13. 선고 92도1428 전원합의체 판결, 대법원 2004. 2. 27. 선고 2003도6535 판결 등 참조).

원심은 다음과 같은 이유를 들어 원동기장치자전거면허의 효력이 정지된 상태에서 원동기장치자전거를 운전한 행위가 도로교통법 제154조 제2호, 제43조의 구성요건에 해당하지 아니한다고 보고, 결국 이 부분 공소사실은 범죄가 되지 아니한다고 판단하였다. 즉 도로교통법 제43조는 무면허운전 등을 금지하면서 "누구든지 제80조의 규정에 의하여 지방경찰청장으로부터 운전면허를 받지 아니하거나 운전면허의 효력이 정지된 경우에는 자동차 등을 운전하여서는 아니된다"고 정하여, 운전자의 금지사항으로 운전면허를 받지 아니한 경우와 운전면허의 효력이 정지된 경우를 구별하여 대등하게 나열하고 있다. 그렇다면 '운전면허를 받지 아니하고'라는 법률문언의 통상적인 의미에 '운전면허를 받았으나 그 후 운전면허의 효력이 정지된 경우'가 당연히 포함된다고는 해석할 수 없다. 그런데 자동차의 무면허운전과 관련하여서는 도로교통법 제152조 제1호 및 제2호가 운전면허의 효력이 정지된 경우도 운전면허를 애초 받지 아니한 경우와 마찬가지로 형사처벌된다는 것을 명문으로 정하고 있는 반면, 원동기장치자전거의 무면허운전죄에 대하여 규정하는 제154조 제2호는 그 처벌의 대상으로 "제43조의 규정을 위반하여 제80조의 규정에 의한 원동기장치자전거면허를 받지 아니하고 원동기장치자전거를 운전한 사람"을 정하고 있을 뿐이고, 운전면허의 효력이 정지된 상태에서 원동기장치자전거를 운전한 경우에 대하여는 아무런 언급이 없다는 것이다.

앞서 본 형벌법규의 해석에 관한 원칙에 비추어 보면, 원심의 위와 같은 판단은 정당하다.

〈형벌법규 해석과 유추의 구분 : '문언의 가능한 의미'〉

대법원 2017. 12. 21. 선고 2015도8335 전원합의체 판결 [생 략]

1. 사건의 주요 경위

가. 피고인 1은 공소외 1 주식회사 부사장으로 재직하면서 여객기 객실 서비스 업무 등을 총괄하던 사람이다. 그는 2014. 12. 5. 현지 시각 00:37경 미합중국 뉴욕 존 에프 케네디 국제공항에서 같은 날 00:50 대한민국 인천국제공항으로 출발 예정인 공소외 1 회사 ○○○ ○○편 비행기 일등석에 탑승하였다.

나. 피고인 1은 스튜어디스 공소외 2가 일등석 승객인 자신에게 견과를 대접하는 방식이 자기가 알고 있는 객실서비스 설명서에 규정된 방법과 다르다는 이유로 심하게 화를 냈다. 피고인 1은 객실사무장 공소외 3에게 '설명서를 제대로 모르는 승무원은 데리고 갈 수 없으니 당장 기장에게 비행기를 세우라고 연락하라'고 고함을 쳤고, 같은 요구를 계속하면서 객실서비스 설명서로 공소외 3의 손등을 때리고 공소외 2에게는 설명서를 세게 던져 가슴에 맞히는 등 폭행하고, 폭언을 하였다.

다. 그 시간에 기장 공소외 4는 계류장에서 비행기를 탑승교로부터 분리하고 푸시백(Pushback, 계류장의 항공기를 차량으로 밀어 유도로까지 옮기는 것)으로 이동하던 중이었다. 공소외 4는 공소외 3으로부터 '비정상 상황이 발생해 비행기를 돌려야 한다'는 기내 전화 연락을 받고 푸시백을 중단하였다. 비행기는 그때까지 약 22초간 17m가량 후진하였고, 계류장을 벗어나 유도로에 진입하지는 않은 상태였다. 공소외 4는 공소외 3으로부터 '부사장이 객실서비스 때문에 화가 나 욕설을 하면서, 담당자인 승무원에게 비행기에서 내리라고 요구한다'는 설명을 듣고, 공항 계류장 통제소의 승인을 받아 비행기를 다시 탑승구를 향해 이동시켰다.

라. 그동안 피고인 1은 객실서비스 설명서의 해당 부분을 읽고 나서는, 공소외 2가 규정된 방법대로 견과를 제공한 것이 맞는데 자신에게 제대로 설명을 하지 못한 공소외 3이 잘못했다면서 그에게 비행기에서 내리라고 여러 번 소리쳤다. 이에 공소외 3은 업무를 부사무장에게 인계하고 같은 날 01:05경 비행기에서 내렸다.

마. 비행기는 같은 날 01:14경 다시 푸시백을 시작하여 이륙하였고, 당초 계획보다 11분 늦게 인천국제공항에 도착하였다.

2. 먼저, 피고인 1의 항공기 항로 변경으로 인한 항공보안법 위반 부분에 대한 검사의 상고이유를 판단한다.

가. 이 부분 소송의 경과

검사는 앞에서 본 피고인 1의 행위에 대하여, ① 항공기 안전운항을 저해하는 폭행으로 인한 항공보안법 위반, ② 항공기 항로 변경으로 인한 항공보안법 위반, ③ 공소외 4, 공소외 3, 공소외 2에 대한 업무방해, ④ 공소외 3에 대한 강요죄로 기소하였다.

항공기 안전운항을 저해하는 폭행으로 인한 항공보안법 위반, 업무방해, 강요 부분에 대하여는 제1심과 원심이 모두 유죄로 판단하였다. 피고인 1은 상고하지 않았고, 검사는 위 유죄 부분에 대하여는 상고장과 상고이유서에 불복이유를 기재하지 않았다.

항공기 항로 변경으로 인한 항공보안법 위반 부분에 대하여, 제1심은 이를 유죄로 판단하였으

나 원심은 제1심판결을 파기하고 무죄를 선고하였다. 이에 대하여 검사가 상고로 다투고 있다.

나. 쟁점

이 부분의 쟁점은 피고인 1이 푸시백을 개시한 비행기를 탑승구로 되돌아가게 한 행위가 '항로'의 변경에 해당하는지 여부이다.

원심은, 항로의 사전적 의미는 항공기가 하늘에서 다니는 길이고, 특별한 근거 없이 그보다 넓게 피고인에게 불리한 방향으로 해석하는 것은 죄형법정주의 원칙에 어긋나 허용되지 않으므로, 피고인 1의 행위는 '항로' 변경에 해당하지 않는다고 보았다.

이에 대하여 검사는, 항로의 사전적 정의는 이륙 전과 착륙 후 지상에서도 이동해야 하는 항공기의 특성을 반영하지 못한 것이고, 항공보안법은 지상의 항공기도 보호하기 위해 정의규정을 두어 항공기가 승객을 태우고 문을 닫은 때부터 '운항'이 개시되는 것으로 하였으므로, 이 정의에 따라 항공기가 '운항'하는 경로는 지상을 포함하여 전부 '항로'로 해석하더라도 죄형법정주의 원칙에 어긋나지 않는다고 주장한다.

다. 법률 규정과 그에 대한 해석

(1) 법률 규정

항공보안법 제42조는 "위계 또는 위력으로써 운항 중인 항공기의 항로를 변경하게 하여 정상 운항을 방해한 사람은 1년 이상 10년 이하의 징역에 처한다."라고 규정하고 있다. 같은 법 제2조 제1호는 '운항 중'을 '승객이 탑승한 후 항공기의 모든 문이 닫힌 때로부터 내리기 위하여 문을 열 때까지'로 정의하였다. 그러나 항공보안법에 '항로'가 무엇인지에 관하여 정의한 규정은 없다.

(2) 해석

(가) 죄형법정주의는 국가형벌권의 자의적인 행사로부터 개인의 자유와 권리를 보호하기 위하여 범죄와 형벌을 법률로 정할 것을 요구한다. 그러한 취지에 비추어 보면 형벌법규의 해석은 엄격하여야 하고, 문언의 가능한 의미를 벗어나 피고인에게 불리한 방향으로 해석하는 것은 죄형법정주의의 내용인 확장해석금지에 따라 허용되지 아니한다(대법원 2016. 3. 10. 선고 2015도17847 판결 등 참조). 법률을 해석할 때 입법 취지와 목적, 제·개정 연혁, 법질서 전체와의 조화, 다른 법령과의 관계 등을 고려하는 체계적·논리적 해석 방법을 사용할 수 있으나, 문언 자체가 비교적 명확한 개념으로 구성되어 있다면 원칙적으로 이러한 해석 방법은 활용할 필요가 없거나 제한될 수밖에 없다(대법원 2009. 4. 23. 선고 2006다81035 판결 참조). 죄형법정주의 원칙이 적용되는 형벌법규의 해석에서는 더욱 그러하다.

(나) 법령에서 쓰인 용어에 관해 정의규정이 없는 경우에는 원칙적으로 사전적인 정의 등 일반적으로 받아들여진 의미에 따라야 한다. 국립국어원의 표준국어대사전은 항로를 '항공기가 통행하는 공로'로 정의하고 있다. 국어학적 의미에서 항로는 공중의 개념을 내포하고 있음을 분명히 알 수 있다. 기록에 나타난 모든 자료를 살펴보아도, 항공기 운항과 관련하여 '항로'가 지상에서의 이동 경로를 가리키는 용어로 쓰인 예를 찾을 수 없다.

(다) 다른 법률에서 항로는 '항공로'의 뜻으로 사용되기도 하였다. 구 항공법(2016. 3. 29. 법률 제14116호로 폐지) 제115조의2 제2항은, 국토교통부장관이 항공운송사업자에게 운항증명을 하는 경우 '운항하려는 항로' 등 운항조건을 정하도록 규정하였다. 이 조문의 내용을 물려받은 항공안전법(2016. 3. 29. 법률 제14116호) 제90조 제2항은 '운항하려는 항로'를 '운항하려는 항공로'로 바꾸었으므로, 여기에서 '항로'는 항공로와 같은 뜻으로 쓰였음이 분명하다. 항공로의 법률적 정의는 '국토교통부장관이 항공기 등의 항행에 적합하다고 지정한 지구의 표면상에 표시한 공간의 길'로 규정되어 있으므로(항공안전법 제2조 제13호, 구 항공법에서의 정의도 같다), 항공기가 비행하면서 다녀야 항공로가 될 수 있다. 이처럼 항로가 법률용어로서 항공로와 혼용되기도 한 것을 볼 때, 입법자도 항로를 공중의 개념을 내포한 단어로 인식하였다고 볼 수 있다.

(라) 반면에 입법자가 유달리 본죄 처벌규정에서만 '항로'를 통상의 의미와 달리 지상에서의 이동 경로까지 포함하는 뜻으로 사용하였다고 볼 만한 입법자료는 찾을 수 없다.

본죄는 항공보안법의 전신인 구 항공기운항안전법(1974. 12. 26. 법률 제2742호) 제11조에서 처음으로 범죄로 규정되었다. 구 항공기운항안전법의 제정과정에서 법률안 심사를 위해 열린 1974. 11. 26. 국회 법제사법위원회 회의록은, 본죄의 처벌규정에 관하여는 아무런 논의가 없어서 '항로'의 의미를 알 수 있는 직접적인 단서가 되기 어렵다. 다만 제안이유에 관한 설명을 보면, 민간 항공기에 대한 범죄 억제를 위한 국제협약에 우리나라가 가입한 데 따른 협력의무의 이행으로 범죄행위자에 대한 가중처벌규정 등을 마련하기 위해 구 항공기운항안전법이 제정된 것임을 알 수 있다.

여기서 말한 국제협약은 「항공기 내에서 범한 범죄 및 기타 행위에 관한 협약(도교 협약)」, 「항공기의 불법납치 억제를 위한 협약(헤이그 협약)」, 「민간항공의 안전에 대한 불법적 행위의 억제를 위한 협약(몬트리올 협약)」이다. 이들 협약 중 어느 것도 지상에서 이동하는 항공기의 경로를 변경하게 하는 행위를 독자적인 범죄 구성요건으로 다루고 있지 않다. 그런데도 우리 입법자가 그러한 행위까지 처벌하려는 의도로 본죄의 처벌규정을 두었다고 볼 자료는 없다. 만약 그런 의도가 있었다면 지상에서 이동하는 길이라는 의미가 없는 '항로' 대신 다른 말을 사용하였거나, 지상의 길도 본죄의 '항로'에 포함된다는 정의규정을 두었을 것으로 봄이 타당하다.

(마) 앞에서 보았듯이 항공보안법은 정의규정을 두어 항공기가 승객을 태우고 문을 닫을 때부터 '운항 중'이 되는 것으로 하였다. 이 정의는 구 항공기운항안전법이 제정되었을 때부터 내려온 것으로, 「항공기의 불법납치 억제를 위한 협약」이 '비행 중(in flight)'의 의미를 본래의 말뜻보다 넓히는 규정을 두어 보호대상인 항공기의 범위를 확대한 태도를 따른 것이다.

본죄의 객체는 이 정의에 따른 '운항 중'의 항공기이다. 그러나 위계 또는 위력으로 변경할 대상인 '항로'는 별개의 구성요건요소로서 그 자체로 죄형법정주의 원칙에 부합하게 해석해야 할 대상이 된다. 항로가 공중의 개념을 내포한 말이고, 입법자가 그 말뜻을 사전적 정의보다 넓은 의미로 사용하였다고 볼 자료가 없음은 앞에서 보았다. 지상의 항공기가 이동할 때 '운항 중'이 된다는 이유만으로 그때 다니는 지상의 길까지 '항로'로 해석하는 것은 문언의 가능한 의미를 벗어난다.

(바) 지상에서 이동하는 항공기의 경로를 함부로 변경하는 것은 다른 항공기나 시설물과 충돌할 수 있어 위험성이 큰 행위임이 분명하다. 그러나 처벌의 필요성만으로 죄형법정주의 원칙을 후퇴시켜서는 안 된다. 그런 행위는 기장에 대한 업무방해죄로 처벌할 수 있을 뿐만 아니라, 많은 경우 폭행·협박 또는 위계를 수반할 것이므로 10년 이하의 징역으로 처벌 가능한 직무집행방해죄(항공보안법 제43조) 등에 해당할 수 있어 처벌의 공백이 생기는 것도 아니다. 이 사건에서도 피고인 1은 기장 공소외 4에 대한 업무방해죄로 처벌받게 되었다.

라. 이 사건에 대한 판단

위와 같은 법리에 비추어 이 사건을 살펴보면, 피고인 1이 푸시백 중이던 비행기를 탑승구로 돌아오게 한 행위는 항공기의 항로를 변경하게 한 것에 해당하지 않는다. 원심의 판단은 정당하고, 검사의 상고이유 주장은 이유 없다.

[대법관 박보영, 대법관 조희대, 대법관 박상옥의 반대의견]

(가) 국립국어원의 표준국어대사전에서는 항로를 '항공기가 통행하는 공로(空路). 항공로로 순화'라고 풀이하고, 또 공로(空路)는 '항공로'를 뜻하는 것으로, 항공로는 '일정하게 운항하는 항공기의 지정된 공중 통로'를 뜻하는 것으로 각 풀이하고 있다. 그런데 항공보안법 제42조의 처벌 대상은 운항 중인 항공기가 실제 운행하는 길을 변경하게 하는 것이지, 국토교통부장관이 지정한 공중 통로 자체를 변경하게 하는 것이 아니다.

(나) '항로'라는 표현은 법문의 문맥에 따라 지상에서의 항공기 이동 경로를 포함하는 개념으로도 해석될 수 있고, 실제 '항로'의 개념 속에 지상에서의 항공기 이동 경로가 포함되는지 논란이 되자, 구 항공법의 '항로'가 항공안전법에서 그 문맥에 맞는 표현인 '항공로'로 바뀐 것으로 보인다. 따라서 이 부분 다수의견의 논거는 오히려 항로와 항공로를 구별되는 개념으로 보는 반대의견에 부합하는 논거이다.

(다) 항로는 한자의 뜻에 따라 풀이하면 '배나 비행기(항) 길(로)'을 말한다. 배는 항구에서 항구로 바닷길을 따라 운행하는 반면, 항공기는 공항에서 공항으로 운행하는데, 주로 공중에서 운행하지만 이륙과 착륙을 위하여 공항 내 지상에서의 운행도 필연적으로 있을 수밖에 없다. 항공보안법 제2조 제1호는 '운항 중'이란 승객이 탑승한 후 항공기의 모든 문이 닫힌 때부터 내리기 위하여 문을 열 때까지를 말한다는 규정을 두고 있다. 국립국어원의 표준국어대사전에서도 운항을 '배나 비행기가 정해진 항로나 목적지를 오고 감'이라는 뜻으로 풀이하고 있다. 따라서 항로는 '항공기가 운항하는 길'로 이해하는 것이 무리가 없고 자연스럽다.

(라) 본죄의 항로가 운항과 밀접한 관계 속에서 사용되었음은 법문의 구조에서도 드러난다. 항공보안법의 전신인 구 항공기운항안전법에서부터 항로는 그 법 전체를 통틀어 오로지 본죄의 구성요건에서만 사용되었고, 바로 앞에서 '운항 중인 항공기의'라는 말이 수식하고 있다. 입법자가 항로의 정의규정을 따로 두지 않은 것을 볼 때, 수식어로 사용된 '운항'이 일반인이 인식할 수 있을 정도로 항로의 의미를 분명히 할 수 있는 것으로 여겼음을 알 수 있다. 이러한 연관관계에 비추어 볼 때, 본죄의 '항로'는 따로 떼어 해석할 것이 아니라 '운항 중인 항공기의 항로'라는 어구 속에서 의미를 파악함이 타당하다. 항공보안법에서 '운항 중'은 입법자가 지상의 항공기도 범죄로부터 보호하려는 명확한 의도로 통상의 말뜻보다 의미를 넓힌 용어이다. 그렇다면 그와 어구를 이룬 '항로'도 지상과 공중을 불문하고 '운항 중인 항공기가 다니는 길'을 모두 포함하는 것으로 넓게 새겨도 가능한 의미의 범위를 벗어나지 아니한다.

(마) 지상에서 이동하는 항공기의 경로를 함부로 변경하게 하는 행위는 대형 참사로 이어질 수 있는 위험성이 매우 크므로, 1년 이상 10년 이하의 징역형만을 규정한 본죄로 처벌해야 안전운항을 위협하는 행위에 대한 처벌의 강도를 높이려는 입법자의 의도에 들어맞는다. 항공기는 지상에서도 승객 안전을 위해 기장의 판단과 관제 당국의 통제 아래 최적의 경로를 따라 진행해야 함은 비행할 때와 다를 바 없고, 이를 방해하는 행위를 합당한 처벌로 억제할 필요가 있기 때문이다. 형법상 업무방해죄는 징역형의 상한이 5년에 불과할 뿐만 아니라 벌금형으로 처벌될 수도 있어 항공기 운항과 관련된 중대범죄를 처벌할 죄목에 걸맞지 않다. 항공보안법상 직무집행방해죄(제43조)는 행위 유형에 '위력'이 빠져 있어 이와 같은 행위를 포섭하지 못한다.

〈'휴대'가 '이용하여'라는 語義를 포함하는지 여부 : 적극〉

대법원 2008. 2. 28. 선고 2008도3 판결 [특수공무집행방해치사·도로교통법위반(음주운전)·도로교통법위반(무면허운전)]

원심은, 폭력행위 등 처벌에 관한 법률 제3조 제1항에 있어서 '위험한 물건'이라 함은 흉기는 아니라고 하더라도 널리 사람의 생명, 신체에 해를 가하는 데 사용할 수 있는 일체의 물건을 포함하는 것으로서, 어떤 물건이 '위험한 물건'에 해당하는지 여부는 구체적인 사안에서 사회통념에 비추어 그 물건을 사용하면 상대방이나 제3자가 생명 또는 신체에 위험을 느낄 수 있는지 여부에 따라 판단하여야 하고, 자동차는 원래 살상용이나 파괴용으로 만들어진 것이 아니지만 그것이 사람의 생명 또는 신체에 위해를 가하거나 다른 사람의 재물을 손괴하는 데 사용되었다면 폭력행위 등 처벌에 관한 법률 제3조 제1항의 '위험한 물건'에 해당한다고 할 것이며, 한편 이러한 물건을 '휴대하여'라는 말은 소지뿐만 아니라 널리 이용한다는 뜻도 포함하고 있다(대법원 1997. 5. 30. 선고 97도597 판결, 대법원 2003. 1. 24. 선고 2002도5783 판결 참조)는 판례 법리를 전제로 하여, 제1심이 적법하게 채택하여 조사한 증거들에 의하면, 피고인이 신호위반에 따른 정지 지시를 무시하고 도주한 자신을 추격해 온 경찰관 2명이 피고인의 차 앞뒤로 오토바이를 세워놓고 피고인에게 하차하라고 요구하였음에도 이에 불응한 채 차를 후진하여 차 뒤에 있는 오토바이를 들이받은 후, 앞에 있는 오토바이와의 사이에 생긴 공간을 이용하여 핸들을 좌측으로 꺾으면서 급발진함으로써 운전석 쪽의 펜더 옆에 서 있던 경찰관공소외인의 다리를 차 앞범퍼로 들이받았고, 이에 공소외인이 차 본넷 위에 앞으로 넘어지면서 본넷을 붙잡고 있는데도 차를 그대로 몰고 진행하던 중 우측 인도에 심어져 있던 가로수를 들이받아 차 범퍼와 가로수 사이에 공소외인의 다리가 끼어 절단되게 하여 공소외인으로 하여금 저혈량성 쇼크 등으로 사망에 이르게 한 사실을 인정할 수 있고, 피고인의 이러한 행위는 '위험한 물건'인 자동차를 이용하여 경찰관인 공소외인의 교통단속에 관한 정당한 직무집행을 방해하고 그로 인해 공소외인을 사망에 이르게 한 특수공무집행방해치사죄에 해당한다고 판단하였다.

원심판결의 이유를 원심이 원용한 판례 법리와 기록에 비추어 살펴보면, 원심의 이러한 사실인정과 판단은 정당한 것으로 수긍할 수 있다.

나. 유추금지의 적용범위

(1) 형벌법규의 구성요건 및 형벌규정

〈형벌법규의 구성요건〉

대법원 2003. 7. 8. 선고 2001도1335 판결 [전기통신기본법위반]

구 전기통신기본법 제48조의2(2001. 1. 16. 법률 제6360호 부칙 제5조 제1항에 의하여 삭제되기 전의 규정이며, 현행 정보통신망이용촉진및정보보호등에관한법률 제65조 제1항 제2호에 해당한다)는 "전기통신역무를 이용하여 음란한 부호·문언·음향 또는 영상을 반포·판매 또는 임대하거나 공연히 전시(展示)한 자는 1년 이하의 징역 또는 1천만 원 이하의 벌금에 처한다."라고 규정하고 있는바, 위 규정은 정보화시대의 핵심기반구조인 초고속정보통신망 구축을 촉진하기 위한 제도를 마련한다는 취지에서 구 전기통신기본법이 1996. 12. 30. 법률 제5219호로 개정되는 기회에 초고속정보통신망의 구축에 따른 음란물 폐해를 막기 위한 취지에서 신설된 것이고, 여기에서 '공연히 전시'한다고 함은, 불특정·다수인이 실제로 음란한 부호·문언·음향 또는 영상(이하 '부호 등'이라 한다)을 인식할 수 있는 상태에 두는 것을 의미하는 것이다. 따라서 음란한 부호 등이 담겨져 있는 웹사이트를 인터넷에 직접 개설하는 행위는 당연히 위 규정의 위반행위에 해당하고, 다만 이 사건에서는 음란한 부호 등이 담겨져 있는 다른 웹사이트나 웹페이지 또는 음란한 부호 등으로의 링크(link)를 포함한 일련의 연결수단부여 행위가 음란한 부호 등을 전시한 경우와 같게 볼 수 있는지 여부가 문제된다.

(2) 형식적으로 보면, 인터넷상의 링크는 링크된 웹사이트나 파일의 인터넷 주소 또는 경로를 나타내는 것에 불과하여 그 링크에 의하여 연결된 웹사이트나 파일의 음란한 부호 등을 전시하는 행위 자체에 해당하지 않는다고 볼 여지가 없지 아니하나, 인터넷상의 링크란 하나의 웹페이지 내의 여러 문서와 파일들을 상호 연결하거나 인터넷상에 존재하는 수많은 웹페이지들을 상호 연결해 주면서, 인터넷 이용자가 '마우스 클릭(mouse click)'이라는 간단한 방법만으로 다른 문서나 웹페이지에 손쉽게 접근 검색할 수 있게 해주는 것(다른 웹페이지의 정보를 검색하기 위하여 특별한 명령어를 키보드로 입력하는 것과 같은 조치를 별도로 취할 필요가 없게 해준다.)으로서, 초고속정보통신망의 발달에 따라 그 마우스 클릭행위에 의하여 다른 웹사이트로부터 정보가 전송되어 오는 데 걸리는 시간이 매우 짧기 때문에, 인터넷 이용자로서

는 자신이 클릭함에 의하여 접하게 되는 정보가 링크를 설정해 놓은 웹페이지가 아니라 링크된 다른 웹사이트로부터 전송되는 것임을 인식하기조차 어렵고, 점점 더 초고속화하고 있는 인터넷의 사용환경에서 링크는 다른 문서나 웹페이지들을 단순히 연결하여 주는 기능을 넘어서 실질적으로 링크된 웹페이지의 내용을 이용자에게 직접 전달하는 것과 마찬가지의 기능을 수행하고 있다고 하지 않을 수 없다.

(3) 따라서 음란한 부호 등으로 링크를 해 놓는 행위자의 의사의 내용, 그 행위자가 운영하는 웹사이트의 성격 및 사용된 링크기술의 구체적인 방식, 음란한 부호 등이 담겨져 있는 다른 웹사이트의 성격 및 다른 웹사이트 등이 음란한 부호 등을 실제로 전시한 방법 등 모든 사정을 종합하여 볼 때, 링크를 포함한 일련의 행위 및 범의가 다른 웹사이트 등을 단순히 소개·연결할 뿐이거나 또는 다른 웹사이트 운영자의 실행행위를 방조하는 정도를 넘어, 이미 음란한 부호 등이 불특정·다수인에 의하여 인식될 수 있는 상태에 놓여 있는 다른 웹사이트를 링크의 수법으로 사실상 지배·이용함으로써 그 실질에 있어서 음란한 부호 등을 직접 전시하는 것과 다를 바 없다고 평가되고, 이에 따라 불특정·다수인이 이러한 링크를 이용하여 별다른 제한 없이 음란한 부호 등에 바로 접할 수 있는 상태가 실제로 조성되었다면, 그러한 행위는 전체로 보아 음란한 부호 등을 공연히 전시한다는 구성요건을 충족한다고 봄이 상당하며, 이러한 해석은 죄형법정주의에 반하는 것이 아니라, 오히려 링크기술의 활용과 효과를 극대화하는 초고속정보통신망 제도를 전제로 하여 신설된 위 처벌규정의 입법 취지에 부합하는 것이라고 보아야 한다.

(4) 그런데 기록에 의하면, 피고인 1은 '팬티신문'이라는 웹사이트를 직접 운영하면서 자신의 웹사이트에 접속하는 사람들의 수가 많아야 팬티회사로부터 많은 광고료를 받을 수 있다는 계산 아래, 음란한 부호 등을 미끼로 내세워 이용자들의 접속을 유도하기 위하여 그 초기화면의 좌측 하단에다가 "관련 사이트" 항목을 별도로 만든 다음, 거기에다가 'free photo', 'nippon', 'sixnine 주식회사', '섹스룰렛', '야한 박물관', '야설' 등의 링크 표지를 집중적으로 나열해 놓은 사실, 그런데 ① 이용자가 위 'free photo' 표지를 클릭하면 곧바로 'persiankitty'라는 외국의 웹사이트 초기화면이 나오고, 그 초기화면에는 서양여성의 음부가 드러난 음란영상과 함께 일부의 음란영상을 무료로 더 볼 수 있다는 취지가 기재되어 있는 관계로, 피고인 1은 이 부분 링크 표지의 이름을 위와 같이 무료 영상의 의미를 가진 'free photo'라고 붙여 놓았던 사실, ② 또 이용자가 위 'nippon' 표지를 클릭하면 원심 공동피고인가 운영하는 웹사이트 중 일본여성 등이 나오는 음란영상들을 모아놓은 웹페이지에 바로

연결되는 관계로, 피고인 1은 이 부분 링크 표지의 이름을 위와 같이 일본의 의미를 가진 'nippon'이라고 붙여 놓았던 것이고, ③ 이용자가 위 'sixnine 주식회사' 표지를 클릭하면 피고인 2가 운영하는 웹사이트 중 151개의 음란소설을 모아놓은 웹페이지에 연결되는데, 위 음란소설 등은 원래 'sixnine adult 주식회사'라는 명칭 아래 유포되었던 관계로, 피고인 1은 이 부분 링크 표지의 이름을 위와 같이 'sixnine 주식회사'로 붙여 놓았던 것이며, ④ 이용자가 위 '야설' 표지를 클릭하면 공소외 1이 운영하는 웹사이트 중 54개의 음란소설을 모아놓은 웹페이지에 연결되는데 음란소설을 속칭 야설이라고 하므로, 피고인 1은 이 부분 링크 표지의 이름을 위와 같이 '야설'이라고 붙여 놓았던 사실, 그리고 위와 같이 링크된 웹사이트들은 실제로 불특정·다수인이 위 링크를 이용하여 아무런 제한 없이 음란한 부호 등에 바로 접할 수 있는 상태에 있었던 사실 등을 알 수 있다.

사정이 이러하다면, 피고인 1은 불특정·다수인이 자신의 웹사이트를 이용하여 아무런 제한 없이 자족적으로 음란한 부호 등을 접할 수 있는 조직적 장치를 링크 등의 수법에 의하여 마련한 것이고, 여기에다가 앞서 본 법리를 종합하여 보면, 위와 같은 링크를 포함한 피고인 1의 일련의 행위 및 범의는 다른 웹사이트 등을 소개·연결할 뿐이거나 또는 다른 웹사이트 운영자의 실행행위를 방조하는 정도를 넘어, 음란한 부호 등이 공연히 전시되어 있는 다른 웹사이트를 링크의 수법으로 사실상 지배·이용함으로써 그 실질에 있어서 음란한 부호 등을 직접 전시하는 것과 다를 바 없다고 평가되고, 이에 따라 불특정·다수인이 이러한 링크를 이용하여 별다른 제한 없이 음란한 부호 등에 바로 접할 수 있는 상태가 실제로 야기되었다고 할 것이므로, 피고인 1의 위와 같은 행위는 전체로 보아 음란한 부호 등을 공연히 전시한다는 구성요건을 충족한다고 보아야 한다.

대법원 2012. 1. 27. 선고 2010도8336 판결 [국가보안법위반(찬양·고무등)]

죄형법정주의는 국가형벌권의 자의적인 행사로부터 개인의 자유와 권리를 보호하기 위하여 죄와 형을 법률로 정할 것을 요구하고, 이로부터 파생된 유추해석금지의 원칙은 성문의 규정은 엄격히 해석되어야 한다는 전제 아래 피고인에게 불리하게 성문규정이 표현하는 본래의 의미와 다른 내용으로 유추해석함을 금지하고 있다(대법원 1992.10.13. 선고 92도1428 전원합의체 판결 참조). 그리고 국가보안법 제1조 제2항은 "이 법을 해석적용함에 있어서는 제1항의 목적달성을 위하여 필요한 최소한도에 그쳐야 하며, 이를 확대해석하거나 헌법상 보장된 국민의 기본적 인권을 부당하게 제한하는 일이 있어서는 아니된다."고 규정하고 있다. 한편 국가보안법 제7조 제1항은 "국가의 존립·안전이나 자유민주적 기본질서를 위태롭게 한다는 정을 알면서 반국가단체나 그 구성원 또는 그 지령을 받은 자의 활동을 찬양·고무·선전 또는 이에 동조하거나 국가변란을 선전·선동한 자는 7년 이하의 징역에 처한다." 고 규정하고 있고, 같은 조 제5항은 " 제1항· 제3항 또는 제4항의 행위를 할 목적으로 문서·도화 기타의 표현물을 제작·수입·복사·소지·운반·반포·판매 또는 취득한 자는 그 각 항에 정한 형에 처한다."고 규정하고 있다.

이와 같은 법리와 규정에 비추어 볼 때, '블로그', '미니 홈페이지', '카페' 등의 이름으로 개설된 사적 인터넷 게시공간의 운영자가 그 사적 인터넷 게시공간에 게시된 타인의 글을 삭제할 권한이 있음에도 이를 삭제하지 아니하고 그대로 두었다고 하더라도, 그 사정만으로 사적 인터넷 게시공간의 운영자가 그 타인의 글을 국가보안법 제7조 제5항에서 규정하는 바와 같이 '소지'하였다고 볼 수는 없다고 할 것이다.

〈형벌 관련 양형규정의 유추금지〉

대법원 1992. 10. 13. 선고 92도1428 전원합의체 판결 [강도치사,특정범죄가중처벌등에관한법률위반(절도)]

죄형법정주의는 국가형벌권의 자의적인 행사로부터 개인의 자유와 권리를 보호하기 위하여 죄와 형을 법률로 정할 것을 요구하고, 이로부터 파생된 유추해석금지의 원칙은 성문의 규정은 엄격히 해석되어야 한다는 전제 아래 피고인에게 불리하게 성문규정이 표현하는 본래의 의미와 다른 내용으로 유추해석함을 금지하고 있다.

형법 제38조 제1항 제1호는 경합범 중 가장 중한 죄에 정한 형이 사형 또는 무기징역이나 무기금고인 때에는 가장 중한 죄에 정한 형으로 처벌하도록 규정하고 있으므로, 이 사건에서 경합범인 특가법위반죄와 강도치사죄 중 가장중한 강도치사죄의 소정형에서 무기징역형을 선택한 이상 무기징역형으로만 처벌하고 따로이 특가법위반죄와 경합가중을 하거나 특가법위반죄가 누범이라 하여 누범가중을 할 수 없음은 더 말할 나위도 없는바, 위와 같이 무기징역형을 선택한 후 형법 제56조 제6호의 규정에 의하여 작량감경을 하는 경우에는 같은 법 제55조 제1항 제2호의 규정에 의하여 7년 이상의 징역으로 감형되는 한편, 같은 법 제42조의 규정에 의하여 유기징역형의 상한은 15년이므로 15년을 초과한 징역형을 선고할 수 없는 것이다.

원심은 강도치사죄의 소정형 중 유기징역형이 있다고 가정하여 유기징역형을 선택하였다면 누범가중 또는 경합범가중을 하여 징역 25년 또는 징역 22년 6월의 상한범위 내에서 형을 양정할 수 있어 이러한 경우와의 균형상 이 사건에서도 유기징역형을 가중하는 경우의 처단례에 따르는 것이 상당하다는 것이나, 이는 유기징역형을 가중하는 경우의 처단례를 유추하여 피고인에게 불리하게 징역 15년을 초과하는 처단형을 정할 수 있다는 것이어서 유추해석 금지의 원칙에 정면으로 위배될 뿐 아니라, 이 사건에서 강도치사죄의 처단형 상한이 징역 15년으로 된 것은 무기징역형을 선택한 후 작량감경한 결과이므로 원심설시와 같이 유기징역형이 있다고 가정하여 유기징역형을 선택한 경우에도 작량감경을 하게 되면 그 처단형의 상한이 징역 12년 6월 또는 11년 3월이 되어 이 사건의 경우와 균형이 어긋난다고 볼 수도 없는 것이다.

대법원 2012. 3. 22. 선고 2011도15057 전원합의체 판결 「죄형법정주의의 원칙상 형벌법규는 문언에 따라 엄격하게 해석·적용하여야 하고 피고인에게 불리한 방향으로 지나치게 확장해석하거나 유추해석하여서는 안 되는 것이 원칙이고, 이는 특정 범죄자에 대한 위치추적 전자장치 부착명령의 요건의 해석에 있어서도 마찬가지이다. 특정 범죄자에 대한 위치추적 전자장치 부착 등에 관한 법률(이하 '전자장치 부착법'이라 한다) 제5조 제1항 제3호는 검사가 전자장치 부착명령을 법원에 청구할 수 있는 경우 중의 하나로 '성폭력범죄를 2회 이상 범하여(유죄의 확정판결을 받은 경우를 포함한다) 그 습벽이 인정된 때'라고 규정하고 있는바, 이 규정 전단은 그 문언상 '유죄의 확정판결을 받은 전과사실을 포함하여 성폭력범죄를 2회 이상 범한 경우'를 의미한다고 해석된다. 따라서 피부착명령청구자가 소년법에 의한 보호처분을 받은 전력이 있다고 하더라도, 이는 유죄의 확정판결을 받은 경우에 해당하지 아니함이 명백하므로, 피부착명령청구자가 2회 이상 성폭력범죄를 범하였는지를 판단함에 있어 그 소년보호처분을 받은 전력을 고려할 것이 아니다.」

(2) 형법총칙

〈총칙 규정(제32조 제1항)의 유추금지〉

대법원 1976. 5. 25. 선고 75도1549 판결 [강도예비방조]

형법 제32조 제1항의 타인의 범죄를 방조한 자는 종범으로 처벌한다는 규정의 타인의 범죄란 정범이 범죄를 실현하기 위하여 착수한 경우를 말하는 것이라고 할 것이므로 종범이 처벌되기 위하여는 정범의 실행의 착수가 있는 경우에만 가능하고 정범이 실행의 착수에 이르지 아니한 예비의 단계에 그친 경우에는 이에 가공하는 행위가 예비의 공동정범이 되는 경우를 제외하고는 이를 종범으로 처벌할 수 없다고 할 것이다.

왜냐하면 범죄의 구성요건 개념상 예비죄의 실행행위는 무정형 무한정한 행위이고 종범의 행위도 무정형 무한정한 것이고 형법 제28조에 의하면 범죄의 음모 또는 예비행위가 실행의 착수에 이르지 아니한 때에는 법률에 특별한 규정이 없는 한 벌하지 아니한다고 규정하여 예비죄의 처벌이 가져올 범죄의 구성요건을 부당하게 유추 내지 확장해석하는 것을 금지하고 있기 때문에 형법각칙의 예비죄를 처단하는 규정을 바로 독립된 구성요건 개념에 포함시킬 수는 없다고 하는 것이 죄형법정주의의 원칙에도 합당하는 해석이라 할 것이기 때문이다. 따라서 형법전체의 정신에 비추어 예비의 단계에 있어서는 그 종범의 성립을 부정하고 있다고 보는 것이 타당한 해석이라고 할 것이다.

〈총칙상 가벌성 요건에의 적용〉

대법원 1997. 3. 20. 선고 96도1167 전원합의체 판결 [공직선거및선거부정방지법위반]

유추해석금지의 원칙은 모든 형벌법규의 구성요건과 가벌성에 관한 규정에 준용되는데(당원 1992. 10. 13. 선고 92도1428 전원합의체 판결 참조), 위법성 및 책임의 조각사유나 소추조건에 관하여 그 범위를 제한적으로 유추적용하게 되면 행위자의 가벌성의 범위는 확대되어 행위자에게 불리하게 되는바, 이는 가능한 문언의 의미를 넘어 범죄구성요건을 유추적용하는 것과 같은 결과가 초래되므로 죄형법정주의의 파생원칙인 유추해석금지의 원칙에 위반하여 허용될 수 없다고 할 것이다.

형의 면제는 유죄로는 인정하되 형벌만을 과하지 아니하는 것으로서 처벌을 조각하는 사유라고 할 것인바, 형면제 사유에 관하여도 위의 경우와 같이 법규정의 문언보다 축소하는 제한적 유추적용을 하게 되면 처벌되는 범위가 확대되어 행위자에게 불리하게 되므로 허용될 수 없다고 보아야 할 것이다.

그런데 공직선거법 제262조의 요건에 "자수"라는 단어 외에 '범행발각 전'이라는 제한은 전혀 포함되어 있지는 아니하고, 앞에서 본 바대로 형법 제52조나 국가보안법 제16조 제1호에서도 공직선거법 제262조에서와 같이 모두 "자수"라는 단어를 사용하고 있는데 형법 제52조나 국가보안법 제16조 제1호의 "자수"에는 범행이 발각되고 지명수배된 후의 자진출두도 포함되는 것으로 판례가 해석하고 있으므로 이것이 "자수"라는 단어의 관용적 용례라고 할 것이다.

또한 앞에서 본 바와 같이 우리 형법 제90조 제1항 단서, 제111조 제3항 단서 등에서 "그 목적한 죄의 실행에 이르기 전에 자수"한 경우에 형을 필요적으로 감면하도록 규정하고 있는데, 만일 "자수"라는 단어 속에 '그 범죄에 관하여 자수에 따른 혜택을 줄 수 있는 시간적 제한'이라는 개념이 포함되어 있다면 "자수"라는 단어의 해석에 의하여 "그 목적한 죄의 실행에 이르기 전"이라는 개념이 도출될 수 있을 것이므로 굳이 이를 명문으로 규정하지 아니하였을 것이라고 생각된다.

그러므로 이러한 점에 비추어 보면 우리 형법의 입법자는 "자수"라는 단어를 이러한 개념이 포함되는 의미로 사용하지 아니하였기 때문에 위와 같은 형식의 입법을 한 것으로 해석하는 것이 합리적이다.

그러므로 공직선거법 제262조의 "자수"를 '범행발각 전에 자수한 경우'로 한정하는 풀이는 "자수"라는 단어가 통상 관용적으로 사용되는 용례에서 갖는 개념 외에 '범행발각 전'이라는 또다른 개념을 추가하는 것으로서 결국은 '언어의 가능한 의미'를 넘어선 것이라 할 것이므로, 이는 앞서 본 형법 제90조 제1항 단서, 제101조 제1항 단서 등으로부터의 유추를 통하여 공직선거법 제262조의 "자수"의 범위를 그 문언보다 제한함으로써 공직선거법 제230조 제1항 등의 처벌범위를 실정법 이상으로 확대한 것이라고 할 것이다.

따라서 이는 원심의 설시와 같이 단순한 목적론적 축소해석에 그치는 것이 아니라, 형면제 사유에 대한 제한적 유추를 통하여 처벌범위를 실정법 이상으로 확대한 것으로서 죄형법정주의의 파생원칙인 유추해석금지의 원칙에 위반된다고 할 것이다.

〈위법성조각사유에는 비적용〉

대법원 2003. 11. 28. 선고 2003도3972 판결 [모욕]

모욕죄에서 말하는 모욕이란 사실을 적시하지 아니하고 사람의 사회적 평가를 저하시킬 만한 추상적 판단이나 경멸적 감정을 표현하는 것인바, 피고인이 게시한 글 중 특히, "그렇게 소중한 자식을 범법행위의 변명의 방패로 쓰시다니 정말 대단하십니다."는 등의 표현은 그 게시글 전체를 두고 보더라도, 교사인 피해자에 대한 사회적 평가를 훼손할 만한 모욕적 언사라고 할 것이다.

그러나 한편, 기록에 비추어 살펴보면, 우선, 피고인이 게시판에 글을 올리게 된 동기나 경위 및 그 배경에 관하여, 그 방송 프로그램을 시청한 후 그에 대한 느낌과 이를 방송한 방송사와 피해자와의 가치관이나 판단의 차이에 따른 자신의 의견을 개진하고, 피해자에게 자신의 의견에 대한 반박이나 반론을 구하는 것이라고 본 원심의 판단은 옳은 것으로 수긍이 가고, 나아가 그 글의 전체적인 내용도 "불법주차와 아이를 차에 두고 내린 어머니로서의 과실이라는 근본적인 원인제공을 피해자가 하였고, 그 방송된 내용은 개인적인 사정이다. 그럼에도 불구하고, 피해자는 자신의 잘못은 생각하지 않고, 견인업체 등의 잘못을 탓하며 자신의 범법행위를 변명하고 있다."는 취지로서, 그 전제한 객관적 사실관계는 이미 방송된 프로그램의 내용에 기초한 것이고, 이러한 의견 또는 판단 자체가 합당한 것인지 여부는 차치하고 전혀 터무니없는 것이라고까지 할 수 없으며, 그 방송 후에 충주시청 홈페이지와 MBC 홈페이지에 그 프로그램의 방영 취지나 피해자의 주장에 찬성하는 글과 함께 피고인의 글과 유사한 취지의 글이 적지 않게 게시된 점(피해자가 수사기관에 진정한 글만 해도 피고인의 것을 포함하여 모두 10개이다. 수사기록 9, 10쪽 참조)도 이를 뒷받침한다고 할 것이고, 특히, "그렇게 소중한 자식을 범법행위의 변명의 방패로 쓰시다니 정말 대단하십니다."라는 표현은 상당히 모욕적인 언사이기는 하나, 그 글 전체에서 차지하는 비중이 크다고는 할 수 없고, 그 글의 전체적인 내용에서 크게 벗어나 있는 표현이라고도 할 수 없다.

이러한 여러 사정에 비추어 보면, <u>이 사건 피고인의 표현은 이미 방송된 프로그램에 나타난 기본적인 사실을 전제로 한 뒤, 그 사실관계나 이를 둘러싼 견인업체와 피해자의 책임 문제에 관한 자신의 판단과 나아가 이러한 경우에 피해자가 충주시청의 홈페이지 등을 통하여 충주시장의 공개사과 등을 계속 요구하고, 방송에 출연하여 그러한 내용의 주장을 펴는 것이 합당한가 하는 점에 대하여 자신의 의견을 개진하고, 피해자에게 자신의 의견에 대한 반박이나 반론을 구하면서, 자신의 판단과 의견의 타당함을 강조하는 과정에서, 부분적으로 그와 같은 표현을 사용한 것으로서, 공소사실에 기재된 행위는 사회상규에 위배되지 않는다고 봄이 상당하다.</u>

(3) 소송법 규정의 유추금지 여부

〈가벌성의 범위를 확대하는 소추조건 규정 : 유추금지원칙 적용〉

대법원 2010. 9. 30. 선고 2008도4762 판결 [독점규제및공정거래에관한법률위반]

<u>형벌법규의 해석에 있어서 법규정 문언의 가능한 의미를 벗어나는 경우에는 유추해석으로서 죄형법정주의에 위반하게 되고, 이러한 유추해석금지의 원칙은 모든 형벌법규의 구성요건과 가벌성에 관한 규정에 준용되는데, 위법성 및 책임의 조각사유나 소추조건 또는 처벌조각사유인 형면제 사유에 관하여도 그 범위를 제한적으로 유추적용하게 되면 행위자의 가벌성의 범위는 확대되어 행위자에게 불리하게 되는바, 이는 가능한 문언의 의미를 넘어 범죄구성요건을 유추적용하는 것과 같은 결과가 초래되므로 죄형법정주의의 파생원칙인 유추해석금지</u>

의 원칙에 위반하여 허용될 수 없다(대법원 1997.3.20. 선고 96도1167 전원합의체 판결 참조).
독점규제 및 공정거래에 관한 법률(이하 '법'이라 한다) 제71조 제1항은 ' 법 제66조 제1항 제9호 소정의 부당한 공동행위를 한 죄는 공정거래위원회의 고발이 있어야 공소를 제기할 수 있다'고 규정함으로써 그 소추조건을 명시하고 있다. 반면에 법은 공정거래위원회가 법 위반행위자 중 일부에 대하여만 고발을 한 경우에 그 고발의 효력이 나머지 법 위반행위자에게도 미치는지 여부 즉, 고발의 주관적 불가분원칙의 적용 여부에 관하여는 명시적으로 규정하고 있지 아니하고, 형사소송법도 제233조에서 친고죄에 관한 고소의 주관적 불가분원칙을 규정하고 있을 뿐 고발에 대하여 그 주관적 불가분의 원칙에 관한 규정을 두고 있지 않고 또한 형사소송법 제233조를 준용하고 있지도 아니하다.

이와 같이 명문의 근거규정이 없을 뿐만 아니라 소추요건이라는 성질상의 공통점 외에 그 고소·고발의 주체와 제도적 취지 등이 상이함에도 불구하고 친고죄에 관한 고소의 주관적 불가분원칙을 규정하고 있는 형사소송법 제233조가 공정거래위원회의 고발에도 유추적용된다고 해석한다면 이는 공정거래위원회의 고발이 없는 행위자에 대해서까지 형사처벌의 범위를 확장하는 것으로서, 결국 피고인에게 불리하게 형벌법규의 문언을 유추해석한 경우에 해당하므로 죄형법정주의에 반하여 허용될 수 없다.

대법원 2018. 5. 17. 선고 2017도14749 전원합의체 판결 [국회에서의증언·감정등에관한법률위반]

특별위원회가 존속하지 않게 된 이후에도 과거 특별위원회가 존속할 당시 재적위원이었던 사람이 연서로 고발할 수 있다고 해석하는 것은 유추해석금지의 원칙에 위배된다.

형벌법규의 해석에서 법규정 문언의 가능한 의미를 벗어나는 경우에는 유추해석으로서 죄형법정주의에 위배된다. 유추해석금지의 원칙은 모든 형벌법규의 구성요건과 가벌성에 관한 규정에 준용된다. 소추요건에 관하여도 그 범위를 유추적용할 경우 가벌성의 범위가 확대되어 행위자에게 불리하게 된다면, 이는 가능한 문언의 의미를 넘어 범죄구성요건을 유추하는 것과 같은 결과를 초래하므로 죄형법정주의의 파생원칙인 유추해석금지의 원칙에 반하여 허용될 수 없다(대법원 1997. 3. 20. 선고 96도1167 전원합의체 판결, 대법원 2010. 9. 30. 선고 2008도4762 판결 등 참조).

앞에서 본 것처럼 국회증언감정법 제15조 제1항 단서의 문언 및 그 입법 취지, 다른 법률 규정과의 관계 등에 비추어 보면, 국회증언감정법 제15조 제1항 단서의 재적위원은 존속하고 있는 위원회에 적을 두고 있는 위원을 의미하고, 특별위원회가 존속하지 않게 된 경우 그 재적위원이었던 사람을 의미하는 것은 아니라고 해석하는 것이 타당하다. 이와 달리 특별위원회가 소멸하였음에도 과거 특별위원회가 존속할 당시 재적위원이었던 사람이 연서로 고발할 수 있다고 해석하는 것은 소추요건인 고발의 주체와 시기에 관하여 그 범위를 행위자에게 불리하게 확대하는 것이다. 이는 가능한 문언의 의미를 벗어나므로 유추해석금지의 원칙에 반한다.

특별위원회의 활동기간이 종료할 무렵 위증을 한 증인, 활동기간이 종료할 때까지 자백하지 않아 혐의가 확인되지 않은 증인, 활동기간이 종료한 이후 자백을 한 증인에 대하여 특별위원회의 활동기간 종료 이후에도 고발을 가능하게 하여 처벌할 필요가 있다 하더라도 이는 입법을 통하여 해결할 문제이다. 현행법의 유추해석으로 이를 해결하려는 것은 죄형법정주의에 위배된다.

(4) 피고인에게 유리한 유추의 허용

대법원 2004. 6. 25. 선고 2003도7124 판결 「2004. 1. 20. 법률 제7077호로 공포·시행된 형법 중 개정법률에 의해 형법 제37조 후단의 "판결이 확정된 죄"가 "금고 이상의 형에 처한 판결이 확정된 죄"로 개정되었는바, 위 개정법률은 특별한 경과규정을 두고 있지 않으나, 형법 제37조는 경합범의 처벌에 관하여 형을 가중하는 규정으로서 일반적으로는 두 개의 형을 선고하는 것보다는 하나의 형을 선고하는 것이 피고인에게 유리하므로 위 개정법률을 적용하는 것이 오히려 피고인에게 불리하게 되는 등의 특별한 사정이 없는 한 형법 제1조 제2항을 유추 적용하여 위 개정법률 시행 당시 법원에 계속중인 사건 중 위 개정법률 시행 전에 벌금형 및 그보다 가벼운 형에 처한 판결이 확정된 경우에도 적용되는 것으로 보아야 할 것이다.」

3. 소급효금지 원칙

가. 의의 및 근거

〈형벌불소급원칙의 의의 및 근거〉

헌법재판소 2017. 10. 26. 선고 2015헌바239, 2016헌바177 결정 [형법 부칙 제2조 제1항 위헌소원 등]

(2) 형벌불소급원칙의 의의 및 적용기준

헌법 제12조 제1항 후문은 "… 법률과 적법한 절차에 의하지 아니하고는 처벌·보안처분 또는 강제노역을 받지 아니한다."라고 규정하고, 헌법 제13조 제1항 전단은 "모든 국민은 행위시의 법률에 의하여 범죄를 구성하지 아니하는 행위로 소추되지 아니하며…"라고 하여 죄형법정주의와 형벌불소급원칙을 규정하고 있다. 위 조항들의 근본 취지는, 허용된 행위와 금지된 행위의 경계를 명확히 설정하여 어떠한 행위가 금지되어 있고 그에 위반한 경우 어떠한 처벌이 정해져 있는가를 미리 국민에게 알려 자신의 행위를 그에 맞출 수 있도록 하고, 사후입법에 의한 처벌이나 가중처벌을 금지함으로써 법적 안정성, 예측가능성 및 국민의 신뢰를 보호하기 위한 데 있다(헌재 1996. 2. 16. 96헌가2등 참조).

그런데 형벌불소급원칙이 적용되는 '처벌'의 범위를 형법이 정한 형벌의 종류에만 한정되는 것으로 보게 되면, 형법이 정한 형벌 외의 형태로 가해질 수 있는 형사적 제재나 불이익은 소급적용이 허용되는 결과가 되어, 법적 안정성과 예측가능성을 보장하여 자의적 처벌로부터 국민을 보호하고자 하는 형벌불소급원칙의 취지가 몰각될 수 있다. 형벌불소급원칙에서 의미하는 '처벌'은 단지 형법에 규정되어 있는 형식적 의미의 형벌 유형에 국한되지 않는다. 헌법재판소는 일찍이 보안처분인 구 사회보호법상 '보호감호'에 대하여 '상습범 등에 대한 보안처분의 하나로서 신체에 대한 자유의 박탈을 그 내용으로 하는 보호감호처분은 형벌과 같은 차원에서의 적법한 절차와 헌법 제13조 제1항에 정한 죄형법정주의의 원칙에 따라 비로소 과해질 수 있는 것이라 할 수 있고, 따라서 그 요건이 되는 범죄에 관한 한 소급입법에 의한 보호감호처분은 허용될 수 없다.'고 판시하여 '형법이 규정한 형벌' 외의 제재에 대해서도 형벌불소급원칙이 적용될 수 있음을 밝힌 바 있다(헌재 1989. 7. 14. 88헌가5등 참조). 그 후에도 헌법재판소는 '보안처분이라 하더라도 형벌적 성격이 강하여 신체의 자유를 박탈하거나 박탈에 준하는 정도로 신체의 자유를 제한하는 경우에는 형벌불소급원칙이 적용된다.'고 판시하고 있다(헌재 2012. 12. 27. 2010헌가82등; 헌재 2014. 8. 28. 2011헌마28등 참조).

대법원도 구 사회보호법상의 '보호감호'에 관하여 사회보호법 시행 이후에 저지른 범죄에 대하여만 보호감호 청구의 대상이 된다고 판시하였고(대법원 1982. 2. 9. 선고 81도2897 판결 참조), '가정폭력범죄의 처벌 등에 관한 특례법'이 정한 보호처분 중하나인 '사회봉사명령'에 대하여도, 보안처분의 성격을 가지는 것이나 실질적으로는 신체적 자유를 제한하게 되므로 형벌불소급원칙에 따라 행위시법을 적용하여야 한다는 취지로 판결하였다(대법원 2008. 7. 24. 선고 2008어4 판결 참조).

이와 같이 헌법재판소와 대법원은 범죄행위에 따른 제재를 부과할 때 그 제재의 형식적 분류보다는 그 제재의 실질이 가져오는 형벌적 불이익의 정도에 따라 형벌불소급원칙의 적용 여부를 판단하고 있다.

이러한 점들을 종합하여 볼 때, 범죄행위에 따른 제재의 내용이나 실제적 효과가 가중되거나 부수효과가 불이익하게 변경되는 경우에는 행위시법을 적용함이 바람직하다(독일 형법 제2조 제1항 참조). 특히 범죄행위에 따른 제재의 내용이나 실제적 효과가 형벌적 성격이 강하여, 신체의 자유를 박탈하거나 이에 준하는 정도로 신체의 자유를 제한하는 경우에는 법적 안정성, 예측 가능성 및 국민의 신뢰를 보호하기 위하여 형벌불소급원칙이 적용되어야 한다.

(3) 노역장유치조항과 형벌불소급원칙

(가) 형법은 "벌금을 납입하지 아니한 자는 1일 이상 3년 이하의 기간 노역장에 유치하여 작업에 복무하게 한다."고 하고(제69조 제2항), "벌금을 선고할 때에는 납입하지 아니하는 경우의 유치기간을 정하여 동시에 선고하여야 한다."고 규정하고 있다(제70조 제1항). 이와 같이 노역장유치는 벌금형에 대한 집행방법으로 그 자체가 독립된 형벌이 아니지만 벌금형에 부수적으로 부과되는 환형처분이다.

그리고 노역장유치의 집행에는 형의 집행에 관한 규정이 준용되고(형사소송법 제492조), 노역장유치의 명령을 받은 자는 징역형이 선고된 수형자와 함께 교도소에 수감되어 정역에 복무하는 등(형법 제67조, 형의 집행 및 수용자의 처우에 관한 법률 제2조 제2호), 노역장유치는 집행방법이 징역형과 동일하다. 또한 형법은 판결선고 전의 구금일수 전부를 유치기간에 산입하고, 구금일수의 1일을 유치기간의 1일로 계산하는 등(형법 제57조), 노역장유치의 실질을 징역형과 같은 것으로 규정하고 있다.

따라서 노역장유치는 벌금형에 부수적으로 부과되는 환형처분으로서, 그 실질은 신체의 자유를 박탈하여 징역형과 유사한 형벌적 성격을 가지고 있으므로, 형벌불소급원칙의 적용대상이 된다.

(나) 형벌불소급원칙은 범죄행위시의 법률에 의해 범죄를 구성하지 않는 경우뿐만 아니라, 범죄행위시의 법률보다 형을 가중한 경우에도 적용된다. 형벌불소급원칙은 범죄행위시의 법률보다 형의 상한 또는 하한을 높인 경우에도 적용되며, 주형을 가중한 경우 외에도 부가형·병과형을 가중한 경우에도 적용된다.

앞서 본바와 같이, 노역장유치는 벌금형에 부수적으로 부과되는 환형처분으로서 실질은 신체의 자유를 박탈하여 징역형과 유사한 형벌적 성격을 가지고 있으므로, 노역장유치와 관련된 법률의 개정으로 동일한 벌금형을 선고받은 사람에게 그 기간이 장기화되는 등 불이익이 가중된 때에는, 범죄행위시의 법률에 따라 벌금을 납입하지 아니하는 경우의 유치기간을 정하여 선고하여야 한다.

종전에는 노역장유치와 관련하여 1일 이상 3년 이하의 기간 동안 노역장유치를 할 수 있다는 규정 외에 노역장유치기간의 하한이 정해져 있지 않았고, 벌금이 고액이더라도 노역장유치기간이 반드시 그에 비례하여 장기화되는 것은 아니었다. 그런데 노역장유치조항은 "선고하는 벌금이 1억 원 이상 5억 원 미만인 경우에는 300일 이상, 5억 원 이상 50억 원 미만인 경우에는 500일 이상, 50억 원 이상인 경우에는 1,000일 이상의 유치기간을 정하여야 한다."고 규정하여, 1억 원 이상의 벌금형을 선고하는 경우에는 노역장유치기간을 300일 이상 등으로 하한을 정하였다. 그 결과 1억 이상의 벌금을 선고받는 자에 대한 노역장유치기간은 그 하한이 종전보다 장기화되었다. 이 사건에서도 노역장유치조항을 적용받은 청구인들은 이 조항 시행 전에 공소제기된 공범들보다 3배 내지 17배 가까이 장기간의 노역장유치에 처하는 판결을 선고받았다. 따라서 <u>노역장유치조항은 1억 원 이상의 벌금을 선고받은 자에 대하여는 노역장유치기간의 하한이 중하게 변경된 것이므로, 이 조항 시행 전에 행한 범죄행위에 대해서는 범죄행위 당시에 존재하였던 법률을 적용하여야 한다.</u>

(4) 소결

<u>부칙조항은 노역장유치조항의 시행 전에 행해진 범죄행위에 대해서도 공소제기의 시기가 노역장유치조항의 시행 이후이면 이를 적용하도록 하고 있는 바, 부칙조항은 범죄행위 당시보다 불이익한 법률을 소급하여 적용하도록 하는 것이라고 할 수 있으므로, 헌법상 형벌불소급원칙에 위반된다.</u>

나. 적용범위

(1) 실체형법의 가벌성 요건에의 적용

〈소급효금지 원칙 적용 사안〉

대법원 2010. 6. 10. 선고 2010도4416 판결 [상표법위반(인정된죄명:상표법위반방조)·약사법위반(인정된죄명:약사법위반방조)·전자금융거래법위반·사기]

1. 원심판결 이유에 의하면, 원심은, 피고인이 (1) 2008. 10. 8. 서울 영등포구 영등포동 소재 영등포시장 부근 제일은행 앞 노상에서 접근매체인공소외 1 주식회사 명의의 우리은행 통장, 현금카드, 보안카드 등을 성명불상자에게 400,000원을 받고 양도하고, (2) 2009. 1.

16.경 고양시 일산구 마두동 소재 마두역 근처에서 접근매체인공소외 2 명의의 우리은행 통장, 현금카드, 보안카드 등을 성명불상자에게 400,000원을 받고 전달한 후 그 무렵공소외 2에게 위 금원을 교부하여 접근매체의 양도 및 양수행위를 알선하였다는 이 부분 공소사실에 대하여 전자금융거래법 제49조 제4항 제1호, 제4호, 제6조 제3항 제1호, 제4호를 적용하여 유죄로 인정한 제1심판결을 유지하였다.

2. 그러나 원심의 판단에는 다음과 같은 위법이 있어 그대로 유지될 수 없다.

가. 헌법 제13조 제1항 전단과 형법 제1조 제1항은 형벌법규의 소급효금지 원칙을 밝히고 있고, 2008. 12. 31. 법률 제9325호로 개정된 전자금융거래법(부칙에 따라 공포후 3개월이 경과한 날인 2009. 4. 1.부터 시행되었다. 이하 '법'이라 하고, 위와 같이 개정되기 전의 구 전자금융거래법을 '구법'이라 한다) 제49조 제4항 제4호, 제6조 제3항 제4호에 의하면 위 법 시행일 이후 비로소 법 제6조 제3항 제1호 내지 제3호에 규정된 접근매체의 양도·양수행위 등을 알선하는 행위가 처벌되는 것이므로, 그 시행일 이전의 법 제6조 제3항 제1호에 규정된 접근매체 양도·양수의 알선행위를 처벌하는 것은 형벌법규의 소급효금지 원칙에 위배된다.

따라서 이와 달리 **피고인이 법 제49조 제4항 제4호, 제6조 제3항 제4호의 시행일 이전인 2009. 1. 16.경 법 제6조 제3항 제1호에 규정된 접근매체 양도·양수의 알선행위를 범하였다는 공소사실을 유죄로 인정한** 원심판결에는 형벌법규의 소급효금지 원칙에 관한 법리를 오해한 위법이 있다.

나. 범죄 후 법률의 변경이 있더라도 형이 중하게 변경되는 경우나 형의 변경이 없는 경우에는 형법 제1조 제1항에 따라 행위시법을 적용하여야 할 것인바, 원심은 피고인의 2008. 10. 8.경의 접근매체 양도행위에 대해 법 제49조 제4항 제1호, 제6조 제3항 제1호를 적용하여 이를 유죄로 인정한 제1심판결을 유지하고 있으나, 위 범행 당시에 시행되던 구법 제49조 제5항 제1호, 제6조 제3항의 법정형에 비하여 법 제49조 제4항 제1호, 제6조 제3항 제1호의 법정형이 더 무거우므로 이는 범죄 후 형이 중하게 변경된 경우에 해당하고, 결국 위 범죄사실에 대하여는 행위시법인 구법 제49조 제5항 제1호, 제6조 제3항을 적용하여야 할 것이다. 따라서 원심의 위와 같은 조치에는 법령의 적용을 잘못한 위법이 있고, 이는 판결에 영향을 미쳤음이 명백하다.

대법원 2009. 4. 23. 선고 2008도11017 판결 [게임산업진흥에관한법률위반·상습도박방조·전기통신사업법위반]

헌법 제13조 제1항 전단과 형법 제1조 제1항은 형벌법규의 소급효금지 원칙을 밝히고 있고, 2007. 1. 19. 제8247호로 법률이 개정되면서 시행된 법 제44조 제1항 제2호, 제32조 제1항 제7호와 2007. 5. 16. 제20058호로 대통령령이 개정되면서 신설된 법 시행령 제18조의3과 부칙 제1조에 의하면, 법 시행령 제18조의3의 시행일 이후 위 시행령 조항 각 호에 규정된 게임머니의 환전, 환전 알선, 재매입 영업행위가 처벌되는 것이므로, 그 시행일 이전에 위 시행령 조항 각 호에 규정된 게임머니를 환전, 환전 알선, 재매입한 영업행위를 처벌하는 것은 형벌법규의 소급효금지 원칙에 위배된다.

〈징역형과 유사한 형벌적 성격을 지닌 노역장유치 : 적용〉

대법원 2018. 2. 13. 선고 2017도17809 판결 [특정범죄가중처벌등에관한법률위반(허위세금계산서교부등)·조세범처벌법위반·사기]

가. 원심은 2011. 11. 30.부터 2013. 4. 11.까지 사이에 행한 이 사건 공소사실(이유 무죄 부분 제외)을 유죄로 판단하고, 피고인을 징역 5년 6개월과 벌금 13억 1,250만 원에 처하면서 형법(2014. 5. 14. 법률 제12575호로 개정되어 같은 날 시행된 것) 제70조 제1항, 제2항을 적용하여 '벌금을 납입하지 않는 경우 250만 원을 1일로 환산한 기간 노역장에 유치한다.'는 내용의 판결을 선고하였다.

나. 헌법재판소는 원심판결 선고 후인 2017. 10. 26. 다음과 같은 이유로 1억 원 이상의 벌금형을 선고하는 경우 노역장유치기간의 하한을 정한 형법 제70조 제2항(이하 '노역장유치조항'이라 한다)을 시행일 이후 최초로 공소 제기되는 경우부터 적용하도록 한 형법 부칙 제2조 제1항(이하 '이 사건 부칙조항'이라 한다)이 헌법상 형벌불소급원칙에 위반되어 위헌이라고 판단하였다(헌법재판소 2017. 10. 26. 선고 2015헌바239, 2016헌바177 전원재판부 결정).

(1) 노역장유치는 그 실질이 신체의 자유를 박탈하는 것으로서 징역형과 유사한 형벌적 성격을 가지므로 형벌불소급원칙의 적용대상이 된다.

(2) 노역장유치조항은 1억 원 이상의 벌금형을 선고받는 자에 대하여 유치기간의 하한을 중하게 변경시킨 것이므로, 이 조항 시행 전의 범죄행위에 대해서는 범죄행위 당시에 존재하였던 법률을 적용하여야 한다.

(3) 이 사건 부칙조항은 노역장유치조항의 시행 전에 행해진 범죄행위에 대해서도 공소제기의 시기가 노역장유치조항의 시행 이후이면 이를 적용하도록 하고 있으므로, 이는 범죄행위 당시보다 불이익한 법률을 소급 적용하도록 하는 것으로서 헌법상 형벌불소급원칙에 위반된다.

다. 헌법재판소의 위와 같은 위헌결정 선고로 이 사건 부칙조항은 헌법재판소법 제47조 제3

항 본문에 따라 그 효력을 상실하였다. 따라서 노역장유치조항의 시행 전에 행해진 피고인의 범죄행위에 대해서 노역장유치조항을 적용하여 노역장유치기간을 정한 원심판결은 유지될 수 없다.

〈양형위원회 양형기준 : 비적용〉

대법원 2009. 12. 10. 선고 2009도11448 판결 [성폭력범죄의처벌및피해자보호등에관한법률위반(13세미만미성년자강간등)]

법원조직법 제81조의2 이하의 규정에 의하여 마련된 대법원 양형위원회의 양형기준은 법관이 합리적인 양형을 정하는 데 참고할 수 있는 구체적이고 객관적인 기준으로서 마련된 것이다(같은 법 제81조의6 제1항 참조). 위 양형기준은 법적 구속력을 가지지 아니하고(같은 법 제81조의7 제1항 단서), 단지 위와 같은 취지로 마련되어 그 내용의 타당성에 의하여 일반적인 설득력을 가지는 것으로 예정되어 있으므로 법관의 양형에 있어서 그 존중이 요구되는 것일 뿐이다. 그렇다면 법관이 형을 양정함에 있어서 참고할 수 있는 자료에 달리 제한이 있는 것도 아닌 터에 원심이 위 양형기준이 발효하기 전에 법원에 공소가 제기된 이 사건 범죄에 관하여 형을 양정함에 있어서 위 양형기준을 참고자료로 삼았다고 하여, 거기에 상고이유로 주장하는 바와 같이 피고인에게 불리한 법률을 소급하여 적용한 위법이 있다고 할 수 없다.

(2) 보안처분에의 원칙적 비적용

〈보호관찰 : 비적용〉

대법원 1997. 6. 13. 선고 97도703 판결 [국가보안법위반·집회및시위에관한법률위반·공직선거및선거부정방지법위반]

원심은 피고인이 1995. 6.부터 1995. 11. 15.까지 사이에 범한 이 사건 판시 제1, 2의 범죄사실(국가보안법위반, 공직선거및선거부정방지법위반)을 유죄로 인정하여 피고인에게 징역 1년 6월에 집행유예 3년의 형을 선고하면서, 1995. 12. 29. 법률 제5057호로 개정·신설되어 1997. 1. 1.부터 시행된 개정 형법 제62조의2 제1항, 제2항을 적용하여 보호관찰을 받을 것을 명하였음을 알 수 있다.

개정 형법 제62조의2 제1항에 의하면 형의 집행을 유예를 하는 경우에는 보호관찰을 받을 것을 명할 수 있고, 같은 조 제2항에 의하면 제1항의 규정에 의한 보호관찰의 기간은 집행을 유예한 기간으로 하고, 다만 법원은 유예기간의 범위 내에서 보호관찰의 기간을 정할 수 있다고 규정되어 있는바, 위 조항에서 말하는 보호관찰은 형벌이 아니라 보안처분의 성격을 갖는 것으로서, 과거의 불법에 대한 책임에 기초하고 있는 제재가 아니라 장래의 위험성으로부터 행위자를 보호하고 사회를 방위하기 위한 합목적적인 조치이므로, 그에 관하여 반드시 행위 이전에 규정되어 있어야 하는 것은 아니며, 재판시의 규정에 의하여 보호관찰을 받을 것을 명할 수 있다고 보아야 할 것이고, 이와 같은 해석이 형벌불소급의 원칙 내지 죄형법정주의에 위배되는 것이라고 볼 수 없다.

〈공개명령제도 : 비적용〉

대법원 2011. 3. 24. 선고 2010도14393, 2010전도120 판결 [성폭력범죄의처벌및피해자보호등에관한법률위반(친족관계에의한강간)·부착명령]

아동·청소년의 성보호에 관한 법률에 정한 공개명령 제도는, 아동·청소년 대상 성범죄자의 성명, 나이, 주소 및 실제거주지(읍·면·동까지로 한다), 신체정보(키와 몸무게), 사진 및 아동·청소년 대상 성범죄 요지(이하 '공개정보'라 한다)를 일정기간 정보통신망을 이용하여 공개하도록 하는 조치를 취하여 성인인증 및 본인 확인을 거친 사람은 누구든지 인터넷을 통해 공개명령 대상자의 공개정보를 열람할 수 있도록 함으로써 아동·청소년 대상 성범죄를 효과적으로 예방하고 성범죄로부터 아동·청소년을 보호함을 목적으로 하는 일종의 보안처분이다. 이러한 공개명령 제도의 목적과 성격, 그 운영에 관한 위 법률의 규정 내용 및 취지 등을 종합해 보면, 공개명령 제도는 범죄행위를 한 자에 대한 응보 등을 목적으로 그 책임을 추궁하는 사후적 처분인 형벌과 구별되어 그 본질을 달리하는 것으로서 형벌에 관한 소급입법금지의 원칙이 그대로 적용되지 않으므로, 공개명령 제도가 시행된 2010. 1. 1. 이전에 범한 범죄에도 공개명령 제도를 적용하도록 아동·청소년의 성보호에 관한 법률이 2010. 7. 23. 법률 제10391호로 개정되었다고 하더라도 그것이 소급입법금지의 원칙에 반한다고 볼 수 없다.

대법원 2012. 6. 28. 선고 2012도2947, 2012전도65 판결 [생 략]

2010. 4. 15. 법률 제10258호로 제정·공포된 성폭력범죄의 처벌 등에 관한 특례법(이하 '특례법'이라 한다)은 신상정보의 공개명령 및 고지명령 제도에 관하여 제도의 시행시기를 규

정하면서도 대상이 되는 범죄가 행하여진 시기에 대해서는, 신상정보의 공개명령 및 고지명령 제도에 관하여 그에 관한 규정 시행 후에 범한 범죄로 한정하는 부칙 규정을 두고 있는 아동·청소년의 성보호에 관한 법률과는 달리 아무런 제한을 두고 있지 아니한 점, 특례법이 성인 대상 성범죄자에 대하여 신상정보 공개명령 및 고지명령 제도를 도입한 것은 성인 대상 성범죄자 역시 재범률이 높을 뿐만 아니라 아동을 대상으로 한 성범죄도 저지르고 있으므로 성인 대상 성범죄자에 대한 신상정보 공개를 통하여 성인 대상 성범죄는 물론 아동·청소년 대상 성범죄를 미연에 예방하고자 하는 데 입법 취지가 있는 점, 신상정보의 공개명령 및 고지명령 제도는 성범죄자에 대한 응보 목적의 형벌과 달리 성범죄의 사전예방을 위한 보안처분적 성격이 강한 점 등에 비추어 보면, 특례법 제32조 제1항에 규정된 등록대상 성폭력범죄를 범한 자에 대해서는 특례법 제37조, 제41조의 시행 전에 그 범죄를 범하고 그에 대한 공소제기가 이루어졌더라도 특례법 제37조, 제41조의 시행 당시 공개명령 또는 고지명령이 선고되지 아니한 이상 특례법 제37조, 제41조에 의한 공개명령 또는 고지명령의 대상이 된다고 보아야 한다 (대법원 2011. 9. 29. 선고 2011도9253, 2011전도152 판결 참조).

원심판결 이유를 위 법리와 기록에 비추어 살펴보면, 원심이 그 판시와 같은 이유를 들어 피고인 겸 피부착명령청구자가 2008. 1. 11. 범한 이 사건 강간죄가 특례법 제37조, 제41조에 의한 공개명령 또는 고지명령의 대상이 된다고 판단한 것은 정당하고, 거기에 상고이유 주장과 같이 특례법 부칙 제2조 제2항의 해석 등에 관한 법리를 오해하는 등의 위법이 없다.

〈사회봉사명령 : 예외적 적용〉

대법원 2008. 7. 24.자 2008어4 결정 [보호처분에대한재항고]

원심은, 2006.7. 말경에 있었던 재항고인의 이 사건 폭행행위에 대하여 현행 가정폭력범죄의 처벌 등에 관한 특례법(이하 '가정폭력처벌법'이라고 한다) 제41조, 제40조 제1항 제5호, 제4호를 적용하여 재항고인에게 6개월간 보호관찰을 받을 것과 200시간의 사회봉사 및 80시간의 수강을 명하고 있는데, 원심이 적용한 보호처분에 관한 위 규정은 이 사건 폭행행위 이후인 2007.8.3. 법률 제8580호로 개정된 것으로서 개정 전 가정폭력처벌법(이하 '구 가정폭력처벌법'이라고 한다)에는 사회봉사 및 수강명령의 상한이 각각 100시간으로 되어 있다가 위 개정 당시 각각 200시간으로 그 상한이 확대되었다.

그런데 가정폭력처벌법이 정한 보호처분 중의 하나인 사회봉사명령은 가정폭력범죄를 범한 자에 대하여 환경의 조정과 성행의 교정을 목적으로 하는 것으로서 형벌 그 자체가 아니라 보안처분의 성격을 가지는 것이 사실이나, 한편으로 이는 가정폭력범죄행위에 대하여 형사처벌 대신 부과되는 것으로서, 가정폭력범죄를 범한 자에게 의무적 노동을 부과하고 여가시간을 박탈하여 실질적으로는 신체적 자유를 제한하게 되므로, 이에 대하여는 원칙적으로 형벌불소급의 원칙에 따라 행위시법을 적용함이 상당하다.

대법원 2013. 7. 25. 선고 2013도6181, 2013전도122 판결「특정 범죄자에 대한 보호관찰 및 전자장치 부착 등에 관한 법률은 제5조 제1항에서 '19세 미만의 사람에 대하여 성폭력범죄를 저지른 때'(제4호) 또는 '신체적 또는 정신적 장애가 있는 사람에 대하여 성폭력범죄를 저지른 때'(제5호)에 해당하고 성폭력범죄를 다시 범할 위험성이 있다고 인정되는 사람에 대하여 전자장치 부착명령을 청구할 수 있다고 규정하고, 제9조 제1항 단서에서 '19세 미만의 사람에 대하여 특정범죄를 저지른 경우에는 부착기간 하한을 같은 항 각 호에 따른 부착기간 하한의 2배로 한다'고 규정하여 구 특정 범죄자에 대한 위치추적 전자장치 부착 등에 관한 법률(2012. 12. 18. 법률 제11558호 특정 범죄자에 대한 보호관찰 및 전자장치 부착 등에 관한 법률로 개정되기 전의 것)보다 부착명령청구 요건 및 부착기간 하한가중 요건을 완화·확대하고, 위 법 부칙(2012. 12. 18. 법률 제11558호)은 제2조 제2항에서 '제5조 제1항 제4호 및 제5호의 개정규정에 따른 부착명령청구는 이 법 시행 전에 저지른 성폭력범죄에 대하여도 적용한다'고 규정하여 피고인이 위 법 시행 전에 18세 피해자 공소외인에 대하여 저지른 성폭력범죄의 처벌 등에 관한 특례법 위반(주거침입강간등)죄에 위 법 제5조 제1항 제4호를 적용할 수 있게 되었다. 그런데 위 법 부칙은 이와 달리 19세 미만의 사람에 대하여 특정범죄를 저지른 경우 부착기간 하한을 2배 가중하도록 한 위 법 제9조 제1항 단서에 대하여는 그 소급적용에 관한 명확한 경과규정을 두지 않았는바, 전자장치 부착명령에 관하여 피고인에게 실질적인 불이익을 추가하는 내용의 법 개정이 있고, 그 규정의 소급적용에 관한 명확한 경과규정이 없는 한 그 규정의 소급적용은 이를 부정하는 것이 피고인의 권익 보장이나, 위 법 부칙에서 일부 조항을 특정하여 그 소급적용에 관한 경과규정을 둔 입법자의 의사에 부합한다고 할 것이다.」

(3) 소급효금지 원칙과 소송법 : 원칙적 비적용

〈소송조건에의 적용〉

대법원 2009. 11. 19. 선고 2009도6058 전원합의체 판결 [생 략]

반의사불벌죄에 있어서 피해자의 피고인 또는 피의자에 대한 처벌을 희망하지 않는다는 의사표시 또는 처벌을 희망하는 의사표시의 철회는, 위와 같은 형사소송절차에 있어서의 소송능력에 관한 일반원칙에 따라, 의사능력이 있는 피해자가 단독으로 이를 할 수 있고, 거기에 법정대리인의 동의가 있어야 한다거나 법정대리인에 의해 대리되어야만 한다고 볼 것은 아니다. 나아가 청소년성보호법에 형사소송법과 다른 특별한 규정을 두고 있지 않는 한 위와 같은 반의사불벌죄에 관한 해석론은 청소년성보호법의 경우에도 그대로 적용되어야 한다. 이와 달리, 만약 반의사불벌죄에 있어서 피해자에게 의사능력이 있음에도 불구하고 그 처벌을 희망하지 않는다는 의사표시 또는 처벌희망 의사표시의 철회에 법정대리인의 동의가 있어야 하는 것으로 본다면, 이는 피고인 또는 피의자에 대한 처벌희망 여부를 결정할 수 있는 권한을 명문의 근거 없이 새롭게 창설하여 법정대리인에게 부여하는 셈이 되어 부당하며, 형사소송법 또는 청소년성보호법의 해석론을 넘어서는 입론이라고 할 것이다. 뿐만 아니라, 처벌을 희망하지 않는다는 의사표시 또는 처벌희망 의사표시의 철회는 이른바 소극적 소송조건에 해당하고, 소송조건에는 죄형법정주의의 파생원칙인 유추해석금지의 원칙이 적용된다고 할 것인데, 명문의 근거 없이 그 의사표시에 법정대리인의 동의가 필요하다고 보는 것은 유추해석에 의하여 소극적 소송조건의 요건을 제한하고 피고인 또는 피의자에 대한 처벌가능성의 범위를 확대하는 결과가 되어 죄형법정주의 내지 거기에서 파생된 유추해석금지의 원칙에도 반한다.

〈공소시효의 정지와 소급효금지의 원칙〉

헌법재판소 1996. 2. 16. 선고 96헌가2, 96헌바7, 96헌바13 전원재판부 [5·18민주화운동 등에관한특별법제2조위헌제청등]

재판관 김문희, 재판관 황도연의 의견

공소시효는 법률로써 명문규정을 둔 경우에 한하여 정지되는 것이고, 헌법 제84조의 규정도 공소시효의 정지에 관한 명문규정으로 볼 수 없으므로, 위 법률조항에서 공소시효가 정지되는 것으로 규정한 전기간, 모든 피의자에 대하여 이 법률조항으로 말미암아 비로소 공소시효의 진행이 정지되는 것으로 보아야 한다. 따라서 이 법률조항은 소급적 효력을 가진 형성적 법률이다.

다. 형벌불소급의 원칙은 "행위의 가벌성" 즉 형사소추가 "언제부터 어떠한 조건하에서" 가능한가의 문제에 관한 것이고, "얼마동안" 가능한가의 문제에 관한 것은 아니므로, 과거에 이미 행한 범죄에 대하여 공소시효를 정지시키는 법률이라 하더라도 그 사유만으로 헌법 제12조 제1항 및 제13조 제1항에 규정한 죄형법정주의의 파생원칙인 형벌불소급의 원칙에 언제나 위배되는 것으로 단정할 수는 없다.

라. 공소시효가 아직 완성되지 않은 경우 위 법률조항은 단지 진행중인 공소시효를 연장하는 법률로서 이른바 부진정소급효를 갖게 되나, 공소시효제도에 근거한 개인의 신뢰와 공소시효의 연장을 통하여 달성하려는 공익을 비교형량하여 공익이 개인의 신뢰보호이익에 우선하는 경우에는 소급효를 갖는 법률도 헌법상 정당화될 수 있다.

위 법률조항의 경우에는 왜곡된 한국 반세기 헌정사의 흐름을 바로 잡아야 하는 시대적 당위성과 아울러 집권과정에서의 헌정질서파괴범죄를 범한 자들을 응징하여 정의를 회복하여야 한다는 중대한 공익이 있는 반면, 공소시효는 행위자의 의사와 관계없이 정지될 수도 있는 것이어서 아직 공소시효가 완성되지 않은 이상 예상된 시기에 이르러 반드시 시효가 완성되리라는 것에 대한 보장이 없는 불확실한 기대일 뿐이므로 공소시효에 대하여 보호될 수 있는 신뢰보호이익은 상대적으로 미약하여 위 법률조항은 헌법에 위반되지 아니한다.

마. 재판관 김진우, 재판관 이재화, 재판관 조승형, 재판관 정경식의 합헌의견

(1) 진정소급입법이라 하더라도 기존의 법을 변경하여야 할 공익적 필요는 심히 중대한 반면에 그 법적 지위에 대한 개인의 신뢰를 보호하여야 할 필요가 상대적으로 적어 개인의 신뢰이익을 관철하는 것이 객관적으로 정당화될 수 없는 경우에는 예외적으로 허용될 수 있다.

(2) 진정소급입법이 허용되는 예외적인 경우로는 일반적으로, 국민이 소급입법을 예상할 수 있었거나, 법적 상태가 불확실하고 혼란스러웠거나 하여 보호할 만한 신뢰의 이익이 적은 경우와 소급입법에 의한 당사자의 손실이 없거나 아주 경미한 경우, 그리고 신뢰보호의 요청에 우선하는 심히 중대한 공익상의 사유가 소급입법을 정당화하는 경우를 들 수 있다.

(3) 이 사건 반란행위 및 내란행위자들은 우리 헌법질서의 근간을 이루고 있는 자유민주적 기본질서를 파괴하였고, 그로 인하여 우리의 민주주의가 장기간 후퇴한 것은 말할 것도 없고, 많은 국민의 그 생명과 신체가 침해되었으며, 전국민의 자유가 장기간 억압되는 등 국민에게 끼친 고통과 해악이 너무도 심대하여 공소시효의 완성으로 인한 이익은 단순한 법률적 차원의 이익이고, 헌법상 보장된 기본권적 법익에 속하지 않는 반면, 집권과정에서 헌정질서파괴범죄를 범한 자들을 응징하여 정의를 회복하여 왜곡된 우리 헌정사의 흐름을 바로 잡아야 할 뿐만 아니라, 앞으로는 우리 헌정사에 다시는 그와 같은 불행한 사태가 반복되지 않도록 자유민주적 기본질서의 확립을 위한 헌정사적 이정표를 마련하여야 할 공익적 필요는 매우 중대한 반면, 이 사건 반란행위자들 및 내란행위자들의 군사반란죄나 내란죄의 공소시효 완성으로 인한 법적 지위에 대한 신뢰이익이 보호받을 가치가 별로 크지 않다는 점에서, 이 법률조항은 위 행위자들의 신뢰이익이나 법적 안정성을 물리치고도 남을 만큼 월등히 중대

한 공익을 추구하고 있다고 평가할 수 있어, 이 법률조항이 위 행위자들의 공소시효완성에 따르는 법적 지위를 소급적으로 박탈하고, 그들에 대한 형사소추를 가능하게 하는 결과를 초래하여 그 합헌성 인정에 있어서 엄격한 심사기준이 적용되어야 한다고 하더라도, 이 법률조항은 헌법적으로 정당화된다고 할 것이다.

(4) 위 법률조항은 헌정질서파괴범죄자들에 대하여 국가가 실효적으로 소추권을 행사할 수 있는 기간을 다른 일반국민들에 대한 시효기간과 동일하게 맞춤으로써, 그 범죄행위로 인하여 초래되었던 불평등을 제거하겠다는 것에 불과하여, 위 범죄행위자들을 자의적으로 차별하는 것이 아닐 뿐만 아니라, 오히려 실질적 정의와 공평의 이념에 부합시키는 조치라고 할 수 있다.

재판관 김용준, 재판관 김문희, 재판관 황도연, 재판관 고중석, 재판관 신창언의 한정위헌의견
형사실체법의 영역에서 형벌은 바로 신체의 자유와 직결되기 때문에 적어도 범죄구성요건과 형벌에 관한 한, 어떠한 공익상의 이유도, 국가적인 이익도 개인의 신뢰보호의 요청과 법적 안정성에 우선할 수 없고, 공소시효가 이미 완성되어 소추할 수 없는 상태에 이른 뒤에 뒤늦게 소추가 가능하도록 하는 새로운 법률을 제정하는 것은 결과적으로 형벌에 미치는 사실적 영향에서는 형벌을 사후적으로 가능하게 하는 새로운 범죄구성요건의 제정과 실질에 있어서는 마찬가지이므로, <u>공소시효가 이미 완성된 경우에 그 뒤 다시 소추할 수 있도록 법률로써 규정하는 것은 헌법 제12조 제1항 후단의 적법절차의 원칙과 제13조 제1항의 형벌불소급의 원칙 정신에 비추어 헌법적으로 받아들일 수 없는 위헌적인 것이다.</u>

> **헌법재판소 1999. 7. 22. 선고 97헌바76, 98헌바50·51·52·54·55 전원재판부 [구수산업법제2조제7호등위헌소원, 공유수면매립법제6조제2호등위헌소원]**
> 소급입법은 새로운 입법으로 이미 종료된 사실관계 또는 법률관계에 작용케 하는 진정소급입법과 현재 진행중인 사실관계 또는 법률관계에 작용케 하는 부진정소급입법으로 나눌 수 있는바, <u>부진정소급입법은 원칙적으로 허용되지만 소급효를 요구하는 공익상의 사유와 신뢰보호의 요청 사이의 교량과정에서 신뢰보호의 관점이 입법자의 형성권에 제한을 가하게 되는데 반하여, 기존의 법에 의하여 형성되어 이미 굳어진 개인의 법적 지위를 사후입법을 통하여 박탈하는 것 등을 내용으로 하는 진정소급입법은 개인의 신뢰보호와 법적 안정성을 내용으로 하는 법치국가원리에 의하여 특단의 사정이 없는 한 헌법적으로 허용되지 아니하는 것이 원칙이고, 다만 일반적으로 국민이 소급입법을 예상할 수 있었거나 법적 상태가 불확실하고 혼란스러워 보호할 만한 신뢰이익이 적은 경우와 소급입법에 의한 당사자의 손실이 없거나 아주 경미한 경우 그리고 신뢰보호의 요청에 우선하는 심히 중대한 공익상의 사유가 소급입법을 정당화하는 경우 등에는 예외적으로 진정소급입법이 허용된다.</u>

〈경과규정을 두지 아니한 경우 공소시효 배제조항의 소급적용 여부〉

대법원 2015. 5. 28. 선고 2015도1362, 2015전도19 판결 [생 략]

(1) 법원이 어떠한 법률조항을 해석·적용함에 있어서 한 가지 해석방법에 의하면 헌법에 위배되는 결과가 되고 다른 해석방법에 의하면 헌법에 합치하는 것으로 볼 수 있을 때에는 위헌적인 해석을 피하고 헌법에 합치하는 해석방법을 택하여야 한다(대법원 1992. 5. 8.자 91부8 결정 등 참조). 이는 입법방식에 다소 부족한 점이 있어 어느 법률조항의 적용 범위 등에 관하여 불명확한 부분이 있는 경우에도 마찬가지라 할 것이다. 이러한 관점에서 보면 <u>공소시효를 정지·연장·배제하는 내용의 특례조항을 신설하면서 소급적용에 관한 명시적인 경과규정을 두지 아니한 경우에 그 조항을 소급하여 적용할 수 있다고 볼 것인지에 관하여는 이를 해결할 보편타당한 일반원칙이 존재할 수 없는 터이므로 적법절차원칙과 소급금지원칙을 천명한 헌법 제12조 제1항과 제13조 제1항의 정신을 바탕으로 하여 법적 안정성과 신뢰보호원칙을 포함한 법치주의 이념을 훼손하지 아니하도록 신중히 판단하여야 한다.</u>

(2) 이 사건 공소사실 중 2006. 5.경 장애인 준강간의 점(이하 '이 사건 장애인 준강간의 점'이라 한다)에 대한 적용법조는 구 「성폭력범죄의 처벌 및 피해자보호 등에 관한 법률」(2010. 4. 15. 법률 제10258호 「성폭력범죄의 피해자보호 등에 관한 법률」로 개정되기 전의 것) 제8조, 구 형법 (2012. 12. 18. 법률 제11574호로 개정되기 전의 것) 제297조로서 그 법정형이 3년 이상의 유기징역이므로, 구 형사소송법(2007. 12. 21. 법률 제8730호로 개정되기 전의 것) 제249조 제1항 제3호에 의하여 그 공소시효는 7년이다.

한편 2010. 4. 15. 법률 제10258호로 제정·공포된 「성폭력범죄의 처벌 등에 관한 특례법」 (이하 '법률 제10258호 성폭력처벌법'이라 한다)은 미성년자에 대한 성폭력범죄와 관련한 공소시효 정지·연장조항을 신설하면서(제20조 제1항, 제2항) 그 부칙 제3조에서 "이 법 시행 전 행하여진 성폭력범죄로 아직 공소시효가 완성되지 아니한 것에 대하여도 제20조를 적용한다." 고 규정한 반면, 2011. 11. 17. 법률 제11088호로 개정되어 2011. 11. 17. 시행된 「성폭력범죄의 처벌 등에 관한 특례법」(이하 '이 사건 법률'이라 한다)은 제20조 제3항에서 "13세 미만의 여자 및 신체적인 또는 정신적인 장애가 있는 여자에 대하여 형법 제297조(강간) 또는 제299조(준강간, 준강제추행)(준강간에 한정한다)의 죄를 범한 경우에는 제1항과 제2항에도 불구하고 형사소송법 제249조부터 제253조까지 및 군사법원법 제291조부터 제295조까지에 규정된 공소시효를 적용하지 아니한다."고 규정하여 공소시효 배제조항을 신설하면서도 이에 대하여는 법률 제10258호 성폭력처벌법 부칙 제3조와 같은 경과규정을 두지 아니하였다.

(3) 원심은, 이 사건 법률을 통하여 피고인에게 불리한 내용의 공소시효 배제조항을 신설하면서 신법을 적용하도록 하는 경과규정을 두지 아니한 경우 그 공소시효 배제조항의 시적 적용 범위에 관하여는 보편타당한 일반원칙이 존재하지 아니하므로 각국의 현실과 사정에 따라 그 적용 범위를 달리 규율할 수 있는데, 2007. 12. 21. 법률 제8730호로 개정된 형사소송법이 종전의 공소시효 기간을 연장하면서도 그 부칙 제3조에서 "이 법 시행 전에 범한 죄에 대하여는 종전의 규정을 적용한다."고 규정함으로써 소급효를 인정하지 아니한다는 원칙을 밝힌 점, 특별법에 소급적용에 관한 명시적인 경과규정이 없는 경우에는 일반법에 규정된 경과규정이 적용되어야 하는 점 등에 비추어 공소시효가 피고인에게 불리하게 변경되는 경우에는 피고인에게 유리한 종전 규정을 적용하여야 하고, 이 사건 법률에는 소급적용에 관한 명시적인 경과규정이 없어 이 사건 장애인 준강간의 점에 대하여는 이 사건 법률 제20조 제3항을 소급하여 적용할 수 없으므로 그 범행에 대한 공소가 범죄행위 종료일부터 7년이 경과한 후에 제기되어 공소시효가 완성되었다는 이유로, 이를 유죄로 판단한 제1심판결을 파기하고 이 부분 공소사실에 대하여 면소를 선고하였다.

(4) 원심판결 이유를 앞서 본 법리에 비추어 살펴보면 원심의 판단은 정당하고, 거기에 상고이유의 주장과 같이 형벌불소급의 원칙 및 공소시효 배제규정에 대한 부진정소급효에 관한 법리를 오해하는 등으로 판결 결과에 영향을 미친 위법이 없다. 상고이유에서 들고 있는 대법원판결은 이 사건과는 사안을 달리하므로 이 사건에 원용하기에 적절하지 아니하다.

대법원 2021. 2. 25. 선고 2020도3694 판결 [상습폭행(인정된 죄명: 폭행)·아동복지법위반(상습아동학대)[인정된 죄명: 아동복지법위반(아동학대)]]

공소시효를 정지·연장·배제하는 특례조항을 신설하면서 소급적용에 관한 명시적인 경과규정을 두지 않은 경우 그 조항을 소급하여 적용할 수 있는지에 관해서는 보편타당한 일반원칙이 존재하지 않고, 적법절차원칙과 소급금지원칙을 천명한 헌법 제12조 제1항과 제13조 제1항의 정신을 바탕으로 하여 법적 안정성과 신뢰보호원칙을 포함한 법치주의 이념을 훼손하지 않는 범위에서 신중히 판단해야 한다(대법원 2015. 5. 28. 선고 2015도1362, 2015전도19 판결 참조). …

제34조는 '공소시효의 정지와 효력'이라는 제목으로 제1항에서 "아동학대범죄의 공소시효는 형사소송법 제252조에도 불구하고 해당 아동학대범죄의 피해아동이 성년에 달한 날부터 진행한다."라고 정하고, 부칙은 "이 법은 공포 후 8개월이 경과한 날부터 시행한다."라고 정하고 있다. 아동학대처벌법은 신체적 학대행위를 비롯한 아동학대범죄로부터 피해아동을

보호하기 위한 것으로서, 제34조는 아동학대범죄가 피해아동의 성년에 이르기 전에 공소시효가 완성되어 처벌대상에서 벗어나는 것을 방지하고자 그 진행을 정지시킴으로써 피해를 입은 18세 미만 아동(아동학대처벌법 제2조 제1호, 아동복지법 제3조 제1호)을 실질적으로 보호하려는 데 그 취지가 있다.

아동학대처벌법은 제34조 제1항의 소급적용에 관하여 명시적인 경과규정을 두고 있지는 않다. 그러나 이 규정의 문언과 취지, 아동학대처벌법의 입법 목적, 공소시효를 정지하는 특례조항의 신설·소급에 관한 법리에 비추어 보면, 이 규정은 완성되지 않은 공소시효의 진행을 일정한 요건에서 장래를 향하여 정지시키는 것으로서, 그 시행일인 2014. 9. 29. 당시 범죄행위가 종료되었으나 아직 공소시효가 완성되지 않은 아동학대범죄에 대해서도 적용된다고 봄이 타당하다(대법원 2016. 9. 28. 선고 2016도7273 판결 참조).

(4) 소급효금지 원칙과 판례

〈판례 변경과 소급효금지 원칙〉

대법원 1999. 7. 15. 선고 95도2870 전원합의체 판결 [건축법위반]

1. 피고인 피고인 2, 피고인 3의 상고이유에 대하여

가. 구 건축법(1991. 5. 31. 법률 제4381호로 개정되어 1992. 6. 1. 시행되기 전의 것, 이하 같다) 제54조 내지 제56조의 벌칙규정에서 그 적용대상자를 건축주, 공사감리자, 공사시공자 등 일정한 업무주로 한정한 경우에 있어서, 같은 법 제57조의 양벌규정은 업무주가 아니면서 당해 업무를 실제로 집행하는 자가 있는 때에 위 벌칙규정의 실효성을 확보하기 위하여 그 적용대상자를 당해 업무를 실제로 집행하는 자에게까지 확장함으로써 그러한 자가 당해 업무집행과 관련하여 위 벌칙규정의 위반행위를 한 경우 위 양벌규정에 의하여 처벌할 수 있도록 한 행위자의 처벌규정임과 동시에 그 위반행위의 이익귀속주체인 업무주에 대한 처벌규정이라고 할 것이다.

이와 일부 달리 구 건축법 제57조의 양벌규정은 행위자 처벌규정이라고 해석할 수 없는 것이므로 위 규정을 근거로 실제의 행위자를 처벌할 수 없다고 한 대법원 1990. 10. 12. 선고 90도1219 판결, 1992. 7. 28. 선고 92도1163 판결 및 1993. 2. 9. 선고 92도3207 판결의 견해는 이와 저촉되는 한도에서 변경하기로 한다.

나. 원심판결과 원심이 채택한 증거를 위 법리와 기록에 비추어 살펴보면, 원심이 이 사건 아파트 공사는 부산광역시 도시개발공사가 발주하고 공소외 주식회사가 시공하였던 사실 및 위 회사 소속 건축기사인 피고인 2가 위 회사의 대표이사인 피고인 1의 포괄적 위임에 따라

위 아파트 공사의 현장소장 겸 현장대리인으로서 자신의 책임하에 위 아파트 공사의 시공 전반을 지휘·감독하면서 위 발주자측 현장감독인인 피고인 3과 공모하여 원심 판시와 같이 위 아파트의 지하주차장 시공의 순서와 방법을 그르치고, 그것이 원인이 되어 위 아파트가 기울어짐으로써 안전한 구조를 가지지 못하게 된 사실 등을 인정한 다음, 건축물 구조의 안전확인의무를 위배하였다는 이유로 구 건축법 제57조, 제55조 제4호, 제10조, 형법 제30조 등을 적용하여 위 피고인들을 건축법위반의 공범으로 다스린 것은 정당하고, 거기에 지적하는 것과 같은 채증법칙 위배로 인한 사실오인이나 구 건축법 제55조 제4호가 규정한 벌칙의 적용대상자, 신분범의 공범 등에 관한 법리오해의 위법이 없다. …

5. 대법관 박준서, 대법관 이돈희의 다수의견에 대한 보충의견은 다음과 같다. …

그리고 형사처벌의 근거가 되는 것은 법률이지 판례가 아니고, 구 건축법 제57조에 관한 판례의 변경은 그 법률조항의 내용을 확인하는 것에 지나지 아니하여 이로써 위 법률조항 자체가 변경된 것이라고 볼 수는 없으므로, 행위 당시의 판례에 의하면 처벌대상이 되지 아니하는 것으로 해석되었던 행위를 판례의 변경에 따라 확인된 내용의 위 법률조항에 근거하여 처벌한다고 하여 그것이 형벌불소급의 원칙에 반한다고 할 수는 없다 할 것이다.

6. 구 건축법 제57조 소정의 양벌규정의 성격에 관한 대법관 정귀호, 대법관 신성택, 대법관 이용훈, 대법관 조무제의 반대의견은 다음과 같다. …

셋째, 형사법의 대원칙인 죄형법정주의는 범죄와 형벌은 법률로 정하게 하고 그러한 법률이 없으면 형벌을 부과할 수 없게 함으로써 국민의 법적 안정성을 보호하고 국민에게 예측가능성을 보장하여 국가 형벌권의 자의적 행사로부터 국민의 자유와 권리를 보장하려는 법치국가적 형법의 기본원칙으로서 그 내용의 하나인 명확성의 원칙은 형벌법규의 해석은 가능한 한 엄격하게 하여야 한다는 법률해석의 원리라고도 할 수 있는데, 구 건축법의 양벌규정에서처럼 단지 그 소정의 '행위자를 벌하는 외에'라고만 규정하여 그 규정에서 행위자 처벌을 새로이 정한 것인지 여부가 명확하지 않은 위와 같은 규정을 들어 형사처벌의 근거 규정이 된다고 해석하는 것은 죄형법정주의의 원칙에 배치되는 온당치 못한 해석이라고 할 것이다.

넷째, 우리 법제와 같은 성문법주의 아래서는 최고법원의 판례라고 하더라도 이것이 바로 법원이 되는 것은 아니지만, 실제의 법률생활에 있어서는 특히 최고법원 판례의 경우 사실상 구속력을 가지고 국민에 대하여 그 행동의 지침을 부여하는 역할을 수행하는 한편 당해 사건을 최종적인 판단에 의하여 해결하는 기능뿐만 아니라 법령해석의 통일이라는 제도적 기능도 아울러 가지고 있음을 고려할 때, 종래 대법원 1990. 10. 12. 선고 90도1219 판결 등 다수의견이 변경하고자 하는 대법원판례가 구 건축법의 양벌규정이 행위자 처벌의 근거 규정이 될 수 없다고 일관되게 해석하여 옴으로써 국민의 법의식상 그러한 해석이 사실상 구속력이 있는 법률해석으로 자리잡게 되었다고 할 수 있음에도 불구하고 단지 다른 법률의 양벌규정과 해석을 같이 하려는 취지에서 국민에게 불이익한 방향으로 그 해석을 변경하고 그에 따라 위와 같은 대법원판례들을 소급적으로 변경하려는 것은 형사법에서 국민에게 법적안정성과 예측가능성을 보장하기 위하여 소급입법 금지의 원칙을 선언하고 있는 헌법의 정신과도 상용될 수 없는 것이다.
따라서 위와 같은 양벌규정에 근거하여 행위자를 처벌하려고 한다면, 공직선거및선거부정방지법 제260조의 "회사(…)의 임원이나 구성원이 그 업무에 관하여 이 장(장, 벌칙을 정한 같은 법 제16장을 가리킴)에서 정하는 죄를 범한 때에는 당해 회사 등이 한 것으로 보아, 그 행위자를 해당 각 조의 형에 처하는 외에 당해 회사 등에 대하여도 해당 각 조의 벌금형에 처한다." 라는 규정과 같이 행위자의 처벌규정이라고 해석할 수 있도록 법률개정을 통하여 그 문언이 변경된 경우에 한하여 가능하다고 할 것이다. 그럼에도 불구하고 그 내용이 명확하지 아니한 구 건축법의 양벌규정을 행위자 처벌의 근거 규정이라고 해석하기 위하여 종래 일관되게 유지되어 온 판례들을 변경하려고 하는 것은 법기능적 해석방법으로는 옳을는지 몰라도 국민의 법적안정성과 예측가능성을 훼손하여 판례만 바꾸면 언제라도 국민에 대한 형벌권행사가 가능하다고 생각케 함으로써 국민의 자유와 권리의 보장이라는 더 큰 가치를 잃게 되었다고 하지 않을 수 없다.
따라서 이 사건에서도 구 건축법의 양벌규정을 근거로 피고인 2와 피고인 3을 처벌하여서는 안된다고 할 것이다.

(5) 행위자에게 유리한 소급적용의 허용

대법원 1997. 1. 24. 선고 96도1731 판결 「형법 제344조, 제328조 제1항 소정의 친족간의 범행에 관한 규정이 적용되기 위한 친족관계는 원칙적으로 범행 당시에 존재하여야 하는 것이지만, 부가 혼인 외의 출생자를 인지하는 경우에 있어서는 민법 제860조에 의하여 그 자의 출생시에 소급하여 인지의 효력이 생기는 것이며, 이와 같은 인지의 소급효는 친족상도례에 관한 위 규정의 적용에도 미친다고 보아야 할 것이므로, 인지가 범행 후에 이루어진 경우라고 하더라도 그 소급효에 따라 형성되는 친족관계를 기초로 하여 위 친족상도례의 규정이 적용되어야 한다고 할 것이다.」

4. 명확성의 원칙

가. 의의 및 근거

〈명확성 원칙의 의의〉

대법원 2003. 11. 14. 선고 2003도3600 판결 [보조금의예산및관리에관한법률위반(인정된 죄명 : 농업협동조합법위반)]

헌법 제12조 제1항이 규정하고 있는 죄형법정주의 원칙은, 범죄와 형벌을 입법부가 제정한 형식적 의미의 법률로 규정하는 것을 그 핵심적 내용으로 하고, 나아가 형식적 의미의 법률로 규정하더라도 그 법률조항이 처벌하고자 하는 행위가 무엇이며 그에 대한 형벌이 어떠한 것인 지를 누구나 예견할 수 있고 그에 따라 자신의 행위를 결정할 수 있도록 구성요건을 명확하게 규정할 것을 요구하므로, 처벌법규의 입법목적이나 그 전체적 내용, 구조 등을 살펴보아 사물 의 변별능력을 제대로 갖춘 일반인의 이해와 판단으로서 그의 구성요건 요소에 해당하는 행위유 형을 정형화하거나 한정할 합리적 해석기준을 찾을 수 있어야 죄형법정주의가 요구하는 형벌법규 의 명확성의 원칙에 반하지 않는다고 할 것이다(대법원 2003. 4. 11. 선고 2003도451 판결 등 참조).

〈명확성 원칙의 근거〉

헌법재판소 1997. 9. 25. 선고 96헌가16 전원재판부 [건축법제79조제4호중제26조의규정에 위반한자부분위헌제청]

(1) 죄형법정주의와 명확성의 원칙

(가) "법률 없으면 범죄도 없고 형벌도 없다"라는 말로 표현되는 죄형법정주의는 이미 제정된 정의로운 법률에 의하지 아니하고는 처벌되지 아니한다는 원칙으로서 이는 범죄의 구성요건과 그에 대한 형벌의 내용은 국민의 대표로 구성된 입법부가 법률로 정하도록 함으로써 국가형벌 권의 자의적 행사로부터 국민의 자유와 권리를 보장하려는 법치국가 형법의 기본원칙이다.

우리헌법도 제12조 제1항에서 누구든지 법률에 의하지 아니하고는 처벌을 받지 아니한다고 규정하고, 제13조 제1항 역시 범죄행위가 행하여지기 전에 법률로서 범죄구성요건이 규정된 때에만 소추할 수 있다고 규정하여 죄형법정주의를 천명하고 있다.

(나) 관습형법금지의 원칙, 소급효금지의 원칙, 유추해석금지의 원칙과 함께 죄형법정주의의 내용을 이루는 명확성의 원칙은 그 구성요건과 법적 결과를 법률로 명확하게 규정하여야 한다는 원칙으로서 법률에 범죄와 형벌을 가능한 한 명확하게 규정하여야 법관의 자의를 방지할 수 있고, 국민들에게 어떠한 행위가 금지되어 있고 그 행위에 대하여 어떠한 형벌이 과하여질지를 예측할 수 있도록 하여 규범의 의사결정효력을 담보할 수 있다는데 그 근거가 있다.

이러한 명확성의 원칙은 크게 다음과 같은 두가지 요구를 내포한다고 할 수 있다.

첫째, 명확성의 원칙의 핵심적 요구로서 형사처벌의 대상이 되는 구성요건은 가능한 한 명백하고 확장할 수 없는 개념을 사용하여 구체적이고 명료하게 규정할 것을 요한다는 것이다. 범죄의 구성요건이 추상적이거나 모호한 개념으로 이루어지거나, 그 적용범위가 너무 광범위하고 포괄적이어서 불명확한 경우에는 국민이 법률에 의하여 금지된 행위가 무엇인가를 알 수 없게 되어 죄형법정주의의 원칙에 위배된다. 구성요건이 어느 정도 특정되어야 명확성의 원칙에 반하지 않는가를 판단함에 있어 우리 재판소는 통상의 판단능력을 가진 사람이 그 의미를 이해할 수 있었는가를 기준으로 하고 있다(헌법재판소 1992. 2. 25. 선고, 89헌가104 결정 참조).

둘째, 현대국가의 사회적 기능증대와 사회현상의 복잡화에 따라 국민의 권리·의무에 관한 사항이라 하여도 모두 입법부에서 제정하는 법률만으로 규정하는 것은 불가능하다 할 것이므로 행정부에서 제정한 명령에 위임하는 것을 허용하지 않을 수 없고, 이에 따라 우리헌법은 제75조에서 "대통령은 법률에서 구체적으로 범위를 정하여 위임받은 사항……에 관하여 대통령령을 발할 수 있다"라고 규정하여 위임 입법의 근거를 마련함과 동시에 그 근거와 한계를 제시함으로써 헌법상의 권력분립주의, 의회주의, 법치주의의 기본원리를 유지하고 있다.

이러한 위임입법에 관한 헌법 제75조는 처벌법규에도 적용되는 것이지만, 우리 재판소가 밝히고 있는바와 같이 법률에 의한 처벌법규의 위임은 헌법이 특히 인권을 최대한으로 보장하기 위하여 죄형법정주의와 적법절차를 규정하고, 법률에 의한 처벌을 특별히 강조하고 있는 기본권보장 우위사상에 비추어 바람직스럽지 못한 일이므로, 그 요건과 범위가 보다 엄격하게 제한적으로 적용되어야 한다. 따라서 처벌법규의 위임은 특히 긴급한 필요가 있거나 미리 법률로써 자세히 정할 수 없는 부득이한 사정이 있는 경우에 한정되어야 하고 이러한 경우일지라도 법률에서 범죄의 구성요건은 처벌대상인 행위가 어떠한 것일 거라고 이를 예측할 수 있을 정도로 구체적으로 정하고 형벌의 종류 및 그 상한과 폭을 명백히 규정하여야 한다(헌법재판소 1991. 7. 8. 선고, 91헌가4 ; 1994. 6. 30. 선고, 93헌가15.16.17(병합) ; 1995. 10. 26. 선고, 93헌바62 결정 참조).

위와 같은 범죄와 형벌에 관한 사항에 대한 위임입법의 한계와 관련된 요구는 죄형법정주의의 명확성의 원칙의 요구와 경합된다고 할 것이다.

나. 가벌성 요건의 명확성

〈일정 정도 불명확성의 불가피성과 원칙의 충족 여부 판단 기준〉

헌법재판소 2011. 6. 30. 선고 2009헌바199 전원재판부 [형법제311조위헌소원등]

(1) 죄형법정주의의 명확성원칙 위반 여부

(가) 판단기준

헌법 제12조 및 제13조를 통하여 보장되고 있는 죄형법정주의의 원칙은 범죄와 형벌이 법률로 정하여져야 함을 의미하며, 이러한 죄형법정주의에서 파생되는 명확성의 원칙은 법률에서 처벌하고자 하는 행위가 무엇이며 그에 대한 형벌이 어떠한 것인지를 누구나 예견할 수 있고, 그에 따라 자신의 행위를 결정할 수 있도록 구성요건을 명확하게 규정하는 것을 의미한다(헌재 2004. 11. 25. 2004헌바35, 판례집 16-2하, 381, 391). 그러나 처벌법규의 구성요건이 명확하여야 한다고 하더라도 입법권자가 모든 구성요건을 단순한 의미의 서술적인 개념에 의하여 규정하여야 한다는 것은 아니다. 처벌법규의 구성요건이 다소 광범위하여 어떤 범위에서는 법관의 보충적인 해석을 필요로 하는 개념을 사용하였다고 하더라도 그 점만으로 헌법이 요구하는 처벌법규의 명확성의 원칙에 반드시 배치되는 것이라고 볼 수 없다. 즉 건전한 상식과 통상적인 법 감정을 가진 사람으로 하여금 그 적용대상자가 누구이며 구체적으로 어떠한 행위가 금지되고 있는지 충분히 알 수 있도록 규정되어 있다면 죄형법정주의의 명확성의 원칙에 위배되지 않는다고 보아야 한다(헌재 2004. 1. 29. 2002헌가20 등, 판례집 16-1, 1, 17; 헌재 1994. 7. 29. 93헌가4, 판례집 6-2, 15, 33).

그리고 법규범이 명확한지 여부는 그 법규범이 수범자에게 법규의 의미내용을 알 수 있도록 공정한 고지를 하여 예측가능성을 주고 있는지 여부 및 그 법규범이 법을 해석·집행하는 기관에게 충분한 의미내용을 규율하여 자의적인 법해석이나 법집행이 배제되는지 여부, 다시 말하면 예측가능성 및 자의적 법집행 배제가 확보되는지 여부에 따라 이를 판단할 수 있는데, 법규범의 의미내용은 그 문언뿐만 아니라 입법목적이나 입법취지, 입법연혁, 그리고 법규범의 체계적 구조 등을 종합적으로 고려하는 해석방법에 의하여 구체화하게 되므로, 결국 법규범이 명확성원칙에 위반되는지 여부는 위와 같은 해석방법에 의하여 그 의미내용을 합리적으로 파악할 수 있는 해석기준을 얻을 수 있는지 여부에 달려 있다(헌재 2005. 6. 30. 2002헌바83, 판례집 17−1, 812, 821−822; 헌재 2010. 11. 25. 2009헌바27, 판례집 22−2하, 368, 377−378 참조).

(나) 판단

모욕죄의 구성요건 중 '공연성'에 관하여 보건대, '공연성'은 불특정 또는 다수인이 인식할 수 있는 상태에 있을 것임을 의미한다.

그런데 개개의 사안에 따라 불특정 또는 다수인이 인식할 수 있는 상태에 있을 것을 인정할 수 있는 상황이 다를 수 있으므로 입법자가 공연성을 인정할 만한 개개의 유형 및 기준을 일일이 세분하여 구체적으로 한정한다는 것은 입법기술상 불가능하거나 현저히 곤란하다고 볼 수 있다. 그러므로 다소 불분명한 부분이 있다 하더라도 통상적인 해석방법에 의하여 그것이 해소될 수 있다면 헌법이 요구하는 죄형법정주의의 명확성원칙에 배치된다고 볼 수 없다.

또한 불특정 또는 다수인이 인식할 수 있는 상태에 해당하는지 여부를 판단하는 기준은 추상적·일반적으로 결정될 수 없는 성질의 것으로서, 사회통념과 건전한 상식에 따라 구체적·개별적으로 정해야 하는데, 행위가 이루어진 장소의 특수성, 상대방과 피해자와의 관계, 행위 당시의 사정 등 제반사정을 종합하여 합리적으로 판단할 수 있다.

다음으로 이 사건 형법 조항의 구성요건으로서 '모욕'은 사실을 적시하지 아니하고 단순히 사람의 사회적 평가를 저하시킬 만한 추상적 판단이나 경멸적 감정을 표현하는 것을 뜻하는 바, 사람의 사회적 평가를 저하시킬 만한 추상적 판단이나 경멸적 감정을 표현하였는지 여부는 앞서 '공연성'을 평가함에 있어서와 마찬가지로 추상적·일반적으로 결정될 수 없는 성질의 것이므로 이에 해당하는지 여부는 사회통념과 건전한 상식에 따라 구체적·개별적으로 정해질 수밖에 없다.

한편, 어떤 행위가 법적인 구성요건을 충족시키는가 하는 것에 관하여 구체적인 사건에 있어서 의문이 있을 수 있다는 것은 형법규범의 일반성과 추상성에 비추어 불가피한 것이며, 그러한 사정만으로 형법규범이 불명확하다고 볼 수는 없다. 또한 이 사건 형법 조항이 지닌 약간의 불명확성은 법관의 통상적인 해석 작용에 의하여 보완될 수 있고, 모욕죄는 외부적 명예를 그 보호법익으로 하고 있으며, 명예훼손죄와 달리 사실의 적시를 요구하지 아니한다는 점 등 입법목적과 취지 등을 종합하여 볼 때, 건전한 상식과 통상적인 법감정을 가진 일반인이라면 금지되는 행위가 무엇인지를 예측하는 것이 현저히 곤란하다고 보기는 어렵다.

한편, 대법원은 이와 관련한 구체적 사례들에서, 상대방이 피고인 또는 피해자와 특별한 관계에 있는 경우 등은 '공연성'을 부정하거나(대법원 1984. 4. 10. 선고 83도49 판결 참조), 모욕이란 사실을 적시하지 아니하고 사람의 사회적 평가를 저하시킬 만한 추상적 판단이나 경멸적 감정을 표현하는 것이라고 판시하는 등(대법원 2003. 11. 28. 선고 2003도3972 판결 참조) 모욕죄에 해당하는지 여부에 관하여 구체적이고 종합적인 해석 기준을 제시하고 있으므로 법집행기관이 이 사건 형법 조항을 자의적으로 해석할 염려도 없다.

〈명확성의 판단기준〉

대법원 2018. 4. 24.자 2018초기306 결정 [위헌심판제청]

가. 처벌 법규의 입법 목적이나 전체적 내용, 구조 등을 살펴보아 사물의 변별능력을 갖춘 일반인의 이해와 판단으로 구성요건 요소에 해당하는 행위 유형을 정형화하거나 한정할 합리적 해석 기준을 찾을 수 있다면 죄형법정주의가 요구하는 형벌 법규의 명확성 원칙에 반하지 않는다(대법원 2000. 11. 16. 선고 98도3665 전원합의체 판결 등 참조).

명확성 원칙은 모든 법률에 동일한 정도로 요구되는 것은 아니고 개개의 법률이나 법조항의 성격에 따라 요구되는 정도에 차이가 있을 수 있다. 개별 구성요건의 특수성과 그러한 법률이 제정되게 된 배경이나 상황에 따라 달라질 수 있기 때문이다. 명확성 원칙을 엄격히 지킬 것을 요구하는 것은 입법기술상 불가능하거나 현저히 곤란하므로 어느 정도의 보편적·일반적 개념의 용어 사용을 피할 수 없다. 법률이 제정된 목적, 타 규범과 연관성을 고려하여 합리적 해석이 가능한지에 따라 명확성의 구비 여부를 가려야 한다. 설령 법 문언에 어느 정도 모호함이 내포되어 있다고 하더라도 법관이 보충하는 해석을 통해서 법 문언의 의미 내용을 확인할 수 있고 그러한 보충적 해석이 해석자의 개인적인 취향에 따라 좌우될 가능성이 없다면 명확성 원칙을 위반하였다고 할 수 없다(대법원 2015. 10. 22.자 2015즈기12 결정, 헌법재판소 2011. 3. 31. 선고 2008헌바141 등 전원재판부 결정 참조).

나. 공직선거법 제113조의 '후보자가 되고자 하는 자'란 선거에 출마할 예정인 사람으로서 정당에 공천을 신청하거나 선거권자의 후보자추천을 받기 위한 활동을 벌이는 등 입후보 의사가 확정적으로 외부에 표출된 사람을 의미한다. 신분·접촉 대상·언행 등에 비추어 선거에 입후보할 의사를 가진 것을 객관적으로 인식할 수 있을 정도에 이른 사람도 후보자가 되고자 하는 자에 포함된다(대법원 2009. 7. 23. 선고 2009도1880 판결, 대법원 2012. 12. 27. 선고 2012도12416 판결 등 참조).

위와 같은 해석 기준에 비추어 볼 때 공직선거법 제113조, 제250조 제1항의 '후보자가 되고자 하는 자' 부분은 죄형법정주의가 요구하는 명확성을 갖추었다고 할 것이다(헌법재판소 2014. 2. 27. 선고 2013헌바106 전원재판부 결정 참조). 위와 같이 해석하는 이상 '후보자가 되고자 하는 자'까지 처벌 범위를 확대하더라도 이는 자유롭고 공정한 선거와 선거 부정을 방지하기 위하여 필요한 최소한의 침해이므로, 과잉금지 원칙을 위반하여 행복추구권, 선거운동의 자유, 공무담임권 등을 침해하였다고 볼 수 없다.

따라서 공직선거법 제113조 제1항과 제250조 제1항의 '후보자가 되고자 하는 자' 부분, 제257조 제1항 제1호가 헌법에 위배된다고 할 수 없다.

대법원 2006. 5. 11. 선고 2006도920 판결 [생 략]

헌법 제12조 및 제13조를 통하여 보장되고 있는 죄형법정주의의 원칙은 범죄와 형벌이 법률로 정하여져야 함을 의미하며, 이러한 죄형법정주의에서 파생되는 명확성의 원칙은 법률이 처벌하고자 하는 행위가 무엇이며 그에 대한 형벌이 어떠한 것인지를 누구나 예견할 수 있고, 그에 따라 자신의 행위를 결정할 수 있도록 구성요건을 명확하게 규정하는 것을 의미한다. 그러나 처벌법규의 구성요건이 명확하여야 한다고 하여 모든 구성요건을 단순한 서술적 개념으로 규정하여야 하는 것은 아니고, 다소 광범위하여 법관의 보충적인 해석을 필요로 하는 개념을 사용하였다고 하더라도 통상의 해석방법에 의하여 건전한 상식과 통상적인 법감정을 가진 사람이면 당해 처벌법규의 보호법익과 금지된 행위 및 처벌의 종류와 정도를 알 수 있도록 규정하였다면 헌법이 요구하는 처벌법규의 명확성에 배치되는 것이 아니다. 또한, 어떠한 법규범이 명확한지 여부는 그 법규범이 수범자에게 법규의 의미내용을 알 수 있도록 공정한 고지를 하여 예측가능성을 주고 있는지 여부 및 그 법규범이 법을 해석·집행하는 기관에게 충분한 의미내용을 규율하여 자의적인 법해석이나 법집행이 배제되는지 여부, 다시 말하면 예측가능성 및 자의적 법집행 배제가 확보되는지 여부에 따라 이를 판단할 수 있는데, 법규범의 의미내용은 그 문언뿐만 아니라 입법 목적이나 입법 취지, 입법 연혁, 그리고 법규범의 체계적 구조 등을 종합적으로 고려하는 해석방법에 의하여 구체화하게 되므로, 결국 법규범이 명확성 원칙에 위반되는지 여부는 위와 같은 해석방법에 의하여 그 의미내용을 합리적으로 파악할 수 있는 해석기준을 얻을 수 있는지 여부에 달려 있다(헌법재판소 2004. 11. 25. 선고 2004헌바35 결정, 2005. 6. 30. 선고 2002헌바83 결정 등 참조).

다. 범죄에 대한 법적 효과의 명확성

헌법재판소 2009. 2. 26. 선고 2008헌바9, 43 전원재판부 「형벌에 대한 법정형의 종류와 범위가 입법재량에 속한다고 하더라도 이러한 입법재량은 위와 같은 한계를 넘어 기본권의 본질적 내용을 침해할 수는 없으므로, 법정형의 종류와 범위를 정할 때에는 헌법 제10조에 의한 내재적 한계 이외에도 헌법 제37조 제2항이 규정하고 있는 과잉입법금지의 정신에 따라 합리적 범위의 법정형을 설정하여 실질적 법치국가의 원리를 구현하도록 하고, 형벌이 죄질과 책임에 상응하도록 적절한 비례성을 지켜야 하며, 헌법 제11조의 실질적 평등의 원칙에 부합하여야 한다. 이러한 요구는 이 사건 법률조항을 포함한 특별형벌법과 같이 중벌(重罰)주의로 대처할 필요성이 인정되는 경우라 하더라도 달라지지 않는다.」

대법원 2008. 10. 23. 선고 2008도8090 판결 「피고인은 1989.2.10.생으로 **원심판결 선고일인 2008.8.22.** 에 이미 19세에 달하였음이 기록상 명백하다. 결국, 피고인은 개정 소년법 제2조의 소년에 해당하지 않으므로, 피고인에 대하여 부정기형을 선고한 제1심판결을 파기하고 정기형을 선고하는 조치를 취하지 아니한 원심에는 소년법 제2조의 소년에 관한 법리를 오해하여 판결에 영향을 미친 위법이 있다.」

5. 적정성의 원칙

〈적정성의 원칙의 의미〉

헌법재판소 1992. 4. 28. 선고 90헌바24 전원재판부〔위헌〕[특정범죄가중처벌등에관한법률제5조의3제2항제1호에대한헌법소원]

이 사건 법률조항의 구성요건은 두 가지의 유형으로 구분해 볼 수 있는데, 첫째는 사고운전자가 피해자를 치어 사망케 한 후 사고장소로부터 옮겨 유기하고 도주한 경우이고 둘째는 사고운전자가 피해자를 치여 상해를 입힌 상태에서 사고장소로부터 옮겨 유기하고 도주한 후에 사망한 경우나 옮기던 도중에 사망하여 유기한 경우로서, 일종의 결합범의 형태를 띠고 있다고 할 수 있다. 이를 편의상 위 두 가지의 유형을 각각 일반형법전상의 범죄로 구분·환원시켜 보면 우선 첫번째 유형의 경우는 형법 제268조의 업무상과실 또는 중대한 과실로 인하여 사람을 사상에 이르게 한 경우에 적용되는 법정형 5년 이하의 금고 또는 200만원 이하의 벌금형(이하 편의상 벌금형에 관하여는 비교를 생략하기로 한다) 및 같은 법 제161조의 사체유기죄에 적용되는 법정형 7년 이하의 징역형을 경합가중처벌하는 경우에 해당한다고 할 수 있고, 두번째 유형의 경우는 위 형법 제268조의 업무상 과실 또는 중대한 과실죄의 형 및 같은 법 제275조의 유기치사죄에 적용되는 유기죄와 상해죄를 비교하여 중한 형인 형법 제259조 소정의 상해치사죄의 3년 이상의 유기징역형을 경합가중처벌하는 경우에 해당한다고 할 수 있다. 만일 이 사건 법률조항에 해당되는 범죄행위에 대하여 이 사건 법률은 적용하지 아니하고 일반형법만을 적용하는 경우라면 이는 형법상 수개의 죄에 해당하여 경합범으로 가중되어 처단되는데, 이와 같은 가중처벌을 감안하거나 그렇지 아니하고 이 사건 법률조항의 법정형을 형법상의 각종 중형에 해당하는 범죄들의 죄질과 법정형을 비교 교량해 보더라도 이 사건 법률조항의 법정형이 최하 징역 10년 이상, 무기징역 또는 사형에 처한다고 되어 있어 일반형사범의 법정형을 정하는 일반원리를 무시하고 지나치게 높은 가혹한 형벌위하로써 국민의 자유와 생존권을 불안하게 하는 위헌적인 법률이라고 평가하지 않을 수 없다. 물론 특정범죄가중처벌법은 형법보다 높은 법정형을 규정하는 특별법이기 때문에 법정형의 단순한 높낮이 또는 산술적 비교에 의하여 형의 합리성이나 적정성을 판단할 수는 없는 것이라고 볼 수 있지만 지나치게 높은 법정형을 설정함에 있어서는 헌법상 합리적인 근거가 있고 그 목적이 정당하여야 할 것이다. 그런데 이 사건 법률조항에 관하여 이미 앞에서 본 바와 같은 보호법익의 복합성, 비난가능성의 증폭 등에 대하여 가중처벌로서 일반예방적 목적을 달성하여야 하는 입법정책적 고려에 의한 것이라고 하더라도 업무상과실로 인하여 성립되는 범죄에 대하여 일반예방적 효과를 기대하고 사형이나 10년 이상의 형벌을 법정한다는 것은 형벌의 목적이나 형사처벌의 정책적인 효과에도 부합하지 않으며 더구나 그 가중의 정도가 지나치고 비현실적인 가혹한 형벌의 법정형이어서 교통사고의 예방이나 피해자 구호를 용이하게 하는 일반예방적인 목적을 달성하는 것보다 오히려 그 역작용으로 피해자를 유기치사 내지 유기살인을 유발하는 결과를 자초할 우려가 없지 않은 것이며 나아가 형벌체계상으로 검토하여 보아도 우리나라 형사법의 법정형에는 과실범에 대하여 사형에 처하는 경우를 찾아 볼 수 없고, 과실로 사람을 치상하게 한 자가 구호행위를 하지 아니하고 도주하거나 고의로 유기함으로써 치사의 결과에 이르게 한 경우에 고의적 살인범과 동일하게 처벌하는 것은 별개로 하고 그 보다 더 무겁게 처벌할 수 없다 할 것인데 위 법률 조항에서는 그 법정형의 상한이 사형일 뿐만 아니라 하한이 살인죄의 징역 5년 이상보다 무려 갑절이 되는 징역 10년 이상으로 처벌하도록 규정한 것은 그 죄질에 비하여 그 가중의 정도가 너무 심하게 불평등한 법정형을 설정하고 있음을 쉽게 알 수 있으며 이는 일반형사범의 법정형과 비교하여 지나치게 과중한 것으로 평가되어 형벌체계상 균형을 잃고 있음이 명백하다고 할 것이다. 심지어 고의로 자동차를 가지고 사람을 살해하고 그 사체를 유기한 악랄한 모살의 살인범의 형벌보다 훨씬 무거운 형벌을 과하는 결과를 가져오게 되는 내용의 법규정이 되어 있으므로 이 사건 법률조항의 법정형은 형벌체계상의 정당성을 상실하였을 뿐 아니라 형벌의 기능과 목적에도 본질적으로 배치되는 것이라고 볼 수밖에 없다. 따라서 이 사건 법률조항을 두게 된 입법정책은 가중처벌이라는 형벌위하로써 사회질서를 유지하려는 입법목적에만 주안을 두었을 뿐 모든 국민은 인간으로서의 존엄과 가치를 가지며 국가는 개인이 가지는 불가침의 기본적 인권을 보장할 의무를 가진다는 헌법의 기본정신에 배치되는 법규라고 아니할 수 없다.

그렇다면 이 사건 법률조항은 그 입법목적인 교통사고의 예방이나 피해자의 구호에는 실효성이 없는 명분에 불과한 것이고 오히려 그 처벌의 법정형이 그 가중의 정도가 지나쳐 그 위반한 행위자에게 귀책사유 이상으로 과잉처벌하는 것으로서 법의 적용과 법의 내용에 있어서 헌법상 평등의 원리에 반하고, 한편 법정형벌에 의한 기본권의 제한은 범죄행위의 무게 및 그 범행자의 부책에 상응하는 정당한 비례성을 감안하여 기본권의 제한은 필요한 최소한에 그쳐야 한다는 헌법상의 법치국가의 원리에서 나오는 과잉입법금지의 원칙에도 반하는 것이라고 아니할 수 없어 이는 기본권의 본질적 내용을 침해할 수 없다는 헌법 제37조 제2항에 위반되는 것이라고 할 것이다.

제5절 형법의 적용범위

Ⅰ. 시간적 적용범위

1. 행위시법주의

〈소급효금지의 원칙과 행위시법주의〉

대법원 2010. 6. 10. 선고 2010도4416 판결 [상표법위반(인정된죄명:상표법위반방조)·약사법위반(인정된죄명:약사법위반방조)·전자금융거래법위반·사기]

가. 헌법 제13조 제1항 전단과 형법 제1조 제1항은 형벌법규의 소급효금지 원칙을 밝히고 있고, 2008. 12. 31. 법률 제9325호로 개정된 전자금융거래법(부칙에 따라 공포후 3개월이 경과한 날인 2009. 4. 1.부터 시행되었다. 이하 '법'이라 하고, 위와 같이 개정되기 전의 구 전자금융거래법

을 '구법'이라 한다) 제49조 제4항 제4호, 제6조 제3항 제4호에 의하면 위 법 시행일 이후 비로소 법 제6조 제3항 제1호 내지 제3호에 규정된 접근매체의 양도·양수행위 등을 알선하는 행위가 처벌되는 것이므로, 그 시행일 이전의 법 제6조 제3항 제1호에 규정된 접근매체 양도·양수의 알선행위를 처벌하는 것은 형벌법규의 소급효금지 원칙에 위배된다.

따라서 이와 달리 피고인이 법 제49조 제4항 제4호, 제6조 제3항 제4호의 시행일 이전인 2009. 1. 16.경 법 제6조 제3항 제1호에 규정된 접근매체 양도·양수의 알선행위를 범하였다는 공소사실을 유죄로 인정한 원심판결에는 형벌법규의 소급효금지 원칙에 관한 법리를 오해한 위법이 있다.

나. 범죄 후 법률의 변경이 있더라도 형이 중하게 변경되는 경우나 형의 변경이 없는 경우에는 형법 제1조 제1항에 따라 행위시법을 적용하여야 할 것인바, 원심은 피고인의 2008. 10. 8.경의 접근매체 양도행위에 대해 법 제49조 제4항 제1호, 제6조 제3항 제1호를 적용하여 이를 유죄로 인정한 제1심판결을 유지하고 있으나, 위 범행 당시에 시행되던 구법 제49조 제5항 제1호, 제6조 제3항의 법정형에 비하여 법 제49조 제4항 제1호, 제6조 제3항 제1호의 법정형이 더 무거우므로 이는 범죄 후 형이 중하게 변경된 경우에 해당하고, 결국 위 범죄사실에 대하여는 행위시법인 구법 제49조 제5항 제1호, 제6조 제3항을 적용하여야 할 것이다.

대법원 1994. 5. 10. 선고 94도563 판결 「범죄의 성립과 처벌은 행위시의 법률에 의한다(형법 제1조 제1항)고 할 때의 "행위시"라 함은 범죄행위의 종료시를 의미한다 할 것이므로, 비록 논지와 같이 1993. 3. 10.의 변호사법 개정으로 비로소 일반의 법률사건에 관한 화해관여행위가 처벌대상이 되었고, 피고인의 원심판시와 같은 사건수임계약 체결과 화해관여행위가 위 변호사법의 개정 이전에 착수된 것이라 하더라도 원심의 인정과 같이 그와 같은 관여행위가 법률개정 이후에 종료된 것이라면 피고인을 변호사법위반으로 의율한 원심의 조처가 잘못이라고 할 수 없을 것이다.」

대법원 2016. 1. 28. 선고 2015도15669 판결 「포괄일죄에 관한 기존 처벌법규에 대하여 그 표현이나 형량과 관련한 개정을 하는 경우가 아니라 애초에 죄가 되지 아니하던 행위를 구성요건의 신설로 포괄일죄의 처벌대상으로 삼는 경우에는 신설된 포괄일죄 처벌법규가 시행되기 이전의 행위에 대하여는 신설된 법규를 적용하여 처벌할 수 없다(형법 제1조 제1항). 이는 신설된 처벌법규가 상습범을 처벌하는 구성요건인 경우에도 마찬가지라고 할 것이므로, 구성요건이 신설된 상습강제추행죄가 시행되기 이전의 범행은 상습강제추행죄로는 처벌할 수 없고 행위시법에 기초하여 강제추행죄로 처벌할 수 있을 뿐이며, 이 경우 그 소추요건도 상습강제추행죄에 관한 것이 아니라 강제추행죄에 관한 것이 구비되어야 한다.」

<부칙에 의한 시간적 적용범위>

대법원 2013. 4. 11. 선고 2013도1525 판결 [준강간치상]

가. 구 성폭력범죄의 처벌 등에 관한 특례법(2010. 4. 15. 법률 제10258호로 제정·공포된 것, 이하 '구 특례법'이라 한다) 제16조 제2항은 "법원이 성폭력범죄를 범한 사람에 대하여 형의 집행을 유예하는 경우에는 그 집행유예기간 내에서 일정 기간 보호관찰을 받을 것을 명하거나 사회봉사 또는 수강을 명할 수 있다."고 정하여 집행유예의 형을 선고하는 경우에 그 집행유예기간 내에서만 수강명령을 부과할 수 있도록 규정하고 있었다.

그런데 2011. 4. 7. 법률 제10567호로 개정된 성폭력범죄의 처벌 등에 관한 특례법(이하 '개정 특례법'이라 한다) 제16조 제2항은 "법원이 성폭력범죄를 범한 사람에 대하여 유죄판결(선고유예는 제외한다)을 선고하는 경우에는 300시간의 범위에서 재범예방에 필요한 수강명령 또는 성폭력 치료프로그램의 이수명령을 병과할 수 있다."고 정하였는데, 부칙 제1항은 "이 법은 공포 후 6개월이 경과한 날부터 시행한다."고 규정하고, 제2항은 "제16조의 개정규정은 이 법 시행 후 최초로 성폭력범죄를 범한 사람부터 적용한다."고 규정하였으므로, 법원으로서는 개정 특례법이 시행된 2011. 10. 8. 이후에 성폭력범죄를 범한 사람에 대하여만 실형을 선고하는 경우에도 수강명령을 병과할 수 있다.

나. 이 사건에 관하여 보건대, 이 사건 범행일은 개정 특례법 제16조 제2항이 시행되기 전인 2011. 9. 26.이므로 실형을 선고하는 경우에는 수강명령을 부과할 수 없는 것인데, 그럼에도 피고인에게 실형을 선고하면서 수강명령을 함께 부과한 원심판결에는 개정 특례법 부칙 제2항의 적용범위에 관한 법리를 오해하여 판결에 영향을 미친 위법이 있다고 할 것이다.

대법원 2018. 2. 8. 선고 2016도16757 판결 [공직선거법위반]

범죄 후 법률의 변경에 의하여 그 행위가 범죄를 구성하지 아니하게 된 때에는 신법을 적용하여야 하고(형법 제1조 제2항), 이는 범죄 후 법령의 개폐로 형이 폐지된 때에 해당하여 면소사유가 될 것이다(형사소송법 제326조 제4호). 그러나 이 경우에도 그 개정 법률의 부칙 등에서 '개정 법률의 시행 전의 행위에 대한 벌칙의 적용에 있어서는 종전의 규정에 의한다'는 내용의 경과규정을 두고 있는 때에는, 구법 당시의 행위에 대하여 구법을 적용하여야 하므로, 법률의 개정으로 범죄를 구성하지 않게 되거나 형이 폐지되었다고 할 수 없어 위의 면소사유에 해당하지 않는다(대법원 2002. 2. 26. 선고 2001도6741 판결 등 참조). 구 공직선거법 제254조 제1항, 제59조 제2호는 선거일에 문자메시지를 전송하는 방법으로 선거운동을 하는 것을 금지하고 있었는데, 2017. 2. 8. 법률 제14556호로 선거일에 문자메시지를 전송하는 방법으로 선거운동을 하는 것이 허용되도록 위 조항이 개정되었다. 그렇다고 하더라도 위 개정법 부칙 제5조에서 '이 법 시행 전의 행위에 대한 벌칙 및 과태료의 적용은 종전의 규정에 따른다'라고 경과규정을 두었으므로, 위 법 시행 이전에 범한 이 사건에는 구 공직선거법 제254조 제1항이 적용되어야 한다. 따라서 이 사건에 적용되는 구 공직선거법 제254조 제1항 위반에 대한 형이 폐지되었다고 할 수 없으므로, 범죄 후의 법령개폐로 형이 폐지되었음을 전제로 면소의 선고가 있어야 한다는 상고이유 주장 역시 받아들일 수 없다.

2. 피고인보호와 재판시법의 적용

〈형법 제1조 제2항에 의한 재판시법의 적용〉

대법원 2011. 3. 24. 선고 2009도7230 판결 [뇌물수수·뇌물공여·주택법위반]

구 주택법 제100조의 양벌규정은 2009. 2. 3. 법률 제9405호로 개정되면서 사업주인 법인이 그 위반행위를 방지하기 위하여 해당 업무에 관하여 상당한 주의와 감독을 게을리하지 아니한 경우에는 양벌규정에 의하여 처벌하지 않는다는 내용의 단서 규정이 추가되었는바, 이는 범죄 후 법률의 변경에 의하여 그 행위가 범죄를 구성하지 아니하거나 형이 구법보다 경한 경우에 해당한다고 할 것이어서 형법 제1조 제2항에 따라 피고인 3 주식회사에게는 위와 같이 개정된 주택법의 양벌규정이 적용되었어야 할 것이므로, 원심이 구 주택법 제100조의 양벌규정을 적용한 제1심판결의 위법을 직권으로 시정하지 아니한 것은 잘못이다(대법원 2010. 12. 9. 선고 2010도12069 판결 참조).

〈재판시법이 적용되는 경우〉

대법원 2016. 2. 18. 선고 2015도18636 판결 [폭력행위등처벌에관한법률위반(상습폭행)]

구 폭력행위 등 처벌에 관한 법률(2016. 1. 6. 법률 제13718호로 개정되기 전의 것, 이하 '구 폭력행위처벌법'이라 한다) 제2조 제1항은 "상습적으로 다음 각 호의 죄를 범한 사람은 다음의 구분에 따라 처벌한다."라고 규정하면서 **그 각 호에서 형법이 정한 폭력범죄들을 열거하고 그에 따른 법정형을 규정하고 있었으나, 2016. 1. 6. 법률 제13718호로 개정·시행된 폭력행위 등 처벌에 관한 법률은 제2조 제1항을 삭제하면서 경과규정을 별도로 두지 아니하였다.**

이와 같이 형법에서 정한 폭력범죄들에 대한 가중적 구성요건을 규정하고 있던 구 폭력행위 처벌법 제2조 제1항을 삭제한 취지는, 그 가중적 구성요건의 표지인 상습적인 폭력행위가 가지는 일반적인 위험성을 고려하더라도 개별 범죄의 범행경위, 구체적인 행위태양과 법익 침해의 정도 등이 매우 다양함에도 불구하고 일률적으로 해당 범죄를 가중처벌하도록 한 종 전의 조치가 부당하였거나 그 과형이 과중하다는 데에서 나온 반성적 조치라고 보아야 할 것이다.

따라서 이는 형법 제1조 제2항에서 정한 '범죄 후 법률의 변경에 의하여 그 행위가 범죄를 구성하지 아니하거나 형이 구법보다 경한 때'에 해당하므로, 위 규정에 따라 신법을 적용하 여야 한다(대법원 2010. 3. 11. 선고 2009도12930 판결, 대법원 2013. 7. 11. 선고 2013도4862, 2013 전도101 판결 등 참조).

〈신법의 경과규정에 의한 신법 적용의 배제〉

대법원 2011. 7. 14. 선고 2011도1303 판결 [조세범처벌법위반·사기]

(1) 형법 제1조 제2항 및 제8조에 의하면 범죄 후 법률의 변경에 의하여 형이 구법보다 가벼 운 때에는 원칙적으로 신법에 따라야 하지만, 신법에 경과규정을 두어 이러한 신법의 적용을 배제하는 것도 허용되는 것으로서, 형을 종전보다 가볍게 형벌법규를 개정하면서 그 부칙에 서 개정된 법의 시행 전의 범죄에 대하여는 종전의 형벌법규를 적용하도록 규정한다 하여 형 벌불소급의 원칙이나 신법우선의 원칙에 반한다고 할 수 없다(대법원 1992. 2. 28. 선고 91도 2935 판결, 대법원 1999. 4. 13.자 99초76 결정, 대법원 1999. 7. 9. 선고 99도1695 판결 등 참조). 그리고 형법 제1조 제2항의 규정은 형벌법령 제정의 이유가 된 법률이념의 변천에 따라 과 거에 범죄로 보던 행위에 대하여 그 평가가 달라져 이를 범죄로 보고 처벌한 자체가 부당하 였다거나 또는 과형이 과중하였다는 반성적 고려에서 법령을 개폐하였을 경우에 적용하여야 하고, 이와 같은 법률이념의 변경에 의한 것이 아닌 다른 사정의 변천에 따라 그때그때의 특 수한 필요에 대처하기 위하여 법령을 개폐하는 경우에는 이미 그 전에 성립한 위법행위를 현재에 관찰하여도 행위 당시의 행위로서는 가벌성이 있는 것이어서 그 법령이 개폐되었다 하더라도 그에 대한 형이 폐지된 것이라고는 할 수 없다(대법원 1984. 12. 11. 선고 84도413 판 결, 대법원 1997. 12. 9. 선고 97도2682 판결 등 참조).

(2) 조세범 처벌법이 2010. 1. 1. 법률 제9919호로 전부 개정되면서 피고인의 판시 조세범

처벌법 위반죄의 **처벌 근거규정인 구 조세범 처벌법**(2010. 1. 1. 법률 제9919호로 전부 개정되기 전의 것, 이하 같다) **제10조를 삭제하였으나, 개정된 조세범 처벌법 부칙 제2조에서 이 법 시행 전의 행위에 대한 벌칙의 적용은 종전의 규정에 따른다고 규정**하고 있고, 구 조세범 처벌법 제10조의 삭제는 그 개정이유에 비추어 보면 경제·사회적 여건의 변화를 반영한 정책적 조치에 따른 것으로 보일 뿐이고 법률이념의 변천에 따른 반성적 고려에서 비롯된 것이라고는 보기 어려우므로, 원심이 구 조세범 처벌법 시행 당시에 행하여진 이 사건 각 조세범 처벌법 위반의 범행에 대하여 구 조세범 처벌법 제10조를 적용하여 처벌한 것은 정당하고 거기에 법리오해의 잘못이 없다.

대법원 1992. 11. 13. 선고 92도2194 판결 「제1심판시 범죄사실 제2, 제3의 가,나의 각 점에 대하여 원심이 적용한 개정 전의 외국환관리법 제35조제1항은 그 법정형이 10년 이하의 징역 또는 천만 원 이하의 벌금에 처하되 위반행위의 목적물의 가액의 3배가 천만 원을 초과하는 경우에는 그 벌금은 목적물의 가액의 3배 이하로 한다고 규정되어 있음에 비하여, 신법인 개정 후의 외국환관리법 제31조 제1항의 법정형은 3년 이하의 징역 또는 2천만 원 이하의 벌금으로 규정되어 있는바, <u>법정형의 경중을 비교함에 있어서 법정형 중 병과형 또는 선택형이 있을 때에는 이 중 가장 중한 형을 기준으로 하여 다른 형과 경중을 정하는 것이 원칙이므로 신법인 개정 후 외국환관리법의 형이 구법의 형보다 경하다고 할 것이다.</u> 따라서 피고인의 위 범죄사실에 대하여는 경한 법인 신법이 적용되어야 할 것이므로 위 범죄사실에 대하여 구법을 적용한 원심판결은 형사소송법 제383조 제2호에 의하여 유지될 수 없다. 하나 첨언할 것은 이 사건에서 위 범죄사실과 경합범으로 처벌할 무인가환전상업무의 점에 관하여는 오히려 신법의 형이 중하게 변경되었다는 점에 관한 것이다. 다시 말하자면 구법 제35조 제1항, 제10조 제1항은 10년 이하의 징역 또는 천만원 이하의 벌금에 처하도록 되어 있고, 신법 제30조 제1항, 제9조 제1항은 10년 이하의 징역 또는 5천만 원 이하의 벌금에 처한다고 되어 있는 바, 경합범으로 처벌할 죄 중 위 무인가환전상업무죄가 가장 중한 죄이므로 무인가환전상업무죄에 경합범 가중한 형은 구법보다 오히려 신법이 중하게 되는 결과가 된다. 그러나 <u>형의 경중의 비교는 원칙적으로 법정형을 표준으로 할 것이고, 처단형이나 선고형에 의할 것이 아니다.</u>」

〈피고인에게 가장 유리한 법〉

대법원 1968. 12. 17. 선고 68도1324 판결 [특정범죄가중처벌등에관한법률위반]

제1심재판 당시(1968.4.30)에는 제1심이 인정한 집단적인 관세포탈죄에 대해서는 관세법 제180조 제1항 밖에 적용할 수 없다할 것인 바(현행특정범죄 가중처벌등에 관한 법률은 1968.7.15 법률 제2032호로 개정되어 현재에 이른 것인데, 이와 같이 개정되기 전인 1968.1.1 부터 위에 본 개정법 시행시까지는, 집단적인 관세포탈행위를 가중처벌하기 위한 구 특정범죄가중처벌등에관한법률 제6조 6항이 적용될 수 없다는 이유에 대해서는 대법원 1968.9.17 선고 68도914 판결 참조), 위 규정의 소정 형이 제1심이 적용한 규정의 형보다도 가벼움이 명백하므로, 제1심의 위와 같은 법률적용은 신구법 비조를 잘못한 것이라 할 것인 즉, 원심으로서는 이 점에 관한 당사자의 주장이 없더라도 형사소송법 제364조 제2항에 의하여 직권으로 행위시법과 위 제1심 재판 당시의 법, 그리고 원심재판 당시의 법, 이 세 가지 규정에 의한 형의 경중을 비교하여 그 중 가장 형이 경한 법규정을 적용하여 심판했어야 함에도 불구하고 이에 이르지 않은 것은 판결에 영향을 미친 법령위반의 잘못이라 할 것이므로 피고인의 상고이유에 대한 판단을 할 필요도 없이 원심판결은 파기를 면치 못할 것이(다).

3. 한시법

〈한시법의 추급효 : 동기설〉 ☞ 한시법에 관하여 변경된 판례는 96-1쪽 참조

대법원 1985. 5. 28. 선고 81도1045 전원합의체 판결 [계엄포고위반]

계엄은 국가비상사태에 당하여 병력으로서 국가의 안전과 공공의 안녕질서를 유지할 필요가 있을 때에 선포되고 평상상태로 회복되었을 때에 해제하는 것으로서 계엄령의 해제는 사태의 호전에 따른 조치이고 계엄령이 부당하다는 반성적 고려에서 나온 조치는 아니다.

그러므로 계엄이 해제되었다고 하여 계엄하에서 행해진 위반행위의 가벌성이 소멸된다고 볼 수 없는 것으로서 계엄기간중의 계엄포고위반의 죄는 계엄해제 후에도 행위당시의 법령에 따라 처벌되어야 하고 계엄의 해제를 범죄후 법령의 개폐로 형이 폐지된 경우와 같이 볼 수 없다는 것이 당원이 견지해온 견해이다(1963.1.31. 선고 62도257 판결 ; 1981.3.24. 선고 81도304 판결; 1981.3.31. 선고 81도426 판결; 1981.5.7. 선고 81도1002판결 ; 1983.6.14. 선고 83도647 판결 각 참조).

당원은 아직 위와 같은 종래의 견해를 바꿀 필요를 느끼지 않는바, 논지는 이와 반대의 견지에서 이 사건 계엄의 해제는 형사소송법 제361조의 5, 제326조 및 군법회의법 제371조에 규정된 법령의 개폐가 있는 때에 해당하므로 면소의 판결을 선고하여야 한다는 것이므로 받아들일 수 없다.

대법원 2018. 6. 28. 선고 2015도2390 판결 [생 략]

구 폭력행위처벌법 제2조 제1항은 "상습적으로 다음 각호의 죄를 범한 사람은 다음의 구분에 따라 처벌한다."라고 규정하면서 그 각호에서 형법이 정한 폭력범죄들을 열거하고 그에 따른 법정형을 규정하고 있었으나, 2016. 1. 6. 법률 제13718호로 개정·시행된 폭력행위 등 처벌에 관한 법률은 제2조 제1항을 삭제하면서 경과규정을 별도로 두지 아니하였다.

이와 같이 형법에서 정한 폭력범죄들에 대한 가중적 구성요건을 규정하고 있던 구 폭력행위처벌법 제2조 제1항을 삭제한 취지는, 그 가중적 구성요건의 표지로서 같은 항 각호에 열거된 범죄행위를 포괄한 폭력행위의 습벽이 가지는 일반적인 위험성을 고려하더라도 개별 범죄의 범행경위, 구체적인 행위태양과 법익침해의 정도 등이 매우 다양함에도 일률적으로 가중처벌하도록 한 종전의 조치가 부당하다는 데에서 나온 반성적 조치라고 보아야 할 것이다. 따라서 이는 형법 제1조 제2항의 '범죄 후 법률의 변경에 의하여 그 행위가 범죄를 구성하지 아니하거나 형이 구법보다 경한 때'에 해당하므로, 위 규정에 따라 신법을 적용하여야 한다(대법원 2010. 3. 11. 선고 2009도12930 판결, 대법원 2013. 7. 11. 선고 2013도4862, 2013전도101 판결 등 참조).

〈한시법의 추급효〉

대법원 2010. 3. 11. 선고 2009도12930 판결 [무단이탈]

형벌법령 제정의 이유가 된 법률이념의 변천에 따라 과거에 범죄로 보던 행위에 대하여 그 평가가 달라져 이를 범죄로 인정하고 처벌한 그 자체가 부당하였다거나 또는 과형이 과중하였다는 반성적 고려에서 법령을 개폐하였을 경우에는 형법 제1조 제2항에 따라 신법을 적용하여야 한다(대법원 2003.10.10. 선고 2003도2770 판결 등 참조).

원심판결 이유에 의하면, 원심은, 피고인이 2007. 1. 22.부터 2008. 11. 5.까지 사이에 35회에 걸쳐서 지휘관의 허가 없이 근무장소를 일시이탈한 공소사실에 대하여 구 군형법(2009. 11. 2. 법률 제9820호로 개정되어 2010. 2. 3.부터 시행되기 전의 것, 이하 같다) 제79조를 적용하여 유죄로 판단하였다.

그런데 구 군형법 제79조는 "허가 없이 근무장소 또는 지정장소를 일시이탈하거나 지정한 시간 내에 지정한 장소에 도달하지 못한 자는 1년 이하의 징역이나 금고에 처한다"고 규정하였으나, 원심판결 선고 후 시행된 군형법(2009. 11. 2. 법률 제9820호로 개정되어 2010. 2. 3.부터 시행된 것) 제79조는 "허가 없이 근무장소 또는 지정장소를 일시적으로 이탈하거나 지정한 시간까지 지정한 장소에 도달하지 못한 사람은 1년 이하의 징역이나 금고 또는 300만 원이하의 벌금에 처한다"고 규정하여 벌금형이 법정형으로 추가되었는바, 그 취지는 무단이탈의 형태와 동기가 다양함에도 불구하고 죄질이 경미한 무단이탈에 대하여도 반드시 징역형내지 금고형으로 처벌하도록 한 종전의 조치가 과중하다는 데에서 나온 반성적 조치라고 보아야 할 것이어서, 이는 형법 제1조 제2항의 '범죄 후 법률의 변경에 의하여 형이 구법보다 경한 때'에 해당한다고 할 것이다.

대법원 2014. 4. 24. 선고 2012도14253 판결 [준강간]

구 형법 제304조(2012. 12. 18. 법률 제11574호로 개정되기 전의 것, 이하 같다)는 '혼인을 빙자하거나 기타 위계로써 음행의 상습 없는 부녀를 기망하여 간음한 자는 2년 이하의 징역 또는 500만 원 이하의 벌금에 처한다'라고 규정하고 있었으나, 2012. 12. 18. 법률 제11574호로 형법이 개정되면서 삭제되었다.

위 개정에 앞서 구 형법 제304조 중 혼인빙자간음죄 부분은 헌법재판소 2009. 11. 26. 선고 2008헌바58 등 결정에 의하여 위헌으로 판단되었고, 또한 위 개정 형법 부칙 등에서 그 시행 전의 행위에 대한 벌칙의 적용에 관하여 아무런 경과규정을 두지 아니하였다. 이러한 사정 등에 비추어 보면, 구 형법 제304조의 삭제는 법률이념의 변천에 따라 과거에 범죄로 본 음행의 상습없는 부녀에 대한 위계간음 행위에 관하여 현재의 평가가 달라짐에 따라 이를 처벌대상으로 삼는 것이 부당하다는 반성적 고려에서 비롯된 것으로 봄이 타당하므로, 이는 범죄 후의 법령개폐로 범죄를 구성하지 않게 되어 형이 폐지되었을 때에 해당한다.

〈보충규범의 개폐와 추급효〉

대법원 2005. 12. 23. 선고 2005도747 판결 [보건범죄단속에관한특별조치법위반(부정식품제조등) · 식품위생법위반]

형법 제1조 제2항의 규정은 형벌법령 제정의 이유가 된 법률이념의 변천에 따라 과거에 범죄로 보던 행위에 대하여 그 평가가 달라져 이를 범죄로 인정하고 처벌한 그 자체가 부당하였다거나 또는 과형이 과중하였다는 반성적 고려에서 법령을 개폐하였을 경우에 적용하여야 할 것이고, 이와 같은 법률이념의 변경에 의한 것이 아닌 다른 사정의 변천에 따라 그때그때의 특수한 필요에 대처하기 위하여 법령을 개폐하는 경우에는 이미 그 전에 성립한 위법행위는 현재에 관찰하여서도 여전히 가벌성이 있는 것이어서 그 법령이 개폐되었다 하더라도 그에 대한 형이 폐지된 것이라고 할 수는 없는 것이다(대법원 1997. 12. 9. 선고 97도2682 판결, 2003. 10. 10. 선고 2003도2770 판결 등 참조).

원심은, 그 판시와 같은 사정들을 종합하여 이 사건 **범죄행위 당시 식품에 첨가물로 사용하는 것이 허용되지 않았던 염화메틸렌과 흑색산화철이 '건강기능식품에 관한 법률' 및 이에 의하여 고시된 '건강기능식품의 기준 및 규격' 등에 의하여 건강기능식품에 한하여 그 사용이 가능하도록 법률이 변경된 것**은 법률이념의 변천으로 종래의 규정에 따른 처벌 자체가 부당하다는 반성적 고려에서 비롯된 것이라기보다는 건강기능식품의 국내 수요 확대 등 여건의 변화에 따른 규제범위의 합리적 조정의 필요와 건강기능식품의 안전성 제고 등 그때그때의 특수한 필요에 대처하기 위한 정책적 조치에 따른 것으로 판단되므로, 위 법률 및 고시가 시행되기 전에 이미 범하여진 위반행위에 대한 가벌성이 소멸되는 것은 아니라는 이유로, 이 사건 범행에 대하여 범죄 후 법적 견해의 변경에 따른 반성적 고려로 인한 형의 폐지가 있었다는 취지의 피고인들의 주장을 배척하였다.

앞서 본 법리와 기록에 비추어 살펴보면, 원심의 위와 같은 인정 및 판단은 수긍이 가고, 거기에 형법 제1조 제2항에 관한 법리오해 등의 위법이 있다고 할 수 없(다).

Ⅱ. 장소적 적용범위

1. 속지주의

대법원 1998. 11. 27. 선고 98도2734 판결 「형법 제2조를 적용함에 있어서 공모공동정범의 경우 공모지도 범죄지로 보아야 할 것이므로 원심이 공모지는 범죄지로 볼 수 없고, 따라서 피고인 최로버트광일이 이 사건 향정신성의약품을 매수한 행위는 외국인의 국외범에 해당한다고 본 것은 형법 제2조 국내범에 관한 법리를 오해한 위법이 있(다).」 (미국인인 피고인이 홍콩에서 히로뽕을 매수하였지만 국내에서 범죄를 공모한 사실이 있기에 형법 제2조가 적용된다고 한 사안)

대법원 1986. 6. 24. 선고 86도403 판결 「재판권의 장소적 효력에 관하여 형법 제2조는 "본법은 대한민국의 영역내에서 죄를 범한 내국인과 외국인에게 적용한다"고 규정하여 속지주의를 채택하는 한편 같은법 제3조에 "본법은 대한민국의 영역외에서 죄를 범한 내국인에게 적용한다"고 규정하므로써 속인주의도 아울러 채택하고 있다. 따라서 설사 논지가 주장하는 바와 같이 국제협정이나 관행에 의하여 서울에 있는 미국문화원이 치외법권지역이고 그곳을 미국영토의 연장으로 본다 하더라도 그곳에서 죄를 범한 피고인들에 대하여 우리 법원에 먼저 공소가 제기되고 미국이 자국의 재판권을 지금까지도 주장하지 않고 있는 바에야 속인주의를 함께 채택하고 있는 우리나라의 재판권은 피고인들에게도 당연히 미친다 할 것이다. 또 미국문화원측이 피고인들에 대한 처벌을 바라지 않았다고 하여 그 재판권이 배제되는 것도 아니다.」

2. 속인주의

〈내국인의 국외범(제3조)〉

대법원 2001. 9. 25. 선고 99도3337 판결 [외국환관리법위반·상습도박]

피고인이 상습으로 판시와 같은 도박을 한 사실이 충분히 인정되며, 한편, 형법 제3조는 '본법은 대한민국 영역 외에서 죄를 범한 내국인에게 적용한다.'고 하여 형법의 적용 범위에 관한 속인주의를 규정하고 있는바, 필리핀국에서 카지노의 외국인 출입이 허용되어 있다 하여도, 형법 제3조에 따라, 피고인에게 우리나라 형법이 당연히 적용된다고 할 것이(다)(대법원 1986. 6. 24. 선고 86도403 판결 참조).

대법원 2004. 4. 23. 선고 2002도2518 판결 [외국환관리법위반·상습도박]

형법 제3조는 "본법은 대한민국 영역 외에서 죄를 범한 내국인에게 적용한다."고 하여 형법의 적용 범위에 관한 속인주의를 규정하고 있고, 또한 국가 정책적 견지에서 도박죄의 보호법익보다 좀더 높은 국가이익을 위하여 예외적으로 내국인의 출입을 허용하는 폐광지역개발지원에관한특별법 등에 따라 카지노에 출입하는 것은 법령에 의한 행위로 위법성이 조각된다고 할 것이나, 도박죄를 처벌하지 않는 외국 카지노에서의 도박이라는 사정만으로 그 위법성이 조각된다고 할 수 없으므로, 원심이, 피고인이 상습으로 1996. 9. 19.부터 1997. 8. 25.경까지 사이에 판시와 같이 미국의 네바다주에 있는 미라지 호텔 카지노에서 도박하였다는 공소사실에 대하여 유죄를 인정한 것도 정당하고, 거기에 상고이유로 주장하는 바와 같이 도박죄의 위법성조각에 관한 법리오해 등의 위법이 있다고 할 수 없다.

3. 보호주의

〈형법 제5조 및 제6조 비적용 사례〉

대법원 2002. 11. 26. 선고 2002도4929 판결 [공문서위조·위조공문서행사·위조사문서행사·사인위조]

원심이, 형법 제239조 제1항의 사인위조죄는 형법 제6조의 대한민국 또는 대한민국국민에 대하여 범한 죄에 해당하지 아니하므로, 중국 국적의 피고인이 중국에서 대한민국 국적 주식회사의 인장을 위조하였다는 공소사실은 외국인의 국외범으로서 피고인에 대하여 재판권이 없다고 판단한 것은 옳(다).

> ### 대법원 2006. 9. 22. 선고 2006도5010 판결 [사문서위조·위조사문서행사·여권법위반]
> 형법의 적용에 관하여 같은 법 제2조는 대한민국 영역 내에서 죄를 범한 내국인과 외국인에게 적용한다고 규정하고 있으며, 같은 법 제6조 본문은 대한민국 영역 외에서 대한민국 또는 대한민국 국민에 대하여 같은 법 제5조에 기재한 이외의 죄를 범한 외국인에게 적용한다고 규정하고 있는바, 중국 북경시에 소재한 대한민국 영사관 내부는 여전히 중국의 영토에 속할 뿐 이를 대한민국의 영토로서 그 영역에 해당한다고 볼 수 없을 뿐 아니라, 사문서위조죄가 형법 제6조의 대한민국 또는 대한민국 국민에 대하여 범한 죄에 해당하지 아니함은 명백하다.
> 따라서 원심이 내국인이 아닌 피고인이 위 영사관 내에서 공소외인 명의의 여권발급신청서 1장을 위조하였다는 취지의 공소사실에 대하여 외국인의 국외범에 해당한다는 이유로 피고인에 대한 재판권이 없다고 판단한 것은 옳고, 거기에 상고이유의 주장과 같이 재판권에 관한 법리오해 등의 잘못은 없다.

〈'대한민국 또는 대한민국 국민에 대하여 죄를 범한 때'의 의미〉

대법원 2011. 8. 25. 선고 2011도6507 판결 [특정경제범죄가중처벌등에관한법률위반(사기)·사기·위조사문서행사]

1. 위조사문서행사의 점에 관하여
형법 제5조, 제6조의 각 규정에 의하면, 외국인이 외국에서 죄를 범한 경우에는 형법 제5조 제1호 내지 제7호에 열거된 죄를 범한 때와 형법 제5조 제1호 내지 제7호에 열거된 죄 이외에 대한민국 또는 대한민국 국민에 대하여 죄를 범한 때에만 대한민국 형법이 적용되어 우리나라에 재판권이 있게 되고, 여기서 '대한민국 또는 대한민국 국민에 대하여 죄를 범한 때'라 함은 대한민국 또는 대한민국 국민의 법익이 직접적으로 침해되는 결과를 야기하는 죄를 범한 경우를 의미한다. 그런데 형법 제234조의 위조사문서행사죄는 형법 제5조 제1호 내지 제7호에 열거된 죄에 해당하지 않고, 위조사문서행사 행위를 형법 제6조의 대한민국 또는 대한민국 국민의 법익을 직접적으로 침해하는 행위라고 볼 수도 없으므로, 이 사건 공소사실 중 **캐나다 시민권자인 피고인이 캐나다에서 위조사문서를 행사한 행위**에 대하여는 우리나라에 재판권이 없다고 할 것이다.

그럼에도 불구하고 원심은 피고인의 위조사문서행사 행위가 외국인의 국외범으로서 우리나라에 재판권이 있다고 판단하여 이 부분 공소사실을 유죄로 인정하였으니, 원심판결에는 재판권 인정에 관한 법리를 오해한 위법이 있고 이는 판결 결과에 영향을 미쳤음이 분명하다.

2. 사기의 점에 관하여

원심은, 제1심법원이 적법하게 조사하여 채택한 증거들에 의하여 **피고인이 피해자들로부터 투자금을 교부받더라도 이를 선물시장에 투자하여 운용할 의사나 능력이 없었음에도 불구하고, 피해자 공소외인 등 19명에게 "투자금을 맡기면 선물시장에 투자하여 운용하겠다."고 기망하여 2007.7.30.부터 2009.7.13.경까지 피해자들로부터 합계 10,473,067,966원을 편취하였다**고 인정하고, 이를 특정경제범죄 가중처벌 등에 관한 법률 위반(사기)죄 또는 형법상 사기죄에 해당한다고 판단하였다.

그러나 이 부분 원심판결도 다음과 같은 이유로 유지될 수 없다.

형법 제6조 본문에 의하여 외국인이 대한민국 영역 외에서 대한민국 국민에 대하여 범죄를 저지른 경우 우리 형법이 적용되지만, 같은 조 단서에 의하여 행위지의 법률에 의하여 범죄를 구성하지 아니하거나 소추 또는 형의 집행을 면제할 경우에는 우리 형법을 적용하여 처벌할 수 없고, 이 경우 행위지의 법률에 의하여 범죄를 구성하는지 여부에 대해서는 엄격한 증명에 의하여 검사가 이를 입증하여야 한다(대법원 2008.7.24. 선고 2008도4085 판결 등 참조). 그런데 기록에 의하면, 이 부분 공소사실 중에는 **캐나다 시민권자인 피고인이 캐나다에 거주하는 대한민국 국민을 기망하여 캐나다에서 직접 또는 현지 은행계좌로 투자금을 수령한 경우가 다수 포함되어 있음**을 알 수 있으므로, 이 경우에 해당하는 공소사실은 외국인이 대한민국 영역 외에서 대한민국 국민에 대하여 범죄를 저지른 경우에 해당한다. 따라서 원심으로서는 이 경우에 해당하는 공소사실이 행위지인 캐나다 법률에 의하여 범죄를 구성하는지 여부 및 소추 또는 형의 집행이 면제되는지 여부를 심리하여 해당 부분 공소사실이 행위지의 법률에 의하여 범죄를 구성하고 그에 대한 소추나 형의 집행이 면제되지 않는 경우에 한하여 우리 형법을 적용하였어야 할 것이다.

그럼에도 불구하고 원심은 이에 관하여 아무런 입증이 없는 상황에서 이 부분 공소사실 전부를 유죄로 인정한 제1심판결이 옳다고 보아 이를 유지하였으니, 이 부분 원심판결에도 재판권 인정에 관한 법리를 오해하여 심리를 다하지 않은 위법이 있다.

대법원 2017. 3. 22. 선고 2016도17465 판결 「법인 소유의 자금에 대한 사실상 또는 법률상 지배·처분 권한을 가지고 있는 대표자 등은 법인에 대한 관계에서 그 자금의 보관자 지위에 있다고 할 것이므로, 법인이 특정 사업의 명목상의 주체로 특수목적법인을 설립하여 그 명의로 자금 집행 등 사업진행을 하면서도 자금의 관리·처분에 관하여는 실질적 사업주체인 법인이 의사결정권한을 행사하면서 특수목적법인 명의로 보유한 자금에 대하여 현실적 지배를 하고 있는 경우에는, 사업주체인 법인의 대표자 등이 특수목적법인의 보유 자금을 정해진 목적과 용도 외에 임의로 사용하면 위탁자인 법인에 대하여 횡령죄가 성립할 수 있다. 이는 법인의 대표자 등이 외국인인 경우에도 마찬가지이므로, 내국 법인의 대표자인 외국인이 그 내국 법인이 외국에 설립한 특수목적법인에 위탁해 둔 자금을 정해진 목적과 용도 외에 임의로 사용한 데 따른 횡령죄의 피해자는 당해 금전을 위탁한 내국 법인이라고 보아야 한다. 따라서 그 행위가 외국에서 이루어진 경우에도 행위지의 법률에 의하여 범죄를 구성하지 아니하거나 소추 또는 형의 집행을 면제할 경우가 아니라면 그 외국인에 대해서도 우리 형법이 적용되어(형법 제6조), 우리 법원에 재판권이 있다.」

4. 세계주의

대법원 1984. 5. 22. 선고 84도39 판결 「"항공기내에서 범한 범죄 및 기타 행위에 관한 협약"(이른바 토오쿄오협약으로서 1971. 5. 20 대한민국에 대하여 효력발생) 제3조 제3항은 본 협약은 국내법에 따라 행사하는 어떠한 형사재판 관할권도 배제하지 아니한다고 규정하고 있고 우리나라 항공기운항안전법(1974.12.26 공포, 법률 제2742호) 제3조에 의하면 이 법은 "항공기" 내에서 범한 범죄 및 기타 행위에 관한 협약 제1조의 규정에 의한 모든 범죄행위에 적용한다고 규정하여 이른바 위 토오쿄오협약 제1조 제1항 소정의 형사법에 위반하는 범죄, 범죄의 구성여부를 불문하고 항공기와 기내의 인명 및 재산의 안전을 위태롭게 할 수 있거나 하는 행위 또는 기내의 질서 및 규율을 위협하는 행위에 적용된다고 규정하고 있으므로 위 항공기운항안전법 제 3 조의 규정과 위 토오쿄오협약 제1조, 제3조, 제4조의 규정 및 "항공기의 불법납치 억제를 위한 협약"(이른바 헤이그협약으로서 1973. 2. 17 대한민국에 대하여 효력발생) 제1조, 제3조, 제4조, 제7조의 각 규정들을 종합하여 보면 이 사건 민간항공기 납치사건에 대하여는 항공기등록지국에 원칙적인 재판관할권이 있는 외에 이 사건 항공기의 착륙국인 우리나라에도 경합적으로 재판관할권이 생기어 우리나라 항공기운항안전법은 외국인의 국외범까지도 모두 적용대상이 된다.」

5. 외국에서 받은 형의 집행의 효력

〈'외국에서 형의 전부 또는 일부가 집행된 사람'의 의미〉

대법원 2017. 8. 24. 선고 2017도5977 전원합의체 판결 [살인]

가. 형법 제7조는 "죄를 지어 외국에서 형의 전부 또는 일부가 집행된 사람에 대해서는 그 집행된 형의 전부 또는 일부를 선고하는 형에 산입한다."라고 규정하고 있다. 이 규정의 취지는, 형사판결은 국가주권의 일부분인 형벌권 행사에 기초한 것이어서 피고인이 외국에서 형사처벌을 과하는 확정판결을 받았더라도 그 외국 판결은 우리나라 법원을 기속할 수 없고 우리나라에서는 기판력도 없어 일사부재리의 원칙이 적용되지 않으므로(대법원 1983. 10. 25. 선고 83도2366 판결 참조), 피고인이 동일한 행위에 관하여 우리나라 형벌법규에 따라 다시 처벌받는 경우에 생길 수 있는 실질적인 불이익을 완화하려는 것이다. 그런데 여기서 '외국에서 형의 전부 또는 일부가 집행된 사람'이란 그 문언과 취지에 비추어 '외국 법원의 유죄판결에 의하여 자유형이나 벌금형 등 형의 전부 또는 일부가 실제로 집행된 사람'을 말한다고 해석하여야 한다.

따라서 형사사건으로 외국 법원에 기소되었다가 무죄판결을 받은 사람은, 설령 그가 무죄판결을 받기까지 상당 기간 미결구금되었더라도 이를 유죄판결에 의하여 형이 실제로 집행된 것으로 볼 수는 없으므로, '외국에서 형의 전부 또는 일부가 집행된 사람'에 해당한다고 볼 수 없고, 그 미결구금 기간은 형법 제7조에 의한 산입의 대상이 될 수 없다.

나. 미결구금은 공소의 목적을 달성하기 위하여 어쩔 수 없이 피고인 또는 피의자를 구금하는 강제처분이어서 형의 집행은 아니지만 신체의 자유를 박탈하는 점이 자유형과 유사하기 때문에(대법원 2003. 2. 11. 선고 2002도6606 판결 참조), 형법 제57조 제1항은 인권 보호의 관점에서 미결구금일수의 전부를 본형에 산입한다고 규정하고 있다.

그러나 외국에서 무죄판결을 받고 석방되기까지의 미결구금은, 국내에서의 형벌권 행사가 외국에서의 형사절차와는 별개의 것인 만큼 우리나라 형벌법규에 따른 공소의 목적을 달성하기 위하여 필수불가결하게 이루어진 강제처분으로 볼 수 없고, 유죄판결을 전제로 한 것이 아니어서 해당 국가의 형사보상제도에 따라 그 구금 기간에 상응하는 금전적 보상을 받음으로써 구제받을 성질의 것에 불과하다. 또한 형사절차에서 미결구금이 이루어지는 목적, 미결구금의 집행 방법 및 피구금자에 대한 처우, 미결구금에 대한 법률적 취급 등이 국가별로 다양하여 외국에서의 미결구금으로 인해 피고인이 받는 신체적 자유 박탈에 따른 불이익의 양상과 정도를 국내에서의 미결구금이나 형의 집행과 그 효과 면에서 서로 같거나 유사하다고 단정할 수도 없다. 따라서 위와 같이 외국에서 이루어진 미결구금을 형법 제57조 제1항에서 규정한 '본형에 당연히 산입되는 미결구금'과 같다고 볼 수 없다.

결국 미결구금이 자유 박탈이라는 효과 면에서 형의 집행과 일부 유사하다는 점만을 근거로, 외국에서 형이 집행된 것이 아니라 단지 미결구금되었다가 무죄판결을 받은 사람의 미결구금일수를 형법 제7조의 유추적용에 의하여 그가 국내에서 같은 행위로 인하여 선고받는 형에 산입하여야 한다는 것은 허용되기 어렵다.

다. 한편 양형의 조건에 관하여 규정한 형법 제51조의 사항은 널리 형의 양정에 관한 법원의 재량사항에 속하고(대법원 2008. 5. 29. 선고 2008도1816 판결 참조), 이는 열거적인 것이 아니라 예시적인 것이다. 피고인이 외국에서 기소되어 미결구금되었다가 무죄판결을 받은 이후 다시 그 행위로 국내에서 처벌받는 경우, 공판 과정에서 외국에서의 미결구금 사실이 밝혀진다면, 양형에 관한 여러 사정들과 함께 그 미결구금의 원인이 된 사실과 공소사실의 동일성의 정도, 미결구금 기간, 해당 국가에서 이루어진 미결구금의 특수성 등을 고려하여 필요한 경우 형법 제53조의 작량감경 등을 적용하고, 나아가 이를 양형의 조건에 관한 사항으로 참작하여 최종의 선고형을 정함으로써 적정한 양형을 통해 피고인의 미결구금에 따른 불이익을 충분히 해소할 수 있다. 형법 제7조를 유추적용하여 외국에서의 미결구금을 확정된 형의 집행 단계에서 전부 또는 일부 산입한다면 이는 위 미결구금을 고려하지 아니하고 형을 정함을 전제로 하므로, 오히려 위와 같이 미결구금을 양형 단계에서 반영하여 그에 상응한 적절한 형으로 선고하는 것에 비하여 피고인에게 더 유리하다고 단정할 수 없다.

라. 원심은 그 판시와 같은 이유로, **필리핀에서 살인죄를 범하였다가 무죄 취지의 재판을 받고 석방된 피고인이 현지에서 미결 상태로 구금된 5년여의 기간**에 대하여도 외국에서 집행된 형의 산입 규정인 형법 제7조가 적용되어야 한다는 피고인의 주장을 배척하였다. 이와 같은 원심의 판단은 앞서 본 법리에 기초한 것으로 볼 수 있고, 거기에 상고이유 주장과 같이 형법 제7조의 적용 대상 등에 관한 법리를 오해하여 판결 결과에 영향을 미친 위법이 없다.

〈형법 제1조 제2항과 관련한 '동기설'의 폐기〉

대법원 2022. 12. 22. 선고 2020도16420 전원합의체 판결 [사기, 전자금융거래법위반, 교통사고처리특례법위반(치상), 도로교통법위반(무면허운전), 도로교통법위반(음주운전)]

[사안의 개요 및 쟁점] 피고인은 도로교통법위반(음주운전)죄로 4회 처벌받은 전력이 있음에도 2020. 1. 5. 혈중알코올농도 0.209%의 술에 취한 상태로 전동킥보드를 운전하였다. 구 도로교통법이 2020. 6. 9. 법률 제17371호로 개정되어 원심판결 선고 후인 2020. 12. 10. 개정 도로교통법이 시행되면서 제2조 제19호의2 및 제21호의2에서 이 사건 전동킥보드와 같은 '개인형 이동장치'와 이를 포함하는 '자전거등'에 관한 정의규정을 신설하였다. 이에 따라 개인형 이동장치는 자전거등에 해당하게 되었으므로, 자동차등 음주운전 행위를 처벌하는 제148조의2의 적용 대상에서 개인형 이동장치를 운전하는 경우를 제외하는 한편, 개인형 이동장치 음주운전 행위에 대하여 자전거등 음주운전 행위를 처벌하는 제156조 제11호를 적용하도록 규정하였다. 그 결과 이 부분 공소사실과 같이 **도로교통법 제44조 제1항 위반 전력이 있는 사람이 다시 술에 취한 상태로 전동킥보드를 운전한 행위에 대하여, 이 사건 법률 개정 전에는 구 도로교통법 제148조의2 제1항을 적용하여 2년 이상 5년 이하의 징역이나 1천만 원 이상 2천만 원 이하의 벌금으로 처벌하였으나, 이 사건 법률 개정 후에는 도로교통법 제156조 제11호를 적용하여 20만 원 이하의 벌금이나 구류 또는 과료로 처벌하게 되었다.** 이 사건 법률 개정은 이러한 내용의 신법 시행 전에 이루어진 구 도로교통법 제148조의2 제1항 위반행위에 대하여 종전 법령을 그대로 적용할 것인지에 관하여 **별도의 경과규정을 두고 있지 아니하다.** 이 사건의 쟁점은 이 사건 법률 개정과 같이 범죄 후 법령의 변경에 의하여 그 행위가 범죄를 구성하지 아니하게 되거나 형이 가벼워진 경우 형법 제1조 제2항과 형사소송법 제326조 제4호를 적용하여 피고인에게 유리하게 변경된 신법에 따를 것인지 여부이다.

[다수의견]

범죄 후 법률이 변경되어 그 행위가 범죄를 구성하지 아니하게 되거나 형이 구 법보다 가벼워진 경우에는 신법에 따라야 하고(형법 제1조 제2항), 범죄 후의 법령 개폐로 형이 폐지되었을 때는 판결로써 면소의 선고를 하여야 한다(형사소송법 제326조 제4호). 이러한 형법 제1조 제2항과 형사소송법 제326조 제4호의 규정은 입법자가 법령의 변경 이후에도 종전 법령 위반행위에 대한 형사처벌을 유지한다는 내용의 경과규정을 따로 두지 않는 한 그대로 적용되어야 한다.

따라서 범죄의 성립과 처벌에 관하여 규정한 형벌법규 자체 또는 그로부터 수권 내지 위임을 받은 법령의 변경에 따라 범죄를 구성하지 아니하게 되거나 형이 가벼워진 경우에는, 종전 법령이 범죄로 정하여 처벌한 것이 부당하였다거나 과형이 과중하였다는 반성적 고려에 따라 변경된 것인지 여부를 따지지 않고 원칙적으로 형법 제1조 제2항과 형사소송법 제326 조 제4호가 적용된다. 형벌법규가 대통령령, 총리령, 부령과 같은 법규명령이 아닌 고시 등 행정규칙·행정명령, 조례 등(이하 '고시 등 규정'이라고 한다)에 구성요건의 일부를 수권 내지 위임한 경우에도 이러한 고시 등 규정이 위임입법의 한계를 벗어나지 않는 한 형벌법규와 결합하여 법령을 보충하는 기능을 하는 것이므로, 그 변경에 따라 범죄를 구성하지 아니하 게 되거나 형이 가벼워졌다면 마찬가지로 형법 제1조 제2항과 형사소송법 제326조 제4호가 적용된다.

그러나 해당 형벌법규 자체 또는 그로부터 수권 내지 위임을 받은 법령이 아닌 다른 법령이 변경된 경우 형법 제1조 제2항과 형사소송법 제326조 제4호를 적용하려면, 해당 형벌법규에 따른 범죄의 성립 및 처벌과 직접적으로 관련된 형사법적 관점의 변화를 주된 근거로 하는 법령의 변경에 해당하여야 하므로, 이와 관련이 없는 법령의 변경으로 인하여 해당 형벌법 규의 가벌성에 영향을 미치게 되는 경우에는 형법 제1조 제2항과 형사소송법 제326조 제4호 가 적용되지 않는다.

한편 법령이 개정 내지 폐지된 경우가 아니라, 스스로 유효기간을 구체적인 일자나 기간으 로 특정하여 효력의 상실을 예정하고 있던 법령이 그 유효기간을 경과함으로써 더 이상 효 력을 갖지 않게 된 경우도 형법 제1조 제2항과 형사소송법 제326조 제4호에서 말하는 법령 의 변경에 해당한다고 볼 수 없다.

[대법관 조재연, 대법관 안철상의 별개의견의 요지]

종래 대법원판례의 법리는 기준이 불명확하고 판단이 자의적일 수 있다는 점에서, 다수의견 이 이를 폐기하고 형법 제1조 제2항과 형사소송법 제326조 제4호에서 말하는 '법령의 변경' 의 기준으로 '형사법적 관점의 변화'를 제시한 것은 기본적으로 타당하고, 이에 찬동할 수 있다. 그러나 다수의견이 이 사건의 쟁점과 같이 형벌법규가 변경된 경우 원칙적으로 적용 할 수 있는 기본 법리를 제시하는 데 그치지 않고 이 사건의 쟁점이 아닌 유형들까지 포함 하여 세분화된 유형별 법리를 구성한 후 각 유형별로 일률적인 결론을 정한 것은 받아들이 기 어렵다.

[대법관 노태악, 대법관 천대엽의 별개의견의 요지]

형법 제1조 제2항과 형사소송법 제326조 제4호에서 말하는 '법령의 변경'은 해당 형벌법규 에 따른 범죄의 성립 및 처벌에 관한 형사법적 관점의 변화를 전제로 하여야 한다고 보아, 종전 법령에 따른 처벌이 부당하거나 과중하였다는 등 반성적 고려에 따라 변경된 것인지 여부를 따지지 않고, 형사법적 관점의 변화가 인정된다면 원칙적으로 형법 제1조 제2항과 형사소송법 제326조 제4호가 적용되어야 한다는 다수의견의 기본 입장은 타당하다.

그러나 다수의견이 '유효기간을 구체적인 일자나 기간으로 특정하여 효력의 상실을 예정하고 있던 법령이 유효기간을 경과한 경우'를 형법 제1조 제2항과 형사소송법 제326조 제4호에서 말하는 법령의 변경에 해당하지 않는다고 보아 일률적으로 피고인에게 유리한 재판시법의 적용을 배제하고 행위시법의 추급효를 인정하여야 한다는 부분에는 동의할 수 없다. 피고인에게 유리하게 형벌법규가 변경되었다는 관점에서 보면 법령이 개정·폐지된 경우와 법령의 유효기간이 경과된 경우는 본질적으로 차이가 없다. 형법 제1조 제2항과 형사소송법 제326조 제4호에서 말하는 '법령의 변경'이 범죄의 가벌성과 직접적으로 관련된 형사법적 관점의 변화를 전제로 하는 것이라면, 법령의 유효기간이 경과된 경우에도 추급효에 관한 경과규정을 두지 않은 이상 원칙적으로 피고인에게 유리한 재판시법이 적용되어야 한다.

[다수의견에 대한 대법관 이동원의 보충의견의 요지]

형사처벌을 위한 재판규범의 판단기준에 관하여 명확한 법리를 정립하는 것은 실질적 법치주의 실현의 필수조건이다. 다수의견은 사회공동체의 질서와 법익을 보호하는 형사법의 기능을 약화시키는 것이 아니고, 실질적 법치주의의 토대 위에서 이를 달성하고자 하는 것이다. 수범자가 처벌과 불처벌을 간명하게 구별할 수 있어야만 법치주의 원리와 형사법의 기능이 실질적으로 구현될 수 있다. 다수의견은 법적 안정성과 예측가능성을 확보하기 위하여 어떤 법령이 재판규범인지 판단하는 기준에 관하여 보다 분명한 견해를 제시하여야 한다는 입장에서 종래 대법원판례를 변경하고, 관련 조항의 법문언과 입법취지를 살펴 법령의 변경의 범위를 보다 명확하고 합리적으로 제시하고 있는 것이다.

범죄론

02

PART

CHAPTER
01

구성요건

제1절 구성요건이론

Ⅰ. 구성요건의 개념 및 기능

1. 구성요건의 개념

〈구성요건의 의의〉

대법원 2019. 3. 28. 선고 2018도16002 전원합의체 판결 [강간(인정된죄명: 준강간미수, 변경된죄명: 준강간)]

[반대의견 중] 형법 제13조(범의)는 "죄의 성립요소인 사실을 인식하지 못한 행위는 벌하지 아니한다."라고 규정하고 있다. 여기에서 '죄의 성립요소인 사실'이라 함은 형법에 규정된 범죄유형인 구성요건에서 외부적 표지인 객관적 구성요건요소, 즉 행위주체ㆍ객체ㆍ행위ㆍ결과 등을 말한다. 이와 달리 행위자의 내면에 속하는 심리적ㆍ정신적 상태를 주관적 구성요건 요소라고 하는데, 고의가 그 대표적인 예이다. 형법 제13조는 고의범이 성립하려면 행위자는 객관적 구성요건요소인 행위주체ㆍ객체ㆍ행위ㆍ결과 등에 관한 인식을 갖고 있어야 한다고 규정하고 있으므로, 구성요건 중에 특별한 행위양태(예컨대 강간죄에서의 '폭행ㆍ협박'이나 준강간 죄에서의 '심신상실 또는 항거불능의 상태를 이용' 등)를 필요로 하는 경우에는 이러한 사정의 존재까지도 행위자가 인식하여야 한다.

2. 구성요건의 기능

가. 체계적 기능

〈구성요건의 독자성 확보〉

대법원 2004. 4. 9. 선고 2003도6351 판결 [풍속영업의규제에관한법률위반]

풍속영업의규제에관한법률(이하 '풍속법'이라 한다.)은 풍속영업을 영위하는 장소에서의 선량한 풍속을 해하거나 청소년의 건전한 육성을 저해하는 행위 등을 규제하여 미풍양속의 보존과 청소년의 보호에 이바지함을 목적으로 하고 있고, 이를 위하여 풍속법 제3조 제3호에서 풍속영업자의 준수사항으로 "풍속영업소에서 도박 기타 사행행위를 하게 하여서는 아니된다."는 사항을 부과하고 있는바, 위와 같은 풍속법의 입법목적에 비추어 보면, 풍속영업자가 풍속영업소에서 도박을 하게 한 때에는 그것이 일시 오락 정도에 불과하여 형법상 도박죄로 처벌할 수 없는 경우에도 풍속영업자의 준수사항 위반을 처벌하는 풍속법 제10조 제1항, 제3조 제3호의 구성요건 해당성이 있다고 할 것이다.
그러나 어떤 행위가 법규정의 문언상 일단 범죄 구성요건에 해당된다고 보이는 경우에도, 그것이 정상적인 생활형태의 하나로서 역사적으로 생성된 사회생활 질서의 범위 안에 있는 것이라고 생각되는 경우에는 사회상규에 위배되지 아니하는 행위로서 그 위법성이 조각되어 처벌할 수 없게 되는 것이다.

〈부작위범의 내용 및 의미 부여〉

대법원 2015. 11. 12. 선고 2015도6809 전원합의체 판결 [생 략]

범죄는 보통 적극적인 행위에 의하여 실행되지만 때로는 결과의 발생을 방지하지 아니한 부작위에 의하여도 실현될 수 있다. 형법 제18조는 "위험의 발생을 방지할 의무가 있거나 자기의 행위로 인하여 위험발생의 원인을 야기한 자가 그 위험발생을 방지하지 아니한 때에는 그 발생된 결과에 의하여 처벌한다."라고 하여 부작위범의 성립 요건을 별도로 규정하고 있다. 자연적 의미에서의 부작위는 거동성이 있는 작위와 본질적으로 구별되는 무에 지나지 아니하지만, 위 규정에서 말하는 부작위는 법적 기대라는 규범적 가치판단 요소에 의하여 사회적 중요성을 가지는 사람의 행태가 되어 법적 의미에서 작위와 함께 행위의 기본 형태를 이루게 되는 것이므로, 특정한 행위를 하지 아니하는 부작위가 형법적으로 부작위로서의 의미를 가지기 위해서는, 보호법익의 주체에게 해당 구성요건적 결과발생의 위험이 있는 상황에서 행위자가 구성요건의 실현을 회피하기 위하여 요구되는 행위를 현실적·물리적으로 행할 수 있었음에도 하지 아니하였다고 평가될 수 있어야 한다.

나아가 살인죄와 같이 일반적으로 작위를 내용으로 하는 범죄를 부작위에 의하여 범하는 이른바 부진정 부작위범의 경우에는 보호법익의 주체가 그 법익에 대한 침해위협에 대처할 보호능력이 없고, 부작위행위자에게 그 침해위협으로부터 법익을 보호해 주어야 할 법적 작위의무가 있을 뿐 아니라, 부작위행위자가 그러한 보호적 지위에서 법익침해를 일으키는 사태를 지배하고 있어 그 작위의무의 이행으로 결과발생을 쉽게 방지할 수 있어야 그 부작위로 인한 법익침해가 작위에 의한 법익침해와 동등한 형법적 가치가 있는 것으로서 범죄의 실행행위로 평가될 수 있다. 다만 여기서의 작위의무는 법령, 법률행위, 선행행위로 인한 경우는 물론, 신의성실의 원칙이나 사회상규 혹은 조리상 작위의무가 기대되는 경우에도 인정된다고 할 것이다(대법원 1992. 2. 11. 선고 91도2951 판결, 대법원 2008. 2. 28. 선고 2007도9354 판결 등 참조).

또한 부진정 부작위범의 고의는 반드시 구성요건적 결과발생에 대한 목적이나 계획적인 범행 의도가 있어야 하는 것은 아니고 법익침해의 결과발생을 방지할 법적 작위의무를 가지고 있는 자가 그 의무를 이행함으로써 그 결과발생을 쉽게 방지할 수 있었음을 예견하고도 결과발생을 용인하고 이를 방관한 채 그 의무를 이행하지 아니한다는 인식을 하면 족하며, 이러한 작위의무자의 예견 또는 인식 등은 확정적인 경우는 물론 불확정적인 경우이더라도 미필적 고의로 인정될 수 있다. 이때 작위의무자에게 이러한 고의가 있었는지는 작위의무자의 진술에만 의존할 것이 아니라, 작위의무의 발생근거, 법익침해의 태양과 위험성, 작위의무자의 법익침해에 대한 사태지배의 정도, 요구되는 작위의무의 내용과 그 이행의 용이성, 부작위에 이르게 된 동기와 경위, 부작위의 형태와 결과발생 사이의 상관관계 등을 종합적으로 고려하여 작위의무자의 심리상태를 추인하여야 할 것이다.

나. 형사정책적 기능 : 보장적 기능

〈죄형법정주의에 따른 보장적 기능〉

헌법재판소 1995. 9. 28. 선고 93헌바50 전원재판부(위헌) [특정범죄가중처벌등에관한법률 제4조위헌소원]

우리헌법 제12조 제1항 후문과 제13조 제1항 전단에서 규정하고 있는 죄형법정주의는 범죄의 구성요건과 그에 대한 형벌의 내용을 국민의 대표로 구성된 입법부가 성문의 법률로 정하도록 함으로써 국가형벌권의 자의적(恣意的)인 행사로부터 개인의 자유와 권리를 보장하려는 법치국가형법의 기본원칙으로서, 형벌법규의 "보장적 기능"을 수행하는 것이다. 따라서 형사처벌의 대상이 되는 범죄의 구성요건은 형식적 의미의 법률로 명확하게 규정되어야 하며(명확성의 원칙), 만약 범죄의 구성요건에 관한 규정이 지나치게 추상적이거나 모호하여 그 내용과 적용범위가 과도하게 광범위하거나 불명확한 경우에는 국가형벌권의 자의적인 행사가 가능하게 되어 개인의 자유와 권리를 보장할 수 없으므로 죄형법정주의의 원칙에 위배된다.

> 특정범죄가중처벌등에관한법률 제4조 제1항의 "정부관리기업체"라는 용어는 수뢰죄와 같은 이른바 신분범(身分犯)에 있어서 그 주체에 관한 구성요건의 규정을 지나치게 광범위하고 불명확하게 규정하여 전체로서의 구성요건의 명확성을 결여한 것으로 죄형법정주의(罪刑法定主義)에 위배되고, 나아가 그 법률 자체가 불명확함으로 인하여 그 법률에서 대통령령에 규정될 내용의 대강을 예측할 수 없는 경우라 할 것이므로 위임입법(委任立法)의 한계를 일탈한 것으로서 위헌이라고 한 사안

다. 이론적 기능 : 고의 조각

〈고의 조각 기능〉

대법원 1984. 1. 24. 선고 83도2813 판결 [살인]

원심판결이 유지한 제1심판결 거시의 증거를 기록과 대조하여 살펴보면 피고인에 대한 제1심 판시 살인범죄사실을 넉넉히 인정할 수 있으니 소론 피해자 1인 피고인의 형수의 등에 업혀 있던 피고인의 조카 피해자 2(남1세)에 대하여는 살인의 고의가 없었으니 과실치사죄가 성립할지언정 살인죄가 성립될 수 없다는 주장을 살피건대, 피고인이 먼저 피해자 1을 향하

여 살의를 갖고 소나무 몽둥이(증 제1호, 길이 85센티미터 직경 9센티미터)를 양손에 집어들고 힘껏 후려친 가격으로 피를 흘리며 마당에 고꾸라진 동녀와 동녀의 등에 업힌 피해자 2의 머리부분을 위 몽둥이로 내리쳐 피해자 2를 현장에서 두개골절 및 뇌좌상으로 사망케 한 소위를 살인죄로 의율한 원심조처는 정당하게 긍인되며 <u>소위 타격의 착오가 있는 경우라 할지라도 행위자의 살인의 범의성립에 방해가 되지 아니하니</u> 어느모로보나 원심판결에 채증법칙 위배로 인한 사실오인의 위법이나 살인죄에 관한 법리오해의 위법이 없어 논지는 이유없다.

대법원 1986. 2. 25. 선고 85도2745 판결 [배임]

형법 제355조 제2항에 규정하는 배임죄는 타인의 사무를 처리하는 자가 자기 또는 제3자를 위한 재산상 이득의 의사를 가지고 그 임무에 위배한 행위를 하여 본인에게 손해를 가함으로써 성립하는 것이므로 배임죄의 구성요건의 하나로서 타인의 사무를 처리하는 자에게 그 임무에 위배한 행위가 있어야 하고 그 타인사무처리자에게 자기의 행위가 그 임무에 위배한다는 인식이 있어야 할 것이며 이러한 인식이 없을 때는 배임죄의 고의를 저각하게 된다 할 것인 바, 기록에 의하여 원심판결을 검토하여 보면 원심이 이 사건 임야는 피고인의 문중인 장씨문중과 반씨문중이 공동으로 매입하여 피고인의 조부인공소외인 명의로 소유권이전등기를 경료하여 둔 것인데 <u>피고인이 상속을 원인으로 하여 그 명의로 소유권이전등기를 경료한 후 그 임야에서 산출되는 송이버섯의 채취권을 금 900,000원에 매각처분한 사실은 인정되나 피고인이 송이버섯 채취권 매각당시에 그 자신이 위 명의수탁자의 지위를 승계한 타인의 사무를 처리하는 자이고 위 매각행위가 그 임무에 위배된다는 인식이 있었다고 인정함에 족한 증거가 없다하여 배임죄의 범의가 없다는 이유로 무죄를 선고한 원심의 조치는 정당하</u>(다).

라. 구성요건의 기능적 관계

〈체계구성요건과 보장구성요건과의 관계〉

대법원 2018. 5. 17. 선고 2017도14749 전원합의체 판결 [국회에서의증언·감정등에관한 법률위반]

특별위원회가 존속하지 않게 된 이후에도 과거 특별위원회가 존속할 당시 재적위원이었던 사람이 연서로 고발할 수 있다고 해석하는 것은 유추해석금지의 원칙에 위배된다.

형벌법규의 해석에서 법규정 문언의 가능한 의미를 벗어나는 경우에는 유추해석으로서 죄형법정주의에 위배된다. 유추해석금지의 원칙은 모든 형벌법규의 구성요건과 가벌성에 관한 규정에 준용된다. 소추요건에 관하여도 그 범위를 유추적용할 경우 가벌성의 범위가 확대되어 행위자에게 불리하게 된다면, 이는 가능한 문언의 의미를 넘어 범죄구성요건을 유추하는 것과 같은 결과를 초래하므로 죄형법정주의의 파생원칙인 유추해석금지의 원칙에 반하여 허용될 수 없다(대법원 1997. 3. 20. 선고 96도1167 전원합의체 판결, 대법원 2010. 9. 30. 선고 2008도4762 판결 등 참조).

〈체계구성요건과 착오구성요건의 관계〉

대법원 2014. 2. 27. 선고 2011도13999 판결 [상해·공무집행방해]

다만 이 사건 기록에 의하면, 피고인은 자신을 추격하는 경찰관들을 피하여 도망하다가 넘어졌는데, 당시는 새벽 02:20경으로 상당히 어두웠던 심야였고 경찰관들도 정복이 아닌 사복을 입고 있었던 사실, 자신을 추격하는 차량(일반 승용차였던 것으로 보인다)을 피하려다 넘어진 피고인은 주변에 고성으로 '경찰을 불러달라'고 요청하여 지나가던 택시기사도 이 소리를 듣고 정차하였던 사실 등을 알 수 있고 여기에 피고인은 원심 법정에 이르기까지 일관하여 이 사건 경찰관들을 소위 '퍽치기'를 하려는 자들로 오인하였던 것이라고 진술하고 있는 사정 등을 종합하면, 피고인은 당시 경찰관들을 치한이나 강도로 오인함으로써 이 사건 공무집행 자체 내지 그 적법성이나 자신의 경찰관들에 대한 유형력 행사의 위법성 등에 관하여 착오를 일으켰을 가능성을 배제하기 어려우므로, 원심으로서는 당시 피고인이 자신이 처한 상황을 어떻게 인식하였는지, 피고인에게 착오가 인정된다면 그러한 착오에 정당한 사유가 존재하는지 여부 등에 관하여 면밀히 심리한 다음 범죄성립이 조각될 수 있는지 여부를 신중히 판단하여야 한다는 점을 덧붙여 지적하여 둔다.

Ⅱ. 체계적 범주로서의 구성요건의 발전

1. 주관적 구성요건요소의 발견

〈'주관적 요소'의 발견〉

대법원 1981. 8. 25. 선고 80도800 판결 [폭력행위등처벌에관한법률위반]

형법 제20조 제1항 소정의 정당방위가 성립하기 위하여는 행위자에게 방위의사가 있어야 하고 그 방위행위가 행위 당시의 사정으로 보아서 상당성이 있어야 함은 소론과 같으나 원심이 유지한 제1심 판결이 적법히 확정한 사실에 의하면, 피고인 경영의 주점에서 공소외 1등 3인이 외상술을 마시면서 통금시간이 지나도 귀가하지 않고 피고인에게 접대부와 동침시켜 줄 것을 요구하고, 피고인이 이를 거절한데 불만을 품고 내실까지 들어와 피고인의 처가있는 데서 소변까지 하므로 피고인이 항의하자 공소외 1은 주먹으로 피고인의 안면을 강타하고 이어 피고인을 계단 아래 주점으로 끌고가 다른 일행 2명과 함께 집단으로 구타하자 피고인은 공소외 1을 업어치기식으로 홀 위에 넘어뜨려 그에게 전치 12일간의 상해를 입혔다는 것인바, 이와 같은 구체적 사정에서 볼 때 피고인의 공소외 1에 대한 폭행행위는 단순한 싸움 중에 행한 공격행위가 아니라 피고인 자신의 신체에 대한 현재의 부당한 침해를 방지하기 위한 의사에 기한 것으로 판단함이 상당하고, 한편 위 침해행위와 방위행위의 방법 폭행정도 등 제반정황에 비추어 위 방위행위는 상당성이 있다고 할 것이고, 피고인이 위 주점의 주인이고 위공소외 1이 손님이란 사정이 있다 하여도 다를 바 없으므로 피고인의 이건 소위는 정당방위로서 죄가 되지 않는다는 원심의 위 판단은 정당하(다).

〈'불법의 전형'을 이루는 주관적 요소로서의 불법영득의사〉

대법원 1986. 7. 8. 선고 86도354 판결 [절도]

피고인이 이 사건 피해자 김성업과 말다툼을 하면서 시비하는 중에 그들 중 일행이 피고인을 식칼로 찔러 죽이겠다고 위협을 하여 주위를 살펴보니 식칼이 있어 이를 갖고 파출소에 가져가 협박의 증거물로 제시하였을 뿐 불법영득의 의사가 없었다고 판단(가사 신고내용이 허위라고 하더라도 불법영득의 의사가 있었다고 볼 수 없음)한 조치는 수긍이 가고 거기에 소론과 같이 불법영득의 법리를 오해한 위법이 없다.

〈주관적 구성요건요소로서의 고의〉

대법원 2018. 6. 15. 선고 2018도4200 판결 [명예훼손]

명예훼손죄가 성립하기 위해서는 주관적 구성요소로서 타인의 명예를 훼손한다는 고의를 가지고 사람의 사회적 평가를 저하시키는 데 충분한 구체적 사실을 적시하는 행위를 할 것이 요구된다(대법원 2010. 10. 28. 선고 2010도2877 판결 참조). 따라서 불미스러운 소문의 진위를 확인하고자 질문을 하는 과정에서 타인의 명예를 훼손하는 발언을 하였다면 이러한 경우에는 그 동기에 비추어 명예훼손의 고의를 인정하기 어렵다(대법원 1985. 5. 28. 선고 85도588 판결 참조). 또한 명예훼손죄의 구성요건인 공연성은 불특정 또는 다수인이 인식할 수 있는 상태를 말한다. 비록 개별적으로 한 사람에 대하여 사실을 유포하였다고 하더라도 그로부터 불특정 또는 다수인에게 전파될 가능성이 있다면 공연성의 요건을 충족하지만 이와 달리 전파될 가능성이 없다면 특정한 한 사람에 대한 사실의 유포는 공연성이 없다고 할 것이다(대법원 2000. 5. 16. 선고 99도5622 판결, 대법원 2011. 9. 8. 선고 2010도7497 판결 등 참조). 한편 위와 같이 전파가능성을 이유로 명예훼손죄의 공연성을 인정하는 경우에는 적어도 범죄구성요건의 주관적 요소로서 미필적 고의가 필요하므로 전파가능성에 대한 인식이 있음은 물론 나아가 그 위험을 용인하는 내심의 의사가 있어야 한다. 그 행위자가 전파가능성을 용인하고 있었는지 여부는 외부에 나타난 행위의 형태와 상황 등 구체적인 사정을 기초로 일반인이라면 그 전파가능성을 어떻게 평가할 것인가를 고려하면서 행위자의 입장에서 그 심리상태를 추인하여야 할 것이다(대법원 2005. 5. 27. 선고 2004도8914 판결, 대법원 2010. 10. 28. 선고 2010도2877 판결 등 참조).

2. 불법구성요건으로서의 체계구성요건

⟨규범적 구성요건요소 : 재물의 타인성⟩

대법원 1983. 9. 13. 선고 83도1762, 83감도315 판결 [공갈·특정범죄가중처벌등에관한법률위반·보호감호]

원심은 피고인은 그 판시와 같은 상습절도 등의 전과가 여러 차례 있는 자로서 다시 "상습으로 1982.8.3. 23:45경 전북 진안읍 군장리 322 소재 피해자 김옥순 경영의 평원닭집앞 노상에서 그곳 평상위에 있던 동 피해자 소유의 고양이 1마리 싯가 7,000원 상당을 절취하였다는 공소사실을 거시증거에 의하여 유죄로 인정하고, 한편 피고인은 사회보호법 제2조 소정의 보호처분대상자로서 이건 범행을 저질렀으므로 사회보호법 제5조 제1항 제1호에 해당한다 하여 10년의 보호감호에 처한 제1심 판결을 유지하고 있다.

그러나 원심이 위 공소사실을 유죄로 인정함에 취신한 증거들을 기록에 의하여 검토하여 보건대, 피고인은 경찰이래 원심공판정에 이르기까지 피고인이 이건 고양이를 들고 간 것은 사실이지만 절취할 의사로 가져간 것이 아니고 그날 피고인이 다른데서 빌려가지고 있다가 잃어버린 고양이인 줄로 잘못 알고 가져가다가 주인이 자기 것이라고 하여 돌려주었을 뿐이라고 일관하여 범의를 부인하고 있고, 이건 피해자라고 하는 김옥순의 제1심 법정에서의 증언과 경찰 및 검찰에서의 증언에 의하면, 피고인이 평상 밑에 있는 고양이를 쓰다듬다가 런닝샤쓰안에 집어넣고 가기에 고양이를 왜 가지고 가느냐고 하니까 아무말도 하지 않고 골목으로 가기에 뒤따라가서 피고인으로부터 고양이를 찾아왔다는 것이고, 목격자라고 하는 김남호(일명 강양)의 경찰에서의 진술에 의하면 낮모르는 사람이 고양이를 품속에 넣고 가는 것을 보았는데 5분 뒤에 평원닭집 주인들이 고양이를 찾기에 낮모르는 청년이 고양이를 품에 넣고 시장쪽으로 갔다고 알려줘 조금 있다가 주인이 고양이를 찾아왔다는 것이며, 또 다른 목격자인 김영희의 경찰에서의 진술은 피고인이 고양이를 가지고 가는데 평원닭집 주인 김옥순이 따라와서 피고인으로부터 고양이를 찾아가는 것을 보았다는 것인바, 위 김옥순의 진술과 김남호의 진술에는 서로 다른 점이 없지 아니하나 어느 진술에 의하더라도 피고인은 이건 고양이를 몰래 가지고 도망하여 행방을 감춘 것은 아니고 다른 사람이 보는 데서 공공연히 가지고 가다가 주인이 나타나서 자기 것이라고 하자 그대로 돌려준 사실을 알 수 있고,

한편 원심이 배척하지 아니한 제1심증인 천직세의 법정에서의 증언 및 검찰에서의 진술에 의하면, 동인은 **이 사건이 일어나기 몇 시간 전에 피고인에게 고양이 1마리를 빌려준 사실이 있었다고 진술**하고 있어 피고인의 변소를 뒷받침하고 있는 등 사정을 종합하여 볼 때에 피고인이 이건 고양이를 가져간 것은 위 김옥순의 고양이인 줄 알고 절취한 것이라기보다는 피고인이 잃어버린 고양이로 잘못 알고 가져간 것이라는 피고인의 진술(두 고양이는 외형상 유사하다고 진술하고 있어 그 진부를 가려 사실이 그와 같다면)에 수긍이 가고 그밖에 기록을 정사하여도 피고인이 이건 고양이를 김옥순의 소유인 줄 알고 그 의사에 반한 것임을 알면서 취거한 것이라고 단정할 자료는 없다.

그렇다면 절도죄에 있어서 재물의 타인성을 오신하여 그 재물이 자기에게 취득(빌린 것)할 것이 허용된 동일한 물건으로 오인하고 가져온 경우에는 범죄사실에 대한 인식이 있다고 할 수 없으므로 범의를 조각하여 절도죄가 성립하지 아니한다 할 것이다.

〈記述的 요소로 이해되는 구성요건표지도 규범적 요소(가치평가)를 포함하고 있음〉

대법원 2005. 4. 15. 선고 2003도2780 판결 [살인·업무상촉탁낙태·의료법위반]

원심은, 그 채용 증거들을 종합하여 산부인과 의사인 **피고인이 임신 28주 상태인 공소외 1에 대하여 약물에 의한 유도분만의 방법으로 낙태시술을 하였으나, 태아가 살아서 미숙아 상태로 출생하자 그 미숙아에게 염화칼륨을 주입하여 사망하게 한 사실**을 인정한 후, 낙태죄는 태아를 자연분만기에 앞서서 인위적으로 모체 밖으로 배출하거나 모체 안에서 살해함으로써 성립하고, 그 결과 태아가 사망하였는지 여부는 낙태죄의 성립에 영향이 없는 것이므로, 피고인이 살아서 출생한 미숙아에게 염화칼륨을 주입한 것을 낙태를 완성하기 위한 행위에 불과한 것으로 볼 수 없고, 살아서 출생한 미숙아가 정상적으로 생존할 확률이 적다고 하더라도 그 상태에 대한 확인이나 최소한의 의료행위도 없이 적극적으로 염화칼륨을 주입하여 미숙아를 사망에 이르게 한 피고인에게는 미숙아를 살해하려는 범의도 있었던 것으로 보아야 한다고 판단하였다.

기록에 비추어 살펴보면, 원심의 위와 같은 증거의 취사선택과 사실인정 및 판단은 정당한 것으로 수긍할 수 있고, 거기에 상고이유로 주장하는 바와 같은 채증법칙 위반으로 인한 사실오인이나 살인의 범의에 관한 법리를 오해한 위법이 없다.

대법원 1982. 10. 12. 선고 81도2621 판결 [업무상과실치사·업무상과실치상]

태아가 어느 시기에 사람이 되는가에 관하여는 그 출산 과정과 관련하여 여러 가지 설이 있는 바이나 사람의 생명과 신체의 안전을 보호법익으로 하고 있는 형법상의 해석으로는 규칙적인 진통을 동반하면서 태아가 태반으로부터 이탈되기 시작한 때 다시 말하여 분만이 개시된 때(소위 진통설 또는 분만개시설)가 사람의 시기라고 봄이 타당하다고 여겨지며 이는 형법 제251조(영아살해)에서 분만 중의 태아도 살인죄의 객체가 된다고 규정하고 있는 점을 미루어 보아서도 그 근거를 찾을 수 있다.

Ⅲ. 구성요건과 위법성의 관계

1. 3단계 범죄체계론

〈2단계 또는 3단계 범죄체계론?〉

대법원 1986. 10. 28. 선고 86도1406 판결 [무단이탈]

원심판결 이유에 의하면, 원심은 그 채택증거에 의하여 피고인은 소속중대장의 당번병으로서 근무시간중은 물론 근무시간 후에도 밤늦게 까지 수시로 영외에 있는 중대장의 관사에 머물면서 집안일을 도와주고 그 자녀들을 보살피며 중대장 또는 그 처의 심부름으로 관사를 떠나서까지 시키는 일을 해오던 중 이 사건 **당일 밤에도 중대장의 지시에 따라 관사를 지키고 있던중 중대장과 함께 외출나간 그 처 박태자로부터 같은날 24:00경 비가 오고 밤이늦어 혼자서는 도저히 여우고개를 넘어 귀가할 수 없으니, 관사로부터 1,5킬로미터 가량 떨어진 여우고개까지 우산을 들고 마중을 나오라는 연락을 받고 당번병으로서 당연히 해야할 일로 생각하고서 여우고개까지 나가 동인을 마중하여 그 다음날 01:00경 귀가한** 사실을 인정하고, 이와 같은 피고인의 관사이탈 행위가 중대장의 직접적인 허가를 받지 아니하였다 하더라도 피고인은 당번병으로서의 그 임무범위 내에 속하는 일로 오인한 행위로서 그 오인에 정당한 이유가 있으므로 위법성이 없다고 하여 피고인에게 무죄를 선고하였는바, 기록에 의하여 살펴보면, 원심의 위와 같은 사실인정과 판단은 정당하게 수긍되고 거기에 소론 사실오인이나 무단이탈죄에 있어서의 위법성에 대한 법리오해의 위법이 있다할 수 없으므로 논지는 이유없다.

2. 소극적으로 규정된 구성요건요소

〈소극적으로 규정된 구성요건요소 : 병역법상 '정당한 사유'〉

대법원 2018. 11. 1. 선고 2016도10912 전원합의체 판결 [병역법위반]

2. 병역법 제88조 제1항의 '정당한 사유'

가. 헌법 제5조 제2항은 "국군은 국가의 안전보장과 국토방위의 신성한 의무를 수행함을 사명으로 하며, 그 정치적 중립성은 준수된다."라고 정하고, 제39조 제1항은 "모든 국민은 법률이 정하는 바에 의하여 국방의 의무를 진다."라고 정한다. 즉 주권자인 국민은 외적으로부터 국가를 방위하여 국가의 정치적 독립성과 영토의 완전성을 수호할 헌법적 의무를 부담한다는 것을 명시하고 있다.

병역법 제88조 제1항은 이러한 국방의 의무를 실현하기 위하여 현역입영 또는 소집통지서를 받고도 정당한 사유 없이 이에 응하지 않은 사람을 처벌함으로써 입영기피를 억제하고 병력구성을 확보하기 위한 규정이다. <u>위 조항에 따르면 정당한 사유가 있는 경우에는 피고인을 벌할 수 없는데, 여기에서 정당한 사유는 구성요건해당성을 조각하는 사유이다</u>(대법원 2004. 7. 15. 선고 2004도2965 전원합의체 판결 등 참조). <u>이는 형법상 위법성조각사유인 정당행위나 책임조각사유인 기대불가능성과는 구별된다.</u>

정당한 사유는 구체적인 사안에서 법관이 개별적으로 판단해야 하는 불확정개념으로서, 실정법의 엄격한 적용으로 생길 수 있는 불합리한 결과를 막고 구체적 타당성을 실현하기 위한 것이다. 위 조항에서 정한 정당한 사유가 있는지를 판단할 때에는 병역법의 목적과 기능, 병역의무의 이행이 헌법을 비롯한 전체 법질서에서 가지는 위치, 사회적 현실과 시대적 상황의 변화 등은 물론 피고인이 처한 구체적이고 개별적인 사정도 고려해야 한다.

나. 병역법은 헌법상 국방의 의무 중 병역의무를 구체적으로 정하고 있다. 먼저 병역의무를 18세가 된 남성에게 부과하고(제3조, 제8조), 40세가 되면 면제한다(제71조, 제72조). 다음으로 병무청장 등이 개별적인 병역처분을 할 때에는 병역의무자의 신체와 심리 건강, 학력과 연령 등 자질, 가사사정, 형사처벌 여부, 귀화 또는 북한출신 여부, 국외이주, 전문지식이나 기술 등을 고려하여 병역의무자에게 부과할 병역의 종류·내용 또는 면제 등을 결정하도록 한다(제5조, 제11조, 제12조, 제14조, 제62조, 제63조, 제64조, 제65조 등).

위와 같이 병역법은 국민의 다양한 사정들을 고려하여 병역의무의 부과 여부와 그 종류·내용 또는 면제 여부 등을 결정한다. 즉 병역의무를 감당할 수 있는 사람에 대하여 그에 합당한 병역의무를 부과함으로써 과도한 부담이 되지 않도록 하고 있는 것이다. 병역법 제88조 제1항이 정한 '정당한 사유'를 해석할 때에도 위와 같은 병역법의 태도를 반영하여야 한다. 다. 그러므로 병역의무의 부과와 구체적 병역처분 과정에서 고려되지 않은 사정이라 하더라도, 입영하지 않은 병역의무자가 처한 구체적이고 개별적인 사정이 그로 하여금 병역의 이행을 감당하지 못하도록 한다면 병역법 제88조 제1항의 '정당한 사유'에 해당할 수 있다고 보아야 한다. 설령 그 사정이 단순히 일시적이지 않다거나 다른 이들에게는 일어나지 않는 일이라 하더라도 마찬가지이다.

〈구성요건요소로서의 '운전면허'〉

대법원 2004. 12. 10. 선고 2004도6480 판결 [도로교통법위반(무면허운전)]

가. 도로교통법 제109조 제1호, 제40조 제1항 위반의 죄는 유효한 운전면허가 없음을 알면서도 자동차를 운전하는 경우에만 성립하는, 이른바 고의범이므로, 기존의 운전면허가 취소된 상태에서 자동차를 운전하였더라도 운전자가 면허취소사실을 인식하지 못한 이상 도로교통법위반(무면허운전)죄에 해당한다고 볼 수 없고, 관할 경찰당국이 운전면허취소처분의 통지에 갈음하는 적법한 공고를 거쳤다 하더라도, 그것만으로 운전자가 면허가 취소된 사실을 알게 되었다고 단정할 수는 없으며(대법원 1993. 3. 23. 선고 92도3045 판결 참조), 이 경우 운전자가 그러한 사정을 알았는지는 각각의 사안에서 면허취소의 사유와 취소사유가 된 위법행위의 경중, 같은 사유로 면허취소를 당한 전력의 유무, 면허취소처분 통지를 받지 못한 이유, 면허취소 후 문제된 운전행위까지의 기간의 장단, 운전자가 면허를 보유하는 동안 관련 법령이나 제도가 어떻게 변동하였는지 등을 두루 참작하여 구체적·개별적으로 판단하여야 한다.

나. 피고인은 수사기관 이래 원심 법정에 이르기까지 자신이 위 면허취소사실을 전혀 알지 못하였으므로 범의가 없었다는 취지로 일관되게 변명하고 있는바, 기록을 살펴보아도 피고인이 운전면허가 취소된 사정을 알면서 자동차를 운전하였다고 인정할 만한 증거를 찾을 수 없고, 피고인이 운전면허취소통지를 받지 못한 데다가 면허가 취소된 날부터 보름이 갓 지난 2003. 9. 21. 이 사건 공소사실 기재와 같이 차량을 운전한 점, 피고인이 이전에 이와 동일한 사정으로 면허취소처분을 받은 전력이 없는 점, 도로교통법상 정기적성검사를 받는 주

기는 피고인이 최초로 면허를 취득할 당시는 3년이던 것이, 도로교통법의 순차 개정에 따라, 최초 정기적성검사 당시에는 5년으로, 1999. 1. 29. 이후로는 7년으로, 각 연장된 점, 정기적 성검사에 관하여 사전에 대상자에게 통보하는 제도가 마련되어 있지 아니한 점 등을 고려하여 볼 때, 피고인이 소지하고 있던 운전면허증 앞면에 적성검사기간이 "2002. 6. 5. ~ 2002. 9. 4."로 기재되어 있고, 뒷면 하단에는 "적성검사 또는 면허증 갱신기간 내에 적성검사 또는 면허증을 갱신하지 아니하면 범칙금이 부과되며 1년이 지나면 운전면허가 취소됩니다." 라는 경고 문구가 있다는 점만으로는 피고인이 정기적성검사 미필로 면허가 취소된 사실을 미필적으로나마 인식하였다고 추단하기 어렵다.

다. 그럼에도 불구하고, 원심은 피고인에게 면허취소사실을 인식하였는지 여부를 따져보지 아니하고 피고인을 도로교통법위반(무면허운전)죄로 처단하였으니, 원심의 이러한 조치에는 도로교통법위반(무면허운전)죄의 범의에 관한 법리를 오해하여 심리를 다하지 아니한 위법이 있다고 아니할 수 없다.

〈위법성조각사유로서의 '카지노업 허가'〉

대법원 2009. 12. 10. 선고 2009도11151 판결 [관광진흥법위반·도박개장]

3. 대법원의 판단

가. 관광진흥법의 관련규정의 해석

관광진흥법은 '전문 영업장을 갖추고 주사위·트럼프·슬롯머신 등 특정한 기구 등을 이용하여 우연의 결과에 따라 특정인에게 재산상의 이익을 주고 다른 참가자에게 손실을 주는 행위 등을 하는 업'을 카지노업으로 정의하면서(제3조 제1항 제5호) 카지노업의 영업의 종류는 문화 체육관광부령으로 정하도록 하고 있는데(제26조 제1항), 관광진흥법 시행규칙 제35조 제1항에 의하면 카지노업의 영업의 종류는 룰렛, 블랙잭, 포커, 바카라 등 20가지로 정해져 있다.

또한 관광진흥법에 의하면, 카지노업을 경영하려는 자는 전용영업장 등 문화체육관광부령으로 정하는 시설과 기구를 갖추어 문화체육관광부장관의 허가를 받아야 하는데(제5조 제1항, 제23조 제1항), 관광진흥법 시행규칙 제29조에 의하면 이러한 '시설과 기구'는 330㎡ 이상의 전용 영업장, 한 개 이상의 외국환 환전소, 카지노업의 영업종류 중 네 종류 이상의 영업을 할 수 있는 게임기구 및 시설, 문화체육관광부장관이 정하여 고시하는 기준에 적합한 카지노 전산시설 등을 말한다. 나아가 문화체육관광부장관은 최상 등급의 호텔 등 대통령령으로 정하는 요건에 맞는 시설에만 카지노업을 허가 할 수 있고, 공공의 안녕, 질서유지 또는 카지노업의 건전한 발전을 위하여 필요하다고 인정하면 대통령령으로 정하는 바에 따라 허가를 제한할 수도 있으며(법 제21조), 이러한 허가를 받지 아니하고 카지노업을 경영한 자는 5년 이하의 징역 또는 5천만 원 이하의 벌금에 처하도록 되어 있다(법 제81조 제1호).

이처럼 관광진흥법이 전용영업장(전문영업장) 등 엄격한 시설과 기구를 갖춘 경우에만 카지노업을 허가할 수 있도록 하면서 무허가로 카지노업을 경영한 행위에 대하여 도박개장죄(형법 제247조)보다 중한 형에 처하도록 규정하고 있는 것은, 같은 법 및 그 시행규칙이 요구하는 제반 요건을 모두 갖춘 경우는 물론 이러한 요건을 모두 갖추지는 못하였다고 하더라도 사실상 전용영업장(전문영업장)에 준하는 시설과 기구를 갖추고서 허가를 받지 아니한 채 카지노영업을 한 경우에는 관광진흥법위반죄로 엄하게 처벌하고, 이에 미치지 못 하는 경우 즉 전용영업장(전문영업장)에 준하는 시설과 기준을 사실상 갖추지 아니한 채 도박을 하게 한 경우에는 도박개장죄로만 처벌하려는 취지인 것으로 해석함이 상당하다. 그리고 전용영업장(전문영업장)에 준하는 시설과 기준을 사실상 갖추었는지 여부는 기구 및 시설의 규모, 영업장의 위치 및 면적, 영업을 한 기간의 장단, 종업원들의 역할 분담 여부 등을 종합적으로 고려하여 판단하여야 한다.

나. 이 사건의 경우

이 사건에 있어 제1심 및 원심이 적법하게 조사, 채택한 증거들에 의하여 인정되는 다음과 같은 사정들, 즉 ① 피고인 등이 준비한 게임기구는 조립식 탁자 1개 및 그 위에 깔 바카라 게임판 1개, 다수의 칩에 불과하였던 점, ② 피고인은 다른 공범들과 함께 장소를 옮겨 다니며 총 6회에 걸쳐 카지노영업을 하였는데, 6곳 중 4곳이 호텔의 객실이고, 나머지 2곳은 빌라 또는 아파트로 보이는 점, ③ 전체 영업기간이 2009. 2. 말부터 같은 해 3. 27.까지 약 1달이고, 영업장소마다 짧게는 1일, 길게는 4일 정도씩 영업을 하였던 점 등에 비추어 보면, 비록 환전 및 딜러를 담당하는 직원을 따로 두었다고는 하나, 피고인이 다른 공범들과 함께 사실상 전용영업장(전문영업장)에 준하는 시설과 기준을 갖추고서 카지노영업을 하였다고는 보기 어렵다.

그럼에도 불구하고 원심이 이 부분 공소사실을 그대로 유죄로 인정한 것은 관광진흥법상 '카지노업의 허가를 받지 아니하고 카지노업을 경영한 자'라는 구성요건의 해석 및 적용을 그르친 것으로서 판결에 영향을 미친 잘못이 있다고 하지 않을 수 없다. 한편 무허가 카지노영업으로 인한 관광진흥법위반죄와 도박개장죄는 상상적경합범 관계에 있는바(대법원 2008.

6. 26. 선고 2008도3189 판결 참조), 관광진흥법위반의 점에 대한 부분을 위와 같은 이유로 파기하는 이상, 그와 상상적경합범 관계에 있는 도박개장의 점에 대한 유죄 부분 또한 파기를 면할 수 없다.

3. 총체적 행위평가표지

〈총체적 행위평가표지(구성요건요소와 불법요소의 분리가 불가능한 경우) : 직권의 '남용'〉

대법원 2020. 1. 30. 선고 2018도2236 판결 [직권남용권리행사방해·강요·국회에서의증언·감정등에관한법률위반]

직권남용권리행사방해죄는 공무원이 일반적 직무권한에 속하는 사항에 관하여 직권을 행사하는 모습으로 실질적, 구체적으로 위법·부당한 행위를 한 경우에 성립한다. '직권남용'이란 공무원이 일반적 직무권한에 속하는 사항에 관하여 그 권한을 위법·부당하게 행사하는 것을 뜻한다.

남용에 해당하는가를 판단하는 기준은 구체적인 공무원의 직무행위가 본래 법령에서 그 직권을 부여한 목적에 따라 이루어졌는지, 직무행위가 행해진 상황에서 볼 때 필요성·상당성이 있는 행위인지, 직권행사가 허용되는 법령상의 요건을 충족했는지 등을 종합하여 판단하여야 한다(대법원 2007. 2. 22. 선고 2006도3339 판결, 대법원 2012. 1. 27. 선고 2010도11884 판결 등 참조).

Ⅳ. 사회적 상당성과 구성요건해당성조각

〈사회상규와 사회적 상당성〉

대법원 1983. 2. 8. 선고 82도357 판결 [업무상횡령·허위공문서작성·허위공문서작성행사]

형법 제20조가 사회상규에 위배되지 아니하는 행위는 처벌하지 아니한다고 규정한 것은 사회상규 개념을 가장 기본적인 위법성판단의 기준으로 삼아 이를 명문화한 것으로서 그에 따르면 행위가 법규정의 문언상 일응 범죄구성요건에 해당된다고 보이는 경우에도 그것이 극히 정상적인 생활형태의 하나로서 역사적으로 생성된 사회생활질서의 범위안에 있는 것이라고 생각되는 경우에 한하여 그 위법성이 저각되어 처벌할 수 없게 되는 것이며, 어떤 법규정이 처벌대상으로 하는 행위가 사회발전에 따라 일반적으로 전혀 위법하지 않다고 인식되고 그 처벌이 무가치할 뿐 아니라 사회정의에 배반된다고 생각될 정도에 이를 경우나, 자유민주주의 사회의 목적가치에 비추어 이를 실현하기 위해 사회적 상당성이 있는 수단으로서 행해졌다는 평가가 가능한 경우에 한하여 이를 사회상규에 위배되지 아니한다고 할 것인바, 이 사건의 경우와 같이 피고인이 판매할당량을 충실히 이행함으로써 국고수입을 늘린다는 일념에서 법령에 위반하여 지정판매인 이외의 자에게 판매하고 이를 법령상 허용된 절차와 부합시키기 위하여 매도신청서와 허위의 영수증을 작성케 하였다면, 설사 그것이 원심이 지적하는 바와 같이 동전매지청관하에 일반화된 관례였고, 상급관청이 이를 묵인하였다는 사정이 있다 하더라도 이를 전혀 정상적인 행위라고 하거나 그 목적과 수단의 관계에서 보아 사회적 상당성이 있다고 단정할 수는 없고, 그 법익침해정도가 경미하여 가벌적 위법성이 없다고 할 수도 없다.

〈구성요건해석 기준으로서의 사회적 상당성〉

대법원 2008. 10. 23. 선고 2008도6940 판결 [과실치상]

골프와 같은 개인 운동경기에 참가하는 자는 자신의 행동으로 인해 다른 사람이 다칠 수도 있으므로, 경기 규칙을 준수하고 주위를 살펴 상해의 결과가 발생하는 것을 미연에 방지해야 할 주의의무가 있고, 이러한 주의의무는 경기보조원에 대하여도 마찬가지이다. 다만, 운동경기에 참가하는 자가 경기규칙을 준수하는 중에 또는 그 경기의 성격상 당연히 예상되는 정도의 경미한 규칙위반 속에 상해의 결과를 발생시킨 것으로서 사회적 상당성의 범위를 벗어나지 아니하는 행위라면 과실치상죄가 성립하지 않는다고 할 것이지만, 골프경기를 하던 중 골프공을 쳐서 아무도 예상하지 못한 자신의 등 뒤편으로 보내어 등 뒤에 있던 경기보조원(캐디)에게 상해를 입힌 경우에는 주의의무를 현저히 위반한 사회적 상당성의 범위를 벗어난 행위로서 과실치상죄가 성립한다.
같은 취지에서 원심이 채용 증거를 종합하여 **피고인이 골프장에서 골프경기를 하던 중 피고인의 등 뒤 8m 정도 떨어져 있던 경기보조원을 골프공으로 맞혀 상해를 입힌 사실**을 인정하여 과실치상죄를 인정하고, 피해자가 경기보조원으로서 통상 공이 날아가는 방향이 아닌 피고인 뒤쪽에서 경기를 보조하는 등 경기보조원으로서의 기본적인 주의의무를 마친 상태였고, 자신이 골프경기 도중 상해를 입으리라고 쉽게 예견하였을 것으로 보이지 않으므로, 피해자의 명시적 혹은 묵시적 승낙이 있었다고 보기 어렵다는 이유로 위법성이 조각된다는 피고인의 주장을 배척한 것은 사실심 법관의 합리적인 자유심증에 따른 것으로서 정당하고 거기에 상고이유로 주장하는 바와 같은 채증법칙 위반, 법리오해 등의 위법이 없다.

〈사회적으로 상당하지 않은 행위〉

대법원 1996. 6. 14. 선고 96도405 판결 [공직선거및선거부정방지법위반]

피고인이 공소외 1 등의 술값 40,000원을 지불한 행위는 비록 그 금액이 다액은 아니라고 하더라도 동인들로 하여금 도의원후보자 선출을 위한 당내 경선에서 위공소외 2를 지지하도록 부탁할 분명한 목적하에서 한 행위인 이상 그것이 사회적으로 상당성이 있는 행위라거나 위법성이 없는 행위라고 볼 여지는 없으므로, 같은 취지로 판시한 원심의 조치는 정당하다.

〈위법성조각사유(판단기준)으로서의 사회적 상당성?〉

대법원 2018. 12. 27. 선고 2017도15226 판결 [정보통신망이용촉진및정보보호등에관한법률위반(정보통신망침해등)]

어떠한 행위가 위법성조각사유로서 정당행위나 정당방위가 되는지 여부는 구체적인 경우에 따라 합목적적·합리적으로 가려야 하고, 또 행위의 적법 여부는 국가질서를 벗어나서 이를 가릴 수 없는 것이다. 정당행위로 인정되려면 첫째 행위의 동기나 목적의 정당성, 둘째 행위의 수단이나 방법의 상당성, 셋째 보호법익과 침해법익의 법익균형성, 넷째 긴급성, 다섯째 그 행위 이외의 다른 수단이나 방법이 없다는 보충성의 요건을 모두 갖추어야 한다. 그리고 정당방위가 성립하려면 침해행위에 의하여 침해되는 법익의 종류, 정도, 침해의 방법, 침해행위의 완급과 방위행위에 의하여 침해될 법익의 종류, 정도 등 일체의 구체적 사정들을 참작하여 방위행위가 사회적으로 상당한 것이어야 한다(대법원 2008. 1. 18. 선고 2007도7096 판결 등 참조).

〈사회적 상당성의 이론적 기능과 사회적 상당성에 관한 착오〉

대법원 1995. 9. 29. 선고 95도803 판결 [특정경제범죄가중처벌등에관한법률위반(사기),허위유가증권작성,허위작성유가증권행사,사기]

허위유가증권작성 및 허위작성유가증권행사의 점에 관하여 보건대, 허위의 유가증권을 작성한다고 함은 작성권한 있는 자가 자기 명의로 기본적 증권행위를 함에 있어 유가증권의 효력에 영향을 미칠 기재사항에 관하여 진실에 반하는 내용을 기재하는 것을 말하고, 이러한 허위작성유가증권행사죄가 성립하려면 유가증권의 내용이 진실에 반한다는 것을 주관적으로 인식하여야 하나, 원심이 인정한 사실관계에 의하더라도 **피고인들이 위 각 선하증권 기재의 각 화물을 인수하거나 확인하지도 아니하고 또한 선적할 선편조차 예약하거나 확보하지도 않은 상태에서 수출면장만을 확인한 채공소외 3의 요청대로 위 얀셍 298더블류호에 실제로 선적한 일이 없는 알루미늄호일 등 미화 200,000불 상당의 화물을 선적하였다는 내용의 선하증권과 위 오우션프린스 31엔호에 실제로 선적한 일이 없는 폴리우드 등 미화 999,936불 상당의 화물을 선적하였다는 내용의 각 선하증권을 발행, 교부하였다**는 것이므로 사정이 이러하다면 피고인들은 위 각 선하증권을 작성하면서 진실에 반하는 허위의 기재를 하였음이 명백할 뿐만 아니라 위 각 선하증권이 허위라는 사실을 인식하였다고 볼 것이고, 피고인들이 진실에 반하는 선하증권을 작성하면서 곧 위 각 물품이 선적될 것이라고 예상하였다고 하여 위 각 선하증권의 허위성의 인식이 없었다고는 할 수 없으며, 화물이 선적되기도 전에 이른바 선선하증권을 발행하는 것이 해운업계의 관례라고 하더라도 이를 가리켜 정상적인 행위라거나 그 목적과 수단의 관계에서 보아 사회적 상당성이 있다고 할 수는 없다고 할 것이므로(당원 1985. 8.20. 선고 83도2575 판결 참조) 피고인들이 위 각 행위가 죄가 되지 아니한다고 그릇 인식하였다고 하더라도 거기에 정당한 이유가 있는 경우라고 할 수 없으므로 허위유가증권작성죄의 죄책을 면할 수 없다.

한편 허위작성된 유가증권을 피교부자가 그것을 유통하게 한다는 사실을 인식하고 교부한 때에는 허위작성유가증권행사죄에 해당하고, 행사할 의사가 분명한 자에게 교부하여 그가 이를 행사한 때에는 허위작성유가증권행사죄의 공동정범이 성립되는 것인데, 피고인들이 위 각 허위작성된 선하증권을 은행에 제출하여 행사할 것이 분명한공소외 3에게 교부하여공소외 3이 이를 행사한 이상 허위작성유가증권행사죄에도 해당된다 고 할 것이다.

〈구성요건 해석원칙으로서의 사회적 상당성 : 보호법익을 중심으로 한 법적 관련성의 부정〉

대법원 1995. 3. 3. 선고 93도3080 판결 [범인도피,특정범죄가중처벌등에관한법률위반(재산국외도피)]

1. 형법 제151조에서 규정하는 범인도피죄는 범인은닉 이외의 방법으로 범인에 대한 수사, 재판 및 형의 집행 등 형사사법의 작용을 곤란 또는 불가능하게 하는 행위를 말하는 것으로서 그 방법에는 어떠한 제한이 없고, 또 이는 위험범으로서 현실적으로 형사사법의 작용을 방해하는 결과가 초래될 것이 요구되지는 아니하나, 다른 한편 형사사법의 작용을 방해하는 모든 행위 내지 범인을 돕는 모든 행위가 범인도피죄의 구성요건에 해당한다고 본다면 이는 일반 국민의 행동의 자유를 지나치게 제한하는 것으로서 부당하다고 하지 않을 수 없다.
그러므로 범인도피행위는 범인을 도주하게 하는 행위 또는 도주하는 것을 직접적으로 용이하게 하는 행위에 한정된다고 봄이 상당하고, 그 자체가 도피시키는 것을 직접의 목적으로 한 것이라고는 보기 어려운 행위로 말미암아 간접적으로 범인이 안심하여 도피할 수 있도록 하는 것과 같은 경우는 이에 포함되는 것이 아니라고 해석하여야 할 것이다.
나아가 어떤 행위가 범인도피죄에 해당하는 것처럼 보이더라도 그것이 사회적으로 상당성이 있는 행위일 때에는 이 또한 처벌할 수 없다고 보아야 할 것이다. …
나. 또한 피고인 1이 위공소외 1이 편취하여 마련한 자금 중 일부를 여러 차례에 걸쳐 가명으로 예금하고 입금과 출금을 되풀이하면서 그 인출한 돈 중 일부를 **공소외 1의 자녀들의 생활비 및 공소외 1의 유령회사들의 운영유지비 등으로 사용하게 하고 공소외 1의 도피자금으로 비축하여 공소외 1의 도피생활을 용이하게 하였다는 점**이나, 피고인 3이 원심공동피고인으로부터 받은 돈 중 일부를 **공소외 1의 자녀들의 생활비로 공소외 김은영에게 교부하고 일부는 원심공동피고인의 변호사 선임비로 사용하였다는 점** 또한 이러한 행위들에 의하여 위 이광수가 안심하여 도피생활을 계속할 수 있다고 하여도 이로써 위 이광수의 도주를 직접적으로 용이하게 하였다고는 말할 수 없으므로(뿐만 아니라 범인의 가족을 돕는 행위는 다른 특별한 사정이 없는 한 사회적 상당성이 있는 것이라고 할 것이다) 역시 범인도피죄에 해당하지 아니한다고 보아야 할 것이다.
다. 그리고 피고인 3이 공소외 1의 부탁을 받고 공소외 1의 자녀들을 미국으로 보내기 위하여 김포공항까지 안내하여 주어 공소외 1을 도피하게 하였다는 점도 공소외 1의 자녀들이 현실적으로 미국으로 가지 아니하였음이 기록상 명백한 이상 범인도피죄에 해당하지는 아니한다고 할 것이다(가사 위 피고인이 공소외 1의 자녀들을 미국으로 보냈다고 하더라도 이는 사회적 상당성이 있는 행위로서 범인도피죄는 성립하지 아니한다고 할 것이다).

V. 객관적 구성요건과 주관적 구성요건

1. 객관적 구성요건

가. 객관적 구성요건의 구조와 내용

⟨범죄의 주체 : 일반범과 신분범⟩

대법원 2009. 3. 26. 선고 2008도93 판결 [허위공문서작성·허위작성공문서행사]

<u>허위공문서작성죄 및 그 행사죄는 "공무원"만이 그 주체가 될 수 있는 신분범이라 할 것이므로, 신분상 공무원이 아님이 분명한 피고인들을 허위공문서작성죄 및 그 행사죄로 처벌하려면 그에 관한 특별규정이 있어야 할 것이고, 그들의 업무가 국가의 사무에 해당한다거나, 그들이 소속된 영상물등급위원회의 행정기관성이 인정된다는 사정만으로는 피고인들을 위죄로 처벌할 수 없다고 할 것이다.</u>

그런데 앞서 본 바와 같이 피고인들이 이 사건 허위공문서작성 및 그 행사의 범행을 하였다는 2005. 6.경부터 2005. 9.경 당시에 시행되던 구 음반·비디오물 및 게임물에 관한 법률은 영상물등급위원회의 위원·직원은 형법 그 밖의 법률에 의한 벌칙의 적용에 있어서는 이를 공무원으로 본다고 규정하였다가, 위 법이 폐지되고 **2006. 10. 28.부터 시행된 영화 및 비디오물의 진흥에 관한 법률 제91조는 벌칙의 적용에 있어서 영상물등급위원회 임직원이 공무원으로 의제되는 형법 등의 조문을 뇌물 관련 범죄로 축소하였는바,** 그렇다면 원심으로서는 위와 같은 형벌법령 개정의 경위와 동기 등을 살펴 피고인들에 처벌가능성에 관하여 형법 제1조 제2항의 규정을 적용할 수 있는지 여부에 관하여 심리하였어야 할 것임에도 불구하고, 이 부분에 관하여 전혀 판단하지 아니하였다.

따라서 원심판결에는 허위공문서작성죄 및 그 행사죄 주체가 되는 공무원의 의제 및 형법의 시간적 적용에 관한 판단 누락, 법리 오해 등의 위법이 있다고 할 것이다.

〈범죄의 결과 : 결과범과 거동범〉

대법원 2002. 10. 11. 선고 2002도4315 판결 [감금치사]

피고인이 피해자를 감금한 기간 등에 관한 원심의 판단에 일부 미흡한 점은 있으나, 피고인이 피해자를 감금하여 사망에 이르게 한 사실은 넉넉히 인정할 수 있고, 또 피고인의 감금의 고의 역시 충분히 인정될 뿐 아니라, 피고인의 위 행위를 정당행위나 긴급피난으로 볼 수도 없으며, 4일 가량 물조차 제대로 마시지 못하고 잠도 자지 아니하여 거의 탈진 상태에 이른 피해자의 손과 발을 17시간 이상 묶어 두고 좁은 차량 속에서 움직이지 못하게 감금한 행위와 묶인 부위의 혈액 순환에 장애가 발생하여 혈전이 형성되고 그 혈전이 폐동맥을 막아 사망에 이르게 된 결과 사이에는 상당인과관계가 있다 할 것이고, 그 경우 피고인에게 사망의 결과에 대한 예견가능성이 없었다고 할 수도 없을 것이며, 정신병자라고 해서 감금죄의 객체가 될 수 없다고 볼 수도 없는 법리이므로, 원심판결에 채증법칙 위배로 인한 사실오인이나, 정당행위나 긴급피난, 감금죄의 객체, 결과적 가중범에 관한 법리오해 등 상고이유에서 주장하는 바와 같은 위법이 있다고 할 수 없다.

대법원 1987. 11. 10. 선고 87도1760 판결 [주거침입]

주거침입죄는 사실상의 주거의 평온을 보호법익으로 하는 것이므로 그 거주자 또는 간수자가 건조물 등에 거주 또는 간수할 권리를 가지고 있는가의 여부는 범죄의 성립을 좌우하는 것이 아니며, 점유할 권리없는 자의 점유라고 하더라도 그 주거의 평온은 보호되어야 할 것이므로, 권리자가 그 권리를 실행함에 있어 법에 정하여진 절차에 의하지 아니하고 그 건조물 등에 침입한 경우에는 주거침입죄가 성립한다 할 것이다(당원 1985.3.26 선고 85도122 판결 참조). 원심이 이와 같은 견해에서 가사 이 사건 건물에 대한 경락허가결정이 무효라고 하더라도 이에 기한 인도명령의 집행으로서 이 사건 건물의 점유가 피고인으로부터 주식회사 조흥은행을 거쳐 공소외 김창희에게 이전된 이상 함부로 다시 이 사건 건물에 들어간 피고인의 소위는 주거침입죄에 해당한다고 판단한 원심조치는 정당하고, 거기에 아무런 위법이 없다.

〈인과관계와 객관적 귀속 : 범죄주체와 범죄결과의 관계〉

대법원 2016. 11. 25. 선고 2016도9219 판결 [재물손괴]

1. 재물손괴죄는 타인의 재물, 문서 또는 전자기록 등 특수매체기록을 손괴 또는 은닉 기타 방법으로 그 효용을 해한 경우에 성립한다(형법 제366조). 여기에서 손괴 또는 은닉 기타 방법으로 그 효용을 해하는 경우에는 물질적인 파괴행위로 물건 등을 본래의 목적에 사용할 수 없는 상태로 만드는 경우뿐만 아니라 일시적으로 물건 등의 구체적 역할을 할 수 없는 상태로 만들어 효용을 떨어뜨리는 경우도 포함된다. 따라서 자동문을 자동으로 작동하지 않고 수동으로만 개폐가 가능하게 하여 자동잠금장치로서 역할을 할 수 없도록 한 경우에도 재물손괴죄가 성립한다고 보아야 한다.

2. 원심은, 다음과 같은 사정들에 비추어 피고인의 행위로 이 사건 건물의 1층 출입구 자동문(이하 '이 사건 자동문'이라고 한다)이 일시적으로나마 자동으로 작동하지 않고 수동으로만 개폐가 가능하게 하여 잠금장치로서 역할을 할 수 없는 상태가 초래되었으므로, 이는 재물손괴죄를 구성하고 피고인에게 재물손괴의 고의도 있다고 판단하였다.

(1) 피고인은 2013. 12.경 공소외 1로부터 이 사건 자동문 설치공사를 187만 원에 도급받아 시공하면서 계약금 100만 원을 계약 당일, 잔금 87만 원을 공사 완료 시 지급받기로 약정하였다. 그런데 피고인이 2013. 12. 10. 위 공사를 마쳤는데도 잔금 87만 원을 지급받지 못하였다.

(2) 피고인은 위 잔금을 지급받지 못한 상태에서 2014. 1. 10.경 추가로 이 사건 자동문의 번호키 설치공사를 도급받아 시공하게 되자, 이 사건 자동문의 자동작동중지 예약기능을 이용하여 2014. 1. 20.부터 이 사건 자동문이 자동으로 여닫히지 않도록 설정하였다.

(3) 이에 따라 이 사건 자동문이 2014. 1. 20.부터 자동으로 여닫히지 않고 수동으로만 여닫히게 되었다. **공소외 1 등은 "이 사건 자동문이 자동으로 여닫히지 않고 수동으로만 여닫혀 결국 이 사건 건물에 도둑이 들었다."라고 진술하였다. 이 사건 자동문 제조회사의 관리부장 공소외 2는 이 사건 자동문의 설치자가 아니면 이 사건 자동문의 자동작동중지 예약기능을 해지할 수 없다고 진술하였다.**

3. 원심의 위와 같은 판단에 상고이유 주장과 같이 논리와 경험의 법칙에 반하여 자유심증주의의 한계를 벗어나거나 재물손괴죄에 관한 법리를 오해하여 판결에 영향을 미친 잘못이 없다.

⟨실행행위⟩

대법원 2017. 9. 26. 선고 2017도8449 판결 [특정경제범죄가중처벌등에관한법률위반(사기)·사문서위조·위조사문서행사]

사기죄는 타인을 기망하여 착오에 빠뜨리고 그로 인하여 피기망자(기망행위의 상대방)가 처분행위를 하도록 유발하여 재물 또는 재산상의 이익을 얻음으로써 성립하는 범죄이다. 따라서 사기죄가 성립하려면 행위자의 기망행위, 피기망자의 착오와 그에 따른 처분행위, 그리고 행위자 등의 재물이나 재산상 이익의 취득이 있고, 그 사이에 순차적인 인과관계가 존재하여야 한다(대법원 2000. 6. 27. 선고 2000도1155 판결 등 참조). 그리고 사기죄의 피해자가 법인이나 단체인 경우에 기망행위로 인한 착오, 인과관계 등이 있었는지 여부는 법인이나 단체의 대표 등 최종 의사결정권자 또는 내부적인 권한 위임 등에 따라 실질적으로 법인의 의사를 결정하고 처분을 할 권한을 가지고 있는 사람을 기준으로 판단하여야 한다.

따라서 피해자 법인이나 단체의 대표자 또는 실질적으로 의사결정을 하는 최종결재권자 등이 기망행위자와 동일인이거나 기망행위자와 공모하는 등 기망행위임을 알고 있었던 경우에는 기망행위로 인한 착오가 있다고 볼 수 없고, 재물 교부 등의 처분행위가 있었다고 하더라도 기망행위와 인과관계가 있다고 보기 어렵다. 이러한 경우에는 사안에 따라 업무상횡령죄 또는 업무상배임죄 등이 성립하는 것은 별론으로 하고 사기죄가 성립한다고 볼 수 없다(대법원 2017. 8. 29. 선고 2016도18986 판결 등 참조).

반면에 피해자 법인이나 단체의 업무를 처리하는 실무자인 일반 직원이나 구성원 등이 기망행위임을 알고 있었다고 하더라도, 피해자 법인이나 단체의 대표자 또는 실질적으로 의사결정을 하는 최종결재권자 등이 기망행위임을 알지 못한 채 착오에 빠져 처분행위에 이른 경우라면, 피해자 법인에 대한 사기죄의 성립에 영향이 없다.

이러한 법리에 비추어 원심판결 이유를 원심이 적법하게 채택한 증거들에 비추어 살펴보면, 원심이 그 판시와 같은 이유를 들어 피고인 1에 대한 이 사건 공소사실 중 각 특정경제범죄 가중처벌 등에 관한 법률 위반(사기)의 점, 2015. 8. 중순경 사문서위조 및 위조사문서행사의 점이 유죄로 인정된다고 판단한 것은 정당하고, 거기에 상고이유 주장과 같이 필요한 심리를 다하지 아니한 채 논리와 경험의 법칙을 위반하여 자유심증주의의 한계를 벗어나거나 사기죄에서의 기망행위, 인과관계, 편취 범의, 공모관계, 공동정범 등에 관한 법리를 오해하는 등의 잘못이 없다.

나. 기술적 구성요건요소와 규범적 구성요건요소

〈기술적 구성요건요소 : 건조물〉

대법원 2007. 6. 28. 선고 2007도2590 판결 [생 략]

형법 제366조 소정의 재물손괴죄는 타인의 재물을 손괴 또는 은닉하거나 기타의 방법으로 그 효용을 해하는 경우에 성립하는바, 여기에서 재물의 효용을 해한다고 함은 사실상으로나 감정상으로 그 재물을 본래의 사용목적에 공할 수 없게 하는 상태로 만드는 것을 말하며, 일시적으로 그 재물을 이용할 수 없는 상태로 만드는 것도 여기에 포함된다(대법원 1971. 11. 23. 선고 71도1576 판결, 1992. 7. 28. 선고 92도1345 판결, 1993. 12. 7. 선고 93도2701 판결 등 참조). 특히, 건조물의 벽면에 낙서를 하거나 게시물을 부착하는 행위 또는 오물을 투척하는 행위 등이 그 건조물의 효용을 해하는 것에 해당하는지 여부는, 당해 건조물의 용도와 기능, 그 행위가 건조물의 채광·통풍·조망 등에 미치는 영향과 건조물의 미관을 해치는 정도, 건조물 이용자들이 느끼는 불쾌감이나 저항감, 원상회복의 난이도와 거기에 드는 비용, 그 행위의 목적과 시간적 계속성, 행위 당시의 상황 등 제반 사정을 종합하여 사회통념에 따라 판단하여야 할 것이다.

위와 같은 법리에 비추어 기록에 나타난 제반 사정을 살펴보면, **시내버스 운수회사로부터 해고당한 피고인이 민주노동조합총연맹 전국해고자투쟁특별위원회 회원들과 함께 위 회사에서 복직 등을 요구하는 집회를 개최하던 중 2006. 3. 10. 래커 스프레이를 이용하여 회사 건물 외벽과 1층 벽면, 식당 계단 천장 및 벽면에 '자본통개, 원직복직, 결사투쟁' 등의 내용으로 낙서를 함으로써 이를 제거하는데 약 341만 원 상당이 들도록 한 행위**는 그로 인하여 건물의 미관을 해치는 정도와 건물 이용자들의 불쾌감 및 원상회복의 어려움 등에 비추어 위 건물의 효용을 해한 것에 해당한다고 볼 수 있으나, **같은 해 2. 16. 계란 30여 개, 같은 해 3. 2. 계란 10여 개를 위 회사 건물에 각 투척한 행위**는, 비록 그와 같은 행위에 의하여 50만 원 정도의 비용이 드는 청소가 필요한 상태가 되었고 또 유리문이나 유리창 등 건물 내부에서 외부를 관망하는 역할을 수행하는 부분 중 일부가 불쾌감을 줄 정도로 더럽혀졌다는 점을 고려해 보더라도, 그 건물의 효용을 해하는 정도의 것에 해당하지 않는다고 봄이 상당하다.

〈규범적 구성요건요소 : 음란, 불안감〉

대법원 1995. 6. 16. 선고 94도2413 판결 [음란한문서제조,음란한문서판매]

일반적으로 법규는 그 규정의 문언에 표현력의 한계가 있을 뿐만 아니라 그 성질상 어느 정도의 추상성을 가지는 것은 불가피하고, 형법 제243조, 제244조에서 규정하는 "음란"은 평가적, 정서적 판단을 요하는 규범적 구성요건 요소이고, "음란"이란 개념이 일반 보통인의 성욕을 자극하여 성적흥분을 유발하고 정상적인 성적 수치심을 해하여 성적 도의관념에 반하는 것이라고 풀이되고 있음은 앞서 본 바와 같으므로 이를 불명확하다고 볼 수는 없다. 따라서 형법 제243조와 제244조의 규정 자체가 죄형법정주의에 반하는 것이라고 할 수 없을 뿐만 아니라 원심이 위와 같은 음란의 개념을 적용하여 이 사건 소설을 음란문서라고 판단하였다고 하여 원심판결에 소론과 같이 위 법조 소정의 음란문서의 해석을 잘못하여 죄형법정주의에 어긋나는 기준을 가지고 판단한 위법이 있다고 볼 수도 없다.

> #### 대법원 2008. 12. 24. 선고 2008도9581 판결 [정보통신망이용촉진및정보보호등에관한법률위반]
>
> 일반적으로 법규는 그 규정의 문언에 표현력의 한계가 있을 뿐만 아니라 그 성질상 어느 정도의 추상성을 가지는 것은 불가피하고, 구 정보통신망 이용촉진 및 정보보호 등에 관한 법률(2007. 1. 26. 법률 제8289호로 개정되기 전의 것) 제65조 제1항 제3호에서 규정하는 "불안감"은 평가적·정서적 판단을 요하는 규범적 구성요건요소이고, "불안감"이란 개념이 사전적으로 "마음이 편하지 아니하고 조마조마한 느낌"이라고 풀이되고 있어 이를 불명확하다고 볼 수는 없으므로, 위 규정 자체가 죄형법정주의 및 여기에서 파생된 명확성의 원칙에 반한다고 볼 수 없다.

〈기술적·규범적 요소의 복합성〉

대법원 2018. 11. 29. 선고 2017도2661 판결 [모욕]

가. 형법 제311조의 모욕죄는 사람의 가치에 대한 사회적 평가를 의미하는 외부적 명예를 보호법익으로 하는 범죄로서, 모욕죄에서 말하는 모욕이란 사실을 적시하지 아니하고 사람의 사회적 평가를 저하시킬 만한 추상적 판단이나 경멸적 감정을 표현하는 것을 의미한다. 따라서 어떠한 표현이 상대방의 인격적 가치에 대한 사회적 평가를 저하시킬 만한 것이 아니라면 설령 그 표현이 다소 무례한 방법으로 표시되었다 하더라도 이를 두고 모욕죄의 구

성요건에 해당한다고 볼 수 없다(대법원 1987. 5. 12. 선고 87도739 판결, 대법원 2015. 9. 10. 선고 2015도2229 판결 등 참조).

나. 원심판결 이유와 적법하게 채택한 증거들에 의하면 다음의 사실을 알 수 있다.

1) 피고인 2는 공소외 1 주식회사(이하 '공소외 1 회사'라고 한다) 해고자 신분으로 전국금속노조 충남지부 공소외 1 회사(이하 '금속노조'라고 한다) △△지회 사무장직으로 노조활동을 하는 사람이고, 공소외 2는 공소외 1 회사 부사장으로서 △△공장의 공장장을 겸하고 있었다.

2) 공소외 1 회사는 노사분규로 2011년부터 현재까지 노조와 사용자가 극심한 대립을 겪고 있다. 그러한 과정에서 공소외 1 회사의 사용자 측이 기존 노조를 무력화하고 복수노조의 설립에 개입하는 등의 부당노동행위가 사실로 확인되는 등 노사간 갈등이 격화되었다.

3) 공소외 2는 2014. 10. 7.부터 사용자 측 교섭위원들과 노사교섭을 하였는데, 피고인 1이 공소외 2에게 욕설을 하여 교섭이 결렬되었다. 노사 양측은 2014. 10. 14. 교섭을 이어나갔으나 공소외 2가 자신에 대한 욕설이나 모욕적 언사가 재발되지 아니하여야 교섭을 진행할 수 있다는 입장을 밝히자 피고인들이 공소외 2에게 다시 욕설을 하여 노사교섭이 파행되었다.

4) 공소외 2, 임원 및 부장을 비롯한 관리자 40여 명이 2014. 11. 21. 시설관리권의 행사 명목으로 금속노조가 설치한 미승인 게시물을 철거하기 위하여 모였고, 이를 제지하기 위해서 금속노조 소속 조합원 100여 명이 모여 서로 대치하였다.

5) 피고인 2는 사용자 측의 게시물 철거행위가 금속노조의 조합 활동을 방해하고 노동운동에 대해 간섭하는 것으로 여겨 화가 나 노사 관계자 140여 명이 있는 가운데 큰 소리로 피고인보다 15세 연장자인 피해자를 향해 "야 ○○아, ○○아, ○○이 여기 있네, 너 이름이 ○○이 아냐, 반말? 니 이름이 ○○이잖아, ○○아 좋지 ○○아 나오니까 좋지?"라고 여러 차례 말하였다.

다. 이러한 사실관계와 함께 기록에 의하여 인정되는 피고인 2와 공소외 2의 관계, 피고인 2가 이러한 발언을 하게 된 경위, 발언의 의미와 전체적인 맥락, 발언을 한 장소와 발언 전후의 정황을 위 법리에 비추어 보면, 피고인 2의 위 발언은 상대방을 불쾌하게 할 수 있는 무례하고 예의에 벗어난 표현이기는 하지만 객관적으로 공소외 2의 인격적 가치에 대한 사회적 평가를 저하시킬 만한 모욕적 언사에 해당한다고 보기는 어렵다.

2. 주관적 구성요건

가. 구성요건고의

〈구성요건단계에서 고의 확인 없이 '범죄유형'과 미수범 여부를 판단할 수 없음〉

대법원 2012. 11. 15. 선고 2012도9603 판결 [사기미수·위증]

민법 제322조 제1항은 "유치권자는 채권의 변제를 받기 위하여 유치물을 경매할 수 있다." 고 규정하고 있고, 이에 따라 민사집행법 제274조 제1항은 "유치권에 의한 경매와 민법, 상법, 그 밖의 법률이 규정하는 바에 따른 경매는 담보권 실행을 위한 경매의 예에 따라 실시한다."고 규정하고 있다. 이러한 유치권에 의한 경매도 강제경매나 담보권 실행을 위한 경매와 마찬가지로 목적부동산 위의 부담을 소멸시키는 것을 법정매각조건으로 하여 실시되고 우선채권자뿐만 아니라 일반채권자의 배당요구도 허용되며, 유치권자는 일반채권자와 마찬가지로 배당을 받을 수 있다(대법원 2011. 6. 15.자 2010마1059 결정 등 참조).

원심은, (1) 피고인들이 공모하여 허위의 공사대금 채권으로 이 사건 토지에 대하여 유치권에 기한 경매를 신청하는 방법으로 법원을 기망하여 금원을 편취하려다 미수에 그쳤다는 요지의 이 사건 사기미수의 주위적 공소사실에 대하여, (2) 그 채택 증거들에 의하여 ① 피고인 3이 운영하는 공소외 1 주식회사가 피해자공소외 2로부터 이 사건 빌라신축공사를 도급받아 그 중 가시설 흙막이공사를피고인 1이 운영하는 공소외 3 주식회사에 공사대금 2,750만 원에 하도급한 사실, ② 공소외 3 주식회사가 2006. 4. 26.부터 공사를 시작하였다가 2006. 6. 2.경 공사를 중단하자, 피해자는 2006. 7. 11. 공소외 1 주식회사에 위 도급계약을 해제한다는 의사표시를 한 사실, ③ 피고인 2는 2006. 8. 4.경 공소외 3 주식회사로부터 공소외 1 주식회사에 대한 하도급공사대금 채권을 양수한 다음 공사대금을 2억 460만 원으로 한공소외 1 주식회사와공소외 3 주식회사 사이의 하도급계약서를 날짜를 소급하여 새로 작성한 후공소외 1 주식회사와공소외 3 주식회사로부터 날인을 받은 사실, ④ 감정 결과 이 사건 빌라신축공사 중공소외 3 주식회사가 시행한 부분의 적정 공사대금은 46,052,682원인 사실, ⑤ 피고인 2는 피고인 3을 통하여 공소외 1 주식회사의 명목상 대표이사였던 공소외 4의 협조를 얻어 " 공소외 1 주식회사는 피고인 2에게 5억 1,102만 원 및 그 중 1억 5,300

만 원에 대한 지연손해금을 지급하라."는 내용의 지급명령을 받아 이를 근거로 유치권에 기한 경매를 신청하여 경매개시결정을 받은 사실 등을 인정한 다음, (3) 유치권에 의한 경매에서 유치물의 매각대금은 유치권자에게 교부되고 유치권자는 피담보채권을 모두 변제받을 때까지 유치물의 매각대금 위에 유치권을 행사할 수 있는 재산상 이익을 취득하므로, 정당한 공사대금 채권을 가진 사람이라고 하더라도 허위로 공사대금 채권을 부풀린 다음 이를 근거로 유치권에 의한 경매를 신청하여 매각대금을 교부받았다면 사기죄가 성립한다는 전제 아래, 피고인 2가 한 경매신청의 근거가 된 유치권의 피담보채권은 허위라는 이유로, 위 공소사실을 유죄로 판단하였다.

앞서 본 법리에 의하면, 유치권에 의한 경매를 신청한 유치권자는 일반채권자와 마찬가지로 피담보채권액에 기초하여 배당을 받게 되는 결과 피담보채권인 공사대금 채권을 실제와 달리 허위로 크게 부풀려 유치권에 의한 경매를 신청할 경우 정당한 채권액에 의하여 경매를 신청한 경우보다 더 많은 배당금을 받을 수도 있으므로, 이는 법원을 기망하여 배당이라는 법원의 처분행위에 의하여 재산상 이익을 취득하려는 행위로서, 불능범에 해당한다고 볼 수 없고, 소송사기죄의 실행의 착수에 해당한다고 할 것이다.

원심이, 유치권에 의한 경매에서 유치물의 매각대금은 유치권자에게 교부되고 유치권자는 피담보채권을 모두 변제받을 때까지 유치물의 매각대금 위에 유치권을 행사할 수 있다고 설시한 부분은 적절하지 아니하나, 이 사건 사기미수의 주위적 공소사실을 유죄로 인정한 원심의 결론은 정당하고, 거기에 상고이유 주장과 같이 피담보채권액 등과 관련하여 논리와 경험의 법칙을 위반하여 자유심증주의의 한계를 벗어나거나 사기죄에서의 처분행위 또는 재산상 이익, 소송사기죄에서의 구성요건, 실행의 착수 및 기망의 고의, 불능범 등에 관한 법리를 오해한 위법이 없다.

나. 주관적 구성요건요소와 책임요소의 구별

〈책임요소 : 제21조 제3항 '공포, 경악, 흥분 또는 당황'〉

대법원 1986. 11. 11. 선고 86도1862 판결 [살인]

이 사건 당시 평소 흉포한 성격인데다가 술까지 몹시 취한 피해자가 심하게 행패를 부리던 끝에 피고인들을 모두 죽여버리겠다면서 식칼을 들고 공소외 1에게 달려들어 찌를듯이 면전에 칼을 들이대다가 공소외 2로부터 제지를 받자, 다시 공소외 2의 목을 손으로 졸라 숨쉬기를 어렵게 한 위급한 상황에서 피고인이 순간적으로 공소외 2를 구하기 위하여 피해자에게 달려들어 그의 목을 조르면서 뒤로 넘어뜨린 행위는 공소외 1,2의 생명, 신체에 대한 현재의 부당한 침해를 방위하기 위한 상당한 행위라 할 것이고, 나아가 위사건 당시 피해자가 피고인의 위와 같은 방위행위로 말미암아 뒤로 넘어져 피고인의 몸아래 깔려 더 이상 침해행위를 계속하는 것이 불가능하거나 또는 적어도 현저히 곤란한 상태에 빠졌음에도 피고인이 피해자의 몸위에 타고앉아 그의 목을 계속하여 졸라 누름으로써 결국 피해자로 하여금 질식하여 사망에 이르게 한 행위는 정당방위의 요건인 상당성을 결여한 행위라고 보아야 할 것이나, 극히 짧은 시간내에 계속하여 행하여진 피고인의 위와 같은 일련의 행위는 이를 전체로서 하나의 행위로 보아야 할 것이므로, <u>방위의사에서 비롯된 피고인의 위와 같이 연속된 전후행위는 하나로서 형법 제21조 제2항 소정의 과잉방위에 해당한다 할 것이고, 당시 야간에 흉포한 성격에 술까지 취한 피해자가 식칼을 들고 피고인을 포함한 가족들의 생명, 신체를 위협하는 불의의 행패와 폭행을 하여 온 불안스러운 상태하에서 공포, 경악, 흥분 또는 당황 등으로 말미암아 저질러진 것이라고 보아야 할 것이</u>(다).

다. 주관적 요소에 따른 구성요건의 체계화

〈목적범의 의의 및 종류와 목적의 인식 정도〉

대법원 2010. 7. 23. 선고 2010도1189 전원합의체 판결 [특수공무집행방해치상·일반교통방해·국가보안법위반(찬양·고무등)·집회및시위에관한법률위반]

<u>국가보안법 제7조 제5항의 죄는 제1, 3, 4항에 규정된 이적행위를 할 목적으로 문서·도화기타의 표현물을 제작·수입·복사·소지·운반·반포·판매 또는 취득하는 것으로서 이른바 목적범임이 명백하다. 목적범에서의 목적은 범죄 성립을 위한 초과주관적 위법요소로서 고의 외에 별도로 요구되는 것이므로, 행위자가 표현물의 이적성을 인식하고 제5항 소정의 행위를 하였다고 하더라도 이적행위를 할 목적이 인정되지 아니하면 그 구성요건은 충족되지 아니하는 것이다. 그리고 형사재판에서 공소가 제기된 범죄의 구성요건을 이루는 사실에 대한 증명책임은 검사에게 있으므로 행위자에게 이적행위를 할 목적이 있었다는 점은 검사가 증명하여야 하며, 행위자가 이적표현물임을 인식하고 제5항 소정의 행위를 하였다는 사실만</u>

으로 그에게 이적행위를 할 목적이 있었다고 추정해서는 아니된다. 이 경우 행위자에게 이적행위 목적이 있음을 증명할 직접증거가 없는 때에는 앞에서 본 표현물의 이적성의 징표가 되는 여러 사정들에 더하여 피고인의 경력과 지위, 피고인이 이적표현물과 관련하여 제5항 소정의 행위를 하게 된 경위, 피고인의 이적단체 가입 여부 및 이적표현물과 피고인이 소속한 이적단체의 실질적인 목표 및 활동과의 연관성 등 간접사실을 종합적으로 고려하여 판단할 수 있는 것이다.

이와 달리 이적표현물임을 인식하면서 취득·소지 또는 제작·반포하였다면 그 행위자에게는 위 표현물의 내용과 같은 이적행위를 할 목적이 있는 것으로 추정된다는 취지로 판시한 대법원 1992. 3. 31. 선고 90도2033 전원합의체 판결, 대법원 1996. 12. 23. 선고 95도1035 판결, 대법원 1997. 6. 13. 선고 96도2606 판결, 대법원 1997. 10. 24. 선고 96도1327 판결, 대법원 1999. 12. 7. 선고 98도4398 판결, 대법원 2000. 5. 26. 선고 98도4101 판결, 대법원 2002. 11. 22. 선고 2002도2246 판결과 그 밖에 이 판결의 견해와 다른 대법원 판결들은 모두 이 판결의 견해에 배치되는 범위 안에서 이를 변경하기로 한다.

위 법리와 원심판결 및 제1심판결 이유에 의하여 알 수 있는 사정들, 즉 피고인은 이적단체인 '한국대학총학생회연합'과 '조국통일범민족청년학생연합'에 가입하여 이적표현물을 취득, 소지, 제작, 반포하고 불법적인 집회·시위에 참가하여 시위 진압 경찰관들에게 상해를 가한 범죄사실 등으로 징역 3년에 집행유예 5년을 선고받아 확정된 전력이 있는 자로서 이 사건 당시에는 이적단체인 실천연대의 집행위원 겸 중앙사무처 사무국원으로서 적극 활동하고 있었던 점, 실천연대는 앞서 본 바와 같이 북한의 주체사상, 선군정치, 강성대국론, 핵실험에 대한 찬양·홍보와 그에 기한 사상교육의 시도, 반미자주화를 위한 물리력 행사와 민중 폭력의 당위성 등을 강조하고 이러한 노선에 따라 각종 반미·반정부 투쟁을 전개해 왔는데, 이 사건 각 표현물은 이러한 실천연대의 목표와 노선 및 북한의 상투적인 대남선전선동 활동을 적극적으로 찬양·고무·선전하거나 이에 동조하는 내용 등을 수록하고 있으며, 피고인은 이 사건 각 표현물을 실천연대 간부로서 활동하는 지침으로 사용하였던 것으로 보이는 점, 피고인이 학술연구나 영리 등 목적을 주된 동기로 이 사건 각 표현물을 소지한 것으로 볼 만한 사정이 없는 점 등을 종합하여 살펴보면, **피고인으로서는 이 사건 각 표현물의 내용이 이적성을 담고 있음을 인식하고 이 사건 각 표현물로써 반국가단체 등의 활동에 대한 찬양·고무 등 이적행위를 할 목적으로 이 사건 각 표현물을 소지하였다고** 인정할 수 있다. 원심이 같은 취지에서 이 사건 각 표현물을 소지한 피고인에게 이적행위 목적이 인정된다고 본 제1

심의 판단을 유지한 것은 정당하고, 거기에 상고이유 주장과 같이 이적행위 목적의 증명에 관한 법리오해 등으로 판결에 영향을 미친 위법이 없다.

[대법관 박시환, 대법관 김지형, 대법관 이홍훈, 대법관 전수안의 반대의견]

(3) 목적범에서 목적으로 규정된 효과 발생의 가능성에 대한 (미필적) 인식이 있으면 바로 그 목적의 존재를 인정할 수 있다고 해석하는 것과 그 인식에서 더 나아가서 그 목적하는 효과 발생을 적극적으로 의욕 또는 추구할 때에만 목적의 존재를 인정할 수 있다고 해석하는 것 사이에는 그 목적의 존재를 인정하기 위하여 필요한 증명의 정도 등에서 실질적인 차이가 있을 수 있는 것이므로 이에 관하여 살펴보기로 한다.

일반적으로 목적범에서, 범죄 구성요건으로 규정된 목적의 달성 가능성을 (미필적으로) 인식하는 것과 목적의 달성을 적극적으로 의욕하고 이를 추구하는 것은 엄연히 다른 것이다. 목적범 중에서도 명예훼손죄의 타인을 비방할 목적, 준강도죄의 체포를 면탈할 목적 등과 같이 객관적 구성요건요소인 행위가 이루어지면 별도의 다른 행위가 없이도 바로 목적으로 규정된 효과가 발생할 수 있는 경우가 있는 반면에, 문서위조죄의 행사할 목적, 결혼을 위한 약취·유인죄, 판매 목적의 아편 등 소지죄, 누설 목적의 외교기밀 탐지·수집죄 등과 같이 객관적 구성요건 행위 외에 행위자나 제3자의 별개 행위가 추가되어야 목적이 달성되는 경우도 있고, 별도의 행위 없이도 목적하는 효과가 발생할 수 있는 전자의 경우에도 내란목적 살인, 모해 위증 등과 같이 그 목적으로 된 효과가 통상적으로 수반되는 것이 아니라 여러 개의 발생 가능한 효과 중 하나에 불과한 경우도 있다. 이와 같이 목적범의 유형에 따라 객관적 구성요건 행위가 있으면 그 목적도 함께 존재할 가능성 또는 개연성의 정도에 상당한 차이가 있다. 따라서 목적범에서 객관적 구성요건 행위가 있으면 그 목적으로 규정된 효과 발생의 가능성을 (미필적으로) 인식한 것만으로 바로 그 목적도 존재하는 것으로 인정하는 것은 형벌법규 해석의 원칙인 죄형법정주의, 무죄추정의 원칙 또는 증거재판주의 등에 위배되는 것이다. 목적범은 범죄성립의 주관적 구성요건으로 고의 외에 목적을 별도로 요구하는 것이며, 그 목적은 범죄의 초과주관적 구성요건이므로 원칙적으로 검사가 엄격한 증명에 의하여 그 존재를 입증하여야 한다. 그런데 목적범의 목적은 내심의 의사로서 이를 직접 증명하는 것이 불가능하므로 고의 등과 같이 내심의 의사를 인정하는 통상적인 방법에 따라 정황사실 또는 간접사실 등에 의하여 이를 증명하여야 하는 것이고, 다만 목적범의 유형에 따라 목적의 존재 가능성 또는 개연성의 정도에 상응하여 증명에 필요한 정황사실 또는 간접사실의 정도에 차이가 있을 뿐이다.

(4) 국가보안법에 목적범으로 규정된 이적표현물에 관한 죄에 있어서도 위와 같은 법리는 마찬가지이다. 이적표현물을 취득·소지·반포·판매하는 경우 그것이 이적행위가 될 수도 있다는 가능성을 (미필적으로) 인식하는 것과 그 이적행위를 적극적으로 의욕하고 목적으로 삼는 것은 다른 것이므로, 이적행위의 가능성에 대한 (미필적) 인식만으로 바로 이적행

위 목적을 인정하는 종전 판례의 태도는 옳지 못하다.

더구나 이적표현물에 관한 죄는 아래에서 보는 바와 같이 앞에서 본 목적범의 유형 중 객관적 구성요건 행위 외에 행위자나 제3자의 별개 행위가 추가되어야 목적이 달성되는 유형 또는 그 목적으로 된 효과가 통상적으로 수반되는 것이 아니라 여러 개의 발생 가능한 효과 중 하나에 불과한 유형에 해당하므로 행위자의 적극적인 의욕이나 계획이 증거로 인정되는 경우에 한하여 그 목적을 인정하여야 할 것이다. 또한 표현물에 관련된 행위는 사상과 표현의 자유와 직결된 행위로서 이를 범죄로 처벌하기 위해서는 엄격한 기준에 따른 확실한 증명이 더욱 요구되어야 한다.

따라서 적어도 이적표현물에 관한 죄에 있어서는 종전 대법원 판례 중 이적행위가 될지도 모른다는 (미필적) 인식이 있기만 하면 바로 이적행위 목적을 인정할 수 있다는 부분도 마저 변경되어야 할 것이다.

〈경향범〉

대법원 2004. 3. 12. 선고 2003도6514 판결 [공연음란]

형법 제245조 소정의 '음란한 행위'라 함은 일반 보통인의 성욕을 자극하여 성적 흥분을 유발하고 정상적인 성적 수치심을 해하여 성적 도의관념에 반하는 것을 가리킨다고 할 것이고, 위 죄는 주관적으로 성욕의 흥분, 만족 등의 성적인 목적이 있어야 성립하는 것은 아니고 그 행위의 음란성에 대한 의미의 인식이 있으면 족하다고 할 것이나 (대법원 2000. 12. 22. 선고 2000도4372 판결 참조), 경범죄처벌법 제1조 제41호가 '여러 사람의 눈에 뜨이는 곳에서 함부로 알몸을 지나치게 내놓거나 속까지 들여다 보이는 옷을 입거나 또는 가려야 할 곳을 내어 놓아 다른 사람에게 부끄러운 느낌이나 불쾌감을 준 사람'을 처벌하도록 규정하고 있는 점 등에 비추어 볼 때, 신체의 노출행위가 있었다고 하더라도 그 일시와 장소, 노출 부위, 노출 방법·정도, 노출 동기·경위 등 구체적 사정에 비추어, 그것이 일반 보통인의 성욕을 자극하여 성적 흥분을 유발하고 정상적인 성적 수치심을 해하는 것이 아니라 단순히 다른 사람에게 부끄러운 느낌이나 불쾌감을 주는 정도에 불과하다고 인정되는 경우 그와 같은 행위는 경범죄처벌법 제1조 제41호에 해당할지언정, 형법 제245조의 음란행위에 해당한다고 할 수 없을 것이다 .

원심판결 이유 및 기록에 의하면, **피고인은 자신의 동서 공소외 2가 주차 문제로 공소외 1과 말다툼할 때, 공소외 1이 피고인에게 "술을 먹었으면 입으로 먹었지 똥구멍으로 먹었냐"**

라고 말한 것에 화가 나 말다툼을 한 후 이를 항의하기 위하여 다시 공소외 1이 경영하는 상점으로 찾아가서, 상점 카운터를 지키고 있던 공소외 1의 딸인 공소외 3(여, 23세)을 보고 "주인 어디 갔느냐"고 소리를 지르다가 등을 돌려 엉덩이가 드러날 만큼 바지와 팬티를 내린 다음 엉덩이를 들이밀며 "똥구멍으로 어떻게 술을 먹느냐, 똥구멍에 술을 부어 보아라"라고 말한 사실, 피고인의 그러한 행위는 1분 정도 지속되었으나 피고인이 뒤로 돌아서서 공소외 3에게 등을 보인 채 바지와 팬티를 내린 탓으로 공소외 3이 피고인의 성기를 보기 어려운 상태였던 사실이 인정되는바, 비록 피고인이 공소외 3 앞에서 바지와 팬티를 내린 후 엉덩이를 노출시키면서 위와 같은 말을 하였다고 하더라도 그러한 행위는 보는 사람에게 부끄러운 느낌이나 불쾌감을 주는 정도에 불과하다고 보여지고, 일반 보통인의 성욕을 자극하여 성적 흥분을 유발하거나 정상적인 성적 수치심을 해할 정도에 해당한다고 보기는 어렵다고 할 것이다.

그럼에도 불구하고 원심이 엉덩이를 노출시킨 피고인의 행위가 음란한 행위에 해당하고, 당시 피고인에게 타인의 정상적인 성적 수치심을 해하는 음란한 행위라는 인식이 있었다고 하여 이 사건 공소사실에 대하여 유죄를 선고한 것은, 공연음란죄의 음란한 행위와 그 고의에 관한 법리를 오해하여 판결에 영향을 미친 위법을 저지른 것이라고 할 것이다.

〈표현범〉

대법원 1991. 5. 10. 선고 89도1748 판결 [위증]

원심이 유지한 제1심판결에 의하면, **피고인 1은 위 법정에서 제시된 을지상가의 지하실 평면도 중 13-1로 표시된 부분이 피고인**(81노6044호사건) **소유인 사실을 잘 알면서도 "지하실 평면도중 13-1과 13-2 부분은 공용사용하는 부분이다"고 위증하였다는** 것이고, 제1심이 설시한 증거들에 비추어 보면 위 진술이 객관적 사실과 어긋난다는 점은 이를 충분히 인정할 수 있다. 그러나 위증죄에서 증인의 증언이 기억에 반하는 허위의 진술인지 여부를 가릴 때에는 그 증언의 단편적인 구절에 구애될 것이 아니라 당해 신문 절차에서 한 증언 전체를 일체로 파악하여야 하고, 그 결과 증인이 무엇인가 착오에 빠져 기억에 반한다는 인식 없이 증언하였음이 밝혀진 경우에는 위증의 범의를 인정할 수 없는 것인바(당원 1988.12.6. 선고 88도935 판결; 1968.2.20. 선고 66도1512 판결), 피고인 1이 위 증인신문 절차에서 일관하여 진술하는 바는 이 사건 을지상가의 지하실 약 167평 중 피고인(81노6044호사건)의 단독소유에 속하는 부분은 40평뿐이고 나머지는 위 을지상가 소유자들의 공유라는 것이고, 여기에 피고인 1은 1971년부터 위 증언시까지 위 을지상가의 건축추진위원회 및 관리위원회의 각 회장직을 맡아왔기 때문에 위 지하실 부분의 위치를 잘 알고 있었다는 점, 그리고 위 증언대로라면 피고인(81노6044호사건)의 단독소유에 속하는 면적과 위 을지상가 소유자들의 공유에 속하는 면적이 뒤바뀌어 오히려 피고인 1을 비롯한 위 공유자들에게 불리한 결과 −동 사건의 고소인인 피고인 1의 고소취지와 전혀 어긋나는 결과− 가 될 수도 있다는 점을 아울러 참작하면, 피고인 1이 위와 같이 객관적 사실과 상반되는 증언을 하였다고 하여 곧 바로 기억에 반하여 그러한 증언을 한 것이라고 하기 어렵고 오히려 무엇인가 착오에 빠져 기억에 반한다는 인식없이 그러한 증언을 하게 된 것인지도 모른다고 추측함이 사리에 합당하다고 하겠다. 그러므로 원심이 피고인 1의 위 증언과 객관적 사실이 서로 다르다는 점만으로 위 증언이 위증이라고 단정한 것은 위증죄의 법리를 오해하였거나 위증의 범의에 관하여 심리를 다하지 아니한 채 확실한 증거없이 위증사실을 인정한 위법이 있다고 할 수 밖에 없으니 이점을 지적하는 논지는 이유있다.

VI. 구성요건의 종류

1. 결과범과 거동범

〈거동범의 개념〉

대법원 1988. 5. 24. 선고 88도350 판결 [위증]

위증죄에 있어서의 위증은 법률에 의하여 적법하게 선서한 증인이 자신의 기억에 반하는 사실을 진술함으로써 성립되고 설사 그 증언이 객관적 사실과 합치한다고 하더라도 기억에 반하는 진술을 한 때에는 위증죄의 성립에 영향이 없으며, 그 증언이 당해 사건의 요증사항인 여부 및 재판의 결과에 영향을 미친 여부는 위증죄의 성립에 아무런 관계가 없다 할 것이다.

2. 계속범과 상태범

〈계속범〉

대법원 1997. 8. 29. 선고 97도675 판결 [직무유기]

형법 제122조 후단 소정의 공무원이 정당한 이유 없이 직무를 유기한 때라 함은 직무에 관한 의식적인 방임 내지 포기 등 정당한 사유 없이 직무를 수행하지 아니한 경우를 의미하는 것이므로 공무원이 태만, 분망, 착각 등으로 인하여 직무를 성실히 수행하지 아니한 경우나 형식적으로 또는 소홀히 직무를 수행하였기 때문에 성실한 직무수행을 못한 것에 불과한 경우에는 직무유기죄는 성립하지 아니한다 고 할 것이고(대법원 1994. 2. 8. 선고 93도3568 판결, 1997. 4. 11. 선고 96도2753 판결 등 참조), 이 <u>직무유기죄는 그 직무를 수행하여야 하는 작위의무의 존재와 그에 대한 위반을 전제로 하고 있는바, 그 작위의무를 수행하지 아니함으로써 구성요건에 해당하는 사실이 있었고 그 후에도 계속하여 그 작위의무를 수행하지 아니하는 위법한 부작위상태가 계속되는 한 가벌적 위법상태는 계속 존재하고 있다고 할 것이며 형법 제122조 후단은 이를 전체적으로 보아 1죄로 처벌하는 취지로 해석되므로 이를 즉시범이라고 할 수 없다고 할 것이다</u>(대법원 1965. 12. 10. 선고 65도826 판결 참조). …
피고인은 이 사건 교통사고 당일 대전 중구 문화동 소재 나사렛병원에서 경사 최정철로부터 이 사건 교통사고처리를 인계받은 후 바로 공소외 제1심 공동피고인과 함께 사고 현장에 가서 현장조사를 하고 그 때 제1심 공동피고인로부터 그가 좌회전신호를 위반하여 이 사건 교통사고가 발생한 것 같다는 말을 듣고도 같은 달 16. 17:00경 대전 중부경찰서 교통과 사고처리반에서 위제1심 공동피고인로부터 위 이진수와 보험처리만 하고 사고처리는 하지 아니하기로 합의(같은 달 15. 합의하였음)하였으니 사고처리를 하지 말아달라는 부탁을 받고 이 사건 교통사고를 입건하여 수사하지 않은 사실, 피고인은 같은 달 21. 11:00경 위 중부경찰서를 방문한 제일화재해상보험 주식회사 대전보상사무소 직원인 공소외 이호준으로부터 피해자 이진수가 이 사건 교통사고로 뼈가 부러지는 사고를 당하고 위 나사렛병원에서 의식이 회복되어 사고 당일에 대전을지병원으로 전원되었는데, 위제1심 공동피고인과 이진수가 서로 상대방이 신호를 위반하였다고 주장하여 예상보험금지급액 6,400만 원을 지급할 것인지 여부를 결정할 수 없다고 하면서 위 교통사고를 정식 입건하여 수사하여 달라는 요청을 받았는데도 이를 거부하고 그대로 있다가 같은 해 12. 21.경 보험금을 지급받지 못한 위 이진수가 위 교통사고를 신고하자 부랴부랴 위제1심 공동피고인이 신호를 위반하여 이 사건 교통사고를 야기하였다고 하여 위제1심 공동피고인을 교통사고처리특례법위반죄로 입건하고 뒤늦게 수사에 나서게 된 사실, 그런데 경찰청의 교통사고처리지침(수사기록 1권 407쪽) 제23조에 의하면 교통사고처리 특례법 제3조 제2항 단서의 중요법규 10개항 위반 사고 등 공소권 있는 사고는 교통사고보고 서 및 수사서류를 작성하여 가해자를 원칙적으로 24시간(단, 관계 증빙서류 필요시 48시간) 내 구속 또는 불구속 수사 여부를 결정·신병처리하고 수사기록은 기소의견으로 검찰에 송치하 여야 한다고 규정하고 있는 사실을 인정할 수 있는바, 사실관계가 위와 같다면, 설사 피고인 이 주장하는 바와 같이 당시 교통사고가 폭주하여 피고인의 교통사고 수사직무가 몹시 바빠 그 처리가 지연될 수밖에 없었던 점을 감안하더라도 <u>피고인은 태만, 분망, 착각 등으로 인하 여 그 직무를 성실히 수행하지 아니한 경우나 형식적으로 또는 소홀히 직무를 수행하였기 때 문에 성실한 직무수행을 못한 것에 불과한 경우에 해당하는 것이 아니라 그 직무에 관한 의 식적인 방임 내지 포기 등 정당한 사유 없이 교통사고 수사직무를 수행하지 아니한 경우에 해당한다</u>고 할 것이고, **피고인이 위제1심 공동피고인의 신호위반 사실을 알고 있으면서도 수 사에 착수하지 아니하고 그 후에도 그 작위의무를 수행하지 아니하는 위법한 부작위상태가 계속되어 그 가별적 위법상태는 계속 존재한 것이므로** <u>원심이 같은 취지로 피고인의 행위가 전체적으로 보아 1죄로서 직무유기죄에 해당한다고 판단한 조치는 옳다</u>고 여겨지고 거기에 상고이유가 지적하는 직무유기죄에 관한 법리오해나 심리미진, 이유불비의 위법이 있다고 할 수 없으므로 이 점을 지적하는 상고이유의 주장도 이유 없다.

대법원 2006. 9. 22. 선고 2004도4751 판결 [공익법인의설립운영에관한법률위반]

공익법인의 설립·운영에 관한 법률(아래에서는 '공익법인법'이라고 한다) 제4조 제3항은 "공익법인은 목적 달성을 위하여 수익사업을 하고자 할 때에는 정관이 정하는 바에 따라 사 업마다 주무관청의 승인을 받아야 한다. 이를 변경하고자 하는 때에도 또한 같다."고 하고 이에 위반한 행위에 대한 처벌 조항을 제19조 제1항에 마련하고 있는바, <u>공익법인이 주무 관청의 승인을 받지 않은 채 수익사업을 하는 행위는 시간적 계속성이 구성요건적 행위의 요소로 되어 있다는 점에서 계속범에 해당한다고 보아야 할 것인 만큼 승인을 받지 않은 수 익사업이 계속되고 있는 동안에는 아직 공소시효가 진행하지 않는 것이다</u>(대법원 1981. 10. 13. 선고 81도1244 판결 참조).

원심이 적법하게 채택한 증거에 의하여 인정한 사실관계에 의하면, 피고인 재단법인 육영재 단(이하 '육영재단'이라 한다)은 재단 운영 재원을 마련하기 위하여 주무관청의 승인을 받지 않은 상태에서 그 기본재산인 어린이 회관 중 일부인 원심 판시 목적물을 1994. 10. 1. 처음 예식장업자공소외인에게 임대한 이후 2차에 걸친 재계약을 거쳐 이 사건 약식명령이 청구된 2003. 2. 18.까지 계속 예식장으로 임대해 왔다는 것인바, 이러한 사실관계를 앞서 본 법리에 비추어 살펴보면 피고인 육영재단이 승인을 받지 않은 수익사업인 원심 판시 부동산 임대행위를 계속하는 한 그 행위에 대한 공소시효는 진행되지 않는 것이므로 위 부동산 임대행위에 대한 공소시효는 이 사건 약식명령이 청구될 때까지 완성되지 않았음을 알 수 있다.

〈상태범〉

대법원 1986. 7. 8. 선고 84도2922 판결 [학대]

<u>학대죄는 자기의 보호 또는 감독을 받는 사람에게 육체적으로 고통을 주거나 정신적으로 차별대우를 하는 행위가 있음과 동시에 범죄가 완성되는 상태범 또는 즉시범이라 할 것이고 비록 수십회에 걸쳐서 계속되는 일련의 폭행행위가 있었다 하더라도 그 중 친권자로서의 징계권의 범위에 속하여 위 위법성이 조각되는 부분이 있다면 그 부분을 따로 떼어 무죄의 판결을 할 수 있다 할 것이다.</u>

원심판결과 원심이 인용한 제1심판결 이유에 의하면 피고인에 대한 이 사건 **학대의 공소사실중 일부에 대하여 유죄로 인정하고 일부**(제1심판결의 별지부분)**에 대하여는 피고인이 친권의 정당한 행사라고 볼 수 있는 범위내에서 징계권을 행사한 것**이라고 적법히 판시한 다음 그 부분에 대하여 무죄를 선고한 제1심판결을 그대로 유지하고 있는 바, 거기에 소론과 같은 학대죄 또는 친권자의 징계권행사에 관한 법리를 오해했거나 채증법칙을 위배하여 사실을 오인한 잘못이 있다 할 수 없다.

대법원 1997. 4. 17. 선고 96도3376 전원합의체 판결 [생 략]

원심은 폭동에 의한 국헌문란의 죄는 한 지방의 평온을 해칠 정도에 이르게 된 때에 기수가 되나, 즉시범이 아니라 계속범이고, 우리 나라와 같은 민주주의 국가에서는 기존의 권력집단의 굴복만으로 내란이 종료하는 것이 아니라 주권자이며 헌법제정권력인 국민이 이를 용납하지 아니하여 내란집단에 저항하는 때에는 그 저항을 완전히 제압하거나 또는 반대로 내란집단이 국민의 저항에 굴복하기까지는 결코 종료된 것이 아니라고 전제한 다음, 이 사건의 경우 1980. 5. 18. 이후에 일어난 광주시민의 일련의 대규모 시위 같은 것이 바로 이러한 국민의 저항에 해당하고, 이러한 국민의 저항과 이에 대한 피고인들의 폭동적인 진압은 제5공화국정권이 1987. 6. 29. 이른바 6·29선언으로 국민들의 저항에 굴복하여 대통령직선제요구를 받아들일 때까지 간단없이 반복, 계속되었으며, 따라서 그 기간 중의 모든 폭동적인 시위 진압은 이 사건 범죄사실란에서 폭동으로 인정한 것들을 포함하여 포괄하여, 하나의 내란죄를 구성한다고 할 것이어서, 1980. 5. 17. 비상계엄의 전국확대로 시작된 이 사건의 국헌문란의 폭동은 1987. 6. 29.의 이른바 6·29선언시에 비로소 종료되었다고 판단하였다.

내란죄는 국토를 참절하거나 국헌을 문란할 목적으로 폭동한 행위로서, 다수인이 결합하여 위와 같은 목적으로 한 지방의 평온을 해할 정도의 폭행·협박행위를 하면 기수가 되고, 그 목적의 달성 여부는 이와 무관한 것으로 해석되므로, 다수인이 한 지방의 평온을 해할 정도의 폭동을 하였을 때 이미 내란의 구성요건은 완전히 충족된다고 할 것이어서 상태범으로 봄이 상당하며, 따라서 원심이 이 사건 내란죄를 계속범으로 본 조처는 적절하지 아니하다고 할 것이다.

〈계속범과 상태범의 구별실익〉

대법원 1991. 10. 11. 선고 91도1656 판결 [특수도주방조, 도주원조]

도주죄는 즉시범으로서 범인이 간수자의 실력적 지배를 이탈한 상태에 이르렀을 때에 기수가 되어 도주행위가 종료하는 것이고, 도주원조죄는 도주죄에 있어서의 범인의 도주행위를 야기시키거나 이를 용이하게 하는 등 그와 공범관계에 있는 행위를 독립한 구성요건으로 하는 범죄이므로, 도주죄의 범인이 도주행위를 하여 기수에 이르른 이후에 범인의 도피를 도와주는 행위는 범인도피죄에 해당할 수 있을 뿐 도주원조죄에는 해당하지 아니한다.

원심판결 이유에 의하면, 원심은 피고인의 동생인 공소외인이 수감되어 있던 서산시 소재 용병원에서 간수자를 폭행하고 병원에서 탈주함으로써 동인의 도주죄는 기수에 달하였다고 보고, 그 후 일단 구금시설로부터의 탈주에 성공한 공소외인이 보다 멀리 서울로 도피할 수 있도록 공소외인 소유의 승용차를 인도하게 하여 준 피고인의 이 사건 행위는 공소외인의 도주범행이 종료한 이후의 행위로서 도주원조죄에는 해당하지 아니한다고 판시하였는바, 원심의 이와 같은 판시는 앞에 설시한 법리에 비추어 정당하고, 거기에 소론이 지적하는 바와 같은 법리오해 등의 위법이 있다 할 수 없다.

대법원 2018. 1. 24. 선고 2017도11408 판결 [일반교통방해]

일반교통방해죄는 이른바 추상적 위험범으로서 교통이 불가능하거나 또는 현저히 곤란한 상태가 발생하면 바로 기수가 되고 교통방해의 결과가 현실적으로 발생하여야 하는 것은 아니다(대법원 2005. 10. 28. 선고 2004도7545 판결 등 참조). 또한 일반교통방해죄에서 교통방해 행위는 계속범의 성질을 가지는 것이어서 교통방해의 상태가 계속되는 한 가벌적인 위법상태는 계속 존재한다. 따라서 신고 범위를 현저히 벗어나거나 집시법 제12조에 따른 조건을 중대하게 위반함으로써 교통방해를 유발한 집회에 참가한 경우 참가 당시 이미 다른 참가자들에 의해 교통의 흐름이 차단된 상태였다고 하더라도 교통방해를 유발한 다른 참가자들과 암묵적·순차적으로 공모하여 교통방해의 위법상태를 지속시켰다고 평가할 수 있다면 일반교통방해죄가 성립한다.

대법원 2013. 10. 17. 선고 2013도6401 판결 [폭력행위등처벌에관한법률위반(단체등의구성·활동)]

폭력행위 등 처벌에 관한 법률 제4조에서 정한 단체 등의 구성죄는 같은 법에 규정된 범죄를 목적으로 한 단체 또는 집단을 구성함으로써 즉시 성립·완성되는 즉시범이므로 범죄성립과 동시에 공소시효가 진행되는 것(이다).

대법원 2018. 6. 28. 선고 2017도7937 판결 「구 장사법의 문언과 체계에 비추어 보면, 이 사건 처벌규정이 금지하는 무허가 법인묘지를 설치한 죄는 법인묘지의 설치행위, 즉 법인이 '분묘를 설치하기 위하여 부지를 조성하는 행위'를 종료할 때 즉시 성립하고 그와 동시에 완성되는 이른바 즉시범이라고 보아야 한다. 따라서 이 부분 공소사실에 대한 공소시효는 피고인들이 무허가 법인묘지의 조성행위를 종료한 때로부터 진행하는데, 기록에 비추어 보면, 늦어도 2010. 1.경에는 피고인들의 공소사실 기재 법인묘지의 조성이 완료된 사실을 알 수 있고, 이 사건 공소제기는 그로부터 공소시효 기간 5년이 지난 후인 2015. 8. 26. 제기되었으므로, 공소시효가 완성되었다고 볼 여지가 많다.」

3. 침해범과 위험범

〈침해범과 위험범〉

대법원 2007. 9. 28. 선고 2007도606 전원합의체 판결 [형의실효등에관한법률위반·협박]

협박죄에서 협박이라 함은 일반적으로 보아 사람으로 하여금 공포심을 일으킬 수 있는 정도의 해악을 고지하는 것을 의미하고, 그 주관적 구성요건으로서의 고의는 행위자가 그러한 정도의 해악을 고지한다는 것을 인식·인용하는 것을 그 내용으로 하는바(대법원 1991. 5. 10. 선고 90도2102 판결, 대법원 2006. 6. 15. 선고 2006도2311 판결 등 참조), 협박죄가 성립되려면 고지된 해악의 내용이 행위자와 상대방의 성향, 고지 당시의 주변 상황, 행위자와 상대방 사이의 친숙의 정도 및 지위 등의 상호관계, 제3자에 의한 해악을 고지한 경우에는 그에 포함되거나 암시된 제3자와 행위자 사이의 관계 등 행위 전후의 여러 사정을 종합하여 볼 때에 일반적으로 사람으로 하여금 공포심을 일으키게 하기에 충분한 것이어야 할 것이지만, 상대방이 그에 의하여 현실적으로 공포심을 일으킬 것까지 요구되는 것은 아니며, 그와 같은 정도의 해악을 고지함으로써 상대방이 그 의미를 인식한 이상, 상대방이 현실적으로 공포심을 일으켰는지 여부와 관계없이 그로써 구성요건은 충족되어 협박죄의 기수에 이르는 것으로 해석하여야 할 것이다.

우리 형법은 제286조에서 협박죄의 미수범을 처벌하는 조항을 두고 있으나 미수범 처벌조항이 있다 하여 반드시 침해범으로 해석할 것은 아니며, 지극히 주관적이고 복합적이며 종종 무의식의 영역에까지 걸쳐 있는 상대방의 정서적 반응을 객관적으로 심리·판단하는 것이 현실적으로 불가능에 가깝고, 상대방이 과거 자신의 정서적 반응이나 감정상태를 회고하여 표현한다 하여도 공포심을 일으켰는지 여부의 의미나 판단 기준이 사람마다 다르며 그 정도를 측정할 객관적 척도도 존재하지 아니하는 점 등에 비추어 보면, 상대방이 현실적으로 공포심을 일으켰는지 여부에 따라 기수 여부가 결정되는 것으로 해석하는 것은 적절치 아니하기 때문이다.

결국, 협박죄는 사람의 의사결정의 자유를 보호법익으로 하는 위험범이라 봄이 상당하고, 위 미수범 처벌조항은 해악의 고지가 현실적으로 상대방에게 도달하지 아니한 경우나, 도달은 하였으나 전혀 지각하지 못한 경우, 혹은 고지된 해악의 의미를 상대방이 인식하지 못한 경우 등에 적용될 뿐이라 할 것이다.

위 법리에 비추어 볼 때, 앞서 본 당시 상황에서 **피고인이 정보과 소속 경찰관의 지위에 있음을 내세우면서 빨리 변제하지 않으면 상부에 보고하여 문제를 삼겠다고 이야기한 것**은, 객관적으로 보아 사람으로 하여금 공포심을 일으키게 하기에 충분한 정도의 해악의 고지에 해당한다고 볼 것이므로, 피해자가 그 취지를 인식하였음이 명백한 이상 현실적으로 피해자가 공포심을 일으켰는지 여부와 무관하게 협박죄의 기수에 이르렀다고 보아야 할 것이다.

〈구체적 위험범〉

대법원 2009. 10. 15. 선고 2009도7421 판결 [폭력행위등처벌에관한법률위반(집단·흉기등협박)·일반자동차방화미수(인정된죄명:일반물건방화)·재물손괴·일반물건방화]

형법 제167조 제2항은 방화의 객체인 물건이 자기의 소유에 속한 때에는 같은 조 제1항보다 감경하여 처벌하는 것으로 규정하고 있는바, 방화죄는 공공의 안전을 제1차적인 보호법익으로 하지만 제2차적으로는 개인의 재산권을 보호하는 것이라고 볼 수 있는 점, 현재 소유자가 없는 물건인 무주물에 방화하는 경우에 타인의 재산권을 침해하지 않는 점은 자기의 소유에 속한 물건을 방화하는 경우와 마찬가지인 점, 무주의 동산을 소유의 의사로 점유하는 경우에 소유권을 취득하는 것에 비추어(민법 제252조) 무주물에 방화하는 행위는 그 무주물을 소유의 의사로 점유하는 것이라고 볼 여지가 있는 점 등을 종합하여 보면, 불을 놓아 무주물을 소훼하여 공공의 위험을 발생하게 한 경우에는 '무주물'을 '자기 소유의 물건'에 준하는 것으로 보아 형법 제167조 제2항을 적용하여 처벌하여야 한다.

원심판결 이유에 의하면, 원심은 피고인이 노상에서 전봇대 주변에 놓인 재활용품과 쓰레기 등을 발견하고 소지하고 있던 라이터를 이용하여 불을 붙인 다음 불상의 가연물을 집어넣어 화염을 키움으로써 공공의 위험을 발생하게 하였다는 이 사건 공소사실에 대하여, 위 '재활용품과 쓰레기 등'은 무주물로서 형법 제167조 제2항에 정한 자기 소유의 물건에 준하는 것으로 보아야 한다고 전제한 다음, 그 판시와 같은 기상 조건, 주변 상황과 화염의 높이 등에 비추어 보면 피고인이 불을 붙인 다음 불상의 가연물을 집어넣어 그 화염을 키움으로써 전선을 비롯한 주변의 가연물에 손상을 입히거나 바람에 의하여 다른 곳으로 불이 옮아붙을 수 있는 공공의 위험을 발생하게 하였다고 판단하여 형법 제167조 제2항에 정한 일반물건방화죄의 성립을 인정하였다.

앞서 본 법리와 기록에 비추어 살펴보면, 원심의 위와 같은 사실인정과 판단은 정당하고 거기에 일반물건방화죄의 성립에 관한 법리오해 등의 위법이 없다.

〈추상적 위험범 : 음주운전〉

대법원 2008. 11. 13. 선고 2008도7143 판결 [특정범죄가중처벌등에관한법률위반(위험운전치사상)·도로교통법위반(음주운전)]

도로교통법 위반(음주운전)죄는 술에 취한 상태에서 자동차 등을 운전하는 행위를 처벌하면서, 술에 취한 상태를 인정하는 기준을 운전자의 혈중 알코올농도 0.05% 이상이라는 획일적인 수치로 규정하여, 운전자가 혈중 알코올농도의 최저기준치를 초과한 주취상태에서 자동차 등을 운전한 경우에는 구체적으로 정상적인 운전이 곤란한지 여부와 상관없이 이를 처벌대상으로 삼고 있는 바, 이는 위와 같은 혈중 알코올농도의 주취상태에서의 운전행위로 인하여 추상적으로 도로교통상의 위험이 발생한 것으로 봄으로써 도로에서 주취상태에서의 운전으로 인한 교통상의 위험과 장해를 방지하고 제거하여 안전하고 원활한 교통을 확보하는데 그 목적이 있다. 반면, 음주로 인한 특정범죄가중처벌 등에 관한 법률 위반(위험운전치사상)죄는 도로교통법 위반(음주운전)죄의 경우와는 달리 형식적으로 혈중 알코올농도의 법정 최저기준치를 초과하였는지 여부와는 상관없이 운전자가 음주의 영향으로 실제 정상적인 운전이 곤란한 상태에 있어야만 하고, 그러한 상태에서 자동차를 운전하다가 사람을 상해 또는 사망에 이르게 한 행위를 처벌대상으로 하고 있는 바, 이는 음주로 인한 특정범죄가중처벌 등에 관한 법률 위반(위험운전치사상)죄는 업무상과실치사상죄의 일종으로 구성요건적 행위와 그 결과 발생 사이에 인과관계가 요구되기 때문이다.

위와 같이 음주로 인한 특정범죄가중처벌 등에 관한 법률 위반(위험운전치사상)죄와 도로교통법 위반(음주운전)죄는 입법 취지와 보호법익 및 적용 영역을 달리하는 별개의 범죄로서 양죄가 모두 성립하는 경우 두 죄는 실체적 경합관계에 있는 것으로 보아야 할 것이다.

대법원 2018. 3. 29. 선고 2017도21537 판결 [공무집행방해]
형법 제136조에서 정한 공무집행방해죄는 직무를 집행하는 공무원에 대하여 폭행 또는 협박한 경우에 성립하는 범죄로서 여기서의 폭행은 사람에 대한 유형력의 행사로 족하고 반드시 그 신체에 대한 것임을 요하지 아니하며, 또한 추상적 위험범으로서 구체적으로 직무집행의 방해라는 결과발생을 요하지도 아니한다(대법원 2005. 10. 28. 선고 2005도6725 판결 등 참조).

대법원 2018. 5. 11. 선고 2017도9146 판결 [일반교통방해]
일반교통방해죄는 이른바 추상적 위험범으로서 교통이 불가능하거나 또는 현저히 곤란한 상태가 발생하면 바로 기수가 되고 교통방해의 결과가 현실적으로 발생하여야 하는 것은 아니다(대법원 2005. 10. 28. 선고 2004도7545 판결 등 참조).

4. 일반범과 신분범

〈신분범〉

대법원 1984. 3. 13. 선고 83도3152 판결 [수뢰·허위공문서작성·허위공문서작성행사]

기록(김종만 작성의 예비군 학급편성명부 사본기재)에 의하면 피고인이 작성한 예비군 학급편성명부는 27소대 4분대의 것 1매, 34소대 1분대의 것 1매, 5소대 4분대의 것 1매, 4소대 1분대의 것 1매등 4매로서 27소대 4분대의 것에는 위 판시의 예비군공소외 1이, 34소대 1분대의 것에는공소외 2가, 5소대 4분대의 것에는공소외 3이 4소대 1분대의 것에는공소외 4가 1983.3.18일자 홍보교육에 각 참석한 것으로 기재되어 있어 위 판시의 피고인 작성의 학급편성명부 1통이 어느 것인지 분명치 않을 뿐만 아니라 <u>허위공문서작성죄는 그 공문서의 작성권한자인 공무원을 주체로 하는 신분범이라고 볼 것이므로 피고인의 위 판시 허위 학급편성명부 작성행위가 허위공문서작성죄에 해당한다고 하기 위하여는 피고인에게 그 작성권한이 있음을 확정하였어야 할 것인데도</u> 이를 확정함이 없이 만연히 그 판시와 같이 안순정 명의의 학급편성명부 1통을 위조행사하였다고 인정하고 나서 그 소위를 허위공문서작성, 동행사죄에 해당하는 것으로 판시하였음은 증거에 의하지 아니하고 사실을 인정하였거나 허위공문서작성, 동행사죄의 법리를 오해하여 심리를 다하지 아니하고 이유모순의 위법을 저질렀다 할 것이(다).

〈진정신분범〉

대법원 2014. 8. 21. 선고 2014도3363 전원합의체 판결 [배임]

[다수의견에 대한 대법관 김신, 대법관 조희대의 보충의견]
배임죄의 본질을 어떻게 이해하든, 배임죄의 주체는 '타인의 사무를 처리하는 자'이다. 즉, <u>배임죄는 '타인의 사무를 처리하는 자'라는 신분을 요하는 진정신분범이다. 따라서 배임죄의 성립을 인정하기 위해서는 임무위배행위가 있었는지를 따지기에 앞서 '타인의 사무를 처리하는 자'에 해당하는지를 먼저 따져보아야 한다.</u>

〈부진정신분범〉

대법원 2018. 8. 30. 선고 2018도10047 판결 [특정경제범죄가중처벌등에관한법률위반(사기)(인정된죄명:사기)·사기·업무상배임]

업무상배임죄는 업무상 타인의 사무를 처리하는 지위에 있는 사람이 그 임무를 위반하는 행위로써 재산상의 이익을 취득하거나 제3자로 하여금 이를 취득하게 하여 본인에게 손해를 입힌 때에 성립한다. <u>이는 타인의 사무를 처리하는 지위라는 점에서 보면 단순배임죄에 대한 가중규정으로서 신분관계로 형의 경중이 있는 경우라고 할 것이다.</u> 따라서 그와 같은 업무상의 임무라는 신분관계가 없는 자가 그러한 신분관계 있는 자와 공모하여 업무상배임죄를 저질렀다면, 그러한 신분관계가 없는 공범에 대하여는 형법 제33조 단서에 따라 단순배임죄에서 정한 형으로 처단하여야 한다. 이 경우에는 신분관계 없는 공범에게도 같은 조 본문에 따라 일단 신분범인 업무상배임죄가 성립하고 다만 과형에서만 무거운 형이 아닌 단순배임죄의 법정형이 적용된다(대법원 1986. 10. 28. 선고 86도1517 판결, 대법원 2010. 9. 9. 선고 2010도6507 판결 등 참조).

제2절 범죄의 주체 : 법인의 형사책임

Ⅰ. 법인의 범죄능력

〈법인의 범죄능력 긍정 여부 : 판례는 부정설〉

대법원 1984. 10. 10. 선고 82도2595 전원합의체 판결 [배임]

원심판결은 그 이유에서, 피고인 1은 공소외 주식회사의 대표이사로 재직하고 있고, 피고인 2는 위 회사에서 시공분양한 상가를 매수하여 상업에 종사하고 있는 자로서 공소외 김영명이 위 회사의 대표이사로 재직중인 1974.5.24 회사소유의 성남시 상대원동 471단지 16의3 (신지번 상대원동 668) 대지 12.8평과 그 지상에 건립된 건평 10.8평의 건물을 공소외 한선택에게 매도하여 그 무렵 대금 전액을 완납받았고, 1974.7.22 같은 471단지 17의 1 (신지번 상대원동649) 대지 12.8평과 그 지상에 건립된 건평 10.8 평의 점포를, 1974.9.15 같은 471단지 32의 3 (신지번 상대원동 648)대지 12.8평과 그 지상의 점포 10.8평을 각 공소외 김풍기에게 매도하고 그 무렵 대금 전액을 완납받은 사실을 **피고인 1이 1976.1.20 위 회사의 대표이사로 취임하면서 알게 되었음에도 위 대지와 점포를 공모하여 이중으로 분양**하고 (1) 1977.12.14 상대원동 668 대12.8평에 관하여 피고인 2와 공소외 김호진 앞으로의 소유권이전등기절차를, 1979.2.13 그 지상점포에 관하여 피고인 2와 공소외 윤성규 앞으로의 소유권보존등기절차를 각 이행하여 줌으로써 한선택에 매매대금 상당의 재산상 손해를 입히고 (2) 1979.2.14 상대원동 649 지상점포에 관하여 공소외 최수열, 최양임 앞으로, 648지상점포에 관하여 공소외 장귀삼과 피고인 2 앞으로의 소유권보존등기절차를 각 이행하여 줌으로써 김풍기에게 그 매매대금 상당의 손해를 입혀 공동으로 배임행위를 하였다는 공소사실에 대해 사실관계는 그대로 인정된다고 설시한 후, 위 대지와 점포는 모두 회사의 소유로서 최초의 매수인 한선택, 김풍기에게 소유권이전등기를 하여줄 의무의 주체는 회사이고, 피고인 1은 회사의 대표기관에 불과하며 피고인 2는 피고인 1과 공동하여 행위를 한 자에 불과하므로 피고인들이 위 한선택, 김풍기에 대하여 그 사무를 처리하는 자의 지위, 다시 말하면 위 한선택, 김풍기와 피고인들 사이에는 타인과 본인의 관계가 없다 할 것이니 피고인들은 배임죄의 주체가 될 수 없는 것이라 하여 무죄를 선고하였다.

그러나 형법 제355조 제2항의 배임죄에 있어서 타인의 사무를 처리할 의무의 주체가 법인이 되는 경우라도 <u>법인은 다만 사법상의 의무주체가 될 뿐 범죄능력이 없는 것</u>이며 그 타인의 사무는 법인을 대표하는 자연인인 대표기관의 의사결정에 따른 대표행위에 의하여 실현될 수밖에 없어 그 대표기관은 마땅히 법인이 타인에 대하여 부담하고 있는 의무내용대로 사무를 처리할 의무가 있다 할 것이므로 <u>법인이 처리할 의무를 지는 타인의 사무에 관하여는 법인이 배임죄의 주체가 될 수 없고, 그 법인을 대표하여 사무를 처리하는 자연인인 대표기관이 바로 타인의 사무를 처리하는 자, 즉 배임죄의 주체가 되는 것</u>이라고 새겨야 할 것이다. 따라서 타인의 사무를 처리할 사법상 의무의 주체가 법인이라 하여 이점을 그 대표기관은 타인에 대한 관계에 있어서 배임죄의 주체가 될 수 없다는 근거로 삼을 수 없다 할 것이므로 당원이 1982.2.9. 선고 80도1796 판결 및 1983.2.22. 선고 82도1527 판결에서 판시한 이와 배치되는 견해는 이 판결로써 변경하기로 한다.

[대법원판사 전상석의 반대의견]

법인은 사법상의 의무주체가 될 뿐 법인은 범죄능력이 없다고 하나 바로 이 사법상의 의무주체가 배임죄의 주체가 되는 것이므로 이것을 떠나서 배임죄는 성립할 수 없는 것이며 다수의견이 이 점을 내세우면서도 어찌하여 사법상의 의무주체와 범죄주체를 따로 파악하려는 것인지 참으로 이해하기가 어렵다.

<u>법인에 범죄능력이 없기 때문에 그 대표행위를 하는 대표기관을 배임죄로 다스린다는 것은 의무없는 자를, 따라서 임무위반행위가 없는 자를 처벌하는 것이 되어 죄없는 자를 처벌하자는 것과 같은 결론이 된다.</u> 법인에 범죄능력이 없기 때문에 그 대표기관을 처벌한다는 것은 도시 그 이론의 근거가 될 수 없을 뿐만 아니라 형벌법규의 해석과 적용에 있어 엄계하여야 할 잘못을 범하는 것이 된다.

대법원 1997. 1. 24. 선고 96도524 판결 「법인격 없는 사단과 같은 단체는 법인과 마찬가지로 사법상의 권리의무의 주체가 될 수 있음은 별론으로 하더라도 법률에 명문의 규정이 없는 한 그 범죄능력은 없고 그 단체의 업무는 단체를 대표하는 자연인인 대표기관의 의사결정에 따른 대표행위에 의하여 실현될 수밖에 없다. 구 건축법(1995. 1. 5. 법률 제4919호로 개정되기 전의 것, 이하 같다) 제26조 제1항의 규정에 의하여 건축물의 유지·관리의무를 지는 '소유자 또는 관리자'가 법인격 없는 사단인 경우에는 자연인인 대표기관이 그 업무를 수행하는 것이므로 같은 법 제79조 제4호에서 같은 법 제26조 제1항의 규정에 위반한 자라 함은 법인격 없는 사단의 대표기관인 자연인을 의미한다고 할 것이다. 피고인은 이 사건 건물을 관리하는 법인격 없는 사단인 '캔버라타운 총괄관리단'의 대표자인 사실이 인정되므로, 원심이 그 대표자인 피고인이 이 사건 건물의 관리자로서 그 판시와 같이 이 사건 건축물의 유지·관리의무를 위반한 사실을 인정한 후 구 건축법 제79조 제4호, 제26조 제1항 위반죄의 주체로 판단한 것은 정당하(다).」

Ⅱ. 양벌규정

1. 의의 및 필요성

〈양벌규정의 의의〉

대법원 1994. 2. 8. 선고 93도1483 판결 [외국환관리법위반]

원심은, 피고인이 일본국 소재 공소외 1 유한회사 (이 뒤에는 "일본회사"라고 약칭한다)의 대표이사 겸 서울 소재 공소외 2 주식회사 (이 뒤에는 "국내회사"라고 약칭한다)의 사실상의 경영자로서, 국내회사의 대표이사인 원심공동피고인과 공모하여 재무부장관의 인가를 받지 아니하고, 피고인이 일본회사에서 재일한국인 등으로부터 일본국 통화인 엔화를 그가 지정하는 국내의 수취인에게 송금해 달라는 의뢰를 받고 그 송금액의 1%에 해당하는 수수료를 받은 다음 그 송금액수와 수취인 명단을 서울에 있는 원심공동피고인에게 팩시밀리로 보내어, 원심공동피고인이 엔화에 상응하는 한화를 수취인의 국내 예금구좌에 입금해 주고, 원심공동피고인은 국내회사에서 내국인 등으로부터 한화를 일본국에 있는 수취인에게 송금해 달라는 의뢰를 받고 그 송금액의 3%에 해당하는 수수료를 받은 다음 그 송금액수와 수취인 명단을 일본국에 있는 피고인에게 팩시밀리로 보내어, **피고인이 같은 날 국내로 송금하지 않고 보**

관중이던 한화에 상응하는 엔화를 수취인에게 전달하는 방법으로 송금을 대행함으로써, 대한민국과 외국간의 지급 및 이에 부대되는 외국환업무를 영위하였다는 취지의 이 사건 공소사실을 유죄로 인정하였다.

법인은 그 기관인 자연인을 통하여 행위를 하게 되는 것이기 때문에, 자연인이 법인의 기관으로서 범죄행위를 한 경우에도 행위자인 자연인이 그 범죄행위에 대한 형사책임을 지는 것이고, 다만 법률이 그 목적을 달성하기 위하여 특별히 규정하고 있는 경우에만 그 행위자를 벌하는 외에 법률효과가 귀속되는 법인에 대하여도 벌금형을 과할 수 있을 뿐이므로(당원 1961.10.19. 선고 4294형상417 판결; 1976.4.27. 선고 75도2551 판결 등 참조), 이와 같은 취지에서 일본회사의 대표이사인 피고인을 유죄로 인정한 원심판결에 일본회사와 국내회사간의 거래행위를 각 그 대표자간의 거래행위로 보는 등 사실을 잘못 인정한 위법이 있다고 비난하는 논지는 받아들일 것이 못된다.

〈양벌규정의 필요성〉

대법원 1991. 2. 26. 선고 90도2597 판결 [환경보전법위반]

원심이 인용한 제1심판결 채용증거들을 기록에 대조 검토하여 볼 때 피고인이 대학교부속병원 관리부원장으로서 위 대학교 치과대학부속병원의 폐수를 위 대학교병원 본원의 폐수시설을 거치지 않고 그대로 방류하게 한 판시 환경보존법위반 범행을 충분히 인정할 수 있고 그 증거취사 과정에 채증법칙위반의 위법이 없으며 또 같은 법 제66조 및 제70조의 규정에 의하면 위 제66조는 같은 법 제16조의2 등에 규정된 사업자인 법인의 대표자 또는 그와 같은 법인 또는 개인의 대리인 사용인 기타의 종업원이 위 제66조 각호의 1 등에 규정된 행위를 한 때에 이들을 행위자로서 처벌하는 규정이고 위 제70조는 그 사업자인 법인 또는 개인을 위와 같은 행위자와 함께 처벌하도록 하는 양벌규정이므로 원심이 피고인이 위 법 제16조의2에 정한 사업자인 위 대학교병원의 대표자를 보좌하여 병원경영 관재 및 시설운영 등 그 관리사무를 총괄하는 관리부원장으로서 실제로 판시와 같이 위 제66조 제1호에 정한 행위를 한데 대하여 같은 조문을 적용처단한 제1심 판결을 유지한 것은 옳(다).

2. 양벌규정의 법적 성격

〈과실책임(설)〉

헌법재판소 2007. 11. 29. 선고 2005헌가10 전원재판부 [보건범죄단속에관한특별조치법제6조위헌제청]

1. 사건의 개요와 심판의 대상

가. 사건의 개요

(1) 당해 사건의 피고인 강○용 및 김○윤은 2004. 12. 29. 서울서부지방법원에 2004고단3102 보건범죄단속에관한특별조치법위반(부정의료업자)으로 공소제기 되었는데 그 공소사실의 요지는, **피고인 김○윤에 대하여는 "상피고인 강○용이 운영하는 ○○기공소의 직원으로서 치과의사면허 없이 위 기공소에서 2004. 10. 15.경부터 같은 해 10. 17.경까지 7명에 대한 치과치료를 해주고 그 대가로 합계 320만 원을 교부받아 무면허 치과의료행위를 업으로 하였다"는 것이고, 피고인 강○용에 대하여는 "위 ○○기공소를 운영함에 있어서 그 사용인인 상피고인 김○윤이 위 범죄사실과 같이 치과의료행위를 업으로 하였다"는 것이다.**

(2) 당해 사건의 1심에서, 피고인 김○윤은 징역 1년 6월 및 벌금 100만 원에 집행유예 3년의 형을 선고받아 그 판결이 확정되었고 피고인 강○용은 김○윤의 치과의료행위가 객관적 외형상 치과기공업무의 범주에 포함되지 않는다는 이유로 무죄판결을 받았다.

위 강○용에 대한 무죄판결에 대하여 검사가 항소하여 당해 사건의 소송계속 중, 제청법원은 2005. 6. 16. 직권으로 '보건범죄단속에 관한 특별조치법' 제6조의 양벌규정 중 개인인 업주에 관하여 벌금형 외에 무기 또는 2년 이상의 징역형까지 부과하도록 한 규정이 형벌과 책임 간의 비례성의 원칙에 위반된다며 그 위헌 여부의 심판을 제청하였다.

나. 심판의 대상

이 사건 심판의 대상은 '보건범죄단속에 관한 특별조치법'(1990. 12. 31. 법률 제4293호로 개정된 것) 제6조 중 "개인의 대리인·사용인 기타 종업원이 그 개인의 업무에 관하여 제5조의 위반행위를 한 때에는 행위자를 처벌하는 외에 개인에 대하여도 본조의 예에 따라 처벌한다"고 규정한 부분(밑줄 그은 부분, 이하 '이 사건 법률조항'이라 한다)이 헌법에 위반되는지 여부이고, 그 내용 및 관련조항은 다음과 같다. …

3. 판 단

가. 이 사건 법률조항의 연혁 및 특수성

'보건범죄단속에 관한 특별조치법'은 부정식품 및 첨가물, 부정의약품 및 화장품, 독물 및 극물(1990. 12. 31. 법률 제4293호로 개정 이후 부정유독물로 바뀜)의 제조나 무면허의료행위 등의 사범에 대해 가중처벌 함으로써 국민보건향상상에 기여함을 목적으로 1969. 8. 4. 법률 제2137호로 제정·공포되었다. 그 제정 경위를 살펴보면 무면허의료행위, 부정식품 및 부정의약품으로 인한 폐단이 사회적으로 커다란 파장을 몰고 오자 식품위생법, 약사법, '독물 및 극물에 관한 법률'(1990. 12. 31. 법률 제4293호로 개정 이후 '유해화학물질 관리법'으로 바뀜) 및 의료법에 대한 특칙으로 그 위반행위자에 대한 가중처벌(제2조 내지 제5조)을 하는 한편 그 위반행위자의 영업주에 대해서도 양벌규정(제6조)을 두어 처벌하였는데, 위 양벌규정이 1990. 12. 31. 내용에 변화를 주지 않는 자구의 개정("전조"를 " 제5조"로 개정)을 거쳐 이 사건 법률조항에 이르게 되었다.

이 사건 법률조항은 일반적인 양벌규정이 "벌금형"만을 부과하도록 규정하고 있는 것과는 달리 특이하게도 "징역형"까지 부과하도록 규정하고 있는데, 제정 당시 정부가 제출한 법률안에 의하면 그 법정형을 "각 본조의 벌금형"으로 규정하고 있었으나 국회 보건사회위원회의 심사 과정에서 "특례법의 취지 상 개인에 대한 체형을 추가"하려는 의도로 "각 본조의 예에 따라 처벌한다"로 수정되어 본회의에서 의결되었다.

나.재판관 이강국, 재판관 김종대, 재판관 민형기, 재판관 목영준의 위헌의견

(1) 이 사건 법률조항의 의미

(가) 이 사건 법률조항은 개인이 고용한 종업원(대리인, 사용인 등)이 업무와 관련하여 '보건범죄단속에 관한 특별법' 제5조를 위반한 범죄행위를 저지른 사실이 인정되면, 곧바로 그 종업원을 고용한 개인(영업주)도 종업원과 똑같이 처벌하도록 규정하고 있다. 이 사건 법률조항은 종업원의 범죄행위에 대한 영업주의 가담 여부나 종업원의 행위를 감독할 주의의무의 위반 여부를 영업주에 대한 처벌 요건으로 규정하고 있지 않으며, 달리 영업주가 면책될 가능성에 대해서도 규정하고 있지 아니하다.

따라서 종업원이 '보건범죄단속에 관한 특별법' 제5조를 위반한 범죄사실이 인정되면 영업주는, 그 종업원의 범죄에 가담하거나 그 범죄를 알면서 묵인하였는지, 아니면 그 범죄를 알지 못했고 알 수도 없었는지 등과 같은, 영업주 자신에게 관련된 사정들과는 아무런 관계없이 곧바로 이 사건 법률조항에 따라 종업원과 같은 형으로 처벌된다.

비록 이 사건 법률조항이 종업원의 범죄가 '영업주의 업무와 관련'될 것으로 규정하고 있기는 하나, 종업원이 영업주의 업무와 관련하여 이 사건 법률조항이 규정한 범죄를 저질렀다는 사정 역시 '종업원의 행위'와 관련된 사정일 뿐, 영업주 자신의 사정이라고 볼 수 없다. 결국 이 사건 법률조항은 종업원의 일정한 범죄행위가 있으면 영업주 자신이 그와 같은 종업원의 범죄에 대해 어떠한 잘못이 있는지를 전혀 묻지 않고 곧바로 영업주를 종업원과 같이 처벌하도록 규정하고 있는 것이다.

(나) 이 사건 법률조항을 '영업주가 종업원에 대한 선임감독상의 주의의무를 위반한 과실이 있는 경우에만 처벌하도록 규정한 것'으로 해석함으로써 책임주의에 합치되도록 합헌적 법률해석을 할 수 있는지가 문제될 수 있다.

그러나 합헌적 법률해석은 어디까지나 법률조항의 문언과 목적에 비추어 가능한 범위 안에서의 해석을 전제로 하는 것이고, 법률조항의 문구 및 그로부터 추단되는 입법자의 명백한 의사에도 불구하고 문언상 가능한 해석의 범위를 넘어 다른 의미로 해석할 수는 없다(헌재 1989. 7. 14. 88헌가5 등, 판례집 1, 69, 86-87 참조). 따라서 이 사건 법률조항을 그 문언상 명백한 의미와 달리 "종업원의 범죄행위에 대해 영업주의 선임감독상의 과실(기타 영업주의 귀책사유)이 인정되는 경우"라는 요건을 추가하여 해석하는 것은 문언상 가능한 범위를 넘어서는 해석으로서 허용되지 않는다고 보아야 한다.

(2) 책임 없는 자에 대한 형벌 부과의 위헌성

(가) 형벌은 범죄에 대한 제재로서 그 본질은 법질서에 의해 부정적으로 평가된 행위에 대한 비난이다. 일반적으로 범죄는 법질서에 의해 부정적으로 평가되는 행위(행위반가치)와 그로 인한 부정적인 결과의 발생(**결과반가치**)이라고 말할 수 있으나, 여기서 범죄를 구성하는 핵심적 징표이자 형벌을 통해 비난의 대상으로 삼는 것은 '법질서가 부정적으로 평가한 행위에 나아간 것', 즉 **행위반가치**에 있다.

만약 법질서가 부정적으로 평가한 결과가 발생하였다고 하더라도 그러한 결과의 발생이 어느 누구의 잘못에 의한 것도 아니라면, 부정적인 결과가 발생하였다는 이유만으로 누군가에게 형벌을 가할 수는 없다. 물론 결과의 제거와 원상회복을 위해 그 결과 발생에 아무런 잘못이 없는 개인이나 집단에 대해, 민사적 또는 행정적으로 불이익을 가하는 것이 공평의 관념에 비추어 볼 때 허용되는 경우도 있을 수 있다. 그러나 법질서가 부정적으로 평가할 만한 행위를 하지 않은 자에 대해서 형벌을 부과할 수는 없다. 왜냐하면 형벌의 본질은 비난가능성인데, 비난받을 만한 행위를 하지 않은 자에 대한 비난이 정당화될 수 없음은 자명한 이치이기 때문이다.

이와 같이 '책임없는 자에게 형벌을 부과할 수 없다'는 형벌에 관한 책임주의는 형사법의 기본원리로서, 헌법상 법치국가의 원리에 내재하는 원리인 동시에, 국민 누구나 인간으로서의 존엄과 가치를 가지고 스스로의 책임에 따라 자신의 행동을 결정할 것을 보장하고 있는 헌법 제10조의 취지로부터 도출되는 원리이다.

(나) 그런데 앞서 보았듯이 이 사건 법률조항은 영업주가 고용한 종업원이 그 업무와 관련하여 무면허의료행위를 한 경우에, 그와 같은 종업원의 범죄행위에 대해 영업주가 비난받을 만한 행위가 있었는지 여부, 가령 종업원의 범죄행위에 실질적으로 가담하였거나 지시 또는 도움을 주었는지, 아니면 영업주의 업무와 관련한 종업원의 행위를 지도하고 감독하는 노력을 게을리 하였는지 여부와는 전혀 관계없이 종업원의 범죄행위가 있으면 자동적으로 영업주도 처벌하도록 규정하고 있다.

이것은 아무런 비난받을 만한 행위를 한 바 없는 자에 대해, 다른 사람의 범죄행위를 이유로 처벌하는 것으로서 형벌에 관한 책임주의에 반하는 것이라 하지 않을 수 없다.

(3) 소 결

이 사건 법률조항은 법정형에 나아가 판단할 것 없이 다른 사람의 범죄에 대해 그 책임 유무를 묻지 않고 형벌을 부과함으로써 형사법의 기본원리인 책임주의에 반하므로 결국 법치국가의 원리와 헌법 제10조의 취지에 위반하여 헌법에 위반된다.

다. 재판관 이공현, 재판관 조대현, 재판관 김희옥, 재판관 송두환의 위헌의견

우리는 이 사건 법률조항이 책임 없는 영업주를 처벌할 가능성이 있을 뿐만 아니라 책임에 비해 과도한 법정형을 규정하고 있기 때문에 위헌이라 생각한다.

(1) 형벌에 관한 책임원칙

형벌에 관한 형사법의 기본원리인 책임원칙은 두 가지 의미를 포함한다. 하나는 형벌의 부과 자체를 정당화하는 것으로, 범죄에 대한 귀책사유, 즉 책임이 인정되어야만 형벌을 부과할 수 있다는 것이고('책임 없는 형벌 없다'), 다른 하나는 책임의 정도를 초과하는 형벌을 과할 수 없다는 것이다(책임과 형벌 간의 비례의 원칙).

따라서 일정한 범죄에 대해 형벌을 부과하는 법률조항이 정당화되기 위해서는 범죄에 대한 귀책사유를 의미하는 책임이 인정되어야 하고, 그 법정형 또한 책임의 정도에 비례하도록 규정되어야 한다.

귀책사유로서의 책임이 인정되는 자에 대해서만 형벌을 부과할 수 있다는 것은 법치국가의

원리에 내재하는 원리인 동시에 인간의 존엄과 가치 및 자유로운 행동을 보장하는 헌법 제10조로부터 도출되는 것이고, 책임의 정도에 비례하는 법정형을 요구하는 것은 과잉금지원칙을 규정하고 있는 헌법 제37조 제2항으로부터 도출되는 것이다.

(2) 책임 없는 영업주에 대한 처벌 가능성

(가) 이 사건 법률조항은 "개인의 대리인·사용인 기타 종업원이 그 개인의 업무에 관하여 제5조의 위반행위를 한 때에는 행위자를 처벌하는 외에 개인에 대하여도 본조의 예에 따라 처벌한다"고 규정하고 있다. 한편 이 사건 법률조항이 인용하고 있는 제5조는, 의료인이 아닌 자는 의료행위를 할 수 없고 의료인이라도 면허된 의료행위 이외의 의료행위를 할 수 없도록 하고 있는 의료법 제25조를 위반하여 영리를 목적으로 의료행위, 치과의료행위, 한방의료행위를 업으로 한 자를 무기 또는 2년 이상의 징역에 처하도록 하고 있다.

따라서 이 사건 법률조항은 영업주(개인)의 업무에 관하여 종업원(대리인, 사용인 등을 포함)이 무면허의료행위를 하면, 영업주의 책임 유무와는 관계없이 그 종업원과 함께 영업주도 처벌하도록 규정하고 있다.

(나) 영업주가 종업원의 무면허의료행위에 대해 공모, 가담하거나 조장, 묵인함으로써 영업주에게 종업원과의 공범관계 등으로 그 책임이 인정되는 경우에는 이 사건 법률조항에 따라 영업주를 처벌한다 하더라도 이 사건 법률조항이 책임 없는 자를 처벌한다고 볼 수 없음은 물론이다.

나아가 영업주가 종업원의 무면허의료행위 자체에 공모, 가담하거나 조장, 묵인하지는 않았지만, 종업원을 고용하여 업무를 수행하는 영업주에게 일반적으로 요구되는 선임감독의 주의의무 등, 즉 종업원이 영업주의 업무 수행과 관련하여 위법한 행위를 하지 못하도록 관리감독 할 주의의무 등을 위반함으로써, 종업원이 무면허의료행위를 한 경우라면, 종업원의 그와 같은 범죄행위에 대해 영업주도 함께 일정한 책임을 물어 적절한 형벌을 부과한다고 해서 그것이 책임원칙에 반하는 것으로 보기는 어렵다고 할 것이다.

이에 반해, 비록 종업원이 영업주의 업무에 관하여 범죄를 저지른 경우라 할지라도, 영업주로서는 그 종업원에 대한 선임감독상의 주의의무 등을 다하여 영업주에게 아무런 잘못을 인정할 수 없는 경우에도, 이 사건 법률조항을 들어 그 영업주를 처벌하는 것은 범죄의 발생에 대해 아무런 책임 없는 자에게 형벌을 부과하는 것이어서 책임원칙에 위반된다고 보아야 할 것이다.

(다) 그런데 이 사건 법률조항은, 종업원의 무면허의료행위에 대한 영업주의 관여나 선임감

독상의 과실 등과 같은 책임을 구성요건으로 규정하지 않은 채 종업원의 일정한 범죄행위가 인정되면 그 종업원을 처벌하는 동시에 자동적으로 영업주도 처벌하는 것으로 규정하고 있어, 종업원의 범죄에 아무런 귀책사유가 없는 영업주에 대해서도 처벌할 수 있는 것처럼 규정하고 있다.

(3) 책임의 정도를 초과한 과도한 법정형

(가) 한편 이 사건 법률조항은 다음과 같이 책임에 비해 지나치게 과도한 법정형을 규정하고 있다.

(나) 영업주가 종업원 등과 공모하거나 그 위반행위를 조장, 묵인하는 행위를 하여 공동범의 법리에 따라 처벌될 경우에는 그 행위자와 영업주에 대한 법정형이 동일하더라도 책임과 형벌의 비례성원칙에 적합하다는 평가를 받을 수 있을 것이다.

그러나, 동일한 결과를 발생시킨 행위라고 하더라도 그 행위태양에 따라서는 보호법익과 죄질에 비추어 범죄와 형벌 간의 비례의 원칙상 수긍하기 어려운 경우가 있을 수 있다. 예컨대 그 행위가 고의에 의한 것과 과실에 의한 것 사이에는 비례의 원칙상 그에 따른 책임의 정도를 다르게 판단하여야 할 것이므로 <u>가사 이 사건 법률조항을 종업원에 대한 선임감독상의 과실 있는 영업주를 처벌하는 규정으로 보는 경우라 해도 과실밖에 없는 영업주를 고의의 본범(종업원)과 동일한 법정형으로 처벌하는 것은 각자의 책임에 비례하는 형벌의 부과라고 보기 어렵다.</u> 무면허의료행위가 아무리 중대한 불법이라고 본다 하더라도, '종업원에 대한 선임감독상 등의 과실'에 대해 무려 '무기 또는 2년 이상의 징역형'이라는 형벌을 가하는 것은 그 책임에 비해 지나치게 무거운 법정형이라고 하지 않을 수 없기 때문이다.

뿐만 아니라 업무상 과실 또는 중대한 과실로 사람을 사망에 이르게 한 경우에 5년 이하의 금고 또는 2천만 원 이하의 벌금에 처하도록 규정하고 있는 형법 제268조와 비교해 보더라도 이 사건 법률조항의 법정형이 비례의 원칙에 크게 어긋나 있음을 쉽게 알 수 있다.

(4) 소 결

그렇다면 이 사건 법률조항은 종업원의 무면허의료행위에 대해 귀책사유가 있는 영업주에 대한 처벌을 넘어 종업원의 범죄행위에 대해 아무런 책임이 없는 영업주에 대해서까지 처벌할 수 있는 가능성을 열어놓고 있을 뿐만 아니라 책임의 정도에 비해 지나치게 무거운 법정형을 규정함으로써 형벌에 관한 책임원칙에 반한다.

〈과실책임(설) 또는 부작위책임(설)〉

대법원 2010. 2. 25. 선고 2009도5824 판결 [도로법위반]

구 도로법(2008. 3. 21. 법률 제8976호로 전부 개정되기 전의 것, 이하 같다) 제83조 제1항 제3호는 차량의 운행제한에 대한 위반여부를 확인하기 위한 관리청의 관계서류 제출 등 요구에 정당한 사유 없이 불응한 자를 처벌하는 외에 같은 법 제86조로 법인의 대리인·사용인 기타의 종업원이 그 법인의 업무에 관하여 위 위반행위를 한 경우 법인도 처벌하는 양벌조항을 두고 있다.

형벌의 자기책임원칙에 비추어 보면 위반행위가 발생한 그 업무와 관련하여 법인이 상당한 주의 또는 관리감독 의무를 게을리한 때에 한하여 위 양벌조항이 적용된다고 봄이 상당하며, 구체적인 사안에서 법인이 상당한 주의 또는 관리감독 의무를 게을리하였는지 여부는 당해 위반행위와 관련된 모든 사정 즉, 당해 법률의 입법 취지, 처벌조항 위반으로 예상되는 법익 침해의 정도, 그 위반행위에 관하여 양벌조항을 마련한 취지 등은 물론 위반행위의 구체적인 모습과 그로 인하여 실제 야기된 피해 또는 결과의 정도, 법인의 영업 규모 및 행위자에 대한 감독가능성 또는 구체적인 지휘감독관계, 법인이 위반행위 방지를 위하여 실제 행한 조치 등을 전체적으로 종합하여 판단하여야 한다.

이 사건에 관하여 살피건대, 피고인 1의 위반행위 내용은 **그 운전 차량이 제한높이 초과 차량으로 계측된 후 도로관리청 직원으로부터 차량 높이제한의 위반여부를 확인하기 위한 정지요구를 받고서도 그대로 검문소를 통과하였다**는 것으로서 위와 같은 위반행위로 인한 법익 침해의 정도나 그 위반행위자 외에 소속 법인 등도 처벌하도록 한 구 도로법의 입법 취지 등도 고려하면, 위 양벌조항에 기하여 피고인 회사의 책임을 추궁하기 위해서는 피고인 회사의 직원수 등 그 규모와 직원들에 대한 지휘감독관계, 평소 피고인 회사가 직원들에 대하여 차량의 운행제한을 지킴은 물론 관계 공무원들의 적법한 지시나 요구에 따르도록 하는 등의 준법교육을 실시하였는지 여부, 피고인 1의 전력 등에 비추어 특히 피고인 1에 대하여는 위와 같은 위반행위를 예상하여 이를 방지하기 위한 상당한 주의를 기울이거나 관리감독을 철저히 할 필요가 있었는지, 그러한 필요가 있었다면 피고인 회사가 그와 같은 의무를 충실히 이행하였는지 여부 등을 심리할 필요가 있다고 할 것이다.

그럼에도 불구하고 원심은 피고인 1의 행위가 구 도로법 위반죄에 해당한다는 이유만으로 피고인 회사의 주의의무 내용이나 그 위반 여부에 관하여 나아가 살피지 아니하고 위 양벌조항에 따라 피고인 회사를 처벌하고 말았으니, 원심판결에는 구 도로법상 양벌조항의 사업주 책임에 관한 법리를 오해하거나 심리를 다하지 아니한 위법이 있다 할 것이고, 이는 판결에 영향을 미쳤음이 분명하다.

헌법재판소 2000. 6. 1. 선고 99헌바73 전원재판부[합헌·각하] [도로법 제83조 제2호 등 위헌소원]

(2) 이 사건 법률조항은 도로의 구조를 보전하고 운행의 위험을 방지함으로써 교통의 발달과 공공복리의 향상에 기여하기 위하여(구법 제11조, 제54조 제1항 참조) 과적차량의 운행을 제한하고 이를 위반하는 경우 과적차량을 운행한 자뿐만 아니라 과적차량의 운행을 지시, 요구한 화주 등도 다 같이 1년 이하의 징역 또는 200만원 이하의 벌금에 처하도록 하는 한편 구법 제86조는 과적차량의 운행제한의 실효성을 확보하기 위하여 법인의 대표자나 법인 또는 개인의 대리인, 사용인 기타의 종업원이 그 법인 또는 개인의 업무에 관하여 과적차량을 운행하거나 과적차량의 운행을 지시, 요구한 때에는 그 행위자를 벌하는 외에 그 법인 또는 개인에 대하여도 벌금형을 과하도록 양벌규정을 두고 있다.

(3) 이 사건 법률조항이 **과적차량을 운행한 자는 과적사실 자체만으로 처벌하면서 과적으로 이익을 얻는 화주 등은 양벌규정으로 처벌하지 않고 과적차량의 운행을 지시·요구한 경우에만 처벌하고 있는 것이** 평등의 원칙에 반하는지 여부에 관하여 본다.

과적차량을 운행한 자나 그 운행을 지시·요구한 자는 직접 위반행위를 한 자로서 처벌하는 것이고, 행정형벌법규에서 양벌규정으로 위반행위를 한 자를 처벌하는 외에 사업주인 법인 또는 개인을 처벌하는 것은 위반행위를 한 피용자에 대한 선임 감독의 책임을 물음으로써 행정규제의 목적을 달성하려는 것이므로 형벌체계상 합리적인 근거가 있다고 할 것이나, 과적차량의 운행을 지시·요구하지도 않고 과적차량을 운행한 자에 대한 선임 감독의 책임도 없는 화주 등을 과적차량을 운행한 자와 양벌규정으로 처벌하는 것은 형법상 책임주의의 원칙에 반하는 것이다.

따라서 이 사건 법률조항이 과적차량을 운행하는 자와 화주 등을 양벌규정으로 처벌하지 않고 화주 등은 과적차량의 운행을 지시·요구한 때에만 처벌하도록 규정한 데에는 합리적인 이유가 있으므로 이 사건 법률조항은 평등의 원칙에 위반된 것이라고 볼 수 없다.

대법원 2018. 8. 1. 선고 2015도10388 판결 「일반적으로 자연인이 법인의 기관으로서 범죄행위를 한 경우에도 행위자인 자연인이 그 범죄행위에 대한 형사책임을 지는 것이고, 다만 법률이 그 목적을 달성하기 위하여 특별히 규정하고 있는 경우에만 그 행위자를 벌하는 외에 법률효과가 귀속되는 법인에 대하여도 벌금형을 과할 수 있는 것인 만큼, 법인이 설립되기 이전에 어떤 자연인이 한 행위의 효과가 설립 후의 법인에게 당연히 귀속된다고 보기 어려울 뿐만 아니라, 양벌규정에 의하여 사용자인 법인을 처벌하는 것은 형벌의 자기책임원칙에 비추어 위반행위가 발생한 그 업무와 관련하여 사용자인 법인이 상당한 주의 또는 관리감독 의무를 게을리한 선임감독상의 과실을 이유로 하는 것인데, 법인이 설립되기 이전의 행위에 대하여는 법인에게 어떠한 선임감독상의 과실이 있다고 할 수 없으므로, 특별한 근거규정이 없는 한 법인이 설립되기 이전에 자연인이 한 행위에 대하여 양벌규정을 적용하여 법인을 처벌할 수는 없다고 봄이 타당하다.」

3. 양벌규정의 수범자 및 적용범위

가. 법인의 대표자와 그 밖의 사용인(종업원)과의 구별

〈법인 대표자의 위법행위에 대한 법인의 직접책임: 고의책임 또는 과실책임〉

대법원 2010. 9. 30. 선고 2009도3876 판결 [폐기물관리법위반·대기환경보전법위반]

폐기물관리법 제67조 제1항(이하 '이 사건 법률조항'이라 한다)은 법인의 대표자가 그 법인의 업무에 관하여 제63조부터 제66조까지의 규정에 따른 위반행위를 하면 그 행위자를 벌할 뿐만 아니라 그 법인도 해당 조문의 벌금형을 과한다고 규정하여 법인의 대표자가 그 업무와 관련하여 위반행위를 저지른 경우 그 법인에 대하여도 처벌하는 양벌규정을 두고 있다.

폐기물관리법에서 위와 같이 양벌규정을 따로 둔 취지는, 이 사건 법률조항이 적용되는 위반행위는 통상 개인적인 차원보다는 법인의 업무와 관련하여 반복적·계속적으로 이루어질 가능성이 크다는 점을 감안하여, 법인의 대표자가 그 업무와 관련하여 위반행위를 저지른 경우에는 그 법인도 형사처벌 대상으로 삼음으로써 위와 같은 위반행위 발생을 방지하고 위 조항의 규범력을 확보하려는 데 있다.

또한, 법인은 기관을 통하여 행위하므로 법인이 대표자를 선임한 이상 그의 행위로 인한 법률효과는 법인에게 귀속되어야 하고, 법인 대표자의 범죄행위에 대하여는 법인 자신이 책임을 져야 하는바, 법인 대표자의 법규위반행위에 대한 법인의 책임은 법인 자신의 법규위반행위로 평가될 수 있는 행위에 대한 법인의 직접책임으로서, 대표자의 고의에 의한 위반행위에 대하여는 법인 자신의 고의에 의한 책임을, 대표자의 과실에 의한 위반행위에 대하여는 법인 자신의 과실에 의한 책임을 지는 것이다(헌법재판소 2010. 7. 29. 선고 2009헌가25 전원재판부 결정 참조).

따라서 이 사건 법률조항 중 법인의 대표자 관련 부분은 대표자의 책임을 요건으로 하여 법인을 처벌하는 것이므로 위 양벌규정에 근거한 형사처벌이 형벌의 자기책임원칙에 반하여 헌법에 위배된다고 볼 수 없다.

상고이유에서 지적하고 있는 헌법재판소 결정은 이 사건과 같이 법인의 대표자가 행위자인 경우가 아니라 법인 또는 개인의 대리인, 사용인 기타 종업원이 행위자인 경우에 관한 것으로서 이 사건에 그대로 원용하기에 부적절하다.

> **헌법재판소 2010. 7. 29. 선고 2009헌가25 결정 [구농산물품질관리법제37조위헌제청등]**
>
> 구 농산물품질관리법 제37조 중 "법인의 대표자가 그 법인의 업무에 관하여 제34조의2 의 위반행위를 한때에는 그 법인에 대하여도 해당 조의 벌금형을 과한다."는 부분(이하 '이 사건 법률조항 중 법인의 대표자 관련 부분'이라 한다)도 앞서 본 종업원 관련 부분과 마찬가지로, 법인의 대표자가 일정한 위반행위를 한 사실이 인정되면 곧바로 영업주인 법인에게도 대표자에 대한 처벌조항에 규정된 벌금형을 과하도록 규정하고 있다. 그러나 법인 대표자의 행위와 종업원 등의 행위는 달리 보아야 한다. 법인의 행위는 법인을 대표하는 자연인인 대표기관의 의사결정에 따른 행위에 의하여 실현되므로, 자연인인 대표기관의 의사결정 및 행위에 따라 법인의 책임 유무를 판단할 수 있다. 즉, 법인은 기관을 통하여 행위하므로 법인이 대표자를 선임한 이상 그의 행위로 인한 법률효과는 법인에게 귀속되어야 하고, 법인 대표자의 범죄행위에 대하여는 법인 자신이 자신의 행위에 대한 책임을 부담하는 것이다. 이 사건의 각 당해 사건에서도, 원산지를 허위로 표시하여서는 아니 될 의무를 부담하는 것은 법인이지만, 법인은 직접 범행의 주체가 될 수 없고 대표자의 행위를 매개로 하여서만 범행을 실현할 수 있으므로 대표자의 행위를 곧 법인의 행위로 보고 법인을 처벌하는 것이다. 더욱이 더 이상의 감독기관이 없는 대표자의 행위에 대하여 누군가의 감독상 과실을 인정할 수도 없고, 달리 대표자의 책임과 분리된 법인만의 책임을 상정하기도 어렵다. 결국, 법인 대표자의 법규위반행위에 대한 법인의 책임은, 법인 자신의 법규위반행위로 평가될 수 있는 행위에 대한 법인의 직접책임으로서, 대표자의 고의에 의한 위반행위에 대하여는 법인 자신의 고의에 의한 책임을, 대표자의 과실에 의한 위반행위에 대하여는 법인 자신의 과실에 의한 책임을 부담하는 것이다. 따라서, 이 사건 법률조항 중 법인의 대표자 관련부분은 대표자의 책임을 요건으로 하여 법인을 처벌하므로 책임주의원칙에 반하지 아니한다.

대법원 2018. 4. 12. 선고 2013도6962 판결 「자본시장법 제448조는 법인의 대표자 등이 그 법인의 업무에 관하여 제443조부터 제446조까지의 어느 하나에 해당하는 위반행위를 하면 그 행위자를 벌하는 외에 그 법인에게도 해당 조문의 벌금을 과하는 양벌규정을 두고 있다. 자본시장법에서 위와 같이 양벌규정을 따로 둔 취지는, 법인은 기관을 통하여 행위하므로, 법인이 대표자를 선임한 이상 그의 행위로 인한 법률효과와 이익은 법인에게 귀속되어야 하고, 법인 대표자의 범죄행위에 대하여는 법인 자신이 책임을 져야 하는바, 법인 대표자의 법규위반행위에 대한 법인의 책임은 법인 자신의 법규위반행위로 평가될 수 있는 행위에 대한 법인의 직접책임이기 때문이다. 주식회사의 주식이 사실상 1인의 주주에 귀속하는 1인회사의 경우에도 회사와 주주는 별개의 인격체로서, 1인회사의 재산이 곧바로 1인주주의 소유라고 할 수 없기 때문에, 양벌규정에 따른 책임에 관하여 달리 볼 수 없다.」

〈법인 대표자 이외의 사용인 : '위반행위를 방지하기 위하여 해당 업무에 관하여 상당한 주의와 감독을 게을리하지 아니한 경우'〉

대법원 2011. 7. 14. 선고 2009도5516 판결 [개발제한구역의지정및관리에관한특별조치법위반]

원심은 피고인 2 재단법인의 사용인인 피고인 1이 이 사건 비닐하우스의 설치에 가담하여 법 제30조 제1호, 제11조 제1항 단서 위반행위를 하였다는 이유로 법 제32조 의 양벌규정에 따라 그 법인인 피고인 2 재단법인을 유죄로 인정한 제1심판결을 그대로 유지하였다.

그러나 형벌의 자기책임원칙에 비추어 볼 때 위 양벌규정은 법인이 사용인 등에 의하여 위반행위가 발생한 그 업무와 관련하여 상당한 주의 또는 관리감독 의무를 게을리한 때에 한하여 적용된다고 봄이 상당하고, 구체적인 사안에서 법인이 상당한 주의 또는 관리감독 의무를 게을리 하였는지 여부는 당해 위반행위와 관련된 모든 사정, 즉 당해 법률의 입법 취지, 처벌조항 위반으로 예상되는 법익 침해의 정도, 그 위반행위에 관하여 양벌규정을 마련한 취지 등은 물론 위반행위의 구체적인 모습과 그로 인하여 실제 야기된 피해 또는 결과의 정도, 법인의 영업 규모 및 행위자에 대한 감독가능성 또는 구체적인 지휘감독 관계, 법인이 위반행위 방지를 위하여 실제 행한 조치 등을 전체적으로 종합하여 판단하여야 한다(대법원 2010.2.25. 선고 2009도5824 판결, 대법원 2010.9.9. 선고 2008도7834 판결 등 참조).

따라서 법 제32조의 양벌규정에 기하여 피고인 2 재단법인에 책임을 묻기 위해서는 피고인 2 재단법인의 직원수 등 규모와 직원들에 대한 지휘·감독의 체계, 특히 피고인 1의 직책과 권한 및 그 직무수행에 대한 피고인 2 재단법인의 지휘·감독의 정도, 실제 이 사건 비닐하우스의 설치와 관련하여 피고인 2 재단법인이 피고인 1로부터 보고받은 내용과 이를 통하여 피고인 2 재단법인이 법 위반의 점에 관하여 인식하였을 가능성, 평소 피고인 2 재단법인이 직원들에 의한 법규 위반행위를 방지하기 위하여 취해 온 조치, 피고인 1의 법 위반의 점에 관하여 사후 시정조치에 이르게 된 과정과 그에 나타난 피고인 2 재단법인의 태도 등을 종합적으로 살펴 피고인 2 재단법인이 피고인 1의 위반행위에 관하여 상당한 주의 또는 관리 감독 의무를 게을리하였는지 여부를 심리·판단할 필요가 있다.

그럼에도 불구하고 원심은 피고인 1이 법 제30조 제1호의 위반행위를 하였다는 이유만으로 피고인 2 재단법인의 주의의무 내용이나 그 위반 여부에 관하여 나아가 살피지 아니한 채 위 양벌규정을 적용하여 피고인 2 재단법인을 처벌한 제1심판결을 그대로 유지하였으니, 원심판결에는 법 제32조 의 양벌규정에 따른 사업주의 책임에 관한 법리를 오해하거나 필요한 심리를 다하지 아니한 잘못이 있고 이는 판결 결과에 영향을 미쳤음이 분명하다.

> **부산지방법원 2017. 7. 10. 선고 2017고단486 판결 [아동학대범죄의처벌등에관한특례법위반(아동복지시설종사자등의아동학대), 아동복지법위반(상습아동학대), 아동복지법위반]**
> 피고인 C가 부정기적으로 피고인 A, B에게 아동학대예방을 위한 교육을 실시하고는 있으나 그 교육이 형식적인 선에 그치고 있는 점, 피고인 A, B은 공개된 장소인 교실이나 강당에서 수시로 아동학대를 하였고, 더욱이 아동학대를 다른 교사들이 목격한 바도 있으나 피고인 C는 위와 같은 사실을 전혀 알지 못한 점, 특히 아동학대가 이루어진 교실과 강당에는 CCTV가 설치되어 있어 조금의 주의만 기울이면 아동학대를 미리 예방하거나 초기에 막을 수 있었으나 피고인 C는 이 사건이 발생할 때까지 CCTV 영상의 재생방법조차 모르고 있었던 점, 피고인 C의 교사들에 대한 실적요구로 인한 스트레스가 아동학대의 하나의 원인이 된 것으로 보이는 점 등을 종합하여 보면, 피고인 C가 피고인 A, B의 아동학대행위를 방지하기 위하여 상당한 주의와 감독을 게을리하지 아니하였고 볼 수 없다.

대법원 2006. 2. 24. 선고 2005도7673 판결 「양벌규정에 의한 영업주의 처벌은 금지위반행위자인 종업원의 처벌에 종속하는 것이 아니라 독립하여 그 자신의 종업원에 대한 선임감독상의 과실로 인하여 처벌되는 것이므로 종업원의 범죄성립이나 처벌이 영업주 처벌의 전제조건이 될 필요는 없다.」

대법원 1995. 12. 12. 선고 95도1893 판결 「회사 대표자의 위반행위에 대하여 징역형의 형량을 작량감경하고 병과하는 벌금형에 대하여 선고유예를 한 이상 양벌규정에 따라 그 회사를 처단함에 있어서도 같은 조치를 취하여야 한다는 논지는 독자적인 견해에 지나지 아니하여 받아들일 수 없다.」

나. 사업주(영업주)의 범위

대법원 2000. 10. 27. 선고 2000도3570 판결 「법인이 아닌 약국에서의 영업으로 인한 사법상의 권리의무는 그 약국을 개설한 약사에게 귀속되므로 대외적으로 그 약국의 영업주는 그 약국을 개설한 약사라고 할 것이지만, 그 약국을 실질적으로 경영하는 약사가 다른 약사를 고용하여 그 고용된 약사를 명의상의 개설약사로 등록하게 해두고 실질적인 영업약사가 약사 아닌 종업원을 직접 고용하여 영업하던 중 그 종업원이 약사법위반 행위를 하였다면 약사법 제78조의 양벌규정상의 형사책임은 그 실질적 경영자가 지게된다. 원심이 같은 취지에서 이 사건의 '세계로 약국'의 약국 개설약사는 윤신자이지만 그 실질적인 경영자는 피고인 정태한으로서 그 피고인이 피고인 정◎광을 종업원으로 고용하여 그로 하여금 이 사건 의약품을 판매하게 하였는데 증거로 인정되는 이 사건 사실관계에서는 피고인 정◎광이 약사들의 묵시적, 추정적 승낙아래 기계적으로 그들의 손, 발처럼 판매행위를 한 것이라고 볼 여지가 없다고 판단한 것은 옳(다).」

대법원 2005. 11. 10. 선고 2004도2657 판결 「헌법 제117조, 지방자치법 제3조 제1항, 제9조, 제93조, 도로법 제54조, 제83조, 제86조의 각 규정을 종합하여 보면, 국가가 본래 그의 사무의 일부를 지방자치단체의 장에게 위임하여 그 사무를 처리하게 하는 기관위임사무의 경우에는 지방자치단체는 국가기관의 일부로 볼 수 있는 것이지만, 지방자치단체가 그 고유의 자치사무를 처리하는 경우에는 지방자치단체는 국가기관의 일부가 아니라 국가기관과는 별도의 독립한 공법인이므로, 지방자치단체 소속 공무원이 지방자치단체 고유의 자치사무를 수행하던 중 도로법 제81조 내지 제85조 의 규정에 의한 위반행위를 한 경우에는 지방자치단체는 도로법 제86조 의 양벌규정에 따라 처벌대상이 되는 법인에 해당한다고 할 것이다. 기록에 의하면, 피고인 소속 공무원인 공소외인이 압축트럭 청소차를 운전하여 남해고속도로를 운행하던 중 한국도로공사 서부산영업소 진입도로에서 제한축중 10t을 초과하여 위 차량 제3축에 1.29t을 초과 적재 운행함으로써 도로관리청의 차량운행제한을 위반한 사실을 인정할 수 있는바, 이 사건 도로법위반 당시 위 공소외인이 수행하고 있던 업무는 지방자치단체 고유의 자치사무 중 주민의 복지증진에 관한 사무를 규정한 지방자치법 제9조 제2항 제2호 (자)목 에서 예시하고 있는 "청소, 오물의 수거 및 처리"에 해당되는 업무라고 할 것이므로 지방자치단체인 피고인은 도로법 제86조 의 양벌규정에 따른 처벌대상이 된다고 할 것이다.」

대법원 2009. 6. 11. 선고 2008도6530 판결 「국가가 본래 그의 사무의 일부를 지방자치단체의 장에게 위임하여 그 사무를 처리하게 하는 기관위임사무의 경우에는 지방자치단체는 국가기관의 일부로 볼 수 있고, 지방자치단체가 그 고유의 자치사무를 처리하는 경우에 지방자치단체는 국가기관의 일부가 아니라 국가기관과는 별도의 독립한 공법인으로서 양벌규정에 의한 처벌대상이 되는 법인에 해당하며, 법령상 지방자치단체의 장이 처리하도록 하고 있는 사무가 자치사무인지, 기관위임사무에 해당하는지 여부를 판단함에 있어서는 그에 관한 법령의 규정 형식과 취지를 우선 고려하여야 할 것이지만 그 외에도 그 사무의 성질이 전국적으로 통일적인 처리가 요구되는 사무인지 여부나 그에 관한 경비부담과 최종적인 책임귀속의 주체 등도 아울러 고려하여 판단하여야 한다.」

대법원 1995. 7. 28. 선고 94도3325 판결 「자동차운수사업법 제72조 제5호는 같은 법 제58조의 규정에 의한 허가를 받지 아니하고 자가용자동차를 유상으로 운송용에 제공하거나 임대한 자를 처벌한다고 규정하고, 같은 법 제74조는 이른바 양벌규정으로서 "법인의 대표자나 법인 또는 개인의 대리인, 사용인 기타의 종업원이 그 법인 또는 개인의 업무와 관련하여 같은 법 제72조의 위반행위를 한 때에는 행위자를 벌하는 외에 그 법인 또는 개인에 대하여도 각 해당 조의 벌금형에 처한다"고 규정하고 있을 뿐이고 법인격 없는 사단에 대하여서도 위 양벌규정을 적용할 것인가에 관하여는 아무런 명문의 규정을 두고 있지 아니하다. 따라서 <u>죄형법정주의의 원칙상 법인격 없는 사단에 대하여는 같은 법 제74조에 의하여 처벌할 수 없다</u> 할 것이고, 나아가 법인격 없는 사단에 고용된 사람이 유상운송행위를 하였다 하여 법인격 없는 사단의 구성원 개개인이 위 법 제74조 소정의 "개인"의 지위에 있다 하여 처벌할 수도 없다 할 것이다.」

다. 사용인의 의미

〈법인 업무를 수행하면서 법인의 통제·감독하에 있는 자〉

대법원 2012. 5. 9. 선고 2011도11264 판결 [정보통신망이용촉진및정보보호등에관한법률위반(정보통신망침해등)]

정보통신망 이용촉진 및 정보보호 등에 관한 법률 제75조는 "법인의 대표자나 법인 또는 개인의 대리인, 사용인, 그 밖의 종업원이 그 법인 또는 개인의 업무에 관하여 제71조부터 제73조까지 또는 제74조 제1항의 어느 하나에 해당하는 위반행위를 하면 그 행위자를 벌하는 외에 그 법인 또는 개인에게도 해당 조문의 벌금형을 과한다. 다만 법인 또는 개인이 그 위반행위를 방지하기 위하여 해당 업무에 관하여 상당한 주의와 감독을 게을리하지 아니한 경우에는 그러하지 아니하다."고 규정하고 있다.

이와 같은 <u>양벌규정의 취지는 법인 등 업무주의 처벌을 통하여 벌칙조항의 실효성을 확보하는 데 있는 것이므로, 여기에서 말하는 법인의 사용인에는 법인과 정식 고용계약이 체결되어 근무하는 자뿐만 아니라 그 법인의 업무를 직접 또는 간접으로 수행하면서 법인의 통제·감독하에 있는 자도 포함되고</u>(대법원 2006. 2. 24. 선고 2003도4966 판결, 대법원 2009. 4. 23. 선고 2008도11921 판결 등 참조), 이 경우 법인은 위반행위가 발생한 그 업무와 관련하여 법인이 상당한 주의 또는 관리·감독 의무를 게을리한 과실로 인하여 처벌되는 것이라 할 것인데, 구체적인 사안에서 법인이 상당한 주의 또는 감독을 게을리하였는지 여부는 당해 위반행위와 관련된 모든 사정 즉, 당해 법률의 입법 취지, 처벌조항 위반으로 예상되는 법익 침해의 정도, 위반행위에 관하여 양벌규정을 마련한 취지 등은 물론 위반행위의 구체적인 모습과 그로 인하여 실제 야기된 피해 또는 결과의 정도, 법인의 영업 규모 및 행위자에 대한 감독가능성이나 구체적인 지휘·감독 관계, 법인이 위반행위 방지를 위하여 실제 행한 조치 등을 전체적으로 종합하여 판단하여야 한다(대법원 2010. 4. 15. 선고 2009도9624 판결, 대법원 2010. 12. 9. 선고 2010도12069 판결 등 참조).

원심판결의 이유를 위와 같은 법리와 제1심이 적법하게 채택하여 조사한 증거들에 비추어 살펴보면, 원심이 그 판시와 같은 이유를 들어 이 사건 **채권추심원들이 피고인의 '사용인 또는 그 밖의 종업원'에 해당하고, 피고인이 이 사건 채권추심원들의 정보통신망 이용촉진 및 정보보호 등에 관한 법률 위반행위를 방지하기 위해 필요한 상당한 주의 또는 관리·감독 의무를 제대로 이행하지 아니하였다**고 판단하여 이 사건 공소사실을 유죄로 인정한 조치는 옳고, 거기에 상고이유로 주장하는 바와 같이 논리와 경험의 법칙을 위반하여 자유심증주의의 한계를 벗어나거나 정보통신망 이용촉진 및 정보보호 등에 관한 법률 제75조 본문의 '사용인, 그 밖의 종업원', 같은 조 단서의 '주의와 감독 의무'의 증명책임 및 증명의 정도 등에 관한 법리를 오해하여 필요한 심리를 다하지 아니한 위법이 없다.

대법원 2010. 4. 15. 선고 2009도9624 판결 「화물자동차운송사업면허를 가진 운송사업자와 실질적으로 자동차를 소유하고 있는 차주 간의 계약에 의해 외부적으로는 자동차를 운송사업자 명의로 등록하여 운송사업자에게 귀속시키고 내부적으로는 각 차주들이 독립된 관리 및 계산으로 영업을 하며 운송사업자에 대하여는 지입료를 지불하는 지입제 형식의 운송사업에 있어, <u>그 지입차주가 세무관서에 독립된 사업자등록을 하고 지입된 차량을 직접 운행·관리하면서 그 명의로 운송계약을 체결하였다고 하더라도, 지입차주는 객관적으로나 외형상으로나 그 차량의 소유자인 지입회사와의 위탁계약에 의하여 그 위임을 받아 운행·관리를 대행하는 지위에 있는 자로서 도로법 제100조 제1항 에서 정한 "대리인·사용인 그 밖의 종업원"에 해당하고, 이 경우 지입회사인 법인은 지입차주의 위반행위가 발생한 그 업무와 관련하여 법인이 상당한 주의 또는 관리감독 의무를 게을리한 과실로 인하여 처벌되는 것이라 할 것인데, 구체적 사안에서 지입회사인 법인이 상당한 주의 또는 관리감독 의무를 게을리하였는지 여부는 당해 위반행위와 관련된 모든 사정, 즉 당해 법률의 입법취지, 처벌조항 위반으로 예상되는 법익 침해의 정도, 그 위반행위에 관하여 양벌규정을 마련한 취지는 물론 위반행위의 구체적인 모습, 그로 인하여 야기된 실제 피해 결과와 피해의 정도, 법인의 영업 규모 및 행위자에 대한 감독가능성 또는 구체적인 지휘감독 관계, 법인이 위반행위 방지를 위하여 실제 행한 조치 등을 종합하여 판단하여야 한다.」</u>

〈업무관련성〉

대법원 1997. 2. 14. 선고 96도2699 판결 [관세법위반]

관세법 제196조에 따라 법인의 임직원 또는 피용자의 범칙행위에 의하여 법인을 처벌하기 위한 요건으로서 '법인의 업무에 관하여' 행한 것으로 보기 위하여는 객관적으로 법인의 업무를 위하여 하는 것으로 인정할 수 있는 행위가 있어야 하고, 주관적으로는 피용자 등이 법인의 업무를 위하여 한다는 의사를 가지고 행위함을 요하며, 위 요건을 판단함에 있어서는 법인의 적법한 업무의 범위, 피용자 등의 직책이나 직위, 피용자 등의 범법행위와 법인의 적법한 업무 사이의 관련성, 피용자 등이 행한 범법행위의 동기와 사후처리, 피용자 등의 범법행위에 대한 법인의 인식 여부 또는 관여 정도, 피용자 등이 범법행위에 사용한 자금의 출처와 그로 인한 손익의 귀속 여하 등 여러 사정을 심리하여 결정하여야 할 것이다(대법원 1983. 3. 22. 선고 80도1591 판결 참조).

원심판결 이유에 의하면, 원심은 피고인 회사는 화물운송 및 보관을 목적으로 설립된 법인으로서 본점은 미합중국에 있고 대한민국에 그 지점이 설치되어 있으며, 대한민국으로부터 보세구역 설영특허를 받아 서울 강서구 공항동에 약 1,300평 가량의 보세창고를 두고 절반은 수출화물, 절반은 수입화물을 장치하고 있으면서 특송화물의 경우에는 대한민국 기업인 공소외 '프라이엑스'와 국내 특송화물에 대한 총판대리점 계약을 체결하여 위 '프라이엑스'에서 화주를 대신하여 수입신고를 하고 통관절차를 밟아 택배 서비스를 하는 한편, 일반화물의 경우에는 화주가 관세사에 의뢰하여 신고서를 작성하여 세관직원의 검사를 받고 면허가 이루어진 다음 피고인 회사의 보세장치장에 면장원본 및 사본을 제시하고 보관료를 내면 물품을 출고하여 주는 사실, 피고인 회사의 위 보세장치장에는 사무직과 일반노무직으로 직책이 나뉘어져 있어 노무직은 직접 화물의 운반, 관리, 출고를 하고 있고, 사무직은 행정적인 처리만을 하고 있는 사실, **피고인 회사의 위 보세장치장의 수출입부직원으로 수출입물품의 반출입업무를 담당하는 사무직에 종사하는 공소외인은 이 사건 범행 당시 휴가중인데도 평소 알고 지내던 원심 상피고인이 물품을 반출한 후 서류를 정리하여 주겠으니 몰래 물품을 반출하여 달라고 간청하자 이를 승낙하고 반쯤 열린 물품반출 출입문을 통하여 위 조세장치장에 들어가 근무하고 있는 수명의 직원들의 눈을 피해 적법한 통관절차를 거치지 않고 몰래 특송화물인 위 밍크코트를 위 보세장치장 밖으로 반출하여 원심상피고인에게 전달한 사실**을 확정한 다음, 공소외인의 위와 같은 행위는 피고인 회사의 '업무에 관하여' 행한 것으로 보기 어려우므로 피고인 회사를 관세법 제196조, 제180조 제1항 위반죄로 처벌할 수 없다고 판단하여 피고인에게 무죄를 선고하였다. 원심판결의 위와 같은 판단을 위에서 본 법리와 기록에 비추어 살펴보면 정당하고, 거기에 관세법 제196조에 대한 법리오해 등의 위법이 없다.

대법원 1983. 3. 22. 선고 81도2545 판결 「공동정범에 있어서는 범죄행위를 공모한 후 그 실행행위에 직접 가담하지 아니하더라도 다른 공범자의 분담실행한 행위에 대하여 공동정범의 죄책을 면할 수 없다고 할 것인바 기록에 의하면, 피고인의 사용인 공소외 1과 다른 피고인의 사용인 또는 대표자와의 사이에 정당한 절차를 거치지 아니하고 물품을 수입하기로 공모한 사실을 수긍할 수 있으므로 공소외 1이 물품매도확인서를 발행한 것에 불과하고 그 후에 제반수입절차에 하등 관여한 바가 없다 하더라도 다른 공모자가 분담실행한 정당한 절차를 거치지 아니하고 한 수입행위에 대하여 공동정범으로서의 죄책을 면할 수 없다.」

라. 비신분자의 처벌 문제

〈구 건축법 제57조의 양벌규정이 위반행위의 이익귀속주체인 업무주에 대한 처벌규정임과 동시에 행위자의 처벌규정인지 여부〉

대법원 1999. 7. 15. 선고 95도2870 전원합의체 판결 [건축법위반]

가. 구 건축법(1991. 5. 31. 법률 제4381호로 개정되어 1992. 6. 1. 시행되기 전의 것, 이하 같다) 제54조 내지 제56조의 벌칙규정에서 그 적용대상자를 건축주, 공사감리자, 공사시공자 등 일정한 업무주로 한정한 경우에 있어서, 같은 법 제57조의 양벌규정은 업무주가 아니면서 당해 업무를 실제로 집행하는 자가 있는 때에 위 벌칙규정의 실효성을 확보하기 위하여 그 적용대상자를 당해 업무를 실제로 집행하는 자에게까지 확장함으로써 그러한 자가 당해 업무집행과 관련하여 위 벌칙규정의 위반행위를 한 경우 위 양벌규정에 의하여 처벌할 수 있도록 한 행위자의 처벌규정임과 동시에 그 위반행위의 이익귀속주체인 업무주에 대한 처벌규정이라고 할 것이다.

이와 일부 달리 구 건축법 제57조의 양벌규정은 행위자 처벌규정이라고 해석할 수 없는 것이므로 위 규정을 근거로 실제의 행위자를 처벌할 수 없다고 한 대법원 1990. 10. 12. 선고 90도1219 판결, 1992. 7. 28. 선고 92도1163 판결 및 1993. 2. 9. 선고 92도3207 판결의 견해는 이와 저촉되는 한도에서 변경하기로 한다.

나. 원심판결과 원심이 채택한 증거를 위 법리와 기록에 비추어 살펴보면, 원심이 이 사건 아파트 공사는 **부산광역시 도시개발공사가 발주하고 공소외 주식회사가 시공하였던 사실** 및 위 회사 소속 건축기사인 피고인 2이 위 회사의 대표이사인 피고인 1의 포괄적 위임에 따라 위 아파트 공사의 현장소장 겸 현장대리인으로서 자신의 책임하에 위 아파트 공사의 시공

전반을 지휘·감독하면서 위 발주자측 현장감독인인 피고인 3과 공모하여 원심 판시와 같이 위 아파트의 지하주차장 시공의 순서와 방법을 그르치고, 그것이 원인이 되어 위 아파트가 기울어짐으로써 안전한 구조를 가지지 못하게 된 사실 등을 인정한 다음, 건축물 구조의 안전확인의무를 위배하였다는 이유로 구 건축법 제57조, 제55조 제4호, 제10조, 형법 제30조 등을 적용하여 위 피고인들을 건축법위반의 공범으로 다스린 것은 정당하고, 거기에 지적하는 것과 같은 채증법칙 위배로 인한 사실오인이나 구 건축법 제55조 제4호가 규정한 벌칙의 적용대상자, 신분범의 공범 등에 관한 법리오해의 위법이 없다.

> **[보충의견]** 대상자가 업무주 등으로 한정된 벌칙규정임에도 불구하고 양벌규정에서 '행위자를 벌'한다고 규정한 입법 취지는 위의 어느 경우든 업무주를 대신하여 실제로 업무를 집행하는 자임에도 불구하고 벌칙규정의 적용대상자로 규정되어 있지 아니하여 벌칙규정만으로는 처벌할 수 없는 위반행위자를 양벌규정에 의하여 처벌할 수 있도록 함으로써 벌칙규정의 실효성을 확보하는 데에 있음이 분명하다.
>
> **[반대의견]** <u>구 건축법의 양벌규정에서처럼 단지 그 소정의 '행위자를 벌하는 외에'라고만 규정하여 그 규정에서 행위자 처벌을 새로이 정한 것인지 여부가 명확하지 않음에도 불구하고 형사처벌의 근거 규정이 된다고 해석하는 것은 죄형법정주의의 원칙에 배치되는 온당치 못한 해석이라는 점</u>, 종래 대법원판례가 구 건축법의 양벌규정이 행위자 처벌의 근거 규정이 될 수 없다고 일관되게 해석하여 옴으로써 국민의 법의식상 그러한 해석이 사실상 구속력 있는 법률해석으로 자리잡게 되었다고 할 수 있음에도 불구하고 단지 다른 법률의 양벌규정과 해석을 같이 하려는 취지에서 국민에게 불이익한 방향으로 그 해석을 변경하고 그에 따라 종전 대법원판례들을 소급적으로 변경하려는 것은 형사법에서 국민에게 법적안정성과 예측가능성을 보장하기 위하여 소급입법 금지의 원칙을 선언하고 있는 헌법의 정신과도 상용될 수 없는 점 등에 비추어 구 건축법의 양벌규정 자체가 행위자 처벌의 근거 규정이 될 수는 없다.

〈법인격 없는 사단에 고용된 사람〉

대법원 2017. 12. 28. 선고 2017도13982 판결 [건축법위반]

2. 구 건축법 제108조 제1항은 같은 법 제11조 제1항에 의한 허가를 받지 아니하고 건축물을 건축한 건축주를 처벌한다고 규정하고, 같은 법 제112조 제4항은 양벌규정으로서 "개인의 대리인, 사용인, 그 밖의 종업원이 그 개인의 업무에 관하여 제107조부터 제111조까지의 규정에 따른 위반행위를 하면 행위자를 벌할 뿐만 아니라 그 개인에게도 해당 조문의 벌금

형을 과한다."라고 규정하고 있다. 그러나 법인격 없는 사단에 고용된 사람이 위반행위를 하였더라도 법인격 없는 사단의 구성원 개개인이 위 법 제112조 소정의 "개인"의 지위에 있다 하여 그를 처벌할 수는 없다(대법원 1995. 7. 28. 선고 94도3325 판결 참조).

3. 원심판결 이유와 원심이 적법하게 채택한 증거들에 의하면, ○○○○○교회는 공소외인을 **대표자로 한 법인격 없는 사단이고, 피고인은 ○○○○○교회에 고용된 사람인** 사실을 알 수 있다. 이러한 사실관계를 앞서 본 법리에 비추어 살펴보면, 공소외인을 구 건축법 제112조 제4항의 "개인"의 지위에 있다고 보아 피고인을 같은 조항에 의하여 처벌할 수는 없다.

제3절 객관적 구성요건에의 귀속

I. 의의

〈인과관계와 객관적 귀속〉

대법원 2019. 3. 28. 선고 2018도16002 전원합의체 판결 [강간(인정된죄명: 준강간미수, 변경된죄명: 준강간)]

6. 다수의견에 대한 대법관 박상옥, 대법관 박정화, 대법관 김선수의 보충의견
객관적 구성요건은 일정한 행위를 하거나 그 행위로 인하여 형법이 보호하고자 하는 법익에 대한 일정한 침해의 결과가 발생하였고 그러한 행위와 결과 사이에 규범적인 인과관계와 객관적 귀속이 인정될 것을 내용으로 한다.

> **대법원 2018. 1. 25. 선고 2017도13628 판결 [업무상과실치사·업무상과실치상·표시·광고 의공정화에관한법률위반·상습사기]**
> 피고인 7의 객관적 귀속 관련 상고이유 주장은 항소심에서 심판대상이 되지 않은 것을 상고심에서 비로소 주장하는 것임이 명백하여 적법한 상고이유가 되지 못한다.

〈상당성 판단에 내재된 인과관계와 객관적 귀속〉

대법원 1982. 12. 28. 선고 82도2525 판결 [살인미수(변경된죄명:살인)]

1. 원심이 유지한 제1심판결 및 원심판결이 들은 각 증거를 기록에 대조하여 보면, 피고인이 판시와 같은 경위로 길이 39센티미터(2중손잡이 길이는 13센티미터임), 너비 4.8센티미터의 서독제 **식도로 피해자의 하복부를 찔러** 직경 5센티, 깊이 15센티미터 이상의 자창을 입혀 복강내 출혈로 인한 혈복증으로 의식이 불명하고 혈압이 촉진되지 아니하는 **위급한 상태에서 병원에서 지혈을 위한 응급개복수술**을 한바 우측외장골 동·정맥 등의 완전 파열로 인한 다량의 출혈이 있어 지혈시술과 함께 산소호흡을 시키고, 다량의 수혈을 하였으나 **사건 후 약 1개월 만에 패혈증과 급성심부전증의 합병증을 일으켜 사망**하였던 사실을 인정하기 충분하고 거기에 채증법칙을 어겼거나 증거없이 사실을 인정한 위법은 없고, 위 인정사실과 같이 피고인이 예리하고 긴 식도로 피해자의 하복부를 찔러 그 결과 사망한 것이라면 일반적으로 판시와 같은 내장파열 및 다량의 출혈과 자창의 감염으로 사망의 결과를 발생케 하리라는 점을 경험상 예견할 수 있는 것이므로 피고인에게 살인의 결과에 대한 확정적 고의는 없다 치더라도 미필적 인식은 있었다고 보기 어렵지 아니하므로 살인죄로 의율한 원심의 조치는 어떠한 위법이 있다고 할 수 없다.

2. <u>피고인의 행위가 피해자를 사망케 한 직접적 원인은 아니었다 하더라도 이로부터 발생된 다른 간접적 원인이 결합되어 사망의 결과를 발생케 한 경우라도 그 행위와 사망간에는 인과관계가 있다고 할 것인바</u>, 소론의 진단서에는 직접사인 심장마비, 호흡부전, 중간선행사인 패혈증, 급성심부전증, 선행사인 자상, 장골 정맥파열로 되어 있으나, 소론이 지적한 원심증인 강민서의 증언에 의하더라도 망인의 경우 위와 같은 패혈증은 자창의 감염과 2차에 걸친 수술, 과다한 수혈때문이며, 위 망인의 증상에 비추어 위와 같은 수술과 수혈은 불가피했다는 것이고 심부전증, 심장마비는 몸전체의 기관의 기능이 감소되어 생긴 것이라는 것이므로(거기에 치료상의 과실이 있다고 볼 자료도 없다.) <u>피해자가 이건 범행으로 부상한 후 1개월이 지난 후에 위 패혈증 등으로 사망하였다 하더라도 그 패혈증이 위 자창으로 인한 과다한 출혈과 상처의 감염 등에 연유한 것인 이상 피고인의 행위와 피해자의 사망과의 사이에 인과관계의 존재를 부정할 수는 없다</u> 할 것이므로 거기에 인과관계에 관한 법리를 위반한 위법도 없다.

Ⅱ. 인과관계이론

1. 자연과학적·철학적 인과개념과 형법상 인과관계

〈형법적 인과관계 : 일상생활을 영위하는 세계에서의 인과관계〉

대법원 2017. 6. 29. 선고 2017도3196 판결 [강간치상·강제추행치상·마약류관리에관한법률위반(향정)]

가. 강간치상죄나 강제추행치상죄에 있어서의 상해는 피해자의 신체의 완전성을 훼손하거나 생리적 기능에 장애를 초래하는 것, 즉 피해자의 건강상태가 불량하게 변경되고 생활기능에 장애가 초래되는 것을 말하는 것으로, 여기서의 생리적 기능에는 육체적 기능뿐만 아니라 정신적 기능도 포함된다(대법원 2008. 5. 29. 선고 2007도3936 판결, 대법원 2011. 12. 8. 선고 2011도7928 판결 등 참조).

따라서 수면제와 같은 약물을 투약하여 피해자를 일시적으로 수면 또는 의식불명 상태에 이르게 한 경우에도 약물로 인하여 피해자의 건강상태가 불량하게 변경되고 생활기능에 장애가 초래되었다면 자연적으로 의식을 회복하거나 외부적으로 드러난 상처가 없더라도 이는 강간치상죄나 강제추행치상죄에서 말하는 상해에 해당한다.

2. 조건설

〈조건설을 취한 것으로 이해될 여지가 있는 판례〉

대법원 1955. 6. 7. 선고 4288형상88 판결 [상해치사]

광주고등검찰청 검사장대리검사 최원옥 상고취의는 (1) 본건 공소사실요지는 피고인은 서기 1954년 8월 14.일 오후 9시경 ○○군 ○○면 ○○리 소재 임순길정미소에서 동소 직공 김태안과 교류하여 창가를 하고 있다가 임순길의 모가 차를 금한 것이 발단이 되어 동 정미소 전에서 휴식 중에 있던 임순길과 언쟁을 하였는데 당시 동인이 피고인에게 대하여 「씨」를 멸종한다는 욕설을 하였다 하며 피고인은 임순길에게 「어데 씨를 멸종해바라 우리아버지부터 차례로 멸종해라」는 등 동인이 회피적인 태도와 타인 등의 제지에도 불구하고 동인을 강인하여 동소로부터 약 150미돌 상거한 피고인가까지 연행하였으나 피고인의 부의 제지로 임순길가 좌후편측 약 5미돌 상거한 유선각으로 왔는데 피고인은 계속하여 집요하게 피고인부친부터 살해하라는 등으로 시비를 계속하여 결국 동야 11시 재차 동인을 연행하고 피고인가로 가던 도중 차 사실을 들은 임순길의 처 이◎순의 가족이 추행하여 제지할 시 일편 우 이◎순과의 간에 상호 언쟁이 되었는데 임순길은 「네까진 놈은 지서에 가서 해결하여야한다」하고 먼저 동인가 평상에 않았을 무렵에 동 이◎순은 계속 욕설을 하면서 피고인과 연달아 동인가에 왔었는데 기시 피고인은 계속하여 「지서에라도 가자」 등 임순길에게 시비를 하고 달려 들므로 이◎순은 「자식같은 놈 좀 때려주면 어쩔라드냐, 그만두라면 그만두지 어른하고 싸움을 한다」하며 부근에 있던 「대비자루」로 약 2회 피고인의 하각부를 구타하자 피고인은 이에 격분하여 이◎순에게 달려들어 「당신네는 4인이고 나는 혼자다 해볼테면 해봐라」하는 일편 일본어로 「요시, 요시」하면서 동녀에게 박치기식으로 동녀의 안면 급 흉부를 강타 수장으로 전신을 구타하여 이결절부 피하출혈급 하악문치 4개에 요동비근부 피박탈흉복부 우 측액와전하방피하출혈 좌측서혜부 표피찰과 4지 6개소 피하출혈 등 타박상을 가하였음으로 인하여 극도의 격분을 유인케 한 결과 동인은 뇌일혈을 야기하여 익 15일 영시 30분 사망케 하였다는데 있는 바 (2) 원심은 우 사실을 전부 인정하면서 법률에 비추건대 피고인의 판시소위는 상해치사죄의 결과가 발생한 것이나 일건기록에 비추어 볼 때 피해자 이◎순의 사망이 피고인의 상해행위에 직접 기인된 것이 아니고 피해자의 심장비대증 이체질에 기하여 흥분끝에 뇌일혈을 야기 치사한 것이며 차는 일반인의 예견할 수 없었던 사실이고 피고인 역시 예견못한 사실이므로 형법 제15조 제2항 에 의하여 피고인의 예견할 수 없는 중한 상해치사죄로 벌하지 아니할 경우라 하여 피고인에 대하여 상해죄를 인정하고 상해치사죄의 성립을 인정치 않았으나 (3) 심안컨데 판시에 피고인은 당 22세의 혈기 방창한 남자로서 「당신네들은 4인이고 나는 혼자다 해볼테면 해보자」는 언사를 쓰는 정도에 달하였으니 극도로 흥분한 나머지 힘이 있는 대로 두부로서 피해자 이◎순에 대하여 전흉부를 받고 양수권으로 닿는 대로 무수난타하여 전신에 피하출혈, 충혈, 찰과상 등의 상해를 준 결과 피해자 이◎순은 성질이 급하고 심장비대 등의 특이체질로서 격분한 나머지 뇌일혈을 일으켜 사망한 것이라고 인정하였다. 일반적으로 피해자가 여자인 경우에 남성에 비하여 성이 급하고 투쟁력이 열등함으로 흥분의 정도가 강한 것은 오인의 사회일상생활상 경험하는 바이거니와 본건 피해자는 45년의 여자로서 혈압이 높을 것이며 23년이나 연하자인 피고인으로부터 전신창상을 당하였으니 극도로 흥분하는 것은 공지의 사실이다. 그렇다면 심장비대 등 특이체질인 점은 조치하고라도 피해자는 전시한 바와 여히 극도로 흥분되어 혈압상형으로 뇌일혈을 일으켜 사망될 수 있는 것은 일반인이나 피고인으로서 능히 예견할 수 있을 것이다. 원심은 차점에 관하여 하등 심리함이 없이 피해자의 특이체질인 점만에 치중하여 그 특이체질로 사망하였다 하여 차에 대한 예견유무를 단정하였음은 심리미진이라 아니할 수 없다. 판시에 피해자의 사망은 피고의 상해행위에 직접 기인된 것이 아니고 피해자의 심장비대 등 특이체질에 기하여 흥분 끝에 뇌일혈을 야기 치사한 것이라고 하여 피고인의 상해행위와 피해자의 사망간에 인과관계를 인정치 않았으나 피해자의 특이체질이 사망에 어느 정도 영향을 주었을지는 모르나 그것이 독립지배적으로 효과를 나타냈다고 할 수 없는 이상피해자가 판시에도 인정한 것과 여한 상해로 인하여 극도의 흥분으로서 뇌일혈을 야기 사망한 것이니 피고인의 상해행위는 피해자의 사망이란 위험발생에 연결되었음이 명백한즉 원심판결은 인과관계에 관한 의율의 착오의 위법이 있다 아니할 수 없다. 이상의 이유로서 원심판결은 파기를 미면할 것으로 사료한다 함에 있다.

심안컨대 원심은 피고인은 그 두부로 이◎순의 흉부 복부를 받고 수권으로 구타하여 약 1주간 치료를 요할 타박상을 가하여 심장이 비대한 동녀로하여금 뇌일혈을 야기케하여 사망에 이르렀다는 사실을 인정한 후 이는 우 폭행행위에 직접 기인한 것이 아니고 피해자의 심장비대 등 특수체질에 기인하여 흥분끝에 뇌일혈로 말미암아 치사된 것인바 이는 예견할 수 없는 사실임으로 형법 제15조 제2항 에 의하여 중한 상해치사죄로 벌할 수 없다 하였으나 무릇 안면 및 흉부는 인체의 가장 중요한 부위를 점하여 있고 이에 대한 강도의 타격은 생리적으로 두부와 흉부에 중대한 영향을 줄 뿐만 아니라 신경에 강대한 자극을 줌으로서 정신의 흥분과 이에 따르는 혈압의 항진을 초래할 수 있고 누구나 이를 예견할 수 있을 것인바 의사 이동구의 감정서기재에 의하면 피해자는 비교적 비대한 심장의 소유자로서 정신흥분 중 피고인으로부터 안면 및 흉복부에 판시와 같은 타격을 받고 정신흥분의 도를 더하여 혈압항진으로 뇌출혈을 야기케하여 사의 결과에 이르렀음을 인정할 수 있음으로 이는 형법 제259조 제1항에 의하여 처단할 것이오 형법 제15조 제2항에 해당치 아니함으로 이와 반대의 견해에서 나온 원심판결은 법의 해석을 그릇한 위법이 있음으로 결국 상고이유 있다. 따라서 원판결을 파기하고 다시 심리키 위하여 사건을 원심에 환송함이 가하다 인정하고 형사소송법 부칙 제1조 구 형사소송법 제447조 동 제448조의2 에 의하여 주문과 같이 판결한다.

〈합법칙적 조건설 : 자연과학적 인과관계 (가습기 살균제 사망 사건)〉

대법원 2018. 1. 25. 선고 2017도13628 판결 [업무상과실치사·업무상과실치상·표시·광고의공정화에관한법률위반·상습사기]

나. 주의의무 위반 등 관련 상고이유 주장에 관하여

1) 피고인 1, 피고인 2, 피고인 3(이하 '피고인 4 회사 측 피고인들'이라고 한다) 부분

가) 원심은 판시와 같은 사정들을 종합하여, **피고인 4 회사 측 피고인들이 인체에 대한 안전성이 확보되지 않은 살균제 성분과 함량으로 피고인 4 회사 가습기청정제를 제조·판매하고, 피고인 1, 피고인 2가 적절한 지시나 경고 없이 위 가습기살균제를 제조·판매하였다고** 판단하였다.

이 부분 상고이유 주장 중 원심판단의 기초가 된 사실인정을 다투는 취지의 주장은 실질적으로 사실심법원의 자유판단에 속하는 원심의 증거 선택 및 증명력에 관한 판단을 탓하는 것에 불과하다. 그리고 원심판결 이유를 관련 법리 및 적법하게 채택된 증거들에 비추어 살펴보아도, 원심의 이유 설시에 다소 미흡한 부분이 있지만, 원심의 판단에 상고이유 주장과 같이 주의의무 위반에 관한 법리를 오해하거나 논리와 경험의 법칙에 반하여 자유심증주의의 한계를 벗어나거나 판단을 누락하는 등의 잘못이 없다.

상고이유로 들고 있는 대법원판결들은 이 사건과 사안을 달리하는 것이어서 이 사건에 원용하기에 적절하지 아니하다.

나) 원심은 판시와 같은 사정들을 종합하여, 피해자들에게 나타난 원인미상 폐질환은 폴리헥사메틸렌구아니딘의 인산염(Polyhexamethyleneguanidine-phosphate, 이하 'PHMG'라고 한다)을 살균제 성분으로 한 가습기살균제의 흡입에 따른 독성반응에 의하여 발생하는 특이성 질환이고, 따라서 PHMG를 살균제 성분으로 한 가습기살균제를 사용할 경우 그에 따른 흡입 독성반응과 원인미상 폐질환 발생 사이의 인과관계가 합리적 의심의 여지 없이 인정된다고 판단하였다.

원심판결 이유를 관련 법리 및 적법하게 채택된 증거들에 비추어 살펴보면, 위와 같은 원심의 판단에 상고이유 주장과 같이 자유심증주의의 한계를 벗어나 사실을 잘못 인정하거나 상당인과관계 판단에 관한 법리를 오해한 잘못이 없다. …

나) 원심은 다음과 같은 사정 등을 종합하여 ○○○○ 측 피고인들이 (제품명 1 생략)를 제조·판매하기로 결정하면서 최선의 주의를 기울여 결함 유무를 확인하고 안전성을 검증하였어야

함에도 이를 소홀히 한 사실을 인정할 수 있다고 판단하였다. ① ○○○○가 자체 제조·판매하는 PB 상품의 안전성 검증은 기본적으로 PB 상품의 품질관리의 일환으로서 PB 상품의 제조·판매 결정권한을 가진 ○○○○ 임직원의 책임 범위에 속한다. ② (제품명 1 생략)와 같은 화학제품의 제조·판매 시 안전성을 검증하고 확보할 수 있는 역량이 ○○○○에 없었고, ○○○○와 'PB 상품 개발 관련 컨설팅 서비스 계약'을 체결한 공소외 3 회사(이하 '공소외 3 회사'라고 한다)도 마찬가지였으며, (제품명 1 생략) 제조업자인 □□□□□(피고인 9) 역시 경험 및 시설 등에 비추어 안전성을 검증하리라고 기대할 수 있는 수준의 제조업자가 아니었다. ③ ○○○○ 측 피고인들은 (제품명 2 생략)을 모방하여 동일한 성분·함량으로 (제품명 1 생략)를 제조·판매하는 방식을 택함으로써 직접적인 안전성 검증을 생략하고자 하였으나, (제품명 2 생략)은 그 원료·성분·농도 등의 안전성에 관하여 어떠한 형태로든지 심사 내지 평가를 받은 적이 없고, (제품명 2 생략)의 안전성이 검증되었다고 믿을 만한 객관적인 자료 및 정보도 없었다. ④ 그럼에도 **피고인 7은 ○○○○ 내에서 PB 상품 개발·제조·판매를 최초로 검토하고 결정할 책임이 있는 사람으로서, 피고인 6은 PB 상품 개발의 중간결재권자로서, (제품명 1 생략)의 안전성이 확보되었는지 확인하지 않은 채 이를 제조·판매하기로 결정하였다.** ⑤ **피고인 5 역시 소싱아워**(Sourcing Hour)**의 주재자이자** (제품명 1 생략)**의 제조·판매에 관한 최종적인 의사결정권자로서,** (제품명 1 생략)**의 안전성 검증을 위한 절차가 진행되지 않았음에도 그 제조·판매를 최종결정하였다.**

이 부분 상고이유 주장 중 원심판단의 기초가 된 사실인정을 다투는 취지의 주장은 실질적으로 사실심법원의 자유판단에 속하는 원심의 증거 선택 및 증명력에 관한 판단을 탓하는 것에 불과하다. 그리고 원심판결 이유를 관련 법리 및 적법하게 채택된 증거들에 비추어 살펴보아도, 원심의 판단에 상고이유 주장과 같이 구체적 주의의무 위반에 관한 법리를 오해하여 필요한 심리를 다하지 아니하거나 논리와 경험의 법칙에 반하여 자유심증주의의 한계를 벗어난 잘못이 없다.

3. 합법칙적 조건설의 구체적 적용

〈합법칙적 조건관계의 확정〉

대법원 2002. 10. 11. 선고 2002도4315 판결 [감금치사]

피고인이 피해자를 감금한 기간 등에 관한 원심의 판단에 일부 미흡한 점은 있으나, 피고인이 피해자를 감금하여 사망에 이르게 한 사실은 넉넉히 인정할 수 있고, 또 피고인의 감금의 고의 역시 충분히 인정될 뿐 아니라, 피고인의 위 행위를 정당행위나 긴급피난으로 볼 수도 없으며, 4일 가량 물조차 제대로 마시지 못하고 잠도 자지 아니하여 거의 탈진 상태에 이른 피해자의 손과 발을 17시간 이상 묶어 두고 좁은 차량 속에서 움직이지 못하게 감금한 행위와 묶인 부위의 혈액 순환에 장애가 발생하여 혈전이 형성되고 그 혈전이 폐동맥을 막아 사망에 이르게 된 결과 사이에는 상당인과관계가 있다 할 것이(다).

대법원 2008. 2. 29. 선고 2007도10120 판결 [생 략]

원심이, 그 채용 증거들에 의하여 피고인들 및 제1심 공동피고인 1,2가 피해자공소외인을 강간하기로 공모하여 2007. 2. 27. 18:00경 남양주시 진접읍 내각리 풍양초등학교 부근 야산에서 의도적으로 게임을 통하여 13세에 불과한 피해자로 하여금 **술을 마셔 취하도록 유도**한 다음, 피고인 3,2,1의 순서로 만취한 피해자를 강간한 사실, 위와 같은 강간 과정에서 피고인 3과 제1심 공동피고인 2가 먼저, 피고인 4와 제1심 공동피고인 1이 다음으로 각 범행현장을 떠났는데, **강간을 마친 피고인 1,2는 의식을 잃은 피해자를 인적이 드문 비닐창고**(한쪽 면이 개방되어 있다)**에 옮겨 놓은 사실**, 피고인 1,2는 21:20경 그곳에서 피씨방에 있는 피고인 4와 제1심 공동피고인 1을 데리러 가 위 비닐창고로 오던 도중에 피고인 2는 먼저 귀가하고 피고인 1,4 및제1심 공동피고인 1이 22:00경 위 비닐창고로 왔는데, 피고인 1,4는 피해자의 가슴을 만지는 등 강제추행을 하고 귀가한 사실, 피고인 1은 귀가 도중 다시 위 비닐창고로 가 23:00경 의식을 잃은 피해자를 재차 강간하고는 하의를 벗겨둔 채 귀가한 사실, **피해자는 다음날인 2007. 2. 28. 02:00경부터 04:00경 사이에 저체온증으로 사망한 사실** 등을 인정한 다음, 피고인들이 의도적으로 피해자를 술에 취하도록 유도하고 피고인들로부터 수차례 강간당하였기 때문에 피해자가 의식불명 상태에 빠진 것으로서, 피해자가 의식을 찾지 못하여 저체온증으로 사망한 것이 피고인들의 강간 및 그 수반행위와 인과관계가 없다고 할 수 없고, 피해자의 사망에 대한피고인 1,2,4의 예견가능성 또한 넉넉히 인정되며, 또한 당시의 기온 등을 감안하여 보면 이미 피고인들의 강간 및 그에 수반한 행위로 인하여 피해자가 의식불명 상태에 빠진 이상, 비록피고인 1이 비닐창고에서 피해자를 재차 강간하고 하의를 벗겨 놓은 채 그대로 귀가하였다고 하더라도 피고인 2,4가 저체온증으로 인한 피해자의 사망에 대한 책임을 면한다고 볼 수 없다고 하여 피고인 1,2,4에 대한 판시 강간치사죄를 유죄로 인정한 제1심판결을 그대로 유지한 조치는 정당하고, 거기에 상고이유로 주장하는 바와 같은 채증법칙 위반 또는 심리미진으로 인한 사실오인이나 강간치사죄에 있어서의 인과관계에 관한 법리오해 등의 위법이 있다고 할 수 없다.

〈합법칙적 조건관계가 확정되지 않은 사례〉

대법원 2002. 4. 9. 선고 2001도6601 판결 [업무상과실치사]

피고인들의 업무상 주의의무 위반으로 장서영이 사망하였다는 원심의 판단은 수긍할 수 없다.

가. 먼저 이 사건 공소사실이 유죄로 인정되기 위해서는 우선 장서영의 사망원인이 밝혀져야 하고, 그 사인에 따라 그와 상당인과관계가 있는 피고인들의 과실이 있는지 여부가 심리·판단되어야 한다.

이 사건에서 보면, ① 장서영은 이 사건 사고 당일 14:00경 설악워터피아에 도착하여 교사들의 지도에 따라 수영복으로 갈아입고 샤워를 한 뒤 14:20경 이 사건 파도수영장에 들어가서 놀다가 14:50경 수영장 내 수심 80㎝ 지점에서 친구들에 의하여 엎어진 상태로 발견되었고, ② 피고인 1은 14:55경 장서영을 수영장 밖으로 데리고 나와 인공호흡을 실시하다가 약 10분 후 119구급대가 도착하자 그를 병원으로 후송하였으나 15:16경 속초의료원에 도착할 당시 장서영은 이미 사망한 상태였으며, ③ 장서영에 대한 사망진단서에 직접사인은 심폐정지로 되어 있으나 부검을 실시하지 아니한 관계로 그의 정확한 사인은 밝혀지지 아니하였고, 그의 사체를 검안한 의사는 익사하였을 가능성보다는 심장마비 또는 구토물에 의한 질식사일 가능성이 높은 것으로 보고 있는 사실이 인정된다. 이와 같이 이 사건에서는 장서영이 수영장에서 물놀이 도중 심폐정지로 사망한 사실이 인정될 뿐이고, 그 사망원인이 명확하게 밝혀지지 아니하였음에도 불구하고 원심이 그 사인이 무엇인지에 관하여 아무런 판단을 하지 아니한 채 애매하고 불확실한 표현으로 장서영에게 이 사건 사고 이외에 다른 사망의 원인이 없다고 나타난 이상 그는 이 사건 사고로 인하여 사망하였다고 보아야 한다고 판단한 것은 이해하기 어렵다.

나. 다음으로 원심이 인정한 피고인 1의 업무상 과실에 관하여 본다.

(1) 이 사건에서 보면, 이 사건 파도수영장에서는 매시 정각부터 25분간 조파장치가 가동되

고 그 파도의 높이가 60cm 정도이므로 조파장치가 가동되는 동안에는 원심이 인정하고 있는 바와 같이 물놀이를 하던 사람이 갑자기 물을 먹고 질식하거나 심장마비를 일으킬 위험이 있을 수도 있겠지만, 조파장치가 가동되지 아니하는 나머지 35분간은 수심 1.1m 지점에 안전선이 설치되어 구명조끼를 입지 아니한 사람은 그보다 깊은 곳에 들어갈 수 없고 사고 지점의 수심이 80cm에 불과하여 그와 같은 위험이 거의 없으며, 이 사건 사고는 조파장치가 가동되지 아니하는 시간에 발생하였고, 장서영은 당시 주변에 있던 학생들조차 알지 못하는 사이에 물에 엎어져 있었음을 알 수 있다. 사정이 이러하다면 <u>이 사건에서 나이 어린 학생 70~80명을 포함한 100여 명이 이 사건 파도수영장에서 물놀이를 하고 있었다는 사정만으로 피고인 1이 물에 엎어져 있는 장서영을 즉시 발견하지 못하였다고 하여 업무상 주의의무를 게을리 한 과실이 있었다고 단정하기는 어렵다.</u>

(2) 나아가 피고인 1이 응급조치를 실시함에 있어 과실이 있었고 이로 인하여 장서영이 사망하였다는 원심의 판단에 관하여 보건대, 먼저 원심이, 피고인 1이 기도를 제대로 유지하지 아니한 채 인공호흡을 실시하였고 장서영의 신체에서 소생의 기미가 보였는데도 인공호흡을 중단하였다는 사실을 인정하면서 그 인정의 자료로 삼은 장성호, 진은경, 안현정 등의 진술은 피해자의 가족 또는 인솔교사의 진술로서 그 내용이 명확하지 못하고 주관적인 추측에 불과하여 위와 같은 사실을 인정하기에 부족하다. 또한, <u>피고인 1에게 응급조치를 제대로 실시하지 아니한 과실이 있고 그로 인하여 장서영이 사망하였다고 인정하려면 적절한 응급조치가 취하여졌더라면 그가 사망하지 아니하였을 것임이 입증되어야 함에도 불구하고, 원심이 장서영의 사망원인과 그 원인에 따라 당시의 상황에서 피고인 1이 취하여야 할 적절한 응급조치가 무엇인지 여부와 피고인 1이 기도를 유지하였거나 구급차가 도착한 이후에도 인공호흡을 계속하였더라면 장서영이 생명을 건질 수 있었다고 인정할 수 있는지의 여부 등에 관하여 심리·판단하지 아니한 채, 피고인 1에게 그 업무상 주의의무를 다하지 아니한 과실이 있고 이로 인하여 장서영이 사망하였다고 판단한 것도 납득하기 어렵다.</u>

다. 이어서 피고인 2의 업무상 과실에 관한 원심의 판단을 본다.

(1) <u>먼저 수영장에 배치하여야 할 안전요원의 수에 대하여는 법규상의 규제가 없으므로 이 사건 파도수영장의 위험성이 어느 정도인가에 따라 그 적정한 수를 결정하여야 한다.</u> 그런데 앞서 본 바와 같이 이 사건 파도수영장에서는 구명조끼를 입지 아니한 사람은 안전선이 설치된 수심 1.1m 이상의 깊은 곳에 들어갈 수 없고 이 사건 사고가 발생한 시간대인 조파장치가 가동되지 아니하는 35분간은 사고 지점의 수심이 80cm에 불과한 점에 비추어, 그 위

험성은 오히려 일반 수영장보다 낮아 보인다. 따라서 이 사건에서 조파장치가 가동되지 아니하는 시간대에 안전요원 1명만이 배치된 점을 들어 입장객 보호의무 위반의 과실이 있었다거나, 이 사건 사고 당시 주변에 있던 학생들조차도 인식하지 못하는 사이에 피해자가 물에 엎어져 있었던 것을 안전요원이 즉시 발견하지 못하였다고 하여 안전요원의 수가 너무 적었다고 단정할 수는 없다.

(2) 다음 수영장 시설에 근무하는 간호사라고 하여 항상 응급실에서 대기하고 있어야 하는 것은 아니고 긴급시 즉시 호출에 따를 수 있는 자리에 있기만 하면 충분하다. 원심의 사실인정에 따르면 장서영이 119구급대에 의하여 후송될 때까지인 10여 분간 간호사가 사고현장에 나타나지 아니하였음은 분명하나, 간호사가 컴퓨터 작업을 위하여 방제실에 있었던 사실만 인정될 뿐 간호사가 호출할 수 없는 장소에 있었던 것인지 아니면 간호사를 호출하지 아니한 것인지는 명백하지 아니하다. 오히려 이 사건에서 중요한 것은 간호사가 현장에 나타났는가 아닌가가 아니라 피고인 2가 통상 물놀이 시설을 관리·운영하는 사람에게 요구되는 안전사고 예방 및 응급조치를 위한 주의의무를 다하였는가 하는 점이다. 그런데 이 사건에서 보면, 피고인 1은 장서영에 대한 응급조치를 실시하였고, 당시 장서영이 물 속에서 실신한 상태로 발견되었으므로 물을 먹었을 것으로 판단하여 배를 눌러 물을 토하게 하고(물은 나오지 않고 음식물만 나왔다), 그의 혀가 자꾸 말려들므로 반복하여 혀를 펴고 인공호흡을 실시하였으며, 인공호흡을 시작한 10여 분 후 구급차가 도착하여 장서영을 119구급대에 인계하였다. 그렇다면 원심으로서는 마땅히 안전요원인 피고인 1이 응급조치에 대한 어떠한 교육을 받아 어느 정도의 능력을 갖추고 있었는지, 그 당시의 상황에서 피고인 1의 응급조치가 적절한 것이었는지, 그리고 장서영을 인수한 119구급대원이 그 당시 구호조치에 필요한 능력을 어느 정도 갖추고 있었는지 등을 심리·판단하였어야 하는 것이고, 간호사가 응급실을 지켰는지, 현장에 나타났는지 혹은 인명구조요원이나 간호사가 구급차에 동승하였는지 여부에 따라 형식적으로 피고인 2의 과실 유무를 판단할 수는 없다.

라. 그렇다면 피고인들에게 그 업무상 주의의무를 다하지 아니한 과실이 있고 또 이로 인하여 장서영이 사망하였다고 인정한 원심의 판단에는 업무상 과실치사죄에 있어서의 과실 및 인과관계에 관한 법리를 오해하고 채증법칙을 위배하거나 심리를 다하지 아니하여 판결에 영향을 미친 잘못이 있다.

<'정신'을 매개로 하는 합법칙적 인과관계 1 : 교사범>

대법원 1991. 5. 14. 선고 91도542 판결 [특정범죄가중처벌등에관한법률위반, 특수절도교사]

교사범이란 타인(정범)으로 하여금 범죄를 결의하게 하여 그 죄를 범하게 한 때에 성립하는 것이고 피교사자는 교사범의 교사에 의하여 범죄실행을 결의하여야 하는 것이므로, 피교사자가 이미 범죄의 결의를 가지고 있을 때에는 교사범이 성립할 여지가 없고, 또 막연히 "범죄를 하라"거나 "절도를 하라"고 하는 등의 행위만으로는 부족하다 하겠으나, 그렇다고 하더라도 타인으로 하여금 일정한 범죄를 실행할 결의를 생기게 하는 행위를 하면 되는 것으로서 교사의 수단방법에 제한이 없다 할 것이며, 교사범의 교사가 정범이 그 죄를 범한 유일한 조건일 필요도 없다.

기록을 살펴보면 이 사건의 경우 피교사자인 공동피고인 1,2가 피고인의 절도교사행위 이전에 이미 판시2의 바 (1), (2)항의 절도의 결의를 하고 있었다고 인정되지는 아니한다.

그리고 피고인이 공동피도인 1,2,3 등이 절취하여 온 장물을 판시와 같이 상습으로 19회에 걸쳐 시가의 3분의1 내지 4분의 1의 가격으로 매수하여 취득하여 오다가, 공동피고인 1,2에게 일제 드라이버 1개를 사주면서 " 공동피고인 3이 구속되어 도망 다니려면 돈도 필요할텐데 열심히 일을 하라(도둑질을 하라)"고 말하였다면, 그 취지는 종전에 공동피고인 3과 같이 하던 범위의 절도를 다시 계속하여 하라, 그러면 그 장물은 매수하여 주겠다는 것으로서 절도의 교사가 있었다고 보아야 할 것이고, 구체적으로 언제, 누구의 집에서, 무엇을 어떠한 방법으로 절도 하라고 특정하여 말하지 아니 하였다고 하여 이와 같은 피고인의 말이 너무 막연해서 교사행위가 아니라거나 절도교사죄가 성립하지 않는다고 할 수는 없다.

이와 같이 교사범이 성립하기 위하여는 범행의 일시, 장소, 방법 등의 세부적인 사항까지를 특정하여 교사할 필요는 없는 것이고, 정범으로 하여금 일정한 범죄의 실행을 결의할 정도에 이르게 하면 교사범이 성립된다 할 것이다.

또한 교사범의 교사가 정범이 죄를 범한 유일한 조건일 필요는 없으므로, 교사행위에 의하여 정범이 실행을 결의하게 된 이상 비록 정범에게 범죄의 습벽이 있어 그 습벽과 함께 교사행위가 원인이 되어 정범이 범죄를 실행한 경우에도 교사범의 성립에 영향이 없다 할 것이다.

〈'정신'을 매개로 하는 합법칙적 인과관계 2 : 정신적 방조〉

대법원 2013. 4. 11. 선고 2010도13774 판결 [생략]

형법상 방조행위는 정범이 범행을 한다는 사정을 알면서 그 실행행위를 용이하게 하는 직접, 간접의 모든 행위를 가리키는 것으로서 그 방조는 유형적, 물질적인 방조뿐만 아니라 정범에게 범행의 결의를 강화하도록 하는 것과 같은 무형적, 정신적 방조행위까지도 이에 해당한다(대법원 1997. 1. 24. 선고 96도2427 판결 등 참조).

대법원 2009. 1. 30. 선고 2008도10308 판결 「형법 제333조의 강도죄는 사람의 반항을 억압함에 충분한 폭행 또는 협박을 사용하여 타인의 재물을 강취하거나 재산상의 이익을 취득함으로써 성립하는 범죄이므로, 피고인이 타인에 대하여 반항을 억압함에 충분한 정도의 폭행 또는 협박을 가한 사실이 있다 해도 그 타인이 재물 취거의 사실을 알지 못하는 사이에 그 틈을 이용하여 피고인이 우발적으로 타인의 재물을 취거한 경우에는 위 폭행이나 협박이 재물 탈취의 방법으로 사용된 것이 아님은 물론, 그 폭행 또는 협박으로 조성된 피해자의 반항억압의 상태를 이용하여 재물을 취득하는 경우에도 해당하지 아니하여 양자 사이에 인과관계가 존재하지 아니한다 할 것이므로, 위 폭행 또는 협박에 의한 반항억압의 상태가 처음부터 재물 탈취의 계획하에 이루어졌다거나 양자가 시간적으로 극히 밀접되어 있는 등 전체적·실질적으로 단일한 재물 탈취의 범의의 실현행위로 평가할 수 있는 경우에 해당하지 아니하는 한 강도죄의 성립을 인정하여서는 안 될 것이다.」

대법원 2000. 6. 27. 선고 2000도1155 판결 「일반 사인이나 회사가 금원을 대여한 경우와는 달리 전문적으로 대출을 취급하면서 차용인에 대한 체계적인 신용조사를 행하는 금융기관이 금원을 대출한 경우에는, 비록 대출 신청 당시 차용인에게 변제기 안에 대출금을 변제할 능력이 없었고, 금융기관으로서 자체 신용조사 결과에는 관계없이 '변제기 안에 대출금을 변제하겠다'는 취지의 차용인 말만을 그대로 믿고 대출하였다고 하더라도, 차용인의 이러한 기망행위와 금융기관의 대출행위 사이에 인과관계를 인정할 수는 없다.」

대법원 2017. 9. 26. 선고 2017도8449 판결 「사기죄는 타인을 기망하여 착오에 빠뜨리고 그로 인하여 피기망자(기망행위의 상대방)가 처분행위를 하도록 유발하여 재물 또는 재산상의 이익을 얻음으로써 성립하는 범죄이다. 따라서 사기죄가 성립하려면 행위자의 기망행위, 피기망자의 착오와 그에 따른 처분행위, 그리고 행위자 등의 재물이나 재산상 이익의 취득이 있고, 그 사이에 순차적인 인과관계가 존재하여야 한다.」

4. 상당인과관계설

〈비유형적 인과관계의 부정〉

대법원 1982. 11. 23. 선고 82도1446 판결 [강간치사]

피고인들에 의하여 강간을 당한 피해자가 집에 돌아가 음독자살하기에 이르른 원인이 소론과 같이 강간을 당함으로 인하여 생긴 수치심과 장래에 대한 절망감 등에 있었다 하더라도, 그 자살행위가 바로 피고인들의 강간행위로 인하여 생긴 당연의 결과라고 볼 수는 없어 피고인들의 강간행위와 피해자의 자살행위 사이에 인과관계를 인정할 수는 없다 할 것이니 이와 다른 견지에서 원심판결에 인과관계에 관한 법리오해의 위법이 있다는 논지는 받아들일 수 없다.

대법원 1995. 5. 12. 선고 95도425 판결 [강간치사, 감금]

원심판결 이유에 의하면 원심은, 피고인이 자신이 경영하는 속셈학원의 강사로 이 사건 범행 사흘전에 채용된 피해자 (여, 20세) 를 위 학원으로 불러내어 함께 인천 남동구소재관광호텔 9층 일식당에 가서 술을 곁들여 점심식사를 한 다음 위 피해자 몰래 미리 예약해 놓은 같은 호텔 703호 객실 앞까지 위 피해자를 유인하여 들어가지 않으려는 위 피해자를 붙잡아 떠미는 등 강제로 객실 안으로 끌고 들어간 후 객실에서 나가려는 피해자를 붙잡거나 객실방문을 가로막아 못나가게 하고 여러 차례에 걸쳐 집요하게 위 피해자를 강제로 끌어안아 침대에 넘어뜨리고 키스하려고 하는 등 위 피해자의 반항을 억압한 후 강간하려 한 사실, 피고인은 위 피해자가 자신은 처녀이기 때문에 피고인의 요구에 응할 수 없다고 하였음에도 이를 묵살하고 2시간 정도에 걸쳐 계속적으로 위와 같은 방법으로 위 피해자를 강간하려고 하여 위 피해자가 피고인의 얼굴을 할퀴고 비명을 지르며 완강히 반항하던 중 위 객실의 예약된 대실시간이 끝나가자 시간을 연장하기 위하여 피고인이 호텔 프런트에 전화를 하는 사이에 위 피해자가 더 이상 위 객실안에 있다가는 자신의 순결을 지키기 어렵겠다는 생각이 들어 위 객실을 빠져나가려 하였으나 출입문 쪽에서 피고인이 전화를 하고 있어 위 출입문 쪽으로 나가려다가는 피고인에게 잡힐 것 같은 생각이 들자 다급한 나머지 위 객실 창문을 열고 뛰어내리다가 28m 아래 지상으로 추락하여 두개골골절상등을 입고 사망한 사실 등을 각 인정한 후, 위 인정사실에 의하면 위 피해자가 위 호텔 객실까지 끌려들어가게 된 경위, 위 객실 내에서 피고인이 위 피해자를 강간하려고 유형력을 행사한 정도 및 그 시간, 위 피해자가 피고인에게 자신이 처녀라고 말하며 피고인의 요구를 거절하고 완강히 반항하였던 점, 피고인이 위 피해자를 강간하려다 일시 그 행위를 멈추고 전화를 걸기는 하였으나 위 객실의 구조상 피고인이 출입문을 막고 있어 위 피해자가 출입문을 통하여는 위 객실을 탈출하기가 어려웠던 점 등 모든 상황을 종합하여 보면, 피고인으로서는 위 피해자가 피고인으로부터 강간을 당하지 않기 위하여 반항하면서 경우에 따라서는 위 객실의 창문을 통하여 아래로 뛰어내리는 등 탈출을 시도할 가능성이 있고 그러한 경우 위 피해자가 사망할 수도 있다는 예견도 가능하였다고 봄이 상당하므로, 피고인의 행위와 위 피해자의 사망과의 사이에 상당인과관계가 있었다고 하여 피고인을 강간치사죄로 처단한 제1심의 유죄판단을 유지하고 있는바, 원심이 들고 있는 위와 같은 제반 상황과 그 밖에 원심이 인용한 제1심이 적법하게 조사, 채택한 각 증거에 의하여 인정되는 다음과 같은 여러 사정, 즉 위 피해자는 전문대학 졸업 후 취업을 위해 노력하다가 구인광고를 보고 찾아 간 피고인 경영의 속셈학원에 강사로 채용되어 아직 첫 출근도 하지 아니한 상태에서 학습교재를 설명하겠다는 피고인에게 유인되어 위와 같이 정조를 유린당할 상황에까지 이르게 된 것이고, 위 피해자의 당시 나이가 20세로서 겨우 성년에 이른데다가 아직 아무런 성경험이 없는 처녀의 몸이었던 점, 피해자가 탈출하기 전에 피고인에 의하여 이미 2시간 이상이나 감금되어 있었으므로 위 피해자로서는 위와 같은 상황에서 벗어나기 위하여 어떤 방법으로든지 탈출을 시도할 가능성이 높았던 점, 당시 피고인이 프런트에 전화를 거느라고 위 피해자에 대한 폭행을 잠시 멈추고 있었다고는 하나, 피고인의 감시하에 같은 방내에 계속 감금된 상태에 있었고, 그 전화의 내용도 대실시간을 연장하여서라도 피해자를 객실내에 계속 감금한 채 결국 강간의 목적을 이루고야 말겠다는 피고인의 의도를 드러내는 것이었던 점, 피해자가 탈출한 창문은 한쪽이 가로 85cm, 세로 33cm 크기의 옆으로 밀어 여는 형태의 알미늄 새시문이어서 사람이 그 창틀 위로 올라가 뛰어내릴 수는 없고 창틀 위에 몸을 엎드려 옆으로 빠져나갈 수밖에 없는데, 피고인의 진술에 의하더라도 당시 피해자가 왼쪽, 오른쪽의 순서로 발과 다리부분부터 차례로 창틀을 넘어간 후 머리부분이 맨 마지막으로 밖으로 빠져나가는 형태로(이는 사체부검 결과 밝혀진 추락시의 각 상해부위와도 일치한다) 탈출하였다는 점에 비추어 볼 때, 피해자가 극도의 흥분을 느끼고 몹시 당황한 상태에서 자신이 끌려들어간 위 객실이 고층에 위치하고 있다거나 밖에 베란다가 없다는 사실 등을 순간적으로 의식하지 못한 채 미리 밖을 내다보지도 않고서 그대로 위 창문을 통하여 탈출하다가 지상으로 추락하여 사망에 이른 것으로 보이는 점 등의 여러 사정을 종합하여 보면, <u>위와 같은 상황하에서라면 일반 경험칙상 위 피해자가 강간을 모면하기 위하여 창문을 통하여서라도 탈출하려다가 지상에 추락하여 사망에 이르게 될 수도 있음을 충분히 예견할 수 있었다고 볼 것이므로, 피고인의 이 사건 강간미수행위와 위 피해자의 사망과의 사이에는 상당인과관계가 있다.</u>

〈상당인과관계의 판단 기준 : '객관적-사후적 예후'〉

대법원 1978. 11. 28. 선고 78도1961 판결 [폭행치사]

원심은 그 판시 증거들에 의하여 ○○학교 교사인 피고인이 공소 일시.장소에서 동교3학년 학생인 피해자 김×식이 민방공훈련에 불참하였다는 이유를 들어 주의를 환기시킴에 있어 왼 **쪽뺨을 한번 살짝 때린 사실이 있고**(이 점에서 원심은 원심이 인정한 사실과는 그 정도에서 차이가 있는 '피고인이 주먹으로 피해자의 왼쪽뺨을 1회 구타하는 등의 폭행을 가하였다'는 공소사실을배척하고 있다.), 이 순간 피해자가 뒤로 넘어지면서 머리를 지면에 부딪혀 우측 측두골부위에 선상골절상을 입고 지주막하출혈 및 뇌좌상을 일으켜 사망한 것은 사실이나, 피해자가 위와 같이 뒤로 넘어진 것은 피고인으로부터 뺨을 맞은 탓이 아니라 그 피해자의 원심판시와 같은 평소의 허약상태에서 온 급격한 뇌압 상승 때문이었고, 또 위 사망의 원인이 된 측두골 골절이나 뇌좌상은 보통 사람의 두개골은 3내지 5미리미터인데 비하여 피해자는 0.5미리 밖에 안되는 비정상적인 얇은 두개골이었고 또 뇌수종이 있었던 데 연유한 것이라는 사실과, 피고인은 이 피해자가 다른 학생에 비하여 체질이 허약함은 알고 있었으나 위와 같은 두뇌의 특별이상이 있음은 미쳐 알지 못하였던 것이라고 인정하고 있다.

원심판결을 기록에 의하여 대조검토하면 원심이 위와같은 사실인 정과정에서 거친 증거취사는 적법하여 여기에 채증법칙의 위배가 있다고 할 수 없고,원심이 확정한 사실관계가 위와 같은 이상 피고인의 소위와 피해자의 사망간에는 이른바 인과관계가 없는 경우에 해당하거나, 또는 피고인으로서는 본건사망의 결과발생에 대한 예견가능성이 없었다고 인정한 원심판단은 정당한 것으로 보여 여기에 소론과 같은 인과관계와 결과적가중범의 법리를 오해한 위법이 있다고 할 수 없고, 상고이유에서 지적하고 있는 본원판례는 본건에 적절한 것이 되지 못한다.

〈상당인과관계(상당성)의 판단기준 : 평균인의 관점〉

대법원 2001. 6. 1. 선고 99도5086 판결 [과실폭발성물건파열·과실치사·과실치상]

이 사건 휴즈콕크가 가스설비의 설치기준에 포함되는 안전장치로서 일정한 자격이 있는 자만이 그 설치 및 제거를 할 수 있도록 규정하고 있는 법규정의 취지와 이 사건 103호에 대한 가스유입을 개별적으로 차단할 수 있는 주밸브가 주택 외부에 다른 가구의 것과 함께 설치되어 있어 누군가에 의하여 개폐될 가능성을 배제할 수 없다는 점 등에 비추어 보면, <u>위 휴즈콕크를 제거하면서 그 제거부분에 아무런 조치를 하지 않고 방치하게 되면, 혹시나 주 밸브가 열리는 경우에는 이 사건 103호로 유입되는 가스를 막을 아무런 안전장치가 없어 가 스 유출로 인한 대형사고의 가능성이 있다는 것은 평균인의 관점에서 객관적으로 볼 때 충 분히 예견할 수 있는 것이므로, 위 피고인이 단지 자신의 비용으로 설치한 것이라는 이유만 으로 주밸브만을 잠궈놓은 채 아무런 조치 없이 위 휴즈콕크를 제거한 것은 과실이 없다고 할 수 없고, 이러한 위 피고인의 과실은 이 사건 가스폭발사고와 상당인과관계가 있다고 할</u> 것이다(위 피고인이 이사를 가면서 이 사건 주택을 소유자에게 인도하였고, 새로 세입자가 입주함으 로써 이 사건 주밸브를 포함한 가스설비에 대한 관리책임이 이양되었다는 점이나, 주밸브가 열려진 원 인 및 점화원이 밝혀지지 않았다고 하여 달리 볼 것은 아니다).

〈상당인과관계의 판단 기준: 행위자의 특수지식의 고려〉

대법원 1986. 9. 9. 선고 85도2433 판결 [폭행치사]

원심이 확정한 바와 같이 **피고인이 피해자를 2회에 걸쳐 두손으로 힘껏 밀어 땅바닥에 넘어 뜨리는 폭행을 가함으로써 그 당시 심관상동맥경화 및 심근섬유화 증세등의 심장질환을 앓 고 있었고 음주만취한 상태에 있던 피해자가 그 충격으로 인하여 쇼크성 심장마비로 사망하 였다면 비록 피해자에게 그 당시 위와 같은 지병이 있었고 음주로 만취한 상태였으며 그것 이 피고인의 폭행으로 피해자가 사망함에 있어 영향을 주었다고 해서 피고인의 폭행과 피해 자의 사망간에 상당인과 관계가 없다고 할 수 없고** 또 위 증거들에 의하면 <u>피고인은 피해자 가 평소 병약한 사람인데다 그 당시 음주만취된 상태였다는 것을 알고 있었던 사실이 인정 되므로 그 구체적인 병명은 몰랐다고 하더라도 앞서본 바와 같이 피고인이 피해자를 2회에 걸쳐 두손으로 힘껏 밀어 넘어뜨린 때에 이미 그 폭행과 그 결과에 대한 예견가능성이 있었</u> 다 할 것이고 그로 인하여 치사의 결과가 발생하였다면 이른바 결과적 가중범의 죄책을 면 할 수 없다 할 것이다.

Ⅲ. 침해범에서 객관적 구성요건에의 귀속

1. 허용되지 않은 위험의 창출

가. 위험의 창출

〈위험의 창출이 없는 경우 1〉

대법원 1974. 7. 23. 선고 74도778 판결 [업무상과실치상, 도로교통법위반]

원심판결이유에 의하면 원심은 이 사건 사고가 있기전 운전수인 피고인이 갑자기 머리가 아프고 오한이 들어 자동차를 운전할 수 없게 되자 이 차량의 차주이며 평소에 운전경험이 있는 정흥섭이 자진하여 자기가 운전하겠다고 하므로 피고인이 그대로 이를 방치하게 되었고 위 정흥섭은 피고인이 오한으로 앓고 있는 사이에 이를 운전하다가 이 사건 사고를 발생케 한 사실을 인정한 다음, 이러한 경우이므로 피고인이 차주인 위 정흥섭의 **무면허운전을 방치한 행위**와 이 사건사고로 인한 상해의 결과발생과의 사이에는 다른 특별한 사정이 없는한 인과관계가 있다고 볼 수 없다고 판단하고 있다. 사실관계가 위와 같은 이상 <u>앓고 있는 피고인이 소론과 같이 이 차에 함께 타고 있으면서 위 정흥섭</u>(본건 사고로 인하여 별건에서 벌금형을 선고 받았음)<u>으로 하여금 비가 온 후의 도로의 미끄러움에 대비하도록 하거나 내리막길에 있어서의 운전상의 주의를 교시하지 않았다 하여 위 정흥섭의 운전상의 과실행위에 피고인과의 상호간의 의사연락이 있었다고 보거나 또는 피고인이 위와 같은 경우에 위 정흥섭에게 운전행위를 저지하지 않은 원인행위가 정흥섭의 운전상의 부주의로 인한 이 사건 결과발생에까지 미친다고 볼 수는 없다</u> 할 것이므로 같은 취지의 원심판단은 정당하다 할 것이다.

〈위험의 창출이 없는 경우 2: 이중역과 사례〉

대법원 2014. 6. 12. 선고 2014도3163 판결 [특정범죄가중처벌등에관한법률위반(도주차량)]

1. 피고인에 대한 공소사실의 요지는, 피고인은 2013. 2. 22. 20:34경 (차량번호 1 생략) 쏘나타3 차량을 운전하여 충남 부여군 초촌면 추양리에 있는 추양정미소 앞 편도 1차로 도로를

초촌면 소재지 쪽에서 광석 방면으로 진행함에 있어, **전방 및 좌우를 잘 살펴 진로의 안전을 확인하면서 안전하게 운전하여야 할 업무상 주의의무를 위반한 과실로 같은 날 20:26경 원심 공동피고인 1 운전의 (차량번호 2 생략) 무쏘 차량에 충격되어 도로에 쓰러져 있던 피해자 공소외 1을 다시 역과함으로써 피해자를 다발성손상 등으로 사망에 이르게 하고도 즉시 차량을 정차하여 구호조치를 하는 등 필요한 조치를 취하지 아니하고 그대로 도주하였다는** 것이다. …

3. 그러나 원심의 위와 같은 판단은 다음과 같은 이유에서 그대로 수긍하기 어렵다.

가. 형사재판에서 공소가 제기된 범죄사실에 대한 증명책임은 검사에게 있고, 유죄의 인정은 법관으로 하여금 합리적인 의심을 할 여지가 없을 정도로 공소사실이 진실한 것이라는 확신을 가지게 하는 증명력을 가진 엄격한 증거에 의하여야 하며, 이러한 법리는 선행차량에 이어 피고인 운전 차량이 피해자를 연속하여 역과하는 과정에서 피해자가 사망한 경우에도 마찬가지로 적용되므로, 피고인이 일으킨 후행 교통사고 당시에 피해자가 생존해 있었다는 증거가 없다면 설령 피고인에게 유죄의 의심이 있다고 하더라도 피고인의 이익으로 판단할 수밖에 없다.

나. 원심 공동피고인 1에 의한 1차 사고의 발생일시는 공소사실 기재 일시와 같고, 피고인의 차량이 피해자를 충격한 2차 사고는 1차 사고 발생 시로부터 약 8분이 경과한 때임을 알 수 있으므로, 이 사건 공소사실의 유죄 인정 여부는 과연 피해자가 1차 사고를 당한 후 2차 사고 시까지 생존해 있었는지에 따라 좌우된다.

다. 기록에 의하면, 원심 공동피고인 1은 도로에 누워 있던 피해자를 무쏘 차량으로 충격한 후 그대로 100m 정도 끌고 가서 정차한 사실, 원심 공동피고인 1은 이때까지도 피해자를 발견하지 못하였다가, 다시 전진하던 중 피해자를 넘어가지 못하게 되자 비로소 피해자가 차량 하부에 깔려 있다는 사실을 깨닫고 후진하여 피해자를 차량에서 떨어뜨린 다음 도주한 사실, 피해자가 무쏘 차량에 의하여 끌려간 도로 상에는 피해자의 혈흔과 차량에 의하여 끌려간 흔적이 선형으로 선명하게 남은 사실, 사고 직후 사고현장을 촬영한 CCTV와 사고현장을 직접 확인한 공소외 3은 1차 사고 이후 2차 사고 발생 시까지 피해자가 미동도 하지 않았고, 피해자가 무쏘 차량에 의해 끌려간 자리에서 20m 정도의 혈흔과, 1m 정도의 뇌수, 주먹만한 핏덩어리를 목격한 사실이 있다는 내용의 사실확인서를 제1심법원에 제출한 사실 등을 알 수 있다.

이와 같은 1차 사고의 충격의 강도와 충격 후의 상황 등에 비추어 볼 때, 피해자가 그로 인해 두부와 흉복부 등에 치명적인 손상을 입었을 것임은 경험칙상 쉽게 예상할 수 있으므로, 이로 인하여 피해자가 1차 사고 후 2차 사고 발생 전에 이미 사망하였을 가능성을 완전히 배제할 수는 없을 것으로 보인다.

한편, 원심이 2차 사고 당시 피해자가 사망한 상태였다고 보기 어렵다고 판단한 근거로 삼은 증거들에 관하여 보건대, ① 의사 공소외 2 작성의 사체검안서의 기재에 의하면, 피해자가 병원 도착 당시 이미 사망하였다는 점은 인정할 수 있으나, 그 기재만으로 이송 중에는 생존해 있었다는 점을 인정하기는 어렵고, ② 국립과학수사연구원의 피해자에 대한 부검감정서에는 피해자가 1차 사고에 의하여 치명적인 손상을 입었을 가능성을 배제하기 어렵다고 기재되어 있을 뿐, 1차 사고 이후에도 생존해 있었다는 기재는 보이지 아니하며, ③ 1차 사고 이후 8분 만에 2차 사고가 발생하였거나, 2차 사고 당시의 피고인 운전 차량의 속력이 시속 60~70km로 1차 사고 당시 원심 공동피고인 1 운전 차량의 속력보다 빠르다는 이유만으로 피해자가 2차 사고로 충격을 받아 사망하였다고 보기는 어려우므로, 위 각 증거들만으로는 피고인 운전 차량이 2차로 피해자를 역과할 당시 아직 피해자가 생존해 있었다고 단정하기에 부족하고, 달리 이를 인정할 증거가 없다.

라. 결국 원심이 그 판시와 같은 이유만으로 피고인에 대한 이 사건 공소사실을 유죄로 인정한 데에는, 선행 교통사고와 후행 교통사고가 경합하여 피해자가 사망한 경우, 후행 교통사고와 피해자의 사망 사이의 인과관계의 증명책임에 관한 법리를 오해하여 필요한 심리를 다하지 아니함으로써 판결에 영향을 미친 위법이 있다.

대법원 2001. 12. 11. 선고 2001도5005 판결 [교통사고처리특례법위반]

기록에 의하면, 이 사건 피해자는 이 사건 사고 전까지는 좌측 얼굴에 피를 흘리고 있었던 것 외에는 신체나 의류에 외형적인 손상이 가해진 흔적 없이 도로에 반듯하게 누워있었던 사실, 그 후 제1심 공동피고인과 피고인의 차량이 피해자를 연속하여 역과하는 과정에서 피고인의 차량이 피해자를 약 10m 정도 끌고 감으로써 피해자의 온 몸이 꼬이고 두개골의 일부가 떨어져 나가는 등 신체 전반에 광범한 손상을 입게 되었는데, 피해자의 사망원인은 두개골 손상 및 심장 파열, 경추와 두부의 분리 등인 것으로 밝혀진 사실, 피해자의 시신을 부검한 결과 피해자가 입은 신체 각 부의 다발성 골절 및 심장파열 등의 손상부위에서 생전에 신체 내·외부에 가해진 자극에 대하여 반응하는 이른바 생활반응(출혈 및 혈액응고 현상)이 관찰되고 있어, **피해자는 위 다발성 골절상 및 심장파열상 등의 손상을 입을 당시까지는 생존해 있었던 것으로 보이는 사실**을 각 알 수 있는바, 사실관계가 이러하다면, 제1심 공동피고인에 이어 피고인이 다시 피해자를 역과함으로써 피해자의 심장 등 내부 장기가 파열되고 두부가 손상되었을 뿐만 아니라 신체의 여러 부위가 골절되는 등의 손상을 입게 된 것이라고 보아야 할 것이고, 피해자의 위 각 손상부위마다 생활반응이 나타난 이상, 피고인이 피해자를 역과하기 전에는 피해자는 아직 생존해 있었고, 피고인 운전차량의 역과에 의하여 비로소 사망하게 된 것으로 판단함이 상당하다고 할 것이다.

나. 허용된 위험(이 실현된 경우)

〈허용되지 않은 위험의 창출이 없는 경우〉

대법원 1994. 4. 26. 선고 94도548 판결 [교통사고처리특례법위반]

원심은, 거시증거에 의하여 피고인이 판시와 같이 이 사건 사고지점 도로 횡단보도2차선 상을 차량진행신호에 따라 정상적으로 약 60km의 속도로 진행하다가 위 횡단보도 상을 신호를 무시한 채 우측에서 좌측으로 오토바이를 운전하여 갑자기 무단횡단하던 피해자운전의 오토바이의 앞바퀴 부분과 피고인 운전의 위 승용차의 앞부분이 부딪쳐 위 피해자가 사망한 사실과 위 도로의 제한속도가 시속 70km인 사실을 인정하고, 위 인정사실에 의하여 제한속도를 준수하며 진행하는 피고인으로서는 신호기의 차량진행신호에 따라 그대로 진행하면 족하고 위 피해자 운전의 오토바이가 신호를 무시하고 갑자기 위 횡단보도를 무단횡단할 경우까지를 예상하여 사고예방을 위한 필요한 조치를 위하여야 할 업무상 주의의무는 없다 할 것이고, 이는 위 오토바이가 위 도로의 우측변에서 횡단보도를 횡단하려고 서 있는 것을 피고인이 미리 발견하였다 하더라도 다름이 없으며 달리 이 사건 사고발생에 있어서 피고인이 사고예방을 위하여 필요한 주의의무를 다하지 아니한 잘못이 있음을 인정할 만한 증거가 없다고 하여 제1심판결을 파기하고 피고인에게 무죄를 선고 하였는 바, 기록에 대조 검토하여 볼 때 원심의 위 인정 판단은 수긍되고 거기에 소론과 같은 신뢰의 원칙, 자동차 운전자의 주의의무에 관한 법리오해의 위법이 없다.

2. 허용되지 않은 위험의 실현

가. 허용되지 않은 위험의 실현

(1) 위험의 실현이 긍정된 사례 : 객관적 귀속 인정

〈위험실현 긍정 사례 1〉

대법원 2000. 2. 11. 선고 99도5286 판결 [감금치사·도로교통법위반]

피고인이 당초 그의 승용차로 피해자를 가로막음으로써 피해자로 하여금 할 수 없이 위 차량에 승차하게 한 후 피해자가 내려달라고 요청하였음에도 불구하고 당초 목적지라고 알려준 장소가 아닌 다른 장소를 향하여 시속 약 60㎞ 내지 70㎞의 속도로 진행하여서 피해자를 위 차량에서 내리지 못하도록 하였다면 그와 같은 피고인의 행위는 감금죄에 해당함이 분명하고, 나아가 피해자가 위와 같은 감금상태를 벗어날 목적으로 위 차량의 뒷좌석 창문을 통하여 밖으로 빠져 나오려다가 길바닥에 떨어져 상해를 입고 그 결과 사망에 이르렀다면 피고인의 위 감금행위와 피해자의 사망 사이에는 상당인과관계가 있다고 할 것이므로 피고인으로서는 감금치사죄의 죄책을 면할 수 없다.

> **대법원 1996. 5. 10. 선고 96도529 판결 [강간치상(인정된 죄명 상해치사)]**
> 피고인이 이 사건 범행일시경 계속 교제하기를 원하는 자신의 제의를 피해자가 거절한다는 이유로 얼굴을 주먹으로 수회 때리자 피해자는 이에 대항하여 피고인의 손가락을 깨물고 목을 할퀴게 되었고, 이에 격분한 피고인이 다시 피해자의 얼굴을 수회 때리고 발로 배를 수회 차는 등 폭행을 하므로 피해자는 이를 모면하기 위하여 도로 건너편의 추어탕 집으로 도망가 도움을 요청하였으나, 피고인은 이를 뒤따라 도로를 건너간 다음 피해자의 머리카락을 잡아 흔들고 얼굴 등을 주먹으로 때리는 등 폭행을 가하였고, 이에 견디지 못한 피해자가 다시 도로를 건너 도망하자 피고인은 계속하여 쫓아가 주먹으로 피해자의 얼굴 등을 구타하는 등 폭행을 가하여 전치 10일간의 흉부피하출혈상 등을 가하였고, **피해자가 위와 같이 계속되는 피고인의 폭행을 피하려고 다시 도로를 건너 도주하다가 차량에 치여 사망한 사실**을 인정한 다음, 위와 같은 사정에 비추어 보면 피고인의 위 상해행위와 피해자의 사망 사이에 상당인과관계가 있다고 하여 피고인을 상해치사죄로 처단한 제1심의 판단을 유지하고 있는바, 기록에 의하여 살펴보면, 원심의 사실인정과 피고인의 위 상해행위와 피해자의

사망 사이에 상당인과관계가 있다고 본 원심의 판단은 모두 정당한 것으로 수긍이 (된다).

〈위험실현 긍정 사례 2〉

대법원 2014. 7. 24. 선고 2014도6206 판결 [일반교통방해치사 · 일반교통방해치상 · 폭력행위등처벌에관한법률위반(집단 · 흉기등협박) · 도로교통법위반]

형법 제188조에 규정된 교통방해에 의한 치사상죄는 결과적 가중범이므로, 위 죄가 성립하려면 교통방해 행위와 사상의 결과 사이에 상당인과관계가 있어야 하고 행위 시에 결과의 발생을 예견할 수 있어야 한다. 그리고 교통방해 행위가 피해자의 사상이라는 결과를 발생하게 한 유일하거나 직접적인 원인이 된 경우만이 아니라, 그 행위와 결과 사이에 피해자나 제3자의 과실 등 다른 사실이 개재된 때에도 그와 같은 사실이 통상 예견될 수 있는 것이라면 상당인과관계를 인정할 수 있다(대법원 1994. 3. 22. 선고 93도3612 판결 참조). …

당시 피고인은 1 · 2차로에 차량들이 정상 속도로 꾸준히 진행하고 있었는데도 2차로를 따라 시속 110~120km 정도로 진행하여 1차로의 피해자 공소외 1 차량 앞에 급하게 끼어든 후 곧바로 제동하여 약 6초 만에 정차하였고, 피해자 공소외 1의 차량 및 이를 뒤따르던 차량 두 대가 연이어 급제동하여 정차하기는 하였으나, 그 뒤를 따라오던 피해자 공소외 2가 운전하던 차량은 미처 추돌을 피하지 못하였고 그 추돌 시각은 피고인 차량 정차로부터 겨우 5~6초 후라는 것이다. 그렇다면 스스로 편도 2차로의 고속도로 추월차로인 1차로 한가운데에 정차한 피고인으로서는 현장의 교통상황이나 일반인의 운전 습관 · 행태 등에 비추어 고속도로를 주행하는 다른 차량 운전자들이 제한속도 준수나 안전거리 확보 등의 주의의무를 완전하게 다하지 않을 수도 있다는 점을 알았거나 충분히 알 수 있었다고 할 것이므로, 설령 이 사건에서 피해자들의 사상의 결과 발생에 피해자 공소외 2의 과실이 어느 정도 개재되었다 하더라도, 피고인의 정차 행위와 그와 같은 결과 발생 사이에 상당인과관계가 없다고 할 수 없다. 비록 피고인 차량 정차 후 세 대의 차량이 급정차하여 겨우 추돌을 피하기는 하였으나, 그것만으로 통상의 운전자라면 피해자 공소외 2가 처했던 상황에서 추돌을 피할 수 있었다는 개연성을 인정할 만한 특별한 사정이 있다고 보기는 어렵고, 달리 그럴 만한 자료를 찾을 수도 없다.

〈피고인이 창출한 (허용되지 않은) 위험이 실현된 경우〉

대법원 1994. 3. 22. 선고 93도3612 판결 [살인·살인미수·폭력행위등처벌에관한법률위반·
도로교통법위반]

원심이 유지한 제1심판결은, 피고인들이 공소외 1·2·3·4·등과 공모하여 그들의 동료인
공소외 5·6 등을 납치·폭행한 공소외 7 등 타워파 폭력조직원들에 대하여 보복을 하기로
결의한 후, 1993.2.15. 05:30경 전주시 덕진구 금암동 소재 여관 1로 공소외 7 등을 찾아가
서 상호공동하여 공소외 1과 피고인 4는 그곳 안내실에서 종업원인 공소외 한정숙이 경찰에
연락을 하지 못하도록 감시하고, 뒤이어 도착한 피고인 2는 여관문 앞에서 망을 보고 공소
외 2는 여관 302호실 방문 앞에서 망을 보고, 피고인 5와 공소외 4는 각목을, 공소외 3은 쇠
파이프를, 피고인 1과 3은 낫을, 피고인 6은 또 다른 흉기를 각 소지한 채 위 302호실로 들
어가 그 곳에서 잠을 자던 피해자 1·2를 공소외 7의 일행인줄 잘못 알고 각기 각목과 쇠파
이프로 위 피해자들의 머리와 몸을 마구 때리고, 낫으로 팔과 다리 등을 닥치는대로 여러 차
례 힘껏 내리찍은 사실을 인정하였는바, 제1심판결이 채택한 증거들을 기록과 대조하여 검
토하면, 제1심의 이와 같은 사실인정은 정당한 것으로 수긍이 되고, …

4. 피고인 2를 제외한 피고인들의 각 상고이유 제3점과 변호인의 상고이유 제2점에 대한 판단
위 피고인들의 가해행위와 피해자 1의 사망과의 사이에 인과관계가 있어야 위 피고인들을
살인죄로 처벌할 수 있는 것임은 소론과 같지만, 살인의 실행행위가 피해자의 사망이라는
결과를 발생하게 한 유일한 원인이거나 직접적인 원인이어야만 되는 것은 아니므로(당원
1982.12.28. 선고 82도2525 판결 참조), 살인의 실행행위와 피해자의 사망과의 사이에 다른 사
실이 개재되어 그 사실이 치사의 직접적인 원인이 되었다고 하더라도, 그와 같은 사실이 통
상 예견할 수 있는 것에 지나지 않는다면 살인의 실행행위와 피해자의 사망과의 사이에 인
과관계가 있는 것으로 보아야 할 것이다.

제1심 증인 이태관·이광영 및 원심 증인 안양옥의 각 증언과 의사 이태관이 작성한 피해자 1
에 대한 사망진단서의 기재 등 관계증거에 의하면, 피해자 1은 1993.2.15. 위 피고인들의 이
사건 범행으로 입은 자상으로 인하여 급성신부전증이 발생되어 치료를 받다가 다시 폐염·패
혈증·범발성혈액응고장애 등의 합병증이 발생하여 1993.3.17. 사망한 사실, 급성신부전증의
예후는 핍뇨형이나 원인질환이 중증인 경우에 더 나쁜데, 사망률은 30% 내지 60% 정도에 이
르고 특히 수술이나 외상 후에 발생한 급성신부전증의 경우 사망률이 가장 높은 사실, 급성

신부전증을 치료할 때에는 수분의 섭취량과 소변의 배설량을 정확하게 맞추어야 하는 사실, 위 피해자는 외상으로 인하여 **급성신부전증이 발생**하였고 또 소변량도 심하게 감소된 상태였으므로 음식과 수분의 섭취를 더욱 철저히 억제하여야 하는데, **이와 같은 사실을 모르고 콜라와 김밥 등을 함부로 먹은 탓으로 체내에 수분저류가 발생하여 위와 같은 합병증이 유발됨으로써 사망하게 된 사실** 등을 인정할 수 있는바, 사실관계가 이와 같다면, <u>위 피고인들의 이 사건 범행이 위 피해자를 사망하게 한 직접적인 원인이 된 것은 아니지만, 그 범행으로 인하여 위 피해자에게 급성신부전증이 발생하였고 또 그 합병증으로 위 피해자의 직접사인이 된 패혈증 등이 유발된 이상, 비록 그 직접사인의 유발에 위 피해자 자신의 과실이 개재되었다고 하더라도 이와 같은 사실은 통상 예견할 수 있는 것으로 인정되므로, 위 피고인들의 이 사건 범행과 위 피해자의 사망과의 사이에는 인과관계가 있다고 보지 않을 수 없다.</u>

> **대법원 1988. 11. 8. 선고 88도928 판결 [교통사고처리특례법위반]**
> <u>피고인이 운행하던 자동차로 도로를 횡단하던 피해자를 충격하여 피해자로 하여금 반대차선의 1차선상에 넘어지게 하였다면 비록 피해자가 반대차선을 운행하던 자동차에 역과되어 사망하였다 하더라도 피고인은 그와 같은 사고를 충분히 예견할 수 있었고 또한 피고인의 과실과 피해자의 사망 사이에는 인과관계가 있다고 할 것이므로 피고인은 업무상과실치사죄의 죄책을 면할 수 없는 것이다.</u>

대법원 2010. 4. 29. 선고 2009도7070 판결 「<u>피고인의 전원지체 등의 과실로 피해자에 대한 신속한 수혈 등의 조치가 지연된 이상 피해자의 사망과 피고인의 과실 사이에는 인과관계를 부정하기 어렵고, ○○병원 의료진의 조치가 다소 미흡하여 피해자가 ○○병원 응급실에 도착한 지 약 1시간 20분이 지나 수혈이 시작되었다는 사정만으로 피고인의 과실과 피해자 사망 사이에 인과관계가 단절된다고 볼 수 없으므로,</u> 피해자의 사망에 대한 피고인의 책임을 인정한 원심의 조치는 정당하(다).」

(2) 위험의 실현이 부정된 사례 : 객관적 귀속 부정

〈피고인이 창출한 위험이 실현되지 않은 경우〉

대법원 1983. 8. 23. 선고 82도3222 판결 [업무상과실치상]

원심은 피고인 운전의 택시가 이미 정거하였음에도 뒤쫓아오던 택시가 충돌하는 바람에 앞의 차를 충격하여 이 사건 사고가 발생하였다는 제1심의 사실인정을 지지하면서 피고인에 대하여 무죄를 선고한 제1심 판결을 유지하고 있는 바, 기록을 통하여 제1심 및 원심의 사실인정을 살펴보면 정당하고 거기에 경험칙이나 과학법칙을 어겨 사실을 오인한 위법은 찾아 볼 수 없으며, 사실관계가 위와 같다면 **설사 피고인에게 안전거리를 준수치 아니한 위법이 있었다 할지라도** 그것이 이 사건 피해결과에 대하여 인과관계가 있다고 단정할 수도 없는 것이므로 논지는 모두 이유없다.

대법원 2000. 9. 5. 선고 2000도2671 판결 [교통사고처리특례법위반]

피해자와 그 일행 한 사람은 함께 우측 도로변에 서 있다가 피고인이 1차로에서 2차로로 진로를 변경하여 고속버스를 추월한 직후에 피고인 운전의 자동차 30 내지 40m 전방에서 고속도로를 무단횡단하기 위하여 2차로로 갑자기 뛰어들었고, 피고인은 그제서야 위와 같이 무단횡단하는 피해자 등을 발견하였는데 충격을 피할 수 있는 조치를 하기에 이미 늦어 피고인 운전의 자동차로 피해자 등을 충격하게 된 것이므로, 피고인이 급제동 등의 조치로 피해자 등과의 충돌을 피할 수 있는 상당한 거리에서 피해자 등의 무단횡단을 미리 예상할 수 있었다고 할 수 없고(피고인이 상당한 거리에서 피해자 등이 도로변에 서 있는 것을 발견하였다고 하더라도 피해자 등이 갑자기 고속도로를 무단횡단한 이상 피고인으로서는 이를 예견하여 피해자 등과의 충돌사고를 예방하기 위하여 급정차 등의 조치를 취할 수 있도록 대비하면서 운전할 주의의무도 없다), 이 사건 사고 지점이 인터체인지의 진입로 부근이라 하여 달리 볼 수 없으며, 또 원심이 판시한 바와 같이 피고인에게 야간에 고속버스와의 안전거리를 확보하지 아니한 채 진행하다가 고속버스의 우측으로 제한최고속도를 시속 20km 초과하여 고속버스를 추월한 잘못이 있더라도, 이 사건 사고경위에 비추어 볼 때 피고인의 위와 같은 잘못과 이 사건 사고결과와의 사이에 상당인과관계가 있다고 할 수도 없다.

나. 주의규범의 보호목적에 속하지 않는 경우 : 객관적 귀속 부정

〈주의규범의 보호목적〉

대법원 1990. 2. 9. 선고 89도1774 판결 [교통사고처리특례법위반]

신호등에 의하여 교통정리가 행하여지고 있는 사거리 교차로를 녹색등화에 따라 직진하는 차량의 운전자는 특별한 사정이 없는 한 다른 차량들도 교통법규를 준수하고 충돌을 피하기 위하여 적절한 조치를 취할 것으로 믿고 운전하면 족하고, 다른 차량이 신호를 위반하고 직진하는 차량의 앞을 가로질러 직진할 경우까지 예상하여 그에 따른 사고발생을 미연에 방지할 특별한 조치까지 강구할 업무상의 주의의무는 없다고 할 것인바(당원 1985.1.22. 선고 84도1493 판결 참조), 원심이 원심판시와 같이 녹색신호에 따라 직진하는 피고인으로서는 피해자 운전의 이 사건 오토바이가 좌측에서 신호위반하여 직진하여 올 것까지 예상하여 감속 운행할 주의의무는 없으므로 피고인이 이 사건 사고지점을 통과할 무렵 제한속도를 초과하였다고 하더라도 업무상과실치사의 책임이 없다.

대법원 1993. 1. 15. 선고 92도2579 판결 「신호등에 의하여 교통정리가 행하여지고 있는 "卜"자형 삼거리의 교차로를 녹색등화에 따라 직진하는 차량의 운전자는 특별한 사정이 없는 한 다른 차량들도 교통법규를 준수하고 충돌을 피하기 위하여 적절한 조치를 취할 것으로 믿고 운전하면 족하고, 대향차선 위의 다른 차량이 신호를 위반하고 직진하는 자기차량의 앞을 가로질러 좌회전할 경우까지 예상하여 그에 따른 사고발생을 미리 방지하기 위한 특별한 조치까지 강구하여야 할 업무상의 주의의무는 없다고 할 것인바, 원심이 같은 취지에서 교차로상을 녹색신호에 따라 직진하는 피고인으로서는 피해자의 오토바이가 대향차선에서 갑자기 신호를 위반하여 도로중앙선을 침범하여 좌회전 진입할 것까지 예상하여 감속조치 등의 운행을 할 주의의무는 없는 것이며, 설사 피고인이 이 사건 사고지점을 통과할 무렵 제한속도를 위반하여 과속운전한 잘못이 있었다고 하더라도 그러한 잘못과 이 사건 교통사고의 발생과의 사이에 상당인과관계가 있다고 볼 수 없다고 판단한 조치도 역시 정당하(다).」

다. 합법적 대체행위와 위험증대이론

〈왼쪽 트럭바퀴 사건〉

대법원 1991. 2. 26. 선고 90도2856 판결 [교통사고처리특례법위반]

원심판결 이유에 의하면 원심은 그 증거에 의하여 피고인이 트럭을 운전하여 판시도로의 중앙선 위를 왼쪽 바깥바퀴가 걸친 상태로 운행하던 중 그 판시와 같은 경위로 그 50미터 앞쪽 반대방향에서 피해자가 승용차를 운전하여 피고인이 진행하던 차선으로 달려오다가 급히 자기차선으로 들어가면서 피고인이 운전하던 위 트럭과 교행할 무렵 다시 피고인의 차선으로 들어와 그 차량의 왼쪽 앞 부분으로 위 트럭의 왼쪽 뒷바퀴 부분을 스치듯이 충돌하였고 이어서 위 트럭을 바짝 뒤따라 운전해오던 공소외 이진섭의 운전차량을 들이받아 이 사건 사고가 발생한 사실을 인정한 다음 이와 같은 사고 경위에 비추어 설사 피고인이 중앙선 위를 달리지 아니하고 정상차선으로 달렸다 하더라도 이 사건 사고는 피할 수 없다 할 것이므로 피고인이 트럭의 왼쪽바퀴를 중앙선 위에 올려놓은 상태에서 운전한 것만으로는 이 사건 사고의 직접적인 원인이 되었다고는 할 수 없다고 판시하고 달리 이 사건 범죄에 대한 증명이 없음을 이유로 피고인에게 무죄의 선고를 하였는 바, 기록에 비추어 원심의 판단은 옳게 수긍이 되고 거기에 지적하는 바와 같은 법리의 오해나 채증법칙을 어긴 위법이 없다.

〈할로테인 마취사건〉

대법원 1990. 12. 11. 선고 90도694 판결 [업무상과실치사]

원심판결 이유에 의하면 원심은 피해자가 원판시 난소종양절제수술을 받기 위하여 1980.11.5. 연세대학교 의과대학부속 세브란스병원에 입원한 후 같은 해 11.28. 극도의 간괴사에 의한 간성혼수로 사망에 이르기까지의 증상, 그 변화 및 치료의사의 진료경위사실과 피해자의 사망에 관계되는 전신마취에 의한 개복수술과 간이상 유무의 검사, 마취제 할로테인(hanlothane)의 사용과 간손상과의 관계, 뇨검사에 의한 간기능검사와 혈청에 의한 간기능검사와의 차이 등 그 판시와 같은 사실을 인정한 다음, 그 판시 사실들을 종합하여 보면 **피해자는 수술 후 약 1주일 정도 경과하여 급성전격성간염의 증상이 진단된 간부전으로 사망하였고 그 원인이 될 만한 다른 질병의 감염이나 마취제 할로테인 이외의 간에 독성을 미칠 만한 약품이 검증되지 아니하였으며 피해자의 증상이 할로테인간염의 증상과 유사하고 피해자가 위 마취제 할로테인에 과민반응을 일으킬 만한 특이체질이라고 인정할 아무런 자료도 없을 뿐더러** 원심판시와 같이 피해자에 대하여 실시한 비(B)형간염의 항원 및 항체 검사결과가 그 검사시기에 모두 발견되지 아니하였다 하여 이것만으로는 피해자가 수술당시에 비(B)형간염에 의한 간장애가 없었다고 볼 자료도 되지 아니하는 **이 사건에 있어서 위 간부전의 원인은 피해자가 수술당시에 이미 간장애가 있었고 이것이 할로테인에 의한 마취와 개복수술에 의하여 극악화한 것으로 인정된다** 할 것이므로 피해자의 수술에 관하여 수술주관의사인 피고인 1로서는 개복수술이 간장애를 초래할 위험이 있는 할로테인을 사용한다는 점을 알고 있었으므로 개복수술에 앞서 환자인 피해자의 간의 이상유무를 **혈청의 생화학적반응에 의한 검사 등으로 종합적인 간기능검사**를 철저히 하였어야 할 업무상의 주의의무가 있는데도 그 주의의무를 다하지 아니한 채 정확성이 떨어지는 **소변에 의한 검사**만을 실시하고 그 검사결과만을 믿고 수술을 한 과실이, 마취담당의사인 피고인 2로서는 마취, 특히 할로테인이 간에 심각한 영향을 미치므로 마취 전에 간기능검사가 정확히 행하여졌는지를 확인하고 마취에 임하여야 할 업무상의 주의의무가 있음에도 이를 게을리한 채 소변에 의한 간검사 결과만을 믿고 할로테인에 의하여 마취를 감행한 과실이 있고 위와 같은 과실로 인하여 피고인들은 피해자가 간장애상태에 있음을 알지 못함으로써 할로테인으로 마취를 하여 개복수술을 하였고 피해자의 치료에 관한 주관의사인 피고인 1로서는 수술 후에도 피해자에게 같은 해 11.12. 고열이 발생할 때까지 종합적인 간기능검사를 전혀 시행하지 아니한 일련의 과실로 피해자가 급성전격성간염에 빠져들어 사망에 이르게 되었다고 판단하고 그 판시소위를 업무상과실치사죄로 의율하여 피고인들을 처벌하고 있다.

이 사건에서 혈청에 의한 간기능검사를 시행하지 않거나 이를 확인하지 않은 피고인들의 과실과 피해자의 사망 간에 인과관계가 있다고 하려면 피고인들이 수술 전에 피해자에 대한 간기능검사를 하였더라면 피해자가 사망하지 않았을 것임이 입증되어야 할 것이다. 즉 수술 전에 피해자에 대하여 혈청에 의한 간기능검사를 하였더라면 피해자의 간기능에 이상이 있었다는 검사결과가 나왔으리라는 점이 증명되어야 할 것이다(검사결과 간에 이상이 있었더라면 의사인 피고인들로서는 피해자를 마취함에 있어 마취 후 간장애를 격화시킬 수도 있는 할로테인의 사용을 피하였을 것이다). 그러나 원심이 거시한 증거들만으로는 피해자가 수술당시에 이미 간손상이 있었다는 사실을 인정할 수 없고 그밖에 일건기록에 의하여도 위와 같은 사실을 인정할 아무런 자료를 발견할 수 없다.

〈선행 교통사고와 후행 교통사고 중 어느 쪽이 원인이 되어 피해자가 사망에 이르게 되었는지 밝혀지지 않은 경우〉

대법원 2007. 10. 26. 선고 2005도8822 판결 [교통사고처리특례법위반]

선행 교통사고와 후행 교통사고 중 어느 쪽이 원인이 되어 피해자가 사망에 이르게 되었는지 밝혀지지 않은 경우 후행 교통사고를 일으킨 사람의 과실과 피해자의 사망 사이에 인과관계가 인정되기 위해서는 후행 교통사고를 일으킨 사람이 주의의무를 게을리하지 않았다면 피해자가 사망에 이르지 않았을 것이라는 사실이 입증되어야 하고(대법원 1990. 12. 11. 선고 90도694 판결, 대법원 1996. 11. 8. 선고 95도2710 판결 등 참조), 그 입증책임은 검사에게 있다. 원심은 피고인의 과실행위로 인하여 피해자를 사망에 이르게 하였다고 단정할 증거가 없다는 이유로 이 사건 공소사실에 대하여 피고인에게 무죄를 선고하였는바, 위 법리와 기록에 비추어 보면 원심의 판단은 정당하고, 거기에 과실범의 인과관계에 관한 법리오해 등의 위법은 없다.

> [공소사실] 피고인 2는 옵티마리갈 승용차의 운전자인바, 2004. 12. 4. 12:25경 업무로 위 승용차를 운전하고 광주 광산구 본덕동 소재 호반농원 앞 편도 2차로 도로의 1차로를 따라 송정리 쪽에서 나주 쪽으로 **시속 70킬로미터로 진행하다가 전방주시의무를 태만히 하여 지나치게 근접운전한 과실로 때마침 진행방향 전방에서 진행하다가 반대방향에서 중앙선**

을 침범한 차량과 충돌한 피해자공소외 1(48세) 운전의 (차량번호 2 생략) 포터 화물차의 뒤적재함 부분을 위 승용차의 앞범퍼 부분으로 들이받아 그 충격으로 위 피해자로 하여금 병원으로 후송 중 두부손상 등으로 인하여 사망에 이르게 한 것이다.

[제1심판결] 광주지방법원 2005. 2. 17. 선고 2005고단20, 2005고단39 판결 [교통사고처리특례법위반]

살피건대, 선행사고의 내용 및 정도, 피고인 2 운전의 차량과 망공소외 1 운전 차량의 크기, 양 차량의 충격 부위, 충격 정도 등에 비추어 볼 때 교통사고발생보고서, 교통사고실황조사서, 각 사진, 사체검안서만으로는 공소사실 기재 피고인의 과실과 공소외 1의 사망 사이의 인과관계를 인정하기에 부족하고 달리 이를 인정할 증거가 없다.

따라서 피고인 2에 대한 이 사건 공소사실은 범죄의 증명이 없는 때에 해당하므로 형사소송법 제325조 후단에 의하여 무죄를 선고한다.

[제2심 판결] 광주지방법원 2005. 10. 27. 선고 2005노486 판결 [교통사고처리특례법위반]

2. 판단

가. 과실범의 공동정범은 2인 이상 행위자가 상호의사 연락 하에 과실행위를 공동으로 하거나(대법원 1979. 8. 21. 선고 79도1249 판결, 1982. 6. 8. 선고 82도781 판결 등 참조), 특정한 공동의 목표가 있고 그에 대한 의사연락이 있는 다수인이 저지른 각자의 과실이 합쳐져서 동일한 사고의 원인이 된 경우(대법원 1996. 8. 23. 선고 96도1231 판결, 1997. 11. 28. 선고 97도1740 판결 등 참조)에 인정된다고 할 것인바, 이 사건에서는 제1심 공동피고인이 중앙선을 침범한 과실로 피해자 운전 차량을 정면에서 충격한 것과 피고인이 피해자 운전 차량 후방에서 진행하면서 안전거리를 충분히 확보하지 아니한 과실로 위 선행사고를 당한 피해자 운전 차량 후면을 충격한 것은 전혀 별개의 과실로 인한 별개의 사고이고, 제1심 공동피고인과 피고인에게 어떠한 공동의 목표가 있어 그에 대한 의사연락이 있었다고 볼 여지가 없으므로, 이 사건에서 제1심 공동피고인의 과실로 인한 결과에 대하여 피고인에게 공동책임을 물을 수는 없다고 할 것이다.

나. 따라서, 피고인의 과실행위로 인하여 피해자를 사망에 이르게 하였는지 여부에 대하여 살피건대, 피고인은 제1심 공동피고인의 선행사고 직후에 곧바로 피고인 차량의 본네트가 완전히 파손될 정도의 충격으로 피해 차량의 후미를 충격하였으나, 피해자의 사체를 검안한 의사공소외 2의 진술은 피해자의 사인은 두부 손상 및 흉부 손상으로 추정되나 정확한 사인은 알 수 없다는 것이고, 이 사건 교통사고 발생경위, 피고인 차량과 피해 차량의 충돌 시기, 충격 부위 및 정도만으로는 피고인의 과실로 인한 제2차 충돌로 피해자가 사망하였다는 점을 인정하기에 부족하고, 달리 이를 인정할 증거가 없다.

제4절 고의와 구성요건착오

제1 고의

Ⅰ. 의의

⟨고의의 종류⟩

대법원 1987. 7. 21. 선고 87도1091 판결 [살인,폭력행위등처벌에관한법률위반]

살인죄에 있어서의 범의(고의)는 반드시 살해의 목적이나 계획적인 살해의 의도가 있어야 하는 것은 아니고 살해에 대한 인식이 있으면 족한 것이고 그 인식도 확정적인 것은 물론이고 미필적인 것도 이에 포함되는 것인바, 원심이 적법히 확정한 바에 의하면, **피고인은 피해자의 욕설에 크게 격분하여 흉기인 판시 과도(칼)를 들고 피해자에게 달려가서 막바로 피해자의 목(경부)을 위 흉기로 치명상을 입도록 힘껏 내리 찔러 그 자리에서 바로 사망케 하였다**는 것이므로 이와 같은 범행의 수법으로 미루어 보아 피고인에게 살해의 인식이 없었다 할 수는 없을 것이다.

> **대법원 2017. 11. 9. 선고 2015도12633 판결 [생 략]**
>
> 동일한 기업집단에 속한 계열회사 사이의 지원행위가 합리적인 경영판단의 재량 범위 내에서 행하여진 것인지 여부를 판단하기 위해서는 앞서 본 여러 사정들과 아울러, 지원을 주고받는 계열회사들이 자본과 영업 등 실체적인 측면에서 결합되어 공동이익과 시너지 효과를 추구하는 관계에 있는지 여부, 이러한 계열회사들 사이의 지원행위가 지원하는 계열회사를 포함하여 기업집단에 속한 계열회사들의 공동이익을 도모하기 위한 것으로서 특정인 또는 특정회사만의 이익을 위한 것은 아닌지 여부, 지원 계열회사의 선정 및 지원 규모 등이 당해 계열회사의 의사나 지원 능력 등을 충분히 고려하여 객관적이고 합리적으로 결정된 것인지 여부, 구체적인 지원행위가 정상적이고 합법적인 방법으로 시행된 것인지 여부, 지원을 하는 계열회사에 지원행위로 인한 부담이나 위험에 상응하는 적절한 보상을 객관적으로 기대할 수 있는 상황이었는지 여부 등까지 충분히 고려하여야 한다. <u>위와 같은 사정들을 종합하여 볼 때 문제된 계열회사 사이의 지원행위가 합리적인 경영판단의 재량 범위 내에서 행하여진 것이라고 인정된다면 이러한 행위는 **본인에게 손해를 가한다는 인식하의 의도적 행위**라고 인정하기 어려울 것이다.</u>

〈미필적 고의〉

대법원 2004. 5. 14. 선고 2004도74 판결 [증거인멸·산업안전보건법위반] (대구지하철 화재현장 청소사건)

범죄구성요건의 주관적 요소로서 미필적 고의라 함은 범죄사실의 발생 가능성을 불확실한 것으로 표상하면서 이를 용인하고 있는 경우를 말하고, 미필적 고의가 있었다고 하려면 범죄사실의 발생 가능성에 대한 인식이 있음은 물론 나아가 범죄사실이 발생할 위험을 용인하는 내심의 의사가 있어야 하며(대법원 1985. 6. 25. 선고 85도660 판결, 1987. 2. 10. 선고 86도2338 판결, 2004. 2. 27. 선고 2003도7507 판결 등 참조), 그 행위자가 범죄사실이 발생할 가능성을 용인하고 있었는지의 여부는 행위자의 진술에 의존하지 아니하고 외부에 나타난 행위의 형태와 행위의 상황 등 구체적인 사정을 기초로 하여 일반인이라면 당해 범죄사실이 발생할 가능성을 어떻게 평가할 것인가를 고려하면서 행위자의 입장에서 그 심리상태를 추인하여야 하고, 이와 같은 경우에도 공소가 제기된 범죄사실의 주관적 요소인 미필적 고의의 존재에 대한 입증책임은 검사에게 있는 것이며, 한편, 유죄의 인정은 법관으로 하여금 합리적인 의심을 할 여지가 없을 정도로 공소사실이 진실한 것이라는 확신을 가지게 하는 증명력을 가진 증거에 의하여야 하므로, 그와 같은 증거가 없다면 설령 피고인에게 유죄의 의심이 간다고 하더라도 피고인의 이익으로 판단할 수밖에 없다고 할 것이다. …

따라서 이 사건 청소 작업이 한참 진행되고 있는 시간 중에 실종자 유족들로부터 이의제기가 있었음에도 위 피고인이 즉각 청소 작업을 중단하도록 지시하지 아니하였고 수사기관과 협의하거나 확인하지 아니하였다고 하여 위 피고인에게 그러한 청소 작업으로 인하여 증거인멸의 결과가 발생할 가능성을 용인하는 내심의 의사까지 있었다고 단정하기는 어렵다고 보인다(원심이 인정한 피고인 B가 대구시장에게 사고 현장을 청소하는 데 경찰의 동의가 있었다는 취지로 허위 보고하였다는 점은 원심이 판시한 증거인멸의 범의가 발현되기 전의 정황에 불과하고, 또한, 청소 작업을 마친 포대에서 피해자들의 유류품 등이 발견되었다는 사실 등은 단순히 청소 작업으로 인한 결과에 지나지 아니하므로 그와 같은 사실들은 피고인이 증거인멸이라는 범죄사실이 발생할 가능성을 용인하였다는 사정을 뒷받침하는 간접사실이 되지 못한다).

Ⅱ. 의도적 고의

〈행위자의 다른 목적과 불법영득의사〉

대법원 2011. 8. 18. 선고 2010도9570 판결 [절도·공무상표시무효·방실침입]

원심이 그 판시와 같은 사정을 들어, 피고인이 공소외 주식회사 감사실의 컴퓨터에서 하드디스크를 떼어갔다가 일시 보관한 후 반환하였다고 평가하기는 어렵고 불법영득의사를 인정할 수 있다고 판단한 것은 정당한 것으로 수긍할 수 있다. …

그 밖의 상고이유 주장은 위 컴퓨터의 점유의 타인성이 인정되지 않는다거나 <u>공소외 주식회사의 경영상의 비리를 고발하기 위하여 하드디스크를 가지고 나온 것이므로 절도의 고의가 없다는 것이나, 공소외 주식회사의 소유로서 공소외 주식회사 사무실에 설치된 컴퓨터가 피고인이 재직 중 사용하였던 것이라고 하여 피고인의 단독 점유에 속하는 물건이라고 할 수 없고, 피고인이 위와 같이 불법영득의사로 공소외 주식회사의 관리하에 있는 공소외 주식회사 소유의 물건을 가지고 나온 이상 절도죄의 고의가 없다고도 할 수 없다.</u>

〈의도적 고의(목적)가 규정되어 있으나 인식으로도 족한 경우 : 무고죄의 '형사처분을 받게 할 목적'〉

대법원 1991. 12. 13. 선고 91도2127 판결 [공갈,공갈미수,무고]

<u>무고죄에 있어서의 형사처분을 받게 할 목적이란 허위신고를 함으로써 다른 사람이 그로 인하여 형사처분을 받게 될 것이라는 인식이 있으면 족한 것이고 그 결과 발생을 희망하는 것까지는 필요치 않는 것이며</u>(당원 1986.8.19. 선고 86도1259 판결 참조), 또 <u>무고죄에 있어서의 범의는 반드시 확정적 고의임을 요하지 아니하므로 신고자가 진실하다는 확신 없는 사실을 신고함으로써 무고죄는 성립하고 그 신고사실이 허위라는 것을 확신할 것까지는 없다고 할 것인바</u>(당원 1988.2.9. 선고 87도2366 판결 참조), 이 사건에 있어 피고인들이 제출한 진정서의 기재내용에 의하면 그 진정의 취지는 피진정인에 대한 사업수익금 전용에 따른 탈세혐의사실의 조사를 바라는 데 있음을 알 수 있으므로, 피고인들에게 위 진정제기에 있어 피진정인들의 형사처분을 받게 할 목적이 있었다고 충분히 인정되고, 또 피고인들이 위 진정서상에

그 진정사실이 진실하다는 확신이 없음을 미리 밝혔다고 해서 무고의 범의를 인정하는 데 장애가 된다고 할 수도 없다. 또한 국세청장은 조세범칙행위에 대하여 벌금 상당액의 통고처분을 하거나 검찰에 이를 고발할 수 있는 권한이 있으므로, 위 국세청장에 대하여 탈세혐의사실에 관한 허위의 진정서를 제출하였다면 무고죄가 성립한다고 볼 것이다.

> **대법원 2006. 1. 26. 선고 2004도788 판결 [사문서변조·변조사문서행사]**
>
> 형법상 문서에 관한 죄에 있어서 문서라 함은, 문자 또는 이에 대신할 수 있는 가독적 부호로 계속적으로 물체 상에 기재된 의사 또는 관념의 표시인 원본 또는 이와 사회적 기능, 신용성 등을 동시할 수 있는 기계적 방법에 의한 복사본으로서 그 내용이 법률상, 사회생활상 주요 사항에 관한 증거로 될 수 있는 것을 말하고, 문서변조죄에 있어서 행사할 목적이란 변조된 문서를 진정한 문서인 것처럼 사용할 목적을 말하는 것으로 적극적 의욕이나 확정적 인식을 요하지 아니하고 미필적 인식이 있으면 족한 것이다.
>
> **대법원 2015. 1. 22. 선고 2014도10978 전원합의체 판결 [내란음모·국가보안법위반(찬양·고무등)·내란선동]**
>
> 내란선동죄에서 '국헌을 문란할 목적'이라 함은 "헌법 또는 법률에 정한 절차에 의하지 아니하고 헌법 또는 법률의 기능을 소멸시키는 것(형법 제91조 제1호)" 또는 "헌법에 의하여 설치된 국가기관을 강압에 의하여 전복 또는 그 권능행사를 불가능하게 하는 것(같은 조 제2호)"을 말한다. 국헌문란의 목적은 범죄 성립을 위하여 고의 외에 요구되는 초과주관적 위법요소로서 엄격한 증명사항에 속하나, 확정적 인식임을 요하지 아니하며, 다만 미필적 인식이 있으면 족하다.

Ⅲ. 직접고의

〈증뢰물전달죄〉

대법원 1997. 9. 5. 선고 97도1572 판결 [뇌물공여·제3자뇌물취득·건축사법위반]

형법 제133조 제2항은 증뢰자가 뇌물에 공할 목적으로 금품을 제3자에게 교부하거나 또는 그 정을 알면서 교부받는 증뢰물전달행위를 독립한 구성요건으로 하여 이를 같은 조 제1항의 뇌물공여죄와 같은 형으로 처벌하는 규정으로서, 제3자의 증뢰물전달죄는 제3자가 증뢰자로부터 교부받은 금품을 수뢰할 사람에게 전달하였는지의 여부에 관계없이 제3자가 그 정을 알면서 금품을 교부받음으로써 성립하는 것이며(대법원 1985. 1. 22. 선고 84도1033 판결 참조), 나아가 제3자가 그 교부받은 금품을 수뢰할 사람에게 전달하였다고 하여 증뢰물전달죄 외에 별도로 뇌물공여죄가 성립하는 것은 아니라고 보아야 할 것이다.

〈'사람의 궁박한 상태'를 이용하는 행위〉

대법원 2007. 12. 28. 선고 2007도6441 판결 [부당이득]

이와 같은 위 아파트 건설사업의 경과, 이 사건 토지에 관한 위 각 매매계약의 경위 등 제반 사정을 종합하여 보면, 성원디앤씨가 피고인에게 17억 원을 지급할 당시 성원디앤씨는 위 아파트 건설사업을 시급히 진행하여야 할 절박한 상황에 처해 있어 궁박한 상태에 있었다고 할 것이고, 성원디앤씨가 피고인 등 명의자 11명과 매매계약을 체결한 외에 (이름 생략)문중과의 사이에서도 매매계약을 체결하게 된 것은 이 사건 토지에 관하여 (이름 생략)문중과 명의자들 사이에 그 소유권에 관한 분쟁이 있었기 때문으로 위 각 계약은 별개의 계약임이 명백하고, 피고인이 성원디앤씨로부터 지급받은 17억 원은 피고인 이외의 나머지 명의자들이 지급받은 매매대금에 비하여 현저한 이득으로서, 그 차액 12억 5천만 원은 피고인이 이 사건 토지의 처분에 관한 (이름 생략)문중의 전권을 행사하는 지위에 있으면서 이 사건 토지를 매수하기 위해서는 피고인의 요구에 응하지 않을 수 없는 성원디앤씨의 궁박한 상태를 이용하여 취득한 부당이득이라고 봄이 상당하다고 할 것이다.

Ⅳ. 미필적 고의

〈용인설적 입장을 취한 초기 판례〉

대법원 1954. 6. 21. 선고 4287형상176 판결 [살인피고]

원심판결의 확정한 사실에 의하면 원심은 본건을 업무상 과실치사로 인정하고 그 판시 중 「여사한 경우에 총기 취급자로서는 경우에 따라서는 유탄으로 인명을 살상할 염려가 불무함으로 목표를 정확히 조준하여 「다이야」에 명중케 하여야 할 주의의무가 있음에도 불구하고 이미 황혼이 짙어서 차체조차 잘보이지 않는 전시 화물자동차「다이야」를 향하여 만연히 2발을 발사한 결과 기중 1탄이 전시 승객 전라북도 진안군 부귀면 (상세 번지 생략) 거주공소외 1 당 17세의 좌측흉부로 부터 우측 횡흉부를 관통하여 그로 인하여 동인으로 하여금즉사케 한 것이다」라고 설시하고 이에 대한 증거로「판시사실은 원심 (제1심) 공판조서 중 피고인의 판시사인의 점을 제외한 기여의 판시동지의 기재 전라북도 경찰병원 의무관공소외 3 작성의 사체검안서 중 사인에 관하여 판시동지의 기재를 종합하여 차를 인정한다」고설시하였다 먼저 전기 판시사실자체에 관하여 심안컨대 원판시가 피고인에 대하여 **총기 취급자로서는 경우에 따라서는 유탄으로 인명을 살상할 염려가 불무함으로 목표를 정확히 조준하여「다이야」에 명중케 하여야 할 주의의무를 과하면서 그 다음 설시로 이미 황혼이 짙어서 차체조차 잘보이지 않음에도 불구하고 화물자동차「다이야」를 향하여 만연 발사하였음**을 인정하였다 그렇다면 원심은 피고인에 대하여 오인의 일상 경험칙에 비추어 무리한 즉 가능성 없는 의무이행을 기대하였다 할 것이다 왜냐하면 **이미 일몰** (월력에 의하면 2월 6일경의 일입은 오후 6시 원판시에 의하면 본건 범행은 일몰 1시간후인 오후 7시) **하여 100미터 거리에서 차체 자체가 잘보이지 아니한 이상 화물자동차 최저부 지상에 안착한 차체에 비교하여 시면한계가 극소부분에 불과한「다이야」에 대하여는 더욱 기형태를 감별할 수 없을 것임**은 다언을 요치 않고 이를 용역히 추단할 수 있고 따라서 이와같이 일모로 인하여 감별할 수 없는「다이야」에 대하여 정확한 조준의무 이행을 요청함은 그 결과에 있어서 대상목표를 보지 않고서 정확한 조준을 기대함과 다름이 없는 까닭이라 할 것이다 그럼으로 원판시 자체에 이미 자가모순의 불합리를 포재한다 할 것인 바 <u>총탄발사 당시의 피고인의 심리상태는 확정적은 아닐 지언정 불확정적이나마 총탄을 발사하면 혹은 승객에게 명중하여 살상의 결과를 발생할런지도 모르겠다는 의아심을 가졌음에도 불구하고 발사를 억제함이 없이 이를 객인하고 발사한 것으로서 적어도 불확정적인 소위 미필적 고의정도는 후현 제1심공판조서 중의 피고인의 공술 등에 의거하여 능히 시인할 수 있다고 봄이 타당하다</u> 할 것이다

〈'용인설'을 명확히 한 판례〉

대법원 1987. 2. 10. 선고 86도2338 판결 [사기]

<u>이른바 미필적 고의라 함은 결과의 발생이 불확실한 경우 즉 행위자에 있어서 그 결과발생에 대한 확실한 예견은 없으나 그 가능성은 인정하는 것으로, 이러한 미필적 고의가 있었다</u>

고 하려면 결과발생의 가능성에 대한 인식이 있음은 물론 나아가 결과발생을 용인하는 내심의 의사가 있음을 요한다고 할 것인 바, (당원 1985.6.25. 선고 85도660 판결 참조), 기록에 의하여 피고인의 경찰이래 원심법정에 이르기까지의 진술을 살펴보면, 피고인은 일관하여 공소외 1은 사촌처남이기는 하지만 1984.4.경 조카의 결혼식장에서 처음 만나 알게 된 사람인데 그가 해외취업을 알선하고 있다면서 해외 취업희망자를 모집하여 달라고 하므로 그의 말을 진실이라고 믿고 10여년 동안 조선회사에서 용접공등으로 피고인과 같이 일하여 왔거나 같은 동네에서 오랫동안 같이 살아온 제1심판결 설시의 피해자들을 공소외 1과 만나도록 하였을 뿐이고, 공소외 1이 피해자들을 속이고 있다는 것은 전연 모르고 있었으며 그렇기 때문에 피고인 스스로도 금 2,000,000원을 공소외 1에게 교부하였을 뿐 아니라 피고인의 형인 공소외 2로 하여금 금 3,000,000원, 피고인의 외사촌 동생인 공소외 3으로 하여금 금 5,500,000원을 공소외 1에게 교부하여 해외 취업알선을 요청하도록 하였는데 모두 피해를 입게 된 것이고, 피고인은 중학교 정도의 학력밖에 없어 해외취업에 관한 정확한 절차 등은 몰랐고 다만 공소외 1이 모든 일을 알아서 처리하여 줄 것으로 알고 제1심판시 사실중의 일부 금원을 피해자들로부터 받아 공소외 1에게 전하여 준 것이고, 제1심판결 설시 피해자들의 일부와 공소외 2,3 및 피고인등 9명은 정식여권을 발급받고 공소외 1의 의뢰를 받은 미국 뉴욕에 사는 교포라는 공소외 4,5의 인솔아래 1985.10.19 출국하여 미국에 입국할 의도 아래 도미니카국에 이르렀는데 위 인솔자인공소외 4,5 등이 몰래 귀국하여 버리거나 잠적하여 버리고 미국에 입국할 수도 없어 결국 공소외 1이 피고인이나 위 피해자들을 속인 것으로 알았고, 약 50일정도 도미니카국에 불법체류하다가 귀국하게 되었다고 범의를 완강하게 부인하고 있다.(다만 검사의 제1회 피의자신문조서 중, 검사가 피고인에게 이 사건기록의 "범죄일람표"를 제시하면서 피고인이 한 행위가 그와 같으냐고 물은데 대하여, 피고인이 "그 중에는 제가 직접 그와 같이 한 것도 있고 제가 돈을 받아서 공소외 1에게 전해주기도 하였읍니다"라고 진술한 것으로 기재되어 있는 부분이 있으나 이는 경찰이래 원심법정에 이르기까지의 위 피고인의 진술에 비추어 피고인 또는 공소외 1의 금전수수 사실에 관한 자백 진술일 뿐, 이 사건 기망사실에 관한 자백으로 볼 진술은 아닌 것이 분명하다). 한편 제1심판결이 이 사건 공소사실을 유죄로 인정함에 끌어 쓴 증거들중 피고인의 진술내용을 제외한 나머지 증거들을 기록에 대조하여 살펴보아도 이들은 주로 이 사건 피해자들의 진술로서 피고인 또는 공소외 1에게 제1심판시의 돈을 주었다는 내용 또는 피고인과 공소외 1은 사촌처남 매부간이므로 피고인이 공소외 1의 기망행위를 알고 있었던 것으로 생각한다는 내용에 불과하므로서 이 사건 범죄사실을 증명할 수 있는 것은 못된다 할 것이고, 오히려 제1심판결이 들고 있는 여러 증거들에 의하여 인정되는 피고인의 주장내용과 같은 여러 사정들, 즉 피고인과공소외 1과의 접촉과정, 피해자등과 피고인과의 인간관계, 피해자들 중에 형 또는 외사촌동생이 포함되어 있고, 그들 또한 많은 피해를 입었으며 피고인 또한 피해를 입은 점, 경위야 어찌되었건 정식 출국절차를 밟아 도미니카국까지 가서 약 50일정도 체류한 점, 피고인의 학력, 직업 등을 참작하여 보면 피고인에게 기망과 편취의 고의가 없었다는 피고인의 변소를 수긍못 할 바도 아니어서 피고인에게 이 사건 기망과 편취의 고의가 있었다거나 이른바 미필적 고의가 있었다고 보기는 어렵다 할 것이다.

> **대법원 1987. 1. 20. 선고 85도221 판결 [재물손괴,공유수면관리법위반]**
> 원심이 적법히 확정한 바와 같이 피고인들이 그 판시 피조개양식장에 피해를 주지 아니하도록 할 의도에서 이 사건 금성호의 7샤클(175미터)이던 닻줄을 5샤클(125미터)로 감아 놓았고 그 경우에 피조개양식장까지의 거리는 약 30미터까지 근접한다는 것이므로 닻줄을 50미터 더 늘여서 7샤클로 묘박하였다면 선박이 태풍에 밀려 피조개양식장을 침범하여 물적 피해를 입히리라는 것은 당연히 예상되고, 그럼에도 불구하고 <u>피고인들이 태풍에 대비한 선박의 안전을 위하여 금성호의 닻줄을 7샤클로 늘여 놓은 것은 피조개양식장의 물적 피해를 인용한 것이라 할 것이어서 재물손괴의 점에 대한 미필적 고의를 인정할 수 있다고 할 것이다.</u>

> **대법원 2015. 11. 12. 선고 2015도6809 전원합의체 판결 [생 략]**
> 부진정 부작위범의 고의는 반드시 구성요건적 결과발생에 대한 목적이나 계획적인 범행 의도가 있어야 하는 것은 아니고 법익침해의 결과발생을 방지할 법적 작위의무를 가지고 있는 자가 그 의무를 이행함으로써 그 결과발생을 쉽게 방지할 수 있었음을 예견하고도 결과발생을 용인하고 이를 방관한 채 그 의무를 이행하지 아니한다는 인식을 하면 족하며, <u>이러한 작위의무자의 예견 또는 인식 등은 확정적인 경우는 물론 불확정적인 경우이더라도 미필적 고의로 인정될 수 있다.</u> 이때 작위의무자에게 이러한 고의가 있었는지는 작위의무자의 진술에만 의존할 것이 아니라, 작위의무의 발생근거, 법익침해의 태양과 위험성, 작위의무자의 법익침해에 대한 사태지배의 정도, 요구되는 작위의무의 내용과 그 이행의 용이성, 부작위에 이르게 된 동기와 경위, 부작위의 형태와 결과발생 사이의 상관관계 등을 종합적으로 고려하여 작위의무자의 심리상태를 추인하여야 할 것이다.

〈구성요건요소에 대해 '의심'을 가진 경우 : 미필적 고의 부정?〉

대법원 2012. 8. 30. 선고 2012도7377 판결 [성폭력범죄의처벌 및 피해자보호등에관한법률위반(13세미만미성년자강간등)]

1. 원심은 피고인이 이 사건 범행 당시 피해자가 13세 미만이라는 사실을 인식하였는지 여

부에 관하여 우선 다음과 같은 일반법리를 전개하였다. 즉 구 '성폭력범죄의 처벌 및 피해자보호 등에 관한 법률'(2010. 4. 15. 법률 제10258호 '성폭력범죄의 피해자보호 등에 관한 법률'로 개정되기 전의 것) 제8조의2 제1항(이하 '이 사건 법조항'이라고 한다)에서 정하는 13세 미만 미성년자에 대한 강간죄는 13세 미만 미성년자의 성적 자기결정권을 보호하기 위한 측면보다 신체적·정신적으로 미숙한 단계의 인격체인 13세 미만 미성년자의 정상적인 성적 발달을 특별히 보호하기 위한 규정이라는 측면이 강하다. 따라서 피고인이 강간 당시 피해자가 13세 미만의 여자라는 사실을 현실적이고 구체적으로 인식하지는 못하였다 하더라도, "피해자가 13세 미만의 여자인 이상 그 당시의 객관적인 정황에 비추어 피고인이 피해자가 13세 미만의 여자라는 사실을 인식하였더라면 강간행위로 나아가지 아니하였으리라고 인정할 만한 합리적인 근거를 찾을 수 없다면" 피고인에게 적어도 13세 미만 미성년자에 대한 강간죄의 미필적 고의는 있었다고 보아야 한다는 것이다.

나아가 원심은 그 판시와 같은 사정들에 비추어 피고인이 이 사건 강간 범행 당시 피해자가 13세 미만의 여자임을 인식하였거나 적어도 미필적으로 인식하고 있었다고 인정된다고 판단하고, 이 사건 13세 미만 미성년자에 대한 강간의 공소사실을 유죄로 인정하였다.

2. 원심의 위와 같은 판단은 아래와 같은 이유에서 수긍하기 어렵다.

가. 형사재판에서 공소가 제기된 범죄의 구성요건을 이루는 사실은 그것이 주관적 요건이든 객관적 요건이든 그 입증책임이 검사에게 있으므로(대법원 2010. 11. 25. 선고 2009도12132 판결 등 참조), 이 사건 법조항에서 정하는 범죄의 성립이 인정되려면, 피고인이 피해자가 13세 미만의 여자임을 알면서 그를 강간하였다는 사실이 검사에 의하여 입증되어야 한다.

물론 피고인이 일정한 사정의 인식 여부와 같은 내심의 사실에 관하여 이를 부인하는 경우에는 이러한 주관적 요소로 되는 사실은 사물의 성질상 그 내심과 상당한 관련이 있는 간접사실 또는 정황사실을 증명하는 방법에 의하여 이를 입증할 수밖에 없고, 이 때 무엇이 상당한 관련성이 있는 간접사실에 해당할 것인가는 정상적인 경험칙에 바탕을 두고 사실의 연결상태를 합리적으로 분석·판단하는 방법에 의하여야 한다(대법원 2006. 2. 23. 선고 2005도8645 판결 등 참조). 그러나 피해자가 13세 미만의 여자라는 객관적 사실로부터 피고인이 그 사실을 알고 있었다는 점이 추단된다고 볼 만한 경험칙 기타 사실상 또는 법적 근거는 이를 어디서도 찾을 수 없다.

그렇다면 "피해자가 13세 미만의 여자인 이상 그 당시의 객관적인 정황에 비추어 피고인이 피해자가 13세 미만의 여자라는 사실을 인식하였더라면 강간행위로 나아가지 아니하였으리라고 인정할 만한 합리적인 근거를 찾을 수 없다면" 이 사건 법조항에서 정하는 강간죄에 관한 미필적 고의가 인정될 수 있다고 하는 법리는 범죄의 주관적 구성요건사실 역시 객관적 구성요건사실과 마찬가지로 검사에 의하여 입증되어야 한다는 형사소송법상의 중요한 원칙을 정당한 이유 없이 광범위한 범위에서 훼손하는 것으로서 쉽사리 용납될 수 없다. 설사 이 사건 법조항이 원심이 이해하는 대로 신체적 또는 정신적으로 미숙한 단계인 13세 미만 미성년자의 정상적인 성적 발달을 특별히 보호하기 위한 규정이라고 하더라도, 그것이 13세 미만의 여자라는 사실에 대한 피고인의 인식에 관한 검사의 입증책임을 완화하기에 충분한 이유가 되지 아니하는 것이다.

따라서 13세 미만의 여자에 대한 강간죄에 있어서 피해자가 13세 미만이라고 하더라도 피고인이 피해자가 13세 미만인 사실을 몰랐다고 범의를 부인하는 경우에는 다른 범죄의 경우와 마찬가지로 상당한 관련성이 있는 간접사실 또는 정황사실에 의하여 그 입증 여부가 판단되어야 한다.

나. 나아가 피고인이 이 사건 강간 범행 당시 피해자가 13세 미만인 사실을 인식하고 있었는지에 대하여 살펴본다.

원심과 제1심이 적법하게 채택한 증거에 의하면 다음과 같은 사실을 알 수 있다.

① 피해자는 만 12세 6개월인 중학교 1학년생으로 만 13세가 되기까지 6개월 정도 남은 상황이었다.

② 피고인은 검찰 조사에서 **"피해자를 밖에서 만났을 때는 어둡고 피해자가 키도 크고 해서 나이가 어린 줄 몰랐는데 모텔에서 보니까 피해자가 15살 또는 16살 정도로 어려 보였고, 피해자에게 '몇 살이냐'고 물어보니까 피해자가 '중학교 1학년이라서 14살이다'라고 했었습니다. 그래서 당시 우리식 나이로 14살 정도 되는 줄 알았다"**고 진술하였고, 피해자 또한 수사기관에서 **"피고인에게 14세라고 말하였다"**고 진술하였다.

③ 종전의 우리식 나이인 연 나이 14세는 만 나이로 생일이 지나지 아니한 경우는 12세, 생일이 지난 경우는 13세에 해당하여 대상자의 생년월일을 정확히 알지 못하는 경우에는 정확한 만 나이를 알기 어렵다 할 것인데, 피고인과 피해자는 사건 당일 처음 만난 사이이었고, 피해자가 피고인에게 생년월일까지 알려준 바는 없었다.

④ 이 사건 강간 범행 발생 약 3개월 전에 이루어진 건강검사결과에 의하면 피해자는 키 약 155cm, 몸무게 약 50kg 정도로 중학교 1학년생으로서는 오히려 큰 편에 속하는 체격이었다.

⑤ 피고인은 당시 피해자를 데리고 모텔로 들어갔는데 모텔 관리자로부터 특별한 제지를 받

은 바 없었던 것으로 보인다.

이러한 사정에 비추어 보면, 피고인이 이 사건 강간 범행 당시 피해자가 13세 미만인 사실을 미필적으로라도 인식하고 있었음이 합리적 의심의 여지 없이 증명되었다고 쉽사리 단정할 수 없다.

대법원 2011. 1. 13. 선고 2010도10029 판결 [청소년보호법위반]

원심판결 이유에 의하면, 원심은 청소년유해업소의 업주는 청소년을 고용하여서는 아니됨에도 불구하고 **피고인이 2007. 6. 1.부터 같은 달 14일까지 자신이 운영하는 청소년유해업소인 경기 가평군 소재 ○○○ 유흥주점에 청소년인공소외 1(17세)을 종업원으로 고용하였다는 내용의 이 사건 공소사실**에 대하여, 그 채용 증거들에 의하면, 위 유흥주점의 지배인공소외 2가 2007. 6. 1. 급여로 매월 50만 원을 주기로 하고 공소외 1을 위 유흥주점의 종업원으로 채용한 사실, 공소외 1이 그 무렵부터 종업원으로 일하면서 청소 등의 업무를 하였고, 피고인은 위 유흥주점에서 일하는 공소외 1과 마주치기도 하였으며 공소외 1에게 저녁을 사주기도 한 사실을 인정할 수 있으나, 위 인정 사실만으로는 피고인이 직접 공소외 1을 고용하였다고 인정하기에 부족하고, 오히려 위 유흥주점의 지배인공소외 2가 공소외 1을 고용한 것으로 보일 뿐이라는 이유로 피고인에게 무죄를 선고하였다. …

원심이 인정한 바와 같이 공소외 2가 공소외 1을 면접하고 보수가 얼마인지 알려주었으며 사실상 그를 위 유흥주점에 일하도록 하였더라도, 공소외 1을 고용할 것인지 여부를 최종적으로 결정할 수 있는 권한은 사용자인 피고인에게 있으므로, 이 사건 고용계약의 당사자는 원칙적으로 유흥주점의 업주인 피고인과 공소외 1로 보아야 한다.

뿐만 아니라 기록에 의하면, 공소외 1은 2007. 6. 1.부터 같은 달 14일까지 2주 동안 위 유흥주점에서 손님접대, 청소 등의 일을 하였고, 근무를 시작한 다음날부터 피고인을 내내 보았으며, 피고인이 공소외 1에게 저녁을 사주기도 한 사실을 알 수 있는데, 이처럼 청소년 고용이 일시적으로 그친 것이 아니라 상당 기간 동안 지속되었고, 피고인도 그 기간 동안 줄곧 공소외 1의 근무 사실을 알고 있었으며, 공소외 1에게 저녁을 사주는 등 그 업무 수행을 독려하기까지 한 점 등에 비추어 보면, 이 사건의 경우 피고인과 공소외 1 사이에 묵시적인 의사의 합치에 의하여 고용계약이 성립하였고, 이로써 피고인이 청소년인공소외 1을 직접 고용하였다고 봄이 상당하다.

또한, 공소외 1이 면접 당시 지배인공소외 2로부터 주민등록증을 보여달라는 요구를 받고도 이를 제시하지 않고 자신의 나이를 속였음에도(공판기록 제50면) 피고인이 채용을 보류하거나 거부하지 아니하였고, 그 후 공소외 1이 2주 동안 위 유흥주점에서 일하였는데도 그의 신분과 연령을 확인하지 아니한 이상 피고인에게는 청소년임에도 불구하고 공소외 1을 고용한다는 점에 관하여 미필적 고의가 있었다고 봄이 상당하다.

〈미필적 고의의 판단기준 : 고의개념의 규범화〉

대법원 2008. 3. 27. 선고 2008도443 판결 [생 략]

사기죄의 주관적 구성요건인 편취의 범의는 피고인이 자백하지 않는 이상 범행 전후의 피고인의 재력, 환경, 범행의 내용, 거래의 이행과정 등과 같은 객관적인 사정 등을 종합하여 판단할 수밖에 없으며, 미필적 고의에 의하여도 사기죄는 성립되는 것인바, 범죄구성요건의 주관적 요소로서 미필적 고의라 함은 범죄사실의 발생 가능성을 불확실한 것으로 표상하면서 이를 용인하고 있는 경우를 말하고, 미필적 고의가 있었다고 하려면 범죄사실의 발생 가능성에 대한 인식이 있음은 물론 나아가 범죄사실이 발생할 위험을 용인하는 내심의 의사가 있어야 하며, 그 행위자가 범죄사실이 발생할 가능성을 용인하고 있었는지의 여부는 행위자의 진술에 의존하지 아니하고 외부에 나타난 행위의 형태와 행위의 상황 등 구체적인 사정을 기초로 하여 일반인이라면 당해 범죄사실이 발생할 가능성을 어떻게 평가할 것인가를 고려하면서 행위자의 입장에서 그 심리상태를 추인하여야 한다(대법원 2008. 1. 18. 선고 2007도8781 판결 등 참조).

〈미필적 고의에 대한 규범적 판단 자료 : 간접증거들에 의한 미필적 고의 판단〉

대법원 2002. 2. 8. 선고 2001도6425 판결 [생 략]

강도살인죄에 있어서의 살인의 범의는 반드시 살해의 목적이나 계획적인 살해의 의도가 있어야 인정되는 것은 아니고, 자기의 행위로 인하여 타인의 사망의 결과를 발생시킬 만한 가능 또는 위험이 있음을 인식하거나 예견하면 족한 것이고 그 인식이나 예견은 확정적인 것은 물론 불확정적인 것이라도 이른바 미필적 고의로 인정되는 것인바, 피고인이 범행 당시 살인의 범의는 없었고 단지 상해 또는 폭행의 범의만 있었을 뿐이라고 다투는 경우에 피고인에게 범행 당시 살인의 범의가 있었는지 여부는 피고인이 범행에 이르게 된 경위, 범행의 동기, 준비된 흉기의 유무·종류·용법, 공격의 부위와 반복성, 사망의 결과발생가능성 정도 등 범행 전후의 객관적인 사정을 종합하여 판단할 수밖에 없다고 할 것이다(대법원 2001. 3. 9. 선고 2000도5590 판결 참조).

원심판결 이유에 의하면 원심은, 원심이 인용한 제1심판결의 채용 증거들과 피고인의 원심법정에서의 진술을 종합하여, 피고인이 도망을 가려는 피해자 1의 어깨를 잡아 방으로 끌고 와 침대에 엎드리게 하고 이불을 뒤집어 씌운 후 침대에 있던 베개로 피해자 1의 머리부분을 약 3분간 힘껏 누른 사실, 이에 피해자 1이 손발을 휘저으며 발버둥 치다가 움직임을 멈추고 사지가 늘어졌음에도 계속하여 약 10초간 누르고 있었던 사실, 이어서 피고인이 피해자 1의 맥박과 숨소리가 끊겨 사망한 것을 확인하고 피해자 1을 잠자는 것처럼 위장해 놓은 뒤 방안에 있던 강취물들을 가방에 넣고 사건 장소를 **빠져나온 사실**을 각 인정한 다음, 이러한 범행과정과 범행 후의 정황들에 미루어 보면, 이 사건 범행 당시 피고인이 단순히 위협할 목적으로 피해자 1의 몸을 누르고 있었다고 볼 수는 없고, 살해의 고의가 있었다고 판단하여 이 사건 강도살인의 공소사실을 유죄로 인정하였는바, 앞서 본 법리와 기록에 비추어 살펴보면, 원심의 위와 같은 사실인정과 판단은 정당하다고 수긍이 (된다).

〈미필적 고의 긍정 사례 : 피해자의 생명침해에 대한 결심이 인정되는 경우〉

대법원 2001. 3. 9. 선고 2000도5590 판결 [살인]

<u>살인죄에 있어서의 범의는 반드시 살해의 목적이나 계획적인 살해의 의도가 있어야 인정되는 것은 아니고, 자기의 행위로 인하여 타인의 사망의 결과를 발생시킬 만한 가능 또는 위험이 있음을 인식하거나 예견하면 족한 것이고 그 인식이나 예견은 확정적인 것은 물론 불확정적인 것이라도 소위 미필적 고의로 인정되는 것인바</u>(대법원 2000. 8. 18. 선고 2000도2231 판결 참조), 피고인이 범행 당시 살인의 범의는 없었고 단지 상해 또는 폭행의 범의만 있었을 뿐이라고 다투는 경우에 <u>피고인에게 범행 당시 살인의 범의가 있었는지 여부는 피고인이 범행에 이르게 된 경위, 범행의 동기, 준비된 흉기의 유무·종류·용법, 공격의 부위와 반복성, 사망의 결과발생가능성 정도 등 범행 전후의 객관적인 사정을 종합하여 판단할 수밖에 없다.</u>

원심판결 이유에 의하면, 원심은 제1심판결이 채택한 증거들과 피고인의 원심법정에서의 진술 등을 종합하여, **피고인은 건장한 체격의 군인으로서 키 150cm, 몸무게 42kg의 왜소한 피해자를 상대로 폭력을 행사하였고 특히 급소인 목을 15초 내지 20초 동안 세게 졸라 피해자의 설골이 부러질 정도였던 사실**을 인정한 다음, 이러한 폭력의 태양 및 정도에 비추어 보면 이 사건 범행 당시 피고인에게 최소한 살인의 미필적 고의는 있었다고 판단하여 이 사건 살인의 공소사실을 유죄로 인정하였는바, 앞서 본 법리와 기록에 비추어 살펴보면, 원심의 위와 같은 사실인정과 판단은 정당한 것으로 수긍할 수 있고, **피고인이 폭력을 행사한 후 피해자에게 인공호흡을 실시하였다**고 하더라도 달리 볼 것은 아니라 할 것이므로 원심판결에 상고이유로 주장하는 바와 같은 채증법칙 위배로 인한 사실오인이나 살인죄의 범의에 관한 법

리오해 등의 위법이 있다고 할 수 없다.

> **대법원 1982. 12. 28. 선고 82도2525 판결 [살인미수(변경된죄명:살인)]**
>
> 피고인이 판시와 같은 경위로 길이 39센티미터(2중 손잡이 길이는 13센티미터임), 너비 4.8 센티미터의 서독제 식도로 피해자의 하복부를 찔러 직경 5센티, 깊이 15센티미터 이상의 자창을 입혀 복강내 출혈로 인한 혈복증으로 의식이 불명하고 혈압이 촉진되지 아니하는 위급한 상태에서 병원에서 지혈을 위한 응급개복수술을 한바 우측외장골 동·정맥 등의 완전 파열로 인한 다량의 출혈이 있어 지혈시술과 함께 산소호흡을 시키고, 다량의 수혈을 하였으나 사건후 약 1개월만에 패혈증과 급성심부전증의 합병증을 일으켜 사망하였던 사실을 인정하기 충분하고 거기에 채증법칙을 어겼거나 증거없이 사실을 인정한 위법은 없고, 위 인정사실과 같이 <u>피고인이 예리하고 긴 식도로 피해자의 하복부를 찔러 그 결과 사망한 것이라면 일반적으로 판시와 같은 내장파열 및 다량의 출혈과 자창의 감염으로 사망의 결과를 발생케 하리라는 점을 경험상 예견할 수 있는 것이므로 피고인에게 살인의 결과에 대한 확정적 고의는 없다 치더라도 미필적 인식은 있었다고 보기 어렵지 아니하므로 살인죄로</u> 의율한 원심의 조치는 어떠한 위법이 있다고 할 수 없다.

〈미필적 고의 긍정 사례 : 피해자의 생명침해에 대한 결심이 인정되는 경우〉

대법원 1994. 12. 22. 선고 94도2511 판결 [살인미수]

1. 원심은 그 거시 증거에 의하여, **피고인은** 그 판시와 같은 경위로 **남편인 공소외 인의 전처 소생의 딸인 피해자** (1984.10.5생, 9세)를 도로에서 약 17미터 떨어진 야산속의 경작하지 않는 밭으로 데리고 들어가 주먹으로 피해자의 얼굴을 수차례 때리고, 이에 피해자가 피고인의 머리채를 잡아뜯고 왼쪽 팔꿈치를 입으로 무는 등 반항을 하자 가지고 있던 스카프로 피해자의 목을 감아 스카프의 양끝을 양손에 나누어 잡고 피해자의 머리를 땅에 비비면서 약 4분 동안 2회에 걸쳐 목을 졸라 그에게 약 4주간의 치료를 요하는 판시 상해를 가하고 피해자를 실신시킨 후 피해자를 버려둔 채 그곳을 떠났던바, 그 이후 피해자가 스스로 깨어나 소생한 사실을 인정하고 있다. …

3. 살인죄의 범의는 자기의 행위로 인하여 피해자가 사망할 수도 있다는 사실을 인식 예견하는 것으로 족하고 피해자의 사망을 희망하거나 목적으로 할 필요는 없고, 또 확정적인 고의가 아닌 미필적 고의로도 족한 것인바(당원 1994.3.22. 선고 93도3612 판결; 1988.6.14. 선고 88도692 판결 등 참조), 사실관계가 위와 같다면 피고인이 9세의 여자 어린이에 불과하여 항거

를 쉽게 제압할 수 있는 피해자의 목을 감아서 졸라 실신시킨 후 그곳을 떠나버린 이상 그와 같은 자신의 가해행위로 인하여 피해자가 사망에 이를 수도 있다는 사실을 인식하지 못하였다고 볼 수 없으므로, 적어도 그 범행 당시에는 피고인에게 살인의 범의가 있었다 할 것이니, 피고인의 행위를 살인미수죄로 처단한 원심의 조치는 옳고, 거기에 소론이 지적하는 바와 같은 위법이 없다.

대법원 1987. 1. 20. 선고 85도221 판결 「피고인들이 그 판시 피조개양식장에 피해를 주지 아니하도록 할 의도에서 이 사건 ○○○의 7샤클(175미터)이던 닻줄을 5샤클(125미터)로 감아 놓았고 그 경우에 피조개양식장까지의 거리는 약 30미터까지 근접한다는 것이므로 닻줄을 50미터 더 늘여서 7샤클로 묘박하였다면 선박이 태풍에 밀려 피조개양식장을 침범하여 물적 피해를 입히리라는 것은 당연히 예상되고, 그럼에도 불구하고 피고인들이 태풍에 대비한 선박의 안전을 위하여 ○○○의 닻줄을 7샤클로 늘여 놓은 것은 피조개양식장의 물적 피해를 인용한 것이라 할 것이어서 재물손괴의 점에 대한 미필적 고의를 인정할 수 있다.」

〈존속살해의 결과를 용인 내지 감수하고자 하는 동기가 전혀 없는 경우〉

대법원 1977. 1. 11. 선고 76도3871 판결 [존속살인·존속상해·폭력행위등처벌에관한법률위반·강간치상]

원심이 일건기록에 의하여 제반증거를 종합하면 1심이 인정한 피고인에 대한 공소사실을 충분히 인정할 수 있다 하여 그대로 유지한 1심판결이유에 의하면 피고인은 1975. 12. 26. 23:00경 자기집에서 동리거주 피해자 1 경영의 상점에서 피해자 1이 피고인의 부 피해자 2에게 피고인이 음주후 피해자 1에게 행패를 부린 사실에 관하여 고자질하자 피해자 2가 피고인을 "그놈 쳐넣어야겠다"고 말하는 것을 듣고 분개하여 피해자 1에게 이를 따지려고 식도를 가지고 나가려 할 때 피고인의 모 피해자 3이 그 식도를 뺏으려 하자 식도를 휘둘러 피해자 3에게 전치 10일을 요하는 우전박부외측가상의 상해를 가하고 피고인은 동 식도를 가슴에 숨기고 동소에서 약 100미터 가량 떨어진 피해자 1의 집으로 가서 동 식도를 꺼내들고 휘두르며 피해자 1에게 죽여버린다고 찌를 듯이 협박을 하고 동소에 치재된 상품인 환타등을 밖으로 내던져 손괴하고 이를 말리던 피해자 4의 흉부를 1회 찔러 동인에게 전치 2주일을 요하는 우전흉부자창의 상해를, 그곳에 있던 피해자 5의 머리를 식도로 1회 때려 동인에게 전치 1주일을 요하는 우두정부절창의 상해를, 동 피해자 장동학의 우둔부를 1회 찔러 동인에게 전치 10일을 요하는 우둔부자창의 상해를 각 가하는 등 무차별 횡포를 행하고 있을 때 피고인의 부인, 피해자 2가 나타나 피고인의 뺨을 수회 때리고 욕을 하면서 꾸중을 하자 동 식도로 피해자 2의 조전 흉부를 1회 찔러 쇄골하동정맥절단으로 인한 실혈로 동인을 현장에서 사망케 하여 살해하였다고 인정하고 위 각 소위중 피고인의 부 피해자 2를 살해한 점에 대하여 형법 제250조 2항을 적용하여 이상 수회인 경합범의 처벌로서 존속살인죄에 정한 형으로 피고인을 무기징역에 처하였다.

그러나 1심이 채택하고 있는 증거들을 기록에 대조하여 종합하여 보면 1심판시사실과 같이 피고인이 피해자 1이 피고인이 음주후 행패를 부린 사실을 피고인의 부 피해자 2에게 고자질한 것에 분개하여 피해자 1에게 이를 따지려고 식도를 가지고 나가려 할 때 그 식도를 뺏으려 하던 피고인의 모 피해자 3에게 식도를 휘둘러 상해를 가하고 이어 피해자 1의 집으로 가서 동식도를 꺼내들고 휘두르며 죽여버린다고 찌를 듯이 협박을 하고 동소에 치재된 상품인 환타등을 밖으로 내던져 손괴하고 이를 말리던 피해자 4의 흉부를 그 식도로 그곳에 있던 피해자 5의 머리를 1회 때리고 피해자 6의 우둔부를 1회찔러 각 상해를 가하는 등 무차별 횡포를 하고 있을때 피고인의 부 피해자 2가 나타나 왜 이러느냐고 피고인의 뺨을 때리고 욕을 하면서 꾸중을 하자 피고인의 동 식도로 피해자 2의 좌전흉부를 1회찔러 사망에 이르게 한 사실은 이를 인정할 수 있을지라도 피고인이 그 부 피해자 2를 살해하기로 결의할 만한 동기나 이유있음을 인정할 만한 자료있음을 찾아볼 수 없다. 피해자 2가 피해자 1로부터 피고인이 음주후 행패를 부린 사실을 듣고 피고인을 "그놈 쳐 넣어야겠다"고 말하는 것을 피고인이 들었다는 것만으로서 그 부 피해자 2를 살해할 결의를 하였다고 볼만한 사유로 삼을 수는 없다고 본다. 거기에다 이건 범행전모의 경위와 순서가 위에서 본 바와 같은 것임을 아울러 고찰하여 볼 때 피고인이 피해자 1에게 위 고자질한 일을 따지러 가서 식도를 꺼내들고 죽인다고 협박을 할때 피해자 1이 무서워서 그 자리를 피해 버리자 제분에 이기지 못하여 식도를 휘두르는 피고인을 말리거나 그 식도를 뺏으려고 한 그밖의 피해자들을 닥치는 대로 찌르는 무차별 횡포를 부리던중에 그의 부까지 찌르게된 결과를 빚은 것으로 엿보일 뿐 피고인이 칼에 찔려 쓰러진 피해자 2를 부축해 데리고 나가지 못하도록 한 일이 있다는 1심채택 증거중의 일부 진술정도로써 피고인이 그의 부 피해자 2를 살해할 의사로 식도로 찔러 살해하였다는 사실을 인정하기는 어렵다고 봄이 상당하다 할 것이다. 1심의 법령적용에 있어서 피고인이 식도를 휘둘러 그의 모 피해자 3에게 자상의 상해를 가한 점에 대하여는 존속상해죄를, 그 밖의 피해자들을 식도로 찌르거나 때려서 자창이나 절창을 가한 점에 대하여는 각 상해죄를 적용하였음에 그쳤음을 보면 피고인의 부 피해자 2를 찔러 사망케 한 행위만을 존속살해죄로 의률한 것은 이유에 서로 맞지 아니한 점이 있다고 보여진다. 이러함에도 불구하고 피고인에 대한 존속살해사실을 인정 처단해 버린 원심판결은 채증법칙에 위배하여 증거 없이 사실을 인정하였거나 심리미진 이유불비의 잘못있어 판결에 영향을 미친다 할 것이므로 논지들은 이유있음에 돌아간다.

〈미필적 고의를 부정할 수 있는 동기가 없는 경우〉

대법원 2000. 8. 18. 선고 2000도2231 판결 [살인(예비적죄명 : 상해치사)·사체유기]

살인죄에 있어서의 범의는 반드시 살해의 목적이나 계획적인 살해의 의도가 있어야만 인정되는 것은 아니고, 자기의 행위로 인하여 타인의 사망의 결과를 발생시킬 만한 가능 또는 위험이 있음을 인식하거나 예견하면 족한 것이고 그 인식 또는 예견은 확정적인 것은 물론 불확정적인 것이라도 이른바 미필적 고의로도 인정되는 것인데(대법원 1998. 6. 9. 선고 98도980 판결 등 참조), 피고인이 살인의 범의를 자백하지 아니하고 상해 또는 폭행의 범의만이 있었을 뿐이라고 다투고 있는 경우에 피고인에게 범행 당시 살인의 범의가 있었는지 여부는 피고인이 범행에 이르게 된 경위, 범행의 동기, 준비된 흉기의 유무·종류·용법, 공격의 부위와 반복성, 사망의 결과발생가능성 정도, 범행 후에 있어서의 결과회피행동의 유무 등 범행 전후의 객관적인 사정을 종합하여 판단할 수밖에 없다.

기록에 비추어 살펴보면, 원심이 그 채택한 증거를 종합하여 **피고인이 무술교관출신으로서 인체의 급소를 잘 알고 있으면서도 무술의 방법으로 피해자의 울대를 가격하여 피해자를 사망케 한 행위**에 살인의 범의가 있다고 판단하여 이 사건 살인의 점에 관한 공소사실을 유죄로 인정한 조치는 위와 같은 법리에 따른 것으로서 정당하고, 거기에 상고이유에서 주장하는 바와 같은 살인죄의 범의에 관한 법리오해 또는 채증법칙 위배의 잘못이 있다고 할 수 없다.

그리고 **피고인이 피해자의 울대를 쳐 피해자를 사망에 이르게 한 행위가 피해자가 먼저 피고인을 할퀴고, 피고인의 고환을 잡고 늘어지는 등 피고인을 폭행한 것이 원인이 되었다고** 하더라도, 원심이 적법하게 인정한 바와 같이 피고인의 이와 같은 행위가 살인의 범의에 기한 것이라고 인정되는 이상, 피고인의 행위는 정당방위나 과잉방위에 해당하는 행위라고 볼 수 없는 것이므로, 이와 다른 취지의 피고인의 상고이유 주장은 받아들일 수 없다.

Ⅴ. 고의의 시간적 차원 : 사전고의와 사후고의

〈감금치사 전 새로운 고의가 생긴 경우〉

대법원 1982. 11. 23. 선고 82도2024 판결 [특정범죄가중처벌등에관한법률위반, 사체유기, 자살교사미수, 도박]

피고인이 원판시 미성년자를 유인하여 포박감금한 후 단지 그 상태를 유지하였을 뿐인데도 피감금자가 사망에 이르게 된 것이라면 피고인의 죄책은 소론과 같이 감금치사죄에만 해당한다 하겠으나, 나아가서 그 감금상태가 계속된 어느 싯점에서 피고인에게 살해의 범의가 생겨 위험발생을 방지함이 없이 포박 감금상태에 있던 피감금자를 그대로 방치함으로써 사망케 하였다면 피고인의 부작위는 살인죄의 구성요건적 행위를 충족하는 것이라고 평가하기에 충분하므로 피고인의 소위는 부작위에 의한 살인죄를 구성한다고 보아야 할 것이다.

그런데 원심판결 및 원심이 유지한 제1심 판결이 확정한 사실에 의하면, **피고인은 1980.11.13. 17:30경 피해자 E를 제1심 판시 아파트에 유인하여 양 손목과 발목을 노끈으로 묶고 입에는 반창고를 두겹으로 붙인 다음, 양 손목을 묶은 노끈은 창틀에 박힌 씨멘트못에, 양 발목을 묶은 노끈은 방문손잡이에 각각 잡아매고 얼굴에는 모포를 씌워 포박 감금한 후 수차 그 방을 출입하던 중 같은달 15일 07:30경에 피고인이 그 아파트에 들어갔을 때에는 이미 피해자가 탈진상태에 있어 박카스를 먹여보려해도 입에서 흘려 버릴뿐 마시지 못하기에 얼굴에 모포를 다시 덮어씌워놓고 그대로 위 아파트에서 나와버렸는데 그때피고인은 피해자를 그대로 두면 죽을 것 같은 생각이 들어 병원에 옮기고 자수할 것인가, 그대로 두어 피해자가 죽으면 시체를 처리하고 범행을 계속할 것인가 아니면 스스로 자살할 것인가등 두루 고민하다가 결국 병원에 옮기고 자수할 용기가 생기지 않아 그 대로 나와 학교에 갔다가 같은날 14:00경에 돌아와 보니 이미 피해자가 죽어 있었다**는 것이니 이와 같은 사실관계로 미루어 보면, 피고인이 1980.11.15. 07:30경 포박 감금된 피해자의 얼굴에 모포를 덮어 씌워놓고 아파트에서 나올 때에는 그 상태로 보아 피해자를 방치하면 사망할 가능성이 있다는 것을 내심으로 인정하고 있었음이 분명하고, 여기에 피고인이 피해자와는 물론 그 부모와도 면식이 있는 사이였었다는 사정을 보태어 보면, 피고인이 위와 같은 결과발생의 가능성을 인정하고 있었으면서도 피해자를 병원에 옮기고 자수할 용기가 생기지 않았다는 이유로 사경에 이른 피해자를 그대로 방치한 소위에는 그로 인하여 피해자가 사망하는 결과가 발생하더라도 용인할 수밖에 없다는 내심의 의사 즉 살인의 미필적 고의가 있었다고 볼 수 있다. 그렇다면 자기행위로 인하여 위험발생의 원인을 야기하였음에도 그 위험발생을 방지하지 아니한 피고인의 위와 같은 소위는 살인죄의 구성요건적 행위를 충족하는 부작위였었다고 평가하기에 충분하다 하겠으므로 같은 취지의 판단아래 소론판시 피고인의 소위를 특정범죄가중처벌등에 관한 법률 제5조의2 제2항 제2호에 해당하는 살인죄로 의률한 제1심 판결을 유지한 원심판결은 정당하고, 거기에 논지가 지적하는 바와 같은 살인죄의 법리를 오해하여 법률적용을 그르친 위법이 있다 할 수 없다.

〈승계적 공동정범과 사후고의〉

대법원 1982. 6. 8. 선고 82도884 판결 [향정산성의약품관리법위반 · 변호사법위반]

원심이 인용한 제1심판결에 의하면, 원심이 피고인 2에 대하여 인정한 범죄사실은, 피고인은 향정신성의약품취급자가 아니면서 공소외 1과 공모하여 영리의 목적으로 1981.1월 초순부터 같은 해 2월 중순경까지 피고인 1의 집 지하실에서 공기압출기 등의 속칭 히로뽕 제조기구를 설치하여 싯가 미상의 히로뽕 약 4키로그램을 제조하였다는 것이다.

그러나, 원심이 인용한 제1심판결이 채택한 증거를 기록에 의하여 검토하여 보아도 **피고인이 공소외 1과 1981.1월 초순경부터 히로뽕 제조행위를 하였다고 인정할 자료는 없고, 다만 공소외 1이 이미 1981.1월 초순경부터 그 제조행위를 계속하던 도중인 1981.2.9경 피고인이 비로소 공소외 1의 위 제조행위를 알고 그에 가담한 사실이 인정될 뿐인바**, 이와 같이 연속된 제조행위 도중에 공동정범으로 범행에 가담한 자는 비록 그가 그 범행에 가담할때에 이미 이루어진 종전의 범행을 알았다 하더라도 그 가담 이후의 범행에 대하여만 공동정범으로 책임을 지는 것이라고 할 것이니, 비록 이 사건에서 공소외 1의 위 제조행위 전체가 포괄하여 하나의 죄가 된다 할지라도 피고인에게 그 가담 이전의 제조행위에 대하여까지 유죄를 인정할 수는 없다고 할 것이다.

그럼에도 불구하고, 원심은 피고인의 가담 이전의공소외 1의 범행에 대하여까지 피고인을 유죄로 인정하였으니, 거기에는 필경 증거없이 사실을 인정하였거나 공동정범에 관한 법리를 오해함으로써 판결에 영향을 미친 위법이 있다고 아니할 수 없어 이 점에 관한 논지는 이유있고 원심판결은 파기를 면할 수 없다.

대법원 1982. 11. 23. 선고 82도2024 판결 [특정범죄가중처벌등에관한법률위반, 사체유기, 자살교사미수, 도박]

특정범죄가중처벌등에 관한 법률 제5조의 2 제2항 제1호 소정의 죄는 형법 제287조의 미성년자 약취유인행위와 약취 또는 유인한 미성년자의 부모 기타 그 미성년자의 안전을 염려하는 자의 우려를 이용하여 재물이나 재산상의 이익을 취득하거나 이를 요구하는 행위가 결합된 단순일죄의 범죄라고 봄이 상당하므로 비록 타인이 미성년자를 약취, 유인한 행위에는 가담한 바 없다 하더라도 사후에 그 사실을 알면서 약취, 유인한 미성년자의 부모 기타 그 미성년자의 안전을 염려하는 자의 우려를 이용하여 재물이나 재산상의 이익을 취득하거나 요구하는 타인의 행위에 가담하여 이를 방조한 때에는 단순히 재물등 요구행위의 종범이 되는데 그치는 것이 아니라 결합범인 위 특정범죄가중처벌등에 관한 법률 제5조의2 제2항 제1호 위반죄의 종범으로 의율함이 상당하다 할 것이다.

따라서 피고인 A가 미성년자 E를 유인한 사실을 알면서 같은 피고인이 위 E의 안전을 염려하는 부모의 우려를 이용하여 금품을 요구한 범행을 원심판시와 같은 방법으로 방조한 피고인 C의 소위를 특정범죄가중처벌등에 관한 법률 제5조의2 제2항 제1호 위반죄의 종범으로 의율한 원심판결은 위에 설시한 법리에 따른 것이므로 정당하고, 거기에 소론과 같은 종범에 관한 법리오해나 법령적용을 그르친 위법이 있다고 할 수 없다.

Ⅵ. 고의의 구성요건 관련성 및 택일적 고의

〈고의의 구성요건 관련성 및 택일적 고의〉

대법원 2013. 7. 11. 선고 2013도5355 판결 [성폭력범죄의처벌등에관한특례법위반(절도강간등)〔인정된죄명:성폭력범죄의처벌등에관한특례법위반(주거침입강간등)〕·점유이탈물횡령·사체오욕]

1. **원심**은, 이 사건 공소사실 중 <u>야간주거침입절도 후 준강제추행 미수의 점에 대해서는, 이를 유죄로 보려면 야간주거침입절도죄의 성립이 전제되어야 하는데 이 사건에서 **피고인이 피해자의 집에 침입할 당시 피해자는 이미 사망한 상태에 있었으므로 피고인이 가지고 나온 물건들은 피해자가 점유하고 있었다고 볼 수 없다고 하여 무죄라는 취지로 판단**하고, 그에 대</u>한 <u>예비적 공소사실인 주거침입 후 **준강제추행 미수의 점을 유죄로 인정**하고 아울러 함께 공소제기된 점유이탈물횡령의 점을 유죄로 인정**하였다. 또한 사체오욕의 점에 관해서도, 피고

인이 이 사건 추행행위 당시 피해자가 이미 사망한 상태에 있었다는 사실을 알지 못하였으므로 사체에 대하여 모욕적인 행위를 한다는 인식이 없었으니 사체오욕의 고의가 있었다고 보기 어렵다고 하여 무죄라 할 것이나, 이와 상상적 경합관계에 있는 주거침입 후 준강제추행의 불능미수죄를 유죄로 인정하는 이상 판결 주문에서 따로 무죄를 선고하지 아니한다고 판시하였다.

2. 절도죄는 재물에 대한 타인의 사실상의 지배를 침해함으로써 성립하는 것으로, 침해행위 당시 그 재물에 대하여 타인의 사실상의 지배가 있었는지 여부는 재물의 종류와 형상 등 객관적 상태와 더불어 소유자 등 지배주체와의 연계 관계 등을 종합하여 사회통념에 비추어 결정할 것이다. 기록에 의하면, 피고인이 피해자의 주거에 침입할 당시 피해자는 이미 사망한 상태였고 피고인은 그 사망과는 관련이 없으며 정확한 사망시기도 밝혀지지 않아 피고인이 위 주거에 있던 재물을 가지고 나올 때까지 사망 이후 얼마나 시간이 경과되었는지도 분명하지가 않다. 이러한 사정으로 볼 때, <u>원심이 사자의 점유를 인정한 종전 판례들은 이 사건에 적용될 수 없다고 하여 주거침입절도 후 준강제추행 미수의 점을 무죄라고 판단한 것은 정당한 것으로 수긍이 된다.</u>

3. 사체오욕의 점에 관한 상고이유의 주장은 피고인이 피해자가 사망하였다는 점을 몰랐더라도 준강제추행의 고의에는 사체오욕의 고의도 포함되어 있으므로 주거침입 후 준강제추행의 불능미수와 사체오욕죄가 모두 성립한다는 취지이다. 그러나 <u>피해자의 사망 사실을 인식하지 못한 피고인이 사체오욕의 고의를 가질 수 없음은 명백하므로, 원심이 같은 이유에서 사체오욕죄는 성립할 수 없다고 하여 무죄라고 판단한 것도 정당하다.</u>

4. 따라서 원심판결에는 상고이유의 주장과 같은 절도죄의 객체나 사체오욕죄에 관한 법리를 오해한 위법이 있다고 할 수 없다.

> [사안의 개요] 피고인은 2012. 9. 9. 19:00경 피해자(여, 40세)의 집 앞에서 방충망을 통해 안방을 들여다보다가 이미 사망하여 술상 옆에 엎어져 있던 피해자를 발견하고, 피해자가 술에 취하여 잠들어 있는 것으로 생각하였다. 피고인은 같은 날 23:00경 피해자의 집에 침입하여 재물을 가져가기로 마음먹고, 그 안방으로 침입한 후 거기에 있던 피해자의 상속인들 소유의 휴대전화 1개와 현금 및 신용카드 등이 들어 있는 지갑 1개를 가지고 나오던 중 피해자의 다리와 허벅지를 만지고 팬티를 벗긴 후 엉덩이를 만지고 손가락을 음부에 집어넣었다. 이로써 피고인은 야간에 피해자의 주거에 침입하여 피해자 소유의 재물을 절취하고 피해자의 항거불능의 상태를 이용하여 추행하려 하였으나, 피해자가 사망해 있었기 때문에 그 뜻을 이루지 못하고 미수에 그침과 동시에 피해자의 상속인들 소유의 점유이탈물을 횡령하고, 사체를 오욕하였다.

피고인은 이 사건 범행 이후 다시 피해자의 집 앞을 지나던 중 그 집 방충망을 통해 안방을 들여다보다가 피해자가 2012. 9. 9. 19:00경 목격 당시와 동일한 자세로 엎어져 있는 것을 발견하였고, 그때서야 피해자가 이 사건 범행 이전 에 이미 사망했음을 깨닫고 두려운 마음에 스스로 경찰에 신고함으로써 수사가 개시되었다. 수사과정에서 피해자에 대하여 부검한 결과 사인은 '불명'으로 나왔고, 휴대전화 통화내역에 의하여 피해자가 휴대전화를 마지막으로 사용한 시각이 2012. 9. 7. 11:58경인 사실이 밝혀졌다. 결국 이 사건 공소제기 시점부터 대법원의 판결 선고 당시까지 피해자의 사망 등과 관련하여, ① 이 사건 범행 이전에 이미 피해자가 사망하였고, 그 사망시점은 2012. 9. 7. 11:58경부터 2012. 9. 9. 19:00경까지 사이로 추정된다는 점, ② 피해자의 사망과 피고인과는 아무런 관련이 없다는 점, ③ 피고인이 이 사건 범행 당시에는 피해자가 이미 사망하였다는 점을 알지 못하였다가, 나중에 그 사정을 알게 되었다는 점 등에 대해서는 소송관계인들 사이에서 실질적인 다툼이 없었다. 다만, 피해자의 정확한 사망시각에 대한 증거가 전혀 없었고, 따라서 피해자의 사망시점으로부터 구체적으로 어느 정도 시간이 경과한 이후에 피고인이 피해자의 집에 침입하였는지에 대해서도 증거가 없는 상태였다.

[검사의 항소이유 요지] 사실의 착오에 관한 학설 중 이른바 '죄질부합설'에 따라서 피고인의 준강제추행의 고의 속에는 사체오욕의 고의가 포함된다고 보아야 한다. 따라서 피고인이 이 사건 범행 당시 피해자의 사망사실을 알지 못하였다는 사정만으로 사체오욕의 점에 대하여 무죄로 판단한 제1심판결에는 법리오해의 위법이 있다.

제2 구성요건착오

Ⅰ. 구성요건요소에 대한 인식

〈고의의 인식 대상 : '죄의 성립요소인 사실'(객관적 구성요건요소)〉

대법원 1995. 9. 15. 선고 94도2561 판결 [주거침입, 폭력행위등처벌에관한법률위반]

1. 원심판결 이유에 의하면 원심은, 주거침입미수죄가 성립하기 위하여서는 신체의 전부가 목적물에 들어간다는 인식 아래 그러한 행위의 실행의 착수가 있어야 한다고 전제한 다음, 피고인에게 피해자의 방 안을 들여다 본다는 인식이 있었을 뿐 그 안에 들어간다는 인식이나 의사를 가지고 있었다고는 보기 어려워, 피고인이 1993.9.22. 00:10경 대전 중구소재 피

해자의 집에서 그녀를 강간하기 위하여 그 집 담벽에 발을 딛고 창문을 열고 안으로 얼굴을 들이미는 등의 행위를 하였다는 공소장 기재의 행위를 들어 주거침입의 실행에 착수하였다고는 볼 수 없고 달리 이를 인정할 증거가 없다고 하여 폭력행위등처벌에관한법률위반의 점에 대하여 무죄를 선고한 제1심이 주거침입의 범의에 관한 해석 및 증거조사과정이나 그 취사선택과정에 아무런 위법이 없다는 이유로 검사의 항소를 기각하였다.

2. 그러나. 주거침입죄는 사실상의 주거의 평온을 보호법익으로 하는 것이므로(대법원 1984.4.24. 선고 83도1429 판결; 1987.5.12. 선고 87도3 판결; 1987.11.10. 선고 87도1760 판결 등 참조), 반드시 행위자의 신체의 전부가 범행의 목적인 타인의 주거 안으로 들어가야만 성립하는 것이 아니라 신체의 일부만 타인의 주거 안으로 들어갔다고 하더라도 거주자가 누리는 사실상의 주거의 평온을 해할 수 있는 정도에 이르렀다면 범죄구성요건을 충족하는 것이라고 보아야 할 것이고, 따라서 주거침입죄의 범의는 반드시 신체의 전부가 타인의 주거 안으로 들어간다는 인식이 있어야만 하는 것이 아니라 신체의 일부라도 타인의 주거 안으로 들어간다는 인식이 있으면 족하다고 할 것이고, 이러한 범의로써 예컨대 주거로 들어가는 문의 시정장치를 부수거나 문을 여는 등 침입을 위한 구체적 행위를 시작하였다면 주거침입죄의 실행의 착수는 있었다고 보아야 하고, 신체의 극히 일부분이 주거 안으로 들어갔지만 사실상 주거의 평온을 해하는 정도에 이르지 아니하였다면 주거침입죄의 미수에 그친다고 할 것이다.

그러므로 공소사실 기재와 같이 야간에 타인의 집의 창문을 열고 집 안으로 얼굴을 들이미는 등의 행위를 하였다면 피고인이 자신의 신체의 일부가 집 안으로 들어간다는 인식 하에 하였더라도 주거침입죄의 범의는 인정되고, 또한 비록 신체의 일부만이 집 안으로 들어 갔다고 하더라도 사실상 주거의 평온을 해하였다면 주거침입죄는 기수에 이르렀다고 할 것이다.

〈가중적 요소에 대한 인식이 없는 경우〉

대법원 1990. 4. 24. 선고 90도401 판결 [폭력행위등처벌에관한법률위반]

폭력행위등처벌에관한법률의 목적과 그 제3조 제1항의 규정취지에 비추어보면, 같은 법 제3조 제1항 소정의 흉기 기타 위험한 물건(이하 흉기라고 한다)을 휴대하여 그 죄를 범한 자란 범행현장에서 그 범행에 사용하려는 의도아래 흉기를 소지하거나 몸에 지니는 경우를 가리키는 것이지 (당원 1982.2.23. 선고 81도3074 판결; 1985.9.24. 선고 85도1591 판결 각 참조) 그 범행과는 전혀 무관하게 우연히 이를 소지하게 된 경우까지를 포함하는 것은 아니라고 할 것이다.

원심이 인정한 사실에 의하면, 피고인은 1989.8.23.의 판시 **범행일에 버섯을 채취하러 산에 가면서 칼을 휴대한 것일 뿐 판시 주거침입에 사용할 의도 아래 이를 소지한 것이 아니고 판시 주거침입시에 이를 사용한 것도 아니라는** 것인바 기록에 비추어 보면 원심의 이와 같은 사실인정은 수긍이 되고 거기에 소론과 같은 채증법칙에 위배된 바 있다고 할 수 없고, 사실이 그러하다면 피고인은 같은 법 제3조제1항 소정의 흉기를 휴대하여 주거침입의 죄를 범한자라고 할 수는 없으므로 이와 같은 취지의 원심판단은 정당하다.

〈인적 처벌조각사유는 고의의 대상이 아님〉

대법원 1966. 6. 28. 선고 66도104 판결 [절도]

피고인의 위 물건이 피고인 본가의 소유물이라는 주장에는 피고인이 그것을 본가의 소유물로 오신하였다는 취지도 포함되어 있는 듯하나 설사 본건 범행이 그러한 오신에 의하여 이루어진 것이라고 할지라도 그 오신은 형의 면제 사유에 관한 것으로서 이에 범죄의 구성요건 사실에 관한 형법 제15조 (사실의 착오) 제1항은 적용되지 않는 것이므로 그 오신은 본건 범죄의 성립이나 처벌에 아무런 영향도 미치지 않을 것이니 소론 중 이점에 관한 논지도 이유없다.

> 피고인이 자신의 집 2층 장광 안에 피해자가 일시 보관시켰던 고추장을 자기 집의 것인 줄 알고 꺼내간 사안

대법원 2011. 7. 28. 선고 2011도5813, 2011전도99 판결 「전자감시제도는 범죄행위를 한 자에 대한 응보를 주된 목적으로 그 책임을 추궁하는 사후적 처분인 형벌과 구별되어 그 본질을 달리한다. 따라서 성폭력범죄를 다시 범할 위험성이 있는 사람에 대한 전자장치 부착명령의 청구 요건의 하나로 위 법률 제5조 제1항 제4호에서 규정한 '16세 미만의 사람에 대하여 성폭력범죄를 저지른 때'란 피부착명령청구자가 저지른 성폭력범죄의 피해자가 16세 미만의 사람인 것을 말하고, 더 나아가 피부착명령청구자가 자신이 저지른 성폭력범죄의 피해자가 16세 미만이라는 점까지 인식하여야 하는 것은 아니라고 할 것이다.」

<규범적 구성요건요소에 대한 인식>

대법원 1983. 9. 13. 선고 83도1762, 83감도315 판결 [공갈·특정범죄가중처벌등에관한법률위반·보호감호]

특정범죄가중처벌등에관한법률위반(상습절도) 및 보호감호부분에 대하여 원심판결 이유에 의하면, 원심은 피고인은 그 판시와 같은 상습절도 등의 전과가 여러차례 있는 자로서 다시 상습으로 1982.8.3. 23:45경 전북 진안읍 군장리 322 소재 피해자 김옥순 경영의 평원닭집앞 노상에서 그곳 평상위에 있던 동 피해자 소유의 고양이 1마리 싯가 7,000원 상당을 절취하였다는 공소사실을 거시증거에 의하여 유죄로 인정하고, 한편 피고인은 사회보호법 제2조 소정의 보호처분대상자로서 이건 범행을 저질렀으므로 사회보호법 제5조 제1항 제1호에 해당한다 하여 10년의 보호감호에 처한 제1심 판결을 유지하고 있다.

그러나 원심이 위 공소사실을 유죄로 인정함에 취신한 증거들을 기록에 의하여 검토하여 보건대, 피고인은 경찰이래 원심공판정에 이르기까지 피고인이 이건 고양이를 들고 간 것은 사실이지만 절취할 의사로 가져간 것이 아니고 그날 피고인이 다른데서 빌려가지고 있다가 잃어버린 고양이인 줄로 잘못 알고 가져가다가 주인이 자기 것이라고 하여 돌려주었을 뿐이라고 일관하여 범의를 부인하고 있고, 이건 피해자라고 하는 김옥순의 제1심 법정에서의 증언과 경찰 및 검찰에서의 증언에 의하면, 피고인이 평상 밑에 있는 고양이를 쓰다듬다가 런닝샤쓰안에 집어넣고 가기에 고양이를 왜 가지고 가느냐고 하니까 아무말도 하지 않고 골목으로 가기에 뒤따라가서 피고인으로부터 고양이를 찾아왔다는 것이고, 목격자라고 하는 김남호(일명 강양)의 경찰에서의 진술에 의하면 낮모르는 사람이 고양이를 품속에 넣고 가는 것을 보았는데 5분 뒤에 평원닭집 주인들이 고양이를 찾기에 낮모르는 청년이 고양이를 품에 넣고 시장쪽으로 갔다고 알려줘 조금 있다가 주인이 고양이를 찾아왔다는 것이며, 또 다른 목격자인 김영희의 경찰에서의 진술은 피고인이 고양이를 가지고 가는데 평원닭집 주인 김옥순이 따라와서 피고인으로부터 고양이를 찾아가는 것을 보았다는 것인바, 위 김옥순의 진술과 김남호의 진술에는 서로 다른점이 없지 아니하나 어느 진술에 의하더라도 **피고인은 이건 고양이를 몰래 가지고 도망하여 행방을 감춘 것은 아니고 다른 사람이 보는 데서 공공연히 가지고 가다가 주인이 나타나서 자기 것이라고 하자 그대로 돌려준 사실**을 알 수 있고, 한편 원심이 배척하지 아니한 제1심증인 천직세의 법정에서의 증언 및 검찰에서의 진술에 의하면, 동인은 **이 사건이 일어나기 몇시간 전에 피고인에게 고양이 1마리를 빌려준 사실**이 있었다고 진술하고 있어 피고인의 변소를 뒷받침하고 있는 등 사정을 종합하여 볼 때에 피고인이 이건 고양이를 가져간 것은 위 김옥순의 고양이인 줄 알고 절취한 것이라기 보다는 피고인이 잃어버린 고양이로 잘못 알고 가져간 것이라는 피고인의 진술(두 고양이는 외형상 유사하다고 진술하고 있어 그 진부를 가려 사실이 그와 같다면)에 수긍이 가고 그밖에 기록을 정사하여도 피고인이 이건 고양이를 김옥순의 소유인 줄 알고 그 의사에 반한 것임을 알면서 취거한 것이라고 단정할 자료는 없다.

그렇다면 절도죄에 있어서 재물의 타인성을 오신하여 그 재물이 자기에게 취득(빌린 것)할 것이 허용된 동일한 물건으로 오인하고 가져온 경우에는 범죄사실에 대한 인식이 있다고 할 수 없으므로 범의를 조각하여 절도죄가 성립하지 아니한다 할 것이다.

Ⅱ. 구성요건착오

〈방법의 착오 사례 : 판례는 법정적 부합설〉

대법원 1975. 4. 22. 선고 75도727 판결 [군용물횡령·살인·상관살해미수]

사람을 살해할 목적으로 총을 발사한 이상 그것이 목적하지 아니한 다른 사람에게 명중되어 사망의 결과가 발생하였다 하더라도 살의를 저각하지 않는 것이라 할 것이니 원심인정과 같이 피고인이 하사 공소외 1을 살해할 목적으로 발사한 총탄이 이를 제지하려고 피고인 앞으로 뛰어들던 병장 공소외 2에게 명중되어 공소외 2가 사망한 본건의 경우에 있어서의 공소외 2에 대한 살인죄가 성립한다 할 것이므로 공소외 2에 대한 피고인의 살의를 부정하는 논지도 이유 없다.

〈중한 사실을 인식하지 못한 경우〉

대법원 1960. 10. 31. 선고 4293형상494 판결 [살인]

피고인 이04의 공소 외 김상섭의 모 피살자 둥굴댁, 동 이01의 처 피살자 남산댁에 대한 살인점에 관하여 심안컨대 기록에 의하면 위 둥굴댁은 동 피고인의 처 조모이요 또 위 남산댁은 동 피고인의 장모로서 동 피고인의 배우자인 처 김08의 직계존속임에도 불구하고 원심이 이를 보통살인죄로 의율하였음은 위법이라 할 것이나 다시 기록을 정사하니 동 피고인의 범행당시는 암야이고 또 집합인의 다수로 인하여 혼잡하든 중 주도자인 거면 분주소장 이03의 급촉 등으로 처조모, 장모임을 인식치 못하고 가해한 것임을 규지하지 못할 바 아니므로 우는 형법 제15조 제1항소정의 「특히 중한 죄가 되는 사실을 인식하지 못한 배우자의 직계존속살의 행위」로 해석되고 여사한 경우에는 보통살인죄의 형으로써 처단하여야 할 것이니 위 위법은 원판결을 파기할 이유가 되지 아니한다 할 것이다.

제3 인과관계의 이탈과 고의귀속

Ⅰ. 방법의 착오

〈'방법의 착오'라고 언급되나 미필적 고의가 있는 경우로도 볼 수 있는 사안〉

대법원 1984. 1. 24. 선고 83도2813 판결 [살인]

원심판결이 유지한 제1심판결 거시의 증거를 기록과 대조하여 살펴보면 피고인에 대한 제1심 판시 살인범죄사실을 넉넉히 인정할 수 있으니 소론 피해자 1인 피고인의 형수의 등에 업혀 있던 피고인의 조카 피해자 2(남1세)에 대하여는 살인의 고의가 없었으니 과실치사죄가 성립할지언정 살인죄가 성립될 수 없다는 주장을 살피건대, 피고인이 먼저 피해자 1을 향하여 살의를 갖고 소나무 몽둥이(증 제1호, 길이 85센티미터 직경 9센티미터)를 양손에 집어들고 힘껏 후려친 가격으로 피를 흘리며 마당에 고꾸라진 동녀와 동녀의 등에 업힌 피해자 2의 머리부분을 위 몽둥이로 내리쳐 피해자 2를 현장에서 두개골절 및 뇌좌상으로 사망케 한 소위를 살인죄로 의율한 원심조처는 정당하게 긍인되며 소위 타격의 착오가 있는 경우라 할지라도 행위자의 살인의 범의성립에 방해가 되지 아니하니 어느모로보나 원심판결에 채증법칙위배로 인한 사실오인의 위법이나 살인죄에 관한 법리오해의 위법이 없어 논지는 이유없다.

> **대법원 1987. 10. 26. 선고 87도1745 판결 [폭력행위등처벌에관한법률위반]**
> 성명불상자 3명과 싸우다가 힘이 달리자 옆포장마차로 달려가 길이 30센티미터의 식칼을 가지고 나와 이들 3명을 상대로 휘두르다가 이를 말리면서 식칼을 뺏으려던 피해자의 귀를

찔러 상해를 입힌 피고인에게 상해의 범의가 인정되며 상해를 입은 사람이 목적한 사람이 아닌 다른 사람이라 하여 과실상해죄에 해당한다고 할 수 없고, 싸움의 경위, 범행방법 등 제반사정에 비추어 피고인의 범행이 정당방위나 긴급피난 또는 과잉방위에 해당되는 것으로도 보이지 않으므로 여기에 소론과 같은 사실오인이나 법리오해의 위법이 있다할 수 없다.

Ⅱ. '개괄적 고의' 사례

〈개괄적 고의 사례〉

대법원 1988. 6. 28. 선고 88도650 판결 [살인·사체유기]

원심은 피고인 신○○은 평소 피해자 김○○이 약간 저능아인 동 피고인의 처에게 젖을 달라는 등의 희롱을 하는데 심한 불만을 품어 오던 중 1987. 8. 8. 23:30경 충북 괴산군 OOO 구판장에서 피해자와 술을 마시다가 위 구판장 주인 공소외 최○○으로부터 그날 낮에도 피해자가 동 피고인의 처에게 젖을 달라고 희롱하였다는 말을 듣고 피해자의 뺨을 수회 때리는 등 구타를 한 후 그 곳에 찾아온 피고인 이○○와 피해자 등 셋이서 술을 더 마시기 위하여 함께 인근 ○○부락으로 가던 중 위 마을 앞 농로상에 이르렀을 때 술에 만취된 피해자가 손가락으로 눈을 뺄 것 같은 시늉을 하면서 이새끼 까불면 죽인다는 등 욕설을 하자 피고인 신○○은 손바닥으로 피해자의 뺨을 수회 때리고 피고인 이○○는 피고인의 복부를 2회 때려 피해자를 넘어뜨린 다음 순간적으로 분노가 폭발하여 피해자를 살해하기로 마음먹고 피고인 신○○은 피해자의 배위에 올라타 가로 20센티미터, 세로 10센티미터의 돌멩이(증제1호)로 피해자의 가슴을 2회 내려치고, 피고인 이○○도 이에 합세하여 가로 13센티미터, 세로 7센티미터의 돌멩이(증제2호)로 피해자의 머리를 2회 내려친 후 다시 피해자를 일으켜 세워 피고인 이○○가 피해자의 복부를 1회 때려 뒤로 넘어지게 하여 피해자가 뇌진탕 등으로 정신을 잃고 축 늘어지자 그가 죽은 것으로 오인하고 그 사체를 몰래 파묻어 증거를 인멸할 목적으로 피해자를 그 곳에서부터 약 150미터 떨어진 개울가로 끌고가 삽으로 웅덩이를 파고 피해자를 매장하여 피해자로 하여금 질식하여 사망에 이르게 한 사실을 인정하고 있는바, 기록에 대조하여 살펴보면 위 인정은 정당하고 거기에 논지가 주장하는 바와 같은 채증법칙을 위배하여 사실을 오인한 위법이 없으며, 또한 사실관계가 위와 같이 피해자가 피고인들이 살해의 의도로 행한 구타 행위에 의하여 직접 사망한 것이 아니라 죄적을 인멸할 목적으로 행한 매장행위에 의하여 사망하게 되었다 하더라도 전과정을 개괄적으로 보면 피해자의 살해라는 처음에 예견된 사실이 결국은 실현된 것으로서 피고인들은 살인죄의 죄책을 면할 수 없다 할 것이므로 같은 취지에서 피고인들을 살인죄로 의율한 제1심 판결을 유지한 원심의 조치는 정당하고 거기에 아무런 잘못도 없다.

대법원 1994. 11. 4. 선고 94도2361 판결 [살인,폭력행위등처벌에관한법률위반(인정된죄명:상해치사),업무방해]

원심이 확정한 바와 같이 피고인이 1993.10.3. 01:50경 피해자와 함께 낙산비치호텔 325호실에 투숙한 다음 손으로 피해자의 뺨을 수회 때리고 머리를 벽쪽으로 밀어 붙이며 붙잡고 방바닥을 뒹구는 등 하다가 피해자의 어깨를 잡아 밀치고 손으로 우측 가슴부위를 수회 때리고 멱살을 잡아 피해자의 머리를 벽에 수회 부딪치게 하고 바닥에 넘어진 피해자의 우측 가슴부위를 수회 때리고 밟아서 피해자에게 우측 흉골골절 및 우측 제2, 3, 4, 5, 6번 늑골 골절상과 이로 인한 우측심장벽좌상과 심낭내출혈 등의 **상해를 가함으로써**, 피해자가 바닥에 쓰러진 채 정신을 잃고 빈사상태에 빠지자, 피해자가 사망한 것으로 오인하고 피고인의 위와 같은 행위를 은폐하고 피해자가 자살한 것처럼 가장하기 위하여, 같은 날 03:10경 **피해자를 베란다로 옮긴 후 베란다 밑 약 13미터 아래의 바닥으로 떨어뜨려 피해자로 하여금 현장에서 좌측 측두부 분쇄함몰골절에 의한 뇌손상 및 뇌출혈 등으로 사망에 이르게 하였다면**, 피고인의 판시 소위는 포괄하여 단일의 상해치사죄에 해당한다고 할 것이므로 이와 같은 취지의 원심판단은 정당하고, 원심판결에 소론과 같은 결과적 가중범, 인과관계 및 포괄일죄 등에 관한 법리를 오해한 위법이 있다고 볼 수 없다.

Ⅲ. 객체의 착오

〈행위자가 행위객체를 시각적으로 직접 인식하지 못한 경우 : 고의 귀속 긍정〉

대법원 1968. 8. 23. 선고 68도884 판결 [살인, 살인미수]

원심이 유지한 제1심판결적시의 증거를 기록에 의하여 검토하면 피고인과 공소외 이◇웅과 정교를 계속하다가 피고인은 임신을 하게 되었음에도 불구하고 위 이◇웅은 피고인과의 결혼을 거절할 뿐 아니라 생활비의 요구에도 불응하고, 피고인을 냉대하므로 피고인은 이에 분개하여 위 이◇웅과 그 처인 박▽출을 살해할 것을 기도하고 이미 준비하였던 농약인 매트크링일포(약 18그램)을 이◇웅가의 식당방에서 숭늉이 들어있는 그릇에 투입하고 그 숭늉 그릇을 이◇웅의 가족들이 식사를 하려고 준비하였던 점심식사의 밥상 위에 놓음으로서 그 정을 알지 못한 이◇웅의 장녀 이ㅁ애(당시 3세)가 이를 마시게 되어 동인을 사망케 하였고, 이◇웅과 그 처 박▽출은 이와 같은 사고로 그 숭늉을 마시지 아니함으로써 동인들에게 대한 살인은 미수에 그쳤다는 사실을 원심이 인정하였음에 위법이 있다 할 수 없는바, <u>피고인이 사람을 살해할 의사로서 위와같은 행위를 하였고 그와 같은 행위에 의하여 살해라는 결과가 발생한 이상 피고인의 행위와 살해라는 결과와의 사이에는 인과관계가 있다고 아니할 수 없으므로 이◇웅의 장녀 이ㅁ애를 살해할 의사는 없었다고 주장함으로써 살인기수 사실을 부인하는 취지의 논지는 이유없을 뿐 아니라,</u> 피고인과 이◇웅과 정교를 맺게 된 동기와 경위가 소론과 같고, 본건 범행을 하게 된 사정과 경위가 소론과 같은 딱한 사정과 분노에 못 이겨 이루어진 것이라 하더라도 본건 범행의 수단과 그 위험성 및 기록에 나타난 사정들을 고찰하면 피고인에게 선고된 징역 10년의 형이 형의 양정에 있어서 심히 부당하다고 인정할 현저한 사유가 있는 경우에 해당된다고는 단정하기 어려우므로 양형이 과중하다는 취지의 논지 역시 이유없다고 아니할 수 없다.

위법성

제1절 불법이론의 근본문제

I. 위법성과 불법

〈불법의 의미〉

헌법재판소 2018. 4. 26. 선고 2017헌바498 결정 [성폭력범죄의 처벌 등에 관한 특례법 제3조 제1항 위헌소원]

헌법재판소는 2013. 7. 25. 2012헌바320 결정에서 심판대상조항과 내용이 동일한 구 '성폭력범죄의 처벌 등에 관한 특례법'(2010. 4. 15. 법률 제10258호로 제정되고, 2012. 12. 18. 법률 제11556호로 개정되기 전의 것) 제3조 제1항 중 '형법 제319조 제1항(주거침입)의 죄를 범한 사람이 같은 법 제298조(강제추행)의 죄를 범한 경우에는 무기징역 또는 5년 이상의 징역에 처한다'는 부분(이하 '구법 조항'이라 한다)에 관하여 합헌결정을 한 바 있고, 2015. 10. 21. 2015헌바166 결정에서도 동일한 판단을 하였다. 위 2012헌바320 결정의 법정의견의 요지는 다음과 같다.
(1) 주거침입강제추행죄는 사람의 주거 등을 침입한 자가 피해자를 강제추행한 경우에 성립하는 것으로서, 강제추행죄의 피해자들은 심각한 정신적·정서적 장애를 경험할 수 있고, 그 후유증으로 장기간 사회생활에 큰 지장을 받을 수 있는데, 사생활의 중심으로 개인의 인격과 불가분적으로 연결되어 있어 개인의 생명, 신체, 재산의 안전은 물론 인간 행복의 최소한의 조건이자 개인의 사적 영역으로서 보장되어야 하는 주거에서 강제추행을 당한다면 그로 인한 피해는 보다 심각할 수 있다. 입법자가 이러한 중대한 법익 침해자를 결합범으로 더 무겁게 처벌함으로써 그 범행행위에 상응하는 책임을 묻고 이러한 범죄를 예방하고 근절하겠

다는 형사정책적 고려에 따라 특별형법인 성폭력처벌법에 '주거침입강제추행죄'라는 구성요건을 별도로 신설한 것은 필요하고도 바람직한 입법조치라 할 것이다.

주거침입강제추행죄의 보호법익의 중요성, 죄질, 행위자의 책임의 정도 및 일반예방이라는 형사정책적 측면 등 여러 요소를 고려하여 본다면, 입법자가 형법상 강제추행죄의 법정형보다 무거운 '무기징역 또는 5년 이상의 징역'이라는 비교적 중한 법정형을 정한 것에는 나름대로 수긍할 만한 합리적인 이유가 있는 것이고, 그것이 범죄의 죄질 및 행위자의 책임에 비하여 지나치게 가혹하다고 할 수 없다.

또한 법정형의 하한이 5년 이상의 징역이어서 작량감경의 사유가 있는 경우에는 얼마든지 집행유예를 선고할 수 있고, 주거침입강제추행죄가 지니는 불법의 중대성에 비추어 볼 때 법정형에 벌금을 규정하지 않은 것이 불합리하다고 할 수도 없다.

따라서 구법 조항의 법정형이 형벌 본래의 목적과 기능을 달성함에 있어 필요한 정도를 일탈하여 지나치게 과중한 것이라고 보기는 어려우므로, 구법 조항은 책임과 형벌 간의 비례원칙에 위반되지 아니한다.

(2) 그리고 강제추행의 경우 그 범위가 매우 넓기 때문에 형법 제297조의2에서 정한 구강성교 등 유사강간에 해당하지 않는 통상적인 추행행위를 한 경우라 할지라도 구체적인 사안에 따라서는 그 행위태양이나 불법의 정도, 행위자의 죄질에 비추어 강간이나 유사강간을 한 경우보다 무겁게 처벌하거나 적어도 동일하게 처벌하여야 할 필요가 있는 경우도 실무상 흔히 있을 수 있다.

입법자는 강제추행에 주거침입이라는 다른 행위요소가 더해지면 강제추행의 경우도 주거침입강간이나 유사강간에 비하여 그 보호법익이나 불법의 정도, 비난가능성 등에 있어 별다른 차이가 없다고 보고 그 법정형을 동일하게 정한 것이고, 비록 형법에 강제추행행위 중에서 구강성교 등과 같이 불법성이 강한 강제추행행위를 따로 구별하여 유사강간죄(형법 제297조의2)를 신설하여 그 법정형을 높게 설정하였다고 하더라도 앞서 본 주거침입강제추행죄의 불법의 정도나 죄질, 비난가능성 등에 비추어 보면, 주거침입강제추행죄의 법정형을 주거침입강간이나 유사강간보다 가볍게 정하지 않은 것이 현저히 형벌체계상의 균형성을 잃은 자의적인 입법이라고 할 수 없다.

또한 주거침입강제추행죄의 구체적인 사건에서 법관이 집행유예도 선고할 수 있으므로 법관의 양형을 통하여 그 불법의 정도에 알맞은 구체적 타당성이 있는 형을 선고할 수 있다.

따라서 구법 조항이 현저히 형벌체계상의 정당성이나 균형성을 상실하여 평등원칙에 위반된다고 할 수 없다.

Ⅱ. 형식적 위법성과 실질적 위법성

〈실질적 위법성 : 불법차등화〉

대법원 1973. 11. 13. 선고 73도1553 전원합의체 판결 [준강도]

준강도에 관한 형법 제335조를 보면 절도가 재물의 탈환을 항거하거나, 체포를 면탈하거나, 죄적을 인멸할 목적으로 폭행 또는 협박을 가한 때에는 형법 제333조와 형법 제334조의 예에 의한다고 규정하고 있는바, 이 조문은 <u>절도범인이 절도기수 후 또는 절도의 착수 후 그 수행의 범의를 포기한 후에 소정의 목적으로서 폭행 또는 협박을 하는 행위가 그 태양에 있어서 재물탈취의 수단으로서 폭행, 협박을 가하는 강도죄와 같이 보여질 수 있는 실질적 위법성을 지니게 됨에 비추어 이를 엄벌하기 위한 취지로</u> 규정되어 있는 것이며, 강도죄에 있어서의 재물탈취의 수단인 폭행 또는 협박의 유형을 흉기를 휴대하고 하는 경우와 그렇지 않은 경우로 나누어 흉기를 휴대하고 하는 경우를 특수강도로 하고, 그렇지 않은 경우를 단순강도로 하여 처벌을 달리하고 있음에 비추어 보면 <u>절도범인이 처음에는 흉기를 휴대하지 아니하였으나 체포를 면탈할 목적으로 폭행 또는 협박을 가할 때에 비로소 흉기를 휴대사용하게 된 경우에는 형법 제334조의 예에 의한 준강도(특수강도의 준강도)가 되는 것으로 해석하여야 할 것이므로</u> 처음에 흉기를 휴대하지 않았던 절도범인인 피고인이 체포를 면탈할 목적으로 추적하는 사람에 대하여 비로소 흉기를 휴대하여 흉기로서 협박을 가한 소위를 특수강도의 예에 의한 준강도로 의율한 원심의 조처는 정당하고 원심의 그 조처에 준강도에 관한 법리를 오해한 위법이 없다.

> **대법원 2004. 11. 18. 선고 2004도5074 전원합의체 판결 [준강도(인정된 죄명 : 준강도미수)]**
> <u>형법 제335조에서 절도가 재물의 탈환을 항거하거나 체포를 면탈하거나 죄적을 인멸할 목적으로 폭행 또는 협박을 가한 때에 준강도로서 강도죄의 예에 따라 처벌하는 취지는, 강도죄와 준강도죄의 구성요건인 재물탈취와 폭행·협박 사이에 시간적 순서상 전후의 차이가 있을 뿐 실질적으로 위법성이 같다고 보기 때문이다.</u>
> 그러므로 피해자에 대한 폭행·협박을 수단으로 하여 재물을 탈취하고자 하였으나 그 목적

을 이루지 못한 자가 강도미수죄로 처벌되는 것과 마찬가지로, 절도미수범인이 폭행·협박을 가한 경우에도 강도미수에 준하여 처벌하는 것이 합리적이라 할 것이다. 만일 강도죄에 있어서는 재물을 강취하여야 기수가 됨에도 불구하고 준강도의 경우에는 폭행·협박을 기준으로 기수와 미수를 결정하게 되면 재물을 절취하지 못한 채 폭행·협박만 가한 경우에도 준강도죄의 기수로 처벌받게 됨으로써 강도미수죄와의 불균형이 초래된다.

위와 같은 준강도죄의 입법 취지, 강도죄와의 균형 등을 종합적으로 고려해 보면, <u>준강도죄의 기수 여부는 절도행위의 기수 여부를 기준으로 하여 판단하여야 한다고 봄이 상당하다.</u>

〈실질적 위법성의 구성요건 해석기능 : 사회적 상당성〉

대법원 1995. 3. 3. 선고 93도3080 판결 [범인도피,특정범죄가중처벌등에관한법률위반(재산국외도피)]

<u>범인도피행위는 범인을 도주하게 하는 행위 또는 도주하는 것을 직접적으로 용이하게 하는 행위에 한정된다고 봄이 상당하고, 그 자체가 도피시키는 것을 직접의 목적으로 한 것이라고는 보기 어려운 행위로 말미암아 간접적으로 범인이 안심하여 도피할 수 있도록 하는 것과 같은 경우는 이에 포함되는 것이 아니라고 해석하여야 할 것이다.</u>

나아가 어떤 행위가 범인도피죄에 해당하는 것처럼 보이더라도 <u>그것이 사회적으로 상당성이 있는 행위일 때에는 이 또한 처벌할 수 없다고 보아야 할 것이다.</u>

대법원 2011. 10. 27. 선고 2010도7624 판결 [생략]

거래상대방의 대향적 행위의 존재를 필요로 하는 유형의 배임죄에 있어서 거래상대방으로서는 기본적으로 배임행위의 실행행위자와는 별개의 이해관계를 가지고 반대편에서 독자적으로 거래에 임한다는 점을 감안할 때, 거래상대방이 배임행위를 교사하거나 그 배임행위의 전 과정에 관여하는 등으로 배임행위에 적극 가담함으로써 그 실행행위자와의 계약이 반사회적 법률행위에 해당하여 무효로 되는 경우 배임죄의 교사범 또는 공동정범이 될 수 있음은 별론으로 하고, 관여의 정도가 거기에까지 이르지 아니하여 법질서 전체적인 관점에서 살펴볼 때 사회적 상당성을 갖춘 경우에 있어서는 비록 정범의 행위가 배임행위에 해당한다는 점을 알고 거래에 임하였다는 사정이 있어 외견상 방조행위로 평가될 수 있는 행위가 있었다 할지라도 범죄를 구성할 정도의 위법성은 없다고 봄이 상당하다(대법원 2005. 10. 28. 선고 2005도4915 판결 참조).

〈실질적 위법성 : 위법성조각사유의 체계화 기능〉

대법원 1983. 3. 8. 선고 82도3248 판결 [국가보안법위반·현주건조물방화치상·현주건조물방화예비·계엄법위반·집회및시위에관한법률위반·특수공무집행방해·범인은닉·범인도피]

성직자라 하여 초법규적인 존재일 수 없다. 성직자의 직무상 행위가 사회상규에 반하지 아니한다하여 그에 적법성이 부여되는 것은 그것이 성직자의 행위이기 때문이 아니라 그 직무로 인한 행위에 정당, 적법성을 인정하기 때문이다. 죄지은 자를 맞아 회개하도록 인도하고 그 갈길을 이르는 것은 사제로서의 소임이라 할 것이나 적극적으로 은신처를 마련하여 주고 도피자금을 제공하는 따위의 일은 이미 그 정당한 직무의 범위를 넘는 것이며 이를 가리켜 사회상규에 반하지 아니하여 위법성이 저각되는 정당행위라고 할 수 없다. 사제가 죄지은 자를 능동적으로 고발하지 않는 것은 종교적 계율에 따라 그 정당성이 용인되어야 한다고 할 수 있을 것이나 그에 그치지 아니하고 적극적으로 은닉 도피케 하는 행위는 어느 모로 보나 이를 사제의 정당한 직무에 속하는 것이라고 할 수 없다. 소론 비록 죄인을 숨겨주는 똑같은 행위일지라도 그것이 성직자가 아닌 일반의 평범한 시민의 행위라면 바로 공공질서에 반하고 선량한 풍속에도 반하여 사회상규에도 벗어나는 행동으로 인정될 수 밖에 없겠지만 그것이 피고인과 같은 성직자의 입장에서일 때에는 그 반대로 사회상규에 위배되지 아니하는 행위로서 위법성을 저각한다는 논지는 그 독단적 견해에 지나지 아니하여 채용할 수가 없다.

Ⅲ. 피해자학과 실질적 불법

〈보호 필요성 : 횡령죄로 보호할 만한 가치 있는 신임〉

대법원 2016. 5. 19. 선고 2014도6992 전원합의체 판결 [횡령]

형법 제355조 제1항이 정한 횡령죄의 주체는 타인의 재물을 보관하는 자라야 하고, 타인의 재물인지 아닌지는 민법, 상법, 기타의 실체법에 따라 결정하여야 한다(대법원 2003. 10. 10. 선고 2003도3516 판결, 대법원 2010. 5. 13. 선고 2009도1373 판결 등 참조). 횡령죄에서 보관이란 위탁관계에 의하여 재물을 점유하는 것을 뜻하므로 횡령죄가 성립하기 위하여는 그 재물의 보관자와 재물의 소유자(또는 기타의 본권자) 사이에 법률상 또는 사실상의 위탁신임관계가 존재하여야 한다(대법원 2005. 9. 9. 선고 2003도4828 판결, 대법원 2010. 6. 24. 선고 2009도9242 판결 등 참조). 이러한 위탁신임관계는 사용대차·임대차·위임 등의 계약에 의하여서뿐만 아니라 사무관리·관습·조리·신의칙 등에 의해서도 성립될 수 있으나(대법원 2006. 1. 12. 선고 2005도7610 판결 등 참조), 횡령죄의 본질이 신임관계에 기초하여 위탁된 타인의 물건을 위법하게 영득하는 데 있음에 비추어 볼 때 그 위탁신임관계는 횡령죄로 보호할 만한 가치 있는 신임에 의한 것으로 한정함이 타당하다.

〈잠재적 피해자의 보호필요성 vs 통화에 대한 공공의 신용에 대한 침해 우려〉
대법원 1986. 3. 25. 선고 86도255 판결 [통화위조, 위조통화행사]

원심판결은 그 이유에서 피고인들이 한국은행발행 일만원권 지폐의 앞, 뒷면을 전자복사기로 복사하고 비슷한 크기로 잘라 진정한 지폐와 유사한 형태로 만들어낸 사실은 인정되나, 증거에 의하면 그 복사상태가 정밀하지 못하고 진정한 통화의 색체를 갖추지 못한 흑백으로만 되어 있어 이는 객관적으로 진정한 것으로 오인할 정도에 이르지 못한 것에 불과하며 실제로 공소외 김석문(행사의 상대방)은 야간에 택시 안에서도 이를 진정한 것으로 오인한바 없으니 피고인들이 위조행사하였다는 위조통화는 통화위조죄와 그 행사죄의 객체가 될 수 없어 피고인들의 소위는 통화위조죄와 위조통화행사죄를 구성하지 않는다고 판단하였다.
통화위조죄와 위조통화행사죄의 객체인 위조통화는 그 유통과정에서 일반인이 진정한 통화로 오인할 정도의 외관을 갖추어야 한다 할 것이고(당원 1985.4.23 선고 85도570 판결 참조) 원심이 확정한 사실에 의하면 피고인들이 만들었다는 위조통화는 그와 같은 정도의 외관을 갖춘것이라고 볼 수 없으므로 원심의 판단은 정당하며, 피고인들이 만든 위조통화의 지질이 진권과 극히 유사하고 그 전후면에 옅은 푸른색계통의 색상이 많아 야간에는 일견하여 일만원권의 진권이라고 믿기에 충분한 것이라 하여 원심판결에 위조통화의 법리오해가 있다고 탓하는 논지는, 원심이 인정한 바도 없고, 기록상 근거도 없는 사실을 전제로 원심판단을 공격하는 것이므로 논지는 모두 이유없다.

〈불법원인급여와 사기죄〉

대법원 2006. 11. 23. 선고 2006도6795 판결 [사기]

민법 제746조의 불법원인급여에 해당하여 급여자가 수익자에 대한 반환청구권을 행사할 수 없다고 하더라도, 수익자가 기망을 통하여 급여자로 하여금 불법원인급여에 해당하는 재물을 제공하도록 하였다면 사기죄가 성립한다고 할 것인바(대법원 1995. 9. 15. 선고 95도707 판결 참조), 피고인이 피해자공소외인으로부터 도박자금으로 사용하기 위하여 금원을 차용하였더라도 사기죄의 성립에는 영향이 없다고 한 원심의 판단은 옳은 것으로 수긍이 가고, 거기에 불법원인급여와 사기죄의 성립에 관한 법리오해의 위법이 있다고 할 수 없다.

IV. 위법성조각사유에 관한 착오

1. 위법성조각사유 전제사실의 착오

가. 의의

〈위법성조각사유 전제사실에 대한 착오 사례〉

헌법재판소 2010. 10. 28. 선고 2008헌마629 전원재판부 [기소유예처분취소]

1. 사건의 개요

가. 피청구인은 2008. 7. 11. 청구인에 대하여 의정부지방검찰청 고양지청 2008년 형제 23704호로 폭행 혐의가 인정되나 정상에 참작할만한 사유가 있다는 이유로 기소유예처분을 하였는바, 그 피의사실의 요지는 다음과 같다.

청구인은 2008. 6. 6. 01:20경 고양시 일산동구 ○○동 '파리바게트' 가게 앞에서, 청구외 김밥나라 여주인이 앞서 뛰어가는 성명 불상의 학생 2명을 쫓아가며 "계산을 하고 가야지."라고 하는 말을 듣고, 15미터 가량 뒤쫓아 가 부근에 있던 다른 학생인 청구외 김○연의 멱살을 잡고 약 10 내지 15미터 가량 끌고 와 폭행한 것이다.

나. 이에 청구인은 자신의 피의사실을 부인하며 2008. 10. 17. 위 기소유예처분의 취소를 구하는 이 사건 헌법소원심판을 청구하였다.

2. 판 단

가. 청구인의 진술, 김밥집 주인의 진술서(수사기록 32면), 실랑이하는 과정을 목격한 참고인 김○성의 진술(수사기록 27면) 등을 종합하여 보면, **청구인은 피해자 김○연이 무전취식을 한 학생이라고 오인하였고, 범죄가 형식적인 기수에 이르렀어도 법익침해가 현장에서 계속되는 상태에 있으면 현재의 침해가 될 수 있으므로, 청구인은 사안에서 김밥집 주인의 법익에 대한 현재의 부당한 침해를 방위하기 위하여 피의사실과 같은 행위를 하였다.**

나. **다만 피해자 김○연은 무전취식을 한 행위자가 아니어서 객관적으로 정당방위의 요건이 구비되지 않았다.**

객관적으로 정당방위의 요건이 구비되지 않았음에도 불구하고 있다고 오신하고 방위행위에 나아간 이른바 오상방위 또는 위법성조각사유의 전제사실의 착오에 대해서 형법이 명문으로 규정하고 있지 않다. 청구인의 행위가 오상방위에 해당한다면 폭행죄에는 과실범 처벌규정이 없으므로, 그 법률효과에 관하여 고의를 배제하거나 고의의 불법을 배제하는 견해, 또는 책임이 감면된다는 견해 중 어떤 견해에 의하더라도 이 사건 피의사실에서 청구인의 고의 또는 책임이 조각되어 처벌받지 않을 여지가 있다.

다. 그렇다면 피청구인은 청구인의 위법성조각사유의 전제사실의 오인에 정당한 사유가 있었는지, 청구인의 행위가 사회통념상 상당성이 있었는지 여부 등에 대해서도 수사하고 그 법적 효과에 대하여 판단하였어야 한다. 그러나 청구인의 오인에 정당한 사유가 있었는지 여부, 청구인이 무전취식을 한 자라고 생각한 피해자 김○연의 멱살 또는 가방끈을 잡고 10 내지 15미터 끌고 김밥집 부근으로 돌아 온 청구인의 행위가 사회통념상 상당성이 있었는지 여부에 대하여, 피청구인이 수사하거나 검토한 사실은 수사기록상 찾아보기 어려운 것이 사실이다.

따라서 피청구인이 청구인에 대하여 한 이 사건 기소유예 처분은 피의자에게 유리한 사실도 조사·제출하여야 하는 의무를 준수하지 아니한 피청구인의 중대한 수사미진이 그 결정에 영향을 미침으로써 청구인의 평등권과 행복추구권을 침해하였다고 할 것이다.

나. 위법성조각사유 전제사실 착오의 법적 효과

〈판례의 태도 : 오인의 정당한 이유〉

대법원 1986. 10. 28. 선고 86도1406 판결 [무단이탈]

원심판결 이유에 의하면, 원심은 그 채택증거에 의하여 피고인은 소속중대장의 당번병으로서 근무시간중은 물론 근무시간 후에도 밤늦게 까지 수시로 영외에 있는 중대장의 관사에 머물면서 집안일을 도와주고 그 자녀들을 보살피며 중대장 또는 그 처의 심부름으로 관사를 떠나서까지 시키는 일을 해오던 중 이 사건 당일 밤에도 중대장의 지시에 따라 관사를 지키고 있던중 중대장과 함께 외출나간 그 처 박태자로부터 같은날 24:00경 비가 오고 밤이 늦어 혼자서는 도저히 여우고개를 넘어 귀가할 수 없으니, 관사로부터 1.5킬로미터 가량 떨어진 여우고개까지 우산을 들고 마중을 나오라는 연락을 받고 당번병으로서 당연히 해야 할 일로 생각하고서 여우고개까지 나가 동인을 마중하여 그 다음날 01:00경 귀가한 사실을 인정하고, 이와 같은 <u>피고인의 관사이탈 행위가 중대장의 직접적인 허가를 받지 아니하였다 하더라도 피고인은 당번병으로서의 그 임무범위 내에 속하는 일로 오인한 행위로서 그 오인에 정당한 이유가 있으므로 위법성이 없다</u>고 하여 피고인에게 무죄를 선고하였는바, 기록에 의하여 살펴보면, 원심의 위와 같은 사실인정과 판단은 정당하게 수긍되고 거기에 소론 사실오인이나 무단이탈죄에 있어서의 위법성에 대한 법리오해의 위법이 있다할 수 없으므로 논지는 이유없다.

〈판례의 태도 : 진실한 것으로 믿었고 그렇게 믿을 만한 상당한 이유〉

대법원 1996. 8. 23. 선고 94도3191 판결 [출판물에의한명예훼손(명예훼손)]

원심은 피고인의 위 취재보도를 형법 제307조 제2항의 허위사실적시명예훼손죄로 의율한 예비적 공소사실에 대하여 피고인이 위 기사내용을 허위라고 인식하였음을 인정할 증거가 없으므로 피고인을 허위사실 적시로 인한 명예훼손죄로 처벌할 수는 없고 다만 형법 제307조 제1항의 죄로 처벌할 여지가 있을 뿐이라고 전제한 다음, 명예훼손죄에 있어서는 개인의 명예보호와 정당한 표현의 자유보장이라는 상충되는 두 법익의 조화를 꾀하기 위하여 형법 제310조를 규정하고 있으므로 <u>적시된 사실이 공공의 이익에 관한 것이면 진실한 것이라는 증</u>

명이 없다 할지라도 행위자가 진실한 것으로 믿었고 또 그렇게 믿을 만한 상당한 이유가 있는 경우에는 위법성이 없다고 보아야 할 것(이다.)

<판례의 태도 : 착오의 정당한 사유>

대법원 2014. 2. 27. 선고 2011도13999 판결 [상해·공무집행방해]

2. 원심은, 이 사건 전에 발생한 강도강간미수 사건 피의자의 인상착의와 피고인의 인상착의가 다소 일치하지 않는다거나 혹은 비슷하다고 단정할 수 없다는 이유를 들어 피고인이 불심검문 대상자가 될 수 없다고 판단한 다음, 설령 불심검문 대상자가 된다고 하더라도 피고인이 경찰관 공소외인의 경찰공무원증 제시에도 불구하고 도망감으로써 불심검문에 응하지 않으려는 태도를 분명히 하였음에도 경찰관들이 피고인을 차량으로 추적하여 앞을 가로막으면서까지 검문을 요구한 행위는 언어적 설득을 넘어선 유형력의 행사로서 답변을 강요하는 것이어서 불심검문의 방법적 한계를 일탈한 위법한 행위이고, 따라서 적법한 공무집행을 전제로 하는 공무집행방해죄는 성립할 수 없으며, 이러한 위법한 불심검문에 대항하는 과정에서 이루어진 상해행위도 정당방위로서 위법성이 조각된다고 판단하여 피고인에게 무죄를 선고하였다.

3. 그러나 원심의 위와 같은 판단은 다음과 같은 이유에서 이를 그대로 수긍하기 어렵다.

가. 우선 피고인이 이 사건 불심검문 대상자가 될 수 있는지에 관하여 본다.

원심판결 이유 및 원심이 적법하게 채택한 증거들에 의하면, 이 사건 당시 경찰관들이 피고인을 불심검문하려던 장소는 이 사건 발생 하루 및 이틀 전에 각 발생한 강도강간미수 사건이 발생한 지역이었고, 시간대도 위 강도강간미수 사건이 발생하였던 시각과 비슷한 무렵이었던 사실, 위 강도강간미수 사건의 용의자에 관하여 '20~30대 남자, 신장 170cm 가량, 뚱뚱한 체격, 긴 머리, 둥근 얼굴, 상의 흰색 티셔츠, 하의 검정색 바지, 검정색 신발 착용' 및 '키 175cm 가량, 마른 체형, 안경 착용'이라는 등으로 그 인상착의가 대략적으로 신고되었던 사실, 경찰관들은 위 강도강간미수 사건의 피의자와 관련된 사전 정보를 지득하고 있었는데, 피고인의 인상착의가 경찰관들이 지득하고 있던 사전 정보와 상당 부분 일치하였던 사실을 알 수 있다.

이를 앞서 본 법리에 비추어 살펴보면, 경찰관들이 피고인을 불심검문 대상자로 삼은 조치는 피고인에 대한 불심검문 당시의 구체적 상황과 자신들의 사전 지식 및 경험칙에 기초하여 객관적·합리적 판단과정을 거쳐 이루어진 것으로서, 가사 피고인의 인상착의가 미리 입수된 용의자에 대한 인상착의와 일부 일치하지 않는 부분이 있다고 하더라도 그것만으로 경찰관들이 피고인을 불심검문 대상자로 삼은 조치가 위법하다고 볼 수는 없다.

나. 다음으로 경찰관들의 피고인에 대한 이 사건 불심검문이 위법한 것인지에 관하여 본다. 원심판결 이유를 앞서 본 법리에 비추어 살펴보면, 경찰관들이 피고인을 정지시켜 질문을 하기 위하여 추적하는 행위도 그것이 범행의 경중, 범행과의 관련성, 상황의 긴박성, 혐의의 정도, 질문의 필요성 등에 비추어 그 목적 달성에 필요한 최소한의 범위 내에서 사회통념상 용인될 수 있는 상당한 방법으로 이루어진 것이라면 허용된다 할 것인데, 이 사건 불심검문은 강도강간미수 사건의 용의자를 탐문하기 위한 것으로서 피고인의 인상착의가 위 용의자의 인상착의와 상당 부분 일치하고 있었을 뿐만 아니라 피고인은 경찰관이 질문하려고 하자 막바로 도망하기 시작하였다는 것이므로, 이러한 경우 원심으로서는 경찰관들이 피고인을 추적할 당시의 구체적인 상황, 즉 경찰관들이 피고인에게 무엇이라고 말하면서 쫓아갔는지, 그 차량에 경찰관이 탑승하고 있음을 알 수 있는 표식이 있었는지, 피고인으로부터 어느 정도 거리에서 어떤 방향으로 가로막으면서 차량을 세운 것인지, 차량의 운행속도 및 차량 제동의 방법, 피고인이 그 차량을 피해 진행해 나갈 수 있는 가능성, 피고인이 넘어지게 된 경위 및 넘어진 피고인에 대하여 경찰관들이 취한 행동을 면밀히 심리하여 경찰관들의 이 사건 추적행위가 사회통념상 용인될 수 있는 상당한 방법으로 이루어진 것인지 여부를 판단하였어야 할 것이다.

그럼에도 원심은 이에 이르지 아니한 채 단지 그 판시와 같은 이유만으로 경찰관들의 불심검문이 위법하다고 단정하여 공무집행방해죄 및 상해죄의 공소사실에 대하여 모두 무죄를 선고하고 말았으니, 이와 같은 원심의 판단에는 불심검문에 관한 법리를 오해하여 필요한 심리를 다하지 아니한 잘못이 있다. 이를 지적하는 상고이유 주장은 이유 있다.

다. 다만 이 사건 기록에 의하면, **피고인은 자신을 추격하는 경찰관들을 피하여 도망하다가 넘어졌는데, 당시는 새벽 02:20경으로 상당히 어두웠던 심야였고 경찰관들도 정복이 아닌 사복을 입고 있었던 사실**, 자신을 추격하는 차량(일반 승용차였던 것으로 보인다)을 **피하려다 넘어진 피고인은 주변에 고성으로 '경찰을 불러달라'고 요청하여 지나가던 택시기사도 이 소리를 듣고 정차하였던 사실 등을 알 수 있고 여기에 피고인은 원심 법정에 이르기까지 일관하여 이 사건 경찰관들을 소위 '퍽치기'를 하려는 자들로 오인하였던 것이라고 진술하고 있는 사정 등을 종합하면,** 피고인은 당시 경찰관들을 치한이나 강도로 오인함으로써 이 사건 공무집행 자체 내지 그 적법성이나 자신의 경찰관들에 대한 유형력 행사의 위법성 등에 관하여 착오를 일으켰을 가능성을 배제하기 어려우므로, 원심으로서는 당시 피고인이 자신이 처한 상황을 어떻게 인식하였는지, 피고인에게 착오가 인정된다면 그러한 착오에 정당한 사유가 존재하는지 여부 등에 관하여 면밀히 심리한 다음 범죄성립이 조각될 수 있는지 여부를 신중히 판단하여야 한다는 점을 덧붙여 지적하여 둔다.

대전지방법원 2014. 11. 26. 선고 2014노672 판결(파기환송심)

피고인이 경장C, 경사D(운전자)와 몸싸움을 하는 과정에서도 경찰을 불러달라고 소리를 지른 점에 비추어 보면, 피고인이 C, D가 경찰관이 아니라고 오인하였던 것은 아닌가 하는 의심이 들기도 한다. 그러나 위 인정사실과 원심 및 당심이 적법하게 채택하여 조사한 증거들에 의하면, C는 피고인에게 처음부터 경찰공무원증을 제시하며 소속, 직위 등에 관하여 이야기를 하였고, 피고인이 도망할 때에도 쫓아가며 경찰관임을 말하였으며, 피고인이 도주하다 넘어졌을 때에도 피고인에게 신분증을 제시하며 경찰관임을 고지한 점, 당시 C는 피고인을 위협하는 행동을 하거나 폭언을 하지도 않았고, 공격하기 위한 흉기나 위험한 물건을 소지하고 있지도 않았던 점, 피고인은 심야에 술에 취한 상태로 귀가하다 사복을 입은 경찰관으로부터 불심검문을 당하자, 아무런 근거 없이 막연하게 C, D를 범죄자로 성급히 판단하고 도망간 것으로 보이는 점, 피고인은 처음에 C의 이야기나 신분증을 제대로 확인하지 않았거나 이를 확인하고도 믿지 않은 것으로 보이는 점, 피고인은 결국 C, D에 의해 체포되어 자신을 체포한 사람들이 경찰관임을 알았고 주변에 정복 경찰들이 있었음에도 불구하고 여전히 욕설을 하면서 저항을 계속하고 이를 뿌리치며 가려 한 점 등을 종합하여 보면, 피고인은 경찰공무원증 제시와 그 고지에 의해 C, D가 경찰관임을 인식하였음에도 아무런 근거 없이 독단적으로 그 신분을 의심하였거나, 적어도 직무를 집행하는 공무원에 대한 폭행일 수도 있다는 점을 인식하고 이를 용인하는 미필적 고의를 가지고 이 사건 행위를 한 것으로 보인다. 따라서 피고인이 경찰관을 강도로 오인하였다는 취지의 주장은 받아들이기 어렵고, 또한 피고인이 이 사건 당시 피고인에 대한 현재의 급박하고 부당한 침해가 있었다고 오신할 만한 객관적 상황이 있었다거나 피고인이 그러한 상황이 있다고 믿고서 이를 방위하기 위하여 경찰관에게 상해를 입혔다고 보기는 어려울 뿐만 아니라 피고인이 그와 같이 오인하는 데에 정당한 사유가 있다고 할 수 없으므로 피고인의 행위가 오상방위로서 책임이 조각된다고 볼 수도 없으므로, 피고인의 이 부분 주장도 받아들일 수 없다.

2. 불확실한 또는 미래의 상황과 위법성조각

〈오상방위가 아닌 정당방위 사안〉

대법원 1968. 5. 7. 선고 68도370 판결 [살인]

싸움을 함에 있어서의 격투자의 행위는 서로 상대방에게 대하여 공격을 함과 동시에 방위를 하는 것이므로 그중 일방 당사자의 행위만을 부당한 침해라 하고, 다른 당사자의 행위만을 정당방위에 해당하는 행위라고는 할 수 없을 것이나, 격투를 하는 자중의 한사람의 공격이 그 격투에서 당연히 예상을 할 수 있는 정도를 초과하여 살인의 흉기등을 사용하여 온 경우에는 이는 역시 부당한 침해라고 아니할 수 없으므로 이에 대하여는 정당방위를 허용하여야 한다고 해석하여야 할 것이다.

본건에 있어서 원심이 인정한 사실은 다음과 같다. 즉 피고인은(피고인은 상병이다) 소속대의 경비병으로 복무를 하고 있는 자로서 1967.7.28. 오후 10시부터 동일 오후 12시까지 소속 연대장숙소 부근에서 초소근무를 하라는 명령받고 근무중, 그 이튿날인 1967.7.27. 오전 1시 30분경 동소에서 다음번 초소로 근무를 하여야 할 상병공소외인과 교대시간이 늦었다는 이유로 언쟁을 하다가 **피고인이 동인을 구타하자 공소외인(22세)은 소지하고 있던 카빙소총을 피고인의 등뒤에 겨누며 실탄을 장전하는등 발사할 듯이 위협을 하자 피고인은 당황하여 먼저 동인을 사살치 않으면 위험하다고 느낀 피고인은 뒤로 돌아서면서 소지하고 있던 카빙소총을 동인의 복부를 향하여 발사하므로서 동인을 사망케 하였다**는 것이다.

그렇다면 피고인과 공소외인과의 사이에 언쟁을 하고, 피고인이 동인을 구타하는 등의 싸움을 하였다하여도, 다른 특별한 사정이 없는 한, 구타를 하였음에 불과한 피고인으로서는 공소외인이 실탄이 장전되어있는(초소 근무인 만큼 실탄이 장전되어 있다) 카빙소총을 피고인의 등뒤에 겨누며 발사할 것 같이 위협하는 방위 행위는 위와 같은 싸움에서 피고인이 당연히 예상하였던 상대방의 방위행위라고는 인정할 수 없으므로 이는 부당한 침해라고 아니할 수 없고, 원심이 인정한 바와 같이 <u>피고인이 동인을 먼저 사살하지 않으면 피고인의 생명이 위험하다고 느낀 나머지 뒤로 돌아서면서 소지중인 카빙총을 발사하였다는 행위는 현재의 급박하고도 부당한 침해를 방위하기 위한 행위로서 상당한 이유가 있는 행위라고 아니할 수 없고,</u> 만일 공소외인이 피고인의 등뒤에서 카빙총의 실탄을 발사하였다면, 이미 그 침해행위는 종료되고 따라서 피고인의 정당방위는 있을 수 없을 것임에도 불구하고, 원심이 위와 같은 사실을 인정하면서 <u>피고인이 발사를 할 때까지는 공소외인이 발사를 하지 아니한 점으로 보아, 동인에게 피고인을 살해 할 의사가 있다고는 볼 수 없으므로</u> 피고인의 생명에 대한 현재의 위험이 있다고는 볼 수 없다는 취지로 판시하므로서, <u>위와 같은 피고인의 행위를 정당방위가 아니라는 취지로 판시하였음은 정당방위에 관한 법의를 오해한 위법이 있다고 아니할 수 없을 뿐 아니라, 가사 피해자인 공소외인에게 피고인을 상해할 의사가 없고 객관적으로 급박하고 부당한 침해가 없었다고 가정하더라도 원심이 인정한 사실자체로 보아도 피고인으로서는 현재의 급박하고도 부당한 침해가 있는 것으로 오인하는데 대한 정당한 사유가 있는 경우</u>(기록에 의하면 공소외인은 술에 취하여 초소를 교대하여야 할 시간보다 한 시간 반 늦게 왔었고, 피고인의 구타로 동인은 코피를 흘렸다는 것이며, 동인은 코피를 닦으며 흥분하여 "월남에서는 사람하나 죽인 것은 파리를 죽인 것이나 같았다. 너하나 못 죽일 줄 아느냐"라고 하면서 피고인의 등 뒤에 <u>카빙총을 겨누었다고 한다)에 해당된다고</u> 아니할 수 없음에도 불구하고, 원심이 위와 같은 이유로서 피고인의 정당방위의 주장을 배척하였음은 역시 오상방위에 관한 법리를 오해한 위법이 있다고도 아니할 수 없으므로 원판결은 부당하다하여 파기하기로 한다.

3. 주관적 정당화요소

가. 주관적 정당화요소의 필요성

〈주관적 정당화요소 : 필요설〉

대법원 1997. 4. 17. 선고 96도3376 전원합의체 판결 [생 략]

<u>정당행위가 성립하기 위하여는 건전한 사회통념에 비추어 그 행위의 동기나 목적이 정당하여야 하고, 정당방위·과잉방위나 긴급피난·과잉피난이 성립하기 위하여는 방위의사 또는 피난의사가 있어야 한다고</u> 할 것이다.

그런데 원심은 피고인들이 국헌을 문란할 목적으로 시국수습방안의 실행을 모의할 당시 그 실행에 대한 국민들의 큰 반발과 저항을 예상하고, 이에 대비하여 '강력한 타격'의 방법으로 시위를 진압하도록 평소에 훈련된 공수부대 투입을 계획한 후, 이에 따라 광주에 투입된 공

수부대원들이 시위를 진압하는 과정에서 진압봉이나 총 개머리판으로 시위자들을 가격하는 등으로 시위자에게 부상을 입히고 도망하는 시위자를 점포나 건물 안까지 추격하여 대량으로 연행하는 강경한 진압작전을 감행하였으며, 이와 같은 난폭한 계엄군의 과잉진압에 분노한 시민들과 사이에 충돌이 일어나서 계엄군이 시민들에게 발포함으로써 다수의 사상자가 발생하였고, 그 후 일부 시민의 무장저항이 일어났으며, 나아가 계엄군이 광주시 외곽으로 철수한 이후 귀중한 국민의 생명을 희생하여서라도 시급하게 재진입작전을 강행하지 아니하면 안될 상황이나 또는 광주시민들이 급박한 위기상황에 처하여 있다고 볼 수가 없었는데도 불구하고, 그 시위를 조속히 진압하여 시위가 다른 곳으로 확산되는 것을 막지 아니하면 내란의 목적을 달성할 수 없는 상황에 처하게 되자, 계엄군에게 광주재진입작전을 강행하도록 함으로써 다수의 시민을 사망하게 한 사실을 인정하였는바, 기록에 비추어 살펴보면, 원심의 위와 같은 사실인정은 정당하고, 거기에 상고이유로 지적하는 바와 같은 채증법칙 위반으로 인한 사실오인 등의 위법이 있다고 할 수 없다.

사정이 이와 같다면, 피고인들이 위 계엄군의 시위진압행위를 이용하여 국헌문란의 목적을 달성하려고 한 행위는 그 행위의 동기나 목적이 정당하다고 볼 수 없고, 또한 피고인들에게 방위의사나 피난의사가 있다고 볼 수도 없어 정당행위, 정당방위·과잉방위, 긴급피난·과잉피난에 해당한다고 할 수는 없다고 할 것이다.

나. 주관적 정당화요소의 내용

〈정당화 사정에 대한 인식 외에 정당화 목적이 필요한지 여부〉

대법원 1993. 6. 22. 선고 92도3160 판결 [명예훼손]

형법 제310조 는 "제307조 제1항의 행위가 진실한 사실로서 오로지 공공의 이익에 관한 때에는 처벌하지 아니한다"고 규정하고 있으므로, 공연히 사실을 적시하여 사람의 명예를 훼손하였다고 하더라도, 그 사실이 공공의 이익에 관한 것으로서 공공의 이익을 위할 목적으로 그 사실을 적시한 경우에는, 그 사실이 진실한 것임이 증명되면 위법성이 조각되어 그 행위를 처벌하지 아니하는 것인바, 위와 같은 형법의 규정은 인격권으로서의 개인의 명예의 보호와 헌법 제21조에 의한 정당한 표현의 자유의 보장이라는 상충되는 두 법익의 조화를 꾀한 것이라고 보아야 할 것이므로, 이들 두 법익간의 조화와 균형을 고려한다면, 적시된 사실이 진실한 것이라는 증명이 없더라도 행위자가 그 사실을 진실한 것으로 믿었고 또 그렇게 믿을 만한 상당한 이유가 있는 경우에는 위법성이 없다고 보아야 할 것이다 (당원 1962.5.17. 선고 4294형상12 판결; 1988.10.11. 선고 85다카29 판결 등 참조). 그리고 이 경우에 적시된 사실이 공공의 이익에 관한 것인지의 여부는 그 사실 자체의 내용과 성질에 비추어 객관적으로 판단하여야 할 것이고, 행위자의 주요한 목적이 공공의 이익을 위한 것이라면 부수적으로 다른 사익적인 동기가 내포되어 있었다고 하더라도 형법 제310조의 적용을 배제할 수는 없다고 할 것이다(당원 1989.2.14. 선고 88도899 판결 참조).

제2절 정당방위

Ⅰ. 의의

〈개인보호 원리와 법수호의 원리 : 정당방위의 과단성(Schneidigkeit)〉

대법원 1989. 8. 8. 선고 89도358 판결 [폭력행위등처벌에관한법률위반, 강간치상, 강제추행치상]

원심은 원심공동피고인이 피고인 2(원심공동피고인과 피고인 2는 이건 강제추행치상 사건의 피고인들임) 와 공동으로 인적이 드문 심야에 혼자 귀가중인 피고인 1이 골목길로 들어가는 것을 보고 뒤에서 느닷없이 달려들어 그녀의 양팔을 붙잡고 어두운 골목길로 약 10m 정도 더 끌고 들어가서 그녀를 담벽에 쓰러뜨린 후 원심공동피고인이 음부를 만지며 반항하는 그녀의 옆구리를 무릎으로 차고 억지로 키스를 함으로 피고인 1이 정조와 신체의 안전을 지키려는 일념에서 엉겁결에 원심공동피고인의 혀를 깨물어 그에게 설절단상을 입히게 된 사실을 인정한 다음 피고인 1의 위와 같은 행위는 그 자신의 성적 순결 및 신체에 대한 현재의 부당한 침해를 방어하기 위한 행위로서 상당한 이유가 있다고 하여 무죄를 선고하였는바, 원심이 위와 같은 사실을 인정함에 있어 거친 증거의 취사과정을 기록에 비추어 살펴보아도 정당하고 거기에 소론과 같은 채증법칙위배로 인한 사실오인의 위법이 없다.

사실관계가 위와 같다면 피고인 1의 이 사건 범행은 같은 피고인의 신체에 대한 현재의 부당한 침해에서 벗어나려고 한 행위로서 그 행위에 이르게 된 경위와 그 목적 및 수단, 행위자의 의사 등 제반사정에 비추어 <u>위법성이 결여된 행위</u>라고 볼 수 있으므로 이와 같은 취지에서 피고인에게 무죄를 선고한 원심판단은 수긍이 가고 거기에 소론과 같은 정당방위에 관한 법리오해의 위법이 있음을 찾아볼 수 없으므로 논지는 이유없다.

> **부산지방법원 1965. 1. 12. 선고 64고6813 판결 [허절단 사건에서 정당방위를 부정한 하급심 판례]**
>
> 甲은 생전 처음 보는 A에게 할 말이 있으면 내게 해보라고 하면서 20분간 이야기를 주고받았고, A가 같이 걷자는 제의를 하자 흔쾌히 이에 응해 따라 나섰다. 오후 8시 30분경 함께 집에서 150m 정도 떨어진 곳에 걸어갔다가 甲이 집에 돌아가려고 하자, A는 甲을 세 번씩이나 넘어뜨리고 甲의 배위에 타고 엎드려 강제로 甲에게 키스를 하려고 입에 혀를 넣자 甲은 처녀로서의 순결성을 방위하기 위하여 A의 혀를 1.5cm가량 절단하였다.

Ⅱ. 정당방위의 성립요건

1. 현재의 부당한 침해

가. 침해

〈민사소송에 의해 해결해야 할 위법한 부작위〉

대법원 1989. 3. 14. 선고 87도3674 판결 [업무방해, 폭력행위등처벌에관한법률위반, 재물손괴]

피고인이 공소외 박귀봉, 최화균으로부터 이 사건 토지 3필지상에 지하 1층 지상 3층의 건물 신축공사를 금 644,000,000원에 도급받아 공사를 시공하다가 기성고에 따른 공사대금을 받지 못하여 위 건물에 대한 분양권 등 일체의 권리를 넘겨받은 사실에서부터 위 토지 중 2필지의 소유자인 공소외 김기홍과의 계속 공사계약체결과 그 해제, 위 공사 과정에서 피고인에게 자재를 외상 공급하고 또는 금원을 대여한 채권자들이 채권자단을 구성하고 피고인과 채권자단과의 사이에 원심설시와 같은 계약을 체결한 사실과 그에 따른 분쟁, **채권자단의 대표이던 공소외 윤덕자가 피고인과의 상의없이 위 공사에 대한 권리를 두성견직주식회**

사(이하 두성견직이라고 한다)에 넘기기로 약정한 사실 그리고 피고인이 위 두성견직측의 감리사 심창구, 측량사 함유수, 경비원 이병식을 제지하고 현수막 간판 및 담장에 쓰인 글씨를 찢거나 페인트 칠을 한 경위에 관한 원심의 사실인정을 수긍할 수 있고 거기에 채증법칙을 위배한 사실오인의 위법이 있다고 할 수 없으며 사실관계가 그와 같다면 피고인은 적법하게 이 사건에서 문제가 된 건축공사에 대한 시공권을 취득하고 그 공사현장에 대한 점유를 개시하였다는 원심의 판단은 정당하다고 보아야 할 것이고 그렇다면 두성견직은 피고인에 대한 채권자단 대표이던 윤덕자로부터 공사시공권을 인수하였다 하더라도 적법한 절차를 거쳐 공사현장을 인수받지 아니하고 실력으로 공사현장을 인수받아 공사를 시행(계속)하려한 것이니 피고인이 공사현장에 들어오려는 두성견직 측의 사람들을 들어오지 못하게 제지하였다고 하여 두성견직의 정당한 업무를 방해한 것이라고 할 수는 없다고 할 것이고 위 두성견직에서 피고인이 점유하던 공사현장에 실력을 행사하여 들어와 현수막 및 간판을 설치하고 담장에 글씨를 쓴 행위는 오히려 피고인의 이 사건 시공을 방해하는 것이고 공사현장의 점유를 방해하는 것으로서 피고인의 법익에 대한 현재의 부당한 침해라고 할 수 있을 것이고 따라서 피고인이 이와 같은 현수막을 찢고 간판 및 담장에 씌어진 글씨를 지운 것은 그 침해를 방어하기 위한 행위로서 상당한 이유가 있다고 할 수 있을 것이(다).

나. 부당한 침해

〈부당한 침해에 대한 정당방위〉

대법원 1977. 5. 24. 선고 76도3460 판결 [업무방해]

이 사건토지에 대한 확정판결에 의하여 1975.4.16 소유자 민식에의 인도집행이 완료되었다 할지라도 그 토지는 종전부터 피고인이 경작하던 것으로 전년도에 파종한 보리가 30㎝이상 성장되어 있었음이 기록상 분명하므로 이 보리는 피고인의 소유로서 그가 수확할 권한이 있으니 위 민식이 토지를 경작하기 위하여 소를 사용하여 쟁기질을 하고 성장한 보리를 갈아 뭉게는 행위는 피고인의 재산에 대한 현재의 부당한 침해라 할 것이므로 이를 막기 위하여 그 경작을 못하도록 소 앞을 가로막고 쟁기를 잡아당기는 등의 피고인의 소위는 정당방위라 할 것이니 죄가 될 리 없(다).

⟨불법체포에 대한 정당방위⟩

대법원 2000. 7. 4. 선고 99도4341 판결 [폭력행위등처벌에관한법률위반·공무집행방해]

원심판결 이유에 의하면, 원심은 피고인이 공소외 1 등에게 상해를 가하였다는 부분에 관하여, 피고인은 자신을 파출소로 강제로 끌고 가려는 공소외 1 등의 불법한 강제수사로 신체의 자유가 자신의 의사에 반하여 부당하게 침해되는 긴급한 상황에 놓이게 되자, 이를 벗어날 목적으로 그들을 폭행한다고 생각할 겨를도 없이 단지 자신을 강제로 붙잡고 놓아주지 않는 그들의 손에서 벗어나기 위하여 발버둥치는 과정에서 팔꿈치로 그들의 가슴 부분을 밀어 넘어뜨리거나 손으로 밀어낸 것임을 알 수 있어, 피고인에게 폭력행위의 범의가 있다고 보기 어려울 뿐만 아니라, 피고인이 그와 같이 반항하게 된 경위와 반항의 정도, 방법 등에 비추어 볼 때, 피고인의 위와 같은 행위는 신체의 자유에 대한 현재의 부당한 침해를 방위하기 위한 행위로서 정당방위에 해당되어 위법성이 조각된다고 판단하였다.

상해죄의 성립에는 상해의 원인인 폭행에 대한 인식이 있으면 충분하고 상해를 가할 의사의 존재까지는 필요하지 아니한 것인바(대법원 1983. 3. 22. 선고 83도231 판결 등 참조), 기록에 의하면, 피고인이 비록 공소외 1 등의 손에서 벗어나기 위해서이기는 하나 그들과 몸싸움을 벌인 것은 분명하고, 피고인이 팔꿈치 또는 손으로 경찰관들을 밀어 넘어뜨렸다면 적어도 폭행에 대한 인식은 있었다고 봄이 상당하므로, 피고인에게 폭력에 대한 범의조차 없다고 본 원심의 판단 부분은 수긍하기 어렵다.

그러나 공소외 1 등의 행위는 앞서 본 바와 같이 이미 적법한 공무집행을 벗어나 피고인을 불법하게 체포한 것으로 볼 수밖에 없으므로, 피고인이 그 체포를 면하려고 반항하는 과정에서 그들에게 상해를 가한 것은 이러한 불법 체포로 인한 신체에 대한 현재의 부당한 침해에서 벗어나기 위한 행위로서 정당방위에 해당하여 위법성이 조각된다고 본 원심의 판단은 정당하(다)(대법원 1999. 12. 28. 선고 98도138 판결 등 참조).

⟨정당화되는 행위에 대한 정당방위 : 불허⟩

대법원 2003. 11. 13. 선고 2003도3606 판결 [공직선거 및 선거부정방지법위반]

공소외 1이 적시한 사실이 진실이 아니라고 할 수 없으며, 그 내용 또한 유권자들로 하여금 피고인의 공무담임자로서의 적격성을 가늠하는 데에 유용한 자료로서, 상대후보자의 평가를 저하시켜 스스로가 당선되려는 사적 이익 못지않게 유권자들에게 상대후보자의 자질 등에 대한 충분한 자료를 제공함으로써 적절한 투표권을 행사하도록 하려는 공공의 이익도 상당한 동기가 되었고, 적시한 위 사실의 내용 등에 비추어 볼 때 공공의 이익과 사적 이익이 동시에 존재하고 거기에 상당성도 인정되므로, <u>공소외 1의 연설 중 위와 같은 내용을 적시한 것이 명예훼손 또는 후보자비방의 구성요건에 해당된다 하더라도 형법 제310조 또는 공직선거및선거부정방지법 제251조 단서에 의하여 그 위법성이 조각된다 할 것이어서 공소외 1의 위 사실적시가 부당한 침해라고 할 수 없을 뿐만 아니라, 피고인이 공소외 1의 연설을 임의로 방해한 것은 정당방위의 요건인 상당성을 결여한 행위에 해당한다</u>는 이유로, 정당방위를 내세우는 피고인의 주장을 배척하였다.

기록과 앞서 본 법리에 비추어 살펴보면, 원심의 위와 같은 사실인정과 판단은 모두 정당하고, 거기에 상고이유의 주장과 같은 채증법칙 위배나 심리미진 또는 정당방위에 관한 법리오해 등의 위법이 있다고 할 수 없다.

> **[사실관계]** 공소외 1은 2002. 6. 9. 11:27경부터 양전초등학교 운동장에서 개최된 개포3동 구의원 후보자 합동연설회장에서 3명의 후보자 중 피고인, 공소외 2에 이어 연설하게 되어 20분의 연설시간이 배정된 사실, 공소외 1은 …, 연설 후반부에 "**우리 개포3동에는 작년 8월부터 구의원이 없다. 개포3동 구의원이 강남구청 홈페이지에 모 여성의원에 대한 명예훼손 및 성희롱 발언내용을 게재하였다. 피해 여성의원의 고소로 서울경찰청에서 수사한 결과 개포3동 구의원으로 밝혀졌으며 개포3동 구의원은 구속을 면하려는 갖은 노력 끝에 합의조건으로 강남구민과 피해 여성의원에게 강남신문을 통하여 사직광고를 내고 사퇴하였다.**"는 취지의 발언을 하였는데, 위 발언 도중 피고인은 선거관리위원회 직원을 부르며 위 발언의 제지를 구하다가 위 발언이 끝나자 "**날조된 거야.**"라고 소리치며 연단으로 올라가 연설중인 공소외 1을 밀치고 연설마이크를 가로막은 후 공소외 1이 들고 있던 연설자료인 강남신문을 빼앗으면서 "**이 신문내용은 날조다. 마이크 껐어 이 새끼야, 죽으려고 이거. 너 조작된 거 가지고…. 이게 조작된 거야.**"라고 소리치며 약 1분 30초간 공소외 1의 연설을 방해하였으며, 그 후 공소외 1은 다시 연설을 시작하여 연설을 마쳤다.

대법원 1997. 4. 17. 선고 96도3376 전원합의체 판결 「<u>정당방위가 성립하기 위하여는 현재의 부당한 침해를 방위하기 위한 행위이어야 할 것인데</u>, 앞서 본 바와 같이 W 차장의 부대출동명령이나 그 출동준비명령과 X 수경사령관의 피고인들에 대한 공격준비행위는 피고인들의 불법공격에 대비하거나 반란을 진압하기 위한 정당한 직무집행으로서, 이를 가리켜 현재의 부당한 침해행위라고 볼 수는 없으므로, 이에 대항한 피고인들의 병력동원행위가 정당방위에 해당한다고 할 수 없다.」

〈형집행법에 따른 보호장비의 사용이 적법한 경우 : 부당한 침해의 부존재〉

대법원 2012. 6. 28. 선고 2011도15990 판결 [상해·공무집행방해]

원심이 인정한 위 사실관계에 의하더라도, 피고인이 관구실에 가게 된 것은 자신의 수용실 방문을 주먹으로 치면서 관구교감을 만나게 해 달라며 소란을 피웠기 때문이고, 피고인은 관구실에 도착한 후에도 한동안 자리에 앉지 않은 채 서 있다가 교도관 중 1인에 의하여 의자에 앉혀지면서 왼쪽 손목에 수갑을 차게 되었다는 것이며, 거기에 원심이 인용한 제1심의 채택 증거에 의하면, 피고인은 교도관에 대한 공무집행방해 및 상해 전력으로 3회 처벌받은 전력이 있고, 그중 1회는 피고인의 자해를 방지하기 위하여 사용된 수갑의 상태를 확인하는 교도관의 코를 들이받은 사건이었던 사실, 피고인은 현재 수형 중인 범죄사실로 2009. 4. 30. 부산구치소에 수용된 이후 이 사건 교정시설인 전주교도소에 이송되어 이 사건 발생 전까지 여러 차례의 교정사고를 일으켜 3회의 징벌 및 1회의 징벌유예를 받은 사실, 피고인은 평소에도 관구교감인 피해자에 대하여 적대적인 감정을 가지고 있었던 사실 등을 알 수 있는데, 원심이 인정한 사실관계에 나타난 피고인의 관구실 도착 전후의 행동을 그의 평소 기질, 성행, 수용생활 태도, 교정사고의 전력 등과 종합하여 보면, **피고인이 관구실에 들어온 후 곧바로 격한 흥분상태를 보이거나 교도관들에 대한 직접적인 공격 의도를 드러내지는 않았다고 하더라도 관구계장인 피해자에게 욕설을 하면서 그의 지시나 통제에 따르지 않을 듯한 태도를 보였다면 앞서 본 법리에 비추어 교도소의 질서유지 등을 위하여 교도관들이 보호장비를 사용할 만한 상당한 이유가 있었다고 볼 여지가 충분하고, 실제 교도관들이 보호장비의 사용에 착수한 후 피고인이 자신의 머리로 관구실 내 비품을 들이받아 자해행위를 하고 관구계장인 피해자에 대한 적극적 공격행위에까지 나아간 점에 비추어 더욱 그러하다.** 그럼에도 원심은 특별한 이유의 설시 없이 교도관들이 피고인에 대하여 최초 보호장비의 사용에 이르게 된 사정에 관하여 제1심이 적법하게 채택·조사한 피해자와 공소외 1의 증언을 모두 믿기 어렵다고 배척하고, 오로지 관구실에 들어온 직후 CCTV에 나타난 눈에 보이는 피고인의 행위에만 주목하여 교도관들이 아무런 이유나 필요 없이 피고인에게 보호장비인 수갑을 채우려고 시도하였다고 전제하여 공무집행방해죄와 상해죄의 공소사실에 대하여 모두 무죄를 선고하였으니, 이러한 원심의 판단에는 보호장비 사용의 적법성과 공무집행방해죄에 관한 법리를 오해하여 필요한 심리를 다하지 아니하거나 사실인정과 관련하여 실질적 직접심리주의의 원칙을 위반한 잘못이 있고, 이를 지적하는 상고이유에는 정당한 이유가 있다.

다. '현재'의 침해

<이른바 '예방적 정당방위'와 침해의 현재성>

대법원 1992. 12. 22. 선고 92도2540 판결 [살인]

원심이 인정한 바와 같이, 피고인 D가 약 12살 때부터 의붓아버지인 피해자의 강간행위에 의하여 정조를 유린당한 후 계속적으로 이 사건 범행무렵까지 피해자와의 성관계를 강요받아 왔고, 그 밖에 피해자로부터 행동의 자유를 간섭받아 왔으며, 또한 그러한 침해행위가 그 후에도 반복하여 계속될 염려가 있었다면, 피고인들의 이 사건 범행 당시 피고인 D의 신체나 자유등에 대한 현재의 부당한 침해상태가 있었다고 볼 여지가 없는 것은 아니나, 그렇다고 하여도 판시와 같은 경위로 이루어진 피고인들의 이 사건 살인행위가 형법 제21조 소정의 정당방위나 과잉방위에 해당한다고 하기는 어렵다.

정당방위가 성립하려면 침해행위에 의하여 침해되는 법익의 종류, 정도, 침해의 방법, 침해행위의 완급과 방위행위에 의하여 침해될 법익의 종류, 정도 등 일체의 구체적 사정들을 참작하여 방위행위가 사회적으로 상당한 것이었다고 인정할 수 있는 것이어야 할 것인데(당원 1966.3.15. 선고 66도63 판결; 1984.6.12. 선고 84도683 판결 각 참조), **피고인들이 사전에 판시와 같은 경위로 공모하여 범행을 준비하고, 술에 취하여 잠들어 있는 피해자의 양팔을 눌러 꼼짝 못하게 한 후 피해자를 깨워 피해자가 제대로 반항할 수 없는 상태에서 식칼로 피해자의 심장을 찔러 살해**한다는 것은, 당시의 상황에 비추어도 사회통념상 상당성을 인정하기가 어렵다고 하지 않을 수 없고, 피고인들의 범행의 동기나 목적을 참작하여도 그러하므로, 원심이 피고인들의 판시 행위가 정당방위에 해당한다거나 야간 기타 불안스러운 상태하에서 공포, 경악, 흥분 또는 당황으로 인하여 그 정도를 초과한 경우에 해당한다는 피고인들의 주장을 배척한 조처도 정당하고, 거기에 소론과 같은 법리를 오해하거나 채증법칙을 어긴 위법이 있다고 할 수 없다.

정당방위의 성립요건으로서의 방어행위에는 순수한 수비적 방어뿐 아니라 적극적 반격을 포함하는 반격방어의 형태도 포함됨은 소론과 같다고 하겠으나, 그 방어행위는 자기 또는 타인의 법익침해를 방위하기 위한 행위로서 상당한 이유가 있어야 하는 것인데, 피고인들의 판시 행위가 위에서 본 바와 같이 그 상당성을 결여한 것인 이상 정당방위행위로 평가될 수는 없는 것이므로, 원심이 피고인들의 이 사건 범행이 현재의 부당한 침해를 방위할 의사로 행해졌다기 보다는 공격의 의사로 행하여졌다고 인정한 것이 적절하지 못하다고 하더라도, 정당방위행위가 되지 않는다는 결론에 있어서는 정당하여, 이 사건 판결의 결과에 영향이 없는 것이다.

> **[사실관계]** 피고인 A는 피고인 D로부터 피해자와의 관계를 고백받고 같이 번민하다가 피해자를 살해하고 강도로 위장하기로 공모한 후, 피고인 A가 이 사건 범행 전날 서울 창동시장에서 범행에 사용할 식칼(증 제4호), 공업용 테이프(증 제7, 제10호), 장갑 등을 구입하여 가지고 범행장소인 충주에 내려가서 피고인 D와 전화통화로 범행시간을 정하고, 약속된 시간인 1992.1.17. 01:30경 피고인 D가 열어준 문을 통하여 피해자의 집안으로 들어간 다음, 이어서 피해자가 술에 취하여 잠들어 있는 방에 몰래 들어가 피해자의 머리 맡에서 식칼을 한손에 들어 피해자를 겨누고 양 무릎으로 피해자의 양팔을 눌러 꼼짝 못하게 한 후 피해자를 깨워 피해자가 제대로 반항할 수 없는 상태에서 피고인 D를 더이상 괴롭히지 말고 놓아주라는 취지의 몇 마디 이야기를 하다가 들고 있던 식칼로 피해자의 심장을 1회 찔러 그 자리에서 살해하고, 강도살인을 당한 것처럼 위장하기 위하여 죽은 피해자의 양 발목을 공업용 테이프로 묶은 다음 현금을 찾아 태워 없애고 장농, 서랍 등을 뒤져 범행현장에 흩어 놓고 나서, 피고인 A는 강도에게 당한 것처럼 피고인 D의 브레지어 끈을 칼로 끊고 양 손목과 발목을 공업용 테이프로 묶은 다음 달아나고, 피고인 D는 양 손목과 발목이 공업용 테이프로 묶인 채 옆집에 가서 강도를 당하였다고 허위로 신고하였다.

〈'침해의 현재성' 판단 기준〉

대전지방법원 2006. 10. 18. 선고 2006고합102 판결 [살인]

가. 형법 제21조 제1항에 규정된 정당방위로 인정되려면 무엇보다도 자기 또는 타인의 법익에 대한 '현재의 부당한 침해'가 있어야 하고, 형법 제22조 제1항에 규정된 긴급피난으로 인정되려면 무엇보다도 자기 또는 타인의 법익에 대한 '현재의 위난'이 있어야 하며, 위와 같은 침해나 위난의 현재성 여부는 피침해자의 주관적인 사정에 따라 결정되는 것이 아니라 객관적으로 결정되어야 할 뿐만 아니라, 이러한 정당방위나 긴급피난이 범죄의 구성요건에 해당하는 어떤 행위의 위법성을 예외적으로 소멸시키는 사유라는 점에 비추어 그 요건으로서의 침해나 위난의 현재성은 엄격히 해석·적용되어야 한다. 비록 이 사건에서 변호인이 내세우는 바와 같은 사회심리학자의 견해(이른바 '학대나 폭력의 지속적인 재경험')나 오랜 기간 동안 남편으로부터의 폭력이나 학대에 시달려온 피고인의 특별한 심리상태를 수긍하더라도, 그러한 사정만으로는 이 사건 범행 당시 객관적으로도 피고인 등의 법익에 대한 침해나 위

난이 현존하고 있었다고 보기는 어렵다. 따라서 이를 전제로 하여 이러한 위법성 소멸사유를 내세우는 듯한 변호인의 주장은 받아들일 수 없다.

나. 위와 같이 정당방위나 긴급피난으로 인정될 만한 최소한의 요건을 갖추지 못한 이상(즉, 객관적으로 볼 때 침해나 위난의 현재성을 인정할 수 없는 이상), 과잉방위(형법 제21조 제2항)나 과잉피난(형법 제22조 제3항, 제21조 제2항)을 인정하기도 어려울 뿐만 아니라, 이 사건에서 피고인이 살해할 의도로 피해자를 때려 즉사하게 한 행위를 과잉방위나 과잉피난으로 보기는 어렵다(대법원 2001. 5. 15. 선고 2001도1089 판결 참조). 따라서 이를 전제로 하여 형법 제21조 제3항, 제22조 제3항 등에 터잡아 책임 소멸사유를 내세우는 듯한 변호인의 주장도 받아들일 수 없다.

다. 한편, 이른바 오상방위나 오상과잉방위에도 형법 제21조 제3항이 적용 또는 유추적용된다고 볼 만한 근거를 찾아 볼 수 없으므로, 오상방위나 오상과잉방위에도 형법 제21조 제3항이 적용됨을 전제로 하는 듯한 변호인의 주장도 그대로 받아들이기 어렵다.

[범죄사실] 피고인은 1976년경부터 남편인 피해자 공소외 1(48세)과 동거하다가 1984년경 결혼하여 슬하에 1남 1녀를 두고 함께 생활하여 왔는데, 상당한 기간 동안 사소한 정도의 부부싸움의 수준을 넘어 피해자로부터 가끔씩 심한 폭행이나 학대를 당해 오던 중, 2006. 4. 6. 00:00경 대전 유성구 (상세 주소 생략)(피고인의 집)에서, 술에 취해 귀가한 피해자가 피고인에게 욕설을 하면서 손바닥으로 피고인의 가슴을 밀치고 안방으로 도망가는 피고인을 쫓아가 다시 손바닥으로 피고인의 가슴을 밀어 침대에 넘어지게 하고 그곳에 있던 애완견을 들어 피고인의 얼굴에 집어던지고, 계속하여 피해자의 폭행을 피하기 위하여 애완견을 안고 안방 화장실로 숨어들어가 문을 잠근 피고인에게 피해자가 "문 열어"라고 소리치며 화장실 문을 두드리면서 "너 이년아. 너 거기 숨어있는 거 다 안다. 공소외 2(장인) 그 개자식하고 그 황가년(장모)하고 다리 한 짝 없는 니 오빠, 그 병신새끼하고 내일 꼭 죽이겠다. 씨부랄년, 개같은 년, 젖탱이도 한 짝 없는 년, 지 몫도 못 타오는 년, 거머리처럼 붙어서 내 피나 빨아먹는 년."이라는 등으로 한참 동안 차마 입에 담기조차 힘든 폭언을 거듭하자, 평소 피해자로부터 지속적인 폭행이나 학대를 당해오면서 형성된 만성적인 외상 후 스트레스 장애와 중등도의 우울증 및 충동조절의 장애 등으로 말미암아 사물을 변별할 능력이나 의사를 결정할 능력이 미약한 상태에서, **같은 날 02:00경 피해자가 욕설을 하지 아니하고 집 안이 조용해지자 안방 화장실에서 나와 안방 문 앞에서 거실쪽으로 고개를 내밀어 거실에 있는 소파 위에서 이불을 덮고 누워 잠자고 있는 피해자를 본 순간 피해자를 향한 그간의 분노감이나 적대감이 억누를 수 없을 정도로 폭발한데다가 피해자가 이제는 자신의 친정 식구들마저도 죽일지 모른다는 생각이 들어 더 이상 감정을 억제하지 못한 채 느**

닷없이 피해자를 살해하기로 마음먹고, 소파 옆 마룻바닥에 놓여있던 철제 아령 1개(증 제1호)를 두 손으로 집어들고 피해자의 머리 쪽으로 다가가 피해자의 왼쪽 머리 부분을 3회가량 힘껏 내리쳐 피해자를 두개골 함몰 분쇄골절상 등으로 즉시 사망에 이르게 하는 방법으로 살해하였다.

〈침해가 종료한 이후의 공격행위〉

대법원 1996. 4. 9. 선고 96도241 판결 [폭력행위등처벌에관한법률위반]

피해자의 침해행위에 대하여 자기의 권리를 방위하기 위한 부득이한 행위가 아니고, 그 침해행위에서 벗어난 후 분을 풀려는 목적에서 나온 공격행위는 정당방위에 해당한다고 할 수 없다 할 것이다(당원 1986. 2. 11. 선고 85도2642 판결 참조).

원심은, 피고인은 집주인인 공소외인로부터 계약기간이 지났으니 방을 비워 달라는 요구를 수회 받고서도 그때마다 행패를 부려 위공소외인이 무서워서 다른 집에 가서 잠을 자기도 하였는데 본건 범행 당일에도 위 공소외인이 방세를 돌려 줄테니 방을 비워달라고 요구하자 방안에서 나오지도 아니하고 금 20,000,000원을 주어야 방을 비워준다고 억지를 쓰며 폭언을 하므로 위 공소외인의 며느리가 화가 나 피고인 방의 창문을 쇠스랑으로 부수자, 이에 격분하여 배척(속칭 빠루)을 들고 나와 마당에서 이 장면을 구경하다 미처 피고인을 피하여 도망가지 못한 마을주민인 피해자 1, 2을 배척(속칭 빠루)으로 때려 각 상해를 가한 것이므로 피고인에게는 현재의 부당한 침해는 없었음이 명백하다는 이유로 정당방위에 관한 피고인의 주장을 배척하였는바, 앞서 본 법리에 비추어 보면 원심의 위와 같은 판단은 정당하고, 원심 판결에 논하는 바와 같이 위법성에 관한 법리를 오해한 위법이 있다고 볼 수 없고, 또한 기록에 비추어 보면 원심이 피고인의 본건 범행에 대하여 형법 제21조 제2항을 적용하여 형을 감경 또는 면제하지 아니한 것이나, 피고인이 같은 조 제3항이 정하는 불안스러운 상태하에서 공포, 경악, 흥분 또는 당황으로 인하여 본건 범행을 범하였다고 인정하지 아니한 조치는 모두 정당하고, 논지는 모두 이유가 없다.

2. 자기 또는 타인의 법익을 방위하기 위한 행위

가. 개인적 법익에 대한 방위행위

〈개인적 법익 : 신체, 명예〉

대법원 1974. 5. 14. 선고 73도2401 판결 [폭행치사(변경죄명:상해치사)·변사자검시방해]

원심판결이 유지한 1심판결 이유에 의하면 피고인의 차남소외 망인(21세)는 평소 부모에게 행패를 부려오던중 1972.7.13. 19:30경 위소외 망인이 술에 만취되어 집에 돌아와서 저녁식사를 하는 피고인에게 "내 술 한 잔 먹어라"하고 소주병을 피고인의 입에 들어 부으면서 밥상을 차 엎은후 피고인의 멱살을 잡아 당기고 다시 부엌에서 식도를 들고 나와서 행패를 부리므로 피고인은 이를 피하여 밖으로 나왔던바, 위소외 망인은 밖으로 따라나와 피고인에게 달려들므로 이에 격분하여 주먹으로 동인의 후두부를 1회 강타하여 돌이 많은 지면에 넘어지게 하여 동인으로 하여금 두개의 파열상으로 즉석에서 사망케 한 사실을 인정하고 피고인의 위 소위에 대하여 폭행치사죄로 처단하였다.

그러나 원심 증인소외인의 증언과 피고인의 검찰에서의 진술에 의하면 원심 인정과 같이 피해자가 아버지인 피고인에게 식도까지 들고 대들어서 주위에서 동 식도를 뺏는 한편 피고인은 문밖으로 피신한바, 피해자는 문밖까지 쫓아와서 피고인에게 폭행을 하려고한 사실을 엿볼 수 있는바, 이러한 경우 <u>타인이 보는 자리에서 자식으로부터 인륜상 용납할 수 없는 폭언과 함께 폭행을 가하려는 피해자를 1회 구타한 행위는 피고인의 신체에 대한 법익뿐 아니라 아버지로서의 신분에 대한 법익에 대한 현재의 부당한 침해를 방위하기 위한 행위로써 기록에 나타난 정황에 비추어 볼 때 아버지되는 피고인으로서는 피해자에게 일격을 가하지 아니할 수 없는 상당한 이유가 있는 경우에 해당한다</u>고 봄이 타당하다 할 것이니 피고인의 피해자에 대한 구타행위는 정당방위에 해당하여 범죄를 구성하지 아니할 것이요, 동 폭행행위가 범죄를 구성하지 아니하는 이상 피해자가 그 폭행으로 돌이 있는 지면에 넘어져서 머리 부분에 상처를 입은 결과로 사망에 이르게 되었다 하여도 피고인을 폭행치사죄로 처단할 수 없을 것임에도 불구하고 원심이 이를 동 죄로 처단하였음은 범죄구성에 관한 법리를 오해한 위법이 있다 할 것이므로 이 점에 대한 상고논지는 이유있어 원심판결중 폭행치사의 점은 파기를 면치 못할 것이다.

〈긴급구조 : 타인의 법익을 방위하기 위한 행위〉

대법원 1986. 10. 14. 선고 86도1091 판결 [폭력행위등처벌에관한법률위반]

원심판결 이유에 의하면, 원심은 그 판시증거들에 의하여 이 사건 연립주택 후문을 통한 차량통행을 둘러싸고 연립주택 거주자들 사이에 다툼이 있어 오던 중 이 **사건 당일밤** 10:15경 피해자가 위 주택후문 열쇠를 보관하고 있던 위 **연립주택 자영회장인 피고인의 아버지 공소외인으로부터 열쇠를 받아 문을 연 다음 열쇠를 캄캄한 곳으로 던져버리고 그 소유의 봉고차에 올라타 문안으로 운전하여 들어가려 하자 소외인이 양팔을 벌리고 위 차 앞을 가로막으며 위 열쇠를 찾아주고 가라고 하였는바, 피해자가 이에 불응하고 그대로 위 차를 공소외인 쪽으로 약 3미터가량 전진시키자 위차의 운전석 부근 옆에 서있던 피고인이 공소외인이 위 차에 다치겠으므로 이에 당황하여 위 차를 정지시키기 위하여 위 차의 운전석 창문을 통하여 피해자의 머리털을 잡아당겨 그의 흉부가 위 차 창문틀에 부딪치게 함으로써 그에게 전치 약 10일간의 흉부좌상 등을 입혔다**는 사실을 인정하고 있다.

사실이 위 인정과 같다면 피고인이 피해자의 머리털을 잡아당긴 행위는 그의 아버지인 공소외인의 생명, 신체에 대한 현재의 부당한 침해를 방위하기 위한 행위로서 그 행위에 이르게 된 경위와 그 목적 및 수단, 결과 등 모든 사정에 비추어 볼 때 상당한 이유가 있는 때, 즉 형법 제21조 제1항의 정당방위의 요건으로서 긴박성과 상당성이 있는 때에 해당하여 그 행위의 위법성이 결여되었다고 보아야 할 것임에도 원심은 피고인의 위 방위행위가 상당한 이유가 있는 행위인지의 여부를 판단함이 없이 위 방위행위가 그 정도를 초과하였음을 전제로 하여 야간에 당황하여 행하여진 것이라고 판단하여 같은법 제21조 제3항을 적용한 잘못이 있기는 하나 이는 피고인에게 무죄를 선고한 판결결과에는 아무런 영향이 없으므로 파기사유가 되지 못하고 달리 소론과 같은 정당방위에 관한 법리오해의 위법을 찾아볼 수 없으니 논지는 이유없다.

나. 국가적·사회적 법익에 대한 방위행위

〈국가적·사회적 법익에 대한 정당방위 : 불허〉

대법원 1980. 5. 20. 선고 80도306 판결 [(가)내란목적살인,(나)내란수괴미수,(다)내란중요임무종사미수,(라)증거은닉,(마)살인(변경된죄명)]

상고이유중 유신헌법과 긴급조치하의 국민주권의 부정침해로 인한 국민적저항인 「부마사태」가 전국적으로 확산됨에 있어 무차별 국민학살로써 대처하려 한 상황아래 주권자인 국민의 생명과 재산에 대한 현재의 부당한 침해를 방위하기 위하여 마지막 수단으로 이 사건 범행에 이르게 된 것인바, 이는 공통선을 행한 경우로서 정당방위에 해당하여 그 위법성이 없음에도 불구하고 원심은 이를 간과한 잘못이 있을 뿐만 아니라 피고인 A가 수사기관에서부터 원심변론종결에 이르기까지 위와같은 취지의 변소를 해 왔음에도 불구하고 이에 대한 심리를 다하지 아니하였거나 그 판단을 유탈한 위법까지 저지른 것이라는 주장에 대하여 판단한다.

살피건대 앞에서 누누히 설시한 바와 같이 피고인 A의 본건 소위는 대통령등을 살해하고 내란으로 정권을 장악하려는 내란목적살인 및 내란수괴미수직의 성립에 아무런 장애사유가 없음에도 불구하고 동 피고인은 본건 범행일시를 기준으로 하여 **수일내에 소위 "부마사태"와 같은 민란이 서울에서 일어나고 이에 대하여 박대통령은 스스로 민중에 대한 발포명령을 하였을 것이기 때문에 자기가 그 예상되는 희생될 민중의 생명, 신체, 재산등을 구하려고 즉 국민 내지 국가의 법익에 대한 현재의 부당한 침해를 방위하려고 본건 거사에 이르렀다고 변소하고 있다.**

그런데 기록에 의하면 1979.10.17, 18에 일어난 소위 부산, 마산사태의 진상을 같은달 19.에 **당시 중앙정보부장으로서 현지 답사하고 돌아왔던 동 피고인은 제1심공판에서 "부마사태로 죽은자가 있나요"라는 물음에 대하여 "없는 것으로 압니다"**(공판 227면)**라고 대답하고 있다.** 그렇다면 설사 소위 부마사태의 확산이 예상된다 하더라도 신체의 상해, 재산의 손괴정도는 모르되 반드시 많은 국민의 생명의 희생까지 예상된다고는 할 수 없을 이치이고 또 소론 부마사태의 확산이나, 소론 대통령의 발포명령운운도 동 피고인 혼자만의 주장일뿐 이를 객관적으로 뒷받침할 자료도 없는 이건에서는 결국 이런 변소는 동 피고인의 조작된 거짓말이거나 아니면 장래의 불확실한 사태를 환상적으로 추리한 결과를 진술한데 지나지 아니한다 할 것이므로 형법 제21조 제1항 소정의 정당방위의 성립요건을 충족시킬 사실을 인정할 증거자료가 없다 할 것이니 원심이 이점을 간과했다는 논지는 이유없고 또 이점에 관하여 심리를 더한들 이를 인정할 자료의 출현가능성이 희박하다고 인정되는 본건에서는 이점에 관한 심리미진의 위법 있다고도 할 수 없고 또 이미 원심에 위와같은 위법이 없다고 인정되는 이상 설사 원심 판결에서 이점에 관한 판단을 유탈하였다 하더라도 판결에 영향을 미친 위법은 될 수 없어 위 논지들은 모두 그 이유없다 할 것이다.

대법원 1993. 6. 8. 선고 93도766 판결 [군무이탈]

기록에 비추어 볼 때 원심이, **거시증거에 의하여 피고인의 위 이탈동기에 관하여 피고인이 위 분실에서 위 "혁노맹"사건 수사에 협조하면서 현실과 타협해 가는 자신의 모습에 대한 인간적인 좌절감과 동료에 대한 배신감을 만회하여야겠다는 생각 등으로 개인적으로는 도저히 더 이상의 부대생활을 할 수 없어 보안사의 민간인에 대한 정치사찰을 폭로한다는 명목으로 위 분실을 빠져 나가 부대를 이탈한 사실**을 인정하고, 피고인이 이 사건 양심선언을 하기 위한 목적은 이 사건 군무이탈을 하게 된 여러 동기 가운데 하나를 이루는 데 불과하다고 판단한 것은 수긍할 수 있는바, 피고인이 군무를 기피할 목적으로 부대에서 이탈하였음이 위와 같이 인정되고 있는 이 사건에서 <u>피고인의 군무이탈동기가 위 원심판시와 같다면 그 동기나 목적, 부대이탈 후의 피고인의 행적 등 기록에 나타난 제반 사정에 비추어 볼 때 군무기피를 목적으로 한 피고인의 이 사건 부대이탈행위가 자기 또는 타인의 법익에 대한 현재의 부당한 침해를 방위하기 위한 행위로서 사회적으로 상당하여 형법 제21조에 정한 정당방위에 해당한다거나 같은 법 제20조에 정한 사회통념상 허용될 수 있는 정당행위에 해당한다고 볼 수는 없을 것이다.</u>

3. 상당한 이유 있는 행위 : 필요성(Erforderlichkeit)

〈상당성의 의미〉

대법원 2017. 3. 15. 선고 2013도2168 판결 [공무집행방해·상해]

가. 어떠한 행위가 정당방위로 인정되려면 그 행위가 자기 또는 타인의 법익에 대한 현재의 부당한 침해를 방어하기 위한 것으로서 상당성이 있어야 하므로, 위법하지 않은 정당한 침해에 대한 정당방위는 인정되지 않는다. 이때 <u>방위행위가 사회적으로 상당한 것인지 여부는 침해행위에 의해 침해되는 법익의 종류와 정도, 침해의 방법, 침해행위의 완급, 방위행위에 의해 침해될 법익의 종류와 정도 등 일체의 구체적 사정들을 참작하여 판단하여야 한다(대법</u>

원 2003. 11. 13. 선고 2003도3606 판결, 대법원 2007. 3. 29. 선고 2006도9307 판결 등 참조). 또한 자기의 법익뿐 아니라 타인의 법익에 대한 현재의 부당한 침해를 방위하기 위한 행위도 상당한 이유가 있으면 형법 제21조의 정당방위에 해당하여 위법성이 조각된다(대법원 2006. 9. 8. 선고 2006도148 판결 참조).

나. 원심은 채택 증거에 의하여 다음과 같은 사실을 인정한 다음, 피고인의 행위는 공소외 1 등 6명의 신체의 자유에 대한 부당한 침해를 방위하기 위한 정당방위에 해당한다고 판단하여, 이 사건 공소사실 중 상해의 점에 대하여 무죄를 선고한 제1심판결을 그대로 유지하였다.

(1) 위 1.나.(2)에서 보았듯이 전투경찰대원들이 공소외 1 등 6명의 조합원을 체포한 행위는 형사소송법에서 정한 체포 절차를 준수하지 못한 것으로서 위법하다.

(2) 피고인은 ◇◇◇◇◇ ◇◇ ◇◇◇ ◇◇의 노동위원회 위원장으로서 2009. 6. 22. ㅁㅁ ㅁㅁ노동조합 위원장으로부터 'ㅇㅇ자동차지부 파업투쟁으로 대량 연행자가 발생할 경우 변호사 접견이 신속하게 이루어질 수 있도록 적절한 조치를 취해 줄 것을 부탁한다'는 요청을 받았다. 그 후 피고인은 2009. 6. 26. 이 사건 현장을 방문하여 위 조합원들이 불법적으로 체포되는 것을 목격하고 이에 항의하면서 전투경찰대원들의 불법 체포 행위를 제지하였으며, 전투경찰대원들은 방패로 피고인을 강하게 밀어내었다.

(3) 피고인은 전투경찰대원들의 위와 같은 유형력 행사에 저항하여 전투경찰대원인 공소외 2와 공소외 3이 들고 있던 방패를 당기고 밀어 공소외 2와 공소외 3에게 상해를 입혔다. 비록 공소외 3이 입은 상해의 정도가 가볍지는 않지만, 피고인이 공소외 2와 공소외 3에게 행사한 유형력은 전투경찰대원들의 불법 체포 행위로 위 조합원들의 신체의 자유가 침해되는 것을 방위하기 위한 수단으로 그 정도가 전투경찰대원들의 피고인에 대한 유형력의 정도에 비해 크다고 보이지 않는다.

다. 원심판결 이유를 기록에 비추어 살펴보면, 피고인이 유형력을 행사한 경위와 동기, 상해가 발생하게 된 경위, 상해를 입은 부위 등을 비롯하여 원심판결에서 알 수 있는 여러 사정에 비추어 피고인의 행위가 정당방위에 해당한다는 원심의 판단은 정당하다.

〈상당성(필요성)이 인정되는 행위〉

대법원 1999. 6. 11. 선고 99도943 판결 [폭력행위등처벌에관한법률위반]

1. 원심판결 이유에 의하면, 원심은 피고인의 정당방위 주장에 대하여 판단하면서, 제1심이

채택한 증거들과 원심 증인공소외인의 증언을 종합하여, 피고인은 1997. 7. 10. 21:25경 피고인의 약혼자인 공소외인을 피고인 소유의 승용차에 태우고 서울 성동구 용답동 233의 10 앞 노상을 진행하고 있었는데, 술에 취하여 인도에서 택시를 기다리고 있던 피해자가 피고인 운전의 차를 자신의 회사직원이 타고가는 차로 오인하고 차도로 나와 위 승용차를 세우고 위 승용차에 타려고 하였던바, 이로 인하여 피고인과 위피해자가 서로 말다툼을 하면서 위피해자는 피고인의 허리춤을 잡아 끌어당기고, 피고인은 위피해자의 양손을 잡고 버티는 등으로 몸싸움을 하면서 피고인의 바지가 찢어졌고 피고인과 위피해자가 함께 땅바닥에 넘어졌으며, 피고인이 넘어진 위피해자의 배 위에 올라타 양 손목을 잡고 위공소외인의 신고로 출동한 경찰관이 현장에 도착할 때까지 약 3분 가량 위피해자를 누르고 있었던 사실을 인정한 다음, 위 인정 사실에 의하면 피고인이 위피해자의 배 위에 올라타서 양 손목을 잡고 땅바닥에 약 3분 정도 누르고 있었던 행위는 피고인이 위피해자로부터 부당한 침해를 방위하기 위한 것으로 보이기는 하나, 침해되는 법익의 종류, 정도, 침해의 방법, 침해행위의 완급 등에 비추어 볼 때 사회통념상 허용될 만한 정도의 상당성이 있는 것으로 보여지지 아니하므로 피고인의 위 행위는 과잉방위에 해당한다고 할 것이나, 정당방위에 해당한다고는 볼 수 없다는 이유로 피고인의 정당방위 주장을 배척하고 있다.

2. 그러나 원심이 인정한 위 사실관계와 같이, <u>위피해자가 야간에 술에 취하여, 피고인 운전의 차량 앞에 뛰어 들어 함부로 타려고 하였고, 이에 항의하는 피고인의 바지춤을 잡아 끌어당겨 바지가 찢어지기까지 하였고, 이에 반하여 피고인이 피고인을 잡아 끌고 가려다가 넘어진 위피해자의 양 손목을 잡아 누르고 있었던 것에 불과한 것이라면</u>(원심은 "피고인이 위피해자의 배 위에 올라타 누르고 있었다."고 인정하였으나, 기록에 의하더라도 피고인이 피해자의 양 손목을 누를 당시 그의 배에 올라타고 있었음을 인정할 만한 자료가 없고, 공소장이나 제1심이 인정한 범죄사실에도 단지 "배 위에서 양 손목을 잡고 눌렀다."고만 되어 있다), <u>피고인의 행위는 위피해자에 대항하여 폭행을 가한 것이라기 보다는 그의 계속되는 부당한 공격으로부터 벗어나거나 이를 방어하기 위하여 한 것으로 보는 것이 상당하고, 그 행위에 이르게 된 경위, 목적, 수단, 의사 등과 피고인의 방어행위로 인하여 입은 위피해자의 피해가 극히 미미하다는 점 등의 제반 사정에 비추어 볼 때, 피고인의 행위는 사회통념상 허용될 만한 정도의 상당성이 있는 것으로서 위법성이 결여된 행위라고 보아야 할 것이다.</u>

〈방어의 경미 수단성 : 상대적 최소침해의 원칙〉

대법원 1983. 9. 27. 선고 83도1906 판결 [살인]

원심이 인용한 제1심판결 적시의 증거들을 기록에 의하여 살펴보면 **피해자를 그 판시와 같이 7군데나 식칼로 찔러 우심실 자창상으로 사망케** 한 피고인에게 살인의 범의가 있었다고 본 원심의 조치는 정당하고, 거기에 심리미진으로 인한 사실오인의 위법이 있다할 수 없다. 따라서 이와 달리 피고인에게 살인의 범의가 없었다는 전제에 서서 원심판결에 상해치사죄와 살인죄에 관한 법리오해가 있다는 논지는 채용할 수 없고, 피고인의 원판시 소행이 소론과 같은 피해자의 구타행위로 말미암아 유발된 범행이었다 하더라도 그와 같은 사정만으로 피해자를 살해한 원판시 피고인의 소위가 정당방위 또는 과잉방어 행위에 해당하는 경우였다고 볼 수는 없을 것이므로 피고인의 소위에 형법 제21조를 적용하지 아니한 원심 및 제1심의 조치에 정당방위에 관한 법리오해가 있다는 논지도 이유 없다.

〈경미 수단성 : 긍정 사례〉

헌법재판소 2021. 2. 25. 선고 2019헌마929 전원재판부 [기소유예처분취소]

김ㅁㅁ이 청구인의 행위로 상해를 입은 것으로 볼 수 있다고 하더라도, 다음과 같은 이유에서 이 사건 기소유예처분은 정당하다고 보기 어렵다.

(1) 어떠한 행위가 정당방위로 인정되려면 그 행위가 자기 또는 타인의 법익에 대한 현재의 부당한 침해를 방어하기 위한 것으로서 상당성이 있어야 하는데, 방위행위가 사회적으로 상당한 것인지 여부는 침해행위에 의해 침해되는 법익의 종류와 정도, 침해의 방법, 침해행위의 완급, 방위행위에 의해 침해될 법익의 종류와 정도 등 일체의 구체적 사정들을 참작하여 판단하여야 한다(대법원 2017. 3. 15. 선고 2013도2168 판결 참조). 정당방위의 성립요건으로서의 방어행위에는 순수한 수비적 방어뿐 아니라 적극적 반격을 포함하는 반격방어의 형태도 포함된다(대법원 1992. 12. 22. 선고 92도2540 판결 참조).

(2) 이 사건 수사기록에 따르면, **김ㅁㅁ은 고시원 내 주방에 청구인과 단 둘만 있는 상황에서 청구인이 주방 밖으로 나가지 못하게 청구인의 손목을 잡아 적극적으로 막으면서 청구인의 가슴을 갑자기 움켜쥐어 추행하였고, 이에 청구인은 들고 있던 사기그릇을 휘두른 사실**이 인정된다. 김ㅁㅁ은 청구인보다 9살가량 젊은 남성으로, 청구인이 김ㅁㅁ의 완력을 이용

한 갑작스러운 강제추행행위를 벗어나기는 그 자체로 상당히 어려웠을 것으로 판단된다. 게다가 청구인은 김□□으로부터 강제추행을 당할 당시 물을 담기 위해 사기그릇을 들고 있어 손이 자유롭지도 않은 상황이었다. 이러한 당시의 급박한 상황에 비추었을 때, 청구인에게 이미 들고 있던 사기그릇을 내려놓고 다시 맨 손으로 김□□에 저항하거나, 머리 부분이 아닌 다른 신체부위를 가려내어 타격하는 등 김□□의 강제추행행위에 대한 다른 방어 방법을 취할 것을 기대하기는 어렵다. 오히려 수사기록을 종합적으로 살펴보면, 청구인은 폐쇄된 공간에서 갑자기 이루어진 김□□의 추행행위에서 벗어나기 위해 들고 있던 사기그릇을 이용하여 사회적으로 상당한 범위 내에서 반격방어의 형태로 저항하였다고 볼 여지도 충분하다. 이와 달리 이 사건 수사기록상 청구인이 다른 방법으로 김□□의 강제추행을 충분히 방어할 수 있었다는 점을 인정할만한 어떠한 사정도 발견할 수 없다.

이와 같이 청구인의 방위행위가 형법상 정당방위에 해당하여 그 위법성이 조각될 여지가 상당함에도, 피청구인은 청구인에 대한 피의사실을 그대로 인정하였다. 피청구인의 판단은 청구인이 사건 당시 처한 상황과 방위행위의 필요성 및 긴급성 등에 관한 합당한 고려 없이 청구인의 방위행위가 정당방위 요건을 갖추지 못하였다고 단정한 것으로서 수긍하기 어렵다.

〈방위의 필요성과 비례성 : 비례성을 요구한 판례 사안〉

대법원 2009. 6. 11. 선고 2009도2114 판결 [특수공무집행방해[변경된죄명:폭력행위등처벌에관한법률위반(공동폭행)]]

형법 제21조 소정의 정당방위가 성립하려면 침해행위에 의하여 침해되는 법익의 종류, 정도, 침해의 방법, 침해행위의 완급과 방위행위에 의하여 침해될 법익의 종류, 정도 등 일체의 구체적 사정들을 참작하여 방위행위가 사회적으로 상당한 것이어야 한다(대법원 1992. 12. 22. 선고 92도2540 판결, 대법원 2007. 3. 29. 선고 2006도9307 판결 등 참조).

원심판결 이유와 기록에 의하면, 피고인들을 비롯한 대학생 및 민노총 광주지역본부 회원 등 800여명은 2007. 11. 11. 08:10경부터 09:40경까지 광주 서구 유촌동에 있는 기아자동차 광주공장 앞 도로에서, 위 집회에 참가하기 위해 버스 22대를 대절하여 나누어 타고 상경하려다가 경찰에 의해 차단된 사실, 이에 피고인들을 비롯한 참가자 200여 명은 경찰이 상경을 차단하였다는 이유로 버스에서 내려 광주지방경찰청 북부경찰서 방범순찰대 소속 의경 공소외 1,2,3 등 대비병력을 향해 PVC파이프를 휘두르거나 돌을 던지고, 진압방패와 채증장비를 빼앗고, 주먹과 발로 마구 때리고, 경찰버스 유리창 등을 부순 사실, 그때 피고인들은 제1심 약식명령 공동피고인 1,3,4,5,7과 함께 도로를 가로막고 있는 대비병력 사이로 관광버스가 지날 수 있는 길을 뚫기 위하여 병력과 밀고 당기는 등의 몸싸움을 한 사실을 인정할 수 있는바, 위 법리에 비추어 보면, 비록 경찰관들의 위법한 상경 제지 행위에 대항하기 위하여 한 것이라 하더라도, 피고인들이 다른 시위참가자들과 공동하여 위와 같이 경찰관들을 때리고 진압방패와 채증장비를 빼앗는 등의 폭행행위를 한 것은 소극적인 방어행위를 넘어서 공격의 의사를 포함하여 이루어진 것으로서 그 수단과 방법에 있어서 상당성이 인정된다고 보기 어려우며 긴급하고 불가피한 수단이었다고 볼 수도 없으므로, 이를 사회상규에 위배되지 아니하는 정당행위나 현재의 부당한 침해를 방어하기 위한 정당방위에 해당한다고 볼 수 없다.

〈방위의 필요성과 회피가능성〉

대법원 1966. 3. 5. 선고 66도63 판결 [폭력행위등처벌에관한법률위반]

원심판결은 피고인의 정당방위의 주장에 대하여, 피고인이 나보고 그러느냐 하면서 자동차에서 내리자, 부락민들이 계속하여 피고인에게 투석을 하고, 피해자공소외인은 수족으로 피고인의 안면, 복부등을 구타하므로 피고인은 상처를 입고 순간적으로 분개한 나머지 마침 소지하고 있든 칼을 흔들어 공소외인의 우측 유방 하부에 자상을 입힌 사실을 인정할 수 있으므로, 일응 정당방위에 있어서와 같이 자기 신체에 대한 현재의 부당한 침해를 방위하기 위한 행위라 할 수 있겠으나, 당시 그 차에 탔던 사람들은 그대로 통과하여 모두 무사히 위험을 모면하였던 점이 기록상 명백하므로, 피고인 역시 그의 행동여하에 따라서는 침해를 용이하게 피할 수 있었음에도 불구하고 그 소란스런 분위기 속에서 일련의 연속적 공격방위의 투쟁행위를 예견하면서 이를 피하지 않고 수많은 부락민에게 마치 대항이라도 할 듯이 차에서 내린 끝에 봉변을 당하고 일시 분개하여 칼을 휘둘렀다 함은, 결국 침해를 방위키 위한 상당한 행위라 할 수 없다고 판시하여 피고인의 주장을 배척하였으나, 정당방위에 있어서는 긴급피난의 경우와 같이 불법한 침해에 대해서 달리 피난방법이 없었다는 것을 반드시 필요로 하는 것이 아니므로 본건의 경우, 피고인이 다중의 가해를 피할 수 있었다는 한 가지 이유만을 들어 피고인의 주장을 배척한 것은 결국, 정당방위에 관한 법리를 오해하여 법률적용을 그릇친 것이라고 함에 있다.

그러나 무릇, 정당방위가 성립하려면 침해행위에 의하여 침해되는 법익의 종류, 정도, 침해의 방법, 침해행위의 완급과 또 방위행위에 의하여 침해될 법익의 종류, 정도 등, 일체의 구체적 사정을 참작하여 방위행위가 사회적으로 상당한 것이었다고 인정할 수 있는 것이라야 하는 것인바, 본건의 경우에 있어서 피고인이 취한 행위는 객관적으로 보아 자기 신체에 대한 침해를 방위하기 위한 상당한 방법이었다고 볼 수 없으므로 이를 정당방위에 해당하지 않는다고 본 원심판단은 정당한 것이고, 논지는 이유없다.

변호인의 상고이유 제2점은 피고인이 다중의 부당한 침해를 받고 원심인정처럼 이를 피할 수 있었는가에 관하여 당시 피고인이 차에서 내리지 않으면 안 될 불가항력적인 상황에 있었다는 증인 이범호의 증언을 원심이 믿지 않은 것은 경험칙에 반하는 채증법칙위반의 흠이 있는 것이라는 것인바 원심은 여러 가지 증거자료를 종합하여 당시의 상황으로선 피고인의 방위행위에 상당한 이유를 발견할 수 없다고 판시한 것임은 위 전단에 설시한 바와 같고 일건 기록을 정사하여도 원심조치에 소론과 같은 위법을 찾아낼 수 있다.

〈정당방위의 필요성 부정 사례〉

대법원 2001. 5. 15. 선고 2001도1089 판결 [상해치사]

기록에 의하면, 피고인은 피해자(1962년생)와 1987. 11. 21. 혼인하여 딸(1990년생)과 아들(1994년생)을 둔 사실, 피해자는 평소 노동에 종사하여 돈을 잘 벌지 못하면서도 낭비와 도박의 습벽이 있고, 사소한 이유로 평소 피고인에게 자주 폭행·협박을 하였으며, 변태적인 성행위를 강요하는 등의 사유로 결혼생활이 파탄되어 1999년 11월경부터 별거하기에 이르고, 2000. 1. 10.경 피고인이 서울가정법원에 이혼소송을 제기하여 그 소송 계속중이던 같은 해 4월 23일 10:40경 피해자가 피고인의 월세방으로 찾아온 사실, 문밖에 찾아온 사람이 피해자라는 것을 안 피고인은 피해자가 칼로 행패를 부릴 것을 염려하여 부엌에 있던 부엌칼 두 자루를 방의 침대 밑에 숨긴 사실, 피고인이 문을 열어 주어 방에 들어온 피해자는 피고인에게 이혼소송을 취하하고 재결합하자고 요구하였으나 피고인이 이를 거절하면서 밖으로 도망가려 하자, 피해자는 도망가는 피고인을 붙잡아 방안으로 데려온 후 부엌에 있던 가위를 가지고 와 피고인의 오른쪽 무릎 아래 부분을 긋고 피고인의 목에 겨누면서 이혼하면 죽여버리겠다고 협박하고, 계속하여 피고인의 옷을 강제로 벗기고 자신도 옷을 벗은 다음 피고인에게 자신의 성기를 빨게 하는 등의 행위를 하게 한 후, 침대에 누워 피고인에게 성교를 요구하였으나 피고인이 이에 응하지 않자 손바닥으로 뺨을 2-3회 때리고, 재차 피고인에게 침대 위로 올라와 성교할 것을 요구하며 "너 말을 듣지 않으면 죽여버린다."고 소리치면서 침대 위에서 상체를 일으키는 순간, 계속되는 피해자의 요구와 폭력에 격분한 피고인이 그 상황에서 벗어나고 싶은 생각에서 침대 밑에 숨겨두었던 칼(증 제1호, 길이 34㎝, 칼날길이 21㎝) 한 자루를 꺼내 들고 피해자의 복부 명치 부분을 1회 힘껏 찔러 복부자창을 가하고, 이로 인하여 피해자로 하여금 장간막 및 복대동맥 관통에 의한 실혈로 인하여 그 자리에서 사망에 이르게 한 사실을 인정할 수 있다.

피고인이 이와 같이 <u>피해자로부터 먼저 폭행·협박을 당하다가 이를 피하기 위하여 피해자를 칼로 찔렀다고 하더라도, 피해자의 폭행·협박의 정도에 비추어 피고인이 칼로 피해자를 찔러 즉사하게 한 행위는 피해자의 폭력으로부터 자신을 보호하기 위한 방위행위로서의 한도를 넘어선 것이라고 하지 않을 수 없고, 따라서 이러한 방위행위는 사회통념상 용인될 수 없는 것이므로, 자기의 법익에 대한 현재의 부당한 침해를 방어하기 위한 행위로서 상당한 이유가 있는 경우라거나, 방위행위가 그 정도를 초과한 경우에 해당한다고 할 수 없다.</u>

〈경찰관의 무기사용과 정당방위〉

대법원 2004. 3. 25. 선고 2003도3842 판결 [업무상과실치사]

경찰관직무집행법 제10조의4 제1항에 의하면, 경찰관은 범인의 체포, 도주의 방지, 자기 또는 타인의 생명·신체에 대한 방호, 공무집행에 대한 항거의 억제를 위하여 필요하다고 인정되는 상당한 이유가 있을 때 그 사태를 합리적으로 판단하여 필요한 한도 내에서 무기를 사용할 수 있되, 다만 형법에 규정한 정당방위나 긴급피난에 해당하는 때, 사형·무기 또는 장기 3년 이상의 징역이나 금고에 해당하는 죄를 범하거나 범하였다고 의심할 만한 충분한 이유가 있는 자가 경찰관의 직무집행에 대하여 항거하거나 도주하려고 할 때 또는 체포, 도주의 방지나 항거의 억제를 위하여 다른 수단이 없다고 인정되는 상당한 이유가 있는 때를 제외하고는 무기 사용으로 인하여 사람에게 위해를 주어서는 안된다고 규정하고 있고, 경찰관의 무기 사용이 위와 같은 요건을 충족하는지 여부는 범죄의 종류, 죄질, 피해법익의 경중, 위해의 급박성, 저항의 강약, 범인과 경찰관의 수, 무기의 종류, 무기 사용의 태양, 주변의 상황 등을 고려하여 사회통념상 상당하다고 평가되는지 여부에 따라 판단하여야 하고, 특히 사람에게 위해를 가할 위험성이 큰 권총의 사용에 있어서는 그 요건을 더욱 엄격하게 판단하여야 할 것임은 원심이 판시하고 있는 바와 같다.

그런데 기록에 의하면, 공소외 1의 처인 공소외 2는 진주경찰서 상대파출소에 찾아가 실내 근무자인 김재웅에게 "남편이 집에서 칼로 아들을 위협하고 있다."고 신고하면서 경찰관의 출동을 요청하여 피고인과 김종하 등 경찰관 2명과 함께 자신의 집인 위꽃집으로 왔고, 한편 공소외 1은 피고인과 김종하가 위 꽃집으로 출동하기 직전인 2001. 11. 27. 23:20경 진주시 상대동 소재 '한잔드시게' 주점에서 후배인 정정교와 술을 마시던 중 공소외 1이 자신의 처인 공소외 2과 이혼해야 하겠다는 등의 말을 하고 위 정정교가 이혼을 만류하는 등 서로 이야기를 나누다가 공소외 1이 갑자기 맥주병을 깨뜨려 위 정정교의 목을 찔렀고, 신고를 받고 출동한 위 상대파출소 소속 경찰관인 강기수, 유용기가 위 정정교를 병원으로 후송하는 사이에 공소외 1은 위 주점 인근에 있는 자신의 집인 위 꽃집으로 도주한 사실, 그 후 공소외 2은 상대파출소에 찾아와 위에서 본 바와 같은 위급한 상황을 신고하면서 경찰관의 출동을 요청하였고, 본서 상황실의 지원지령에 따라 상대파출소에 도착한 인근 동부파출소 소속 경찰관 피고인과 김종하는 그 곳 근무자인 김재웅으로부터 공소외 1이 술집에서 맥주병을 깨 다른 사람의 목을 찌르고 현재 집으로 도주하여 칼로 아들을 위협하고 있으니 신속하게 출동하여 총은 쏘지 말고 대치만 하고 있으라고 당부하였고, 이에 피고인과 김종하는 순찰차에 공소외 2를 태워 위 꽃집으로 출동한 사실, 한편 공소외 1 가족과 평소 친하게 지내는 소외 심경보는 위공소외 2가 휴대폰으로 "경보씨, 집에 한번 와 보세요."라는 말을 하고 전화를 끊어버리자 부부싸움을 하는 것으로 생각하고 즉시 위꽃집으로 달려갔으나 전화를 한 위공소외 2는 집에 없고 위공소외 1 혼자서 꽃집 안쪽 끝의 세면장에서 양치질을 하고 있는 것을 보고 그대로 돌아오려고 할 때 피고인과 김종하가 같은 날 23:59경 위꽃집에 도착한 사실, 이 때 김종하는 권총을 허리에 찬 채 나무막대기를 들고 먼저 들어가고 피고인은 권총을 빼어들고 그 뒤를 따라 꽃집 안으로 들어갔고, 김종하가 꽃집 안으로 들어가면서 위 심경보에게 "어떻게 된 겁니까?"라고 묻는 순간 공소외 1이 위 꽃집 안쪽 세면장에서 나오면서 "당신들 뭐야? 이 밤에 왜 왔어? 빨리 가!"라고 소리를 지르며 김종하와 피고인 쪽으로 달려들었고 위 심경보가 이를 제지하려고 하자 심경보를 간단히 넘어뜨린 후 위 김종하와 몸싸움을 하게 되었는데, 진주시 씨름대회에서 우승할 만큼 건장한 체구의 소유자였던 공소외 1은 이내 김종하로부터 나무막대기를 빼앗고 그를 뒤로 밀어붙여 피고인과 김종하가 거의 동시에 뒤로 넘어진 사실, 이어서 공소외 1은 김종하의 배 위에 올라탄 자세에서 그를 공격하였고 김종하는 공소외 1으로부터 빠져나오기 위하여 발버둥치고 있었으며, 피고인은 뒤로 넘어져 있다가 정신을 차리는 순간 공소외 1이 손으로 김종하의 목을 조이는 등 폭행하고 있는 것을 발견하고 이를 제지하기 위하여 넘어졌다가 일어나 앉은 자세로 공포탄 1발을 발사하여 공소외 1에게 경고를 하였지만 공소외 1은 김종하를 풀어주지 아니한 채 동일한 자세로 몸싸움을 계속한 사실, 이에 피고인은 공소외 1을 향하여 실탄 1발을 발사하였고 그 실탄은 공소외 1의 우측 흉부 하단 제9번 늑간 부위를 관통한 사실, 공소외 1은 총에 맞은 다음 김종하에 대한 압박을 풀고 꽃집 밖으로 나와 복부통증을 호소하면서 쓰러졌는데 나중에 확인하여 보니공소외 1은 김종하 등과 격투를 할 당시 칼을 소지하지 않고 있었던 사실, 공소외 1은 즉시 병원에 후송되어 입원치료를 받았으나 간파열 등으로 인한 패혈증으로 2001. 12. 3. 사망한 사실을 알 수 있다.

사실관계가 위와 같다면, 상대파출소 근무자인 김재웅으로부터 '공소외 1이 술집에서 맥주병을 깨 다른 사람의 목을 찌르고 현재 자기집으로 도주하여 칼로 아들을 위협하고 있다.'는 상황을 고지받고 현장에 도착한 피고인으로서는, 공소외 1이 칼을 소지하고 있는 것으로 믿었고 또 그렇게 믿은 데에 정당한 이유가 있었다고 할 것이므로, 피고인과 김종하가 공소외 1과의 몸싸움에 밀려 함께 넘어진 상태에서 칼을 소지한 것으로 믿고 있었던 공소외 1과 다시 몸싸움을 벌인다는 것은 피고인 자신의 생명 또는 신체에 위해를 가져올 수도 있는 위험한 행동이라고 판단할 수밖에 없을 것이고, 따라서 피고인이 공포탄 1발을 발사하여 경고를 하였음에도 불구하고 공소외 1이 김종하의 몸 위에 올라탄 채 계속하여 김종하를 폭행하고 있었고, 또 그가 언제 소지하고 있을 칼을 꺼내어 김종하나 피고인을 공격할지 알 수 없다고 피고인이 생각하고 있던 급박한 상황에서 김종하를 구출하기 위하여 공소외 1을 향하여 권총을 발사한 것이므로, 이러한 피고인의 권총 사용이, 경찰관직무집행법 제10조의4 제1항의 허용범위를 벗어난 위법한 행위라거나 피고인에게 업무상과실치사의 죄책을 지울만한 행위라고 선뜻 단정할 수는 없다(다만 민사상으로 공무원인 피고인의 위와 같은 행위에 관하여 국가가 국가배상책임을 질 것인지 여부는 이와 별도의 관점에서 검토되어야 할 것이며, 이 점은 별론으로 한다).

그럼에도 불구하고, 원심은 이와 달리 피고인이 공소외 1을 향하여 실탄을 발사한 행위가 경찰관의 무기 사용의 허용범위를 벗어난 위법행위라고 판단하였으니, 거기에는 경찰관직무집행법 제10조의4 제1항 소정의 경찰관 무기 사용의 허용범위 및 정당방위 등에 관한 법리를 오해하여 판결에 영향을 미친 위법이 있다.

대법원 1991. 5. 28. 선고 91다10084 판결 [손해배상(기)]

원심판결 이유에 의하면 원심은 피해자가 소외 1의 집대문 앞에 은신하고 있다가 경찰관인 소외 2의 명령에 따라 순순히 손을 들고 나오면서 2에게 어떠한 공격을 가함이 없이 그대로 도주하자 소외 2는 이를 체포하고자 뒤따라 추격하면서 치명상을 입힐 수 있는 등 부위에 권총을 발사하여 그 판시와 같은 총상으로 현장에서 사망케 한 사실을 인정하고 위와 같은 위 총기사용은 현재의 부당한 침해를 방지하거나 현재의 위난을 피하기 위한 상당성있는 행위라고 볼 수 없는 것으로서 범인의 체포를 위하여 필요한 한도를 넘어 무기를 사용한 것이라고 판단하였는바, 기록에 의하여 살펴보면 위 원심의 사실인정과 판단은 정당하고 소론과 같은 사실오인이나 국가배상법 제2조의 직무집행에 관한 법리를 오해한 위법이 없으므로 논지는 이유 없다.

4. 방위의사

〈주관적 정당화요건으로서의 방위의사〉

대법원 1981. 8. 25. 선고 80도800 판결 [폭력행위등처벌에관한법률위반]

형법 제20조 제 1 항 소정의 정당방위가 성립하기 위하여는 행위자에게 방위의사가 있어야 하고 그 방위행위가 행위 당시의 사정으로 보아서 상당성이 있어야 함은 소론과 같으나 원심이 유지한 제1 심 판결이 적법히 확정한 사실에 의하면, 피고인 경영의 주점에서 공소외 1 등 3인이 외상술을 마시면서 통금시간이 지나도 귀가하지 않고 피고인에게 접대부와 동침시켜 줄 것을 요구하고, 피고인이 이를 거절한데 불만을 품고 내실까지 들어와 피고인의 처가 있는 데서 소변까지 하므로 피고인이 항의하자 공소외 1은 주먹으로 피고인의 안면을 강타하고 이어 피고인을 계단 아래 주점으로 끌고가 다른 일행 2명과 함께 집단으로 구타하자 피고인은 공소외 1을 업어치기식으로 홀 위에 넘어뜨려 그에게 전치 12일간의 상해를 입혔다는 것인바, 이와 같은 구체적 사정에서 볼 때 피고인의 공소외 1에 대한 폭행행위는 단순한 싸움 중에 행한 공격행위가 아니라 피고인 자신의 신체에 대한 현재의 부당한 침해를 방지하기 위한 의사에 기한 것으로 판단함이 상당하고, 한편 위 침해행위와 방위행위의 방법 폭행정도 등 제반정황에 비추어 위 방위행위는 상당성이 있다고 할 것이고, 피고인이 위 주점의 주인이고 위공소외 1이 손님이란 사정이 있다 하여도 다를 바 없으므로 피고인의 이 건 소위는 정당방위로서 죄가되지 않는다는 원심의 위 판단은 정당하고, 거기에 소론의 위법은 없다.

대법원 1997. 4. 17. 선고 96도3376 전원합의체 판결 [생략]

정당행위가 성립하기 위하여는 건전한 사회통념에 비추어 그 행위의 동기나 목적이 정당하여야 하고, 정당방위·과잉방위나 긴급피난·과잉피난이 성립하기 위하여는 방위의사 또는 피난의사가 있어야 한다고 할 것이다. … 피고인들이 위 계엄군의 시위진압행위를 이용하여 국헌문란의 목적을 달성하려고 한 행위는 그 행위의 동기나 목적이 정당하다고 볼 수 없고, 또한 피고인들에게 방위의사나 피난의사가 있다고 볼 수도 없어 정당행위, 정당방위·과잉방위, 긴급피난·과잉피난에 해당한다고 할 수는 없다고 할 것이다.

〈방위의사의 내용〉

대법원 1996. 4. 9. 선고 96도241 판결 [폭력행위등처벌에관한법률위반]

피해자의 침해행위에 대하여 자기의 권리를 방위하기 위한 부득이한 행위가 아니고, 그 침해행위에서 벗어난 후 분을 풀려는 목적에서 나온 공격행위는 정당방위에 해당한다고 할 수 없다 할 것이다(당원 1986. 2. 11. 선고 85도2642 판결 참조).

Ⅲ. 정당방위의 제한 : 요구성(Gebotenheit)

〈목적에 의한 도발? : 사실상 입증이 불가능한 사례 영역〉

대법원 1983. 9. 13. 선고 83도1467 판결 [살인·사체유기]

원심이 인용한 제1심판결 거시의 증거를 종합하면 위 피고인이 피해자 김동립을 살해한 범죄사실을 충분히 인정되고 위와 같은 사실을 인정함에 거친 증거취사와 판단은 정당하며 거기에 채증법칙을 위배한 위법은 없고, 피고인이 위 피해자를 살해하려고 먼저 가격한 이상 피해자의 반격이 있었다하여 피해자를 살해한 피고인의 소위가 정당방위에 해당한다고 볼 수는 없는 것이므로 같은 취지에서 피고인의 정당방위주장을 배척한 원심의 조처 역시 정당하고 논지는 이유없다.

<도발행위의 성질 : 위법한 도발행위 또는 사회윤리적 가치위반 행위>

대법원 2010. 2. 11. 선고 2009도12958 판결 [상해]

1. 맞붙어 싸움을 하는 사람 사이에서는 공격행위와 방어행위가 연달아 행하여지고 방어행위가 동시에 공격행위인 양면적 성격을 띠어서 어느 한쪽 당사자의 행위만을 가려내어 방어를 위한 정당행위라거나 정당방위에 해당한다고 보기 어려운 것이 보통이다. 그러나 <u>겉으로는 서로 싸움을 하는 것처럼 보이더라도 실제로는 한쪽 당사자가 일방적으로 위법한 공격을 가하고 상대방은 이러한 공격으로부터 자신을 보호하고 이를 벗어나기 위한 저항수단으로서 유형력을 행사한 경우에는, 그 행위가 새로운 적극적 공격이라고 평가되지 아니하는 한, 이는 사회관념상 허용될 수 있는 상당성이 있는 것으로서 위법성이 조각된다</u>(대법원 1984. 9. 11. 선고 84도1440 판결, 대법원 1999. 10. 12. 선고 99도3377 판결 등 참조).

2. 제1심은 다음과 같은 사실을 토대로 피고인의 이 사건 행위는 피해자들의 불법적인 공격으로부터 자신을 보호하고 이를 벗어나기 위한 저항수단으로 행하여진 것으로서 사회통념상 허용될 만한 상당성이 있는 행위이므로 위법성이 조각된다고 판단하여 피고인에 대하여 무죄를 선고하였다. 원심도 이러한 사실인정 및 판단을 정당한 것이라고 보아 제1심판결의 무죄 결론을 유지하였다.

① 피해자 공소외 1은 2008. 9. 20. 01:30경 자신을 데리러 오라는 남편 공소외 2의 연락을 받고 당시 공소외 2가 있다는 음식점으로 가던 중 위 음식점 근처 노래방에서 공소외 2와 피고인이 함께 팔짱을 끼고 나오는 장면을 목격하였다. ② 그 후 피고인과 공소외 2의 관계를 의심하게 된 공소외 1은 피고인의 휴대전화번호를 알아낸 후 이 사건 발생 전날부터 자신과 아들 공소외 3의 휴대전화를 이용하여 수십 회에 걸쳐 피고인에게 죽이겠다는 내용 등이 담긴 문자메시지를 보내거나 협박전화를 하였다. ③ 이에 피고인이 수신거부를 해놓고 전화를 받지 아니하자, **공소외 1은 피고인의 주소를 알아낸 다음 이 사건 당일 11:00경 자신의 아들인 공소외 3ㆍ공소외 4, 올케인 공소외 5와 함께 피고인이 살고 있는 아파트에 찾아와서 초인종을 누르고 아파트 현관문을 발로 차면서 문을 열어 달라고 소리치는 등 소란을 피웠다.** ④ 이에 당시 혼자 집에 있던 피고인이 겁을 먹고 문을 열어주지 아니하자, 공소외 1은 아들을 시켜 아파트 입구에 있던 공소외 2를 올라오게 하였고, 공소외 2가 와서 초인종을 누른 다음 피고인에게 별문제가 없을 것이니 문을 열어 달라고 말하였다. ⑤ 이 말을 듣고 다소 안심한 피고인이 출입문을 열어주자 곧바로 위공소외 1 일행이 피고인을 밀치고 신

발을 신은 채로 피고인의 집 거실로 들어왔다. ⑥ 그 직후 공소외 1과 공소외 3은 서로 합세하여 피고인을 구타하기 시작하였고, 피고인은 이를 벗어나기 위하여 손을 휘저으며 발버둥치는 과정에서 공소외 1 등에게 공소사실 기재와 같은 상해를 가하게 되었다. ⑦ 이 과정에서 공소외 3은 소지하고 있던 담배를 꺼내 피우다가 불이 꺼지지 않은 담배를 피고인의 집 거실 바닥에 버린 결과 바닥이 그을렸다. ⑧ 그 후 공소외 4,5 등이 위 싸움을 말리는 틈을 타서 피고인은 거실에 있던 무선전화기를 들고 안방으로 들어가 문을 잠그고 경찰에 신고하였다는 것이다.

3. 위에서 본 법리에 비추어 기록을 살펴보면, 원심의 판단 및 그 전제가 된 제1심의 사실인정 등은 모두 수긍할 수 있다. 피해자들이 피해자 공소외 1의 남편과 피고인이 불륜을 저지른 것으로 생각하고 이를 따지기 위하여 피고인의 집을 찾아가 피고인을 폭행하기에 이른 것이라는 것만으로 피해자들의 위와 같은 공격행위가 적법하다고 할 수 없고, 피고인은 그러한 피해자들의 위법한 공격으로부터 자신을 보호하고 이를 벗어나기 위한 사회관념상 상당성 있는 방어행위로서 이 사건 유형력의 행사에 이르렀다고 할 것이다. 따라서 원심의 위와 같은 조치에 위법성조각사유 등에 관한 법리 오해 등의 위법이 없다.

〈싸움과 정당방위 : 정당방위 또는 과잉방위의 원칙적 부정〉
대법원 1971. 4. 30. 선고 71도527 판결 [살인]

원판결은 증거에 의하여 피고인은 1969.12.12. 16:00경 주거지에서 피해자 공소외 1이 공소외 2와 싸우는 것을 공소외 3이 만류하자 공소외 1이 노인인 공소외 3을 무수히 구타함을 보고 피고인이 이를 나무래고 집에 돌아 왔던바, 피해자가 흉기를 들고 피고인을 찾아 다닌다는 말을 피고인의 여동생으로 부터 듣고 공소외 4 집에 있는 위 피해자를 찾아가 만나 왜 그러느냐고 물음에 피해자는 소지하고 있던 송곳으로 피고인을 찌르려 함에 피고인은 자기 집에 달려와 피해자를 제압하여 쫓아 보낼 작정으로 식도를 들고 나와 피고인 집에서 약 150미터 가량 떨어진 "모정"이라는 곳에 가서 같은 날 19:00경 피해자는 약간 높은 곳에서 왼손에는 드라이바를, 오른손에는 손칼을 들고 서고, 피고인은 약간 낮은 곳에서 식도를 들고 서로 맞서 죽인다고 외치던 끝에 먼저 피해자가 "드라이바"로 피고인의 오른쪽 겨드랑을 찔렀고 이때 피고인은 앞으로 약간 쓰러졌다가 고개를 쳐드는 순간 다시 피해자가 오른 손에 쥐고 있던 칼로 피고인의 안면을 향하여 찌르려 함에 피고인은 이에 대항하여 오른 손에 들고 있던 식도로 사망의 결과를 예견하면서 피해자공소외 1의 앞가슴을 한번 찔러서 동일 20:00경 전흉부 절창에 의한 급성 출혈로 사망케 한 사실을 인정하고, 피고인이 자기 집에서 식도를 가지고 나갈 때에는 비록 피해자를 살해할 의사까지는 없었다고 하여도, 경우에 따라서는 공격할 의사가 있다고 아니 볼 수가 없고, 더구나 "모정"에서 서로 흉기를 든채 피해자와 맞서 서로 죽이라고 고함치던 끝에 피해자를 찌르게 된 것으로서 일건 기록을 검토하여도, 피고인이 현장에서 피해자와 맞서지 아니하면 안될 상황에 있었다고는 보여지지 아니하므로 결국 <u>피고인이 피해자를 찌르게 된 것은 피해자의 일방적인 부정한 공격을 방어하기 위한 것이라기 보다는 서로 공격할 의사로 싸우다가 피해자로 부터 먼저 공격을 받고 이에 대항하여 가해하게 된 것이라고 밖에 볼 수 없고, 이와 같은 싸움의 경우에는 가해행위는 방어행위인 동시에 공격행위의 성격을 가진다 할 것이므로 정당방위 또는 과잉방위행위라 할 수 없다</u>고 판시하였는바, 이는 정당하다 할 것이고 소론과 같은 법률의 위반이 있다 할 수 없으므로 원판결 인정과 다른 사실을 인정할수 있다는 것을 전제로 하여 원판결을 비난하는 논지는 채용할 수 없다.

대법원 1984. 5. 22. 선고 83도3020 판결 [폭력행위등처벌에관한법률위반]

이 사건에 있어서와 같이 피고인과 그 피해자 사이에 상호시비가 벌어져 싸움을 하는 경우에는 그 <u>투쟁행위는 상대방에 대하여 방어행위인 동시에 공격행위를 구성하며 그 상대방의 행위를 부당한 침해라고 하고 피고인의 행위만을 방어행위라고는 해할 수 없으므로</u> 원심이 피고인의 그 판시 범죄사실에 대하여 폭력행위등처벌에 관한 법률 위반죄를 적용하였음은 정당하(다).

대법원 1996. 9. 6. 선고 95도2945 판결 [폭력행위등처벌에관한법률위반·상해·협박·폭행]

<u>싸움과 같은 일련의 상호투쟁 중에 이루어진 구타행위는 서로 상대방의 폭력행위를 유발한 것이므로 정당방위가 성립되지 않는다고 할 것인데,</u> 원심이 적법하게 확정한 사실에 의하면, **피고인은 피해자 1이 동생의 혼인길를 막는다면서 피고인에게 시비를 걸고 머리채를 잡아 흔들자 이에 대항하여 위 피해자의 오른손을 비틀면서 넘어뜨린 다음 발로 전신을 수회 찼다는 것인바,** 위와 같은 이 사건 싸움의 경위와 그 수단 등에 비추어 볼 때 피고인의 가해행위는 일련의 상호투쟁 중에 이루어진 행위라 할 것이고, 그것이 피해자의 부당한 공격에서 벗어나거나 이를 방어하려고 한 행위였다고 볼 수는 없다.

<**정당방위 또는 과잉방위가 인정될 수 있다고 비판받는 판례**>

대법원 2000. 3. 28. 선고 2000도228 판결 [폭력행위등처벌에관한법률위반]

원심은, 피고인이 1996. 8. 19. 10:00경 서울 강서구 공항동 664의 13 소재 피고인의 처남인 피해자의 집에서 피해자의 왼쪽 허벅지를 길이 21㎝ 가량의 과도로 1회 찔러 피해자에게 약 14일간의 치료를 요하는 좌측대퇴외측부 심부자상 등을 가하였지만, 피해자가 술에 만취하여 누나인 공소외인과 말다툼을 하다가 공소외인의 머리채를 잡고 때렸으며, 당시 공소외인의 남편이었던 피고인이 이를 목격하고 화가 나서 피해자와 싸우게 되었는데, 그 과정에서 몸무게가 85kg 이상이나 되는 피해자가 62kg의 피고인을 침대 위에 넘어뜨리고 피고인의 가슴 위에 올라타 목부분을 누르자 호흡이 곤란하게 된 피고인이 안간힘을 쓰면서 허둥대다가 그 곳 침대 위에 놓여있던 과도로 피해자에게 상해를 가한 사실을 인정한 다음, 위와 같은 이 사건의 발생경위와 그 진행과정을 고려하여 피고인의 행위는 피고인의 신체에 대한 현재의 부당한 침해를 방위하기 위한 행위가 그 정도를 초과한 경우인 과잉방위행위에 해당한다고 판단하였다.

그러나 사실관계가 위와 같다 하더라도, 피고인의 행위는 피해자의 부당한 공격을 방위하기 위한 것이라기 보다는 서로 공격할 의사로 싸우다가 먼저 공격을 받고 이에 대항하여 가해하게 된 것이라고 봄이 상당하고, 이와 같은 싸움의 경우 가해행위는 방어행위인 동시에 공격행위의 성격을 가지므로 정당방위 또는 과잉방위행위라고 볼 수 없다(대법원 1971. 4. 30. 선고 71도527 판결, 1993. 8. 24. 선고 92도1329 판결 등 참조).

그런데도 원심이 피고인의 행위가 과잉방위행위에 해당한다고 판단한 것은 과잉방위에 관한 법리를 오해하여 판결에 영향을 미친 위법을 저지른 것이다.

<**싸움에서도 정당방위가 인정되는 예외적인 경우 : 예상을 초과하여 과도한 공격수단을 사용하여 온 경우**>

대법원 1968. 5. 7. 선고 68도370 판결 [살인] (배희칠랑 사건)

싸움을 함에 있어서의 격투자의 행위는 서로 상대방에게 대하여 공격을 함과 동시에 방위를 하는 것이므로 그중 일방 당사자의 행위만을 부당한 침해라 하고, 다른 당사자의 행위만을 정당방위에 해당하는 행위라고는 할 수 없을 것이나, 격투를 하는 자중의 한사람의 공격이 그 격투에서 당연히 예상을 할 수 있는 정도를 초과하여 살인의 흉기등을 사용하여 온 경우에는 이는 역시 부당한 침해라고 아니할 수 없으므로 이에 대하여는 정당방위를 허용하여야 한다고 해석하여야 할 것이다.

〈싸움에서도 정당방위가 인정되는 예외적인 경우 : 일방적인 공격에 대한 소극적인 방어 한도의 유형력 행사〉

대법원 1999. 10. 12. 선고 99도3377 판결 [상해]

1. 원심판결 이유에 의하면, 원심은 그 거시 증거를 종합하여, 공소외 1(54세, 여)이 남편인공소외 2(59세, 남)와 함께 1998. 5. 19. 10:00 피고인(66세, 여)이 묵을 만드는 외딴 집에 피고인을 찾아와 피고인이 공소외 1이 첩의 자식이라는 헛소문을 퍼뜨렸다며 먼저 피고인의 멱살을 잡고 밀어 넘어뜨리고 배 위에 올라타 주먹으로 팔, 얼굴 등을 폭행하였고, 공소외 2도 이에 가세하여 피고인의 얼굴에 침을 뱉으며 발로 밟아 폭행을 한 사실, 이에 연로한 탓에 힘에 부쳐 달리 피할 방법이 없던 피고인은 이를 방어하기 위하여 공소외 1, 공소외 2의 폭행에 대항하여 공소외 1의 팔을 잡아 비틀고, 다리를 무는 등으로 하여 공소외 1에게 오른쪽 팔목과 대퇴부 뒤쪽에 멍이 들게 하여 약 2주간의 치료를 요하는 상해를 가한 사실을 인정하였는바, 관계 증거를 기록에 비추어 살펴보면 원심의 위와 같은 사실인정은 정당하고, 거기에 채증법칙 위배로 인한 사실오인의 위법이 있다고 할 수 없다.

2. 서로 격투를 하는 자 상호간에는 공격행위와 방어행위가 연속적으로 교차되고 방어행위는 동시에 공격행위가 되는 양면적 성격을 띠는 것이므로 어느 한쪽 당사자의 행위만을 가려내어 방어를 위한 정당행위라거나 또는 정당방위에 해당한다고 보기 어려운 것이 보통이나, 외관상 서로 격투를 하는 것처럼 보이는 경우라고 할지라도 실지로는 한쪽 당사자가 일방적으로 불법한 공격을 가하고 상대방은 이러한 불법한 공격으로부터 자신을 보호하고 이를 벗어나기 위한 저항수단으로 유형력을 행사한 경우라면, 그 행위가 적극적인 반격이 아니라 소극적인 방어의 한도를 벗어나지 않는 한 그 행위에 이르게 된 경위와 그 목적수단 및 행위자의 의사 등 제반 사정에 비추어 볼 때 사회통념상 허용될 만한 상당성이 있는 행위로서 위법성이 조각된다고 보아야 할 것이다(대법원 1984. 9. 11. 선고 84도1440 판결 참조). 원심이 적법하게 인정한 위와 같은 사실관계에 의하면, 오십대의 남녀로서 부부인공소외 1,2가 66세의 여자인 피고인이 혼자 묵을 만들고 있는 외딴 장소에 찾아와 피고인을 넘어뜨리

고 함께 일방적으로 불법한 폭행을 가함에 대하여 피고인이 취한 위와 같은 행위는 자신을 보호하고 이를 벗어나기 위한 저항수단으로서 소극적인 방어의 한도를 벗어나지 않는 것이라고 할 것이고, 그 밖에 기록에 나타난 피고인의 위와 같은 행위의 경위와 그 목적수단 및 피고인의 의사 등 제반 사정에 비추어 볼 때 피고인의 위와 같은 행위는 사회통념상 허용될 만한 상당성이 있는 행위로서 위법성이 조각된다고 보아야 할 것이다.

〈싸움 상황에 대한 올바른 분석 방법〉

대법원 1996. 12. 23. 선고 96도2745 판결 [폭력행위등처벌에관한법률위반]

원심은 제1심이 들고 있는 증거들에 의하면 피고인은 제1심 공동피고인과 서로 욕설을 하며 싸우던 중 손으로 위제1심 공동피고인의 손과 멱살 등을 잡고 밀쳐서 약 10일간의 치료를 요하는 우측슬부좌상 등을 가한 사실을 넉넉히 인정할 수 있고, 위제1심 공동피고인 이 피고인 등이 가입하여 있는 친목회의 회장을 흉보는 것 때문에 피고인이 위제1심 공동피고인과 서로 욕설을 하며 시비하다가 위와 같이 싸운 사실을 인정할 수 있으므로, 피고인의 행위는 정당방위에 해당한다고 볼 수 없다고 판시하였다.

그러나 원심이 유지한 제1심이 들고 있는 증거들을 살펴보면 **피고인은 식당에서 위제1심 공동피고인과 함께 술을 마시던 중 위제1심 공동피고인은 피고인이 자신에게 욕설을 하였다는 이유로 주먹으로 피고인의 얼굴을 수회 때리고, 발로 피고인의 가슴을 걷어 찬 후 피고인이 식당 밖으로 피신하자 따라나가 플라스틱 의자로 피고인의 팔부위를 수회 내리치는 바람에 피고인이 약 4주간의 치료를 요하는 좌제6늑골골절상을 입었고, 그 과정에서 위와 같이 폭행을 가하는 위제1심 공동피고인의 손과 멱살 등을 잡고 밀친 사실**을 인정할 수 있는바, 그렇다면 <u>이는 상대방의 부당한 공격에서 벗어나거나 이를 방어하려고 한 행위였다고 봄이 상당하고, 그 행위에 이르게 된 경위와 목적 및 수단, 행위자의 의사 등 제반 사정에 비추어 위법성이 결여된 행위</u>라고 할 것이다.

더구나 위 증거들에 의하면 위제1심 공동피고인이 입은 상해는 '우측슬부, 좌측제1족지부, 좌수배부의 좌상, 찰과상'인바, 이는 그 상해부위로 보아 손과 멱살 등을 잡고 밀친 피고인의 행위로 생긴 것이라고 선뜻 단정하기 어렵고, 피해자제1심 공동피고인의 수사기관 및 원심 법정에서의 진술에 의하더라도 피고인으로부터 직접 맞은 일은 없다고 진술하고 있는바, 그렇다면 위 상처는 오히려 위제1심 공동피고인이 피고인을 위와 같이 폭행하는 과정에서 발생하였을 가능성도 배제할 수 없다.

따라서 피고인과 위제1심 공동피고인이 서로 욕설을 하던 중에 싸움이 일어났다는 이유만을 들어 피고인의 행위가 정당방위에 해당된다는 주장을 배척하였을 뿐 아니라, 싸우는 과정에서 발생한 상해라 하여 그 구체적인 발생원인에 관하여는 살펴보지도 아니한 채 별다른 증거 없이 상대방의 행위로 인한 것이라고 단정한 원심판결에는 정당방위에 관한 법리를 오해하고 또 채증법칙을 위배한 위법이 있다고 할 것이다.

〈경미한 침해에 대한 정당방위 부정〉

대법원 1984. 9. 25. 선고 84도1611 판결 [상해]

정당방위는 자기 또는 타인의 법익에 대한 현재의 부당한 침해를 방지하기 위한 행위로서 상당한 이유가 있음을 요하므로 위법한 법익침해행위가 있다고 하더라도 긴박성이 결여되거나 또는 방위행위가 상당성을 결여한 때에는 정당방위의 요건을 갖추었다고 볼 수 없는 것인바, 원심판시 사실에 의하면 피고인은 **피고인 소유의 밤나무 단지에서 피해자가 밤 18개를 푸대에 주워 담는 것을 보고 푸대를 뺏으려다가 반항하는 그녀의 뺨과 팔목을 때려 그 판시와 같은 상처를 입혔다**는 것이므로 위와 같은 피고인의 행위가 비록 피해자의 절취행위를 방지하기 위한 것이었다고 하여도 긴박성과 상당성을 결여하여 정당방위라고 볼 수 없으니, 위 논지는 이유없다.

〈보증인지위가 해소된 경우〉

대법원 2001. 5. 15. 선고 2001도1089 판결 [상해치사]

기록에 의하면, 피고인은 피해자(1962년생)와 1987. 11. 21. 혼인하여 딸(1990년생)과 아들(1994년생)을 둔 사실, 피해자는 평소 노동에 종사하여 돈을 잘 벌지 못하면서도 낭비와 도박의 습벽이 있고, 사소한 이유로 평소 피고인에게 자주 폭행·협박을 하였으며, 변태적인 성행위를 강요하는 등의 사유로 결혼생활이 파탄되어 1999년 11월경부터 별거하기에 이르고, 2000. 1. 10.경 피고인이 서울가정법원에 이혼소송을 제기하여 그 소송 계속중이던 같은 해 4월 23일 10:40경 피해자가 피고인의 월세방으로 찾아온 사실, 문밖에 찾아온 사람이 피해자라는 것을 안 피고인은 피해자가 칼로 행패를 부릴 것을 염려하여 부엌에 있던 부엌칼 두

자루를 방의 침대 밑에 숨긴 사실, 피고인이 문을 열어 주어 방에 들어온 피해자는 피고인에게 이혼소송을 취하하고 재결합하자고 요구하였으나 피고인이 이를 거절하면서 밖으로 도망가려 하자, 피해자는 도망가는 피고인을 붙잡아 방안으로 데려온 후 부엌에 있던 가위를 가지고 와 피고인의 오른쪽 무릎 아래 부분을 긋고 피고인의 목에 겨누면서 이혼하면 죽여버리겠다고 협박하고, 계속하여 피고인의 옷을 강제로 벗기고 자신도 옷을 벗은 다음 피고인에게 자신의 성기를 빨게 하는 등의 행위를 하게 한 후, 침대에 누워 피고인에게 성교를 요구하였으나 피고인이 이에 응하지 않자 손바닥으로 뺨을 2-3회 때리고, 재차 피고인에게 침대 위로 올라와 성교할 것을 요구하며 "너 말을 듣지 않으면 죽여버린다."고 소리치면서 침대 위에서 상체를 일으키는 순간, **계속되는 피해자의 요구와 폭력에 격분한 피고인이 그 상황에서 벗어나고 싶은 생각에서 침대 밑에 숨겨두었던 칼**(증 제1호, 길이 34㎝, 칼날길이 21㎝) **한 자루를 꺼내 들고 피해자의 복부 명치 부분을 1회 힘껏 찔러 복부자창을 가하고, 이로 인하여 피해자로 하여금 장간막 및 복대동맥 관통에 의한 실혈로 인하여 그 자리에서 사망에 이르게 한 사실**을 인정할 수 있다.

피고인이 이와 같이 피해자로부터 먼저 폭행·협박을 당하다가 이를 피하기 위하여 피해자를 칼로 찔렀다고 하더라도, 피해자의 폭행·협박의 정도에 비추어 피고인이 칼로 피해자를 찔러 즉사하게 한 행위는 피해자의 폭력으로부터 자신을 보호하기 위한 방위행위로서의 한도를 넘어선 것이라고 하지 않을 수 없고, 따라서 이러한 방위행위는 사회통념상 용인될 수 없는 것이므로, 자기의 법익에 대한 현재의 부당한 침해를 방어하기 위한 행위로서 상당한 이유가 있는 경우라거나, 방위행위가 그 정도를 초과한 경우에 해당한다고 할 수 없다. 따라서 피고인의 이 사건 범행은 정당방위 또는 과잉방위에 해당하지 아니하므로, 항소를 제기하지 아니한 피고인의 정당방위 주장에 대하여 원심이 직권으로 판단하지 아니하였음을 탓하는 상고이유는 받아들일 수 없다.

Ⅳ. 과잉방위와 오상방위

1. 과잉방위

가. 과잉방위의 종류

〈질적 과잉방위〉

대법원 2005. 3. 25. 선고 2004도8668 판결 [폭력행위등처벌에관한법률위반(야간집단·흉기등상해)]

원심은 제1심판결 거시의 각 증거 등을 종합하여 판시 일시, 장소에서 피해자를 포함한 전국화물연대 소속 조합원 5, 6명이 쇠파이프 등으로 피고인의 차량을 손괴하는 것을 발견한 피고인이 이들을 쫓아가다가 그 중의 한 명인 피해자가 자신의 차량에 타는 것을 보고 피해자를 차에서 내리게 하여 차량의 파손에 대해 항의하며 말다툼을 하던 중 피해자의 일행 5, 6명이 나타나 피고인을 폭행함으로써 약 2주간의 치료를 요하는 목뼈의 염좌 및 긴장 등의 상해를 입게 되자, 피고인은 상대방들의 위와 같은 폭행에 대항하여 전자충격기로 피해자의 뒷머리와 얼굴 등을 수회 때려 피해자에게 약 3주간의 치료를 요하는 좌측이개혈종 등의 상해를 입힌 사실을 인정한 후, <u>피고인의 행위는 야간에 피해자 등 일행으로부터 집단구타를 당하게 된 상황에서 자기의 신체에 대한 현재의 부당한 침해를 방위하기 위한 행위이고 그 행위에 이르게 된 경위와 목적, 수단, 의사 등 제반 사정에 비추어 사회적 상당성이 있는 행위이나, 다만 그 정도를 다소 초과하였다는 점에서 과잉방위에 해당한다</u>고 판시하고 있다. 기록과 대조하여 검토하여 보니, 앞서 본 정당방위의 성립요건에 비추어 원심이 피고인의 위 행위를 과잉방위에 해당한다고 판단한 조치는 정당하게 시인되고 거기에 상고이유에서 지적하는 바와 같은 정당방위에 관한 법리오해의 위법이 있다 할 수 없다.

⟨양적 과잉방위⟩

서울북부지방법원 2009. 1. 15. 선고 2007노876 판결 [폭력행위등처벌에관한법률위반(집단.흉기등상해)]

피고인의 변호인은, 피고인의 범행은 정당방위에 해당하거나, 과잉방위에 해당하여 형이 감면되어야 한다고 주장하므로 살피건대, 피고인의 법정진술, 피고인에 대한 각 검찰, 경찰 피의자신문조서, 하○○의 진술조서 중 일부 기재를 종합하면, **하○○이 이○○, 신○○과 함께 쇠파이프, 각목, 목검을 들고 피고인의 주거에 침입하여 피고인을 갑자기 폭행하기 시작하였고, 피고인이 이에 대항하여 칼을 들어 하○○의 허벅지를 찌른 후 하○○ 일행이 집밖으로 물러나는 상황에서 하○○의 등쪽을 다시 칼로 찌른 점이** 인정이 되는 바, <u>피고인의 행위가 현재의 급박한 침해를 방위하기 위한 폭력인 점을 감안하더라도 물러나는 상대방의 등을 찌른 피고인의 행위가 정당방위로 위법성이 조각된다고 보기는 어렵다.</u> 다만, 주거는 절대적으로 보호받아야 할 사적 공간이고 여기에 다수가 흉기를 들고 침입하여 습격을 하였다면 당하는 사람에게 이성적인 대처만을 요구하여 사후적인 판단으로 정도를 초과하는 방어행위에 따른 책임을 물어서는 아니 되며, 타인의 주거를 습격한 불법을 저지른 자는 치명적인 결과라도 감수하도록 함이 사회상규에 합당한바, 피고인의 행위는 하○○ 일행이 피고인의 주거에 흉기를 들고 침입하여 촉발된 것으로, <u>비록 과잉방위에 해당하지만 주거지에서 불시에 습격당하는 불안스러운 상황에서 공포, 경악, 당황으로 인한 것이므로 적법행위의 기대가능성이 없다 할 것이어서 폭력행위등처벌에 관한법률 제8조 제3항 또는 형법 제21조 제3항에 의하여 피고인에게 행위의 책임을 물을 수 없다.</u> …

나아가 검사가 합리적 의심 없이 이를 배척하지 못한, 피고인이 주장하는 바와 같은 범행 경위 하에서라면, <u>피고인이 돌아가려는 피해자의 등을 찌른 행위만을 따로 떼어 이를 가리켜 바로 침해의 현재성이 없다고 할 수는 없고, 오히려 연속된 일련의 행위 속에서 방위 행위가 시간적으로 초과하여 이루어진 이른바 양적 과잉방위 내지 외적 과잉방위로 볼 여지가 있을 뿐 아니라,</u> 폭력행위등처벌에 관한법률 제8조 제1항은 위험한 물건으로 사람에게 위해를 가하려 할 때 이를 방위하기 위한 행위뿐 아니라 이를 예방하기 위하여 한 행위, 즉 이른바 예방적 정당방위에 대하여도 정당방위로 이를 벌하지 아니하고, 같은 조 제2, 3항은 그와 같은 예방행위가 야간 기타 불안스러운 상태 하에서 공포·경악·흥분 또는 당황 등으로 그 정도를 초과한 경우에도 벌하지 아니한다고 정하고 있으므로, 침해의 현재성이 반드시 필요한 것도 아니고, 또한 범행 경위에 비추어 볼 때 피해자가 돌아가려 하였다 하여 공격이 중단되고 이후의 침해가 완전히 배제되었다고 보기는 어려우므로, 등을 향하여 칼을 휘두른 행위를 반드시 방위의사 없이 공격적으로 한 것이라고 단정할 수 없고, 예방적 정당방위도 허용되는 한 잠재적 침해의 예방을 위한 공격이 반드시 방위의사와 양립할 수 없다고 할 수도 없다.

나. 형벌감면적 과잉방위

⟨형을 감면할 수 있는 '정황' : 행위자 사정 및 행위 상황의 고려⟩

대법원 1983. 9. 27. 선고 83도1906 판결 [살인]

원심이 인용한 제1심판결 적시의 증거들을 기록에 의하여 살펴보면 **피해자를 그 판시와 같이 7군데나 식칼로 찔러 우심실 자창상으로 사망케** 한 피고인에게 살인의 범의가 있었다고 본 원심의 조치는 정당하고, 거기에 심리미진으로 인한 사실오인의 위법이 있다할 수 없다. 따라서 이와 달리 피고인에게 살인의 범의가 없었다는 전제에 서서 원심판결에 상해치사죄와 살인죄에 관한 법리오해가 있다는 논지는 채용할 수 없고, 피고인의 원판시 소행이 소론과 같은 피해자의 구타행위로 말미암아 유발된 범행이었다 하더라도 그와 같은 사정만으로 피해자를 살해한 원판시 피고인의 소위가 정당방위 또는 과잉방어 행위에 해당하는 경우였다고 볼 수는 없을 것이므로 피고인의 소위에 형법 제21조를 적용하지 아니한 원심 및 제1심의 조치에 정당방위에 관한 법리오해가 있다는 논지도 이유 없다.

⟨과잉방위 긍정 사례⟩

대법원 1991. 5. 28. 선고 91도80 판결 [폭력행위등처벌에관한법률위반]

피고인이 원심판시와 같이 **깨어진 병으로 피해자공소외 1을 찌를 듯이 겨누어 협박한 사실**이 넉넉히 인정되는 바, 피고인이 위와 같은 행위를 하게 된 것은 위 **피해자로부터 갑작스럽게 뺨을 맞는 등 폭행을 당하여 서로 멱살을 잡고 다투다가 수세에 몰리자 이에 대항하기 위한 것이었음**이 위 각 증거에 비추어 명백하므로 피고인의 위 행위는 자기의 법익에 대한 현재의 부당한 침해를 방위하기 위한 것이라고 볼 수 있으나, 맨손으로 공격하는 상대방에 대하여 위험한 물건인 깨어진 병을 가지고 대항한다는 것은 당시의 상황에 비추어도 사회통념상 그 정도를 초과한 방위행위로서 상당성이 결여된 것이라고 보지 않을 수 없고, 또 위 원심 채용증거에 의하면 피고인과 위 피해자 사이에 싸움이 일어나자 동석한 변제복이나 대홍주점 종업원들은 싸움을 제지하였다는 것이어서 이러한 상황에 비추어 당시 피고인의 위와 같은 대항행위가 야간의 공포나 당황으로 인한 것이었다고 보기도 어렵다.

원심이 위와 같은 취지에서 피고인의 정당방위 또는 야간의 공포나 당황으로 인한 과잉방위 주장을 배척하고 다만 그 정황을 참작하여 형을 감경한 조치는 정당하며 거기에 소론지적과 같이 채증법칙위반으로 사실을 오인하거나 정당방위 또는 과잉방위에 관한 법리를 오해한 위법이 없으므로 이 점 논지도 이유없다.

〈형벌감면적 과잉방위 긍정 사례 (불가벌적 과잉방위는 부정)〉

대법원 2007. 9. 21. 선고 2007도3000 판결 [상해치사]

정당방위가 성립하려면 침해행위에 의하여 침해되는 법익의 종류, 정도, 침해의 방법, 침해행위의 완급과 방위행위에 의하여 침해될 법익의 종류, 정도 등 일체의 구체적 사정들을 참작하여 방위행위가 사회적으로 상당한 것이어야 하고, 정당방위의 성립요건으로서의 방어행위에는 순수한 수비적 방어뿐 아니라 적극적 반격을 포함하는 반격방어의 형태도 포함되나, 그 방어행위는 자기 또는 타인의 법익침해를 방위하기 위한 행위로서 상당한 이유가 있어야 한다(대법원 1992. 12. 22. 선고 92도2540 판결 등 참조).

위 법리에 따라 원심판결 이유를 기록에 비추어 살펴보면, 원심이 그 채택 증거들에 의하여 판시와 같은 사실을 인정한 다음, 피고인의 행위가 피해자의 체포·감금으로부터 벗어나기 위한 방위행위에 해당하기는 하지만, 피고인의 신체의 자유 및 안전에 대한 침해의 방법, 정도, 위험성 및 완급을 고려하여 볼 때 그 정도를 초과한 것으로서 과잉방위에 해당하되, 야간 기타 불안스러운 상태하에서 공포 등으로 인하여 그 정도를 초과한 경우에는 해당하지 않는다고 판단한 조치는 정당한 것으로 수긍이 가고, 거기에 상고이유로 주장하는 바와 같은 채증법칙위배 또는 심리미진으로 인한 사실오인이나, 정당방위 및 과잉방위에 관한 법리오해 등의 잘못이 있다고 할 수 없다.

> [원심판결] 서울고등법원 2007. 4. 5. 선고 2006노2431 판결 [상해치사]
> 원심이 적법하게 조사하여 채택한 증거들을 종합하면, 피고인은 남편 및 자녀 2명과 함께 살고 있었는데 이 사건 발생 당시는 20:20경으로서 자녀들의 저녁식사 및 남편의 통상적인

귀가 시점이 지난 시간대였고, 이 사건 발생 장소는 피고인의 거주지와 떨어진 공원이어서 늦게 귀가하게 되면 피고인의 남편으로부터 피해자와의 관계에 대하여 의심받을 염려가 있었던 상황이었던 사실, 이전에도 피고인의 남편이 피고인운영의 치킨가게에 들르던 피해자에 대하여 신경을 쓰고 있었던 사실, 피해자가 위 무쏘 승합차에 피고인을 태우고 운전하고 있었을 당시, 피고인이 피해자에게 귀가하겠다고 하였음에도 불구하고 피해자가 계속 운행하자, 피고인이 위 승합차를 세우려고 핸들을 꺾기도 하였고, 피해자로부터 따귀를 맞기도 하였던 사실, 피고인이 대부도 공원주차장 안에 정차한 위 승합차에서 내려 위 주차장에 맞닿아 있는 편도 2차로로 뛰어가 그곳을 지나가는 ◆◆◆ 일행이 탄 승용차를 세우고는 ◆◆◆ 일행에게 '살려달라'면서 도움을 요청한 사실, 이후 피해자는 ◆◆◆ 일행의 승용차에서 피고인을 강제로 끌어내려 그 부근으로 운전하여 온 위 승합차에 강제로 태운 사실, 피고인이 ◆◆◆일행의 승용차에서 끌어내려질 당시 신발이 벗겨져 이 사건 발생 후 ◆◆◆ 일행의 위 승용차에서 발견된 사실, ◆◆◆은 그 부근에 있는 자신의 사무실로 돌아와 112 신고를 하였던 사실을 인정할 수 있는바, 위 인정사실에 비추어 보면 <u>피해자가 귀가하려고 하는 피고인을 귀가시켜주지 아니하고 ◆◆◆ 일행에게 도움을 요청하였던 피고인을 강제로 피해자의 승합차에 다시 태웠으며 승합차 안에서 문을 잠근 피고인에게 문을 열라고 소리치면서 승합차 안으로의 진입을 시도하자 피고인이 이 사건 행위에 이르렀다고 보이고, 이는 피고인의 신체의 자유 및 안전에 대한 현재의 부당한 침해를 벗어나기 위한 방위행위에 해당한다고 봄이 상당하다.</u>

그러나 한편으로, 원심이 적법하게 조사하여 채택한 증거들을 종합하면, 이 사건 발생 당시는 여름으로서 일몰 시간(19시 57분경)으로부터 20여 분(20시 20분경) 정도밖에 지나지 않았고 주변에 가로등이 켜져 있었으며, 대부도 공원 주차장은 숲이 없고 탁 트인 공간이고, 주차장 바로 옆 도로에는 수시로 차량들이 다녔으며 부근에는 식당들도 있었던 사실, 피고인이 ◆◆◆ 일행의 승용차에 탄 후 ◆◆◆으로부터 몇 차례"파출소에 신고를 해 줄까요"라는 말을 들었음에도 이에 대하여는 아무런 대답도 하지않은 채 ◆◆◆으로부터 핸드폰을 빌려 피해자에게 전화를 걸어 핸드백과 핸드폰을 가져오라고 하였던 사실, <u>피해자가 피고인으로부터 연락을 받고 피해자의 승합차를 ◆◆◆ 일행의 승용차 부근까지 몰고 와 피고인을 끌어내리고 다시 위 승합차 조수석에 태우려고 하였을 때, 피고인은 ◆◆◆으로부터 다시 "파출소에 신고를 해 줄까요"라는 말을 들었음에도 이에 대하여 아무런 대답을 하지 않았던 사실, 피고인이 위 승합차에 태워진 후에는 바로 운전석 문과 조수석 문을 잠그어 피해자가 쉽게 위 승합차 안에 들어올 수 없었고, 위 승합차 안에는 피고인의 핸드폰도 있어서 그 당시 상황이 피고인이 주장하는 생명이나 성폭력의 위험이 있을 정도의 상황이라면 경찰에게 그 구조를 요청할 수 있었던 상태였던 사실,</u> 피고인이 ◆◆◆ 일행의 승용차에 탔을 때는 ◆◆◆일행이 보기에 어느 정도 안정을 찾은 상태로 보였고, 옷이 찢어지거나 풀어헤쳐진 상태도 아니었으며, 별다른 상처도 없었고, 피해자에 의하여 ◆◆◆ 일행의 차에서 끌어내려질 당시의 저항정도로 보아 ◆◆◆ 일행에게 위험한 정도로 여겨지지 않았고 피해자와의 사이에 사소한 다툼이 있는 것으로 생각될 정도였던 사실이 인정되고, 피고인은 앞서 본 바와 같이 피해자가 도로에 떨어지면 위험할 수 있다는 점을 알면서도 위 승합차를 운전하여 시속 약 40km 이상의 속력으로 200m 가량을 진행하다가 피해자를 떨어뜨려 사망에 이르게 하였는바, 이러한 사정들을 종합하여 보면, 피고인의 행위가 앞서 본 바와 같이 방위행위라고 할지라도, 피고인의 신체의 자유 및 안전에 대한 침해의 방법, 정도, 위험성 및 완급을 고려하여 볼 때, 상당한 이유가 있어 벌하지 아니하는 정당방위에 해당한다고는 할 수 없고, 단지 방위행위가 정도를 초과하여 형을 감경 또는 면제할 수 있는 과잉방위에 해당한다고 할 것이되, 그러한 과잉방위에 있어서야간 기타 불안스러운 상태 하에서 공포, 경악, 흥분 또는 당황으로 인하여 그 정도를 초과한 경우에는 해당하지 않는다고 할 것이다.

다. 불가벌적 과잉방위

〈긍정 사례 1〉

대법원 1974. 2. 26. 선고 73도2380 판결 [폭행치사]

원심이 확정한 사실에 의하면 피고인이 1969.8.30. 22:40경 그의 처공소외 1(31세)과 함께 극장구경을 마치고 귀가하는 도중 피해자(19세)가 피고인의 질녀 공소외 2(14세) 등의 소녀들에게(음경을 내놓고 소변을 보면서) 키스를 하자고 달려드는 것을 피고인이 술에 취했으니 집에 돌아가라고 타이르자 도리어 피고인의 뺨을 때리고 돌을 들어 구타하려고 따라오는 것을 피고인이 피하자, 위피해자는 피고인의 처공소외 1을 땅에 넘어뜨려 깔고 앉아서 구타하는 것을 피고인이 다시 제지하였지만 듣지 아니하고 돌로서 위공소외 1을 때리려는 순간 피고인이 그 침해를 방위하기 위하여 농구화 신은 발로서 위피해자의 복부를 한차례 차서 그 사람으로 하여금 외상성 12지장 천공상을 입게하여 동년 10.13. 06:25경 사망에 이르게 했다는 것이다.

위와 같은 객관적인 사실에 의하여 볼 때 피고인의 행위는 형법 제21조 제2항 소정의 이른바 과잉방위에 해당한다 할 것이고, 다시 원심판결에 적시된 여러가지 증거를 기록에 의하여 대조 검토하면, 피고인의 이 행위는 당시 야간에 술이 취한 위피해자의 불의의 행패와 폭행으로 인한 불안스러운 상태에서의 공포, 경악, 흥분 또는 당황에 기인되었던 것임을 알 수 있다.

그러므로 같은 취지에서 원심이 형법 제21조제3항을 적용하여 피고인에게 무죄를 선고한 제1심 판결을 유지하였음은 정당 하고 여기에 소론과 같은 정당방위에 관한 법리의 오해가 있다고 할 수 없다.

〈긍정 사례 2〉

대법원 1986. 11. 11. 선고 86도1862 판결 [살인] (오빠 살해 사건)

1. 원심판결 이유에 의하면, 원심은 그 거시 증거들을 종합하여 피고인의 오빠인 이 사건 피해자 (남,33세)는 고향인 부산에서 고등학교를 졸업한 뒤 아무런 직업없이 지내면서 거의 매일 술에 취하여 집에 들어와서는 어머니인 공소외 1에게 술값을 달라고 요구하며 가재도구를 부수는등 행패를 계속하므로, 그의 술주정과 그로 인한 생활고 등을 참다못한 공소외 1은 1978.경 그녀의 둘째 아들인공소외 2와 딸인 피고인을 데리고 피해자 몰래 서울로 이사한 다음, 그녀는 시장에서 노점상등으로 피고인은 목욕탕 또는 미용실의 종업원으로, 동생공소외 2는 공원으로 각기 열심히 일하여 근근히 생활을 유지해 왔으나, 피해자가 1982.경 그의 가족들이 사는 집을 수소문하여 찾아와 그때부터 함께 살면서 다시 전과 같이 술주정과 행패를 계속해 오다가 1985.1.13경 교통사고를 당하여 머리에 큰 상해를 입어 같은해 8.7까지 입원치료를 받고 퇴원한 후에는 술에 취하지 않은 상태에서도 정신이상자처럼 욕설을 하거나 흉포한 행동을 할 뿐만 아니라 술에 취하면 행패를 부리는 정도가 더욱 심하여진 사실, 이 사건이 있기 전날인 1985.8.28.21:30경에도 피해자는 술에 몹시 취하여 그의 가족들이 사는 집에서 집안팎을 들락날락하면서 퇴근하여 집에 돌아온 피고인에게 갖은 욕설을 퍼붓고 있다가 같은날 24:00경 시장에서 신발 노점상을 하는 어머니공소외 1이 장사를 마치고 집에 돌아오자 그녀에게 "씹할년" 등의 심한 욕설을 하면서 술값을 내놓으라고 요구하여 그의 버릇을 잘 아는 공소외 1로부터 "내일 아침에 돈 10,000원을 줄테니 들어가서 자거라"는 대답을 듣고는 일단 수그러진듯 그의 방에 들어갔으나 곧 그의 방에 있는 선풍기를 들고 다시 나오면서 "10,000원이 뭐냐, 100,000원을 줘야지, 이년들, 저희들은 새 선풍기를 쓰고 내게는 헌 선풍기를 줘"라고 소리치며 위 선풍기를 집어던져 부수는 등 난동을 계속하므로 이에 겁을 먹은 어머니공소외 1과 피고인 및 공소외 2가 모두 안방으로 피해 들어가 문을 잠그고 피해자가 잠들기를 기다렸으나, 잠들기는커녕 오히려 더욱 거칠게 "문을 열라"고 고함치면

서 안방문을 주먹으로 치고 발로 차는가 하면, 문손잡이를 잡아 비틀고 힘을 주어 미는 등의 행패를 5시간가량 계속함으로써 다음날인 같은달 29.05:00경에는 위 안방문이 거의 부서질 지경에 이르게 된 사실, 이에 견디다 못한 공소외 1이 방문을 열고 마루로 나가자 피해자는 주방에 있는 싱크대에서 식칼을 찾아 꺼내어 왼손잡이인 그의 왼손에 들고 공소외 1을 향해 "이년, 너부터 찔러 죽이고 식구들을 모두 죽여 버리겠다고" 소리치며 달려들어 칼을 그녀의 얼굴 가까이 갖다 들이대어 그녀가 놀라서 기절한 사실, 그 순간 이를 방안에서 보고 있던 동생공소외 2가 어머니의 생명이 위험하다고 느끼고 마루로 뛰어나감과 동시에 왼손으로는 어머니공소외 1을 옆으로 밀치면서 오른손으로는 피해자의 왼손목을 잡고 칼을 뺏으려 하였으나 피해자가 오히려 오른손으로 공소외 2의 목을 앞에서 움켜쥐고 손아귀에 힘을 줌으로써 공소외 2로 하여금 숨쉬기가 곤란할 지경에 이르게 한 사실, 그때까지 겁에 질려 방안에서 이를 보기만 하고 있던 피고인은 그대로 두면 공소외 2의 생명이 위험하다고 순간적으로 생각하고, 그를 구하기 위하여 마루로 뛰어나가 피해자에게 달려들어 두손으로 그의 목을 앞에서 감아 쥐고 힘껏 조르면서 뒤로 밀자, 그가 뒤로 넘어지므로 피고인도 함께 앞으로 쓰러진 다음, 그의 몸위에 타고 앉은 채로 정신없이 두손으로 계속 그의 목을 누르고 있던 중, 피고인의 도움으로 위기에서 풀려난 공소외 2가 기절하여 쓰러져 있는 공소외 1의 상태를 살피는 등 약간 지체한 후에 피고인이 그때까지도 피해자의 몸위에서 두손으로 그의 목을 계속 누르고 있는 것을 비로소 알아차리고 "누나, 왜 이래"하고 소리치자 피고인은 그때서야 정신을 차린 듯 피해자의 목에서 손을 떼면서 일어났으나, 그때 이미 피해자는 피고인의 목 졸임으로 말미암아 질식된 채 아무런 움직임이 없었던 사실 등을 인정하고, 위 인정에 어긋나는 증거들을 믿을 수 없다 하여 배척한 다음, 위 인정사실에 의하면, **이 사건 당시 평소 흉포한 성격인데다가 술까지 몹시 취한 피해자가 심하게 행패를 부리던 끝에 피고인들을 모두 죽여버리겠다면서 식칼을 들고 공소외 1에게 달려들어 찌를듯이 면전에 칼을 들이대다가 공소외 2로부터 제지를 받자, 다시 공소외 2의 목을 손으로 졸라 숨쉬기를 어렵게 한 위급한 상황에서 피고인이 순간적으로 공소외 2를 구하기 위하여 피해자에게 달려들어 그의 목을 조르면서 뒤로 넘어뜨린 행위는 공소외 1,2의 생명, 신체에 대한 현재의 부당한 침해를 방위하기 위한 상당한 행위라 할 것이고, 나아가 위사건 당시 피해자가 피고인의 위와 같은 방위행위로 말미암아 뒤로 넘어져 피고인의 몸아래 깔려 더 이상 침해행위를 계속하는 것이 불가능하거나 또는 적어도 현저히 곤란한 상태에 빠졌음에도 피고인이 피해자의 몸위에 타고 앉아 그의 목을 계속하여 졸라 누름으로써 결국 피해자로 하여금 질식하여 사망에 이르게**

한 행위는 정당방위의 요건인 상당성을 결여한 행위라고 보아야 할 것이나, 극히 짧은 시간 내에 계속하여 행하여진 피고인의 위와 같은 일련의 행위는 이를 전체로서 하나의 행위로 보아야 할 것이므로, 방위의사에서 비롯된 피고인의 위와 같이 연속된 전후행위는 하나로서 형법 제21조 제2항 소정의 과잉방위에 해당한다 할 것이고, 당시 야간에 흉포한 성격에 술까지 취한 피해자가 식칼을 들고 피고인을 포함한 가족들의 생명, 신체를 위협하는 불의의 행패와 폭행을 하여 온 불안스러운 상태하에서 공포, 경악, 흥분 또는 당황등으로 말미암아 저질러진 것이라고 보아야 할 것이라고 판단하고 있다.

2. 살피건대, 원심판결이 들고 있는 증거들을 기록에 비추어 살펴보면, 원심의 위와 같은 사실인정과 판단은 수긍이 가고 거기에 소론이 주장하는 바와 같이 정당방위의 법리를 오해한 위법이 없다.

2. 오상과잉방위

〈오상과잉방위에 관한 판례의 입장을 유추할 수 있는 사안〉

대법원 1980. 9. 9. 선고 80도762 판결 [폭행치상]

1. 원심은 그 판결에서 거시하는 증거를 종합하여 **피고인이 생활지도 주임교사로 근무하던 고등학교 2학년 학생 피해자가 피고인에게 욕설을 한 것으로 오인하고 격분하여 좌우 주먹으로 위 피해자의 얼굴 양측두부를 각 1회씩 구타하여 동인을 실신시키고 동인에게 전치 10 일을 요하는 쇼크 및 양측측두부 타박상의 상해를 입힌 사실**을 인정하고 있는 바, 원심의 위 사실인정과정에서 거친 증거취사는 정당하고 거기에 채증법칙 위반의 잘못이 없고 사실오인론은 이 사건에서 적법한 상고이유가 될 수 없으므로 이 점들에 관한 논지는 이유 없다.

2. 원심은 위 인정사실을 폭행치상죄로 의율한 후 위 피고인의 행위는 교육적 목적에서 훈계의 뜻으로 한 것이니 형법 20조 소정의 정당행위에 해당한다는 피고인의 논지에 대하여 피고인은 피해자가 욕설을 하였는지 확인도 하지 않을 정도로 침착성과 냉정성을 잃고 있었고 욕설을 하지 아니한 위 피해자는 징계의 대상학생이 아닐 것인데도 위 피해자를 판시와 같이 구타하여 판시와 같은 상해를 입혔으니 교사로서 교육상 학생을 훈계하기 위하여 한 일이라고 하더라도 이는 징계권의 범위를 일탈한 위법한 폭력행위가 된다고 판단하고 있는

바 이를 검토하여 보아도 원심의 위 판단에 형법 제20조의 법리를 오해한 위법이 있음을 발견할 수 없으므로 소론의 논지는 이유없다.

제3절 긴급피난

Ⅰ. 의의와 본질

〈정당화적 긴급피난〉

대법원 1976. 7. 13. 선고 75도1205 판결 [업무상낙태치사(예비적으로·업무상촉탁낙태·업무상과실치사)]

원심은, 이 사건 피해자 정정순이가 사망하게된 것이 피고인이 그 사람에 대하여 한 낙태시술과 그 뒤의 치료과정에서 산부인과 전문의인 의사로서 통상적으로 요구되는 업무상의 주의의무를 다하지 못한 과실에 원인된 것이라고 단정할만한 증거가 없고 그 적시 증거들에 의하면 피고인이 위 정정순에게 낙태시술을 하게 된 이유는 임신의 지속이 모체의 건강을 해칠 우려가 현저할 뿐더러 기형아 내지는 불구아를 출산할 가능성마저도 없지 않다고 판단한 아래 부득이 취하게 된 조처로 인정된다 하여 이는 정당행위 내지 긴급피난에 해당되어 그 위법성이 없는 경우에 해당된다고 결론지어 주의적 공소사실인 업무상 낙태치사와 예비적 공소사실인 업무상 촉탁낙태 및 업무상과실치사 모두에 대하여 무죄를 선고한 제1심 판결을 유지하고 있다.

기록에 의하여 대조 검토하면, 이 사건에서 위 정정순의 사망이 피고인의 과실에 기인되었다고 볼 수 없다고 하고, 또 그 낙태시술이 정당행위 내지는 긴급피난에 해당한다고 인정된다는 근거로 제1심 판결이 상세히 설시하고 있는 이유가 긍인되는 바이므로 이러한 이유에 입각한 원심판단은 그 정당함이 인정되어 소론과 같은 채증법칙의 위반이나 논지가 공격하는 바와 같은 낙태죄의 법리나 긴급피난의 법리를 오해한 위법이 있다고 할 수 없다.

Ⅱ. 긴급피난의 성립요건

1. 자기 또는 타인의 법익에 대한 현재의 위난

가. 자기 또는 타인의 법익

〈형법상 보호되는 법익일 필요는 없음 : 집회시위의 자유〉

대법원 1990. 8. 14. 선고 90도870 판결 [집회및시위에관한법률위반,기부금품모집법위반]

적법하게 신고된 판시 한양대학교 집회에 관하여 관할경찰서장이 보낸 "공무원의 집단행동이 국가공무원법위반의 처벌행위"라는 취지의 경고장이 집회및시위에관한법률 제8조가 정하는 금지처분으로 보기 어렵다 하더라도 원심이 든 증거에 의하면 **경찰관들이 한양대학교 출입문에서 집회참가자의 출입을 저지한 것은 집회장소사용 승낙을 하지 않은 한양대학교측의 집회저지협조요청에 따른 것임을 알 수 있어서 이는 경찰관직무집행법 제6조의 주거침입행위에 대한 사전 제지조치로 보지 못할 바 아니고 비록** 그 때문에 소정의 신고 없이 연세대학교로 장소를 옮겨서 집회를 하였다 하여 그 신고 없이 한 집회를 급박한 현재의 위난을 피하기 위한 부득이한 것이었다고 볼 수는 없는 것이므로 같은 취지에서 원심이 위 집회가 긴급피난에 해당하지 아니하다고 판단한 것도 정당하(다).

> **대법원 1999. 4. 23. 선고 99도636 판결 [국가안전기획부법위반·공직선거및선거부정방지법위반·통신비밀보호법위반·출판물에의한명예훼손·명예훼손]**
> 기록에 의하면, 피고인이 공소외 2를 감금하면서 그가 허위사실을 공표할 것이라는 점에 관하여 확증이 있었던 것이 아니라 단지 국민회의와 연계하여 양심선언을 할 것이라는 첩보가 입수되었던 것에 불과한 사실이 인정되는바, 그렇다면 피고인으로서는 자기 또는 타인의 법익에 대한 현재의 부당한 침해나 현재의 위난이 있다고 할 수 없어 정당방위나 긴급피난의 요건에 해당하지 아니할 뿐 아니라, 정당방위 또는 긴급피난의 요건에서 그 방위행위나 피난행위의 정도가 초과된 과잉방위나 과잉피난에 해당한다고도 볼 수 없다.

〈자기 또는 타인의 법익이 아닌 경우〉

대법원 1996. 9. 6. 선고 95도2551 판결 [특정경제범죄가중처벌등에관한법률위반(횡령)·업무상횡령(업무상횡령방조)·뇌물수수]

비록 피고인들이 배당불능이라는 혼란 사태를 방지하기 위하여 위 원심 공동피고인의 범행을 **방조하였다**고 하더라도 새로운 범행을 야기하여 그 범행으로 인한 배당불능의 위험이 또 있어 그 행위의 수단이나 방법에 상당성이 있거나 보호법익과 침해법익과의 사이에 법익의 균형성이 있다고 볼 수는 없으므로 피고인들의 행위가 정당행위에 해당할 수 없으며, 위와 같은 <u>피고인들의 횡령방조 행위를 자기 또는 타인의 법익에 대한 현재의 위난을 피하기 위한 행위로 볼 수 없고 또한 상당한 이유가 있다고도 볼 수 없으므로 긴급피난에도 해당할 수 없다.</u>

[**사실관계**] 인천지방법원 경매계의 총무이던 피고인 2는 1994. 4. 초순경 인천지방법원 집달관 합동사무소 사무원으로서 위 법원 경매법정에서 받은 부동산경매 입찰보증금을 거래은행에 입금시켰다가 인출하여 법원 총무과 지출계에 납부하는 일을 하던 위 **원심 공동피고인이 1987. 1.경부터 1994. 4.경까지 입찰보증금 약 45억 원을 횡령하고 이미 횡령한 입찰보증금을 나중에 실시한 입찰사건의 입찰보증금 등으로 보전하는 방법으로 입찰보증금을 계속 횡령하고 있다는 사실**을 듣고, 그 무렵 위 법원 구내식당에서 위 원심 공동피고인을 만나 이미 횡령한 것의 보전대책을 묻고 앞으로 실시할 경매사건에서는 경매담당 판사가 직접 보관표의 유무를 확인하기 때문에 입찰보증금의 횡령은 불가능하니 이미 횡령한 것은 배당에 차질이 없도록 보전함과 동시에 앞으로 실시할 경매사건의 입찰보증금은 제때에 납부하라고 요구하여 위 원심 공동피고인으로부터 그 요구대로 이행하겠다는 약속을 받아 낸 바 있으며, 위 원심 공동피고인은 위 약속에 따라 자기의 재산과 타인에게서 빌린 돈 등으로 입찰보증금을 제대로 납부하다가 같은 해 5월 초순경 배당기일이 다가온 입찰보증금을 제대로 납부하지 아니한 채 잠적한 사실, 피고인 2, 당시 경매 3계장이던 공소외 조규대 등은 다급한 나머지 위 원심 공동피고인의 소재를 파악하여 그를 찾아낸 다음, 이번에는 위 조규대가 위 원심 공동피고인 경영의 공소외 합자회사사무실에서 위 원심 공동피고인을 만나 이미 횡령한 입찰보증금의 보전대책을 추궁하면서 최근에 실시한 입찰사건의 입찰보증금은 천천히 납부하더라도 이미 횡령한 입찰보증금은 전과 같이 다른 입찰사건의 입찰보증금으로라도 우선 보전하여 배당에는 차질이 없게 해 달라는 취지로 말하고, 그 사실을 피고인 2에게 전달하였는데 그 무렵 피고인 2는 피고인 5 등 일부 다른 경매계장들에게도 그러한 내용을 이야기하여 피고인 2,5를 비롯한 경매계장들은 위 원심 공동피고인에게 이미 횡령한 입찰보증금의 보전을 촉구하면서도 배당에는 차질이 없게 그 입찰보증금을 나중에 실시한 입찰사건의 입찰보증금으로 일단 보전하도록 용인하여 왔다.

〈특정 후보의 당선이라는 공익(일반적 법익)으로서의 위난 및 위난의 현재성〉

대법원 2004. 4. 27. 선고 2002도315 판결 [공직선거및선거부정방지법위반·집회및시위에 관한법률위반]

우리 헌법은 "국민의 자유와 권리는 그 본질적인 내용을 침해하지 않는 범위 내에서 법률로써 제한할 수 있다."고 규정(제37조 제2항)함으로써 선거운동의 자유도 '선거의 공정성의 보장'이라는 공익을 위하여 필요한 경우에는 법률로써 제한할 수 있음을 명백히 하였고, 공직선거및선거부정방지법(2002. 3. 7. 법률 제6663호로 개정되기 전의 것, 이하 '공직선거법'이라 한다)은 "선거의 자유와 공정성을 확보하기 위하여 이 법 또는 다른 법률의 규정에 의하여 금지 또는 제한되는 경우를 제외하고는 누구든지 자유롭게 선거운동을 할 수 있다."고 규정(제58조 제2항)하는 한편, 선거운동의 주체, 기간, 방법 등에 대하여 일정한 제한을 가하고 있는데, 피고인들의 이 사건 공직선거법 위반의 각 행위에 적용되는 공직선거법의 각 조항들에 의한 선거운동의 제한은 의사표현의 내용 그 자체에 대한 전면적인 제한이 아니라 선거운동 과정에서 예상되는 다양한 선거운동의 방법 중에서 특히 중대한 폐해를 초래함으로써 선거의 자유와 공정을 해칠 우려가 크다고 인정되는 의사표현의 특수한 수단방법에 국한하고 있고, 또 필요·최소한의 정도를 넘지 않고 있으므로, 이러한 제한으로 인하여 기본권의 본질적 내용이 침해되는 것은 아니라고 할 것이다.

그렇다면 피고인들이 확성장치 사용, 연설회 개최, 불법행렬, 서명날인운동, 선거운동기간 전 집회 개최 등의 방법으로 특정 후보자에 대한 낙선운동을 함으로써 공직선거법에 의한 선거운동제한 규정을 위반한 피고인들의 이 사건 공직선거법 위반의 각 행위는 위법한 행위로서 허용될 수 없는 것이고, 피고인들의 위 각 행위가 피고인들이 주장하듯이 시민불복종운동으로서 헌법상의 기본권 행사 범위 내에 속하는 정당행위이거나 형법상 사회상규에 위반되지 아니하는 정당행위 또는 긴급피난의 요건을 갖춘 행위로 볼 수는 없다 할 것이다.

> **대전지방법원 2006. 10. 18. 선고 2006고합102 판결 [살인]**
>
> 형법 제21조 제1항에 규정된 정당방위로 인정되려면 무엇보다도 자기 또는 타인의 법익에 대한 '현재의 부당한 침해'가 있어야 하고, 형법 제22조 제1항에 규정된 긴급피난으로 인정되려면 무엇보다도 자기 또는 타인의 법익에 대한 '현재의 위난'이 있어야 하며, 위와 같은 침해나 위난의 현재성 여부는 피침해자의 주관적인 사정에 따라 결정되는 것이 아니라 객관적으로 결정되어야 할 뿐만 아니라, 이러한 정당방위나 긴급피난이 범죄의 구성요건에 해

당하는 어떤 행위의 위법성을 예외적으로 소멸시키는 사유라는 점에 비추어 그 요건으로서의 침해나 위난의 현재성은 엄격히 해석·적용되어야 한다.

[범죄사실] 피고인은 1976년경부터 남편인 피해자공소외 1(48세)과 동거하다가 1984년경 결혼하여 슬하에 1남 1녀를 두고 함께 생활하여 왔는데, 상당한 기간 동안 사소한 정도의 부부싸움의 수준을 넘어 피해자로부터 가끔씩 심한 폭행이나 학대를 당해 오던 중,

2006. 4. 6. 00:00경 대전 유성구 (상세 주소 생략)(피고인의 집)에서, 술에 취해 귀가한 피해자가 피고인에게 욕설을 하면서 손바닥으로 피고인의 가슴을 밀치고 안방으로 도망가는 피고인을 쫓아가 다시 손바닥으로 피고인의 가슴을 밀어 침대에 넘어지게 하고 그곳에 있던 애완견을 들어 피고인의 얼굴에 집어던지고, 계속하여 피해자의 폭행을 피하기 위하여 애완견을 안고 안방 화장실로 숨어들어가 문을 잠근 피고인에게 피해자가 "문 열어"라고 소리치며 화장실 문을 두드리면서 "너 이년아. 너 거기 숨어있는 거 다 안다. 공소외 2(장인) 그 개자식하고 그 황가년(장모)하고 다리 한 짝 없는 니 오빠, 그 병신새끼하고 내일 꼭 죽이겠다. 씨부랄년, 개같은 년, 젖탱이도 한 짝 없는 년, 지 몫도 못 타오는 년, 거머리처럼 붙어서 내 피나 빨아먹는 년."이라는 등으로 한참 동안 차마 입에 담기조차 힘든 폭언을 거듭하자, 평소 피해자로부터 지속적인 폭행이나 학대를 당해오면서 형성된 만성적인 외상 후 스트레스 장애와 중등도의 우울증 및 충동조절의 장애 등으로 말미암아 사물을 변별할 능력이나 의사를 결정할 능력이 미약한 상태에서,

같은 날 02:00경 피해자가 욕설을 하지 아니하고 집 안이 조용해지자 안방 화장실에서 나와 안방 문 앞에서 거실쪽으로 고개를 내밀어 거실에 있는 소파 위에서 이불을 덮고 누워 잠자고 있는 피해자를 본 순간 피해자를 향한 그간의 분노감이나 적대감이 억누를 수 없을 정도로 폭발한데다가 피해자가 이제는 자신의 친정 식구들마저도 죽일지 모른다는 생각이 들어 더 이상 감정을 억제하지 못한 채 느닷없이 피해자를 살해하기로 마음먹고, 소파 옆 마룻바닥에 놓여있던 철제 아령 1개(증 제1호)를 두 손으로 집어들고 피해자의 머리 쪽으로 다가가 피해자의 왼쪽 머리 부분을 3회 가량 힘껏 내리쳐 피해자를 두개골 함몰 분쇄골절상 등으로 즉시 사망에 이르게 하는 방법으로 살해하였다.

나. 현재의 위난

〈자초위난이라도 본질적으로 우월한 이익을 보호하기 위한 때에는 긴급피난이 긍정됨〉

대법원 1987. 1. 20. 선고 85도221 판결 [재물손괴,공유수면관리법위반]

원심이 적법히 확정한 바와 같이 <u>피고인들이 그 판시 피조개양식장에 피해를 주지 아니하도록 할 의도에서 이 사건 금성호의 7샤클(175미터)이던 닻줄을 5샤클(125미터)로 감아 놓았고</u>

그 경우에 피조개양식장까지의 거리는 약 30미터까지 근접한다는 것이므로 닻줄을 50미터 더 늘여서 7샤클로 묘박하였다면 선박이 태풍에 밀려 피조개양식장을 침범하여 물적 피해를 입히리라는 것은 당연히 예상되고, 그럼에도 불구하고 피고인들이 태풍에 대비한 선박의 안전을 위하여 금성호의 닻줄을 7샤클로 늘여 놓은 것은 피조개양식장의 물적 피해를 인용한 것이라 할 것이어서 재물손괴의 점에 대한 미필적 고의를 인정할 수 있다고 할 것이다. 원심이 이와 다른 관점에서 피고인들에게 그 미필적 고의를 인정할 수 없다고 판시한 것은 미필적 고의의 법리에 대한 오해에 기인한 것으로서 이점에 관한 소론은 이유있다. 한편 원심이 무죄이유로서 부가하여 설시한 긴급피난의 점에 관하여 보건대, 이 사건 금성호는 공유수면 점용허가없이 정박하고 있었으므로 피고인들이나 대한선박주식회사로서는 같은 해상에 점용허가를 얻어서 피조개양식장을 설치한 피해자 김대인측의 요구에 응하여 금성호를 양식장에 피해를 주지 아니하는 곳에 미리 이동시켜서 정박하였어야 할 책임은 있었다고 할 것이다. 그러나 위와 같이 선박이동에도 새로운 공유수면점용허가가 있어야 하고 휴지선을 이동하는 데는 예인선이 따로 필요한 관계로 비용이 많이 들어 다른 해상으로 이동을 하지 못하고 있는 사이에 태풍을 만나게 되었다면 피고인들로서는 그와 같은 위급한 상황에서 선박과 선원들의 안전을 위하여 사회통념상 가장 적절하고 필요불가결하다고 인정되는 조치를 취하였다면 형법상 긴급피난으로서 위법성이 없어서 범죄가 성립되지 아니한다고 보아야 하고 미리 선박을 이동시켜 놓아야 할 책임을 다하지 아니함으로써 위와 같은 긴급한 위난을 당하였다는 점만으로는 긴급피난을 인정하는데 아무런 방해가 되지 아니한다.

이 사건에서 원심이 **태풍내습시 금성호에는 태풍에 대비하여 7, 8명의 선원이 타고 있었고, 피고인들이 태풍으로 인한 선박의 조난이나 전복을 피하기 위하여 선박의 양쪽에 두개의 닻을 내리고, 한쪽의 닻줄의 길이를 175미터(7샤클)로 늘여 놓은 것이 사고지점에서 태풍의 내습에 대비한 가장 적절하고 필요한 조치로 인정**된다는 취지에서 피고인들의 소위를 긴급피난행위로 보아 재물손괴의 점에 대하여 무죄를 선고한 원심의 판단은 정당하고, 거기에 긴급피난의 법리를 오해하였거나 심리미진의 위법을 찾아 볼 수 없다. 결국 원심의 미필적 고의에 대한 판단에는 잘못이 있으나 긴급피난을 인정한 점에 잘못이 없으므로 위에서와 같은 잘못은 판결에 영향이 없어 논지는 받아들일 수 없다.

〈제3자에 대한 위난〉

대법원 2005. 4. 15. 선고 2005도1217 판결 [특정범죄가중처벌등에관한법률위반(도주차량)]

원심은, 피고인이 자신의 차량 운전석 쪽 측면으로 피해자의 다리 앞 부분을 스치며 급출발한 과실로 피해자로 하여금 충격을 피하기 위해 뒤로 물러서다가 중심을 잃고 땅에 넘어지게 하여 피해자에게 약 3주간의 치료를 요하는 좌발목 염좌 등의 상해를 입게 한 사실은 인정되나, 피고인이 공소외인을 위협하는 피해자로부터 벗어나야 할 다급한 상황에서 위와 같이 급출발하다가 피해자에게 상해를 입게 하고도 그대로 차량을 운행해 갔다면, 피고인이 피해자가 상해를 입은 사실을 인식하였다고 보기도 어렵다고 판단한 후, 나아가 가정적 판단으로서 피고인이 그 사실을 인식하였다고 하더라도 공소외인이 처한 상황의 위험성, 피해자가 다친 경위 및 상해의 정도, 당시 피고인으로서는 공소외인의 보호를 위하여 사고현장을 떠나는 것 외에 달리 다른 선택을 할 가능성은 적어 보이는 점 등을 종합적으로 고려하여, 피고인의 위와 같은 도주행위는 긴급피난에 해당하거나 구호조치를 취할 것에 대한 기대가능성이 없는 행위로서 죄가 되지 아니하는 경우에 해당한다고 판단하였다.

기록에 의하여 살펴보면 원심의 판단은 정당하고, 거기에 상고이유의 주장과 같은 긴급피난 내지 기대가능성에 대한 법리오해의 위법이 있다고 할 수 없다.

> **[원심법원 인정사실] : 부산지방법원 2005. 1. 21 선고 2004노2304 판결**
>
> 1)이 사건 당일 피고인 차량에 동승하고 있던 C는 수년 전부터 피해자로부터 같이 살자면서 괴롭힘을 받아오던 중 피해자가 다른 형사사건으로 구속되자 주거지와 일을 하던 가게를 옮기고 핸드폰번호도 바꾸는 등 피해자와 연락을 끊고 지내왔는데, 2003.5.6.경 피해자가 갑자기 C의 집 앞에 나타난 형사처벌을 받고 출소하자마자 C을 찾아왔다면서 자신과 같이 살지 않으면 가족들을 모두 죽이겠다고 C를 협박하였고, 그 다음날에도 하루종일 C의 집 앞에서 서성거리거나 C의 핸드폰으로 전화하여 만나자고 하면서 C의 가족들 주거지와 전화번호도 이미 다 알고 있으니 가족들을 찾아가 죽이겠다고 C를 위협하였다.
>
> 2)이에 C은 평소 알고 지내던 피고인에게 자신을 괴롭히는 사람 때문에 혼자 집에가기 무서우니 집 앞까지만 데려다 달라는 부탁을 하였고, 피고인은 C가 처한 위급한 상황을 듣고 이 사건 당일 피고인의 승용차로 이 사건 사고장소인 부산 ○○구 ○○동소재 명보당 앞 이면도로에까지 C를 태워다 주었는데, 피고인이 위 장소에 C를 내려준 뒤 담배를 피우기 위해 잠시 정차하고 있던 중 갑자기 C가 피고인 차량 조수석문을 열고 다시 올라타면서 '그 사람이 있다 ,빨리 출발하라'고 다급하게 소리쳤다.
>
> 3) 한편 피해자는 이 사건 당일에도 C를 만나기 위해 C의 집 앞에서 서성거리고 있었는데,

피고인 차량에서 내려 집으로 걸어오던 C가 피해자를 보고 도망가는 것을 발견하고서는 C 를 잡기 위해 피고인 차량쪽으로 달려가서 C가 피고인의 차량에 올라타자 피고인 차량의 출발을 저지하기 위해 피고인 차량 운전석 방면으로 달려가 운전석 옆쪽에 백미러 앞 보닛 부분을 손으로 집으려고 하였다.

4) 그와 동시에 피고인은 자신의 차량을 급출발시켰는데, 그 과정에서 피고인의 차량운전석 쪽 측면이 피해자의 다리 앞 부분을 소치며 지나갔고, 이에 피해자는 충격을 피하려고 엉겁결에 뒤로 물러서다가 중심을 잃고 휘청하며 땅에 넘어지는 바람에 약 3주간의 치료를 요하는 좌발목염좌 등의 상해를 입었다(이와 관련하여 피해자는, 피고인의 차량이 자신의 다리를 역과한 것이 틀림없다고 계속하여 주장하다가 검찰 제2회 대질신문에 이르러서는 피고인 차량이 자신의 다리를 역과한 것은 아니고 피고인 차량 앞 모서리 부분으로 자신의 정강이 부분을 충격한 것이라고 진술하고 있으나, 기록에 나타난 사고의 경위와 피해자의 상처부위 및 상해 정도 등에 비추어 볼 때 피고인의 차량이 피해자의 다리를 역과한 것이 아닐 뿐 아니라 공소사실과 같이, 피고인 차량 앞 부분으로 피해자의 정강이 부분을 충격한 것으로 보기도 어렵다).

5) 사고 후에도 피고인은 동승한 C를 피해자로부터 안전하게 보호하여야겠다는 생각으로 그대로 사고현장을 떠났고, 피해자는 바로 경찰서를 찾아가 피고인 차량에 역과되어 상해를 입었다고 사고신고를 하였으며, 한편 C는 경찰관으로부터 사고 관련 전화를 받고서도 피해자가 자신을 파출소를 불러들이기 위해 허위로 신고한 것이라 생각하여 피고인에게 이를 알리지도 않았으며, 오히려 피해자에게 전화를 걸어 피해자를 스토커로 신고하겠다고 하였다.

〈자초위난 관련 긴급피난 부정 사례〉

대법원 1995. 1. 12. 선고 94도2781 판결 [폭력행위등처벌에관한법률위반,강간치상]

강간 등에 의한 치사상죄에 있어서 사상의 결과는 간음행위 그 자체로부터 발생한 경우나 강간의 수단으로 사용한 폭행으로부터 발생한 경우는 물론 강간에 수반하는 행위에서 발생한 경우도 포함한다 할 것인바, 원심이 확정한 바와 같이 피고인이 판시 일시경 **피해자의 집에 침입하여 잠을 자고 있는 피해자를 강제로 간음할 목적으로 동인을 향해 손을 뻗는 순간 놀라 소리치는 동인의 입을 왼손으로 막고 오른손으로 음부 부위를 더듬던 중 동인이 피고인의 손가락을 깨물며 반항하자 물린 손가락을 비틀며 잡아 뽑아 동인으로 하여금 우측하악 측절치치아결손의 상해를 입게 하였다면,** 피해자가 입은 위 상해는 결국 피고인이 저지르려던 강간에 수반하여 일어난 행위에서 비롯된 것이라 할 것이고, 기록상 나타난 피해자의 반항을 뿌리친 형태 등에 비추어 보면 그 결과 또한 능히 예견할 수 있었던 것임을 부인할 수는 없다 하겠으니, 위와 같은 소위에 대하여 피고인을 강간치상죄로 처단한 제1심판결을 유지한 원심의 조처는 옳게 수긍이 되고, 거기에 소론과 같이 강간치상죄의 법리를 오해한 위법이 없다.

또 피고인이 스스로 야기한 범행의 와중에서 피해자에게 위와 같은 상해를 입힌 소위를 가리켜 법에 의하여 용인되는 피난행위라 할 수도 없고, 위와 같이 소리치며 반항하는 피해자의 입을 손으로 막고 음부까지 만진 소위에 대하여 주장과 같이 강간의 수단인 폭행이나 협박이 개시되지 않았다고 할 수도 없다.

> **대법원 1968. 10. 22. 선고 68다1643 판결 [손해배상]**
> 민법 제761조 제2항에서 규정하고 있는 긴급피난의 요건 중 급박한 위난이라 함은 가해자의 고의나 과실에 의하여 조성된 것은 포함되지 아니한다고 보는 것이 상당하다. 원심이 확정한 사실에 의하면 이 사건의 화재가 일어난 경위는 다음과 같다.
> 즉, 가해자인 소외 오우택 운전병은 당시 사고 지점도로를 보행중 이던 성명 불상자 3인과의 충돌을 피하기 위하여 시속 45키로미터의 과속 (제한시속은 25키로미터 지점)으로 달리던 차량을 갑자기 조절하다가 차량 앞바퀴가 90도 좌회전되어 도로 좌측변에 있는 점포를 충돌시켜 점포안으로 1미터 돌입하고 그 충격으로 점포안의 화공약품에 발화하게 되었다는 것이다(또 당시 길 위는 어름이 깔려 있었다 한다). 이러한 사실관계라면 위의 운전병의 행위가 긴급피난행위에 해당한다고는 말할 수 없다.

2. 위난을 피하기 위한 행위

〈피난행위 : 공격적 피난 사례〉

대법원 1990. 5. 8. 선고 90도606 판결 [교통사고처리특례법위반]

사고장소는 편도 1차선의 아스팔트 포장도로이고 피고인 운전차량이 제한속도(시속 60킬로미터)의 범위안에서 운행하였으며(시속 40 내지 50킬로미터) 비가내려 노면이 미끄러운 상태였고 피고인이 우회전을 하다가 전방에 정차하고 있는 버스를 발견하고 급제동조치를 취하였으나 빗길 때문에 미끄러져 미치지 못하고 중앙선을 침범하기에 이른 것이라면 피고인이 버스를 피하기 위하여 다른 적절한 조치를 취할 방도가 없는 상황에서 부득이 중앙선을 침범하게 된 것이라는 원심의 판단도 수긍이 되는 바라고 할 것이다.

3. 상당성

〈'상당성' 인정 요건 : 보충성(필요성+상대적 최소피해 원칙), 균형성, 적합성〉

대법원 2006. 4. 13. 선고 2005도9396 판결 [업무방해]

형법 제22조 제1항의 긴급피난이란 자기 또는 타인의 법익에 대한 현재의 위난을 피하기 위한 상당한 이유 있는 행위를 말하고, <u>여기서 '상당한 이유 있는 행위'에 해당하려면, 첫째 피난행위는 위난에 처한 법익을 보호하기 위한 유일한 수단이어야 하고, 둘째 피해자에게 가장 경미한 손해를 주는 방법을 택하여야 하며, 셋째 피난행위에 의하여 보전되는 이익은 이로 인하여 침해되는 이익보다 우월해야 하고, 넷째 피난행위는 그 자체가 사회윤리나 법질서 전체의 정신에 비추어 적합한 수단일 것을 요하는 등의 요건을 갖추어야 한다.</u>

원심은, 이 사건 당시 **피고인이 경기동부방송의 시험방송 송출로 인하여 위성방송의 수신이 불가능하게 되었다는 민원을 접수한 후 경기동부방송에 시험방송 송출을 중단해달라는 요청도 해보지 아니한 채 시험방송이 송출된 지 약 1시간 30여 분 만에 곧바로 경기동부방송의 방송안테나를 절단하도록 지시한 점, 그 당시** (아파트 이름 생략)**아파트 전체 815세대 중 140여 세대는 경기동부방송과 유선방송이용계약을 체결하고 있었던 점** 등 그 행위의 내용이나 방법, 법익침해의 정도 등에 비추어 볼 때, 당시 피고인이 다수 입주민들의 민원에 따라 입주자대표회의 회장의 자격으로 위성방송 수신을 방해하는 경기동부방송의 시험방송 송출을 중단시키기 위하여 경기동부방송의 방송안테나를 절단하도록 지시하였다고 할지라도 피고인의 위와 같은 행위를 긴급피난 내지는 정당행위에 해당한다고 볼 수 없다고 판단하였는바, 앞서 본 법리와 기록에 의하여 살펴보면, 원심의 설시에 다소 부족한 점이 있다고 하더라도 그 결론은 옳은 것으로 수긍이 가고, 거기에 정당행위나 긴급피난에 관한 법리오해 등의 위법이 있다고 할 수 없다.

대법원 2016. 1. 28. 선고 2014도2477 판결 [동물보호법위반·재물손괴]

가. 형법 제22조 제1항의 긴급피난이란 자기 또는 타인의 법익에 대한 현재의 위난을 피하기 위한 상당한 이유 있는 행위를 말하고, 여기서 '상당한 이유 있는 행위'에 해당하려면, 첫째 피난행위는 위난에 처한 법익을 보호하기 위한 유일한 수단이어야 하고, 둘째 피해자에게 가장 경미한 손해를 주는 방법을 택하여야 하며, 셋째 피난행위에 의하여 보전되는 이익은 이로 인하여 침해되는 이익보다 우월해야 하고, 넷째 피난행위는 그 자체가 사회윤리

나 법질서 전체의 정신에 비추어 적합한 수단일 것을 요하는 등의 요건을 갖추어야 한다(대법원 2006. 4. 13. 선고 2005도9396 판결 등 참조).

나. 원심은 그 채택 증거들을 종합하여 판시와 같은 사실을 인정한 다음, <u>피고인으로서는 자신의 진돗개를 보호하기 위하여 몽둥이나 기계톱 등을 휘둘러 피해자의 개들을 쫓아버리는 방법으로 자신의 재물을 보호할 수 있었을 것이므로 **피해견을 기계톱으로 내리쳐 등 부분을 절개한 것**은 피난행위의 상당성을 넘은 행위로서 형법 제22조 제1항에서 정한 긴급피난의 요건을 갖춘 행위로 보기 어려울 뿐 아니라, 그 당시 **피해견이 피고인을 공격하지도 않았고 피해견이 평소 공격적인 성향을 가지고 있었다고 볼 자료도 없는 이상 형법 제22조 제3항에서 정한 책임조각적 과잉피난에도 해당하지 아니한다**고 보아 이 사건 공소사실 중 재물손괴의 점을 무죄로 판단한 제1심판결을 파기하고 이 부분 공소사실을 유죄로 인정</u>하였다.

다. 원심판결 이유를 앞서 본 법리와 원심이 적법하게 채택한 증거들에 비추어 살펴보면, 원심의 위와 같은 판단은 정당하고, 거기에 상고이유 주장과 같이 논리와 경험의 법칙을 위반하여 자유심증주의의 한계를 벗어나거나 긴급피난에 관한 법리를 오해한 잘못이 없다.

〈보충성(필요성) 요건이 결여된 경우〉

청주지방법원 2006. 5. 3. 선고 2005노1200 판결 [도로교통법위반(무면허운전)]

가. 당심 법정에서의 공소외인의 진술, 당심에서의 대한한의사협회장에 대한 사실조회 결과를 비롯하여 원심이 적법하게 조사·채택한 증거들을 종합하면, **피고인과 같은 아파트에서 혼자 거주하던 공소외인**(당시 만 68세)이 이 사건 당일 오전 8시경 피고인에게 심한 두통과 어지러움 증상 등을 호소하였고, 이에 피고인이 급히 공소외인의 아파트로 가서 공소외인의 위와 같은 증상을 뇌압상승으로 인한 중풍의 전조증상이라고 판단하고 손과 발 등에 침을 놓아 사혈을 한 사실, 그로 인해 공소외인의 증상이 다소 완화되자 피고인이 곧바로 공소외인을 부축하여 피고인이 운전하는 차량에 태운 다음 약 1km 정도 떨어진 피고인 운영의 한의원으로 간 사실, 피고인이 무면허운전으로 한의원 앞에서 경찰관에게 단속되게 되자 간호사를 통해 공소외인에게 우선 소합향원 2개를 복용시키고, 뒤이어 약 20여 분이 지난 후에 공소외인에 대해 침술 등의 치료를 한 사실, 피고인이 거주하는 지역의 소방파출소는 피고인 운영의 한의원 부근에 위치해 있고, 택시를 호출할 경우 공소외인이 거주하는 아파트 앞까지 오는 데 소요되는 시간은 약 10분 정도이며, 직접 택시를 타기 위해서는 약 100m 정도 걸어가야 하는 사실, 중풍이 의심될 경우 혈액순환의 차단으로 인한 뇌신경이 손상되기 전

에 신속하게 치료가 이루어지는 것이 무엇보다 중요한 사실이 인정된다.

나. 위 인정 사실에 의하면, 이 사건 당시 공소외인이 뇌압상승으로 인한 중풍 발병의 우려가 높아 공소외인을 신속히 병원으로 옮길 필요가 있다고 보이므로 현재의 위난을 피하여야 할 긴급상태에 있었다고 볼 수 있다. 그러나 대체 이동수단이 없었는지에 대하여 보건대, 위 아파트는 인근에 택시 등 대중교통수단은 물론 119나 구급차량을 이용할 수 있는 지역인 점, 앞서 본 택시나 구급차량 등을 호출하는 데 소요되는 시간과 위 아파트에서 도로까지의 거리, 피고인의 응급조치로 증상이 다소 완화된 공소외인이 부축을 받아 거동이 가능하였던 점 등 여러 사정에 비추어 볼 때, 당시 피고인은 택시나 119 구급차량을 호출하거나 아니면 이웃 주민이나 아파트 관리실 등에 협조를 요청하여 공소외인을 후송할 수 있었다고 판단되고 오로지 피고인이 직접 이 사건 차량으로 공소외인을 후송하여야 할 방법 밖에 없었던 상황이라 보기 어려우므로, 결국 긴급피난의 성립요건인 보충성의 원칙을 충족시키지 못하였다 할 것이어서, 피고인의 위와 같은 무면허운전행위를 긴급피난에 해당한다고 보기 어렵다.

〈적합성 요건이 결여된 경우〉

대법원 2013. 6. 13. 선고 2010도13609 판결 [공무집행방해·공용물건손상·국회회의장소동]

형법 제22조 제1항의 긴급피난이란 자기 또는 타인의 법익에 대한 현재의 위난을 피하기 위한 상당한 이유 있는 행위를 말하고, 여기서 '상당한 이유 있는 행위'에 해당하려면, 첫째 피난행위는 위난에 처한 법익을 보호하기 위한 유일한 수단이어야 하고, 둘째 피해자에게 가장 경미한 손해를 주는 방법을 택하여야 하며, 셋째 피난행위에 의하여 보전되는 이익은 이로 인하여 침해되는 이익보다 우월해야 하고, 넷째 피난행위는 그 자체가 사회윤리나 법질서 전체의 정신에 비추어 적합한 수단일 것을 요하는 등의 요건을 갖추어야 한다(대법원 2006. 4. 13. 선고 2005도9396 판결 등 참조).

나. 원심판결 이유에 의하면, 피고인들은 공소외 1 등과 공동하여 2008. 12. 18. 10:30경부터 13:30경까지 사이에 국회 외교통상 상임위원회(이하 '외통위'라 한다) 회의장 앞 복도에서 성명불상의 민주당 및 민주노동당 의원, 의원 보좌직원, 당직자 등과 함께 봉쇄된 회의장 출입구를 뚫을 목적으로, 피고인 3은 해머로 출입문을 수회 쳐서 부수고, 피고인 2, 피고인 4, 피고인 5는 각자 해머로 출입문을 수회 치고 떼어낸 후 그 안쪽에 바리케이드로 쌓여있던 책상, 탁자 등 집기를 밀치거나 잡아당겨 부수고, 공소외 1은 출입문을 양손으로 젖혀 떼어낸 후 그 안쪽

에 쌓여있던 소파 등 집기를 해머로 쳐서 부수고, 민주당 국회의원 보좌직원들인 공소외 2, 공소외 3은 각자 출입문 안쪽에 쌓여있던 탁자 등 집기를 밀치거나 잡아당겨 부수고, 피고인 1은 출입문 안쪽에 쌓여있던 탁자를 전동그라인더를 이용하여 부순 사실, 피고인 2는 2008. 12. 18. 13:45경 국회 외교통상 상임위원회 회의장 앞 복도에서 위와 같이 회의장 출입구 확보를 위한 시도가 실패로 돌아가자, 한미자유무역협정 비준동의안의 상정 등 심의를 방해하기 위해 민주당 국회의원 보좌직원들인 공소외 3, 공소외 4와 함께 교대로 소화전에 연결된 소방호스를 이용하여 바리케이드 틈 사이로 회의장 내에 물을 분사한 사실을 알 수 있다.

이를 앞서 본 법리와 기록에 비추어 살펴보면, <u>우선 피고인들의 위와 같은 행위가 공용물건 손상죄 및 국회회의장소동죄의 구성요건에 해당한다는 점은 너무나 명백하고, 국민의 대의 기관인 국회에서 서로의 의견을 경청하고 진지한 토론과 양보를 통하여 더욱 바람직한 결론을 도출하는 합법적 절차를 외면한 채 곧바로 폭력적 행동으로 나아간 피고인들의 행위는 그 방법이나 수단에 있어서도 상당성의 요건을 갖추지 못하였다고 할 것이므로 이를 위법성이 조각되는 정당행위나 긴급피난의 요건을 갖춘 행위로 평가하기도 어렵다.</u>

대법원 2015. 11. 12. 선고 2015도6809 전원합의체 판결 「피고인들이 승객 등에 대한 구호조치를 전혀 취하지 않고 ○○호를 탈출하여 승객 등으로 하여금 사상에 이르게 한 행위가 위 '상당한 이유 있는 행위'에 해당한다고 볼 수 없고, 당시 이 사건 사고로 인하여 당황한 상태에 있었다고 하더라도 위 구호조치 등 적법행위에 대한 기대가능성이 없었다고 보기 어렵다.」

Ⅲ. 과잉피난 및 오상피난

〈과잉피난 사례〉

대구고등법원 1987. 9. 16. 선고 87노787 판결 [폭행치사등]

원심판결에 의하면, 원심은 별지 범죄사실 적시와 같은 취지의 주위적 공소사실(즉 폭행치사)에 대하여 폭행의 고의의 존재에 대한 증명이 없다는 이유로 무죄를 선고하였으나, 원심이 적법하게 조사한 증거에 의하여 인정되는 이 사건 당시 및 이를 전후한 피고인과 피해자의 일련의 행위, 이 사건 범행당시 피해자가 입은 상처(기관전면근육내출혈, 좌우손등 3군데, 좌우

하퇴부 4군데, 흉부 2군데의 타박상 등), 피해자의 사인, 그 밖에 이 사건 당시의 제반정황을 종합하여 보면, 피고인의 피해자에 대한 폭행행위와 폭행의 고의를 충분히 인정할 수 있고, 원심이 인정한 피해자의 목을 잡아 끌고 올라온 피고인의 행위 그 자체가 피해자에 대한 폭행에 해당하는 것이고, 위 폭행이 피해자의 생명이라는 법익에 대한 현재의 위난을 피하기 위한 행위로서 긴급피난에 해당한다면 그 위법성이 없게 되는 것에 불과한 것이지 위 행위가 폭행이 되지 않거나 폭행의 고의가 없는 것으로 되는 것은 아닌 것이며, 원심이 인정한 피고인의 과실과 이로 인한 피해자의 사망이라는 결과(과실치사부분)는 폭행치사죄라는 결과적가중범이 성립하는 데 필요한 요건에 지나지 않는다.

그렇다면 이 사건 공소사실 중 폭행치사의 점에 대하여 폭행의 고의가 없다 하여 범죄의 증명이 없다고 판단한 원심판결에는 증거가치의 판단을 그르치고 폭행 및 폭행치사죄에 관한 법리를 오해함으로써 판결에 영향을 미친 위법이 있다 할 것이므로 이 점을 지적한 검사의 항소는 이유있다. …

변호인은 피해자 치사의 점에 관하여 그 항소이유 첫째점에서 설시한 바와 같이 피고인의 행위가 긴급피난에 해당되고 설사 그 행위가 상당성을 잃어 긴급피난의 요건을 충족하지 못하는 경우더라도 법 제22조 제3항 , 제21조 제3항에 의하여 벌할 수 없다는 취지의 주장을 하는 바, 당원이 인용한 증거에 의하면, 피해자의 목을 끌어 안고 둑으로 끌어 올린 피고인의 행위는 피해자의 자살기도로 피해자의 생명에 대한 현재의 위난이 있다고 믿고 피해자의 생명을 구조할 의사 즉 피난의사로써 한 행위라고 인정되므로 피고인의 위 행위는 법 제22조 제1항 소정의 피난행위에는 해당되겠지만, 피해자의 팔이나 허리 또는 의복 등을 잡아 당기지 아니하고 피해자의 목을 잡아 끌어서 피난방법이 부적절하였고, 피난행위중의 피고인의 과실로 인하여 도리어 피해자의 생명이 침해되었다는 피해결과 등에 비추어 피고인의 위 피난행위는 상당한 이유가 있다고 할 수 없어 법 제22조 제1항 소정의 긴급피난에는 해당되지 아니하고, 형법 제22조 제3항 , 제21조 제2항 소정의 피난행위가 그 정도를 초과한 경우에 해당되는 데 그친다고 인정된다.

나아가, 피고인의 위 피난행위가 형법 제21조 제3항에 의하여 벌할 수 없는 경우에 해당되는지의 여부에 관하여 보건대, 일건기록을 검토하여 보아도 피고인의 행위에 있어서 피난행위의 정도를 초과하게 된 것이 공포, 경악, 흥분 또는 당황으로 인한 것이었다고 보기는 어려우므로, 결국 변호인의 주장은 피고인의 행위가 소위 과잉피난에 해당한다는 한도내에서 이유있을 뿐 이 범위를 벗어난 주장은 이유없다.

Ⅳ. 의무의 충돌

〈환자의 생명보호 의무와 자기결정권 존중 의무의 충돌: 작위의무와 부작위의무의 충돌〉

대법원 2014. 6. 26. 선고 2009도14407 판결 [업무상과실치사]

다. 환자의 자기결정권과 수혈 거부

위에서 본 것과 같이 구체적인 진료행위가 그 진료 개시에 앞서 환자의 자기결정권에 따라 치료방법에서 배제되어 있다면 특별한 사정이 없는 한 의사는 그 진료행위를 강제할 수 없다. 그러나 우리 헌법은 인간의 생명을 최고의 가치로 존중하고 있고, 여기에 자살관여죄를 처벌하는 우리 형법의 태도와 생명 보존 및 심신상의 중대한 위해의 제거를 목적으로 하는 응급의료에 관한 법률의 취지 등을 보태어 보면, 회복가능성이 높은 응급의료상황에서 생명과 직결된 치료방법을 회피하는 것은 원칙적으로 허용될 수 없다고 보아야 한다.

그렇지만 환자의 자기결정권도 인간으로서의 존엄과 가치 및 행복추구권에 기초한 가장 본질적인 권리이므로, 특정한 치료방법을 거부하는 것이 자살을 목적으로 하는 것이 아닐 뿐만 아니라 그로 인해 침해될 제3자의 이익이 없고, 그러한 자기결정권의 행사가 생명과 대등한 가치가 있는 헌법적 가치에 기초하고 있다고 평가될 수 있다는 등의 특별한 사정이 있다면, 이러한 자기결정권에 의한 환자의 의사도 존중되어야 한다.

그러므로 환자의 명시적인 수혈 거부 의사가 존재하여 수혈하지 아니함을 전제로 환자의 승낙(동의)을 받아 수술하였는데 수술 과정에서 수혈을 하지 않으면 생명에 위험이 발생할 수 있는 응급상태에 이른 경우에, 환자의 생명을 보존하기 위해 불가피한 수혈 방법의 선택을 고려함이 원칙이라 할 수 있지만, 한편으로 환자의 생명 보호에 못지않게 환자의 자기결정권을 존중하여야 할 의무가 대등한 가치를 가지는 것으로 평가되는 때에는 이를 고려하여 진료행위를 하여야 한다.

어느 경우에 수혈을 거부하는 환자의 자기결정권이 생명과 대등한 가치가 있다고 평가될 것인지는 환자의 나이, 지적 능력, 가족관계, 수혈 거부라는 자기결정권을 행사하게 된 배경과 경위 및 목적, 수혈 거부 의사가 일시적인 것인지 아니면 상당한 기간 동안 지속되어 온 확고한 종교적 또는 양심적 신념에 기초한 것인지, 환자가 수혈을 거부하는 것이 실질적으로 자살을 목적으로 하는 것으로 평가될 수 있는지 및 수혈을 거부하는 것이 다른 제3자의 이익을 침해할 여지는 없는 것인지 등 제반 사정을 종합적으로 고려하여 판단하여야 할 것이다. 다만 환자의 생명과 자기결정권을 비교형량하기 어려운 특별한 사정이 있다고 인정되는 경우에 의사가 자신의 직업적 양심에 따라 환자의 양립할 수 없는 두 개의 가치 중 어느 하나를 존중하는 방향으로 행위하였다면, 이러한 행위는 처벌할 수 없다고 할 것이다.

〈작위의무와 부작위의무의 충돌 : 긴급피난 사안〉

청주지방법원 2006. 5. 3. 선고 2005노1200 판결 [도로교통법위반(무면허운전)]

가. 당심 법정에서의 공소외인의 진술, 당심에서의 대한한의사협회장에 대한 사실조회 결과를 비롯하여 원심이 적법하게 조사·채택한 증거들을 종합하면, **피고인과 같은 아파트에서 혼자 거주하던 공소외인**(당시 만 68세)**이 이 사건 당일 오전 8시경 피고인에게 심한 두통과 어지러움 증상 등을 호소하였고, 이에 피고인이 급히 공소외인의 아파트로 가서 공소외인의 위와 같은 증상을 뇌압상승으로 인한 중풍의 전조증상이라고 판단하고 손과 발 등에 침을 놓아 사혈을 한 사실, 그로 인해 공소외인의 증상이 다소 완화되자 피고인이 곧바로 공소외인을 부축하여 피고인이 운전하는 차량에 태운 다음 약 1km 정도 떨어진 피고인 운영의 한의원으로 간 사실, 피고인이 무면허운전으로 한의원 앞에서 경찰관에게 단속되게 되자 간호사를 통해 공소외인에게 우선 소합향원 2개를 복용시키고, 뒤이어 약 20여 분이 지난 후에 공소외인에 대해 침술 등의 치료를 한 사실, 피고인이 거주하는 지역의 소방파출소는 피고인 운영의 한의원 부근에 위치해 있고, 택시를 호출할 경우공소외인이 거주하는 아파트 앞까지 오는 데 소요되는 시간은 약 10분 정도이며, 직접 택시를 타기 위해서는 약 100m 정도 걸어가야 하는 사실, 중풍이 의심될 경우 혈액순환의 차단으로 인한 뇌신경이 손상되기 전에 신속하게 치료가 이루어지는 것이 무엇보다 중요한 사실**이 인정된다.

나. 위 인정 사실에 의하면, 이 사건 당시 공소외인이 뇌압상승으로 인한 중풍 발병의 우려가 높아 공소외인을 신속히 병원으로 옮길 필요가 있다고 보이므로 현재의 위난을 피하여야 할 긴급상태에 있었다고 볼 수 있다. 그러나 대체 이동수단이 없었는지에 대하여 보건대, 위 아파트는 인근에 택시 등 대중교통수단은 물론 119나 구급차량을 이용할 수 있는 지역인 점, 앞서 본 택시나 구급차량 등을 호출하는 데 소요되는 시간과 위 아파트에서 도로까지의 거리, 피고인의 응급조치로 증상이 다소 완화된 공소외인이 부축을 받아 거동이 가능하였던

점 등 여러 사정에 비추어 볼 때, 당시 피고인은 택시나 119 구급차량을 호출하거나 아니면 이웃 주민이나 아파트 관리실 등에 협조를 요청하여 공소외인을 후송할 수 있었다고 판단되고 오로지 피고인이 직접 이 사건 차량으로 공소외인을 후송하여야 할 방법 밖에 없었던 상황이라 보기 어려우므로, 결국 긴급피난의 성립요건인 보충성의 원칙을 충족시키지 못하였다 할 것이어서, 피고인의 위와 같은 무면허운전행위를 긴급피난에 해당한다고 보기 어렵다.

〈높은 가치의 의무와 낮은 가치의 의무가 충돌한 경우 (보라매병원 사건 제1심 판결) : 긴급피난 법리로 해결 가능〉

서울지방법원 남부지원 1998. 5. 15. 선고 98고합9 판결 [살인]

의료행위의 중지가 곧바로 환자의 사망이라는 중대한 결과를 초래하는 경우에 있어서는 의료행위의 중지, 즉 퇴원 요구를 받은 의사로서는 환자의 생명을 보호하기 위하여 의료행위를 계속하여야 할 의무와 환자의 요구에 따라 환자를 퇴원시킬 의무와의 충돌이 일어나게 되는바, 그러한 의무의 충돌이 있는 경우 의사로서는 더 높은 가치인 환자의 생명을 보호할 의무가 우선하여 환자의 퇴원 요구에도 불구하고 환자를 보호하여야 할 지위나 의무가 종료되지는 아니한다고 할 것이다. 이는 의료행위의 중지가 곧바로 환자의 사망이라는 결과를 초래하는 경우 부작위에 의한 살인이라는 결과에 이를 수 있고, 우리 형법이 일반적인 살인행위뿐만 아니라 촉탁, 승낙에 의한 살인행위와 자살을 방조하는 행위에 대하여도 처벌을 하고 있는 점에 비추어서도 그러하다.

제4절 자구행위

I. 의의

〈자구행위의 의의〉

대법원 1985. 7. 9. 선고 85도707 판결 [폭력행위등처벌에관한법률위반]

원심이 인용한 제1심판결 거시의 증거를 종합하면 원심판시 범죄사실을 인정하기에 넉넉하여 원심판결에 건조물침입죄의 법리를 오해한 위법이 있다고 할 수 없고 비록 피고인들의 변소하는 바가 사실이라고 하더라도 현실적으로 공소외 송영달이 관리하고 있는 건조물의 자물쇠를 쇠톱으로 절단하고 침입한 피고인등의 소위에 현재 민사소송이 계속중에 있는 이 사건에서 법정절차에 의하여 그 권리를 보전하기가 곤란하고 그 권리의 실행불능이나 현저한 실행곤란을 피하기 위한 상당한 이유가 있다고 할 수도 없다.

II. 자구행위의 요건

1. 법정절차에 의하여 청구권을 보전하기 불능한 경우

가. 청구권에 대한 침해

〈청구권의 부존재〉

대법원 2011. 12. 22. 선고 2011도6788 판결 [주택법위반]

형법상 자구행위라 함은 법정절차에 의하여 청구권을 보전하기 불능한 경우에 그 청구권의 실행불능 또는 현저한 실행곤란을 피하기 위한 상당한 행위를 말하는 것이다(대법원 2006. 3. 24. 선고 2005도8081 판결 등 참조). 따라서 청구권자가 자구행위로 나아가기 위해서는 '법정절차에 의한 청구권의 보전불능'의 상황이 존재하여야 하는 것이고 이는 자구행위에 의한 보전의 대상으로서 청구권의 존재를 전제로 하는 것이다. 원심이 적법하게 채택한 증거들 및 기록에 비추어 살펴보면, 피고인이 경리직원을 통하여 변호사 선임료를 지출한 것은 주식회사 ○○○○○이 입주자대표회의를 상대로 제기한 소송에 대응하기 위한 것으로 보이고, 당시 입주자대표회의가 가지는 특정 청구권의 보전불능이라는 상황이 존재하였다고 볼 만한 아무런 자료가 없다. 원심이 같은 취지에서 피고인의 자구행위 주장을 배척한 조치는 정당하고, 거기에 상고이유에서 주장하는 바와 같은 자구행위에 관한 법리오해 등의 위법이 있다고 할 수 없다.

대법원 1969. 12. 30. 선고 69도2138 판결 「피해자가 다른 친구들 앞에서 피고인의 전과사실을 폭로함으로써 명예를 훼손하였기 때문에 동인을 구타하였다 하더라도 그 소행은 자구행위에 해당한다고 할 수 없다.」

나. 법정절차에 의한 청구권보전의 불가능

〈자구행위 부정 사례 : 법정절차에 의한 청구권보전이 가능한 경우〉

대법원 2006. 3. 24. 선고 2005도8081 판결 [특수절도]

비록 채권을 확보할 목적이라고 할지라도 취거 당시에 점유 이전에 관한 점유자의 명시적·묵시적인 동의가 있었던 것으로 인정되지 않는 한 점유자의 의사에 반하여 점유를 배제하는 행위를 함으로써 절도죄는 성립하는 것이고, 그러한 경우에 특별한 사정이 없는 한 불법영득의 의사가 없었다고 할 수는 없다.

원심은 그 판시와 같은 사정에 비추어 **피고인들이 자신들의 피해자에 대한 물품대금 채권을 다른 채권자들보다 우선적으로 확보할 목적으로 피해자가 부도를 낸 다음날 새벽에 피해자의 승낙을 받지 아니한 채 피해자의 가구점의 시정장치를 쇠톱으로 절단하고 그곳에 침입하여 시가 16,000,000원 상당의 피해자의 가구들을 화물차에 싣고 가 다른 장소에 옮겨 놓은 행위**에 대하여 피고인들에게는 불법영득의사가 있었다고 볼 수밖에 없어 특수절도죄가 성립한다고 판단하였는바, 앞서 본 법리에 비추어 기록을 살펴보면, 원심의 위와 같은 판단은 정당한 것으로 수긍이 가고, 거기에 상고이유로 주장하는 바와 같이 절도죄에 있어서의 불법영득의사에 관한 법리를 오해하는 등의 위법이 있다고 할 수 없다.

2. <u>형법상 자구행위라 함은 법정절차에 의하여 청구권을 보전하기 불능한 경우에 그 청구권</u>

의 실행불능 또는 현저한 실행곤란을 피하기 위한 상당한 행위를 말하는 것인바(대법원 1984. 12. 26. 선고 84도2582, 84감도397 판결 참조), 이 사건에서 피고인들에 대한 채무자인 피해자가 부도를 낸 후 도피하였고 다른 채권자들이 채권확보를 위하여 피해자의 물건들을 취거해 갈 수도 있다는 사정만으로는 피고인들이 법정절차에 의하여 자신들의 피해자에 대한 청구권을 보전하는 것이 불가능한 경우에 해당한다고 볼 수 없을 뿐만 아니라, 또한 피해자 소유의 가구점에 관리종업원이 있음에도 불구하고 위 가구점의 시정장치를 쇠톱으로 절단하고 들어가 가구들을 무단으로 취거한 행위가 피고인들의 피해자에 대한 청구권의 실행불능이나 현저한 실행곤란을 피하기 위한 상당한 이유가 있는 행위라고도 할 수 없다.

대법원 1996. 12. 20. 선고 95도1497 판결「공소외 공영대 등에 의하여 이 사건 토지 상에 적치되어 있던 토석이 피고인 양봉춘의 이 사건 토지의 이용을 방해하고 있어 위 피고인이 위 공영대 등에 대하여 방해배제청구권이 있었음은 인정되지만, 이 사건 범행 당시 법정절차에 의한 청구권을 보전하기 불가능하였다고 보여지지 아니할 뿐만 아니라, 위에서 인정한 바와 같이 피고인들은 위 공영대 등이 적치한 토사만을 채취한 것이 아니라 이 사건 토지로부터 상당량의 토석을 파내어 채취하기까지 한 사실이 인정되므로 피고인들의 행위가 자구행위로서 위법성이 조각된다고 볼 수 없다.」

대법원 2007. 3. 15. 선고 2006도9418 판결「이 사건 도로는 피고인 소유 토지상에 무단으로 확장 개설되어 그대로 방치할 경우 불특정 다수인이 통행할 우려가 있다는 사정만으로는 피고인이 법정절차에 의하여 자신의 청구권을 보전하는 것이 불가능한 경우에 해당한다고 볼 수 없을 뿐 아니라, 이미 불특정 다수인이 통행하고 있는 육상의 통로에 구덩이를 판 행위가 피고인의 청구권의 실행불능이나 현저한 실행곤란을 피하기 위한 상당한 이유가 있는 행위라고도 할 수 없으므로, 이 점에 관한 상고이유의 주장도 받아들일 수 없다.」

대법원 2007. 12. 28. 선고 2007도7717 판결「설사 피고인의 주장대로 이 사건 토지에 인접하여 있는 공소외 2 소유의 광주 서구 화정동 1051 소재 건물에 건축법상 위법요소가 존재하고 공소외 2가 그와 같은 위법요소를 방치 내지 조장하고 있다거나, 위 건물의 건축허가 또는 이 사건 토지상의 가설건축물 허가 여부에 관한 관할관청의 행정행위에 하자가 존재한다고 가정하더라도, 그러한 사정만으로 이 사건에 있어서 피고인이 이 사건 토지의 소유자를 대위 또는 대리하여 법정절차에 의하여 이 사건 토지의 소유권을 방해하는 사람들에 대한 방해배제 등 청구권을 보전하는 것이 불가능하였거나 현저하게 곤란하였다고 볼 수 없을 뿐만 아니라, 피고인의 이 사건 행위가 그 청구권의 실행불능 또는 현저한 실행곤란을 피하기 위한 상당한 행위라고 볼 수도 없음을 알 수 있다.」

2. 자구행위

〈강제적 채권추심행위 : 자구행위 불성립〉

대법원 1984. 12. 26. 선고 84도2582, 84감도397 판결 [특정범죄가중처벌등에관한법률위반·절도·보호감호]

논지는 피고인 겸 피감호청구인(이하 피고인이라 한다)은 피해자인 허만혁에게 석고상을 납품한 대금을 여러차례의 지급요청에도 받지 못하고 있었던 중 급기야 피해자는 화방을 폐쇄하고 도주하였으므로 위 청구권의 담보로 보관할 목적으로 이 사건 행위에 이르른 것이므로 피고인의 행위는 자구행위에 해당하거나 그렇지 않다 하더라도 절도의 고의가 없다는 것인바 형법상 자구행위라 함은 법정절차에 의하여 청구권을 보전하기 불능한 경우에 그 청구권의 실행불능 또는 현저한 실행곤란을 피하기 위한 상당한 행위를 말하는 것인 바, 원심이 인정한 범죄사실과 기록에 의하면, 피고인은 피해자에게 금 16만원 상당의 석고를 납품하였으나 그 대금의 지급을 지체하여 오다가 판시 화랑을 폐쇄하고 도주한 사실이 엿보이고 피고인은 판시와 같은 야간에 폐쇄된 화랑의 베니아판 문을 미리 준비한 드라이버로 뜯어내고 판시와 같은 물건을 몰래 가지고 나왔다는 것인바 위와 같은 피고인의 강제적 채권추심 내지 이를 목적으로 하는 물품의 취거행위는 형법 제23조 소정의 자구행위의 요건에 해당하는 경우라고 볼 수 없으며, 피고인의 이 사건 범행의 수단 방법에 미루어보아 절도의 범의를 부정할 수 없다 할 것이므로 절도의 범의가 없다거나 자구행위의 법리를 오해한 위법이 있다는 논지는 이유없다.

> **대법원 1966. 7. 26. 선고 66도469 판결 [유가증권위조, 동행사, 특수절도, 모욕]**
> 한기원이 유일한 재산인 가옥을 방매하고 그 대금을 받는 즉시 부산방면으로 떠나려는 긴급한 순간에 있어서 각 채권자가 자기들의 채권을 그때에 추심하지 아니하면 앞으로 영구히 추심할 기회를 얻기 어려우므로 부득이 한기원이 가옥대금을 받는 현장에서 피고인 등이 각자의 채권을 추심한 것으로서, 이는 자구행위이나 죄가 성립되지 아니한다는 주장은 독자적 견해로서 이를 채용할 수 없다.

3. 상당성

〈자구행위 긍정 사례〉

창원지방법원 2016. 9. 29. 선고 2015노2836 판결 [재물손괴]

1. 공소사실의 요지

피고인은 2013. 9. 15.경 경남 산청군 (주소 1 생략)에서, **위 임야의 소유명의자인 피해자 공소외인과 사이에 소유권에 관한 분쟁 중에 있음에도 불구하고 피해자가 위 임야에 식재되어 있는 소나무를 반출하려고 하자 이를 저지할 목적으로 래커를 이용하여 피해자 소유인 소나무 31주에 종중재산이라는 취지의 문구를 기재함**으로써 재산가치를 감소시켜 그 효용을 해하였다. …

나. 살피건대, 원심 및 당심이 적법하게 채택하여 조사한 증거들에 의하여 인정되는 다음과 같은 사정들, 즉 ① 소나무가 식재되어 있는 임야의 소유권에 관한 분쟁 및 종중이 가지는 분묘기지권의 범위 문제 등으로 소나무의 소유권 자체에 다툼의 여지가 있었던 점, ② 그럼에도 피해자가 소나무를 굴취하여 판매하려고 하여 이 사건 범행 당시 종중이 피해자를 상대로 소나무 등 반출금지가처분 결정(창원지방법원 진주지원 2011카합37호)을 받아둔 상태였던)점, ③ 그럼에도 가처분에 반하여 일단 소나무가 반출되고 나면 양수인의 선의취득, 소나무의 고사 등으로 원상회복이 곤란할 수 있는 점, ④ 분묘 주위의 도래솔과 비도래솔을 구분하여 도래솔(피해자가 반출하려고 한 소나무 60주 중 31주)에만 종중재산이라는 표시를 한 점, ⑤ 소나무의 효용이 해쳐진 결과는 종중재산이라는 표시 때문에 피해자가 판매를 하기 곤란하다는 것에 불과한데, 이는 당시 반출 자체를 금지한 가처분에 대한 피해자의 수인의무에 비추어 피해자의 법익에 대한 큰 침해가 된다고 보기 어려운 점 등을 종합하여 보면, 피고인의 이 사건 행위는 목적의 정당성, 수단이나 방법의 상당성, 보호이익과 침해이익의 법익 균형성, 긴급성, 보충성 등의 요건을 충족하므로, 사회통념상 허용될 만한 정도의 상당성이 있는 행위로서 형법 제20조의 정당행위에 해당하거나 또는 법정절차에 의하여 청구권을 보전하는 것이 불가능하거나 현저히 어려운 경우에 그 청구권의 실행불능 또는 현저한 실행곤란을 피하기 위한 상당한 행위로서 형법 제23조의 자구행위에 해당하여 위법성이 없다.

Ⅲ. 과잉자구행위

〈과잉자구행위 긍정 사례〉

서울고등법원 2005. 5. 31. 선고 2005노502 판결 [특수강도·인질강도·감금치상·강요·점유강취]

원심은, 피고인들이 피해자로부터 사취당한 물품대금을 회수하려는 과정에서 이 사건 범행을 하게 된 것으로서 과잉자구행위에 해당한다는 주장에 대하여, 피해자가 물품을 사취한 후 교부한 어음을 부도내고 도피하였다는 사정만으로는 피해자에 대한 손해배상 청구권 또는 원상회복 청구권을 법정 절차에 의하여 보전하는 것이 불가능한 경우라고 볼 수 없다는 이유로 위 주장을 배척하였다.

그러나 원심이 적법하게 채택하여 조사한 증거들에 따르면 다음과 같은 사실을 인정할 수 있다. …

(5) 피해자는 이와 같은 사기 범행 후 지명수배된 상태로 낚시터를 전전하다가 2004. 8. 6. 공소외 3에 의하여 피고인들에게 발견되었다. 그리하여 피해자는 이 사건 범행 내용과 같이 감금되어 폭행의 방법으로 반항을 억압당한 채 피고인들이 공급한 스테인레스 강재 중 약 5,000만 원 상당의 강재와 500만 원 약속어음 1장을 넘겨주었으며, 역시 피고인들이 사기 범행으로 입은 피해를 회복하여 주기 위하여 가액 합계 약 1억 6천만 원 상당의 스테인레스 강재와 선반에 대한 소유권 포기각서를 작성하여 주고, 딸 명의로 되어 있던 전세보증금 반환채권 중 1억 원을 피고인측에게 양도하였다.

(6) 피해자는 자신의 재산인 전세보증금을 딸인 공소외 5 이름으로 하여 놓는 등 재산을 자신 명의로 해 놓지 않았다. 그리고 피해자는 앞서 본 바와 같이 자신이 운영하는 화성기업의 명의로 자신이 아닌 공소외 8 앞으로 해 놓았는데, 위 사기 범행 직후피해자가 도피하는 기간 중 먼저 검거된 공소외 8은 피고인들에게 아무런 피해 회복을 하여 주지 못한 채 계속 구속되어 있었다.

위와 같이 인정되는 사실 관계에 비추어 볼 때 엿볼 수 있는 다음과 같은 사정, 즉 ① 피고인들은 피해자의 사기 범행 때문에 자신들이 운영하는 중소기업체가 한해 순이익보다 더 많은 금액의 피해를 입은 처지가 되고, 자금 운영에도 많은 어려움을 겪게 되었다는 점, ② 반면, 피해자는 고의적으로 이른바 딱지 어음 등을 교부하고 피고인들로부터 10억 원이 넘는 가액의 물품을 편취하고 헐값에 매각한 후 상당 기간 동안 잠적하였다가 피고인들에게 행적이 발견되었다는 점, ③ 이 사건 범행으로 피고인들이 취득한 이득은 모두 자신들이 당한 사기 피해를 회복하기 위한 것이었고, 그로 인해 취득한 이득은 피해액을 넘지 못하여 피고인들은 피해액 중 일부만을 회복하는 데 그쳤다는 점, ④ 피해자가 자신의 재산과 사업 명의를 딸과 같은 친족이나 직원 앞으로 해 놓는 등 자신의 민사상 책임을 면탈하려고 꾀하였다는 점에다가 ⑤ 피해자의 행적을 발견한 피고인들이 그를 수사기관에 신고하더라도 구속이 될지, 그리고 구속이 된다 하더라도 제대로 피해회복을 받을 수 있는지 확신할 수 없고, 피해자로부터 그 명의로 된 재산을 파악하여 보전처분 등 민사상 청구권을 보전하는 것이 가능할지, 그리고 그것이 가능하더라도 그 보전조치가 짧은 시간에 제대로 이루어질지 확신할 수 없었다고 보여지는 점 등을 종합하여 보면, 피고인들이 피해자에 대하여 한 이 사건 특수강도 등의 행위는, 피고인들이 피해자에게 가지는 사기 피해액 상당의 민사상 청구권을 통상의 민사소송절차 등 법정 절차로 보전하기에 사실상 불가능한 경우에 그 청구권의 실행불능 내지 현저한 실행곤란을 피하기 위한 행위로서 상당한 이유가 있는 행위, 즉 자구행위에 해당할 여지가 있다.

다만, 피고인들은 불구속 수사를 염려하였다고 보이는 사정 때문에 지명수배되어 있는 피해자를 발견한 후 수사기관에 신고하고 신병을 수사기관에 넘기지 않고 자신들이 직접 오랜 기간 동안 감금한 점, 감금과정에서 피해자가 적지 않은 상처를 입었고 피고인들이 상당한 정도의 폭행을 가하여 피해자의 반항을 억압하고 이 사건 금품이나 점유를 취득한 점을 감안하면, 그 자구행위는 위법성이 조각되는 자구행위의 정도를 초과하였다고 보여지고, 이 사건에서 보여지는 여러 정황에 비추어 보면 형법 제23조 제2항 소정의 과잉자구행위에 해당한다고 봄이 상당하다.

제5절 피해자의 승낙

Ⅰ. 양해와 승낙의 구별

〈구성요건해당성이 조각되는 '피해자의 양해(Einverständnis)'〉

대법원 1985. 11. 26. 선고 85도1487 판결 [절도]

절도죄는 타인이 점유하는 재물을 절취하는 행위 즉 점유자의 의사에 의하지 아니하고 그 점유를 취득함으로 성립하는 범죄인바, 기록에 의하여 인정되는 **피해자는 당시 피고인과 동거중에 있었고 피고인이 돈 60,000원을 지갑에서 꺼내 가는것을 피해자가 현장에서 이를 목격하고도 만류하지 아니한 사정** 등에 비추어 볼 때 피해자가 이를 허용하는 묵시적 의사가 있었다고 봄이 상당하고 달리 소론이 지적하는 증거들만으로는 피고인이 위 돈 60,000원을 절취하였다고 인정하기에는 부족하다 할 것이다. 원심이 이와 같은 취지에서 절도의 공소사실에 관하여 범죄의 증명이 없다하여 무죄를 선고한 제1심판결을 유지한 조치는 정당하고 거기에 소론과 같은 위법이 있다고는 할 수 없다.

〈위법성이 조각되는 '피해자의 승낙(Einwilligung)'〉

대법원 1993. 7. 27. 선고 92도2345 판결 [업무상과실치상]

소론은 위 자궁적출술의 시행에 앞서 위 피해자로부터 그에 대한 승낙을 받았으므로 위법성이 조각된다는 취지이나, 기록에 의하면 **피고인은 자신의 시진, 촉진결과 등을 과신한 나머지 초음파검사 등 피해자의 병증이 자궁외 임신인지, 자궁근종인지를 판별하기 위한 정밀한 진단방법을 실시하지 아니한 채 위 피해자의 병명을 자궁근종으로 오진하고 이에 근거하여 의학에 대한 전문지식이 없는 위 피해자에게 자궁적출술의 불가피성만을 강조하였을 뿐 위와 같은 진단상의 과오가 없었다면 당연히 설명받았을 자궁외 임신에 관한 내용을 설명받지 못한 피해자로부터 수술승낙을 받은 사실**을 인정할 수 있으므로 위 승낙은 피고인의 부정확 또는 불충분한 설명을 근거로 이루어진 것으로서 이 사건 수술의 위법성을 조각할 유효한 승낙이라고 볼 수 없다 할 것이다.

Ⅱ. 피해자의 양해

1. 의의 및 적용범위

〈절도죄에서 피해자의 묵시적 동의가 있는 경우〉

대법원 1990. 8. 10. 선고 90도1211 판결 [절도]

피고인이 피해자 엄숙자에게 이 사건 밍크 45마리는 피고인에게 그 권리가 있다고 주장하면서 가져간 데 대하여(그 권리가 있다고 주장하는 근거는 후에 허위임이 밝혀졌음) 위 엄숙자의 묵시적인 동의가 있었으므로 절도죄의 절취행위에 해당하지 않는다고 하여 무죄를 선고한 원심의 조치에 수긍이 가고 거기에 소론과 같은 채증법칙위반의 잘못이 있다할 수 없다.

〈문서의 명의인이 타인의 문서작성에 동의한 경우 : 문서로 인한 피해자의 동의와 구별〉

대법원 1983. 5. 24. 선고 82도1426 판결 [사기·공문서위조·공문서위조행사·횡령·뇌물공여]

원심판결은 범죄사실 제4로서 피고인은 1981.7.24.10:00경 진지이전 공사에 관한 내부결재 서류를 위조하여 감사원의 서울특별시에 대한 감사에서 문제가 된 위 진지이전 공사금에 대하여 위 감사원 감사관에게 행사할 목적으로 제71훈련단 제511지단 정작과 사무실 등에서 육군 양식의 기안지에 작성일 및 접수처 보관란에 각 "80.11.24"로 업무담당관란에 "정작과장 소령 김영회"로 수신란에 "서울특별시장"으로 참조란에 "토목국장(도로 보수과장"으로 제목란에 "강변1로(천호대교 북측) 조성공사군시설물이전 공사비 청구"로 금액을 "14,808,939원"으로 하고 이에 맞도록 설계 내역서를 첨부한 다음 **위 지단장 대령 김연식에게 결재란의 서명을 요청하였던 바 위 지단장이 직접 이에 서명을 할 수는 없다면서 18절지의 백지에 "김연식"이라고 서명한 다음 이를 보고 위 기안지의 결재란에 피고인이 대신 서명을 하라는 말을 듣고서 위 김연식의 서명을 흉내내어 위 결재란에 서명함으로써** 위 공문서를 위조하고 이를 정작과 사무실에 비치하여 행사한 것이라고 판시하고 있다.

그러나 공문서의 위조라 함은 행사할 목적으로 공무원 또는 공무소의 문서를 정당한 작성권한 없는 자가 작성권한 있는 자의 명의로 작성하는 것을 말하는 바 위 판시사실과 관계증거를 종합하여 보면 위 공문서의 작성권한 있는 지단장 김연식은 감사원의 서울특별시에 대한 감사에서 문제가 된 위 진지 이전 공사금에 대하여 동인 및 피고인이 유용한 범행 등을 합리화시키기 위하여 피고인에게 이 사건 문서를 작성케 하고 그의 서명을 대신하게 하여 비치하도록 지시 내지 승낙한 사실을 인정하기에 충분하므로 <u>피고인의 위 소위는 공문서위조죄 등의 구성요건해당성이 조각됨</u>에도 불구하고 원심이 위와 같이 공문서위조 동행사죄가 성립된다고 단정하였음은 동죄의 법리를 오해하여 판결에 영향을 미친 위법을 범하였다고 할 것이므로 논지 이유있다.

〈개인적 법익과 일반적 법익을 동시에 보호법익으로 하는 경우〉

대법원 2017. 4. 26. 선고 2013도12592 판결 [무고]

1. 이 사건 주위적 공소사실의 요지는 다음과 같다. 피고인은 공소외 1, 공소외 2와 공모하여, 공소외 1이 피고인을 사문서위조 등으로 허위 고소하기로 하고, 피고인, 공소외 1, 공소외 2가 수사기관의 예상 질문에 대한 대답을 준비하는 방식으로 피고인을 무고하기로 하고, 공소외 1이 그 공모에 따라 피고인을 처벌하여 달라는 허위 내용의 고소장을 작성하여 제출함으로써 피고인을 무고하였다.

이에 대하여 원심은 스스로 자기 자신을 무고하는 자기무고가 무고죄를 구성하지 않으므로, 자기 자신을 무고한 사람을 제3자와 함께 무고죄의 공동정범으로도 처벌할 수 없다고 판단하였다.

2. 형법 제30조에서 정한 공동정범은 공동으로 범죄를 저지르려는 의사에 따라 공범자들이 협력하여 범행을 분담함으로써 범죄의 구성요건을 실현한 경우에 각자가 범죄 전체에 대하여 정범으로서의 책임을 지는 것이다. 이러한 공동정범이 성립하기 위해서는 주관적 요건으로서 공동가공의 의사와 객관적 요건으로서 공동의사에 의한 기능적 행위지배를 통한 범죄의 실행사실이 필요하고, 이때 공동가공의 의사는 공동의 의사로 특정한 범죄행위를 하기 위하여 일체가 되어 서로 다른 사람의 행위를 이용하여 자기의 의사를 실행에 옮기는 것을 내용으로 하는 것이어야 한다(대법원 1996. 1. 26. 선고 95도2461 판결, 대법원 2000. 4. 7. 선고 2000도576 판결 등 참조). 따라서 <u>범죄의 실행에 가담한 사람이라고 할지라도 그가 공동의 의사에 따라 다른 공범자를 이용하여 실현하려는 행위가 자신에게는 범죄를 구성하지 않는다면, 특별한 사정이 없는 한 공동정범의 죄책을 진다고 할 수 없다.</u>

형법 제156조에서 정한 무고죄는 타인으로 하여금 형사처분 또는 징계처분을 받게 할 목적으로 허위의 사실을 신고하는 것을 구성요건으로 하는 범죄이다. 자기 자신으로 하여금 형사처분 또는 징계처분을 받게 할 목적으로 허위의 사실을 신고하는 행위, 즉 자기 자신을 무고하는 행위는 무고죄의 구성요건에 해당하지 않아 무고죄가 성립하지 않는다(대법원 2008. 10. 23. 선고 2008도4852 판결 참조). 따라서 자기 자신을 무고하기로 제3자와 공모하고 이에 따라 무고행위에 가담하였다고 하더라도 이는 자기 자신에게는 무고죄의 구성요건에 해당하지 않아 범죄가 성립할 수 없는 행위를 실현하고자 한 것에 지나지 않아 무고죄의 공동정범으로 처벌할 수 없다.

> **대법원 2008. 10. 23. 선고 2008도4852 판결 [사기미수·무고·위증·무고방조]**
> 형법 제156조의 무고죄는 국가의 형사사법권 또는 징계권의 적정한 행사를 주된 보호법익으로 하는 죄이나, 스스로 본인을 무고하는 자기무고는 무고죄의 구성요건에 해당하지 아니하여 무고죄를 구성하지 않는다. 그러나 피무고자의 교사·방조 하에 제3자가 피무고자에 대한 허위의 사실을 신고한 경우 제3자의 행위는 무고죄의 구성요건에 해당하여 무고죄를 구성하므로, 제3자를 교사·방조한 피무고자에 대하여도 교사·방조범으로서의 죄책을 부담케 함이 상당하다.

〈피해자의 관여를 전제로 하고 피해자를 보호하기 위한 구성요건 : 양해 대상 아님〉

대법원 1976. 9. 14. 선고 76도2072 판결 [미성년자의제강간·미성년자유인]

형법상 미성년자유인죄라 함은 기망, 유혹같은 달콤한 말을 수단으로 하여 미성년자를 꾀어 현재의 보호상태로부터 이탈케하여 자기 또는 제3자의 사실적 지배하에 옮기는 것으로서 이는 기망, 유혹을 수단으로 하여 사려없고 나이 어린 피해자의 하자있는 의사를 이용하는데 있는 것이며 본죄의 범의는 피해자가 미성년자라는 것을 알면서 유인의 행위에 대한 인식이 있으면 족한 것으로서 유인하는 행위가 피해자의 의사에 반하는 것까지 인식하여야 하는 것은 아니며 또 유인으로 인하여 피해자가 하자있는 의사로 자유롭게 승락하였다 하더라도 본죄의 성립에 소장이 있는 것은 아니라 할 것이니 본건에 있어서 원심이 유지한 제1심판결이 피해자가 그 판시와 같이 피고인의 유인으로 인하여 가출함에 있어 소론과 같은 내용의 편지를 부모들에게 써놓고 나왔다 하더라도 본죄의 성립에는 아무런 소장이 없고 피고인에게 미성년자유인죄의 범의가 있다고 판시하였음은 옳게 시인되고 거기에는 소론 미성년자의 유인죄에 관한 법리오해는 있지 아니하므로 논지도 이유없다.

2. 성립요건

〈양해의 주체〉

대법원 2000. 5. 26. 선고 99도2781 판결 [특정경제범죄가중처벌등에관한법률위반(배임)·증권거래법위반]

1. 업무상배임죄가 성립하기 위하여는 주관적으로 배임행위의 결과 본인에게 재산상의 손해가 발생하거나 발생할 염려가 있다는 인식과 자기 또는 제3자가 재산상의 이득을 얻는다는 인식이 있으면 족하고 본인에게 재산상의 손해를 가한다는 의사나 자기 또는 제3자에게 재산상의 이득을 얻게 하려는 목적은 요하지 아니하며(대법원 1983. 12. 13. 선고 83도2330 전원합의체 판결, 1989. 8. 8. 선고 89도25 판결 등 참조), 주식회사의 이사가 타인 발행의 약속어음에 회사 명의로 배서할 경우 그 타인이 어음금의 지급능력이 없어 그 배서로 인하여 회사에 손해가 발생하리라는 점을 알면서 이에 나아갔다면, 이러한 약속어음의 배서행위는 타인에게 이익을 얻게 하고 회사에 손해를 가하는 행위로서 회사에 대하여 배임행위가 되고, 그것이 경영상의 판단이라는 이유만으로 배임죄의 죄책을 면할 수는 없으며(대법원 1999. 6. 25. 선고 99도1141 판결 참조), 한편 주식회사와 주주는 별개의 인격으로서 동일인이라고 볼 수 없으므로, 회사의 임원이 그 임무에 위배되는 행위로 재산상 이익을 취득하거나 제3자로 하여금 이를 취득하게 하여 회사에 손해를 가한 때에는 이로써 배임죄가 성립하고, 그 임무위배행위에 대하여 사실상 대주주의 양해를 얻었다고 하여 본인인 회사에 손해가 없다거나 또는 배임의 범의가 없다고도 볼 수 없고(대법원 1985. 10. 22. 선고 85도1503 판결 참조), 주식회사의 경영을 책임지는 이사는 이사회의 결의가 있더라도 그 결의 내용이 주주 또는 회사 채권자를 해하는 불법한 목적이 있는 경우에는 이에 맹종할 것이 아니라 회사를 위하여 성실한 직무수행을 할 의무가 있으므로, 이사가 임무에 위배하여 주주 또는 회사 채권자에게 손해가 될 행위를 하였다면, 회사 이사회의 결의가 있었다고 하여 그 배임행위가 정당화될 수 없는 것이다(대법원 1989. 10. 13. 선고 89도1012 판결 참조).

2. 원심판결 이유를 앞서 본 법리와 기록에 비추어 살펴보면, 피고인은 항도종합금융 주식회

사의 경영권을 인수할 목적으로 그 회사 발행의 주식을 매집하고자 이에 소요되는 자금을 마련하는 방편으로 10억 원을 투자하여 급조한 주식회사 1 및 원심 공동피고인이 경영하던 회사로서 거래실적이나 자산이 거의 없는 주식회사 2 명의로 원심 판시와 같이 액면 합계 467억 원에 달하는 이 사건 약속어음들을 발행하게 하고, 나아가 이를 금융기관에서 할인하기 위하여 피고인 자신이 대주주이고 이사 겸 부사장으로서 경영을 사실상 책임지고 있던 회사로서 금융권에서 신용이 있는 주식회사 3의 명의로 배서를 한 것으로서 이 경우 주식회사 1 및 주식회사 2는 그 약속어음들을 결제할 자금이나 능력이 없어 결국 그 배서인인주식회사 3이 모든 책임을 져야 하는 만큼, 피고인이 그 배서에 앞서 주식회사 3의 이사회 결의를 거치고, 또한 주식회사 3의 대주주로서 피고인의 형들인 공소외 4,5의 승낙을 받았다고 하더라도, 이는 주식회사 3의 이사 겸 부사장으로서 실질적 경영자인 피고인이 그 지위를 이용하여 자신의 권한을 넘어 주식회사 3의 설립 목적과 사업범위를 벗어난 행위로서 주식회사 3에 대한 신임관계를 저버리는 임무위반의 행위이고, 또한 주식회사 3과 그 소수주주 또는 채권자들에게 재산상의 손해를 입힐 수 있다는 것을 충분히 인식하고 있었던 것으로 보이므로, 피고인에게 업무상배임의 범의가 없었다고 할 수 없으며, 이 사건 약속어음들에 대한 배서에 관하여 주식회사 3의 이사회 결의 및 대주주의 승낙이 있었다고 하여 본인인 주식회사 3의 승낙이 있었다고 볼 수도 없다.

〈의사표시의 하자 : 양해가 유효한 경우〉

대법원 1990. 8. 10. 선고 90도1211 판결 [절도]

피고인이 피해자 엄숙자에게 이 사건 밍크 45마리는 피고인에게 그 권리가 있다고 주장하면서 가져간 데 대하여(그 권리가 있다고 주장하는 근거는 후에 허위임이 밝혀졌음) 위 엄숙자의 묵시적인 동의가 있었으므로 절도죄의 절취행위에 해당하지 않는다고 하여 무죄를 선고한 원심의 조치에 수긍이 가고 거기에 소론과 같은 채증법칙위반의 잘못이 있다할 수 없다.

〈하자있는 의사표시가 구성요건요소가 되는 경우: 양해가 유효하지 않은 경우〉

대법원 1996. 9. 20. 선고 95도1728 판결 [폭력행위등처벌에관한법률위반·절도(인정된 죄명 공갈)]

예금주인 현금카드 소유자를 협박하여 그 카드를 갈취하였고, 하자 있는 의사표시이기는 하지만 피해자의 승낙에 의하여 현금카드를 사용할 권한을 부여받아 이를 이용하여 현금을 인출한 이상, 피해자가 그 승낙의 의사표시를 취소하기까지는 현금카드를 적법, 유효하게 사용할 수 있고, 은행의 경우에도 피해자의 지급정지 신청이 없는 한 피해자의 의사에 따라 그의 계산으로 적법하게 예금을 지급할 수밖에 없는 것이다. 따라서 피고인이 피해자인 위피해자로부터 이 사건 현금카드를 사용한 예금인출의 승낙을 받고 현금카드를 교부받은 행위와 이를 사용하여 현금자동지급기에서 위피해자의 예금을 여러 번 인출한 행위들은 모두 피해자의 예금을 갈취하고자 하는 피고인의 단일하고 계속된 범의 아래에서 이루어진 일련의 행위로서 포괄하여 하나의 공갈죄를 구성한다고 볼 것이지, 현금지급기에서 피해자의 예금을 취득한 행위를 현금지급기 관리자의 의사에 반하여 그가 점유하고 있는 현금을 절취한 것이라 하여 이를 현금카드 갈취행위와 분리하여 따로 절도죄로 처단할 수는 없다 고 할 것이다.

대법원 1983. 11. 8. 선고 83도2346 판결 [횡령]

원심판결 및 원심이 인용한 제1심판결이 들고 있는 증거들을 기록에 대조하여 검토하여 보아도 원심이 **피고인이, 공소외 양정순 및 그 가족 6인의 공동소유인 이사건 대지 273평을 공소외 풍림산업주식회사에 평당 280만원씩 도합 764,400,000원에 매매계약을 알선하고 매수인 측으로 부터 매매잔대금조로액면 금 20,000,000원짜리 약속어음 10매, 액면 금 10,000,000원 짜리 약속어음 10매, 액면금 8,400,000원짜리 약속어음 1매 등, 도합 액면 금 308,400,000원의 약속어음 21매를 교부받아 보관중 그 자신의 용도에 소비할 목적으로 이를 사채업자를 통하여 현금으로 할인하여 횡령**한 것으로 인정한 조치는 정당한 것으로 보여지고 달리 원심의 채증과정에 소론과 같은 채증법칙 위배의 위법이나 심리미진에 의한 사실오인의 위법이 있다고는 할 수 없다.

소론의 이 사건 토지에 경료된 근저당권설정등기의 말소절차비용과 구 종자명의로 소유권이전 등기를 경유하는데 소요된 비용 및 동인에 대한 명의대여사례금에 대하여는 원심은 위 양정순이 피고인에게 모두 지급한 것으로 적법하게 인정하고 있으며, 또 소론과 같이 비록 위 회사와 간에 체결한 매매계약서 2통을 모두 피고인이 소지하고 있다거나, 이 사건 매매에 따른 양도소득세가 시가표준액을 기준으로 한 금액 이상으로 과세되면 피고인이 책임지겠다는 각서를 작성, 양 정순에게 제출한 바 있다 하여도 원심이 인정하고 있는 피고인이 위 매매의 소개인으로서, 당초 양도소득세 관계로 매매를 꺼리는 위 양정순을 설득하여 이 사건 매매계약을 체결하게 하였고, 또 해외이주예정자인 구종자 명의로 일단 소유권이전등기를 경유한 후 동인 명의로 위 회사에 매도하게 되면 양정순 등에게는 시가표준액이 양도가 액으로 인정되어 이를 기준으로 양도소득세가 과세될 가능성이 많았던 점과 실제로 피고인이 구 종자를 대리하는 형식으로 위 회사와 매매계약을 체결하고 그 계약서 2통을 소지하기에 이른 경위사실 등에 비추어 볼때 위와 같은 사실만으로 이 사건 매매계약을 피고인이 양 정순으로부터 평당 2,000,000원씩에 외상으로 매수하여 전매한 것이라거나, 위 잔 대금 308,400,000원중 금 90,000,000원을 제외한 금 218,400,000원을 피고인이 차지하기로 약정하였다고는 인정되지 아니하고 또 원심판시 취지는 피고인은 위 잔대금조로 받아 보관 중인 액면 합계 금 308,400,000원의 약속어음 21매를 불법영득의 의사로서 현금으로 할인 하였다는 것이므로, 설사 피고인이 그 정을 모르는 위 양 정순을 속여 현금할인에 관하여 승낙을 받았다 하더라도 횡령죄의 성립에는 하등의 영향이 없다 할 것이다.

〈주거침입죄에서 피해자의 착오를 고려하여 승낙을 부정한 사안 : 묵시적 승낙에 반하는 경우〉

대법원 2003. 5. 30. 선고 2003도1256 판결 [성폭력범죄의처벌및피해자보호등에관한법률위반(강간등치상)·폭력행위등처벌에관한법률위반]

가. 주거침입의 점에 대하여

(1) 원심이 위 공소사실 중 주거침입 부분에 대하여 판시와 같은 이유로 범죄사실의 증명이 없다고 판단한 것은 다음과 같은 점에서 수긍하기 어렵다.

(2) 기록에 의하면, **피해자는 이 사건 공중화장실의 용변칸에서 하의를 내리고 좌변기에 앉아 있던 중, 노크소리가 나서 남편인 줄 알고 "아빠야"라고 하면서 밖이 보일 정도로 용변칸 문을 열었는데, 피고인이 문을 열고 들어와 문을 잠그면서 앞을 가로막았고, 이에 피해자가 놀라서 소리치면서 하의를 입고 밖으로 나가려고 일어서려고 하자 피고인은 얼굴색 하나 변하지 않고, 손으로 피해자의 입을 막고 피해자가 반항하지 못하도록 피해자의 손이나 몸을 붙잡고, 이어서 피해자를 벽에 밀어붙여 움직이지 못하게 한 후 손으로 피해자의 가슴을 만졌으며,** 피고인이 용변칸으로 들어올 때 비틀거리지도 않았고 겉으로 보기에는 멀쩡하였다고 진술하고 있고, 또한 당시 이 사건 화장실은 조명시설로 인하여 환하였고, 용변칸 문은 오른쪽이 고정되어 있고 밖으로 열리며, 문을 열면 바로 앞에 좌변기가 옆으로 놓여 있어 좌변기에 사람이 앉아 있는 경우 바로 사람을 볼 수 있는 구조로 되어 있음을 알 수 있는바, 사정이 이러하다면, 피고인은 용변칸 문이 열리는 순간 무심코 몸이 쏠리며 자신도 모르게 용변칸 안으로 들어가게 된 것이 아니라, 용변칸 문이 열려 피해자가 하의를 벗고 좌변기에 앉아 있는 것을 발견하고서도 용변칸 안으로 들어간 것이라고 보는 것이 사리에 부합한다 할 것이다.

(3) 한편, 타인의 주거에 거주자의 의사에 반하여 들어가는 경우는 주거침입죄가 성립하며

이 때 거주자의 의사라 함은 명시적인 경우뿐만 아니라 묵시적인 경우도 포함되고 주변사정에 따라서는 거주자의 반대의사가 추정될 수도 있는 것인데(대법원 1993. 3. 23. 선고 92도455 판결 참조), 앞서 본 바에 의하면, **피해자는 피고인의 노크 소리를 듣고 피해자의 남편으로 오인하고 용변칸 문을 연 것이고, 피고인은 피해자를 강간할 의도로 용변칸에 들어간 것**으로 봄이 상당한바, 그렇다면 피고인이 용변칸으로 들어오는 것을 피해자가 명시적 또는 묵시적으로 승낙하였다고는 볼 수 없다 할 것이다.

〈문서명의인의 묵시적 승낙 또는 추정적 승낙이 있는 경우〉

대법원 2003. 5. 30. 선고 2002도235 판결 [업무상횡령·무고·명예훼손·위증·사문서변조·변조사문서행사·초·중등교육법위반·보조금의예산및관리에관한법률위반·사립학교법위반]

사문서의 위·변조죄는 작성권한 없는 자가 타인 명의를 모용하여 문서를 작성하는 것을 말하는 것이므로 사문서를 작성·수정함에 있어 그 명의자의 명시적이거나 묵시적인 승낙이 있었다면 사문서의 위·변조죄에 해당하지 않고(대법원 1998. 2. 24. 선고 97도183 판결 등 참조), 한편 행위 당시 명의자의 현실적인 승낙은 없었지만 행위 당시의 모든 객관적 사정을 종합하여 명의자가 행위 당시 그 사실을 알았다면 당연히 승낙했을 것이라고 추정되는 경우 역시 사문서의 위·변조죄가 성립하지 않는다(대법원 1993. 3. 9. 선고 92도3101 판결 참조).

기록에 의하면, 공소사실 기재 문서는 공소외 학원이 공사업자들과 1997. 2.경부터 1999.까지 체결한 제1대학교 건물 신축관련 공사계약서들로서 공소외 학원 및 제1대학교는 원래 대학교건물 관련 건설공사는 제1대학교 총장인 피고인 1 명의로 계약을 체결하여 그 공사비도 제1대학교의 교비회계에서 지출하였는데, 공소외 학원의 설립자로서 전 이사장인 공소외 2가 공소외 학원의 반환을 요구하면서 분규를 일으키고 그의 친인척을 중심으로 그를 추종하는 제1대학교 직원들이 파업에 들어가 위 건물신축 관련 행정업무에 차질이 생기자공소외 학원 측에서는 원활한 공사시행을 위하여 법인소속의 캠퍼스 건설본부를 설치한 후피고인 2를 건설본부장으로 하여 건설공사를 진행하였고 **공소사실 기재 계약서들은 그 이후 체결된 공사계약에 관한 것으로서 위와 같은 경위로 제1대학교 총장이 아닌 공소외 학원 명의로 작성되었던 사실, 그러나 제1대학교는 계약서 작성명의인과는 무관하게 여전히 교비회계에서 공사비를 지출한 사실**(검사가 이를 사립학교법 위반죄로 기소하였으나 원심이 무죄를 선고하였고 검사가 상고이유에서 이 점을 다투지 않고 있다), 공사업자들 중 일부는 자신이 공사하던 도중

공소외 학원 및 제1대학교측 직원들과 사이에서 제1대학교가 공사를 맡긴 것으로 하는 내용의 합의를 하고 공사를 시행하였다고 수사기관에서 진술하였으며 실제로 **대부분의 공사업자들은 제1대학교를 공급받는 자로 한 세금계산서를 발행하였고 제1대학교로부터 공사대금을 수령한 사실**을 인정할 수 있다.

그렇다면 문제된 공사계약서의 명의인인 공소외 학원은 물론 대부분의 공사수급인들은 위와 같은 과정에서 제1대학교 총장인 피고인 1이 공사계약상 도급인의 지위를 병존적으로 인수하는 것을 승낙함으로써 계약서의 계약명의인란에 피고인 1을 추가하는 것 역시 묵시적으로 승낙하였다고 볼 여지가 있고, 그러하지 아니한 공사수급인들의 경우에도 적어도 공소외 학원측으로부터 공사계약서란의 명의인 추가 요청을 받았더라면 당연히 이를 승낙하였을 것이라고 추정할 여지가 있으므로, 원심으로서는 문제된 공사계약서의 명의인들이 모두 위와 같은 합의를 하고 공사를 시행한 후 제1대학교를 공급받는 자로 한 세금계산서를 발급하였는지 여부와 위 합의에 관여하지 아니한 공사수급인들이 있다면 그들이 공사계약서란의 명의인 추가 요청을 받았을 경우 당연히 이를 승낙하였을 것으로 추정할 수 있는지 여부에 관하여 더 심리한 후 사문서변조죄의 성립여부에 관하여 판단하였어야 함에도 불구하고, 원심이 이에 이르지 아니한 채 유죄를 인정한 것은 필요한 심리를 다하지 아니하거나 채증법칙 위배 및 사문서변조죄에 관한 법리를 오해함으로써 판결에 영향을 미친 잘못을 범한 것이라 아니할 수 없다.

3. 법적 효과

〈양해의 존재에 관한 착오〉

대법원 1970. 7. 24. 선고 70도1149 판결 [상습야간주거침입절도]

피해자에게 대하여 소를 함부로 끌고 가게 되어 미안하다고 양해를 구하는 취지의 편지를 설사 써놓고 가지고 나왔다 하여 이사건 행위가 범죄가 안된다고는 볼 수 없고 피고인이 이렇게 오인한데 대하여 정당한 이유가 있는 것으로도 보기 어렵다.

Ⅲ. 피해자의 승낙

1. 유효한 승낙의 존재

〈명시적·묵시적 승낙의 부존재〉

대법원 2006. 4. 27. 선고 2005도8074 판결 [업무방해]

기록에 의하면, 이 사건 임대차계약서 제16조 제2항은 "제16조 제1항의 경우 임대인이 임차인에게 단전조치 등을 요구할 수 있다."는 취지로 규정되어 있으나, 피해자는 임대차계약의 종료 후 '갱신계약에 관한 의사표시 혹은 명도의무를 지체'하였을 뿐 차임, 관리비의 연체 등과 같은 위 제16조 제1항 각 호의 위반행위를 한 적이 없기 때문에 <u>이 사건의 경우 단전조치에 관한 계약상의 근거가 없고</u>(가사 계약상의 근거가 있다 하여도 <u>피해자의 승낙은 언제든지 철회할 수 있는 것</u>이므로 이 사건에 있어서와 같이 피해자측이 단전조치에 대해 즉각 항의하였다면 그 승낙은 이미 철회된 것으로 보아야 할 것이다), <u>피해자가 이 사건 단전조치와 같은 이유로 2003. 12.경에도 피고인에 의한 단전조치를 당한 경험이 있다거나 이 사건 단전조치 전 수십 차례에 걸쳐 피고인으로부터 단전조치를 통지받았다거나, 혹은 피고인에게 기한유예 요청을 하였다는 사정만으로는 이 사건 단전조치를 묵시적으로 승낙하였던 것으로 볼 수도 없으므로,</u> 이 사건 단전조치는 피해자의 승낙에 의한 행위로서 무죄라고 볼 수 없다.

〈수술승낙이 의사의 부정확 또는 불충분한 설명에 의한 것이어서 무효인 경우〉

대법원 1993. 7. 27. 선고 92도2345 판결 [업무상과실치상]

기록에 의하여 원심이 유지한 제1심 판결이 채용한 증거들을 살펴보면 피고인이 조선대학교 의과대학 산부인과 전문의 수련과정 2년차의 의사로서 광주적십자병원에 파견근무중 환자인 피해자(여 38세)의 복부에서 만져지는 혹을 제거하기 위한 개복수술을 하려고 하였으면 진료경험이나 산부인과적 전문지식이 비교적 부족한 상태이므로 산부인과 전문의 지도를 받는다든지 자문을 구하고, 위 환자의 진료에 필요한 모든 검사를 면밀히 실시하여 병명을 확인하고 수술에 착수하여야 하고 개복 후에도 개복 전의 진단병명은 정확하며 혹시 다른 질환은 아닌지를 세밀히 검토하여 필요한 범위 내에서 수술을 시행하여야 할 업무상 주의의무가 있음에도 불구하고 당초 위 환자를 진찰한 결과 복부에 혹이 만져지고 하혈을 하고 있어 자궁외 임신일 가능성도 생각하였으나 피해자가 10년 간 임신경험이 없고 경유병원에서의 진단소견이 자궁근종 또는 자궁체부암으로 되어 있자 자궁외 임신인지를 판별하기 위한 수술전 검사법인 특수호르몬검사, 초음파검사, 복강경검사, 소변임신반응검사 등을 전혀 실시하지 않고 자궁근종을 확인하는 의미에서의 촉진 및 시진을 통하여 자궁외 임신환자인피해자의 병명을 자궁근종으로 오진하였고 수술단계에서도 냉동절편에 의한 조직검사 등을 거치지 아니한 상태에서 자궁근종으로 속단하고 일반외과 전문의인 공소외 이남재과 함께 병명조차 정확히 확인하지 못한 채 **자궁적출술을 시행하여 현대의학상 자궁적출술을 반드시 필요로 하는 환자가 아닌 위피해자의 자궁을 적출함으로써 동인을 상해에 이르게 한 사실**을 인정하기에 넉넉하므로 원심이 피고인을 업무상 과실치상죄를 적용하여 처벌한 제1심 판결을 유지한 조치에 수긍이 가고 거기에 소론과 같은 채증법칙위반, 심리미진 또는 법리오해의 위법이 없다.

소론은 위 자궁적출술의 시행에 앞서 위 피해자로부터 그에 대한 승낙을 받았으므로 위법성이 조각된다는 취지이나, 기록에 의하면 피고인은 자신의 시진, 촉진결과 등을 과신한 나머지 초음파검사 등 피해자의 병증이 자궁외 임신인지, 자궁근종인지를 판별하기 위한 정밀한 진단방법을 실시하지 아니한 채 위 피해자의 병명을 자궁근종으로 오진하고 이에 근거하여 의학에 대한 전문지식이 없는 위 피해자에게 자궁적출술의 불가피성만을 강조하였을 뿐 위와 같은 진단상의 과오가 없었다면 당연히 설명받았을 자궁외 임신에 관한 내용을 설명받지 못한 피해자로부터 수술승낙을 받은 사실을 인정할 수 있으므로 위 승낙은 피고인의 부정확 또는 불충분한 설명을 근거로 이루어진 것으로서 이 사건 수술의 위법성을 조각할 유효한 승낙이라고 볼 수 없다 할 것이다.

〈승낙의 철회 및 철회의 방법〉

대법원 2011. 5. 13. 선고 2010도9962 판결 [재물손괴]

1. 위법성조각사유로서의 피해자의 승낙은 언제든지 자유롭게 철회할 수 있다고 할 것이고 (대법원 2006. 4. 27. 선고 2005도8074 판결 참조), 그 철회의 방법에는 아무런 제한이 없다.

2. 원심판결 이유에 의하면, 원심은, 피고인이 피해자 공소외 1의 상가건물인 안산시 상록구 부곡동 (지번 생략)(이하 "이 사건 상가"라 한다) 1층에서 인근 바닥에 있던 도끼를 이 사건 상가 1층 유리창에 집어 던져 위 유리창을 손괴하였다는 이 사건 공소사실에 대하여, ① 피고인이 2009. 2. 8. 피해자의 어머니공소외 2로부터 이 사건 상가 지층 및 1층을 임대차보증금 1,500만 원, 차임 월 139만 원으로 정하여 임차하면서 임대차보증금 중 계약금 300만 원은 계약 당일에, 잔금 1,200만 원은 2009. 3. 31. 지급하기로 약정한 사실, ② 피고인은 위 임대차계약 체결 당시 공소외 2로부터 잔금 지급기일 전에 인테리어 공사를 할 수 있도록 승낙을 받은 사실, ③ 피고인은 공소외 2의 승낙에 따라 이 사건 상가 지층 및 1층의 인테리어 공사를 하면서 설치된 시설물의 대부분을 철거한 사실, ④ 공소외 2는 2009. 4. 13. 피고인에게 임대차보증금의 잔금 지급기일을 1주일간 유예하여 주었으나 피고인이 계속하여 잔금을 지급하지 않자 이 사건이 발생한 후인 2009. 4. 23. 피고인에게 임대차보증금의 잔금 지급을 지체하였다는 등을 이유로 임대차계약을 해지한다는 의사표시가 기재된 내용증명 우편을 발송한 사실을 인정한 다음, 피고인이 손괴한 유리창은 공소외 2로부터 인테리어 공사를 하도록 승낙을 받은 것으로서 철거가 예정되어 있던 것이므로 그 손괴에 대하여 공소외 2의 사전 승낙이 있었다고 봄이 상당하고, 피고인의 손괴행위가 위 임대차계약이 해지되기 전에 행해졌으므로 공소외 2의 위 동의가 철회되었다고 보기 어려우며, 결국 피고인의 손괴행위는 피해자의 승낙이 있었던 것으로서 형법 제24조에 따라 위법성이 조각된다고 할 것이어서 이 사건 공소사실은 범죄로 되지 않는 경우에 해당한다고 판단하여, 이 사건 공소사실을 유죄로 인정한 제1심판결을 파기하고 무죄를 선고하였다.

3. 그러나 원심의 위와 같은 판단은 수긍할 수 없다.

가. 원심이 적법하게 채택하여 조사한 증거에 의하면, ① 피고인은 위 임대차계약 체결 당시 공소외 2와 임대차보증금 잔금 지급일을 일단 2009. 3. 31.로 하되 이 사건 상가 지층 및 1층을 전부 인도받는 시점에 임대차보증금 잔금을 지급하기로 합의한 사실, ② 피고인은 2009. 4. 11.까지 공소외 2로부터 이 사건 상가 지층 및 1층 전부를 인도받았으나 공소외 2 등의 지급 요구에도 임대차보증금 잔금을 지급하지 않은 사실, ③ 피고인은 2009. 4. 13. 공소외 2에게 임대차보증금 잔금 지급을 일주일 유예하여 달라고 요청하여 공소외 2로부터 승낙을 받았으나, 유예기간이 경과한 2009. 4. 20. 공소외 2의 지급 요구에도 임대차보증금 잔금을 지급하지 않은 사실, ④ **피고인은 2009. 4. 22. 이 사건 상가 1층에서 공사 인부들과 함께 고기를 구워먹다가 공소외 2와 피해자로부터 임대차보증금 잔금을 지급하지 않았으므**

로 즉시 공사를 중단하고 이 사건 상가에서 퇴거하여 달라는 취지의 요구를 받은 사실, ⑤ 이에 피고인은 화가 나서 인근 바닥에 있던 도끼를 집어 던져 이 사건 상가 1층 유리창을 손괴한 사실을 알 수 있다.

나. 위와 같이 공소외 2가 피고인의 유리창 손괴행위 전에 피고인에게 임대차보증금 잔금 미지급을 이유로 하여 이 사건 상가에서의 공사 중단 및 퇴거를 요구하는 취지의 의사표시를 하였다면, 이로써 공소외 2는 위 임대차계약을 체결하면서 피고인에게 한 이 사건 상가 지층 및 1층의 시설물 철거에 대한 동의를 철회하였다고 봄이 상당하고, 원심 판단과 같이 공소외 2의 2009. 4. 23.자 위 임대차계약 해지의 의사표시가 기재된 내용증명 우편이 피고인에게 도달되기 전이라 하여 위 철거에 대한 동의를 철회하는 의사표시가 효력이 없다고 볼 것은 아니다.

〈승낙에 관한 착오〉

대법원 2007. 9. 20. 선고 2007도5207 판결 [재물손괴]

1. 물건이 그 본래의 사용목적에 공할 수 있거나, 다른 용도로라도 사용이 가능한 상태에 있다면, 재산적 이용가치 내지 효용이 있는 것으로서 재물손괴죄의 객체가 될 수 있다(대법원 1979. 7. 24. 선고 78도2138 판결, 대법원 1993. 12. 7. 선고 93도2701 판결 등 참조).

기록에 의하면, 피해자들의 이 사건 각 아파트는 이 사건 당시 재건축사업으로 그 철거가 예정되어 있었고 소유자나 세입자들이 모두 타처로 이사하여 거주하지 않은 채 비워져 있던 상태였음을 알 수 있으나, 위 각 아파트 자체의 객관적 성상이 그 본래의 사용목적인 주거용으로 사용될 수 없는 상태로 되어 있었다는 점을 인정할 자료가 없고, 더욱이 피해자들이 반포주공2단지주택재건축정비사업조합(이하 '이 사건 조합'이라 한다)에로의 신탁등기 및 명도를 거부하는 방법으로 계속 그 소유권을 행사하고 있는 상황에서, 위와 같은 사정만으로는 위 각 아파트가 재물로서의 이용가치나 효용이 없는 물건으로 되었다고 할 수 없으므로, 위 각 아파트는 재물손괴죄의 객체가 된다고 할 것이다.

같은 취지에서 원심이, 피해자들의 위 각 아파트가 재물손괴죄의 객체가 된다고 판단한 것은 옳은 것으로 수긍이 가고, 거기에 상고이유의 주장과 같은 재물손괴죄의 객체에 관한 법리오해의 위법 등이 있다고 할 수 없다.

2. 재건축조합의 규약이나 정관에 '조합은 사업의 시행으로서 그 구역 내의 건축물을 철거할

수 있다'는 취지와 '조합원은 그 철거에 응할 의무가 있다'는 취지의 규정이 있고, 조합원이 재건축조합에 가입하면서 '조합원의 권리, 의무 등 조합 정관에 규정된 모든 내용에 동의한 다'는 취지의 동의서를 제출하였다고 하더라도, 조합원은 이로써 조합의 건축물 철거를 위한 명도의 의무를 부담하겠다는 의사를 표시한 것일 뿐이므로, 조합원이 그 의무이행을 거절할 경우에는 재건축조합은 명도청구소송 등의 법적 절차를 통하여 그 의무이행을 구하여야 함 이 당연한 것이고, 조합원이 위와 같은 동의서를 제출한 것을 '조합원이 스스로 건축물을 명 도하지 아니하는 경우에도 재건축조합이 법적 절차에 의하지 아니한 채 자력으로 건축물을 철거하는 것'에 대해서까지 사전 승낙한 것이라고 볼 수는 없다.

기록에 의하면, **피해자들은 이 사건 조합에 조합원으로 가입하면서 조합 정관의 모든 내용 에 동의한다는 취지의 동의서를 제출한 점, 이 사건 조합의 정관에는 조합이 건축물을 철거 할 수 있다는 내용 및 조합원이 철거에 응할 의무를 부담한다는 내용이 규정되어 있는 점** 등을 알 수 있으나, 한편 **피해자들은 그 후 사업계획 내용의 변경으로 신축아파트의 평형배 정이 불리하게 변경되고 분양가도 상승하게 되자 관리처분계획에 대해 반대하면서 각 아파 트에 관한 신탁등기 및 명도의무이행을 거부하였던 점** 역시 알 수 있는바, 그렇다면 피해자 들이 위와 같은 동의서를 이 사건 조합에 제출한 바 있다고 하여 미리 자신들의 각 아파트 의 철거를 승낙한 것이라고 할 수 없고, 피해자들이 이 사건 조합에 가입한 후 신축아파트에 관한 분양신청을 한 바 있다거나, 이 사건 철거 후 신축아파트의 동·호수 추첨 및 분양계약 에 참여했다는 사정이 있다 하더라도 이를 들어 이 사건 당시 철거를 승낙하였던 것이라고 볼 수는 없다.

같은 취지에서 원심이, 피고인이 주장하는 바와 같은 조합 정관의 규정 내용 및 피해자들의 동의서 제출, 그 후의 분양신청, 동·호수 추첨, 분양계약에의 참여 등의 사정만으로는 피해 자들이 위 각 아파트의 철거에 대해 명시적 또는 묵시적으로 동의하였다고 볼 수 없다고 판 단한 것은 옳은 것으로 수긍이 가고, 거기에 상고이유의 주장과 같은 채증법칙 위배 내지 피 해자의 승낙에 관한 법리오해의 위법 등이 있다고 할 수 없다.

2. 사회윤리적 제한

〈사회상규에 따른 피해자 승낙의 제한〉

대법원 1985. 12. 10. 선고 85도1892 판결 [폭행치사]

1. 원심이 유지한 제1심판결 거시의 증거를 모아보면 원심판시 피고인등의 이 사건 범죄사실을 인정하기에 넉넉하여 이에 심리를 다하지 아니하고 채증법칙을 위반하여 사실을 오인한 위법을 가려낼 수가 없을 뿐만 아니라 인과관계나 예견가능성 등에 관한 법리를 오해하였다고 볼 자료도 없다.

공동정범은 2인 이상이 공동하여 죄를 범하는 것으로 공동가공의 의사를 그 주관적 요건으로 하며 이 공동가공의 의사는 상호적임을 요하나 이는 상호 공동가공의 인식이 있으면 족하고 사전에 어떤 모의과정이 있어야 하는 것이 아니므로 원심이 위와 같이 적법하게 확정한바 이 사건 피고인등은 1984.2.25. 21:00경부터 그 다음날 09:00경까지 부산직할시 동래구 안락1동 428의15 공소외인의 집에서 처음에는 피고인 1, 2, 3, 4가 그 다음에는 연락을 받고 그 곳에 차례로 온 피고인 5와 6(1984.2.25. 22:30경) 피고인 7과 8(같은날 23:00경)등이 같이 참여하여 공소외인의 몸에서 잡귀를 물리친다면서 뺨등을 때리고 팔과 다리를 붙잡고 배와 가슴을 손과 무릎으로 힘껏 누르고 밟는 등 하여 그로 하여금 우측간 저면파열, 복강내출혈로 사망에 이르게 하였다면 피고인등 간에는 상호 공동가공의 의사가 있었다고 할 것이므로 피고인등 간에는 의사공통이 없어 공범이 아니라는 상고논지는 독자적 견해에 지나지 아니하여 그 이유가 없다. …

3. 형법 제24조의 규정에 의하여 위법성이 조각되는 소위 피해자의 승낙은 해석상 개인적 법익을 훼손하는 경우에 법률상 이를 처분할 수 있는 사람의 승낙을 말할 뿐만 아니라 그 승낙이 윤리적, 도덕적으로 사회상규에 반하는 것이 아니어야 한다고 풀이하여야 할 것이다. 이 사건에 있어서와 같이 폭행에 의하여 사람을 사망에 이르게 하는 따위의 일에 있어서 피해자의 승낙은 범죄성립에 아무런 장애가 될 수 없는 윤리적, 도덕적으로 허용될 수 없는 즉 사회상규에 반하는 것이라고 할 것이므로 피고인등의 행위가 피해자의 승낙에 의하여 위법성이 조각된다는 상고논지는 받아들일 수가 없다.

서울고등법원 1993. 7. 19. 선고 93노1228 판결 [업무방해,문서손괴,사기,사문서위조,동행사,건조물침입,사문서위조,동행사]

(4) 피고인 이@혁, 지▽구, 김▽열의 변호인들의 항소이유의 요지는, 이 사건은 ○○대학교의 기관인 총장과 교무처장 등의 사전 승인하에 입학이 허가된 것이고 기부금은 모두 학교를 위하여 정당하게 사용된 것이므로 피해자의 승낙을 받은 행위에 해당하여 위법성이 조각되어 범죄가 성립하지 아니하는데도 원심은 이를 배척하고 범죄가 성립한다고 판단하였으니 원심판결에는 피해자의 승낙에 관한 법리를 오해하여 판결에 영향을 미친 잘못이 있다는 것이다. …

(3) 피해자의 승낙에 의하여 이루어진 것으로서 위법성을 조각하므로 죄가 되지 않는다는 취지의 주장을 살피건대, 원심이 판시한 바와 같이 이 사건 범행에 있어서 총장 등 학교기관의 승낙은 공정성이 요구되는 신입생 선발업무에 관한 위 교육법의 정신이나 사회윤리에 비추어 허용될 수 없는, 즉 사회상규에 반하는 것이라 할 것이어서 그 교직원들의 승낙은 권리를 처분할 수 있는 자의 승낙에 해당하지 아니하여 범죄의 성립에 아무런 지장이 없다 할 것인 바, 그러한 판단을 한 원심의 조처는 정당하므로 피고인들의 이 주장은 이유없다.

〈상해에 대한 피해자의 승낙과 사회상규〉

대법원 2008. 12. 11. 선고 2008도9606 판결 [사기·특수절도·상해·사문서위조·도로교통법위반(무면허운전)]

형법 제24조의 규정에 의하여 위법성이 조각되는 피해자의 승낙은 개인적 법익을 훼손하는 경우에 법률상 이를 처분할 수 있는 사람의 승낙이어야 할 뿐만 아니라 그 승낙이 윤리적·도덕적으로 사회상규에 반하는 것이 아니어야 한다(대법원 1985. 12. 10. 선고 85도1892 판결 등 참조).

원심은 그 판시와 같은 사실을 인정한 다음, **피고인이 피해자와 공모하여 교통사고를 가장하여 보험금을 편취할 목적으로 피해자에게 상해를 가하였다면** 피해자의 승낙이 있었다고 하더라도 이는 위법한 목적에 이용하기 위한 것이므로 피고인의 행위가 피해자의 승낙에 의하여 위법성이 조각된다고 할 수 없다고 판단하였다. 앞서 본 법리 및 기록에 비추어 살펴보면, 원심의 위와 같은 판단은 정당하고, 거기에 상고이유의 주장과 같은 피해자 승낙에 관한 법리를 오해하였거나 죄형법정주의의 명확성 원칙에 위배되는 위법이 없다.

대법원 1995. 2. 10. 선고 94도1190 판결 [분묘발굴]

분묘발굴죄는 그 분묘에 대하여 아무런 권한없는 자나 또는 권한이 있는 자라도 사체에 대한 종교적 양속에 반하여 함부로 이를 발굴하는 경우만을 처벌대상으로 삼는 취지라고 보아야 할 것이므로 <u>법률상 그 분묘를 수호,봉사하며 관리하고 처분할 권한이 있는 자 또는 그로부터 정당하게 승낙을 얻은 자가 사체에 대한 종교적,관습적 양속에 따른 존숭의 예를 갖추어 이를 발굴하는 경우에는 그 행위의 위법성은 조각된다</u>고 할 것이고, 한편 분묘에 대한 봉사,수호 및 관리,처분권은 종중이나 그 후손들 모두에게 속하여 있는 것이 아니라 오로지 그 분묘에 관한 호주상속인에게 전속하는 것으로서 이와 같은 법리는 사후양자로서 그 가를 계승한 경우에도 다르지 아니하다 할 것인바(당원 1980.10.27. 선고 80다409 판결, 1967.12.26. 선고 67다2492 판결 등 참조), 기록에 의하면 이 사건 분묘에 매장된 망 박채옥의 가를 계승한 사람은 위 망인의 사망 당시 호주였던 망 전찬진의 사후양자로 그를 호주상속한 것으로 되어 있는 공소외 전한진이고 고소인들은 단지 출가 등의 사유로 오래 전에 위 가를 떠난 위 망 박채옥의 양손녀들일 뿐임이 명백하므로 사실상 위 분묘를 관리,수호하고 봉제사를 행하여 오던 피고인이 실질상 손이 끊겨 수호 관리하기 힘든 조상들의 묘를 화장방식으로 바꾸기로 한 종중의 결의에 따라 위 전한진의 승낙하에 종교적 예를 갖추어 이 사건 분묘를 발굴하였다면 비록 위 발굴 전에 위 망 박채옥의 출가한 양손녀들인 고소인들의 승낙을 얻지 아니하였다 하더라도 이를 위법한 행위라고 단정할 수는 없는 것이다.

Ⅳ. 추정적 승낙

1. 의의 및 법적 성격

〈추정적 승낙의 의의〉

대법원 2006. 3. 24. 선고 2005도8081 판결 [특수절도]

원심은 그 판시와 같은 사정에 비추어 피고인들이 자신들의 피해자에 대한 물품대금 채권을 다른 채권자들보다 우선적으로 확보할 목적으로 피해자가 부도를 낸 다음날 새벽에 피해자의 승낙을 받지 아니한 채 피해자의 가구점의 시정장치를 쇠톱으로 절단하고 그곳에 침입하여 시가 16,000,000원 상당의 피해자의 가구들을 화물차에 싣고 가 다른 장소에 옮겨 놓은 행위에 대하여 피고인들에게는 불법영득의사가 있었다고 볼 수밖에 없어 특수절도죄가 성립한다고 판단하였는바, 앞서 본 법리에 비추어 기록을 살펴보면, 원심의 위와 같은 판단은 정당한 것으로 수긍이 가고, 거기에 상고이유로 주장하는 바와 같이 절도죄에 있어서의 불법영득의사에 관한 법리를 오해하는 등의 위법이 있다고 할 수 없다. …

3. 추정적 승낙이란 피해자의 현실적인 승낙이 없었다고 하더라도 행위 당시의 모든 객관적 사정에 비추어 볼 때 만일 피해자가 행위의 내용을 알았더라면 당연히 승낙하였을 것으로 예견되는 경우를 말하는바, 기록에 비추어 살펴보면, 원심이 그 판시와 같은 사정을 인정한 다음 피고인들이 피해자의 가구들을 취거할 당시 피해자의 추정적 승낙이 있다고 볼 수 없다고 판단한 것은 정당한 것으로 수긍이 가고, 거기에 상고이유로 주장하는 바와 같이 추정적 승낙에 관한 법리를 오해하는 등의 위법이 있다고 할 수 없다.

〈추정적 승낙의 의의 및 법적 성격〉

대법원 1993. 3. 9. 선고 92도3101 판결 [사문서위조,사문서위조행사]

2. 기록에 의하면 피고인이 위조하였다는 결의서(수사기록 48 - 49면)는, 광주이씨종친회의 임원회에서 이 사건 임야등은 공소외 1의 소유인데 이를 위 종친회에 증여할 것을 약정하고, 수증인인 위 종친회는 이를 수락하였고 소유권이전등기절차를 이행함에 있어 피고인을 대표로 선임한다는 내용이고, 회장인 피고인과 부회장인 공소외 7 그리고 임원인 공소외 8과 위의 6명의 기명날인이 되어 있는 것이다.

그런데 기명날인된 임원 중 부회장인 공소외 7은 피고인의 동생이고, 공소외 8도 피고인의 동생으로서 그가 위의 결의서 작성을 승낙하였다는 것임은 원심이 인정한 사실이며, **나머지의 위 6명이 사전에 피고인에게 직접 명시적 구체적으로 위의 결의서 작성을 위임하거나 승낙한 바 없음**은 사실로 보이나, 위 명의인 중공소외 4,1,6은 피고인의 아들들이고, 공소외 2, 공소외 7은 공소외 8의 아들들이며, 공소외 5는 공소외 7의 아들이고(수사기록98면), 피고인과 공소외 7,8 3형제는 1984.4.24.(음 3.24.) 그들의 모친 제사날 피고인의 집에서 부친망 공소외 9와 모친 공소외 10의 후손 남자들을 회원으로 하는 "율파친목계"를 조직하여 계칙을 마련하고 피고인이 계장이 되어 그 후 매년 음력 3.24. 모여 계금을 내어 재산을 조성하여 옴으로써 실질적인 종친회를 구성 운영해 오다가(율파친목계 규약, 공판기록 42면, 가계금전신탁증서, 공판기록 15면), 1990.4.30. 모임에 참석한 위 3형제는 피고인과 아들인 공소외 1의 명의로 있는 이 사건 임야등을 위 종친회에 증여하기로 합의하고 그 구체적인 절차를 피고인에게 일임하였다는 것이고(사법경찰리 작성의공소외 8에 대한 진술조서), 피고인의 아들인 공소외 4,6은 피고인의 판시와 같은 행위를 추인한 것으로 엿보이는바(공판기록 79, 81면), 이로 미루어 보면 추정적 승낙을 인정할 여지가 있다고 할 것이다.

3. 나아가 보면, 피고인이 판시와 같은 결의서를 작성한 것은 부동산등기법 제41조의2 제1 항 제3호와 법인아닌사단·재단및외국인의부동산등기용등록번호부여절차에관한규정(대통령령 제12075호)에 의하여 이 사건 임야등을 위 종친회 앞으로 이전하기 위하여 군수로부터 종친 회의 등록번호를 부여받는 데 필요하여 종친회의 성립에 관한 규약서와 함께 작성한 것이었 는데, **위 종친회원들 중 피고인의 3형제를 제외한 피고인의 아들이나 조카들은 나이가 젊고 각자 먹고 살기가 바빠서 종중일에 관심이 없었던 관계로 행정대서업을 하는 피고인이 사전 에 그들의 개별적 승낙을 받지 아니한 채 혼자서 위 서류를 작성하였다**는 것이며(피고인의 검찰에서의 진술), 그 등록번호부여 신청시에 처음에는 종중명칭을 "광주이씨 율파공파종친 회"로 하여 규약서와 결의서를 작성하였다가 등록번호부여 신청과정에서 접수공무원의 요청 에 따라 그 명칭을 이보다 대종중인 "광주이씨종친회"로 하는 이 사건 규약서 및 결의서를 다시 작성하여 이에 대치한 후 등록번호를 부여받아 등기를 함으로써 결과적으로 이 사건 임야등은 피고인등의 당초 의도와는 달리 대종중인 위종친회 명의로 소유권이전등기가 된 것으로 보이고(공판기록 19, 59, 69면, 그러나 그 종친회의 구성원과 대표자에 비추어 보면 그 실체 는 율파공파종친회라고 볼 수밖에 없다), 위 친목계의 규약에 의하면 본 계의제 안건 의결은 통 상관례에 준한다고 되어 있는바(공판기록 46면), 이로 미루어 보면 <u>위 종친회원 중 피고인 등 3형제 이외에는 나이가 젊고 종중일에 관심이 없었고 곗날에 참석하지 않은 관계로 통상 종 친회의 모든 의안을 위 3형제만의 의결로 집행하여 온 것으로 짐작되고, 만일 피고인이 종 친회의 통상관례에 따라 결정된 사항을 집행하기 위하여 이에 필요한 종친회원들 명의의 서 류를 임의로 작성한 것이라면 비록 사전에 그들의 현실적인 승낙이 없었다고 하더라도 피고 인은 그들이 위와 같은 사정을 알았다면 당연히 승낙하였을 것이라고 믿고 한 행위일 수 있 는 것이므로, 원심으로서는 이 점을 살펴서 과연 피고인에게 사문서위조의 죄책을 인정할 수 있을 것인지 살펴보아야 할 것이다.</u>

대법원 2008. 4. 10. 선고 2007도9987 판결 [사문서위조·위조사문서행사]
사문서의 위·변조죄는 작성권한 없는 자가 타인 명의를 모용하여 문서를 작성하는 것을 말 하는 것이므로 사문서를 작성·수정함에 있어 그 명의자의 명시적이거나 묵시적인 승낙이 있었다면 사문서의 위·변조죄에 해당하지 않고, 한편 <u>행위 당시 명의자의 현실적인 승낙은 없었지만 행위 당시의 모든 객관적 사정을 종합하여 명의자가 행위 당시 그 사실을 알았다</u>

면 당연히 승낙했을 것이라고 추정되는 경우 역시 사문서의 위·변조죄가 성립하지 않는다고 할 것이나, 명의자의 명시적인 승낙이나 동의가 없다는 것을 알고 있으면서도 명의자 이외의 자의 의뢰로 문서를 작성하는 경우 명의자가 문서작성 사실을 알았다면 승낙하였을 것이라고 기대하거나 예측한 것만으로는 그 승낙이 추정된다고 단정할 수 없다.

2. 추정적 승낙의 성립요건

〈사회적 법익에 대한 추정적 승낙 : 부정 사례〉

대법원 2011. 9. 29. 선고 2011도6223 판결 [사문서위조·위조사문서행사]

1. 사문서위조죄는 작성권한 없는 자가 타인 명의를 모용하여 사문서를 작성하는 것을 말하는 것이므로, 문서명의인이 문서작성자에게 사전에 문서작성이 포함된 사무를 처리할 권한을 포괄적으로 위임하였고, 문서작성자가 위임된 권한의 범위 내에서 그 사무처리를 위하여 문서를 작성한 것이라면, 비록 문서작성자가 개개의 문서작성에 관하여 문서명의인으로부터 승낙을 받지 않았다 하더라도 사문서위조죄는 성립하지 않는다 할 것이지만, 그와 같은 포괄적인 명의사용의 근거가 되는 위임관계 내지 대리관계가 종료된 경우에는 특단의 사정이 없는 한 더 이상 위임받은 사무의 처리와 관련하여 위임인의 명의를 사용하는 것이 허용된다고 볼 수 없다.

또한 문서위조죄는 문서의 진정에 대한 공공의 신용을 그 보호법익으로 하는 것이므로 행사할 목적으로 작성된 사문서가 일반인으로 하여금 당해 명의인의 권한 내에서 작성된 문서라고 믿게 할 수 있는 정도의 형식과 외관을 갖추고 있으면 사문서위조죄가 성립하는 것이고, 위와 같은 요건을 구비한 이상 그 명의인이 문서의 작성일자 전에 이미 사망하였다 하더라도 그러한 문서 역시 공공의 신용을 해할 위험성이 있으므로 사문서위조죄가 성립한다(대법원 2005. 2. 24. 선고 2002도18 전원합의체 판결 참조). 위와 같이 사망한 사람 명의의 사문서에 대하여도 그 문서에 대한 공공의 신용을 보호할 필요가 있다는 점을 고려하면, 문서명의인이 이미 사망하였는데도 문서명의인이 생존하고 있다는 점이 문서의 중요한 내용을 이루거나 그 점을 전제로 문서가 작성되었다면 이미 그 문서에 관한 공공의 신용을 해할 위험이 발생하였다 할 것이므로, 그러한 내용의 문서에 관하여 사망한 명의자의 승낙이 추정된다는 이유로 사문서위조죄의 성립을 부정할 수는 없다고 할 것이다.

2. 이 사건 공소사실의 요지는, '피고인은 2010. 2. 24. 15:00경 인천 남동구 만수동 소재 만수2동 주민센터 내에서 행사할 목적으로 망공소외 1로부터 그의 인감증명서를 발급받을 수 있는 권한을 위임받은 것처럼 함부로 인감증명 위임장 또는 법정대리인 동의서의 위임자란에 " 공소외 1", 주민등록번호란에 " (주민등록번호 생략)", 주소란에 "인천 남구 용현동 (이하 생략)"라고 기재하고, 공소외 1의 성명 옆에 " 공소외 1"의 도장을 날인하여공 소외 1의 권리의무에 관한 사문서인 인감증명 위임장 또는 법정대리인 동의서 1매를 위조하고, 즉석에서 그 정을 모르는 위 만수2동 주민센터 성명불상 담당직원에게 마치 진정하게 성립한 인감증명 위임장 또는 법정대리인 동의서인 것처럼 제출하여 이를 행사하였다'는 것이다.

이에 대하여 원심은 그 채용 증거를 종합하여 다음의 사실, 즉 피고인의 아버지인 공소외 1 소유의 인천 남구 용현동 (이하 생략) 대지 및 그 지상 건물(이하 '이 사건 부동산'이라 한다)에 관하여 임차인 공소외 2가 인천지방법원 2009가단71373호 임대차보증금반환 사건의 집행력 있는 판결 정본에 기하여 강제경매를 신청하여 2009. 12. 9. 강제경매 개시결정이 내려진 사실, 공소외 1은 2010. 2. 4. 이 사건 부동산의 매매에 관한 권한 일체를 피고인에게 위임하여, 같은 날 이 사건 부동산을 공소외 3 외 1인에게 매매대금 1억 3,500만 원으로 정하여 매도하였는데, 이 사건 부동산에 관한 매매계약서에는 '대리인'란에 피고인의 이름이 기재되어 있고, 피고인 명의의 도장도 날인되어 있는 사실, 피고인은 공소외 3으로부터 매매대금 중 4,000만 원을 교부받아 2010. 2. 10.경 공소외 2에게 임대차보증금반환 채권액 3,470만 원을 입금하여 주었고, 그에 따라 공소외 2가 위 경매를 취하한 사실, 공소외 1이 2010. 2. 11.경 갑자기 사망하게 되자, 이 사건 부동산의 매매에 관한 권한 일체를 위임받은 피고인은 2010. 2. 24.경 매수인들에게 이 사건 부동산에 관한 소유권이전등기를 마쳐주는 데에 사용할 목적으로 공소외 1이 피고인에게 인감증명 발급을 위임한다는 취지의 인감증명 위임장을 작성한 후 인감증명서를 발급받아 이를 매수인들에게 교부한 사실, 위 인감증명 위임장에는 위임사유로 '병안 중임'이라고 기재되어 있는 사실을 인정한 다음, 피고인의 아버지인 공소외 1이 사망하기 전에 피고인에게 이 사건 부동산의 매매에 관한 일체의 권한을 위임하였고, 피고인은 이에 따라 이 사건 인감증명 위임장을 작성한 것이므로, 피고인에 대하여 사문서위조죄 및 위조사문서행사죄는 성립하지 아니하고, 설령 공소외 1의 사망으로 인하여 그 위임관계가 종료되어 피고인이 공소외 1의 명시적이거나 현실적인 승낙이 없이 이 사건 인감증명 위임장을 작성하였다고 하더라도, 피고인에게 이 사건 부동산의 매매에 관한 일체의 대리권을 수여하였던 공소외 1에게 묵시적이거나 추정적인 승낙이 있었다고 보아야 한다는 이유로 이 사건 공소사실을 무죄로 판단하였다.

3. 그러나 앞서 본 법리에 비추어 보면, 원심의 위와 같은 판단은 그대로 수긍하기 어렵다. 원심이 인정한 사실관계에 의할지라도, 피고인이 이 사건 부동산의 매매에 관한 포괄적인 권한을 갖게 된 것은 공소외 1의 2010. 2. 4.자 위임 내지 대리권 수여에 기한 것이라 할 것인데, 공소외 1이 2010. 2. 11. 사망함으로써 포괄적인 명의사용의 근거가 되는 이 사건 부동산 매매에 관한 위임관계 내지 포괄적인 대리관계는 종료된 것으로 보아야 하므로 특별한 사정이 없는 한 피고인은 더 이상 위임받은 사무의 처리와 관련하여 공소외 1의 명의를 사용하는 것이 허용된다고 볼 수 없다. 또한 기록을 살펴보아도 피고인이 사망한 공소외 1의 명의를 모용한 인감증명 위임장을 작성하여 인감증명서를 발급받아야 할 급박한 사정이 있었다고 볼 만한 사정도 없다.

다음, 인감증명 위임장은 본래 생존한 사람이 타인에게 인감증명서 발급을 위임한다는 취지의 문서라는 점을 고려하면, 이미 사망한 공소외 1이 '병안 중'이라는 사유로 피고인에게 인감증명서 발급을 위임한다는 취지의 인감증명 위임장이 작성됨으로써 그 문서에 관한 공공의 신용을 해할 위험성이 발생하였다 할 것이고, 피고인이 명의자인 공소외 1이 승낙하였을 것이라고 기대하거나 예측한 것만으로는 그러한 내용의 문서에 관하여 사망한 공소외 1의 승낙이 추정된다고 단정할 수 없다.

〈승낙의 추정 판단기준 : 이해관계 등〉

대법원 1984. 7. 24. 선고 84도1093 판결 [사문서위조·동행사]

기록에 의하여 원심이 인용한 증거들을 살펴보면 피고인이 그 정을 모르는 공소외 김길자로 하여금 소지중이던 공소외 1의 인감도장을 동인의 승낙없이 부정하게 사용하여 원심판시와 같은 공소외 1 명의의 위임장1매를 위조한 후 이를 행사케 하였다는 원심인정에 수긍이 가고, 그 증거취사과정을 살펴보아도 소론과 같이 채증법칙에 위반한 허물을 찾아볼 수 없다. 피고인이 소론과 같이 공소외 1과 부부간으로서 동인의 인감도장을 보관하고 있었던 것이라고 하여도 이러한 사실만으로 그 인감도장의 사용에 관하여 포괄적 대리권을 위임받은 것이라고 볼 수 없을 뿐 아니라 원심이 적법하게 판시하고 있는 피고인과 공소외 1 사이의 불화관계에 비추어 보면 공소외 1의 승낙의사를 추정하기도 어려운 바이므로 이와 같은 취지로 판단한 원심조치는 정당하고 이 점을 다투는 논지는 이유없다.

대법원 1989. 9. 12. 선고 89도889 판결 [주거침입]

원심은 제1심채택의 증거와 원심채택의 증거를 종합하여 이 사건 가옥은 설시와 같은 건축의 정도로 보아 주거침입의 대상이 되는 주거라 할 수 있고, 또 이를 피해자가 점유관리하고 있었음을 인정할 수 있으니 이 사건 가옥이 가사 피고인 주장과 같이 피고인의 소유라 할지라도 주거침입죄의 성립에는 아무런 장애가 되지 아니하고 또 이 사건 범행당시 피고인과 피해자 사이에는 이 사건 가옥의 소유권에 대한 분쟁이 있어 현재까지도 그 분쟁이 계속되고 있는 사실에 비추어 볼 때, 피고인이 이 사건 가옥에 침입하는 것에 대한 피해자의 추정적 승낙이 있었다거나, 피고인의 이 사건 범행이 사회상규에 위배되지 아니한다고 볼 수 없다고 판시하고서 제1심판결을 유지하였는 바, 기록에 비추어 원심의 증거채택관계와 판단을 살펴보면 이는 정당한 조치로 수긍이 (간다).

제6절 정당행위

Ⅰ. 법령에 의한 행위

1. 공무원의 직무집행행위

〈적법절차에 따른 직무집행〉

대법원 1971. 3. 9. 선고 70도2406 판결 [직권남용등]

피고인이 피해자에게 형사소송법 제70조에 정한 구속사유가 있다고 인정하였으면, 검사에게 청구하여 관할 지방법원판사의 구속영장을 받아 피해자를 구속할 것이고, 긴급을 요하여 지방법원판사의 구속영장을 받을 수 없는 때에는 같은법 제206조에 의하여 그 사유를 고하고 영장 없이 긴급구속 할 수 있을 것이며, 모든 국민이 이러한 법정절차에 의하지 아니하고는 구금을 받지 아니한다는 것은 헌법 제10조가 보장한 권리라 할 것임에도 불구하고, **피고인이 위와 같은 법정절차없이 피해자를 이른바 경찰서 보호실에 구금케 한 행위**는, 피고인이 이를 수사목적 달성을 위한 적절한 행위라고 믿고한 행위라 할 수 없을 것이고, **설사 이를 정당한 행위로서 법령에 의하여 죄가 되지 아니하는 것으로 믿었다 하더라도, 기록상 그와**

같이 믿을 만한 정당한 이유가 있었다 할 수 없으며, 피고인이 위와 같이 그 직무상의 권능을 행사함에 필요한 법정조건을 구비하지 않았음에도 불구하고 이를 행사한 것이니, 이는 곧 그 직권을 남용한 것에 해당한다 할 것이고, 피해자를 소위 보호실에 구금케한 것이 곧 피해자를 감금한다는 것을 인식한 것에 해당한다 할 것이므로, 이에 피고인이 그 직권을 남용하여 사람을 감금한 범의를 인정할 수 있을 것임에도 불구하고, 원심이 이와 상반되는 견해에서 위와같이 판단하였음은 정당행위 및 불법감금죄의 범의에 관한 법리를 오해하여 판결에 영향을 미친 위법이 있다.

〈직무집행과정에서의 불가피한 유형력의 행사〉

대법원 1993. 10. 12. 선고 93도875 판결 [폭력행위등처벌에관한법률위반]

원심판결 이유에 의하면 원심은, 그 거시증거에 의하여 피고인 1은 인천지방법원 소속 집달관이고 피고인 2는 집달관 사무원인데 인천지방법원 90가소59337호 구상금 청구사건의 집행력 있는 판결정본에 기하여 채권자인 주식회사 금성사를 위하여 채무자인 공소외 윤명중의 유체동산을 압류하고자 1990.12.18. 14:30경 위 윤명중의 주소인 부천시 중구 원미 2동 186 주공아파트 510호에 이르러 위 윤명중의 아들인 윤창선(당시 16세 8개월, 고등학교 1학년 학생)이 현관문을 열자 현관에 들어가 위 윤창선에게 윤명중의 주거임을 확인하고 위 채무명의에 기한 강제집행을 하려고 하였는바, **위 윤창선이 피고인들이 휴대한 집행력 있는 판결 정본과 신분증을 확인하고서도 집에 어른이 없다고 하면서 피고인들이 집안으로 들어가지 못하게 문밖으로 밀어내고 문을 닫으려 하자 피고인들은 동인이 문을 닫지 못하게 하려고 문을 잡은 채 서로 밀고 당기면서 몸싸움을 하던 도중 위 윤창선을 밀어 출입문에 우측 이마 등을 부딪치게 하여 그에게 약 2주 간의 가료를 요하는 두부타박상을 가한 사실을 인정**한 다음, 집달관은 법률의 정하는 바에 의하여 재판의 집행, 서류의 송달 기타 법령에 의한 사무에 종사하는 독립적, 단독제의 사법기관(법원조직법 제55조 제2항, 집달관법 제2조)으로서 채권자로부터 집행위임을 받아 집행을 하고 집행위임이 있으면 정당한 사유가 없이 위임을 거절할 수 없고(집달관법 제11조), 직무를 수행할 때에는 지방법원장이 교부한 신분증 및 집행력 있는 정본을 휴대하고 관계인의 청구가 있는 때에는 그 자격을 증명하기 위하여 이를 제시하여야 하며(민사소송법 제495조 제2항, 집달관법 제15조 제1항), 집행을 함에 있어서 채무자가 채무명의에 표시된 자에 해당하는가와 집행목적물이 그의 소유 재산이며 그가 점유하고 있는가 등을 조사하고 필요한 경우에는 채무자의 주거 등을 수색하고, 잠근 문과 기구를 여는 등 적법한 조치를 할 수 있으며(민사소송법 제496조 제1항), 채무자의 주거에 들어가기 위하여 그것이 채무자의 주거인지를 판단할 권한이 있고 그 주거에 들어가 채무자의 소유 물건이 있는가의 여부를 조사할 수 있으며, 집행을 함에 있어 집행을 방해하는 저항을 받을 때에는 경찰이나 국군의 원조를 받을 수 있으나(민사소송법 제496조 제2항) 집달관 스스로가 어느 정도의 위력을 사용하여 그 저항을 간단히 배제할 수 있는 경우라면 군이 경찰 등의 원조를 받을 필요는 없이 스스로 이를 배제할 수 있다 할 것인데 위에서 본 바와 같이 피고 인들이 채권자로부터 집행력 있는 판결정본에 기한 동산압류집행의 위임을 받아 신분증과 채무명의를 휴대한 채 채무자의 주거에 들어가려고 하였으나, 채무자의 아들인 윤창선이 집 행력 있는 판결정본과 신분증을 확인하고도 주거에 들어오지 못하게 하고 피고인들을 문밖 으로까지 밀쳐 내고 문을 닫으려고 하면서 적법한 집행을 방해하는 등 저항하므로 이를 배 제하고 채무자의 주거에 들어가기 위하여 동인을 떠민 것은 집달관으로서의 정당한 직무범 위 내에 속하는 위력의 행사라고 할 것이고, 이로 인하여 동인에게 원심판시의 상해를 가하 였다 하더라도 그 행위의 동기 목적의 정당성, 수단 방법의 상당성, 보호법익과 침해법익과 의 법익균형성, 긴급성 및 행위의 보충성 등에 비추어 통상의 사회통념상 허용될 수 있는 상 당성이 있는 행위로서 형법 제20조에 의하여 위법성이 조각된다고 판단하였다.

원심이 설시한 증거들과 관계법령에 비추어 보면 원심의 위 사실인정과 판단은 정당하다고 수긍이 된다.

대법원 2021. 10. 14. 선고 2017도10634 판결 「민사소송법 제335조에 따른 법원의 감정인 지정결정 또는 같은 법 제341조 제1항에 따른 법원의 감정촉탁을 받은 경우에는 감정평가업자가 아닌 사람이더라도 그 감정사항에 포함된 토지 등의 감정평가를 할 수 있고, 이러한 행위는 법령에 근거한 법원의 적법한 결정이나 촉탁에 따른 것으로 형법 제20조의 정당행위에 해당하여 위법성이 조각된다고 보아야 한다.」

2. 상관의 명령에 의한 행위

〈상관의 '명백히' 위법한 명령에 따른 경우〉

대법원 1988. 2. 23. 선고 87도2358 판결 [특정범죄가중처벌등에관한법률위반]

피고인 23, 같은 반금곤, 4 등의 원판시 소위는 상사인 상피고인 1의 명령에 따른 정당한 행위에 해당하거나 절대적 복종관계에 기한 강요된 행위이기 때문에 책임이 조각되어야 한다고 주장하나, <u>공무원이 그 직무를 수행함에 있어 상관은 하관에 대하여 범죄행위 등 위법한 행위를 하도록 명령할 직권이 없는 것이며, 또한 하관은 소속상관의 적법한 명령에 복종할 의무는 있으나 그 명령이 참고인으로 소환된 사람에게 가혹행위를 가하라는 등과 같이 명백한 위법 내지 불법한 명령인 때에는 이는 벌써 직무상의 지시명령이라 할 수 없으므로 이에 따라야 할 의무는 없다</u> 할 것이고(당원 1980.5.20 선고 80도306 판결 참조), 설령 치안본부 대공수사단 직원은 상관의 명령에 절대 복종하여야 한다는 것이 그 주장과 같이 불문률로 되어있다 할지라도, 국민의 기본권인 신체의 자유를 침해하는 고문행위 등이 금지되어 있는 우리의 국법질서에 비추어 볼 때 그와 같은 불문률이 있다는 점만으로는 <u>이 사건 판시 범죄와 같이 중대하고도 명백한 위법명령에 따른 행위가 정당한 행위에 해당하거나 강요된 행위로서 적법행위에 대한 기대가능성이 없는 경우에 해당하게 되는 것이라고는 볼 수 없고</u> 더우기 일건 기록에 비추어 볼 때 <u>위와 같은 위법한 명령이 피고인들이 저항할 수 없는 폭력이나 방어할 방법이 없는 협박에 상당한 것이라고 인정되지 않을 뿐 아니라 같은 피고인들이 그 당시 그와 같은 위법한 명령을 거부할 수 없는 특별한 상황에 있었기 때문에 적법행위를 기대할 수 없었다고 볼만한 아무런 자료도 찾아볼 수 없으므로 같은 취지로 위 피고인들의 주장을 배척한 원심의 조처는 정당하고, 논지는 이유없다</u>(위 당원 80도306 판결 참조).

대법원 1997. 4. 17. 선고 96도3376 전원합의체 판결 [생 략]

<u>상관의 적법한 직무상 명령에 따른 행위는 정당행위로서 형법 제20조에 의하여 그 위법성이 조각된다고 할 것이나, 상관의 위법한 명령에 따라 범죄행위를 한 경우에는 상관의 명령에 따랐다고 하여 부하가 한 범죄행위의 위법성이 조각될 수는 없다고 할 것이다.</u>

피고인 H가 피고인 A의 지시를 받고 병력을 이끌고 가서 S 총장을 체포한 행위나 피고인 J가 제3공수여단장인 피고인 E의 지시를 받고 병력을 이끌고 가서 AF 특전사령관을 체포한 행위 및 피고인 K가 수도경비사령부 헌병단장 AN의 지시를 받고 병력을 이끌고 가서

X 수경사령관을 체포한 행위는 앞서 본 바와 같이 모두 상관의 위법한 명령에 따라서 범죄행위를 한 것이므로, 위 피고인들이 각자의 직근상관의 명령에 따라 위와 같은 행위를 하였다고 하여 위 피고인들의 행위가 정당행위가 된다고 할 수는 없다고 할 것이다.

〈위법한 명령을 적법한 것으로 오인한 경우〉

대법원 1986. 10. 28. 선고 86도1406 판결 [무단이탈]

원심은 그 채택증거에 의하여 피고인은 소속중대장의 당번병으로서 근무시간중은 물론 근무시간 후에도 밤늦게 까지 수시로 영외에 있는 중대장의 관사에 머물면서 집안일을 도와주고 그 자녀들을 보살피며 중대장 또는 그 처의 심부름으로 관사를 떠나서까지 시키는 일을 해오던 중 이 사건 당일밤에도 중대장의 지시에 따라 관사를 지키고 있던 중 중대장과 함께 외출나간 그 처 박태자로부터 같은날 24:00경 비가 오고 밤이늦어 혼자서는 도저히 여우고개를 넘어 귀가할 수 없으니, 관사로부터 1.5킬로미터 가량 떨어진 여우고개까지 우산을 들고 마중을 나오라는 연락을 받고 당번병으로서 당연히 해야 할 일로 생각하고서 여우고개까지 나가 동인을 마중하여 그 다음날 01:00경 귀가한 사실을 인정하고, 이와 같은 <u>피고인의 관사이탈 행위가 중대장의 직접적인 허가를 받지 아니하였다 하더라도 피고인은 당번병으로서의 그 임무범위 내에 속하는 일로 오인한 행위로서 그 오인에 정당한 이유가 있으므로 위법성이 없다</u>고 하여 피고인에게 무죄를 선고하였는바, 기록에 의하여 살펴보면, 원심의 위와 같은 사실인정과 판단은 정당하게 수긍되고 거기에 소론 사실오인이나 무단이탈죄에 있어서의 위법성에 대한 법리오해의 위법이 있다할 수 없으므로 논지는 이유없다.

3. 징계권자의 징계행위

〈친권자의 체벌〉

대법원 2002. 2. 8. 선고 2001도6468 판결 [협박]

친권자는 자를 보호하고 교양할 권리의무가 있고(민법 제913조) 그 자를 보호 또는 교양하기 위하여 필요한 징계를 할 수 있기는 하지만(민법 제915조) 인격의 건전한 육성을 위하여 필요한 범위 안에서 상당한 방법으로 행사되어야만 할 것인데, 원심이 확정한 사실관계에 의하면 스스로의 감정을 이기지 못하고 야구방망이로 때릴 듯이 피해자에게 "죽여 버린다."고 말하여 협박하는 것은 그 자체로 피해자의 인격 성장에 장해를 가져올 우려가 커서 이를 교양권의 행사라고 보기도 어렵다 할 것이다.

〈교사의 체벌〉

대법원 2004. 6. 10. 선고 2001도5380 판결 [폭행·모욕]

초·중등교육법 제18조 제1항은 "학교의 장은 교육상 필요한 때에는 법령 및 학칙이 정하는 바에 의하여 학생을 징계하거나 기타의 방법으로 지도할 수 있다."고 규정하고 제20조 제3항은 "교사는 법령이 정하는 바에 따라 학생을 교육한다."고 규정하며, 그 법 시행령 제31조 제1항은 " 법 제18조 제1항 본문의 규정에 의하여 학교의 장이 교육상 필요하다고 인정할 때에는 학생에 대하여 다음 각 호의 1.의 징계를 할 수 있다. 1. 학교내의 봉사, 2. 사회봉사, 3. 특별교육, 4. 퇴학처분"이라고 규정하고 그 제31조 제7항은 "학교의 장은 법 제18조 제1항 본문의 규정에 의한 지도를 하는 때에는 교육상 불가피한 경우를 제외하고는 학생에게 신체적 고통을 가하지 아니하는 훈육, 훈계 등의 방법으로 행하여야 한다."고 규정한다. 그 규정들에 따르건대, 교사는 학교장의 위임을 받아 교육상 필요하다고 인정할 때에는 징계를 할 수 있고 징계를 하지 않는 경우에는 그 밖의 방법으로 지도를 할 수 있는데 그 지도에 있어서는 교육상 불가피한 경우에만 신체적 고통을 가하는 방법인 이른바 체벌로 할 수 있고 그 외의 경우에는 훈육, 훈계의 방법만이 허용되어 있는 것이다.

그러하니 교사가 학생을 징계 아닌 방법으로 지도하는 경우에도 징계하는 경우와 마찬가지로 교육상의 필요가 있어야 될 뿐만 아니라 특히 학생에게 신체적, 정신적 고통을 가하는 체벌, 비하하는 말 등의 언행은 교육상 불가피한 때에만 허용되는 것이어서, 학생에 대한 폭행, 욕설에 해당되는 지도행위는 학생의 잘못된 언행을 교정하려는 목적에서 나온 것이었으며 다른 교육적 수단으로는 교정이 불가능하였던 경우로서 그 방법과 정도에서 사회통념상 용인될 수 있을 만한 객관적 타당성을 갖추었던 경우에만 법령에 의한 정당행위로 볼 수 있을 것이다.

따라서 교정의 목적에서 나온 지도행위가 아니어서 학생에게 체벌, 훈계 등의 교육적 의미를 알리지도 않은 채 지도교사의 성격 또는 감정에서 비롯된 지도행위라든가, 다른 사람이 없는 곳에서 개별적으로 훈계, 훈육의 방법으로 지도·교정될 수 있는 상황이었음에도 낯모르는 사람들이 있는 데서 공개적으로 학생에게 체벌·모욕을 가하는 지도행위라든가, 학생의 신체나 정신건강에 위험한 물건 또는 지도교사의 신체를 이용하여 학생의 신체 중 부상의 위험성이 있는 부위를 때리거나 학생의 성별, 연령, 개인적 사정에서 견디기 어려운 모욕감을 주어 방법·정도가 지나치게 된 지도행위 등은 특별한 사정이 없는 한 사회통념상 객관적 타당성을 갖추었다고 보기 어려운 것이다.

이 사건 사실관계에 위의 법리를 적용하여 본즉, 피고인이 피해자들의 각 언행을 교정하기 위하여는 위에서 본 학생지도시의 준수요건을 지켜 개별적 지도로서 훈계하는 등의 방법을 사용할 수 있었던 상황이었으며 달리 특별한 사정은 인정될 수 없었음에도 **스스로의 감정을 자제하지 못한 나머지 많은 낯모르는 학생들이 있는 교실 밖에서 피해자 학생들의 행동을 본 즉시 피고인 자신의 손이나 주먹으로 피해자공소외 1의 머리 부분을 때렸고 피고인이 신고 있던 슬리퍼로 피해자공소외 의 양손을 때렸으며 감수성이 예민한 여학생인 피해자들에게 모욕감을 느낄 지나친 욕설을 하였던 것은** 사회관념상 객관적 타당성을 잃은 지도행위이어서 정당행위로 볼 수 없을 터인바, 같은 전제에서 나온 원심의 판단은 올바른 것으로 수긍할 수 있다.

헌법재판소 2000. 1. 27. 선고 99헌마481 결정 「청구인들이 학생지도부 담당 및 위 박○성의 담임교사인 점, 위 박○성이 "일진회"라는 검찰차원의 수사까지 받았던 학교폭력단체의 회원(불기소사건 기록 18면)이고, 교내에서 동료학생들의 금품을 뺏고(불기소사건 기록 52면) 또한 무단조퇴·결석·수업이탈 등을 일삼은 점 및 평소 교사의 지도에 반항하는(불기소사건 기록 51면) 등의 사실을 위 법규정에 비추어 보면, 청구인들은 교사로서 특히 학생들의 생활지도 및 교칙 등의 준수여부를 감독하여야 할 책임을 가진 업무를 담당하는 자로서 위에서 언급한 문제를 일으켜 교내봉사활동을 하면서도 소란을 피우는 위 박○성을 훈계하고 선도하기 위한 교육의 목적으로 체벌을 가한 것으로 보지 못할 바도 아니다. 따라서 이러한 경우 피청구인으로서는 체벌의 수단과 그 정도 및 피해자의 피해정도를 면밀하게 수사하여 만약 청구인들의 행위가 체벌로서 허용되는 범위 내의 것이라면 형법 제20조 소정의 정당 행위에 해당하므로 '죄가안됨' 처분을 하였어야 함에도 수사를 미진하여 위 김○륜에 대한 참고인 조사에 의하여 일부 인정되는 폭행사실만으로 청구인들의 범죄혐의를 인정하는 잘못을 저질렀다.」

4. 권리(한)의 행사행위

가. 현행범인 체포행위

〈사인의 현행범인 체포행위〉

대법원 1999. 1. 26. 선고 98도3029 판결 [폭력행위등처벌에관한법률위반]

1. 채증법칙 위배에 의한 사실오인의 점에 대하여

원심이 그 사실인정을 유지한 제1심판결 이유에 의하면, 원심은, 이 사건 공소사실 중 폭력행위등처벌에관한법률위반의 점, 즉, **피고인이 1997. 4. 2. 22:40경 평택시 팽성읍 송화리 35의 3 소재 피해자 잭 엘 조하니스(Jack L. Johannes)의 집 앞 노상에서 피해자가 그 곳에 주차하여 둔 피고인의 차를 열쇠 꾸러미로 긁어 손괴하는 것을 보고 이에 격분하여 피해자의 멱살을 수회 잡아 흔들어 피해자에게 약 14일간의 치료를 요하는 흉부찰과상을 가하였다**는 점에 대하여, 검사가 제출한 증거들에 의하더라도 피고인이 피고인의 차를 손괴하고 도망하려는 피해자를 도망하지 못하게 멱살을 잡은 결과 피해자의 목부분이 빨갛게 되었다는 사실은 인정되나, 나아가 피고인이 상해의 고의로 피해자의 멱살을 잡아 흔들었다는 사실을 인정할 아무런 증거가 없다고 판시하였는바, 기록에 비추어 살펴보면, 원심의 위와 같은 사실인정은 수긍이 가고, 거기에 채증법칙을 위배하여 사실을 오인한 위법이 있다고 할 수 없다. 논지는 이유 없다.

2. 법리오해의 점에 대하여

가. 어떠한 행위가 위법성조각사유로서의 정당행위가 되는지 여부는 구체적인 경우에 따라 합목적적, 합리적으로 가려져야 할 것인바, 정당행위를 인정하려면 첫째 그 행위의 동기나 목적의 정당성, 둘째 행위의 수단이나 방법의 상당성, 셋째 보호법익과 침해법익의 권형성, 넷째 긴급성, 다섯째 그 행위 이외의 다른 수단이나 방법이 없다는 보충성의 요건을 모두 갖추어야 할 것이다(대법원 1992. 9. 25. 선고 92도1520 판결, 대법원 1994. 4. 15. 선고 93도2899 판결, 대법원 1998. 10. 13. 선고 97도3337 판결 등 참조). 그리고 현행범인은 누구든지 영장 없이 체포할 수 있으므로(형사소송법 제212조) 사인의 현행범인 체포는 법령에 의한 행위로서 위법성이 조각된다고 할 것인데, 현행범인 체포의 요건으로서는 행위의 가벌성, 범죄의 현행성·

시간적 접착성, 범인·범죄의 명백성 외에 체포의 필요성 즉, 도망 또는 증거인멸의 염려가 있을 것을 요한다고 보아야 함은 소론과 같다고 할 것이다.

그러나 이 사건에서 피해자가 재물손괴죄의 현행범인에 해당함은 명백하고, 피해자는 당시 열쇠로 피고인의 차를 긁고 있다가 피고인이 나타나자 부인하면서 도망하려고 하였다는 것이므로 위에서 말하는 체포의 필요성의 요건도 갖추었다고 할 것이다. 같은 취지의 원심 판단은 정당하다.

나. 한편, 적정한 한계를 벗어나는 체포행위는 그 부분에 관한 한 법령에 의한 행위로 될 수 없다고 할 것이나, 적정한 한계를 벗어나는 행위인가 여부는 결국 앞서 본 정당행위의 일반적 요건을 갖추었는지 여부에 따라 결정되어야 할 것이지 소론이 주장하고 있는 바와 같이 그 행위가 소극적인 방어행위인가 적극적인 공격행위인가에 따라 결정되어야 하는 것은 아니다. 소론이 인용하고 있는 당원의 판결들이 본능적인 소극적 방어행위에 해당하는 경우에 위법성이 없다고 판시하고 있음은 소론과 같으나, 그 행위 자체로서는 다소 공격적인 행위로 보이더라도 사회통념상 허용될 수 있는 행위인 경우에는 위법성이 없다고 할 것이므로 당원의 판례가 소극적인 방어행위에 한하여 정당행위를 인정하고 있다는 소론은 당원의 판례를 오해한 것이다.

그런데 이 사건에서 피고인이 피해자를 체포함에 있어서 멱살을 잡은 행위는 그와 같은 적정한 한계를 벗어나는 행위라고 볼 수 없을 뿐만 아니라 설사 소론이 주장하는 바와 같이 피고인이 도망하려는 피해자를 체포함에 있어서 멱살을 잡고 흔들어 피해자가 결과적으로 그 주장과 같은 상처를 입게 된 사실이 인정된다고 하더라도 그것이 사회통념상 허용될 수 없는 행위라고 보기는 어렵다고 할 것이다.

나. 집회 및 시위행위

〈집회나 시위에서의 소음이 정당행위가 되기 위한 요건〉

대법원 2004. 10. 15. 선고 2004도4467 판결 [업무방해]

집회 및 시위의 자유는 표현의 자유의 집단적인 형태로서 집단적인 의사표현을 통하여 공동의 이익을 추구하고 자유민주국가에 있어서 국민의 정치적·사회적 의사형성과정에 효과적인 역할을 하는 것이므로 민주정치의 실현에 매우 중요한 기본권인 것은 사실이지만, 그 수단과 방법이 폭행·협박·손괴·방화 등으로 질서를 문란하게 하는 행위에 해당하여 형사상

범죄를 성립시키는 경우에 있어서는 집회 및 시위행위 자체에 성질상 집단성이 내포되어 있는 것이라는 이유만으로 일반 형사범죄와는 다른 특별한 취급을 하여야 할 근거는 없다.

그리고 집회나 시위는 다수인이 공동목적으로 회합하고 공공장소를 행진하거나 위력 또는 기세를 보여 불특정 다수인의 의견에 영향을 주거나 제압을 가하는 행위로서 그 회합에 참가한 다수인이나 참가하지 아니한 불특정 다수인에게 의견을 전달하기 위하여 어느 정도의 소음이 발생할 수밖에 없는 것은 부득이한 것이므로 집회나 시위에 참가하지 아니한 일반 국민도 이를 수인할 의무가 있다고 할 수 있으며, 합리적인 범위에서는 확성기 등 소리를 증폭하는 장치를 사용할 수 있고 확성기 등을 사용한 행위 자체를 위법하다고 할 수는 없으나, 그 집회나 시위의 장소, 태양, 내용과 소음 발생의 수단, 방법 및 그 결과 등에 비추어, 집회나 시위의 목적 달성의 범위를 넘어 사회통념상 용인될 수 없는 정도로 타인에게 심각한 피해를 주는 소음을 발생시킨 경우에는 위법한 위력의 행사로서 정당행위라고는 할 수 없다.

원심판결 이유에 의하면 원심은, 그 채용증거에 의하여, 피고인들은 관할 경찰서장에게 옥외집회(시위)신고서를 제출한 후 2002. 10. 12.부터 2002. 12. 31.까지 10여 회에 걸쳐 민주노총 대구지부, 참여연대 등의 단체 소속 회원들을 포함하여 매회 평균 15명(많을 때는 40명) 정도를 동원하여 옥외집회를 개최한 사실, 당시 대구 중구청 종합민원실 앞 인도를 점거하고 현수막, 피켓 등을 설치한 채 승합차에 장착된 고성능 확성기, 앰프 등을 사용하여 "부당해고자 원직 복직, 중구청장 물러가라"는 구호를 외치고, 노동가를 불러 소음을 발생시킨 사실, 중구청 소속 직원에 의한 소음측정결과에 의하면 당시 집회 및 시위소음은 82.9dB 내지 100.1dB에 이르렀고, 이로 인하여 중구청사 내에서는 전화통화, 대화 등이 어려웠으며, 밖에서는 부근을 통행하기조차 곤란하였고, 인근 음식점, 자전거대리점, 제과점 등의 상인들도 소음으로 인한 고통을 호소한 사실을 인정한 다음, 이는 위력으로 중구청 인근 상인 및 사무실 종사자들의 업무를 방해한 업무방해죄를 구성하고, 형법 제20조의 사회상규에 위배되지 아니하는 정당한 행위에 해당하여 위법성이 조각된다고 볼 수 없다고 판단하였는바, 앞서 본 법리와 기록에 비추어 살펴보면, 원심의 위와 같은 인정과 판단은 정당하고, 거기에 상고이유 주장과 같은 채증법칙 위반이나 업무방해죄에 관한 법리오해, 법치국가의 과잉금지 원칙에 위반하는 등 판결에 영향을 미친 위법이 있다고 할 수 없다.

대법원 2008. 9. 11. 선고 2004도746 판결 [업무방해 · 노동조합및노동관계조정법위반 · 집회 및시위에관한법률위반 · 국가공무원법위반(인정된죄명 : 청원경찰법위반)]

집회나 시위는 다수인이 공동목적으로 회합하고 공공장소를 행진하거나 위력 또는 기세를 보여 불특정 다수인의 의견에 영향을 주거나 제압을 가하는 행위로서 그 회합에 참가한 다수인이나 참가하지 아니한 불특정 다수인에게 의견을 전달하는 과정에서 어느 정도의 소음이 발생하는 것은 부득이하므로 집회나 시위에 참가하지 아니한 일반 국민도 이를 수인할 의무가 있고, 그 집회나 시위의 장소, 태양, 내용과 소음 발생의 수단, 방법 및 그 결과 등에 비추어, 집회나 시위의 목적 달성의 범위를 넘어 사회통념상 용인될 수 없는 정도로 타인에게 심각한 피해를 주는 소음을 발생시킨 경우에는 위법한 위력의 행사로서 정당행위라고는 할 수 없으나 합리적인 범위에서는 확성기 등 소리를 증폭하는 장치를 사용할 수 있고 확성기 등을 사용한 행위 자체를 위법하다고 할 수 없다(대법원 2004. 10. 15. 선고 2004도4467 판결 참조).

원심판결 이유에 의하면 원심은, 그 채용 증거에 의하여 2000. 5. 23. 및 2000. 5. 27. 집회 시 노조원들이 고성능 앰프를 사용하여 노동가요를 제창하고 구호를 외쳐 소음이 발생하였고 회사측 최고경영진을 비난하는 함성을 지르는 행위로 인하여 직원들이 일부는 옥상으로, 일부는 창문쪽으로 가서 집회를 구경하는 등으로 사무실 등의 근무분위기가 저하된 사실을 인정하고서도, 그 판시와 같은 사정들에 비추어 위 인정 사실만으로는 피고인들이 대한항공이나 그 직원들에 대하여 수인할 수 없을 정도의 소음 내지 혼란스러운 분위기를 조성하였다고 인정하기 부족하다고 판단한 다음, 달리 피고인들이 위력을 행사하여 대한항공의 업무를 방해하였다고 인정할 증거가 없다는 이유로 이 부분 각 공소사실을 무죄로 판단하였다.

앞서 본 법리와 기록에 의하여 살펴보면, 원심의 위와 같은 판단은 그 결론에 있어 정당하고, 그 판단에 상고이유 주장과 같은 업무방해죄에 관한 법리오해 등의 위법이 없다.

다. 쟁의행위

〈쟁의행위의 정당화 요건〉

대법원 2001. 10. 25. 선고 99도4837 전원합의체 판결 [업무방해]

가. 피고인들에 대한 이 사건 공소사실 중 상고심의 판단대상이 된 부분의 요지는 "공소 주식회사 노동조합 대전지부장인 피고인 1과 위의 지부 교육선전부장인 피고인 2및 위의 지부 조사통계부장인 피고인 3은 1998. 5. 6.부터 그 달 12일까지 일요일을 제외한 기간 동안 노동조합 조합원 약 200명을 작업장에서 이탈케 하여 만도기계 주식회사 대전 생산기술원의 구내식당에 모이게 한 다음 각종 집회를 개최하여 생산활동을 전면 중단케 함으로써 위력으로써공소외 주식회사의 업무를 방해하였다."는 것이다.

나. 원심은 그의 인정 사실을 토대로 중앙노동위원회의 조정 종료 후에 노동조합의 조합원 총회를 거쳐 파업을 실시하였으므로 위의 파업은 시기와 절차에서도 정당하고, 비록 조합원 총회에서 파업실시에 대한 찬·반 투표를 실시하지 않은 것으로 보이지만 그와 같이 투표를 실시하지 아니한 것은 단지 노동조합 내부의 의사형성 과정상의 결함에 지나지 아니하고, 그 조합원 총회 이후 파업에 참여한 인원 등에 비추어 조합원 대다수가 파업에 찬성한 것으로 보이므로 조합원 총회에서 투표를 실시하지 아니하였다는 사정만으로 위의 파업의 절차가 위법하다고 할 수 없으며, 위의 파업은 그의 주체, 목적, 수단, 방법에 있어서도 상당하므로 결국 위의 파업행위는 사회상규에 반하지 아니하는 정당행위로서 위법성이 조각된다는 요지로 판단하여 위의 공소사실 부분에 대하여 무죄를 선고하였다.

2. 이 법원의 판단

가. 노동조합및노동관계조정법(아래에서는 '노동조정법'이라고 한다) 제1조는 "이 법은 헌법에 의한 근로자의 단결권·단체교섭권 및 단체행동권을 보장하여 근로조건의 유지·개선과 근로자의 경제적·사회적 지위의 향상을 도모하고, 근로관계를 공정하게 조정하여 노동쟁의를 예방·해결함으로써 산업평화의 유지와 국민경제의 발전에 이바지함을 목적으로 한다."고 규정하고, 노동조정법 제4조는 "형법 제20조의 규정은 노동조합이 단체교섭·쟁의행위 기타의 행위로서 제1조의 목적을 달성하기 위하여 한 정당한 행위에 대하여 적용된다. 다만, 어떠한 경우에도 폭력이나 파괴행위는 정당한 행위로 해석되어서는 아니된다."고 규정하며, 노동조정법 제37조 제1항은 "쟁의행위는 그 목적·방법 및 절차에 있어서 법령 기타 사회질서에 위반되어서는 아니된다."고 규정하고, 제2항은 "조합원은 노동조합에 의하여 주도되지 아니한 쟁의행위를 하여서는 아니된다."고 규정하며, 노동조정법 제41조 제1항은 "노동조합의 쟁의행위는 그 조합원의 직접·비밀·무기명투표에 의한 조합원 과반수의 찬성으로 결정하지 아니하면 이를 행할 수 없다."고 규정하고 있다.

그리고 대법원도 그 규정들에 좇아 근로자의 쟁의행위가 형법상 정당행위가 되기 위하여는 첫째 그 주체가 단체교섭의 주체로 될 수 있는 자이어야 하고, 둘째 그 목적이 근로조건의 향상을 위한 노사간의 자치적 교섭을 조성하는 데에 있어야 하며, **셋째 사용자가 근로자의 근로조건 개선에 관한 구체적인 요구에 대하여 단체교섭을 거부하였을 때 개시하되 특별한 사정이 없는 한 조합원의 찬성결정 등 법령이 규정한 절차를 거쳐야 하고**, 넷째 그 수단과 방법이 사용자의 재산권과 조화를 이루어야 함은 물론 폭력의 행사에 해당되지 아니하여야 한다는 여러 조건을 모두 구비하여야 한다고 되풀이 판시하고(대법원 1990. 5. 15. 선고 90도

357 판결, 1991. 5. 24. 선고 91도324 판결, 1996. 1. 26. 선고 95도1959 판결, 1996. 2. 27. 선고 95도 2970 판결, 1998. 1. 20. 선고 97도588 판결, 2000. 5. 12. 선고 98도3299 판결, 2001. 6. 12. 선고 2001도1012 판결 등 참조), 특히 그 절차에 관하여 쟁의행위를 함에 있어 조합원의 직접·비밀· 무기명투표에 의한 찬성결정이라는 절차를 거쳐야 한다는 규정은 노동조합의 자주적이고 민 주적인 운영을 도모함과 아울러 쟁의행위에 참가한 근로자들이 사후에 그 쟁의행위의 정당 성 유무와 관련하여 어떠한 불이익을 당하지 않도록 그 개시에 관한 조합의사의 결정에 보 다 신중을 기하기 위하여 마련된 규정이므로 위의 절차를 위반한 쟁의행위는 그 절차를 따 를 수 없는 객관적인 사정이 인정되지 아니하는 한 정당성이 상실된다고 잇달아 판시하여 (대법원 1992. 3. 13. 선고 91누10473 판결, 1992. 9. 22. 선고 91다4317 판결, 1992. 12. 8. 선고 92누 1094 판결, 2000. 3. 10. 선고 99도4838 판결 등 참조) 위의 규정들의 취지를 분명히 하여왔다. 그러하니 이러한 해석견해와 달리 쟁의행위의 개시에 앞서 노동조정법 제41조 제1항에 의한 투표절차를 거치지 아니한 경우에도 조합원의 민주적 의사결정이 실질적으로 확보된 때에는 단지 노동조합 내부의 의사형성 과정에 결함이 있는 정도에 불과하다고 하여 쟁의행위의 정 당성이 상실되지 않는 것으로 해석한다면 위임에 의한 대리투표, 공개결의나 사후결의, 사실 상의 찬성간주 등의 방법이 용인되는 결과, 그와 같은 견해는 위의 관계 규정과 대법원의 판 례취지에 반하는 것이 된다.

따라서 견해를 달리하여 노동조정법 제41조 제1항을 위반하여 조합원의 직접·비밀·무기명 투표에 의한 과반수의 찬성결정을 거치지 아니하고 쟁의행위에 나아간 경우에도 조합원의 민주적 의사결정이 실질적으로 확보된 경우에는 위와 같은 투표절차를 거치지 아니하였다는 사정만으로 쟁의행위가 정당성을 상실한다고 볼 수 없다는 취지의 대법원 2000. 5. 26. 선고 99도4836 판결은 위의 판결들과 어긋나는 부분에 한하여 변경하기로 한다.

〈쟁의행위의 정당화 요건 : 쟁의행위의 목적〉

대법원 2008. 9. 11. 선고 2004도746 판결 [업무방해·노동조합및노동관계조정법위반·집 회및시위에관한법률위반·국가공무원법위반(인정된죄명:청원경찰법위반)]

근로자의 쟁의행위가 형법상 정당행위가 되기 위해서는 우선 그 주체가 단체교섭의 주체로 될 수 있는 자이어야 하고, 그 목적이 근로조건의 향상을 위한 노사간의 자치적 교섭을 조성 하는 데에 있어야 하며, 사용자가 근로자의 근로조건 개선에 관한 구체적인 요구에 대하여 단체교섭을 거부하였을 때 개시하되 특별한 사정이 없는 한 조합원의 찬성결정 등 법령이 규정한 절차를 거쳐야 하고, 그 수단과 방법이 사용자의 재산권과 조화를 이루어야 함은 물론, 폭력의 행사에 해당되지 아니하여야 한다는 여러 조건을 모두 구비하여야 하며(대법원 2001. 10. 25. 선고 99도4837 판결 등 참조), 쟁의행위에서 추구되는 목적이 여러 가지이고 그 중 일부가 정당하지 못한 경우에는 주된 목적 내지 진정한 목적의 당부에 의하여 그 쟁의 목적의 당부를 판단하여야 한다(대법원 2003. 12. 26. 선고 2001도1863 판결, 2004. 4. 9. 선고 2002도7368 판결 등 참조).

원심판결 이유에 의하면 원심은, 그 채용 증거에 의하여 판시 사실을 인정한 다음, 사용자측이 임금교섭에 대하여는 적극적이었음에도 조종사 노조는 임금협상은 포기하더라도 외국인 조종사의 채용 및 관리, 운항규정심의위원회구성 등에 관한 보충협약 체결에 대하여 이를 철회하지 않을 것임을 분명히 하여 임금교섭의 구체적인 진전이 없었던 이상 조종사 노조의 단체교섭의 주된 목적은 임금교섭이 아닌 위 보충협약 부분이라 할 것인데, 위 보충협약 부분 중 가장 쟁점이 된 외국인 조종사의 채용 및 관리에 관한 조종사 노조측의 제시 요구안은 외국인 조종사의 채용을 2001. 6. 30.자로 동결하고 외국인 부기장을 채용할 수 없도록 하는 등 사용자의 경영권을 본질적으로 침해하는 내용이어서 단체교섭의 대상이 될 수 없는 사항이므로, 그 주장의 관철을 목적으로 한 2001. 6.경의 이 사건 쟁의행위는 그 목적에 있어서 정당하다고 할 수 없어 목적의 정당성을 결여하였고, 판시와 같은 이유로 쟁의행위의 시기·수단·방법에 있어서도 정당성의 한계를 벗어났으므로, 이 사건 쟁의행위는 정당행위라고 볼 수 없다고 판단하여, 이 사건 업무방해의 범죄사실을 유죄로 인정하였다.

앞서 본 법리와 기록에 의하여 살펴보면, 원심의 위와 같은 사실인정과 판단은 정당하고, 그 사실인정과 판단에 상고이유 주장과 같은 채증법칙을 위반하였거나 파업 목적의 정당성 등에 관한 법리를 오해하는 등의 위법이 없다.

〈쟁위행위가 제3자의 권리를 침해한 경우〉

대법원 2010. 3. 11. 선고 2009도5008 판결 [폭력행위등처벌에관한법률위반(공동주거침입)]

가. 2인 이상이 하나의 공간에서 공동생활을 하고 있는 경우에는 각자 주거의 평온을 누릴 권리가 있으므로, 사용자가 제3자와 공동으로 관리·사용하는 공간을 사용자에 대한 쟁의행위를 이유로 관리자의 의사에 반하여 침입·점거한 경우 비록 그 공간의 점거가 사용자에 대

한 관계에서 정당한 쟁의행위로 평가될 여지가 있다 하여도 이를 공동으로 관리·사용하는 제3자의 명시적 또는 추정적인 승낙이 없는 이상 위 제3자에 대하여서까지 이를 정당행위라고 하여 주거침입의 위법성이 조각된다고 볼 수는 없다 할 것이다.

나. 원심 판시에 의하더라도, 피고인들이 점거한 이 사건 로비는 제3자인 (주)한국증권선물거래소가 병존적으로 관리하는 공간이라는 것이고, 원심과 제1심이 적법하게 채택하여 조사한 증거에 의하면, **피고인들이 농성을 한 이 사건 로비는 (주)한국증권선물거래소가 소유하고 있는 지상 21층 규모의 이 사건 업무용 빌딩 중의 일부인 사실, (주)코스콤은 이 사건 업무용 빌딩 중 2층부터 11층을 임차하여 사용하면서 그 12층부터 21층까지 사용하는 (주)한국증권선물거래소와 공동으로 이 사건 로비를 사용하는 사실, 이 사건 로비는 700~800명 정도가 들어갈 수 있는 넓은 공간으로 한쪽에 안내데스크 및 고객대기실이 있고 일반 사무실은 없는 사실, 피고인들은 이 사건 로비 중 중간 부분 일부를 점거하며 선전전, 강연, 토론 등의 방법으로 농성한 사실, 피고인들을 포함한 100여 명은 시설보호 요청을 받은 경찰의 저지를 뚫고 현관 밖에서 자동문 1개를 안쪽으로 밀어서 손괴하는 방법으로 이 사건 로비에 들어간 사실, 그 후 10여 일 동안 숙식하면서 앰프를 이용하여 노동가를 틀고 구호를 외치는 등의 방법으로 소음을 발생시킨 사실을 알 수 있다.**

다. 사정이 이와 같다면, 피고인들이 이 사건 로비에 침입하여 이를 점거한 행위는 (주)한국증권선물거래소를 포함한 위 로비 관리자의 의사에 반하여 이루어진 것이 명백하므로, 위에서 본 법리에 비추어, 비록 원심 판시의 사정이 있어 피고인들의 위 행위가 (주)코스콤에 대한 관계에서 정당한 쟁의행위라고 평가될 여지가 있다 하여도 위 로비를 공동으로 관리·사용하며 자신의 주거의 평온을 보호받을 권리가 있는 (주)한국증권선물거래소에 대하여서까지 형법 제20조의 정당행위로서 위법성이 조각된다고 볼 수는 없다 할 것이다.

Ⅱ. 업무로 인한 행위

1. 변호사·성직자의 업무행위

〈정당한 변론권의 범위를 일탈한 경우〉

대법원 2012. 8. 30. 선고 2012도6027 판결 [사기·범인도피교사·범인도피(피고인2에대하여인정된죄명:범인도피방조)]

변호사는 공공성을 지닌 법률 전문직으로서 독립하여 자유롭게 그 직무를 수행하여야 하고(변호사법 제2조), 그 직무를 수행함에 있어 진실을 은폐하거나 거짓 진술을 하여서는 아니 된다(같은 법 제24조 제2항). 따라서 형사변호인의 기본적인 임무가 피고인 또는 피의자를 보호하고 그의 이익을 대변하는 것이라고 하더라도, 그러한 이익은 법적으로 보호받을 가치가 있는 정당한 이익으로 제한되고, 변호인이 의뢰인의 요청에 따른 변론행위라는 명목으로 수사기관이나 법원에 대하여 적극적으로 허위의 진술을 하거나 피고인 또는 피의자로 하여금 허위진술을 하도록 하는 것은 허용되지 않는다 .

원심은 그 채택 증거를 종합하여 판시와 같은 사실을 인정한 뒤, 피고인 2는 변호인으로서 단순히 원심 공동피고인 2의 이익을 위한 적절한 변론과 그에 필요한 활동을 하는 데 그치지 아니하고, 원심 공동피고인 2와 피고인 1 사이에 부정한 거래가 진행 중이며, 원심 공동피고인 2 사건의 수임과 변론이 그 거래의 향배와 불가결한 관련이 있을 것임을 분명히 인식하고도 피고인 1로부터 원심 공동피고인 2 사건을 수임하고, 그들 사이의 합의가 성사되도록 도왔으며, 스스로 합의금의 일부를 예치하는 방안까지 용인하고 합의서를 작성하는 등으로 피고인 1과 원심 공동피고인 2 사이의 거래관계에 깊숙이 관여하였으므로, 이러한 행위를 정당한 변론권의 범위 내에 속한다고 평가할 수는 없다고 판단하였다. 그리고 나아가 변호인의 비밀유지의무는 변호인이 업무상 알게 된 비밀을 다른 곳에 누설하지 않을 소극적 의무를 말하는 것일 뿐, 이 사건과 같이 진범을 은폐하는 허위자백을 적극적으로 유지하게 한 행위가 변호인의 비밀유지의무에 의하여 정당화될 수는 없다고 판단하였다.

앞서 본 법리와 기록에 비추어 살펴보면, 원심의 위와 같은 판단은 모두 정당한 것으로 수긍할 수 있고, 거기에 상고이유의 주장과 같은 변호사의 비밀유지의무 및 변론권에 관한 법리

오해 등의 위법은 없다

〈성직자의 업무행위의 범위〉

대법원 1983. 3. 8. 선고 82도3248 판결 [국가보안법위반·현주건조물방화치상·현주건조물방화예비·계엄법위반·집회및시위에관한법률위반·특수공무집행방해·범인은닉·범인도피]

성직자라 하여 초법규적인 존재일 수 없다. 성직자의 직무상 행위가 사회상규에 반하지 아니한다하여 그에 적법성이 부여되는 것은 그것이 성직자의 행위이기 때문이 아니라 그 직무로 인한 행위에 정당, 적법성을 인정하기 때문이다. 죄지은 자를 맞아 회개하도록 인도하고 그 갈 길을 이르는 것은 사제로서의 소임이라 할 것이나 적극적으로 은신처를 마련하여 주고 도피자금을 제공하는 따위의 일은 이미 그 정당한 직무의 범위를 넘는 것이며 이를 가리켜 사회상규에 반하지 아니하여 위법성이 저각되는 정당행위라고 할 수 없다. 사제가 죄지은 자를 능동적으로 고발하지 않는 것은 종교적 계율에 따라 그 정당성이 용인되어야 한다고 할 수 있을 것이나 그에 그치지 아니하고 적극적으로 은닉 도피케 하는 행위는 어느 모로 보나 이를 사제의 정당한 직무에 속하는 것이라고 할 수 없다. 소론 비록 죄인을 숨겨주는 똑같은 행위일지라도 그것이 성직자가 아닌 일반의 평범한 시민의 행위라면 바로 공공질서에 반하고 선량한 풍속에도 반하여 사회상규에도 벗어나는 행동으로 인정될 수 밖에 없겠지만 그것이 피고인과 같은 성직자의 입장에서일 때에는 그 반대로 사회상규에 위배되지 아니하는 행위로서 위법성을 저각한다는 논지는 그 독단적 견해에 지나지 아니하여 채용할 수가 없다.

2. 의사의 치료행위

〈업무로 인한 행위〉

대법원 1978. 11. 14. 선고 78도2388 판결 [업무상과실치상]

원판결이유에 의하면 피고인은 개업의사로서 임부소외인을 진찰하고 동녀로 하여금 태아를 분만케하려 하였으나 동녀는 골반간격이 좁아 자연분만을 할 수 없게 되자 부득이 인공분만기인 '샥숀'을 3회반복사용하여 동녀에게 전치 1주간의 회음부 및 질내염상을, 동 태아에게 전치 9일간의 두혈종상을 각 입혔는 바 이는 피고인이 의사로서의 정상의 주의의무를 해태한 나머지 '샥숀'을 거칠고 험하게 사용한 탓으로 산부 및 태아에 위 상해를 입혔음이 인정되는 바이므로 피고인의 판시 소위가 비록 의료행위를 시행함에 인한 소위라 하더라도 정당업무의 범위를 넘은 위법행위라고 판시하고 있다.

원심의 판결요지는 본건에서 피고인의 인공분만기 '샥숀'사용은 의사로서 정상적인 의료행위의 시행에 속함을 인정하면서도 다만 '샥숀'을 거칠고 험하게 사용한 것이 의사로서의 정상의 주의의무를 해태한 것이 되고 그 결과 위각 상해를 입힌 것이고 이는 의사의 정당업무의 범위를 넘는 위법행위라는 취지임을 알 수 있다.

그러나 원심이 인정한 '샥숀' 사용에 있어서 피고인이 거칠고 험하게 사용하였다는 점에 관하여 살펴보건대 일건기록을 정사하여 보아도 그를 인정할만한 증거있음을 찾아 볼 수 없고 다만 산부와 태아에게 판시 상해가 있기는 하나 서울대학교 의과대학 부속병원장의 사실조회의뢰 회신기재 및 증인 박노경, 동 이호성의 각 진술기재에 의하면 위 '샥숀'을 사용하면 통상 판시 상해정도가 있을 수 있다는 것임을 규지할 수 있으므로 그 상해가 있다하여 피고인이 '샥숀'을 거칠고 험하게 사용한 결과라고는 보기 어렵다 할 것인데도 불구하고 원심은 아무런 증거없이 사실을 인정한 채증법칙 위반의 위법이 아니면 형법 제20조의 정당행위의 법리를 오해한 위법이 있다 할 것 이고 이점을 논란하는 논지는 이유있어 원판결은 파기를 면치 못할 것이다.

〈치료행위와 피해자의 승낙〉

대법원 1993. 7. 27. 선고 92도2345 판결 [업무상과실치상]

피고인은 자신의 시진, 촉진결과 등을 과신한 나머지 초음파검사 등 피해자의 병증이 자궁외 임신인지, 자궁근종인지를 판별하기 위한 정밀한 진단방법을 실시하지 아니한 채 위 피해자의 병명을 자궁근종으로 오진하고 이에 근거하여 의학에 대한 전문지식이 없는 위 피해자에게 자궁적출술의 불가피성만을 강조하였을 뿐 위와 같은 **진단상의 과오가 없었다면 당연히 설명받았을 자궁외 임신에 관한 내용을 설명받지 못한 피해자로부터 수술승낙을 받은 사실**을 인정할 수 있으므로 위 승낙은 피고인의 부정확 또는 불충분한 설명을 근거로 이루어진 것으로서 이 사건 수술의 위법성을 조각할 유효한 승낙이라고 볼 수 없다 할 것이다.

Ⅲ. 사회상규에 위배되지 아니하는 행위

1. 사회상규의 의의

〈법질서 전체의 정신이나 그 배후에 놓여 있는 사회윤리 내지 사회통념에 비추어 용인될 수 있는 행위〉

대법원 2000. 4. 25. 선고 98도2389 판결 [의료법위반]

1. 원심판결 이유에 의하면, 원심은, 피고인이 공소외 용인순의 맥을 짚어 보고 그 병명을 진단한 후 수지침을 시술하였다는 이 사건 공소사실을 인정하여 피고인의 이와 같은 행위가 의료법에서 금지하고 있는 무면허 의료행위에 해당한다고 판단하면서도, 피고인의 위와 같은 수지침 시술행위는 손등과 손바닥에만 하는 것으로서 피부에 침투하는 정도가 아주 경미하여 부작용이 생길 위험이 극히 적은 사실(아직까지 부작용이 보고된 예는 보이지 아니한다), 수지침시술은 1971년경 공소외 유태우에 의하여 연구, 발표된 이래 국민건강요법으로 이용되어 왔고, 수지침을 연구하는 사람들의 모임인 고려수지요법학회는 전국 160개 지부를 통하여 전국에 걸쳐 수지침을 통한 의료봉사활동을 하고 있으며, 수지침시술은 누구나 쉽게 배워 스스로를 진단하여 자신의 손에 시술할 수 있고, 또한 실제로 많은 사람들이 민간요법으로 이용하고 있는 사실, **피고인은 수지침의 전문가로서 위 학회의 춘천시지회를 운영하면서 일반인들에게 수지침요법을 보급하고, 수지침을 통한 무료의료봉사활동을 하여 온 사실, 위 용인순은 스스로 수지침(침의 총길이 1.9~2.3㎝, 침만의 길이 약 0.7~1㎜) 한 봉지를 사 가지고 피고인을 찾아와서 수지침 시술을 부탁하므로, 피고인은 아무런 대가를 받지 아니하고 이 사건 시술행위를 한 사실** 등을 인정한 다음, 수지침시술로 인한 부작용의 발생 가능성이 극히 적은 점, 수지침시술이 우리 사회에 민간요법으로서 광범위하게 행하여지고 있는 점, 피고인이 위와 같은 행위에 이르게 된 경위 등 제반 사정에 비추어 보면, 피고인의 위 행위는 사회통념상 허용될 만한 정도의 상당성이 있는 것으로서 형법 제20조 소정의 정당행위에 해당하여 범죄로 되지 아니한다고 판단하여 이 사건 공소사실을 유죄로 인정한 제1심판결을 파기하고 피고인에 대하여 무죄를 선고하였다.

2. 형법 제20조 소정의 '사회상규에 위배되지 아니하는 행위'라 함은 **법질서 전체의 정신이**

나 그 배후에 놓여 있는 사회윤리 내지 사회통념에 비추어 용인될 수 있는 행위를 말하고(대법원 1997. 11. 14. 선고 97도2118 판결 참조), 어떠한 행위가 사회상규에 위배되지 아니하는 정당한 행위로서 위법성이 조각되는 것인지는 구체적인 사정 아래서 합목적적, 합리적으로 고찰하여 개별적으로 판단되어야 할 것인바, 이와 같은 정당행위를 인정하려면 첫째 그 행위의 동기나 목적의 정당성, 둘째 행위의 수단이나 방법의 상당성, 셋째 보호이익과 침해이익과의 법익균형성, 넷째 긴급성, 다섯째 그 행위 외에 다른 수단이나 방법이 없다는 보충성 등의 요건을 갖추어야 한다(대법원 1986. 10. 28. 선고 86도1764 판결, 1994. 4. 15. 선고 93도2899 판결, 1999. 1. 26. 선고 98도3029 판결 등 참조).

그리고 일반적으로 면허 또는 자격 없이 침술행위를 하는 것은 의료법 제25조의 무면허 의료행위(한방의료행위)에 해당되어 같은 법 제66조에 의하여 처벌되어야 하고(대법원 1986. 10. 28. 선고 86도1842 판결, 1993. 1. 15. 선고 92도2548 판결 등 참조), 수지침 시술행위도 위와 같은 침술행위의 일종으로서 의료법에서 금지하고 있는 의료행위에 해당하며(대법원 1996. 7. 30. 선고 94도1297 판결 참조), 이러한 수지침 시술행위가 광범위하고 보편화된 민간요법이고, 그 시술로 인한 위험성이 적다는 사정만으로 그것이 바로 사회상규에 위배되지 아니하는 행위에 해당한다고 보기는 어렵다고 할 것이나, 수지침은 위와 같이 시술부위나 시술방법 등에 있어서 예로부터 동양의학으로 전래되어 내려오는 체침의 경우와 현저한 차이가 있고, 일반인들의 인식도 이에 대한 관용의 입장에 기울어져 있으므로, 이러한 사정과 함께 시술자의 시술의 동기, 목적, 방법, 횟수, 시술에 대한 지식수준, 시술경력, 피시술자의 나이, 체질, 건강상태, 시술행위로 인한 부작용 내지 위험발생 가능성 등을 종합적으로 고려하여 구체적인 경우에 있어서 개별적으로 보아 법질서 전체의 정신이나 그 배후에 놓여 있는 사회윤리 내지 사회통념에 비추어 용인될 수 있는 행위에 해당한다고 인정되는 경우에는 형법 제20조 소정의 사회상규에 위배되지 아니하는 행위로서 위법성이 조각된다고 할 것이다.

원심판결 이유를 기록에 비추어 살펴보면, 원심이 위 인정한 사실관계 아래서 피고인의 수지침 시술행위가 형법 제20조 소정의 사회상규에 위배되지 아니하는 정당행위에 해당한다고 판단한 것은 그 설시에 있어 다소 부적절한 점이 없는 것은 아니나 전체적으로는 위에서 본 법리에 따른 것으로서 정당한 것으로 수긍이 되고, 거기에 상고이유에서 주장하는 바와 같은 정당행위에 관한 법리를 오해한 위법이 있다고 할 수 없으며, 검사의 상고이유의 주장은 피해자에게 부작용이 발생하고 피해자의 의사에 반하여 시술이 이루어졌고 시술의 대가를 받은 것을 전제로 하고 있으나, 기록상 그와 같이 인정하기에 족한 증거가 없고, 또 이 사건의 경우에는 위에서 본 정당행위의 요건 중 긴급성이나 보충성 등의 요건도 수지침의 시술방법, 시술에 따른 부작용의 위험성 정도 등에 비추어 그 엄격한 적용이 요청되는 경우는 아니라 할 것이다.

> **대법원 1956. 4. 6. 선고 4289형상42 판결**
> 형법 제20조에 규정된 사회상규라 함은 그 입법정신에 비추어 국가질서의 존중성의 인식을 기초로 한 국민일반의 건전한 도의감을 말한다. (상고심 재판장 김병로 대법원장)
>
> **대법원 1983. 2. 8. 선고 82도357 판결 [업무상횡령·허위공문서작성·허위공문서작성행사]**
> 형법 제20조가 사회상규에 위배되지 아니하는 행위는 처벌하지 아니한다고 규정한 것은 사회상규 개념을 가장 기본적인 위법성판단의 기준으로 삼아 이를 명문화한 것으로서 그에 따르면 행위가 법규정의 문언상 일응 범죄구성요건에 해당된다고 보이는 경우에도 그것이 극히 정상적인 생활형태의 하나로서 역사적으로 생성된 사회생활질서의 범위안에 있는 것이라고 생각되는 경우에 한하여 그 위법성이 저각되어 처벌할 수 없게 되는 것이며, 어떤 법규정이 처벌대상으로 하는 행위가 사회발전에 따라 일반적으로 전혀 위법하지 않다고 인식되고 그 처벌이 무가치할 뿐 아니라 사회정의에 배반된다고 생각될 정도에 이를 경우나, 자유민주주의 사회의 목적가치에 비추어 이를 실현하기 위해 사회적 상당성이 있는 수단으로서 행해졌다는 평가가 가능한 경우에 한하여 이를 사회상규에 위배되지 아니한다고 할 것인바, 이 사건의 경우와 같이 피고인이 판매할당량을 충실히 이행함으로써 국고수입을 늘린다는 일념에서 법령에 위반하여 지정판매인 이외의 자에게 판매하고 이를 법령상 허용된 절차와 부합시키기 위하여 매도신청서와 허위의 영수증을 작성케 하였다면, 설사 그것이 원심이 지적하는 바와 같이 동전매지청관하에 일반화된 관례였고, 상급관청이 이를 묵인하였다는 사정이 있다 하더라도 이를 전혀 정상적인 행위라고 하거나 그 목적과 수단의 관계에서 보아 사회적 상당성이 있다고 단정할 수는 없고, 그 법익침해정도가 경미하여 가벌적 위법성이 없다고 할 수도 없다.

2. 사회상규의 판단기준

〈정당행위의 인정요건〉

대법원 1983. 3. 8. 선고 82도3248 판결 [생 략]

형법 제20조는 정당행위라고 하여 법령에 의한 행위 또는 업무로 인한 행위 기타 사회상규에 위배되지 아니하는 행위는 벌하지 아니한다고 규정하고 있다.

소위 위법성 저각사유로서의 정당행위 즉 법령에 근거하여 행하여진 권리행위로서의 행위와 직접적으로 법령상 근거는 없다고 하더라도 사회통념상 정당하다고 인정되는 행위를 업무로서 행하는 행위 및 법령에 근거하거나 정당한 업무로 하는 행위에 속하지는 않으나 사회상규에 반하지 않는 행위등은 일반적으로 정당한 행위는 적법하다는 원칙에 따라 그 위법성이 저각되는 것이다.

그러므로 어떠한 경우에 어떠한 행위가 정당한 행위로서 위법성이 저각되는 것인가는 그 구체적 행위에 따라 합목적적, 합리적으로 가려져야 할 것이며 또 행위의 적법여부는 국가 생활질서를 벗어나서 이를 가릴수는 없는 것이다.

따라서 위법성 저각사유로서 정당행위를 인정하려면 첫째, 건전한 사회통념에 비추어 그 행위의 동기나 목적이 정당하여야 한다는 정당성 둘째, 그 행위의 수단이나 방법이 상당하여야 하는 상당성 셋째, 그 행위에 의하여 보호하려는 이익과 그 행위에 의하여 침해되는 법익이 서로 균형을 이루어야 한다는 법익권형성 넷째, 그 행위 당시의 정황에 비추어 그 행위가 긴급을 요하고 부득이 한 것이어야 한다는 긴급성 및 다섯째로 그 행위 이외에 다른 수단이나 방법이 없거나 또는 현저하게 곤란하여야 한다는 보충성이 있어야 한다고 풀이 할 것이다.

2. 원심이 적법하게 확정한 사실에 의하면 피고인은

(1) 1981.9. 초순 20:00경 천주교 원주교구 원주교육원에서 공소외 BP가 동 BQ를 데리고와 "광주사태 불온 써클 주모자로 올라 있으니 피신시켜 달라"고 부탁하자 동인이 집회 및 시위에 관한 법률 위반의 범인이라는 정을 알면서, 그 시경부터 3일간 동인을 위 교육원 2층 침실에 숙박하게 하면서 식사를 제공해 오다가 같은달 초순 16:00경 같은 곳에서 공소외 BR 성당 신부 BS에게 광주사건에 관련된 학생 1명이 교육원에 와 있는데 2, 3개월간 은신시켜 달라고 부탁하여 위 BS로부터 승낙을 받고 그 익일 공소외 BT를 시켜 동 BQ를 위 BS에게 안내토록 하고 동 BQ에게 여비조로 금 20,000원을 교부하여 범인을 은닉 도피케 하고,

(2) 1980.6.7경 위 교육원에서 원주 교구 사회개발위원회 소속 직원인 공소외 BT로부터 A는 광주사태 주모자인데 편리를 부탁한다는 요지의 공소외 BU의 서신을 받고 동인이 위 사태에 관련되어 계엄법을 위반한 범인이라는 정을 알면서 그 시경부터 1982.3.18까지 피고인이 관리 운영하고 있는 위 교육원 2층 1호실과 2층 창고를 침실로 개조한 방실을 제공하여 숙식케 하면서 동인이 전국의 청년, 학생을 불러 모아 의식화 학습을 하도록 지원하는 한편 매월 금 10,000원 내지 금 20,000원씩의 용돈을 지급하는등 범인을 은닉하고,

(3) 1982.3.18. 23:00경부터 같은달 22. 22:00까지 사이에 부산미문화원 방화사건에 관련된

동 A의 언동 동 Q, 동 S의 그에 관련된 동 A의 동태에 관한 보고 및 동 사건에 관련된 각종 보도등을 통하여 동 A가 동 문화원 방화사건등에 관련된 국가보안법위반의 죄를 범한 자라는 정을 알면서도 그 시경부터 같은해 4.2까지 동 A에게 피고인이 관리하는 위 교육원 2층 1호실과 동 지하실을 동인의 잠복을 위한 장소로 제공하는 한편 식사를 제공하고 같은해 3.20. 15:00경 위 교육원에서 상피고인 Q를 통하여 동 A에게 도피자금조로 금 500,000원을 제공하고 같은해 3.24. 11:30경 원주 카톨릭센타에서 상피고인 S에게 동 A의 은신처를 구해보라고 지시하여 동 S로 하여금 그 익일인 25. 16:00경 경북 BV 소재 BW수도원 BX 신부와 동 A가 동 수도원에 들어갈 수 있는 입회절차를 협의케 하는 등 동인의 은신처를 물색하고 같은해 4.2. 07:00경 동 A로부터 수사기관에서 연행하러 오면 1981.12.15부터 같은달 22까지 W등을 연수시킨 후 어디론지 가버렸다라고 동 A가 은신중인 사실을 은폐시켜 달라는 부탁을 받고 이를 응낙하여 그 시경 동 A를 연행하러온 수사기관원에게 동 A와의 약속대로 동인의 은신사실을 감추어 그 신병인도를 거부하는 등으로 범인을 은닉 도피케 하였다는 것이므로 피고인 J의 원심판시 소위가 천주교 신부로서 위법성이 저각되는 그 직무로 인한 정당한 행위에 해당하느냐의 여부는 과연 소론과 같이 종교적인 계율에 충실하려 하는 성직자들의 행위가 실정법에 저촉될 경우 종교적 계율이 항상 실정법에 우선하여 정당행위로 인정될 수 있는 것이 아니라면 스스로 위 1항 기재와 같은 요건을 구비하느냐에 따라 가려질 따름이다.

3. 돌이켜 원심판시 피고인의 소위와 기록에 의하여 피고인의 변소를 모아 살펴보면 피고인이 이 세상 모든 사람을 죄인으로 보고 그 모든 죄를 사하고 회개하도록 인도하며 그들의 심령을 구원하는 일을 그 본분으로 하는 사제의 신분을 가진 신부이기는 하나 피고인의 소위는 이미 사제로서의 정당한 직무범위를 벗어남으로써 그 동기나 목적에 있어 정당성을 인정할 수 없고 그 수단이나 방법에 있어 상당하다 할 수 없고 피고인이 보호하려는 이익과 피고인의 행위로 인하여 침해되는 법익을 서로 교량하여 볼 때 현저하게 균형을 잃었으며 피고인의 소위는 그 당시의 상황에 비추어 긴급 부득이한 것이라고 할 수 없고 그 행위외에 달리 다른길을 택하는 것이 불가능하거나 또는 현저하게 곤란한 유일한 방법이라고 인정하기 어렵다 하지 않을 수 없다.

〈구체적·개별적·합목적적·합리적 판단〉

대법원 2009. 12. 24. 선고 2007도6243 판결 [전자기록등내용탐지]

형법 제20조 소정의 '사회상규에 위배되지 아니하는 행위'라 함은 법질서 전체의 정신이나 그 배후에 놓여 있는 사회윤리 내지 사회통념에 비추어 용인될 수 있는 행위를 말하고, 어떠한 행위가 사회상규에 위배되지 아니하는 정당한 행위로서 위법성이 조각되는 것인지는 구체적인 사정 아래서 합목적적, 합리적으로 고찰하여 개별적으로 판단하여야 할 것이다(대법원 2000. 4. 25. 선고 98도2389 판결 등 참조).

이 사건 공소사실의 요지는, 컴퓨터 관련 솔루션 개발업체인공소외 1 주식회사의 대표이사인 피고인은 영업차장으로 근무하던 피해자 김도영이 회사의 이익을 빼돌린다는 소문을 확인할 목적으로, 그 직원인공소외 2, 공소외 3과 공모하여, 공소외 2는 비밀번호를 설정함으로써 비밀장치를 한 전자기록인 피해자가 사용하던 개인용 컴퓨터의 하드디스크를 떼어낸 뒤, 공소외 3과 함께 이를 다른 컴퓨터에 연결하여 거기에 저장된 파일 중 '어헤드원'이라는 단어로 파일검색을 하여 피해자의 메신저 대화 내용과 이메일 등을 출력하여 비밀장치한 전자기록 등 특수매체기록을 기술적 수단을 이용하여 그 내용을 알아냈다는 것이다.

이에 대하여 원심은, 판시 증거에 의하여 인정되는 사실과 거기에서 알 수 있는 다음과 같은 사정들, 즉 ① 피고인이 피해자가 사용하던 컴퓨터의 하드디스크를 검사할 무렵 피해자의 업무상배임 혐의가 구체적이고 합리적으로 의심되는 상황이었고, 그럼에도 불구하고 피해자가 이를 부인하고 있어 공소외 1 주식회사의 대표이사인 피고인으로서는 피해자가 회사의 무형자산이나 거래처를 빼돌리고 있는지 긴급히 확인하고 이에 대처할 필요가 있었던 점, ② 피고인은 피해자의 컴퓨터 하드디스크에 저장된 정보의 내용을 전부 열람한 것이 아니라 의심이 가는 "어헤드원"이라는 단어로 검색되는 정보만을 열람함으로써 조사의 범위를 업무와 관련된 것으로 한정한 점, ③ 피해자는 입사할 때에 회사 소유의 컴퓨터를 무단으로 사용하지 않고 업무와 관련된 결과물을 모두 회사에 귀속시키겠다고 약정하였을 뿐만 아니라, 위 컴퓨터에 피해자의 혐의와 관련된 자료가 저장되어 있을 개연성이 컸던 점, ④ 그리하여 위와 같이 검색해 본 결과 공소외 1 주식회사의 고객들을 빼돌릴 목적으로 작성된 어헤드원 명의의 견적서, 계약서와 어헤드원 명의로 계약을 빼돌렸다는 취지의 메신저 대화자료, 이메일 송신자료 등이 발견된 점, ⑤ 또한 회사의 모든 업무가 컴퓨터로 처리되고 그 업무에 관한 정보가 컴퓨터에 보관되고 있는 현재의 사무환경하에서 부하 직원의 회사에 대한 범죄

혐의가 드러나는 경우 피고인과 같은 감독자에 대하여는 회사의 유지·존속 및 손해방지 등을 위해서 그러한 정보에 대한 접근이 허용될 필요가 있는 점 등을 종합하여 볼 때, <u>피고인의 행위는 사회통념상 허용될 수 있는 상당성이 있는 행위로서 형법 제20조에 정하여진 정당행위에 해당하여 위법성이 조각된다</u>고 판단하였다.

〈계약서상 규정을 근거로 임차물에 대하여 단전·단수조치를 취한 경우 정당행위 해당 여부〉

대법원 2007. 9. 20. 선고 2006도9157 판결 [업무방해·여신전문금융업법위반]

원심판결 이유 및 기록에 의하면, 공소외 4는 위 피고인과 사이에 임대차기간을 2002. 7. 1.부터 2004. 6. 30.까지로, 임대차보증금을 1억 원으로, 월차임을 1,000만 원으로 각 정하여 임대차계약을 체결한 후 상당한 비용을 들여 '아방궁' 유흥주점을 운영하여 왔고, 공소외 1은 위 피고인과 사이에 아들인공소외 5 명의로 임대차기간을 2003. 1. 6.부터 2005. 1. 5.까지로, 임대차보증금을 1억 2,000만 원으로, 월차임을 300만 원으로 각 정하여 임대차계약을 체결한 후 약 3억 3,000만 원의 비용을 들여 '카멜롯의 전설' 유흥주점을 운영하여 온 점, 위 각 임대차계약 당시 당사자들은 임차인이 차임을 2개월 이상 연체하면 임대인이 임대차계약을 해지하고 단전·단수조치를 할 수 있다고 약정한 점, 공소외 4는 2003. 8.경부터 월 1,000만 원씩의 차임의 지급을, 공소외 1은 2003. 9.경부터 월 300만 원씩의 차임의 지급을 각 연체한 점, 위 피고인은 위 계약조항에 근거하여 2004. 1. 16. 위 각 임대차계약의 해지 및 그 명도를 구하는 소송을 제기하여 그 소장부본이 2004. 2. 17.경 위 각 임차인들에게 송달됨으로써 위 각 임대차계약이 해지되었고, 그 후인 2005. 2. 16. ' 공소외 5(공소외 1의 아들)은 원고로부터 71,980,696원(연체차임 등을 공제한 잔여 보증금)을 지급받음과 상환으로, 공소외 4는 무조건 각 임차 부분을 명도하라'는 취지의 부산지방법원 2004가합745호 판결이 선고되었으며, 위 판결에 대하여 피고들이 항소하였으나 2005. 11. 6.경 항소취하 간주되어 위 판결이 확정된 점, 한편 위 피고인은 임차인들의 차임연체 등으로 인한 자금난으로 국민은행으로부터의 대출금을 제대로 변제하지 못하는 바람에 국민은행으로부터 2004. 1. 28.경부터 수회에 걸쳐 변제독촉 및 '신용불량정보 등록예정안내문' 등을 받았고, 2004. 11. 10.경에는 '경매실행 예정통지서'를 받았으며, 세금체납으로 관할 구청장으로부터 2004. 6. 16.경 '압류 및 공매 예고통지서'를 받았고, 마침내 2005. 4.경 위 호텔을 처분하였을 정도로 자금

사정이 곤란하였던 점, '아방궁' 유흥주점의 경우 위 피고인이 2004. 1. 16.자 소장부본의 송달로 위 임대차계약의 해지를 통지한 것과 별도로 위 주점에 대한 2004. 8. 16.자 단전·단수조치에 앞서 '임대차기간이 2004. 6. 30. 만료되는바, 2004. 6. 10.까지 재계약협의가 없으면 명도하라'는 취지의 2004. 5. 29.자 최고서 및 '2004. 6. 15.까지 재계약이 되지 않을 경우 단전·단수조치를 취하겠다'는 취지의 2004. 6. 11.자 최고서를 그 업주인공소외 4에게 보내자, 공소외 4는 2004. 6. 19. 위 피고인과 사이에 2004. 5.까지의 연체차임을 68,771,942원으로 정산하기도 하였으며, 위 주점에 대한 단전·단수조치가 이루어진 2004. 8. 16.은 위 주점에 대한 약정 임대차기간 만료일(2004. 6. 30.)의 1개월 반 후의 일일 뿐만 아니라, 보증금 1억 원도 모두 연체차임 등으로 공제되어 이미 소멸한 점, 반면 '카멜롯의 전설' 유흥주점의 경우 위 피고인이 2004. 1. 16.자 소장부본의 송달로 위 임대차계약의 해지를 통지한 것과 별도로 위 주점에 대한 2004. 3. 17.자 및 2004. 5. 26.자 각 단전·단수조치에 앞서 '차임연체로 단전·단수조치를 취하겠다'는 취지의 2004. 5. 13.자 최고서를 그 업주인공소외 1에게 보내자, 공소외 1이 '2005. 5. 24.까지 100만 원을 입금하지 못하면 어떠한 조치도 감수하겠다'는 취지의 2004. 5. 19.자 이행각서를 작성하기도 하였으나, 위 피고인의 위 주점에 대한 위 각 단전·단수조치는 비록 소장부본 송달 후에 이루어진 것이기는 하지만 약정 임대차기간 만료일(2005. 1. 5.)의 7 내지 9개월 전의 일일 뿐만 아니라, 위 주점의 휴업신고일인 2004. 7. 26. 현재 임대차보증금 1억 2,000만 원 중 연체된 월차임, 관리비 등 합계 47,669,304원을 공제한 72,330,696원 정도의 보증금이 남아 있는 점 등을 알 수 있다.

그렇다면 공소외 4에 대한 단전·단수조치의 경우, 약정 임대차기간이 이미 만료되었고, 임대차보증금도 연체차임 등으로 공제되어 모두 소멸한 상태에서 영업을 하고 있는 주점이 월 1,000만 원씩의 차임지급을 연체하고 있어 약정 임대차기간 만료 전부터 계약해지의 의사표시를 하고, 약정 임대차기간 만료 후에는 2회에 걸쳐 연체차임의 지급을 최고함과 아울러 단전·단수조치를 예고한 후에 1회의 단전·단수조치를 한 것인바, 위 피고인의 행위는 자신의 궁박한 상황에서 임차인의 부당한 의무 불이행에 대해 불가피하게 취한 조치로서, 임차인의 권리를 합리적인 범위를 벗어나 과도하게 침해하거나 제한하는 것으로 사회통념상 현저하게 타당성을 잃은 것으로 보이지 아니하며, 그 동기와 목적, 수단과 방법, 그와 같은 조치에 이르게 된 경위 등 여러 가지 사정에 비추어 볼 때, 사회통념상 허용될 만한 정도의 상당성이 있는 위법성이 결여된 행위로서 형법 제20조에 정하여진 정당행위에 해당하는 것으로 볼 여지가 있다고 할 것이다.

따라서 원심이 공소외 4에 대한 위 피고인의 단전·단수조치는 임대차계약조항에 따른 것이라는 이유만으로 그 당시 위 피고인이 위 행위가 위법하지 않다고 오인함에 정당한 이유가 있는 경우에 해당한다고 판단하여 이 부분 업무방해의 공소사실에 대하여 무죄를 선고한 것은 그 이유 설시에 잘못은 있으나 결론에 있어서는 옳은 것으로 수긍이 가고, 거기에 판결에 영향을 미친 법리오해 등의 위법이 있다고 할 수 없다.

그러나 피해자공소외 1에 대한 2004. 3. 17.자 및 2004. 5. 26.자 각 단전·단수조치의 경우, 약정 임대차기간이 7 내지 9개월 이상 남아 있고, 임대차보증금이 7,000만 원 이상 남아 있는 상태에서 많은 비용을 들여 영업을 하고 있는 주점이 월 300만 원씩의 차임지급 등을 연체하고 있다는 이유로 계약해지의 의사표시와 단전·단수조치의 경고만을 한 후에 2회에 걸쳐 단전·단수조치를 한 것인바, 위 피고인의 행위는 비록 자신의 궁박한 상황에서 한 것이라고 할지라도 임차인의 권리를 합리적인 범위를 벗어나 과도하게 침해하거나 제한하는 것으로 사회통념상 현저하게 타당성을 잃은 것이어서, 그 동기와 목적, 수단과 방법, 그와 같은 조치에 이르게 된 경위 등 여러 가지 사정에 비추어 볼 때, 사회통념상 허용될 만한 정도의 상당성이 있는 위법성이 결여된 행위로서 형법 제20조에 정하여진 정당행위에 해당한다고 볼 여지가 없을 뿐만 아니라, 위 피고인이 위와 같은 사정 하에서 자신의 행위가 위법하지 않은 것으로 오인함에 정당한 이유가 있다고 볼 수도 없으므로, 원심이 피해자공소외 1에 대한 2004. 3. 17.자 및 2004. 5. 26.자 각 단전·단수조치에 대하여 그 판시와 같은 이유로 무죄를 선고한 것은 법률의 착오에 관한 법리오해의 위법이 있고, 이는 판결에 영향을 미쳤음이 분명하다.

3. 사회상규에 위배되지 않는 행위의 유형

가. 소극적 방어행위

〈소극적 방어행위의 의의〉

대법원 1987. 10. 26. 선고 87도464 판결 [폭행치사]

원심은 피고인이 회사 동료들과 함께 술을 마시다가 먼저 귀가하려고 밖으로 나와 걸어가던 중 같이 술을 마시던 피해자 이수운이 뒤따라 나와 피고인에게 먼저 간다는 이유로 욕설을 하면서 앞가슴을 잡고 귀가하지 못하도록 제지하자 피고인의 왼손으로 피고인을 잡고 있던 피해자의 오른손을 확 뿌리치면서 피해자의 얼굴을 1회 구타하는 바람에 피해자가 중심을 잃고 넘어지면서 그곳 도로연석선에 머리가 부딪혀 중능뇌좌상, 뇌경막하출혈 등으로 사망하게 한 사실이 넉넉히 인정된다 하여 피고인을 폭행치사죄로 의율한 제1심판결의 판단을 유지하였다. 피고인은 이에 대하여 피고인은 피고인의 앞가슴을 잡고 있는 피해자의 손을 떼어내기 위하여 피고인의 왼손으로 앞가슴을 잡고 있는 피해자의 오른손을 뿌리치다가 피고인의 손등부분이 피해자의 얼굴에 잘못 맞은 것이지 의도적으로 피해자의 얼굴을 구타하여 넘어뜨린 것은 아니라고 변소하고 있는 바 피고인의 변소내용과 같이 <u>피고인이 피고인의 앞가슴을 잡고 있는 피해자의 손을 떼어내기 위하여 피해자의 손을 뿌리친 것에 불과하다면 그와 같은 행위는 피해자의 불법적인 공격으로부터 벗어나기 위한 본능적인 소극적 방어행위에 지나지 아니하여 사회통념상 허용될 상당성이 있는 위법성이 결여된 행위라고 볼 여지가 있다</u> 할 것이고 위 행위가 사회상규에 위배되지 않는 행위로서 위법성이 결여된 행위로 인정된다면 그 행위의 결과로 피해자가 사망하게 되었다 하더라도 피고인을 폭행치사죄로 처벌할 수는 없다고 해석되므로 원심으로서는 피고인의 변소내용이 진실된 것인 지의 여부를 가려 이를 배척할 수 있는 경우가 아니라면 피고인을 처벌할 수 없다 할 것임에도 불구하고 기록상 피고인의 변소내용을 배척할만한 뚜렷한 증거가 나타나 있지 아니한 이 사건에서 이에 이르지 아니한 채 피고인을 유죄로 단정 폭행치사죄로 의율하였음에는 심리미진과 채증법칙위배로 인한 사실오인이나 정당행위와 폭행치사죄에 관한 법리를 오해한 위법이 있다 할 것이므로 이 점을 지적하는 상고논지는 이유있다.

〈소극적 방어행위와 정당방위와의 관계〉

대법원 1992. 3. 10. 선고 92도37 판결 [폭행치사]

원심이 인정한 사실에 의하면 만 57세 남자인 피해자는 이 사건 사고일 오전부터 술에 만취하여 아무 연고도 없는 피고인의 집에 함부로 들어가 지하실 방으로 들어가는 출입문의 유리창을 발로 걷어차 깨뜨리는가 하면 성기를 꺼내어 아무데나 마구 소변을 본 뒤 2층으로 통하는 계단을 따라 올라갔고, 피고인은 가정주부로서 피고인의 집에서 혼자 있는 상태에서 현관문을 열고 밖으로 나오다가 피해자의 위와 같은 행동을 보고, 말로 어른이 술에 취해 무슨짓이냐, 집밖으로 나가라는 요구를 하였으나 피해자는 오히려 피고인에게 상스러운 욕설을 마구 퍼부으면서 횡설수설하였고, 결국은 피해자가 집밖으로 나갔으나, 피해자가 유리창을 깬 것을 안 피고인이 피해자의 집에 가서 유리창 값을 받을 생각으로 피해자의 뒤를 따라가자 뒤돌아 보면서 다시 피고인에게 상스러운 욕설을 할 뿐더러 피고인이 "당신집이 어디냐, 같이가서 당신 부인으로부터 유리 깨어진 것 변상을 받아야 겠으니 같이 가자"고 왼손으로 피해자의 어깨 위쪽을 붙잡자, 피해자는 "내가 들어있는 방이 금 1,400,000원이니 당장 금 1,400,000원을 내어 놓으라"고 피고인으로서는 이해할 수 없는 엉뚱한 요구를 하면서 다시 "이 씹할 년아 개같은 년아"하면서 욕설을 계속하므로, 피고인이 더이상 이를 참지 못하고 빨리 가라면서 잡고 있던 왼손으로 피해자의 오른쪽 어깨부위를 밀치자 술에 만취하여 비틀거리던 피해자가 몸을 제대로 가누지 못하고 앞으로 넘어져 시멘트바닥에 이마를 부딪히면서 1차성 쇼크로 사망하게 되었다는 것이다.

사정이 이러하다면 가정주부인 피고인으로서는 예기치 않게 피해자와 맞닥드리게 되어 위와 같은 행패와 엉뚱한 요구를 당하는가 하면 상스러운 욕설을 듣고 매우 당황하였으리라고 보여지고, 이에 화도 나고 그 행패에서 벗어나려고 전후 사려없이 피해자를 왼손으로 밀게 된 것으로 인정되며, 그 민 정도 역시 그다지 센 정도에 이르지 아니한 것으로 인정되므로, <u>피고인의 위와 같은 행위는 피해자의 부당한 행패를 저지하기 위한 본능적인 소극적 방어행위에 지나지 아니하여 사회통념상 용인될 수 있는 정도의 상당성이 있어 위법성이 없다고 봄</u>이 상당하고, 피해자가 비록 술에 취하여 비틀거리고는 있었지만 피고인의 위 행위가 정당행위인 이상 피해자가 술에 취한 나머지 여자인 피고인이 피해자의 어깨를 미는 정도의 행위로 인하여 넘어져 앞으로 고꾸라져 그 곳 시멘트가 돌처럼 솟아 있는 곳에 이마부위를 부딪히게 되고 이로 인한 1차성 쇼크로 사망하게 되었다 하더라도 그 사망의 결과에 대하여 피고인에게 형식적 책임을 지울 수는 없다고 봄이 상당하다는 원심의 판단은 정당하다고 보아야 할 것이다.

나. 권리실행행위

〈자구행위(제23조)와 정당행위(제20조)〉

대법원 1980. 11. 25. 선고 79도2565 판결 [공갈,공갈미수,업무방해,명예훼손]

원심판결이유에 의하면 원심은 그 거시 증거에 의하여 **피고인 배×렬**이 1976.10.경부터 동년

12.4.경 사이에 약 15,000평의 밭에 심어놓은 딸기 묘목에 서울 미원 주식회사에서 생산한 미원비료의 외무사원인 공소외 한@남의 권유로 동 비료를 매수하여 그의 지도를 받아 시비한 뒤 그 이듬해 4.경 약 90만주 가량의 딸기묘목이 고사하였고 피고인 윤☆홍은 1977.4.경 그 경영의 사과과수원에 미원비료의 정읍대리점에서 동 비료를 매수하여 동 회사 발행의 안내서에 따라 다만 그 시비량은 안내서 추천량의 5분의 1로 줄여서 시비하고 난 후, 1년 내지 3년생의 사과나무묘목에 약 35,000주가 고사한 사실, 피고인들은 미원비료에 유해성분이 있어서 딸기와 사과나무묘목이 고사한 것이라고 하여 서울미원 주식회사에 대하여 그 손해를 배상하라고 요구하면서 동 회사의 사장 김◑기, 부사장 정▣환, 전무 유◆운, 부장 오▲섭, 과장 장중현등을 찾아가 공소사실과 같이 여러차례에 걸쳐 그들에게 욕설을 하거나 응접탁자 등을 들었다 놓았다 하거나 그밖에 피고인 윤☆홍은 현수막을 만들어 보이면서 시위를 할 듯한 태도를 보이는 등의 행위를 한 사실, 피고인 배◎열은 1977.8.13. 동 회사로부터 위 딸기묘목의 피해와 관련하여 돈 200만원을 교부받은 사실이 인정되나, 딸기나 사과나무묘목이 고사한 원인의 피고인들이 안내서에 따르지 아니하고 근접시비를 하였기 때문이라는 증거를 배척하고, 그 고사원인에 대한 각 기관의 연구실험결과에 의하여도 미원비료에 유해성분이 없고, 따라서 그 유해성분 때문에 딸기나 사과나무묘목이 고사하지 아니한 것이라는 점만 명백히 하였을 뿐 그밖에 이러한 고시원인이 비료시비와는 무관한 동해나 한발에 의한 것이거나 안내서에 따르지 아니한 과다근접시비와 같은 피고인들의 귀책사유로 인한 것인지, 아니면 위 회사에서 발행안내서중의 시비추천량의 과다 또는 시비지도 방법의 잘못등 위 회사의 귀책사유로 인한 것인지 그 구체적 원인을 밝혀내지 못하고 있을 뿐 아니라 그밖에 그 고사원인이 비료의 근접시비와 같이 피고인들의 귀책사유로 인한 것이라고 단정할 만한 증거가 없고 오히려 위 회사 발행의 시비안내서의 기재내용에 따르면 딸기에 대한 300평당 시비추천량이 80킬로그람으로 되어 있는 것과 140킬로그람으로 되어 있는 것 등 다른 두 종류가 있고, 사과에 대한 시비추천량도 수령에 따른 구별없이 300평당 160킬로그람으로 표시된 것, 수령에 따라 시비량을 구별하면서 1년 내지 4년까지의 사과나무 1주당 1.3킬로그람으로 표시된 것 그밖에 수령에 따라 시비량을 표시하면서 묘판의 시비기준량은 별도로 한다고 제한표시가 되어 있는 것 등의 내용이 다른 3종의 안내서가 나와 있어서 안내서간에 그 시비기준량이 각기 다르거나 그 내용이 명백하게 표시되어있지 아니한 점, 피고인 배◎열은 위 회사의 외무사원인 위 한@남의 지도를 받아 시비하였고, 피고인 윤☆홍은 위 안내서중의 1주당 1.3킬로그람이 자기 경험에 비추어 너무 다량이어서 실제 시비량을 5분의 1이

하로 대폭 줄여 시비한 점, 위 안내서의 시비방법에 미원비료는 농축한 성분이므로 다른 금비와 같이 작물 뿌리나 씨앗에 직접 닿지 않도록 주는 것이 좋다고 되어 있는데 이러한 미원비료의 시비방법이 다른 금비사용방법과 별 차이가 없어서 피고인들처럼, 소채나 과수를 오래 재배하여 경험이 많은 자들로서는 다른 금비의 시비방법을 잘 알고 있다고 보여지므로 유독 이번 미원비료만을 작물 뿌리에 직접 닿도록 시비하였다고 보기 어려운점, 피고인들의 딸기나 사과나무 묘목중 미원비료를 사용한 것들에 더많은 피해가 있었던 점 등에 비추어 보면, 비록 그 당시 이상저온의 겨울과 한발이 계속 되었다는 사정을 참작하더라도, 위 딸기와 사과나무 묘목의 고사원인은 미원비료의 시비와 밀접한 관련이 있다고 엿보기 어렵지 아니하므로 이러한 상황 아래에서 피고인들이 정확한 고사원인을 확인한 바가 없이 새로이 제조시판된 미원비료에 유해성분이 있어 고사한 것이라고 주장하면서 위 회사에 대하여 그 손해배상을 요구하였다고 하더라도, 피고인들의 그러한 행위를 가르켜 사회상규에 어긋나는 공갈 행위에 해당한다고 볼 수 없고, 또한 특별한 사정이 보이지않는 이 사건에 있어서 그들이 그 권리행사의 의사없이 권리행사를 빙자하여 재물의 교부를 받거나 재산상의 이익을 얻으려 했다고 볼수도 없으며 이러한 결론은 미원비료에 유해성분이 없다는 사실이 확인되었더라도 다르지 아니하다고 판단하고 결국 피고인들에 대한 공갈 및 공갈미수의 공소사실은 딸기 및 사과나무 묘목의 고사원인이 피고인들의 귀책사유로 일어난 것으로서 위 회사에 대한 피고인들의 손해배상청구권이 없었다거나 아니면 그 원인이 위 회사의 귀책사유로 일어난 것으로서 동 회사에 대한 손해배상청구권이 있다고 하더라도 피고인들이 그 권리행사의 의사없이 그 권리행사를 빙자하여 재물의 교부를 받았거나 받으려 했다고 볼 증거가 없다 하여 이를 유죄로 인정한 제1심판결을 파기하고 무죄를 신고하고 있는 바, 이를 기록에 대조하여 살펴보면 원심의 위 사실인정에 있어 거친 채증과실에 소론과 같은 채증법칙위배나 사실오인이 있다할 수 없고, 사실이 그와 같다면 피고인들의 행위는 손해배상 청구권에 기한 것으로서 그 방법이 사회통념상 인용되는 범위를 일탈한 것이라 단정하기도 어렵다 할 것이므로 피고인들에게 공갈 및 공갈미수의 죄책을 인정하지 아니한 원심의 판단결론은 시인된다 할 것이고, 거기에 소론과 같은 공갈죄의 법리를 오해한 잘못이 있다고는 할 수 없다 한 것이므로 이와 배치되는 견해에선 논지는 이유없음에 귀착된다.

다. 무면허 의료행위

〈정당행위에 해당하지 않는 경우〉

대법원 2004. 10. 28. 선고 2004도3405 판결 [보건범죄단속에관한특별조치법위반(부정의 료업자)]

부항 시술행위가 광범위하고 보편화된 민간요법이고, 그 시술로 인한 위험성이 적다는 사정 만으로 그것이 바로 사회상규에 위배되지 아니하는 행위에 해당한다고 보기는 어렵고, 다만 개별적인 경우에 그 부항 시술행위의 위험성의 정도, 일반인들의 시각, 시술자의 시술의 동 기, 목적, 방법, 횟수, 시술에 대한 지식수준, 시술경력, 피시술자의 나이, 체질, 건강상태, 시술행위로 인한 부작용 내지 위험발생 가능성 등을 종합적으로 고려하여 법질서 전체의 정 신이나 그 배후에 놓여 있는 사회윤리 내지 사회통념에 비추어 용인될 수 있는 행위에 해당 한다고 인정되는 경우에만 사회상규에 위배되지 아니하는 행위로서 위법성이 조각된다고 할 것이다(대법원 2002. 12. 26. 선고 2002도5077 판결 등 참조).

위 법리에 비추어 기록을 살펴보면, 피고인이 행한 부항 시술행위가 보건위생상 위해가 발 행할 우려가 전혀 없다고 볼 수 없는데다가, 피고인이 한의사 자격이나 이에 관한 어떠한 면 허도 없이 영리를 목적으로 위와 같은 치료행위를 한 것이고, 단순히 수지침 정도의 수준에 그치지 아니하고 부항침과 부항을 이용하여 체내의 혈액을 밖으로 배출되도록 한 것이므로, 이러한 피고인의 시술행위는 의료법을 포함한 법질서 전체의 정신이나 사회통념에 비추어 용인될 수 있는 행위에 해당한다고 볼 수는 없고, 따라서 사회상규에 위배되지 아니하는 행 위로서 위법성이 조각되는 경우에 해당한다고 할 수 없다.

라. 취재보도 및 의견제시

〈기본권과 위법성조각 : 기본권과 정당행위의 관계〉

대법원 2011. 3. 17. 선고 2006도8839 전원합의체 판결 [통신비밀보호법위반]

다만 형법은 제20조에서 "법령에 의한 행위 또는 업무로 인한 행위 기타 사회상규에 위배되 지 아니하는 행위는 벌하지 아니한다."라고 규정하여 일반적인 위법성조각사유를 두고 있는

바, 이는 통신비밀보호법이 그 적용을 배제하는 명시적인 조항을 두고 있지 아니한 이상 통신비밀의 공개·누설에 의한 통신비밀보호법 위반행위에 대해서도 당연히 적용된다. 따라서 불법 감청·녹음 등에 관여하지 아니한 언론기관의 그 통신 또는 대화의 내용에 관한 보도가 통신의 비밀이 가지는 헌법적 가치와 이익을 능가하는 우월적인 가치를 지님으로써 법질서 전체의 정신이나 사회윤리 내지 사회통념에 비추어 용인될 수 있다면, 그 행위는 사회상규에 위배되지 아니하는 행위로서 위법성이 조각된다고 할 수 있다.

(3) 이와 같이 불법 감청·녹음 등에 관여하지 아니한 언론기관이 그 통신 또는 대화의 내용이 불법 감청·녹음 등에 의하여 수집된 것이라는 사정을 알면서도 그것이 공적인 관심사항에 해당한다고 판단하여 이를 보도하여 공개하는 행위가 형법 제20조의 정당행위로서 위법성이 조각된다고 하려면, 적어도 다음과 같은 요건을 충족할 것이 요구된다.

첫째, 그 보도의 목적이 불법 감청·녹음 등의 범죄가 저질러졌다는 사실 자체를 고발하기 위한 것으로 그 과정에서 불가피하게 통신 또는 대화의 내용을 공개할 수밖에 없는 경우이거나, 불법 감청·녹음 등에 의하여 수집된 통신 또는 대화의 내용이 이를 공개하지 아니하면 공중의 생명·신체·재산 기타 공익에 대한 중대한 침해가 발생할 가능성이 현저한 경우 등과 같이 비상한 공적 관심의 대상이 되는 경우에 해당하여야 한다. 국가기관 등이 불법 감청·녹음 등과 같은 범죄를 저질렀다면 그러한 사실을 취재하고 보도하는 것은 언론기관 본연의 사명이라 할 것이고, 통신비밀보호법 자체에 의하더라도 '국가안보를 위협하는 음모행위, 직접적인 사망이나 심각한 상해의 위험을 야기할 수 있는 범죄 또는 조직범죄 등 중대한 범죄의 계획이나 실행 등 긴박한 상황'에 있는 때에는 예외적으로 법원의 허가 없이 긴급통신제한조치를 할 수 있도록 허용하고 있으므로(제8조), 이러한 예외적인 상황 아래에서는 개인 간의 통신 또는 대화의 내용을 공개하는 것이 허용된다.

둘째, 언론기관이 불법 감청·녹음 등의 결과물을 취득함에 있어 위법한 방법을 사용하거나 적극적·주도적으로 관여하여서는 아니 된다.

셋째, 그 보도가 불법 감청·녹음 등의 사실을 고발하거나 비상한 공적 관심사항을 알리기 위한 목적을 달성하는 데 필요한 부분에 한정되는 등 통신비밀의 침해를 최소화하는 방법으로 이루어져야 한다.

넷째, 언론이 그 내용을 보도함으로써 얻어지는 이익 및 가치가 통신비밀의 보호에 의하여 달성되는 이익 및 가치를 초과하여야 한다. 여기서 그 이익의 비교·형량은, 불법 감청·녹음된 타인 간의 통신 또는 대화가 이루어진 경위와 목적, 통신 또는 대화의 내용, 통신 또는 대화 당사자의 지위 내지 공적 인물로서의 성격, 불법 감청·녹음 등의 주체와 그러한 행위의 동기 및 경위, 언론기관이 그 불법 감청·녹음 등의 결과물을 취득하게 된 경위와 보도의 목적, 보도의 내용 및 그 보도로 인하여 침해되는 이익 등 제반 사정을 종합적으로 고려하여 정하여야 한다. …

(5) 위와 같은 사실관계와 앞에서 본 법리에 비추어 위 피고인의 이 사건 통신비밀 공개행위가 형법 제20조 소정의 정당행위로서 위법성이 조각되는 경우에 해당하는지 여부에 관하여 살펴본다.

첫째, 이 사건 도청자료는 국가기관이 자신들의 대화를 공론화시키려는 의도가 전혀 없었던 사인들 사이에 은밀히 이루어진 대화를 불법으로 녹음한 것이다. 그런데 위 피고인이 이 사건 도청자료를 입수하고 그 성문분석을 통해 원본임을 확인하는 한편, 그 출처에 대한 추적과 그 내용의 보도에 관한 법률자문 등을 통해 그 녹음과정 및 실명공개의 불법성을 확인하고도 그 수록 내용을 실명으로 보도하기까지의 제반 경위와 사정에 비추어 보면, 우선 위 피고인이나 문화방송이 국가기관에 의하여 불법 녹음이 저질러졌다는 사실 자체를 고발하기 위하여 불가피하게 이 사건 도청자료에 담겨 있던 대화 내용을 공개한 것이 아니라, 그 대화의 당사자나 내용 등이 공중의 관심을 끌 만한 사안이 된다고 보았기 때문에 공개를 한 것으로 판단된다. 한편 굴지의 재벌그룹 경영진과 유력 중앙일간지 사장이 대통령 선거를 앞두고 정치자금을 지원하는 문제나 정치인과 검찰 고위관계자에게 이른바 추석 떡값을 지원하는 문제 등을 논의하였다는 것은 그 진위 여부를 떠나 논의 사실 자체만으로도 국민이 알아야 할 공공성·사회성을 갖춘 공적인 관심사항에 해당한다고 볼 여지가 있다. 그러나 위 대화의 내용은 앞으로 제공할 정치자금 내지 추석 떡값을 상의한 것이지 실제로 정치자금 등을 제공하였다는 것이 아닐 뿐더러, 이 사건 보도가 행하여진 시점에서 보면 위 대화는 이미 약 8년 전의 일로서 그 내용이 보도 당시의 정치질서 전개에 직접적인 영향력을 미친다고 보기 어렵고, 제15대 대통령 선거 당시 기업들의 정치자금 제공에 관하여는 이 사건 보도 이전에 이미 수사가 이루어졌다. 이러한 사정을 고려하면, 위 대화 내용의 진실 여부의 확인 등을 위한 심층·기획 취재를 통해 밝혀진 사실 및 그 불법 녹음 사실을 보도하여 각 행위의 불법성에 대한 여론을 환기함으로써 장차 그와 유사한 사태가 재발하지 않도록 할 수 있음은 별론으로 하더라도, 그러한 사실확인 작업도 없이 곧바로 불법 녹음된 대화 내용 자체를 실명과 함께 그대로 공개하여야 할 만큼 위 대화 내용이 '공익에 대한 중대한 침해가 발생할 가능성이 현저한 경우'로서 비상한 공적 관심의 대상이 되는 경우에 해당한다고 보기는 어렵다.

둘째, 위 피고인이 이 사건 도청자료가 불법 녹음이라는 범죄행위의 결과물이라는 사실을 알면서도 녹음테이프를 입수하기 위하여 미국으로 건너가 녹음테이프의 소지인을 만나 취재 사례비 명목의 돈으로 1,000달러를 제공하고 앞으로 1만 달러를 추가로 제공하겠다는 의사를 밝힌 것은, 단순히 국가기관에 의한 불법 녹음의 범행을 고발하기 위한 것이 아니라 처음부터 불법 녹음된 대화의 당사자나 내용의 공적 관심도에 착안하여 그 내용을 공개하고자 하는 목적으로 그 자료의 취득에 적극적·주도적으로 관여한 것으로 봄이 상당하다.

셋째, 위 피고인이나 문화방송은 국가기관이 재벌 경영진과 유력 언론사 사장 사이의 사적 대화를 불법 녹음한 일이 있었다는 것과 그 대화의 주요 내용을 비실명 요약 보도하는 것만으로도 국가기관의 조직적인 불법 녹음 사실 및 재계와 언론, 정치권 등의 유착관계를 고발할 수 있었음에도 불구하고, 대화 당사자 등의 실명과 대화의 상세한 내용까지 그대로 공개함으로써 그 수단이나 방법의 상당성을 일탈하였다. 더욱이 이 사건 보도가 나가기 전에 법원이 이 사건 도청자료의 전면적인 방송 금지가 아닌 녹음테이프 원음의 직접 방송, 녹음테이프에 나타난 대화 내용의 인용 및 실명의 거론을 금지하는 내용의 가처분결정을 하였는바, 그 취지는 이 사건 도청자료와 관련된 내용의 보도는 허용하되 대화 당사자들에 대한 통신비밀의 침해가 최소화될 수 있도록 실명의 거론이나 구체적인 대화 내용의 보도를 금지한 것이다. 이처럼 법원이 서로 상충하는 통신의 비밀과 언론의 자유가 조화를 이루면서 최대한 충실하게 보장될 수 있도록 상당한 방법을 제시하였음에도 불구하고, 위 피고인이나 문화방송이 이를 따르지 아니하고 대화 당사자들의 실명과 구체적인 대화 내용을 그대로 공개한 행위는 수단이나 방법의 상당성을 결여한 것으로 볼 수밖에 없다.

넷째, 이 사건 보도가 국가기관의 조직적인 불법 녹음행위를 폭로하고 아울러 재계와 언론, 정치권 등의 유착관계를 고발하여 공공의 정보에 대한 관심을 충족시켜 주고 향후 유사한 사태의 재발을 방지한다는 점에서 공익적인 측면이 있음을 부인할 수는 없다. 그러나 앞에서 본 것처럼 이와 같은 공익적 효과는 비실명 요약보도의 형태로도 충분히 달성할 수 있었을 뿐만 아니라, 이 사건 대화의 내용이 이를 공개하지 아니하면 공익에 중대한 침해가 발생할 가능성이 현저한 비상한 공적 관심의 대상이 된다고 보기도 어려운 이상, 이 사건 대화 당사자들에 대하여 그 실명과 구체적인 대화 내용의 공개로 인한 불이익의 감수를 요구할 수는 없다고 할 것이다. 또한 이 사건 대화 당사자들이 비록 국민의 경제적·사회적 생활 등에 영향을 미치는 소위 공적 인물로서 통상인에 비하여 사생활의 비밀과 자유가 일정한 범위 내에서 제한된다고 하더라도, 그렇다고 해서 지극히 사적인 영역에서 이루어지는 개인간의 대화가 자신의 의지에 반하여 불법 감청 내지 녹음되고 공개될 것이라는 염려 없이 대화를 할 수 있는 권리까지 쉽게 제한할 수는 없다. 이상과 같은 사정에 앞서 본 이 사건 대화가 불법 녹음된 경위, 위 피고인이 이 사건 도청자료를 취득하게 된 경위, 이 사건 보도의 목적과 내용, 방법 등 이 사건 보도와 관련된 모든 사정을 종합하여 보면, 이 사건 보도에 의하여 얻어지는 이익 및 가치가 통신비밀이 유지됨으로써 얻어지는 이익 및 가치보다 결코 우월하다고 볼 수 없다.

결국 위 피고인이 이 사건 도청자료를 공개한 행위는 형법 제20조 소정의 정당행위로서 위법성이 조각되는 경우에 해당하지 아니한다고 할 것이다. 만약 이러한 행위가 정당행위로서 허용된다고 한다면 장차 국가기관 등이 사인 간의 통신이나 대화를 불법 감청·녹음한 후 소기의 목적에 부합하는 자료를 취사선택하여 언론기관 등과 같은 제3자를 통하여 그 내용을 공개하는 상황에 이르더라도 사실상 이를 막을 도리가 없게 된다.

같은 취지에서 원심이 위 피고인의 이 사건 통신비밀 공개행위가 정당행위에 해당하지 아니한다고 판단한 것은 정당하고, 거기에 상고이유에서 주장하는 바와 같이 정당행위에 관한 법리를 오해한 잘못이 없다.

[대법관 박시환, 대법관 김지형, 대법관 이홍훈, 대법관 전수안, 대법관 이인복의 반대의견]
언론의 자유는 개인이 언론활동을 통하여 자기의 인격을 형성하는 개인적 가치인 자기실현의 수단임과 동시에 사회구성원으로서 평등한 배려와 존중을 기본원리로 공생·공존관계를 유지하고 정치적 의사결정에 참여하는 사회적 가치인 자기통치를 실현하는 수단이 되는 핵심적 기본권이다. 언론기관의 통신비밀 보도행위의 위법성 여부를 둘러싸고 우열관계를 가리기 어려운 기본권인 통신의 비밀 보호와 언론의 자유가 서로 충돌하는 경우에는 추상적인 이익형량에 의하여 양자택일식으로 어느 하나의 기본권만을 쉽게 선택하고 나머지를 희생시켜서는 안 되며, 충돌하는 기본권이 모두 최대한 실현될 수 있는 조화점을 찾도록 노력하되 개별 사안에서 언론의 자유로 얻어지는 이익 및 가치와 통신의 비밀 보호에 의하여 달성되는 이익 및 가치를 형량하여 규제의 폭과 방법을 정하고 그에 따라 최종적으로 보도행위가 정당행위에 해당하는지 여부를 판단하여야 할 것이다. 그리고 이와 같은 이익형량을 함에 있어서는 통신비밀의 취득과정, 보도의 목적과 경위, 보도에 의하여 공개되는 통신비밀의 내용, 보도 방법 등을 종합적으로 고려하여야 한다.

위 사안에서, 도청자료에 담겨 있던 대화 내용은 1997년 대통령 선거 당시 여야 대통령후보 진영에 대한 대기업의 정치자금 지원 문제와 정치인 및 검찰 고위관계자에 대한 이른바 추석 떡값 등의 지원 문제로서 매우 중대한 공공의 이익과 관련되어 있고, 위 대화가 보도 시점으로부터 약 8년 전에 이루어졌으나 재계와 정치권 등의 유착관계를 근절할 법적·제도적 장치가 확립되었다고 보기 어려운 정치 환경 등을 고려할 때 시의성이 없다고 할 수 없으며, 피고인이 위 도청자료를 취득하는 과정에서 위법한 방법을 사용하지 아니하였고, 보도 내용도 중대한 공공의 이익과 직접적으로 관련된 것만을 대상으로 하였으며, 보도 과정에서 대화 당사자 등의 실명이 공개되기는 하였으나 대화 내용의 중대성이나 대화 당사자 등의 공적 인물로서의 성격상 전체적으로 보도 방법이 상당성을 결여하였다고 볼 수 없고, 위 불법 녹음의 주체 및 경위, 피고인이 위 도청자료를 취득하게 된 과정, 보도에 이르게 된 경위와 보도의 목적·방법 등 모든 사정을 종합하여 볼 때 위 보도에 의하여 얻어지는 이익이 통신의 비밀이 유지됨으로써 얻어지는 이익보다 우월하다는 이유로, <u>피고인의 위 보도행위는 형법 제20조의 사회상규에 위배되지 아니하는 정당행위에 해당하고</u>, 이와 달리 본 원심판단에 정당행위의 의미와 한계에 관한 법리오해의 위법이 있다.

〈정당행위 긍정 사례〉

대법원 2003. 11. 28. 선고 2003도3972 판결 [모욕]

1. 이 사건 공소사실은, 피고인은 2002. 2. 21. 23:47경 강릉시 금학동 77에 있는 리버플 호프집에서, 같은 날 MBC 방송 '우리시대'라는 프로그램에서 피해자(교사)를 대상으로 하여 방영한 '엄마의 외로운 싸움'을 시청한 직후 위 프로그램이 위 피해자의 입장에서 편파적으로 방송하였다는 이유로 그 곳에 설치된 컴퓨터를 이용하여 MBC 홈페이지(http://www.imbc.com)에 접속하여 **위 '우리시대' 프로그램 시청자 의견란에 불특정 다수인이 볼 수 있도록 "오선생님 대단하십니다", "학교 선생님이 불법주차에 그렇게 소중한 자식을 두고 내리시다니............그렇게 소중한 자식을 범법행위의 변명의 방패로 쓰시다니 정말 대단하십니다. 한 가지 더 견인을 우려해 아이를 두고 내리신 건 아닌지...........".라는 글을 작성·게시함으로써 공연히 피해자를 모욕하였다**는 것이다.

이에 대하여 원심은, 피고인이 게시판에 올린 글을 전체적인 맥락에서 파악하면, '엄마의 외로운 싸움'이라는 프로그램을 시청한 후 그에 대한 느낌과 방송사 및 피해자와의 가치관이나 판단의 차이에 따른 자신의 의견을 개진하고 피해자에게 자신의 의견에 대한 반박이나 반론을 구하는 것으로, 그 의견의 표현에 있어 부분적으로 부적절하고 과도한 표현을 사용한 것에 불과하다 할 것이고(글의 내용은 전체적인 문맥과 맥락 속에서 파악해야 하는 것이지 그 중 문제되는 일부만을 발췌하여 그 부분만으로 판단할 것은 아니다), 이로써 곧 사회통념상 피해자의 사회적 평가를 저하시키는 내용의 경멸적 판단을 표시한 것으로 인정하기 어렵다는 이유로, 무죄를 선고한 제1심판결을 유지하였다.

2. 모욕죄에서 말하는 모욕이란 사실을 적시하지 아니하고 사람의 사회적 평가를 저하시킬 만한 추상적 판단이나 경멸적 감정을 표현하는 것인바, 피고인이 게시한 글 중 특히, "그렇게 소중한 자식을 범법행위의 변명의 방패로 쓰시다니 정말 대단하십니다."는 등의 표현은 그 게시글 전체를 두고 보더라도, 교사인 피해자에 대한 사회적 평가를 훼손할 만한 모욕적 언사라고 할 것이다.

그러나 한편, 기록에 비추어 살펴보면, 우선, 피고인이 게시판에 글을 올리게 된 동기나 경위 및 그 배경에 관하여, 그 방송 프로그램을 시청한 후 그에 대한 느낌과 이를 방송한 방송사와 피해자와의 가치관이나 판단의 차이에 따른 자신의 의견을 개진하고, 피해자에게 자신의 의견에 대한 반박이나 반론을 구하는 것이라고 본 원심의 판단은 옳은 것으로 수긍이 가고, 나아가 그 글의 전체적인 내용도 "불법주차와 아이를 차에 두고 내린 어머니로서의 과실이라는 근본적인 원인제공을 피해자가 하였고, 그 방송된 내용은 개인적인 사정이다. 그럼에도 불구하고, 피해자는 자신의 잘못은 생각하지 않고, 견인업체 등의 잘못을 탓하며 자신의 범법행위를 변명하고 있다."는 취지로서, 그 전제한 객관적 사실관계는 이미 방송된 프로그램의 내용에 기초한 것이고, 이러한 의견 또는 판단 자체가 합당한 것인지 여부는 차치하고 전혀 터무니없는 것이라고까지 할 수 없으며, 그 방송 후에 충주시청 홈페이지와 MBC 홈페이지에 그 프로그램의 방영 취지나 피해자의 주장에 찬성하는 글과 함께 피고인의 글과 유사한 취지의 글이 적지 않게 게시된 점(피해자가 수사기관에 진정한 글만 해도 피고인의 것을 포함하여 모두 10개이다. 수사기록 9, 10쪽 참조)도 이를 뒷받침한다고 할 것이고, 특히, "그렇게 소중한 자식을 범법행위의 변명의 방패로 쓰시다니 정말 대단하십니다."라는 표현은 상당히 모욕적인 언사이기는 하나, 그 글 전체에서 차지하는 비중이 크다고는 할 수 없고, 그 글의 전체적인 내용에서 크게 벗어나 있는 표현이라고도 할 수 없다.

이러한 여러 사정에 비추어 보면, 이 사건 피고인의 표현은 이미 방송된 프로그램에 나타난 기본적인 사실을 전제로 한 뒤, 그 사실관계나 이를 둘러싼 견인업체와 피해자의 책임 문제에 관한 자신의 판단과 나아가 이러한 경우에 피해자가 충주시청의 홈페이지 등을 통하여 충주시장의 공개사과 등을 계속 요구하고, 방송에 출연하여 그러한 내용의 주장을 펴는 것이 합당한가 하는 점에 대하여 자신의 의견을 개진하고, 피해자에게 자신의 의견에 대한 반박이나 반론을 구하면서, 자신의 판단과 의견의 타당함을 강조하는 과정에서, 부분적으로 그와 같은 표현을 사용한 것으로서, 공소사실에 기재된 행위는 사회상규에 위배되지 않는다고

<u>봄이 상당하다.</u> 원심의 판단은 그 판결 이유를 이와 달리 하고 있으나, 이 사건 공소사실을 무죄로 판단한 결론은 옳은 것으로 수긍이 간다.

대법원 2009. 10. 29. 선고 2009도4783 판결 [보건범죄단속에관한특별조치법위반(부정의료업자)·정보통신망이용촉진및정보보호등에관한법률위반(명예훼손)]

원심은, 피고인은 심천사혈요법 피해대책위원회 운영위원으로 활동하고 있는 피해자 공소외 1에게 불만을 품고, 피해자가 운영하는 '(명칭 생략)' 홈페이지에 피해자가 게시한 글들을 공소외 2가 운영하는 인터넷 다음 까페 '(명칭 생략)' 게시판에 퍼온 뒤, 이에 대하여 **'호로 XX', '견 같은 새끼' 등의 피해자의 사회적 평가를 저하시키기에 충분한 모욕적인 표현을 사용하여** 댓글을 달거나, '피해자가 심천사혈요법학회를 마음대로 주물럭거리고, 부당한 이익금을 챙기며, 심천의 지회체계를 무너뜨리려고 하였다'거나 '당시 피해자가 심천에 충성을 다할 것을 맹세하였다'는 등의 취지의 허위사실을 적시하였는데, 위 인터넷 다음 까페 '(명칭 생략)'은 심천 동호인들이 주된 회원이나, 일반인들도 누구나 접속하여 글을 볼 수 있도록 공개된 사이트이며, 피고인이 '유XX' 또는 '유X근'이라고 지칭한 경우에도 위 사이트의 공지사항에 '공소외 1의 정보를 수집한다'고 되어 있어 이 사이트를 이용하는 대부분의 사람들은 그것이 피해자를 가리키는 것임을 충분히 알 수 있는 점 등을 종합하여 보면, <u>비록 피고인이 이 사건 댓글을 게재한 경위에 다소 참작할 만한 사정이 있다 하더라도 이를 사회상규에 위배되지 않는 정당행위로 평가할 수 없다고</u> 판단하였는바, 관련 법리와 기록에 비추어 보면 이러한 원심의 조치는 정당하고 거기에 상고이유 주장과 같은 법리오해 등의 위법이 없다.

대법원 2011. 7. 14. 선고 2011도639 판결 「신문기자인 피고인이 고소인에게 공소사실 기재와 같이 취재에 응해줄 것을 요구하고 이에 응하지 아니할 경우 자신이 조사한 바대로 보도하겠다고 한 것이, 설령 원심이 인정한 바와 같이 협박죄에서의 해악의 고지에 해당한다고 하더라도, 그것은 특별한 사정이 없는 한 기사 작성을 위한 자료를 수집하고 이를 보도하기 위한 것으로서 신문기자로서의 일상적인 업무 범위 내에 속하는 것이어서 사회상규에 반하지 아니하는 행위라고 봄이 상당하다.」

마. 경미한 법익침해

〈정당행위 긍정 사례〉

대법원 2004. 4. 9. 선고 2003도6351 판결 [풍속영업의규제에관한법률위반]

풍속영업의규제에관한법률(이하 '풍속법'이라 한다.)은 풍속영업을 영위하는 장소에서의 선량한 풍속을 해하거나 청소년의 건전한 육성을 저해하는 행위 등을 규제하여 미풍양속의 보존과 청소년의 보호에 이바지함을 목적으로 하고 있고, 이를 위하여 풍속법 제3조 제3호에서 풍속영업자의 준수사항으로 "풍속영업소에서 도박 기타 사행행위를 하게 하여서는 아니된다."는 사항을 부과하고 있는바, 위와 같은 풍속법의 입법목적에 비추어 보면, 풍속영업자가 풍속영업소에서 도박을 하게 한 때에는 그것이 일시 오락 정도에 불과하여 형법상 도박죄로 처벌할 수 없는 경우에도 풍속영업자의 준수사항 위반을 처벌하는 풍속법 제10조 제1항, 제3조 제3호의 구성요건해당성이 있다고 할 것이다.

그러나 어떤 행위가 법규정의 문언상 일단 범죄 구성요건에 해당된다고 보이는 경우에도, 그것이 정상적인 생활형태의 하나로서 역사적으로 생성된 사회생활 질서의 범위 안에 있는 것이라고 생각되는 경우에는 사회상규에 위배되지 아니하는 행위로서 그 위법성이 조각되어 처벌할 수 없게 되는 것이다.

기록에 의하면, 피고인은 그가 운영하는 여관 카운터에서 같은 동네에 거주하는 친구들과 함께 저녁을 시켜 먹은 후 그 저녁값을 마련하기 위하여 속칭 '훌라'라는 도박을 하다가 적발되어 도박죄로 기소되었으나, 이 사건 제1심 및 원심에서 그 도박죄는 일시 오락의 정도에 불과하여 죄가 되지 않는 경우에 해당한다는 이유로 무죄판결이 선고되어 그대로 확정되었음을 알 수 있다.

위와 같은 피고인의 행위의 동기나 목적, 그 수단이나 방법, 보호법익과 침해법익과의 권형성 그리고 일시 오락 정도에 불과한 도박은 그 재물의 경제적 가치가 근소하여 건전한 근로의식을 침해하지 않을 정도이므로 건전한 풍속을 해할 염려가 없는 정도의 단순한 오락에 그치는 경미한 행위에 불과하고, 일반 서민대중이 여가를 이용하여 평소의 심신의 긴장을 해소하는 오락은 이를 인정함이 국가정책적 입장에서 보더라도 허용되는 것(대법원 1983. 3. 22. 선고 82도2151 판결 참조)이라는 점을 아울러 고려하면 피고인의 이 사건 풍속법위반 행위는 사회통념에 비추어 용인될 수 있는 행위로서 사회상규에 위배되지 아니하는 행위에 해당하여 위법성이 조각된다고 봄이 상당하다고 할 것이다.

대법원 2009. 7. 23. 선고 2009도840 판결 「비록 이 사건 집회·시위가 주된 참가단체 등에 있어서 신고 내용과 다소 달라진 면이 있다고 하더라도, 이 사건 삼보일배 행진이라는 시위방법 자체에 있어서는 그 장소, 태양, 내용, 방법과 결과 등에 비추어 시위의 목적 달성에 필요한 합리적인 범위에서 사회통념상 용인될 수 있는 다소의 피해를 발생시킨 경우에 불과하다고 보이고, 또한 신고내용에 포함되지 않은 삼보일배 행진을 한 것이 앞서 본 바와 같은 신고제도의 목적 달성을 심히 곤란하게 하는 정도에 이른다고 볼 수도 없으므로, 결국 피고인들의 위와 같은 행위는 사회상규에 반하지 아니하는 행위로서 위법성이 조각된다고 볼 것이다.」

책 임

제1절 책임이론의 근본문제

〈책임과 예방〉

헌법재판소 2008. 12. 26. 선고 2005헌바16 전원재판부 [특정강력범죄의처벌에관한특례법 제3조등위헌소원]

한편 "금고 이상의 형을 받아 그 집행을 종료하거나 면제를 받은 후 3년 내에 금고 이상에 해당하는 죄를 범한 자"에 대하여는 형법 제35조에 그 죄에 정한 형의 장기를 2배 가중하는 누범 조항을 두고 있는바, 누범을 가중처벌하는 이유는 범인이 전범에 대한 형벌에 의하여 주어진 기왕의 경고에 따르지 아니하고 다시 범죄를 저질렀다는 잘못된 범인의 생활태도 때문에 책임이 가중되고, 범인이 전범에 대한 형벌의 경고기능을 무시하고 다시 범죄를 저지름으로써 범죄추진력이 강화되었기 때문에 행위책임이 가중되며 나아가 재범예방이라는 형사정책적 목적을 달성하기 위한 것이라고 볼 수 있다(헌재 1995. 2. 23. 93헌바43 참조). 즉 형법상 책임이 행위자가 합법을 결의하고 행동할 수 있었음에도 불구하고 불법을 결의하고 행동하였다고 하는 의사형성에 대한 비난가능성을 의미한다고 볼 때 '재판의 경고기능의 무시'나 '범죄추진력의 강화'는 이러한 비난가능성을 가중시키므로 누범을 가중처벌하는 것은 일응 합리적 이유가 있다 할 것이다.

이상의 점을 종합하여 이 사건 특강법 제3조 부분에 대하여 살펴보면, 이 사건 특강법 제3조 부분이 정한 누범은 형법상의 누범처럼 이전에 어떠한 범죄로든 금고 이상의 유죄판결을 받았음에도 다시 범죄를 행한 자에게 중대한 책임을 지우는 것이 아니라, 이전의 특정강력범죄로 형을 받아 그 집행을 종료하거나 면제받은 후 3년 이내에 다시 특정강력범죄인 강도치상죄를 범한 경우에만 가중처벌을 함으로써 전판결의 경고기능을 실질화 하였다. 또한 기본적 윤리와 사회질서를 침해하는 특정강력범죄로부터 국민의 생명과 신체의 안전을 보장하고 사회를 방위함을 목적으로 하는 특강법의 입법목적과 특강법 제2조에서 살인, 약취·유인, 강간, 강도, 단체범죄 등 죄질이 불량하고 범행에 대한 비난가능성이 크며 피해가 중한 반인륜적이고 반사회적인 범죄만을 특강법이 적용되는 특정강력범죄로 제한하고 있는 점, 특정강력범죄인 강도치상죄가 국민의 생명, 신체 등 법익을 심각하게 침해할 가능성이 높고 사회질서에 대한 혼란을 야기할 수 있는 점 및 누범을 가중처벌하는 것은 전범에 대한 형벌의 경고적 기능을 무시하고 다시 범죄를 저질렀다는 점에서 초범에 비하여 비난가능성·반사회성 및 책임이 더 크고, 사회방위, 범죄의 특별예방 및 일반예방, 더 나아가 사회의 질서유지의 목적을 달성하기 위한 하나의 수단이기도 한 점 등을 고려하면, 특강법에서 정한 특정강력범죄로 형을 선고받아 그 집행을 종료하거나 면제받은 후 비교적 짧은 기간이라 할 수 있는 3년 이내에 다시 특정강력범죄인 강도치상죄를 범한 경우 그 죄에 정한 형의 장기뿐 아니라 단기의 2배까지 가중하여 처벌하도록 규정한 이 사건 특강법 제3조 부분이 위 입법목적에 비하여 범죄와 형벌 사이에 적정한 비례관계가 있어야 한다는 책임원칙에 반하는 과잉형벌이라 단정할 수는 없다고 할 것이다.

대법원 2009. 5. 14. 선고 2009도1947, 2009전도5 판결 [생 략]

1. '특정강력범죄의 처벌에 관한 특례법' 제3조의 위헌성 주장에 대하여

기본적 윤리와 사회질서를 침해하는 특정강력범죄에 대한 처벌과 그 절차에 관한 특례를 규정함으로써 국민의 생명과 신체의 안전을 보장하고 범죄로부터 사회를 방위함을 목적으로 하는 특정강력범죄의 처벌에 관한 특례법의 입법 목적과 위 특례법 제2조에서 살인, 약취·유인, 강간, 강도, 단체범죄 등 죄질이 불량하고 범행에 대한 비난가능성이 크며 피해가 중한 반인륜적이고 반사회적인 범죄만을 특례법이 적용되는 특정강력범죄로 제한하고 있는 점 및 누범을 가중처벌하는 것은 전범에 대한 형벌의 경고적 기능을 무시하고 다시 범죄를 저질렀다는 점에서 초범에 비하여 비난가능성·반사회성 및 책임이 더 크고, 사회방위, 범죄의 특별예방 및 일반예방, 더 나아가 사회의 질서유지의 목적을 달성하기 위한 하나의 수단이기도 한 점 등을 고려하면, 위 특례법 제3조 중 "특정강력범죄로 형을 받아 그 집행을 종료하거나 면제받은 후 3년 이내에 다시 '성폭력범죄의 처벌 및 피해자보호 등에 관한 법률' 제9조 제1항, 제6조 제1항, 형법 제297조 소정의 죄를 범한 때에는 그 죄에 정한 형의 장기 및 단기의 2배까지 가중한다."라는 부분이 위 입법 목적에 비하여 비례의 원칙에 반할 정도로 합리적인 입법재량의 범위를 일탈하였다고 볼 수는 없는 것이다.

〈규범적 책임개념 : 비난가능성〉

대법원 2002. 1. 11. 선고 2001도2869 판결 [특정범죄가중처벌등에관한법률위반(도주차량)·도로교통법위반·도로교통법위반(음주운전)]

특정범죄가중처벌등에관한법률 제5조의3 제1항 소정의 '피해자를 구호하는 등 도로교통법 제50조 제1항의 규정에 의한 조치를 취하지 아니하고 도주한 때'라 함은 사고운전자가 사고로 인하여 피해자가 사상을 당한 사실을 인식하였음에도 불구하고 피해자를 구호하는 등 도로교통법 제50조 제1항에 규정된 의무를 이행하기 이전에 사고현장을 이탈하여 사고를 낸 자가 누구인지 확정될 수 없는 상태를 초래하는 경우를 말하는 것이나(대법원 2001. 1. 5. 선고 2000도2563 판결 등 참조), 특정범죄가중처벌등에관한법률 제5조의3 제1항의 규정은 자동차와 교통사고의 격증에 상응하는 건전하고 합리적인 교통질서가 확립되지 못한 현실에서 자신의 과실로 교통사고를 야기한 운전자가 그 사고로 사상을 당한 피해자를 구호하는 등의 조치를 취하지 아니하고 도주하는 행위에는 강한 윤리적 비난가능성이 있음을 감안하여 이를 가중처벌함으로써 교통의 안전이라는 공공의 이익을 보호함과 아울러 교통사고로 사상을 당한 피해자의 생명·신체의 안전이라는 개인적 법익을 보호하기 위하여 제정된 것이라는 입법 취지와 보호법익에 비추어 볼 때, 사고의 경위와 내용, 피해자의 상해의 부위와 정도, 사고운전자의 과실 정도, 사고운전자와 피해자의 나이와 성별, 사고 후의 정황 등을 종합적으로 고려하여 사고운전자가 실제로 피해자를 구호하는 등 도로교통법 제50조 제1항에 의한 조치를 취할 필요가 있었다고 인정되지 아니하는 경우에는 사고운전자가 피해자를 구호하는 등 도로교통법 제50조 제1항에 규정된 의무를 이행하기 이전에 사고현장을 이탈하였더라도 특정범죄가중처벌등에관한법률 제5조의3 제1항 위반죄로는 처벌할 수 없다 할 것이다.

〈자유의사의 문제〉

대법원 1968. 4. 30. 선고 68도400 판결 [살인,살인미수]

원래 형법 제10조에서 말하는 사물을 변별할 능력 또는 의사를 결정할 능력은 자유의사를 전제로 한 의사결정의 능력에 관한 것으로서, 그 능력의 유무와 정도는 감정사항에 속하는 사실문제라 할지라도 그 능력에 관한 확정된 사실이 심신상실 또는 심신미약에 해당되는 여부는 법률문제에 속하는 것(이다).

제2절 책임능력

Ⅰ. 성인의 책임능력

1. 심신장애

〈생물학적·심리학적 방법 : 혼합적 방법〉

대법원 1992. 8. 18. 선고 92도1425 판결 [상해치사]

1. 1심판결이 인정한 피고인의 범죄사실은 피고인이 그 판시 및 장소에서 **피고인과 같이 식사를 하러 갔던 다방종업원인 공소외 최경숙이 시간요금을 받고도 시간 전에 돌아가려고 했다는 이유로 점퍼 안주머니에 넣어 소지하고 있던 길이 34㎝되는 식칼을 오른손에 꺼내 들고 휘두르는 것을 위 식당주방일을 하던 피해자 용월순(여, 72세)이 피고인을 가로막고 제지하는 데에 격분하여 들고 있던 식칼로 위 피해자의 왼쪽 어깨, 왼쪽 등, 왼쪽 배부분을 각 1회씩 찔러 위 피해자로 하여금 같은 날 11:20경 병원에서 좌측배부자창에 의한 좌심실관통으로 인한 심정지로 사망케 한 것**이라고 함에 있는바, 원심은 피고인이 정신이상으로 심신상실 또는 심신미약의 상태에서 위 범행을 저지른 것이라는 피고인측의 주장에 대하여, 1심이 적법하게 조사채택한 여러 증거들(특히 의사 이정식 작성의 정신감정서의 기재)에 의하여 인정되는 피고인이 이 사건 범행에 이르게 된 경위, 범행의 수단과 방법, 범행을 전후한 피고인의 행동, 범행 후의 정황 등을 종합검토해 보면 피고인이 이 사건 범행 당시 심신상실이나 심신미약의 상태에 있었던 것으로 인정되지 않는다고 판단하여 위 주장을 배척하고 피고인을 징역 10년에 처한 1심판결을 유지하였다.

2. 그러나 <u>형법 제10조에 규정된 심신장애는 생물학적 요소로서 정신병, 정신박약 또는 비정상적 정신상태와 같은 정신적 장애가 있는 외에 심리학적 요소로서 이와 같은 정신적 장애로 말미암아 사물에 대한 판별능력과 그에 따른 행위통제능력이 결여되거나 감소되었음을 요하므로, 정신적 장애가 있는 자라고 하여도 범행 당시 정상적인 사물판별능력이나 행위통제능력이 있었다면 심신장애로 볼 수 없음은 물론이나, 정신적 장애가 정신분열증과 같은 고정적 정신질환의 경우에는 범행의 충동을 느끼고 범행에 이르게 된 과정에 있어서의 범인의 의식상태가 정상인과 같아 보이는 경우에도 범행의 충동을 억제하지 못한 것이 흔히 정</u>

신질환과 연관이 있을 수 있고, 이러한 경우에는 정신질환으로 말미암아 행위통제능력이 저하된 것이어서 심신미약이라고 볼 여지가 있는 것이다.

기록에 의하면 피고인은 망상형 정신분열증질환을 가진 자로서 1983.10.28. 정신분열증세가 발작하여 그의 처를 살해한 사실로 치료감호처분을 받아 1990.12.5.까지 치료감호를 받은 전력이 있고, 또 이 사건에 관한 검찰조사에서 피고인은 "약 3개월 전부터 누군가가 저를 감시하는 것 같고 따라다니면서 저를 죽이려고 하여 그날 아침 생각해 보니 도저히 견딜 수 없어 식칼을 저의 점퍼 안주머니에 넣고 위 사람을 만나 대결하려고 생각하였는데 막상 찾을 길이 없어 강릉으로 가서 술이나 실컷 마시고 자살을 하려고 강릉까지 온 것입니다", "···이번에는 자살를 하러 왔다가 술을 마신 것이 취하여 순간적으로 감정이 폭발하여 칼을 휘둘렀는데 술만 취하지 않았다면 그런 행동을 하지 않았을 것입니다"라고 진술하고 있으며, 한편 원심이 채용한 의사 이정식 작성의 정신감정서에 의하면 피고인이 망상형 정신분열증질환을 가지고 있으나 이 사건 범행은 환청이나 피해망상이 관련되어 있지 않았고, 다만 이 사건 살인은 자살하려던 피고인의 억압된 분노가 술로 인하여 억압되지 못하고 타인에게로 향해져 야기된 것으로 추정된다고 하면서, 결론적으로 피고인은 생물학적으로 정신분열증을 가지고 있지만 범행 당시 살인의 위법성을 모르고 있었다고 생각하기 어려우며 술로 인해 억제기능이 저하되어 있기는 하지만 의사결정능력이 없다고 보기는 어렵다는 취지로 감정하고 있는 사실이 인정된다.

위와 같은 사실관계에 비추어 보면 피고인은 망상형 정신분열증의 정신적 장애를 가진 자로서 범행 당시 범행의 충동을 억제하지 못하고 범행에 이르게 된 것임을 알 수 있는바, 피고인이 느낀 범행의 충동이 직접적으로 위 정신질환의 증상인 환청이나 피해망상으로부터 비롯된 것은 아니라고 하여도, 정상인이라면 그 정도의 술을 마신 것만으로는(피고인은 검찰에서 술에 조금 취한 상태라고 진술하고 있다)범행의 충동을 억제할 수 있는데도 피고인이 정신질환으로 말미암아 그 억제능력이 저하되어 억제하지 못하고 범행에 나간 것이라면 정신질환은 행위통제능력감소의 원인을 이루고 있다고 볼 여지가 있을 것이다.

원심으로서는 피고인의 범행충동의 억제능력이 저하된 것이 술만이 아니라 피고인이 앓고 있던 정신질환과 관련이 있는 것인지의 여부를 좀더 밝혀 본 후에 심신미약 여부를 판단하였어야 함에도 불구하고 이에 이름이 없이 위와 같이 판단하고 말았음은 심리미진으로 판결에 영향을 미친 위법을 저지른 것이라고 할 것이다.

<병적 정신장애 : 뇌전증(외인성정신병)>

대법원 1984. 8. 21. 선고 84도1510, 84감도229 판결 [살인·치료감호]

원심판결 이유에 의하면, 원심은 감정인 서광윤의 피고인에 대한 정신감정서의 기재, 피고인의 경찰이래 원심법정에 이르기까지의 진술, 사법경찰관 사무취급작성의 공소외인에 대한 진술조서의 각 기재와 원심법정에서의 피고인의 언동과 태도 즉 그의 아들인 피해자가 전생의 원수이고 한씨 가문의 역적이라고 되풀이 하면서 힐쭉힐쭉 웃고 때로는 얼굴을 붉히며 공연히 화를 내는 등의 태도등을 종합하여 피고인은 5살때에 나무에서 떨어진 후부터 의식을 잃고 손발이 뒤틀리는 경기를 앓아오다가 1966년부터 간질병을 앓게 되었고 이 사건 2년 전부터는 그 간질병 발작이 심화되면서 편집성 정신병을 갖게 되었으며 1983.2월경에는 그 정신병증상이 악화되어 공연히 그의 처에게 욕을 하고 문을 걸어 방에 들어오지도 못하게 하는 등 피해망상에 사로잡혔고 이 사건 범행당시에는 그 증상이 더욱 악화되어 그의 아들인 피해자가 단순히 자기말을 잘 듣지 않는다는 사유만으로 그가 한씨 가문의 역적이니 죽여야 된다는 심한 망상속에 빠져 현실을 판단하는 자아의 힘을 상실한 상태에 있었던 사실을 인정한 다음 이에 비추어 볼 때 피고인의 이 사건 범행은 형법 제10조 제1항 소정의 심신장애로 인하여 사물을 변별한 능력과 의사를 결정할 능력이 없는 자의 행위라고 봄이 상당하다 하여 무죄를 선고하였는바 기록과 대조하여 보면 위와 같은 원심의 사실인정과 판단은 수긍되고, 거기에 소론과 같은 사실오인이나 심신상실의 법리오해가 있다 할 수 없으므로 논지 이유없다.

<내인성 정신장애 : 정신분열증>

대법원 1986. 5. 27. 선고 86도475, 86감도66 판결 [살인,치료감호]

원심이 유지한 제1심판결이 든 증거에 의하면, 피고인 겸 피감호청구인(이하 피고인이라고만 한다)은 과거 만성정신분열증의 환자로서 여러 차례에 걸쳐 치료받은 바도 있었으나 아직까지 그 행동이 충동적이고 정서의 부조화 및 사고에 수미일관성이 결여되어 있는데다 피해망상 및 관계망상등으로 인한 판단력의 장애에 따른 비현실감의 지배를 받아 심신이 미약한 상태에서 판시 범행을 저지른 것으로 보이고, 현재도 그 완치가 되지 아니하여 향후 정신의 황폐화마저 우려되어 장기간의 치료 및 보호를 받아야 할 상태에 있음을 인정할수 있으므로 원심이 피고인에 대하여 심신미약 및 재범의 위험성이 있다고 본 제1심 판결을 유지한 조처는 수긍이 (간다).

⟨충돌조정장애로 인한 책임무능력 또는 한정책임능력이 인정되기 위한 요건⟩

대법원 1995. 2. 24. 선고 94도3163 판결 [특정범죄가중처벌등에관한법률위반(절도)]

원심은 위와 같이 피고인이 심신미약의 상태에 있다고 인정함에 있어서 주로 원심 감정인인 의사 권정화 작성의 감정서의 기재에 의존하였음이 원심판결 자체에 의하여 명백한데, 위 감정서에는 피고인이 충동조절장애로 인한 병적 도벽(Kleptomania), 즉 자신의 필요에 의하거나 금전상의 이득을 위한 것이 아니면서도 사전에 아무 계획 없이 그 순간에 어떠한 사물을 도둑질하고 싶은 충동을 억제할 수 없는 일이 반복되는 상태에 있고, 이 사건 범행 당시에는 사전에 아무런 계획 없이 일단 절도충동이 발생하면 스스로의 의지로는 저항할 수 없는 상태로 되어 현실변별력을 잃은 병적 상태에서 범행한 것으로 사료된다고 기재되어 있기는 하다.

그러나 형법 제10조 소정의 심신장애의 유무는 법원이 형벌제도의 목적 등에 비추어 판단하여야 할 법률문제로서, 그 판단에 있어서는 전문감정인의 정신감정 결과가 중요한 참고자료가 되기는 하나, 법원으로서는 반드시 그 의견에 기속을 받는 것은 아니고, 그러한 감정결과뿐만 아니라 범행의 경위, 수단, 범행 전후의 피고인의 행동 등 기록에 나타난 제반 자료 등을 종합하여 독자적으로 심신장애의 유무를 판단하여야 하는 것이다(대법원 1991.9.13. 선고 91도1473 판결 참조).

그런데 위 권정화의 감정서에 의하더라도 **피고인의 병적 도벽이라는 증상은 그것이 뇌손상과 같은 기질적 손상이나 정신분열증 또는 조울증 등 사물을 변별할 수 있는 능력에 장애를 가져오는 원래의 의미의 정신병으로 인한 것이라는 취지는 아니고 다만 성장기의 불우한 가정환경으로 인하여 심리적 손상을 받았거나 소홀히 취급된 결과로 인하여 성격적 결함인 충동조절장애가 생기게 된 데서 유래하였다는 것**임을 알 수 있다.

그러나 피고인이 자신의 절도의 충동을 억제하지 못하는 성격적 결함(정신의학상으로는 정신병질이라는 용어로 표현하기도 한다)으로 인하여 이 사건 범행에 이르게 되었다고 하더라도, 이와 같이 자신의 충동을 억제하지 못하여 범죄를 저지르게 되는 현상은 정상인에게서도 얼마든지 찾아볼 수 있는 일로서 이는 정도의 문제에 불과하고, 따라서 특단의 사정이 없는 한 위와 같은 성격적 결함을 가진 자에 대하여 자신의 충동을 억제하고 법을 준수하도록 요구하는 것이 기대할 수 없는 행위를 요구하는 것이라고는 할 수 없으므로 원칙적으로는 충동조절장애와 같은 성격적 결함은 형의 감면사유인 심신장애에 해당하지 않는다고 봄이 상당하고, 다만 그러한 성격적 결함이 매우 심각하여 원래의 의미의 정신병을 가진 사람과 동등하다고 평가할 수 있다든지, 또는 다른 심신장애사유와 경합된 경우에는 심신장애를 인정할 여지가 있을 것이다.

그런데 위 감정서에 의하면 피고인에게는 병적 도벽 외에도 타인의 나체 등을 엿보려는 관음증(Voyeurism)이라는 증상이 있기는 하나 이 또한 마찬가지로 성격적 결함의 일종으로서 위 관음증이 발전하여 병적 도벽까지 진행되었다는 것이고 그 외에는 피고인의 의식 및 지남력, 기억력 및 지적 능력, 추상적 사고 능력 및 판단력 등은 모두 보존되어 있어 평소에는 현실변별력에 아무런 제한이 없다는 것이며, 또한 위 감정서 및 기타 기록에 나타난 자료에 의하면 피고인은 대학 1학년 때부터 위와 같은 병적인 도벽이 나타났으나 그럼에도 불구하고 정상적으로 대학을 졸업하고 회사에 근무하다가 일본에 유학까지 하였는데 회사에 근무하거나 일본에 유학하고 있는 동안에는 아무런 문제가 없었고 다만 도서관에 들어갔을 때에만 이러한 도벽이 나타난다는 것이며(피고인의 절도전과상의 범행장소도 모두 대학교 도서관이었다), 또한 피고인이 성립 및 임의성을 인정하고 있는 검사 작성의 피고인에 대한 피의자신문조서의 기재에 의하면 피고인이 이 사건 범행장소인 한양대학교 도서관에 들어갈 때 이미 물건을 훔칠 목적을 가지고 있었다는 것인바(수사기록 63장 참조), 이러한 여러 사정을 종합하면 피고인에게 위와 같은 충동조절장애로 인한 병적 도벽이 있다고 하더라도 이는 형법 제10조 소정의 심신장애에는 해당하지 않는다고 봄이 상당하다.

〈충돌조정장애가 매우 심각하여 원래의 의미의 정신병을 가진 사람과 동등하다고 평가할 수 있는 경우〉

대법원 1999. 4. 27. 선고 99도693, 99감도17 판결 [특정범죄가중처벌등에관한법률위반(절도)·보호감호]

원심판결 이유에 의하면, 원심은 피고인이 심신장애의 상태에서 이 사건 범행을 저질렀다고 하는 피고인과 변호인의 주장에 대하여, 기록에 의하여 알 수 있는 피고인의 과거 전력, 이 사건 범행에 이르게 된 경위, 범행의 수단과 방법, 범행 전후에 취한 피고인의 행동, 범행

후의 정황 등에 비추어 보면 피고인이 심신장애의 상태에서 이 사건 범행을 저질렀다고는 인정되지 아니한다고 판단하여 이를 배척하였다.

그런데 기록에 의하면 **피고인이 이 사건 범행 이전에 이미 아래에 기재하는 것과 같이 1962.부터 1996.까지 15회에 걸쳐 절도 등의 범행을 하여 기소유예처분, 소년부송치처분, 유죄의 판결 등을 받은 전력이 있음**을 알 수 있다(일자는 처분이나 판결의 일자임).

1962. 8. 24. 절도. 소년부송치.

1963. 1. 11. 절도. 처분미상.

1964. 1. 14. 절도. 기소유예.

1965. 10. 12. 절도. 징역 4월.

1970. 3. 19. 절도. 기소유예.

1975. 9. 24. 절도. 기소유예.

1977. 5. 4. 절도. 기소유예.

1979. 6. 14. 절도. 징역 1년, 집행유예 2년.

1982. 2. 4. 절도. 처분미상.

1984. 12. 4. 준강도, 특수절도. 처분미상.

1986. 4. 3. 특정범죄가중처벌등에관한법률위반(절도). 징역 1년 6월.

1989. 5. 26. 절도. 징역 8월.

1992. 4. 8. 특정범죄가중처벌등에관한법률위반(절도). 징역 10월.

1993. 11. 30. 특정범죄가중처벌등에관한법률위반(절도). 징역 1년 6월.

1996. 7. 15. 특정범죄가중처벌등에관한법률위반(절도). 징역 1년 6월.

또한 기록에 의하여 피고인의 위와 같은 각 범행 중 최근의 범행 내용을 보면, 피고인은 1991. 9. 18. 청바지노점상에서 물건을 고르는 손님의 손가방을 열고 그 안에서 현금을 꺼내어 절취하려다 미수에 그쳤고, 1993. 9. 12. 의류노점상에서 티셔츠 1벌을 절취하였고, 1996. 5. 23. 의류노점상에서 물건을 고르는 손님의 핸드백을 절취하였던 것임을 알 수 있다.

그런데 기록에 의하면 다음과 같은 사정들을 알 수 있다.

① 피고인은 경찰과 검찰에서 조사받으면서 이 사건 범행에 대하여 절취할 생각이 없었다고 부인하면서, 경찰관이나 검사가 무슨 이유로 거듭하여 절도 범행을 저질렀냐고 묻자 **"저도 왜 그러는지 잘 모르겠습니다."**라거나 **"무슨 이유인지 모르겠지만 훔치고 싶어 훔쳤습니다."** 또는 **"교도소에 갔다 오면 또 뭔가 마음이 이상해지면서 남의 물건에 욕심이 생기고 하였습**

니다. 저도 이상하게 마음이 울렁거리기만 하면 집에서 나가고 싶고, 나가보면 이상한 마음이 들어 물건을 훔치고 하였던 것입니다."라고 진술하였다.

② 피고인의 장남인공소외 1은 검찰에서 **피고인은 자신도 모르게 순간적으로 타인의 물건을 가방에 넣는 나쁜 습관이 있다는 취지의 진술서를** 작성한 바 있고, 제1심법정에 출석하여 피고인이 바깥에 나가면 소지품을 두고 오는 경향이 있으며, 남의 물건을 생각 없이 가져오는 경우가 있고, 아들인 자신의 지갑에 손을 대는 경우도 있고, 피고인의 그와 같은 증세는 공소외 1이 어렸을 때부터 있었다고 증언하였다.

피고인의 차남인공소외 2는 원심법정에 출석하여 **피고인은 소녀시절부터 생리기간만 되면 우울증이 심하고 자신도 모르는 사이에 남의 물건을 훔치는 버릇이 있었고,** 그 때문에 피고인의 남편이 피고인을 정신병원에 입원시켜 치료를 받게 하였으나, 피고인의 남편이 사망한 후에는 피고인은 더 이상 치료를 받지 못하고 생리 때나 우울증이 심할 때는 밖에 나가는 것을 억제하고, 신경안정제 등을 복용하였으나 근본적인 치료가 되지 못하였다고 증언하였다.

③ 피고인은 검찰에서 조사받으면서 1962. 8. 24. 처음으로 절도 범행을 하여 기소유예처분을 받았을 때는 피고인이 집에서 놀고 있으면서 정신이 이상하여 집에서 굿을 한 일이 있는데 이상하게 남의 물건을 보면 훔치고 싶었고, 피고인이 30대 중반쯤 되었을 때에 피고인은 자신이 무슨 일을 하였는지 기억하지 못하는데 피고인이 사람을 괴롭히고 이상한 소리를 한다는 이유로 피고인의 남편이 피고인을 정신병원에 입원시켜 약을 먹은 일이 있다고 진술하였다.

또한 피고인은 1998. 8. 22. 제1심법원에 제출한 탄원서를 통하여 피고인이 구치소 안에서 이 사건 공소장 부본을 송달받고 발작을 일으켰으며, 피고인이 위와 같이 정신병원에 입원한 이유가 무엇인지, 또한 자신이 겪은 일을 기억하지 못하는 일이 왜 자꾸 벌어지는지 정신감정을 받아보고 싶다고 밝힌 바 있다.

④ 피고인은 1993. 9. 12.의 절도 범행에 대하여 재판을 받으면서 이른바 생리절도라는 주장을 하였으나 이를 인정할 증거가 없다는 이유로 그 주장이 배척된 일이 있다. 그러나 이미 그 전의 1991. 9. 18.의 절도 범행에 대하여 재판을 받으면서 피고인이 생리로 인하여 심신미약 상태에서 범행을 한 것이라는 주장을 하였고, 그에 대한 부산고등법원 1992. 4. 8. 선고 92노94 판결은 피고인은 생리 때만 되면 남의 물건을 훔치고 싶은 억제할 수 없는 충동이 일어나고, 위 범행 당시에도 생리중으로서 절도의 충동이 발동하여 범행을 저지르게 되었는데 그 당시 피고인의 심리상태는 그 충동으로 사물을 변별하거나 의사를 결정할 능력이

미약한 상태에 있었던 사실이 인정된다고 판단한 바 있다.

이와 같은 여러 사정들을 종합하여 보면, 이미 피고인에게 우울증 기타 정신병이 있고, 특히 생리 때가 되면 남의 물건을 훔치고 싶은 억제할 수 없는 충동이 일어나고, 이 사건 범행도 피고인으로서 어떻게 할 수 없는 그와 같은 종류의 절도 충동이 발동하여 저지르게 된 것이 아닌가 하는 의심을 품을 정도가 되었다고 생각된다. 기록에 의하면 피고인은 경찰에서부터 이 법원에 제출한 상고이유에 이르기까지 이 사건 범행 당시 피고인은 돈을 주고 구매할 생각으로 제1심 판시 장신구들을 피고인의 가방에 집어넣었던 것이고, 그 장신구들을 절취할 의사는 없었다는 식으로 범행을 부인하고, 검찰에서는 이 사건 범행 당일에는 매장에 진열된 장신구들을 보고 가지고 싶은 충동을 느끼지도 아니하였다고 진술하기도 하여, 위와 같은 심신장애의 주장과는 모순되는 태도를 취하고 있기는 하지만, 이는 범행을 저지르고도 어떻게든 처벌을 모면하려는 심리에서 나온 진술일 가능성도 있기 때문에 피고인이 이와 같은 진술을 하였다는 사실만 가지고, 위와 같은 심신장애에 대한 의심을 온전히 해소시킬 수는 없다.

그런데 자신의 충동을 억제하지 못하여 범죄를 저지르게 되는 현상은 정상인에게서도 얼마든지 찾아볼 수 있는 일로서, 특단의 사정이 없는 한 위와 같은 성격적 결함을 가진 자에 대하여 자신의 충동을 억제하고 법을 준수하도록 요구하는 것이 기대할 수 없는 행위를 요구하는 것이라고는 할 수 없으므로, 원칙적으로 충동조절장애와 같은 성격적 결함은 형의 감면사유인 심신장애에 해당하지 아니한다고 봄이 상당하지만, 그 이상으로 사물을 변별할 수 있는 능력에 장애를 가져오는 원래의 의미의 정신병이 도벽의 원인이라거나 혹은 도벽의 원인이 충동조절장애와 같은 성격적 결함이라 할지라도 그것이 매우 심각하여 원래의 의미의 정신병을 가진 사람과 동등하다고 평가할 수 있는 경우에는 그로 인한 절도 범행은 심신장애로 인한 범행으로 보아야 할 것(대법원 1995. 2. 24. 선고 94도3163 판결 참조)이다.

그러므로 제1심이나 원심으로서는 나아가 전문가에게 피고인의 정신상태를 감정시키는 등의 방법으로 과연 이 사건 범행 당시 피고인의 정신상태가 피고인이 호소하는 바와 같이 우울증이나 생리의 영향으로 인하여 그 자신이 하는 행위의 옳고 그름을 변별하고, 그 변별에 따라 행동을 제어하는 능력을 상실하였거나, 그와 같은 능력이 미약해진 상태이었는지 여부를 확실히 가려보아야 하였을 터이다. 그럼에도 불구하고 제1심은 위와 같은 피고인의 심신장애 주장에 대하여는 아무런 판단도 하지 아니하였고, 원심은 역시 그와 같은 조사·심리를 전혀 하지 아니한 채, 피고인의 과거 전력 등에 비추어 보더라도 피고인이 심신장애의 상태에서 이 사건 범행을 저질렀다고는 인정되지 아니한다고 판단하여 피고인의 항소를 기각하고 말았는바, 이는 심신장애에 대한 법리를 오해하거나, 적어도 필요한 심리를 다하지 아니함으로써 판결 결과에 영향을 미쳤다고 할 것이다.

〈성주물성애증과 책임능력〉

대법원 2013. 1. 24. 선고 2012도12689 판결 [특정범죄가중처벌등에관한법률위반(절도)]

1. 원심판결 이유에 의하면, 원심은 피고인이 무생물인 옷이나 신는 것들의 조각을 사람의 몸의 연장으로서 성적 각성과 희열의 자극제로 믿고 이를 성적 흥분을 고취시키는 데 쓰는 '성주물성애증'이라는 정신질환을 가지고 있는 점, 위 정신질환은 피고인이 초등학교 때 아버지가 어머니를 자주 폭행하고 전학을 3회나 하여 친구가 없고 가정이나 학교에서 외로움을 느끼며 지내다가 2007년 29세경에 주점에서 일하는 여성의 속옷을 훔친 이후로 발현되어 계속 여성의 옷을 훔치거나 구입하여 때때로 이를 자위행위의 도구로 사용하면서 심화되었던 점, 피고인은 사용했던 여성의 속옷이나 옷을 절취한 다음 이를 처분하지 않고 보관하였으며, 여성의 속옷이나 옷을 절취하기 위하여 다른 사람의 집에 침입하는 것도 서슴지 않은 점, 피고인이 여성의 속옷이나 옷을 절취할 만한 다른 동기는 없는 점 등에 비추어 볼 때, 피고인은 이 사건 각 범행 당시 성주물성애증으로 인하여 사물을 변별하거나 의사를 결정할 능력이 미약한 상태에 있었다고 판단하였다.

2. 형법 제10조에 규정된 심신장애는 정신병 또는 비정상적 정신상태와 같은 정신적 장애가 있는 외에 이와 같은 정신적 장애로 말미암아 사물에 대한 변별능력이나 그에 따른 행위통제능력이 결여 또는 감소되었음을 요하므로, 정신적 장애가 있는 자라고 하여도 범행 당시 정상적인 사물변별능력과 행위통제능력이 있었다면 심신장애로 볼 수 없다(대법원 1992. 8. 18. 선고 92도1425 판결 등 참조). 그리고 특별한 사정이 없는 한 성격적 결함을 가진 사람에 대하여 자신의 충동을 억제하고 법을 준수하도록 요구하는 것이 기대할 수 없는 행위를 요구하는 것이라고는 할 수 없으므로, 무생물인 옷 등을 성적 각성과 희열의 자극제로 믿고 이를 성적 흥분을 고취시키는 데 쓰는 성주물성애증이라는 정신질환이 있다고 하더라도 그러한 사정만으로는 절도 범행에 대한 형의 감면사유인 심신장애에 해당한다고 볼 수 없고, 다만 그 증상이 매우 심각하여 원래의 의미의 정신병이 있는 사람과 동등하다고 평가할 수 있거나, 다른 심신장애사유와 경합된 경우 등에는 심신장애를 인정할 여지가 있으며(대법원

1995. 2. 24. 선고 94도3163 판결 등 참조), 이 경우 심신장애의 인정 여부는 성주물성애증의 정도 및 내용, 범행의 동기 및 원인, 범행의 경위 및 수단과 태양, 범행 전후의 피고인의 행동, 범행 및 그 전후의 상황에 관한 기억의 유무 및 정도, 수사 및 공판절차에서의 태도 등을 종합하여 법원이 독자적으로 판단할 수 있다(대법원 1994. 5. 13. 선고 94도581 판결 등 참조).

기록에 의하면, ① 피고인은 빌라 외벽에 설치된 가스배관을 타고 올라가 베란다를 통해 빌라에 침입하여 여성 속옷 등을 훔치다가 집주인에게 발각되는 바람에 체포된 사실, ② 피고인은 위와 같이 체포되어 조사받는 과정에 이 사건 각 범행을 자백하였는데, 범행을 비교적 구체적으로 기억하고 있는 것으로 보이는 사실, ③ 피고인은 수사기관에서는 술을 마시는 바람에 범행을 저지르게 되었다는 취지로 진술하였다가, 원심에서는 범행의 동기를 모르겠다고 진술한 사실, ④ 피고인은 다소 불우한 성장과정을 겪었으나 그로 인하여 사회적, 직업적으로 지장을 받고 있다고 볼 만한 사정은 보이지 않는 사실, ⑤ 피고인에 대한 정신감정 결과에 의하더라도 피고인은 특이한 정신병적 증세를 보이지 않고, 사고기능 면에서도 사고장애의 증거가 뚜렷하지 않으며, 다만 범행 당시에는 알코올 복용 상태에서 성주물성애증으로 절도 충동을 억제하지 못하여 범행에 이른 것으로 의사결정능력이 다소 저하된 상태에 있었을 것으로 추정된다고 판단된 사실 등을 알 수 있다.

앞서 본 법리에 비추어 살펴보면, 비록 피고인에 대한 정신감정에서 피고인이 범행 당시 알코올 복용 상태에서 성주물성애증으로 절도 충동을 억제하지 못하여 범행에 이른 것으로 의사결정능력이 다소 저하된 상태에 있었을 것으로 추정된다고 판단되었다고 하더라도, 위에서 본 바와 같은 범행의 경위 및 태양, 범행에 대한 피고인의 기억의 정도, 수사 및 공판절차에서의 피고인의 태도, 피고인의 정신병적 증세의 정도 등을 종합해 보면, 피고인은 이 사건 각 범행 당시 성주물성애증이라는 정신적 장애가 있었다는 사정 이외에 사물을 변별할 능력이나 의사를 결정할 능력이 미약한 상태에 있었다고 인정할 만한 사정이 있었다거나 피고인의 성주물성애증의 정도가 원래의 의미의 정신병이 있는 사람과 동등하다고 평가할 수 있을 정도로 심각하다고 인정하기는 어려워 보인다.

그럼에도 불구하고 그 판시와 같은 사정만을 근거로 피고인이 이 사건 각 범행 당시 심신미약의 상태에 있었다고 인정한 원심의 판단에는 심신장애에 관한 법리를 오해함으로써 판결 결과에 영향을 미친 위법이 있다. 이 점을 지적하는 상고이유의 주장에는 정당한 이유가 있다.

〈소아기호증과 책임능력〉

대법원 2007. 2. 8. 선고 2006도7900 판결 [생 략]

원심판결 이유에 의하면, 원심은, 피고인에 대한 정신감정 결과 피고인이 중학생이던 1983. 경 9세의 여아를 강간하여 학교를 더 다니지 못하게 된 점, 피고인에 대한 누범전과의 내용도 어린 나이의 여아를 강간한 것인 점, 피고인에 대한 임상심리검사 결과 피고인은 초등학교 6학년 때 아버지로부터 성적 폭행을 당하였다고 주장하는데, 그 후부터 지속적으로 나이 어린 여아에 대하여만 성욕을 느끼고, 소녀와의 성행위 내지 성적 공상에 탐닉하여 왔고, 피고인의 자아 이미지가 매우 부정적이고 기능이 매우 손상되어 있으며 불안정, 우울, 충동성 등 정서적 문제가 발견되는 점 등을 종합하여 볼 때, 피고인에게 변태성욕의 일종인 소아기호증이 존재하는 것으로 진단되고, 이 사건 범행 당시에도 피고인은 소아기호증이라는 정신질환으로 인하여 심신미약의 상태에 있었던 것으로 추정하고 있는데, 위와 같은 정신감정 결과, 피고인의 범행전력, 이 사건 범행 내용 및 횟수 등에 비추어 볼 때, 피고인은 이 사건 범행 당시 소아기호증으로 인하여 범행의 충동을 억제하지 못하고 범행에 이르게 된 것으로서 의사를 결정하거나 사물을 변별할 능력이 미약한 상태에 있었다고 판단하였다.

형법 제10조에 규정된 심신장애는 생물학적 요소로서 정신병 또는 비정상적 정신상태와 같은 정신적 장애가 있는 외에 심리학적 요소로서 이와 같은 정신적 장애로 말미암아 사물에 대한 변별능력과 그에 따른 행위통제능력이 결여되거나 감소되었음을 요하므로, 정신적 장애가 있는 자라고 하여도 범행 당시 정상적인 사물변별능력이나 행위통제능력이 있었다면 심신장애로 볼 수 없는 것이고(대법원 1992. 8. 18. 선고 92도1425 판결 등 참조), 특단의 사정이 없는 한 성격적 결함을 가진 자에 대하여 자신의 충동을 억제하고 법을 준수하도록 요구하는 것이 기대할 수 없는 행위를 요구하는 것이라고는 할 수 없으므로, 사춘기 이전의 소아들을 상대로 한 성행위를 중심으로 성적 흥분을 강하게 일으키는 공상, 성적 충동, 성적 행동이 반복되어 나타나는 소아기호증은 성적인 측면에서의 성격적 결함으로 인하여 나타나는 것으로서, 소아기호증과 같은 질환이 있다는 사정은 그 자체만으로는 형의 감면사유인 심신장애에 해당하지 아니한다고 봄이 상당하고, 다만 그 증상이 매우 심각하여 원래의 의미의 정신병이 있는 사람과 동등하다고 평가할 수 있거나, 다른 심신장애사유와 경합된 경우 등에는 심신장애를 인정할 여지가 있을 것이며(대법원 1995. 2. 24. 선고 94도3163 판결 등 참조), 이 경우 심신장애의 인정 여부는 소아기호증의 정도, 범행의 동기 및 원인, 범행의 경위 및 수단과 태양, 범행 전후의 피고인의 행동, 증거인멸 공작의 유무, 범행 및 그 전후의 상황에 관한 기억의 유무 및 정도, 반성의 빛 유무, 수사 및 공판정에서의 방어 및 변소의 방법과 태도, 소아기호증 발병 전의 피고인의 성격과 그 범죄와의 관련성 유무 및 정도 등을 종합하여 법원이 독자적으로 판단할 수 있다(대법원 1994. 5. 13. 선고 94도581 판결 등 참조).

기록에 의하면, 피고인이 범행 내용을 비교적 뚜렷하게 기억하고 있는 것으로 보이는 사실, 피고인이 이 사건과 같은 소아에 대한 성범죄로 종전에 재판받을 당시 소아기호증 등의 질환이 있다는 사정을 주장하지 않았던 사실, 피고인이 이 사건 이전에 소아기호증으로 치료를 받았다고 볼 자료가 전혀 없고, 원심 재판 진행 중 소아기호증으로 진단을 받아 진단서를 제출하기는 하였으나 위와 같은 진단을 받은 이후에도 전혀 치료를 받지 않았고, 오히려 치료를 거부하기도 한 것으로 보이는 사실, 피고인이 범행 장소를 사전에 답사하기도 한 것으로 보이는 등 이 사건 각 범행이 우발적이라고 하기는 어려운 것으로 보이는 사실, 피고인이 약 3년 만에 처와 헤어진 것으로 보이기는 하지만, 이 사건 범행 이전에 성인 여성과 결혼을 하여 아들을 두기도 하는 등 정상적인 가정생활을 하였던 것으로 보이고, 이 사건 각 범행 당시에도 직업적으로 운전을 하는 등 사회적, 직업적으로 지장을 받고 있다고 볼 자료가 부족한 사실, 피고인에 대한 정신감정 결과에 의하더라도 피고인의 의식은 명료하고, 시간·장소·사람에 대한 지남력은 보존되어 있으며, 특별한 감정의 고조나 우울감은 관찰되지 않으며, 사고과정 및 내용상 망상은 없고, 지각 장애도 의심되지 않으며, 시험적인 판단력은 보존되어 있었던 것으로 판단되었으며, 피고인의 소아기호증이 이 사건 범행에 끼친 영향은 적고, 정신과적 치료 효과도 제한적이라고 하면서, 피고인의 소아기호증이 이 사건에 적은 부분 영향이 있었을 것이며, 정신질환으로 인하여 적은 정도의 심신미약 상태에 있었다고 판단한 사실 등을 알 수 있다.

이러한 사정을 앞서 본 법리에 비추어 살펴보면, 피고인이 이 사건 범행 당시 소아기호증이라는 정신적 장애가 있다는 사정 이외에 더 나아가 사물을 변별할 능력이나 의사를 결정할 능력이 미약한 상태였다고 인정할 수 있을지, 피고인의 소아기호증의 정도가 원래의 의미의 정신병이 있는 사람과 동등하다고 평가할 수 있을 정도로 심각하다고 인정할 수 있을지 의문의 여지가 있다.

따라서 원심으로서는 피고인의 소아기호증의 정도 및 내용, 이 사건 각 범행의 동기 및 원인, 범행의 경위 및 수단과 태양, 범행 전후의 피고인의 행동, 범행 및 그 전후의 상황에 관한 기억의 유무 및 정도, 수사 및 공판정에서의 방어 및 변소의 방법과 태도, 소아기호증 발병 전의 피고인의 성격과 그 범죄와의 관련성 유무 및 정도 등에 관하여 나아가 심리한 다음, 피고인에게 인정되는 소아기호증이 원래의 의미의 정신병을 가진 사람과 동등하다고 평가할 수 있을 정도로 심각한 것인지, 피고인에게 소아기호증의 정신적인 장애가 있다는 사정 이외에 그로 인하여 사물 변별능력이나 의사결정능력이 감소된 상태였다고 인정할 사정이 존재하는지를 검토하여, 피고인이 심신장애 상태에서 이 사건 각 범행을 범한 것인지의 여부에 대하여 판단하였어야 할 것으로 보인다.

2. 사물변별능력과 의사결정능력

〈전문가의 감정과 법관의 기속〉

대법원 1994. 5. 13. 선고 94도581 판결 [살인]

2. 형법 제10조 제1항 및 제2항 소정의 심신장애의 유무 및 정도의 판단은 법률적 판단으로서 반드시 전문감정인의 의견에 기속되어야 하는 것은 아니고 (당원 1991.9.13. 선고 91도1473 판결; 1990.11.27. 선고 90도2210 판결 각 참조), 정신분열병의 종류 및 정도, 범행의 동기 및 원인, 범행의 경위 및 수단과 태양, 범행 전후의 피고인의 행동, 증거인멸 공작의 유무, 범행 및 그 전후의 상황에 관한 기억의 유무 및 정도, 반성의 빛 유무, 수사 및 공판정에서의 방어 및 변소의 방법과 태도, 정신병 발병전의 피고인의 성격과 그 범죄와의 관련성 유무 및 정도 등을 종합하여 법원이 독자적으로 판단할 수 있는 것이다.

3. 원심은 피고인이 이 사건 범행 당시 피해망상을 주증상으로 하는 편집형 정신분열증으로 말미암아 심신상실의 상태에 있었다는 감정인 곽영숙 작성의 감정서의 기재 및 동인에 대한 사실조회 회보서의 기재를 배척하면서, 이 사건 범행의 동기와 범행방법, 범행 후의 정황등 피고인의 일련의 행위가 정상적인 사람의 행동범위를 크게 벗어나지 아니하고, 피고인의 의식과 지남력, 기억력, 지식, 지능이 모두 정상이며, 착각이나 환각 같은 지각장애가 없는 점 등을 종합하면 피고인은 이 사건 범행 당시 사물의 선악과 시비를 합리적으로 판단하여 구별할 수 있는 능력이나 사물을 변별한 바에 따라 의지를 정하여 자기의 행위를 통제할 수 있는 능력이 미약한 상태에 있었다고 봄이 상당하고, 이에서 나아가 그 사물의 변별력이나 의사결정능력을 상실한 상태에까지 이른 것이라고는 볼 수 없다고 판시하였는 바, 기록에

비추어 보면 원심의 이와 같은 인정과 판단은 정당한 것으로 수긍이 가고 거기에 소론과 같은 책임능력 판단에 있어서의 법리오해 및 사실오인등의 위법을 발견할 수 없다.

〈심신장애의 여부 및 정도가 불분명한 경우 법원이 취해야 할 조치〉

대법원 1998. 4. 10. 선고 98도549 판결 [존속상해]

원심이 유지한 제1심판결의 이유에 의하면, 제1심은 거시 증거에 의하여, **피고인이 1997. 9. 27. 10:00경 피고인의 집에서 피해자인 피고인의 모가 두통증세가 있는 피고인에게 우황청심환을 사다 주어 이를 복용하였으나 두통이 더 심하여졌다는 이유로 트집잡아 주먹으로 피해자의 머리를 2회 때리고 그 우측 팔목을 잡아 비틀어 넘어뜨려 직계존속인 피해자에게 8주간의 치료를 요하는 우측 척골 간부골절상을 가한 사실**을 인정한 다음, 징역형을 선택하고 심신미약의 감경을 하여 구속된 피고인에게 징역 8월을 선고하였다.

그런데 기록에 의하면, 피고인은 긴장형 정신분열증으로 인한 심신상실의 상태하에서 1992. 6. 6. 피해자와 함께 살고 있는 집에 불을 놓아 전소시킨 위법행위를 저질렀고 재범의 위험성이 있다는 이유로 1992. 9. 17. 대전지방법원에서 치료감호판결을 선고받고 공주치료감호소에 수용되어 정신장애를 치료받은 결과, 1994. 8. 8. 충분히 치료되어 재범의 위험성이 없다고 하여 사회보호위원회로부터 치료감호의 종료결정을 받고 출소한 점, 그러나 피고인은 그 후에도 환청이나 충동적 행동과 같은 정신분열증의 증상이 지속되었음에도 생활형편이 어려워 전문적인 치료를 받지 못한 채 치료감호소가 제공하는 약물만을 복용하여 왔으나 점차 증세가 악화되어 온 점, 긴장형 정신분열증은 그 특징의 하나로 급격하고 난폭한 흥분발작이 예고 없이 나타나는 경우가 있는데 이 사건 범행도 이러한 흥분발작으로 인하여 피고인과 단둘이 살고 있는 노년의 피해자에게 갑자기 폭력을 행사하였음을 엿볼 수 있는바, <u>전후사정이 이와 같다면, 우선 피고인이 이 사건 범행 당시 그 심신장애의 정도가 단순히 사물을 변별할 능력이나 의사를 결정할 능력이 미약한 상태에 그쳤는지 아니면 그러한 능력이 상실된 상태이었는지 여부가 불분명하므로, 원심으로서는 먼저 피고인의 정신상태에 관하여 충실한 정보획득 및 관계 상황의 포괄적인 조사·분석을 위하여 피고인의 정신장애의 내용 및 그 정도 등에 관하여 정신의로 하여금 감정을 하게 한 다음, 그 감정결과를 중요한 참고자료로 삼아 범행의 경위, 수단, 범행 전후의 행동 등 제반 사정을 종합하여 범행 당시의 심신상실 여부를 경험칙에 비추어 규범적으로 판단하여</u>(대법원 1996. 5. 10. 선고 96도638 판결 등 참조) 그 당시 심신상실의 상태에 있었던 것으로 인정되는 경우에는 무죄를 선고하여야 할 것이다.

다만, 앞서 본 피고인의 전력을 감안할 때, 피고인이 기존의 정신질환에 대한 치료를 실시하지 아니한 채 단순히 징역형을 복역하고 출소하여 범행 전과 유사한 생활환경으로 복귀하게 된다면 여전히 정신분열증에 기한 흥분발작으로 다시 범행을 저지를 개연성이 높다고 보이는바, 이러한 경우 법원으로서는 피고인에 대한 정신감정을 실시함에 있어 그 장애가 장차 사회적 행동에 있어서 미칠 영향 등에 관하여도 아울러 감정하게 하고, 그 감정의견을 참작하여 객관적으로 판단한 결과(대법원 1990. 8. 28. 선고 90감도103 판결 등 참조) 정신질환이 계속되어 피고인을 치료감호에 처함이 상당하다고 인정될 때에는 치료 후의 사회복귀와 사회안전을 도모하기 위하여 별도로 보호처분이 실시될 수 있도록 검사에게 치료감호청구를 요구할 수 있을 것이다(사회보호법 제14조 제5항).

그러함에도, 원심은 피고인의 정신상태 등에 관한 감정에 나아가지 아니한 채 막연히 그 심신장애의 정도가 심신미약의 상태에 있었던 것으로 보고 징역형을 선택하여 심신미약의 법률상 감경을 하는 데에 그쳤는바, 거기에는 심신장애의 정도에 대한 심리미진의 위법이 있다고 할 것이고, 이 점을 지적한 논지는 이유 있다.

〈사물변별능력 또는 의사결정능력이 없었던 것으로 의심되는 경우〉

대법원 2002. 11. 8. 선고 2002도5109 판결 [강간살인]

1. 원심판결 이유에 의하면, 원심은, 피고인의 심신장애 주장에 대하여, 피고인이 이 사건 범행 당시 다소 술에 취해 있었던 사실은 인정되나, 피고인의 평소 주량, 이 사건 범행의 경위 및 방법, 범행을 전후한 피고인의 행동 등을 종합하여 보면, 피고인이 그로 인하여 사물을 변별하거나 의사를 결정할 능력이 없었다거나 미약한 상태에까지 이르렀던 것은 아니라는 이유로 피고인의 위 주장을 배척하였다.

2. 그러나 피고인은 항소이유서에서 이 사건 범행 당시 술에 만취되어 있었다는 것 외에 그 범행의 의미 등을 제대로 알지 못할 정도로 지능이 저하되어 있었다는 주장을 하였음을 알 수 있는바(피고인은 당심에 이르러 2001. 7. 14. 관할관청에 장애인복지법에 따라 정신지체 1급 장애인으로 등록된 사실도 있다고 주장하면서 그에 관한 소명을 제출한 바 있다), 이러한 피고인의 주장에 따라, 기록에서 드러나 있는 피고인의 성장배경과 환경·가정생활·사회경력·지능정도 등

을 살펴보면, 피고인은 1974. 11. 3. 농촌지역인 진주시 금곡면 검암리 651에서 출생한 자로서, 피고인의 부친은 피고인이 두살되던 해에 사망하였고, 생모는 부친이 세번째로 맞이한 여자로서 모친 역시 피고인이 19세 경에 사망하였는데 그 사이 피고인은 주로 외할머니 집에서 친누이와 같이 어린 시절을 보내 왔고, 부모의 사랑을 제대로 받지 못한 채 동네 불량배들과 어울려 술과 약물을 하는 등 매우 불우한 유소년 시절을 보내 왔다고 하며, 초등학교를 졸업한 학력이 전부(다만, 피고인측에서는 중학교 졸업 또는 중퇴라고 주장하고 있다.)인 피고인은 그 성적도 최하위권에 속하였는데 지능지수가 낮고 발음이 어눌하여 어릴 때부터 바보라는 소리를 듣기도 하였다고 하고, 피고인은 고향에서 농사일을 하다가 17세가 되던 1991. 7.경 서울로 올라와 공장을 전전하면서 생활하였는데, 피고인의 가족들은 유일한 아들인 피고인이 대를 이어야 한다는 이유로 결혼을 시켜 고향에 정착시키기로 결정하고 피고인의 지능이 떨어지는 것을 감안하여 농아자인 여자를 피고인의 배필로 맞아들여 서둘러 2001. 5. 13. 그녀와 결혼을 시키기에 이르렀고, 이에 피고인은 다시 고향에서 신혼살림을 차리고 그곳에서 비닐하우스 일을 하면서 생활을 하게 되었으나, 피고인의 결혼생활은 그리 순탄치 못하여 언어소통 문제, 경제적 여건, 피고인의 나쁜 술버릇과 급한 성격 등으로 인하여 가정불화가 잦았고 그에 따라 피고인은 결혼한 지 불과 몇 달만에 상경하여 처와 별거한 채 친누나 집에서 기거하면서 다시 봉제공장 공원으로 일하게 되었으며 피고인의 누나는 아직까지도 세상물정에 어두운 피고인을 도와 피고인을 보살펴 왔다는 것이다.

한편, 기록에서 나타나는 이 사건 범행의 전후 경위·범행동기와 범행의 내용·수법·피해결과·피고인이 범행과정에서 보인 태도 등에 관하여 나아가 살펴본다.

피고인의 수사기관에서의 일부 주장에 의하면, 피고인은 이 사건 범행 전날인 2002. 3. 9. 퇴근 이후 계속 혼자서 술을 마시기 시작하여 소주 5병 정도를 마시고 난 후 만취 상태에서 심한 성적 충동에 사로잡힌 나머지 길가는 아무 여자나 만나면 강간이라도 해 볼 작정으로 무작정 밤길을 헤매고 돌아다니다가 사건 당일인 같은 달 10. 04:00경에 이르러 일행들과 헤어진 다음 혼자 귀가 중이던 피해자를 발견하고 약 100m 정도를 뒤따라 가다가 범행 현장 골목길 어귀에 다다랐을 때 마침 주변에 인적이 없는 틈을 이용하여 피해자에 달려들어 피해자를 쓰러뜨린 후 이 사건 범행을 저지르기에 이르렀음을 알 수 있으므로 이처럼 피고인이 범행에 이르기까지 보인 태도에 비추어 볼 때, 이 사건 범행은 특별한 사전 계획 없이 충동적으로 극히 단순, 무모하게 이루어진 것이라고 판단된다.

또한, 일면식도 없어 달리 악감정을 가질 이유도 전혀 없었던 피해자를 단지 반항을 억압하여 빨리 자신의 목적을 이루어야겠다는 생각에만 사로잡힌 나머지 비정하고 무참하게 손과 발로 무수히 때리고 짓밟아 결국 피해자를 속발성 쇼크에 빠뜨려 살해하였을 뿐더러, 피고인의 이러한 폭행으로 인하여 피해자가 얼굴도 분간할 수 없을 정도로 일그러지고 전신에 유혈이 낭자하여 외견상 끔찍하고도 처참한 상태에 처하게 되었음에도 성욕을 참지 못하고 계속 강간의 범행으로 나아간 피고인의 이 사건 엽기적인 범행은 평범한 인간이라면 가질 수 있는 최소한의 자기 통제력도 찾아 볼 수 없을 정도로 지극히 비정상적인 행태로 일관하였던 것이라고 보이며, 피고인이 근 15분간에 걸쳐 자신도 옷을 다 벗고 강간범행을 자행한 장소도 비록 어둡고 외진 골목길이기는 하였으나 경우에 따라 주민들이 피해자의 비명소리를 듣거나 그 부근을 왕래하는 사람들이 그 범행을 용이하게 목격할 가능성도 있는 주택가 및 상가 한가운데의 골목길 또는 타인의 주택 대문 앞이었던 점에 비추어 볼 때 그 당시 피고인에게 과연 일말의 이성적인 사리분별력이 있었던 것인지도 의심된다고 할 것이다.

나아가 피고인은 이 사건 범행을 마친 다음 범행현장을 빠져나와 인근 동네를 헤매다가 피고인의 옷, 바지, 신발이 피투성이가 된 것을 발견한 공소외 이용운이 그 연유를 묻자 술을 먹다가 집단구타를 당하였다고 둘러대면서 마침 강간과정에서 무릎에 찰과상을 입어 통증을 느끼고 있던 터라 같은 날 04:40경 자신의 휴대폰으로 119 구급대를 불러 같은 날 04:55경 병원에 가서 치료를 받았고 그 과정에서 자신의 성명과 보호자의 연락처를 순순히 사실대로 진술해 줌으로써(다만, 피고인은 정확하게 자신의 이름을 "" 알려주었지만 피고인의 발음 때문에 구급활동일지나 진료기록에는 그 이름이 " 잘못" 기재되어 있다), 경찰의 탐문과정에서 이루어진 위 이용운의 제보가 단서가 되어 119 구급대 출동지령서, 구급활동일지, 진료기록과 휴대폰 통화기록 등에 남아 있던 피고인의 인적 사항과 연고지가 드러나게 되었고 추적 끝에 결국 범행 하루만에 검거되기에 이르게 되었는데, 이러한 피고인의 범행 후의 행적 역시 이 사건과 같은 중한 범행을 저지른 자가 자신의 범행을 은폐하기 위하여 통상 취할 것으로 예상되는 태도와는 다른 것임을 알 수 있고 이 점에 미루어 피고인이 자신이 저지른 범행의 내용이 어느 정도로 중한 것인지를 스스로 미처 인식하지 못하고 있었던 것은 아닌가 의심되기도 한다.

이상에서 볼 수 있는 바와 같이 정상적인 사람으로서는 이해하기 어려운 피고인의 범행 동기나 수법, 범행의 전후 과정에서 보인 태도, 이 사건 당시 음주정도 등에 더하여 피고인의 성장배경·학력·가정환경·사회경력 등을 통하여 추단되는 피고인의 지능정도와 인성 등에 비추어 볼 때, 피고인이 이 사건 범행을 저지를 당시 자기 통제력이나 판단력, 사리분별력이 저하된 어떤 심신장애의 상태가 있었던 것은 아닌가 하는 의심도 드는 데다가, 피고인측에서 항소이유로 이 사건 범행 당시 술에 만취되어 있었다는 것 외에 그 범행의 의미 등을 제대로 알지 못할 정도로 지능이 저하되어 있었다는 주장을 하고 있는 바라면, 원심으로서는 전문가에게 피고인의 정신상태를 감정시키는 등의 방법으로 과연 이 사건 범행 당시 피고인의 정신상태에 어떤 장애는 없었던 것인지 여부, 즉 자신이 하는 행위의 옳고 그름과 사리를 변별하고 그 변별에 따라 행동을 제어하는 능력을 상실하였거나 그와 같은 능력이 미약해진 상태에 있었는지 여부를 확실히 가려 보아야 하였을 터임에도 이러한 조치를 취하지 아니한 채 단지 주취정도만을 따져본 다음, 피고인의 심신장애에 관한 주장을 가벼이 배척하고 만 것은 필요한 심리를 다하지 아니하고, 심신장애에 관한 법리를 오해함으로써 판결 결과에 영향을 미친 위법을 저지른 경우에 해당한다 할 것이므로 이 점을 지적하는 상고이유의 주장은 이유 있다.

〈기억능력과 사물변별능력 및 의사결정능력의 관계〉

대법원 1985. 5. 28. 선고 85도361 판결 [살인미수 · 폭력행위등처벌에관한법률위반]

1. 형법 제10조 제1항, 제2항이 각 정하는 심신상실과 심신미약은 어느 것이나 심신장애의 태양에 관한 것으로 그 정도를 달리하는 차이가 있을 뿐일 따름으로 즉 심신상실은 심신장애로 인하여 사물의 시비선악을 변식할 능력이나 또 그 변식하는 바에 따라 행동할 능력이 없는 것을 말하고 심신미약은 위와 같은 능력을 결여하는 정도에는 이르지 않으나 그 능력이 미약한 경우를 말하는 것이며 형법상 심신상실자라고 하려면 그 범행 당시에 있어서 위와 같은 능력이 없어 그 행위의 위법성을 의식하지 못하고 또는 이에 따라 행위를 할 수 없는 상태에 있어야 하며 피고인이 범행을 기억하고 있지 않다는 사실만으로 바로 피고인이 범행당시 심신상실 상태에 있었다고 단정할 수는 없다고 할 것이다.

2. 원심판결 이유기재에 의하면, 원심은 정신과전문의 신관수 작성의 정신감정서의 기재와 이 사건의 피해자 1,2,3의 검찰에서의 진술, 피고인의 형인공소외인의 제1심 법정 및 검찰에서의 진술, 피고인의 검찰에서 제1심 법정에 이르기까지의 진술을 모아 피고인은 이 사건 범행당시 심신상실상태에 있었다고 단정하였다.

그러나 위 감정서의 기재에 의하면, 피고인의 성격은 내성적이며 온순한 편이고 일은 열심히 하는 성격이나 술을 먹으면 다른 사람들과 가끔 시비를 한다고 하고 정신상태는 의식은 명료하였으며 사람에 지남력은 보지하고 있고 전반적인 외모, 태도에서 이상소견은 나타나지 않고 있고 정서적으로 부적절한 면은 없었고 감정표현의 변화가 좁고 주위에 대한 관심이 없었으며 초조, 불안감은 나타나지 않으며 감정기간동안 사고내용 및 사고의 흐름의 장애는 없는 것으로 사료되고 환청 및 환시 등의 시각의 장애는 없었으나 추상적인 사고능력은 미약한 것으로 사료되고 판단력의 장애도 감정기간동안 없었으며 기억력은 감정기간동안 장애가 없었으나 특수한 사건에 대해 기억회생의 장애가 나타나고 계산력의 장애가 나타나 지능은 보통 이하로 보이고 신체상태는 의학적 및 신경학적 진찰상 특이한 소견은 보이지 아니하고 엠.엠.피.아이 검사(다면적 인성검사) 해리반응에서 비정산(비정상의 오기로 보임)의 높은 수치를 보이고 뇌파검사결과는 정상뇌파로 사료되고 문장완성검사에 있어서는 질문에 대한 요지를 부적절히 대답하여 보통 이하의 지능을 나타내고 있어 이와 같은 점을 종합할 때 해리성 장애로 해리신경증은 노이로제의 한 유형인 히스테리성 신경증의 아형으로서 성격기능이 아주 와해되어 해리된 성격의 일면은 의식적인 성격과는 전혀 동떨어져 나가서 따로 기능하는 것으로 이인증, 기억상실증, 혼미 둔주 몽유병등의 증상으로 나타나는바 피고인은 1983.6.부터 줄곧 혼자 있으므로 하여 공포를 일으키는 불안을 억압도중 공포로부터의 불안을 도피시키는 미숙한 성격으로 사건이 발생되었고 심인성 기억상실증의 증상을 갖고 있는 해리신경증환자로 생각된다는 것이어서 우선 이 감정결과가 어떠한 경로에 의하여 그와 같은 결론에 이르게 된 것인지 그 합리적 근거가 박약할 뿐만 아니라(감정서 기재상으로는 피고인이 범행을 기억하지 못한다는 진술과 인성검사결과에 따라 그와 같은 결론에 이른 것으로 되어 있다) 그와 같은 해리신경증으로 인하여 피고인이 이 사건 범행당시 심신상실상태에 있었는지 또는 심신미약상태에 있었는지 또는 정상상태였는지 이 감정서 기재는 이를 밝힐 자료가 될 수 없음이 그 기재 자체에 의하더라도 명백하고 이 사건 피해자인 1,2,3의 검찰에서의 진술은 피고인과 피해자들은 오랫동안 같은 마을에 살고 있는 사람들로서 피고인은 평소 정신이상이 있는 것 같지는 않았는데 아무런 감정도 없는 피고인이 어찌하여 이와 같은 범행을 하였는지 그 이유와 동기를 모르겠다는 것으로 이와 같은 진술로서는 피고인이 이 사건 범행당시 심신상실상태에 있었다고 인정하기 어렵다고 하지 않을 수 없으며 피고인은 검찰에서는 "제가 소 네마리를 기르고 있는데 소에 이가 많아서 약을 사다가 뿌려주었는데 소가 이상한 것 같아 이웃에 있는 피해자 4의 집에 가서 그의 처피해자 1에게 우리 소 좀 봐달라고 했으나 싫다고 하여 괜히 동리 사람들이 너의 형이 의용군이다, 너는 의붓자식이다, 사상이 좋지않은 놈이다라는 등의 말을 저에게 하는 듯하여 이상한 생각이 들고 순간적으로 총으로 쏴 죽이고 싶은 생각이 들어 그집 마당에 있던 삽을 들고 피해자들을 때렸다"고 진술하였다가 제1심법정에서는 "피고인은 가끔 정신이 멍한 상태가 있었으며 피해자 1,4 등이 평소에 의붓자식이라고 놀리지는 않았으나 이 사건 범행당시에는 피해자 1이 피고인의 요청을 거절하자 공연히 이상한 생각이 들어 왜 그런지는 잘 모르겠으나 삽날부분으로 피해자들을 때린 기억이 나고 피해자 2를 때리기 위하여 쫓아간 일은 기억이 나지 않는다"고 진술하고 있고 한편 피고인의 형인공소외인의 제1심법정 및 검찰에서의 진술은 피고인은 과거 정신질환을 앓은 일도 없고 하여 이 사건 범행은 이해가 가지 않으며 교도소에 면회를 가보니 피고인이 왜 교도소에 와있는지 모르겠다며 정신감정을 해달라고 말한 적이 있다는 것이어서 이 피고인이나 그의 형인공소외인의 진술 역시 이 사건 범행당시의 피고인의 심신장애사실을 인정할 자료가 될 수는 없다고 할 것이다.

결국 원심이 드는 자료로서는 어느 것이나 피고인이 이 사건 범행당시 심신상실상태에 있었다고 인정하기 어렵다고 할 수 밖에 없으며 위 감정서기재의 감정결과나 원심이 피고인의 심신장애로 인정한 중요자료라고 보이는 피고인이 그 범행의 일부 또는 전부를 기억하지 못한다는 사실만으로는 바로 피고인이 범행당시 심신상실상태에 있었다고는 단정할 수 없는 것이므로 원심은 심신장애에 관한 법리를 오해하고 채증법칙에 위반하여 심리를 다하지 않음으로써 사실을 그릇인정하였다는 비난을 면할 수 없다고 할 것이므로 이와 같은 점을 비의하는 상고논지는 그 이유가 있다고 하겠다.

대법원 1990. 8. 14. 선고 90도1328 판결 [살인]

1. 원심판결 이유에 의하면, 원심은 피고인이 1988.2.경부터 부산 서구 동대신동 소재 서부교회에 가끔 다니면서 피해자인 동 교회 목사 백영희(남,83세)의 설교를 듣고서 결혼도 못하고 어렵게 살고 있는. 자신의 처지를 비관하여 오던 중, 1989.8.27. 01:30경 부산 사하구 괴정 2동 소재 피고인이 집 뒷편 속칭 쇠리골 뒷산에서 산상기도를 하면서 갑자기 "백목사는 사탄이고 큰자이므로 작은자(피고인을 지칭함)가 살아 남는 길은 큰자인 백목사를 죽여야 한다. 공자, 맹자도 천당에 못갔다는데 피고인. 자신도 천당에 못갈 것이 분명하므로 백목사를 죽여야만. 자신이 큰자로 되어 천당에 갈 수 있다"고 잘못 생각하고 당시 정신분열증으로 인하여 사물변별능력 및 의사결정능력이 미약한 상태에서 위 피해자를 살해하기로 마음먹고, 피고인 집으로 돌아와 부엌에서 사용하던 식도를 허리춤에 넣은 후 같은 날 05:10경 위 서부교회 예배당에 도착하여 신도 1,000여명을 모아놓고 단상에서 설교하고 있는 피해자에게 접근한 후 허리춤에서 위 식도를 꺼내어 오른손에 들고서 동인의 우측가슴 등을 힘껏 3회 찔러 동인으로 하여금 부산대학병원으로 후송도중 우흉부자상으로 인한

실혈성쇼크로 사망에 이르게 하여 살해한 사실을 인정한 1심판결을 정당하다고 판단하고, 피고인은 위 범행당시 심신상실의 상태에 있었다는 피고인의 주장에 대하여, 감정인 이덕기, 정영진 작성의 감정서의 기재와 1, 2심 법정에서의 피고인의 진술 등을 종합하여 보면 피고인은 보통수준의 지적 잠재력이 있음에도. 자폐적인 세계 속에서 현실과 동떨어진 채 하향적인 적응을 하여 왔고, 비논리적이고 비현실적인 사고를 가지고 있으며 현실판단력과 현실검증능력의 제한을 보이고 있는 등 정신분열증의 상태에 놓여 있어 이 사건 범행 당시 다소 심신장애의 상태에 있었다고 보여지지만, 피고인의 경찰 이래 당심 법정에 이르기까지의 진술을 살펴보면 피고인이 그 당시 피해자를 살해한다는 명확한 인식이 있었고 범행의 발단과 전개과정을 소상히 기억, 진술하고 있는 점을 알 수 있는바, 위와 같은 사정 등을 종합하여 보면 피고인이 이 사건 범행당시 사물을 변별할 능력이 없거나 의사를 결정할 능력이 없었다고 할 수는 없고 다만 그 능력이 미약한 상태에 있었음에 지나지 않는다고 판단하여 피고인의 위 주장을 배척한 후 피고인에게 무기징역의 형을 선고한 1심판결을 그대로 유지하였다.

2. 그러나 형법 제10조 제1항 소정의 심신상실자는 사물변별능력, 즉 사물의 선악과 시비를 합리적으로 판단하여 구별할 수 있는 능력이 결여되거나 의사결정능력, 즉 사물을 변별한 바에 따라 의지를 정하여 자기의 행위를 통제할 수 있는 능력이 결여된 상태에 있는 자를 말하며, 같은 조 제2항의 심신미약자는 위와 같은 사물변별능력이나 의사결정능력이 결여된 정도는 아니고 미약한 상태에 있는. 자를 말하는 것인바, 위 사물변별능력이나 의사결정능력은 판단능력 또는 의지능력과 관련된 것으로서 사실의 인식능력이나 기억능력과는 반드시 일치하는 것이 아니다.

그러므로 원심이 판시한 바와 같이 이 사건 범행 당시 정신분열증으로 심신장애의 상태에 있었던 피고인이 피해자를 살해한다는 명확한 의식이 있었고 범행의 경위를 소상하게 기억하고 있다고 하더라도 이러한 사실의 인식능력이나 기억능력이 있다는 것만 가지고 범행당시 사물의 변별능력이나 의사결정능력이 결여된 정도가 아니라 미약한 상태에 있었다고 단정할 수는 없는 것이다.

원심이 거시한 감정인 이덕기, 정영인의 감정내용을 기록에 의하여 살펴보면, 피고인은 정신분열증환자로서 불안, 긴장감, 망상적이고 자폐적인 사고, 사고과정의 이완, 비논리적이고 비현실적인 사고내용과 현실적 판단력 및 현실검증능력의 상당한 제한을 보이고 있고, 범행당시 정신분열증의 증상들이 나타나 현실판단력이나 현실검증능력이 상당한 제한을 받았을 것으로 추정된다는 취지로 되어 있는바, 피고인이 피해자 백영희를 살해할 만한 다른 동기가 전혀 없고 오직 원심이 인정한 바와 같이 피해자를 "사탄"이라고 생각하고 피해자를 죽여야만 피고인. 자신이 천당에 갈 수 있다고 믿어 살해하기에 이른 것이라면, 피고인은 범행당시 정신분열증에 의한 망상에 지배되어 사물의 선악과 시비를 구별할 만한 판단능력이 결여된 상태에 있었던 것으로 볼 여지가 없지 않다.

만일 이와 같은 심신장애자로 인정된다면 이러한. 자에 대한 사회격리와 교회는 오직 사회
보호법에 의한 치료감호처분에 의하여야 할 것이다.

원심이 위와 같은 점을 좀더 면밀히 검토하여 심신상실여부를 가려보았어야 함에도 불구하
고 이에 이름이 없이 만연히 피고인이 범행당시 피해자를 살해한다는 인식이 있었고 범행
의 과정을 기억하고 있다는 것만으로 이 사건 범행이 심신미약의 상태에서. 자질러진 것에
지나지 않는다고 판단하고 말았음은 심신장애에 관한 법리오해와 심리미진으로 판결에 영
향을 미친 위법을 저지른 것으로서 이 점에 관한 논지는 이유있다.

Ⅱ. 형사미성년자

〈형사미성년자의 책임능력을 일률적으로 부정한 취지〉

헌법재판소 2003. 9. 25. 선고 2002헌마533 전원재판부 [형법제9조위헌확인등]

3. 판 단

가. 이 사건 법률조항에 관한 부분

(1) 이 사건 법률조항의 입법취지

(가) 범죄란 "구성요건에 해당"하고 "위법"하여 "책임있는" 행위를 말한다. 범죄성립요건의
세 번째 요건인 책임은 행위자가 법에 따라 행위할 수 있었음에도 불구하고 범죄충동을 억
제하지 않고 위법하게 행위하였다는 규범적 평가, 다시 말하면 구성요건에 해당하는 불법의
비난가능성에 책임의 본질이 있다. 이러한 책임은 법규범에 따라 행위할 수 있는 능력인 책
임능력을 전제로 하며, 따라서 행위자에게 책임능력이 없을 때에는 책임도 없다.

(나) 사람의 정신적 발육은 개인에 따라서 다르지만 형법은 14세를 기준으로 하여 14세 미
만의 자를 책임무능력자로 하여 그 행위를 벌하지 않고 있다. 즉, 14세 미만이기만 하면「사
물의 변별능력과 그 변별에 따른 행동통제능력」이 없다고 의제하고 있다. 육체적·정신적 미
성숙이라는 생물학적 요소를 고려하여 책임무능력을 인정하고 있는 것이다.

이와 같이 일정한 연령을 기준으로 하여 일률적으로 형사책임연령을 정하고 있는 것은 유소
(幼少)한 자의 정신의 발육·성숙과정은 정신장애의 존부(存否)나 정도와는 달라서 정상적인
과정이며, 나아가 개인차가 심하므로 일정한 정신적 성숙의 정도와 사물의 변별능력이나 행

동통제능력의 존부·정도를 각 개인마다 판단·추정하는 것은 곤란하고 부적절하기 때문이다. 또한 이 사건 법률조항은, 어린 아이들의 경우 그 감수성이 강하고 상처받기 쉬운 정신상태에 있고 반사회성도 고정화되어 있지 않으므로 상당한 정도로 책임이 있는 경우에도 교육적 조치에 의한 개선가능성이 있다는 점에 비추어 볼 때 형벌 이외의 수단에 의존하는 것이 적당하다는 형사정책적 고려를 가미한 규정이다.

(2) 이 사건 법률조항에 대한 특별규정

형사미성년자의 행위는 책임이 조각되므로 형사미성년자에게는 일체의 형사책임이 배제되지만 소년법상의 보호대상이 된다. 소년법 제4조에 의하여 ① 형벌법령에 저촉되는 행위를 한 12세 이상 20세 미만의 촉법소년, ② 장래 형벌법령에 저촉되는 행위를 할 우려가 있는 12세 이상의 우범소년은 소년보호사건의 대상이 된다. …

위에서 살펴본 바와 같이 이 사건 법률조항의 입법목적은, 육체적·정신적으로 미성숙한 소년은 사물의 변별능력과 그 변별에 따른 행동통제능력이 없기 때문에 그 행위에 대한 비난가능성이 없고, 나아가 형사정책적으로 어린 아이들은 그 감수성이 강하고 상처받기 쉬운 정신상태에 있고 또한 반사회성도 고정화되어 있지 않으므로 상당한 정도로 책임이 있는 경우에도 교육적 조치에 의한 개선가능성이 있다는 점에 비추어 볼 때 형벌 이외의 수단에 의존하는 것이 적당하다는 고려에 입각한 것이다. 그리고 육체적·정신적 성숙정도는 소년 개인마다 차이가 심하므로 일정한 정신적 성숙의 정도와 사물의 변별능력이나 행동통제능력의 존부·정도를 각 개인마다 판단·추정하는 것은 곤란하고 부적절하기 때문에 위 입법목적을 달성하기 위하여 이 사건 법률조항과 같이 일정한 연령을 기준으로 하여 일률적으로 형사책임연령을 정한 것은 합리적인 방법으로 보인다.

다만 형사책임연령을 14세 미만으로 하지 않고 그보다 더 낮출 수 없는가 하는 의문이 있을 수 있다.

주요 국가들의 입법례를 살펴보면, 독일은 형사책임연령을 14세 미만으로, 프랑스는 13세 미만, 일본은 14세 미만으로 하고 있다. 이에 비해 영국과 호주는 형사책임연령을 10세 미만으로 하고 있으며, 10세에서 14세 사이의 소년에 대해서는 원칙적으로는 책임능력이 없는 것으로 추정한 후(doli incapax 추정) 범죄행위 당시 소년이 악의(惡意)로 행위를 하였다는 것이 증명이 되면 추정이 번복될 수 있도록 하고 있었는데, 영국에서는 이러한 doli incapax 추정이 1998년 폐지되었으나 호주에서는 아직 유지되고 있는 것으로 보인다. 미국은 대부분의 주에서 형사책임연령에 관한 규정을 두지 않거나 형사책임하한연령에 관한 규정이 있는 주의 경우에는 7세부터 14세 사이로 규정하고 있다.

위와 같은 입법례들을 살펴보면 일률적인 형사책임연령을 정하는 것이 일반적이라고 할 수 있으며, 다만 구체적인 연령에 있어서 차이가 나는데, 이는 각국의 역사적, 사회적, 문화적 환경의 차이에서 비롯된 것으로 보인다.

이처럼 형사책임이 면제되는 소년의 연령을 몇 세로 할 것인가의 문제는 소년의 정신적·신체적 성숙도, 교육적·사회적·문화적 영향, 세계 각국의 추세 등 여러 가지 요소를 종합적으로 고려하여 결정되어야 할 입법정책의 문제로서 현저하게 불합리하고 불공정한 것이 아닌 한 입법자의 재량에 속하는 것이다. 그런데, 형사미성년자의 연령을 너무 낮게 규정하거나 연령 한계를 없앤다면 책임의 개념은 무의미하게 될 것이며, 14세 미만이라는 연령기준은 다른 국가들의 입법례에 비추어 보더라도 지나치게 높다고 할 수 없다는 점을 고려할 때 형사미성년자를 14세 미만으로 정하고 있는 이 사건 법률조항이 합리적인 재량의 범위를 벗어난 것으로 보기 어렵다.

따라서 인간의 능력은 점진적으로 발달하고 개인차이가 있는데도 불구하고 입법자가 이 사건 법률조항에서 형사미성년자를 14세를 기준으로 획일적인 구분을 한 것은 실질에 부합하지 않는 경우가 있을 수 있겠지만, 법률관계의 안정과 객관성을 위한 부득이한 조치라고 할 것이다.

Ⅲ. 원인에 있어서 자유로운 행위

〈행위와 책임의 동시존재의 원칙〉

대법원 1983. 10. 11. 선고 83도1897 판결 [폭력행위등처벌에관한법률위반·공무집행방해]

원심은 그 거시증거에 의하여 **피고인은 평소 간질병 증세가 있었으나 이 사건 범행 당시에는 간질병이 발작하지 아니한 상태에 있었다**고 인정하고 있는바, 이를 기록에 대조하여 검토하여 보아도 원심의 조치에 수긍이 가고 또한 소론이 지적하는 바와 같은 채증법칙에 위배한 사실오인이나 심신상실 내지는 심신미약의 법리를 오해한 위법이 없다.

<과실범인 원인에 있어서 자유로운 행위>

대법원 1992. 7. 28. 선고 92도999 판결 [특정범죄가중처벌등에관한법률위반(도주차량),도로교통법위반]

형법 제10조 제3항은 「위험의 발생을 예견하고 자의로 심신장애를 야기한자의 행위에는 전2항의 규정을 적용하지 아니한다」고 규정하고 있는바, <u>이 규정은 고의에 의한 원인에 있어서의 자유로운 행위만이 아니라 과실에 의한 원인에 있어서의 자유로운 행위까지도 포함하는 것으로서 위험의 발생을 예견할 수 있었는데도 자의로 심신장애를 야기한 경우도 그 적용대상이 된다고 할 것이다.</u>

원심이 같은 취지에서 피고인이 음주운전을 할 의사를 가지고 **음주만취한** 후 운전을 결행하여 그 판시와 같은 **교통사고**를 일으킨 이 사건에서 피고인은 음주시에 교통사고를 일으킬 위험성을 예견하였는데도 자의로 심신장애를 야기한 경우에 해당하므로 형법 제10조 제3항에 의하여 심신장애로 인한 감경 등을 할 수 없다고 판단하였음은 정당하고 소론과 같은 위법이 없어 이 점에 관한 논지는 이유 없다.

<고의범인 원인에 있어서 자유로운 행위>

대법원 1996. 6. 11. 선고 96도857 판결 [살인 · 폭력행위등처벌에관한법률위반 · 특수강도 · 특정범죄가중처벌등에관한법률위반(절도) · 대마관리법위반 · 사체은닉]

원심은 거시증거에 의하여 같은 <u>피고인들은 상습적으로 대마초를 흡연하는 자들로서 이 사건 각 살인범행 당시에도 대마초를 흡연하여 그로 인하여 심신이 다소 미약한 상태에 있었음은 인정되나, 이는 위 피고인들이 피해자들을 살해할 의사를 가지고 범행을 공모한 후에 대마초를 흡연하고, 위 각 범행에 이른 것으로 대마초 흡연시에 이미 범행을 예견하고도 자의로 위와 같은 심신장애를 야기한 경우에 해당하므로, 형법 제10조 제3항에 의하여 심신장애로 인한 감경 등을 할 수 없다</u>고 판시하였는바, 기록에 의하여 관계 증거를 살펴보면 위와 같은 원심의 사실인정 및 판단은 정당한 것으로 수긍이 가고, 거기에 상고이유에서 주장하는 바와 같은 심신장애에 관한 채증법칙 위배나 심리미진의 위법이 있다 할 수 없다.

> **대법원 1996. 12. 23. 선고 96도2588 판결 [생 략]**
> 피고인이 그 판시 이 사건 각 범행 당시 상당히 음주한 사실은 인정되나, 피고인이 범행에

이르게 된 경위, 범행의 수단과 방법, 범행을 전후한 피고인의 행동, 범행 후의 정황 등에 비추어 보면, 피고인이 음주로 인하여 사물을 변별할 능력이나 의사를 결정할 능력이 없거나 미약한 상태에까지 이르지는 아니하였다고 인정될 뿐만 아니라, <u>가사 그와 같이 인정된다고 하더라도 이는 피고인이 상피고인들과 공모하여 살인 등 범행에 나아가기 직전에 제1심 판시 범죄사실 제3의 가 항과 같이 히로뽕을 투약한 것 등과 아울러 볼 때에, 음주 당시 이미 위 범행을 예견하고도 담력을 키우기 위하여 자의로 위와 같은 심신장애를 야기한 경우에 해당한다</u> 할 것이어서, 형법 제10조 제3항에 의하여 심신장애로 인한 감경 등을 할 수 없다고 판단하였다.

〈원인에 있어서 자유로운 행위 사례가 아닌 경우〉

대법원 1995. 6. 13. 선고 95도826 판결 [특정범죄가중처벌등에관한법률위반(도주차량),도로교통법위반]

논지는 피고인이 이 사건 사고 **당시 술에 만취하여 사고 사실을 몰랐기 때문에 사고 후 도주한 것이라고 할 수 없고**, 이러한 사실의 주장은 한편 심신미약의 주장으로 볼 수 있음에도 불구하고 원심이 피고인의 도주사실을 인정하여 특정범죄가중처벌등에관한법률위반죄를 적용하고 심신미약 주장에 대한 판단을 명시하지 아니한 것은 심신미약에 대한 법리를 오해하였거나 심리를 미진하고 채증법칙을 위배하였으며, 판단을 유탈한 위법이 있다는 것이나, 원심판결 이유를 보면, 피고인의 심신미약 주장에 대한 판단이 원심판결 이유에 명시되어 있을 뿐만 아니라(원심판결 제12쪽 하단 이하), 기록에 비추어 보면, <u>원심이 피고인이 이 사건 사고 당시 주취상태에 있었으나 위 사고사실을 알고도 도주한 것이고, 위 사고 및 도주 당시 사물을 변별할 능력이나 의사를 결정할 능력이 없었거나 미약한 상태에 있지 않았다고 판단한 조치는 수긍할 수 있으며, 가사 피고인이 소론과 같이 심신미약 상태에 있었다고 하더라도 형법 제10조 제3항에 의하면 "위험의 발생을 예견하고 자의로 심신장애를 야기한 자의 행위에는 전 2항의 규정을 적용하지 아니한다"고 규정하고 있는바</u>, 기록에 의하면, 피고인은 **자신의 차를 운전하여 술집에 가서 술을 마신 후 운전을 하다가 이 사건 교통사고를 일으킨 사실**을 인정할 수 있고, <u>이는 피고인이 음주할 때 교통사고를 일으킬 수 있다는 위험성을 예견하고도 자의로 심신장애를 야기한 경우에 해당하여 심신미약으로 인한 형의 감경을 할 수 없다</u> 할 것이므로(당원 1994.2.8.선고 93도2400 판결; 1992.7.28.선고 92도999 판결 등 참조), 논지는 어느 모로 보나 받아들일 수 없다.

제3절 위법성의 인식 및 금지의 착오

제1 위법성의 인식

Ⅰ. 위법성의 인식의 체계적 지위

〈위법성인식불요설!〉

대법원 1965. 11. 23. 선고 65도876 판결 [업무상촉탁낙태]

상고논지의 요지는 원판결이 본건 행위가 죄가 되지 않는다는 피고인의 주장을 배척하면서 그 이유를 판시하지 않았음이 형사소송법 제323조 제2항에 위반한다는데 있는바 **피고인이 설혹 본건 낙태행위가 가족계획의 국가 시책에 순응한 행위라고 믿었다 하더라도** 국가시책에 의한 가족계획은 어디까지나 임신을 사전에 방지하는 피임 방법에 의한 것이고 임신 후의 낙태행위를 용인함이 아니라 함은 자명한 바이므로 피고인의 이와 같은 주장은 그 행위가 법률상 죄가 됨을 알지 못하여 이루어진 것이라는 주장에 돌아가며 이러한 주장은 법률의 착오를 주장하였음에 지나지 아니한다 그리하여 <u>법률의 착오가 사실의 착오를 가져오게 하지 아니한 이상 범죄의 성립을 저각할 바 아니므로 피고인의 위와 같은 주장은 소론 형사소송법 제323조 제2항에 말하는 범죄의 성립을 저각하는 사실의 진술에 해당하지 아니한다</u> 그러므로 원심이 피고인의 위 주장에 대하여 구체적인 판단을 하지 않았다 하여 아무 위법이 없다.

〈형법적 착오와 형법외적 착오의 구별 이론〉

대법원 1970. 9. 22. 선고 70도1206 판결 [공무상비밀표시무효]

원심은 **본건 공작기 37대 등 유체동산에 가압류집행을 하여 그 표시를 해놓았는데 비록 이 해당사자 사이에 합의가 이루어졌다하더라도 가압류집행을 적법하게 해제함이 없이 이를 반출한 이상, 공무상 비밀표시무효죄가 성립한다**하여 형법 제140조 제1항을 적용하여 처단하였다.

그러나 기록에 의하면 피고인은 본건 가압류물건을 공소외 인들에게 내어준 것은 채권자 공소외 1과 채무자 공소외 2 간에 사화가 성립되고 본안소송도 취하되었을 뿐 아니라 채권자 공소외 1의 지시에 의하여 합의내용대로 인도한 것이어서 범죄가 성립될 여지가 없다하여 범의없음을 주장하고 있는 바, 형법 제140조 제1항의 규정은 봉인 또는 압류 기타 강제처분의 표시가 효력을 잃기 전에 권리없이 이를 손상 또는 은익하였거나 기타 방법으로 그 효용을 해케 한 행위를 구성요소로 하는 취지이며, 민사소송법 기타 공법의 규정에 의하여 가압류의 효력이 없다고 해석되는 경우 또는 봉인 등의 형식이 있으나 이를 손상할 권리가 있다고 인정되는 경우에는 본죄의 구성요소를 충족하지 못한다고 봐야 할 것이다.

그러므로 민사소송법 기타의 공법의 해석을 잘못하여 피고인이 가압류의 효력이 없는 것이라 하여 가압류가 없는 것으로 착오하였거나 또는 봉인 등을 손상 또는 효력을 해할 권리가 있다고 오신한 경우에는 민사법령 기타 공법의 부지에 인한 것으로서 이러한 법령의 부지는 형벌법규의 부지와 구별되어 범의를 저각한다고 해석할 것이다.

그러므로 원심으로서는 피고인의 변명에 대하여 가압류 당사자의 합의에 의하여 가압류가 효력이 없어졌으므로 가압류가 없다고 오신하였거나 또는 봉인 및 표시를 손상 또는 효용을 해케 할 권리가 있다고 오신하였느냐의 여부를 심리하여 범죄의 성립여부를 판단하여야 함에도 불구하고 만연이 가압류 물건에 대한 적법한 가압류 해제가 없었다는 이유만으로 유죄로 인정하였음은 범의에 관하여 필요한 사실을 확정하지 않고 범죄를 인정한 위법이 있어 원판결은 파기를 면치 못할 것이다.

〈고의설에 입각한 듯한 판례〉

대법원 1974. 11. 12. 선고 74도2676 판결 [향토예비군설치법위반]

원심에서 피고인이 진술한 취지(항소이유 포함)를 공판조서에 의하여 살펴보면 **피고인은 1969.에 OO군 OO읍 창선동 1가 195로 이사하고 직장예비군에 편성됨과 동시 1970.7.9. 직장예비군을 통하여 장항읍장에게 대원신고를 하였으나 주민등록은 전거주지인 대천읍에 그대로 있었기 때문에 1973.4.9. 전시 주거지로 그 등록을 옮기게 되었던 것이니 이때 또 다시 주소이동의 대원신고를 아니하여도 정당한 사유 없이 대원신고를 아니한 때에 해당되지 아니한다고 생각하였다**는 것이며 그를 뒷받침하기 위하여 제출된 것으로 짐작되는 기록 11, 12편에 있는 장항읍장 및 수협직장소대장 장대순 각 발행의 확인서의 기재에 의하면 1970.7.9. 피고인은 직장소대를 통하여 장항읍장에게 예비군대원신고를 하였고 그에 기재된 주소가 위 1973.4.9.에 전입하였다는 주소와 동일한 점을 수긍할 수 있다. 주민등록법 제17조의7에 의하여 주민등록지를 공법관계에 있어서의 주소로 볼 것이므로 주민등록지를 이전한 이상 향토예비군설치법 제3조 4항 동법시행령 제22조 1항 4호에 의하여 대원신고를 하여야 할 것이기는 하나 이 사건의 경우 위에서 본 바와 같이 이미 같은 주소에 대원신고가 되어 있었으므로 피고인이 재차 동일주소에 대원신고(주소이동)를 아니하였음이 향토예비군설치법 제15조 6항에 말한 정당한 사유가 있다고 오인한 데서 나온 행위였다면 이는 법률착오가 범의를 조각하는 경우라고 보아서 좋을 것이다. 그러하거늘 원심은 이러한 피고인의 변소와 수월하게 조사할 수 있는 자료에 대한 심리를 하여 범의에 관한 사실을 확정하지 아니하고 위에서 본 제1심판결을 유지하고 피고인의 항소를 기각하였음은 판결에 영향을 미친 심리미진의 위법을 범하였다고 아니할 수 없어 이 점에서 논지는 이유있다.

대법원 2005. 5. 27. 선고 2004도62 판결 [부동산중개업법위반]

형법 제16조에서 자기의 행위가 법령에 의하여 죄가 되지 아니하는 것으로 오인한 행위는 그 오인에 정당한 이유가 있는 때에 한하여 벌하지 아니한다고 규정하고 있는 것은 단순한 법률의 부지의 경우를 말하는 것이 아니고, 일반적으로 범죄가 되는 경우이지만 자기의 특수한 경우에는 법령에 의하여 허용된 행위로서 죄가 되지 아니한다고 그릇 인식하고 그와 같이 그릇 인식함에 정당한 이유가 있는 경우에는 벌하지 아니한다는 취지인 바(대법원 1990.2.13. 선고 89도1885 판결 참조), **피고인이 이 사건 아파트 분양권의 매매를 중개할 당시 '일반주택'이 아닌 '일반주택을 제외한 중개대상물'을 중개하는 것이어서 교부 받은 수수료가 법에서 허용되는 범위 내의 것으로 믿고 이 사건 위반행위에 이르게 되었다고** 하더라도 그러한 사정만으로는 자신의 행위가 법령에 저촉되지 않는 것으로 오인함에 정당한 사유가 있는 경우에 해당한다거나 피고인에게 범의가 없었다고 볼 수는 없다할 것이므로, 같은 취지에서 피고인이 법정한도를 초과하여 수수료를 받은 행위를 유죄로 판단한 원심의 조치는 정당하고, 거기에 범의에 관한 판단을 그르쳤거나 법률의 착오 등에 관한 법리를 오해한 위법이 없다.

〈책임설에 입각한 것으로 볼 수 있는 하급심 판례〉

서울북부지방법원 1996. 12. 6. 선고 96고합203 판결 [특정범죄가중처벌등에관한법률위반(감금)]

피고인은 또한 피고인이 당시 판시 노원경찰서 상황실장으로부터 신병보호조치를 하라는 지시를 받고 피해자를 판시와 같이 경찰서 즉결피의자 대기실에 있게 한 것으로서 피해자를 감금한다는 범의가 없었고, 피해자를 감금하는 것에 대하여 위법하다는 인식이 없었다는 취지의 주장을 하나, 범의란 범행의 사실행위에 대한 인식으로서, 행위자가 그 행위가 죄가 된다는 인식을 가지고 있어야만 범의가 있을 것까지 요하지는 아니한다 할 것인데, 앞서든 증거에 의하면 피고인이 판시 감금행위를 할 당시 피해자를 경찰서 즉결피의자 대기실에 두게 한다는 인식이 있었다고 인정하기에 충분하며, 나아가 피고인이 판시 감금행위를 하면서 죄가 되지 아니하는 것으로 인식하여 책임이 없다고 보려면, 피고인이 죄가 되지 아니한다고 인식하는 것에 대하여 정당한 사유가 있어야 할 것인데, 앞서 든 증거들에 의하여 나타난 이 사건의 전후 상황, 피고인의 경력을 볼 때 피고인이 판시 행위가 죄가 되지 아니한다고 인식하였다 하더라도 이에 정당한 이유가 있다고 할 수 없으므로 피고인의 위 주장은 모두 받아들이지 아니한다.

Ⅱ. 위법성인식의 대상

〈위법성인식의 대상〉

대법원 1987. 3. 24. 선고 86도2673 판결 [허위공문서작성,허위공문서작성행사,폭행,폭력행위등처벌에관한법률위반]

피고인이 판시 봉양면사무소 호병계장으로 재직하고 있음을 기화로 피고인과 피고인의 동거 여인인 공소외 1과의 사이에 출생한 공소의 2를 피고인과 피고인의 법률상 처인 공소외 3 사이에서 출생한 것처럼 호적부에 허위의 기재를 한 후 그 정을 모르는 면장으로 하여금 이에 날인케 하여 허위내용의 호적부를 작성한 원심판시 소위는 형법 제260조 제1항의 허위공문서작성죄의 구성요건을 충족함이 뚜렷하고 나아가 범죄의 성립에 있어서 위법의 인식은 그 범죄사실이 사회정의와 조리에 어긋난다는 것을 인식하는 것으로서 족하고 구체적인 해당 법조문까지 인식할 것을 요하는 것은 아니므로 설사 피고인이 소론과 같이 위의 판시 소위가 형법상의 허위공문서작성죄에 해당되는 줄 몰랐다고 가정하더라도 그와 같은 사유만으로서는 피고인에게 위법성의 인식이 없었다고 할 수 없으므로 원심이 피고인의 판시 소위를 허위공문서작성죄로 다스린 조치는 정당하다.

제2 금지의 착오

Ⅰ. 의의 및 유형

1. 의의

〈금지착오의 의의〉

대법원 2008. 10. 23. 선고 2008도5526 판결 [공공기관의개인정보보호에관한법률위반]

원심은, 경찰공무원인 피고인이 수사과정에서 취득한 개인정보인 이OO와 박OO의 통화내역을 임의로 위 박OO에 대한 고소장에 첨부하여 타 경찰서에 제출한 것은 위 박OO의 위증혐의를 증명하기 위한 목적이 포함되어 있다고 하더라도, 위 이OO의 동의도 받지 아니하고 관련 법령에 정한 절차를 거치지 아니한 이상 부당한 목적 하에 이루어진 개인정보의 누설에 해당한다고 판단하였는바, 관련 법령과 기록에 비추어 살펴보면, 이러한 원심의 사실인정과 판단은 옳고, 거기에 채증법칙위배로 인한 사실오인이나 공공기관의 개인정보보호에 관한 법률위반죄에 관한 법리오해 등의 위법이 없다.

형법 제16조에서 "자기가 행한 행위가 법령에 의하여 죄가 되지 아니한 것으로 오인한 행위는 그 오인에 정당한 이유가 있는 때에 한하여 벌하지 아니한다."고 규정하고 있는 것은 일반적으로 범죄가 되는 경우이지만 자기의 특수한 경우에는 법령에 의하여 허용된 행위로서 죄가 되지 아니한다고 그릇 인식하고 그와 같이 그릇 인식함에 정당한 이유가 있는 경우에는 벌하지 아니한다는 취지이고, 이러한 정당한 이유가 있는지 여부는 행위자에게 자기 행위의 위법의 가능성에 대해 심사숙고하거나 조회할 수 있는 계기가 있어 자신의 지적능력을 다하여 이를 회피하기 위한 진지한 노력을 다하였더라면 스스로의 행위에 대하여 위법성을 인식할 수 있는 가능성이 있었음에도 이를 다하지 못한 결과 자기 행위의 위법성을 인식하지 못한 것인지 여부에 따라 판단하여야 할 것이며, 이러한 위법성의 인식에 필요한 노력의 정도는 구체적인 행위정황과 행위자 개인의 인식능력 그리고 행위자가 속한 사회집단에 따라 달리 평가되어야 한다(대법원 2006.3.24. 선고 2005도3717 판결, 대법원 2006.9. 28. 선고 2006도4666 판결, 대법원 2008.2.28. 선고 2007도5987 판결 등 참조).

원심은, 피고인이 이 사건 고소장을 제출하기 전에 변호사에게 자문을 구한 경위와 그 답변

취지 및 경찰공무원으로서의 피고인의 경력이나 사회적 지위 등을 종합하여 이 사건 고소장 제출 당시 피고인에게 법률의 착오가 있었다고 볼 수 없다고 판단하였는바, 원심이 인정한 사정들을 앞서 본 법리에 비추어 보면, 원심의 위와 같은 판단은 정당하고, 거기에 법률의 착오에 관한 법리를 오해한 위법이 없다.

2. 금지착오의 유형

〈금지규범 존재에 관한 착오의 일유형으로서 법률의 부지〉

대법원 1961. 10. 5. 선고 4294형상208 판결 [국가보안법위반]

형법 제16조에 자기의 행위가 법령에 의하여 죄가 되지 아니하는 것으로 그릇 인정한 행위는 그 그릇 인정함에 정당한 이유가 있는 때에 한하여 벌하지 아니한다고 규정되어 있는 바 이는 단순한 법률의 부지의 경우를 말하는 것이 아니고 일반적으로는 범죄가 되는 행위이지만 자기의 특수한 경우에는 법령에 의하여 허락된 행위로서 죄가 되지 아니한다고 그릇인정하고 그와 같이 그릇 인정함에 있어서 정당한 이유가 있는 경우에는 벌하지 아니한다는 뜻인 바 이 사건에 있어서는 피고인 2는 다만 범인을 집에 재우면 범인 은닉죄가 된다는 것을 알고 피고인 1에 대하여 밤중에 집에서 나가라고 하여 내여 보냈으니 이것으로 족할 줄 알고 있었으며 이를 수사기관에 고지하지 아니하면 죄가 된다는 것은 몰랐다는 뜻의 진술을 하고 있음이 기록상 분명한 바이니 이는 결국 피고인은 국가보안법 제9조 불고지죄의 규정을 알지 못하였다는 것에 지나지 못하는 것이고 피고인이 고지하지 아니하여도 죄가 되지 아니한다고 적극적으로 그릇 인정한 경우에는 해당되지 아니하므로 이는 범죄의 성립에 아무런 지장이 될 바 아니니 원심이 이를 법률의 착오(형법 제16조)로 인정하고 무죄로 판단한 것은 중대한 사실을 그릇 인정하고 법률 적용에 그릇됨이 있었다 할 것이고 이는 판결 결과에 영향이 있다고 볼 것이니 원판결은 이 점에서 파기를 면할 수 없다.

〈법률의 부지 2〉

대법원 1985. 4. 9. 선고 85도25 판결 [미성년자보호법위반]

(1) 원심이 유지한 제1심판결 이유에 의하면, 피고인은 의정부시내에서 디스코클럽을 경영하는 자로서 1983.12.23. 20:00경부터 같은날 23:00경까지 위 디스코클럽에 미성년자인 공소외 인 등 10명을 출입시키고 맥주 등 주류를 판매한 사실은 이를 인정하고도 한편으로 1983.4.15. 14:00경 의정부경찰서 강당에서 개최된 청소년선도에 따른 관련 업주회의에서 업주측의 관심사라 할 수 있는 18세 이상자나 대학생인 미성년자들의 업소출입 가부에 관한 질의가 있었으나 그 확답을 얻지 못하였는데, **같은달 26 경기도 경찰국장 명의로 청소년 유해업소 출입단속대상자가 18세 미만자와 고등학생이라는 내용의 공문이 의정부경찰서에 하달되고 그 시경 관할지서와 파출소에 그러한 내용이 다시 하달됨**으로써 업주들은 경찰서나 파출소에 직접 또는 전화상의 확인방법으로 그 내용을 알게 되었고 위와 같은 사정을 알게 된 **피고인은 종업원에게 단속 대상자가 18세 미만자와 고등학생임을 알려주고 그 기준에 맞추어서 만 18세 이상자이고 고등학생이 아닌 공소외인 등 10명을 출입시키고 주류를 판매하기에 이른 사실**을 인정할 수 있으므로 그 경위관계가 위와 같다면 결국 피고인은 법령에 의하여 죄가 되지 아니한 것으로 오인하여 미성년자를 출입시키고 주류를 판매한 것이고 그 오인을 하게된데 대하여 형법 제16조 소정의 정당한 이유가 있는 때에 해당한다는 취지로 판단하고 있다.

(2) 형법 제16조에 자기의 행위가 법령에 의하여 죄가 되지 아니하는 것으로 오인한 행위는 그 오인에 정당한 이유가 있는 때에 한하여 벌하지 아니한다고 규정하고 있는바, 이는 단순한 법률의 무지의 경우를 말하는 것이 아니고, 일반적으로는 범죄가 되는 행위이지만 자기의 특수한 경우에는 법령에 의하여 허용된 행위로서 죄가 되지 아니한다고 그릇 인식하고 그와 같이 그릇 인식함에 있어서 정당한 이유가 있는 경우에는 벌하지 아니한다는 취지로 풀이할 것이다.

이 사건에 있어서 위에서 본바와 같이 피고인은 유흥접객업소내에 출입시키거나 주류를 판매하여서는 아니되는 대상을 18세 미만자 또는 고등학생에 한정되고, 20세 미만의 미성년자 전부가 이에 해당된다는 미성년자보호법의 규정을 알지 못하였다는 것이므로 이는 단순한 법률의 부지에 해당한다 할 것이고 피고인의 소위가 특히 법령에 의하여 허용된 행위로서 죄가 되지 아니한다고 적극적으로 그릇 인정한 경우는 아니므로 범죄의 성립에 아무런 지장이 될 바 아니고 또 미성년자보호법 제4조 제1, 2항에 위반되는 이상 경찰당국이 당시 미성년자의 유흥접객업소 출입단속대상에서 고등학생이 아닌 18세 이상의 미성년자를 제외하였다 하여 그로 인하여 그 범죄의 성립에 어떠한 영향을 미친다고는 할 수 없을 것이므로 피고인이 이를 믿었다고 하여 법령에 저촉되지 않는 것으로 오인함에 정당한 사유가 있는 경우에 해당한다고도 할 수 없을 것이다. 그런데도 피고인의 이 사건 소위를 형법 제16조 소정의 법률의 착오에 기인한 행위로 인정하고 무죄를 선고한 제1심판결을 유지한 원심의 조치는 결국 심리미진으로 법률의 착오에 관한 판단을 그릇하였거나 이에 관한 법리를 오해한 위법이 있고 판결에 영향을 미쳤음이 명백하므로 논지는 이유있다.

대법원 1986. 6. 24. 선고 86도810 판결 [산림법위반]

상고이유의 요지는 피고인이 벌채한 임목은 공소외 오길룡이 당국의 허가를 얻어 벌채하고 남아있던 잔존목으로서 이러한 잔존임목은 당국의 허가없이 벌채하여도 위법인 줄 모르고 벌채한 것이니 피고인의 행위는 형법 제16조의 규정에 의하여 벌할 수 없는 것이라는 취지이다.

그러나 피고인이 소론과 같은 이유로 당국의 허가없이 임목을 벌채한 것이었다 해도 단순한 법률의 부지에 불과하며, 형법 제16조에 해당하는 경우라고 볼 수 없으니 같은 이유로 피고인의 주장을 배척한 원심판단은 정당하고, 그 판단에 아무런 위법사유가 없다.

〈법률의 부지 3〉

대법원 2011. 10. 13. 선고 2010도15260 판결 [건축법위반]

「형법」 제16조 에 의하여 처벌하지 아니하는 경우란 단순한 법률의 부지의 경우를 말하는 것이 아니고, 일반적으로 범죄가 되는 행위이지만 자기의 특수한 경우에는 법령에 의하여 허용된 행위로서 죄가 되지 아니한다고 그릇 인식하고 그와 같이 인식함에 있어 정당한 이유가 있는 경우에는 벌하지 아니한다는 취지이므로, **피고인이 자신의 행위가 「건축법」상의 허가대상인 줄을 몰랐다는 사정**은 단순한 법률의 부지에 불과하고 특히 법령에 의하여 허용된 행위로서 죄가 되지 않는다고 적극적으로 그릇 인식한 경우가 아니어서 이를 법률의 착오에 기인한 행위라고 할 수 없다(대법원 1991.10.11.선고 91도1566판결 등 참조).

원심판결 이유에 의하면, 원심은 피고인이 건축 관련 규제나 행정절차 등을 잘 몰라 이를 건축사에게 맡겼다고 인정하고 있으나, 기록에 비추어 살펴보면, **피고인은 부동산개발업을 하는 사람으로서, 공소외 1이 2005년경 허가를 받지 않은 채 이 사건 주택을 건축하다가 사라**

진 후 피고인이 나머지 공사를 진행하여 2007년 11월경 이를 완공하였는데, 2009년 7월경 춘천시장으로부터 무허가 건축을 이유로 고발을 당하자 그제야 비로소 공소외 2 건축사에게 양성화 절차를 의뢰하여 2009.11.10.건축허가를 받고 2010.2.18. 사용승인을 받은 것으로 보이는데다가, 피고인은 경찰에서, 공소외 1이 불법으로 임의로 건축을 하고 사라져 피고인이 나머지 공사를 진행하였다고 진술하였고, 피고인의 동생 공소외 3이 2006년 8월 및 9월경 공소외 1에게 보낸 내용증명에 이 사건 주택 부지 지상의 무허가 불법 건축물을 원상 복구할 것을 요구하는 내용이 기재되어 있어 피고인도 이 사건 주택의 건축에 허가가 필요함을 알았던 것으로 볼 여지가 있는 점, 일반적으로 건축주가 자신의 주택을 건축함에 있어서는 토지이용계획확인원 등을 통하여 주택의 부지의 법적 규제 현황을 확인한다고 보는 것이 경험칙상 합당한 점, 「국토의 계획 및 이용에 관한 법률」은 제2종 지구단위계획구역의 결정에 주민 및 지방의회의 의견을 청취하고 결정 후 이를 고시하고 열람할 수 있는 절차를 마련하고 있는 점 등에 비추어 피고인이 이 사건 주택의 건축이 제2종 지구단위계획구역 안에서의 건축에 해당한다는 사실을 알았다고 볼 여지가 충분하다.

이러한 사실관계를 앞서 본 법리에 비추어 보면, 피고인이 위 사실을 알았음에도 제2종 지구단위계획구역 안에서의 건축이 「건축법」상 허가대상인 줄 몰랐다면 이는 단순한 법률의 부지에 불과하여 건축법위반죄의 성립에 아무런 영향을 미치지 못한다.

대법원 1995. 6. 16. 선고 94도1793 판결 「소론은 결국 자신들의 행위가 소론과 같은 이유로 업무표장에 해당하는 판시 태극마크에 대하여는 그 사용권설정등이 허용되지 아니한다는 상표법 제55조 제2항 , 제57조 제5항 의 규정을 알지 못하였다는 것이므로 이는 단순한 법률의 부지를 주장하는데 불과하고 피고인들의 소위가 특히 법령에 의하여 허용된 행위로서 죄가 되지 않는다고 적극적으로 그릇 인식한 경우는 아니므로 범죄의 성립에 아무런 지장이 될 수 없다.」

대법원 2006. 1. 13. 선고 2003도7040 판결 「피고인이 이 사건 엘피파워가 구 석유사업법 제26조 에서 규정하는 유사석유제품인 사실을 몰랐다고 하더라도 이는 법률의 부지에 불과하여, 그와 같은 사정만으로 피고인에게 범의가 없었다거나 위법성의 인식이 없었다고 할 수 없다.」

대법원 2007. 5. 11. 선고 2006도1993 판결 「피고인이 일본 영주권을 가진 재일교포로서 영리를 목적으로 이 사건 관세물품을 구입한 것이 아니라거나 국내 입국시 관세신고를 하지 않아도 되는 것으로 착오하였다는 등의 사정만으로는 위에서 말한 형법 제16조의 법률의 착오에 해당한다고 할 수 없다.」

〈고의와 법률의 부지의 구별〉

대법원 2014. 11. 27. 선고 2013도15164 판결 [아동·청소년의성보호에관한법률위반]

원심판결 이유에 의하면, 원심은, 대법원이 보낸 신상정보 등록대상자 고지서가 피고인에게 송달되었다고 보기 어려워, 피고인이 아동·청소년 대상 성범죄 판결의 확정일로부터 40일 이내에 신상정보를 제출할 의무가 있다는 사실을 적법하게 고지 받았다고 할 수 없으므로, 피고인에 대하여 신상정보 제출의무 위반을 이유로 구 아동·청소년의 성보호에 관한 법률 (2012. 12. 18. 법률 제11572호로 개정되기 전의 것, 이하 '구아청법'이라 한다) 제52조 제5항 제2호 에 따른 처벌을 할 수 없다고 보아, 이 사건 공소사실을 유죄로 인정한 제1심법원의 판단을 뒤집고 무죄를 선고하였다.

그러나 원심의 위와 같은 판단은 아래와 같은 이유로 수긍하기 어렵다.

구 아청법은 제33조 제1항에서 아동·청소년 대상 성범죄로 유죄판결이 확정된 자는 신상정 보 등록대상자(이하 '등록대상자'라 한다)가 되는 것으로 규정하고 있고, 제34조 제1항에서 등 록대상자는 유죄판결이 확정된 날부터 40일 이내에 자신의 주소지를 관할하는 경찰관서의 장에게 신상정보를 제출하여야 하는 것으로 규정하고 있으며, 제52조 제5항 제2호에서 등록 대상자가 제34조 제1항을 위반하여 정당한 사유 없이 제출정보를 제출하지 아니할 경우 1년 이하의 징역 또는 500만 원 이하의 벌금에 처하도록 규정하고 있다.

위와 같은 법 규정의 문언과 취지에 의하면, 등록대상자가 아동·청소년 대상 성범죄로 유죄 판결이 확정될 경우에 부담하는 신상정보 제출의무는 구 아청법 제34조 제1항에 의하여 당 연히 발생하는 것이고, 등록대상자인 피고인이 위 법규에서 정한 신상정보 제출의무가 있다 는 것을 알지 못하였다는 등의 사정은 단순한 법률의 부지에 불과하여 범죄의 성립에 아무 런 지장이 없다고 할 것이며, 대법원이 보낸 신상정보 등록대상자 고지서가 피고인에게 송 달되지 아니하는 등으로 신상정보 제출의무를 인식하지 못하였다는 것이 구 아청법 제52조 제5항 제2호에서의 '정당한 사유'에 해당한다고 볼 수도 없다.

거기에 더하여 제1심이 적법하게 채택하여 조사한 증거에 의하면 피고인에 대하여 아동·청 소년 대상 성범죄로 벌금 250만 원에 처하는 유죄판결(서울동부지방법원 2011. 6. 3. 선고 2011 고합43 판결)을 선고한 법원은 **그 판결문의 판결이유 중 '신상정보 등록'란에 '유죄판결이 확 정되는 경우, 피고인은 구 아청법 제33조 제1항의 등록대상자에 해당되어 신상정보 제출의 무가 있다'는 취지의 기재를 한 사실**을 알 수 있는바, 이에 비추어 보면 피고인은 위와 같이 유죄판결을 선고한 법원으로부터의 고지를 통하여 신상정보 제출의무가 있음을 인식하고 있었을 것으로도 보인다.

그럼에도 원심은 대법원이 보낸 신상정보 등록대상자 고지서가 피고인에게 송달되지 아니하였다는 이유만으로 신상정보 제출의무 위반에 따른 책임을 물을 수 없다고 보아 이 사건 공소사실을 무죄로 판단하고 말았으니, 이러한 원심판결에는 구 아청법 제34조 제1항이 정한 신상정보 제출의무 및 법률의 부지에 관한 법리를 오해하여 판결에 영향을 미친 위법이 있다.

Ⅱ. 정당한 이유

1. 의의 및 판단기준

〈책임주의와 금지의 착오 : 위법성인식에 도달할 가능성이 있었는지 여부〉

대법원 1972. 3. 31. 선고 72도64 판결 [마약법위반]

원 판결은피고인 1은 경남 (초등학교 이름 생략) 교장으로서 보건사회부장관의 승인없이 1968.4.18 부산 중구 남포동 소재 제일종묘상에서 마약의 원료가 되는 앵 속(일명, 꽃 양귀비) 종자 1봉지를 금10원에 매수하여 위 학교 교정화단에 뿌려 앵 속 25본을 재배하였다는 사실은 인정이 되나 이는 증거에 의하여 업무로 인한 행위내지 사회상규에 위배되지 아니하는 행위이므로 죄가 되지 아니한다고 판시한 제1심 판결을 정당하다고 판단하였는바, 제1심 판결이 들고 있는 증거에 의하면 **피고인 1은 국민학교 교장으로서 6학년 자연교과서에 꽃 양귀비가 교과 내용으로 되어 있고 경남교육위원회에서 꽃 양귀비를 포함한 194종의 교재식물을 식재 또는 표본으로 비치하여 산 교재로 활용하라는 지시에 의하여 교과식물로 비치하기 위하여 양귀비 종자를 사서 교무실 앞 화단에 심었음**을 인정할 수 있으므로 **피고인 1의 위 양귀비 종자를 매수하여 학교 교무실 앞화단에 식재한 행위는 죄가 되지 아니하는 것으로 믿었다**할 것이고, 이와 같은 오인에는 정당한 이유가 있다고 할 것이며 <u>이러한 경우에는 누구에게도 위법의 인식을 기대할 수 없다 할 것</u>이므로 이는 형법 제16조에 이른 바, 자기의 행위가 법령에 의하여 죄가 되지 아니하는 것으로 오인한 행위로서 그 오인에 정당한 이유가 있을 때에는 벌하지 아니한다 라는 규정에 해당된다고 볼 것이고, 따라서 피고인 1에게 위와 다른 취지에서 동피고인의 행위는 사회상규에 위배되지 아니한 업무행위로서 범죄가 되지 아니한다는 이유로 무죄를 선고한 원판결의 이유 설시에 잘못이 있기는 하나 동 피고인에 대하여 무죄의 선고를 한 결과에 있어서 정당하여 그 잘못은 판결에 영향이 없다 할 것이므로 원심의 조처는 정당하고 논지는 이유 없다.

〈회피가능성의 판단기준 : 과실범에서의 주의의무위반〉

대법원 1983. 2. 22. 선고 81도2763 판결 [양곡관리법위반(변경된죄명:식품위생법위반)]

원심판결 이유에 의하면, 피고인은 1978.5.18경부터 같은해 6.26까지 주거지에서 자영하는 기름집에 오타 1대, 분쇄기 1대를 갖추고 공소 외 박상근등 미싯가루를 만들어서 소비하고자 하는 사람들이 물에 씻어 오거나 볶아온 쌀, 보리, 콩 등을 가루로 **빻아서 미싯가루를 만들어 준 사실**을 인정하면서도 식품위생법에서 허가없이 식품가공업을 경영할 수 없는 경우란 적어도 식품가공행위를 영업으로 하는 사람이 판매를 위하여 하는 가공영업을 의미한다고 보아야 하고 이미 판매의 단계를 벗어나 최종소비자의 지배하에서 소비의 단계에 이른 식품을 가공하는 행위는 이에 해당하지 아니한다는 이유로 피고인의 소위는 식품위생법이 규제하는 대상이 될 수 없다하여 무죄를 선고하고 있다.

살피건대, 식품위생법 제1조, 제2조 제1항 및 동법의 기타 규정취지를 종합고찰하여 보면 동법 제44조 제1항, 제23조 제1항, 제22조, 동법시행령 제9조 제36호(1981.4.2. 영 제10268호로 개정되기 전의 것) 등에서 가리키는 식품이란 의약으로 섭취하는 것을 제외한 모든 음식물을 말한다 고 해석하여야 할 것인 바(당원 1982.12.14. 선고 81도169 판결참조), 위와 다른 견해에서 피고인의 소위가 식품위생법 제22조 제1항 및 위 동법시행령 제9조 제36호 소정의 식품가공업에 해당하지 아니한다고 판단한 원심의 조처에는 위 법 규정의 해석과 적용을 그르친 위법이 있음은 소론과 같다.

그러나 한편 피고인은 본건 미싯가루 제조행위가 영업허가 대상이 아니라고 생각하였다고 **변소**하고 있으므로 기록에 의하여 살펴보면 1975.4.1자 서울특별시 공문은 고객이 지입한 세척한 쌀을 단순히 분말화하여 주는 행위는 그 최종목적이 떡을 제조하기 위한 것이라도 식품위생법에 의한 식품가공업에 해당되지 아니하며, 1975.12.3자 동 시의 식품제조허가지침은 천연원료인 곡물을 단순히 볶아서 포장하여 판매하거나 수산물 등을 자연건조하여 포장하는 경우 이는 식품위생법 규정상 허가대상이 아님을 밝히고 있고, 동시의 1976.3.29자 제분업소허가권 일원화에 대한 지침은 가공위탁자로부터 제공받은 고추, 참깨, 들깨, 콩 등을 사용하여 이를 가공한 경우에는 양곡관리법 및 식품위생법상에서 제외되었음을 확인한 사실, 피고인이 가입되어 있는 서울시 식용유협동조합 도봉구 지부의 질의에 대하여 도봉구는 1977.9.1자 질의회시를 통하여 천연원료인 곡물을 단순히 볶아서 판매하거나 가공위탁자로부터 제공받은 고추, 참깨, 들깨, 콩 등을 임가공할 경우 양곡관리법 및 식품위생법상의 허가대상이 아니라고 통고하여온 사실, 피고인은 당국의 이러한 공문내용에 비추어 미싯가루 제조행위에는 별도의 허가를 얻을 필요가 없다고 믿고 본건 미싯가루 제조행위를 하게 된 사실을 인정할 수 있는 바, 이러한 사정을 종합하여 보면 피고인은 본건 범행당시 자기의 행위가 법령에 의하여 죄가 되지않는 것으로 오인하였고 또 그렇게 오인함에 어떠한 과실이 있음을 가려낼 수 없어 정당한 이유가 있는 경우에 해당하므로 피고인의 본건 소위는 벌할 수 없고 결국 피고인에게는 무죄를 선고해야 할 것이니 앞서 본 원심판결의 위법은 판결에 영향을 미쳤다고 할 수 없고 논지는 채택될 수 없다.

대법원 1993. 4. 13. 선고 92도2309 판결 [교통사고처리특례법위반, 도로교통법위반]

(1) 피고인에 대한 공소사실의 요지는 **피고인이 1991.10.8.부터 100일간 자동차운전면허 정지처분을 받아 그 면허정지기간 중임에도 1991.10.20. 운전을 하다가 업무상 과실로 사람을 치상하였다**고 함에 있는바, 원심은 위 교통사고 사실을 인정하면서도 피고인은 1991.10.4.경 서울 북부경찰서장으로부터 1991.10.8.부터 100일간 피고인의 자동차운전면허 정지처분의 결정 및 그 통지를 받았을 뿐 그 통지에서 정한 대로 운전면허증을 반납하지 않아서 '운전면허점수제행정처분사무처리요강'에 의한 정지처분의 집행이 되지 않았고 그 후 1991.11.12.부터 1992.1.30.까지 위 요강에 의한 정지처분의 집행이 있었으므로 이 사건 사고 당시에는 무면허운전이 아니었다고 판단하여 이 사건 공소사실 중 무면허운전으로 인한 도로교통법위반의 점에 대하여는 무죄를 선고하는 한편 교통사고처리특례법위반의 점은 피고인 운전의 이 사건 승합차가 자동차종합보험에 가입되어 있음을 이유로 공소를 기각하는 판결을 선고하였다.

(2) 그러나 도로교통법(1991.12.14. 법률 제4421호로 개정되기 전의 것) 제78조는 지방경찰청장은 일정한 경우에 내무부령이 정하는 기준에 의하여 운전면허를 받은 사람의 운전면허를 취소하거나 1년의 범위 안에서 그 운전면허의 효력을 정지시킬 수 있다고 규정하고, 그 절차에 관하여 같은법시행령 제53조 제1항은 지방경찰청장이 같은 법 제78조의 규정에 의하여 운전면허를 취소하거나 정지한 때에는 그 운전면허를 받은 사람에게 내무부령이 정하는바에 의하여 그 사실을 통지하여야 한다고 하고, 제2항은 제1항의 규정에 의한 통지를 함

에 있어 주소의 변경으로 통지를 할 수 없는 때에는 면허증에 기재된 주소지를 관할하는 경찰관서 게시판에 10일간 공고함으로써 통지에 갈음할 수 있다고 규정하고 있으며, 같은 법 제79조는 운전면허가 취소 또는 정지된 때 등의 운전면허증반납의무를 규정하고 있는바, 위 각 규정에 의하면 운전면허 정지처분은 위 시행령 제53조 제1항 소정의 적법한 통지가 있거나 제2항 소정의 적법한 공고가 있을 경우 위 법 제79조 소정의 운전면허증의 반납여부와 상관없이 그 효력이 발생하고, 따라서 그 통지된 기간 동안의 자동차운전은 무면허운전이 된다고 할 것이다. 이와 다른 견해에서 피고인의 위 기간동안의 자동차운전이 무면허운전에 해당하지 아니한다고 판단한 원심판결에는 위 법 규정의 해석과 적용을 그르친 위법이 있다고 할 것이고 이 점을 지적한 논지는 이유 있어 원심판결은 이 점에서 전부 파기될 수밖에 없다.

(3) 다만 기록에 의하면 피고인은 '운전면허정지처분을 받기로 결정된 자가 처분집행예정일까지 운전면허증을 반납하지 아니하여 면허정지처분의 집행이 지연될 경우에는 본래의 처분일수에 지연된 기간의 1/2을 가산하여 정지처분을 받게 됩니다'라는 기재가 있는 위 법 시행규칙 별지 제52호 서식에 따라 작성된 운전면허정지통지서를 보고 면허증을 반납하지 않고 있으면 그 정지처분의 집행이 지연될 것으로 알고 그 기간 동안의 운전은 무면허운전이 되지 않는다고 믿고서 자동차운전을 하고 다닌 것이 아닌가 하는 의심이 있고 만약 그것이 사실이라면 피고인은 이 사건 운전 당시 자기의 행위가 무면허운전행위에 해당하지 않는 것으로 오인한 것이 될 것인바 원심으로서는 피고인에게 그와 같은 오인이 있었는지, 그렇게 오인함에 어떠한 과실이 있다고 할 수 없어 정당한 이유가 있는 경우에 해당되게 될 여지가 있는지를 유의해 볼 필요도 있다는 것을 덧붙여 둔다.

〈지적 능력을 다한 진지한 회피노력 : 특별형법 영역에서 과실범의 주의의무심사보다 강화된 기준?〉

대법원 2006. 3. 24. 선고 2005도3717 판결 [공직선거및선거부정방지법위반]

형법 제16조에서 자기가 행한 행위가 법령에 의하여 죄가 되지 아니한 것으로 오인한 행위는 그 오인에 정당한 이유가 있는 때에 한하여 벌하지 아니한다고 규정하고 있는 것은 일반적으로 범죄가 되는 경우이지만 자기의 특수한 경우에는 법령에 의하여 허용된 행위로서 죄가 되지 아니한다고 그릇 인식하고 그와 같이 그릇 인식함에 정당한 이유가 있는 경우에는 벌하지 아니한다는 취지이다 (대법원 1992. 5. 22. 선고 91도2525 판결, 대법원 2002. 1. 25. 선고 2000도1696 판결 등 참조). 그리고 이러한 정당한 이유가 있는지 여부는 행위자에게 자기 행위의 위법의 가능성에 대해 심사숙고하거나 조회할 수 있는 계기가 있어 자신의 지적 능력을 다하여 이를 회피하기 위한 진지한 노력을 다하였더라면 스스로의 행위에 대하여 위법성을 인식할 수 있는 가능성이 있었음에도 이를 다하지 못한 결과 자기 행위의 위법성을 인식하지 못한 것인지 여부에 따라 판단하여야 할 것이고, 이러한 위법성의 인식에 필요한 노력의 정도는 구체적인 행위정황과 행위자 개인의 인식능력 그리고 행위자가 속한 사회집단에 따라 달리 평가되어야 한다.

기록에 의하면, 피고인의 보좌관이나 계양구 선거관리위원회 직원이 참조하였다는 자료인 중앙선거관리위원회에서 발간한 선거관련 책자 중 일부에 '국회의원이 의정보고서에 시민단체가 발표한 낙천대상자에 자신이 포함된 것에 대한 자신의 해명내용을 일부 포함·작성하여 선거구민에게 배부하는 것은 무방하며, 정치적 소신, 학력·경력, 본인의 신상에 관한 해명, 신문기사 등 의정활동과 직접 관련이 없는 내용이라도 의정보고서와 일체가 되는 형태로 작성·배부하는 것은 무방(이를 별책으로 작성·배부할 수는 없음)하다.'고 기재되어 있는 사실은 인정된다.

그러나 대법원은 앞서 본 바와 같이 국회의원이 선거일 전 180일부터 선거일까지의 기간 동안에 의정보고서를 제작하여 선거구민들에게 배부함에 있어 그 내용 중 선거구 활동 기타 업적의 홍보에 필요한 사항 등 의정활동보고의 범위를 벗어나서 선거에 영향을 미치게 하기 위하여 특정 정당이나 후보자를 지지·추천하거나 반대하는 내용이 포함되어 있다면 그 부분은 공직선거법 제93조 제1항에서 금지하고 있는 탈법방법에 의한 문서배부행위에 해당되어 위법하고, 또한, 피고인의 신상에 관한 해명이라고 하더라도 국회의원으로서의 의정활동에 관한 것이라고 볼 수 없는 경우에는 이러한 내용을 인쇄하여 배부하는 것은 정당한 의정보고서의 범위를 넘는다고 판시하여 왔다(대법원 1997. 9. 5. 선고 97도1294 판결 등 참조).

한편, 기록에 의하면, 중앙선거관리위원회에서 발간한 위 선거관련 책자에도 "국회의원의 자격으로 행한 의정활동과 관련 있는 내용이 주류를 이루고 있는 신문·잡지 기타 간행물에 게재된 내용을 의정보고서에 전재하여 일반선거구민에게 배부하는 것은 무방하나, 차기 선거에서의 지지호소 등 선거운동에 이르는 내용은 게재할 수 없으며, 의정보고서에 통상적인 범위 안에서 경력을 게재하는 것은 의정보고서에 부수된 행위로서 무방하지만, 출생과 성장에서부터 정치입문 과정을 거쳐 현재에 이르기까지 걸어온 길을 자료화보와 함께 기술하고, 후보자가 되고자 하는 국회의원을 지지·추천하는 내용의 타인의 인사말이나 시 등을 게재하는 것은 설령 의정활동보고 내용이 일부가 부가되어 있다 할지라도 이는 후보자가 되고자 하는 자를 선전하기 위한 목적이 있다고 보아야 하며, 의정보고는 국회의원이나 지방의회의

원이 직접 보고하는 행위이므로 타인이 의정보고서를 제작하거나 3인칭 소설처럼 기술하거나 타인의 글을 게재하여서는 아니 된다."는 취지로 기재되어 있는 사실을 알 수 있다.

피고인은 변호사 자격을 가진 국회의원으로서 법률전문가라고 할 수 있는바(더구나 피고인은 2000년 총선 당시 후보자가 되어 현역 국회의원인 경쟁후보자를 상대로 선거운동을 하면서 현역 국회의원이 의정보고서를 법정선거일 전일까지 무제한 배포하는 것을 허용하는 것은 위헌이라고 주장하여 헌법소원을 제기하고 헌법재판소의 판단을 받은 바 있으므로 의정보고서의 내용이 선거운동의 실질을 갖추고 있는 한 허용될 수 없다는 것을 잘 알고 있다고 진술하고 있기도 하다. 수사기록 98면 참조), 피고인으로서는 의정보고서에 앞서 본 바와 같은 내용을 게재하거나 전재하는 것이 허용되는지에 관하여 의문이 있을 경우, 관련 판례나 문헌을 조사하는 등의 노력을 다 하였어야 할 것이고, 그렇게 했더라면, 낙천대상자로 선정된 이유가 의정활동에 관계있는 것이 아닌 한 낙천대상자로 선정된 사유에 대한 해명을 의정보고서에 게재하여 배부할 수 없고 더 나아가 낙천대상자 선정이 부당하다는 취지의 제3자의 반론 내용을 싣거나 이를 보도한 내용을 전재하는 것은 의정보고서의 범위를 넘는 것으로서 허용되지 않는다는 것을 충분히 인식할 수 있었다고 할 것이다.

대법원 2005. 6. 10. 선고 2005도835 판결 [공직선거및선거부정방지법위반]

원심은 그 거시 증거들에 의하여 판시 사실을 인정한 다음, 피고인이 비록 제17대 국회의원 선거에 영향을 미칠 목적으로 이 사건 의정보고서를 작성하여 선거구민들에게 배부하였다 하더라도, 그 의정보고서의 작성·배부에 앞서 미리 사하구 선거관리위원회 지도계장 조현진으로부터 지지지수 조사결과를 공직선거및선거부정방지법 제108조 제4항이 정하는 바에 따라 의정보고서에 게재하는 것은 무방하다는 취지의 자문을 받았고, 이어서 지지지수 조사결과가 게재된 의정보고서 초안을 작성하여 같은 선거관리위원회 지도담당관 공기춘에게 보여준 후 공기춘으로부터 제목 부분과 피고인의 이름 및 지지지수가 기재된 칸의 크기 및 글자의 크기를 다른 2명과 같은 정도로 하면 무방하다는 취지의 직접적인 답변을 듣고 공기춘의 지적대로 수정한 의정보고서를 선거구민들에게 배부한 이상, 피고인으로서는 위와 같은 의정보고서 배부가 사하구 선거관리위원회의 공식적인 지도에 맞추어 행한 것으로 공직선거및선거부정방지법에 위반되지 않는다고 믿을 수밖에 없었고, 또 그렇게 오인함에 있어서 정당한 이유가 있는 경우에 해당한다고 보아야 할 것이라는 이유로 위 의정보고서의 배부로 인한 공직선거및선거부정방지법위반의 점에 대하여 무죄를 선고하였다. …

이러한 법리와 원심이 적법하게 확정한 사실관계에 의하면, 이 사건 의정보고서를 배부하더라도 죄가 되지 아니한다고 그릇 인식한 피고인에게는 그와 같이 그릇 인식함에 정당한 이유가 있었다고 봄이 상당하므로, 같은 취지의 원심의 판단은 정당하고, 거기에 법률의 착오에 관한 법리오해 등의 위법이 없다.

〈지적 능력을 다한 진지한 회피노력 : 핵심형법 영역에서 강화된 심사기준〉

대법원 2013. 4. 11. 선고 2010도13774 판결 [생 략]

형법 제16조에서 "자기가 행한 행위가 법령에 의하여 죄가 되지 아니한 것으로 오인한 행위는 그 오인에 정당한 이유가 있는 때에 한하여 벌하지 아니한다."고 규정하고 있는 것은, 단순한 법률의 부지를 말하는 것이 아니고 일반적으로는 범죄가 되지만 자기의 특수한 경우에는 법령에 따라 허용된 행위로서 죄가 되지 아니한다고 그릇 인식하고 그와 같이 그릇 인식함에 정당한 이유가 있는 경우 벌하지 않는다는 취지이고, <u>이러한 정당한 이유가 있는지 여부는 행위자에게 자기 행위의 위법 가능성에 대해 심사숙고하거나 조회할 수 있는 계기가 있어 자신의 지적능력을 다하여 이를 회피하기 위한 진지한 노력을 다하였더라면 스스로의 행위에 대하여 위법성을 인식할 수 있는 가능성이 있었음에도 이를 다하지 못한 결과 자기 행위의 위법성을 인식하지 못한 것인지 여부에 따라 판단하여야 할 것이며, 이러한 위법성의 인식에 필요한 노력의 정도는 구체적인 행위정황과 행위자 개인의 인식능력, 그리고 행위자가 속한 사회집단에 따라 달리 평가되어야 한다</u>(대법원 2008. 10. 23. 선고 2008도5526 판결 등 참조).

> **[사건개요]** 광동제약 주식회사가 특정 신문들에 광고를 편중했다는 이유로 기자회견을 열어 광동제약에 대하여 불매운동을 하겠다고 하면서 특정 신문들에 대한 광고를 중단할 것과 다른 신문들에 대해서도 동등하게 광고를 집행할 것을 요구하고 그 회사 인터넷 홈페이지에 그와 같은 내용의 팝업창을 띄우게 한 사안. 피고인은 서울중앙지방법원 2008고단5024, 2008고단5623(병합) 사건의 판결요지를 면밀히 분석하였고, 변호사들과 교수들에게 자문을 구하여 그들로부터 이 사건 불매운동과 같은 형태의 행위는 위법성이 없다는 답변을 들은 다음 이 사건 불매운동에 나아갔다.
>
> **[사실관계]** 서울중앙지방법원 2010. 10. 5. 선고 2009노3623 판결
>
> 피고인은 2008. 12. 29. 언소주 카페에 "대표 당선인사 드립니다"라는 제목으로 "이번 총회에서 새로 선출된 대표 김○○(○○○○)입니다, 제가 공약과 정책에서 주장한 것 중에서 중요한 것만 다시 강조하겠습니다. 첫째 우리가 받고 있는 재판에서 반드시 무죄선고를 받게 하겠습니다, 둘째 숙제를 활성화시키겠습니다, 우리가 카페에서 만난 것은 숙제를 하기 위함이었습니다, 검찰의 탄압으로 숙제가 많이 위축되었습니다, 아직까지 숙제보다 효과가 큰 방법을 찾지 못했습니다, 다양한 방법을 통해 숙제를 활성화하겠습니다, 셋째 회원간의

화합을 이끌어 ㅇㅇㅇ 심판에 모든 힘을 쏟겠습니다"라는 내용의 글을 게시하고, 2009. 5. 21. 언소주 카페에 "필독, 언소주 회원의 결정을 바랍니다 - 대표 김ㅇㅇ"이라는 제목으로 "이제는 ㅇㅇㅇ에 끌려 다니지 말고 반격을 해야 한다, 그 실천방향으로 먼저 불매운동을 시작하려 한다, 불매운동은 ㅇㅇㅇ에만 광고하고 ㅇㅇㅇ와 ㅇㅇ신문에는 광고를 하지 않는 기업을 대상으로 펼칠 것이다, 우선 한 개 기업만 선정하여 힘을 집중할 것이다, 광범위한 촛불들, 누리꾼, 그리고 시민단체들의 연대는 이미 이뤄졌다, 언소주 회원들의 결단만 남았다, 여러분의 결정이 필요하다, 역사는 여러분들의 결정과 실천을 요구하고 있다"는 내용의 글을 게시하여 ㅇㅇ, ㅇㅇ, ㅇㅇ일보에 광고를 게재하는 기업을 상대로 불매 운동을 시작하겠다는 내용을 알리고 이에 적극적으로 동참할 것을 선동하였다.

피고인은 2009. 6. 8. 13:00경 서울 중구 ㅇㅇㅇ에 있는 ㅇㅇ일보사 앞에서 ㅇㅇ제약이 ㅇㅇ·ㅇㅇ·ㅇㅇ일보에 광고를 편중했다는 이유로 ㅇㅇ제약이 ㅇㅇ·ㅇㅇ·ㅇㅇ일보에 광고를 중단하거나 ㅇㅇㅇ신문, ㅇㅇ신문에 동등하게 광고를 게재할 때까지 ㅇㅇ제약의 제품에 대한 불매운동을 하겠다는 내용의 기자회견을 열었다.

그 무렵 불매운동의 대상기업으로 선정되었다는 사실을 알게 된 ㅇㅇ제약 홍보실 업무총괄자인 상무이사 이ㅇㅇ을 비롯한 위 회사 임직원들은 불매운동이 벌어질 경우 예상되는 매출 감소나 회사 이미지 실추 등으로 인한 경제적 손실로 회사 운영에 치명적인 손실을 입게 될 것이라고 우려하게 되었고, 위 회사의 전체 신문광고 중 70-80%의 비중을 차지하고 있는 ㅇㅇ·ㅇㅇ·ㅇㅇ일보에 대한 광고를 중단하라는 것은 회사의 영업에 엄청난 지장을 초래하게 되므로, 이ㅇㅇ은 홍보실 부장 이ㅇㅇ에게 불매운동을 선언한 언소주측 사람을 만나 ㅇㅇ제약이 선정된 이유와 요구조건이 무엇인지를 직접 들어볼 것을 지시하였다.

피고인은 2009. 6. 8. 17:00경 이ㅇㅇ로부터 만나자는 연락을 받고 서울 종로구 ㅇㅇ동에 있는 언소주 사무실 부근에서 이ㅇㅇ를 만난 다음 서울 종로구 ㅇㅇ동에 있는 창경궁 인근 상호불상의 커피숍으로 이동하여 이ㅇㅇ에게 ㅇㅇ제약이 ㅇㅇ·ㅇㅇ·ㅇㅇ일보에 광고를 편중했기 때문에 불매운동기업으로 선정하였다면서 ㅇㅇ·ㅇㅇ·ㅇㅇ일보에 대한 광고를 중단할 것을 요구하였으나 이ㅇㅇ로부터 회사 입장에서 그 요구를 수용하기 어려울 것이라는 말을 듣게 되자, 피고인이 지정하는 다른 신문에 ㅇㅇ·ㅇㅇ·ㅇㅇ일보와 동등하게 광고를 집행할 것, 특히 빠른 시일 내에 ㅇㅇㅇ신문과 ㅇㅇ신문에 광고를 게재할 것과 ㅇㅇ제약의 인터넷 홈페이지에 "향후 광고를 편중되게 하지 않겠다"라는 내용의 팝업창을 띄울 것을 요구하였고, 이ㅇㅇ로부터 피고인 김ㅇㅇ의 요구조건을 전해들은 이ㅇㅇ은 회사를 위해서 이를 들어줄 수밖에 없다고 판단하고 피고인 김ㅇㅇ의 요구대로 ㅇㅇㅇ, ㅇㅇ신문에 광고를 게재하고 인터넷 홈페이지에 위 내용의 팝업창을 띄우기로 하였다.

이로써 피고인은 위와 같이 요구조건을 들어주지 않으면 불매운동을 하겠다고 협박하여 불매운동으로 인한 영업상 커다란 손실의 우려로 겁을 먹은 이ㅇㅇ으로 하여금 2009. 6. 8.경 ㅇㅇ·ㅇㅇ·ㅇㅇ일보에 대한 광고를 중단하게 하여 법률상 의무 없는 일을 하게 하려 하였으나 위와 같이 거부당하여 그 뜻을 이루지 못하고, 2009. 6. 9.경 ○○제약의 인터넷 홈페이지에 "○○제약은 앞으로 특정 언론사에 편중하지 않고 동등하게 광고 집행을 해나갈 것을 약속합니다. 또한, 앞으로도 더욱 소비자들과 함께 하는 기업이 되도록 노력하겠습니다"라는 내용의 팝업창(이하 '이 사건 팝업창'이라 한다)을 띄우게 함으로써 법률상 의무 없는 일을 하게하고, 2009. 6. 10.경 광고 집행 예정이 전혀 없었던 ○○○신문과 ○○신문에 각각 가로 21㎝, 세로 9단 크기로 378만 원씩 합계 756만 원 상당의 광고를 게재하고 위 광고비를 2009. 6. 24. ○○○신문에, 2009. 6. 30. ○○신문사에 지급하도록 하였다.

2. 회피가능성의 구체적 판단기준

가. 위법성인식의 계기

〈숙고의 계기가 있었으나 충분히 숙고하지 않았거나 상식에 반하는 경우 : 회피가능한 착오〉

대법원 1983. 9. 13. 선고 83도1927 판결 [특정범죄가중처벌등에관한법률위반(마약)]

소론과 같이 피고인들이 피고인 4가 한독약품 간부로 근무한다면서 마약이 없어 약을 제조하지 못하니 구해 달라는 거짓부탁을 믿고 제약회사에 쓰는 마약은 구해주어도 죄가 되지 아니하는 것으로 알고 이 사건 생아편을 구해주었다 하더라도 피고인들이 마약 취급의 면허가 없는 이상 위와 같이 믿었다 하여 이러한 행위가 법령에 의하여 죄가 되지 아니하는 것으로 오인하였거나, 그 오인에 정당한 이유가 있는 경우라고는 볼 수 없으므로 범죄의 성립에 영향이 없(다).

〈숙고 내지 조회의 계기가 인정되는 경우 : 회피가능한 착오〉

대법원 2010. 4. 29. 선고 2009도13868 판결 [특정경제범죄가중처벌등에관한법률위반(배임)·주식회사의외부감사에관한법률위반·상호저축은행법위반]

원심이 다른 상호저축은행들에서도 「상호저축은행법」상 동일인 대출한도 제한규정을 회피하기 위하여 실질적으로는 한 사람에게 대출금이 귀속됨에도 다른 사람의 명의를 빌려 그들 사이에 형식적으로만 공동투자약정을 맺고 동일인 한도를 초과하는 대출을 받는, 이른바 '사업자쪼개기' 방식의 대출이 관행적으로 이루어져 왔으며, 금융감독원도 2008년 이전에는 이를 적발하지 못하였다는 사정만으로는 피고인들이 이 사건 대출행위가 죄가 되지 않는다고 오인하였다거나 그 오인에 정당한 이유가 있다고 볼 수 없다고 판단하여 피고인들의 이 부분 주장을 배척한 것은 옳다.

〈특별한 법적 규율이 있다고 인식할 수 있었던 경우〉

대법원 1994. 4. 15. 선고 94도365 판결 [건축법위반]

이 사건에 있어서 소론과 같은 이유로 피고인은 단열재시공등에 대한 중간검사를 받아야 한다는 구건축법(1991.5.31. 법률 제4381호로 개정되기 전의 것) 제7조의 2의 규정을 알지 못하였다는 것이므로 이는 단순한 법률의 부지에 해당한다 할 것이고 피고인의 소위가 특히 법령에 의하여 허용된 행위로서 죄가 되지 않는다고 그릇 인식한 경우는 아니므로 범죄의 성립에 아무런 지장이 될 바 아니고, 한편 건축주인 피고인이 이 사건 건물 신축공사의 시공,감리 등을 모두 전문가인 건축회사에 도급을 주고 그 공사에 대하여 직접 지시하거나 감독,감리한 사실이 없다고 하더라도 피고인 자신이 건축주로 되어 있는 이상 그 건축에 관련하여 위 건축법규정 위반사실이 있는 경우에는 처벌을 면할 수 없다 할 것이다.

나. 위법성에 대한 확인노력 : 조회와 심사숙고

〈변호사의 자문 : 변호사의 자문이 신뢰할 만하다고 볼 수 없는 경우〉

대법원 1992. 5. 26. 선고 91도894 판결 [공무상표시무효]

원심판결 이유에 의하면 원심은, 피고인이 집달관이나 채권자의 동의나 허락을 받음이 없이 집달관과 채권자에게 일방적으로 압류물의 이전을 통고한 후 서울민사지방법원 소속 집달관의 관할구역 밖인 판시 장소로 압류표시된 물건을 이전한 이상 이로써 위 집달관이 실시한 압류표시의 효용을 해하였다고 할 것이므로 피고인에게 위 공무상비밀표시무효죄의 고의가 없다고 할 수 없고 피고인이 그와 같은 행위를 하기에 앞서 개인적으로 법률유관기관에 자문을 구했다 해서 그 행위가 죄가 되지 않는다고 믿는 데에 정당한 이유가 있다고 볼 수도 없다고 판단하였다. …

또 기록에 의하면 피고인은 변호사 등에게 자문을 구하였다고만 주장하고 있을 뿐 기록상 그 자문내용이 구체적이고 상세한 것으로서 신뢰할 만하다고 볼 수 있는 자료가 없을 뿐 아니라 압류집달관에 대하여 상세한 내용의 문의를 하였다는 자료도 없는 이 사건에서는 소론과 같은 정도로 변호사 등에게 문의하여 자문을 받았다는 사정 만으로는 피고인의 판시 행위가 죄가 되지 않는다고 믿는 데에 정당한 이유가 있다고 할 수 없고 지적하는 당원판결은 사안을 달리하여 이 사건에 적절한 선례가 되지 아니한다.

〈검사의 불기소처분에 나타난 견해를 신뢰한 경우〉

대법원 1995. 8. 25. 선고 95도717 판결 [약사법위반]

원심판결의 이유에 의하면 원심은, **피고인이 공소외인로부터 인삼, 영지, 황기, 산약 등 30가지의 한약재를 공급받아 아무런 가공이나 변형을 가하지 아니한 채 각각 약재를 별개로 분리 구분하여 일정량(60g)을 소포장한 후 다시 상자에 담은 사실**을 인정한 다음, 위와 같은 개개의 한약재 자체를 의약품으로 보기 어렵고, 또한 위와 같이 한약재를 혼합하지 않고 각각 별개로 구분하여 포장한 후 이를 다시 상자에 담았다고 해서 새로이 의약품으로 제조되었다고 볼 수 없다는 이유로 무죄를 선고하였다.

그러나 기록에 의하면, 피고인이 공소외인로부터 인삼, 영지, 황기, 산약 등 30가지의 한약재를 공급받아 각 약재를 개별적으로 분리 구분하여 일정량(60g)을 소포장한 후 이를 가감삼십전대보초(가감삼십전대보초)라는 상표가 붙은 상자에 담아서 이 사건 "가감삼십전대보초"를 만들어서, '각 봉지의 1/10씩을 혼합한 다음 생강을 4-5편 정도 첨가하여 각 혼합한 재료를 약탕기에 넣고, 물의 양은 약탕기 사용방법을 참조하되 1등본으로 커피잔 4잔 정도의 액이 나오도록 2시간정도 달여야하고, 2첩을 달인 후 찌꺼기를 섞어 중탕해서 달이라'는 등으로 상세한 복용방법이 기재된 "정성드려 달여드십시요"라는 제목의 설명서를 위 상자에 첨부하였고, 또한 위 "가감삼십전대보초"의 설명서 또는 광고지 등에 '동의보감이 전하는 생약성분 및 식효'라고 기재되어 있는 제목아래에 각 한약재의 사진을 싣고, 그 효능(위장강장제, 기침, 가래제거, 소화불량 등)을 설명하면서 이 사건 "가감삼십전대보초"가 전통한방의약에서 음양, 기혈 등 몸을 이루고 있는 기본요소 중 어느 한가지가 부족하게 되어 나타나는 부조화현상인 '허증'을 근본적으로 보할 수 있는 한방제제라고 선전, 판매한 것이라면, 이 사건 "가감삼십전대보초"는 의약품으로서 약사법의 규제대상이 된다고 할 것이다.

따라서 원심이 이 사건 가감삼십전대보초를 구성하는 개개의 한약재 자체를 의약품으로 보기 어렵고, 또한 위와 같이 한약재를 혼합하지 않고 각각 별개로 구분하여 포장한 후 이를 다시 상자에 담았다고 해서 새로이 의약품으로 제조되었다고 볼 수 없다는 이유로 무죄를 선고한 것은 위법하다고 할 것이다.

원심이 인용하고 있는 대법원 1992.9.8. 선고 92도1683 판결은 이 사건과는 사안을 달리하여 이 사건에 원용하기에는 적절하지 아니하다.

그런데 기록에 의하면, 피고인은 1993.4.30. 서울지방검찰청으로부터 "당국의 면허 없이 1993.일자불상경 녹각, 계피, 당귀등 24종의 한약재를 배합하여 십전대보초라는 약품을 제조하고, 같은 무렵 일간신문의 광고 및 전단을 통하여 위 십전대보초가 피로회복에 특효가 있는 듯한 내용의 허위광고를 한 것이다"라는 피의사실(위 "십전대보초"와 이 사건 "가감삼십전대보초"와는 만드는 한약재의 가지수가 24개냐 30개냐, 명칭이 십전대보초인가 가감삼십전대보초인가의 차이만 있을 뿐이다)에 대하여 이 사건 십전대보초는 24종의 한약재를 아무런 가공없이 변형을 가하지 않은 채 따로 따로 다른 용기에 적당량씩 넣어 포장한 다음 이를 별도의 큰 용기에 포장한 것에 불과하고, 일간신문의 광고내용도 중장년의 '허증'을 회복시키는 효과, 즉 피로회복을 위한 자연식품으로서 우리 농민이 재배한 것이라는 내용을 골자로 하는 것으로서 의약품으로 오인될 과대광고를 한 것이라고 단정할 수 없다는 이유로 혐의없음 결정을 받은 사실을 인정할 수 있는 바, 그렇다면 피고인은 비록 한의사, 약사, 한약업사 면허나 의약품 판매업 허가가 없이 의약품인 이 사건 '가감삼십전대보초'를 판매하였다고 하더라도 이 사건 범행 당시 자기의 행위가 법령에 의하여 죄가 되지 않는 것으로 믿을 수밖에 없었고, 또 그렇게 오인함에 있어서 정당한 이유가 있는 경우에 해당한다고 보아야 할 것이므로 피고인을 약사법위반으로 처벌할 수는 없다고 하겠다.

> **대법원 2010. 7. 15. 선고 2008도11679 판결 [풍속영업의규제에관한법률위반]**
> 피고인 1이 원심 판시와 같이 풍속영업소인 숙박업소의 업주들과 공모하여 위성방송수신기 등을 이용하여 일본의 음란한 위성방송프로그램을 수신하여 숙박업소의 손님들로 하여금 시청하게 한 행위는 풍속법 제3조 제2호에 위반된다. …
> 원심이 적법하게 채용한 증거들을 원심의 판결 이유 및 위 법리에 비추어 보면, 원심이 그 판시와 같은 여러 사정을 근거로, 피고인 1이 이 사건 행위 이전에 그와 유사한 행위에 대하여 '혐의없음' 처분을 받은 전력이 있다거나 일정한 시청차단장치를 설치하였다는 등의 사정만으로는 형법 제16조 소정의 정당한 이유가 있다고 볼 수 없다고 판단한 조치는 정당

하고, 거기에 피고인들이 상고이유로 주장하는 바와 같은 위법성의 인식에 관한 법리오해 등의 위법이 없다.

〈판례의 취지를 오해한 경우〉

대법원 1995. 7. 28. 선고 95도1081 판결 [보건범죄단속에관한특별조치법위반,부정수표단속법위반]

약사법 제2조 제4항, 제6항의 각 규정에 의하면 의약품이라 함은 대한약전에 수재된 것으로서 위생용품이 아닌 것과 사람 또는 동물의 질병의 진단·치료·경감·처치 또는 예방의 목적으로 사용되는 것으로서 기구기계가 아닌 것, 사람 또는 동물의 구조기능에 약리학적 영향을 주기 위한 목적으로 사용되는 것으로서 기구기계나 화장품이 아닌 것을 모두 포함하는 개념이고, 한약제재라 함은 한약을 한방원리에 따라 배합하여 제조한 의약품을 말하는 것이라 할 것인바, 위와 같은 의약품에 해당되는지 여부는 반드시 약리작용상 어떠한 효능이 있고 없고는 관계 없으며, 그 물의 성분, 형상(용기, 포장, 의장 등), 명칭 및 표시된 사용목적, 효능, 효과, 용법, 용량, 판매할 때의 선전 또는 설명 등을 종합적으로 판단하여 사회 일반인이 볼 때 한 눈으로 식품으로 인식되는 것을 제외하고는 그것이 위 목적에 사용되는 것으로 인식되고 혹은 약효가 있다고 표방된 경우에는 이를 약사법의 규제대상인 의약품에 해당된다 할 것이고(당원 1990.10.16. 선고 90도1236 판결 참조), 의약품의 제조란 일반의 수요에 응하기 위하여 일정한 작업에 따라 의약품을 산출하는 행위를 말하며 의약품 등의 원료를 화학적 방법에 의하여 변형 또는 정제하는 것은 물론 화학적 변화를 가져오지 아니하는 가공, 예컨대 의약품의 약간량과 다른 의약품의 약간량을 조합하는 경우도 여기에 포함된다고 할 것이다(당원 1975.7.8. 선고 75도233 판결; 1986.5.27. 선고 83도1715 판결 각 참조).

그리고 단순히 여러 가지의 한약재를 구입하여 가공이나 변형을 가하지 아니한 채 종류별로 분리하여 넣고 다시 전체적으로 포장하여 판매한 것에 그친 경우와 같이 한약재료나 기존의 각종 의약품을 혼합하지 않고 별개로 구분하여 포장한 후 이것들을 모아 상자에 담아 다시 포장한 것은 위에서 말하는 가공에 해당되지 아니하여(당원 1992.9.8. 선고 92도1683 판결 참조) 그와 같은 행위만으로 의약품을 제조한 것이라고 볼 수는 없다 할 것이나, 서로 다른 약재를 조합 가공하여 의약품을 제조·판매한 것인지 여부를 판단함에 있어서는, 형식적으로 각 약재를 분리·포장하는 방식으로 제조 판매하였다고 하여 반드시 의약품의 제조 판매행위에 해당되지 않는다고 볼 수는 없고, 약사법의 목적과 취지, 의약품 등의 개념에 관하여 정의한 위 약사법의 규정 및 그 해석에 관한 당원의 위 판지 등에 비추어 당해 제조시설 및 제조방법, 제품의 외관 및 성상, 제품의 용법, 판매할 때의 설명 및 선전내용, 사회 일반인의 인식 가능성 등 제반 사정을 종합하여 이를 판단하여야 할 것이다. …

앞서 본 이 사건 사실관계에 의하면 설사 피고인이 당원의 판례에 비추어 자신의 행위가 무허가 의약품의 제조 판매행위에 해당하지 아니하는 것으로 오인하였다고 하더라도, 이는 사안을 달리하는 사건에 관한 당원의 판례의 취지를 오해하였던 것에 불과하여 그와 같은 사정만으로는 그 오인에 정당한 사유가 있다고 볼 수 없으므로, 논지도 이유 없다.

대법원 1998. 10. 13. 선고 97도3337 판결 [상표법위반]

이 사건에서 피고인들이 변리사로부터 그들의 행위가 고소인의 상표권을 침해하지 않는다는 취지의 회답과 감정결과를 통보받았고, 피고인들의 행위에 대하여 3회에 걸쳐서 검사의 무혐의처분이 내려졌다가 최종적으로 고소인의 재항고를 받아들인 대검찰청의 재기수사명령에 따라 이 사건 공소가 제기되었으며, **피고인들로서는 이 사건과 유사한 대법원의 판례들을 잘못 이해함으로써 자신들의 행위는 죄가 되지 않는다고 확신을 하였고**, 특허청도 피고인들의 상표출원을 받아들여서 이를 등록하여 주기까지 하였다는 등 피고인들이 주장하는 사유들만으로는 위와 같은 기준에서 볼 때 피고인 1이 자신의 행위가 고소인의 상표권을 침해하는 것이 아니라고 믿은 데에 정당한 이유가 있다고 볼 수 없다고 할 것이(다).

〈스스로 법률해석을 하여 정당한 이유가 인정된 경우〉

대법원 2002. 5. 17. 선고 2001도4077 판결 [청소년보호법위반]

형법 제16조에서 자기가 행한 행위가 법령에 의하여 죄가 되지 아니한 것으로 오인한 행위는 그 오인에 정당한 이유가 있는 때에 한하여 벌하지 아니한다고 규정하고 있는 것은 단순히 법률의 부지를 말하는 것이 아니고, 일반적으로 범죄가 되는 경우이지만 자기의 특수한 경우에는 법령에 의하여 허용된 행위로서 죄가 되지 아니한다고 그릇 인식하고 그와 같이 그릇 인식함에 정당한 이유가 있는 경우에는 벌하지 않는다는 취지이다(대법원 2001. 6. 29. 선고 99도5026 판결, 2002. 1. 25. 선고 2000도1696 판결 등 참조).

원심은, 가사 18세 이상 19세 미만의 사람을 비디오감상실에 출입시킨 업주는 법에 의한 형사처벌의 대상이 된다고 하더라도, 위 음반등법과 그 시행령 규정의 반대해석을 통하여 18세 이상 청소년에 대하여는 출입금지 의무가 없는 것으로 오인될 가능성이 충분하고, 법시행령 제19조가 이러한 오인 가능성을 더욱 부추겨 마치 법에 의하여 부과된 "18세 이상 19세 미만의 청소년에 대한 출입금지 의무"가 다시 법시행령 제19조와 위 음반등법 및 그 시행령의 연관해석을 통해 면제될 수 있을 것 같은 외관을 제시함에 따라, 실제로 개정된 법이 시행된 후에도 이 사건 비디오물감상실의 관할부서(대구 중구청 문화관광과)는 업주들을 상대로 실시한 교육과정을 통하여 종전과 마찬가지로 음반등법 및 그 시행령에서 규정한 '만 18세 미만의 연소자' 출입금지표시를 업소출입구에 부착하라고 행정지도를 하였을 뿐 법에서 금지하고 있는 '만 18세 이상 19세 미만'의 청소년 출입문제에 관하여는 특별한 언급을 하지 않았고, 이로 인하여 피고인을 비롯한 비디오물감상실 업주들은 여전히 출입금지대상이 음반등법 및 그 시행령에서 규정하고 있는 '18세 미만의 연소자'에 한정되는 것으로 인식하였던 것으로 보여지는바, 사정이 위와 같다면, 피고인이 자신의 비디오물감상실에 18세 이상 19세 미만의 청소년을 출입시킨 행위가 관련 법률에 의하여 허용된다고 믿었고, 그렇게 믿었던 것에 대하여 정당한 이유가 있는 경우에 해당한다고 할 것이고, 달리 피고인이 법에 위반된다는 점을 알면서도 18세의 청소년들인 김보민 등을 출입시켰다고 볼 만한 자료가 없으므로, 이 사건 공소사실은 죄가 되지 아니하는 경우에 해당한다고 판단하였다.

위 법리와 기록에 비추어 보면, 원심의 위와 같은 판단은 정당하고, 거기에 상고이유 주장과 같은 형법 제16조에 관한 법리오해의 위법이 없다.

〈관할관청 또는 담당공무원에 조회하여 정당한 이유가 인정된 경우〉

대법원 1993. 10. 12. 선고 93도1888 판결 [건축법위반·국유재산법위반·건축사법위반]

피고인 1은 자신의 소유인(소유자 명의는 처인 공소외 1로 등기가 되어 있다) 경남 밀양군 (주소 2 생략) 잡종지 1,603㎡ 지상에서 ○○주유소를 경영하고 있던 중, 주유소의 부지가 너무 좁아 위 잡종지와 붙어 있는 국유재산으로서 사실상 도로로서의 용도가 폐지된 (주소 1 생략) 도로 694㎡를 주유소의 부지로 사용하기 위하여, 1989.9. 국유재산의 대부를 신청하여 1989.10.경 밀양군수와 간에 대부기간을 1989.1.1.부터 1991.12.31.까지로 정하여 대부계약을 체결한 사실, 위 피고인이 주유소를 경영하는 가운데 기사식당과 휴게소가 필요하게 되자 밀양군청 도시과 △△계장으로서 건축허가사무를 담당하고 있는 원심공동피고인에게 위 국유지상에 건축물을 건축할 수 있는지의 여부를 문의하였던바, 위 원심공동피고인이 비록 국유재산이지만 위 피고인이 위 국유재산을 불하받을 것이 확실하므로 만일 건축을 한 뒤에 위 국유재산을 불하받지 못하게 되면 건물을 즉시 철거하겠다는 각서를 제출하면 건축허가가 될 수 있다고 답변함에 따라, 건축사인 피고인 2에게 건축물의 설계를 의뢰하여 밀양군수에게 위와 같은 내용의 각서와 함께 건축허가신청서를 제출하여 1990.6.12. 밀양군수로부터 건축허가를 받고, 자신의 소유인 위 잡종지 중 168.4㎡와 위 국유지 중 62㎡ 합계 230.4㎡ 지상에 조립식 경량철골조 건물(식당)을 신축하여 1990.8.16. 준공검사까지 받았으며, 그 후 1991.12.31. 위 국유재산을 금 43,150,000원에 매수한 사실 등을 인정할 수 있을 뿐만 아니라, 위 원심공동피고인은 위 건물에 대한 건축허가 및 준공검사 등의 사무를 처리함에 있어서, 위 피고인이 위 국유재산을 불하받을 것이 확실하고 또 그가 불하받지 못할 경우에 대비하여 위 국유지상의 건물을 철거하겠다는 각서까지 받아 놓았으므로, 국유지상이라도 건축허가를 하여 주는 것이 타당하다고 판단하여 도시과장의 결재를 받아 건축허가를 받게 하여 준 것임은 원심이 판시한 대로이다.

사실관계가 이와 같다면, 가사 위 피고인이 국유재산법 제24조 제3항에 따라 기부를 전제로 한 시설물의 축조 이외에는 국유지상에 건물을 신축할 수 없는 사실을 알고 있었다고 하더라도, 위 피고인으로서는 자신이 국유지상에 건물을 신축하여 그 국유재산을 사용·수익하는 것이 법령에 의하여 허용되는 것으로 믿었고 또 그렇게 믿을 만한 정당한 이유가 있었다고 볼 수 있을 것이다.

> 대법원 2009. 1. 30. 선고 2008도8607 판결 [건설폐기물의재활용촉진에관한법률위반]
> 기록에 의하면, 피고인이 자기의 행위가 죄가 되지 아니한다고 오인한 근거로 주장하는 환경부의 질의회신 내용은, 법 제27조 제1항에 따라, 건설폐기물의 배출자가 건설공사현장에 건설폐기물처리시설을 직접 설치·운영하여 건설폐기물을 재활용하고자 하는 경우, 관할관청이 그 설치승인을 함에 있어서 그 대상이 되는 건설폐기물처리시설의 범위에 관한 것일 뿐, 법 제16조 제1항의 자가처리의 범위를 판단할 수 있는 직접적인 자료가 되는 것은 아니라고 보이므로, 위 피고인이 위 질의회신에 따라 자기의 행위가 죄가 되지 아니한다고 오인하였다고 하더라도, 이는 위 질의회신을 자기에게 유리하게 잘못 해석한 것에 불과하여 정당한 이유가 있는 법률의 착오에 해당한다고 볼 수 없고, 피고인이 관할관청으로부터 건설폐기물처리시설의 설치승인을 받았다는 점 등 상고이유에서 주장하는 그 밖의 사정을 아울러 고려하더라도 달리 볼 수 없다.

<관할관청에 대한 질의 등을 통해 위법 회피노력을 다하지 않은 경우: 정당한 이유 없는 회피가능한 착오>

대법원 2017. 7. 11. 선고 2017도2793 판결 [공중위생관리법위반]

(3) 원심판결과 적법하게 채택된 증거들에 의하면, 다음의 사실을 알 수 있다.

(가) 피고인은 2002. 3. 2.부터 2016. 2. 3.까지 서울 강남구 (주소 생략), 지하 2층에서 '○○○○○○○'라는 상호로 체력단련장업(면적: 351㎡)을 운영하고 있다.

(나) 피고인이 체력단련장 내에 설치한 이 사건 목욕 관련 시설은 전체 면적이 220㎡로서 ① 남성용의 경우, 150㎡의 면적에 욕탕 3개, 발한실 2개를 갖추고 있고, ② 여성용의 경우, 70㎡의 면적에 욕탕 2개, 발한실 2개를 갖추고 있다.

(다) 피고인은 '호텔식 사우나', '냉·온탕, 습·건식 사우나'와 같은 문구를 내세워 옥외 광고를 하면서 체력단련장을 이용하는 유료 회원들에게 이 사건 목욕 관련 시설을 이용하도록 하였다.

(4) 위에서 본 이 사건 목욕 관련 시설의 내용과 규모, 전체 체육시설에서 목욕·발한 시설이 차지하는 비중을 비롯하여 피고인이 고객유치를 위해서 이 사건 목욕 관련 시설을 적극적으로 광고·홍보한 점 등에 비추어 보면, 피고인이 체력단련장을 이용하는 유료 회원들에게 이 사건 목욕 관련 시설을 이용하게 한 행위는 공중위생관리법에서 정한 신고의무를 지는 '목욕장업'에 해당하고, 피고인이 공중위생관리법 제3조 제1항에 따라 목욕장업 신고를 하지 않고 위와 같이 행위를 한 것은 위법하다고 할 수 있다. …

원심은 피고인이 <u>관할관청에 대한 질의 등을 통해서 위법을 회피하려는 진지한 노력을 다하였다고 볼 수 있는 자료를 전혀 제출하지 못하고 있는 점에 비추어 피고인이 위법성을 인식하지 못하였다고 하더라도 그와 같은 그릇된 인식에 정당한 이유가 없다고</u> 판단하였다.

원심판결 이유를 기록에 비추어 살펴보면, 원심의 판단은 위 법리에 따른 것으로서 정당하다.

대법원 2018. 9. 28. 선고 2018도9828 판결 [담배사업법위반·관세법위반·조세범처벌법위반]

1) 형법 제16조는, 자기의 행위가 법령에 의하여 죄가 되지 아니한 것으로 오인한 행위는 그 오인에 정당한 이유가 있는 때에 한하여 벌하지 아니한다고 규정하고 있다. 이는 단순히 법률의 부지를 말하는 것이 아니고, 일반적으로 범죄가 되는 경우이지만 자기의 특수한 경우에는 법령에 의하여 허용된 행위로서 죄가 되지 아니한다고 그릇 인식하고, 그와 같이 그릇 인식함에 정당한 이유가 있는 경우에는 벌하지 않는다는 취지이다. 이러한 <u>정당한 이유가 있는지 여부는, 행위자에게 자기 행위의 위법의 가능성에 대해 심사숙고하거나 조회할 수 있는 계기가 있어, 자신의 지적 능력을 다하여 이를 회피하기 위한 진지한 노력을 다하</u>

였더라면 스스로의 행위에 대하여 위법성을 인식할 수 있는 가능성이 있었음에도, 이를 다하지 못한 결과 자기 행위의 위법성을 인식하지 못한 것인지 여부에 따라 판단하여야 할 것이다. 이러한 위법성의 인식에 필요한 노력의 정도는 구체적인 행위정황과 행위자 개인의 인식능력 그리고 행위자가 속한 사회집단에 따라 달리 평가되어야 한다(대법원 2006. 3. 24. 선고 2005도3717 판결 등 참조).

2) 원심은 다음과 같은 이유 등을 들어, 피고인 1에게 위법성의 인식이 없었거나, 위법성을 인식하지 못한 데 정당한 사유가 있다고 보기 어렵다고 판단하였다.

가) 피고인 1은 담배 담당 주무부인 기획재정부에 2014. 1. 21. 이 사건 니코틴 용액 제조의 경우에도 담배사업법 개정 이후 담배제조업 허가를 받아야 하는지 문의한 적이 있는데, 기획재정부의 일관된 입장은 니코틴 용액을 수입한 후 국내에서 혼합, 희석하는 행위는 담배의 제조행위에 해당하며, 담배제조업을 하려는 자는 담배제조업의 허가를 받아야 한다는 것이었다.

나) 피고인 1은 이 사건 니코틴 용액을 제조, 판매함으로써 수십억 원의 매출을 올린 반면, 자신의 행위에 대한 위법성 여부를 확인하기 위하여 충분한 조치를 다하지 않았다.

다) 피고인 1이 제조한 것과 같은 니코틴 용액을 제조한 공소외 주식회사에 대한 무허가 담배제조로 인한 담배사업법 위반죄에 관하여 검사의 불기소결정이 있었으나 이는 위 담배사업법 개정 이전에 이루어진 것이고, 피고인 1에 대한 것도 아니므로, 이를 들어 피고인에게 위법성을 인식하지 못한 데 정당한 사유가 있었다고 볼 수 없다.

3) 앞서 본 법리와 적법하게 채택된 증거들에 비추어 보면, 이러한 원심의 판단은 정당하고, 거기에 상고이유 주장과 같이 위법성 인식에 관한 법리를 오해한 위법이 없다.

대법원 2017. 3. 15. 선고 2014도12773 판결 「○○학교와 △△학교는 각각 설립인가를 받은 별개의 학교이므로, ○○학교의 교비회계에 속하는 수입을 △△학교에 대여하는 것은 구 사립학교법 제29조 제6항에 따라 금지된다. 피고인은 위와 같은 대여행위가 적법한지에 관하여 관할청인 경기도교육청의 담당공무원에게 정확한 정보를 제공하고 회신을 받거나 법률전문가에게 자문을 구하는 등의 조치를 취하지 않았다. 피고인이 외국인으로서 국어에 능숙하지 못하였다거나 ○○학교 설립·운영협약의 당사자에 불과한 경기도, 수원시 소속 공무원들이 참석한 ○○학교 학교운영위원회에서 △△학교에 대한 자금 대여 안건을 보고하였다는 것만으로는 피고인이 자신의 지적 능력을 다하여 행위의 위법 가능성을 회피하기 위한 진지한 노력을 다하였다고 볼 수 없다. 또한 위와 같이 △△학교에 대한 자금 대여가 끝난 후에 회계법인이 그 위법함을 지적하지 않았다거나 서울특별시교육청의 담당공무원이 제3자에게 '구 사립학교법 제29조는 외국인학교에 적용되지 않는다'는 취지로 민원 회신을 하였다는 등의 사정만으로 이를 달리 볼 수도 없다. 그러므로 피고인이 ○○학교의 교비회계에 속하는 수입을 △△학교에 대여한 행위가 법률상 허용되는 것으로서 죄가 되지 않는다고 그릇 인식하고 있었다고 하더라도 그와 같이 그릇된 인식에 정당한 이유가 있다고 볼 수 없다.」

제4절 기대가능성

제1 강요된 행위

Ⅰ. 강제상태의 존재

1. 저항할 수 없는 폭력

〈저항할 수 없는 폭력의 의미〉

대법원 1983. 12. 13. 선고 83도2276 판결 [무고]

원심판결에 의하면, 원심은 피고인의 무고죄 입증자료인 제1심 공판조서중 증인 이진영의 진술기재와 검사 작성의 이진영에 대한 진술조서의 진술기재 등을 거시 반대증거에 비추어 믿지 아니하는 외에 달리 증거가 없고, 원심에서 인정한 사실 등에 의하여 **피고인이 이 사건 두 번에 공하여 고소장을 작성, 제출한 것은 저항할 수 없는 폭력이나 자기의 생명, 신체에 대한 위해를 방어할 방법이 없는 협박에 의하여 강요된 행위로 봄이 상당**하여 형법 제12조에 의하여 피고인을 벌할 수 없다는 판단아래 피고인의 이 사건 무고행위가 강요된 행위라고 보지 아니하여 피고인을 유죄로 처단한 제1심 판결을 파기하여 무죄를 선고한 것인바, 기록을 살펴보면 위 원심판단과 조처는 정당하게 긍인되며 <u>형법 제12조의 저항할 수 없는 폭력은, 심리적인 의미에 있어서 육체적으로 어떤 행위를 절대적으로 하지 아니할 수 없게 하는 경우와 윤리적 의미에 있어서 강압된 경우를 말할 수 있다 하겠으며, 일정한 협박이란 자기 또는 친족의 생명, 신체에 대한 위해를 달리 막을 방법이 없는 협박을 말하고, 강요라 함은 피강요자의 자유스런 의사결정을 하지 못하게 하면서 특정한 행위를 하게 하는 것을 말하는데,</u> 이 사건에서 원심이 인정한 것과 같은 사실관계하에 있어서라면 피고인의 이 사건 행위는 위 형법 제12조에서 규정한 강요행위 성립요건에 해당된다고 못 볼 바도 아니므로 거기에 소론과 같이 채증법칙에 위배된 증거 선택을 한 결과 강요된 행위의 법리를 오해한 위법도 찾아 볼 수 없으므로 논지는 이유없다.

〈강제상태가 존재하지 않는 경우〉

대법원 1968. 4. 2. 선고 68도221 판결 [특수절도]

기록에 의하면 피고인은 그 친우인 박영복과 공모합동하여 전후 5회에 걸쳐 원판결 인용의 제1심 판결이유 기재와 같은 절도행위를 한 점으로 미루어 보아, 검사작성의 피고인에 대한 제2회 피의자 신문조서 기재(수사기록 제43정)에, 피고인은 위 "박영복이가 자기를 따라 다니지 않으면 때려준다"고 하므로 본건 범행을 하게 되었다는 취지의 피고인의 진술을 그대로 믿는다고 하더라도, 이런 사유만 가지고는 피고인의 본건 범행이 형법 제12조에 규정한 "강요된 행위"에 해당하는 것이라고는 볼 수 없고, 달리 그것이 강요된 행위라고 인정하여야 할 자료가 없으니, 논지 이유 없다.

〈저항할 수 없는 폭력 또는 방어할 방법이 없는 협박이 긍정되는 경우〉

대법원 1972. 5. 9. 선고 71도1178 판결 [밀항단속법위반등]

소론은 원 판결에 의하여 유지된 제1심 판결이 피고인에 대한 본 건 공소 사실 중 반공법위반에 관한 각 사실에 대하여 무죄를 선고한 조치를 논란하는 것이나, 그 판결을 기록과 대조하여 보아도 위 판결이 피고인은 일본국으로 밀항한 1968.12.31부터 1969.2.17까지의 사이에 위 공소 사실에 적시된 바와 같이 그 곳 후꾸오까현의 조총련 간부들과 만나 그들로부터 북괴에 대한 선전을 듣는 등으로 공산주의에 관한 교육을 받고 그들의 북송권유에 응낙하여 공산주의자가 될 것을 서약한 후 북송안내원에게 인계되어 북송선을 타러 가던 도중에 일본 경찰관에게 자수하였던 것이었다는 사실은 인정하면서 그가 취신하는 그 거시와 같은 증거들을 종합하여 피고인은 빈곤한 가정에서 성장하여 중학교를 중퇴한 소년으로 먼 촌일가인 공소외인의 일본에 가면 공장에 취직할 수 있다는 감언에 속아 동인을 따라 일본국으로 밀항하였다가 전시 조총련 간부들에게 인계된 이래 그들이 국외공산 계열의 간부들이라는 점은 알았으나 그들의 그 판시와 같은 방법에 의한 감시 내지 감금하에서 전시와 같은 교육 또는 권유를 받았고, 그들의 협박적인 강요에 못이겨 그들의 선전에 동조하고 공산주의자가 되어 북한으로 갈 것을 서약하기에 이르렀던 것이었다는 사실과 그러한 사실들이 불과 18세의 소년에 대하여 지리나 인정 등이 생소한 일본국에서 이루어졌던 점등에 비추어 피고인의 전인한 바와 같은 각 행위들은 모두 저항할 수는 없는 폭력 또는 그의 생명 신체에 대한 위해를 방어할 방법이 없는 협박에 의하여 강요된 행위였다고 볼 수밖에 없다.

2. 자기 또는 친족의 생명, 신체에 대한 위해를 방어할 방법이 없는 협박

〈유형적인 협박일 필요는 없음〉

대법원 1969. 1. 28. 선고 68도1815 판결 [국가보안법위반,반공법위반,수산업법위반]

원심 판결 이유를 보면, 원심은 피고인들은 북괴 지배하에 있는 해역에서 어로 작업중 납치되어 가서 북괴의 활동을 찬양하고, 북괴 구성원의 물음에 대하여 피고인들이 알고 있는 사실을 답변하였으며, 북괴로부터 물품을 받는 등의 행위를 하였으나 피고인들의 이러한 행위는 북괴에서 납치 억류된 피고인들이 북괴 구성원의 지시에 따라 행하였거나 또는 북괴 구성원의 신문에 대하여 서로 틀린 진술을 하게 되면 피고인들의 생명, 신체에 대하여 예측할수 없는 위해가 가해 질지도 모른다는 사정 하에서 이루어진 **강요된 행위임**이 우리의 경험칙에 부합하다고 판시한 제1심 판결 이유를 유지 하였다. 이러한 원심 판단은 강요된 행위에 관한 형법의 법리를 오해한 것이라고는 말할 수 없다. <u>강요된 행위가 되려면 반드시 유형적인 협박을 받는 것을 요건으로 하는 것은 아니다.</u> 논지가 말하는 것과 같이 설사 피고인들이 북괴의 기관원으로부터 신문을 받은 뒤에 서로 만나서 각자 대답한 내용 사실을 알아본일이 있었고, 또 피고인들을 인솔한 사람이 무장하지 아니하고, 위협적인 언사를 쓰지 아니하였다 하더라도 피고인들의 행위가 강요된 행위가 아니라고 보기는 어렵다. 특히 당시 피고인들이 대한민국으로의 귀환이 가능한지의 여부가 확실하지 아니한 상태하에 있어서는(논지는 피고인들의 귀환이 예정되고 있었다 하나 이 점에 관한 증거는 없다) 피고인들이 정보제공을 거부 한다던가 물품의 수령을 거부 할 수는 없었으리라고 보는 것이 상당하다. 필경 피고인들의 위의 행위는 피고인들의 생명, 신체에 대한 위해를 방어할 방법이 없는 협박에 의하여 강요된 행위라고 보는 것이 상당하고, 이러한 취지로 판시한 원심 판결에는 강요 행위의 법리를 확장한 위법 사유가 없다 할 것이므로, 논지는 이유없다.

대법원 1969. 3. 25. 선고 69도94 판결 [국가보안법위반]
원심판결 이유에 의하면, 원심은 피고인들은 북괴지배하에 있는 해역에서 어로작업을 하다가 납치되어 가서 북괴의 활동을 찬양하고, 북괴구성원의 물음에 대하여 피고인들이 알고 있는 사실을 답변하였으며, 북괴로부터 물품을 받는 등의 행위를 하였으나, 피고인들의 이러한 행위는 북괴에게 납치억류된 피고인들이 북괴 구성원의 심문에 대하여 서로 틀린 진술을 하게 되면 피고인들의 생명, 신체에 대하여 예측할 수 없는 위해가 가해질지도 모른다는 사정하에서 이루어진 강요된 행위임이 우리의 경험칙에 비추어 적합하다고 판시한 제1심 판결이유를 유지하였는데, 이러한 원심판단은 강요된 행위에 관한 형법의 법리를 오해한 것이라고는 말할 수 없다. 강요된 행위가 되려면 반드시 유형적인 협박을 받는 것을 요건으로 하는 것은 아니며, 논지가 말하는 것과 같이 설사 피고인들이 북괴의 기관원으로부터 신문을 받은 뒤에 서로 만나서 각자 대답한 내용 사실을 알아 본 일이 있었고, 피고인들을 인솔한 사람이 무장을 하지 않고, 위협적인 언사를 쓰지 아니하였다 하더라도 그러한 사실만으로는 피고인들의 행위가 강요에 의한 것이 아니었다고 할 수 없을 것이고, 특히 당시의 피고인들과 같이 대한민국으로의 귀환이 가능한지의 여부가 확실하지 아니하였던 상태 하에 있어서는(논지와 같이 피고인들은 귀환이 예정되고 있었다고 인정할 수 있는 자료는 없다), 피고인들이 북괴의 정보 제공의 요구를 받고, 이를 거부할 수 있었다던가, 물품의 제공을 받고 이의 수령을 거부할 수 있었다고는 보기 어렵다. 필경 피고인들의 위의 행위는 피고인들의 생명, 신체에 대한 위해를 방어할 방법이 없는 협박에 의하여 강요된 행위라고 보는 것이 상당하고, 이러한 취지로 판시한 원심판결에는 강요 행위의 법리를 확장하였거나, 법률적용을 잘 못한 위법이 있다고 할 수 없으므로, 논지는 이유없다.

〈방어할 방법이 없는 협박에 해당하지 않는 경우〉

대법원 2010. 12. 9. 선고 2010도10451 판결 [공직선거법위반]

원심판결 이유를 기록에 비추어 살펴보면, 원심이 **원심공동피고인 1이 피고인 1 등 7인에게 여론조사비용을 요구한 행위**가 형법 제12조에서 정한 '저항할 수 없는 폭력이나 자기 또는 친족의 생명·신체에 대한 위해를 방어할 방법이 없는 협박'에 해당한다고 할 수 없고, 위 피고인들이 그 요구를 거절하지 못하고 금전을 제공한 행위를 적법행위에 대한 기대가능성이 없는 행위라고 할 수도 없다고 판단한 것은 정당하고, 거기에 상고이유에서 주장하는 바와 같은 법리오해 등의 위법이 있다고 할 수 없다.

한편 공갈죄의 수단으로서 협박은 사람의 의사결정의 자유를 제한하거나 의사실행의 자유를 방해할 정도로 겁을 먹게 할 만한 해악을 고지하는 것을 말하는 것인바(대법원 2005. 7. 15. 선고 2004도7565 판결 등 참조), 피고인 1 등 7인과 원심공동피고인 1,2의 각 사회적 지위 및 경력, 원심공동피고인 1이 위 피고인들에게 여론조사비용을 요구한 경위 등에 비추어 볼 때,

원심공동피고인 1의 요구를 공갈죄의 협박에 해당한다고 보기는 어렵다고 할 것이므로, 이를 탓하는 상고이유의 주장도 받아들일 수 없다.

> **[사실관계]** 2010. 6. 2. 실시되는 지방선거에 입후보할 의사가 있는 피고인 조○○ 등 7인이 각 해당 선거구민들을 상대로 그들과 야당후보들에 대한 지지도를 묻는 여론조사 및 그 보도를 계획하고 그 비용 명목으로 돈을 요구하는 ○○○○신문사 편집국장 직무대행 김○○에게 위 비용 명목의 돈을 교부함. 설령 위 피고인들이 김○○의 요구를 거절할 경우 향후 선거보도 등에서 불이익을 받을 것을 염려하여 이를 회피할 목적으로 위 요구에 응한 측면이 없지 않다고 하더라도, 그것이 자유의사가 억압된 상태에서 이루어진 것은 아님

Ⅱ. 강요된 행위

〈강요된 행위가 인정된 경우〉

대법원 1954. 12. 14. 선고 4287형상49 판결 [국가보안법위반피고]

일건기록에 의하면 피고인에 대한 원판시 범죄사실은 북괴치하에 있어서의 부득기한 행위이었음을 규지할 수 있고 특히 피고인이 1.4후퇴 당시 북한을 탈출월남한 사실에 의하면 피고인의 전시행위는 형법 제12조의 자기의 생명신체에 대한 위해를 방어할 방법이 없는 협박에 의하여 강요된 행위로서 처벌을 면할 행위로 인정함이 실험칙에 적합한 조치라 할 것임에 불구하고 원심이 전시행위를 소위 강요된 행위로 인정치 아니하고 이에 대하여 국가보안법을 적용처단 하였음은 채증법칙에 위배한 위법이 있다 하겠음으로 원판결은 파기를 면할 수 없다.

〈강요된 행위에 해당하지 않는 경우 : 자발적·적극적 범행가담〉

대법원 1990. 3. 27. 선고 89도1670 판결 [국가보안법위반, 항공법위반, 항공기운항안전법위반]

1. 강요된 행위라는 주장에 대하여

원심판결 이유에 의하면 원심은, 피고인이 경찰 이래 원심에 이르기까지 북한에서 대남공작원으로 선발되어 이 사건 항공기의 폭파지령을 받고 그 범행을 실행할 당시까지 그와 같은 선발을 위한 소환이나 명령을 거절 회피한다는 것은 도저히 있을 수 없는 일로 생각하여 왔

다고 진술하고 있고, 피고인의 위와 같은 생각은 피고인이 북한이라는 폐쇄된 사회에서 출생하고 다시 격리된 공간 등에서 약 7년 8개월 동안 김일성에 대한 무조건적인 충성심을 고취하는 사상교육을 받은 결과임을 인정할 수 있기는 하나, 피고인은 제1심 판시와 같이 이 사건 범행을 피고인에게 주어진 당의 크나큰 신임과 배려로, 최고의 영광으로, "남조선해방과 조국통일"을 위한 것으로 생각하고 한 점의 회의도 없이 신념에 가득차 이를 수행하려고 노력한 사실을 인정할 수 있어 피고인이 저항할 수 없는 폭력 또는 생명, 신체에 대한 협박에 의하여 강요되어 이 사건 범행에 이른 것으로 볼 수는 없고, 또한 그와 같은 잘못된 확신이 그의 자유의지에 반하는 성장교육과정에서 형성되었다 하더라도 그에 기초한 이 사건 범행을 강요된 행위라거나 기대가능성이 없는 행위이어서 벌할 수 없는 행위로 볼 수는 없다고 판단하였다.

기록에 비추어 볼 때 원심의 위 사실인정은 옳고 위 원심인정사실과 원심이 유지한 제1심판결이 적법하게 인정한 사실 가운데 **피고인이 대남공작원으로 선발됨에 있어서도 남조선해방을 위하여 투쟁하게 된 것을 영광스럽게 생각하였다는 사실** 등에 미루어 보면 원심이 <u>피고인의 이 사건 범행을 강요된 행위로 볼 수 없다고 한 판단은 이를 수긍할 수 있으며 또한 형법 제12조에서 말하는 강요된 행위는 저항할 수 없는 폭력이나 생명 신체에 위해를 가하겠다는 협박 등 다른 사람의 강요행위에 의하여 이루어진 행위를 의미하는 것이지 어떤 사람의 성장교육과정을 통하여 형성된 내재적인 관념 내지 확신으로 인하여 행위자 스스로의 의사결정이 사실상 강제되는 결과를 낳게 하는 경우까지 의미한다고 볼 수는 없는 것</u> 이므로 원심의 판단에 형법 제12조에 정한 강요된 행위나 기대가능성에 관한 법리오해의 위법이 있다 할 수 없다.

대법원 2003. 2. 11. 선고 2002도6606 판결 [특수강도·폭력행위등처벌에관한법률위반·무고·간통]

원심은 이 사건 공소사실 중 특수강도 및 합동감금 부분이 강요된 행위에 해당한다는 피고인의 주장에 대하여, <u>피고인이 이 사건 범행 당시 37세의 나이로 2001. 1. 필리핀으로 건너가 소각로사업을 시작하였는데, 필리핀에서 지인의 소개로 알게 된 공소외인으로부터 피해자를 상대로 범행을 하자는 제안을 받고 이를 승낙한 다음, 미리 약속한 호텔방에서 혼자 대기하고 있다가 공소외인이 피해자를 그 호텔방으로 유인하여 오자, 수갑을 피해자의 손목에 채우고 스카프 천으로 발목을 묶은 뒤 포장용 테이프로 입을 막아 피해자의 반항을 억압하고, 피해자에게 돈을 입금하도록 요구하면서 피고인이 동거녀 어머니의 국내 계좌번호를 알려 주었을 뿐만 아니라, 피해자를 감금한 16시간 동안 공소외인과 함께 범행현장에 같이</u>

있으면서 피해자가 도망가지 못하도록 감시하는 등 이 사건 범행에 적극적으로 가담한 사실이 인정된다는 이유로 위 범행을 강요된 행위로 볼 수 없다고 판단하고 그 거시 증거들에 의하여 피고인을 유죄로 처단하였는바, 피해자의 제1심 증언을 비롯하여 원심이 인용한 제1심판결 명시의 증거들(사법경찰리 작성의공소외인에 대한 피의자신문조서 제외)을 기록과 대조하여 살펴보면, 원심의 위와 같은 사실인정과 판단은 정당하고, 거기에 피고인과 국선변호인의 각 상고이유의 주장과 같은 채증법칙 위배나 법리오해 또는 심리미진 등의 위법이 없다.

[피고인의 항소이유] 피고인은 김◆휘가 협조하지 않으면 임신 9개월인 피고인의 동거녀인 신◆숙과 태아의 목숨에 위해를 가할 듯이 협박을 하는 등 강요하여 겁에 질려 어쩔 수 없이 김◆휘가 시키는 대로 한 것이므로 이는 형법 제12조의 강요된 행위에 해당한다고 할 것임에도 원심은 강요된 행위에 관한 채증법칙을 위반하여 이를 인정하지 않음으로써 판결에 영향을 미친 위법을 범하였다.

〈강요된 행위에 해당하지 않는 경우 : 상관의 위법한 명령에 따른 행위〉

대법원 2015. 10. 29. 선고 2015도9010 판결 [모해증거위조·모해위조증거사용·허위공문서작성·허위작성공문서행사·사문서위조·위조사문서행사]

허위공문서작성죄에 있어서 직무에 관한 문서라 함은 공무원이 직무권한 내에서 작성하는 문서를 말하고, 그 문서는 대외적인 것이거나 내부적인 것을 구별하지 아니하며, 그 직무권한이 반드시 법률상 근거가 있음을 필요로 하는 것이 아니고 명령, 내규 또는 관례에 의한 직무집행의 권한으로 작성하는 경우라도 포함되는 것이다(대법원 1995. 4. 14. 선고 94도3401 판결 참조). 그리고 구체적인 행위가 공무원의 직무에 속하는지 여부는 그것이 공무의 일환으로 행하여졌는가 하는 형식적인 측면과 함께 그 공무원이 수행하여야 할 직무와의 관계에서 합리적으로 필요하다고 인정되는 것이라고 할 수 있는가 하는 실질적인 측면을 아울러 고려하여 결정하여야 할 것이다(대법원 2009. 9. 24. 선고 2007도4785 판결 참조).

원심은, **국가정보원**(이하 '국정원'이라고 한다)**에서 주선양총영사관에 파견된 영사인 피고인 3은 공식적으로는 외교부 소속 사건사고 담당 영사로서, 비공식적으로는 국정원 소속 해외정보관으로 근무하면서, 국정원의 지시에 따라 국정원에서 파견된 영사가 수행하는 직무권한 범위 내에서 공무의 일환으로써 '주선양총영사관 피고인 3 명의'로 '2013. 9. 27.자 확인서 및 사실확인서'**(제1심판결 판시 제1항)**와 '2013. 12. 17.자 확인서'**(제1심판결 판시 제5항)를 작성** 하였으므로, 위 각 확인서 등은 허위공문서작성죄의 객체가 되는 공문서에 해당한다고 판단하였다. …

2) 허위공문서작성죄에서 허위라 함은 표시된 내용과 진실이 부합하지 아니하여 그 문서에 대한 공공의 신용을 위태롭게 하는 경우를 말하는 것이고, 허위공문서작성죄는 허위공문서를 작성함에 있어 그 내용이 허위라는 사실을 인식하면 성립한다 할 것이다(대법원 2013. 10. 24. 선고 2013도5752 판결 참조).

원심은 (1) 2013. 9. 27.자 확인서 및 사실확인서는, 단지 그 첨부서류인 공소외 1의 출입경기록을 통해 획득한 인식 결과를 기재한 것에 불과한 것이 아니고, 피고인 3이 직접 위 출입경기록의 내용이 사실인지 여부 등을 전혀 확인한 바가 없음에도 위 피고인이 직접 확인하였다는 취지로 기재되어 있어 그 표시 내용이 진실과 부합하지 아니하므로 허위이며, (2) 2013. 12. 17.자 확인서는, 피고인 3 자신이 직접 중국 삼합변방검사참에 관련사항을 문의하거나 확인하지 않았고 일종의 답변서인 '일사적답복' 등을 교부받지 않았음에도 위 피고인이 직접 문의하고 확인하여 위 확인서의 첨부서류인 삼합변방검사참 명의의 '일사적답복'과 일종의 범죄신고서인 공소외 2, 공소외 3 명의의 '거보재료'를 교부받았다는 취지로 기재되어 있어 그 표시 내용이 진실과 부합하지 아니하므로 허위이고, (3) 국정원 직원들로서 위 확인서 등의 작성을 지시하거나 이를 작성한 피고인 3, 피고인 2, 피고인 4는 2013. 9. 27.자 확인서 및 사실확인서의 내용이, 피고인 3, 피고인 1, 피고인 2는 2013. 12. 17.자 확인서의 내용이 허위라는 사실을 충분히 인식하고 있었다고 판단하였다. …

공무원이 그 직무를 수행함에 있어 상관은 하관에 대하여 범죄행위 등 위법한 행위를 하도록 명령할 직권이 없는 것이며, 또한 하관은 소속 상관의 적법한 명령에 복종할 의무는 있으나 위와 같이 명백히 위법 내지 불법한 명령인 때에는 이는 벌써 직무상의 지시명령이라 할 수 없으므로 이에 따라야 할 의무는 없다(대법원 1999. 4. 23. 선고 99도636 판결, 대법원 2013. 11. 28. 선고 2011도5329 판결 참조).

원심은, 상명하복 관계가 비교적 엄격한 국정원의 조직특성을 고려하더라도, 이 사건과 같이 허위의 공문서를 작성하라는 지시는 위법한 명령에 해당할 뿐만 아니라, 위와 같은 위법한 명령을 피고인 3이 거부할 수 없는 특별한 상황에 있었다고 보기 어려우므로, 위 2013. 9. 27.자 및 2013. 12. 17.자 허위의 확인서 등 작성 범행이 강요된 행위 등으로서 적법행위에 대한 기대가능성이 없는 경우에 해당한다고 볼 수 없다고 판단하였다.

원심판결 이유를 위 법리와 원심 및 제1심이 적법하게 채택한 증거에 비추어 살펴보면, 위와 같은 원심의 판단은 정당하고, 거기에 상고이유 주장과 같이 논리와 경험의 법칙을 위반하여 자유심증주의의 한계를 벗어나거나 기대가능성에 관한 법리를 오해하는 등의 잘못이 없다.

대법원 1988. 2. 23. 선고 87도2358 판결 [특정범죄가중처벌등에관한법률위반]

공무원이 그 직무를 수행함에 있어 상관은 하관에 대하여 범죄행위 등 위법한 행위를 하도록 명령할 직권이 없는 것이며, 또한 하관은 소속상관의 적법한 명령에 복종할 의무는 있으나 그 명령이 참고인으로 소환된 사람에게 가혹행위를 가하라는 등과 같이 명백한 위법 내지 불법한 명령인 때에는 이는 벌써 직무상의 지시명령이라 할 수 없으므로 이에 따라야 할 의무는 없다 할 것이고(당원 1980.5.20 선고 80도306 판결 참조), 설령 치안본부 대공수사단 직원은 상관의 명령에 절대 복종하여야 한다는 것이 그 주장과 같이 불문률로 되어있다 할지라도, 국민의 기본권인 신체의 자유를 침해하는 고문행위 등이 금지되어 있는 우리의 국법질서에 비추어 볼 때 그와 같은 불문률이 있다는 점만으로는 이 사건 판시 범죄와 같이 중대하고도 명백한 위법명령에 따른 행위가 정당한 행위에 해당하거나 강요된 행위로서 적법행위에 대한 기대가능성이 없는 경우에 해당하게 되는 것이라고는 볼 수 없고 더우기 일건 기록에 비추어 볼때 위와 같은 위법한 명령이 피고인들이 저항할 수 없는 폭력이나 방어할 방법이 없는 협박에 상당한 것이라고 인정되지 않을 뿐 아니라 같은 피고인들이 그 당시 그와 같은 위법한 명령을 거부할 수 없는 특별한 상황에 있었기 때문에 적법행위를 기대할 수 없었다고 볼만한 아무런 자료도 찾아볼 수 없으므로 같은 취지로 위 피고인들의 주장을 배척한 원심의 조처는 정당하고, 논지는 이유없다(위 당원 80도306 판결 참조).

대법원 2013. 11. 28. 선고 2011도5329 판결 [증거인멸·공용물건손상·직권남용권리행사방해·업무방해·방실수색·공용서류은닉·공용물건은닉]

공무원이 그 직무를 수행함에 있어 상관은 하관에 대하여 범죄행위 등 위법한 행위를 하도록 명령할 직권이 없는 것이며, 또한 하관은 소속 상관의 적법한 명령에 복종할 의무는 있으나 위와 같이 명백히 위법 내지 불법한 명령인 때에는 이는 벌써 직무상의 지시명령이라 할 수 없으므로 이에 따라야 할 의무는 없다(대법원 1999. 4. 23. 선고 99도636 판결 등 참조).

기록에 의하면, 상피고인 1이 '공소외 1에 대한 불법 내사'와 관련된 증거자료를 인멸하라고 지시한 것은 직무상의 지시명령이라고 할 수 없으므로 피고인 2가 이에 따라야 할 의무가 없음에도 증거인멸 및 공용물손상 행위에 적극적으로 가담한 사실을 알 수 있고, 여기에 피고인 2의 지위 및 경력 등에 비추어 보면, 이 사건 범행이 강요된 행위로서 적법행위에 대한 기대가능성이 없다고 볼 수는 없다.

Ⅲ. 자초한 강요상태

〈'자초한 강요상태가 아니라고 볼 수 있음에도 강요된 행위를 부정한 사례 (월선조업자체가 간첩방조를 자초하였다고 보기 어려운 사안)〉

대법원 1971. 2. 23. 선고 70도2629 판결 [간첩방조등]

어로저지선을 넘어 어로의 작업을 하면 북괴구성원에게 납치될 염려가 있으며, 만일 납치된다면 대한민국의 각종 정보를 북괴에게 제공하게 된다함은 일반적으로 예견된다고 하리니 (당원 69.12.9. 선고 69도1771 판결 참조), 원심이 <u>피고인이 그 전에 선원으로 월선조업을 하다가 납북되었다가 돌아온 경험이 있는 자로서, 월선하자고 상의하여 월선조업을 하다가 납치되어 설시 사실을 북괴에게 그들의 물음에 답하여 제공한 사실을 강요된 행위로 아니본 조치는 정당하고</u>, 원심의 양형은 옳게 시인되니 거기에 소론 위법을 범하였다고 할 수 없다.

> **대구고등법원 1972. 10. 19. 선고 72노758 판결 [반공법등]**
> 피고인이 타고 간 배에 있는데 배에 올라온 북괴공작원들이 시키는대로 겁에 질려 위와 같은 범행을 한 사실이 인정되는 바, 그렇다면 <u>가사 이북으로 탈출한 것이 피고인의 자의에 의한 것이라 하더라도 위 인정과 같이 북괴지배하에 있는 지역에서 그 구성원의 지시에 따라 기계적으로 행동한 것은 우리의 경험칙에 비추어 생명 신체에 대하여 예측할 수 없는 어떤 위해가 가해질지도 모르는 사정하에서 이루어진 행위로써 형법 12조에 규정된 강요된 행위에 해당한다.</u>
> **[범죄사실]** 피고인은 1929.경 단신으로 일본으로 건너가 3년간 노동생활을 하다가 귀국하여 1934.경 처와 자녀 3명을 데리고 재차 도일하여 피고인은 공장인부로 일하고 그 처는 야채행상을 하여 생계를 유지하다가 8.15 해방 후에는 빠찡고업에서 실패하여 1961.경부터 현 거주지에서 성일상회라는 옥호로 의복소매업에 종사하면서 1961.경부터 재일거류민단에 소속되어 있던 자로 1964.10.경부터 수차에 걸쳐 공소외 1,3들에게 일화 합계 금 330만엔을 빌려 주었으나 받지 못하고 있던중 1965.5.경 피고인이 처로부터 위 공소외 사람들이 조총련계에 속하는 북괴공작원이라는 정을 알고도 그 사람들로부터 위 빌려준 돈을 받을 목적으로 1967.1.경 그 사람들과 함께 지류를 배에 싣고 북한으로 건너가 그 곳에서 철물을 받아 오기로 공모하고
> 1. 1967.9.경 피고인의 신분이 알려지지 아니한 일본국 모지시에서 일화 5만엔으로 모지해운국 발행의 피고인에 대한 내항 선원증 1권 발부받아 내항선 화부로 가장하여 공소외 3과 함께 1967.11.8. 11:00경 일본군 고오베시 고오베항 5부두에서 재일조총련계 회사인 동해상

사 소속 100톤급 선박 반슈마르호에 화부로 승선하여 그시경 위 항구를 출발한 후 4일후인 같은 달 10. 18:00경 북괴 흥남항에 입항함으로써 반국가단체의 지배하에 있는 지역으로 탈출하고

2. 같은 달 14. 11:00경 위 흥남항에서 위 배에 싣고 간 지류 및 한국산 잡화등 약 80톤 가량의 물품 싯가 불상을 북괴노동당 지도원들에게 제공하여서 반국가단체인 북괴를 이롭게 하고

3. 같은 달 23. 11:00경 위 흥남항에서 공소외 3과 같이 북괴노동당 지도원인 성명불상 남자 2명으로부터 북괴가 제공하는 철물 및 잉코트등 80여톤 싯가 불상을 교부받아 이를 위 배에 싣고 출발하여 같은 달 26. 18:00경 일본국 고오베항에 돌아오므로써 반국가단체인 북괴의 구성원으로부터 그 정을 알면서 물품을 수수하였다.

제2 초법규적 책임조각사유로서의 '기대가능성'

I. 기대가능성의 판단기준

〈행위 당시의 구체적 상황을 전제로 한 사회적 평균인의 관점〉

대법원 2008. 10. 23. 선고 2005도10101 판결 [위증]

피고인에게 적법행위를 기대할 가능성이 있는지 여부를 판단하기 위하여는 행위 당시의 구체적인 상황하에 행위자 대신에 사회적 평균인을 두고 이 평균인의 관점에서 그 기대가능성 유무를 판단하여야 하는 점, 자기에게 형사상 불리한 진술을 강요당하지 아니할 권리가 결코 적극적으로 허위의 진술을 할 권리를 보장하는 취지는 아닌 점, 이미 유죄의 확정판결을 받은 경우에는 일사부재리의 원칙에 의해 다시 처벌되지 아니하므로 증언을 거부할 수 없는 바, 이는 사실대로의 진술 즉 자신의 범행을 시인하는 진술을 기대할 수 있기 때문인 점 등에 비추어 보면, 피고인은 강도상해죄로 이미 유죄의 확정판결을 받았으므로 그 범행에 대한 증언을 거부할 수 없을 뿐만 아니라 나아가 사실대로 증언하여야 하고, 설사 피고인이 자신에 대한 형사사건에서 시종일관 그 범행을 부인하였다 하더라도 이러한 사정은 이 사건 위증죄에 관한 양형참작사유로 볼 수 있음은 별론으로 하고 이를 이유로 피고인에게 사실대로의 진술을 기대할 가능성이 없다고 볼 수는 없다.

Ⅱ. 구체적 사례

1. 초법규적 책임조각을 긍정한 사례

〈일반예방 및 특별예방적 처벌 필요성이 부정되는 경우〉

대법원 1966. 3. 22. 선고 65도1164 판결 [업무방해]

원심이 유지한 제1심 판결에 의하면, 법원은 다음과 같은 사실을 인정하였다. 즉 피고인이 본건 "1965년도 서울시내 사립 및 공립고등학교 전기 입학 고사 연합출제 채점 기준표"를 절취하였거나 그 절취에 공모 가담한바 없을 뿐 아니라, 피고인이 위의 채점 기준표를 매수하여 입수한바 없고 다만, 피고인의 누이인 원심 공동피고인으로부터 받아 그 답을 암기한 후 그암기에 따라 고등학교 입학시험 답안을 작성하여 제출하였다는 것이다.

입학시험에 응시한 수험생으로서, 자기 자신이 부정한 방법으로 탐지한 것이 아니고 우연한 기회에 미리 출제될 시험문제를 알게 되어 그에 대한 답을 암기하였을 경우, 그 암기한 답에 해당된 문제가 출제되었다 하여도 위와 같은 경위로서 암기한 답을 그 입학시험 답안지에 기재하여서는 아니된다는 것을 그 일반 수험자에게 기대한다는 것은 보통의 경우 도저히 불가능하다 할 것인바, 본건에 있어서 위에서 말한 바와 같이 피고인은 자기 누이로부터 어떠한 경위로 입수되었는지 모르는 채점기준표를 받았고 그에 기재 된 답을 암기하였으며 그 암기한 답에 해당된 문제가 출제되었으므로 미리 암기한 기억에 따라 답안을 작성제출하였다는 것이므로 위와 같은 경우에 피고인으로 하여금 미리 암기한 답에 해당된 문제가 출제되었다 하여도 그 답안지에 미리 암기한 답을 기입하여서는 않된다고 기대하는 것은 수험생들의 일반적 심리상태로 보아 도저히 불가능하다 할 것이다.

〈사용자가 체불임금을 지급할 수 없는 불가피한 사정이 있는 경우〉

대법원 2001. 2. 23. 선고 2001도204 판결 [근로기준법위반]

사용자가 기업이 불황이라는 사유만을 이유로 하여 임금이나 퇴직금을 지급하지 않거나 체불하는 것은 근로기준법이 허용하지 않는 바이나, 사용자가 모든 성의와 노력을 다했어도 임금의 체불이나 미불을 방지할 수 없었다는 것이 사회통념상 긍정할 정도가 되어 사용자에게 더 이상의 적법행위를 기대할 수 없다거나, 사용자가 퇴직금 지급을 위하여 최선의 노력을 다하였으나 경영부진으로 인한 자금사정 등으로 도저히 지급기일 내에 퇴직금을 지급할 수 없었다는 등의 불가피한 사정이 인정되는 경우에는 그러한 사유는 근로기준법 제36조, 제42조 각 위반범죄의 책임조각사유로 된다고 할 것이다(대법원 1985. 10. 8. 선고 85도1262 판결, 1993. 7. 13. 선고 92도2089 판결, 1995. 11. 10. 선고 94도1477 판결 등 참조).

기록에 의하면 피고인은, 항소이유서에서, **피고인이 공소외 주식회사의 대표이사로 취임하기 전부터 이미 위 회사의 재정상태가 극도로 악화되어 있었지만, 체불임금의 해소를 위하여 노력하여 왔으며, 그 해결을 위하여 회사 소유 차량과 부동산 등을 처분 중이라는 등 위와 같은 불가피한 사정**을 내세우고 있을 뿐만 아니라, 이 점과 관련되는 것으로 보이는 자료도 제출하고 있으므로, 원심으로서는 위와 같은 점을 좀더 심리하여 피고인의 죄책 유무를 판단하여야 할 것임에도 불구하고, 피고인의 항소이유를 양형부당에만 있다고 보고 위와 같은 불가피한 사정에 관하여는 심리·판단하지 아니한 원심의 조치에는, 위 점에 관하여 심리를 다하지 아니하였거나 판단을 유탈함으로써 판결에 영향을 미친 위법이 있다.

2. 초법규적 책임조각을 부정한 사례

〈상관의 위법한 명령에 따른 행위 : 기대불가능성 부정〉

대법원 1999. 4. 23. 선고 99도636 판결 [국가안전기획부법위반·공직선거및선거부정방지법위반·통신비밀보호법위반·출판물에의한명예훼손·명예훼손]

다. 피고인 피고인 6의 정당행위로서 위법성이 조각된다는 주장에 대하여

어떠한 행위가 위법성조각사유로서 정당행위가 되는지 여부는 구체적인 경우에 따라 합목적적, 합리적으로 가려져야 할 것인바, 정당행위를 인정하려면, 첫째 그 행위의 동기나 목적의 정당성, 둘째 행위의 수단이나 방법의 상당성, 셋째 보호법익과 침해법익의 권형성, 넷째 긴급성, 다섯째 그 행위 이외의 다른 수단이나 방법이 없다는 보충성의 요건을 모두 갖추어야 한다(대법원 1999. 1. 26. 선고 98도3029 판결, 1992. 9. 25. 선고 92도1520 판결 등 참조).

원심이 확정한 사실에 의하면, **피고인은 국가안전기획부장의 비서실장으로서 국가기관인 국**

가안전기획부(이하 '안기부'라 한다)의 자금으로 허위의 사실로 특정 후보를 비방하는 내용의 책자를 발간·배포하거나 기사를 게재하도록 하였다는 것이어서, 그러한 책자의 발간·배포나 기사의 게재가 상관의 지시에 따른 것인지 여부를 불문하고 위와 같은 정당행위의 요건을 갖추었다고는 볼 수 없으므로, 피고인의 행위가 정당행위로서 위법성이 조각되는 것은 아니라고 판단한 원심판결은 정당하고, 거기에 위법성조각사유에 관한 법리오해의 위법이 있다고 할 수 없다. 이 점에 관한 상고이유의 주장도 이유 없다.

라. 피고인 피고인 6의 기대가능성이 없다는 주장에 대하여

공무원이 그 직무를 수행함에 즈음하여 상관은 하관에 대하여 범죄행위 등 위법한 행위를 하도록 명령할 직권이 없는 것이며, 또한 하관은 소속상관의 적법한 명령에 복종할 의무는 있으나 그 명령이 이 사건에서와 같이 대통령 선거를 앞두고 특정후보에 대하여 반대하는 여론을 조성할 목적으로 확인되지도 않은 허위의 사실을 담은 책자를 발간·배포하거나 기사를 게재하도록 하라는 것과 같이 명백히 위법 내지 불법한 명령인 때에는 이는 벌써 직무상의 지시명령이라 할 수 없으므로 이에 따라야 할 의무가 없고(대법원 1988. 2. 23. 선고 87도2358 판결 등 참조), 설령 안기부가 그 주장과 같이 엄격한 상명하복의 관계에 있는 조직이라고 하더라도 안기부 직원의 정치관여가 법률로 엄격히 금지되어 있고, 피고인도 상피고인 피고인 1의 의도를 잘 알고 있었으며, 여기에 피고인의 경력이나 지위 등에 비추어 보면, 이 사건 범행이 강요된 행위로서 적법행위에 대한 기대가능성이 없다고 볼 수는 없으므로, 같은 취지로 피고인의 주장을 배척한 원심판결은 정당하고, 거기에 기대가능성에 관한 법리오해의 위법이 있다고 할 수 없다.

〈직장상사의 범법행위에 직무상 지휘복종관계에 있는 부하가 가담한 경우 : 기대불가능성 부정〉

대법원 1999. 7. 23. 선고 99도1911 판결 [생 략]

업무상배임죄에 있어서 타인의 사무를 처리하는 자란 고유의 권한으로서 그 처리를 하는 자에 한하지 않고 그 자의 보조기관으로서 직접 또는 간접으로 그 처리에 관한 사무를 담당하는 자도 포함하는 것이고(대법원 1982. 7. 27. 선고 81도203 판결 참조), 직장의 상사가 범법행위를 하는데 가담한 부하에게 직무상 지휘·복종관계에 있다 하여 범법행위에 가담하지 않을 기대가능성이 없다고 할 수 없다(대법원 1986. 5. 27. 선고 86도614 판결 참조).

원심이 인용한 제1심 채택 증거들에 의하면, 피고인 3은 한부신의 개발신탁3부장으로 근무하면서 공소외 1 주식회사, 공소외 1 주식회사건설과의 탄현·기흥 아파트 신탁사업에 관한 실무책임을 담당하였고, 중요한 의사결정은 한부신의 이사회에서 결정하게 되지만 실무부장들로 구성되는 신탁사업심의위원회의 일원으로 사전심의에 참가하며 또 의안이 상정되는 이사회에도 참석하여 의안을 보고하고 의견을 진술하는 등의 역할을 하여 왔으며 일정 범위 내에서의 의사결정 권한(전결권)을 가지고 있으면서 국민기술금융에 대한 지급보증, 기흥 아파트와 관련한 공사도급계약 체결 및 선급금 지급, 탄현 아파트 관련 긴급 자재대금 명목의 자금 지원에 관련한 업무를 직접 담당한 사실이 인정되고, 이와 같은 사정에 비추어 보면 위 **피고인이 대표이사인 피고인 3나 상무이사인 제1심 공동피고인 백웅현으로부터 지시를 받거나 승인을 얻어 그와 같은 행위를 하였다고** 하더라도 의당 **공범으로서의 죄책을 부담한다고 할 것이며, 상사인 피고인 3, 백웅현 등의 지시에 의하여 기계적으로 사무를 집행하였다거나 상사의 지시를 거절할 기대가능성이 없다고 볼 수는 없는 것이므로,** 피고인 3을 업무상배임죄의 공범으로 인정한 원심판결은 정당하고 거기에 논지가 주장하는 바와 같은 기대가능성에 대한 법리오해나 심리미진 또는 사실오인 등의 위법은 없다.

〈증언거부권을 포기하고 허위진술을 한 경우 : 기대불가능성 부정〉

대법원 1987. 7. 7. 선고 86도1724 전원합의체 판결 [모해위증]

원심(원심이 유지한 제1심판결 포함, 이하 같다)은 피고인이 차은영에게 공소사실기재 건물에 대한 소유권이전등기 소요서류를 구비하여 주면 이를 김동환 사장에게 보이고 자금을 지원받아 가등기 등으로 담보된 채무와 매매잔대금을 정리해주겠다고 거짓말을 하여 위 등기서류를 교부받은 다음 피고인의 처 이름으로 소유권이전등기를 마침으로써 사기, 공정증서원본불실기재, 동행사죄를 범하였다는 이유로 수원지방법원에 구속기소되어 위 사건이 계류중이었는바 1983.6.29 서울지방법원 북부지원에서 위 차은영에 대한 배임사건의 증인으로 소환을 받아 선서한 다음 증언함에 있어 위에서 본 바와 같이 차은영을 속인뒤 소유권이전등기서류를 교부받아 그의 처 이름으로 등기이전을 하였음에도 불구하고 **"당시 차은영이 위 건물에 다른 채권자들이 압류하게 될지 모르고 또 인감시효도 만료되어가니 빨리 피고인 앞으로 명의를 이전해가라고 독촉을 하여 위 건물의 소유권을 피고인의 처 등 앞으로 이전한 것이다"**라고 기억에 반하는 허위진술을 하여 위증한 사실이 인정된다고 한 다음 형사소송법

제148조에 의하면 누구든지 자기의 유죄판결을 받을 사실이 발로될 염려있는 증언을 거부할 수 있다고 규정하고 있으나 한편 동제150조에 의하면 그 증언거부사유를 소명하여야 한다고 규정하고 있으므로 증인으로 소환된 피고인으로서는 자기가 유죄판결을 받을 범죄사실을 암시함으로써 증언을 거부하든가 또는 위 암시를 하지 아니하고 선서한 후 피고인의 범죄사실(피고인이 고소인 차 은영을 기망하여 소유권이전등기에 소요되는 서류를 교부받아 피고인의 처앞으로 그 소유권을 이전한 사실)을 진술하든가 또는 허위진술을 함으로써 위증죄의 처벌을 각오하든가의 삼자택일을 하지 아니하면 아니되는데 증언거부권을 인정한 입법취지나 형사소추된 피고인에게 묵비권을 인정한 인권의 기본원칙에 비추어 볼때 피고인이 증언을 거부하거나 혹은 진실한 증언을 한다는 것은 기대할 수 없다고 할 것이고 따라서 마지막 남은 방법인 허위진술의 길을 택한 피고인의 이 사건 행위는 적법행위의 기대가능성이 없어서 범죄로 되지 아니한다고 판시하였다.

위증죄는 선서를 한 증인이 허위의 진술을 함으로써 성립하는 죄이며 국가의 재판권, 징계권을 적정하게 행사하기 위한 것이 그 주된 입법이유이다. 따라서 위증을 한 후라도 재판이나 징계처분이 확정되기 전에 자백 또는 자수한 때에는 그 형을 필요적으로 감경하거나 면제하도록 규정하고 있고(형법 제153조) 증인에게 사실대로의 진술을 기대하기 어려운 경우에 증언거부권을 인정하여 (형사소송법 제148조) 증언의 진실성을 담보하고 있는 것이다.

이 사건의 경우 원심은 피고인이 증인으로 선서한 이상 진실대로 진술한다고 하면 자신의 범죄를 시인하는 진술을 하는 것이 되고 증언을 거부하는 것은 자기의 범죄를 암시하는 것이 되어 피고인에게 사실대로의 진술을 기대할 수 없다는 이유로 위증죄의 성립을 부정하고 있으나 피고인과 같은 처지의 증인에게는 증언을 거부할 수 있는 권리를 인정하여 위증죄로부터의 탈출구를 마련하고 있는 만큼 적법행위의 기대가능성이 없다고 할 수 없고 선서한 증인이 증언거부권을 포기하고 허위의 진술을 한 이상 위증죄의 처벌을 면할 수 없다 할 것이다. 자기에게 형사상 불리한 진술을 강요당하지 아니할 권리(헌법 제11조 제2항)는 결코 적극적으로 허위의 진술을 할 권리를 보장한 취지는 아닌 것이다. 이러한 견해와 저촉되는 당원 1961.7.13 선고 4294형상194 판결은 폐기하기로 한다.

대법원 2010. 1. 21. 선고 2008도942 전원합의체 판결 [위증]

증언거부권 제도는 앞서 본 바와 같이 증인에게 증언의무의 이행을 거절할 수 있는 권리를 부여한 것이고, 형사소송법상 증언거부권의 고지 제도는 증인에게 그러한 권리의 존재를 확인시켜 침묵할 것인지 아니면 진술할 것인지에 관하여 심사숙고할 기회를 충분히 부여함으로써 침묵할 수 있는 권리를 보장하기 위한 것임을 감안할 때, 재판장이 신문 전에 증인에게 증언거부권을 고지하지 않은 경우에도 당해 사건에서 증언 당시 증인이 처한 구체적인 상황, 증언거부사유의 내용, 증인이 증언거부사유 또는 증언거부권의 존재를 이미 알고 있었는지 여부, 증언거부권을 고지받았더라도 허위진술을 하였을 것이라고 볼 만한 정황이 있는지 등을 전체적·종합적으로 고려하여 증인이 침묵하지 아니하고 진술한 것이 자신의 진정한 의사에 의한 것인지 여부를 기준으로 위증죄의 성립 여부를 판단하여야 한다. 그러므로 헌법 제12조 제2항에 정한 불이익 진술의 강요금지 원칙을 구체화한 자기부죄거부특권에 관한 것이거나 기타 증언거부사유가 있음에도 증인이 증언거부권을 고지받지 못함으로 인하여 그 증언거부권을 행사하는 데 사실상 장애가 초래되었다고 볼 수 있는 경우에는 위증죄의 성립을 부정하여야 할 것이다.

이와 달리, 피고인이 증인으로 선서한 이상 진실대로 진술한다고 하면 자신의 범죄를 시인하는 진술을 하는 것이 되고 증언을 거부하는 것은 자기의 범죄를 암시하는 것이 되는 처지에 있다 하더라도 증인에게는 증언을 거부할 수 있는 권리를 인정하여 위증죄로부터의 탈출구를 마련하고 있는 만큼 적법행위의 기대가능성이 없다고 할 수 없고 선서한 증인이 허위의 진술을 한 이상 증언거부권 고지 여부를 고려하지 아니한 채 위증죄가 바로 성립한다는 취지로 대법원 1987. 7. 7. 선고 86도1724 전원합의체 판결에서 판시한 대법원의 의견은 위 견해에 저촉되는 범위 내에서 이를 변경하기로 한다.

⟨시종일관 범행을 부인하다가 유죄판결이 확정된 자가 다시 공범에 대한 재판에서 허위의 진술을 한 경우 : 기대불가능성 부정⟩

대법원 2008. 10. 23. 선고 2005도10101 판결 [위증]

1. 이 사건 공소사실의 요지

피고인은 2004. 4. 7. 부산고등법원에서 강도상해죄로 징역 4년을 선고받고 2004. 4. 16. 그 판결이 확정된 사람으로서, 사실은 2002. 9. 27. 새벽 부산 동래구 온천 3동에 있는 황제룸주점 앞길에서 술에 취해 귀가하는 공소외 1과 어깨를 부딪치며 시비를 걸어 동인의 멱살을 잡고 주먹으로 얼굴을 때리는 등으로 공소외 1의 지갑을 강취하였음에도 불구하고, 2005. 1. 14. 16:00경 부산지방법원 제301호 법정에서, 위 강도상해 사건과 관련하여 피고인과 공범으로 기소된 공소외 2에 대한 강도상해 피고사건에 증인으로 출석한 후 선서하고 증언함에 있어 "피해자 공소외 1과 어깨를 부딪친 후 멱살을 잡고 시비한 사실이 있는가요"라는 검사의 질문에 "그런 사실은 없습니다"라고 대답함으로써 기억에 반하는 허위의 진술을 하여 위증하였다.

2. 원심의 판단

원심은 공범이 공동피고인으로 함께 재판을 받는 경우, 그 공동피고인에게는 증언을 거부할 수 있는 권리가 인정되어 위증죄로부터의 탈출구가 마련되어 있는 만큼 적법행위의 기대가능성이 없다고 할 수 없으므로, 증인 선서를 한 공동피고인이 증언거부권을 포기하고 허위의 진술을 한 이상 위증죄의 처벌을 면할 수 없지만(대법원 1987. 7. 7. 선고 86도1724 판결 참조), 이 사건의 경우 피고인은 공범이기는 하나 강도상해죄로 이미 유죄판결이 확정된 상태이어서 공동피고인의 경우와는 달리 증언거부권이 인정되지 않으므로(형사소송법 제148조에 규정하고 있는 '유죄판결을 받을 사실이 발로될 염려가 있는 경우' 등에 해당되지 않는다), 피고인으로서는 공범으로 별건 기소된 공소외 2의 피고사건에 증인으로 채택되어 소환된 이상 증언을 거부할 수는 없는바, 위증죄로부터의 탈출구가 마련되어 있지 않은 피고인에게 그동안의 일관된 진술을 뒤엎고 확정된 유죄판결에서 판시하고 있는 자신의 범죄사실(이 사건의 경우는 피고인이 공소외 2와 공모하였는가에 관한 것이 아니라 피고인이 공소외 1과 어깨를 부딪친 사실이 있는지 여부에 관한 것이다)을 시인하는 증언을 하는 것을 기대할 수 없고, 따라서 자신의 범행사실을 부인하는 증언을 한 피고인의 판시 행위는 적법행위의 기대가능성이 없어 이 사건 공소사실은 범죄가 되지 않는 경우에 해당한다고 본 제1심판결이 정당하다고 판단하였다.

3. 당원의 판단

피고인에게 적법행위를 기대할 가능성이 있는지 여부를 판단하기 위하여는 행위 당시의 구체적인 상황하에 행위자 대신에 사회적 평균인을 두고 이 평균인의 관점에서 그 기대가능성 유무를 판단하여야 하는 점, 자기에게 형사상 불리한 진술을 강요당하지 아니할 권리가 결코 적극적으로 허위의 진술을 할 권리를 보장하는 취지는 아닌 점, 이미 유죄의 확정판결을 받은 경우에는 일사부재리의 원칙에 의해 다시 처벌되지 아니하므로 증언을 거부할 수 없는바, 이는 사실대로의 진술 즉 자신의 범행을 시인하는 진술을 기대할 수 있기 때문인 점 등에 비추어 보면, 피고인은 강도상해죄로 이미 유죄의 확정판결을 받았으므로 그 범행에 대한 증언을 거부할 수 없을 뿐만 아니라 나아가 사실대로 증언하여야 하고, 설사 피고인이 자신에 대한 형사사건에서 시종일관 그 범행을 부인하였다 하더라도 이러한 사정은 이 사건 위증죄에 관한 양형참작사유로 볼 수 있음은 별론으로 하고 이를 이유로 피고인에게 사실대로의 진술을 기대할 가능성이 없다고 볼 수는 없다.

그런데도 원심은 이와 달리 판시와 같은 이유로 피고인에게 사실대로의 진술을 기대할 가능성이 없다고 판단하였으니, 원심판결에는 기대가능성 내지 증언거부권에 관한 법리를 오해하여 판결에 영향을 미친 위법이 있고, 이를 지적하는 검사의 상고이유는 이유 있다.

〈해난사고에서 선장 등이 구호조치를 전혀 취하지 않고 탈출한 경우 : 기대불가능성 부정〉

대법원 2015. 11. 12. 선고 2015도6809 전원합의체 판결 [생 략]

(4) 피고인들의 긴급피난 또는 기대가능성 관련 주장에 관하여

형법 제22조 제1항의 '긴급피난'이란 자기 또는 타인의 법익에 대한 현재의 위난을 피하기 위한 상당한 이유 있는 행위를 말하고, 여기서 '상당한 이유 있는 행위'에 해당하려면, 첫째 피난행위는 위난에 처한 법익을 보호하기 위한 유일한 수단이어야 하고, 둘째 피해자에게 가장 경미한 손해를 주는 방법을 택하여야 하며, 셋째 피난행위에 의하여 보전되는 이익은 이로 인하여 침해되는 이익보다 우월해야 하고, 넷째 피난행위는 그 자체가 사회윤리나 법질서 전체의 정신에 비추어 적합한 수단일 것을 요하는 등의 요건을 갖추어야 한다(대법원 2013. 6. 13. 선고 2010도13609 판결 참조). 한편 피고인에게 적법행위를 기대할 가능성이 있는지 여부를 판단하기 위해서는 행위 당시의 구체적인 상황하에 행위자 대신에 사회적 평균인을 두고 이 평균인의 관점에서 그 기대가능성 유무를 판단하여야 한다(대법원 2008. 10. 23. 선고 2005도10101 판결 등 참조).

원심은 그 판시와 같은 이유를 들어 피고인들이 승객 등에 대한 구호조치를 전혀 취하지 않고 ○○호를 탈출하여 승객 등으로 하여금 사상에 이르게 한 행위가 위 '상당한 이유 있는 행위'에 해당한다고 볼 수 없고, 당시 이 사건 사고로 인하여 당황한 상태에 있었다고 하더라도 위 구호조치 등 적법행위에 대한 기대가능성이 없었다고 보기 어렵다고 판단하였다.

원심판결 이유를 앞서 본 법리와 원심이 적법하게 채택한 증거들에 비추어 살펴보면, 원심의 위와 같은 판단은 정당하고, 거기에 상고이유 주장과 같이 긴급피난 또는 기대가능성에 관한 법리를 오해하는 등의 잘못이 없다.

대법원 2017. 12. 21. 선고 2015도8335 전원합의체 판결 「원심은, ① 피고인 2가 협박으로 객실사무장 공소외 3에게 그 의사와는 다른 내용의 경위서, 시말서를 작성하게 하고, 국토교통부에서 허위로 진술을 하거나 확인서를 작성하게 함으로써 의무 없는 일을 하게 하였고, ② 부하인 객실승무본부 소속 팀장 12명에게 자신의 형사사건에 관한 증거인 파일을 사무실 컴퓨터에서 삭제하고 자료가 저장된 컴퓨터를 다른 것으로 교체하도록 지시함으로써 증거인멸·은닉을 교사하였다고 판단하는 한편, 이러한 증거인멸·은닉의 교사에 기대가능성이 없다거나 이 부분 공소사실이 특정되지 아니하였다는 피고인 2의

항소이유 주장을 모두 배척하였다. 적법하게 채택된 증거들에 비추어 살펴보면 원심의 판단은 정당하고, 거기에 강요죄에서의 고의, 협박과 '의무 없는 일'의 해석, 증거인멸·은닉교사죄에서의 공소사실 특정 및 정범과 교사범의 성립에 관한 법리 등을 오해하거나, 논리와 경험의 법칙을 위반하여 자유심증주의의 한계를 벗어난 잘못이 없다.」

과 실

제1절 과실범

I. 구성요건

〈고의범 처벌의 원칙과 과실범의 예외적 처벌〉

대법원 1983. 12. 13. 선고 83도2467 판결 [전기통신법위반]

죄의 구성요건으로서의 책임조건인 과실은 정상인의 통상적인 주의를 태만함으로 인하여 죄의 성립요소인 사실을 인식하지 못하는 것을 말하고 이와 같은 과실범은 법률에 특별한 규정이 있는 경우에 한하여 처벌하며 형벌법규의 성질상 특별한 규정은 그 명문에 의하여 명백, 명료하여야 한다고 풀이함이 당연하다고 할 것이다.

그러므로 전기통신법 제110조 제 1항이 정하는 공중통신설비(제98조의 규정에 의하여 설치된 단말기기 등을 제외한다)를 손괴하거나 이에 대한 물품의 접촉 기타의 방법으로 공중통신설비의 기능에 장해를 주어 전기통신을 방해한 자는 10년 이하의 징역 또는 1,000만원 이하의 벌금에 처한다는 규정은 죄의 성립요소인 구성요건해당사실의 인식이 있는 고의범에 관한 규정일 뿐임이 명백할 뿐만 아니라 과실범도 처벌한다는 아무런 규정도 없고 위의 기타의 방법은 물품 접촉이나 기타의 방법을 표시한 것으로 이를 들어 과실로 인하여 통신설비를 손괴하는 행위유형이 포함되는 것이라고 풀이할 수도 없는 것이므로 이와 같은 취지의 소론 논지는 독자적 견해로서 채용할 것이 되지 못한다.

따라서 원심이 이와 같은 취지에서 공소범죄사실은 전기통신법 제110조 제1항의 구성요건에 해당하지 아니하거나(과실범의 경우) 범죄의 증명이 없다(고의범의 경우)고 하여 무죄를 선고한 조치는 정당하여 상고논지는 그 이유가 없으므로 관여법관 전원의 일치한 의견으로 상고를 기각하기로 하여 주문과 같이 판결하는 것이다.

대법원 2010. 2. 11. 선고 2009도9807 판결 [업무상과실치사·공중위생관리법위반]

구 공중위생관리법 제20조 제2항은 "다음 각호의 1에 해당하는 자는 6월 이하의 징역 또는 500만 원 이하의 벌금에 처한다."라고 규정하면서 제3호에 " 제4조 제7항의 규정에 위반하여 건전한 영업질서를 위하여 공중위생영업자가 준수하여야 할 사항을 준수하지 아니한 자"를 규정하고 있고, 같은 법 제4조 제7항의 위임을 받아 공중위생관리법 시행규칙 [별표 4] 2. 라. (1)항은 "다음에 해당되는 자를 출입시켜서는 아니 된다."라고 규정하면서 (다)항에 "음주 등으로 목욕장의 정상적인 이용이 곤란하다고 인정되는 자"를 규정하고 있는바, 행정상의 단속을 주안으로 하는 법규라 하더라도 명문규정이 있거나 해석상 과실범도 벌할 뜻이 명확한 경우를 제외하고는 형법의 원칙에 따라 고의가 있어야 벌할 수 있다(대법원 1986. 7. 22. 선고 85도108 판결 참조).

위에서 본 바와 같이 피고인 1이 피해자를 처음 이 사건 찜질방에 들여보낼 당시 피해자가 술에 만취하여 목욕장의 정상적인 이용이 곤란한 상태였다고 단정하기 어려울 뿐만 아니라 그 이후 피해자가 이 사건 찜질방 후문으로 나가 술을 더 마신 다음 다시 후문으로 들어온 사실을 위 피고인은 전혀 모르고 있었던 점에 비추어 보면, 위 **피고인에게 음주 등으로 목욕장의 정상적인 이용이 곤란하다고 인정되는 자를 출입시킨다는 점에 대한 고의가 있다고 할 수 없어** 위 피고인에 대하여 이 사건 공소사실에 따른 형사책임을 물을 수 없을 뿐더러, 위 피고인에 대한 공소사실이 인정됨을 전제로 양벌조항에 따라 기소된 피고인 2에 대하여도 형사책임을 물을 수 없다고 할 것이다.

〈과실범도 함께 처벌하는 규정인 경우〉

대법원 1993. 9. 10. 선고 92도1136 판결 [대기환경보전법위반]

1. 원심은, 그 거시증거에 의하여 **피고인 이기우가 피고인 한국전기통신공사의 종업원으로서, 1991.6.14. 15:00경 대전 대덕구 대화동 소재 소망병원 앞길에서 경유사용 자동차의 매연 배출허용기준인 40퍼센트를 초과한 64퍼센트의 매연이 포함된 배출가스를 배출하면서 대전 7더3413호 베스타 소형 화물자동차를 피고인 한국전기통신공사의 업무에 관하여 운행하였다는** 이 사건 공소사실을 인정하고, 이에 대기환경보전법 제57조 제6호, 제36조, 제60조를 각 적용하여 피고인들을 각 벌금형으로 처단하고 있다.

2. 대기오염으로 인한 국민건강 및 환경상의 위해를 예방하고 대기환경을 적정하게 관리·보

전함으로써 모든 국민이 건강하고 쾌적한 환경에서 생활할 수 있게 한다는 행정목적을 달성하기 위하여 제정된 대기환경보전법(1992.12.8. 법률 제4535호로서 개정되기 전의 것. 이하 같다)은 제31조 이하에서 대기오염을 초래하는 물질인 자동차 배출가스에 대한 다양한 행정규제를 정하면서, 특히 제36조에서 "자동차를 운행하는 자는 그 자동차에서 배출되는 배출가스가 대통령이 정하는 운행차 배출가스 허용기준에 적합하게 운행하여야 한다"라고 규정하고, 제57조 제6호에서 위 법조에 의한 운행 자동차 배출허용기준을 초과하여 자동차를 운행한 자에 대하여 6월 이하의 징역 또는 200만원 이하의 벌금에 처하도록 벌칙을 정하고, 또 제60조에서 양벌규정으로 법인의 종업원 등이 법인의 업무에 관하여 위와 같은 위반행위를 한 경우 그 법인에 대한 벌칙을 따로 정하고 있다.

위 법의 입법목적이나 제반 관계규정의 취지 등을 고려하면, 위 법 제36조에 위반하는 행위 즉, 법정의 배출허용기준을 초과하는 배출가스를 배출하면서 자동차를 운행하는 행위를 처벌하고자 하는 위 법 제57조 제6호의 규정은 고의범 즉, 자동차의 운행자가 그 자동차에서 배출되는 배출가스가 소정의 운행 자동차 배출허용기준을 초과한다는 점을 실제로 인식하면서 운행한 경우는 물론이고, **과실범 즉, 운행자의 과실로 인하여 그러한 내용을 인식하지 못한 경우도 함께 처벌하는 규정이라고 해석함이 상당하다** 할 것이다(당원 1993.7.13. 선고 92도1139 판결 참조).

3. 그러면 피고인 이기우가 이 사건 자동차를 운행함에 있어 그 자동차에서 배출되는 배출가스의 매연농도가 소정의 운행차 배출허용기준을 초과하였음이 분명한 이 사건에서, 과연 그 운행자인 위 피고인에게 위와 같은 고의나 과실 등의 주관적인 요건이 충족되었다고 볼 수 있는지의 여부를 살펴보기로 한다.

우선 원심이 든 모든 증거관계에 의하더라도 피고인 이기우가 위 자동차에서 소정의 허용기준을 초과한 배출가스가 배출된다고 실제로 인식하면서 이를 운행하였다고 인정할 만한 근거는 전혀 찾아 볼 수 없다.

또한 기록에 의하면, 위 자동차는 피고인 한국전기통신공사가 1990.12.3. 그 제작자인 기아자동차주식회사로부터 직접 매수한 것으로 1991.6.14. 현재 총 주행거리가 불과 4,851km 밖에 안된 상태이어서 제작자의 무상보증기간내에 있었던 것이고, 이 사건 직후 위 자동차에 대하여 운행차 검사대행업체에 그 정비·점검을 의뢰한 결과, 인젝션 펌프(Injection Pump)의 송출량을 조정하는 시정조치에 의하여 배출가스 중의 매연농도가 64퍼센트에서 10퍼센트로 대폭 감소되었음을 알 수 있다. 이러한 사정에 비추어 볼 때 피고인 이기우로서는 특별히 위 자동차의 배출가스와 관련이 있는 장치 내지 부품 등을 임의조작하거나 손상시킨 경우 등이 아닌 한, 위 자동차의 운행 중에 매연이 허용기준을 초과하여 배출된다는 것을 인식하지 못한 데 무슨 과실이 있다고도 볼 수 없을 것이다.

결국 원심이 피고인 이기우가 피고인 한국전기통신공사의 업무에 관하여 이 사건 자동차를 운행함에 있어 소정의 허용기준을 초과한 매연이 포함된 배출가스를 배출시킨 데 대하여 이를 실제로 인식하였거나 과실로 이를 인식하지 못하였는지 여부를 제대로 심리해 보지도 않은 채, 자동차운전자가 허용기준을 초과한 배출가스를 배출하기만 하면 대기환경보전법 제57조 제6호의 죄에 해당한다는 전제 아래, 피고인들을 유죄로 처벌한 조치는 위 법조 소정의 범죄구성요건에 관한 법리를 오해하거나 필요한 심리를 다하지 아니한 잘못이 있다 할 것이므로, 이 점을 지적하는 취지의 논지는 이유 있다.

1. 책임형식에서 구성요건적 범죄전형으로

〈책임요소설(구과실론)을 취한 듯 한 판례〉

대법원 1983. 12. 13. 선고 83도2467 판결 [전기통신법위반]

죄의 구성요건으로서의 책임조건인 과실은 정상인의 통상적인 주의를 태만함으로 인하여 죄의 성립요소인 사실을 인식하지 못하는 것을 말하고 이와 같은 과실범은 법률에 특별한 규정이 있는 경우에 한하여 처벌하며 형벌법규의 성질상 특별한 규정은 그 명문에 의하여 명백, 명료하여야 한다고 풀이함이 당연하다고 할 것이다.

2. 허용되지 않은 위험의 구체화

가. 법규범

〈도로교통법상 우선통행순위 위반〉

대법원 1983. 8. 23. 선고 83도1288 판결 [교통사고처리특례법위반·도로교통법위반]

원심판결 이유에 의하면, 원심은 거시증거에 의하여, 피고인은 장흥에서 목포를 향하여 판시

버스를 운전하던 중 목포시 공업단지앞 삼거리에 이르렀는바 그 지점은 영산포 하구언 방면에서 이어져 오는 노폭 약 10미터의 포장도로가 위 버스의 진행방향을 중심으로 우측으로는 광주방면, 좌측으로는 목포방면으로 이어지는 노폭 약 14미터의 4차선 포장도로인 광주목포간 국도와 연결되는 곳으로 좌회전이 허용되는 지점이고, 목포방면으로 향하는 도로는 약 4 내지 5도의 경사를 이룬 오르막길이고 위 지점에서 약 40미터 상거한 곳에는 횡단보도와 서행 및 주의운전을 요구하는 점멸등이 설치되어 있으며 위 지점에서 약 50미터 상거한 좌측 도로변에는 높이 약 20미터되는 작은 동산이 있고 그 곳에는 나무들이 많이 심어져 있어 그 곳에서 접근하여 오는 차량을 조망할 수 있는 시계가 매우 제한되어 있는 지점이고 위 지점에서 약 150미터 상거한 곳에는 시내버스 정류장이 설치되어 있는 사실, 피고인은 위 삼거리 입구에서 일단 정지하여 좌우를 살펴보고 피고인의 시계에는 좌측 언덕부근에서 접근하여 오는 차량을 발견할 수 없게 되자 시속 약 6키로미터의 느린 속도로 위 국도에 진입하여 좌회전하기 시작하였으며, 한편 그 시경 판시 시내버스를 운전하고 시속 약 60키로미터 이상의 속도로 광주방면으로 진행하던 중 위 버스정류장에 이르러 하차할 승객이 없자 그대로 통과하고 계속하여 전방에 설치된 횡단보도 앞에서 일단정지 내지는 서행함이 없이 같은 속력으로 진행하는 순간 전방 약 35미터 지점에서 피고인의 버스가 공소외인의 버스진행 차선에까지 진출하여 좌회전 중임을 발견하고서도 피고인의 버스가 진로를 양보하고 정차할 것으로 믿고 그대로 계속 주행하여 약 10미터까지 근접하자 비로소 사고의 위험을 느끼고 핸들을 좌측으로 꺾으면서 진행차선인 2차선에서 1차선을 지나 중앙선을 침범하면서 위 버스의 전면 좌측으로 피고인의 버스좌측면 중간부분을 충격하여 판시와 같은 사고가 발생한 사실을 인정한 후, 이 사건 사고지점은 피고인이 진행하고 있던 폭이 좁은 도로인 진입로로부터 공소외인이 진행하고 있던 폭이 넓은 도로인 국도에 연결되는 곳으로서 도로교통법상의 우선 통행권은 일응 공소외인 측에 있다고 할 것이나 위에서 본 바와 같이 이 사건 사고지점 전방의 국도상에는 횡단보도가 설치되어 있으므로 공소외인으로서는 그 횡단보도 앞에서 일단 정지한 후 진행하여야 할 뿐만 아니라 그곳에는 점멸등까지 설치되어 있으므로 마땅히 전방에서 위 국도로 진입하는 차량이 있는지의 여부를 잘 살피면서 서행하여야 할 것인 바, 피고인이 위 국도에 좌회전하여 진입하기 전에 좌측 전방의 언덕부근에서 진행하여 오는 공소외인의 버스를 발견하였다면 그 버스가 먼저 통행하도록 그 곳에서 멈추어서 있어야 할 것이지만 이 사건에서와 같은 상황 즉 피고인이 일단 정지하여 좌측을 살피고 그 부근에서 진행하여 오는 차량이 시계에 나타나지 않음을 확인한 연후에 좌회전하면서 국도에 진입하고 있는 상태에서는 이미 도로교통법상의 우선 통행권은 오히려 피고인측에 있었다고 할 것인 즉, 피고인이 위와 같이 피고인측의 우선통행권에 따라 위 국도에 좌회전하여 진입한 이상 피고인에게 이 사건 사고발생에 있어서 더 이상의 주의의무는 요구할 수 없고, 오히려 공소외인이 우선통행순위에 위반하여 무모하게 주행한 과실에 기인하여서만 이 사건 사고가 발생한 것이라고 판단하고 있는 바, 기록에 의하여 살펴보아도 원심의 위와 같은 인정판단은 정당하게 수긍이 가고 거기에 소론과 같은 위법은 없다.

〈피해자가 도로교통법상 우선통행권을 무시한 경우 : 피고인의 과실부정〉

대법원 1992. 8. 18. 선고 92도934 판결 [교통사고처리특례법위반]

가. 그러나, 원심이 인정한 바와 같이 오토바이 앞바퀴부분과 승용차의 왼쪽 앞문짝부분이 충격되었다면 다른 사정이 없는 한 승용차와 오토바이의 진행방향으로 보아 이는 승용차가 오토바이를 들이 받은 것이라고 할 수 없을 것이다. 원심으로서는 앞으로 진행하는 승용차의 왼쪽 앞문짝부분으로 옆에서 진행하여 오는 오토바이의 앞바퀴부분을 들이 받았다고 인정하려면, 이 사건 오토바이와 승용차의 구체적 충돌경위와 각도 부위 등을 밝히고 납득할 수 있는 설명이 있어야 할 것이다.

원심의 이 부분 판시에는 이유불비나 심리미진의 위법이 있다고 아니할 수 없다.

나. 나아가 보건대, 기록을 살펴보면 사법경찰리 작성의 피해자에 대한 피의자신문조서의 기재에 의하면, 피해자는 시속 30km의 속도로 진행하였다고 되어 있고, 피고인이 이 사건 교차로에 먼저 진입하였다는 사정과 그 충돌지점에 비추어 보아도 피해자가 피고인보다 빠른 속도로 교차로에 진입하였음을 알 수가 있고, 피해자는 제1심에서 일단 정지는 하지 않았다고 증언한 바 있다.

다. 원심이 인정한 바와 같이 피고인이 교통정리가 행하여지고 있지 아니하는 이 사건 교차로에 먼저 진입하였다면 도로교통법 제22조 제3항에 의하여 피해자는 피고인이 운전하는 차의 진행을 방해하여서는 아니되는 것이고, 기록에 의하면 피고인이 진행하는 도로는 피해자가 진행하는 도로의 오른쪽에 있고 그 폭은 9m로서 피해자가 진행하는 도로의 폭(제1심의 검증결과에 의하면 5.8m이고, 교차로 건너편 쪽은 보도블럭으로 포장되어 있다)보다 넓은 것임이 분명하여, 이와 같은 경우에는 같은 법 제22조 제4항과 제5항에 의하여도 피고인에게 이 사건 교차로의 우선통행권이 있음이 명백하다고 할 것이다.

라. 사정이 위와 같다면, 피고인이 교차로를 사고 없이 통과할 수 있는 상황에서 그렇게 인식하고 교차로에 일단 먼저 진입하였다면 특별한 사정이 없는 한 그에게 과실이 있다고 할 수 없고, 교차로에 먼저 진입한 피고인으로서는 이와 교차하는 좁은 도로를 통행하는 피해자가 교통법규에 따라 적절한 행동을 취하리라고 신뢰하고 운전한다고 할 것이므로 특별한 사정이 없는 한 피해자가 피고인의 진행속도보다 빠른 속도로 무모하게 교차로에 진입하여 피고인 운전의 승용차와 충격할지 모른다는 것까지 예상하고 대비하여 운전하여야할 주의의무는 없다고 할 것이다. (당원 1977.3.8. 선고 77도409 판결; 1983.8.23. 선고 83도1288 판결; 1991.6.11. 선고 91다11551 판결; 1992.3.10. 선고 91다42883 판결 각 참조)

〈교통규칙의 위반에도 불구하고 과실이 부정될 수 있는 경우〉

대법원 1994. 9. 27. 선고 94도1629 판결 [교통사고처리특례법위반·도로교통법위반]

1. 원심은 피고인이 판시 일시 및 장소에서 1톤 화물차를 운전하여 천안방면에서 온양방면으로 시속 약 70km로 운행하던 중 황색실선으로 표시된 중앙선을 침범하여 진행한 과실로 때마침 반대방향에서 진행하던 피해자 공소외 1이 운전하던 그레이스 승합차를 미쳐 발견하지 못하고 위 화물차 좌측 앞부분으로 위 승합차 좌측 옆부분을 충격하여 위 승합차가 중심을 잃고 전복되면서 중앙선을 넘어 천안방면에서 온양방면으로 진행하던 피해자 공소외 2 운전의 르망승용차 앞부분을 충격하여 그 판시와 같이 피해자들로 하여금 사망 또는 상해를 입게 함과 동시에 위 피해차량들을 각 손괴하였다는 이 사건 공소사실을 유죄로 인정한 제1심판결을 유지하면서 이 사건 사고는 위 공소외 1이 운전하는 승합차가 갑자기 중앙선을 침범함으로써 발생한 것으로서, 피고인에게는 아무런 과실이 없다는 피고인의 주장을 배척하였다.

2. 도로교통법 제13조 제2항에 의하면 차마는 차선이 설치되어 있는 도로에서는 이 법 또는 이 법에 의한 명령에 특별한 규정이 있는 경우를 제외하고는 그 차선에 따라 통행하여야 한다고 규정하고 있고, 같은법시행규칙 제10조 제1항 별표1, 제6항 노면표지 제601호 중앙선 표시에 의하면 도로의 중앙선을 표시하는 것으로는 황색실선, 황색점선, 황색실선과 점선의 복선 등 3가지가 있는데, 그중 황색실선은 자동차가 넘어갈 수 없음을 표시하는 것이라고 규정하고 있으므로, 차마를 운행하는 운전자로서는 특단의 사정이 없는 한 황색실선으로 표시된 중앙선(이하 중앙선이라 한다)을 넘어갈 수 없다고 할 것이나, 그 입법취지에 비추어 진

행차선에 나타난 장애물을 피하기 위하여 다른 적절한 조치를 취할 겨를이 없었다거나 자기 차선을 지켜 운행하려고 하였으나 운전자가 지배할 수 없는 외부적 여건으로 말미암아 어쩔 수 없이 중앙선을 침범하게 되었다는 등 중앙선침범 자체에 대하여 운전자를 비난할 수 없는 객관적인 사정이 있는 경우에는 가사 운전자가 중앙선을 침범하여 운행하였다 하더라도 그 중앙선침범 자체만으로는 그 운전자에게 어떠한 과실이 있다고 볼 수 없다 할 것이다.

3. 그런데 피고인은 경찰이래 원심에 이르기까지 **편도 2차선 도로 중 2차선으로 진행하다가 앞서 가던 대형화물차를 추월하기 위하여 1차선으로 진입하는데 위 공소외 1이 운전하는 승합차가 중앙선을 침범하여 피고인의 진행차선으로 돌진하여 오고, 우측에는 추월하려는 위 대형화물차가 진행중이어서 그 진행차선에서는 이를 피할 다른 방법이 없어 불가피하게 조향장치를 좌측으로 틀고 진행하는 순간 자기차선으로 되돌아 가려는 위 승합차와 피고인의 진행차선에서 충돌한 것**이라고 주장하고 있는바, 사고상황 중 그 충돌지점이 피고인의 진행차선이라는 점을 제외한 나머지 상황이 피고인 주장과 같았다면, 이 사건 사고가 피고인의 차량이 중앙선을 침범하여 반대차선으로 진행하다가 발생한 사실이 인정된다고 하더라도 위와 같은 사정은 중앙선침범 자체에 대하여 피고인을 비난할 수 없는 객관적인 사정이 있는 경우에 해당한다고 볼 여지가 있고, 제1심에서 증거로 채택된 사법경찰리 작성의 실황조사서의 기재에 의하면 피고인이 진행하던 1차선에서부터 반대차선에 이르기까지 사고당시 피고인 차량의 우측 뒷타이어에서 발생한 것으로 보이는 차량흔(Yaw Mark)이 대각선 방향으로 약 38m 정도 나타나 있었다는 것이며, 차량흔은 차량이 예상하지 못하였던 장애물의 출현 등으로 인하여 비정상적인 운행을 할 때 나타나는 것임에 비추어 볼때, 위 사고를 전후하여 피고인의 진행차선에서 피고인이 예상하지 못하였던 장애물이 갑자기 출현함으로써 이를 피하기 위하여 조향장치를 좌측으로 틀었을 가능성도 배제할 수는 없다고 할 것이다.

4. 사정이 이러하다면 원심으로서는 단지 피고인의 차량과 위 승합차의 충돌이 피고인의 진행차선이 아닌 중앙선을 침범한 반대차선에서 있었다는 사정만으로는 피고인에게 과실이 있다고 볼 수 없고, 과연 사고당시 위와 같은 중앙선침범 자체에 대하여 피고인을 비난할 수 없는 객관적인 사정이 있었는지 여부에 관하여 심리한 후에야 비로소 그 과실유무를 판단할 수 있다 할 것이다.

나. 해당 (거래)분야의 규범

〈대한한의사협회의 치료기준〉

대법원 2014. 7. 24. 선고 2013도16101 판결 [업무상과실치상]

1. 원심은 그 채택 증거들에 의하여 판시와 같은 사실과 사정을 인정한 다음, 비록 피고인의 이 사건 진료 목적이 당뇨병 치료가 아니라 피해자의 발저림, 통증을 완화하기 위한 것이었다고 하더라도, 당뇨족으로 인한 발 괴사의 가능성에 유의하여 침이나 사혈 등 한방시술로 인한 세균감염의 위험에 세심한 주의를 기울이고, 필요한 경우 전문병원으로 전원시켜 전문의의 치료를 받게 할 업무상 주의의무가 있음에도 피고인이 이러한 주의의무를 위반한 업무상과실이 있고, 이러한 피고인의 업무상 과실과 피해자에게 발생한 왼쪽 발 괴사 등의 상해 사이에 상당인과관계가 있다고 보아, 피고인에 대한 이 사건 공소사실을 유죄로 판단하였다.

2. 그러나 위와 같은 원심의 판단은 다음의 이유로 수긍하기 어렵다.

가. 의료사고에서 의사에게 과실이 있다고 하기 위하여는 의사가 결과 발생을 예견할 수 있고 또 회피할 수 있었는데도 이를 예견하지 못하거나 회피하지 못하였음이 인정되어야 하며, 과실의 유무를 판단할 때에는 같은 업무와 직종에 종사하는 일반적 보통인의 주의정도를 표준으로 하고, 사고 당시의 일반적인 의학의 수준과 의료환경 및 조건, 의료행위의 특수성 등을 고려하여야 한다. 이러한 법리는 한의사의 경우에도 마찬가지라고 할 것이다(대법원 2011. 4. 14. 선고 2010도10104 판결 등 참조).

그리고 형사재판에서 공소가 제기된 범죄사실은 검사가 증명하여야 하고, 법관은 합리적인 의심을 할 여지가 없을 정도로 공소사실이 진실한 것이라는 확신을 가지게 하는 증명력을 가진 증거에 의하여 유죄를 인정하여야 하므로, 그와 같은 증거가 없다면 설령 피고인에게 유죄의 의심이 간다고 하더라도 피고인의 이익으로 판단할 수밖에 없다.

나. 원심판결 이유와 원심이 적법하게 채택한 증거에 의하면, 다음과 같은 사실과 사정을 알 수 있다.

1) 대한한의사협회에 대한 사실조회결과 등에 의하면 당뇨 병력이 있는 환자나 당뇨병성 족병변에 대하여 침을 놓거나 사혈을 하는 것이 금지되어 있지는 않고, 다만 시술 전에 소독을 철저히 하고 자침 시에 너무 강하게 찌르거나 너무 깊게 찔러서 상처를 필요 이상으로 크게 하거나 기타 조직을 손상하는 일이 없도록 주의를 기울여야 한다고 되어 있다. 따라서 피고

인과 같은 업무와 직종에 종사하는 일반적인 한의사의 주의정도를 표준으로 하였을 때 당뇨병력이 있는 피해자에게 침을 놓거나 사혈을 한 행위 자체만으로 어떠한 과실이 있다고 단정할 수는 없다.

2) 피해자는 1999년경부터 당뇨병으로 ㅇㅇㅇㅇ병원에서 치료를 꾸준히 받고 있던 상태에서 당뇨병 치료가 아니라 다리 통증의 치료를 위하여 피고인 운영의 한의원에 내원하였고, 그때 자신이 ㅇㅇㅇㅇ병원에서 당뇨병 치료를 받고 있다고 말하였을 뿐만 아니라, 피고인 운영의 한의원에 다니던 중에도 ㅇㅇㅇㅇ병원에 가 당뇨병에 대한 치료를 받고 그 사실 역시 피고인에게 말하였기 때문에, 피고인으로서는 당뇨병에 대하여는 피해자가 알아서 ㅇㅇㅇㅇ병원 등에서 적절한 치료를 받을 것이라고 생각하였을 것으로 보인다.

3) 괴사되어 절단된 피해자의 족부에서 배양된 균들은 통상 족부에서 발견되는 것이어서, 이러한 균이 피고인이 침 등을 시술하는 과정에서 감염된 균이라고 단정하기는 어렵다.

4) 피해자가 피고인의 치료를 받은 후 △△△△△병원에 내원하였을 당시에 촬영한 피해자의 발 사진을 보면 왼쪽 발가락 부분에만 괴사가 되어 있는데 그 부위는 피해자가 피고인에게 치료를 받기 전부터 상처가 나있던 엄지발가락 쪽 발바닥의 상처 부위 및 일본에 출장을 갔을 당시에 발생한 새끼발가락 쪽 발바닥의 상처 부위와 밀접하고, 피고인이 침을 놓거나 사혈을 한 왼쪽 종아리 쪽이나 발등 쪽과는 다소 거리가 있는 부위이다.

5) '위 괴사는 2개월 정도 지속된 좌하지의 사혈로 인해 2차 감염이 당뇨족에 발생하여 진행된 것으로 사료된다'는 취지의 진단서를 발급한 의사 공소외인은 피해자의 족부를 절단하는 수술을 담당한 의사인데, 그는 법정에서 위 진단서는 피해자의 이야기를 통해 전해들은 치료과정 등의 여러 정황을 고려하여 자신의 추정적인 의견을 기재한 것이라고 밝히고 있으며, 피해자가 일본에 다녀온 이후 통증이 훨씬 심해지고 계속 몸이 아픈 등의 증세가 나타났던 점에 비추어 보면 피해자의 왼쪽 발 괴사가 피고인의 침술행위 때문이 아니라 피해자의 왼쪽 발바닥 좌, 우측에 종전부터 있던 상처들이 자극을 받아 그 부위에 염증이 생기는 바람에 발생하였을 개연성도 배제할 수 없고, 실제로 자신이 진료할 당시에 피해자의 왼쪽 발바닥에 기존의 상처부위의 앞, 옆쪽 전체적으로 괴사가 진행되고 있었다고 증언하였다.

6) 한편 피해자도 피고인으로부터 2008. 5. 6.경 왼쪽 발의 상태가 심상치 않으니 피부과 검진을 반드시 받아보라는 권유를 받았고, 그 후 피고인에게 아는 피부과를 소개해 달라고 했더니 피부과 의사와 통화한 후 피부과로는 안 되니 ㅇㅇㅇㅇ병원에 가보라는 권유를 받았다고 하였다. 그럼에도 불구하고 피해자는 위와 같은 전원 권유를 받은 지 13일이 지난 2008.

5. 19.경에야 ○○○○병원에 내원하였고, 그 당시에 좌측 첫 번째 발가락이 검은 색깔로 변하여 있어서 입원을 권유받았음에도 입원하지 않고 그대로 귀가하였고, 그 다음날 △△△△△병원에 내원하여 당뇨로 인한 족부궤양으로서 왼쪽 엄지발가락이 검은 색깔로 변하여 괴사가 진행 중이라는 진단을 받고 나서야 입원하였으며, 5. 26.경 △△△△△병원에서 좌하지 쪽 동맥혈류 공급을 개선하기 위한 동맥 연결수술을 받았다가 그 후 좌족지 절제술 등을 받았다.

다. 이러한 사실관계와 사정을 앞서 본 법리에 비추어 보면, 검사가 제출한 증거만으로는 피고인이 같은 업무와 직종에 종사하는 보편적인 한의사에게 요구되는 정도의 업무상 주의의무를 다하지 아니하였고 그로 인하여 피해자에게 왼쪽 발 괴사 등의 상해가 발생하였다는 점이 합리적인 의심을 할 여지가 없을 정도로 증명되었다고 보기는 어렵다고 할 것이다.

그럼에도 원심은 이와 달리, 그 판시와 같은 사정만으로 피고인이 세균감염의 위험에 세심한 주의를 기울이지 않았거나 제때에 피해자를 전문병원으로 전원시키지 않은 잘못을 저질렀고, 그러한 피고인의 잘못과 피해자의 상해 사이에 상당인과관계가 있다고 보아 이 사건 공소사실에 대하여 유죄로 판단하였으니, 이러한 원심판결에는 논리와 경험의 법칙을 위반하여 자유심증주의의 한계를 벗어나거나 형사상 의료과실 및 인과관계의 증명 등에 관한 법리를 오해하여 판결결과에 영향을 미친 잘못이 있다고 할 것이다.

〈운동경기 규칙의 현저한 위반〉

대법원 2008. 10. 23. 선고 2008도6940 판결 [과실치상]

골프와 같은 개인 운동경기에 참가하는 자는 자신의 행동으로 인해 다른 사람이 다칠 수도 있으므로, 경기 규칙을 준수하고 주위를 살펴 상해의 결과가 발생하는 것을 미연에 방지해야 할 주의의무가 있고, 이러한 주의의무는 경기보조원에 대하여도 마찬가지이다. 다만, 운동경기에 참가하는 자가 경기규칙을 준수하는 중에 또는 그 경기의 성격상 당연히 예상되는 정도의 경미한 규칙위반 속에 상해의 결과를 발생시킨 것으로서 사회적 상당성의 범위를 벗어나지 아니하는 행위라면 과실치상죄가 성립하지 않는다고 할 것이지만, 골프경기를 하던 중 골프공을 쳐서 아무도 예상하지 못한 자신의 등 뒤편으로 보내어 등 뒤에 있던 경기보조원(캐디)에게 상해를 입힌 경우에는 주의의무를 현저히 위반한 사회적 상당성의 범위를 벗어난 행위로서 과실치상죄가 성립한다.

같은 취지에서 원심이 채용 증거를 종합하여 **피고인이 골프장에서 골프경기를 하던 중 피고인의 등 뒤 8m 정도 떨어져 있던 경기보조원을 골프공으로 맞혀 상해를 입힌 사실**을 인정하여 과실치상죄를 인정하고, 피해자가 경기보조원으로서 통상 공이 날아가는 방향이 아닌 피고인 뒤쪽에서 경기를 보조하는 등 경기보조원으로서의 기본적인 주의의무를 마친 상태였고, 자신이 골프경기 도중 상해를 입으리라고 쉽게 예견하였을 것으로 보이지 않으므로, 피해자의 명시적 혹은 묵시적 승낙이 있었다고 보기 어렵다는 이유로 위법성이 조각된다는 피고인의 주장을 배척한 것은 사실심 법관의 합리적인 자유심증에 따른 것으로서 정당하고 거기에 상고이유로 주장하는 바와 같은 채증법칙 위반, 법리오해 등의 위법이 없다.

다. 신뢰의 원칙

(1) 도로교통 영역

〈신뢰의 원칙 적용 사례 : 상대방향 운전자가 중앙선을 넘어 진입하지 않을 것이라는 신뢰〉

대법원 1976. 1. 13. 선고 74도2314 판결 [업무상과실치사상등]

원판결에서 적법하게 인정한 전시 사실에 의하면 **피고인은 상대방향에서 운행하여 오던 피해차량이 교통법규를 어기고 중앙선을 넘어서 피고인이 운전하던 차량의 진행전방으로 돌입하지 않으리라고 믿고 본건 사고지점을 시속 약 50키로미터의 속도로 운행하던중 상대방향에서 약 시속 50키로미터로 진행하여 오던 피해차량이 돌연 교통법규를 어기고 중앙선을 넘어 피고인의 차량 진행전방 10미터지점에 진입하므로 다음 응급조치를 취할 겨를이 없이 급제동을 취했으나 진행 탄력으로 미급하여 동 삼륜차와 충돌하였음**이 명백한 바 <u>피고인이 위 피해차량이 교통법규를 어기고 중앙선을 넘어 피고인이 운전하는 차량의 진행전방으로 돌입하지 않으리라고 믿고 본건 사고지점을 운행한 소위는 제1심에서 인정한 전시 사정하에서 의당 시인되어야 할 것이고 본건 충돌은 피해차량이 위와 같은 교통법규를 어기고 운행한데 그 직접적인 원인이 있었다고 할 것이고 피고인이 교통법규를 다소 어기고 제한 속도를 약간 넘어 운행하였다고 하더라도 그가 앞서 말한 바의 신뢰할 수 있는 상황하에서의 운행였음이 명백한 이상 피고인에게 본건 충돌의 책임은 물을 수 없는 것이라고 하여야 할 것이다.</u>

〈우선통행권을 가진 자의 신뢰〉

대법원 1977. 3. 8. 선고 77도409 판결 [업무상과실치상]

사실관계가 위와 같다면 위 교차로의 상황으로 보아 위의 농로에서 나오는 경운기는 교차로에서 우회전하거나 좌회전할 수 있을 뿐, 교차로를 곧장 가로질러 진행할 수 없는 곳이며, 농로에서 나오는 경운기가 진행하는 피고인 차량을 보고도 차도에 진입하는 의도로 계속 진행하여 온다는 것은 결코, 쉽게 예상할 수 없는 것이라고 할 것이며, <u>일반적으로 넓은 도로를 운행하여 통행의 우선 순위를 가진 차량의 운전수는 교차로에서는 좁은 도로의 차량들이 교통법규에 따라 적절한 행동을 취할 것을 신뢰하여 운전한다고 할 것이므로 좁은 도로에서 진행하는 차량이 일단정지를 하지 아니하고 계속진행하여 큰도로로 진입할 것을 사전에 예견하고 이에 대한 정지조치를 강구할 것을 기대 할 수 없다고 할 것인즉</u> 이 사건과 같은 경우 자동차운전수인 피고인에게는 교차로 진입에 앞서 일단정지하여 다른 진입로에서 나오는 차량이 있는지의 여부를 확인한 후에 재출발할 주의의무를 요구할 수는 없다고 할 것이어서 이러한 견해에서 판단한 원심의 판단은 정당하고, 그리고 <u>피해자가 운전면허를 받은 운전수인 경우에 한하여 교통법규에 따라 적절한 행동을 취할 것을 기대하고 신뢰할 수 있는 것은 아니며 일반적인 건전한 양식을 가진 사람이라면 이 사건과 같은 상황에서 버스진행로에 진입하지 않을 것이므로</u> 피고인이 이러한 점을 기대하고 신뢰하였다고 인정한 원심의 판단은 정당하고, 논지는 피고인이 전방 약 30미터지점에서 피해자가 계속 피고인차 진행로로 진입하는 것을 발견하고 피고인이 구체적으로 밀접한 위험한 상황이 현존하는 것을 예견하면서 운전하였음을 전제로 그 이론을 전개하고 있으나 이는 원심의 사실인정과는 다른 사실을 근거로하는 것이므로 이유없고, 원판결에는 업무상의 주의의무에 관한 법리를 오해한 위법사유가 없으므로 논지는 이유없다.

〈안전지대를 횡단하지 않으리라는 신뢰〉

대법원 1982. 7. 27. 선고 82도1018 판결 [도로교통법위반·업무상과실치상]

도로교통법 제11조 제5항에 의하면 제차는 안전지대에 들어가서는 아니된다고 규정되어 있어 차량의 안전지대 횡단은 일반적으로 금지되어 있으므로, 안전지대의 표시에도 불구하고 차량의 안전지대 횡단이 특별히 허용되고 있었던 사정이 인정되지 않는 한 <u>피고인과 같이</u>

안전지대 옆을 통과하는 차량의 운전자로서는 그 부근을 운행하는 다른 차량이 위 안전지대를 횡단하여 자기차량의 진로앞에 달려드는 일은 없으리라고 신뢰하는 것이 당연한 것이니, 피고인이 위 판시 사고장소에서 위 안전지대를 횡단하려는 위 피해자택시를 상당한 거리에서 미리 발견하여 안전지대의 횡단을 예상할 수 있었다던가하는 특단의 사정이 없는 한, 피고인에게 위 안전지대를 횡단하여 오는 차량이 있을 것을 미리 예상하고 운전할 업무상 주의의무를 기대할 수는 없다고 할 것이다. 결국 원심은 증거없이 사실을 인정하고 이에 터잡아 피고인에게 신뢰의 원칙에 어긋나는 주의의무 위반을 인정한 위법이 있으므로 이 점에서 논지는 이유있다.

〈횡단보도를 무단횡단 하지 않으리라는 신뢰〉

대법원 1994. 4. 26. 선고 94도548 판결 [교통사고처리특례법위반]

원심판결 이유에 의하면 원심은, 거시증거에 의하여 피고인이 판시와 같이 이 사건 사고지점 도로 횡단보도2차선 상을 차량진행신호에 따라 정상적으로 약 60km의 속도로 진행하다가 위 횡단보도 상을 신호를 무시한 채 우측에서 좌측으로 오토바이를 운전하여 갑자기 무단횡단하던 피해자운전의 오토바이의 앞바퀴 부분과 피고인 운전의 위 승용차의 앞부분이 부딪쳐 위 피해자가 사망한 사실과 위 도로의 제한속도가 시속 70km인 사실을 인정하고, 위 인정사실에 의하여 제한속도를 준수하며 진행하는 피고인으로서는 신호기의 차량진행신호에 따라 그대로 진행하면 족하고 위 피해자 운전의 오토바이가 신호를 무시하고 갑자기 위 횡단보도를 무단횡단할 경우까지를 예상하여 사고예방을 위한 필요한 조치를 위하여야 할 업무상 주의의무는 없다 할 것이고, 이는 위 오토바이가 위 도로의 우측변에서 횡단보도를 횡단하려고 서 있는 것을 피고인이 미리 발견하였다 하더라도 다름이 없으며 달리 이 사건 사고발생에 있어서 피고인이 사고예방을 위하여 필요한 주의의무를 다하지 아니한 잘못이 있음을 인정할 만한 증거가 없다고 하여 제1심판결을 파기하고 피고인에게 무죄를 선고하였는 바, 기록에 대조 검토하여 볼 때 원심의 위 인정 판단은 수긍되고 거기에 소론과 같은 신뢰의 원칙, 자동차 운전자의 주의의무에 관한 법리오해의 위법이 없다.

〈신뢰의 원칙 적용 배제 사례 : 특별한 상황에서 위험발생이 예상되는 경우〉

대법원 1972. 12. 26. 선고 71도1401 판결 [업무상과실치사]

원판결이 확정한 사실은, 피고인은 그가 운전하던 자동차를 시속 80키로미터의 고속으로 본 건 고속도로를 운행중 그 차와 80미터의 중간거리를 두고 앞에 달리던 신문사 소속의 앞차로부터 중앙분리대에서 도로(1차선) 보수공사를 하던 노무자들을 향하여 신문 뭉치가 던져지자, 노무자의 한 사람이던 피해자가 그 뭉치를 주으려고 2차선 (주행선)의 중앙 방향으로 뛰어드는 것을 보고 피고인이 급정차 조치를 취하였을 때의 피해자와 가해 자동차와의 거리는 약 23미터이며, 자동차가 피해자를 치인채 끌고 나간 거리는 18미터라는 것이다. 그런데 원판결은 위와 같은 사실 관계에서 일어난 본건 사고는 원설시 이유에 의하여 불가항력으로 생긴 것이라고 판시하고, 피고인에게 운전과실을 인정하기를 거부하였다.

살피건대, 고속도로를 자동차로 고속(본건에서는 시속80키로미터) 운행하는 운전자는, 보행인이 그 도로의 주행선 중앙방면으로 뛰어드는 일이 없으리라는 신뢰 밑에서 운행한다고 보아야하고 그 도로의 보수공사를 하는 노무자들이 일하는 옆을 지날 때도 마찬가지라고 하겠으니 고속도로의 관리청은 적어도 그들이 고용한 노무자들에게 도로중앙에 뛰어드는 일이 고속교통기관의 필요성과 가치성을 저버리는 결과가 되며, 위험한 일이라는 취지를 엄중히 알리고 취업시켰다고 예상되므로 그들도 일반 보행자와 같이 주행선에 뛰어드는 일이 없다는 신뢰를 운행자가 가지고 있어도 마땅하다고 보아야 할 것이기 때문이다. 그러나 본건과 같이 보수 노무자들을 향하여 신문 뭉치가 던지어진 특별한 상황하에서라면 그 물건에 대한 호기심에 이끌린 피해자가 주행선(2차선) 중앙방향으로 언제 뛰어들지 모르는 사태가 예상되므로, 운전자인 피고인은, 이 돌발사태에 대처한 전방주시 의무, 기타의 사고방지 의무를 안고 있다고 함이 딴 것으로 바꿀 수 없는 인명의 존중과 고속교통기관이 우리생활에 끼치는 막대한 공헌과를 가치형량하는 시점에서 끌어낼 수 있는 타당한 견해라고 하겠다. 그런데 이 사건에 있어서 만일 피고인이 위와 같은 운전상의 주의의무를 제대로 다했더라면 원판결 확정사실로 미루어 피고인은 사고의 원인이 된 신문 뭉치가 앞차에서 내동댕이 쳐지는 것을 80미터 후방에서 보았어야 할 것이고, 따라서 사고는 미연에 방지될 수 있었음이 분명히 추인된다고 하겠으므로 원판결의 위와 같은 판단에는, 도로 사정 기타 주위의 정황으로 허용된 고속도 유지를 하는 운전자에게 적용되는 신뢰의 원칙이 배제될 경우가 있음을 잊어 고속차량의 운전에 있어서의 업무상의 과실의 법리를 오해한 허물을 범하여 결과에 영향을 준 위법을 남겼다고 하리니 논지는 이유있고 원판결은 파기를 면하기 어렵다.

〈신뢰의 원칙 적용 배제 사례 : 교통관여자를 신뢰할 수 없는 특별한 사정이 있는 경우〉

대법원 1984. 4. 10. 선고 84도79 판결 [교통사고처리특례법위반]

신뢰의 원칙은 상대방 교통관여자가 도로교통의 제반법규를 지켜 도로교통에 임하리라고 신뢰할 수 없는 특별한 사정이 있는 경우에는 그 적용이 배제된다고 할 것인 바, 원심이 인정하고 있는 바와 같이 이 사건 사고지점이 노폭 약 10미터의 편도1차선 국도로서 진행방향 좌측으로 부락으로 들어가는 소로가 정자형으로 연하여 있는 곳이고 당시 피해자는 자전거 짐받이에 생선상자를 적재하고 진행하고 있었다면 피해자를 추월하고자 하는 피고인으로서는 자전거와 간격을 넓힌 것만으로는 부족하고 경적을 울려 자전거를 탄 피해자의 주의를 환기시키거나 속도를 줄이고 그의 동태를 주시하면서 추월하였어야 할 주의의무가 있다고 할 것임에도 불구하고 원심이 피고인에게 위와 같은 주의의무가 없다고 하고 피해자가 도로를 좌회전하거나 횡단하고자 할 때에는 도로교통법 제14조 제1항, 제31조 제1항, 제2항, 같은법시행령 제16조의 규정에 따른 조치를 취하리라고 신뢰하여도 좋다고 하여 이 사건 사고발생에 대하여 피고인에게 어떤 잘못도 없다고 하였음은 신뢰의 원칙 내지 자동차운전사의 업무상 주의의무에 관한 법리를 오해함으로써 판결에 영향을 미쳤다고 할 것 이니 이 점을 지적하는 논지는 이유있다.

〈신뢰의 원칙 적용 배제 사례 : 횡단보도에 진입한 보행자〉

대법원 1986. 5. 27. 선고 86도549 판결 [교통사고처리특례법위반]

원심이 확정한 사실과 기록에 의하면 이 사건 피해자는 사고지점 횡단보도(왕복 각 3차선 도로에 설치된 것)의 보행자 신호가 녹색신호에서 적색신호로 바뀌는 예비신호가 점멸하는 동안에 횡단보도에 진입하였고, 횡단도중에 그 신호가 적색신호로 바뀌었음에도 계속 횡단을 하다가 피고인이 운전하는 자동차에 치인 것이고, 한편 피고인은 자동차를 40 내지 50킬로미터의 시속으로 운전해 오다가 신호가 직진신호로 바뀌자 같은 시속으로 위 횡단보도를 통과하려다가 피해자를 충돌한 것이었음이 분명하다. 이와 같이 횡단보도의 보행자 신호가 녹색신호에서 적색신호로 바뀌는 예비신호 점멸중에도 그 횡단보도를 건너가는 보행자가 흔히 있고, 또 횡단도중에 녹색신호가 적색신호로 바뀐 경우에도 그 교통신호에 따라 정지함이 없이 나머지 횡단보도를 그대로 횡단하는 보행자가 흔히 있는 것 또한 부정할 수 없는 현실이며, 이는 자동차를 운전하는 사람이면 누구든지 쉽게 예상할 수 있는 상황이므로 보행자 신호가 녹색신호에서 정지신호로 바뀔 무렵 전후에 횡단보도를 통과하는 자동차 운전자는 보행자가 교통신호를 철저히 준수할 것이라는 신뢰만으로 자동차를 운전할 것이 아니라 좌우에서 이미 횡단보도에 진입한 보행자가 있는지 여부를 살펴보고 또한 그의 동태를 두루 살피면서 서행하는 등하여 그와 같은 상황에 있는 보행자의 안전을 위해 어느 때라도 정지할 수 있는 태세를 갖추고 자동차를 운전하여야 할 업무상의 주의의무가 있다고 보아야 할 것이고, 보행자에 대한 교통교육의 실정, 현실적인 보행자의 교통도덕수준등에 비추어 자동차 운전자에게 이와 같은 주의의무를 부과한다 하더라도 그것이 사회적 상당성의 한도를 넘는 과대한 요구라고 말할 수는 없을 것이다.

〈신뢰의 원칙 적용 배제 사례 : 보행자를 미리 발견한 경우〉

대법원 1986. 10. 14. 선고 86도1676 판결 [교통사고처리특례법위반]

논지가 지적하고 있는 바와 같이 이 사건 **교통사고가 발생한 지점은 자동차전용의 4차선 도로로서 그 중앙에 황색실선 두개가 그어져 있고, 제한시속이 70킬로미터이며 양쪽에 인가가 전혀 없는 곳**이라는 사실은 기록상 분명하다.

그러므로 위 도로의 우측변에 앉아있던 피해자가 피고인이 운행하는 시외버스가 10미터지점에 접근하였을때 갑자기 도로를 횡단하려고 뛰어든 것은 교통법규에 위반한 것으로서 신뢰의 원칙에 반하는 행위이었음에 틀림없으나, 일건 기록에 의하면, 피고인은 제한시속 70킬로미터의 사고지점을 80킬로미터의 과속으로 시외버스를 운행하던중 50미터 전방의 도로변에 앉아 있는 피해자를 미리 발견하였고, 그 피해자의 위치는 바로 피고인이 시외버스를 운행하고 지나가야 할 쪽 도로의 우측변이었음이 명백하므로, 상황이 이와 같았다면 비록 그 지점이 사람의 횡단보행을 금지한 자동차 전용도로였다 하더라도 피해자의 옆으로 시외버스를 운전하고 지나가야만 할 피고인으로서는 피해자를 발견한 즉시 그의 동태를 주시하면서 감속 서행하는등 피해자가 도로에 들어올 경우에 대비하는 조치를 취할 업무상의 주의의무가 있었다고 보아야 할 것이다.

(2) 의료 영역

〈신뢰의 원칙 적용 사례〉

대법원 2003. 1. 10. 선고 2001도3292 판결 [업무상과실치상]

의료사고에 있어서 의사의 과실을 인정하기 위해서는 의사가 결과 발생을 예견할 수 있었음에도 불구하고 그 결과 발생을 예견하지 못하였고, 그 결과 발생을 회피할 수 있었음에도 불구하고 그 결과 발생을 회피하지 못한 과실이 검토되어야 하고, 그 과실의 유무를 판단함에는 같은 업무와 직무에 종사하는 일반적 보통인의 주의 정도를 표준으로 하여야 하며, 이에는 사고 당시의 일반적인 의학의 수준과 의료환경 및 조건, 의료행위의 특수성 등이 고려되어야 한다(대법원 1999. 12. 10. 선고 99도3711 판결 등 참조).

관련 증거와 기록에 의하면, 피해자는 1992. 6. 23.경부터 1주일간과 같은 해 7. 중순경 격심한 두통과 구토 증세를 보여 그 치료를 위하여 같은 해 7. 20. 위 병원 내과에서 소화기내과 전문의 최상운과 순환기 내과 전문의 홍석근으로부터 외래 진료를 받았고, 같은 달 27. 위 홍석근으로부터 다시 외래진료를 받았으나 모두 고혈압으로 진단되어 혈압강하제를 복용하였는데, 위 병세가 낫지 않아 두통과 구토에 관한 전문적 진찰과 치료를 위하여 1992. 8. 1.부터 같은 달 14.까지 위 종합병원에 입원하게 된 사실, 피해자나 가족은 입원 당시 피해자가 1992. 6.말경부터 위와 같은 증세와 속이 울렁거리고 메스꺼우며, 목이 뻣뻣한 증세로 고통을 받고 있다고 말하였으나, 실제로 입원 당시 피해자의 두통은 종전보다 완화된 상태였고, 목이 뻣뻣한 상태와 속이 울렁거리고 메스꺼운 상태는 남아 있었으나 입원 이후 구토를 하지는 아니하였던 사실, 피고인 2가 주치의로서, 피고인 1이 내과 전문의로서 피해자를 함께 진료하던 위 입원기간 중이나 피고인 1이 피해자의 퇴원 후 외래진료를 담당하였던 1992. 10. 19.경까지의 기간 동안에는 피해자에게 뇌지주막하출혈을 의심할 만한 정도의 두통과 구토 증세가 보이지 않았던 사실, 피고인 2는 피해자가 1992. 8. 1. 입원한 이후 주치의로서 일반적으로 요구되는 문진을 한 후, 이학적 검사와 신경학적 기본검사인 뇌신경 검사, 뇌막자극징후(경부항직), 감각신경, 운동신경, 심부전 반사 등을 실시하였으나 모두 정상으로 나타나자, **일응 피해자의 질환을 본태성 고혈압으로 추정하면서 일과성 허혈성 발작**(뇌혈관 질환), **뇌막염 등에도 의심을 둔 후, 우선 내과 영역인 고혈압에 대한 치료를 수행하는 한편, 피고인 1과 의논을 거쳐 같은 달 3. 뇌혈관 질환 및 뇌압상승 등이 피해자의 증세의**

원인일 가능성이 있는지 확인하기 위하여 같은 병원 내의 전문과인 신경과에 협의진료를 요청한 사실, 위와 같은 협의진료 요청을 받은 같은 병원 신경과 전문의공소외 1은 피해자에 대한 문진과 안구운동검사, 대광반사, 구역반사 등을 포함한 뇌신경검사, 운동검사, 감각검사, 경부항직 검사, 안저검사 등을 실시한 후, 피해자에게 이상 소견이 없어 보인다고 회신한 사실, 이에 피고인들은 위와 같은 협의진료 회신 결과를 믿고 그 이전 피고인 2가 피해자에 대하여 실시하려고 계획하였던 뇌전산화단층촬영 및 뇌척수액 검사 등을 실시할 필요가 없다고 판단한 후 피해자에게 뇌혈관계통 질환이 있을 가능성을 염두에 두지 않고 내과적 검사 및 고혈압에 대한 치료를 계속한 사실, 피해자는 입원 후 1주일 정도 지나면서 두통 증세가 경미하게 된 데 이어 점차로 두통과 구토증세가 없어지고, 혈압도 잘 조절되기에 이르자 피고인들은 같은 달 14. 피해자를 퇴원하도록 조치한 사실, 피해자는 퇴원 후 같은 해 10. 19. 피고인 1으로부터 마지막 외래진료를 받기까지 두통과 구토 등 별다른 이상 없이 잘 지냈던 사실, 뇌동맥류파열에 의한 지주막하출혈은 뇌의 지주막과 연막 사이를 통과하는 뇌의 동맥 일부분이 주로 선천적인 요인으로 약하여 세월이 흐름에 따라 동맥의 내압(혈압)에 눌리어 서서히 부풀어올라 풍선이나 혹 모양으로 되었다가, 이 부풀어오른 부분(뇌동맥류)이 동맥의 내압에 견딜 수 없게 되어 파열하면서 뇌압을 상승시키는 질환인 사실, 경미한 뇌동맥류 파열에 의한 소량의 지주막하출혈은 뇌전산화단층촬영을 하더라도 발견할 가능성이 낮고, 뇌출혈 분야를 전문하는 의사가 아니라면 경미한 뇌동맥류 파열에 의한 소량의 지주막하출혈을 진단하기 어려운 사실, 입원하기 전 피해자에게 나타난 지주막하출혈은 경미한 뇌동맥류 파열에 의한 소량의 지주막하출혈로서 피해자의 입원 기간 중 또는 피고인 1의 외래진료 기간 중 뇌전산화단층촬영을 하거나 뇌척수액 검사를 하였다고 하더라도 이를 발견하기는 결코 쉽지 않았을 것으로 보이는 사실을 알 수 있고, <u>위와 같은 피해자에 대한 진료의 경과, 내과의사로서는 경미한 뇌동맥류 파열에 의한 소량의 지주막하출혈을 발견하기 어려운 점, 특히 피고인들이 신경과 전문의에 대한 협의진료 결과 피해자의 증세와 관련하여 신경과 영역에서 이상이 없다는 회신을 받았고, 그 회신 전후의 진료 경과에 비추어 그 회신 내용에 의문을 품을 만한 사정이 있다고 보이지 않자 그 회신을 신뢰하여 뇌혈관계통 질환의 가능성을 염두에 두지 않고 내과 영역의 진료 행위를 계속하다가 피해자의 증세가 호전되기에 이르자 퇴원하도록 조치한 점 등에 비추어 볼 때, 내과의사인 피고인들이 피해자를 진료함에 있어서 지주막하출혈을 발견하지 못한 데 대하여 업무상과실이 있었다고 단정하기는 어렵다고 할 것이다.</u>

그럼에도 불구하고, 원심이 그 내세우는 사정만으로 피고인들의 업무상과실로 인하여 피해자의 뇌동맥류 소파열과 대파열을 예방하지 못하여 피해자가 이른바 식물인간 상태에 이르게 되었다고 인정하였으니, 원심에는 채증법칙 위배로 인한 사실오인이나 심리미진 또는 의료사고에 있어서의 의사의 과실에 관한 법리를 오해함으로써 판결에 영향을 미친 위법이 있다고 할 것이다.

〈신뢰의 원칙 적용 배제 : 의사가 수련의를 지휘감독하는 지위에 있는 경우〉

대법원 2007. 2. 22. 선고 2005도9229 판결 [업무상과실치상]

의사는 전문적 지식과 기능을 가지고 환자의 전적인 신뢰하에서 환자의 생명과 건강을 보호하는 것을 업으로 하는 자로서 그 의료행위를 시술하는 기회에 환자에게 위해가 미치는 것을 방지하기 위하여 최선의 조치를 취할 의무를 지고 있으므로, <u>의사가 다른 의사와 의료행위를 분담하는 경우에도 자신이 환자에 대하여 주된 의사의 지위에 있거나 다른 의사를 사실상 지휘 감독하는 지위에 있다면, 그 의료행위의 영역이 자신의 전공과목이 아니라 다른 의사의 전공과목에 전적으로 속하거나 다른 의사에게 전적으로 위임된 것이 아닌 이상, 의사는 자신이 주로 담당하는 환자에 대하여 다른 의사가 하는 의료행위의 내용이 적절한 것인지의 여부를 확인하고 감독하여야 할 업무상 주의의무가 있고, 만약 의사가 이와 같은 업무상 주의의무를 소홀히 하여 환자에게 위해가 발생하였다면, 의사는 그에 대한 과실 책임을 면할 수 없다</u>(대법원 1990. 5. 22. 선고 90도579 판결, 1998. 2. 27. 선고 97도2812 판결 등 참조). 원심이 채용한 증거들을 기록과 위 법리에 비추어 살펴보면, 원심이, **피고인이 피해자의 주치의 겸 이 사건 병원 정형외과의 전공의로서, 같은 과의 수련의인공소외 1이 피고인의 담당 환자인 피해자에 대하여 한 처방이 적절한 것인지의 여부를 확인하고 감독하여야 할 업무상 주의의무가 있음에도 불구하고**(이는 공소외 1이 성형외과 영역과 관련한 처방에 대하여 이 사건 병원 성형외과 전공의인공소외 2의 지시를 받았다고 하여 달리 볼 것이 아니다), **위 의무를 소홀히 한 나머지, 피해자가 공소외 1의 잘못된 처방으로 인하여 이 사건 상해를 입게 되었다**는 이유로, 피고인에 대한 판시 업무상과실치상죄의 범죄사실을 유죄로 인정한 것은 정당하고, 거기에 상고이유의 주장과 같은 채증법칙 위배로 인한 사실오인, 형법상 업무상과실치상죄에 관한 법리오해 등의 위법이 없다.

〈신뢰의 원칙 적용 배제 : 의사에게 간호사에 대한 지도감독의 의무가 있는 경우〉

대법원 1998. 2. 27. 선고 97도2812 판결 [업무상과실치사]

수혈은 종종 그 과정에서 부작용을 수반하는 의료행위이므로, 수혈을 담당하는 의사는 혈액형의 일치 여부는 물론 수혈의 완성 여부를 확인하고, 수혈 도중에도 세심하게 환자의 반응을 주시하여 부작용이 있을 경우 필요한 조치를 취할 준비를 갖추는 등의 주의의무가 있다 (대법원 1964. 6. 2. 선고 63다804 판결 참조).

그리고 의사는 전문적 지식과 기능을 가지고 환자의 전적인 신뢰하에서 환자의 생명과 건강을 보호하는 것을 업으로 하는 자로서, 그 의료행위를 시술하는 기회에 환자에게 위해가 미치는 것을 방지하기 위하여 최선의 조치를 취할 의무를 지고 있고, 간호사로 하여금 의료행위에 관여하게 하는 경우에도 그 의료행위는 의사의 책임하에 이루어지는 것이고 간호사는 그 보조자에 불과하므로, 의사는 당해 의료행위가 환자에게 위해가 미칠 위험이 있는 이상 간호사가 과오를 범하지 않도록 충분히 지도·감독을 하여 사고의 발생을 미연에 방지하여야 할 주의의무가 있고, 이를 소홀히 한 채 만연히 간호사를 신뢰하여 간호사에게 당해 의료행위를 일임함으로써 간호사의 과오로 환자에게 위해가 발생하였다면 의사는 그에 대한 과실책임을 면할 수 없다.

기록에 의하면, 피고인은 같은 인턴인 공소외 3으로부터 피해자에 대한 수혈임무를 인계받고서 같은 날 13:30경 피해자에게 수혈할 두 번째 혈액봉지를 직접 교체한 후 간호사인 1심 공동피고인 1에게 다음 혈액봉지를 교체하는 것을 맡기고, 같은 날 14:05경 공소외 2에게 수혈할 혈액봉지를 수령하여 수혈을 하려고 하였으나 공소외 2가 관장시술을 받고 있어 그 혈액봉지를 피해자의 나머지 혈액봉지 2개와 구분하지 않고 간호처치대 위에 함께 놓아 두면서, 혈액봉지에 환자의 성명, 혈액형 등이 기재되어 있는 관계로 간호사가 오인하지 아니할 것으로만 생각한 나머지 별다른 주의를 환기시키지 아니한 채 회진에 대비하여 그 현장을 떠났고, 피해자 이외에 다른 수혈 환자가 있는 것을 모르고 있던 1심 공동피고인 1은 같은 날 14:30경 자신이 교체해 준 세 번째 혈액봉지의 수혈이 다 끝나갈 무렵 피해자가 다량의 혈변을 보는 등의 증세를 보이자 이를 1심 공동피고인 2에게 보고하여 수혈을 계속하라는 지시를 받고서 다급하게 수혈을 하느라고 피해자의 혈액봉지와 함께 놓여 있던 공소외 2의 혈액봉지를 피해자의 것으로 오인하고서 이를 가져가 피해자에게 수혈하였고, 피고인은 같은 날 15:00경 공소외 2에게 수혈을 하기 위하여 현장에 돌아와서 간호처치대 위에 있던 공소외 2의 혈액봉지가 없어진 것을 보고 비로소 공소외 2의 혈액봉지가 피해자에게 잘못 수혈되고 있는 것을 발견하였음을 알 수 있다.

피고인은 피해자에 대한 수혈을 담당하는 의사로서, 수혈을 하기에 앞서 그 혈액봉지가 피해자의 것인지 여부를 확인하여 다른 환자의 혈액봉지를 잘못 수혈함으로써 피해자에게 위해가 발생하는 것을 방지하여야 할 주의의무가 있는바, 이 사건에서와 같이 <u>피고인이 피해자와 공소외 2 두 명의 환자에 대한 수혈을 동시에 담당한 관계로 그들에게 수혈할 혈액봉지를 같은 장소에 구분 없이 준비해 둔 경우라면, 피고인으로서는 혈액봉지가 바뀔 위험을 방지하기 위하여 직접 피해자의 혈액봉지를 교체하거나, 간호사인 1심 공동피고인 1에게 혈액봉지의 교체를 맡기는 경우에도 그와 같은 사정을 주지시켜 1심 공동피고인 1로 하여금 교체하는 혈액봉지를 반드시 확인하게 하고, 스스로 사후 점검을 하여 혈액봉지가 바뀜으로 인하여 피해자에게 위해가 발생하지 않도록 필요한 조치를 취하여야 할 주의의무가 있고,</u> **피고인이 피해자와 공소외 2의 혈액봉지를 구분 없이 함께 놓아 두고서도 위와 같은 조치를 취하지 아니한 채 만연히 1심 공동피고인 1에게 혈액봉지의 교체를 맡긴 후 현장을 떠나 1심 공동피고인 1이 추가로 2개의 혈액봉지를 교체하여 마지막 혈액봉지의 혈액이 피해자에게 상당량 수혈될 때까지 돌아오지 아니함으로써,** <u>1심 공동피고인 1이 혈액봉지가 피해자의 것인지 여부를 확인하지 아니하고 피고인도 피해자의 혈액봉지가 잘못 교체된 것을 조기에 발견하지 못한 것이라면, 피고인에게 그에 대한 과실이 있다고 하지 않을 수 없다.</u>

〈신뢰의 원칙 적용 여부 판단기준〉

대법원 2003. 8. 19. 선고 2001도3667 판결 [업무상과실치사]

의료법에 의하면, 간호사는 의사와 함께 '의료인'에 포함되어 있고(제2조 제1항), 간호사의 임무는 '진료의 보조' 등에 종사하는 것으로 정하고 있으며(제2조 제2항), 간호사가 되기 위하여는 간호학을 전공하는 대학 또는 전문대학 등을 졸업하고 간호사국가시험에 합격한 후 보건복지부장관의 면허를 받도록 되어 있음(제7조)을 알 수 있는바, 이와 같이 <u>국가가 상당한 수준의 전문교육과 국가시험을 거쳐 간호사의 자격을 부여한 후 이를 '의료인'에 포함시키고 있음에 비추어 볼 때, 간호사가 '진료의 보조'를 함에 있어서는 모든 행위 하나하나마다 항상 의사가 현장에 입회하여 일일이 지도·감독하여야 한다고 할 수는 없고, 경우에 따라서는 의사가 진료의 보조행위 현장에 입회할 필요 없이 일반적인 지도·감독을 하는 것으로 족한</u>

경우도 있을 수 있다 할 것인데, 여기에 해당하는 보조행위인지 여부는 보조행위의 유형에 따라 일률적으로 결정할 수는 없고 구체적인 경우에 있어서 그 행위의 객관적인 특성상 위험이 따르거나 부작용 혹은 후유증이 있을 수 있는지, 당시의 환자 상태가 어떠한지, 간호사의 자질과 숙련도는 어느 정도인지 등의 여러 사정을 참작하여 개별적으로 결정하여야 할 것이다.

원심판결의 이유에 의하면, 원심은, 이 사건 피해자(여, 70세)가 1999. 12. 3. 뇌출혈 증세로 부산 백병원에 입원하여 뇌실외배액술 등의 수술을 받은 다음 중환자실에서 치료를 받다가 같은 달 9. 일반병실로 옮겨졌는데, 피해자의 몸에는 수술 직후부터 대퇴부 정맥에 주사침을 통하여 수액을 공급하기 위한 튜브가 연결되어 있었고 머리에는 뇌실 삼출액(삼출액)을 배출하기 위한 튜브(뇌실외배액관)가 연결되어 있었던 사실, 위 병원 신경외과 전공의인 피고인은 수술 직후 피해자의 주치의로 선정되었고 위 병원 간호사들은 피고인의 처방 및 지시에 따라 계속하여 대퇴부 정맥에 연결된 튜브를 통하여 항생제, 소염진통제 등의 주사액을 투여하였지만 별다른 부작용이 없었던 사실, 피고인은 1999. 12. 10. 종전 처방과 마찬가지로 피해자에게 항생제, 소염진통제 등을 정맥에 투여할 것을 당직간호사에게 지시하였는데, 위 병원의 책임간호사인원심 공동피고인 1(경력 7년)은 신경외과 간호실습을 하고 있던원심 공동피고인 2(간호학과 3학년)를 병실에 대동하고 가서 그에게 주사기를 주면서 피해자의 정맥에 주사하라고 지시하고 자신은 그 병실의 다른 환자에게 주사를 하는 사이에 원심 공동피고인 2가 뇌실외배액관을 대퇴부 정맥에 연결된 튜브로 착각하여 그 곳에 주사액을 주입하는 것을 뒤늦게 발견하고 즉시 이를 제지한 다음 직접 나머지 주사액을 대퇴부 정맥에 연결된 튜브에 주입하였지만 피해자는 뇌압상승에 의한 호흡중추마비로 같은 날 사망한 사실 등을 인정한 다음, 피고인의 처방과 지시에 따라 수술 직후부터 계속하여 항생제, 진통소염제 등의 주사액이 간호사들에 의하여 피해자의 대퇴부 정맥에 연결된 튜브를 통하여 투여되어 왔으므로 사고 당일 주사행위 자체에 특별한 위험성이 있었다고 볼수 없고 피고인이 입회하지 않더라도 간호사가 주사의 부위 및 방법에 관하여 착오를 일으킬 만한 사정도 없었던 점, 신체에 직접 주사하여 주사액을 주입하는 것이 아니라 대퇴부정맥에 연결된 튜브를 통하여 주사액을 주입하는 행위는 투약행위에 가깝다는 점, 원심 공동피고인 1의 경력과 그가 취한 행동에 비추어 볼 때 피해자에 대한 주사의 부위 및 방법에 관하여 정확히 이해하고 있었고 그의 자질에 문제가 없었던 것으로 보이는 점, 피해자는 주사로 인한 부작용 발생 여부에 대한 검사가 끝난 상태이고 수술 뒤 상태가 다소 호전되었을 뿐만 아니라 이 사건 사고 전까지 주사로 인한 부작용이 발생하지 아니하였던 점, 피고인으로서는 자신의 지시를 받은 간호사가 자신의 기대와는 달리 간호실습생에게 단독으로 주사하게 하리라는 사정을 예견할 수도 없었다는 점 등을 종합하여 보면, 피고인으로 하여금 그 스스로 직접 주사를 하거나 또는 직접 주사하지 않더라도 현장에 입회하여 간호사의 주사행위를 직접 감독할 업무상 주의의무가 있다고 보기 어렵다는 이유로, 위와 같은 업무상 주의의무가 있음을 전제로 한 이 사건 업무상과실치사의 공소사실에 대하여 무죄를 선고하였다.

앞에서 본 법리와 기록에 비추어 살펴보면, 원심의 사실인정과 판단은 정당하고 거기에 상고이유로 주장하는 바와 같은 의사의 업무상 주의의무에 관한 법리를 오해한 잘못이 있다고 할 수 없다. 그리고 상고이유에서 인용한 판례들은 이 사건과 사안을 달리하여 이 사건에 원용하기에 적절하지 아니하다.

> **[사실관계]** 주치의 甲은 간호사 乙 (경력 7년)에게 뇌수술을 한 환자 A에게 정맥주사를 놓으라고 지시하였다. 간호사 乙은 간호실습생 丙 (간호학과 3학년)에게 다시 환자 A에게 정맥주사를 지시하였다. 간호실습생 丙은 뇌수술 후의 배출액을 뽑아내기 위한 뇌실외배액관의 튜브를 대퇴부에 있는 정맥주사 튜브로 착각하고 여기에 정맥주사를 투입하였고, 그 결과 A는 사망하였다. 검사는 甲, 乙, 丙을 업무상 과실치사죄로 기소하였으나, 원심법원 및 대법원은 甲은 주의의무위반이 인정되지 않는다는 이유로 무죄로 판단하였다.

(3) 건설공사 영역

〈卑 신뢰의 원칙〉

대법원 1995. 9. 15. 선고 95도906 판결 [업무상과실치사·업무상과실치상·건설업법위반]

건설기술관리법 제35조, 같은법시행령 제56조, 같은법시행규칙(1993.12.31. 건설부령 제544호로 개정되기 전의 것) 제24조, 제25조, 같은법시행규칙(위 건설부령 제544호로 개정된 후의 것) 제43조 별표 9에 의하면, 국가·지방자치단체 또는 정부투자기관이 발주하는 건설공사의 감독업무를 행하는 공사감독관은 당해 건설공사가 공사설계도서, 시방서 등에 적합하게 시공되고 있는지의 여부를 감독하여야 하고, 하도급거래 관련 법령의 위반 사항, 시공자의 현장기술자 확보 사항 등에 관하여 공사발주관서의 장에게 보고하여야 하며, 시공감리가 정확하게 되어 있는지의 여부에 관하여도 확인·감독하여야 할 뿐 아니라, 공사현장에 배치되는 공사 시공자의 현장대리인 및 기술자에 대한 경력사항확인서를 검토하여 당해 건설공사의 시공에 부적합하다고 인정하는 경우에는 시공자에게 이들의 교체를 요구할 수 있도록 규정되어 있는 바, 특히 공사감독관으로 하여금 하도급거래 관련 법령의 위반 사항, 시공자의 현장기술자 확보 사항 등에 관하여 공사발주관서의 장에게 보고하거나 공사현장에 배치되는 공사시공자의 현장대리인 및 기술자에 대한 경력사항 확인서를 검토하여 당해 건설공사의 시공에 부적합하다고 인정하는 경우에는 시공자에게 이들의 교체를 요구할 수 있도록 한 위 규정은 공사감독관으로 하여금 위 법령이 정한 감독의무를 철저히 수행하게 하여 무자격자 또는 자격미달자가 건설공사에 참여함으로써 야기될 공사의 부실화와 그로 인하여 발생할지도 모르는 재해를 미연에 방지하고자 하는 일반예방적인 차원에서 사전에 이를 차단하기 위한 것으로 보여지고, 오늘날 도처에서 일어나고 있는 교량 및 건물붕괴 등의 건축물 관련 대형사고가 대부분 부실공사에 의한 것으로 나타나고 있고, 그 사고의 결과 또한 참혹하기 이를데 없을 뿐만 아니라 무자격자에 의한 시공이 그 부실공사의 원인 중의 하나로 밝혀지고 있는 점까지 아울러 감안하여 보면 공사감독관이 위와 같은 직무에 위배하여 당해 건축공사가 불법하도급되어 무자격자에 의하여 시공되고 있는 점을 알고도 이를 묵인하였거나 그와 같은 사정을 쉽게 적발할 수가 있었음에도 직무상의 의무를 태만히 하여 무자격자로 하여금 공사를 계속하게 함으로써 붕괴사고 등의 재해가 발생한 경우에 만일 자격 있는 자가 시공을 하였다면 당해 재해가 발생하지 아니하였거나 재해 발생의 위험이 상당히 줄어들었으리라고 인정된다면, 공사감독관의 그와 같은 직무상의 의무위반과 붕괴사고 등의 재해로 인한 치사상의 결과 사이에 상당인과관계가 있다고 봄이 상당하다 할 것이다.

돌이켜 이 사건에 관하여 살피건대, ○○구청이 발주한 이 사건 펌프장공사의 공사감독관으로 파견된 피고인으로서는 위 관계 법령의 규정에 따라 전문 건설업 면허가 없는 위 공소외 1 주식회사가 건설업법에 위반하여 위 공소외 2 주식회사의 명의를 대여받아 하도급계약을 체결하고 공사를 하고 있는 것은 아닌지(건설업법 제16조의2), 또는 위 공소외 2 주식회사로부터 재하수급하여 위 공사를 시행하고 있는 것은 아닌지(같은 법 제22조 제4항 본문), 더 나아가 위 공소외 4 등이 재하수급을 받아 위 공사를 시행하고 있는 것은 아닌지 또는 위 공사를 시공하고 있는 자가 공사시공자격과 능력이 있는지의 여부 등을 조사 확인하여 그 어느 경우에라도 해당된다고 판단되면 소속 구청장에게 이를 보고하여 수급인에 대하여 그 변경을 요구하도록 하여야 하고, 수급인이 정당한 이유 없이 이에 불응하여 공사결과에 중대한 영향을 초래할 우려가 있는 때에는 도급계약을 해지(같은 법 제23조)할 수 있도록 조치를 취함과 아울러 건설업법위반죄(같은 법 제60조 제4호, 제62조 제3호)로 형사고발조치까지 취하게 하는 등 위

법령에 의하여 부여된 감독의무를 철저히 하여 무자격자의 시공으로 인한 부실공사로 말미암아 발생할 재해를 미연에 방지하여야 할 직무상의 주의의무가 있다 할 것이다.

그리고 기록에 의하면, 원래 이 사건 빗물펌프장은 특수구조물로서 특히 1층 바닥으로부터 2층 천정까지는 높이가 약 10.5m나 되고 그 사이에는 아무것도 없는 빈 공간일 뿐 아니라, 1층 바닥에는 가로, 세로 각 3m가량 되는 구멍(Hole)이 18개나 뚫려 있어 바닥 면적의 30% 정도를 차지하고 있고, 2층 천정의 콘크리트 타설물량이 240㎡로서 하중이 커 가설물설치공사와 콘크리트 타설공사에 상당한 건설기술과 정치한 시공이 요구되므로 이와 같은 공사를 안전하게 하기 위하여는 2층 천정 슬라브의 콘크리트 타설하중을 충분히 지탱할 수 있도록 1층 바닥으로부터 2층 천정 거푸집까지의 지보공설치를 할 때 1층 바닥의 구멍 부분은 H형강으로 바닥지지대를 설치하고 그 위에 틀비계로 조립하는 방법으로 안전하고 튼튼하게 시공되어야 함에도 불구하고, 아무런 자격이나 기술도 없는 공소외 4가 가설물 시설에 관한 설계도서나 거푸집 지보공 조립에 관한 조립도도 없이 주먹구구식으로 경험에만 의존하여 강관현장조립 공법으로 시공하는 등의 시공방법상의 오류와 그 밖의 안전상의 잘못으로 인하여 이 사건 사고가 발생한 사실을 엿볼 수 있어 만일 적격 업체가 이 사건 공사를 시행하였더라면 이 사건과 같은 붕괴사고는 미연에 방지할 수 있었거나 그 사고발생의 위험이 상당히 줄어들었으리라고 예상되는 점을 감안하여 본다면 이 사건 사고발생이 적격 하수급업체의 시공여부와 직접적인 관련이 없다고 볼 수는 없다 할 것이다.

따라서, 원심이 확정한 바와 같이 공사현장의 객관적인 제반 사정에 비추어 전문 건설업 면허가 없는 위 공소외 1 주식회사가 전문 건설업면허를 소지한 위 공소외 2 주식회사의 명의를 빌려 원수급인인 공소외 4 주식회사로부터 이 사건 콘크리트 타설공사를 하도급받아 전문 건설업 면허나 건설기술 자격이 없는 공소외 4 등에게 재하도급 주어 이 사건 공사를 시공하도록 한 사실을 피고인이 알았거나 쉽게 알 수 있었음에도 불구하고 그 직무를 유기 또는 태만히 하여 이 사건 붕괴사고가 발생할 때까지도 이를 적발하지 아니하였거나 적발하지 못한 잘못이 있다면, 피고인의 위와 같은 직무상의 의무위반 행위는 이 사건 붕괴사고로 인한 치사상의 결과에 대하여 상당인과관계가 있다고 할 것이어서 피고인으로서는 업무상과실치사·상죄의 죄책을 면하기 어렵다고 할 것이다. 그럼에도 불구하고 그 판시와 같은 이유로 피고인에 대하여 무죄를 선고한 원심은 필경 업무상과실치사·상죄의 법리를 오해한 나머지 판결에 영향을 미친 위법을 저질렀다고 아니할 수 없으므로 이 점을 지적하는 검사의 상고이유의 주장은 그 이유 있다 할 것이다.

콘크리트 타설작업 중이던 고덕 빗물펌프장 2층 천정 슬라브 전체가 붕괴, 함몰되게 함으로써 약 금 30,000,000원의 재산적 피해를 입게 하고, 그 위에서 작업중이던 인부 공소외 5 등 10명을 추락하게 하여 공소외 5, 공소외 6을 질식·압사하게 함과 동시에 공소외 7 등 8명으로 하여금 8개월간의 치료를 요하는 뇌진탕 등의 상해를 입게 한 사건

대법원 2009. 5. 28. 선고 2008도7030 판결 [업무상과실치사·산업안전보건법위반]

도급계약의 경우 원칙적으로 도급인에게는 수급인의 업무와 관련하여 사고방지에 필요한 안전조치를 취할 주의의무가 없으나, 법령에 의하여 도급인에게 수급인의 업무에 관하여 구체적인 관리·감독의무 등이 부여되어 있거나 도급인이 공사의 시공이나 개별 작업에 관하여 구체적으로 지시·감독하였다는 등의 특별한 사정이 있는 경우에는 도급인에게도 수급인의 업무와 관련하여 사고방지에 필요한 안전조치를 취할 주의의무가 있다고 할 것이다(대법원 1996. 1. 26. 선고 95도2263 판결 등 참조).

기록에 의하면, 피고인 1은 이 사건 공사현장의 소장으로 법 제13조의 안전보건관리책임자로 지정되어 안전보건 및 관리업무를 총괄적으로 지휘·감독하였고, 피고인 4 주식회사 소속 직원 15명이 업무를 분장하여 구체적으로 작업현장을 관리·감독해온 사실, 피고인 4 주식회사의 건축시공담당공소외 1이 이 사건 비계 해체에 관한 매우 구체적인 작업절차서를 작성하여, 안전대리공소외 2, 공사과장공소외 3, 부소장공소외 4의 검토를 거쳐, 현장소장 피고인 1이 승인결재를 하였던 사실, 위 계획서에는 작업자 특별안전교육 실시, 출입금지구역 설정, 층별로 추락방지망 해체 등의 세부작업절차가 마련되어 있고, 1차 해체(6층 이상)시에는 층별로 추락방지망을 해체하고, 2차 해체(1층 ~ 5층)시에는 1층까지 안전망을 모두 해체한다는 구체적인 작업내용이 포함되어 있는 사실, 피고인 3 주식회사는 피고인 4 주식회사 안전요원의 감독을 받으면서 위 작업절차서에 따라 안전망을 모두 제거한 후 비계해체 작업을 진행하다가 이 사건 사고가 발생한 사실, 사고 발생 당시에도피고인 4 주식회사 안전요원 1명이 작업현장에서 근로자들의 작업을 감독하고 있었던 사실, 피고인 4 주식회사의 대리공소외 2 등은 2006. 11. 20. 07:20경부터 2시간 동안 피해자를 포함한 근로자들을 상대로 비계설치·해체 작업에 대한 특별안전교육을 실시하기도 하였던 사실 등을 알 수 있는바, 이와 같은 제반 사정에 비추어 보면, 이 사건 공사현장의 소장인피고인 1은 이 사건 비계해체 작업과 관련하여 하수급인인피고인 3 주식회사의 근로자들에 대해 구체적으로 작업을 지시·감독하였다고 할 것이므로 위 작업과 관련하여 사고방지에 필요한 안전조치를 취할 주의의무가 있다고 할 것이다.

그렇다면 원심으로서는 피고인 1에게 인정되는 업무상 주의의무에 관하여 면밀히 심리를 하여 이 사건 비계해체 작업과 관련하여 필요한 안전조치를 취하지 않은 데에 과실이 있는지를 판단하였어야 함에도 만연히 피고인 4 주식회사이 법 제29조 제2항의 안전조치 의무를 이행하여야 하는 사업주에 해당하지 않는다는 이유만으로 피고인 1에 대한 업무상과실

치사죄를 무죄로 판단한 것은, 심리를 다하지 아니하고 산업안전보건법의 적용 범위에 관한 법리를 오해하여 판결 결과에 영향을 미친 위법을 저지른 경우에 해당한다 할 것이므로, 이 점을 지적하는 취지의 상고이유의 주장은 이유 있다.

라. 일반적 보통인

〈일반적 보통인의 의의 및 판단기준〉

대법원 1999. 12. 10. 선고 99도3711 판결 [업무상과실치상]

의료사고에 있어서 의사의 과실을 인정하기 위해서는 의사가 결과발생을 예견할 수 있었음에도 불구하고 그 결과발생을 예견하지 못하였고 그 결과발생을 회피할 수 있었음에도 불구하고 그 결과발생을 회피하지 못한 과실이 검토되어야 하고, 그 과실의 유무를 판단함에는 같은 업무와 직무에 종사하는 일반적 보통인의 주의정도를 표준으로 하여야 하며, 이에는 사고 당시의 일반적인 의학의 수준과 의료환경 및 조건, 의료행위의 특수성 등이 고려되어야 한다(대법원 1997. 10. 10. 선고 97도1678 판결 참조).

기록에 의하면, 피고인이 피해자에 대하여 시행한 수술은 1회용 제품인 메스를 사용하여 척추에 붙어 있는 후종인대의 일부도 제거해야 하기 때문에 딱딱한 척추체에 메스 끝이 부러지는 일이 흔히 있을 수 있는데 그 경우 통상 쉽게 발견되어 제거할 수 있으나 쉽게 발견되지 않는 경우에는 수술과정에서 무리하게 제거하려고 하면 메스가 이동하여 신경이나 혈관계통에 부가적인 손상을 줄 수 있기 때문에 일단 부러진 메스조각을 그대로 둔 채 수술부위를 봉합하였다가 나중에 엑스레이촬영 등을 통하여 메스의 정확한 위치와 이동상황 그로 인한 위험성 등을 종합적으로 고려하여 재수술을 통하여 제거하거나 그대로 두는 경우도 있는 사실, **피고인은 수술도중에 메스가 부러지자 부러진 메스조각을 찾아 제거하기 위한 최선의 노력을 다하였으나 찾지 못하자 부러진 메스조각을 계속 찾는데 따른 위험성을 고려한 의학적 판단에 따라 일단 수술부위를 봉합한 뒤 메스조각의 위치와 이동추이를 보아 재수술을 통한 제거방법을 택하기로 하여 부러진 메스조각을 그대로 둔 채 수술부위를 봉합한 사실을** 알 수 있는바, 위와 같이 피해자가 받은 수술과정에서 수술부위의 상태 등에 따라 수술용 메스가 부러지는 일이 발생할 수 있는 점에 비추어 그것이 특별히 피고인의 과실로 인하여 발생한 것이라고 볼 수는 없고, 또 부러진 메스조각을 그대로 둔 채 수술부위를 봉합한 것도 피고인이 수술용 메스가 부러진 사실을 모른 채 수술부위를 봉합한 경우와는 달리 위와 같이 무리하게 제거하는 경우의 위험성을 고려한 의학적 판단에 따른 것이고, 그와 같은 판단이 일반적인 의학 수준에서 합당한 판단이라고 보이는 점에 비추어 피고인에게 어떠한 과실이 있다고는 볼 수 없다.

대법원 2011. 4. 14. 선고 2010도10104 판결 [업무상과실치상 · 의료법위반]

의료사고에 있어서 의사의 과실을 인정하기 위해서는 의사가 결과발생을 예견할 수 있었음에도 불구하고 그 결과발생을 예견하지 못하였고 그 결과발생을 회피할 수 있었음에도 불구하고 그 결과발생을 회피하지 못한 과실이 검토되어야 하고, 그 과실의 유무를 판단함에는 같은 업무와 직무에 종사하는 보통인의 주의정도를 표준으로 하여야 하며, 이에는 사고 당시의 일반적인 의학의 수준과 의료환경 및 조건, 의료행위의 특수성 등이 고려되어야 하고(대법원 1999. 12. 10. 선고 99도3711 판결 등 참조), 이러한 법리는 한의사의 경우에도 마찬가지라고 할 것이다.

원심판결 이유 및 원심이 적법하게 채택하여 조사한 증거들에 의하면, 봉침 시술 전에 실시하는 알레르기 반응검사(skin test)는 봉독액 0.05cc 정도를 팔뚝에 피내주사한 다음 10분 내지 15분 후에 피부반응 등을 살피는 방식으로 하고, 최초의 알레르기 반응검사에서 이상반응이 없음이 확인된 경우에는 통상 시술 시마다 알레르기 반응검사를 하지는 않는 사실, 피해자는 2007. 4. 13. ○○한방병원에서 봉독액 알레르기 반응검사를 받았으나 이상반응이 없어 봉침시술을 받은 후, 2007. 4. 16. 이후 2007. 5. 8.까지 ○○한방병원에서 약 8회에 걸쳐 시술 전 알레르기 반응검사를 받지 않은 채 봉침시술을 받았고, 2008. 12. 1.에는 '경추염좌'로 경추 부위에 10% 농도의 봉침시술을 받기도 하였는데, 그때마다 시술 후 별다른 이상반응이 없었던 사실, 피고인 1은 2008. 12. 13. 목디스크 치료를 위해 내원한 피해자에게 문진을 하여 피해자로부터 과거에 봉침을 맞았으나 별다른 이상반응이 없었다는 답변을 듣고 환부인 피해자의 목 부위에 1 : 8,000의 농도인 봉독액 0.1cc를 1분 간격으로 모두 4회에 걸쳐 시술하였는데 그 투여량은 알레르기 반응검사를 할 때 통상적으로 사용하는 투여량과 같은 정도인 사실, 그런데 피해자는 봉침시술을 받고 5~10분 후 온몸이 붓고 가려우며 호흡을 제대로 할 수 없는 등 아나필락시 쇼크반응을 나타내서 응급처치를 받았고, 이후 피해자는 아주대학교병원에서 향후 3년간 벌독에 대한 면역치료가 필요하다는 진단을 받은 사실, 아나필락시 쇼크는 봉침시술에 따라 나타날 수 있는 과민반응 중 전신 · 즉시형 과민반응으로서 10만 명당 2~3명의 빈도로 발생하는데, 봉독액 용량과 반응관계가 성립하지 않는 경우도 많고 알레르기 반응검사에서 이상반응이 없더라도 이후 봉침시술과정에서 쇼크가 발생할 수도 있는 등 사전에 예측하는 것이 상당히 어려운 사실 등을 알 수 있다.

사정이 이와 같다면, 과거 알레르기 반응검사에서 이상반응이 없었고 피고인 1이 시술하기

약 12일 전의 봉침시술에서도 이상반응이 없었던 피해자를 상대로 다시 알레르기 반응검사를 실시할 의무가 있다고 보기는 어렵고, 설령 그러한 의무가 있다고 하더라도 피고인이 4회에 걸쳐 투여한 봉독액의 양이 알레르기 반응검사에서 일반적으로 사용되는 양과 비슷한 점에 비추어 보면 위 피고인이 봉침시술 과정에서 알레르기 반응검사를 제대로 시행하지 않은 채 봉독액을 과다하게 투여한 경우라고 볼 수도 없다. 또한 아나필락시 쇼크는 항원인 봉독액 투여량과 관계없이 발생하는 경우가 대부분이고 투여량에 의존하여 발생하는 경우에도 쇼크증상은 누적투여량이 일정 한계(임계치)를 초과하는 순간 발현하게 될 것인데, 알레르기 반응검사 자체에 의하여 한계를 초과하게 되거나 알레르기 반응검사까지의 누적량이 한계를 초과하지 않더라도 그 이후 봉침시술로 인하여 한계를 초과하여 쇼크가 발생할 수 있는 점을 고려하면 알레르기 반응검사를 하지 않은 점과 피해자의 아나필락시 쇼크 내지 3년간의 면역치료를 요하는 상태 사이에 상당인과관계를 인정하기도 어렵다.

같은 취지에서 원심이, 피고인 1의 업무상 과실로 인하여 피해자에게 아나필락시 쇼크가 발생하고 벌독에 대한 면역치료를 받아야 되는 상해가 발생하였다고 볼 수 없다고 판단한 것은 정당하고, 거기에 상고이유 주장과 같이 한의사의 봉침시술상 업무상 과실 등에 관한 법리를 오해한 잘못은 없다.

〈일반적 보통인보다 높은 위험을 창출한 경우 : 전원지체 과실〉

대법원 2010. 4. 29. 선고 2009도7070 판결 [업무상과실치사]

2. 전원지체 과실에 관하여

가. 의료과오사건에 있어서 의사의 과실을 인정하려면 결과 발생을 예견할 수 있고 또 회피할 수 있었음에도 하지 못한 점을 인정할 수 있어야 하고, 위 과실의 유무를 판단함에는 같은 업무와 직무에 종사하는 일반적 보통인의 주의 정도를 표준으로 하여야 하며, 이때 사고 당시의 일반적인 의학의 수준과 의료환경 및 조건, 의료행위의 특수성 등을 고려하여야 한다(대법원 1999. 12. 10. 선고 99도3711 판결, 대법원 2008. 8. 11. 선고 2008도3090 판결 등 참조). 그리고 간호사가 '진료의 보조'를 함에 있어서는 모든 행위 하나하나마다 항상 의사가 현장에 입회하여 일일이 지도·감독하여야 한다고 할 수는 없고, 경우에 따라서는 의사가 진료의 보조행위 현장에 입회할 필요 없이 일반적인 지도·감독을 하는 것으로 족한 경우도 있을 수 있다 할 것인데, 여기에 해당하는 보조행위인지 여부는 보조행위의 유형에 따라 일률적으로 결정할 수는 없고 구체적인 경우에 있어서 그 행위의 객관적인 특성상 위험이 따르거나 부작용 혹은 후유증이 있을 수 있는지, 당시의 환자 상태가 어떠한지, 간호사의 자질과 숙련도

는 어느 정도인지 등의 여러 사정을 참작하여 개별적으로 결정하여야 할 것이다(대법원 2003. 8. 19. 선고 2001도3667 판결 참조).

나. 원심판결 이유 및 원심이 적법하게 채택하여 조사한 증거를 종합하면, 출산 후 대량출혈은 산모 사망의 주요 원인이고, 분만 후 1시간(태반분리 후 1시간)은 자궁수축 부진 등으로 인한 출혈위험이 높은 시간이므로 집중적으로 혈압, 맥박 등의 활력징후 및 자궁수축 정도, 질 출혈의 정도를 관찰하여야 하며, 태반조기박리가 있는 산모의 경우 출산 후 대량출혈이 발생할 위험이 매우 높은 사실, **피고인은 기존에 임신성고혈압**(2004. 9. 24.경 혈압이 160/100㎜ Hg이었음)**이 있던 피해자에 대하여 태아절박가사를 의심하여 2004. 10. 3. 13:50경 제왕절개 수술을 시행하는 과정에서 경증의 태반조기박리를 발견하였고 14:30경 수술을 마친 다음 간호사들에게 '출혈이 있을지 모르니 잘 지켜보라'고 지시한 사실, 피고인은 수술을 마치고 약 45분이 지난 15:15경 수술실로 돌아와 피해자를 관찰하였는데, 피해자는 대량출혈로 인하여 혈압이 90/60㎜Hg로 떨어진 상태였던 사실, 피고인은 피해자에 대하여 자궁마사지를 하고 자궁수축제인 날라돌 및 혈장증량제를 투여하다가 15:50경 ○○병원 응급실에 전원조치를 취하였는데, 피해자는 결막이 매우 창백하고, 혈압은 측정이 안 되거나 90/60㎜Hg으로 낮게 측정되었으며, 맥박수는 129회/분, 호흡수는 20회/분으로 증가된 상태였던 사실, ○○병원 당직의사공소외인은 피해자에게 수액을 투여하는 한편 중환자실에 옮겨 간호사들로 하여금 피해자 상태를 관찰하다가 16:40경 응급실 입원당시 채혈된 피해자 혈액의 혈중 헤모글로빈 (Hb) 수치가 7.6g/dL로 낮다는 보고를 받고 수혈을 지시한 사실, 피해자는 수혈준비 중이던 17:00경 혈압측정이 안 되고 17:10경 호흡이 멈추는 등 심폐정지 상태에 빠졌고, ○○병원 의료진으로부터 수혈, 자궁적출수술 등 치료를 받았으나 다음날인 2004. 10. 4. 02:43경 과다출혈, 파종성**(범발성) 혈관내 응고장애**(DIC)**로 사망한 사실을** 알 수 있다.

위 법리에 비추어 위 사실관계를 살펴보면, 피고인이 간호사들에게 진료 보조행위에 해당하는 자궁의 수축상태 및 질출혈의 정도를 관찰하도록 위임하는 것 자체가 과실이라고 볼 수는 없으나(피고인은 간호사로부터 출혈량이 많다는 보고를 받으면 즉시 환자를 살펴 수혈 또는 전원 여부 등을 판단하면 될 것이다), 피고인으로서는 태반조기박리 등으로 인한 대량출혈의 위험성이 높다는 것을 예견하였거나 이를 예견할 수 있었으므로 간호사가 위임받은 업무를 제대로 수행하고 있는지 평소보다 더 주의 깊게 감독하여, 피해자의 출혈량이 많을 경우 신속히 수혈을 하거나 수혈이 가능한 병원으로 전원시킬 의무가 있다고 할 것인데, 이를 게을리하여 피해자의 대량출혈 증상을 조기에 발견하지 못하고, 전원을 지체하여 피해자로 하여금 신속한 수혈 등의 조치를 받지 못하게 한 과실이 있다고 할 것이다.

다. 원심의 판단은 그 설시에 다소 미흡한 점이 있으나 피고인의 전원지체 과실을 인정한 결론에 있어 정당하므로, 원심판결에 상고이유 주장과 같은 전원조치상의 의료과실에 관한 법리오해, 판단누락 등의 위법이 있다고 할 수 없다.

대법원 2009. 12. 24. 선고 2005도8980 판결 [업무상과실치상]

의료사고에 있어 의료인의 과실을 인정하기 위하여서는 의료인이 결과 발생을 예견할 수 있음에도 불구하고 그 결과 발생을 예견하지 못하였고 그 결과 발생을 회피할 수 있었음에도 불구하고 그 결과 발생을 회피하지 못한 과실이 검토되어야 하고, 그 과실의 유무를 판단함에는 같은 업무와 직무에 종사하는 일반적 보통인의 주의정도를 표준으로 하여야 하며, 이에는 사고 당시의 일반적인 의학의 수준과 의료환경 및 조건, 의료행위의 특수성 등이 고려되어야 한다(대법원 1996. 11. 8. 선고 95도2710 판결 참조).

원심이 인정한 사실관계와 기록에 의하면, ○○대학병원의 정형외과 수련의공소외 1이 정형외과 전공의인공소외 2의 지시를 받아 종양제거 및 피부이식수술을 받고 회복 중에 있던 피해자에 대한 처방을 함에 있어 근이완제인 베큐로니움 브로마이드(Vecuronium Bromide, 이하 '베큐로니움'이라 한다)를 투약하도록 처방한 사실, 그런데 위 베큐로니움은 전신근육을 이완시켜 수술을 쉽게 하는 작용을 가진 마취보조제로서 수술 후 회복과정에 있는 환자에게는 사용되지 않는 약제일 뿐 아니라 호흡근을 마비시키는 작용을 하기 때문에 환자에 대한 인공호흡 준비를 갖추지 않은 상태에서는 사용할 수 없고 인공호흡 준비 없이 투약할 경우 피해자에게 치명적인 결과를 초래하는 약품인 사실, 위 베큐로니움은 그 이틀 전에 있었던 피해자의 수술에 사용되었던 약품으로서, 수술시에 투약된 실제 사용량과 수술 당일 전산 입력된 사용량(착오로 실제 사용량보다 적게 입력되었다)의 차이를 메우기 위한 편법으로 마취과 의사가 약제과와의 협의 아래 실제 투약함이 없이 수술 다음날의 처방 약품에 형식적으로만 포함시켜 둔 것인데, 전공의공소외 2가 수술 이틀 후의 처방을 함에 있어 이와 같은 사정을 알지 못하고 단순히 전날과 동일한 내용으로 처방할 것을 공소외 1에게 지시하고, 이에 따라 공소외 1은 전산장치를 이용하여 전자처방을 내리는 과정에서 전날의 처방에 포함되어 있던 베큐로니움을 후속 처방에 그대로 이기함으로써 잘못 처방이 된 사실, **간호사인 피고인은 위 약제를 인수한 후 그 약효나 부작용을 전혀 알지 못하였음에도 불구하고 그에 관해 아무 확인도 하지 아니한 채 정맥주사의 방법으로 피해자에게 이를 투약함으로써 그 즉시 피해자가 의식불명의 상태에 빠지는 상해를 입게 된 사실**을 알 수 있다.

위에서 본 사실관계를 위 법리에 비추어 볼 때, 피고인이 경력이 오래된 간호사라 하더라도 단지 잘 모르는 약제가 처방되었다는 등의 사유만으로 그 처방의 적정성을 의심하여 의사에게 이를 확인하여야 할 주의의무까지 있다고 보기는 어렵다 할 것이지만, 환자에 대한 투약 과정 및 그 이후의 경과를 관찰·보고하고 환자의 요양에 필요한 간호를 수행함을 그 직무로 하고 있는 종합병원의 간호사로서는 그 직무 수행을 위하여 처방 약제의 투약 전에 미리 그 기본적인 약효나 부작용 및 주사 투약에 따르는 주의사항 등을 확인·숙지하여야 할 의무가 있다 할 것인바, 이 사건 처방의 경위와 위 베큐로니움의 특수한 용도 및 그 오용의 치명적 결과 등을 감안할 때, 만일 베큐로니움이라는 약제가 수술 후 회복과정에 있는 환자에게는 사용할 수 없는 성질이며 특히 인공호흡의 준비 없이 투여되어서는 아니된다는 등의 약효와 주의사항 및 그 오용의 치명적 결과를 미리 확인하였다면 위 처방이 너무나 엉뚱한 약제를 투약하라는 내용이어서 필시 착오 또는 실수에 기인한 것이라고 의심할 만한 사정이 있음을 쉽게 인식할 수 있었다 할 것이고, 그러한 사정이 있다면 간호사에게는 그 처방을 기계적으로 실행하기에 앞서 당해 처방의 경위와 내용을 관련자에게 재확인함으로써 그 실행으로 인한 위험을 방지할 주의의무가 있다고 봄이 상당하다.

그렇다면 이 사건에서 피고인이 위 베큐로니움의 약효 등을 확인하지 않음으로 인해 그 투약의 위험성을 인식하지 못함으로써 처방내용을 재확인할 기회를 놓친 채 그대로 이를 주사 투약한 점에서 위 주의의무를 위반한 과실이 인정된다 하겠고, 이를 투약함으로써 그 약효 내지 부작용으로 인하여 피해자에게 상해가 발생한 이상 그와 같은 결과는 피고인의 주의의무 위반과 상당인과관계가 있다고 할 것이며, 피해자의 상해 발생에 피고인 외에도 다른 사람들의 과실이 주로 작용하였다는 사정이 있다 하여 피고인의 책임을 면제할 사유가 된다고 할 수는 없다.

〈일반적 보통인의 주의 정도의 불명확성〉

대법원 2008. 8. 11. 선고 2008도3090 판결 [업무상과실치사]

의료과오사건에 있어서 의사의 과실을 인정하려면 결과 발생을 예견할 수 있고 또 회피할 수 있었음에도 이를 하지 못한 점을 인정할 수 있어야 하고, 위 과실의 유무를 판단함에는 같은 업무와 직무에 종사하는 일반적 보통인의 주의 정도를 표준으로 하여야 하며, 이때 사고 당시의 일반적인 의학의 수준과 의료환경 및 조건, 의료행위의 특수성 등을 고려하여야 한다(대법원 2006. 10. 26. 선고 2004도486 판결 등 참조). 또한, 의사는 진료를 행함에 있어 환자의 상황과 당시의 의료수준 그리고 자기의 지식경험에 따라 적절하다고 판단되는 진료방법을 선택할 상당한 범위의 재량을 가진다고 할 것이고, 그것이 합리적인 범위를 벗어난 것이 아닌 한 진료의 결과를 놓고 그중 어느 하나만이 정당하고 이와 다른 조치를 취한 것은 과실이 있다고 말할 수는 없다(대법원 2007. 5. 31. 선고 2005다5867 판결 등 참조).

[사안의 개요] 소아외과 의사가 5세의 급성 림프구성 백혈병 환자의 항암치료를 위하여 쇄

골하 정맥에 중심정맥도관을 삽입하는 수술을 하는 과정에서 환자의 우측 쇄골하 부위를 주사바늘로 10여 차례 찔러 환자가 우측 쇄골하 혈관 및 흉막 관통상에 기인한 외상성 혈흉으로 인한 순환혈액량 감소성 쇼크로 사망한 사안

마. 조회의무와 중단의무

〈성형시술 중단의무를 위반한 경우〉

대법원 2007. 5. 31. 선고 2007도1977 판결 [의료법위반·업무상과실치상·보건범죄단속에 관한특별조치법위반(부정의료업자)·위증교사·위증]

의사가 진찰·치료 등의 의료행위를 할 때는 사람의 생명·신체·건강을 관리하는 업무의 성질에 비추어 환자의 구체적 증상이나 상황에 따라 위험을 방지하기 위하여 요구되는 최선의 조치를 취하여야 하고, 환자에게 적절한 치료를 하거나 그러한 조치를 취하기 어려운 사정이 있다면 신속히 전문적인 치료를 할 수 있는 다른 병원으로의 전원조치 등을 취하여야 하며(대법원 2005. 10. 28. 선고 2004다13045 판결, 2006. 12. 21. 선고 2005도9213 판결 등 참조), 특히 <u>미용성형을 시술하는 의사로서는 고도의 전문적 지식에 입각하여 시술 여부, 시술의 시기, 방법, 범위 등을 충분히 검토한 후 그 미용성형 시술의 의뢰자에게 생리적, 기능적 장해가 남지 않도록 신중을 기하여야 할 뿐 아니라, 회복이 어려운 후유증이 발생할 개연성이 높은 경우 그 미용성형 시술을 거부 내지는 중단하여야 할 의무가 있다.</u>

이 사건에서 피해자공소외 1을 상대로 피고인 1이 시행한 안면 주름 및 오른쪽 볼 부분 볼거리 흉터 제거수술의 목적과 방법, 위 피고인의 위 수술에 대한 지식의 정도와 시술경험, 위 수술 이후 피해자의 상태 변화, 피해자의 증상이 악화된 이후 피해자를 연세대학교 의과대학 부속 세브란스병원(이하 '세브란스병원'이라 한다)에 이송할 때까지 위 피고인이 취한 조치의 내용 등을 위 법리에 비추어 살펴보면, 비록 위 수술로 인한 부작용을 확대시키는 데 있어서 피해자의 과실이 있음을 고려한다고 하더라도, 피고인 1은 미용성형 시술을 하는 의사로서 요구되는 업무상 주의의무를 다하지 아니하였고, 이로 인하여 피해자가 위와 같은 성형수술 이후 그 회복과정에서 통상적으로 수인하여야 하는 범위를 초과하여 생리적·기능적 장해를 입게 되었다고 보이므로, 원심이 같은 취지에서 피고인 1에 대한 판시 업무상과실치상의 공소사실을 유죄로 인정한 것은 옳고, 상고이유의 주장과 같은 채증법칙 위배로

인한 사실오인, 의사의 업무상 주의의무와 상당인과관계에 관한 법리오해 등의 위법이 없다.

바. 이익과 위험의 교량

⟨공동피고인들의 과속 경쟁으로 인한 사고 발생⟩

대법원 1984. 3. 13. 선고 83도3006 판결 [교통사고처리특례법위반·업무상과실자동차파괴]

원심판결은 그 거시의 증거에 의하여 피고인 2는 1983.1.5.16:30경 전남 여천군 쌍봉면 봉계리 월산부락앞 여수 순천간 국도에서 여수여객 소속 전남 5자2039호 시내버스를 운전하고 석창에서 여수방면을 향하여 주행중이었던 바, 당시 진행 전방 100여미터 지점에서는 적대관계에 있으면서 일일이 시비와 분쟁을 일삼고 과속, 추월경쟁을 계속하여 오던 같은 노선을 주행하는 피고인 회사소속 전남 5자2006호 버스와 동양교통 소속 전남 5자1628호 버스가 약10여미터의 간격을 두고 피고인의 차선을 침범한 채 과속, 추월경쟁을 하면서 돌진해오는 것을 발견하였으므로 이러한 경우 운전업무에 종사하는 자로서는 차의 속도를 줄이고 위 버스 등의 동태를 잘 살피면서 만일의 사태에 대비하는 등의 조치를 취하여 교통사고를 미리 막아야 할 업무상 주의의무가 있음에도 불구하고 이를 어기고 만연히 별일 없으리라 경신하고 위 1628호 버스가 같은회사 소속의 위 2006호 버스를 추월하지 못하게 하는데 급급한 나머지 위 2006호 버스 운전사에게 뒤에 동양교통 소속의 버스가 온다고 신호를 하는 일방 자신은 시속 약60킬로미터의 속도를 유지하면서 아무런 조치없이 그대로 주행한 잘못으로 그시경 제차선으로 진입하다가 위 2006호 버스가 갑자기 속도를 줄이는 바람에 동 버스의 뒷밤바를 충격하고 그 반동으로 빗길에 미끄러지면서 피고인의 노선을 가로막던 위 1628호 버스를 미처 피하지 못하고 동 버스의 좌측중간 부위를 피고인의 버스전면으로 충격하여 그 별지 기재와 같은 사상자를 내고 위 1628호 버스를 파괴한 것이라는 이 사건 공소사실을 유죄로 인정하고 있다.

그러나 기록에 의하여 살피건대, 피고인 및 원심공동 피고인의 수사기관이래 원심법정에 이르기까지의 진술 위 2039호 버스 승객이던 허석승의 수사기관 및 제1심 법정에서의 진술 등에 의하면 **피고인 2는 위 2039호 버스를 운전하여 시속 50킬로미터의 속도로 10도 정도의 좌곡각길을 돌아 나오면서 비로소 전방 100미터 거리에서 위 2006호 버스가 앞서고 그 뒤에 위 1628호 버스가 약간의 간격을 두고 중앙선을 조금 침범한 채 과속으로 경쟁하면서 마주**

오는 것을 보았는데 곧 뒤에 오던 위 1628호 버스가 추월을 포기하고 자기차선으로 들어가자 별일 없으리라고 생각하고 공동피고인 1에게 과속운행을 삼가하라는 뜻으로 손을 위 아래로 두번 흔들면서 (피고인의 이 신호가 위 1628 버스가 위 2006버스를 추월하지 못하게 한 것이라거나 또는 공동피고인 1이 이 신호를 급감속하라는 뜻으로 받아들였다고 인정할 수 있는 증거는 없다) **계속 같은 속도로 진행하였다**는 것이고 위 1628호 버스와 위 2006버스 그리고 위 2039호 버스의 충돌원인은 뒤에 4.에 판단한 바와 같이 <u>위 1628호 버스가 추월을 포기하고 자기 차선으로 들어가다가 앞차 운전사인 공동피고인 1이 급히 감속하는 바람에 앞차의 좌측후미를 들이받고 그 반동으로 차체의 후미가 시계방향으로 돌면서 피고인의 차선을 완전 가로막아버리자 급제동 우회조치를 취하였으나 당시 양차의 거리가 가까워 그대로 충돌하였다는 것이므로 이러한 경우 피고인으로서는 추월을 포기하고 자기 차선으로 들어가던 위 1628호 버스가 앞차인 위 2006호 버스의 갑작스러운 급제동 조치로 앞차인 2006호 버스를 충격한 반동으로 반대차선을 완전히 가로 막을 것임을 예견할 수 있었다고 인정하기 어렵다 할 것이고 또 이러한 거리와 속도 그리고 도로사정하에서 피고인이 위 사고를 회피할 수 있었다는 사실이 인정되지 아니하는 한 이 사건에 있어서 피고인에게 과실이 있다고 인정하기 어렵다 할 것임에도</u> 불구하고 원심이 이러한 점에 관한 수긍할 수 있는 자료도 없이 피고인에 대한 과실을 인정하였음은 심리미진과 채증법칙 위반의 위법을 범하였다 할 것이고 위 위법은 판결에 영향을 미쳤다 할 것이므로 논지 이유있다.

대전고등법원 1997. 6. 12. 선고 96나8268 판결 [손해배상(기)]

본건 사고는 피해자의 형제들이 함께 놀 생각으로 가해자의 집에 찾아와서 가해자의 형제 및 피해자의 형제 4인이 서로 야구놀이를 하는 과정에서, 야구 방망이 대신 사용하여 휘두르던 플라스틱 파이프의 연결 부분(파이프 자체가 손에서 미끄러져 나간 것도 아니다.)이 빠져나가서 약 10m 정도나 떨어져 있던 피해자의 얼굴 부분 그 중에서도 하필이면 눈 부분에 맞아 실명에까지 이르게 된 것으로서, <u>가해자의 잘못은 경미하고 또한 사회적 비난 가능성이 희박할 뿐만 아니라, 위와 같은 불운의 요소들을 모두 도외시하고, 피해를 입게 한 행위가 오로지 가해자의 행위만에 기인된 것임을 강조하여 이로 인한 모든 손해를 가해자에게 배상시키는 것은 심히 형평의 원칙에 반한다고 보여질 뿐만 아니라, 결과의 타당성을 도출하기 위하여 피해자의 과실상계의 비율을 지나치게 높게 평가하는 것 역시 지나친 의제로서 순리적인 해결 방식으로는 여겨지지 아니한다.</u>

따라서 이 사건에 있어서 위와 같은 사정을 고려하여 형평의 원칙에 따라 배상액을 경감하기로 하여 그 비율은 위 불운이 개입된 정도에 비추어 30% 정도로 봄이 타당하다.

〈긴급자동차의 허용된 위험의 한계 : 이익과 위험의 교량〉

대법원 1965. 1. 19. 선고 64도719 판결 [업무상과실치사]

도로교통법 2조 13호에 해당하는 긴급자동차는 동법규정에 따라서 긴급필요한 경우에 다른 차마보다 우선하여 통행할 수 있고 다른 차량은 긴급자동차를 위하여 도로의 끝단으로 피하여 긴급자동차의 진로를 양보하여야하며 긴급자동차는 속도의 제한을 받지 아니하고 다른 차를 앞지를 수 있고 좌우 측 어느쪽으로 운행하여도 무방하며 정차구역에 정차아니 할 수도 있는 특권이 있다 할지라도 이로써 긴급자동차 운전수의 업무상 주의의무가 근본적으로 소멸된다고는 볼 수 없고 이러한 규정이 있다 할지라도 긴급자동차 운전수로서는 사람의 생명을 존중하는 원칙에 따라서 더욱 그 업무상 요구되는 주의의무를 충실히 이행하여야 할 것이며 때와 장소를 가리지 아니하고 어떠한 사고와 희생이 발생한다 하여도 이를 무시하고 긴급자동차 운전수는 그 특권을 행사하여 불필요한 사고를 이르키고 사람의 생명을 빼앗아도 하등의 책임이 없다고는 말할 수 없는 것이니 원심이 피고인의 자동차가 긴급차량으로서 모든 차량과 사람보다 우선통행권이 있고 속도와 정차구역 등의 제한을 받지않는 차량이라 하더라도 피고인의 자동차가 통행하는 것을 인식못하고 신호대의 적색신호만 믿고 피고인의 자동차 앞을 횡단하려는 통행인이 있을 것을 쉽게 예측 할수 있는 것임으로 이러한 경우에는 피고인으로서는 속도를 저감하고 전방좌우를 엄중히 감시할 뿐 아니라 신호대기중인 자동차 사이에서 피고인의 진행정방에 통행인이 나타나드라도 이를 쉽게 피할 수 있도록 차량과도 상당한 거리를 두고 운행할 업무상 주의의무가 있다고 판시한 것은 정당한 조처라 할 것이요 기록에 의하여 이를 검토할지라도 원심의 조처에 위법된바있음을 발견 할수 없으니 이와는 반대의 견해로서 원판결의 적법한 조처를 비난하는 상고논지는 채택될 수 없다.

3. 인식 없는 과실과 인식 있는 과실

〈인식 없는 과실과 인식 있는 과실의 본질〉

대법원 1984. 2. 28. 선고 83도3007 판결 [현주건조물방화치사상·현주건조물방화·현주건조물방화미수·절도·업무상과실치사상·소방법위반·폭력행위등처벌에관한법률위반]

원심이 적법하게 확정한 바에 의하면 피고인 등은 각호텔의 사장과 영선과장으로서 화재가 발생하면 불이 확대되지 않도록 계단과 복도 등을 차단하는 갑종방화문은 항상 자동 개폐되도록 하며 숙박객들이 신속하게 탈출 대피할 수 있도록 각 층의 을종방화문(비상문)은 언제라도 내부에서 외부로의 탈출방향으로 밀기만 하면 그대로 열려지도록 설비관리하고 화재시에는 즉시 전층 각 객실에 이를 알리는 감지기, 수신기, 주경종, 지구경종을 완벽하게 정상적으로 작동하도록 시설관리하여야 할 업무상의 주의의무가 있음에도 불구하고 이를 게을리하여 **오보가 잦다는 이유로 자동화재조기탐지 및 경보설비인 수신기의 지구경종 스위치를 내려끈채 그 위를 스카치 테이프로 봉하여 버리고 종업원 등으로 하여금 영업상 미관을 해친다는 이유로 매일 06:00경부터 24:00까지 나무받침대로 이를 고정시키는 방법으로 각 층에 시설된 갑종방화문을 열어 두게하고 옥외 피난계단으로 통하는 을종방화문**(비상문)**은 도난방지 등의 이유로 그 문에 부착된 철판고리를 건물에 부착된 장쇠에 끼어 넣는 방법으로 걸어두어 비상시 긴급탈출자가 위 철판고리를 벗기지 아니한 채 그대로 밀면 열려지지 아니하여 피난구로서의 소임을 다하지 못하게 하였다**는 것이니 피고인 등의 주의의무 해태는 결과적으로 건물의 화재발생시에 있어서 숙박객 등에게 신속하게 화재를 알릴 수 없게 되고 발화지점에서의 상, 하층 등에의 연소방지를 미흡하게 하고 또 숙박객 등을 비상구를 통해 신속하게 옥외로 대피시키지 못하게 하는 것임은 경험상 명백하다 할 것이니 이는 충분히 예견가능한 것이라고 할 것이다.

소위 과실범에 있어서는 비난가능성의 지적 요소란 결과발생의 가능성에 대한 인식으로서 인식있는 과실에는 이와 같은 인식이 있고 인식없는 과실에는 이에 대한 **인식 자체도 없는 경우**이나 전자에 있어서 책임이 발생함은 물론 후자에 있어서도 그 결과발생을 인식하지 못하였다는데에 대한 부주의 즉 **규범적 실재**로서의 과실책임이 있다고 함이 일반이므로 전단 확정사실에 비추어 피고인 등에게 결과발생과 인과관계있는 과실이 없다거나 또는 결과의 주관적 예견가능성과 행위자의 결과피지에 대한 기대가능성이 없다는 소론 논지는 독단적 견해로서 받아들일 수가 없다.

〈인식 없는 과실〉

의정부지방법원 2017. 8. 24. 선고 2017고정474 판결 [과실치상]

범 죄 사 실

피고인은 검정색 독일산 애완견인 "미니핀"을 키우는 사람이고, 피해자 백○○(65세)는 피고인의 주거지로 배달을 간 ○○마트의 배달원인 사람이다.

애완견이 낯선 사람을 보면 그 사람을 물거나 피해를 줄 위험이 있으므로, 애완견을 키우는 사람은 애완견이 낯선 사람에게 달려들지 못하도록 안전조치를 하는 등 그와 같은 위험을 사전에 방지하여야 할 주의의무가 있다.

그럼에도 피고인은 이러한 주의의무를 게을리 한 채 2016. 7. 30. 12:45경 구리시 수택동에 있는 피고인의 주거지에서 위 애완견에 대하여 아무런 안전조치를 하지 아니하여 위 애완견이 물건을 배달하기 위하여 위 주거지 현관으로 들어선 피해자에게 달려들게 하여 왼손 새끼손가락을 1회 물어 피해자에게 약 5일 간의 치료가 필요한 상세불명의 피부 및 피하조직의 국소 감염의 상해를 입게 하였다. …

쟁점에 관한 판단

피고인 및 변호인은, 피고인의 애완견이 피해자를 문 사실이 없고, 가사 피해자를 물었다고 하더라도 피해자가 상해를 입은 사실이 없다고 주장한다.

살피건대, 이 법원이 적법하게 채택하여 조사한 증거들을 종합하여 인정되는 다음과 같은 사정들, 즉 ① 피해자는 수사기관에서부터 이 법정에 이르기까지 "피고인이 주문한 물품을 배달하기 위해 피고인의 집을 방문하였는데, 피고인이 문을 열어 주어 현관 안으로 들어가 짐을 내려놓는 순간 피고인의 개가 달려들어 피해자의 왼쪽 새끼손가락을 물었다. 이로 인해 새끼손가락에서 피가 나는 등 상처를 입었다"라는 취지로 당시의 상황을 비교적 구체적이고 일관되게 진술하는 점, ② 당시 이 사건 개는 목줄에 묶여 있지 아니한 상태였고, 피고인은 개를 붙잡거나 피해자에게 접근하는 것을 제지하는 등의 조치를 취한 바 없는 것으로 보이는 점, ③ 피고인은 피해자가 허락을 받지 아니하고 현관 안으로 들어와 이 사건 사고가 발생한 것이라는 취지로 변소하나, 물건을 배달하러 온 피해자에게 피고인의 경고가 없음에도 개의 위험성을 미리 감지하고 현관 밖에 물건을 놓고 갈 것을 기대하기는 어려운 반면, 피고인으로서는 현관문을 연 직후 이 사건 개의 위험성을 경고하고 피해자의 출입을 제지하는 등의 조치를 충분히 취할 수 있었을 것으로 보이는 점, ④ 피해자는 이 사건 개에 물린 직후 병원을 찾아가 치료를 받았고, 같은 날 다시 피고인의 집을 방문하여 치료비 등에 대한 배상을 요구하기도 하였던 점, ⑤ 피해자의 상처부위 사진 및 피해자에 대한 상해진단서의 기재도 상해의 부위 및 정도 등에 관한 피해자의 진술을 충분히 뒷받침하는 점 등을 종합하면, 피고인이 이 사건 공소사실 기재와 같이 안전조치를 소홀히 한 과실로 이 사건 개가 피해자를 물어 피해자에게 상해를 입게 한 사실을 충분히 인정할 수 있다.

〈인식 있는 과실〉

제주지방법원 2015. 6. 4. 선고 2015고정171 판결 [과실치상]

범 죄 사 실

피고인은 주거지에 거주하고, 제주시 우도면에서 아이스크림을 판매하는 카페를 운영하며 생활하는 자이다.

피고인은 3년 정도 되는 벨기에산 쉽독 개를 '아리'라고 이름지어 기르고 있다.

개를 키우는 소유자는 항상 자신의 개가 타인에게 상해를 입힐 위험이 있으므로 개를 묶어 줄을 짧게 하거나 울타리에 가두어 키워 위와 같은 위험을 방지해야 할 의무가 있다.

피고인은 피해자 최○○(여,53세), 임○○(65세)과 아무런 관계가 없고, 피해자들은 우도에 관광차 방문한 관광객이다.

1. 2014. 9. 7. 14:00경 제주시 우도면에 있는 위 카페 뒤편에서, 피해자 최○○이 화장실이 급해 카페 건물 뒤편에서 찾고 있는데 피고인 소유의 개가 갑자기 개집에서 뛰쳐나와 피해자의 왼쪽 허벅지를 물어뜯어 피해자로 하여금 왼쪽 허벅지가 10cm 정도 찢어지게 하는 치료일수 미상의 상해를 가하였다.

2. 2014. 10. 15. 14:00경 위 카페 뒤편에서, 피해자 임○○이 화장실이 급해 카페 건물 뒤편에서 찾고 있는데 피고인 소유의 개가 갑자기 개집에서 뛰쳐나와 피해자의 오른쪽 허벅지 부분을 물어 뜯어 피해자로 하여금 치료일수 미상의 엉덩이 및 우측 넙적다리의 다발성 열린 상처의 상해를 가하였다. …

피고인의 무죄주장에 대한 판단

피고인은 개가 있는 건물 뒤편으로 진입하는 통로에 '진입금지'라는 경고문구를 부착하였고, 1m 70cm 정도 길이의 목줄로 개를 묶어 놓았으므로, 개 주인으로서 주의의무를 다 하였다고 주장한다.

그러나 아이스크림 카페인 위 건물에서 피해자들과 같은 관광객이 화장실을 찾는 등 목적으로 건물 뒤편으로 진입할 수 있고, '개 조심'이라는 경고문구를 부착하지 않았으며, 설령 이 사건 각 사고 당시 피고인이 1m 70cm 정도 길이의 목줄로 개를 묶어 놓았다고 하더라도, 개 우리에 가둬두는 등 좀더 주의 깊은 조치를 취하였어야 한다고 판단되므로, 피고인의 무죄 주장은 받아들이지 아니한다.

4. 중과실과 경과실

〈중과실의 의의〉

대법원 1989. 10. 13. 선고 89도204 판결 [중실화,중과실치사상]

원심은, 피고인이 제1호텔의 부대시설로 위 호텔건물과는 별채의 건물인 제1호텔오락실(4층 건물)의 소유자 겸 경영자로서 위 호텔의 관리하에 있는 전원을 위 오락실까지 연결하여 사용하여 오던 중, 1985.9월 중순경 제1심 공동피고인으로 하여금 위 오락실건물 2층에 있는 오락실사무실의 천정에 콘센트 2개와 형광등 3개를 설치하도록 하였는데, 제1심공동피고인이 형광등을 천정에 안전하게 고정시키기 위한 조인터박스를 설치하지 아니하고 형광등을 천정에 바짝 붙여 부착시키는 바람에 1987.3.12. 23:45경 형광등으로 통하는 비닐코오드 양선접속점의 접속불량으로 접촉저항이 증가되어 이로 인한 발열로 합선이 일어나고 그 불꽃이 천정속 먼지에 착화된 후 소락된 불똥이 사무실 바닥 장판으로 떨어져 사무실 안에 있던 소파등 집기에 불이 붙어 이 사건 화재가 발생함으로 말미암아, 현주건조물이 소훼되고 사람들이 사상에 이른 것이라는, 제1심판결이 인정한 범죄사실을 그대로 인용한 다음, 이 사건 전기공사는 오락실 2층 천정에 널려 있던 전선을 제거하고 1층의 오락실 배전반에서 2층으로 전선을 연결하여 형광등을 설치하는 것으로서, 이와 같은 전기공사는 전기공사업법 제3조 제1항에 의하여 면허를 받은 전기공사업자만이 할 수 있는 것이고, 더우기 이 사건에서와 같이 불특정다수인이 이용하는 호텔 및 그 부대시설 등의 경우 전기시설미비로 인한 위해는 더욱 클 수 밖에 없으므로, 피고인으로서는 전기공사에 앞서 위 호텔의 전기보안담당자에게 그 사실을 통고하고 면허있는 전기공사업자로 하여금 그 공사를 시행하도록 하였어야 할 것임에도 불구하고, 위 호텔의 전기보안담당자인 원심공동피고인에게는 아무런 통고도 하지 아니한 채 무자격 전기기술자인제1심공동피고인으로 하여금 위 전기공사를 하게 한 중대한 과실로 화재가 발생한 것이라고 판단하였다.

그러나 원심이 인용한 제1심판결과 원심판결이 채택한 증거들을 종합하면, 제1심판결이 인정한 바와 같은 경위로 이 사건 화재가 발생한 사실은 인정되지만, 이 사건 화재가 피고인의 중대한 과실로 인하여 발생한 것이라는 원심의 판단은 수긍하기 어렵다. 그 이유는 다음과 같다.

피고인이 전기공사업자의 선정, 전기보안담당자에게의 통고 등에 관하여 아주 작은 주의만 기울였더라면, 무자격 전기기술자가 부실하게 공사를 하거나 전기보안담당자가 전기공사사실을 통고받지 못하여 전기설비에 이상이 있는지의 여부를 점검하지 못함으로써 부실공사가 그대로 방치되고 또 그로 인하여 화재가 발생할 것을 예견하여 회피할 수 있었음에도 불구하고, 부주의로 이를 예견하지 못하고 전기보안담당자에게 아무런 통고도 하지 아니한 채 무자격 전기기술자로 하여금 전기공사를 하도록 하였기 때문에 화재가 발생한 것으로 판단되어야만, 피고인의 중대한 과실로 인하여 화재가 발생한 것으로 볼 수 있는 것이다.

그러나 피고인이 전기보안담당자에게 아무런 통고를 하지 아니한 채 무자격 전기기술자로 하여금 전기공사를 하게 하였다고 하더라도, 보통사람과 마찬가지로 전기에 관한 전문지식이 없는 피고인이 아주 작은 주의만 기울였더라면, 제1심공동피고인이 조인터박스를 설치하지 아니하고 형광등을 천정에 바짝 붙여 부착시키는 등 부실하게 공사를 하거나 원심공동피고인이 전기공사사실을 통고받지 못하여 전기설비에 이상이 있는지의 여부를 점검하지 못함으로써 위와 같은 부실공사가 그대로 방치되고 또 그로 인하여 전선의 합선에 의한 화재가 발생할 것을 쉽게 예견할 수 있었다고 보기는 어렵기 때문이다. 따라서 이 사건 화재의 발생에 관하여 피고인에게 과실이 있었다고 하더라도 사회통념상 피고인의 그와 같은 과실을 중대한 과실이라고 평가하기는 어렵다고 볼 수 밖에 없다.

그렇다면 원심판결에는 중실화죄 및 중과실치사상죄에 있어서의 중대한 과실에 관한 법리를 오해한 위법이 있다 할 것이고 이와 같은 위법은 판결에 영향을 미친 것임이 명백하므로, 이 점을 지적하는 논지는 이유가 있고 원심판결은 파기를 면할 수 없다.

대법원 1982. 11. 23. 선고 82도2346 판결 [중과실치상]

피고인이 관리하던 주차장 출입구의 문주는 하단 부분에 금이 가 있어 도괴될 위험성이 있었다는 것이니 피고인으로서는 소유자에게 그 보수를 요청하는 외에 그 보수가 있을 때까지 임시적으로라도 받침대를 세우는등 도괴를 방지하거나 그 근처에 사람이나 자동차 등의 근접을 막는등 도괴로 인한 인명의 피해를 막는 등 조치를 하여야 할 주의의무가 있다할 것이며 동 주차장에는 사람이나 자동차의 출입이 빈번하고 근처 거주의 어린아이들이 문주근방에서 놀이를 하는 사례가 많은데도 불구하고 소유자에게 그 보수를 요구하는데 그쳤다면 그 주의의무를 심히 게을리 한 중대한 과실이 있다고 할 것이니 같은 취지에서 피고인에게 중과실이 있다고 단정한 원심판결의 조치는 정당하(다).

대법원 1993. 7. 27. 선고 93도135 판결 [중과실치사,중실화]

피고인이 성냥불로 담배를 붙인 다음 그 성냥불이 꺼진 것을 확인하지 아니한 채 휴지가 들어 있는 플라스틱 휴지통에 던진 것을 중대한 과실이 있는 경우에 해당한다고 본 원심의 판단은 정당하(다).

〈중과실 긍정 사례〉

대법원 1997. 4. 22. 선고 97도538 판결 [중과실치사]

피고인은 84세 여자 노인과 11세의 여자 아이를 상대로 안수기도를 함에 있어서 피해자를 바닥에 반드시 눕혀 놓고 기도를 한 후 "마귀야 물러가라", "왜 안 나가느냐"는 등 큰 소리를 치면서 한 손 또는 두 손으로 피해자의 배와 가슴 부분을 세게 때리고 누르는 등의 행위를, 여자 노인에게는 약 20분간, 여자아이에게는 약 30분간 반복했다는 것이니 사실이 그러하다면 판시와 같은 고령의 여자 노인이나 나이 어린 연약한 여자아이들은 약간의 물리력을 가하더라도 골절이나 타박상을 당하기 쉽고, 더욱이 배나 가슴 등에 그와 같은 상처가 생기면 치명적 결과가 올 수 있다는 것은 피고인 정도의 연령이나 경험 지식을 가진 사람으로서는 약간의 주의만 하더라도 쉽게 예견할 수 있을 것임에도 불구하고, 그와 같은 예견될 수 있는 결과에 대해서 주의를 다하지 않아 사람을 죽음으로까지 가게 한 행위는 중대한 과실이라고 하지 않을 수 없고, 따라서 피고인의 소위를 중과실치사죄로 처단한 원심의 조치에 법리상 잘못이 있다고 할 수 없고, 이를 비난하는 상고 논지는 이유 없다.

〈중과실 부정 사례〉

대법원 1992. 3. 10. 선고 91도3172 판결 [중과실치사]

가. 피고인들이 위 원심상피고인과 피해자가 이 사건 "러시안 룰렛" 게임을 하는 것을 방치하게 된 상황은 다음과 같이 인정된다.

(1) 피고인 1은 이 사건 전날 20:00경 대구 신암동에 있는 "ㅁㅁ"이란 술집에서 위 원심상피고인을 만나 맥주 2홉들이 10병 정도를 주문하여 함께 술을 마시다가 술좌석을 같은 시 효목동에 있는 "◇◇◇◇"란 술집으로 옮겨 피해자를 소개받고, 여기서 피고인 2는 같은 경찰동기생인 공소외 2와 함께 위 술좌석에 합석하여 피고인들과 위 원심상피고인, 피해자, 위

공소외 2 등 5명이 맥주 4홉들이 8병 정도를 함께 마신 후 다시 △△ 나이트클럽으로 가서 재차 맥주 4홉들이 5병 정도를 마시면서 춤을 추고 논 다음, 위 공소외 2는 집으로 돌아가고 남은 일행 4명은 위 원심상피고인의 제의로 또 다시 이 사건 ○○레스토랑으로 자리를 옮겨 2홉들이 맥주 3병을 시켜 놓고 술을 마시며 경찰동기생 계모임조직 등 여러 가지 이야기를 나누다가 갑자기 위 원심상피고인과 피해자가 위와 같이 시비를 하여 이 사건이 발생하게 되었다.

(2) 피고인들은 위와 같이 많은 양의 술을 마셔 상당히 취한 상태인데다가 경찰관인 위 원심상피고인은 물론 피해자도 평소에 총기의 위험성을 누구보다도 잘 알고 있을 것이므로 그들이 서로 언성을 높이는 말싸움을 계속하더라도 설마 "러시안 룰렛" 게임 같은 어처구니 없는 짓은 하지 않을 것으로 생각했다.

(3) 그러나 피고인들은 위 원심상피고인이 권총을 빼내어 약실에 실탄을 장전하는 것을 보고서는 약간 위험을 느끼고 "총 가지고 장난치지 말아라"라고 말하며 그만 두도록 권유하긴 하였으나 그때가지만 해도 그들이 위 게임을 실제로 하리라고는 예상하지 못하였다.

(4) 그러나 그들은 피고인들의 예상을 뒤엎고 위와 같이 순간적으로(피고인들은 불과 몇십초 간에 일어난 일이라 물리력으로 이를 제지할 여지가 없었다고 진술하고 있다) 실탄이 장전된 권총을 머리에 대고 차례로 격발을 시도하여 이 사건 사고가 발생하였다.

(5) 피고인들은 위 원심상피고인, 피해자 등과 함께 이 사건 "러시안 룰렛" 게임을 하기로 공모하였거나 그들이 그와 같은 게임을 하도록 부추키거나 이를 알고서 방조 또는 묵인한 사실은 전혀 없었다.

나. 위에서 인정한 이 사건 사고의 발생 경위 및 그 상황에 비추어 보면, 피고인들은 위 원심상피고인과 피해자가 이 사건 "러시안 룰렛" 게임을 함에 있어 위 원심상피고인과 어떠한 의사의 연락이 있었다거나 어떠한 원인 행위를 공동으로 한 바가 없고, 다만 위 게임을 제지하지 못하였을 뿐인데 보통사람의 상식으로서는 함께 수차에 걸쳐서 흥겹게 술을 마시고 놀았던 일행이 갑자기 자살행위와 다름없는 소위 "러시안 룰렛" 게임을 하리라고는 쉽게 예상할 수 없는 것이고(신뢰의 원칙), 게다가 이 사건 사고는 피고인들이 "장난치지 말라"며 말로 위 원심상피고인을 만류하던 중에 순식간에 일어난 사고여서 음주 만취하여 주의능력이 상당히 저하된 상태에 있던 피고인들로서는 미처 물리력으로 이를 제지할 여유도 없었던 것이므로, 경찰관이라는 신분상의 조건을 고려하더라도 위와 같은 상황에서 피고인들이 이 사건 "러시안 룰렛" 게임을 즉시 물리력으로 제지하지 못하였다 한들 그것만으로는 위 원심상피

고인의 과실과 더불어 중과실치사죄의 형사책임을 지울만한 위법한 주의의무위반이 있었다고 평가할 수 없다.

〈중과실과 경과실의 구별〉

대법원 1960. 3. 9. 선고 4292형상761 판결 [중실화]

소위 중과실은 행위자가 극히 근소한 주의를 하므로서 결과발생을 인식할 수있었음에도 불구하고 부주의로서 이를 인식하지 못한 경우를 지적하는 것으로서 중과실인가 경과실인가의 구별은 결국 구체적인 경우에 사회통념을 고려하여 결정될 문제라 할 것인바 원판결 이유에 의하면 원심은 원판시 창고내 상자일 우에 피고인이 초를 녹혀 부쳐서 세워놓은 것을 들고 나오던가 소화하고 나오지 아니한 것은 중대한 과실이라고 판정하였으나 기록에 의하면 피고인이 사용한 양초는 신품으로서 약 3시간 지속할 수 있는 것이고 창고내는 휘발유등 인화력이 강한 물건이 존재하지 아니하였으며 다만 팔 입쓰레기등이 촛불 부근에 있었으며 창고내는 양곡이 입고되어있고 양초는 상자 우에 녹혀서 부쳐놓았으며 약 30분 후에는 고사를 끝내고 고사에 사용한 쌀가마니를 창고에 입고할 예정으로 촛불을 끄지 아니하고 그대로 세워놓고 창고문을 닫고 나온 것임이 분명한 바이므로 여사한 경우에 있어서는 피고인이 촛불을 들고 나오던가 이를 소화하고 나오지 아니한 과실은 있다 할 것이나 이것은 어디까지나 경과실에 불과한 것이고 이것을 소위 중과실이라고는 볼 수 없음이 모두 설시한 바에 의하여 분명하다

II. 위법성

1. 피해자의 승낙

〈피해자의 승낙에 의한 과실범의 위법성조각 가능성〉

대법원 1993. 7. 27. 선고 92도2345 판결 [업무상과실치상]

피고인은 자신의 시진, 촉진결과 등을 과신한 나머지 초음파검사 등 피해자의 병증이 자궁

외 임신인지, 자궁근종인지를 판별하기 위한 정밀한 진단방법을 실시하지 아니한 채 위 피해자의 병명을 자궁근종으로 오진하고 이에 근거하여 의학에 대한 전문지식이 없는 위 피해자에게 자궁적출술의 불가피성만을 강조하였을 뿐 위와 같은 **진단상의 과오가 없었다면 당연히 설명받았을 자궁외 임신에 관한 내용을 설명받지 못한 피해자로부터 수술승낙을 받은** 사실을 인정할 수 있으므로 <u>위 승낙은 피고인의 부정확 또는 불충분한 설명을 근거로 이루어진 것으로서 이 사건 수술의 위법성을 조각할 유효한 승낙이라고 볼 수 없다</u> 할 것이다.

〈피해자의 승낙과 위법성조각〉

대법원 2014. 6. 26. 선고 2009도14407 판결 [업무상과실치사]

환자의 명시적인 수혈 거부 의사가 존재하여 수혈하지 아니함을 전제로 환자의 승낙(동의)을 받아 수술하였는데 수술 과정에서 수혈을 하지 않으면 생명에 위험이 발생할 수 있는 응급상태에 이른 경우에, 환자의 생명을 보존하기 위해 불가피한 수혈 방법의 선택을 고려함이 원칙이라 할 수 있지만, 한편으로 환자의 생명 보호에 못지않게 환자의 자기결정권을 존중하여야 할 의무가 대등한 가치를 가지는 것으로 평가되는 때에는 이를 고려하여 진료행위를 하여야 한다. 어느 경우에 수혈을 거부하는 환자의 자기결정권이 생명과 대등한 가치가 있다고 평가될 것인지는 환자의 나이, 지적 능력, 가족관계, 수혈 거부라는 자기결정권을 행사하게 된 배경과 경위 및 목적, 수혈 거부 의사가 일시적인 것인지 아니면 상당한 기간 동안 지속되어 온 확고한 종교적 또는 양심적 신념에 기초한 것인지, 환자가 수혈을 거부하는 것이 실질적으로 자살을 목적으로 하는 것으로 평가될 수 있는지 및 수혈을 거부하는 것이 다른 제3자의 이익을 침해할 여지는 없는 것인지 등 제반 사정을 종합적으로 고려하여 판단하여야 할 것이다. 다만 환자의 생명과 자기결정권을 비교형량하기 어려운 특별한 사정이 있다고 인정되는 경우에 의사가 자신의 직업적 양심에 따라 환자의 양립할 수 없는 두 개의 가치 중 어느 하나를 존중하는 방향으로 행위하였다면, 이러한 행위는 처벌할 수 없다고 할 것이다.

라. 수혈 거부에 관한 환자의 자기결정권 행사의 전제 및 의사의 주의의무

그렇지만 이러한 판단을 위해서는 환자가 거부하는 치료방법, 즉 수혈 및 이를 대체할 수 있는 치료방법의 가능성과 안정성 등에 관한 의사의 설명의무 이행과 이에 따른 환자의 자기결정권 행사에 어떠한 하자도 개입되지 않아야 한다는 점이 전제되어야 한다.

즉 환자는 치료행위 과정에서의 수혈의 필요성 내지 수혈을 하지 아니할 경우에 야기될 수

있는 생명 등에 대한 위험성, 수혈을 대체할 수 있는 의료 방법의 효용성 및 한계 등에 관하여 의사로부터 충분한 설명을 듣고, 이러한 의사의 설명을 이해한 후 진지한 의사결정을 하여야 하고, 그 설명 및 자기결정권 행사 과정에서 예상한 범위 내의 상황이 발생되어야 하며, 또한 의사는 실제로 발생된 그 상황 아래에서 환자가 수혈 거부를 철회할 의사가 없는지 재확인하여야 할 것이다.

특히 의사는 수술과정 등에서 발생되는 출혈로 인하여 환자의 생명이 위험에 빠지지 않도록 하기 위하여 환자에게 수혈하는 것이 통상적인 진료방법이고 또한 수혈을 통하여 출혈로 인한 사망의 위험을 상당한 정도로 낮출 수 있음에도 환자의 의사결정에 따라 그 수혈을 포기하고 이를 대체할 수 있는 수술 방법을 택하는 것인데, 그 대체 수술 방법이 수혈을 완전히 대체할 수 있을 정도의 출혈 방지 효과를 가지지 못한다면 그만큼 수술과정에서 환자가 과다출혈로 인한 사망에 이를 위험이 증가할 수 있으므로, 그럼에도 불구하고 수술을 할 필요성이 있는지에 관하여 통상적인 경우보다 더욱 세심하게 주의를 기울임으로써, 과연 수술을 하는 것이 환자를 위한 최선의 진료방법인지 신중히 판단할 주의의무가 있다. 그리고 수술을 하는 경우라 하더라도 수혈 대체 의료 방법과 함께 그 당시의 의료 수준에 따라 출혈로 인한 위험을 최대한 줄일 수 있는 사전준비나 시술방법을 시행함으로써 위와 같은 위험 발생 가능성을 줄이도록 노력하여야 하며, 또한 수술 과정에서 예상과 달리 다량의 출혈이 발생될 수 있는 사정이 드러남으로써 위와 같은 위험 발생 가능성이 현실화되었다면 과연 위험을 무릅쓰고 수술을 계속하는 것이 환자를 위한 최선의 진료방법인지 다시 판단하여야 한다. 환자가 수혈 대체 의료 방법을 선택하였다고 하더라도 이는 생명에 대한 위험이 현실화되지 아니할 것이라는 전제 내지 기대 아래에서의 결정일 가능성이 크므로, <u>위험 발생 가능성이 현실화된 상태에서 그 위험을 무릅쓰고 수술을 계속하는 것이 환자의 자기결정권에 기초한 진료라고 쉽게 단정하여서는 아니 될 것이다.</u>

2. 정당행위

〈정당행위(업무로 인한 행위)로 인한 과실범의 위법성조각 가능성〉

대법원 1978. 11. 14. 선고 78도2388 판결 [업무상과실치상]

원판결이유에 의하면 피고인은 개업의사로서 임부소외인을 진찰하고 동녀로 하여금 태아를 분만케하려 하였으나 동녀는 골반간격이 좁아 자연분만을 할 수 없게 되자 부득이 인공분만기인 '샥숀'을 3회반복사용하여 동녀에게 전치 1주간의 회음부 및 질내염상을, 동 태아에게 전치 9일간의 두혈종상을 각 입혔는 바 이는 피고인이 의사로서의 정상의 주의의무를 해태한 나머지 '샥숀'을 거칠고 험하게 사용한 탓으로 산부 및 태아에 위 상해를 입혔음이 인정되는 바이므로 피고인의 판시 소위가 비록 의료행위를 시행함에 인한 소위라 하더라도 정당업무의 범위를 넘은 위법행위라고 판시하고 있다.

원심의 판결요지는 본건에서 피고인의 인공분만기 '샥숀'사용은 의사로서 정상적인 의료행위의 시행에 속함을 인정하면서도 다만 '샥숀'을 거칠고 험하게 사용한 것이 의사로서의 정상의 주의의무를 해태한 것이 되고 그 결과 위각 상해를 입힌 것이고 이는 의사의 정당업무의 범위를 넘는 위법행위라는 취지임을 알 수 있다.

그러나 원심이 인정한 '샥숀' 사용에 있어서 피고인이 거칠고 험하게 사용하였다는 점에 관하여 살펴보건대 일건기록을 정사하여 보아도 그를 인정할만한 증거있음을 찾아 볼 수 없고 다만 산부와 태아에게 판시 상해가 있기는 하나 서울대학교 의과대학 부속병원장의 사실조회의뢰 회신기재 및 증인 박노경, 동 이호성의 각 진술기재에 의하면 위 '샥숀'을 사용하면 통상 판시 상해정도가 있을 수 있다는 것임을 규지할 수 있으므로 그 상해가 있다하여 피고인이 '샥숀'을 거칠고 험하게 사용한 결과라고는 보기 어렵다 할 것인데도 불구하고 원심은 아무런 증거없이 사실을 인정한 채증법칙 위반의 위법이 아니면 형법 제20조의 정당행위의 법리를 오해한 위법이 있다 할 것 이고 이점을 논란하는 논지는 이유있어 원판결은 파기를 면치 못할 것이다.

제2절 결과적 가중범

I. 의의 및 종류

〈결과적 가중범의 의의〉

대법원 1966. 6. 28. 선고 66도1 판결 [현주건조물방화]

원판결 이유에 의하면, 원심은 본건 공소사실중 방화죄를 유죄로 인정하는 외에 방화치상죄의 성립을 부정하는 이유로서 열거하는 증거에 의하여 **당시 숙직하고 있던 수사계장 이◆환이 피고인이 방화한 결과 안면부 경부 및 손등에 전치 5주일간의 가료를 요하는 제2도 화상을 입게된 것**이나 그것은 피고인의 방화로 인하여 실험칙에 따라서 피해자가 피동적으로 입은 화상이 아니고 유치장 쪽 벽에 붙어 연소하고 있는 인쇄물을 철거하고 불붙은 의자를 밖으로 들어내는 등 적극적으로 진화작업에 열중한 나머지 입게된 화상임을 인정하고 그 때에 피고인은 유치장이 가까이 있는 것과 타인이 화상을 입어가면서 진화할 것이라는 것을 전연 인식할 수 없었고 일반인도 그와 같이 화상을 입어가면서 진화작업에 열중한 것이라는 것은 이례에 속하는 일로서 방화를 하면 반드시 그와 같은 결과가 발생하는 것도 아니므로 이는 형법상의 인과관계의 범위 외에 속하는 것이라 하여 방화 치상죄의 성립을 부정하였다. 무릇 형법 제164조에 규정하고 있는 방화치상죄는 결과적 가중범의 일종이며 동법 제15조 2항에 의하면 [결과로 인하여 형이 중할 죄에 있어서 그 결과의 발생을 예견할 수 없었을 때에는 중한 죄로 벌하지 아니한다]라고 규정하고 있는 바 그 규정의 취지는 범죄행위(방화)시에 그와 같은 결과(치사상)의 발생이 일반경험상 예견할 수 있었는데도 불구하고 범인이 이를 예견하지 못함으로써 결과의 발생이 있는 경우에 행위자에게 중한 결과의 책임을 물을 수 있음에 그치고 행위자 뿐만 아니라 일반경험상으로도 전연 예견할 수 없었던 결과가 발생한 경우에는 그 결과로 인하여 행위자를 처벌할 수 없다고 보는 바, 앞에서 설시한바와 같이 원심이 이와 같은 견해로 본건 공소사실 중 방화죄만을 인정하고 방화치상죄의 성립을 부정한 원심판결은 정당하고 이와 반대의 입장에서 원심조처를 비난하는 상고논지는 이유없다.

〈부진정결과적 가중범의 의의 및 인정근거〉

대법원 1983. 1. 18. 선고 82도2341 판결 [살인·현주건조물등에의방화·군무이탈]

원심판결이 인용한 제1심 판결 거시의 증거들을 기록과 대조하여 살펴보면, 피고인은 그의 부공소외 1이 (이름 1 생략)사찰의 주지인 피해자공소외 2때문에 피고인과 공소외 1 등 가족이 거주하여 오던 (이름 2 생략)암자에서 쫓겨난데 대하여 원한을 품고 동인을 살해하기로 결의하고, 1982.3.31 소속대로부터 외박허가를 얻고 외출하여 동년 4.1. 00:30 경 **안면에 마스크를 하고 위 피해자공소외 2의 집에 침입하여 그 집 부엌의 석유곤로 석유를 프라스틱 바가지에 딸아 마루에 놓아두고 큰 방에 들어가자 피해자공소외 2는 없고 동인의 처 피해자공소외 3과 딸 피해자 공소외 4(19세), 피해자 공소외 5(11세), 피해자 공소외 6(8세) 등이 깨어**

딸 피해자 공소외 4가 피고인을 알아보기 때문에 마당에 있던 절구방망이를 가져와 피해자 공소외 3과 공소외 4의 머리를 각 2회씩 강타하여 실신시킨 후 이불로 뒤집어 씌우고 위 바가지의 석유를 뿌리고 성냥불을 켜 대어 피해자 공소외 2 및 동인가족들이 현존하는 집을 전소케 하고 불이 붙은 동가에서 빠져 나오려는 위 피해자공소외 5와 공소외 6이 탈출하지 못하도록 방문앞에 버티어 서서 지킨 결과 실신하였던 피해자공소외 3과 탈출하지 못한 피해자공소외 5와 공소외 6을 현장에서 소사케 하고, 탈출한 피해자공소외 4는 3도 화상을 입고 입원가료중 동년 4.10 사망에 이르게 하여 동인들을 살해하고, 위 범행후 자살을 기도하다가 귀대일시인 동년 4.1. 17:00에 귀대치 아니하고 이튿날인 4.2. 03:00경 검거됨으로써 10시간 동안 부대를 이탈한 사실이 인정된다.

원심은 피고인의 위 4인에 대한 살해행위를 형법 제250조 제1항에, 위 현주건조물에의 방화행위를 형법 제164조 전단에 의율하고 양자를 상상적 경합범으로 처단하여 피고인에게 사형을 선고한 제1심 조치를 지지하고 있으므로 살피건대, 먼저 <u>실신한 공소외 3과 공소외 4에 대한 범죄사실에 관하여 보면 형법 제164조 후단이 규정하는 현주건조물 방화치사상죄는 그 전단에 규정하는 죄에 대한 일종의 가중처벌규정으로서 불을 놓아 사람의 주거에 사용하거나 사람이 현존하는 건조물을 소훼함으로 인하여 사람을 사상에 이르게 한 때에 성립되며 동 조항이 사형, 무기 또는 7년 이상의 징역의 무거운 법정형을 정하고 있는 취의에 비추어 보면 과실이 있는 경우 뿐 아니라 고의가 있는 경우도 포함된다고 볼 것인바</u>(대법원 1966.6.28. 선고 66도1 판결은 과실에 의한 경우에 동조 후단의 적용요건에 관한 사례이므로 위와 같은 당원 견해와 저촉되지 아니한다), 이와 다른 견해에서 형법 제164조 후단의 범죄는 과실의 경우에만 적용되는 것으로 판정하여 피고인을 현주건조물에의 방화죄와 살인죄의 상상적 경합으로 의율한 제1심 판단을 지지한 원심판결은 결국 형법 제164조 후단의 법리를 오해하였다는 평을 면하지 못한다 (이 사건에서와 같이 위 양죄의 상상적 경합으로 기소된 사실을 형법 제164조 후단의 범죄로 인정한다 하더라도 공소사실의 동일성이 손상되지 아니함은 물론이다.).

그러나 논지처럼 형법 제164조 후단의 범죄로 인정하여 동 조항을 적용한다면 피고인만이 상고한 이 사건에 있어서 피고인에게 불리한 의율이 될 수 밖에 없는 법리로서 결국 논지는 채택될 수 없다.

다음 피고인이 불을 놓은 집에서 빠져 나오려는 위공소외 5, 공소외 6을 방문에서 가로 막아 동녀들을 탈출 못하게 함으로써 불에 타 숨지게 하였다는 공소사실에 관하여 직권으로 살피 건대, 형법 제164조 전단의 현주건조물에의 방화죄는 공중의 생명, 신체, 재산 등에 대한 위험을 예방하기 위하여 공공의 안정을 그 제1차적인 보호법익으로 하고 제2차적으로는 개인의 재산권을 보호하는 것이라고 할 것이나, 여기서 공공에 대한 위험은 구체적으로 그 결과가 발생됨을 요하지 아니하는 것이고 이미 현주건조물에의 점화가 독립연소의 정도에 이르면 동 죄는 기수에 이르러 완료되는 것인 한편 살인죄는 일신전속적인 개인적 법익을 보호하는 범죄이므로, 이 사건에서와 같이 설사 사람이 현존하는 건조물에 그 사람을 살해하기 위하여 방화한 경우라 할지라도 그것은 1개의 행위가 수개의 죄명에 해당하는 경우라고 볼 수 없고, 위 방화행위와 살인행위는 법률상 별개의 범의에 의해 별개의 법익을 해하는 별개의 행위라고 하지 않을 수 없는바, 그렇다면 불에 타고 있는 집에서 빠져 나오려는 이 사건 피해자들을 막아 소사케 한 행위는 별개의 행위로서 살인죄를 구성한다고 할 것임에도 이를 위 방화죄와 상상적 경합범으로 처단한 제1심 판단을 지지한 원심판결에는 필경 살인죄, 현주건조물 등에의 방화죄 및 죄수의 법리를 오해한 잘못이 있다고 볼 수 있으나 이 사건에서 피고인을 현주건조물 등에의 방화죄와 살인죄(피해자공소외 5, 공소외 6에 대한)의 실체적 경합범(관계)으로 의율처단한다면 상상적 경합범(관계)으로 의율처단한 원심보다 피고인에게 불리함이 분명하므로 결국 피고인의 불이익에 귀결되는 법리로서 위 직권판단한 이유를 들어 원심판결을 파기할 수는 없다는 결론에 이른다.

〈특수공무집행방해치상죄가 진정결과적 가중범으로 적용된 경우〉

대법원 1990. 6. 22. 선고 90도767 판결 [생 략]

(나) 원심이 적법하게 조사 채택한 증거에 의하면 피고인들이 도서관에 농성중인 학생들과 함께 경찰의 도서관 건물에로의 진입에 대항하여 바리케이트등을 치고 화염병을 투척하는 등 방법으로 강력히 저지하기로 하여, 도서관 건물의 현관입구에는 빈드럼통 등으로, 도서관 1층 홀과 1층에서 4층 사이의 계단등에는 책상과 걸상 등으로 각 장애물을 설치하고, 화염병이 든 상자, 천조각, 두루말이 휴지등 가연물질이 많이 모여있는 7층 세미나실 복도와 8, 9층으로 통하는 계단에는 석유를 뿌려놓고 경찰이 도서관 건물에 진입하자 현관입구, 1, 2층 사이의 계단, 7층 세미나실 복도, 8, 9층으로 통하는 계단에 화염병을 투척하여 경찰관의 직무집행을 방해하고, 이로 인하여 7층 세미나실 복도에서 대형 화재가 발생한 결과 7명의 전경이 사망하고 6명이 부상을 당하였으며, 학생들이 던진 화염병과 돌, 의자 등에 경찰이 맞거나 미끄러져 원심판시 범죄사실 3 기재의 상해를 입었다는 사실을 인정할 수 있고 거기에

채증법칙위배로 인한 사실오인의 위법은 없다.

(다) 특수공무집행방해치사상죄는 단체 또는 다중의 위력을 보이거나 위험한 물건을 휴대하고 직무를 집행하는 공무원에 대하여 폭행, 협박을 하여 공무원을 사상에 이르게 한 경우에 성립하는 결과적가중범으로서 행위자가 그 결과를 의도할 필요는 없고 그 결과의 발생을 예견할 수 있으면 족하다고 할 것인바, 위 인정과 같이 가연물질이 많은 옥내에 화염병이 투척되면 화염병의 불씨에 의하여 발화할 가능성이 있고 행동반경이 좁은 고층건물의 옥내인 점을 감안하여 볼 때, 불이 날 경우 많은 사람이 다치거나 사망할 수 있다는 것은 일반경험칙상 넉넉히 예상할 수 있는 것이므로(당원 1983.3.8. 선고 82도3248 판결 참조) 피고인 등에게 위와 같은 화재로 인한 사망 등의 결과발생에 관하여 예견가능성이 없었다는 상고논지는 이를 받아들일 수 없다.

〈부진정결과적 가중범과 중한 결과에 대한 고의범의 관계 1〉

대법원 1998. 12. 8. 선고 98도3416 판결 [강도살인·현주건조물방화치사·도로교통법위반]

피고인들이 피해자들의 재물을 강취한 후 그들을 살해할 목적으로 현주건조물에 방화하여 사망에 이르게 한 경우 피고인들의 위 행위는 강도살인죄와 현주건조물방화치사죄에 모두 해당하고 그 두 죄는 상상적 경합범관계에 있다고 할 것이(다)(대법원 1996. 4. 26. 선고 96도485 판결 참조).

> **대법원 1990. 5. 8. 선고 90도670 판결 [살인,강간치사]**
> 강간범인이 피해자를 사망에 이르게 한 경우에 그 사망의 결과가 간음행위 자체뿐만 아니라 강간의 수단으로 사용한 폭행으로 인하여 초래된 경우에도 강간치사죄가 성립하는 것이나, 다만 범인이 강간의 목적으로 피해자에게 폭행을 가할 때에 살해의 범의가 있었다면 살인죄와 강간치사죄의 상상적경합범이 성립한다.
> 원심확정사실에 의하면, 피고인이 살해의 미필적 고의를 가지고 피해자의 입을 막고 경부를 눌러 피해자를 질식으로 인한 실신상태에 빠뜨려 강간한 후 그 즈음 피해자를 경부압박으로 인한 질식으로 사망케 하였다는 것이므로, 살인죄와 강간치사죄의 상상적 경합범으로 보아 가장 무거운 살인죄에 정한 형으로 처벌한 원심판결은 정당하고, 이 점에 관한 논지도 이유없다.

〈부진정결과적 가중범과 중한 결과에 대한 고의범의 관계 2〉

대법원 1995. 1. 20. 선고 94도2842 판결 [성폭력범죄의처벌및피해자보호등에관한법률위반,강도상해,특수공무집행방해치상,폭력행위등처벌에관한법률위반,강도예비]

특수공무집행방해치상죄는 원래 결과적가중범이기는 하지만, 이는 중한 결과에 대하여 예견가능성이 있었음에 불구하고 예견하지 못한 경우에 벌하는 진정결과적가중범이 아니라 그 결과에 대한 예견가능성이 있었음에도 불구하고 예견하지 못한 경우뿐만 아니라 고의가 있는 경우까지도 포함하는 부진정결과적가중범이다(대법원 1990.6.26. 선고 90도765 판결 참조). 그러나 결과적가중범에 이와 같이 고의로 중한 결과를 발생케 하는 경우가 포함된다고 하여서 **고의범에 대하여 더 무겁게 처벌하는 규정이 있는 경우**까지 고의범에 정한 형으로 처벌할 수 없다고 볼 것은 아니다. 결과적가중범은 행위자가 중한 결과를 예견하지 못한 경우에도 그 형이 가중되는 범죄인데, 고의로 중한 결과를 발생케 한 경우까지 이를 결과적가중범이라 하여 무겁게 벌하는 고의범에 정한 형으로 처벌할 수 없다고 하면, 결과적가중범으로 의율한 나머지 더 가볍게 처벌되는 결과를 가져오기 때문이다. 따라서 고의로 중한 결과를 발생케 한 경우에 무겁게 벌하는 구성요건이 따로 마련되어 있는 경우에는 당연히 무겁게 벌하는 구성요건에서 정하는 형으로 처벌하여야 할 것이고, 결과적가중범의 형이 더 무거운 경우에는 결과적가중범에 정한 형으로 처벌할 수 있도록 하여야 할 것이다. 그러므로 기본범죄를 통하여 고의로 중한 결과를 발생케 한 부진정결과적가중범의 경우에 그 중한 결과가 별도의 구성요건에 해당한다면 이는 결과적가중범과 중한 결과에 대한 고의범의 상상적 경합관계에 있다고 보아야 할 것이다(대법원 1990.5.8. 선고 90도670 판결 참조).

이와 같은 법리에 비추어 볼 때 피고인 1의 제1심판시 "제2의 나"항 범죄사실을 특수공무집행방해치상죄와 폭력행위등처벌에관한법률 제3조 제2항 제1항, 형법 제257조 제1항(상해)위반죄의 상상적 경합범으로 처단한 제1심판결을 그대로 유지한 원심의 조치는 정당하고, 거기에 결과적가중범 및 상상적경합범에 관한 법리를 오해한 잘못이 없다.

〈부진정결과적 가중범과 중한 결과에 대한 고의범의 관계 3〉

대법원 1996. 4. 26. 선고 96도485 판결 [존속살인·살인·현주건조물방화치사]

원심판결과 원심이 인용한 제1심판결 이유에 의하면, 제1심은 그 명시한 증거에 의하여 **피**

고인은 1995. 8. 7. 03:15경 경기 광주군 도척면 도웅 2리 소재의 피고인 집 안방에서 잠을 자고 있는 피해자인 아버지인 피해자 공소외 1과 동생 공소외 2를 살해하기 위하여 그 곳에 있던 두루마리 화장지를 말아 장롱 뒷면에 나 있는 구멍을 통하여 장롱 안으로 집어 넣은 다음, 평소 소지하고 다니던 1회용 라이터로 화장지에 불을 붙여 장롱으로 불이 번지자 그 곳을 빠져 나옴으로써 직계존속인 위 공소외 1과 동생인 위 공소외 2를 연기로 인하여 질식 사하도록 하여 이들을 살해하고, 위 피해자들이 현존하는 건조물을 소훼하여 사망에 이르게 한 사실을 인정한 다음, 아버지에 대한 살인행위를 형법 제250조 제2항, 동생에 대한 살인행 위를 같은 법 제250조 제1항, 각 현주물방화치사의 점을 같은 법 제164조 후단에 의율하여 위 각 죄를 상상적경합범으로 처단하였고, 원심은 이를 유지하였다.

살피건대, 형법 제164조 후단이 규정하는 현주건조물방화치사상죄는 그 전단이 규정하는 죄에 대한 일종의 가중처벌 규정으로서 과실이 있는 경우뿐만 아니라, 고의가 있는 경우에도 포함된다고 볼 것이므로 사람을 살해할 목적으로 현주건조물에 방화하여 사망에 이르게 한 경우에는 현주건조물방화치사죄로 의율하여야 하고 이와 더불어 살인죄와의 상상적경합범으로 의율할 것은 아니라고 할 것이고(대법원 1983. 1. 18. 선고 82도2341 판결 참조), 다만 존속살인죄와 현주건조물방화치사죄는 상상적경합범 관계에 있으므로, 법정형이 중한 존속살인죄로 의율함이 타당하다고 할 것이다.

〈부진정결과적 가중범과 고의범의 법정형이 같은 경우 : 특별관계〉

대법원 2008. 11. 27. 선고 2008도7311 판결 [특수공무집행방해치상·폭력행위등처벌에관한법률위반(집단·흉기등상해)·도로교통법위반(무면허운전)]

기본범죄를 통하여 고의로 중한 결과를 발생하게 한 경우에 가중 처벌하는 부진정결과적가중범에 있어서, 고의로 중한 결과를 발생하게 한 행위가 별도의 구성요건에 해당하고 그 고의범에 대하여 결과적가중범에 정한 형보다 더 무겁게 처벌하는 규정이 있는 경우에는 그 고의범과 결과적가중범이 상상적 경합관계에 있다고 보아야 할 것이지만(대법원 1995. 1. 20. 선고 94도2842 판결, 대법원 1996. 4. 26. 선고 96도485 판결 등 참조), 위와 같이 고의범에 대하여 더 무겁게 처벌하는 규정이 없는 경우에는 결과적가중범이 고의범에 대하여 특별관계에 있다고 해석되므로 결과적가중범만 성립하고 이와 법조경합의 관계에 있는 고의범에 대하여는 별도로 죄를 구성한다고 볼 수 없다. 따라서 직무를 집행하는 공무원에 대하여 위험한 물건을 휴대하여 고의로 상해를 가한 경우에는 특수공무집행방해치상죄만 성립할 뿐, 이와는 별도로 폭력행위 등 처벌에 관한 법률 위반(집단·흉기 등 상해)죄를 구성한다고 볼 수 없다.

기록에 의하면, **피고인이 승용차를 운전하던 중 음주단속을 피하기 위하여 위험한 물건인 승용차로 단속 경찰관을 들이받아 위 경찰관의 공무집행을 방해하고 위 경찰관에게 상해를 입게 하였다**는 이 사건 공소사실에 대하여, 검사는 피고인의 행위가 폭력행위 등 처벌에 관한 법률 위반(집단·흉기 등 상해)죄와 특수공무집행방해치상죄를 구성하고 두 죄는 상상적 경합관계에 해당하는 것으로 보아 공소를 제기하였음을 알 수 있다.

이에 대하여 원심은, <u>피고인의 행위는 특수공무집행방해치상죄를 구성할 뿐, 폭력행위 등 처벌에 관한 법률 위반(집단·흉기 등 상해)죄는 특수공무집행방해치상죄에 흡수되어 별도로 죄를 구성하지 않는다고 보아 폭력행위 등 처벌에 관한 법률 위반(집단·흉기 등 상해)죄에 관하여 무죄로 판단하였는바</u>, 앞서 본 법리와 기록에 비추어 살펴보면 원심의 위와 같은 판단은 정당하고, 거기에 상고이유로 주장하는 바와 같은 죄수에 관한 법리오해 등의 위법이 없다.

Ⅱ. 결과적 가중범의 구성요건

1. 기본범죄

〈기본범죄가 미수에 그친 경우〉

대법원 2008. 4. 24. 선고 2007도10058 판결[생 략]

성폭력범죄의 처벌 및 피해자보호 등에 관한 법률 제9조 제1항에 의하면 같은 법 제6조 제1항에서 규정하는 <u>특수강간의 죄를 범한 자뿐만 아니라 특수강간이 미수에 그쳤다고 하더라도 그로 인하여 피해자가 상해를 입었으면 특수강간치상죄가 성립하는 것이고</u>, 같은 법 제12조에서 규정한 위 제9조 제1항에 대한 <u>미수범처벌규정은 제9조 제1항에서 특수강간치상죄와 함께 규정된 특수강간상해죄의 미수에 그친 경우, 즉 특수강간의 죄를 범하거나 미수에 그친 자가 피해자에 대하여 상해의 고의를 가지고 피해자에게 상해를 입히려다가 미수에 그친 경우 등에 적용된다.</u>

원심이 그 판시의 증거를 종합하여 **피고인이 위험한 물건인 전자충격기를 피해자의 허리에 대고 피해자를 폭행하여 강간하려다가 미수에 그치고 피해자에게 약 2주간의 치료를 요하는 안면부 좌상 등의 상해를 입힌 사실**을 인정하고, 이에 대하여 성폭력범죄의 처벌 및 피해자 보호 등에 관한 법률 소정의 특수강간치상죄의 기수에 해당한다고 인정한 것은 기록과 앞서 본 법리에 비추어 정당하고, 상고이유에서 주장하는 바와 같은 결과적 가중범의 미수범에 관한 법리오해 등의 위법은 없다.

대법원 1988. 11. 8. 선고 88도1628 판결 [강간치상,상해치사]

강간죄에 있어서의 폭행 또는 협박은 피해자의 반항을 현저히 곤란하게 할 정도의 것이어야 함은 물론이고(당원 1979.2.13. 선고 78도1792 판결 참조), <u>그 미수에 그친 경우라도 강간의 수단이 된 폭행에 의하여 피해자가 상해를 입었으면 강간치상죄가 성립하는 것이며</u>(당원 1972.7.25. 선고 72도1294 판결), <u>또한 그 미수에 그치게 된 것이 피고인이 자의로 실행에 착수한 행위를 중지한 경우이든 실행에 착수하여 행위를 종료하지 못한 경우이든 가릴 바 못된다.</u>

원심판결이 유지하고 있는 제1심판결이 확정한 사실에 의하면 **피고인은 피해자1을 주점 홀 바닥에 넘어뜨린 다음 반항하는 피해자1의 가슴을 왼손으로 누르고, 오른손으로 치마를 걷어 올리고 팬티를 내린 다음 자신도 혁대를 풀고 피해자1의 몸 위로 올라가 강간하려 하였다가 피해자1이 피고의 따귀를 때리면서 완강하게 반항하여 그 뜻을 이루지 못하고 미수에 그쳤으나 그로 인하여 피해자1에게 판시 상해를 입혔다**는 것인바, 원심판결 및 제1심판결 거시의 증거들을 기록과 대조하여 보면 위 범죄사실을 인정하기에 넉넉하고 원심의 사실인정과정에 심리를 다하지 아니하고 채증법칙에 위반하여 사실을 그릇 인정하였다고 할 만한 위법사유를 찾아볼 수 없고, 위 인정사실에 비추어 볼 때 피고인은 피해자1의 반항을 현저히 곤란하게 할 정도의 폭행 또는 협박을 가하기 시작하여 실행에 착수하였으나 피해자1의 완강한 반항으로 강간의 목적을 달하지 못한채 상처를 입혔다고 봄이 상당하며 <u>피해자1이 뺨을 때린 행위 이후에 피고인이 강간목적의 행동을 더 못하게 된 것이 피고인이 스스로 중지한 것으로 본다 하더라도 일단 실행에 착수한 후 피해자1에게 상처를 가한 이상 강간치상죄를 구성함에는 아무런 변함이 없으므로</u> 피고인의 행위에 대하여 강간치상죄를 적용한 제1심판결 및 원심판결의 조처는 정당하고, 거기에 소론과 같은 강간치상죄 또는 중지범에 관한 법리오해의 위법이 없다.

2. 중한 결과의 발생

〈'위태화 결과'의 발생〉

대법원 1970. 9. 22. 선고 70도1638 판결 [중상해,군무이탈]

피고인은 동거한 사실이 있는 피해자인공소외인 여인에게 피고인을 탈영병이라고 헌병대에 신고한 이유와 다른 남자와 정을 통한 사실들을 추궁한 바, 이를 부인하자 하숙집 뒷산으로 데리고 가 계속 부정을 추궁하면서 상대 남자를 말하자 대답을 하지 못하고 당황하던 동 여인에게 소지중인 면도칼 1개를 주면서 "네가 네 코를 자르지 않을 때는 돌로서 죽인다"는 등 위협을 가해 자신의 생명에 위험을 느낀 동 여인은 자신의 생명을 보존하기 위하여 위 면도칼로 콧등을 길이 2.5센치, 깊이 0.56센치 절단하므로서 동 여인에게 전치 3개월을 요하는 상처를 입혀 안면부 불구가 되게 하였다는 것으로서 이와같이 <u>피고인에게 피해자 여인의 상해결과에 대한 인식이 있고 또 그 여인에게 대한 협박정도가 그의 의사결정의 자유를 상실케 함에 족한 것인 이상</u>, <u>피고인에게 중상해 사실을 인정하고 피해자 여인의 자상행위로 인정하지 아니한</u> 원판결 판단에 소론 위법이 있다는 논지는 이유없다.

3. 기본범죄와 중한 결과와의 관련

가. 인과관계 및 객관적 귀속

(1) 상해치사죄

〈긍정 사례 1〉

대법원 1984. 12. 11. 선고 84도2183 판결 [상해치사]

피고인은 과거에 동거하던 피해자에게 다시 동거할 것을 요구하며 서로 말다툼을 하다가 주먹으로 얼굴과 가슴을 수없이 때리고 머리채를 휘어잡아 방벽에 여러차례 부딪치는 폭행을 가하여 두개골결손, 뇌경막하출혈 등으로 2일후 사망케 한 사실이 인정된다.

사람의 얼굴과 가슴에 대한 가격은 신체기능에 중대한 지장을 초래할 수 있고 더구나 두뇌 부위에 대하여 두개골 결손을 가져올 정도로 타격을 가할 경우에 치명적인 결과를 가져올 수 있다는 것은 누구나 예견할 수 있는 일이라고 할 것이므로, 원심이 피고인에게 피해자의 사망의 결과에 대한 예견가능성이 있었던 것으로 인정하여 피고인을 상해치사죄로 의율한 조치는 정당하(다).

대법원 1990. 10. 26. 선고 90도1229 판결 [상해치사]

이 사건의 경우 공소사실의 요지는 "피고인이 피해자와 함께 술을 마신 후 피해자의 도발로 서로 멱살을 잡고 시비하던 중 피해자가 피고인의 얼굴을 주먹으로 때리자 이에 격분한 피고인이 피해자의 얼굴을 주먹으로 2회 때리고 계속 달려드는 피해자의 전신을 주먹 등으로 수회 때려 땅바닥에 넘어뜨려서 피해자로 하여금 심장파열 및 다발성늑골골절상으로 사망하게 하였다"는 것으로서, 원심은 피고인이 피해자와 싸우던 중 주먹으로 얼굴을 2회 때리는 등으로 피해자를 땅에 넘어뜨리고 그로 인하여 피해자에게 상당한 충격을 가한 사실은 인정되지만, 피고인의 그와 같은 폭행으로 인하여 피해자가 심장파열 상또는 다발성늑골골절상을 입게 되었음을 인정할 만한증거가 없다고 할 것인바, 피고인이 범한 위와 같은 폭행 범죄사실은 공소장이 변경되지 아니하였기 때문에 법원의 심판대상이 되지 않는 것이라고 판단하였다. 이 사건에서 공소가 제기된 상해치사의 범죄사실과 대비하여 볼 때, 피고인이 위와 같이 주먹으로 얼굴을 2회 때리는 등의 정도를 피해자의 신체에 대하여 폭행을 가한 범죄사실에 관하여, 원심이 공소장이 변경되지 않았다는 이유로 유죄로 인정하지 아니한 것이 현저히 정의와 형평에 반하는 것이라고는 인정되지 않는다(당원 1959.11.30. 선고 4292형상429 판결 ; 1971.1.12. 선고 70도2216 판결 ; 1984.11.27. 선고 84도2089 판결 등 참조).

소론이 지적하는 피해자의 좌측안와부 외측의 표피박탈상은, 공소장에 피고인이 범한 상해 범죄사실로 기재되어 있지도 않았을 뿐만 아니라, 이 사건 상해치사 공소사실에 대한 심리 과정에서도 단 한번 언급되지도 아니하였음이 기록상 분명하므로, 법원이 공소장의 변경도 없이 그대로 그 범죄사실을 유죄로 인정한다면 피고인의 방어권행사에 실질적으로 불이익을 초래하게 되기 때문에, 원심이 그 범죄사실을 유죄로 인정하지 아니한 것은 정당한 것으로 수긍이 된다.

〈긍정 사례 2〉

대법원 1994. 11. 4. 선고 94도2361 판결 [살인·폭력행위등처벌에관한법률위반(인정된죄명:상해치사)·업무방해]

원심이 확정한 바와 같이 피고인이 1993.10.3. 01:50경 피해자와 함께 ○○○○호텔 325호실에 투숙한 다음 손으로 피해자의 뺨을 수회 때리고 머리를 벽쪽으로 밀어 붙이며 붙잡고 방바닥을 뒹구는 등 하다가 피해자의 어깨를 잡아 밀치고 손으로 우측 가슴부위를 수회 때리고 멱살을 잡아 피해자의 머리를 벽에 수회 부딪치게 하고 바닥에 넘어진 피해자의 우측 가슴부위를 수회 때리고 밟아서 피해자에게 우측 흉골골절 및 우측 제2, 3, 4, 5, 6번 늑골골절상과 이로 인한 우측심장벽좌상과 심낭내출혈 등의 상해를 가함으로써, 피해자가 바닥에 쓰러진 채 정신을 잃고 빈사상태에 빠지자, 피해자가 사망한 것으로 오인하고 피고인의 위와 같은 행위를 은폐하고 피해자가 자살한 것처럼 가장하기 위하여, 같은 날 03:10경 피해자를 베란다로 옮긴 후 베란다 밑 약 13미터 아래의 바닥으로 떨어뜨려 피해자로 하여금 현장에서 좌측 측두부 분쇄함몰골절에 의한 뇌손상 및 뇌출혈 등으로 사망에 이르게 하였다면, 피고인의 판시 소위는 포괄하여 단일의 상해치사죄에 해당한다고 할 것이므로 이와 같은 취지의 원심판단은 정당하고, 원심판결에 소론과 같은 결과적 가중범, 인과관계 및 포괄일죄 등에 관한 법리를 오해한 위법이 있다고 볼 수 없다.

(2) 폭행치사죄

〈긍정 사례 1〉

대법원 1990. 10. 16. 선고 90도1786 판결 [폭행치사,폭력행위등처벌에관한법률위반]

피고인들과 공동하여 피해자를 폭행하고 그 무렵 당구장 3층에 있는 화장실에 숨어 있던 피해자를 다시 폭행하려고 피고인 1은 화장실을 지키고, 피고인 2는 당구치는 기구로 문을 내려쳐 부수자 이에 위협을 느낀 피해자가 화장실 창문밖으로 숨으려다 실족하여 떨어짐으로써 사망한 사실을 인정할 수 있으므로 피고인들의 위 폭행행위와 피해자의 사망 사이에는 인과관계가 있다고 할 것이어서 원심이 이에 대하여 폭행치사죄의 공동정범으로 다스린 것은 정당하(다).

〈긍정 사례 2〉

대법원 1996. 5. 10. 선고 96도529 판결 [강간치상(인정된 죄명 상해치사)]

원심은, 피고인이 이 사건 범행일시경 계속 교제하기를 원하는 자신의 제의를 피해자가 거절한다는 이유로 **얼굴을 주먹으로 수회 때리자** 피해자는 이에 대항하여 피고인의 손가락을 깨물고 목을 할퀴게 되었고, 이에 격분한 피고인이 다시 피해자의 얼굴을 수회 때리고 발로 배를 수회 차는 등 폭행을 하므로 피해자는 이를 모면하기 위하여 도로 건너편의 추어탕 집으로 도망가 도움을 요청하였으나, 피고인은 이를 뒤따라 도로를 건너간 다음 피해자의 머리카락을 잡아 흔들고 얼굴 등을 주먹으로 때리는 등 폭행을 가하였고, 이에 견디지 못한 피해자가 다시 도로를 건너 도망하자 피고인은 계속하여 쫓아가 주먹으로 피해자의 얼굴 등을 구타하는 등 폭행을 가하여 전치 10일간의 흉부피하출혈상 등을 가하였고, 피해자가 위와 같이 계속되는 피고인의 폭행을 피하려고 다시 도로를 건너 도주하다가 차량에 치여 사망한 사실을 인정한 다음, 위와 같은 사정에 비추어 보면 피고인의 위 상해행위와 피해자의 사망 사이에 상당인과관계가 있다고 하여 피고인을 상해치사죄로 처단한 제1심의 판단을 유지하고 있는바, 기록에 의하여 살펴보면, 원심의 사실인정과 피고인의 위 상해행위와 피해자의 사망 사이에 상당인과관계가 있다고 본 원심의 판단은 모두 정당한 것으로 수긍이 (된다).

(3) 감금치사죄

〈긍정 사례〉

대법원 2000. 2. 11. 선고 99도5286 판결 [감금치사·도로교통법위반]

피고인이 당초 그의 승용차로 피해자를 가로막음으로써 피해자로 하여금 할 수 없이 위 차량에 승차하게 한 후 피해자가 내려달라고 요청하였음에도 불구하고 당초 목적지라고 알려준 장소가 아닌 다른 장소를 향하여 시속 약 60㎞ 내지 70㎞의 속도로 진행하여서 피해자를 위 차량에서 내리지 못하도록 하였다면 그와 같은 피고인의 행위는 감금죄에 해당함이 분명하고, 나아가 피해자가 위와 같은 감금상태를 벗어날 목적으로 위 차량의 뒷좌석 창문을 통하여 밖으로 빠져 나오려다가 길바닥에 떨어져 상해를 입고 그 결과 사망에 이르렀다면 피고인의 위 감금행위와 피해자의 사망 사이에는 상당인과관계가 있다고 할 것이므로 피고인으로서는 감금치사죄의 죄책을 면할 수 없다.

대법원 1982. 11. 23. 선고 82도2024 판결 「피고인이 원판시 미성년자를 유인하여 포박감금한 후 단지 그 상태를 유지하였을 뿐인데도 피감금자가 사망에 이르게 된 것이라면 피고인의 죄책은 소론과 같이 감금치사죄에만 해당한다 하겠으나, 나아가서 그 감금상태가 계속된 어느 싯점에서 피고인에게 살해의 범의가 생겨 위험발생을 방지함이 없이 포박 감금상태에 있던 피감금자를 그대로 방치함으로써 사망케 하였다면 피고인의 부작위는 살인죄의 구성요건적 행위를 충족하는 것이라고 평가하기에 충분하므로 피고인의 소위는 부작위에 의한 살인죄를 구성한다고 보아야 할 것이다.」

(4) 강간치사죄

〈부정 사례〉

대법원 1982. 11. 23. 선고 82도1446 판결 [강간치사]

피고인들에 의하여 **강간을 당한 피해자가 집에 돌아가 음독자살**하기에 이르른 원인이 소론과 같이 강간을 당함으로 인하여 생긴 수치심과 장래에 대한 절망감 등에 있었다 하더라도, 그 자살행위가 바로 피고인들의 강간행위로 인하여 생긴 당연의 결과라고 볼 수는 없어 피고인들의 강간행위와 피해자의 자살행위 사이에 인과관계를 인정할 수는 없다 할 것이니 이와 다른 견지에서 원심판결에 인과관계에 관한 법리오해의 위법이 있다는 논지는 받아들일 수 없다.

〈긍정 사례 1〉

대법원 2008. 2. 29. 선고 2007도10120 판결 [생 략]

원심이, 그 채용 증거들에 의하여 피고인들 및 제1심 공동피고인 1,2가 피해자공소외인을 강간하기로 공모하여 2007. 2. 27. 18:00경 남양주시 진접읍 내각리 풍양초등학교 부근 야산에서 의도적으로 게임을 통하여 13세에 불과한 피해자로 하여금 술을 마셔 취하도록 유도한 다음, 피고인 3,2,1의 순서로 만취한 피해자를 강간한 사실, 위와 같은 강간 과정에서 피고인 3과 제1심 공동피고인 2가 먼저, 피고인 4와 제1심 공동피고인 1이 다음으로 각 범행현장을 떠났는데, 강간을 마친 피고인 1,2는 의식을 잃은 피해자를 인적이 드문 비닐창고(한쪽 면이 개방되어 있다)에 옮겨 놓은 사실, 피고인 1,2는 21:20경 그곳에서 피씨방에 있는 피고인 4와 제1심 공동피고인 1을 데리러 가 위 비닐창고로 오던 도중에 피고인 2는 먼저 귀가하고 피고인 1,4 및제1심 공동피고인 1이 22:00경 위 비닐창고로 왔는데, 피고인 1,4는 피해자의 가슴을 만지는 등 강제추행을 하고 귀가한 사실, 피고인 1은 귀가 도중 다시 위 비닐창고로 가 23:00경 의식을 잃은 피해자를 재차 강간하고는 하의를 벗겨둔 채 귀가한 사실, 피해자는 다음날인 2007. 2. 28. 02:00경부터 04:00경 사이에 저체온증으로 사망한 사실 등을 인정한 다음, 피고인들이 의도적으로 피해자를 술에 취하도록 유도하고 피고인들로부터 수차례 강간당하였기 때문에 피해자가 의식불명 상태에 빠진 것으로서, 피해자가 의식을 찾지 못하여 저체온증으로 사망한 것이 피고인들의 강간 및 그 수반행위와 인과관계가 없다고 할 수 없고, 피해자의 사망에 대한 피고인 1,2,4의 예견가능성 또한 넉넉히 인정되며, 또한 당시의 기온 등을 감안하여 보면 이미 피고인들의 강간 및 그에 수반한 행위로 인하여 피해자가 의식불명 상태에 빠진 이상, 비록 피고인 1이 비닐창고에서 피해자를 재차 강간하고 하의를 벗겨 놓은 채 그대로 귀가하였다고 하더라도 피고인 2,4가 저체온증으로 인한 피해자의 사망에 대한 책임을 면한다고 볼 수 없다고 하여피고인 1,2,4에 대한 판시 강간치사죄를 유죄로 인정한 제1심판결을 그대로 유지한 조치는 정당하(다).

〈긍정 사례 2〉

대법원 1995. 5. 12. 선고 95도425 판결 [강간치사,감금]

폭행이나 협박을 가하여 간음을 하려는 행위와 이에 극도의 흥분을 느끼고 공포심에 사로잡혀 이를 피하려다 사상에 이르게 된 사실과는 이른바 상당인과관계가 있어 강간치사상죄로 다스릴 수 있는 것이라고 할 것이다(당원 1978.7.11. 선고 78도1331 판결; 1991.10.25. 선고 91도2085 판결 각 참조).

원심판결 이유에 의하면 원심은, 피고인이 자신이 경영하는 속셈학원의 강사로 이 사건 범행 사흘전에 채용된 피해자 (여, 20세) 를 위 학원으로 불러내어 함께 인천 남동구소재관광호텔 9층 일식당에 가서 술을 곁들여 점심식사를 한 다음 위 피해자 몰래 미리 예약해 놓은 같은 호텔 703호 객실 앞까지 위 피해자를 유인하여 들어가지 않으려는 위 피해자를 붙잡아 떠미는 등 강제로 객실 안으로 끌고 들어간 후 객실에서 나가려는 피해자를 붙잡거나 객실 방문을 가로막아 못나가게 하고 여러 차례에 걸쳐 집요하게 위 피해자를 강제로 끌어안아 침대에 넘어뜨리고 키스하려고 하는 등 위 피해자의 반항을 억압한 후 강간하려 한 사실, 피고인은 위 피해자가 자신은 처녀이기 때문에 피고인의 요구에 응할 수 없다고 하였음에도 이를 묵살하고 2시간 정도에 걸쳐 계속적으로 위와 같은 방법으로 위 피해자를 강간하려고 하여 위 피해자가 피고인의 얼굴을 할퀴고 비명을 지르며 완강히 반항하던 중 위 객실의 예약된 대실시간이 끝나가자 시간을 연장하기 위하여 피고인이 호텔 프런트에 전화를 하는 사이에 위 피해자가 더 이상 위 객실안에 있다가는 자신의 순결을 지키기 어렵겠다는 생각이 들어 위 객실을 빠져나가려 하였으나 출입문 쪽에서 피고인이 전화를 하고 있어 위 출입문 쪽으로 나가려다가는 피고인에게 잡힐 것 같은 생각이 들자 다급한 나머지 위 객실 창문을 열고 뛰어내리다가 28m 아래 지상으로 추락하여 두개골골절상등을 입고 사망한 사실 등을 각 인정한 후, 위 인정사실에 의하면 위 피해자가 위 호텔 객실까지 끌려들어가게 된 경위, 위 객실 내에서 피고인이 위 피해자를 강간하려고 유형력을 행사한 정도 및 그 시간, 위 피해자가 피고인에게 자신이 처녀라고 말하며 피고인의 요구를 거절하고 완강히 반항하였던 점, 피고인이 위 피해자를 강간하려다 일시 그 행위를 멈추고 전화를 걸기는 하였으나 위 객실의 구조상 피고인이 출입문을 막고 있어 위 피해자가 출입문을 통하여는 위 객실을 탈출하기가 어려웠던 점 등 모든 상황을 종합하여 보면, 피고인으로서는 위 피해자가 피고인으로부터 강간을 당하지 않기 위하여 반항하면서 경우에 따라서는 위 객실의 창문을 통하여 아래로 뛰어내리는 등 탈출을 시도할 가능성이 있고 그러한 경우 위 피해자가 사망할 수도 있다는 예견도 가능하였다고 봄이 상당하므로, 피고인의 행위와 위 피해자의 사망과의 사이에 상당인과관계가 있었다고 하여 피고인을 강간치사죄로 처단한 제1심의 유죄판단을 유지하고 있는바, 원심이 들고 있는 위와 같은 제반 상황과 그 밖에 원심이 인용한 제1심이 적법하게 조사, 채택한 각 증거에 의하여 인정되는 다음과 같은 여러 사정, 즉 위 피해자는 전문대학 졸업 후 취업을 위해 노력하다가 구인광고를 보고 찾아 간 피고인 경영의 속셈학원에 강사로 채용되어 아직 첫 출근도 하지 아니한 상태에서 학습교재를 설명하겠다는 피고인에게 유인되어 위와 같이 정조를 유린당할 상황에까지 이르게 된 것이고, 위 피해자의 당시 나이가 20세로서 겨우 성년에 이른데다가 아직 아무런 성경험이 없는 처녀의 몸이었던 점, 피해자가 탈출하기 전에 피고인에 의하여 이미 2시간 이상이나 감금되어 있었으므로 위 피해자로서는 위와 같은 상황에서 벗어나기 위하여 어떤 방법으로든지 탈출을 시도할 가능성이 높았던 점, 당시 피고인이 프런트에 전화를 거느라고 위 피해자에 대한 폭행을 잠시 멈추고 있었다고는 하나, 피고인의 감시하에 같은 방내에 계속 감금된 상태에 있었고, 그 전화의 내용도 대실시간을 연장하여서라도 피해자를 객실내에 계속 감금한 채 결국 강간의 목적을 이루고야 말겠다는 피고인의 의도를 드러내는 것이었던 점, 피해자가 탈출한 창문은 한쪽이 가로 85cm, 세로 33cm 크기의 옆으로 밀어 여는 형태의 알미늄 새시문이어서 사람이 그 창틀 위로 올라가 뛰어내릴 수는 없고 창틀 위에 몸을 엎드려 옆으로 빠져나갈 수밖에 없는데, 피고인의 진술에 의하더라도 당시 피해자가 왼쪽, 오른쪽의 순서로 발과 다리부분부터 차례로 창틀을 넘어간 후 머리부분이 맨 마지막으로 밖으로 빠져나가는 형태로(이는 사체부검 결과 밝혀진 추락시의 각 상해부위와도 일치한다) 탈출하였다는 점에 비추어 볼 때, 피해자가 극도의 흥분을 느끼고 몹시 당황한 상태에서 자신이 끌려들어간 위 객실이 고층에 위치하고 있다거나 밖에 베란다가 없다는 사실 등을 순간적으로 의식하지 못한 채 미리 밖을 내다보지도 않고서 그대로 위 창문을 통하여 탈출하다가 지상으로 추락하여 사망에 이른 것으로 보이는 점 등의 여러 사정을 종합하여 보면, 위와 같은 상황하에서라면 일반 경험칙상 위 피해자가 강간을 모면하기 위하여 창문을 통하여서라도 탈출하려다가 지상에 추락하여 사망에 이르게 될 수도 있음을 충분히 예견할 수 있었다고 볼 것이므로, 피고인의 이 사건 강간미수 행위와 위 피해자의 사망과의 사이에는 상당인과관계가 있다고 할 것이니, 원심이 피고인을 강간치사죄로 처단하였음은 결국 앞서 본 당원의 견해에 따른 것으로서 정당하다.

대법원 1990. 5. 8. 선고 90도670 판결 [살인,강간치사]

강간범인이 피해자를 사망에 이르게 한 경우에 그 사망의 결과가 간음행위 자체뿐만 아니라 강간의 수단으로 사용한 폭행으로 인하여 초래된 경유에도 강간치사죄가 성립하는 것이나, 다만 범인이 강간의 목적으로 피해자에게 폭행을 가할 때에 살해의 범의가 있었다면 살인죄와 강간치사죄의 상상적경합범이 성립한다.

원심확정사실에 의하면, 피고인이 살해의 미필적 고의를 가지고 피해자의 입을 막고 경부를 눌러 피해자를 질식으로 인한 실신상태에 빠뜨려 강간한 후 그 즈음 피해자를 경부압박으로 인한 질식으로 사망케 하였다는 것이므로, 살인죄와 강간치사죄의 상상적 경합범으로 보아 가장 무거운 살인죄에 정한 형으로 처벌한 원심판결은 정당하(다).

(5) 강도치사죄

〈긍정 사례〉

대법원 1988. 9. 13. 선고 88도1046 판결 [강도상해,강도치사]

강도의 공범자 중 1인이 강도의 기회에 피해자에게 폭행 또는 상해를 가하여 살해한 경우에 다른 공범자는 강도의 수단으로 폭행 또는 상해가 가해지리라는 점에 대하여 상호 인식이 있었으므로 살해에 대하여 공모한 바가 없다고 하여도 강도치사죄의 죄책을 면할 수 없다.

원심이 확정한 사실에 의하면 피고인은 1987.11.29. 02:45경 공소외 1과 피해자공소외 2의 금품을 강취하기로 공모하여 피고인은 길이 약 33센티미터의 식칼을, 위공소외 1은 길이 약 80센티미터의 각목을 들고 피고인이 위 피해자 집 방안에서 피해자 소유의 잠바를 꺼내는데 위 피해자의 처인 피해자공소외 3이 잠에서 깨어나 "도둑이야"라고 소리치자 위공소외 1은 각목으로 위공소외 3의 얼굴과 가슴부위를 1회씩 때려 2주간의 치료를 요하는 전흉부좌상등을 가하고, 이어서 잠이깬 피해자공소외 2가 저울대를 들고 나와 도주하는 피고인과 위공소외 1을 뒤쫓으며 그곳으로부터 약 130미터 떨어진 다리위에 이르러 위 저울대로 피고인의 머리와 위공소외 1의 머리를 각 1회 때리자, 위공소외 1이 소지하고 있던 종류 및 길이 미상의 칼로 위공소외 2의 좌측가슴을 1회찔러 좌측흉부좌상을 가하고 이로 인하여 병원으로 후송도중 그날 04:10경 사망에 이르게 하였다는 것인바, 원심이 채용한 증거관계를 살펴보면 위와 같은 원심인정에 수긍이 가고 그 증거취사 과정에 아무런 위법이 없다.

위 인정사실에 비추어 보면 피고인은 공범자인 공소외 1과의 사이에 강도의 기회에 강도의 수단으로 폭행이나 상해가 가해지리라는 점에 대하여 상호인식이 있었다고 볼 것이므로, 위 공소외 1이 저지른 살해의 결과에 대하여 강도치사죄의 책임을 면할 수 없는 것으로서 위와 같은 취지로 판단한 원심판결은 정당하고 논지가 주장하는 것과 같은 공범에 관한 법리오해나 중대한 사실오인 또는 의율착오의 위법이 없으므로 논지는 이유없다.

> **대법원 1990. 11. 27. 선고 90도2262 판결 [생 략]**
> 피고인 3, 피고인 2, 피고인 3 등이 등산용 칼을 이용하여 노상강도를 하기로 공모한 이 사건에서는 그 공모내용으로 보아 범행 당시 차안에서 망을 보고 있던 피고인 2나 등산용 칼을 휴대하고 있던 피고인 1과 함께 차에서 내려 피해자공소외 1로부터 금품을 강취하려 했던 피고인 3 등으로서는 그때 우연히 현장을 목격하게 된 피해자공소외 2를 피고인 1이 소지중인 등산용 칼로 제1심 판시와 같이 살해하여 강도살인행위에 이를 것을 전혀 예상하지 못하였다고 보여지지 아니하므로 원심이 같은 취지에서 위 공소외 2를 살해한 행위에 대해 피고인 2, 피고인 3을 강도치사죄로 의율처단한 제1심 판단을 유지한 것은 정당하(다).

나. 예견가능성

〈결과적 가중범의 성립요건으로서의 예견가능성〉

대법원 1980. 5. 27. 선고 80도796 판결 [특수공무집행방해등(변경된죄명:특수공무집행방해치상)·폭력행위등처벌에관한법률위반]

형법 제144조 제2항 소정의 특수공무집행방해치상죄는 결과적가중범이므로 행위자가 그 결과를 의도할 필요는 없고, 그 결과의 발생을 예견할 수 있으면 족한 것일 뿐만 아니라 원심이 그 설시와 같이 피고인이 창틀과 깨진 유리를 집어던져 보도원보인 최정모에게 상처를 입힌 소위를 특수공무집행방해치상죄로 의율한 조처에도 아무런 위법이 없(다).

〈인과관계와 예견가능성의 관계 : 인과관계와 예견가능성을 분리하여 판단한 사례〉

대법원 1988. 4. 12. 선고 88도178 판결 [강제추행치사,강제추행]

<u>형법 제15조 제2항이 규정하고 있는 이른바 결과적 가중범은 행위자가 행위시에 그 결과의 발생을 예견할 수 없을 때는 비록 그 행위와 결과사이에 인과관계가 있다 하더라도 중한 죄로 벌할 수 없는 것으로 풀이된다.</u>

원심판결 이유에 의하면, 원심은 그 증거에 의하여 **피고인이 친구 5명과 같이 술집에서 그 집 작부로 있는 피해자 등 6명과 더불어 밤 늦도록 술을 마시고 모두 각자의 상대방과 성교까지 하였는데 술값이 부족하여 친구집에 가서 돈을 빌리려고 위 일행중 피고인과 공소외 1, 2가 함께 봉고차를 타고 갈때 공소외 1과 성교를 한 피해자도 그 차에 편승하게 된 사실과 피고인과 피해자가 그 차에 마주앉아 가다가 피고인이 장난삼아 피해자의 유방을 만지고 피해자가 이를 뿌리치자 발을 앞으로 뻗어 치마를 위로 걷어올리고 구두발로 그녀의 허벅지를 문지르는 등 그녀를 강제로 추행하자 그녀가 욕설을 하면서 갑자기 차의 문을 열고 뛰어 내림으로써 부상을 입고 사망한 사실**을 확정한 다음 이와 같은 상황에서는 피고인이 그때 피해자가 피고인의 추행행위를 피하기 위하여 달리는 차에서 뛰어내려 사망에 이르게 될 것이라고 예견할 수 없고 달리 이를 인정할 만한 증거가 없다고 하여 피고인에게 그 사망의 결과에 대하여 책임을 묻지 아니하고 다만 강제추행으로 다스리고 있다.

기록에 비추어 원심의 사실인정과 위와 같은 상황에서 피고인에게 피해자가 사망에 이르게 된 결과에 대한 예측가능성이 없다고 판단한 조치는 옳게 수긍이 가고 거기에 주장하는 바와 같은 채증법칙을 어겼거나 결과적 가중범에 관한 법리를 오해한 위법이 없다.

〈예견가능성의 판단기준 : 객관적 예견가능성 (일반경험상 예견할 수 있는지 여부)〉

대법원 1966. 6. 28. 선고 66도1 판결 [현주건조물방화]

원판결 이유에 의하면, 원심은 본건 공소사실 중 방화죄를 유죄로 인정하는 외에 방화치상죄의 성립을 부정하는 이유로서 열거하는 증거에 의하여 **당시 숙직하고 있던 수사계장 이재환이 피고인이 방화한 결과 안면부 경부 및 손등에 전치 5주일간의 가료를 요하는 제2도 화**

상을 입게 된 것이나 그것은 피고인의 방화로 인하여 실험칙에 따라서 피해자가 피동적으로 입은 화상이 아니고 유치장 쪽 벽에 붙어 연소하고 있는 인쇄물을 철거하고 불붙은 의자를 밖으로 들어내는 등 적극적으로 진화작업에 열중한 나머지 입게 된 화상임을 인정하고 그 때에 피고인은 유치장이 가까이 있는 것과 타인이 화상을 입어가면서 진화할 것이라는 것을 전연 인식할 수 없었고 일반인도 그와 같이 화상을 입어가면서 진화작업에 열중한 것이라는 것은 이례에 속하는 일로서 방화를 하면 반드시 그와 같은 결과가 발생하는 것도 아니므로 이는 형법상의 인과관계의 범위 외에 속하는 것이라 하여 방화치상죄의 성립을 부정하였다. 무릇 형법 제164조에 규정하고 있는 방화치상죄는 결과적 가중범의 일종이며 동법 제15조 2 항에 의하면 [결과로 인하여 형이 중할 죄에 있어서 그 결과의 발생을 예견할 수 없었을 때 에는 중한 죄로 벌하지 아니한다]라고 규정하고 있는 바 그 규정의 취지는 범죄행위(방화)시 에 그와 같은 결과(치사상)의 발생이 일반경험상 예견할 수 있었는데도 불구하고 범인이 이 를 예견하지 못함으로써 결과의 발생이 있는 경우에 행위자에게 중한 결과의 책임을 물을 수 있음에 그치고 행위자뿐만 아니라 일반경험상으로도 전연 예견할 수 없었던 결과가 발생 한 경우에는 그 결과로 인하여 행위자를 처벌할 수 없다고 보는 바, 앞에서 설시한바와 같이 원심이 이와 같은 견해로 본건 공소사실 중 방화죄만을 인정하고 방화치상죄의 성립을 부정 한 원심판결은 정당하고 이와 반대의 입장에서 원심조처를 비난하는 상고논지는 이유없다.

〈예견가능성의 판단 : 통상적으로 일반인이 예견하기 어려운 결과인 경우〉

대법원 1990. 9. 25. 선고 90도1596 판결 [폭행치사]

1. 원심판결 이유에 의하면, 원심은 피고인과 피해자는 원심판시 삼해공업주식회사 총무부 창고계에 근무하던 직장 동료들로서 1988.12.24. 15:40경 위 회사 창고내의 탈의실에서 다른 직원 5명과 함께 소주 2리터들이 1병을 나누어 마신 후 피해자는 창고내에서 철로프에 실을 감는 스빙기계작업을 하고 피고인등 나머지 직원은 창고밖에서 포장작업을 하던 중, 같은 회사 연사부 직원인 김영국이 같은 연사부직원 원경국의 결혼 댕기풀이로 소주와 돼지고기 안주를 가지고 와서 피해자에게 맡겨두고 간 뒤에 피고인이 창고안으로 들어와 피해자에게 연사부에서 소주와 돼지고기를 가져왔더냐고 물었으나 피해자가 소주와 김치만 가져왔더라 고 대답하자 창고내를 뒤지다가 피해자가 마지못해 내놓은 박스안에 돼지고기 등이 들어있 는 것을 보고 그 돼지고기를 손에 들고 "이래도 고기가 아니냐, 너 혼자 다먹으려고 숨겨두

었다가 이제야내놓는가"라고 소리치며 피해자의 얼굴에 대고 삿대질을 하자 이를 피하기 위해 피해자가 뒷걸음질로 두세 발짝 물러서다가 한 시간 전에 마신 술로 취해 있던 관계로 위 창고내에 설치되어 바닥에 가까운 높이에서 수평으로 회전중이던 십자형 스빙기계 철받침대(받침대 직경 98센티미터, 폭 12.5센티미터, 두께 6.5센티미터)에 발이 걸려 뒤로 넘어지면서 머리부분이 시멘트 바닥에 부딪쳐 두정부좌상과 두개골골절로 소뇌와 대뇌에 지주막하출혈이 생기는 상해를 입고, 그 날 저녁 부산 동구 좌천동 소재 봉생신경외과에 입원 가료중 1989.1.3. 09:40경 뇌좌상중증 등으로 사망한 사실을 인정한 다음, 피고인이 피해자가 고기를 숨겨둔 데에 화가 나서 욕설을 하면서 돼지고기 뭉치를 손에 들고 피해자의 얼굴에 대고 삿대질을 한 것은 불법한 유형력의 행사라고 볼 것이고, 또 53세나 되는 피해자가 낮에 마신 술로 어느 정도 취해 있었고 당시 피해자가 서있던 지점의 바로 발뒤에 바닥에 낮게 깔려 수평으로 회전중인 스빙기계 받침대가 있었을 뿐만 아니라 그곳 바닥이 시멘트로 되어 있었으므로 피고인이 피해자의 얼굴에다 고기뭉치를 갖다 대며 삿대질을 할 경우 피해자가 이를 피하기 위해 뒷걸음치다 바로 발뒤에 있는 위 받침대 등에 발이 걸리게 되고 그렇게 되면 술에 취한데다가 비교적 고령인 피해자가 중심을 잃고 뒤로 넘어져 시멘트바닥에 머리를 부딪쳐 위와 같은 상해를 입거나 그로 인하여 뇌를 다침으로써 사망의 결과도 초래할 수 있는 것임은 일반인의 경험칙에 비추어 예견이 가능하고, 피고인으로서도 당시 이를 예견할 수 있는 상황에 있었다고 할 것이므로 폭행치사죄의 죄책을 면할 수 없다고 판단하였다.

2. 폭행치사죄는 이른바 결과적 가중범으로서 폭행과 사망의 결과 사이에 인과관계가 있는 외에 사망의 결과에 대한 예견가능성 즉 과실이 있어야 하고 이러한 예견가능성의 유무는 폭행의 정도와 피해자의 대응상태 등 구체적 상황을 살펴서 엄격하게 가려야 하며, 만연히 예견가능성의 범위를 확대해석함으로써 형법 제15조 제2항이 결과적 가중범에 책임주의의 원칙을 조화시킨 취지를 몰각하여 과실책임의 한계를 벗어나 형사처벌을 확대하는 일은 피하여야할 것이다.

이 사건에서 피고인이 물건을 손에 들고 피해자의 면전에서 삿대질을 하여두어 걸음 뒷걸음치게 만든 행위는 피해자에 대한 유형력의 행사로서 폭행에 해당하므로 피해자가 뒤로 넘어지면서 시멘트 바닥에 머리를 부딪쳐 두개골골절 등의 상해를 입고 사망하였다면 위 폭행과 사망의 결과 사이에 인과관계가 있다고 할 수 있다.

그러나 그 사망의 결과에 대하여 피고인에게 폭행치사의 죄책을 물으려면 피고인이 위와 같은 사망의 결과발생을 예견할 수 있었음이 인정되어야 할 것인바, 피고인이 피해자에게 상당한 힘을 가하여 넘어뜨린 것이 아니라 단지동료 사이에 말다툼을 하던중 피고인이 삿대질하는 것을 피하고자 피해자 자신이 두어걸음 뒷걸음치다가 장애물에 걸려 넘어진 정도라면, 당시 피해자가 서있던 바닥에 원심판시와 같은 장애물이 있어서 뒷걸음치면 장애물에 걸려 넘어질 수 있다는 것까지는 예견할 수 있었다고 하더라도, 그 정도로 넘어지면서 머리를 바닥에 부딪쳐 두개골절로 사망한다는 것은 이례적인 일이어서 통상적으로 일반인이 예견하기 어려운 결과라고 하지 않을 수 없다.

원심은 피해자가 술에 취한 데다가 고령이어서 중심을 잃고 넘어지기 쉬웠다는 것을 예견가능성의 근거로 설시하고 있으나, 우선 피해자는 사고 당시 만 53세에 불과하였으므로 고령이라고 보기 어려울 뿐아니라, 기록을 살펴 보아도 피해자가 몸의 중심을 잃기 쉬울 정도로 술에 취하였다고 인정할 만한 자료를 찾아볼 수 없으므로 위 원심 설시부분은 근거가 없다.

대법원 2014. 7. 24. 선고 2014도6206 판결 [일반교통방해치사·일반교통방해치상·폭력행위등처벌에관한법률위반(집단·흉기등협박)·도로교통법위반]

형법 제188조에 규정된 교통방해에 의한 치사상죄는 결과적 가중범이므로, 위 죄가 성립하려면 교통방해 행위와 사상의 결과 사이에 상당인과관계가 있어야 하고 행위 시에 결과의 발생을 예견할 수 있어야 한다. 그리고 교통방해 행위가 피해자의 사상이라는 결과를 발생하게 한 유일하거나 직접적인 원인이 된 경우만이 아니라, 그 행위와 결과 사이에 피해자나 제3자의 과실 등 다른 사실이 개재된 때에도 그와 같은 사실이 통상 예견될 수 있는 것이라면 상당인과관계를 인정할 수 있다(대법원 1994. 3. 22. 선고 93도3612 판결 참조).

2. 제1심은, '이 사건 당시 1·2차로에 차량들이 정상 속도로 꾸준히 진행하고 있어 1차로에 갑자기 차량을 세울 경우 1차로를 진행하던 차량들이 미처 이를 피하지 못하고 추돌하여 대형사고로 이어질 수 있는 상황임에도, 피고인은 2차로를 따라 시속 110~120km 정도로 진행하여 1차로를 진행하던 피해자 공소외 1의 차량 앞에 급하게 끼어든 후 곧바로 제동하여 약 6초 만에 정차하였고, 뒤따르던 피해자 공소외 1의 차량과 이어서 승용차 한 대 및 트럭 한 대는 급하게 제동하여 정차하였으나, 그 뒤에 따라오던 피해자 공소외 2가 운전하는 5톤 카고트럭은 이를 피하거나 정차하지 못하고 피고인 차량 정차 후 약 5~6초 만에 앞서 정차하여 있는 맨 뒤의 트럭을 들이받아 그 충격으로 차량들이 차례로 앞으로 밀리면서 연쇄적으로 충돌한 사고를 발생시켜, 피해자 공소외 2를 사망에 이르게 하고 나머지 차량 운전자 등 피해자들에게 **상해를 입혔다**'는 이 사건 일반교통방해치사상의 공소사실에 관하여, 피해자 공소외 2가 주의의무를 다하지 못한 과실이 있다고 섣불리 인정하기도 어려운 데다가, 설령 피해자 공소외 2에게 주의의무를 위반한 과실이 있다 하더라도 그러한 사정만으로 피고인의 일반교통방해의 범행과 피해자들의 사상의 결과 사이에 인과관계가 단절되었다고 볼 수 없(다).

<주관적 예견가능성도 언급하고 있는 판례>

대법원 1982. 1. 12. 선고 81도1811 판결 [폭행치상]

원심이 확정한 사실에 의하면, 피고인은 자전거를 타고 가다가 피해자가 길가에 쌓아둔 모래더미에 걸려 넘어지자 화가 난 나머지 피해자에게 교통을 방해한다고 소리를 질러 상호 욕설을 하며 시비를 하던 끝에 법으로 해결하자고 하면서 피해자의 왼쪽 어깨쭉지를 잡고 약 7미터 정도 걸어가다가 피해자를 놓아주는 등 폭행을 하자 피해자가 그곳에 있는 평상에 앉아 있다가 쓰러져 약 2주일간의 안정가료를 요하는 뇌실질내 혈종의 상해를 입었는데 피해자는 60세의 노인으로서 외견상 건강해 보이지만 평소 고혈압증세가 있어 약 5년전부터 술도 조심하여 마시는 등 외부로부터의 정신적, 물리적 충격에 쉽게 흥분되어 급성 뇌출혈에 이르기 쉬운 체질이었다는 것이다. 그렇다면 가사 피해자가 위에서 본 바와 같은 피고인의 욕설과 폭행으로 충격을 받은 나머지 위와 같은 상해를 입게 된 것이라 하더라도 일반 경험칙상 위와 같이 욕설을 하고 피해자의 어깨쭉지를 잡고 조금 걸어가다가 놓아준 데 불과한 정도의 폭행으로 인하여 피해자가 위와 같은 상해를 입을 것이라고 예견할 수는 없다고 할 것이고, 또 기록을 살펴보아도 피해자가 평소 위와 같이 고혈압증세로 뇌출혈에 이르기 쉬운 체질이어서 위에서 본 바와 같은 정도의 욕설과 폭행으로 그와 같은 상해의 결과가 발생한 것임을 피고인이 이 사건 당시 실제로 예견하였거나 또는 예견할 수 있었다고 볼 만한 자료는 없으니 피고인에게 상해의 결과에 대한 책임을 물어 폭행치상죄로 처벌할 수는 없다고 할 것이다.

CHAPTER

05

미수범 이론

제1절 미수범

Ⅰ. 미수범의 구성요건

1. 범행의 결의

〈주관적 구성요건으로서의 범행의 결의〉

대법원 1988. 6. 28. 선고 88도820 판결 [강간치상,강도강간미수,강도치상]

강도가 재물강취의 뜻을 재물의 부재로 이루지 못한 채 미수에 그쳤으나 <u>그 자리에서 항거불능상태에 빠진 피해자를 간음할 것을 결의하고 실행에 착수했으나 역시 미수에 그쳤더라도</u> 반항을 억압하기 위한 폭행으로 피해자에게 상해를 입힌 경우에는 강도강간미수죄와 강도치상죄가 성립되고 이는 일개의 행위가 2개의 죄명에 해당되어 상상적 경합관계가 성립된다고 보아야 한다.

2. 실행의 착수

가. 의의 및 판단 방법

〈실행의 착수의 의의〉

대법원 1986. 2. 25. 선고 85도2773 판결 [존속살인·살인미수]

피고인은 격분하여 피해자공소외 1을 살해할 것을 마음먹고 밖으로 나가 윗방 마루밑 못그릇에 놓여있던 낫을 들고 들어오려고 하였으나 피해자공소외 2 등이 이를 제지하자 그틈을 타서 공소외 1이 뒷문으로 도망을 하여 살인의 목적을 이루지 못하여 미수에 그쳤다는 것이므로 피고인이 낫을 들고 공소외 1에게 접근하므로써 살인의 실행행위에 착수하였으나 공소외 2 등의 제지로 장애미수에 그쳤다고 본 원심의 조치는 정당하(다).

〈실행의 착수 판단 : 구성요건별 검토〉

대법원 2007. 1. 11. 선고 2006도5288 판결 [범죄수익은닉의규제및처벌등에관한법률위반]

피고인들을 법 제3조 제1항 제3호에서 정한 범죄수익 등의 은닉에 관한 죄의 미수범으로 처벌하려면 피고인들이 그 실행에 착수한 것으로 인정되어야 하고, 위와 같은 은닉행위의 실행에 착수하는 것은 범죄수익 등이 생겼을 때 비로소 가능하다 할 것이므로, 아직 범죄수익 등이 생기지 않은 상태에서는 범죄수익 등의 은닉에 관한 죄에 대한 실행의 착수가 있다고 인정하기 어렵다고 할 것이다.

그런데 피고인들의 이 사건 범행은 공소외 1이 공기총으로 농협직원들을 위협하여 피고인들이 개설한 예금계좌로 950억 원을 송금하도록 하는 방법으로 금원을 강취하려고 하다가 그 범행을 연기하거나 미수에 그침으로써 아직 그 범죄수익 등이 현실적으로 생기지 않은 상태에서 이루어진 것으로서, 피고인들의 그 판시와 같은 행위가 범죄수익 등의 은닉행위에 대한 실행의 착수에 이르기 전의 준비단계에서 성립할 수 있는 법 제3조 제3항 소정의 예비죄를 구성함은 별론으로 하더라도, 이를 범죄수익 등의 은닉에 관한 죄의 미수에 해당하는 것으로 볼 수는 없다.

나. 실행의 착수시기에 관한 학설

〈형식적 객관설을 취했다고도 볼 수 있는 사안〉

대법원 1956. 11. 30. 선고 4289형상217 판결 [살인예비죄]

<u>실행의 착수는 범인의 결정적 범의의 표현이 범죄구성요건의 실현단계에 돌입하는 순간에 있다고 할 것이고 만연히 범죄결과의 발생에 대한 밀접한 또는 일반적 위험성 있는 행위가 있을 때 그 착수가 있다고 할 수 없다.</u>…… 중앙청내 개천절 경축식장에서 수류탄을 투척하여 대통령을 살해할 목적으로 갑이 사직공원에서 실행담당자인 을, 병에게 수류탄 2개를 교부하였다 해도 이를 범죄실행의 착수로는 볼 수 없다.

〈절도죄의 실행의 착수에 관한 판례의 실질적 객관설(밀접행위설)〉

대법원 2003. 6. 24. 선고 2003도1985, 2003감도26 판결 [강도상해(인정된 죄명 : 주거침입, 상해)·보호감호]

<u>야간이 아닌 주간에 절도의 목적으로 다른 사람의 주거에 침입하여 절취할 재물의 물색행위를 시작하는 등 그에 대한 사실상의 지배를 침해하는 데에 밀접한 행위를 개시하면 절도죄의 실행에 착수한 것으로 보아야 한다.</u>

이 사건에서 보면, 피고인은 범행 당일 피해자가 빨래를 걷으러 옥상으로 올라 간 사이에 피해자의 다세대주택에 절취할 재물을 찾으려고 신발을 신은 채 거실을 통하여 안방으로 들어가 여기저기를 둘러보고는 절취할 재물을 찾지 못하고 다시 거실로 나와서 두리번거리고 있다가 피해자가 현관문을 통하여 거실로 들어가다가 마주치게 된 사실을 인정할 수 있다. 이와 같이 피고인이 방 안으로 들어가다가 곧바로 피해자에게 발각되어 물색행위 등을 할 만한 시간적 여유가 없었던 경우가 아니고 피고인이 방 안까지 들어갔다가 절취할 재물을 찾지 못하고 거실로 돌아 나온 경우라면 피고인이 절도의 목적으로 침입한 이상 물색행위를 하는 등 재물에 대한 피해자의 사실상의 지배를 침해하는 데 밀접한 행위를 하였던 것으로 보아야 한다.

〈형식적 객관설이 아닌 실질적 객관설 입장에서 이해할 수 있는 판례〉

대법원 2021. 8. 12. 선고 2020도17796 판결 [성폭력범죄의처벌등에관한특례법위반(주거침입유사강간) · 폭행 · 강제추행미수]

1. 원심의 판단 요지

이 사건 공소사실 중 구「성폭력범죄의 처벌 등에 관한 특례법」(2020. 5. 19. 법률 제17264호로 개정되기 전의 것, 이하 같다) 위반(주거침입유사강간) 부분의 요지는 다음과 같다.

피고인이 2019. 12. 3. 21:48경 주점에서 술을 마시던 중 피고인을 남자화장실 앞까지 부축해 준 피해자 공소외인(여, 20세)을 건조물인 위 주점 여자화장실로 끌고 가 용변 칸으로 밀어 넣은 후, 피고인의 성기를 피해자의 구강에 넣으려고 하고 피고인의 손가락을 피해자의 성기에 넣으려고 하였으나 그 뜻을 이루지 못하고 미수에 그쳤다.

원심은, 그 판시와 같이 피고인이 주점의 여자화장실에 들어감으로써 주거침입죄를 범한 사람에 해당한다고 보아 위 공소사실을 유죄로 판단하였다.

2. 대법원의 판단

원심의 판단을 그대로 수긍하기 어렵다. 이유는 다음과 같다.

가. 주거침입강제추행죄 및 주거침입강간죄 등은 사람의 주거 등을 침입한 자가 피해자를 간음, 강제추행 등 성폭력을 행사한 경우에 성립하는 것으로서, 주거침입죄를 범한 후에 사람을 강간하는 등의 행위를 하여야 하는 일종의 신분범이고, 선후가 바뀌어 강간죄 등을 범한 자가 그 피해자의 주거에 침입한 경우에는 이에 해당하지 않고 강간죄 등과 주거침입죄 등의 실체적 경합범이 된다. 그 실행의 착수시기는 주거침입 행위 후 강간죄 등의 실행행위에 나아간 때이다.

한편 강간죄는 사람을 강간하기 위하여 피해자의 항거를 불능하게 하거나 현저히 곤란하게 할 정도의 폭행 또는 협박을 개시한 때에 그 실행의 착수가 있다고 보아야 할 것이지(대법원 2000. 6. 9. 선고 2000도1253 판결 등 참조), 실제 간음행위가 시작되어야만 그 실행의 착수가 있다고 볼 것은 아니다(대법원 2003. 4. 25. 선고 2003도949 판결, 대법원 2005. 5. 27. 선고 2004도7892 판결 등 참조). 유사강간죄의 경우도 이와 같다.

나. 원심판결 및 적법하게 채택한 증거에 의하면, **피고인은 주점에서 술을 마시던 중 화장실을 간다고 하여 자신을 남자화장실 앞까지 부축해 준 피해자를 그 주점의 여자화장실로 끌고 가 여자화장실의 문을 잠근 후 강제로 입맞춤을 하고, 이에 피해자가 저항하자 피해자를**

여자화장실 용변 칸으로 밀어 넣고 유사강간하려고 하였으나 미수에 그친 사실이 인정된다. 이러한 사실을 앞서 본 법리에 비추어 보면, 피고인이 자신을 부축한 피해자를 끌고 여자화장실로 억지로 들어가게 한 뒤 바로 화장실 문을 잠그고 강제로 입맞춤을 하였고 이어서 추행행위와 유사강간까지 시도하였으므로, 피고인은 피해자를 화장실로 끌고 들어갈 때 이미 피해자에게 유사강간 등의 성범죄를 의욕하였다고 보인다. 또한 피고인이 피해자의 반항을 억압한 채 피해자를 억지로 끌고 여자화장실로 들어가게 한 이상, 그와 같은 피고인의 강제적인 물리력의 행사는 유사강간을 위하여 피해자의 항거를 불능하게 하거나 현저히 곤란하게 할 정도의 폭행 또는 협박을 개시한 경우에 해당한다고 봄이 타당하다.

위 법리에서 본 바와 같이, 구「성폭력범죄의 처벌 등에 관한 특례법」위반(주거침입유사강간)죄는 먼저 주거침입죄를 범한 후 유사강간 행위에 나아갈 때 비로소 성립되는데, 피고인은 여자화장실에 들어가기 전에 이미 유사강간죄의 실행행위를 착수하였다. 결국 피고인이 그 실행행위에 착수할 때에는 구「성폭력범죄의 처벌 등에 관한 특례법」위반(주거침입유사강간)죄를 범할 수 있는 지위, 즉 '주거침입죄를 범한 자'에 해당되지 아니한다.

〈주관설을 취한 것으로 이해되기도 하는 판례〉

대법원 1984. 9. 11. 선고 84도1381 판결 [국가보안법위반·간첩·간첩미수]

원심판시 사실에 의하면, 피고인이 일본국 오오사카부 소재 공소외 1 집에서 아라이와 접선하여 동인으로부터 대한민국의 정치, 경제, 사회, 군사등 제반사항에 관한 기밀을 탐지 수집하여 도일시 보고하라는 공작임무를 부여 받고 1983.5.13 김포공항으로 입국 기밀을 탐지 수집하려던 중 같은달 20경 경찰관 2인이 피고인의 행적을 탐문하고 갔다는 말을 전해 듣고 지령사항 수행을 보류하고 있던중 같은해 7.12 수사기관에 검거됨으로써 미수에 그쳤다는 것인바 기록에 의하여 살펴보면, 피고인은 1983.7.11 수사기관에 연행되어 검거된 사실이 인정되는데도 원심이 같은달 12에 검거되었다고 인정한 잘못이 있음은 소론과 같으나 위 날짜 이외의 범죄사실을 인정한 조치는 수긍이 가고 간첩의 목적으로 외국 또는 북한에서 국내에 침투 또는 월남하는 경우에는 기밀탐지가 가능한 국내에 침투 상륙함으로써 실행의 착수가 있다고 할 것이므로(대법원 1958.10.10. 선고 4291형상294 판결 ; 1960.9.30. 선고 4293형상508 판결 ; 1964.9.22. 선고 64도290 판결 ; 1971.9.28. 선고 71도1333 판결 참조) 동 피고인이 입국한 뒤 간첩의 기회를 노리다가 체포된 이상 실지 검거된 날보다 하루 늦게 검거되었다고 잘못 인정하였다 하여 판결에 영향을 미치는 사실오인의 위법이 있다 할 수 없고 위의 인정사실에 의하면, 동 피고인은 기밀탐지의 기회를 노리다가 검거된 것이므로 동 소위를 간첩미수범으로 의율한 원심의 조치는 정당하고 이를 중지범으로 의율하여야 한다는 논지는 채용할 수 없다.

> **대법원 1984. 7. 24. 선고 84도832 판결 [특정범죄가중처벌등에관한법률(관세)·관세법위반·방위세법위반·외환관리법위반]**
> 관세를 포탈할 범의를 가지고 선박을 이용하여 물품을 영해내에 반입한 때에는 관세포탈죄의 실행의 착수가 있었다고 할 것이므로 원심이 유지한 제1심판결이 피고인의 그 판시 소위를 관세포탈미수죄에 의율한 조처는 정당하다. 소론은 위와 달리 실행의 착수를 인정하려면 선박에 적재한 화물을 양육하는 행위 또는 그에 밀접한 행위가 있어야 한다는 독자적인 견해에서 원심판결에 관세포탈미수죄에 있어서 실행의 착수에 관한 법리오해가 있다는 것이니 받아들일 수 없다.

〈개별적 객관설을 취한 것으로 언급되기도 하는 판례〉

대법원 2002. 3. 26. 선고 2001도6641 판결 [현존건조물방화치상]

1. 이 사건 공소사실의 요지는

피고인은 노환을 앓고 있는 노모의 부양문제로 처와 부부싸움을 자주 하는 등 가정불화와 최근 직장 승진대상에서 누락되는 등의 문제로 심한 정신적 갈등을 겪어오던 중, 2000. 9. 20. 23:00경 마산시 두척동 418 소재 피고인의 집에서 위와 같은 사유로 처인공소외 1과 심한 부부싸움을 하다가 격분하여 "**집을 불태워 버리고 같이 죽어 버리겠다.**"며 그 곳 창고 뒤에 있던 18ℓ 들이 플라스틱 휘발유통을 들고 나와 처와 자녀 2명이 있는 피고인의 집 주위에 휘발유를 뿌리고, 1회용 라이터를 켜 불을 놓아 사람이 현존하는 건조물을 소훼하려고 하였으나, 불길이 번지지 않는 바람에 그 뜻을 이루지 못한 채 미수에 그치고, 이로 인하여 피고인을 만류하던 앞집 거주피해자(남, 51세)로 하여금 약 4주간의 치료를 요하는 경부 및 체부 3도 화상을 입게 하였다라는 것이다.

2. 원심은 위 공소사실을 유죄로 인정한 제1심판결을 파기하면서, 그 설시와 같은 여러 사정에 비추어 보면 피고인의 행위를 두고 방화매개물에 불을 붙여 현존건조물에 대한 방화의 실행에 착수한 것이라고 보기 어렵고 달리 이 사건 공소사실을 인정할 증거가 없다고 판단하여 무죄를 선고하였다.

3. 그러나 원심의 판단은 수긍하기 어렵다.

가. 매개물을 통한 점화에 의하여 건조물을 소훼함을 내용으로 하는 형태의 방화죄의 경우에, 범인이 그 매개물에 불을 켜서 붙였거나 또는 범인의 행위로 인하여 매개물에 불이 붙게 됨으로써 연소작용이 계속될 수 있는 상태에 이르렀다면, 그것이 곧바로 진화되는 등의 사정으로 인하여 목적물인 건조물 자체에는 불이 옮겨 붙지 못하였다고 하더라도, 방화죄의 실행의 착수가 있었다고 보아야 할 것이고, 구체적인 사건에 있어서 이러한 실행의 착수가 있었는지 여부는 범행 당시 피고인의 의사 내지 인식, 범행의 방법과 태양, 범행 현장 및 주변의 상황, 매개물의 종류와 성질 등의 제반 사정을 종합적으로 고려하여 판단하여야 한다.

나. 그런데 이 사건에 있어서 원심이 인정한 사실에 의하더라도, 이 사건 범행 당시 피고인은 자신의 주택 보일러실 문 앞과 실외 화장실 문 앞 등에 휘발유를 뿌린 다음, 이러한 피고인의 행위를 말리던 이웃 주민인피해자와 실랑이를 벌이면서 피해자의 몸에까지 휘발유를 쏟았다는 것인바, 이러한 경우 피고인이 휘발유를 뿌린 장소가 비록 밀폐된 실내 공간은 아니라고 하더라도 피고인과 주택의 주변에는 인화성이 매우 강한 상당량의 휘발유가 뿌려져 있었음을 능히 알 수 있다. 나아가 원심이 배척하지 아니한 증거들에 의하면, 이 사건 범행 당시 피고인은 매우 흥분된 상태에서 "집을 불태워 버리고 같이 죽어 버리겠다."고 소리치기까지 하였으며, 피해자와 실랑이를 벌이면서 휘발유통을 높게 쳐들어 피해자의 몸에 휘발유가 쏟아지는 것과 동시에 피고인 자신의 몸에도 휘발유가 쏟아졌는데도, 피해자가 몸에 쏟아진 휘발유를 씻어내고자 수돗가로 가려고 돌아서는 순간, 피고인이 라이터를 꺼내서 무작정 켜는 바람에 피고인과 피해자의 몸에 불이 붙게 되었고(피고인은 담배를 피우려고 라이터를 켰다고 진술하기도 하였으나, 당시의 급박한 상황이나 위 증거들에 비추어 보면 위와 같은 진술은 도저히 믿을 수 없다), 이는 그대로 방치할 경우 주택 주변에 살포된 휘발유에 충분히 연소될 정도였던 사실을 알 수 있는바, 사정이 이러하다면, 그 후 설령 외부적 사정에 의하여 피고인이 라이터로 붙인 불이 원심 판시와 같이 주택 주변에 뿌려진 휘발유를 거쳐 방화 목적물인 주택 자체에 옮겨 붙지는 아니하였다 하더라도, 당시 피고인이 뿌린 휘발유가 인화성이 강한 상태로 주택 주변과 피고인 및 피해자의 몸에 적지 않게 살포되어 있었던 점, 피고인은 그러한 주변 사정을 알면서도 라이터를 켜 불꽃을 일으킨 점, 그로 인하여 매개물인 휘발유에 불이 붙어 연소작용이 계속될 수 있는 상태에 이르고, 실제로 피해자가 발생하기까지 한점 등의 제반 사정에 비추어 볼 때, 피고인의 위와 같은 행위는 현존건조물방화죄의 실행의 착수에 해당한다고 봄이 상당하다.

다. 판례의 태도 : 실질적 객관설

〈절도죄의 실행의 착수시기 : 재물에 대한 타인의 사실상의 지배를 침해하는 데에 밀접한 행위를 개시한 때 (실질적 객관설 내지 밀접행위설)〉

대법원 2010. 4. 29. 선고 2009도14554 판결 [특수절도미수]

절도죄의 실행의 착수 시기는 재물에 대한 타인의 사실상의 지배를 침해하는 데에 밀접한 행위를 개시한 때라고 할 것이고(대법원 1986. 12. 23. 선고 86도2256 판결, 대법원 1999. 9. 17. 선고 98도3077 판결 등 참조), 실행의 착수가 있는지 여부는 구체적 사건에 있어서 범행의 방법, 태양, 주변상황 등을 종합 판단하여 결정하여야 한다(대법원 1983. 3. 8. 선고 82도2944 판결).

원심은, 피고인이 성명불상의 공범과 합동하여 2009. 5. 20. 22:15경 아파트 신축공사현장에서 피해자 공소외인 소유의 건축공사용 자재인 동파이프를 절취하려다가 미수에 그쳤다는 공소사실에 대하여, **피고인이 이 사건 공사현장 안에 있는 건축자재 등을 훔칠 생각으로 성명불상의 공범과 함께 마스크를 착용하고 위 공사현장 안으로 들어간 후 창문을 통하여 건축 중인 아파트의 지하실 안쪽을 살폈을 뿐이고 나아가 위 지하실에까지 침입하였다거나 훔칠 물건을 물색하던 중 동파이프를 발견하고 그에 접근하였다는 등의 사실을 인정할 만한 증거가 없는 이상,** 비록 피고인이 창문으로 살펴보고 있었던 지하실에 실제로 값비싼 동파이프가 보관되어 있었다고 하더라도 피고인의 위 행위를 위 지하실에 놓여있던 동파이프에 대한 피해자의 사실상의 지배를 침해하는 밀접한 행위라고 볼 수 없다고 판단하여, 이 부분 특수절도미수 공소사실을 유죄로 인정한 제1심판결을 파기하고 이 부분에 대하여 무죄를 선고하였다.

위에서 본 법리 및 기록에 비추어 살펴보면, 원심의 위와 같은 판단은 정당(하다).

> **대법원 1966. 5. 3. 선고 66도383 판결 [절도미수]**
> 피고인은 1965.9.9 오전 11시경, 피해자소외인가에 침입하여, **동가 응접실 책상위에 놓여있던 라디오 1대를, 훔치려고 동 라디오 선을 거드려다 피해자에게 발견되어, 절취의 목적을 달치못하였다는 것이므로, 위와 같은 라디오선을 거드려고하는 행위는 본건 라디오에 대한 사실상의 지배를 침해하는데, 밀접한 행위라 할 수 있으므로, 원심이 본건을 절도 미수죄로 처단하였음은 정당하(다).**
>
> **대법원 1983. 3. 8. 선고 82도2944 판결 [절도미수]**
> 절도죄의 실행의 착수시기는 재물에 대한 타인의 사실상의 지배를 침해하는데 밀접한 행위가

개시된 때라 할 것이고 실행의 착수가 있는 여부는 구체적 사건에 있어서 범행의 방법, 태양, 주변상황등을 종합 판단하여 결정하여야 할 것임은 소론과 같으나, 원심이 확정한 바에 의하면 피고인이 평소 잘 아는 피해자에게 전화채권 등을 사주겠다고 전화국 앞에서 250미터 떨어진 골목길로 유인하였다가 피해자가 낯선 청년 2명이 다가오므로 불안감을 느껴 스스로 도주하였다는 것이고 … 평소 잘 아는 피해자를 골목길로 유인하여 기회를 엿보는 행위만으로는 절도의 예비행위는 될지언정 사실상 타인의 재물에 대한 지배를 침해하는데 밀접한 행위가 있었다고 단정할 수는 없다 할 것이므로 같은 취지에서 이 사건 피고인에게 절취행위의 실행의 착수가 있었다고 보기는 어렵다 하여 무죄를 선고한 원심조치는 옳게 수긍이 (간다).

대법원 2009. 12. 24. 선고 2009도9667 판결 [특수절도미수]

형법 제331조 제2항의 특수절도에 있어서 주거침입은 그 구성요건이 아니므로, 절도범인이 그 범행수단으로 주거침입을 한 경우에 그 주거침입행위는 절도죄에 흡수되지 아니하고 별개로 주거침입죄를 구성하여 절도죄와는 실체적 경합의 관계에 있게 되고 (대법원 2008. 11. 27. 선고 2008도7820 판결 참조), 2인 이상이 합동하여 야간이 아닌 주간에 절도의 목적으로 타인의 주거에 침입하였다 하여도 아직 절취할 물건의 물색행위를 시작하기 전이라면 특수절도죄의 실행에는 착수한 것으로 볼 수 없는 것이어서 그 미수죄가 성립하지 않는다(대법원 1992. 9. 8. 선고 92도1650, 92감도80 판결 참조).

위 법리에 비추어 보면, 원심이 주간에 피해자의 아파트 출입문 시정장치를 손괴하다가 마침 귀가하던 피해자에게 발각되어 도주한 피고인들에 대하여 형법 제331조 제2항에 정한 특수절도죄의 실행의 착수가 없었다는 이유로 무죄를 선고한 조치는 옳(다).

<구성요건 전 단계의 행위와 구성요건행위 사이에 '추가적인 본질적 부분행위'가 있어 실행의 착수가 부정된 사례>

대법원 1985. 4. 23. 선고 85도464 판결 [절도미수]

피고인이 노상에 세워놓은 자동차 안에 있는 물건을 훔칠 생각으로 자동차의 유리창을 통하여 그 내부를 손전등으로 비추어 본 것에 불과하다면 비록 유리창을 따기 위해 면장갑을 끼고 있었고 칼을 소지하고 있었다 하더라도 절도의 예비행위로 볼 수는 있겠으나 타인의 재물에 대한 지배를 침해하는데 밀접한 행위를 한 것이라고는 볼 수 없어 절취행위의 착수에 이른 것이었다고 볼 수 없다.

대법원 1986. 11. 11. 선고 86도1109, 86감도143 판결 [특정범죄가중처벌등에관한법률위반,절도,보호감호]

원심은 피고인이 이 사건 당시 소를 흥정하고 있는 피해자의 뒤에 접근하여 그가 들고 있던 가방으로 돈이 들어 있는 피해자의 하의 왼쪽 주머니를 스치면서 지나간 사실을 인정하고 있는바 일건기록에 비추어 볼때 위 인정은 정당하며 거기에 채증법칙을 위배한 허물이 있다고 할 수 없고 이어 원심이 이와 같은 피고인의 행위에 대하여 <u>이는 단지 피해자의 주의력을 흐트려 주머니속에 들은 금원을 절취하기 위한 예비단계의 행위에 불과한 것이고 이로써 실행의 착수에 이른 것이라고는 볼 수 없다</u>고 판단한 조치 또한 정당하며 거기에 실행의 착수에 관한 법리를 오해한 위법이 있다고도 할 수 없다.

대법원 1984. 12. 11. 선고 84도2524 판결 [절도,특정범죄가중처벌등에관한법률위반]

소매치기의 경우 <u>피해자의 양복상의 주머니로부터 금품을 절취하려고 그 호주머니에 손을 뻗쳐 그 겉을 더듬은 때에는 절도의 범행은 예비단계를 지나 실행에 착수하였다고 봄이 상당하(다).</u>

〈'긴밀한 시간적 관련성'은 인정될 수 있으나 '피해자의 영역에 대한 작용'이 없어 실행의 착수가 부정된 사례 (구체적 부분행위설 적용사례)〉

대법원 1989. 2. 28. 선고 88도1165 판결 [절도미수]

피고인이 원심판시와 같이 피해자 공소외인의 <u>집 부엌문에 시정되어 있는 열쇠고리의 장식을 소지한 뿌라이야 등으로 뜯은 행위를 한 것만으로는 절도죄의 실행행위에 착수하였다고 볼 수 없고</u> 달리 그 실행행위에 착수하였다고 인정할 만한 증거가 없으므로, 원심이 같은 이유에서 위 절도미수의 공소 사실에 대하여 무죄를 선고한 조치는 정당하며

〈'긴밀한 시간적 관련성'의 판단방법〉

대법원 1992. 9. 8. 선고 92도1650, 92감도80 판결 [특정범죄가중처벌등에관한법률위반 (절도),보호감호]

<u>절도죄의 실행의 착수시기는 재물에 대한 타인의 사실상의 지배를 침해하는 데에 밀접한 행위를 개시한 때라고 보아야 하므로, 야간이 아닌 주간에 절도의 목적으로 타인의 주거에 침입하였다고 하여도 아직 절취할 물건의 물색행위를 시작하기 전이라면 주거침입죄만 성립할 뿐 절도죄의 실행에 착수한 것으로 볼 수 없는 것이어서 절도미수죄는 성립하지 않는다.</u>
이 사건에서 원심이 인정한 피고인의 범죄사실 및 감호청구원인사실 중 피고인의 범행내용은 피고인이 1991. 12. 18. 11:20경 금품을 절취할 의도로 피해자 C의 집에 침입하여 계단을

통해 그 집 3층으로 올라갔다가 마침 2층에서 3층 옥상에 빨래를 널기 위하여 올라가던 피해자를 만나자 사람을 찾는 것처럼 가장하여 피해자에게 D라는 사람이 사느냐고 물어 피해자가 없다고 대답하자 알았다며 계단으로 내려갔다가 피해자가 옥상에 올라가 빨래를 널고 있는 틈을 이용하여 그 집 2층 부엌을 통해 방으로 들어가 절취할 금품을 물색중 옥상에서 내려온 피해자에게 발각되어 그 뜻을 이루지 못하고 미수에 그쳤다는 것이다.

그러나 기록에 의하면 피고인은 방안에 들어간 사실조차 극구 부인하고 있는바, 원심이 증거로 채용한 피해자의 1심 증언에 의하면 피해자가 옥상에 빨래를 널고 2층으로 내려와 방으로 통하는 부엌 앞에 이르렀을 때에 피고인이 신발을 신은 채 방안에서 뛰어 나오는 것을 보았다는 것이어서 피고인이 방안에 침입한 것은 인정되나, 방안에 들어가 절취할 물건의 물색행위에 까지 나간 것인지의 여부는 분명하지 않다. 피고인이 방안에 들어간 때로부터 피해자에게 발각될 때까지 물색행위를 할 만한 충분한 시간이 경과하였다면 절도목적으로 침입한 이상 물색행위를 하였을 것으로 보아도 무방하지만, 그럴만한 시간적 여유가 없었다면 피고인이 방안에서 뛰어 나온 것만 가지고 절취할 물건을 물색하다가 뛰어 나온 것으로 단정할 수는 없을 것이다.

> **대법원 2003. 6. 24. 선고 2003도1985, 2003감도26 판결 [강도상해(인정된 죄명 : 주거침입, 상해)·보호감호]**
>
> 야간이 아닌 주간에 절도의 목적으로 다른 사람의 주거에 침입하여 절취할 재물의 물색행위를 시작하는 등 그에 대한 사실상의 지배를 침해하는 데에 밀접한 행위를 개시하면 절도죄의 실행에 착수한 것으로 보아야 한다.
>
> 이 사건에서 보면, 피고인은 범행 당일 피해자가 빨래를 걷으러 옥상으로 올라 간 사이에 피해자의 다세대주택에 절취할 재물을 찾으려고 신발을 신은 채 거실을 통하여 안방으로 들어가 여기저기를 둘러보고는 절취할 재물을 찾지 못하고 다시 거실로 나와서 두리번거리고 있다가 피해자가 현관문을 통하여 거실로 들어가다가 마주치게 된 사실을 인정할 수 있다. 이와 같이 피고인이 방 안으로 들어가다가 곧바로 피해자에게 발각되어 물색행위 등을 할 만한 시간적 여유가 없었던 경우가 아니고 피고인이 방 안까지 들어갔다가 절취할 재물을 찾지 못하고 거실로 돌아 나온 경우라면 피고인이 절도의 목적으로 침입한 이상 물색행위를 하는 등 재물에 대한 피해자의 사실상의 지배를 침해하는 데 밀접한 행위를 하였던 것으로 보아야 한다.

〈주거침입죄의 실행의 착수시기 : '구성요건 실현에 이르는 현실적 위험성을 포함하는 행위를 개시한 때'(실질적 객관설)〉

대법원 2008. 4. 10. 선고 2008도1464 판결 [특정범죄가중처벌등에관한법률위반(절도) · 폭력행위등처벌에관한법률위반(공동주거침입)미수]

주거침입죄의 실행의 착수는 주거자, 관리자, 점유자 등의 의사에 반하여 주거나 관리하는 건조물 등에 들어가는 행위, 즉 구성요건의 일부를 실현하는 행위까지 요구하는 것은 아니고 범죄구성요건의 실현에 이르는 현실적 위험성을 포함하는 행위를 개시하는 것으로 족하다고 할 것이나(대법원 2003. 10. 24. 선고 2003도4417 판결, 대법원 2006. 9. 14. 선고 2006도2824 판결 등 참조), 침입 대상인 아파트에 사람이 있는지를 확인하기 위해 그 집의 초인종을 누른 행위만으로는 침입의 현실적 위험성을 포함하는 행위를 시작하였다거나, 주거의 사실상의 평온을 침해할 객관적인 위험성을 포함하는 행위를 한 것으로 볼 수 없다 할 것이다.

원심판결 이유에 의하면 원심은, 아파트의 초인종을 누르다가 사람이 없으면 만능키 등을 이용하여 문을 열고 안으로 들어가 물건을 훔치기로 모의한 피고인들이 함께 다니다가 **피고인 A는 C의 집 초인종을 누르면서 "자장면 시키지 않았느냐"라고 말하였으나 집 안에 있던 C가 "시킨 적 없다"고 대답하자 계단을 이용하여 아래층으로 이동**한 이 사건 사안에 대하여, 피고인들이 주거침입의 실행의 착수에 해당하는 행위를 하였다고 볼 수 없다는 이유로 무죄를 선고한 제1심판결을 유지하였는바, 기록에 대조하여 본 즉 원심의 사실인정 과정에 아무런 잘못을 찾아볼 수 없(다).

> **대법원 2003. 10. 24. 선고 2003도4417 판결 [준강도]**
> 주거침입죄의 실행의 착수는 주거자, 관리자, 점유자 등의 의사에 반하여 주거나 관리하는 건조물 등에 들어가는 행위 즉 구성요건의 일부를 실현하는 행위까지 요구하는 것은 아니고, 범죄구성요건의 실현에 이르는 현실적 위험성을 포함하는 행위를 개시하는 것으로 족하다고 할 것이므로 피고인이 위 202호 아파트에 침입하여 물건을 훔칠 의도하에 위 202호 아파트의 베란다 철제난간까지 올라가 유리창문을 열려고 시도하였다면 주거의 사실상의 평온을 침해할 객관적 위험성을 포함하는 구체적인 행위를 한 것으로 볼 수 있다고 할 것이다.

> **대법원 2006. 9. 14. 선고 2006도2824 판결 [야간주거침입절도미수]**
> 야간에 타인의 재물을 절취할 목적으로 사람의 주거에 침입한 경우에는 주거에 침입한 단계에서 이미 형법 제330조에서 규정한 야간주거침입절도죄라는 범죄행위의 실행에 착수한 것이라고 보아야 한다(대법원 2003. 10. 24. 선고 2003도4417 판결 참조).

원심판결 이유에 의하면 원심은, 피고인은 출입문이 열려있는 집에 들어가 재물을 절취하기로 마음먹고 피해자들이 주거하는 이 사건 다세대주택에 들어가 그 건물 101호의 출입문을 손으로 당겨보았는데 문이 잠겨있자 그 옆의 102호, 2층의 201호, 202호, 3층의 301호, 302호, 옆 건물의 주택 1층에 이르러 똑같이 출입문을 당겨보았는데 모두 잠겨있어 범행에 실패하였고, 그 후 위 주택 2층의 문이 열려있어 피고인이 제1심 판시 유죄 부분과 같은 절취범행을 한 사실을 인정한 다음, 이 부분에서와 같이 피고인이 잠긴 출입문을 부수거나 도구를 이용하여 강제로 열려는 의사가 전혀 없이, 즉 출입문이 잠겨있다면 침입할 의사가 전혀 없이 손으로 출입문을 당겨보아 출입문이 잠겨있는지 여부를 확인한 것이라면 이는 범행의 대상을 물색한 것에 불과하여 피고인의 이 부분 행위는 야간주거침입절도죄의 예비단계에 불과하고 그 실행의 착수에 나아가지 않은 것이라고 판단하였다.

그러나 주거침입죄의 실행의 착수는 주거자, 관리자, 점유자 등의 의사에 반하여 주거나 관리하는 건조물 등에 들어가는 행위, 즉 구성요건의 일부를 실현하는 행위까지 요구하는 것은 아니고 범죄구성요건의 실현에 이르는 현실적 위험성을 포함하는 행위를 개시하는 것으로 족하다고 할 것이므로(대법원 2003. 10. 24. 선고 2003도4417 판결 참조), 원심 판시와 같이 출입문이 열려 있으면 안으로 들어가겠다는 의사 아래 출입문을 당겨보는 행위는 바로 주거의 사실상의 평온을 침해할 객관적인 위험성을 포함하는 행위를 한 것으로 볼 수 있어 그것으로 주거침입의 실행에 착수가 있었고, 단지 그 출입문이 잠겨 있었다는 외부적 장애요소로 인하여 뜻을 이루지 못한 데 불과하다 할 것이다.

〈사기죄의 실행의 착수시기 : 기망행위를 개시한 때〉

대법원 2011. 1. 13. 선고 2010도9330 판결 [사기·도박]

가. 도박이라 함은 2인 이상의 자가 상호간에 재물을 도하여 우연한 승패에 의하여 그 재물의 득실을 결정하는 것이므로, 이른바 사기도박에 있어서와 같이 도박당사자의 일방이 사기의 수단으로써 승패의 수를 지배하는 경우에는 도박에 있어서의 우연성이 결여되어 사기죄만 성립하고 도박죄는 성립하지 아니한다(대법원 1960. 11. 16. 선고 4293형상743 판결 참조). 한편, 사기죄는 편취의 의사로 기망행위를 개시한 때에 실행에 착수한 것으로 보아야 하므로, 사기도박에 있어서도 사기적인 방법으로 도금을 편취하려고 하는 자가 상대방에게 도박에 참가할 것을 권유하는 등 기망행위를 개시한 때에 실행의 착수가 있는 것으로 보아야 한다.

나. 원심이 확정한 사실 및 그 채용 증거들에 의하면, 피고인은 2010. 2. 17.경 원심공동피고인 1, 2, 3과 사기도박의 방법으로 금원을 편취하기로 공모한 사실, 이에 따라 위 원심공동

피고인 2, 3은 2010. 2. 18. 16:00경 보령시 명천동 373-2 홀인원모텔 906호실에서 천장에 있는 화재감지기에 카메라를 몰래 설치하고, 위 모텔 맞은편에 있는 아리아모텔 707호실에 모니터를 설치한 사실, 원심공동피고인 1은 피해자 공소외 1, 2에게 연락하여 도박을 하자고 유인하여 위 홀인원모텔 906호실로 오게 하고, 또 위와 같은 사실을 알지 못하는 공소외 2는 피해자 공소외 3에게 도박을 하자고 권유하여 위 모텔로 오게 한 사실, 피고인과 원심공동피고인 1은 같은 날 20:00경 수신기 및 리시버를 착용하고 형광물질로 특수표시를 한 화투를 소지한 채 위 홀인원모텔 906호실로 가서 피해자들과 함께 속칭 '섯다'라는 도박을 한 사실, 피고인과 원심공동피고인 1은 위와 같이 도박을 함에 있어서 21:20경부터 22:00경까지는 사기도박을 숨기기 위하여 정상적인 도박을 하다가 22:00경 원심공동피고인 1이 가지고 온 화투를 바꾼 이후부터 다음날 02:10경까지는 원심공동피고인 2가 몰래 설치한 카메라를 통하여 수신된 모니터 화면을 보고 알려주는 피해자들의 화투 패를 리시버를 통하여 듣고 도박의 승패를 지배함으로써 피해자들로부터 도금을 교부받은 사실을 알 수 있다.

위와 같은 사실관계를 앞에서 본 법리에 비추어 살펴보면, 피고인 등은 사기도박에 필요한 준비를 갖추고 그러한 의도로 피해자들에게 도박에 참가하도록 권유한 때 또는 늦어도 그 정을 알지 못하는 피해자들이 도박에 참가한 때에는 이미 사기죄의 실행에 착수하였다고 할 것이므로, 피고인 등이 그 후에 사기도박을 숨기기 위하여 얼마간 정상적인 도박을 하였다고 하더라도 이는 사기죄의 실행행위에 포함되는 것이라고 할 것이어서 피고인에 대하여는 피해자들에 대한 사기죄만이 성립하고 도박죄는 따로 성립하지 아니한다고 할 것이다.

〈공갈죄에서 실질적 객관설을 취한 판례 : '피해자의 영역에 대한 작용'이 긍정된 사례〉

대법원 1969. 7. 29. 선고 69도984 판결 [공갈미수]

원심이 지지한 1심판시 사실과 같이 피고인이 공소외 1을 위협해서 동인으로 하여금 공소외 2에게 금품을 교부케 할 목적으로 공소외 1의 고용인인공소외 3을 보고 "공소외 1이 공소외 2에게 50만원을 주지 않으면공소외 1이 경영하는 (명칭 생략) 공업사의 경리 비밀과 1,300만원의 탈세 사실을 국세청이나 정보부에 고발 한다는 말을 공소외 1에게 전하라"하여 동인이 이를 그에게 전한 이상 이는 형법 350조 2항에서 말하는 공갈범행의 착수에 해당한다.

〈체포죄의 실행의 착수시기〉

대법원 2020. 3. 27. 선고 2016도18713 판결 [체포치상(인정된죄명:체포미수)·공무집행방해]

체포죄는 사람의 신체에 대하여 직접적이고 현실적인 구속을 가하여 신체활동의 자유를 박탈하는 죄로서 그 실행의 착수 시기는 체포의 고의로 타인의 신체적 활동의 자유를 현실적으로 침해하는 행위를 개시한 때이다(대법원 2018. 2. 28. 선고 2017도21249 판결 참조).

원심은 판시와 같은 사정을 들어, 피고인들이 공소외 1의 팔을 잡아당기거나 등을 미는 등의 방법으로 공소외 1을 끌고 가 그 신체적 활동의 자유를 침해하는 행위를 개시함으로써 체포죄의 실행에 착수하였고, 피고인들에게 공소외 1을 체포하려는 고의도 인정된다고 판단하여 체포미수죄를 유죄로 인정한 제1심판결을 그대로 유지하(였다).

〈'긴밀한 시간적 관련성'과 '피해자의 영역에 대한 작용'이 인정되어 실행의 착수가 긍정된 사례〉

대법원 2015. 9. 10. 선고 2015도6980, 2015모2524 판결 [아동·청소년의성보호에관한법률위반·주거침입·보호관찰명령]

(1) 강제추행죄는 상대방에 대하여 폭행 또는 협박을 가하여 항거를 곤란하게 한 뒤에 추행행위를 하는 경우뿐만 아니라 폭행행위 자체가 추행행위라고 인정되는 경우도 포함되며, 이 경우의 폭행은 반드시 상대방의 의사를 억압할 정도의 것일 필요는 없다. 추행은 객관적으로 일반인에게 성적 수치심이나 혐오감을 일으키게 하고 선량한 성적 도덕관념에 반하는 행위로서 피해자의 성적 자유를 침해하는 것을 말하며, 이에 해당하는지 여부는 피해자의 의사, 성별, 연령, 행위자와 피해자의 이전부터의 관계, 그 행위에 이르게 된 경위, 구체적 행위태양, 주위의 객관적 상황과 그 시대의 성적 도덕관념 등을 종합적으로 고려하여 신중히 결정되어야 한다(대법원 2002. 4. 26. 선고 2001도2417 판결 등 참조).

그리고 추행의 고의로 상대방의 의사에 반하는 유형력의 행사, 즉 폭행행위를 하여 그 실행행위에 착수하였으나 추행의 결과에 이르지 못한 때에는 강제추행미수죄가 성립하며, 이러한 법리는 폭행행위 자체가 추행행위라고 인정되는 이른바 '기습추행'의 경우에도 마찬가지로 적용된다.

(2) 제1심 및 원심판결 이유와 아울러 적법하게 채택된 증거들에 의하면, 아래와 같은 사실

들을 알 수 있다.

(가) 피고인 겸 피보호관찰명령청구자(이하 '피고인'이라 한다)는 2014. 3. 25. 22:10경 혼자 술을 마시고 직장 기숙사에서 나와 광명시 원노온사로 39번길을 배회하던 중 버스에서 내려 혼자 걸어가는 피해자(여, 17세)를 발견하고, 마스크를 착용한 채 200m 정도 피해자를 뒤따라갔다.

(나) 피고인은 인적이 없고 외진 곳에 이르러 피해자에게 약 1m 간격으로 가까이 접근하여 양팔을 높이 들어 피해자를 껴안으려고 하였으나, 인기척을 느낀 피해자가 뒤돌아보면서 "왜 이러세요?"라고 소리치자, 그 상태로 몇 초 동안 피해자를 쳐다보다가 다시 오던 길로 되돌아갔다.

(3) 위 사실관계를 앞서 본 법리에 비추어 살펴본다.

피고인과 피해자의 관계, 피해자의 연령과 의사, 위 행위에 이르게 된 경위와 당시의 상황, 위 행위 후의 피해자의 반응 및 위 행위가 피해자에게 미친 영향 등을 고려하여 보면, 피고인은 피해자를 추행하기 위하여 뒤따라간 것으로 보이므로 추행의 고의를 충분히 인정할 수 있고, 피고인이 피해자에게 가까이 접근하여 갑자기 뒤에서 피해자를 껴안는 행위는 일반인에게 성적 수치심이나 혐오감을 일으키게 하고 선량한 성적 도덕관념에 반하는 행위로서 피해자의 성적 자유를 침해하는 행위라 할 것이어서 그 자체로 이른바 '기습추행' 행위로 볼 수 있으므로, 실제로 피고인의 팔이 피해자의 몸에 닿지는 않았다 하더라도 위와 같이 양팔을 높이 들어 갑자기 뒤에서 피해자를 껴안으려는 행위는 피해자의 의사에 반하는 유형력의 행사로서 폭행행위에 해당하고, 그때에 이른바 '기습추행'에 관한 실행의 착수가 있다고 볼 수 있다. 그런데 마침 피해자가 뒤돌아보면서 "왜 이러세요?"라고 소리치는 바람에 피해자의 몸을 껴안는 추행의 결과에 이르지 못하고 미수에 그친 것이므로, 피고인의 위와 같은 행위는 아동·청소년에 대한 강제추행미수죄에 해당한다고 봄이 타당하다.

〈구성요건근접성을 기준으로 실질적 객관설을 취한 판례〉

대법원 2001. 7. 27. 선고 2000도4298 판결 [특정범죄가중처벌등에관한법률위반(관세)·외국환거래법위반]

피고인은 일화 500만 ¥은 기탁화물로 부치고 일화 400만 ¥은 휴대용 가방에 넣어 국외로 반출하려고 하였던 것으로 넉넉히 인정할 수 있고, 외국환거래법 제28조 제1항 제3호에서 규정하는, 신고를 하지 아니하거나 허위로 신고하고 지급수단·귀금속 또는 증권을 수출하는 행위는 지급수단 등을 국외로 반출하기 위한 행위에 근접·밀착하는 행위가 행하여진 때에 그 실행의 착수가 있다고 할 것인데, 기록에 의하면 피고인이 일본으로 출국하기 위해 김해 국제공항 1층에 도착하여 비행기표에 좌석을 지정받는 등 출국을 위한 탑승수속을 하면서 일화 500만 ¥을 감춰 놓은 김 상자를 기탁화물로 부친 이상 그 일화 500만 ¥에 대하여는 이미 이를 국외로 반출하기 위한 행위에 근접·밀착한 행위가 이루어졌다고 보아야 하므로 그 실행의 착수가 있었다고 할 것이지만, 나머지 일화 400만 ¥은 피고인이 휴대용 가방에 넣어 가지고 비행기에 탑승하려고 하였으므로 이 부분에 대하여는 일화 400만 ¥이 들어 있는 휴대용 가방을 보안검색대에 올려 놓거나 이를 휴대하고 통과하는 때에 비로소 실행의 착수가 있다고 볼 것이고, 피고인이 위 휴대용 가방을 가지고 보안검색대로 나아가지 않은 채 공항 내에서 탑승을 기다리고 있던 중에 체포되었다면 위 일화 400만 ¥에 대하여는 실행의 착수가 있었다고 볼 수는 없다.

> **대법원 2015. 3. 20. 선고 2014도16920 판결 [마약류관리에관한법률위반(향정)]**
> 필로폰을 매수하려는 자로부터 필로폰을 구해 달라는 부탁과 함께 금전을 지급받았다고 하더라도, 당시 피고인이 필로폰을 소지 또는 입수한 상태에 있었거나 그것이 가능하였다는 등 매매행위에 근접·밀착한 상태에서 그 대금을 지급받은 것이 아니라 단순히 필로폰을 구해 달라는 부탁과 함께 대금 명목으로 금전을 지급받은 것에 불과한 경우에는 필로폰 매매행위의 실행의 착수에 이른 것이라고 볼 수 없다(대법원 2008. 5. 29. 선고 2008도2392 판결 등 참조).
> 원심판결 이유와 기록에 의하면, 피고인은 2011. 2. 중순경 공소외인으로부터 필로폰을 구해 달라는 부탁을 받고 그 대금 명목으로 200만 원을 송금받은 사실은 알 수 있으나, 그 당시 피고인이 필로폰을 소지 또는 입수하였거나 곧바로 입수 가능한 상태에 있었다고 볼 만한 아무런 증거가 없으므로, 비록 피고인이 그 전에 필로폰을 판매한 적이 있었음을 고려하더라도 피고인이 단순히 필로폰을 구해 달라는 부탁과 함께 금전을 지급받았다는 것만으로는 필로폰 매매행위의 실행의 착수에 이른 것이라고 보기 어렵다.

〈'구성요건 영역에 대한 영향'이 부정되어 실행의 착수가 부정된 사례〉

대법원 1966. 12. 6. 선고 66도1317 판결 [통화위조미수]

원판결 이유에 의하면, 피고인은 소외인과 공모하여 행사할 목적으로 미리 준비한 물건들과 옵셋트 인쇄기를 사용하여 대한민국의 은행권을 위조하려고 진정한 한국은행권 100원권을 사진찍어 그 필림 원판 7매와 이를 확대하여 현상한 인화지 7매를 만들었으므로 이는 통화위조의 실행에 착수하였다고 봄이 옳다고 하여, 피고인에게 통화위조의 미수죄로 처단한 제1심판결을 유지하고 통화위조죄의 예비에 해당한다는 변호인의 주장을 배책하였다.

그러나, 원판결이 확정한바와 같이, <u>피고인이 행사할 목적으로 미리 준비한 물건들과 옵셋트인쇄기를 사용하여, 한국은행권 100원권을 사진찍어 그 필림원판 7매와 이를 확대하여 현상한 인화지7매를 만들었음에 그쳤다면, 아직 통화위조의 착수에는 이르지 아니하였고, 그 예비단계에 불과하다고 봄이 상당할 것이므로</u>, 논지 이유있다.

3. 범죄의 미완성

〈범죄의 미완성 사례〉

대법원 1984. 10. 10. 선고 84도1793 판결 [향정신성의약품관리법위반·공문서위조]

원심이 피고인이 제조하였거나 제조미수에 그친 히로뽕은 "메스암페타민"의 속칭으로서 위 메스암페타민은 향정신성의약품관리법시행령 제2조 별표 2의 번호 2에 해당하므로 원심인정의 피고인이 제조하거나 제조하려 한 물품이 향정신성의약품에 해당하지 아니한다는 논지는 이유없고 원심은 미수죄부분에 관하여 <u>피고인이 원심상피고인과 히로뽕제조를 공모하고, 그 제조원료인 염산 에페트린과 파라디움, 에테르, 크로로름등 수종의 화공약품을 사용하여 히로뽕제조를 시도하였으나 그 제조기술의 부족으로 히로뽕완제품을 제조하지 못하여 미수에 그친 사실</u>을 인정하고 습관성의약품제조의 미수범으로 처단하고 있는 것이므로 위 미완성품에서 히로뽕성분이 검출되지 아니하였다고 하여 습관성 의약품제조미수죄의 성립에 소장이 있다고는 할 수 없(다).

〈범죄의 미완성 : 행위자의 주관적 목적 달성 여부와는 무관함〉

대법원 2008. 2. 14. 선고 2007도8767 판결 [여신전문금융업법위반]

여신전문금융업법 제70조 제1항은 분실 또는 도난된 신용카드 또는 직불카드를 판매하거나 사용한 자는 7년 이하의 징역 또는 5천만 원 이하의 벌금에 처한다고 규정하고 있는바, 위 부정사용죄의 구성요건적 행위인 신용카드의 사용이라 함은 신용카드의 소지인이 신용카드의 본래 용도인 대금결제를 위하여 가맹점에 신용카드를 제시하고 매출전표에 서명하여 이를 교부하는 일련의 행위를 가리키므로 (대법원 1992. 6. 9. 선고 92도77 판결, 1993. 11. 23. 선고 93도604 판결 등 참조), 단순히 신용카드를 제시하는 행위만으로는 신용카드부정사용죄의 실행에 착수한 것이라고 할 수는 있을지언정 그 사용행위를 완성한 것으로 볼 수 없고, 신용카드를 제시한 거래에 대하여 카드회사의 승인을 받았다고 하더라도 마찬가지라 할 것이다. 원심판결 이유에 의하면 원심은, **피고인이 절취한 신용카드로 대금을 결제하기 위하여 신용카드를 제시하고 카드회사의 승인까지 받았으나 나아가 매출전표에 서명을 한 사실을 인정할 증거는 없고, 카드가 없어진 사실을 알게 된 피해자에 의해 거래가 취소되어 최종적으로 매출취소로 거래가 종결된 사실**이 인정된다고 한 다음, 피고인의 행위는 신용카드 부정사용의 미수행위에 불과하다 할 것인데 여신전문금융업법에서 위와 같은 미수행위를 처벌하는 규정을 두고 있지 아니한 이상 피고인을 위 법률위반죄로 처벌할 수 없다는 이유로 무죄를 선고한 1심판결을 유지하고 있는바, 원심의 이러한 법리 및 사실 판단은 정당하고 거기에 상고이유에서 주장하는 것과 같은 여신전문금융업법위반죄의 법리를 오해하거나 채증법칙을 위반한 위법이 없다.

Ⅱ. 간접정범의 실행의 착수시기

〈피고인이 공소외 3에게 강요하여 공갈범행을 하게 한 경우 간접정범의 실행의 착수시기를 검토해 볼 수 있는 사례〉

대법원 1969. 7. 29. 선고 69도984 판결 [공갈미수]

원심이 지지한 1심판시 사실과 같이 피고인이 공소외 1을 위협해서 동인으로 하여금 공소외 2에게 금품을 교부케 할 목적으로 공소외 1의 고용인인 공소외 3을 보고 "공소외 1이 공소외 2에게 50만원을 주지 않으면 공소외 1이 경영하는 (명칭 생략) 공업사의 경리 비밀과 1,300만원의 탈세 사실을 국세청이나 정보부에 고발 한다는 말을 공소외 1에게 전하라"하여 동인이 이를 그에게 전한 이상 이는 형법 350조 2항에서 말하는 공갈범행의 착수에 해당한다.

〈'원심판결'에서 간접정범의 실행의 착수시기를 검토해 볼 수 있는 판례〉

대법원 2005. 12. 22. 선고 2005도3203 판결 [무고]

1. 이 사건 공소사실 중 무고의 점의 요지는, 피고인은 자신이 발행한 수표를 피해자공소외 1이 위조한 적이 없음에도 위 피해자로 하여금 형사처분을 받게 할 목적으로, 조흥은행 중화동지점에 사고신고를 하면서 위 피해자가 수표를 위조하여 사용한 것 같다는 취지의 말을 하여 고발조치하여 달라고 요구하여, 그 정을 모르는 위 은행 직원공소외 2로 하여금 중랑경찰서에 피고발자를 성명불상자로 하여 피고인 발행의 수표 6장(이하 '이 사건 수표'라 한다)이 위조되었다는 내용의 고발을 하게 하고, 위 경찰서에 고발사건의 참고인으로 출석하여 조사를 받으면서 위 피해자를 수표위조 혐의자로 특정하는 방법으로 위 피해자를 무고하였다는 것인바, 원심은 그 채택 증거들을 종합하여, ① 피고인은 2003. 1. 21.경 피고인이 정상적으로 발행한 이 사건 수표를 피해자공소외 1에게 견질용으로 교부한 사실, ② 피고인은 위 피해자가 이 사건 수표를 임의로 사용하자 이 사건 수표의 지급을 면할 목적으로, 2003. 6. 20.경 조흥은행 중화동지점에서 이를 알지 못하는 담당자공소외 2에게 '내가 가계수표를 발행일, 액면금을 기재하지 않은 채 견질용으로공소외 1에게 보관시켰는데, 공소외 1이 발행일, 액면금을 임의로 기재하여 유통시켰다.'는 내용의 허위신고를 한 사실, ③ 피고인이 위 피해자가 이 사건 수표를 위조하였다고 신고하였음에도 불구하고, 공소외 2는 2003. 6. 27. 피고발자를 피고인으로 하여 이 사건 수표 중 일부가 위조되었다는 내용의 고발장을 작성하여 중랑경찰서에 제출하였다가, 중랑경찰서에서 참고인으로 조사를 받으면서 고발장에 피고발자를 피고인으로 기재한 것은 착오이고, 이 사건 수표는 액면금 및 발행일 각 백지인 상태에서 위 피해자에 의하여 견질용으로 보관되고 있던 중 성명불상자에 의하여 위 백지부분이 위조되었으므로 피고발자를 성명불상자로 정정한다고 진술하였고, 2003. 6. 30. 피고발자를 성명불상자로 하여 이 사건 수표 중 일부가 위조되었다는 내용의 고발장을 작성하여 2003. 7. 10. 중랑경찰서에 제출한 사실, ④ 피고인은 2003. 7. 4. 중랑경찰서에서 위 고발사건의 참고인으로 조사를 받으면서 위 고발사건에 대하여 의심이 가는 사람이 있느냐는 수사기관의 추문에 대하여 위 피해자가 의심 간다는 취지의 진술을 한 사실 등 판시와 같은 사실을 인정한 다음, 그 인정 사실에 의하면, 피고인이 위 피해자로 하여금 형사처분을 받게 할 목적으로 그 정을 알지 못하는 공소외 2를 도구로 이용하려 하였다고 하더라도, 공소외 2는 피고인의 허위신고에도 불구하고, 스스로의 의사에 따라 피고발자를 성명불상자로 하여 수

사기관에 고발을 하였으므로, 공소외 2가 피고인의 도구로 이용되었다고 볼 수 없어 피고인이 무고죄의 간접정범에 해당한다고 할 수 없고, **가사 공소외 2가 피고인의 도구로 이용되었다고 하더라도, 위 피해자를 무고하려던 피고인의 시도는 공소외 2가 피고발자를 성명불상자로 하여 수사기관에 고발을 함으로써 미수에 그쳤다**고 할 것인데, 형법은 무고죄의 미수범을 처벌하는 규정을 두고 있지 아니하므로 피고인을 무고죄의 미수범으로 처벌할 수도 없으며, 또한 무고죄는 수사기관의 추문을 받음이 없이 자진하여 타인으로 하여금 형사처분 또는 징계처분을 받게 할 목적으로 공무소 또는 공무원에 대하여 허위사실을 신고함으로써 성립하는 것이므로, 비록 피고인이 2003. 7. 4. 중랑경찰서에서 위 고발사건의 참고인으로 조사를 받으면서 위 고발사건에 대하여 의심이 가는 사람이 있느냐는 수사기관의 추문에 대하여 위 피해자가 의심이 간다는 취지의 진술을 하였다고 하더라도, 위와 같은 진술이 무고죄에 해당한다고 할 수는 없다고 판단하였다.

2. 그러나 원심의 이러한 판단은 수긍하기 어렵다.

무고죄에 있어서의 신고는 자발적인 것이어야 하고 수사기관 등의 추문에 대하여 허위의 진술을 하는 것은 무고죄를 구성하지 않는 것이지만(대법원 2002. 2. 8. 선고 2001도6293 판결 등 참조), 참고인의 진술이 수사기관 등의 추문에 의한 것인지 여부는 수사가 개시된 경위, 수사의 혐의사실과 참고인의 진술의 관련성 등을 종합하여 판단하여야 할 것이다.

그런데 원심이 확정한 사실에 의하면, **피고인은 조흥은행에 대하여 이 사건 수표가 피해자 공소외 1에 의하여 위조되었다는 내용의 허위의 신고를 하였고, 조흥은행은 비록 피고발자를 성명불상자로 기재하기는 하였으나 경찰에 이 사건 수표의 위조에 대한 고발을 하여 이 사건 수사가 개시되었으며, 곧이어 피고인은 경찰에 참고인으로 출석하여 이 사건 수표의 위조자로 위 피해자를 지목하는 진술을 하였다**는 것이고, 한편 부정수표단속법 제7조는 금융기관에 종사하는 자가 직무상 위조된 수표를 발견한 때에는 48시간 이내에 이를 고발하여야 하고 고발을 하지 아니한 때에는 형사처벌을 받도록 규정하고 있는바, 위와 같이 피고인이 은행에 대하여 위 피해자가 이 사건 수표를 위조하였다는 내용의 허위의 신고를 하여 은행원이 부정수표단속법 제7조의 고발의무에 따라 수사기관에 고발을 함으로써 수사가 개시되고, 곧이어 피고인이 경찰에 출석하여 위조자로 위 피해자를 지목하는 진술을 하였다면, 이러한 일련의 행위 및 과정을 전체적·종합적으로 살펴볼 때, 이는 피고인이 위조 수표에 대한 고발의무가 있는 은행원을 도구로 이용하여 수사기관에 고발을 하게 하고 이어 수사기관에 대하여 위 피해자를 위조자로 지목함으로써 자발적으로 수사기관에 대하여 허위의 사실을 신고한 것이라고 평가하여야 할 것이고, 은행원이 고발을 할 당시 피고발자를 성명불상자로 기재하였다거나 피고인이 위 피해자를 위조자로 지목하는 진술을 한 것이 사법경찰관리의 질문에 대한 답변으로 한 것이라고 하여 달리 볼 것이 아니다.

그럼에도 불구하고, 원심은 피고인의 행위가 그 판시와 같은 이유로 무고죄에 해당하지 않는다고 판단하였으니, 원심판결에는 무고죄의 신고에 관한 법리를 오해한 위법이 있고, 이러한 위법은 판결에 영향을 미쳤음이 분명하다.

Ⅲ. 부작위에 의한 미수범의 실행의 착수시기

〈부작위에 의한 업무상배임죄에서 실행의 착수 인정 요건〉

대법원 2021. 5. 27. 선고 2020도15529 판결 [업무상배임미수]

1. 공소사실 요지

공소사실 요지는 다음과 같다.

피고인은 고양시 (주소 생략) 일대 989,377㎡(이하 '이 사건 사업구역'이라 한다)에서 환지 방식에 의한 도시개발사업(이하 '이 사건 사업'이라 한다)을 추진하던 피해자 고양식사구역 도시개발사업조합(이하 '피해자 조합'이라 한다)을 위해 환지계획수립 등 이 사건 사업의 진행에 필요한 전반적인 업무를 수행하던 사람이다.

2011. 8. 30.경 이 사건 사업에 관한 도시개발 및 실시계획의 변경이 인가됨으로써(위와 같이 변경된 실시계획을 이하 '2011년 실시계획'이라 한다) 이 사건 사업구역 중 일부 환지예정토지('C구역'이라 불리는 토지이다. 이하 '이 사건 환지예정지'라 한다)와 대로 사이의 공공공지(이하 '이 사건 공공공지'라 한다) 조성 방식이 이 사건 환지예정지 지상 건축물로의 진입이 상당 부분 차단되는 '차폐형'에서 그 진입이 용이한 '개방형'으로 변경되었고, 그로 인해 이 사건 환지예정지의 경제적 가치가 상승하게 되었다. 따라서 **피고인으로서는 피해자 조합으로 하여금 이 사건 환지예정지의 가치상승을 청산절차에 반영하여 적절한 청산금을 징수할 수 있도록 관련 법령에 따라 이 사건 환지예정지에 대한 재감정, 환지계획 변경, 환지예정지 변경 지정 등의 조치를 할 업무상 의무가 있다.**

그런데도 피고인은 2011년 실시계획의 인가 직후 즉시 이 사건 환지예정지에 대한 재감정 등의 조치를 취하지 않음으로써 피고인의 친인척, 지인 등 이 사건 환지예정지를 환지받기로 한 사람들로 하여금 토지 가치상승액의 이익을 취득하게 하고, 피해자 조합으로 하여금 위 토지 가치상승액의 합계액인 3,470,766,900원의 손해를 입게 하려 하였으나, 피해자 조합이 2016. 5.경 환지계획변경인가신청 절차를 진행함에 따라 미수에 그쳤다.

2. 원심판단

원심은 다음과 같은 이유로 이 사건 공소사실을 무죄로 판단한 제1심판결을 파기하고, 유죄로 판단하였다.

피고인은 피해자 조합의 사무를 전적으로 위임받아 처리하던 사람으로서, 이 사건 환지예정지에 대한 평가 요인의 변경에 따른 가치상승액을 적절하게 평가하여 피해자 조합으로 하여금 적절한 청산금을 징수할 수 있도록 할 의무가 있었다. 위 업무에 관해서는 피고인이 적극 관여하여 가장 잘 알고 있었고 다른 사람은 쉽게 확인하기 어려웠다.

그러나 피고인은 이러한 의무를 이행하거나 후임자에게 관련 사항을 인계하지 않고 묵비한 채 2011. 12. 31. 피해자 조합을 대행하여 이 사건 사업에 관한 업무를 수행하던 공소외 1 주식회사(이하 '공소외 1 회사'라 한다)에서 퇴사함으로써, 피해자 조합이 그러한 재평가의 필요성을 수년간 인지하지 못하여 청산절차를 제대로 거치지 못할 위험이 발생하였다. 피고인의 이러한 부작위는 사업요지에 집중적으로 환지를 받은 본인과 친인척, 지인에게 경제적 이익이 되고 피해자 조합에는 손해가 될 수 있다는 점을 인식하고 이루어진 것이다. 따라서 피고인이 업무상배임죄의 실행에 착수하였다고 인정함이 옳다.

3. 대법원 판단

가. 업무상배임죄는 타인의 사무를 처리하는 자가 업무상의 임무에 위배되는 행위로써 재산상의 이익을 취득하거나 제3자로 하여금 이를 취득하게 하여 그 타인에게 손해를 가한 때에 성립한다(형법 제356조, 제355조 제2항). 형법 제18조는 부작위범의 성립 요건에 관하여 "위험의 발생을 방지할 의무가 있거나 자기의 행위로 인하여 위험발생의 원인을 야기한 자가 그 위험발생을 방지하지 아니한 때에는 그 발생된 결과에 의하여 처벌한다."라고 정하고 있다. 업무상배임죄는 타인과의 신뢰관계에서 일정한 임무에 따라 사무를 처리할 법적 의무가 있는 자가 그 상황에서 당연히 할 것이 법적으로 요구되는 행위를 하지 않는 부작위에 의해서도 성립할 수 있다(대법원 2012. 11. 29. 선고 2012도10139 판결 등 참조). 그러한 부작위를 실행의 착수로 볼 수 있기 위해서는 작위의무가 이행되지 않으면 사무처리의 임무를 부여한 사

람이 재산권을 행사할 수 없으리라고 객관적으로 예견되는 등으로 구성요건적 결과 발생의 위험이 구체화한 상황에서 부작위가 이루어져야 한다. 그리고 행위자는 부작위 당시 자신에게 주어진 임무를 위반한다는 점과 그 부작위로 인해 손해가 발생할 위험이 있다는 점을 인식하였어야 한다.

나. 원심판결 이유와 적법하게 채택된 증거에 따르면 다음과 같은 사정을 알 수 있다.

이 사건 사업의 추진 과정에서 이 사건 공공공지의 조성 방식에 관하여 피해자 조합과 고양시 사이에 이견이 생김에 따라, 2009년 말부터 이 사건 공공공지의 조성 방식은 이 사건 사업의 주요 쟁점 중 하나로 부각되었다. 따라서 **2011년 실시계획의 인가에 따라 이 사건 공공공지의 조성계획이 변경되었다는 사실은 피해자 조합의 의사결정에 대한 일차적인 책임을 부담하는 피해자 조합의 임원들도 충분히 인지할 수 있는 사항이었다.**

2011년 실시계획의 인가에 따라 이 사건 공공공지의 조성계획이 변경된 이상, 그로 인해 이 사건 환지예정지의 가치를 재평가할 필요가 생겼다는 것은 피고인만 알 수 있는 내용이 아니다. 더욱이 피고인이 2011. 12. 31.경 공소외 1 회사의 대표이사직을 사임함으로써 이 사건 사업에 관한 업무를 수행할 지위를 상실한 이후에도 도시계획기술사인 공소외 2를 비롯한 임직원들이 계속해서 공소외 1 회사에서 근무하였고, 그중 환지 업무를 주로 담당하던 공소외 3은 피고인 못지않게 2011년 실시계획의 인가에 따라 환지계획의 변경이 필요하다는 사정을 알 수 있는 지위에 있었다.

피해자 조합은 2011년 실시계획의 인가 무렵 체비지 매각 지연 등으로 심각한 재정적인 어려움을 겪고 있었고, 이러한 문제를 타개하고자 2012년경부터 2015년경까지 이 사건 사업에 관한 개발계획 및 실시계획의 변경을 지속적으로 추진하였다. 이를 고려하면, 2011년 실시계획의 인가 당시 환지계획의 변경을 서두르지 않을 경우 조만간 환지처분이 이루어져 조합원들 사이의 권리 관계가 확정될 급박한 상황이었다고 보기는 어렵다.

국토해양부장관이 정한 구 도시개발업무지침(훈령 제680호)에는 "시행자가 사업시행 중 공공시설의 변경 또는 집단체비지의 책정 등으로 환지계획을 변경하여야 할 필요가 있을 경우에는 즉시 환지계획을 변경한다."라는 내용이 있다(제4-5-1조 참조). 그러나 환지예정지 권리 이전이나 청산금 확정 등은 환지처분이 있어야 비로소 이루어지는 것이므로 실시계획의 인가 후 '즉시' 환지계획의 변경을 위한 조치가 취해지지 않는다고 해서 곧바로 피해자 조합의 재산 관계에 악영향을 미칠 위험이 초래된다는 결론이 도출되는 것은 아니다.

다. 이러한 사정을 위 가.항에서 본 법리에 비추어 살펴보면, 공소사실 기재와 같이 피고인에게 2011년 실시계획의 인가에 따른 후속 조치를 할 작위의무가 인정된다고 하더라도, 피해자 조합이 이 사건 환지예정지의 가치상승을 청산절차에 반영하지 못할 위험이 구체화한 상황에서 피고인이 그러한 작위의무를 위반하였다고 보기는 어려우므로, 피고인이 부작위로써 업무상배임죄의 실행에 착수하였다고 볼 수 없다.

그런데도 원심은 피고인이 업무상배임죄의 실행에 착수하였다고 보아 이 사건 공소사실을 유죄로 판단하였다. 원심판결에는 부작위에 의한 업무상배임죄에서 실행의 착수 인정 요건에 관한 법리를 오해하여 판결에 영향을 미친 잘못이 있다.

Ⅳ. 공동정범의 실행의 착수시기

〈공동정범의 실행의 착수시기를 검토해 볼 수 있는 판례 : 다른 공동피고인들이 특수절도의 미수에 그친 경우 피고인에게 특수절도 공동정범의 미수범이 성립하는지 여부〉

대법원 1984. 1. 31. 선고 83도2941 판결 [강도상해·특수절도]

이른바 공동정범은 범죄행위시에 그 의사의 연락이 묵시적이거나 간접적이거나를 불문하고 행위자 상호간에 주관적으로 서로 범죄행위를 공동으로 한다는 공동가공의 의사가 있음으로써 성립하는 것이며 범죄의 실행을 공모하였다면 다른 공모자가 이미 실행행위에 착수한 이후에는 그 공모관계에서 이탈하였다고 하더라도 공동정범의 책임을 면할 수 없는 것이므로 설사 소론 주장과 같이 피고인이 원심상피고인 1, 원심상피고인 2, 공소외 1, 공소외 2 등과 합동하여 부산직할시 영도구 (주소 생략) 소재피해자 공소외 3, 공소외 4 부부의 **집밖에서 금품을 강취할 것을** 공모하고 피고인은 집밖에서 망을 보기로 하였으나 상피고인들이 위공소외 3의 집에 침입한 후 담배생각이 나서 담배를 사기 위하여 망을 보지 않았다고 하더라도 피고인은 판시 강도상해죄의 죄책을 면할 수가 없다.

V. 미수범의 특수형태

<진정결과적 가중범의 미수 : 부정>

대법원 2008. 4. 24. 선고 2007도10058 판결 [생 략]

성폭력범죄의 처벌 및 피해자보호 등에 관한 법률 제9조 제1항에 의하면 같은 법 제6조 제1
항에서 규정하는 특수강간의 죄를 범한 자뿐만 아니라 특수강간이 미수에 그쳤다고 하더라
도 그로 인하여 피해자가 상해를 입었으면 특수강간치상죄가 성립하는 것이고, 같은 법 제
12조에서 규정한 위 제9조 제1항에 대한 미수범처벌규정은 제9조 제1항에서 특수강간치상
죄와 함께 규정된 특수강간상해죄의 미수에 그친 경우, 즉 특수강간의 죄를 범하거나 미수
에 그친 자가 피해자에 대하여 상해의 고의를 가지고 피해자에게 상해를 입히려다가 미수에
그친 경우 등에 적용된다.

원심이 그 판시의 증거를 종합하여 **피고인이 위험한 물건인 전자충격기를 피해자의 허리에
대고 피해자를 폭행하여 강간하려다가 미수에 그치고 피해자에게 약 2주간의 치료를 요하는
안면부 좌상 등의 상해를 입힌 사실**을 인정하고, 이에 대하여 성폭력범죄의 처벌 및 피해자
보호 등에 관한 법률 소정의 특수강간치상죄의 기수에 해당한다고 인정한 것은 기록과 앞서
본 법리에 비추어 정당하고, 상고이유에서 주장하는 바와 같은 결과적 가중범의 미수범에
관한 법리오해 등의 위법은 없다.

<진정결과적 가중범의 미수를 긍정한 하급심 판결 : 상고심에서 파기·환송되었으나
이론적 접근이 돋보이는 판결>

대구고등법원 2013. 5. 29. 선고 2012노776 판결 [성폭력범죄의처벌등에관한특례법위반(강
간등치상)] <대법원 2013. 8. 22. 선고 2013도7138 판결에 의해 파기·환송됨>

나. 결과적 가중범의 미수

1) 문제점

일반적으로 범죄의 미수란 범죄의 실행에 착수하여 행위를 종료하지 못하였거나 결과가 발
생하지 아니한 경우를 말하는데, 과실범의 경우 결과발생에 대한 범의가 존재하지 아니하므

로 고의범과 과실범의 결합형태인 결과적 가중범에 있어 기본범죄가 존재한다 하여도 중한 결과가 발생하지 아니한다면 결과적 가중범 자체가 성립하지 아니하여 기본범죄의 기수로만 인정될 뿐이다. 따라서 결과의 발생이 없는 결과적 가중범은 개념상 이를 상정할 수 없다. 한편 결과적 가중범을 하나의 범죄로 본다면 기본범죄에 대한 실행의 착수가 있었고 중한 결과의 발생이라는 범죄의 현실적 결과가 있는 경우 과연 결과적 가중범의 미수라는 개념을 상정할 수 있는지 문제될 수 있다.

따라서 <u>결과적 가중범의 미수의 문제는 결과의 불발생인 경우를 상정하는 것이 아니라 고의범인 기본범죄가 미수에 그쳤음에도 중한 결과가 발생한 경우에 이를 결과적 가중범의 미수로 인정하여 형법 제25조 제2항에 따른 미수감경이 가능한지의 여부라고 할 것이다.</u>

2) 견해의 대립

가) 긍정하는 견해와 그 논거

● 기본범죄가 미수인지 기수인지 여부는 전체 결과적 가중범의 불법의 양과 행위자의 책임 정도에 상당한 영향이 있다. 즉 기본범죄가 기수인 경우와 미수인 경우에는 불법의 정도에 차이가 있고 그 차이를 반영하는 미수범이 인정되어야 과형상 적절한 조정이 가능하므로 결과적 가중범의 미수를 인정하여 차등을 두어야 행위책임원칙에 부합한다.

● 기본범죄가 중지미수인 경우 중한 결과에도 불구하고 중지미수에 대한 형의 필요적 감면 조치를 하는 것이 형사정책상 타당하다. 그와 같은 중지미수를 인정하기 위해서는 결과적 가중범의 미수 또한 인정되어야 한다.

● 기본범죄가 미수인 경우로서 결과적 가중범의 미수 개념도 합당하게 상정할 수 있을뿐더러 실제로 법이 명문으로 결과적 가중범의 미수 처벌을 규정하고 있어 미수범 인정의 근거가 될 수 있음에도 이를 무시하고 미수의 성립을 부정하여 그 적용을 하지 않는 것은 죄형법정주의에 어긋난다.

나) 부정하는 견해와 그 논거

● 강도상해, 강도강간 등의 고의범죄에서 기본범죄의 기수, 미수에 상관없이 중한 결과가 발생하면 기수범으로 보면서, 결과적 가중범에서는 중한 결과가 발생하였음에도 불구하고 기본 범죄가 미수이면 전체를 미수범으로 보자는 것은 일관성이 없어 부당하다.

● 결과적 가중범은 과실에 기한 중한 결과발생을 전제로 하여 인정되는 것이므로 결과가 발생한 이상 과실범의 미수가 부정되듯이 결과적 가중범의 미수도 인정될 수 없고, 기본범죄의 미수를 처벌한다는 것은 기본범죄가 미수인 경우도 기본범죄를 범한 것과 동일하게 취

급한다는 것이고 중한 결과가 발생한 이상 결과적 가중범의 결과불법도 인정되므로 결과적 가중범의 기수가 된 것이다.

● 이례적으로 결과적 가중범의 조문이 미수범 처벌규정의 적용 대상에 포함되는 경우가 있다 하더라도 이는 입법자의 실수에 기한 것일 뿐이므로 결과적 가중범에 해당하는 부분을 제외하고 고의범인 결합범에만 적용되도록 조문을 별도로 해석해야 한다.

다. 이 사건에서의 구체적 쟁점과 검토 범위

이 사건은 **피고인의 흉기 휴대 특수강간행위 자체는 미수에 그쳤으나 피해자에게 전치 2주의 상해를 입히는 결과가 발생한 경우**로서 앞에서 언급한 바와 같이 결과적 가중범의 미수 인정 여부가 문제되는 전형적인 사안이다. 그런데 이 사건에서는 법 제14조에서 특수강간치상죄인 제8조 제1항의 미수범을 처벌한다고 규정하고 있어 과연 이 사건과 법 제8조 제1항에 따른 특수강간치상죄의 경우에도 미수의 개념을 상정하여 법 제14조에 따른 미수범 처벌규정이 적용될 수 있는지 여부가 문제된다. 한편 법 제14조의 미수범 처벌규정 이외에 법 제8조 제1항은 기본범죄인 제4조 제1항에 의한 특수강간이 미수에 그친 경우에도 결과적 가중범으로 처벌할 수 있도록 규정하고 있는 조문형식상의 특징도 있다. …

4. 특수강간치상죄의 미수 인정 여부에 관한 논점별 검토

앞에서 본 바와 같이 이 사건 특수강간치상죄에 관한 조문형식의 특징을 기초로 결과적 가중범의 미수를 인정할 수 있는 논거를 여러 관점에서 살펴보면, 아래와 같다.

가. 특수강간치상죄의 미수범 처벌규정의 존재와 의미

1) 결과적 가중범에 관한 개별 처벌규정의 해석방법

결과적 가중범에 관한 형법과 형사특별법의 개별 각칙은 기본범죄에 기수 이외에 미수도 포함되는지 여부, 결과적 가중범 자체에 대한 미수 처벌규정의 유무에 따라 여러 가지의 형태로 규정되어 있다. 앞에서 언급한 바와 같이 이 사건 범죄에 적용되는 법 규정은 ① 특수강간치상죄의 기본범죄인 특수강간죄에 미수죄를 포함시키면서도 특수강간치상죄의 미수범을 처벌하도록 되어 있다. 반면 ② 형법상의 강간치상죄의 경우 기본범죄에 명시적으로 미수범을 포함시키면서도 강간치상죄의 미수범을 처벌하는 규정을 두지 않고 있고, ③ 강도치상죄의 경우 기본범죄에 명시적으로 미수범을 포함시키지 않으면서도 강도치상죄의 미수범을 처벌하는 규정을 두고 있다. 그 밖에 ④ 현주건조물방화치상죄나 상해치사죄와 같이 기본범죄에 명시적으로 미수범을 포함시키지도 않고 그 결과적 가중범의 미수를 처벌하는 규정도 두지 않는 유형이 있는데, 이러한 방식이 결과적 가중범에 관한 일반적 규정형식에 해당한다.

이와 같은 결과적 가중범과 관련된 조항들을 검토해 보면 그 규정형식이 통일되어 있지 아니하여 기본범죄가 미수에 그치고 중한 결과가 발생한 경우에 결과적 가중범의 미수를 인정하여야 하는지 여부에 관하여 일률적으로 해석할 수 없는 문제가 있다.

이와 같은 다양한 유형의 결과적 가중범의 규정형식을 통일적으로 이해·해석하는 것을 매우 중시하는 입장은, 기본범죄가 미수에 그치더라도 그로 인한 상해 결과가 발생한 경우에는 결과적 가중범의 기수로 처벌하도록 해석함으로써 기본범죄가 미수인 경우에도 가벌성을 인정함과 동시에 결과적 가중범의 미수 처벌규정의 유무와 상관없이 동일한 결론에 도달하는 안정된 법해석을 추구하고자 한다. 즉, 기본범죄에 착수만 하면 완료와 상관없이 결과적 가중범의 주체성을 인정하는 일종의 신분범과 유사하게 취급하고 결과적 가중범의 핵심은 상해 등의 결과발생에 있다고 보아(과실범의 일종으로 취급함) 이것이 발생하면 기수에 이른다고 결론 내리고, 결과적 가중범의 미수를 처벌하는 규정이 명문으로 존재하는 때에도 이는 상해 등의 고의는 있었으나 상해 등의 결과가 발생하지 않는 경우, 즉 상해 등의 미수에만 허용될 수 있는 것으로 그 적용범위를 극히 축소하고자 한다.

그러나 <u>결과적 가중범에 해당하는 범죄들은 그 보호법익과 행위의 태양, 양형책임의 크기, 처벌규정의 형식, 법정형의 범위, 관련 가중·감경 구성요건의 존부와 그 형태 등에서 매우 다양하게 존재하고 현재 그에 관한 법규정이 정치하고도 체계적으로 정비되어 있지 않으므로, 결과적 가중범이라는 단일한 구조에 따른 통일적 해석을 하는 것이 실질적으로 불가능하다.</u> 이러한 상황이라면, 통일적 해석을 위하여 개별 범죄별 특성이나 조문형식을 외면하고 <u>결과적 가중범이라는 개념 자체의 순화라는 관점에만 치중된 단일한 해석론이 아니라, 개별 범죄의 특성과 구성요건의 규정방식과 처벌규정의 형태에 따라 가장 적합하게 결과적 가중범의 미수 인정 여부와 그에 관한 법적 효과를 합리적으로 해석·적용하는 개별적 검토방식이 보다 타당하다고</u> 생각한다.

이러한 견지에서 보면, 이 사건에서 논의되는 특수강간치상죄에 관하여는 법 제14조에서 미수범을 처벌하도록 규정하고 있는 이상 다른 결과적 가중범에서 미수를 인정할 수 있는지 여부는 차치하고라도 위 미수범 처벌규정에 따라 특수강간치상죄의 미수범을 인정함이 타당하다.

2) 미수범 처벌규정의 사문화에 대한 검토

이와 달리 특수강간범이 피해자에게 상해를 가할 고의가 있으나 상해의 결과가 발생하지 않은 경우에 한정하여 미수범 규정을 적용하도록 축소해석한다면, 특수강간치상죄의 미수범을 인정할 수 있는 적용례를 실무상 거의 찾아볼 수 없게 되므로 위 미수범 처벌규정을 사문화시키는 결과가 되어 입법 취지를 살리지 못하게 된다. 반면 이를 염려하여 특수강간상해의 미수범을 폭넓게 인정하게 되면, 다음과 같은 문제가 발생한다. 즉 폭행의 고의와 상해의 고의는 이론상으로는 엄밀하게 구별할 수 있으나, 미필적 고의까지 확장시켜 보면 폭행을 할 때 상해에 대한 미필적 고의가 있다고 볼 수 있는 사례가 많으므로, 위와 같은 해석론에 의하여 상당 부분은 상해가 발생하지 않았음에도 강간상해죄의 미수범으로 처벌될 수 있는 여지를 오히려 넓게 만드는 결과를 초래할 우려도 있다.

또한 위 미수범 처벌규정이 결과적 가중범의 단일한 체계에 맞지 않는다고 하여 단순한 입법의 오류로 간주하는 것도 타당하지 못하며, 기본범죄의 미수범에도 결과적 가중범의 기수 책임을 지우는 것은 미수범 처벌규정이 엄연히 존재함에도 그것을 의도적으로 배제하는 결과가 되어 죄형법정주의에 반하고, 형사법규 해석에 있어서 엄격해석의 원칙이나 유추해석금지의 원칙에도 위배된다는 반론도 제기되고 있다.

3) 법 개정의 취지와 의미

앞에서 본 바와 같이 특수강간의 미수범도 기본범죄의 주체로 포함시키는 개정입법이 이루어지기는 하였으나, 앞서 본 바와 같이 법의 전신인 '성폭력범죄의 처벌 및 피해자보호 등에 관한 법률'의 동일한 관련 조항에서 당초 '제6조(특수강간죄)의 죄를 범한 자가 사람을 상해에 이르게 한 때'라고 규정하고 있었던 관계로 그 기본범죄인 특수강간죄의 미수의 경우에도 같은 조항의 결과적 가중범이 성립할 수 있느냐에 관한 논쟁이 있었고, 이후 대법원 판례에 기해 기본범죄의 미수범은 주체가 될 수 없다고 해석되자 그 후 법 개정에 의해 그 처벌근거를 마련하기 위한 입법자의 결단에 기인한 것이지, 그와 같은 조문의 규정형식만으로 곧바로 기본범죄의 미수에도 불구하고 특수강간치상죄의 기수를 명백하게 법률적으로 개념 정의한 것이라거나 특수강간치상죄의 미수범을 인정할 수 없는 근거를 명백히 한 것이라 단정할 수 없다.

오히려 법 개정에도 불구하고 특수강간치상죄의 미수범 처벌규정은 그대로 존치되었는데, 이를 법 개정과 유기적으로 살펴보면 특수강간 미수범이 피해자에게 상해를 입게 한 경우에 그 처벌은 할 수 있게 하되 기수범이 아니라 미수범으로 처벌하게 함으로써 특수강간치상죄에서 기본범죄의 기수범과 미수범인 경우를 차별적으로 취급하기 위한 입법적 결단으로 이해할 수 있다. 왜냐하면 위 법 개정으로 비로소 특수강간 미수범이 상해의 결과를 발생한 경우를 처벌할 수 있게 되었고 이로써 특수강간치상죄의 미수로 처벌할 것인가의 문제가 본격적으로 등장하게 되었음에도 이 사건 범죄와 같은 행위를 의식적으로 미수범 처벌대상에서 제외하는 추가적인 입법 조치가 이루어지지 않았기 때문이다.

나. 특수강간치상죄에서 중요한 행위요소에 관하여

1) 행위관련적 결과적 가중범

결과적 가중범을 중하게 처벌하는 당위적 근거 또는 그 특수한 구조에 관하여 결과발생에 대한 상당인과관계와 예견가능성 이외에 고의의 기본범죄와 중한 결과의 직접적 연관성(직접성)이 필요하다는 견해는 다시 ① 기본범의 『행위』의 위험성에서 찾는 입장과 ② 기본범의 『결과』의 위험성에서 구하는 입장으로 나뉠 수 있는데, 전자에 의하면 결과적 가중범의 미수라는 개념을 상정할 수 있다. 다시 말하면 필연적으로 기본범죄의 결과가 발생하여야만 그에 기해 중한 결과가 발생할 수 있는 것이라면 이미 기본범죄나 중한 결과에 있어 미수라는 개념을 상정할 수 없으므로, 결과적 가중범의 미수는 가중성이 기본범죄의 결과를 야기하고자 하는 의사의 실행, 즉 『행위』에 이미 구축되어 있는 경우에 그 개념 설정이 가능하다. 예를 들면, 상해치사죄와 같이 중한 결과가 기본범죄의 『결과』와 연결되어야 하는 유형에서는 기본범죄의 기수로부터 중한 결과가 발생한 경우에만 결과적 가중범을 인정할 수 있지만, 강도치사죄와 같이 중한 결과가 기본범죄의 『행위』와 연결되어도 충분한 유형에서는 기본범죄의 미수로부터 중한 결과가 발생한 경우에도 결과적 가중범을 인정할 수 있다.

이 사건 특수강간치상죄의 경우 가중적인 결과의 발생은 기본구성요건, 즉 강간범죄를 실행하는 『행위』인 폭행, 협박과 관련되는 것으로써 간음 그 밖의 성행위라는 구성요건적 결과는 전형적으로 생명에 위험하지 않은 반면 피해자의 반항을 억압하기 위해 강간범죄의 수단으로 사용되는 폭력행위가 피해자의 생명이나 신체에 직접적으로 위험한 것이므로 상해의 결과발생은 기본구성요건적 결과인 성적 자유의 침해상태가 아닌 그 실행행위인 폭력행위에 관련되는 것으로 보아야 한다. 이와 같이 기본범의 『행위』가 기본범의 기수·미수와는 독립적으로 가중적 결과의 위험성을 내포한다고 인정되는 유형에 한하여, 결과적 가중범의 미수가 논의될 수 있는 영역이 존재하게 된다.

한편 이러한 결과적 가중범은 기본범죄에 의한 법익침해와 가중결과라는 별도의 법익침해 2가지 모두를 불법내용으로 삼고 있는데(결과적 가중범을 두개의 구성요건적 결과를 가진 구성요건으로 이해한다는 의미임), 이 사건과 같이 피고인의 폭행행위로 피해자가 상해를 입었다고 하더라도 간음이나 그와 밀접하게 관련된 그 밖의 성행위 자체에 이르지 못하였다면 특수강간치상죄가 예정하는 불법내용의 일부가 결여되어 있다고 볼 수 있다. 형법 제25조 제1항은 미수를 '범죄의 실행에 착수하여 행위를 종료하지 못하였거나 결과가 발생하지 아니한 경우'

라고 정의하고 있는데, 이 사건에서는 특수강간이라는 기본범의 결과발생이라는 구성요건요소가 결여되어 있으므로 특수강간치상죄 전체로 볼 때 '결과의 일부가 발생하지 아니한 경우'로 이해할 수 있다. 준강도죄의 기수 여부는 사후에 나타나는 폭행·협박을 기준으로 할 것이 아니라 본범인 절도행위의 기수 여부를 기준으로 하여야 한다는 법리(대법원 2004. 11. 18. 선고 2004도5074 전원합의체 판결 참조)도 같은 맥락에서 이해할 수 있다.

이 사건 특수강간치상이 행위관련적 결과적 가중범이라서 상해 결과가 발생한 경우에도 개념상 미수를 상정할 수 있고, 기본범죄가 폭행·협박의 단계에 머물러 구체적인 행위평가에 있어 구성요건요소의 일부가 결하고 있다고 볼 수 있다면 이 사건 범죄를 특수강간치상죄의 미수죄로 처벌할 여지가 충분하다.

물론 위와 같은 유형의 결과적 가중범이 위와 같은 속성으로 말미암아 기본범죄의 미수에서 결과발생이 있으면 자동적으로 모두 그 가벌성은 인정하되 결과적 가중범의 미수로서 처벌할 수 있다고 단정할 수는 없더라도, 적어도 결과적 가중범 자체에 대한 미수 처벌규정도 별도로 두고 있는 법 제8조의 특수강간치상죄에서는 그 미수범을 인정할 수 있다고 봄이 상당하다.

2) 중한 결과라는 개념에 대한 재검토

통상 결과적 가중범은 기본범죄로 중한 결과가 발생한 경우라고 일컫고 있는데, 기본범죄가 강간죄이고, 발생한 결과가 상해인 때에는 상해 발생 사실을 기본범죄보다 『중한』 결과라고 할 수 있을지는 의문이다. 더욱이 형법에서 상해의 개념은 비교적 폭넓게 이해되고 있어 경미한 정도의 상해도 포섭하고 있고, 강간치상죄에서도 경미한 상해를 배제하자는 상대적 상해 개념이 등장하기는 하지만 여전히 일반적인 상해 개념과 동일하게 이해·적용하는 것이 지배적인 입장이라는 점과 실무상 처벌되는 강간치상죄에서 상해는 대부분의 경우 2주 내지 3주 정도의 경미한 상해라는 점을 고려하면 더욱 그러하다. 따라서 결과적 가중범에서 결과발생 자체가 중하다는 획일적인 판단에서 벗어나 기본범죄와 결과발생의 내용을 비교형량하는 접근방식이 필요하다.

이러한 관점에서 보면, 결과적 가중범을 결과발생에만 치중하고 기본범죄는 행위자의 주체적 격이나 형벌가중적 신분만으로 격하하여 그 실행의 착수만 있으면 처벌이 가능함은 물론 그 처벌수위를 동일하게 취급하는 태도는 기본범죄와 결과발생 사이의 법익교량을 금지하게 만들고 강간·강도·방화와 같은 중범죄에 해당하는 기본범죄의 특성을 고려하지 않았다는 점에서 타당하지 못하다. 기본범죄의 결과불법의 존재 여부를 무시하고 기본범죄의 보호법익보다 더 중하다고 볼 수도 없는 가중적 결과의 존재, 그것도 과실에 의하여 야기된 상해 결과에만 중한 처벌의 핵심을 두는 것은 결과책임론을 너무 강조하는 태도라고 평가할 수 있다.

중상해죄 내지 폭행치상죄의 경우와 같이 기본범죄로 인한 보다 중한 결과의 발생 형태가 아니라 기본범죄의 중대성에 비해 중하지 않은 결과를 예정하고 있는 이 사건 특수강간치상죄 등의 경우에는 『중한 결과의 발생』을 전제로 하는 결과적 가중범의 일반적 이론으로 획일적으로 재단하는 것은 문제의 소지가 적지 않다. 이 사건에서는 기본행위인 특수강간이 상해보다 훨씬 더 중한 것으로서 기본범죄가 주가 되는 형태를 이루고 있음을 알 수 있으므로, 그러한 행위와 상해의 결과가 결합된 특수강간치상죄의 미수에 해당하는지 여부를 판단할 때에도 고의의 특수강간 범행이 완료되었는가에 중점을 두어 특수강간치상죄의 기수 여부를 판단하여야 하는데, 피고인이 간음행위에 이르지 아니하였음은 물론 피해자의 옷을 벗기거나 심한 추행이나 간음에 준하는 등의 성행위조차 하지 아니하였으므로 비록 상해의 결과가 발생하기는 하였으나 범행 전체의 기수에 이르지 못하였다고 봄이 상당하다.

다. 결과적 가중범과 관련된 법체계에 관하여

1) 미수범 처벌규정의 규율방식의 차이에 대한 검토

기본범죄가 미수에 그치고 중한 결과가 발생한 경우에는 일본의 판례와 학설은 결과적 가중범의 기수를 인정하지만, 독일의 판례와 다수설은 결과적 가중범의 미수를 인정하고 있다. 독일 형법 제23조 제1항은 '중죄의 미수범은 반드시 처벌하고, 경죄의 미수범은 법률이 명시적으로 규정하고 있는 경우에 한하여 처벌한다'고 규정하고 법정형의 하한이 1년 이상의 자유형에 해당하는 결과적 가중범은 중죄라서 그 미수범의 가벌성이 총칙에서 명확히 규정되어 있다는 점과 독일 형법 제11조 제2항은 '행위에 대하여는 고의를 필요로 하고 그로 인하여 야기된 특별한 결과는 과실만으로도 법적 구성요건을 실현하는 경우에도 그 행위는 이 법에서 의미하는 고의로 본다'고 규정하고 있어 결과적 가중범이 고의범이므로 그 미수가능성을 긍정할 수 있다는 점에 근거하여, 그에 대응하는 법규정이 없는 우리나라와는 법체계가 다르다는 주장이 있다.

그러나 결과적 가중범의 미수에 관한 처벌규정이 존재하지 않는 범죄라면 몰라도 이 사건의 결과적 가중범과 같이 그 미수 처벌규정이 있는 범죄에 대하여는, 독일과 같이 형법 총칙에서 모든 결과적 가중범의 미수 처벌에 관한 규율형태와 이 사건 특수강간치상죄와 같이 각칙의 개별조항에서 미수범 처벌규정을 두는 규정방식과의 차이를 이유로 해석론을 달리할 아무런 이유가 없다.

종래 우리나라에서 결과적 가중범의 미수를 일반적으로 인정할 수 없었던 가장 중요한 이유는 이론적으로는 결과적 가중범의 미수를 인정할 수 있을지 모르지만 결과적 가중범의 미수 처벌규정이 없었기 때문이었다. 그런데 1995년 형법 개정을 통하여 인질치상죄와 인질치사죄, 강도치상죄와 강도치사죄가 형법 제324조의5와 제342조에 의하여 미수범 처벌대상에 포함되었고, 앞에서 본 바와 같이 구 성폭력범죄의 처벌 및 피해자보호 등에 관한 법률도 특수강간치상죄를 비롯한 결과적 가중범의 미수를 처벌하는 규정을 두게 되었다. 이에 대하여 이러한 미수 처벌규정은 인질상해·살인, 강도상해·살인 등의 고의범을 염두에 둔 조항임에도 불구하고 인질치사상이나 강도치사상과 같은 과실범에도 적용되는 것처럼 규정한 것은 입법적 오류에 불과하다는 지적도 있으나, 강도상해·살인과 강도치상·치사를 구분하여 미수범 적용범위를 규정하는 것이 입법기술상 곤란한 것도 아님에도 그러한 구분 없이 미수범 적용대상으로 삼고 있는 점과 종래 구 형법 제342조 단서가 해상강도 중 사람을 사상에 이르게 한 죄는 미수범 처벌규정에서 제외하였는데 형법 개정으로 이것마저 삭제된 점에 비추어 법률이 진정 결과적 가중범의 미수 인정을 의도적으로 배제하고 있다고 볼 수는 없다. 결과적 가중범의 미수에 관한 통일적 규율이 없다면 개별 입법을 통하여도 결과적 가중범의 미수를 인정하는 것조차 불가능하다는 식의 법체계 맹목적 논리에는 찬성하기 어렵다.

또한 독일에서는 사망의 결과가 초래된 경우에 결과적 가중범을 규정하는 것이 일반적이고 상해의 결과가 발생한 경우에는 원칙적으로 결과적 가중범으로 처벌하고 있지 않음에도 기본범죄가 미수에 그치면 결과적 가중범의 미수를 인정하는 경향이 강한데, 경미한 상해에 대하여도 결과적 가중범을 인정하는 우리나라에서 결과적 가중범의 미수를 극히 제한하는 것은 비교법적 검토를 하여 보아도 재고할 필요가 있다.

2) 고의범과 과실범의 구분에 따른 논리전개의 문제점

독일과 같이 결과적 가중범을 고의범으로 보는 규정이 없는 우리나라에서는 결과적 가중범을 과실범으로 보아야 하고 따라서 결과적 가중범의 미수를 인정하면 과실범의 미수를 인정하는 결과가 되므로, 이를 인정할 수 없다는 견해가 있다.

그러나 우리나라에서도 결과적 가중범을 순수한 과실범으로 보는 것이 아니라 고의범과 과실범의 결합으로 인식하고 있으므로, 순수한 과실범의 미수를 인정할 수 없다고 하여 고의범과 과실범의 결합형태에서도 미수를 인정할 수 없는 논리가 바로 귀결되지는 않는다. 형벌가중적 결과 발생에 과실의 요소가 내포되어 있다 하여도 기본구성요건인 행위가 고의를 전제로 하는 한 그 범죄의 형태는 전체적으로 보아 고의범으로 이해할 여지가 있고, 결과적 가중범의 미수는 고의범에 해당하는 기본범죄의 미수를 중점으로 두고 논의하고 있으므로 과실로 결과가 발생하였다고 하여 미수범 자체가 성립되지 않는 입론은 미수인정론을 정면으로 부인하는 것에 불과하고 구체적인 비판논거를 제시하지 못하고 있다.

현행 결과적 가중범은 기본범죄나 과실로 결과를 발생시키는 과실범보다 훨씬 중한 형벌로 규율하고 있는데, 이러한 결과적 가중범을 전적으로 과실범(구성요건적 행위와 결과가 있더라도 원칙적으로 처벌할 수 없고 예외적으로 법률에 처벌규정이 있어야만 처벌할 수 있고 그 처벌정도도 비교적 낮음)으로만 파악하면 이러한 중한 법정형을 규정한 실질적·근본적 근거를 찾을 수 없게 된다. 그리고 고의범인 기본범이 미수에 그쳐 그 결과반가치는 발생되지 않았고 가중적 결과인 상해가 과실로 야기되었음에도 가중적 결과의 발생만으로 기본범이 기수인 경우와 동일하게 취급하는 것은 오로지 결과책임에만 치중한 것으로 행위책임의 원칙에 반한다는 비판을 받게 된다.

따라서 결과적 가중범이 과실범이라고 보기도 어렵고, 설령 그렇지 않다고 하더라도 위와 같은 이유로 순수한 과실범의 논리를 그대로 적용하기 곤란하다.

3) 구성요건 충족 여부에 대한 검토

이 사건 특수강간치상죄는 특수강간의 미수범도 행위주체에 포함되도록 법 개정이 이루어졌으므로 기본범죄가 미수에 그친 경우를 법 제8조 제1항의 구성요건이 포함하고 있고, 따라서 이 사건과 같이 특수강간행위가 미수이더라도 미수범을 주체로 한 구성요건 자체는 충족되었다는 반론이 있을 수 있다.

그러나 미수범은 독자적 구성요건이 아니기 때문에 항상 특정 구성요건의 미수로서 존재하고, 개별적인 범죄의 구성요건과 결합되어서 합치된 경우에만 그 범죄의 미수로 처벌될 수 있으므로 미수는 독립된 범죄유형이 아니며, 결과적 가중범의 미수도 특정 구성요건과 관련지어 논의되어야 한다. 법 제8조 제1항이 기본범죄가 미수인 경우에도 이를 적용할 수 있게 하는 내용으로 개정되었다고 하더라도 특수강간치상죄의 구성요건이 기본범죄가 기수인 경우와 미수인 경우의 2가지 종류의 별개 구성요건을 규정한 것이 아니라, 구성요건은 하나이고 기본범죄가 기수인 경우 뿐만 아니라 미수인 경우에도 적용할 수 있게 한 것이라고 이해함이 상당하다. 즉, 기본범이 미수인 결과적 가중범을 기수범으로 인정하여 미수의 여지를 없애 버린 형태가 아니라 법 제8조 제1항에 의하여 기본범죄가 미수인 경우에도 기수인 경우와 마찬가지로 처벌하도록 하면서 법 제14조에 의하여 이를 미수범으로 취급하여 미수로서의 법적 효과가 미치도록 하는 입법 형식을 취하는 것으로 이해할 수 있다.

결과적 가중범이 아닌 일반 범죄의 미수는 원칙적으로 처벌할 수 없고 미수범 처벌규정이 있는 경우에만 처벌할 수 있게 된다. 그러나 기본범죄에 미수가 포함되어 있는 결과적 가중범의 경우에는 기본범죄의 미수를 구성요건에 포함시킴으로 인하여 기수와 동일한 형으로 처벌할 수 있다는 것을 선언하는 처벌근거가 마련되고 그 결과적 가중범 자체의 미수 처벌규정이 이를 미수범과 같은 법적 효과를 부여하게 된다는 점, 다시 말하면 미수 처벌규정이 처벌의 근거뿐만 아니라 임의적 감경의 근거가 되는 점(미수범 처벌규정은 미수의 가벌성과 임의적 감경이라는 2가지 근거가 되는데, 법 제8조는 전자만을 의미하고, 법 제14조는 전자뿐만 아니라 후자도 포함하고 있다고 봄)에서 일반적인 미수범 처벌규정과 차이가 있고, 이는 결과적 가중범의 미수라는 특수성을 고려한 차이라고 이해하면 큰 문제가 없다고 생각한다.

라. 처벌의 형평성에 관하여

1) 결과적 가중범의 처벌수위 검토

특수강간죄와 특수강간치상죄는 상해의 발생 여부에 따라 그 법정형의 하한이 약 2배 정도 차이가 있다. 앞에서 본 것처럼 독일과 같이 원칙적으로 사망의 결과가 발생한 경우에 한하여 결과적 가중범이 되는 것이 아니라 경미한 상해 결과가 발생한 경우까지 결과적 가중범으로 취급하여 위와 같이 처벌정도를 과도하게 높이는 우리나라 법제에서는 그 범죄행위의 구체적 책임내용에 따라 균형있는 형벌을 정할 필요성이 강조된다.

강간의 고의로 피해자를 폭행하여 경미한 상해를 입혔으나 그 이상의 성행위는 없었던 사례와 피해자를 폭행하여 강간을 마쳤으나 상해가 발생하지 않은 사례(실제로는 상해진단서가 제출되지 않은 경우)를 비교하여도 2배 정도의 형사책임의 가중근거를 찾기 어렵고, 강간을 위하여 폭행을 행사할 때 경미한 상해는 통상적으로 예상할 수 있는 사정을 고려하면 더욱 그러하다. 따라서 개별 사안에 따라 균형있는 처벌을 할 수 있기 위해서는 경미한 상해보다 중한 강간범행의 완료 여부에 따라 형을 감경할 수 있는 길을 열어둘 필요가 있다.

2) 강간치상과 특수강간치상의 비교

형법의 강간치상죄와 법의 특수강간치상죄는 모두 기본범죄로 강간의 미수범을 포함하고 있는 점에서 동일하지만, 후자는 전자와 달리 미수범 처벌규정을 별도로 두고 있음에 차이가 있다.

이러한 법규정의 차이에 착안하여 특수강간치상죄의 경우 만일 기본범죄가 미수일 때 그 결과적 가중범에 대한 미수범 처벌규정이 있음을 이유로 미수범을 인정하면, 미수범 처벌규정을 별도로 두지 않는 강간치상죄에서는 미수범을 인정할 수 없게 되어 오히려 불법성이 강한 특수강간치상죄에 대하여만 미수범을 인정하는 결과를 초래하여 균형이 맞지 않다는 지적이 있다.

우선, 위와 같은 해석론을 받아들이더라도 그러한 불균형은 법의 특수강간치상죄의 법정형이 중한 관계로 기본범죄가 미수에 이르렀다면 불가피하게 형법과 달리 미수감경을 할 수 있는 여지를 좁게나마 남겨두었다고 이해할 수 있다. 법리적으로 성폭력범죄에 대하여 형법보다는 특별법에 해당하는 법이 우선적용될 뿐만 아니라 법은 다양한 성폭력 범죄행위를 규율하고 있는 관계로 실무상 형법의 강간치상죄의 적용빈도가 낮으며 그 법정형도 상대적으로 낮아서 강간치상죄의 미수를 인정하지 않더라도 큰 불합리가 적은 반면, 법의 특수강간치상 등의 경우에는 상대적으로 미수를 인정할 필요성이 크다. 또한 장애미수는 임의적 감경이므로 해당 사안의 내용에 따라 감경 여부를 적정하게 결정할 수 있어 구체적 사안처리에 있어서는 불합리한 처벌의 역전 현상이 발생하지 않을 수 있고, 특수강간치상죄의 법정형이 워낙 중하게 규정되어 있어 미수감경을 하더라도 강간치상죄의 법정형 하한과 동일하게 될 뿐이므로, 특수강간치상죄가 더 낮게 처벌될 가능성은 없고 처단형의 범위 내에서 중한 사안이면 중한 형을 선고할 수 있기도 하다. 이는 현행 양형기준이 기본범죄가 미수가 된 경우에는 미수죄의 인정 여부를 불문하고(형법의 강간치상은 미수가 인정되지 않고 법의 특수강간치상은 미수가 인정되는 차이 참조) 이를 특별감경사유로 취급하고 있어서 처벌의 형평성의 관점에서 큰 불합리는 발생하지 않을 수 있다.

3) 성폭법상 특수강도강간미수와 특수강간미수의 처벌형평성

법 제3조 제2항의 특수강도강간의 미수범이 상해의 결과를 발생시킨 경우에는 특수강도강간치상죄라는 별도의 구성요건이 설정되어 있지 않으므로 특수강도강간의 미수범과 강간치상의 경합범으로 처벌하게 된다. 만일 특수강도강간보다 그 책임이 낮다고 볼 수 있는 특수강간의 경우에는 기본범죄가 미수에 그친 경우에도 상해의 결과가 발생하면 특수강간치상의 기수범으로만 처벌하여야 한다면, 그보다 불법책임이 중한 특수강도강간의 미수범이 상해의 결과가 발생한 경우 이를 미수범으로 취급하는 것과 비교해 볼 때 오히려 죄책과 처벌의 형평성이 맞지 않다.

따라서 법이 특수강간치상만을 처벌하면서 그 미수범 처벌규정을 둔 것은 특수강도강간 미수범이 상해의 결과를 발생시킨 사안과 처벌의 형평성을 도모하고자 하는 취지에서도 그 합리성을 인정할 수 있다.

마. 소결론

이 사건 특수강간치상죄에 관하여 미수범 처벌규정이 있는 이상 그 미수를 인정할 수 있고, 다양한 형태의 결과적 가중범들의 통일적 규율이라는 관점이나 결과적 가중범에 관한 일반 이론에 근거하여 미수 처벌규정을 사문화시키는 것은 죄형법정주의나 엄격해석 원칙 등에 비추어 타당하지 않다. 형법과 법에서 결과적 가중범에 대한 미수 처벌규정을 둔 점, 행위관련적 결과적 가중범에서 미수의 개념을 인정할 이론적 근거가 있는 점, 이 사건 특수강간치상에서 기본범죄인 특수강간이 결과인 상해 발생보다 중하다고 할 수 있는 점, 결과적 가중범에 대한 미수범 처벌규정의 체계론적 관점에서 보더라도 개별적으로 미수범 처벌규정을 둠으로써 결과적 가중범의 미수를 인정할 수 있는 점, 경미한 상해로 인한 결과적 가중범에 대하여 사안에 맞는 적절한 형을 부과할 필요가 있는 점, 법에 의한 특수강간치상죄의 미수범을 인정하더라도 형법의 강간치상죄와 사이에 큰 불균형이 예상되지 않고 오히려 특수강도강간범이 기본범죄는 미수에 그치고 상해의 결과를 발생한 경우와 처벌균형을 맞출 필요가 있는 점 등을 종합적으로 고려하면, 법 제14조에 따라 법 제8조 제1항에 따른 특수강간치상의 미수범을 인정하는 것이 타당하다고 생각한다.

> 피고인이 자신이 근무하는 회사의 여성근로자 甲이 자고 있는 기숙사 방에 흉기를 휴대하고 들어가 甲을 위협하며 강간을 시도하였는데, 반항을 제압하는 과정에서 甲에게 전치 2주의 상해를 입히고 강간행위는 미수에 그쳤다는 혐의로 성폭력범죄의 처벌 등에 관한 특례법 위반(강간등치상)으로 기소된 사안

〈기본범죄가 미수더라도 중한 결과가 발생한 이상 결과적 가중범은 성립함〉

대법원 1984. 7. 24. 선고 84도1209 판결 [강간치상]

강간미수의 경우에도 그 행위와 치상의 결과사이에 인과관계가 인정되면 강간치상죄가 성립한다고 할 것이므로 **설령 피고인의 생식기가 피해자의 성기에 삽입되지 아니하였다 하여도 피해자를 협박하여 억지로 성교하려 하고 그로 인하여 피해자에게 요치 1주일간의 좌둔부찰과상을 입게 한 이 사건**에서는 강간치상으로 단죄한 원심의 조치는 결과에 있어 아무런 소장이 없다.

> 대법원 1985. 10. 22. 선고 85도2001 판결 [강도강간·강도치상]
> 피고인이 피해자의 목덜미를 잡고 종이를 뾰족하게 접어서 만든 종이칼을 가슴에 들이대

며 "소리치면 죽여 버리겠다, 시키는대로 하라"고 말하고 공범자중의 한사람인 공소외인이 "있는 돈을 모두 내 놓으라"고 하였다면 이미 강도행위에 착수한 것이라고 할 것이며, 강도 강간, 강도치상등의 죄는 강도의 계제에 강간 또는 치상의 결과가 발생하면 되는 것이지 강도의 기수나 미수를 가리지 않는다 할 것이므로 비록 피고인 주장과 같이 이 사건 강도강간, 강도치상의 피해자로부터 돈을 뺏은 일이 없다 하더라도 이 사건 각 죄의 성립에는 영향이 없다.

제2절 불능미수

Ⅰ. 의의

〈불능미수의 의의〉

대법원 1984. 2. 14. 선고 83도2967 판결 [살인미수]

원심이 인용한 제 1심판결 이유에 의하면 제 1심은 그 채택한 증거를 종합하여 **피고인이 남편인공소외 1을 살해할 것을 결의하고 배추국 그릇에 농약인 종자소독약 유제3호 8미리리터 가량을 탄 다음 위공소외 1에게 먹게하여 동인을 살해하고자 하였으나 이를 먹던 위 피해자가 국물을 토함으로써 그 목적을 이루지 못하고 미수에 그친 사실**을 인정하고 피고인에 대하여 형법 제254조, 제250조 제1항, 제25조, 제55조 등을 적용하여 처단하고 있다.

그러나 원심이 채택한 사법경찰관 사무취급작성의 공소외 2에 대한 진술조서의 기재에 의하면, 위 농약유제 3호는 동물에 대한 경구치사량에 있어서 엘.디 (LD) 50이 키로그람당 1.590 미리그람이라고 되어 있어서 피고인이 사용한 위의 양은 그 치사량에 현저히 미달한 것으로 보이고, 한편 형법은 범죄의 실행에 착수하여 결과가 발생하지 아니한 경우의 미수와 실행수단의 착오로 인하여 결과발생이 불가능하더라도 위험성이 있는 경우의 미수와는 구별하여 처벌하고 있으므로 원심으로서는 이 사건 종사소독약유 제3호의 치사량을 좀더 심리한 다음 피고인의 소위가 위의 어느 경우에 해당하는지를 가렸어야 할 것임에도 불구하고 원심이 이를 심리하지 아니한 채 그 판시와 같은 사유만으로 피고인에게 형법 제254조, 제250조 제1항, 제25조의 살인미수의 죄책을 인정하였음은 장애미수와 불능미수에 관한 법리를 오해하였거나 심리를 다하지 아니함으로써 판결에 영향을 미친 위법을 범하였다.

Ⅱ. 불능미수의 성립요건

1. 실행의 착수

〈실행의 착수가 없어 불능미수 판단이 불필요한 사례 : 가정적 판단으로 '추상적 위험설'을 밝힌 판례〉

대법원 1978. 3. 28. 선고 77도4049 판결 [습관성의약품관리법위반,사기미수]

원판결은 1심 판결을 끌어 피고인이 에페트린과 빙초산등 화공약품을 혼합하고 섭씨 80도-90도로 가열하여 메스암페타민(속칭 히로뽕) 1 키로그람을 제조했으나 그의 제조기술과 경험부족으로 히로뽕 완제품 아닌 염산메칠에페트린을 생성시켰을 뿐으로 미수에 그친 사실을 인정하고 그가 예비한 염산메칠에페트린으로 메타암페타민을 생성하기 위하여서는 염산에페트린이 원료로 사용되어야 하고 염산에페트린은 염산메칠에페트린에 의하여 생성시킬 가능성을 인정할 수 있으나 피고인의 소위는 결코 불능범일 수 없다는 취지로 판단하였다.

살피건대 원판결은 피고인이 수사과정에서 한 진술을 토대로 하여 피고인이 히로뽕을 만들려고 뜻을 두고 원설시방법으로 만들어 놓고 보니 뜻밖에 다른 염산메칠에페트린이였으니 미수다라는 취지이나 검사작성의 증인 공소외 1, 공소외 2의 각 심문조서 기재로서 <u>피고인이 위 공소외 1로부터 염산메칠에페트린 1.5키로그람을 30만원주고 매입한 사실이 충분히 인정될 수 있고 기록에 의하면 염산메칠에페트린은 감기약, 해열제인 일반의약품이라는 것인데 그러한 염산메칠에페트린을 사들인 일이 습관성의약품 제조의 실행의 착수라고는 할 수 없다.</u> 원판결은 피고인의 자백을 중시했으나 위와 같이 염산메칠에페트린을 사들인 사실이 인정될 수 있는 사정 밑에서는 수사도중에서의 엄문으로 자백했다는 피고인의 공판정에서의 변소도 고려에 넣을 때 자백을 믿어 증거로 판단함은 경험에 반한다고 하겠다. 또 사들인 것이 원판결 인정의 생성물질과 다른 것이라는 사정이 인정되지 아니하는 한 동일물질로 아니 볼 수 없는 우리 경험이다. 그렇다면 원판결이 본건에서 실행의 착수가 있다고 인정한 데에는 경험법칙을 위배한 채증으로 사실을 오인한 것이 아니면 실행의 착수의 법리를 오해하므로 결과에 영향을 준 위법을 남겼다고 하리니 이점을 말하는 논지는 이유있어 다른 점을 따질 나위 없이 이유있고 원판결은 파기를 못면한다.

다음 가정판단에 들어가 본다. 원판결은 피고인이 생성시켰다고 인정한 염산메칠에페트린이 화학작용을 일으키면 메칠기를 뺄 수 있고 그렇게 되면 염산에페트린이 될 수 있어 히로뽕의 제조원료가 되니 위험성이 있어 불능범이 아니라는 판단을 하였는데 위험성이 인정되면 불능범이 될 수 없다는 판단은 옳으나 아래와 같은 위법이 있다.

즉 원심이 끌어 쓴 증거에 의하여서는 염산메칠에페트린에서 염산기를 빼낼 수 있음이 인정될 수 없다고 인정될 수 있어 원심인정에는 심리미진 아니면 증거를 잘못 해석한 위법이 있음을 숨길 수 없고, 본건 피고인의 행위의 위험성을 판단하려면 피고인이 행위당시에 인식한 사정 즉 원심이 인정한 대로라면 에페트린에 빙초산을 혼합하여 80−90도의 가열하는 그 사정을 놓고 이것이 객관적으로 제약방법을 아는 일반인(과학적 일반인)의 판단으로 보아 결과발생의 가능성이 있느냐를 따졌어야 할 것이거늘 이점 심리절차 없이 다시 말해서 어째서 위험성이 있다고 하는지 그 이유를 밝힌바 없어 위험성이 있다고 판단한 조치에는 이유불비의 위법 아니면 불능범 내지는 위험성의 법리를 오해한 잘못이 있다고 하리니 이점을 들고 있는 논지 부분도 이유없다고 할 수 없다.

2. 결과발생의 불가능

〈사자를 상대로 한 소송사기 : 처음부터 재물의 취득이 불가능한 경우〉

대법원 2002. 1. 11. 선고 2000도1881 판결 [사기]

소송사기에 있어서 피기망자인 법원의 재판은 피해자의 처분행위에 갈음하는 내용과 효력이 있는 것이어야 하고, 그렇지 아니하는 경우에는 착오에 의한 재물의 교부행위가 있다고 할 수 없어서 사기죄는 성립되지 아니한다고 할 것이므로, 피고인의 제소가 사망한 자를 상대로 한 것이라면 이와 같은 사망한 자에 대한 판결은 그 내용에 따른 효력이 생기지 아니하여 상속인에게 그 효력이 미치지 아니하고 따라서 사기죄를 구성한다고는 할 수 없다(대법원 1986. 10. 28. 선고 84도2368 판결, 1987. 12. 22. 선고 87도852 판결 등 참조).

원심판결 이유에 의하면, 원심은, 피고인이 사실은 창원시 완암동 산 20-2 소재 임야 381,124㎡(이하 '이 사건 임야'라 한다)의 공유자인 공소외 망 김윤이 등 25명으로부터 이 사건 임야를 매수한 사실이 없음에도 불구하고 위 김윤이 등이 전원 사망하였고 피고인 앞으로 이 사건 임야에 대한 종합토지세가 부과되는 점을 기화로 소송을 통하여 승소판결을 받은 후 피고인 앞으로 소유권이전등기를 하는 방법으로 이 사건 임야를 편취할 것을 결의하고, 1994. 12. 29. 창원지방법원에 "1965. 2. 7. 원고(피고인)가 피고(위 김윤이 등 25명)로부터 이 사건 임야를 275,000원에 매수하였으니 피고들은 원고에게 이 사건 임야에 대해 매매를 원인으로 한 소유권이전등기절차를 이행하라"는 취지의 소유권이전등기청구의 소를 제기하면서 피고들의 주소를 허위로 기재한 후 변론기일 소환장 및 선고기일 소환장 중 일부는 피고인이 본인을 사칭하여 수령하고 일부는 집배원에게 "대신 전해 주겠다"고 거짓말하고 수령하여 전달치 않는 방법으로 위 법원 담당재판부를 기망하고 이에 속은 담당재판부로부터 1995. 5. 4. 피고인(원고)의 승소 판결을 받아 같은 해 8. 17. 피고인 명의로 이 사건 임야에 관한 소유권이전등기를 경료함으로써 위 김윤이 등의 상속인인 피해자 김성규 등 소유의 이 사건 임야 시가 2억 원 상당을 편취하였다는 공소사실에 대하여 그 판시 증거에 의하면 **이 사건 임야의 공유자들이 피고인의 위 소 제기시인 1994. 12. 29. 이전에 이미 모두 사망한 사실을 알 수 있으므로, 피고인이 비록 위 민사소송에서 승소판결을 받았다 하더라도 그 판결의 효력은 이 사건 임야의 공유자들의 재산상속인들에게 미치지 아니한다** 할 것이어서 사기죄를 구성한다고는 할 수 없다는 이유로, 위 공소사실을 유죄로 인정한 제1심판결을 파기하고 무죄를 선고하였다.

〈결과발생이 가능한 경우 : 불능미수가 아닌 가능미수(살인미수죄) 사례〉

대법원 1984. 2. 28. 선고 83도3331 판결 [살인미수·촉탁살인]

원심증인 공소외 1, 동 공소외 2의 각 증언과 동인들이 공동작성한 감정서의 기재를 검토하여 보면 원심판시의 소론 <u>치사추정량은 쥐에 대한 것을 인체에 대하여 추정하는 극히 일반적, 추상적인 것이어서 마시는 사람의 연령, 체질, 영양 기타의 신체상황 여하에 따라 상당한 차이가 있을 수 있어서 이 사건에 있어 피고인이 요구르트 한병마다 섞은 농약 1.6씨씨가 그 치사량에 약간 미달한다 하더라도 이를 마시는 경우 사망의 결과 발생의 가능성을 배제할 수는 없다</u>고 할 것이므로 같은 취지의 원심판단은 정당하다.

〈결과발생이 가능한 경우 : 불능미수가 아닌 가능미수 사례〉

대법원 1985. 3. 26. 선고 85도206 판결 [향정신성의약품관리법위반]

<u>불능범은 범죄행위의 성질상 결과발생의 위험이 절대로 불능한 경우를 말하는 것으로서 원심인정과 같이 피고인이 다른 사람과 향정신성의약품인 메스암페타민 속칭 " 히로뽕" 제조를 공모하고 그 제종원료인 염산에 페트린및수종의 약품을 교반하여 " 히로뽕" 제조를 시도하였으나 그 약품배합 미숙으로 그 완제품을 제조하지 못하여 미수에 그쳤다는 것이라면, 피고인의 위 소위는 그 성질상 결과발생의 위험성이 있다고 할 것이므로 이를 습관성의약품</u> 제조미수범으로 처단한 원심의 조치는 옳(다).

〈결과발생이 가능한 경우 : 불능미수가 아닌 가능미수(살인미수죄) 사례〉

대법원 1990. 7. 24. 선고 90도1149 판결 [살인미수]

피고인이 원심피고인에게 피해자를 살해하라고 하면서 준 원비-디병에 성인 남자를 죽게 하기에 족한 용량의 농약이 들어 있었고 또 피고인이 피해자 소유승용차의 브레이크호스를 잘라 브레이크액을 유출시켜 주된 제동기능을 완전히 상실시킴으로써 그 때문에 피해자가 그 자동차를 몰고 가다가 반대차선을 따라 오던 자동차와의 충돌을 피하기 위하여 브레이크 페달을 밟았으나 전혀 제동이 되지 아니하여 사이드브레이크를 잡아 당김과 동시에 인도에 부딪치게 함으로써 겨우 위기를 모면하였다면 <u>피고인의 위 행위는 어느 것이나 사망의 결과발생에 대한 위험성을 배제할 수 없다 할 것이므로 같은 취지에서 원심이 피고인에게 각 살인미수죄로 다스린 것도 정당하여</u> 거기에 지적하는 바와 같은 법리오해의 위법이 없다.

〈결과발생이 가능한 경우 : 불능미수가 아닌 가능미수(살인미수죄) 사례〉

대법원 2007. 7. 26. 선고 2007도3687 판결 [살인 · 살인미수 · 살인음모] 〈초우뿌리 사건〉

<u>불능범은 범죄행위의 성질상 결과발생 또는 법익침해의 가능성이 절대로 있을 수 없는 경우를 말하는 것이다</u>(대법원 1998. 10. 23. 선고 98도2313 판결 참조).

기록에 의하면 '초우뿌리'나 '부자'는 만성관절염 등에 효능이 있으나 유독성 물질을 함유하고 있어 과거 사약으로 사용된 약초로서 그 독성을 낮추지 않고 다른 약제를 혼합하지 않은

채 달인 물을 복용하면 용량 및 체질에 따라 다르나 부작용으로 사망의 결과가 발생할 가능성을 배제할 수 없는 사실을 알 수 있는바, 원심이 그 설시 증거를 종합하여 피고인이 원심 공동피고인공소외 1과 공모하여 **일정량 이상을 먹으면 사람이 사망에 이를 수도 있는 '초우뿌리' 또는 '부자' 달인 물을 피해자(공소외 1의 남편)에게 마시게 하여 피해자를 살해하려고 하였으나 피해자가 이를 토해버림으로써 미수에 그친 행위를 불능범이 아닌 살인미수죄로** 본 제1심의 판단을 유지한 것은 정당하고 거기에 앞서 본 불능범에 관한 법리오해 또는 채증법칙 위배 등의 위법이 없다.

〈결과발생이 가능한 경우〉

대법원 2019. 5. 16. 선고 2019도97 판결 [특정범죄가중처벌등에관한법률위반(향정)][인정된죄명:마약류관리에관한법률위반(향정)]

1. 사건의 경위

가. 이 사건 공소사실의 요지는, 피고인은 베트남에 거주하는 공소외인이 국내로 향정신성의약품인 메트암페타민(이하 '필로폰'이라고 한다)을 발송하면 피고인이 국내에서 이를 수령하여 판매하기로 하고, 공소외인은 2017. 10. 21.경 베트남에서 '워터볼' 장난감 안에 필로폰 30g을 넣고 물을 부어 용해하는 방법으로 이를 은닉한 다음 항공기를 이용해 국제우편으로 발송하고, 피고인은 2017. 10. 23.경 인천국제공항을 통하여 국내로 반입된 필로폰이 은닉된 워터볼을 그 무렵 국내에서 수령함으로써 공소외인과 공모하여 필로폰 30g을 수입하였다는 것이다.

나. 제1심은 공소외인이 보낸 워터볼에 필로폰이 용해되어 있지 않았다는 피고인의 변소를 배척하고 마약류 관리에 관한 법률 위반(향정)죄에 대하여 유죄를 선고하면서, 다만 수입한 필로폰의 가액이 500만 원 이상이 된다는 점에 관하여 증명이 없다는 이유로 특정범죄 가중처벌 등에 관한 법률 위반(향정)죄는 이유에서 무죄로 판단하였다.

다. 원심은 제1심과 달리 검사가 제출한 증거들만으로는 공소외인이 보낸 워터볼 안에 들어 있던 액체에 필로폰이 용해되어 있었다는 점에 관하여 증거가 부족하다는 이유로 위 공소사실을 무죄로 판단하였다.

그러나 원심은, 피고인이 공소외인과 필로폰이 용해되어 있는 워터볼을 국제우편으로 반입한 다음 이를 판매하기로 공모하고 공소외인에게 국제우편을 받을 주소를 알려주어 보내도록 하는 방식으로 필로폰 수입 범행의 실행에 착수하였으나 공소외인이 보낸 워터볼에 필로폰이 들어 있지 않아 미수에 그쳤고, 만약 공소외인이 실제로 필로폰을 보냈다면 필로폰 수입이라는 결과가 발생할 위험성이 있었으므로, 결국 피고인의 행위는 필로폰 수입죄의 불능미수에 해당한다고 판단한 다음, 공소장변경절차를 거치지 아니하고 이를 유죄로 인정하였다.

2. 대법원의 판단

가. 형법 제27조(불능범)는 "실행의 수단 또는 대상의 착오로 인하여 결과의 발생이 불가능하더라도 위험성이 있는 때에는 처벌한다. 단, 형을 감경 또는 면제할 수 있다."라고 규정하고 있다. 불능미수란 행위자에게 범죄의사가 있고 실행의 착수라고 볼 수 있는 행위가 있더라도 실행의 수단이나 대상의 착오로 처음부터 결과발생 또는 법익침해의 가능성이 없지만 다만 그 행위의 위험성 때문에 미수범으로 처벌하는 경우를 말한다(대법원 1998. 10. 23. 선고 98도2313 판결 등 참조). 여기에서 '결과의 발생이 불가능'하다는 것은 범죄행위의 성질상 어떠한 경우에도 구성요건의 실현이 불가능하다는 것을 의미한다.

나. 마약류 관리에 관한 법률에서 정한 향정신성의약품 수입행위로 인한 위해 발생의 위험은 향정신성의약품의 양륙 또는 지상반입에 의하여 발생하고 그 의약품을 선박이나 항공기로부터 양륙 또는 지상에 반입함으로써 기수에 달한다(대법원 1998. 11. 27. 선고 98도2734 판결 등 참조). 그리고 이 사건과 같이 국제우편 등을 통하여 향정신성의약품을 수입하는 경우에는 국내에 거주하는 사람이 수신인으로 명시되어 발신국의 우체국 등에 향정신성의약품이 들어 있는 우편물을 제출할 때에 범죄의 실행에 착수하였다고 볼 수 있다. 따라서 피고인이 공소외인에게 필로폰을 받을 국내 주소를 알려주었다고 하더라도 공소외인이 필로폰이 들어 있는 우편물을 발신국의 우체국 등에 제출하였다는 사실이 밝혀지지 않은 이상 피고인 등의 이러한 행위는 향정신성의약품 수입의 예비행위라고 볼 수 있을지언정 이를 가지고 향정신성의약품 수입행위의 실행에 착수하였다고 할 수는 없다.

다. 피고인은 베트남에 거주하는 공소외인으로부터 필로폰을 수입하기 위하여 워터볼의 액체에 필로폰을 용해하여 은닉한 다음 이를 국제우편을 통해 받는 방식으로 필로폰을 수입하고자 하였다. 이러한 행위가 범죄의 성질상 그 실행의 수단 또는 대상의 착오로 인하여 결과의 발생이 불가능한 경우가 아님은 너무도 분명하다.

라. 그럼에도 원심은 그 판시와 같은 사정을 근거로 피고인에 대하여 마약류 관리에 관한 법률 위반(향정)죄의 불능미수가 인정된다고 판단하였다. 이러한 원심판결에는 형법 제27조의

불능미수에 관한 법리를 오해하여 판결에 영향을 미친 잘못이 있다.

3. 위험성

〈'추상적 위험설'을 취한 것으로 이해되고 있으나 '구체적 위험설'로도 설명할 수 있는 판례〉

대법원 2005. 12. 8. 선고 2005도8105 판결 [사기미수]

불능범의 판단 기준으로서 위험성 판단은 피고인이 행위 당시에 인식한 사정을 놓고 이것이 객관적으로 일반인의 판단으로 보아 결과 발생의 가능성이 있느냐를 따져야 하고(대법원 1978. 3. 28. 선고 77도4049 판결 참조), 한편 민사소송법상 소송비용의 청구는 소송비용액 확정절차에 의하도록 규정하고 있으므로, 위 절차에 의하지 아니하고 손해배상금 청구의 소 등으로 소송비용의 지급을 구하는 것은 소의 이익이 없는 부적법한 소로서 허용될 수 없다고 할 것이다. 따라서 소송비용을 편취할 의사로 소송비용의 지급을 구하는 손해배상청구의 소를 제기하였다고 하더라도 이는 객관적으로 소송비용의 청구방법에 관한 법률적 지식을 가진 일반인의 판단으로 보아 결과 발생의 가능성이 없어 위험성이 인정되지 않는다고 할 것이다. 같은 취지에서 원심이, 채용 증거에 의하여 **피고인이 공소외 1로부터 소송비용 명목으로 공소외 2를 통하여 100만 원을 이미 송금받았음에도 불구하고 공소외 1을 피고로 하여 종전에 피고인이 공소외 1을 상대로 제기하였던 여러 소와 관련한 소송비용 상당액의 지급을 구하는 손해배상금 청구의 소를 제기하였다가 담당 판사로부터 소송비용의 확정은 소송비용액 확정절차를 통하여 하라는 권유를 받고 위 소를 취하한 사실**을 인정한 다음, 피고인이 제기한 이 사건 손해배상금 청구의 소는 소의 이익이 흠결된 부적법한 소로서 각하를 면할 수 없어 피고인이 승소할 수 없다는 것이고, 그렇다면 피고인의 이 부분 소송사기 범행은 실행수단의 착오로 인하여 결과 발생이 불가능할 뿐만 아니라 위험성도 없다 할 것이어서 소송사기죄의 불능미수에 해당한다고 볼 수 없으므로 결국 범죄로 되지 아니하는 때에 해당한다고 판단하여 피고인에 대하여 이 부분 무죄를 선고한 조치는 옳(다).

<**'구체적 위험설'을 취한 하급심 판례**>

대전지방법원 1996. 4. 26. 선고 95고합428 판결 <쥐약 살해 사례>

무릇 행위자에게 범죄의사가 있고 외관상 실행의 착수라고 볼 수 있는 행위가 있을지라도 행위의 성질상 결과의 발생이 불가능하고 위험성이 없는 경우는 범죄로 성립하지 않는다는 의미에서 불능범이라고 하는바, 위와 같이 인체에 대하여 일반 독성은 검출되지 아니하고 살서제 성분만이 검출된 쥐약을 가지고 피고인이 피해자들을 살해하려 한 것이었다면, 위 행위의 성질상 살인의 결과발생이 불가능할 뿐 아니라 객관적으로 보아 그와 같은 위험성도 없다 할 것이고, 달리 피고인이 음식물 위에 뿌린 위 쥐약이 인체에 사망의 결과를 가져올 수 있는 독성을 가지고 있거나 그와 같은 위험성이 있다고 볼 만한 증거도 없으므로, 결국 피고인에 대한 위 부분 공소사실은 범죄의 증명이 없는 경우에 귀착하여 형사소송법 제325 조 후단에 의하여 무죄를 선고한다.

> 피해자와 내연관계를 맺어오던 피고인(여)이 피해자가 다른 여자와 동거하는 사실을 알고
> 항의하였으나 오히려 자신을 멀리하자 쥐약에 살인력이 있는 것으로 믿고 쥐약을 사용하여
> 피해자와 피해자의 동거녀를 살해하고자 시도하였으나 범행에 실패한 사안으로, 국립과학
> 수사연구소의 감정서와 충남대학교 약학대학장의 사실조회결과에 의하면 쥐약에는 살인력
> 이 없다고 인정된 사안

<**추상적 위험설을 재확인한 판례**>

대법원 2019. 3. 28. 선고 2018도16002 전원합의체 판결 [강간(인정된죄명:준강간미수,변경된죄명:준강간)]

가. 형법 제300조는 준강간죄의 미수범을 처벌한다. 또한 형법 제27조는 "실행의 수단 또는 대상의 착오로 인하여 결과의 발생이 불가능하더라도 위험성이 있는 때에는 처벌한다. 단, 형을 감경 또는 면제할 수 있다."라고 규정하여 불능미수범을 처벌하고 있다.

따라서 피고인이 피해자가 심신상실 또는 항거불능의 상태에 있다고 인식하고 그러한 상태를 이용하여 간음할 의사로 피해자를 간음하였으나 피해자가 실제로는 심신상실 또는 항거불능의 상태에 있지 않은 경우에는, 실행의 수단 또는 대상의 착오로 인하여 준강간죄에서 규정하고 있는 구성요건적 결과의 발생이 처음부터 불가능하였고 실제로 그러한 결과가 발

생하였다고 할 수 없다. 피고인이 준강간의 실행에 착수하였으나 범죄가 기수에 이르지 못하였으므로 준강간죄의 미수범이 성립한다. 피고인이 행위 당시에 인식한 사정을 놓고 일반인이 객관적으로 판단하여 보았을 때 준강간의 결과가 발생할 위험성이 있었으므로 준강간죄의 불능미수가 성립한다(대법원 2005. 12. 8. 선고 2005도8105 판결, 대법원 2015. 8. 13. 선고 2015도7343 판결 등 참조).

나. 구체적인 이유는 다음과 같다.

1) 형법 제27조에서 규정하고 있는 불능미수는 행위자에게 범죄의사가 있고 실행의 착수라고 볼 수 있는 행위가 있지만 실행의 수단이나 대상의 착오로 처음부터 구성요건이 충족될 가능성이 없는 경우이다. 다만 결과적으로 구성요건의 충족은 불가능하지만, 그 행위의 위험성이 있으면 불능미수로 처벌한다. 불능미수는 행위자가 실제로 존재하지 않는 사실을 존재한다고 오인하였다는 측면에서 존재하는 사실을 인식하지 못한 사실의 착오와 다르다.

2) 형법은 제25조 제1항에서 "범죄의 실행에 착수하여 행위를 종료하지 못하였거나 결과가 발생하지 아니한 때에는 미수범으로 처벌한다."라고 하여 장애미수를 규정하고, 제26조에서 "범인이 자의로 실행에 착수한 행위를 중지하거나 그 행위로 인한 결과의 발생을 방지한 때에는 형을 감경 또는 면제한다."라고 하여 중지미수를 규정하고 있다. 장애미수 또는 중지미수는 범죄의 실행에 착수할 당시 실행행위를 놓고 판단하였을 때 행위자가 의도한 범죄의 기수가 성립할 가능성이 있었으므로 처음부터 기수가 될 가능성이 객관적으로 배제되는 불능미수와 구별된다.

3) 형법 제27조에서 정한 '실행의 수단 또는 대상의 착오'는 행위자가 시도한 행위방법 또는 행위객체로는 결과의 발생이 처음부터 불가능하다는 것을 의미한다. 그리고 '결과 발생의 불가능'은 실행의 수단 또는 대상의 원시적 불가능성으로 인하여 범죄가 기수에 이를 수 없는 것을 의미한다고 보아야 한다.

한편 불능범과 구별되는 불능미수의 성립요건인 '위험성'은 피고인이 행위 당시에 인식한 사정을 놓고 일반인이 객관적으로 판단하여 결과 발생의 가능성이 있는지 여부를 따져야 한다(대법원 1978. 3. 28. 선고 77도4049 판결, 대법원 2005. 12. 8. 선고 2005도8105 판결 등 참조).

4) 형법 제299조에서 정한 준강간죄는 사람의 심신상실 또는 항거불능의 상태를 이용하여 간음함으로써 성립하는 범죄로서, 정신적·신체적 사정으로 인하여 성적인 자기방어를 할 수 없는 사람의 성적 자기결정권을 보호법익으로 한다(대법원 2000. 5. 26. 선고 98도3257 판결 등 참조). 심신상실 또는 항거불능의 상태는 피해자인 사람에게 존재하여야 하므로 준강간죄에

서 행위의 대상은 '심신상실 또는 항거불능의 상태에 있는 사람'이다. 그리고 구성요건에 해당하는 행위는 그러한 '심신상실 또는 항거불능의 상태를 이용하여 간음'하는 것이다. 심신상실 또는 항거불능의 상태에 있는 사람에 대하여 그 사람의 그러한 상태를 이용하여 간음행위를 하면 구성요건이 충족되어 준강간죄가 기수에 이른다.

피고인이 피해자가 심신상실 또는 항거불능의 상태에 있다고 인식하고 그러한 상태를 이용하여 간음할 의사를 가지고 간음하였으나, 실행의 착수 당시부터 피해자가 실제로는 심신상실 또는 항거불능의 상태에 있지 않았다면, 실행의 수단 또는 대상의 착오로 준강간죄의 기수에 이를 가능성이 처음부터 없다고 볼 수 있다. 이 경우 피고인이 행위 당시에 인식한 사정을 놓고 일반인이 객관적으로 판단하여 보았을 때 정신적·신체적 사정으로 인하여 성적인 자기방어를 할 수 없는 사람의 성적 자기결정권을 침해하여 준강간의 결과가 발생할 위험성이 있었다면 불능미수가 성립한다.

다. 원심판결 이유를 위에서 본 법리에 비추어 살펴보면, 이 사건은 피고인이 준강간의 고의로 피해자를 간음하였으나, 피해자가 실제로는 심신상실 또는 항거불능의 상태에 있지 않아 실행의 수단 또는 대상의 착오로 인하여 준강간의 결과 발생이 불가능한 경우에 해당하고, 피고인이 인식한 사정을 놓고 일반인이 객관적으로 판단하여 보았을 때 결과 발생의 가능성이 있으므로 위험성이 인정된다. 원심판결 이유에 일부 적절하지 않은 부분이 있으나 준강간죄의 불능미수를 유죄로 인정한 원심의 결론은 정당하다. 원심판단에 상고이유 주장과 같이 준강간죄의 불능미수에 관한 법리를 오해한 잘못이 없다.

[대법관 권순일, 대법관 안철상, 대법관 김상환의 반대의견]

② 형법 제27조(불능범)는 "실행의 수단 또는 대상의 착오로 인하여 결과의 발생이 불가능하더라도 위험성이 있는 때에는 처벌한다. 단, 형을 감경 또는 면제할 수 있다."라고 규정하고 있다. 이 조항 표제에서 말하는 '불능범'이란 범죄행위의 성질상 결과 발생 또는 법익침해의 가능성이 절대로 있을 수 없는 경우를 말한다. 여기에서 '실행의 수단의 착오'란 실행에 착수하였으나 행위자가 선택한 실행수단의 성질상 그 수단으로는 의욕한 결과 발생을 현실적으로 일으킬 수 없음에도 무지나 오인으로 인하여 당해 구성요건적 행위의 기수가능성을 상정한 경우를 의미한다. 그리고 대상의 착오란 행위자가 선택한 행위객체의 성질상 그 행위객체가 흠결되어 있거나 침해될 수 없는 상태에 놓여 있어 의욕한 결과 발생을 현실적으로 일으킬 수 없음에도 무지나 오인으로 인하여 당해 구성요건적 행위의 기수가능성을 상정한 경우를 의미한다. 한편 형법 제27조에서 '결과 발생이 불가능'하다는 것은 범죄기수의 불가능뿐만 아니라 범죄실현의 불가능을 포함하는 개념이다. 행위가 종료된 사후적 시점

에서 판단하게 되면 형법에 규정된 모든 형태의 미수범은 결과가 발생하지 않은 사태라고 볼 수 있으므로, 만약 '결과불발생', 즉 결과가 현실적으로 발생하지 않았다는 것과 '결과발생불가능', 즉 범죄실현이 불가능하다는 것을 구분하지 않는다면 장애미수범과 불능미수범은 구별되지 않는다. 다시 말하면, 형법 제27조의 '결과 발생의 불가능'은 사실관계의 확정 단계에서 밝혀지는 '결과불발생'과는 엄격히 구별되는 개념이다.

이 조항의 표제는 '불능범'으로 되어 있지만, 그 내용은 가벌적 불능범, 즉 '불능미수'에 관한 것이다. 불능미수란 행위의 성질상 어떠한 경우에도 구성요건이 실현될 가능성이 없지만 '위험성' 때문에 미수범으로 처벌하는 경우를 말한다. 판례는 불능미수의 판단 기준으로서 위험성의 판단은 피고인이 행위 당시에 인식한 사정을 놓고 이것이 객관적으로 일반인의 판단으로 보아 결과 발생의 가능성이 있느냐를 따져야 한다는 입장을 취하고 있다.

형법 제27조의 입법 취지는, 행위자가 의도한 대로 구성요건을 실현하는 것이 객관적으로 보아 애당초 가능하지 않았기 때문에 원칙적으로 미수범으로도 처벌의 대상이 되지 않을 것이지만 규범적 관점에서 보아 위험성 요건을 충족하는 예외적인 경우에는 미수범으로 보아 형사처벌을 가능하게 하자는 데 있다. 그렇기 때문에 형법 제27조에서 말하는 결과 발생의 불가능 여부는 실행의 수단이나 대상을 착오한 행위자가 아니라 그 행위 자체의 의미를 통찰력이 있는 일반인의 기준에서 보아 어떠한 조건하에서도 결과 발생의 개연성이 존재하지 않는지를 기준으로 판단하여야 한다. 따라서 일정한 조건하에서는 결과 발생의 개연성이 존재하지만 특별히 그 행위 당시의 사정으로 인해 결과 발생이 이루어지지 못한 경우는 불능미수가 아니라 장애미수가 될 뿐이다.

③ 강간죄나 준강간죄는 구성요건결과의 발생을 요건으로 하는 결과범이자 보호법익의 현실적 침해를 요하는 침해범이다. 그러므로 강간죄나 준강간죄에서 구성요건결과가 발생하였는지 여부는 간음이 이루어졌는지, 즉 그 보호법익인 개인의 성적 자기결정권이 침해되었는지를 기준으로 판단하여야 한다.

다수의견은 준강간죄의 행위의 객체를 '심신상실 또는 항거불능의 상태에 있는 사람'이라고 보고 있다. 그러나 형법 제299조는 "사람의 심신상실 또는 항거불능의 상태를 이용하여 간음 또는 추행을 한 자는 제297조, 제297조의2 및 제298조의 예에 의한다."라고 규정함으로써 '심신상실 또는 항거불능의 상태를 이용'하여 '사람'을 '간음 또는 추행'하는 것을 처벌하고 있다. 즉 심신상실 또는 항거불능의 상태를 이용하는 것은 범행 방법으로서 구성요건의 특별한 행위양태에 해당하고, 구성요건행위의 객체는 사람이다. 이러한 점은 "폭행 또는 협박으로 사람을 강간한 자는 3년 이상의 유기징역에 처한다."라고 정한 형법 제297조의 규정과 비교하여 보면 보다 분명하게 드러난다. 형법 제297조의 '폭행 또는 협박으로'에 대응하는 부분이 형법 제299조의 '사람의 심신상실 또는 항거불능의 상태를 이용하여'라는 부분이다. 구성요건행위이자 구성요건결과인 간음이 피해자가 저항할 수 없는 상태에 놓였을 때 이루어진다는 점은 강간죄나 준강간죄 모두 마찬가지이다. 다만 강간죄의 경우에는 '폭행 또는 협박으로' 항거를 불가능하게 하는 데 반하여, 준강간죄의 경우에는 이미 존재하고 있는 '항거불능의 상태를 이용'한다는 점이 다를 뿐이다. 다수의견의 견해는 형벌조항의 문언의 범위를 벗어나는 해석이다.

④ 결론적으로, 다수의견은 구성요건해당성 또는 구성요건의 충족의 문제와 형법 제27조에서 말하는 결과 발생의 불가능의 의미를 혼동하고 있다. 만약 다수의견처럼 보게 되면, 피고인의 행위가 검사가 공소 제기한 범죄의 구성요건을 충족하지 못하면 그 결과의 발생이 불가능한 때에 해당한다는 것과 다름없고, 검사가 공소장에 기재한 적용법조에서 규정하고 있는 범죄의 구성요건요소가 되는 사실을 증명하지 못한 때에도 불능미수범으로 처벌할 수 있다는 결론에 이르게 된다. 이러한 해석론은 근대형법의 기본원칙인 죄형법정주의를 전면적으로 형해화하는 결과를 초래하는 것이어서 도저히 받아들일 수 없다.

제3절 중지미수

I. 의의

〈중지미수의 의의 : 자의에 의한 중지 및 방지〉

대법원 1985. 11. 12. 선고 85도2002 판결 [향정신성의약품관리법위반,약사법위반]

중지미수라 함은 범죄의 실행행위에 착수하고 그 범죄가 완수되기 전에 자기의 자유로운 의사에 따라 범죄의 실행행위를 중지하는 것으로서 장애미수와 대칭되는 개념이나 중지미수와 장애미수를 구분하는데 있어서는 범죄의 미수가 자의에 의한 중지이냐 또는 어떤 장애에 의한 미수이냐에 따라 가려야 하고 특히 자의에 의한 중지중에서도 일반사회통념상 장애에 의한 미수라고 보여지는 경우를 제외한 것을 중지미수라고 풀이함이 일반이다.

Ⅱ. 중지미수의 성립요건

1. 객관적 요건

〈실행행위의 중지 : 실패미수(fehlschlagener Versuch)로 볼 수 있는 사안〉

대법원 1985. 11. 12. 선고 85도2002 판결 [향정신성의약품관리법위반,약사법위반]

중지미수라 함은 범죄의 실행행위에 착수하고 그 범죄가 완수되기 전에 자기의 자유로운 의사에 따라 범죄의 실행행위를 중지하는 것으로서 장애미수와 대칭되는 개념이나 중지미수와 장애미수를 구분하는데 있어서는 범죄의 미수가 자의에 의한 중지이냐 또는 어떤 장애에 의한 미수이냐에 따라 가려야 하고 특히 자의에 의한 중지중에서도 일반사회통념상 장애에 의한 미수라고 보여지는 경우를 제외한 것을 중지미수라고 풀이함이 일반이다.

소론은 피고인 등의 이 사건 범행은 **원료불량으로 인한 제조상의 애로**, 제품의 판로문제, 범행탄로시의 처벌공포, 원심 공동피고인의 포악성 등으로 인하여 히로뽕 제조를 단념한 것이므로 중지미수로서 형법 제26조를 적용하여야 한다는 취지이나 원심이 인용한 제 1심판결이 적법하게 확정한 바에 따르면 **피고인등은 염산에페트린으로 메스암페타민합성 중간제품을 만드는 과정에서 그 범행이 발각되어 검거됨으로써 메스암페타민 제조의 목적을 이루지 못하고 미수에 그쳤다**는 것이므로 피고인 등의 범행과정에 설사 소론과 같은 사정이 있었다고 하더라도 그와 같은 사정이 있었다는 사정만으로서는 이를 중지미수라 할 수 없는 것이므로 소론 상고논지 역시 그 이유가 없다.

〈범행의 중지가 '종국적 포기'이어야 하는지 여부 : 소극설을 취한 것으로 언급되는 판례〉

대법원 1983. 1. 18. 선고 82도2761 판결 [특정범죄가중처벌등에관한법률위반·약취유인·사체유기]

동일한 법익에 속하는 범죄를 일시 장소를 달리하여 수차에 걸쳐 실행하였으나 미수에 그치다가, 그 목적을 달성한 경우에 그 일련의 행위가 단일한 의사발동에서 나왔고 그 사이에 범의의 갱신이 없는 한 각 행위가 동일 또는 다른 일시 장소에서 행하여 졌거나, 방법의 동일 여부에 관계없이 기수에 이를때까지의 행위는 모두 실행행위의 일부로서 이를 포괄적으로 보아 1죄로 처단할 것이지 경합범으로 처단할 수 없다함은 소론과 같으나 원판결이 인용한 1심 판결이 인정한 범죄사실에 의하면, **피고인은 미성년자를 유인하여 금원을 취득할 마음을 먹고, 1982.1.21 공소외 1과 공모하여 동녀로 하여금 피해자공소외 2를 판시장소에 유인토록 하였으나 동인이 이를 거절하여 미수에 그치고, 같은달 29 및 30 공소외 1이 피해자를 판시장소에 유인하였으나 마음이 약해져 각 실행을 중지하여 미수에 그치고 드디어 같은해 2. 3 피해자를 판시와 같은 장소에 인치하여 살해하고 금원을 요구하는 내용의 협박 편지를 피해자의 마루에 갖다 놓고 피해자의 안전을 염려하는 부모로부터 재물을 취득하려 했다는** 것인 즉, <u>이는 위 범행을 위와 같이 임의로 중지함으로써 피고인은 당초의 범의를 철회 내지 방기하였다가 다시 범의를 일으켜 위 마지막의 약취유인 살해에 이른 것이라고 하지 않을 수 없으니 그간에 범의의 갱신이 있어 그간의 범행이 단일한 의사발동에 인한 것이라고는 할 수 없으므로 위 각 미수죄와 기수죄를 경합범으로 의율한 원심조치는 정당하</u>(다).

〈종료미수에서의 결과발생의 방지〉

대법원 1986. 3. 11. 선고 85도2831 판결 [특정범죄가중처벌등에관한법률위반(절도)]

특정범죄가중처벌등에관한법률 제5조의4 제1항은 상습으로 형법 제329조 내지 제331조의 죄 또는 그 미수죄를 범한 자를 무기 또는 3년 이상의 징역에 처하도록 규정하고 있는바, 이는 절도, 야간주거침입절도, 특수절도 및 그 미수죄의 상습범행을 형법각칙이 정하는 형보다 무겁게 가중처벌하고자 함에 그 입법목적이 있을 뿐 달리 형법총칙 규정의 적용을 배제할 이유가 없는 것이므로 중지미수에 관한 형법 제26조의 적용을 배제하는 <u>명문규정이 없는 한 위 특정범죄가중처벌등에관한법률 제5조의 4 제1항 위반의 죄에 위 형법규정의 적용이 없다고 할 아무런 이유도 없다.</u>

원심이 유지한 제1심판결이 적법하게 확정한 바에 따르면 **피고인은 원심 상피고인과 함께 대전역 부근에 있는 공소외인이 경영하는 ○○○○ 사무실의 금품을 절취하기로 공모하여 피고인은 그 부근 포장마차에 있고 원심 상피고인은 위 ○○○○의 열려진 출입문을 통하여 안으로 들어가 물건을 물색하고 있는 동안 피고인은 자신의 범행전력등을 생각하여 가책을 느낀 나머지 스스로 결의를 바꾸어 위 공소외인에게 원심 상피고인의 침입사실을 알려 그와**

함께 원심 상피고인을 체포하여서 그 범행을 중지하여 결과발생을 방지하였다는 것이므로 피고인의 소위는 중지미수의 요건을 갖추었다고 할 것이니 같은 취지에서 형법 제26조를 적용하여 피고인에 대한 형을 면제한 제1심판결을 유지한 원심조치는 정당하(다).

대법원 2005. 2. 25. 선고 2004도8259 판결 [성폭력범죄의처벌및피해자보호등에관한법률위반(특수강간등)]

다른 공범의 범행을 중지하게 하지 아니한 이상 자기만의 범의를 철회, 포기하여도 중지미수로는 인정될 수 없는 것인바(대법원 1969. 2. 25. 선고 68도1676 판결 참조), 기록에 의하면, 피고인은 원심 공동피고인과 합동하여 피해자를 텐트 안으로 끌고 간 후 원심 공동피고인, 피고인의 순으로 성관계를 하기로 하고 피고인은 위 텐트 밖으로 나와 주변에서 망을 보고 원심 공동피고인은 피해자의 옷을 모두 벗기고 피해자의 반항을 억압한 후 피해자를 1회 간음하여 강간하고, 이어 피고인이 위 텐트 안으로 들어가 피해자를 강간하려 하였으나 피해자가 반항을 하며 강간을 하지 말아 달라고 사정을 하여 강간을 하지 않았다는 것이므로, 앞서 본 법리에 비추어 보면 위 원심 공동피고인이 피고인과의 공모하에 강간행위에 나아간 이상 비록 피고인이 강간행위에 나아가지 않았다 하더라도 중지미수에 해당하지는 않는다고 할 것이다.

⟨범죄의 미완성 : 결과의 불발생⟩

대법원 1978. 7. 25. 선고 78도1418 판결 [특정범죄가중처벌등에관한법률위반]

논지는 요컨대 피고인의 본건 범죄의 실행은 중지미수로 그쳤음에도 불구하고 원심은 이를 간과한 잘못이 있다는 취지이다.

그러나 기록을 살펴보면 원심은 피고인의 본건 소위를 특정범죄가중처벌등에관한법률 제5조의2 제2항 제1호 소정의 재물요구죄로써 의률하고 있으니만큼 재물요구 사실이 인정되는 이 건에서는 이미 재물요구죄는 완성되어 기수가 되어 버렸다 할 것이므로 그 이후의 사정이 어떻든 간에 중지미수니 장애미수니 하는 문제는 일어나지 아니한다 할 것이다.

대법원 1983. 12. 27. 선고 83도2629, 83감도446 판결 [대마관리법위반·보호감호]

대마관리법 제19조 제1항 제2호, 제4조 제3호 위반의 죄는 대마를 매매함으로써 성립하는 것이므로 설사 피고인의 변소와 같이 피고인이 대마 2상자를 사가지고 돌아오다 이 장사를 다시 하게 되면 내 인생을 망치게 된다는 생각이 들어 이를 불태웠다고 하더라도 이는 양형에 참작되는 사유는 될 수 있을지언정 이미 성립한 죄에는 아무 소장이 없어 이를 가리켜 중지미수에 해당된다고 할 수 없(다).

2. 주관적 요건 : 자의성

가. 자의성의 판단기준

〈'사회통념'을 강조하여 '절충설'을 취한 것으로 이해되는 판례〉

대법원 1985. 11. 12. 선고 85도2002 판결 [향정신성의약품관리법위반, 약사법위반]

중지미수라 함은 범죄의 실행행위에 착수하고 그 범죄가 완수되기 전에 자기의 자유로운 의 사에 따라 범죄의 실행행위를 중지하는 것으로서 장애미수와 대칭되는 개념이나 중지미수와 장애미수를 구분하는데 있어서는 범죄의 미수가 자의에 의한 중지이냐 또는 어떤 장애에 의 한 미수이냐에 따라 가려야 하고 특히 자의에 의한 중지중에서도 일반사회통념상 장애에 의 한 미수라고 보여지는 경우를 제외한 것을 중지미수라고 풀이함이 일반이다.

소론은 피고인 등의 이 사건 범행은 **원료불량으로 인한 제조상의 애로**, 제품의 판로문제, 범 행탄로시의 처벌공포, 원심 공동피고인의 포악성 등으로 인하여 히로뽕 제조를 단념한 것이 므로 중지미수로서 형법 제26조를 적용하여야 한다는 취지이나 원심이 인용한 제1심판결이 적법하게 확정한 바에 따르면 **피고인등은 염산에페트린으로 메스암페타민합성 중간제품을 만드는 과정에서 그 범행이 발각되어 검거됨으로써 메스암페타민 제조의 목적을 이루지 못 하고 미수에 그쳤다는** 것이므로 피고인 등의 범행과정에 설사 소론과 같은 사정이 있었다고 하더라도 그와 같은 사정이 있었다는 사정만으로서는 이를 중지미수라 할 수 없는 것이므로 소론 상고논지 역시 그 이유가 없다.

> [객관설적 입장을 취한 하급심 판례] 서울고등법원 1964. 3. 11. 선고 64노22 판결 [반공법 위반피고사건]
>
> 중지미수는 외부적 장애의 원인 없음에도 불구하고 내부적인 원인에 의하여 임의로 실행을 중지한 경우라야 할 것인바, 일건 기록에 의하면 피고인은 밤새 휴전경계선을 방황하던 끝 에 월북탈출에 성공하려면 감시초소와 지뢰매설지대를 통과하는등 생명을 걸고 행동해야 하나 월북목적은 살기 위한 것이니 살기 위하여는 범행을 포기하는 것이 좋겠다고 생각하 고 단념한 것을 알 수 있는바, 이는 범행의 발각 체포를 겁낸 나머지 그 행위를 중지 하기 에 이른 것으로서 중지범이라고는 할 수 없(다).

나. 자의성 긍정 사례

〈범행전력 등에 가책을 느끼고 결과발생을 방지한 경우〉

대법원 1986. 3. 11. 선고 85도2831 판결 [특정범죄가중처벌등에관한법률위반(절도)]

특정범죄가중처벌등에관한법률 제5조의4 제1항은 상습으로 형법 제329조 내지 제331조의 죄 또는 그 미수죄를 범한 자를 무기 또는 3년 이상의 징역에 처하도록 규정하고 있는바, 이는 절도, 야간주거침입절도, 특수절도 및 그 미수죄의 상습범행을 형법각칙이 정하는 형보다 무겁게 가중처벌하고자 함에 그 입법목적이 있을 뿐 달리 형법총칙 규정의 적용을 배제할 이유가 없는 것이므로 중지미수에 관한 형법 제26조의 적용을 배제하는 명문규정이 없는 한 위 특정범죄가중처벌등에관한법률 제5조의 4 제1항 위반의 죄에 위 형법규정의 적용이 없다고 할 아무런 이유도 없다.

원심이 유지한 제1심판결이 적법하게 확정한 바에 따르면 **피고인은 원심 상피고인과 함께 대전역 부근에 있는 공소외인이 경영하는 ○○○○ 사무실의 금품을 절취하기로 공모하여 피고인은 그 부근 포장마차에 있고 원심 상피고인은 위 ○○○○의 열려진 출입문을 통하여 안으로 들어가 물건을 물색하고 있는 동안 피고인은 자신의 범행전력등을 생각하여 가책을 느낀 나머지 스스로 결의를 바꾸어 위 공소외인에게 원심 상피고인의 침입사실을 알려 그와 함께 원심 상피고인을 체포하여서 그 범행을 중지하여 결과발생을 방지하였다는 것이므로** 피고인의 소위는 중지미수의 요건을 갖추었다고 할 것이니 같은 취지에서 형법 제26조를 적용하여 피고인에 대한 형을 면제한 제1심판결을 유지한 원심조치는 정당하(다).

〈강간미수범이 피해자가 친해지면 용해 주겠다는 취지의 간곡한 부탁으로 중지한 경우〉

대법원 1993. 10. 12. 선고 93도1851 판결 [강간미수]

범죄의 실행행위에 착수하고 그 범죄가 완수되기 전에 자기의 자유로운 의사에 따라 범죄의 실행행위를 중지한 경우에 그 자의에 의한 중지가 일반사회통념상 장애에 의한 미수라고 보여지는 경우가 아니면 이는 중지미수에 해당한다고 할 것이다(당원 1985. 11.12. 선고 85도2002 판결 참조).

원심이 유지한 위 제1심 인정사실에 의하면 **피고인은 피해자를 강간하려고 하다가 피해자가**

다음 번에 만나 친해지면 응해 주겠다는 취지의 간곡한 부탁으로 인하여 그 목적을 이루지 못했다는 것이며, 기록에 의하면 그 후 피고인은 피해자를 자신의 차에 태워 집에까지 데려다 준 사실이 엿보이는바, 위 사실에 의하면 피고인은 자의로 피해자에 대한 강간행위를 중지한 것이고 피해자가 다음에 만나 친해지면 응해 주겠다는 취지의 간곡한 부탁은 사회통념상 범죄실행에 대한 장애라고 여겨지지는 아니하므로 이 사건 피고인의 행위는 중지미수에 해당한다.

다. 자의성 부정 사례

⟨불길이 치솟는 것을 보고 겁이 나서 진화한 경우⟩

대법원 1997. 6. 13. 선고 97도957 판결 [현주건조물방화(인정된 죄명 : 실화)·현주건조물 방화미수]

피고인이 이 사건 현주건조물방화미수 범행 당시 라이터로 휴지에 불을 붙여 장롱 안에 있는 옷가지에 놓긴 하였으나 이를 후회하고 스스로 곧 진화하였으므로 형의 필요적 감면사유인 중지미수에 해당한다는 상고이유의 주장은 원심에서 제기하지 아니한 새로운 주장으로서 원심판결에 대한 적법한 상고이유가 될 수 없을 뿐만 아니라, 직권으로 살펴보아도 상고이유로서 주장하는 바와 같이 피고인이 스스로 범행을 후회하여 진화한 것이라고 인정할 만한 자료가 없다. 그리고 범죄의 실행행위에 착수하고 그 범죄가 완수되기 전에 자기의 자유로운 의사에 따라 범죄의 실행행위를 중지한 경우에 그 중지가 일반 사회통념상 범죄를 완수함에 장애가 되는 사정에 의한 것이 아니라면 이를 중지미수에 해당한다고 할 것이지만(당원 1985. 11. 12. 선고 85도2002 판결, 1993. 10. 12. 선고 93도1851 판결 등 참조), 원심이 유지한 제1심판결이 적법하게 확정한 바와 같이, **피고인이 장롱 안에 있는 옷가지에 불을 놓아 건물을 소훼하려 하였으나 불길이 치솟는 것을 보고 겁이 나서 물을 부어 불을 끈 것이라면,** 위와 같은 경우 치솟는 불길에 놀라거나 자신의 신체안전에 대한 위해 또는 범행 발각시의 처벌 등에 두려움을 느끼는 것은 일반 사회통념상 범죄를 완수함에 장애가 되는 사정에 해당한다고 보아야 할 것이므로, 이를 자의에 의한 중지미수라고는 볼 수 없다.

〈피해자의 가슴 부위에서 많은 피가 흘러나오는 것을 보고 겁을 먹어 중지한 경우〉

대법원 1999. 4. 13. 선고 99도640 판결 [살인미수·폭력행위등처벌에관한법률위반]

범죄의 실행행위에 착수하고 그 범죄가 완수되기 전에 자기의 자유로운 의사에 따라 범죄의 실행행위를 중지한 경우에 그 중지가 일반 사회통념상 범죄를 완수함에 장애가 되는 사정에 의한 것이 아니라면 이는 중지미수에 해당한다고 할 것이지만, 원심이 유지한 제1심판결이 적법하게 확정한 바와 같이 **피고인이 피해자 공소외인을 살해하려고 그의 목 부위와 왼쪽 가슴 부위를 칼로 수 회 찔렀으나 피해자의 가슴 부위에서 많은 피가 흘러나오는 것을 발견하고 겁을 먹고 그만 두는 바람에 미수에 그친 것이라면**, 위와 같은 경우 많은 피가 흘러나오는 것에 놀라거나 두려움을 느끼는 것은 일반 사회통념상 범죄를 완수함에 장애가 되는 사정에 해당한다고 보아야 할 것이므로(대법원 1997. 6. 13. 선고 97도957 판결 참조), 이를 자의에 의한 중지미수라고 볼 수 없다.

〈피해자의 신체조건상 강간을 하기에 지장이 있어 중지한 경우〉

대법원 1992. 7. 28. 선고 92도917 판결 [생 략]

피고인들이 강도행위를 하던중 **피고인 C와 A는 피해자 I를 강간하려고 작은방으로 끌고가 팬티를 강제로 벗기고 음부를 만지던 중 피해자가 수술한지 얼마 안되어 배가 아프다면서 애원하는 바람에 그 뜻을 이루지 못하였다**는 것인바, 강도행위의 계속 중 이미 공포상태에 빠진 피해자를 위와 같이 강간하려고 한 이상 강간의 실행에 착수한 것으로 보아야 할 것이고, 피해자의 진술을 비롯한 관계증거의 내용에 비추어 보면 피고인들이 간음행위를 중단한 것은 피해자를 불쌍히 여겨서가 아니라 피해자의 신체조건상 강간을 하기에 지장이 있다고 본데에 기인한 것이므로, 이는 일반의 경험상 강간행위를 수행함에 장애가 되는 외부적 사정에 의하여 범행을 중지한 것에 지나지 않는 것으로서 중지범의 요건인 자의성을 결여한 것이라 보아야 할 것이다.

〈강간미수범이 피해자의 어린 딸이 깨어 울자 도주한 경우 및 강간미수범이 시장에 간 남편이 곧 돌아온다고 하면서 임신중이라고 말하자 도주한 경우〉

대법원 1993. 4. 13. 선고 93도347 판결 [특정범죄가중처벌등에관한법률위반,강도강간]

피고인이 두려움으로 항거불능의 상태에 있는 피해자의 양 손을 뒤로 하여 기저귀로 묶고 눈을 가린 후 하의를 벗기고 강간하려고 하였으나 잠자던 피해자의 어린 딸이 깨어 우는 바람에 도주하였고, 또 다른 피해자를 강간할 마음을 먹고 두려움으로 항거불능의 상태에 있는 피해자에게 옷을 벗으라고 협박하여 피해자를 강간하려고 하였으나 피해자가 시장에 간 남편이 곧 돌아온다고 하면서 임신중이라고 말하자 도주하였다는 것인바, 그렇다면 피고인이 자의로 강간행위를 중지하였다고 볼 수는 없을 것이(다).

〈범행발각의 두려움으로 중지한 경우〉

대법원 2011. 11. 10. 선고 2011도10539 판결 [근로기준법위반·사기·사기미수·사문서위조·위조사문서행사]

범죄의 실행행위에 착수하고 그 범죄가 완수되기 전에 자기의 자유로운 의사에 따라 범죄의 실행행위를 중지한 경우에 그 중지가 일반 사회통념상 범죄를 완수함에 장애가 되는 사정에 의한 것이 아니라면 이를 중지미수에 해당한다고 할 것이지만, 원심이 적법하게 확정한 바와 같이, 피고인이 공소외 2에게 위조한 주식인수계약서와 통장사본을 보여주면서 50억 원의 투자를 받았다고 말하며 자금의 대여를 요청하였고, 이에 공소외 2와 함께 50억 원의 입금 여부를 확인하기 위해 은행에 가던 중 은행 입구에서 차용을 포기하고 돌아간 것이라면, <u>이는 피고인이 범행이 발각될 것이 두려워 범행을 중지한 것으로서, 일반 사회통념상 범죄를 완수함에 장애가 되는 사정에 해당한다고 보아야 할 것이므로, 이를 자의에 의한 중지미수라고는 볼 수 없다.</u>

> 대법원 1986. 1. 21. 선고 85도2339 판결 [특정범죄가중처벌등에관한법률위반(관세),방위세법위반]
> 이 사건 범행당일 미리 범행의 제보를 받은 세관직원들이 범행장소 주변에 잠복근무를 하고 있어 그들이 왔다갔다 하는 것을 본 피고인은 범행의 발각을 두려워 한 나머지 자신이 분담하기로 한 실행행위를 하지 못하고 주저하고 있을때 그 정을 모르는 사람이 밀수품을

다른 곳으로 운반함으로써 그 목적을 이루지 못한 사실이 인정되는바 위 인정사실에 의하면 피고인이 범행을 중지한 것은 자의에 의한 것이 아니라 할 것이어서 그 소위를 형법 제26조 소정의 중지범에 해당한다고는 볼 수 없을 것이니 원심이 피고인의 그 판시 소위를 특정범죄가중처벌등에 관한 법률상의 관세포탈미수죄에 의율한 조처는 정당하다

제4절 예비죄

Ⅰ. 의의

〈예비죄의 예외적 처벌 및 구체적 법정형의 존재〉

대법원 1977. 6. 28. 선고 77도251 판결 [부정선거관련자처벌법위반]

부정선거 관련자처벌법 제5조 1항에 의하면 부정선거에 관련하여 사람을 살해하거나 또는 부정선거에 항의하는 국민을 살해한 자는 사형, 무기 또는 7년 이상의 징역이나 금고에 처한다고 규정하고 동법 제5조 4항에 의하면 제1항의 예비음모와 미수는 이를 처벌한다고 규정하고 있다.

그러나 형법 제28조에 의하면 범죄의 음모 또는 예비행위가 실행의 착수에 이르지 아니한 때에는 법률에 특별한 규정이 없는 한 처벌하지 아니한다고 규정하고 있어 범죄의 음모 또는 예비는 원칙으로 벌하지 아니하되 예외적으로 법률에 특별한 규정이 있을 때 다시 말하면 음모 또는 예비를 처벌한다는 취지와 그 형을 함께 규정하고 있을 때에 한하여 이를 처벌할 수 있다고 할 것이므로 위 부정선거 관련자 처벌법 제5조 4항에 예비, 음모는 이를 처벌한다라고 규정하였다 하더라도 예비, 음모는 미수범의 경우와 달라서 그 형을 따로 정하여 놓지 아니한 이상 처벌할 형을 함께 규정한 것이라고는 볼 수 없고 또 동법 제5조 4항의 입법취지가 동법 제5조 1항의 예비, 음모죄를 처벌한 의도이었다 할지라도 그 예비, 음모의 형에 관하여 특별한 규정이 없는 이상 이를 본범이나 미수범에 준하여 처벌한다고 해석함은 피고인의 불이익으로 돌아가는 것이므로 이는 죄형법정주의의 원칙상 허용할 수 없다 할 것이다.

〈통화위조 예비행위〉

대법원 1966. 12. 6. 선고 66도1317 판결 [통화위조미수]

원판결 이유에 의하면, 피고인은 소외인과 공모하여 행사할 목적으로 미리 준비한 물건들과 옵셋트 인쇄기를 사용하여 대한민국의 은행권을 위조하려고 진정한 한국은행권 100원권을 사진찍어 그 필림 원판 7매와 이를 확대하여 현상한 인화지 7매를 만들었으므로 이는 통화위조의 실행에 착수하였다고 봄이 옳다고 하여, 피고인에게 통화위조의 미수죄로 처단한 제1심판결을 유지하고 통화위조죄의 예비에 해당한다는 변호인의 주장을 배척하였다.

그러나, 원판결이 확정한바와 같이, 피고인이 행사할 목적으로 미리 준비한 물건들과 옵셋트 인쇄기를 사용하여, 한국은행권 100원권을 사진찍어 그 필림원판 7매와 이를 확대하여 현상한 인화지7매를 만들었음에 그쳤다면, 아직 통화위조의 착수에는 이르지 아니하였고, 그 예비단계에 불과하다고 봄이 상당할 것이므로, 논지 이유있다.

〈음모의 의미〉

대법원 1999. 11. 12. 선고 99도3801 판결 [생 략]

형법상 음모죄가 성립하는 경우의 음모란 2인 이상의 자 사이에 성립한 범죄실행의 합의를 말하는 것으로, 범죄실행의 합의가 있다고 하기 위하여는 단순히 범죄결심을 외부에 표시·전달하는 것만으로는 부족하고, 객관적으로 보아 특정한 범죄의 실행을 위한 준비행위라는 것이 명백히 인식되고, 그 합의에 실질적인 위험성이 인정될 때에 비로소 음모죄가 성립한다고 할 것이다.

원심이 같은 취지에서 **피고인 1과 피고인 3이 수회에 걸쳐 '총을 훔쳐 전역 후 은행이나 현금수송차량을 털어 한탕 하자'는 말을 나눈 정도만으로는 강도음모를 인정하기에 부족하**다고 판단한 것은 정당하고, 거기에 강도음모죄의 법리를 오해하여 판결 결과에 영향을 미친 위법이 있다고 할 수 없다.

〈내란음모죄의 성립요건〉

대법원 2015. 1. 22. 선고 2014도10978 전원합의체 판결 [내란음모·국가보안법위반(찬양·고무등)·내란선동]

내란음모죄도 내란시도를 사전에 차단하여 국가의 존립과 헌법질서를 보호하는 것을 입법목적으로 함은 내란선동죄와 마찬가지이다.

음모는 실행의 착수 이전에 2인 이상의 자 사이에 성립한 범죄실행의 합의로서, 합의 자체는 행위로 표출되지 않은 합의 당사자들 사이의 의사표시에 불과한 만큼 실행행위로서의 정형이 없고, 따라서 합의의 모습 및 구체성의 정도도 매우 다양하게 나타날 수밖에 없다. 그런데 어떤 범죄를 실행하기로 막연하게 합의한 경우나 특정한 범죄와 관련하여 단순히 의견을 교환한 경우까지 모두 범죄실행의 합의가 있는 것으로 보아 음모죄가 성립한다고 한다면 음모죄의 성립범위가 과도하게 확대되어 국민의 기본권인 사상과 표현의 자유가 위축되거나 그 본질이 침해되는 등 죄형법정주의 원칙이 형해화될 우려가 있으므로, 음모죄의 성립범위도 이러한 확대해석의 위험성을 고려하여 엄격하게 제한하여야 할 것이다.

한편 내란죄의 주체는 국토를 참절하거나 국헌을 문란할 목적을 이룰 수 있을 정도로 조직화된 집단으로서 다수의 자이어야 하고, 그 역할도 수괴, 중요한 임무에 종사한 자, 부화수행한 자 등으로 나뉜다(형법 제87조 각호 참조). 또한, 실행행위인 폭동행위는 살상, 파괴, 약탈, 단순 폭동 등 여러 가지 폭력행위가 혼합되어 있고, 그 정도가 한 지방의 평온을 해할 정도의 위력이 있음을 요한다.

2인 이상의 자 사이에 어떠한 폭동행위에 대한 합의가 있는 경우에도 공격의 대상과 목표가 설정되어 있지 않고, 시기와 실행방법이 어떠한지를 알 수 없으면 그것이 '내란'에 관한 음모인지를 알 수 없다. 따라서 내란음모가 성립하였다고 하기 위해서는 개별 범죄행위에 관한 세부적인 합의가 있을 필요는 없으나, 공격의 대상과 목표가 설정되어 있고, 그 밖의 실행계획에 있어서 주요 사항의 윤곽을 공통적으로 인식할 정도의 합의가 있어야 할 것이다. 나아가 합의는 실행행위로 나아간다는 확정적인 의미를 가진 것이어야 하고, 단순히 내란에 관한 생각이나 이론을 논의한 것으로는 부족하다. 또한, 내란음모가 단순히 내란에 관한 생각이나 이론을 논의 내지 표현한 것인지 실행행위로 나아간다는 확정적인 의미를 가진 합의인지를 구분하기가 쉽지 않다는 점을 고려하면, 내란음모죄에 해당하는 합의가 있다고 하기 위해서는 단순히 내란에 관한 범죄결심을 외부에 표시·전달하는 것만으로는 부족하고 객관적으로 내란범죄의 실행을 위한 합의라는 것이 명백히 인정되고, 그러한 합의에 실질적인 위험성이 인정되어야 할 것이다(대법원 1999. 11. 12. 선고 99도3801 판결 참조).

그리고 내란음모가 실질적 위험성이 있는지 여부는 합의 내용으로 된 폭력행위의 유형, 내용의 구체성, 계획된 실행시기와의 근접성, 합의 당사자의 수와 합의 당사자들 사이의 관계, 합의의 강도, 합의 당시의 사회정세, 합의를 사전에 준비하였는지 여부, 합의의 후속 조치가 있었는지 여부 등을 종합적으로 고려하여 판단하여야 한다.

〈예비와 음모의 구별〉

대법원 1984. 12. 11. 선고 82도3019 판결 [강도예비]

기록에 의하면 이 사건 공소사실은, 피고인과 원심 공동피고인은 서울특별시 영등포구 여의도동에 있는 순복음중앙교회에서 일요 예배시 헌금이 많이 들어오고 있음을 탐지한 끝에 위 교회의 경리과를 습격하여 헌금관리 직원을 위협, 그 헌금을 강취할 것을 결의하고 1981.11.21. 11:00경 영등포시장내에서 위 범행에 사용할 흉기인 식도 4자루 등을 매입하여 소지하고, 같은날 22. 13:30경 위 교회 맞은편에 도착하여 같은 날 15:00까지 위 교회내외를 배회하면서 기회를 엿봄으로써 강도의 예비를 하였다는 것이니, 위 공소사실에 있어서 첫머리의 강도결의를 하였다는 부분은, 그 결의의 일시, 장소 등이 명시되어 있지 아니한 점과 말미의 강도예비의 문귀등에 비추어, 이는 피고인과 원심공동피고인 간에 강도예비죄의 공범관계에 있음을 적시한 것에 불과할 뿐, 그 결의 자체를 따로 강도음모죄로 공소한 것으로는 볼 수 없다 할 것이고, 또 형법 제343조는 그 구성요건으로서 예비와 음모를 따로 규정하고 있으니 예비는 음모에 해당하는 행위를 제외하는 것으로 새겨야 할 것이다. 같은 취지에서 피고인에게는 강도의 범의가 없다하여 강도예비죄에 대하여 무죄를 선고하고 음모죄의 성립여부에 대하여 따로 판단을 하지 아니한 원심의 조치는 정당하고, 거기에 소론과 같은 공소제기의 범위에 관한 법리오해나 강도예비죄 및 음모죄의 법리를 오해한 위법이 있다고 할 수 없다.

대법원 1986. 6. 24. 선고 86도437 판결 [밀항단속법위반]

원심은 피고인이 일본으로 밀항하고자 공소외인에게 도항비로 일화 100만엔을 주기로 약속한바 있었으나 그 후 이 밀항을 포기한 사실을 인정하고 있는바, 피고인의 행위가 이 정도에 그쳤다면 피고인의 소위는 밀항의 음모에 지나지 않는다 할 것이므로 원심이 피고인의 소위를 밀항의 예비정도에는 이르지 아니하였다고 판단하였음은 정당하(다). (밀항단속법은 예비만을 처벌하는 것으로 규정하였으나, 2013년 개정으로 예비, 음모를 모두 처벌하고 있다.)

II. 예비죄의 성립요건

1. 주관적 요건

〈예비의 고의(예비행위에 대한 고의) 및 기본범죄를 범할 목적〉

대법원 2009. 10. 29. 선고 2009도7150 판결 [생 략]

형법 제255조, 제250조의 살인예비죄가 성립하기 위하여는 형법 제255조에서 명문으로 요구하는 살인죄를 범할 목적 외에도 살인의 준비에 관한 고의가 있어야 하며, 나아가 실행의 착수까지에는 이르지 아니하는 살인죄의 실현을 위한 준비행위가 있어야 한다. 여기서의 준비행위는 물적인 것에 한정되지 아니하며 특별한 정형이 있는 것도 아니지만, 단순히 범행의 의사 또는 계획만으로는 그것이 있다고 할 수 없고 객관적으로 보아서 살인죄의 실현에 실질적으로 기여할 수 있는 외적 행위를 필요로 한다.

원심은 그 판시와 같은 사정들에 비추어 이 사건 살인예비에 관한 피고인 1의 진술이 신빙성이 있다고 판단하였다. 나아가 위피고인 1의 진술 및 그 채택증거들을 종합하여 인정되는 판시와 같은 사실들에 비추어 보면 **피고인 2는 피해자 5를 살해하기 위하여 피고인 1과 위 공소외인을 고용하였고 그들에게 살인의 대가를 지급하기로 약정하였**으므로, 피고인 2에게는 살인죄를 범할 목적 및 살인의 준비에 관한 고의가 인정될 뿐 아니라 그가 살인죄의 실현을 위한 준비행위를 하였음을 인정할 수 있고, 따라서 피고인 2에 대하여 살인예비죄가 성립한다고 판단하였다.

2. 객관적 요건

〈탈출예비행위〉

대법원 1993. 10. 8. 선고 93도1951 판결 [국가보안법위반]

국가보안법의 규정은 남북교류협력에관한법률 제3조 소정의 남북교류와 협력을 목적으로 하는 행위에 관하여는 정당하다고 인정되는 범위 안에서는 적용이 배제된다 할 것이나, 원심과 제1심판결이 적법하게 인정한 이 부분 사실관계에 비추어 보면, <u>피고인이 북한공작원들과의 사전 연락하에 주도한 민중당의 방북신청은 그러한 정을 모르는 다른 민중당 인사들에게는 남북교류협력의 목적이 있었다 할 수 있음은 별론으로 하고, 피고인 자신에 대한 관계에서는 위 법률 소정의 남북교류협력을 목적으로 한 것이라고는 도저히 볼 수 없으므로, 피고인이 비록 형식상으로는 위 법률에 의한 방북신청을 하였지만 국가보안법상의 탈출예비에 해당한다</u> 할 것이고, 나아가 국가보안법 제6조 제2항의 탈출, 잠입죄는 반국가단체의 지배하에 있는 지역으로 탈출하거나 그 지역으로부터 잠입할 것을 요건으로 하지 않으므로, 위 공소외 1이 북한의 지령을 받거나 그 목적수행을 위하여 태국으로 출국하였다가 입국한 행위에 대하여 피고인이 위 조항 소정의 죄에 대한 공동정범으로서의 죄책이 있다고 한 원심판단 역시 옳다고 인정(된다).

〈강도예비행위 부정 사례〉

대법원 2006. 9. 14. 선고 2004도6432 판결 [강도예비]

가. 기록에 의하면, **피고인은 상습으로 절도 범행이 발각될 염려가 거의 없는 심야의 인적이 드문 주택가 주차장이나 길가에 주차된 자동차를 골라 그 문을 열고 동전 등 물건을 훔치는 범행을 계속해 온 사실** 등을 알 수 있는바, 이에 의하면 **피고인이 주택가를 배회하며 범행 대상을 물색할 당시 비록 등산용 칼 등을 휴대하고 있었다 하더라도 피고인에게 타인으로부터 금품을 강취할 목적이 있었음이 합리적인 의심이 없는 정도로 증명되었다고 보기는 어려우므로**, 같은 취지의 제1심판결을 유지한 원심의 판단은 옳고, 거기에 상고이유에서 주장하는 바와 같은 채증법칙 위반의 위법이 있다고 할 수 없다.

나. 강도예비·음모죄에 관한 형법 제343조는 "강도할 목적으로 예비 또는 음모한 자는 7년 이하의 징역에 처한다."고 규정하고 있는바, 그 법정형이 단순 절도죄의 법정형을 초과하는 등 상당히 무겁게 정해져 있고, 원래 예비·음모는 법률에 특별한 규정이 있는 경우에 한하여 예외적으로 처벌의 대상이 된다는 점(형법 제28조)을 고려하면, 강도예비·음모죄로 인정되는 경우는 위 법정형에 상당한 정도의 위법성이 나타나는 유형의 행위로 한정함이 바람직하다 할 것이다.

그런데 준강도죄에 관한 형법 제335조는 "절도가 재물의 탈환을 항거하거나 체포를 면탈하거나 죄적을 인멸할 목적으로 폭행 또는 협박을 가한 때에는 전2조의 예에 의한다."라고 규정하고 있을 뿐 준강도를 항상 강도와 같이 취급할 것을 명시하고 있는 것은 아니고, 절도범이 준강도를 할 목적을 가진다고 하더라도 이는 절도범으로서는 결코 원하지 않는 극단적인 상황인 절도 범행의 발각을 전제로 한 것이라는 점에서 본질적으로 극히 예외적이고 제한적이라는 한계를 가질 수밖에 없으며, 형법은 흉기를 휴대한 절도를 특수절도라는 가중적 구성요건(형법 제331조 제2항)으로 처벌하면서도 그 예비행위에 대한 처벌조항은 마련하지 않고 있는데, 만약 준강도를 할 목적을 가진 경우까지 강도예비로 처벌할 수 있다고 본다면 흉기를 휴대한 특수절도를 준비하는 행위는 거의 모두가 강도예비로 처벌받을 수밖에 없게 되어 형법이 흉기를 휴대한 특수절도의 예비행위에 대한 처벌조항을 두지 않은 것과 배치되는 결과를 초래하게 된다는 점 및 정당한 이유 없이 흉기 기타 위험한 물건을 휴대하는 행위 자체를 처벌하는 조항을 폭력행위 등 처벌에 관한 법률 제7조에 따로 마련하고 있다는 점 등을 고려하면, 강도예비·음모죄가 성립하기 위해서는 예비·음모 행위자에게 미필적으로라도 '강도'를 할 목적이 있음이 인정되어야 하고 그에 이르지 않고 단순히 '준강도'할 목적이 있음에 그치는 경우에는 강도예비·음모죄로 처벌할 수 없다고 봄이 상당하다.

〈타인예비의 부정〉

대법원 1979. 5. 22. 선고 79도552 판결 [밀항단속법위반]

정범이 실행의 착수에 이르지 아니한 예비의 단계에 그친 경우에는 이에 가공한다 하더라도 예비의 공동정범이 되는 때를 제외하고는 종범으로 처벌할 수 없다는 것이 당원의 판례인바(대법원 1976.5.25. 선고 75도1549 판결 참조) 원심이 위 취지에 따라서 이 사건 피고인들의 범행이 원심상피고인 1, 원심상피고인 2의 밀항단속법 위반의 예비단계에 가공한 것뿐으로서는 방조범으로서 처벌할 수 없다고 하였음은 상당하고 또한 밀항단속법 제4조 제1항의 교사, 방조는 같은 법 제3조 제1항의 밀항, 이선, 이기 등 기수범의 방조에 관한 규정이고 결코 같은 법 제3조 제3항의 예비까지를 방조한 경우에 관한 것이라고는 할 수 없음이 같은 법조문의 규정 자체에 비추어 명백하다.

III. 관련 문제

〈예비죄에 중지미수의 특례를 적용할 수 있는지 여부 : 부정설〉

대법원 1991. 6. 25. 선고 91도436 판결 [특정범죄가중처벌등에관한법률위반(관세)]

중지범은 범죄의 실행에 착수한 후 자의로 그 행위를 중지한 때를 말하는 것이고 실행의 착수가 있기 전인 예비음모의 행위를 처벌하는 경우에 있어서는 중지범의 관념은 이를 인정할 수 없으므로 위 피고인에 대한 형을 양정함에 있어서 중지범의 감면규정을 적용하지 아니한 원심의 조치에 소론과 같은 위법이 있다고 할 수 없다.

〈예비죄의 방조범 성립 여부 : 부정설〉

대법원 1976. 5. 25. 선고 75도1549 판결 [강도예비방조]

형법 제32조 제1항의 타인의 범죄를 방조한 자는 종범으로 처벌한다는 규정의 타인의 범죄란 정범이 범죄를 실현하기 위하여 착수한 경우를 말하는 것이라고 할 것이므로 종범이 처벌되기 위하여는 정범의 실행의 착수가 있는 경우에만 가능하고 정범이 실행의 착수에 이르지 아니한 예비의 단계에 그친 경우에는 이에 가공하는 행위가 예비의 공동정범이 되는 경우를 제외하고는 이를 종범으로 처벌할 수 없다고 할 것이다.
왜냐하면 범죄의 구성요건 개념상 예비죄의 실행행위는 무정형 무한정한 행위이고 종범의 행위도 무정형 무한정한 것이고 형법 제28조에 의하면 범죄의 음모 또는 예비행위가 실행의 착수에 이르지 아니한 때에는 법률에 특별한 규정이 없는 한 벌하지 아니한다고 규정하여 예비죄의 처벌이 가져올 범죄의 구성요건을 부당하게 유추 내지 확장해석하는 것을 금지하고 있기 때문에 형법각칙의 예비죄를 처단하는 규정을 바로 독립된 구성요건 개념에 포함시킬 수는 없다고 하는 것이 죄형법정주의의 원칙에도 합당하는 해석이라 할 것이기 때문이다. 따라서 형법전체의 정신에 비추어 예비의 단계에 있어서는 그 종범의 성립을 부정하고 있다고 보는 것이 타당한 해석이라고 할 것이다.

본건 강도예비죄가 형법상 독립된 구성요건에 해당하는 범죄이라는 상고논지는 전술한 바와 같이 수긍할 수 없는 독자적인 견해라 할 것이고 원심의 판단취의는 이와 다소 다르다고 하더라도 예비죄의 종범의 성립을 부정한 결론에 있어서 정당하(다).

CHAPTER
06

정범과 공범

제1절 정범

제1 정범과 공범의 구별

Ⅰ. 행위지배의 핵심인물로서의 정범

〈공동정범의 본질 및 종범과의 구별〉

대법원 1989. 4. 11. 선고 88도1247 판결 [특정경제범죄가중처벌등에관한법률위반,업무상배임]

공동정범의 본질은 분업적 역할분담에 의한 기능적 행위지배에 있다고 할 것이므로 공동정범
은 공동의사에 의한 기능적 행위지배가 있음에 반하여 종범은 그 행위지배가 없는 점에서 양
자가 구별된다 할 것인바, 원심이 유지한 제1심 판결이 들고 있는 증거들에 의하면, **피고인
은 이 사건 대출이 부정대출인 정을 알면서 원심 상피고인들에게 대출에 필요한 서류들을 작
성하여 결재를 받은 사실**이 인정되므로 동 피고인의 행위에는 공동의사에 의한 기능적 행위
지배가 있었다고 보아야 할 것이니 동 피고인의 행위를 공동정범으로 처단한 원심의 판단
은 정당하(다).

〈간접정범의 본질 : 의사지배〉

대법원 2018. 2. 8. 선고 2016도17733 판결 [생 략]

가. 강제추행죄는 사람의 성적 자유 내지 성적 자기결정의 자유를 보호하기 위한 죄로서 정범 자신이 직접 범죄를 실행하여야 성립하는 자수범이라고 볼 수 없으므로, 처벌되지 아니하는 타인을 도구로 삼아 피해자를 강제로 추행하는 간접정범의 형태로도 범할 수 있다. 여기서 강제추행에 관한 간접정범의 의사를 실현하는 도구로서의 타인에는 피해자도 포함될 수 있다고 봄이 타당하므로, 피해자를 도구로 삼아 피해자의 신체를 이용하여 추행행위를 한 경우에도 강제추행죄의 간접정범에 해당할 수 있다.

나. **피고인이 피해자들을 협박하여 겁을 먹은 피해자들로 하여금 어쩔 수 없이 나체나 속옷만 입은 상태가 되게 하여 스스로를 촬영하게 하거나, 성기에 이물질을 삽입하거나 자위를 하는 등의 행위를 하게 하였다면,** 이러한 행위는 피해자들을 도구로 삼아 피해자들의 신체를 이용하여 그 성적 자유를 침해한 행위로서, 그 행위의 내용과 경위에 비추어 일반적이고도 평균적인 사람으로 하여금 성적 수치심이나 혐오감을 일으키게 하고 선량한 성적 도덕관념에 반하는 행위라고 볼 여지가 충분하다.

다. 따라서 원심이 확정한 사실관계에 의하더라도, 피고인의 행위 중 위와 같은 행위들은 피해자들을 이용하여 강제추행의 범죄를 실현한 것으로 평가할 수 있고, 피고인이 직접 위와 같은 행위들을 하지 않았다거나 피해자들의 신체에 대한 직접적인 접촉이 없었다고 하더라도 달리 볼 것은 아니다.

대법원 2017. 5. 31. 선고 2017도3894 판결 [사기·컴퓨터등사용사기·전기통신금융사기피해방지및피해금환급에관한특별법위반·전자금융거래법위반·사기방조·횡령]
간접정범을 통한 범행에서 피이용자는 간접정범의 의사를 실현하는 수단으로서의 지위를 가질 뿐이므로, 피해자에 대한 사기범행을 실현하는 수단으로서 타인을 기망하여 그를 피해자로부터 편취한 재물이나 재산상 이익을 전달하는 도구로서만 이용한 경우에는 편취의 대상인 재물 또는 재산상 이익에 관하여 피해자에 대한 사기죄가 성립할 뿐 도구로 이용된 타인에 대한 사기죄가 별도로 성립한다고 할 수 없다.

〈간접정범과 교사범의 구별〉

대법원 2011. 7. 14. 선고 2009도13151 판결 [생 략]

원심은 제1심이 적법하게 채택·조사한 증거들에 의하여 그 판시와 같은 사실을 인정한 다음, 이 사건 회의록의 변조·사용은 이 사건 회계서류 폐기에 정당한 근거가 존재하는 양 꾸며냄으로써 피고인들이 공범관계에 있는 문서손괴죄의 형사사건에 관한 증거를 변조·사용한 것으로 볼 수 있다는 이유로, 이 사건 공소사실 중 피고인 2에 대한 증거변조 및 변조증거사용의 점을 무죄로 판단하고, 공범의 종속성 법리에 따라 피고인 1에 대한 증거변조교사 및 변조증거사용교사의 점도 무죄로 판단하였다.

관련 법리와 기록에 비추어 살펴보면, 원심의 위와 같은 사실인정과 판단은 정당한 것으로 수긍할 수 있고, 거기에 상고이유로 주장하는 바와 같은 증거변조죄 및 변조증거사용죄와 증거변조교사죄 및 변조증거사용교사죄의 성립에 관한 법리오해의 위법이 없다.

또한, 원심은 <u>간접정범도 정범의 일종인 이상 증거변조 및 변조증거사용죄의 정범으로 처벌되지 아니하는 피고인 1을 같은 죄의 간접정범으로 처벌할 수는 없고, 비록 자기의 형사사건에 관한 증거를 변조·사용하기 위하여 타인을 교사하여 증거를 변조·사용하도록 하였더라도 피교사자인 타인이 같은 형사사건의 공범에 해당하여 증거변조죄 및 변조증거사용죄로 처벌되지 않은 이상 본 죄의 교사범을 처벌하는 취지와 달리 자기 방어권 행사를 위해 제3자로 하여금 새로운 범죄를 저지르게 함으로써 자기 방어권의 한계를 일탈하여 새로이 국가의 형사사법기능을 침해한 경우라고도 보기 어렵다는 이유로,</u> 피고인 1에 대하여 증거변조죄 및 변조증거사용죄의 간접정범도 성립하지 않는다고 판단하였다.

관련 법리와 기록에 비추어 살펴보면, 원심의 위와 같은 판단은 정당한 것으로 수긍할 수 있고, 거기에 상고이유로 주장하는 바와 같은 증거변조죄 및 변조증거사용죄의 간접정범 성립에 관한 법리오해의 위법이 없다.

Ⅱ. 판례이론의 전개

1. 초기 주관설적 경향

〈주관설의 태도〉

대법원 1980. 5. 20. 선고 80도306 판결 [(가)내란목적살인,(나)내란수괴미수,(다)내란중요임무종사미수,(라)증거은닉,(마)살인(변경된죄명)]

공동정범에 있어서 범죄행위를 공모한 후 그 실행행위에 직접 가담하지 아니하더라도 다른 공모자의 분담 실행한 행위에 대하여 공동정범의 죄책을 면할 수 없다 함은 당원의 판례이고(1955.6.24. 선고 4288형145 판결, 1967.9.19. 선고 67도1027 판결, 1971.4.20. 선고 71도496 판결), 공모공동정범에 있어서 공모는 2인이상의 자가 협력해서 공동의 범의를 실현시키는 의사에 대한 연락을 말하는 것으로 소론과 같이 실행행위를 담당하지 아니하는 공모자에게 그 실행자를 통하여 자기의 범죄를 실현시키는 주체적인 의사가 있어야 함은 물론이나, 반드시 배후에서 범죄를 기획하고 그 실행행위를 부하 또는 자기가 지배할 수 있는 사람에게 실행하게 하는 실질상의 괴수의 위치에 있어야 할 필요는 없다.

대법원 1983. 3. 8. 선고 82도3248 판결 「수인이 공모하여 즉 공동범행의 인식으로 범죄를 실행하는 것을 공동정범이라 하나 이 공모와 범죄의 실행에 있어서는 범인 전원이 동일일시, 동일장소에서 모의하지 아니하고 순차로 범의의 연락이 이루어짐으로써 그 범의내용에 대하여 포괄적 또는 개별적 의사의 연락이나 인식이 있었으면 범인 전원의 공모관계가 있다고 할 것이며, 그 실행행위에 있어서도 이에 직접 가담하지 않았다고 하더라도 다른 공모자가 분담 실행한 행위에 대하여도 공동정범으로서의 죄책을 지게 되는 것이고 이점에 있어서 정범을 방조한 종범과 구별되는 것이다. 정범을 방조한다는 것은 정범의 행위를 도와 그 실행을 용이하게 하는 것으로 그 행위는 범죄의 구성요건을 이르는 실행행위가 아니고 그 실행행위의 실현을 돕는 행위이며 이에는 방조행위 및 그것이 정범의 실행행위를 용이하게 한다는 인식과 결과에 대한 예견을 필요로 하고 한편 공모공동정범은 공동범행의 인식으로 범죄를 실행하는 것으로 공동의사주체로서의 집단전체의 하나의 범죄행위의 실행이 있음으로 성립하고 공모자 모두가 그 실행행위를 분담하여 이를 실행할 필요가 없고 실행행위를 분담하지 않아도 공모에 의하여 수인간에 공동의사주체가 형성되어 범죄의 실행행위가 있으면 그 실행행위를 분담하지 않았다고 하더라도 공동의사주체로서 정범의 죄책을 지게하는 것이니 범죄의 집단화현상으로 볼때 범행의 모의만 하고 실행행위는 분담하지 않아도 그 범행에 중요한 소임을 하는 것을 간과할 수 없기 때문에 이를 공모공동정범으로서 처단하는 것이다.」

대법원 1988. 4. 12. 선고 87도2368 판결 「공모공동정범이 성립되려면 두사람 이상이 공동의 의사로 특정한 범죄행위를 하기 위하여 일체가 되어 서로가 다른 사람의 행위를 이용하여 각자 자기의 의사를 실행에 옮기는 것을 내용으로 하는 모의를 하여 그에 따라 범죄를 실행한 사실이 인정되어야 하는 것이고 이와 같이 공모에 참여한 사실이 인정되는 이상 직접 실행행위에 관여하지 안했더라도 다른 사람의 행위를 자기의사의 수단으로 하여 범죄를 하였다는 점에서 자기가 직접 실행행위를 분담한 경우와 형사책임의 성립에 차이를 둘 이유가 없는 것이다.」

2. 객관설적 요소의 수용

〈공동의사에 의한 '기능적 행위지배'〉

대법원 1993. 3. 9. 선고 92도3204 판결 [영화법위반]

공동정범이 성립하기 위하여는 2인 이상이 공동하여 죄를 범하여야 하는 것으로서 이에는 주관적 요건인 공동가공의 의사와 객관적·요건인 공동의사에 의한 기능적 행위지배를 통한 범죄의 실행 사실이 필요한데 공동가공의 의사는 타인의 범행을 인식하면서도 이를 저지하지 아니하고 용인하는 것만으로는 부족하고 공동의 의사로 특정한 범죄행위를 하기 위하여 일체가 되어 서로 다른 사람의 행위를 이용하여 자기의 의사를 실행에 옮기는 것을 내용으로 하는 것이어야 할 것이므로(당원 1988.9.13. 선고 88도1114 판결; 1989.4.11. 선고 88도1247 판결 참조) 원심이 그 인정한 사실관계에 비추어 보면 위 **피고인은 이 사건 영화의 제작이나 상영, 또는 그 준비행위에 관여하지 않았음은 물론, 위 영화가 상영될 것을 알면서 위 영화 제작사측과 대관계약을 체결한 당사자도 아니고 단지 전 대표와 체결된 대관계약에 따라 영화가 상영되는 것을 적극적으로 제지하지 못하였을 뿐**이므로 위 피고인을 공연윤리위원회의 심의 없이 위 영화를 상영한 공범이라고 볼 수는 없다고 판단한 조치는 그대로 수긍이 되고 거기에 소론과 같은 공범에 대한 법리를 오해한 위법이 있다고 할 수 없다.

〈범죄에 대한 본질적 기여를 통한 기능적 행위지배〉

대법원 2007. 4. 26. 선고 2007도235 판결 [생 략]

형법 제30조의 공동정범은 공동가공의 의사와 그 공동의사에 기한 기능적 행위지배를 통한 범죄 실행이라는 주관적·객관적 요건을 충족함으로써 성립하는바, <u>공모자 중 구성요건 행위 일부를 직접 분담하여 실행하지 않은 자라도 경우에 따라 이른바 공모공동정범으로서의 죄책을 질 수도 있는 것이기는 하나, 이를 위해서는 전체 범죄에 있어서 그가 차지하는 지위, 역할이나 범죄 경과에 대한 지배 내지 장악력 등을 종합해 볼 때, 단순한 공모자에 그치는 것이 아니라 범죄에 대한 본질적 기여를 통한 기능적 행위지배가 존재하는 것으로 인정되는 경우여야 한다</u>(대법원 1998. 5. 21. 선고 98도321 전원합의체 판결, 2004. 6. 24. 선고 2002도995 판결, 2005. 3. 11. 선고 2002도5112 판결, 2006. 12. 22. 선고 2006도1623 판결 등 참조).

제2 간접정범

Ⅰ. 의의 및 본질

〈간접정범의 의의〉

대법원 1983. 5. 24. 선고 83도200 판결 [보건범죄단속에관한법률위반·식품위생법위반]

원심판결이 채용한 증거를 기록에 의하여 살펴보면, **피고인 1이 튀김용 기름의 제조허가도 없이 튀김용기름을 제조할 범의하에** 원심 공동피고인 1과 피고인 2 등에게 **의뢰하여** 원심판시와 같이 **대두유 폐유를 가지고 각 27드럼 및 53드럼의 튀김용 기름을 제조케 하여 이를 타에 판매한 사실**이 넉넉히 인정되고 그 증거취사과정을 살펴보아도 심리미진이나 채증법칙 위반의 위법이 없다.

위와 같이 <u>직접 제조행위를 한 위(원심 공동)피고인 1과 피고인 2가 식용유 제조의 범의가 없었기 때문에 그 제조에 대한 책임을 물을 수 없다고 하여도, 피고인 1은 처벌되지 아니하는 위 양인의 행위를 이용하여 이 사건 제조행위를 실행한 자로서 이른바 간접정범에 해당한다</u> 고 하겠으니 원심이 피고인의 위 행위에 대하여 보건범죄단속에 관한 특별조치법 제2

조 제1항 제2호, 식품위생법 제23조 제1항을 적용 처단한 조치는 정당하고 위 각 법률의 해석, 적용을 그르친 위법이 없다.

〈간접정범의 유형〉

대법원 1983. 6. 14. 선고 83도515 전원합의체 판결 [국가모독]

형법 제34조 제1항이 정하는 소위 간접정범은 어느 행위로 인하여 처벌되지 아니하는 자 또는 과실범으로 처벌되는 자를 교사 또는 방조하여 범죄행위의 결과를 발생케 하는 것으로 이 어느 행위로 인하여 처벌되지 아니하는 자는 시비를 판별할 능력이 없거나 강제에 의하여 의사의 자유를 억압당하고 있는 자, 구성요건적 범의가 없는 자와 목적범이거나 신분범일 때 그 목적이나 신분이 없는 자, 형법상 정당방위, 정당행위, 긴급피난 또는 자구행위로 인정되어 위법성이 없는 자 등을 말하는 것으로 이와 같은 책임무능력자, 범죄사실의 인식이 없는 자, 의사의 자유를 억압당하고 있는 자, 목적범, 신분범인 경우 그 목적 또는 신분이 없는 자 위법성이 조각되는 자 등을 마치 도구나 손발과 같이 이용하여 간접으로 죄의 구성요소를 실행한 자를 간접정범으로 처벌하는 것이므로 형법 제104조의 2 제2항의 외국인이나 외국단체 등은 도시 이 죄의 주체도 아니어서 범죄의 대상이나 수단 또는 도구나 손발 자체는 될 수 있을지언정 이를 간접정범에서의 도구나 손발처럼 이용하는 것은 원천적으로 불가능하다 하겠으므로 이 외국인이나 외국단체는 위 전단의 그 어떤 경우에도 해당하지 아니함이 명백하여 이 규정을 들어 간접정범을 정한 취지라고 해석할 학리적 이유가 없다.

또 형법 제34조 제1항의 간접정범의 행위는 교사 또는 방조임이 그 규정의 명문상 분명하고 한편 형법 제104조의 2 제2항은 "전항의 행위"라고 하여 그 행위는" 대한민국 또는 헌법에 의하여 설치된 국가기관을 모욕 또는 비방하거나 그에 관한 사실을 왜곡 또는 허위사실을 유포하거나 기타의 방법으로 대한민국의 안전·이익 또는 위신을 해하거나 해할 우려가 있게 한 행위" 로서 이는 교사나 방조가 아니라 범죄구성요소적 행위의 완수이며 이 형법 제104조의 2의 국가모독죄는 위태범이므로 그 행위가 "교사 또는 방조" 가 아닌 범죄구성요소적 행위의 완수이라면 그 행위시에 이미 범죄는 기수가 되며 따라서 이 형법 제104조의 2의 국가모독죄에 미수범처벌규정을 마련하지 않은 것은 바로 이와 같은 이유에 연유하는 것이라고 풀이된다.

〈간접정범의 본질 1〉

대법원 1981. 7. 28. 선고 81도898 판결 [허위공문서작성·허위공문서작성행사·공정증서원본불실기재·공정증서원본불실기재행사]

(1) 허위공문서작성죄의 주체는 그 문서를 작성할 권한이 있는 명의인인 공무원에 한하고 그 공무원의 문서작성을 보조하는 직무에 종사하는 공무원은 허위공문서작성죄의 주체가 되지 못하는 것인바, 이러한 보조직무에 종사하는 공무원이 허위공문서를 기안하여 허위 인정을 모르는 작성권자에게 제출하고 그로 하여금 그 내용이 진실한 것으로 오신케 하여 서명 또는 기명 날인케 함으로써 공문서를 완성한 때에는 허위공문서작성죄의 간접정범이 될 것이나(당원 1962.5.17. 선고 4293형성297 판결 참조), 이러한 결재절차를 거치지 아니하고 임의로 작성권자의 기명인이나 직인 등을 부정사용하여 허위내용의 문서에 압날함으로써 공문서를 완성한 때에는 공문서위조죄가 성립함은 모르되 허위공문서작성죄의 간접정범도 성립할 여지가 없는 것이다 (당원1965.10.5. 선고 65도704 판결 참조).

(2) 이 사건에서 원심은 피고인이 당시 담양군 ○○면 △△계장이던 공소외인과 공모하여 판시와 같은 ○○면장 명의의 인감증명서 1통을 작성한 행위에 대하여 허위공문서작성죄로 의율 처단하고 있는바 (위공소외인의 허위공문서작성죄에 대한 공동정범으로 본 취지이다), 위공소외인은 위 인감증명서의 작성권한 있는 명의인이 아니므로 허위공문서작성죄의 주체가 될 수 없음이 분명하고, 만일 위공소외인을 그 작성 명의인인 ○○면장의 작성행위에 대한 간접정범으로 본 취지라면 위공소외인 스스로 검찰에서 위 인감증명서는 인장의 결재도 받지 아니하고 면장 모르게 동면 호적계에 보관중인 면장 고무인과 직인을 피고인이 제출한 인감증명서 용지에 압날하여 완성하였다는 취지로 진술하고 있으므로(수사기록 67,68정), 이 진술에 따른다면 위 인감증명서는 작성 명의인인 ○○면장의 결재를 받아 작성된 것이 아님이 명백하여 허위공문서작성죄의 간접정범도 성립되지 않는다고 볼 수밖에 없다.

〈간접정범의 본질 2〉

대법원 2010. 1. 14. 선고 2009도9963 판결 [생 략]

허위공문서작성죄의 간접정범은 공문서의 작성권한이 있는 공무원의 직무를 보좌하는 자가 그 직위를 이용하여 행사할 목적으로 허위의 내용이 기재된 문서 초안을 그 정을 모르는 상사에게 제출하여 결재하도록 하는 등의 방법으로 작성권한이 있는 공무원으로 하여금 허위의 공문서를 작성하게 한 경우에 성립한다(대법원 1992. 1. 17. 선고 91도2837 판결).

원심판결 이유를 위 법리에 비추어 살펴보면, 평창군청 산림과 소속 공무원인피고인 1,2는 공모하여 원심 판시 별지 범죄일람표 기재 각 임야가 산지이용구분도 상에 준보전산지에 해당한다는 내용으로 피고인 2가 기안하고, 피고인 1이 전결한 위 각 임야에 대한 '산지이용구분 내역 통보'를 평창군청 민원봉사과에 보내어 그 정을 모르는 성명불상 민원봉사과 소속 공무원으로 하여금 용도지역이 전부 관리지역으로 기재된 평창군수 명의의 위 각 임야에 대한 토지이용계획확인서를 작성, 발급하게 하였고, 피고인 2가 속사리 임야에 대하여는 단독으로, 원길리 임야 및 송정리 임야에 대하여는 피고인 3, 원심공동피고인 4와 공모하여, 속사리 임야, 원길리 임야 및 송정리 임야가 산지이용구분도 상에 준보전산지에 해당한다는 내용으로 각 '산지이용구분 내역 통보' 공문을 기안하고, 그 정을 모르는 피고인 1의 전결로 위 각 공문을 평창군청 민원봉사과로 보내어 그 정을 모르는 성명불상 민원봉사과 소속 공무원으로 하여금 용도지역이 관리지역으로 기재된 평창군수 명의의 속사리 임야, 원길리 임야 및 송정리 임야에 대한 각 토지이용계획확인서를 작성, 발급하게 하였음을 알 수 있으나, 그러한 사정만으로는 피고인 1,2가 위 각 토지이용계획확인서의 작성권한자라고 볼 수 없을 뿐만 아니라 위 각 문서의 발급을 담당하는 민원봉사과 소속 공무원의 업무를 보조하는 직무에 종사하거나 위 각 문서의 작성을 기안하는 업무에 종사하는 지위에서 위 각 '산지이용구분 내역 통보' 공문을 보내 준 것으로 보기도 어려우므로, 피고인 1,2를 각 허위공문서작성죄의 간접정범 내지 간접정범의 공동정범으로 볼 수는 없다고 할 것이고, 피고인 2에게 각 허위공문서작성죄의 간접정범으로서의 죄책이 인정되지 않으므로 그와 공모한 공무원 아닌 피고인 3 역시 각 허위공문서작성죄의 간접정범의 공동정범으로 처단할 수 없다 할 것이다.

Ⅱ. 간접정범의 성립요건

1. 피이용자의 범위

가. 구성요건에 해당하지 않는 행위를 이용하는 경우

(1) 객관적 구성요건해당성이 없는 경우

〈강요에 의한 자상행위〉

대법원 1970. 9. 22. 선고 70도1638 판결 [중상해, 군무이탈]

1심 및 2심 판결에 의하여 확정된 사실에 의하면 피고인은 동거한 사실이 있는 피해자인공소외인 여인에게 피고인을 탈영병이라고 헌병대에 신고한 이유와 다른 남자와 정을 통한 사실들을 추궁한 바, 이를 부인하자 하숙집 뒷산으로 데리고 가 계속 부정을 추궁하면서 상대 남자를 말하자 대답을 하지 못하고 당황하던 동 여인에게 소지 중인 면도칼 1개를 주면서 "네가 네 코를 자르지 않을 때는 돌로서 죽인다"는 등 위협을 가해 자신의 생명에 위험을 느낀 동 여인은 자신의 생명을 보존하기 위하여 위 면도칼로 콧등을 길이 2.5센치, 깊이 0.56센치 절단하므로서 동 여인에게 전치 3개월을 요하는 상처를 입혀 안면부 불구가 되게 하였다는 것으로서 이와 같이 <u>피고인에게 피해자 여인의 상해결과에 대한 인식이 있고 또 그 여인에게 대한 협박정도가 그의 의사결정의 자유를 상실케 함에 족한 것인 이상, 피고인에게 중상해 사실을 인정하고 피해자 여인의 자상행위로 인정하지 아니한 원판결 판단에 소론 위법이 있다는 논지는 이유없다.</u>

> **대법원 2018. 2. 8. 선고 2016도17733 판결 [생 략]**
> 가. <u>강제추행죄는 사람의 성적 자유 내지 성적 자기결정의 자유를 보호하기 위한 죄로서 정범 자신이 직접 범죄를 실행하여야 성립하는 자수범이라고 볼 수 없으므로, 처벌되지 아니하는 타인을 도구로 삼아 피해자를 강제로 추행하는 간접정범의 형태로도 범할 수 있다. 여기서 강제추행에 관한 간접정범의 의사를 실현하는 도구로서의 타인에는 피해자도 포함될 수 있다고 봄이 타당하므로, 피해자를 도구로 삼아 피해자의 신체를 이용하여 추행행위를 한 경우에도 강제추행죄의 간접정범에 해당할 수 있다.</u>

나. 피고인이 피해자들을 협박하여 겁을 먹은 피해자들로 하여금 어쩔 수 없이 나체나 속옷만 입은 상태가 되게 하여 스스로를 촬영하게 하거나, 성기에 이물질을 삽입하거나 자위를 하는 등의 행위를 하게 하였다면, 이러한 행위는 피해자들을 도구로 삼아 피해자들의 신체를 이용하여 그 성적 자유를 침해한 행위로서, 그 행위의 내용과 경위에 비추어 일반적이고도 평균적인 사람으로 하여금 성적 수치심이나 혐오감을 일으키게 하고 선량한 성적 도덕관념에 반하는 행위라고 볼 여지가 충분하다.

다. 따라서 원심이 확정한 사실관계에 의하더라도, <u>피고인의 행위 중 위와 같은 행위들은 피해자들을 이용하여 강제추행의 범죄를 실현한 것으로 평가할 수 있고, 피고인이 직접 위와 같은 행위들을 하지 않았다거나 피해자들의 신체에 대한 직접적인 접촉이 없었다고 하더라도 달리 볼 것은 아니다.</u>

〈피기망자의 착오에 의한 자기손상행위〉

대법원 1987. 1. 20. 선고 86도2395 판결 [살인]

피고인이 7세, 3세 남짓된 어린자식들에 대하여 함께 죽자고 권유하여 물속에 따라 들어오게 하여 결국 익사하게 하였다면 <u>비록 피해자들을 물속에 직접 밀어서 빠뜨리지는 않았다고 하더라도 자살의 의미를 이해할 능력이 없고 피고인의 말이라면 무엇이나 복종하는 어린자식들을 권유하여 익사하게 한 이상 살인죄의 범의는 있었음이 분명하고 살인죄의 법리를 오해한 위법이 없다.</u>

대법원 2006. 9. 28. 선고 2006도2963 판결 「피고인은 조합이 점유하는 공소외 2의 소유물을 취거하여 간 것이므로, 피고인이 점유자인 조합의 의사에 반하여 이 사건 창고의 패널을 취거하여 갔다면 이는 절도죄에 해당한다고 할 것이고, 또 <u>피고인이 이 사건 창고의 소유자인공소외 2를 도구로 이용하는 간접정범의 형태로 이 사건 창고의 패널을 뜯어갔으므로</u>(공소장에도 형법 제34조가 적용법조로 기재되어 있다), <u>소유자인공소외 2가 이 사건 창고의 패널을 취거하였다는 사정은 절도죄의 성립을 저지할 수 있는 사유가 되지 못함에도</u> 불구하고, 원심이 이 사건 창고가 조합의 소유가 아니라공소외 2의 소유이고 또 공소외 2가 이 사건 창고의 패널을 뜯어갔다는 이유만으로 절도죄의 성립을 부정한 것은 절도죄의 객체에 관한 법리를 오해한 것이라고 할 것이다.」

(2) 고의 없는 행위를 이용한 경우

〈기망에 의해 고의 없는 도구를 이용한 소송사기〉

대법원 2007. 9. 6. 선고 2006도3591 판결 [사기미수·사문서위조]

간접정범에 관하여 규정한 형법 제34조 제1항에 의하면, 어느 행위로 인하여 처벌되지 아니하는 자 또는 과실범으로 처벌되는 자를 교사 또는 방조하여 범죄행위의 결과를 발생하게 한 자는 교사 또는 방조의 예에 의하여 처벌하도록 되어 있으므로, 범죄사실의 인식이 없는 타인을 이용하여 범죄를 실행하게 한 자는 위 법조 소정의 "어느 행위로 인하여 처벌되지 아니하는 자를 교사한 자"에 해당하여 간접정범으로서 단독으로 그 죄책을 부담한다(대법원 1955. 2. 25. 선고 4286형상39 판결 참조).

따라서 자기에게 유리한 판결을 얻기 위하여 소송상의 주장이 사실과 다름이 객관적으로 명백하거나 증거가 조작되어 있다는 정을 인식하지 못하는 제3자를 이용하여 그로 하여금 소송의 당사자가 되게 하고 법원을 기망하여 소송 상대방의 재물 또는 재산상 이익을 취득하려 하였다면 간접정범의 형태에 의한 소송사기죄가 성립하게 된다.

대법원 1984. 11. 27. 선고 84도1862 판결 「유가증권의 변조죄에 있어서 변조라 함은 진정으로 성립된 유가증권의 내용에 권한 없는 자가 그 유가증권의 동일성을 해하지 않는 한도에서 변경을 가하는 것을 말하고 설사 진실에 합치하도록 변경한 것이라 하더라도 권한없이 변경한 경우에는 변조로 되는 것이고 정을 모르는 제3자를 통하여 간접정범의 형태로도 범할 수 있는 것이다.」

대법원 1996. 10. 11. 선고 95도1706 판결 「피고인은 위 공소외 2의 음주운전을 눈감아주기 위하여 그에 대한 위 음주운전자 적발보고서를 찢어버리고, 일련번호가 위 음주운전자 적발보고서와 동일하게 91－0146942호로 된 가짜 음주운전 적발보고서를 위 공소외 2가 구해 오자, 피고인은 이를 공소외 3 순경에게 교부하여 그로 하여금 공소외 4에 대한 음주운전 사실을 적발하게 하고, 위 가짜 음주운전자 적발보고서에 위 공소외 4에 대한 음주운전 사실을 기재하도록 한 사실 , 같은 해 7. 5. **위 경찰서 교통계사무실에서 주취운전자 음주측정처리부의 작성권자인 공소외 5는 그 정을 모른 채 위 가짜 음주운전자 적발보고서를 근거로 이 사건 주취운전자 음주측정처리부의 일련번호 91-0146942호란에 위 공소외 2의 음주운전 사실이 아닌 위 공소외 4의 음주운전 사실을 기재한 후 날인을 하고, 같은 달 6. 동 경찰서 사무실에 위 음주측정처리부를 비치한 사실** 등을 확정한 다음, 음주운전자 적발보고서에 고유번호를 부여한 의미가 피고인의 이 사건 행위와 같은 비리를 사전에 막고자 하는 의도에서 부여된 것이라는 점을 고려하여 볼 때, 피고인이 그 정을 모르는 위 공소외 5로 하여금 이 사건 주취운전자 음주측정처리부의 91－0146942호란에 위 공소외 2의 음주운전 사실이 아닌 위 공소외 4의 음주운전 사실을 기재하도록 한 이상, 위 공소외 4가 음주운전으로 인하여 처벌을 받았는지 여부와는 관계 없이, 피고인은 허위공문서작성 및 동 행사죄의 간접정범으로서의 죄책을 면할 수 없다.」

대법원 1997. 7. 11. 선고 97도1180 판결「공동정범이 성립하려면 주관적으로 공동가공의 의사가 필요하고 객관적으로 공동가공의 사실이 있을 것을 요하는바, 따라서 그 정을 모르는 보증인들로 하여금 위 특별조치법상 제22조 제1항 제3호에 정한 허위의 보증서를 작성하게 한 경우에 간접정범이 성립하는 것은 별론으로 하고 공동정범이 성립할 여지가 없는 것(이다).」

(3) 신분 또는 목적 없는 자를 이용한 경우

〈'목적'이 없는 자를 이용한 경우〉

대법원 1997. 4. 17. 선고 96도3376 전원합의체 판결 [생 략]

범죄는 '어느 행위로 인하여 처벌되지 아니하는 자'를 이용하여서도 이를 실행할 수 있으므로(형법 제34조 제1항), 내란죄의 경우 '국헌문란의 목적'을 가진 자가 그러한 목적이 없는 자를 이용하여 이를 실행할 수도 있다고 할 것이다.

그런데 앞서 본 사실관계에 의하면, 피고인들은 12·12군사반란으로 군의 지휘권을 장악한 후, 국정 전반에 영향력을 미쳐 국권을 사실상 장악하는 한편, 헌법기관인 국무총리와 국무회의의 권한을 사실상 배제하고자 하는 국헌문란의 목적을 달성하기 위하여, 비상계엄을 전국적으로 확대하는 것이 전군지휘관회의에서 결의된 군부의 의견인 것을 내세워 그와 같은 조치를 취하도록 대통령과 국무총리를 강압하고, 병기를 휴대한 병력으로 국무회의장을 포위하고 외부와의 연락을 차단하여 국무위원들을 강압 외포시키는 등의 폭력적 불법수단을 동원하여 비상계엄의 전국확대를 의결·선포하게 하였음을 알 수 있다.

사정이 이와 같다면, 위 비상계엄 전국확대가 국무회의의 의결을 거쳐 대통령이 선포함으로써 외형상 적법하였다고 하더라도, 이는 피고인들에 의하여 국헌문란의 목적을 달성하기 위한 수단으로 이루어진 것이므로 내란죄의 폭동에 해당하고, 또한 이는 피고인들에 의하여 국헌문란의 목적을 달성하기 위하여 그러한 목적이 없는 대통령을 이용하여 이루어진 것이므로 피고인들이 간접정범의 방법으로 내란죄를 실행한 것으로 보아야 할 것이다.

대법원 1994. 4. 12. 선고 93도3535 판결 [출판물에의한명예훼손]
타인을 비방할 목적으로 허위사실인 기사의 재료를 신문기자에게 제공한 경우에 이 기사를 신문지상에 게재하느냐의 여부는 오로지 당해 신문의 편집인의 권한에 속한다고 할 것이나,

이를 편집인이 신문지상에 게재한 이상 이 기사의 게재는 기사재료를 제공한 자의 행위에 기인한 것이므로, 이 기사재료를 제공한 자는 형법 제309조 제2항 소정의 출판물에 의한 명예훼손죄의 죄책을 면할 수 없는 것이다 (당원 1960.6.8. 선고 4292형상715 판결 참조).따라서, 원심이 적법하게 확정한 대로 피고인이 피해자를 비방할 목적으로 신문기자에게 허위사실을 설명하고 보도자료를 교부하여, 그 내용을 진실한 것으로 오신한 신문기자로 하여금 신문에 허위기사를 게재하도록 하였다면, 이는 출판물에 의한 명예훼손죄의 구성요건을 충족하므로, 피고인에 대하여 같은죄가 성립하는 것으로 본 원심판단은 옳(다).

나. 구성요건에 해당하지만 위법하지 않은 행위를 이용하는 경우

〈착오에 빠진 공무원의 법령에 의한 행위를 이용한 직권남용감금〉

대법원 2006. 5. 25. 선고 2003도3945 판결 [직권남용감금·허위공문서작성·허위작성공문서행사·공용서류은닉]

감금죄는 간접정범의 형태로도 행하여질 수 있는 것이므로, 인신구속에 관한 직무를 행하는 자 또는 이를 보조하는 자가 피해자를 구속하기 위하여 진술조서 등을 허위로 작성한 후 이를 기록에 첨부하여 구속영장을 신청하고, 진술조서 등이 허위로 작성된 정을 모르는 검사와 영장전담판사를 기망하여 구속영장을 발부받은 후 그 영장에 의하여 피해자를 구금하였다면 형법 제124조 제1항의 직권남용감금죄가 성립한다고 할 것이다.

원심은, 피고인들이 상해죄만으로는 구속되기 어려운 공소외 3에 대하여 허위의 진술조서를 작성하고, 공소외 3의 혐의없음이 입증될 수 있는 유리한 사실의 확인결과, 참고자료 및 공용서류인공소외 4에 대한 참고인 진술조서 등을 구속영장신청기록에 누락시키는 한편, 공소외 3에게 사문서위조 및 동행사, 360만 원 상당의 신용카드대금 편취, 200만 원 갈취, 4,000만 원 상당의 PC방 갈취의 혐의가 인정된다는 허위내용의 범죄인지보고서를 작성한 다음, 2001. 8. 8. **위와 같은 범죄사실로 구속영장을 신청하여 그 정을 모르는 담당 검사로 하여금 구속영장을 청구하게 하고**, 같은 해 8. 9. **수사서류 등이 허위작성되거나 누락된 사실을 모르는 부산지방법원 영장전담판사로부터 구속영장을 발부받아 같은 날부터 공소외 3이 검사의 구속취소에 의하여 석방된 같은 해 9. 4.까지 구속·수감되게 함**으로써 직권을 남용하여 공소외 3을 감금하였다는 이 부분 공소사실을 유죄로 인정한 제1심판결을 유지하였는바, 앞서 본 법리에 비추어 기록을 살펴보면, 이러한 원심의 조치는 옳고, 거기에 직권남용감금죄에 관한 법리를 오해한 위법이 있다고 할 수 없다.

2. 간접정범의 이용행위

〈자세한 내막을 알지 못하는 직원들의 기부행위를 유발하고 이를 이용한 행위〉

대법원 2008. 9. 11. 선고 2007도7204 판결 [특정범죄가중처벌등에관한법률위반(알선수재) · 정치자금법위반]

형법 제34조 제1항은 "어느 행위로 인하여 처벌되지 아니하는 자 또는 과실범으로 처벌되는 자를 교사 또는 방조하여 범죄행위의 결과를 발생하게 한 자는 교사 또는 방조의 예에 의하여 처벌한다."고 규정하고 있으므로, 처벌되지 아니하는 타인의 행위를 적극적으로 유발하고 이를 이용하여 자신의 범죄를 실현한 자는 위 법조항이 정하는 간접정범으로서의 죄책을 지게 되고, 그 과정에서 타인의 의사를 부당하게 억압하여야만 간접정범에 해당하게 되는 것은 아니다.

라. 원심 및 제1심의 적법한 증거조사를 거친 증거들에 의하면, ○○○○주식회사의 대표이사 겸 회장인피고인 2가 위 회사의 제2공장을 서산시에 신설하는 것과 관련하여 그곳 지역구 국회의원인피고인 1의 주선으로 서산시장 등과의 간담회를 가지고 피고인 1에게 도시계획변경 및 일반지방산업단지지정에 관하여도 서산시장의 협조를 구해 달라고 부탁한 사실, 이와 관련하여 피고인 2는 피고인 1에게 후원금을 제공하기로 마음먹고, 위 회사의 경영진과 조직을 통하여 전국에 산재한 위 회사 지점 및 영업소 직원들에게 피고인 1을 소개하면서 그에 대한 후원금 기부를 권고하고 후원한 직원들의 명단까지 파악하는 등 후원금 기부를 적극적으로 유도하여, 이전에는 피고인 1에 대한 후원금 기부를 생각조차 하지 않던 전국 각지의 위 회사 직원들 중 무려 542명으로 하여금 불과 14일 동안 10만 원씩 모두 5,420만 원의 후원금을 피고인 1의 후원회에 집중적으로 기부하도록 함으로써 피고인 2 및 위 회사 임원 등의 후원금을 합하여 합계 5,560만 원을 기부한 사실, 피고인 1의 후원회는 형식적으로는 위 피고인과 별도로 구성되어 있기는 하나, 그 활동이 미미하고, 후원금 관리계좌가 위 피고인 명의로 개설되어 있으며, 그 통장 및 도장을 위 피고인의 변호사사무실 여직원 겸 국회의원 정치자금 회계책임자가 위 피고인의 국회의원 정치자금 통장 및 도장과 함께 보관하면서 위

피고인의 국회의원 보좌관 겸 후원회 회계책임자의 구체적 지시·감독 아래 이를 관리하여 왔고, 위 피고인은 그 보좌관 겸 후원회 회계책임자로부터 위 통장의 입·출금 내역 등 관리 상황을 수시로 보고받아 왔으며, 이 사건 후원금 입금에 관하여도 위와 같은 방법으로 보고 받고 그 직후 피고인 2에게 직접 감사하다는 취지의 인사말까지 한 사실을 알 수 있다.

위와 같은 사실을 앞서 본 법리에 비추어 살펴보면, <u>비록 형식적으로는 위 후원금이 후원회에 기부된 것이라고 하더라도 실질적으로는 후원회의 회계를 사실상 지배·장악하고 있던 피고인 1 본인이 바로 후원금을 기부받은 것으로 볼 수 있어 정치자금법 제32조 제3호가 금지하는 공무원이 담당·처리하는 사무에 관하여 청탁 또는 알선하는 일과 관련하여 정치자금을 수수한 것이라 할 것이고, 피고인 2는 자세한 내막을 알지 못하여 정치자금법 위반죄를 구성하지 않는 직원들의 기부행위를 유발하고 이를 이용하여 자신의 범죄를 실현한 것이어서 간접정범으로서의 죄책을 면할 수 없다</u> 할 것이다.

〈고발의무가 있는 은행원을 도구로 이용한 행위〉

대법원 2005. 12. 22. 선고 2005도3203 판결 [무고]

<u>무고죄에 있어서의 신고는 자발적인 것이어야 하고 수사기관 등의 추문에 대하여 허위의 진술을 하는 것은 무고죄를 구성하지 않는 것이지만</u>(대법원 2002. 2. 8. 선고 2001도6293 판결 등 참조), 참고인의 진술이 수사기관 등의 추문에 의한 것인지 여부는 수사가 개시된 경위, 수사의 혐의사실과 참고인의 진술의 관련성 등을 종합하여 판단하여야 할 것이다.

그런데 원심이 확정한 사실에 의하면, **피고인은 조흥은행에 대하여 이 사건 수표가 피해자 공소외 1에 의하여 위조되었다는 내용의 허위의 신고를 하였고, 조흥은행은 비록 피고발자를 성명불상자로 기재하기는 하였으나 경찰에 이 사건 수표의 위조에 대한 고발을 하여 이 사건 수사가 개시되었으며, 곧이어 피고인은 경찰에 참고인으로 출석하여 이 사건 수표의 위조자로 위 피해자를 지목하는 진술을 하였다**는 것이고, 한편 부정수표단속법 제7조는 금융기관에 종사하는 자가 직무상 위조된 수표를 발견한 때에는 48시간 이내에 이를 고발하여야 하고 고발을 하지 아니한 때에는 형사처벌을 받도록 규정하고 있는바, 위와 같이 피고인이 은행에 대하여 위 피해자가 이 사건 수표를 위조하였다는 내용의 허위의 신고를 하여 은행원이 부정수표단속법 제7조의 고발의무에 따라 수사기관에 고발을 함으로써 수사가 개시되고, 곧이어 피고인이 경찰에 출석하여 위조자로 위 피해자를 지목하는 진술을 하였다면,

이러한 일련의 행위 및 과정을 전체적·종합적으로 살펴볼 때, 이는 피고인이 위조 수표에 대한 고발의무가 있는 은행원을 도구로 이용하여 수사기관에 고발을 하게 하고 이어 수사기관에 대하여 위 피해자를 위조자로 지목함으로써 자발적으로 수사기관에 대하여 허위의 사실을 신고한 것이라고 평가하여야 할 것이고, 은행원이 고발을 할 당시 피고발자를 성명불상자로 기재하였다거나 피고인이 위 피해자를 위조자로 지목하는 진술을 한 것이 사법경찰관리의 질문에 대한 답변으로 한 것이라고 하여 달리 볼 것이 아니다.

Ⅲ. 간접정범의 처벌

〈'교사 또는 방조의 예'에 의한 처벌〉

대법원 2017. 3. 16. 선고 2016도21075 판결 [생 략]

간접정범은 정범과 동일한 형 또는 그보다 감경된 형으로 처벌되는 점 등에 비추어 볼 때, 공소장 변경 없이 직권으로 간접정범 규정을 적용하였더라도 피고인의 방어권 행사에 실질적인 불이익을 초래하였다고 할 수는 없다(대법원 2015. 4. 23. 선고 2014도13148 판결 참조).

〈간접정범을 통한 위조문서행사 범행에서 도구로 이용된 자에게 행사한 경우 위조문서행사죄가 성립하는지 여부 : 적극〉

대법원 2012. 2. 23. 선고 2011도14441 판결 [공문서위조(일부인정된죄명:공문서변조)·위조공문서행사(일부변경된죄명:변조공문서행사)·사기]

위조문서행사죄에 있어서 행사는 위조된 문서를 진정한 것으로 사용함으로써 문서에 대한 공공의 신용을 해칠 우려가 있는 행위를 말하므로 그 행사의 상대방에는 아무런 제한이 없고, 다만 문서가 위조된 것임을 이미 알고 있는 공범자 등에게 행사하는 경우에는 위조문서행사죄가 성립할 수 없으나(대법원 2005. 1. 28. 선고 2004도4663 판결 참조), 간접정범을 통한 위조문서행사범행에 있어 도구로 이용된 자라고 하더라고 문서가 위조된 것임을 알지 못하는 자에게 행사한 경우에는 위조문서행사죄가 성립한다.

원심판결 이유와 기록에 의하면, 피고인은 위조한 전문건설업등록증 등의 컴퓨터 이미지 파일을 공사 수주에 사용하기 위하여 발주자인공소외 1 또는 ▽▽▽▽기술서비스의 담당직원공소외 2에게 이메일로 송부한 사실, 공소외 1 또는 공소외 2는 피고인으로부터 이메일로 송부받은 컴퓨터 이미지 파일을 프린터로 출력할 당시 그 이미지 파일이 위조된 것임을 알지 못하였던 사실을 알 수 있으므로, <u>피고인의 위와 같은 행위는 형법 제229조의 위조·변조공문서행사죄를 구성한다고</u> 보아야 할 것이다.

그럼에도 원심은, 간접정범을 통한 위조문서행사 범행의 피이용자는 피고인과 동일시할 수 있는 자와 마찬가지라는 이유만으로 이 사건 각 위조 및 변조공문서행사의 점에 대하여 무죄를 선고하였으니, 이러한 원심판결에는 위조 및 변조공문서행사죄에 있어서 행사의 상대방에 관한 법리를 오해한 위법이 있고, 이 점을 지적하는 상고이유는 이유 있다.

대법원 2017. 5. 31. 선고 2017도3894 판결 [사기·컴퓨터등사용사기·전기통신금융사기피해방지및피해금환급에관한특별법위반·전자금융거래법위반·사기방조·횡령]

<u>간접정범을 통한 범행에서 피이용자는 간접정범의 의사를 실현하는 수단으로서의 지위를 가질 뿐이므로</u>, 피해자에 대한 사기범행을 실현하는 수단으로서 타인을 기망하여 그를 피해자로부터 편취한 재물이나 재산상 이익을 전달하는 도구로서만 이용한 경우에는 편취의 대상인 재물 또는 재산상 이익에 관하여 피해자에 대한 사기죄가 성립할 뿐 <u>도구로 이용된 타인에 대한 사기죄가 별도로 성립한다고 할 수 없다.</u>

제3 공동정범

Ⅰ. 의의 및 본질

〈공동정범의 본질 및 종범과의 구별〉

대법원 1989. 4. 11. 선고 88도1247 판결 [특정경제범죄가중처벌등에관한법률위반,업무상배임]

<u>공동정범의 본질은 분업적 역할분담에 의한 기능적 행위지배에 있다고 할 것이므로 공동정범은 공동의사에 의한 기능적 행위지배가 있음에 반하여 종범은 그 행위지배가 없는 점에서 양자가 구별된다</u> 할 것인바, 원심이 유지한 제1심 판결이 들고 있는 증거들에 의하면, **피고인은 이 사**

건 대출이 부정대출인 정을 알면서 원심 상피고인들에게 대출에 필요한 서류들을 작성하여 결재를 받은 사실이 인정되므로 동 피고인의 행위에는 공동의사에 의한 기능적 행위지배가 있었다고 보아야 할 것이니 동 피고인의 행위를 공동정범으로 처단한 원심의 판단은 정당하(다).

〈단독정범과의 구별〉

대법원 2011. 3. 10. 선고 2009도6256 판결 [컴퓨터프로그램보호법위반]

구 컴퓨터프로그램 보호법(2009. 7. 22. 법률 제9625호에 의하여 폐지되기 전의 것, 이하 '구법'이라 한다) 제46조 제1항 제2호, 같은 법 제29조 제4항 제2호에 의하면, 프로그램저작권을 침해하여 만들어진 프로그램의 복제물을 그 사정을 알면서 취득한 자가 이를 업무상 사용하는 행위를 하는 경우 그 행위자를 처벌하도록 규정하고 있으므로, 법인의 직원이 프로그램저작권을 침해하여 만들어진 프로그램의 복제물을 그 사정을 알면서 이를 취득하여 업무상 사용하였을 뿐 법인의 대표자가 이를 직접 취득하여 업무상 사용한 것이 아니라면 그 대표자가 위 법조에서 정한 행위를 하였다고 볼 수는 없고, 설령 법인의 대표자가 직원이 그러한 복제물을 취득하여 업무상 사용하는 것을 알고 방치하였다고 하더라도 행위자인 그 직원과의 공동정범 내지 방조범이 성립하는지는 별론으로 하고, 직접 위 법조의 행위자로서 처벌되는 것은 아니라고 하겠다.

Ⅱ. 공동정범의 성립요건

1. 주관적 요건 : 공동가공의 의사

가. 공동가공의 의사의 의의

〈공동가공의 의사의 의미〉

대법원 1993. 3. 9. 선고 92도3204 판결 [영화법위반]

공동정범이 성립하기 위하여는 2인 이상이 공동하여 죄를 범하여야 하는 것으로서 이에는 주관적 요건인 공동가공의 의사와 객관적 요건인 공동의사에 의한 기능적 행위지배를 통한 범죄의 실행 사실이 필요한데 공동가공의 의사는 타인의 범행을 인식하면서도 이를 저지하지 아니하고 용인하는 것만으로는 부족하고 공동의 의사로 특정한 범죄행위를 하기 위하여 일체가 되어 서로 다른 사람의 행위를 이용하여 자기의 의사를 실행에 옮기는 것을 내용으로 하는 것이어야 할 것이므로(당원 1988.9.13. 선고 88도1114 판결; 1989.4.11. 선고 88도1247 판결 참조) 원심이 그 인정한 사실관계에 비추어 보면 위 **피고인은 이 사건 영화의 제작이나 상영, 또는 그 준비행위에 관여하지 않았음은 물론, 위 영화가 상영될 것을 알면서 위 영화 제작사측과 대관계약을 체결한 당사자도 아니고 단지 전 대표와 체결된 대관계약에 따라 영화가 상영되는 것을 적극적으로 제지하지 못하였을 뿐**이므로 위 피고인을 공연윤리위원회의 심의 없이 위 영화를 상영한 공범이라고 볼 수는 없다고 판단한 조치는 그대로 수긍이 되고 거기에 소론과 같은 공범에 대한 법리를 오해한 위법이 있다고 할 수 없다.

〈의사연락의 방법〉

대법원 2000. 3. 14. 선고 99도4923 판결 [생 략]

2인 이상이 범죄에 공동 가공하는 공범관계에서 공모는 법률상 어떤 정형을 요구하는 것이 아니고 2인 이상이 공모하여 어느 범죄에 공동가공하여 그 범죄를 실현하려는 의사의 결합만 있으면 되는 것으로서, 비록 전체의 모의과정이 없었다고 하더라도 수인 사이에 순차적으로 또는 암묵적으로 상통하여 그 의사의 결합이 이루어지면 공모관계가 성립하고, 이러한 공모가 이루어진 이상 실행행위에 직접 관여하지 아니한 자라도 다른 공모자의 행위에 대하여 공동정범으로서의 형사책임을 지는 것이다(대법원 1999. 4. 23. 선고 99도636 판결 참조).

원심이 채택한 증거들에 의하면, 주식회사 1은 그룹의 모회사로서 1991년 이후 외부차입금에 의존한 무리한 사업확장으로 부채와 금융비용이 급증하고, 경상이익 또한 지속적으로 감소하여, 1994년경에는 그 보유자산이 금 8,598억 원 정도인 반면 순부채액이 금 7,111억 원에 이르렀을 뿐만 아니라, 경상이익(금 282억 원)을 훨씬 초과하는 금융비용(금 549억 원) 등 과중한 자금수요로 인하여 채무가 누적되어 가는 형편이어서 이미 정상적인 경영이 불가능하였던 사실, **피고인 1은 그룹의 회장 겸 주식회사 1의 대표이사로서, 피고인 2는 그룹의 부회장 겸 종합조정실장으로서 그 산하 16개의 계열회사 전반의 경영과 자금 등에 관한 주요 정책을 수립하고 그 집행을 지시하여 왔는데, 주식회사 1의 자금사정이 위와 같이 악화되기**

에 이르자, 계열회사의 대표이사 등에게 지시하여 그들로 하여금 계열회사의 자금을 주식회사 1에게 대여 내지 지원하도록 하였고, 그 과정에서 계열회사의 이사회 결의를 거치지 않았을 뿐만 아니라 별다른 채권회수조치도 취하지 아니한 사실을 알 수 있는바, 사실관계가 이러하다면, 위 자금대여 내지 지원은 주식회사 1에게 이익을 얻게 하고 계열회사에 손해를 가하는 행위로서 계열회사에 대하여 배임행위가 되고 피고인들과 계열회사의 대표이사 등은 공범으로서 특정경제범죄가중처벌등에관한법률위반(배임)죄의 죄책을 면할 수 없다 할 것이다.

대법원 1994. 3. 11. 선고 93도2305 판결 [업무방해]

2인 이상이 공모하여 범죄에 공동 가공하는 공범관계에 있어 공모는 법률상 어떤 정형을 요구하는 것이 아니고 <u>공범자 상호간에 직접 또는 간접으로 범죄의 공동실행에 관한 암묵적인 의사의 연락이 있으면 족한 것으로</u>, 비록 전체의 모의과정이 없었다고 하더라도 수인 사이에 의사의 연락이 있으면 공동정범이 성립될 수 있다 할 것인바(당원 1993.7.13. 선고 92도2832 판결 참조), 원심이 이러한 취지에서 위 피고인들과 그들로부터 부정입학을 알선 의뢰받은 교수나 실제로 부정입학을 주도한 위 교무처장등과의 사이에 서로 암묵적인 의사의 연락에 의한 순차공모관계가 있다고 보아 위 피고인들에게 업무방해죄의 공동정범으로서의 죄책을 인정한 조치도 수긍이 (된다). (피고인들이 ○○대학교 교무처장 등에게 자녀들의 부정입학을 청탁하면서 그 대가로 위 대학교측에 기부금명목의 금품을 제공하고 이에 따라 위 교무처장 등이 그들의 실제 입학시험성적을 임의로 고쳐 그 석차가 모집정원의 범위 내에 들도록 사정부를 허위로 작성한 다음 이를 그 정을 모르는 위 대학교 입학사정위원들에게 제출하여 그들로 하여금 그 사정부에 따라 입학사정을 하게 함으로써 위 자녀들을 합격자로 사정처리하게 한 사안)

〈편면적 공동정범의 부정〉

대법원 1985. 5. 14. 선고 84도2118 판결 [상해치사 · 상해 · 폭력행위등처벌에관한법률위반]

<u>공동정범은 행위자 상호간에 범죄행위를 공동으로 한다는 공동가공의 의사를 가지고 범죄를 공동실행하는 경우에 성립하는 것으로서, 여기에서의 공동가공의 의사는 공동행위자 상호간에 있어야 하며 행위자 일방의 가공의사만으로는 공동정범 관계가 성립할 수 없다</u> 할 것인바, 원심이 인정한 싸움의 경위와 내용에 의하면 피고인과 원심상피고인의 각 범행은 우연한 사실에 기하여 우발적으로 발생한 독립적인 것으로 보일 뿐 양인간에 범행에 관한 사전 모의가 있었던 것으로는 보여지지 않고, 또 원심상피고인이 피고인의 범행을 목격하고 이에 가세한 것으로는 인정되나 피고인이 원심상피고인의 가세사실을 미리 인식하였거나 의욕하

였던 것으로 보기 어려우며, 범행내용에 있어서도 피고인의 위 (1) **범행에는 원심상피고인이 가담한 사실이 없고, 원심상피고인의 위 (2), (3) 범행에는 피고인이 이에 가담한 사실이 없을 뿐만 아니라**(기록에 의하면 피고인은 원심상피고인의 폭행 내지 상해행위를 말린 사실이 인정될 뿐 함께 폭행 내지 상해에 가담한 사실은 인정되지 아니한다) **그 과정에서 피고인과 원심상피고인 사이에 암묵적으로라도 공동실행의 의사가 형성된 것으로 보기도 어려우니**, 그 판시내용과 같은 범죄사실을 인정하여 피고인을 상해치사죄의 공동정범으로 본 원심판단에는 공동정범의 법리를 오해하여 법률적용을 잘못한 위법이 있다고 할 것이다.

이와 같이 피고인과 원심상피고인의 각 범행을 공동정범으로 보기 어려운 이상 원심으로서는 과연 피고인의 범행과 피해자의 사망사이에 인과관계가 존재하며 가해자가 범행당시 피해자의 사망을 예견할 수 있었던 것인지의 여부를 심리하여 인과관계의 존재와 결과의 예견가능성이 인정되는 경우에 한하여 피고인에게 치사에 대한 책임을 물을 수 있는 것이며, 다만 동시범의 특례를 규정한 형법 제263조가 상해치사죄에도 적용되는 관계상(당원 1981.3.10. 선고 80도3321 판결 참조) 위 피해자의 사망이 피고인의 범행에 인한 것인지, 원심상피고인의 범행에 인한 것인지가 판명되지 아니하는 때에 예외적으로 공동정범의 예에 의할 수 있을 것임에도 불구하고, 원심은 피고인과 원심상피고인을 공동정범으로 봄으로써 이러한 점에 대하여는 살펴보지도 아니한 채 피고인에 대하여 치사의 결과에 대한 책임을 물었으니, 앞서 본바와 같은 법리의 오해는 판결에 영향을 미쳤다할 것이고 따라서 이 점을 지적하고 있는 상고논지는 이유있다.

대법원 2017. 4. 26. 선고 2013도12592 판결 「공동정범이 성립하기 위해서는 주관적 요건으로서 공동가공의 의사와 객관적 요건으로서 공동의사에 의한 기능적 행위지배를 통한 범죄의 실행사실이 필요하고, 이때 공동가공의 의사는 공동의 의사로 특정한 범죄행위를 하기 위하여 일체가 되어 서로 다른 사람의 행위를 이용하여 자기의 의사를 실행에 옮기는 것을 내용으로 하는 것이어야 한다. 따라서 범죄의 실행에 가담한 사람이라고 할지라도 그가 공동의 의사에 따라 다른 공범자를 이용하여 실현하려는 행위가 자신에게는 범죄를 구성하지 않는다면, 특별한 사정이 없는 한 공동정범의 죄책을 진다고 할 수 없다.」 (자기 자신을 무고하기로 제3자와 공모하고 무고행위에 가담한 경우 자기 자신에 대한 무고는 무고죄의 구성요건에 해당하지 않아 무고죄의 공동정범으로 처벌할 수 없다고 한 사안)

나. 공모의 시점

〈의사연락의 시기〉

대법원 1970. 1. 27. 선고 69도2225 판결 [허위공문서작성,허위공문서작성행사,뇌물수수]

원심은 그가 판시한 이유를 들어 피고인 (3)(4)에 대한 뇌물수수죄에 관하여 무죄를 선고하였다. 그러나 설사 피고인 (3)(4)등이 사전에 뇌물수수에 관하여 공모를 하였다는 증거가 없다고 하여도 원심 1969.6.4.10:00 제2차 공판조서 중 피고인 2의 진술기재에 의하면, 1968.11.11.21:00경 이리시내 ○○여관에서 △△군 병무계 직원소외 1로부터 돈 9만원을 받을 때에 피고인 (3)(4)등과 같은 자리에서 받았다는 기재가 있고, 검사의 원심 공동피고인 1에 대한 피의자 심문조서(제2회)중 같은 사람의 진술로서 1968.11.11.22:00경 이리시내 ○○여관에서 △△군 병무계소외 1 서기로부터 같은 군 관내 입영명령하령자 성명 불상자 등을 입영연기하여 달라는 취지로 돈 9만원을 제2징모구 직원 피고인 (2), (3), (4)등 면전에서 제공하기에 같이 합동하여 수수하였고, 같은 시각 같은 장소에서 ㅁㅁ군 병무계소외 2 서기로부터 ㅁㅁ군 관내 하령자를 입영 연기하여 달라는 취지로 돈 3만원을 제공하기에 역시 합동하여 수수하였다는 기재가 있고, 검사의 피고인(3)에 대한 피의자 심문조서(제2회)중 같은 피고인의 진술로서 명단작성의 작업을 마치고 나오다가 원심 공동피고인 1이 돈 1만원을 주기에 부정을 한 대가의 부정한 돈인 줄 알면서 받았다는 기재가 있고, 검사의 피고인(2)에 대한 피의자 심문조서(제4회)중 같은 피고인의 진술로서 1968.11.12.20:00경 전주시 전동소재 ◇◇장 술집에서 하령자 연명부재작성 작업을 마치고 각자가 취합하여 들어온 돈을 결산 분배하였는데 피고인(3), (4)는 1만원씩, 자기는 2만원을 가졌다는 기재 등이 있어서 '<u>공동 정범이 성립함에 있어서 필요한 범죄를 공동 실행할 의사는 범죄행위시에 존재하면 족하고, 반드시 사건 공모함을 요하지 아니한다</u>는 본원의 판례(대법원 1961.7.12. 선고 1961형상213 판결참조)에 비추어 볼 때 <u>피고인 (3), (4)도 뇌물수수죄의 공동 정범의 죄책을 면할 수 없다</u>고 할 것이므로, 원심 조처에는 채증법칙을 어긴 위법이 있거나, 공동 정범에 관한 법리를 오해한 위법이 있다.

〈우연적 공동정범〉

대법원 1984. 12. 26. 선고 82도1373 판결 [강간치상]

공동정범이 성립하기 위하여는 반드시 공범자간에 사전에 모의가 있어야 하는 것은 아니며, 우연히 만난 자리에서 서로 협력하여 공동의 범의를 실현하려는 의사가 암묵적으로 상통하여 범행에 공동가공하더라도 공동정범은 성립된다고 할 것이다.

원심이 인용한 제 1심 판결이 든 증거에 의하면, 피고인들은 원심공동피고인이 피해자를 강간하려고, 동녀를 정읍군 (지명 생략) 소재 ○○천 제방으로 유인하여 가는 것을 알고서 그 뒤를 따라가다가, 제방뚝에서 원심공동피고인이 피해자를 강간하려고 폭행하기 시작할 무렵, 원심공동피고인의 주위에 나타나서, 원심공동피고인의 폭행으로 항거불능의 상태에 있는 피해자를 강간하기 위하여 하의를 벗고 대기하고 있었고, 원심공동피고인이 강간을 끝내자 마자 그의 신호에 따라 차례로 윤간한 사실이 인정되는 바, 이에 의하면 피고인들이 원심공동피고인의 뒤를 따라갈 때까지는 강간의 모의가 있었다고는 할 수 없으나, 원심공동피고인의 강간의 실행에 착수할 무렵에는 원심공동피고인과 피고인들 사이에 암묵적으로 범행을 공동할 의사연락이 있었다고 할 것이므로, 피고인들 및 원심공동피고인을 공동정범으로 의률한 원심의 조처는 정당하고 거기에 채증법칙을 위반하여 사실을 오인한 위법이나 공동정범에 관한 법리오해의 위법이 있다고 할 수 없으며, 또 원심이 위와 같이 피고인들이 암묵적으로 한 공모의 일시, 장소 및 그 내용을 구체적으로 판시하지 아니하였다 하여 유죄판결에 범죄사실을 명시하지 아니한 위법이 있다고 할 수도 없다.

그리고 공동정범이 성립되면 공범자는 다른 공범자가 실행한 행위에 대하여도 그 책임을 면할 수 없다 할 것인바, 위의 증거들에 의하면, 피해자는 원심공동피고인이 강간하기 위하여 폭행을 하는 와중에 전치 약 5일을 요하는 목부분 찰과상을 입게 된 사실이 적법하게 인정되고, 그 정도의 상해가 형법상 상해의 개념에 해당하지 않는다고는 할 수 없으므로 피고인들을 강간치상죄의 공동정범으로 처단한 원심의 조처는 정당하(다).

대법원 1985. 8. 20. 선고 84도1373 판결 [사기]

공동정범의 성립에 필요로 하는 범죄를 공동실행할 의사는 범죄행위시에 존재하면 족하고 반드시 사전모의가 있어야만 하는 것은 아니므로 피고인이 원심 공동피고인과 피해자들을 기망하여 판시 양도계약을 체결할 것을 사전에 모의한 바 없었다 하더라도 피해자들이 원심 공동피고인의 기망행위에 의하여 이미 착오에 빠져 있었고 피고인이 그 양도계약체결에

당하여 원심 공동피고인의 기망내용이 사실이냐고 묻는 피해자들에게 사실이라고 확인하였다면 피고인에게는 원심 공동피고인과 공동으로 피해자들을 기망하여 판시 양도계약을 체결하려한 공동실행의 의사가 있었다 할 것이다.

다. 승계적 공동정범

〈승계적 공동정범의 성립범위〉

대법원 1982. 6. 8. 선고 82도884 판결 [향정신성의약품관리법위반·변호사법위반]

원심이 인용한 제1심판결에 의하면, 원심이 피고인 2에 대하여 인정한 범죄사실은, 피고인은 향정신성의약품취급자가 아니면서 공소외 1과 공모하여 영리의 목적으로 1981.1월 초순부터 같은 해 2월 중순경까지 피고인 1의 집 지하실에서 공기압출기 등의 속칭 히로뽕 제조기구를 설치하여 싯가 미상의 히로뽕 약 4키로그램을 제조하였다는 것이다.

그러나, 원심이 인용한 제1심판결이 채택한 증거를 기록에 의하여 검토하여 보아도 피고인이 공소외 1과 1981.1월 초순경부터 히로뽕 제조행위를 하였다고 인정할 자료는 없고, 다만 **위 공소외 1이 이미 1981.1월 초순경부터 그 제조행위를 계속하던 도중인 1981.2.9경 피고인이 비로소 위 공소외 1의 위 제조행위를 알고 그에 가담한 사실**이 인정될 뿐인바, 이와 같이 연속된 제조행위 도중에 공동정범으로 범행에 가담한 자는 비록 그가 그 범행에 가담할 때에 이미 이루어진 종전의 범행을 알았다 하더라도 그 가담 이후의 범행에 대하여만 공동정범으로 책임을 지는 것이라고 할 것이니, 비록 이 사건에서 위 공소외 1의 위 제조행위 전체가 포괄하여 하나의 죄가 된다 할지라도 피고인에게 그 가담 이전의 제조행위에 대하여까지 유죄를 인정할 수는 없다고 할 것이다.

> **대법원 1997. 6. 27. 선고 97도163 판결 [특정경제범죄가중처벌등에관한법률위반(배임)]**
> 계속된 거래행위 도중에 공동정범으로 범행에 가담한 자는 비록 그가 그 범행에 가담할 때에 이미 이루어진 종전의 범행을 알았다 하더라도 그 가담 이후의 범행에 대하여만 공동정범으로 책임을 지는 것이라고 할 것이므로(대법원 1982. 6. 8. 선고 82도884 판결 참조), 비록 이 사건에서 위 공소외 3과의 거래행위 전체가 포괄하여 하나의 죄가 된다 할지라도 위 피고인에게 그 가담 이전의 거래행위에 대하여서까지 유죄로 인정할 수는 없다 할 것이다.

⟨승계적 공동정범으로서 업무방해죄의 기수로 논할 수 없다고 한 사례⟩

대법원 1994. 12. 2. 선고 94도2510 판결 [배임수재(인정된죄명:업무방해)·무고·위증]

원심판결 이유에 의하면 원심은, 공소외 1이 1989. 1. 중순경 ○○대학교 부근 개인사무실에서 1989학년도 ○○대학교 후기입시에서 산업디자인학과 및 체육학과 수험생 6명의 학부모들로 부터 수험생을 합격시켜 달라는 부정한 청탁을 받고서 그 댓가로 1인당 금 15,000,000원 내지 30,000,000원 씩을 받는 조건으로 산업디자인학과 실기시험 채점위원이 될 위 공소외 1이 산업디자인학과 수험생들의 데생을 사전에 검토하여 실기시험 채점시에 점수를 높게 주도록 하는 한편, 수험생들로 하여금 1989. 1. 23. 실시된 영어, 국어, 수학의 주관식 답안지 1 내지 3번 중에 V 또는·의 비밀표시를 하게 하였는 바, 피고인은 위 공소외 1로 부터 위 수수금원 중 일정액을 분배받는 조건으로 영어 주관식 답안지 중 미리 약속된 V 또는·으로 비밀표시된 답안지에 정답을 기재하거나 틀린 답안인데도 점수를 높게 주는 등 위계의 방법으로 부정청탁한 수험생들을 부정합격시키도록 하자는 부탁을 받고 이를 승낙하는 방법으로 위 공소외 1과 공모하고, 1989. 1. 23. 15:00경 영어채점위원인 영어영문학과 조교수 공소외 2를 ○○대학교 교수회관 내 자신의 연구실로 불러들여 위 청탁 수험생들의 답안지 묶음 번호인 130 내지 140번이 기재된 메모지 1장, V,·표시가 찍힌 메모지 1장 및 돈이 든 흰봉투를 내밀면서 "미술학과 공소외 1 교수의 부탁이니 그 학생의 답안지에 정답을 기재하거나 적당히 높은 점수로 채점해 달라"면서 부정채점을 청탁함으로써 위계의 방법으로 ○○대학교 총장이 주관하고 있는 입시관리업무를 방해한 사실을 인정하고 이를 형법 제314조, 제313조, 제30조에 의하여 의율처단함으로써, 위 공소외 1이 비밀표시에 의한 채점을 하기로 작정하고서 학부형들로 부터 돈을 받고 그 수험생들로 하여금 답안지에 비밀표시를 하도록 해 놓고 영어채점위원이 될 것으로 예상된 피고인에게 이와 같은 내용을 이야기 하면서 비밀표시한 답안지의 영어 주관식문제 채점을 부정하게 높게 해 줄 것을 부탁하고 피고인이 이에 승낙하였으나, 그 후 피고인은 채점위원이 되지 아니하고 위 공소외 2가 채점위원이 되자 공소외 2에게 부정채점을 부탁함으로써 위 대학교 총장의 입시관리업무를 방해하였다는 것이다.

그러나 원심판결이 인용한 피고인에 대한 범죄사실의 내용을 보면, **피고인이 위 수험생들이 비밀표시를 하기 전에 위 공소외 1의 범행제의를 받고 이에 승낙한 후 수험생들로 하여금 비밀표시를 하게 함으로써 위 대학교 총장의 입시관리업무를 방해한 것이라는 취지인지 아**

니면 수험생들이 이미 시험장에서 위와 같은 비밀표시를 한 후에 비로소 피고인이 위 공소외 1의 범행제의를 승낙하고 위 공소외 2에게 부정채점을 해 줄 것을 청탁함으로써 위 대학교 총장의 입시관리업무를 방해한 것이라는 취지인지 명확하지 아니한 점이 있으나 범죄사실내용의 전후를 보면 수험생들이 답안지에 비밀표시를 한 후에 위 공소외 1과 공모하고 부정채점을 청탁함으로써 입시관리업무를 방해하였다는 취지로 보아야 할 듯하다.

그리고 기록에 의하면 피고인으로 부터 부정채점 제의를 받은 위 공소외 2가 피고인의 제의를 거절하고 즉시 위 대학교 교무처장에게 신고함으로써 더 이상 입시부정행위를 할 수 없게 되었고 달리 그 이후 피고인이 위 공소외 1이나 수험생들 및 위 대학교 총장으로 하여금 부정한 행위나 처분을 하게 할 만한 행위를 한 바는 없는 사실을 인정할 수 있는 바, 사정이 이와 같다면 피고인의 범행 가담 이후 위 총장의 입시관리업무가 방해될 만한 행위가 없다 할 것이니 업무방해죄의 기수로 논할 수 없음이 명백하므로 위 공소외 2에게 부정청탁을 하였으나 뜻을 못이룬 피고인의 행위를 형법 제314조를 적용하여 업무방해죄의 죄책을 지울 수는 없다고 할 것이다.

그럼에도 피고인을 업무방해죄의 공동정범으로 처단한 원심판결의 이 부분은 증거없이 사실을 인정하였거나 업무방해죄의 법리를 오해하여 판결에 영향을 미친 위법을 저질렀다 할 것이므로 이 점을 지적하는 논지는 이유 있다.

2. 객관적 요건 : 공동의 실행행위

가. 실행행위의 공동분담

〈기능적 행위지배〉

대법원 2004. 6. 24. 선고 2002도995 판결 [살인(인정된 죄명 : 살인방조)·살인]

형법 제30조의 공동정범이 성립하기 위하여는 주관적 요건인 공동가공의 의사와 객관적 요건으로서 그 공동의사에 기한 기능적 행위지배를 통하여 범죄를 실행하였을 것이 필요하고, 여기서 공동가공의 의사란 타인의 범행을 인식하면서도 이를 제지함이 없이 용인하는 것만으로는 부족하고 공동의 의사로 특정한 범죄행위를 하기 위하여 일체가 되어 서로 다른 사람의 행위를 이용하여 자기의 의사를 실행에 옮기는 것을 내용으로 하는 것이어야 하는바 (대법원 2003. 3. 28. 선고 2002도7477 판결 등 참조), 기록에 의하여 드러난 사정들, 즉, 피고인들이 원심공동피고인 1의 퇴원 조치 요구를 극구 거절하고, 나아가 꼭 퇴원을 하고 싶으면 차라리 피해자를 데리고 몰래 도망치라고까지 말하였던 점, 퇴원 당시 피해자는 인공호흡 조절수보다 자가호흡수가 많았으므로 일단 자발호흡이 가능하였던 것으로 보이고, 수축기 혈압도 150/80으로 당장의 생명유지에 지장은 없었던 것으로 보이는 점, 피해자의 동맥혈 가스 분석 등에 기초한 폐의 환기기능을 고려할 때 인공호흡기의 제거나 산소 공급의 중단 이 즉각적인 호흡기능의 정지를 유발할 가능성이 적었을 것으로 보이는 점 등에 비추어 보면, **피고인들은 피해자의 처원심공동피고인 1의 간청에 못 이겨 피해자의 퇴원에 필요한 조치를 취하기는 하였으나, 당시 인공호흡장치의 제거만으로 즉시 사망의 결과가 발생할 것으로 생각하지는 아니하였던 것으로 보이고**(피해자가 실제로 인공호흡장치를 제거한지 5분 정도 후에 사망하였다는 것만으로 그러한 결과가 사전에 당연히 예견되는 것이었다고 단정하기는 어렵다.), 결국 피고인들의 이 사건 범행은, 피해자의 담당 의사로서 피해자의 퇴원을 허용하는 행위를 통하여 피해자의 생사를, 민법상 부양의무자요 제1차적 보증인의 지위에 있는 원심공동피고인 1의 추후 의무 이행 여부에 맡긴 데 불과한 것이라 하겠고, 그 후 피해자의 사망이라는 결과나 그에 이르는 사태의 핵심적 경과를 피고인들이 계획적으로 조종하거나 저지·촉진하는 등으로 지배하고 있었다고 보기는 어렵다. 따라서 피고인들에게는 앞에서 본 공동정범의 객관적 요건인 이른바 기능적 행위지배가 흠결되어 있다고 보는 것이 옳다.

(3) 따라서 피고인들이 원심공동피고인 1의 부작위에 의한 살인행위를 용이하게 함으로써 이를 방조하였을 뿐이라고 본 원심의 판단은 결론에 있어 정당하고, 거기에 판결 결과에 영향을 미친 위법이 있다고 할 수 없다.

〈공동정범 성립의 시간적 한계 : 실행의 착수 이후 기수 이전의 실행행위 분담〉

대법원 1997. 2. 14. 선고 96도1959 판결 [폭력행위등처벌에관한법률위반·공갈·공갈미수]

2인 이상이 공모하여 범죄에 공동 가공하는 공범관계에 있어서 공모는 법률상 어떤 정형을 요구하는 것이 아니고 공범자 상호간에 직접 또는 간접으로 범죄의 공동실행에 관한 암묵적인 의사연락이 있으면 족한 것으로 비록 전체의 모의과정이 없었다고 하더라도 수인 사이에 의사의 결합이 있으면 공동정범이 성립될 수 있는 것이고(당원 1994. 3. 8. 선고 93도 3154 판결, 1994. 3. 11. 선고 93도2305 판결 등 참조), 공범자가 공갈행위의 실행에 착수한 후 그 범행을 인식하면서 그와 공동의 범의를 가지고 그 후의 공갈행위를 계속하여 재물의 교부나 재산상 이익의 취득에 이른 때에는 공갈죄의 공동정범이 성립한다 할 것인바(당원 1985. 8. 20. 선고 84도1373 판결, 1995. 9. 5. 선고 95도577 판결 등 참조), 위와 같이 피고인 1이 피해자 공소외 10을 외포시켜 동인으로부터 ○○일보일간신문에 사과광고 신청을 할 것을 승낙받은 후 피고인 2와 암묵적인 의사연락이 이루어져 피고인 2가 위 공소외 10의 외포상태를 이용하는 한편 다시 동인에게 ○○일보일간신문 기자들의 강경 분위기를 전달하여 동인을 외포시킴으로써 동인으로 하여금 적정한 광고료 이상의 금 4,400,000원의 광고료를 지급하고 위 사과광고를 게재하도록 한 이상 피고인들은 위 광고료 금 4,400,000원을 갈취한 데 대한 공동정범의 죄책을 면할 수 없다 할 것이다.

〈공동정범 성립의 시간적 한계 : 성립 부정 사례〉

대법원 2003. 10. 30. 선고 2003도4382 판결 [특정경제범죄가중처벌등에관한법률위반(배임)(인정된 죄명: 업무상배임)·부정경쟁방지및영업비밀보호에관한법률위반·증거인멸]

업무상배임죄는 업무상 타인의 사무를 처리하는 자가 그 임무에 위배하는 행위로써 재산상의 이익을 취득하거나 제3자로 하여금 이를 취득하게 하여 본인에게 손해를 가한 때에 성립하는 것이고, 여기에서 본인에게 "재산상의 손해를 가한 때"라 함은 현실적인 손해를 가한 경우 뿐만 아니라 재산상 실해 발생의 위험을 초래한 경우도 포함된다(대법원 2003. 2. 11. 선고 2002도5679 판결 참조) 할 것이고, 업무상배임죄의 실행으로 인하여 이익을 얻게 되는 수익자 또는 그와 밀접한 관련이 있는 제3자를 배임의 실행행위자와 공동정범으로 인정하기 위하여는 실행행위자의 행위가 피해자 본인에 대한 배임행위에 해당한다는 것을 알면서도 소극적으로 그 배임행위에 편승하여 이익을 취득한 것만으로는 부족하고, 실행행위자의 배임행위를 교사하거나 또는 배임행위의 전 과정에 관여하는 등으로 배임행위에 적극 가담할 것을 필요로 한다(대법원 1999. 7. 23. 선고 99도1911 판결 참조).

그런데 원심판결이 들고 있는 증거들 중 피고인 1이 공소외 1 회사의 영업비밀을 유출한 경위와 방법 및 피고인 2의 관여 정도에 관한 증거로는 검사 작성의 피고인 1에 대한 피의자신문조서가 있을 뿐인데, 그 진술이 일관되어 있지는 않지만 그 요지는, 피고인 1은 2000. 4.경 공소외 1 회사를 퇴직하기로 마음먹고 퇴직 후에 공소외 1 회사의 영업비밀과 관련된 벤처기업에 취업할 경우 업무에 활용할 목적으로, 같은 달 하순 경 공소외 1 회사의 영업비밀을 씨디롬(CD-R)과 디스켓에 저장한 후 같은 해 5.경 위 씨디롬을 회사 밖으로 반출하여 집으로 가져왔고, 그 후 같은 해 6.경 피고인 2를 만나 공소외 3 회사에 취업하고 싶다는 뜻을 표시하면서 공소외 1 회사의 영업비밀에 관한 자료를 집에 보관하고 있다고 말하였는데, 피고인 2는 알았다고 하면서 피고인 1의 요구를 받아들여 연봉 6,500만 원 외에 공소외 3 회사의 주식 3만 주를 주기로 약정하였고, 그 후 피고인 1은 같은 해 6. 말경 공소외 1 회사에 사직서를 제출하면서 위 디스켓마저 집으로 가져와 보관하고 있다가, 같은 해 7. 1.경 공소외 3 회사에 먼저 취업한 다음 같은 해 7. 19. 공소외 1 회사를 퇴사한 후인 같은 해 10.경 위 씨디롬 및 디스켓에 들어 있는 영업비밀을 공소외 3 회사의 서버컴퓨터에 제공하였다는 것이다. 그렇다면 피고인 1은 처음부터 공소외 1 회사의 영업비밀을 다른 벤처기업에 유출하거나 스스로의 이익을 위하여 이용할 목적으로 그 영업비밀을 씨디롬과 디스켓에 담아두었던 것이므로 피고인 1이 그 중 씨디롬을 2000. 5.경 공소외 1 회사 밖으로 반출하여 집으로 가져와 보관한 때에 이미 위 씨디롬에 담긴 공소외 1 회사의 영업비밀에 관한 피고인 1의 업무상배임의 범의가 외부에 표출되고 공소외 1 회사의 재산상 손해발생의 위험이 현실화되어 업무상배임죄의 기수에 이르렀다고 할 것이고, 피고인 2는 그 이후에 피고인 1과 접촉하여 위 씨디롬에 담긴 공소외 1 회사의 영업비밀을 취득하려 하였던 것이므로 그 행위가 다른 죄에 해당하는지의 여부는 별론으로 하고 피고인 2가 위 씨디롬에 담긴 영업비밀에 관한 피고인 1의 업무상배임죄의 공동정범이 될 수는 없다고 할 것이다.

〈계속범에서 공동정범 성립의 시간적 한계〉

대법원 1995. 9. 5. 선고 95도577 판결 [도로교통법위반, 범인도피]

범인도피죄는 범인을 도피하게 함으로써 기수에 이르지만 범인도피행위가 계속되는 동안에는 범죄행위도 계속되고 행위가 끝날 때 비로소 범죄행위가 종료된다고 할 것이고, 공범자의 범인도피행위의 도중에 그 범행을 인식하면서 그와 공동의 범의를 가지고 기왕의 범인도피상태를 이용하여 스스로 범인도피행위를 계속한 자에 대하여는 범인도피죄의 공동정범이 성립한다고 할 것이다. 원심판시와 같이 피고인 2, 원심공동피고인 1,2가 서로 공모하여 위 원심공동피고인 2가 이 사건 사고를 낸 운전사인 양 수사관서에 허위신고한 후 진범인 원심공동피고인 3이 자수하기 전에, 피고인 1이가 이러한 사실을 인식하면서, 위 원심공동피고인

2와 3을 만나 판시와 같은 행위를 하였다면, 비록 동 피고인이 다른 공범자들과 사전에 범인도피의 공모를 하지 아니하였다고 하더라도 그들과 공동의 범인도피의 범의를 가지고 기왕의 범인도피상태를 이용하여 스스로 범인도피의 실행행위를 계속한 것으로서 범인도피죄의 공동정범이 성립된다고 할 것이다.

〈결과가 발생하는 장소에 현재할 필요는 없음〉

대법원 2010. 1. 28. 선고 2009도10139 판결 [사문서위조·위조사문서행사·사기]

피고인의 경찰에서의 진술, 제1심 공동피고인 2의 경찰 및 원심 법정에서의 각 진술에 의하면, 제1심 공동피고인 2는 위조된 부동산임대차계약서를 담보로 제공하고 피해자공소외 1로부터 돈을 차용할 것을 계획하면서 공소외 1이 위조된 부동산임대차계약서상의 임대인에게 전화를 하여 확인할 것에 대비하여 피고인에게 미리 전화를 하여 임대인 행세를 하여달라고 부탁을 하였고, 피고인은 위와 같이 제1심 공동피고인 2가 위조된 부동산임대차계약서를 담보 관련 문서로 제시하여 공소외 1로부터 돈을 빌려 편취한다는 사정을 잘 알면서도 이를 승낙하여 실제로 공소외 1의 남편공소외 2로부터 전화를 받자 자신이 실제의 임대인인 것처럼 행세하여 전세금액 등을 확인함으로써 위조사문서의 행사에 관하여 역할분담을 하였음을 알 수 있고, 피고인의 위와 같은 행위는 위조사문서행사에 있어서 기능적 행위지배의 공동정범요건을 갖추었다고 할 것이다.

나. 실행행위단계에서의 범행기여의 중요성

〈구성요건적 실행행위의 분담〉

대법원 1984. 6. 12. 선고 84도780 판결 [강간치상]

원심이 확정한 바와 같이 피고인이 공소외인과 공모하여 공소외인이 피해자를 강간하고 있는 동안 위 피해자가 반항을 하지 못하도록 그의 입을 손으로 틀어막고 주먹으로 얼굴을 2회 때린 것이라면 피고인은 강간죄의 공동정범의 죄책을 면할 수 없다 할 것이므로 같은 취지에서 피고인의 소위를 강간죄의 공동정범으로 의율한 원심의 조치는 정당하(다).

⟨실행행위단계에서의 분업적 공동작용⟩

대법원 1986. 1. 21. 선고 85도2411 판결 [강도강간]

제1심판결이 확정한 바와 같이 피고인이 원심 공동피고인 1, 원심 공동피고인 2와 함께 강도범행을 저지른 후 피해자의 신고를 막기 위하여 원심 공동피고인 1, 원심 공동피고인 2가 묶여있는 피해자를 옆방으로 끌고가 강간범행을 할 때에 피고인은 자녀들을 감시하고 있었다면 공범자들의 강도강간범죄에 공동가공한 것이라 하겠으므로 비록 피고인이 직접 강간행위를 하지 않았다 하더라도 강도강간의 공동죄책을 면할 수 없다.

⟨실행행위단계에서의 협력관계⟩

대법원 1982. 10. 26. 선고 82도1818 판결 [강간·살인·현주건조물방화]

공동정범이 성립하기 위하여는 반드시 공범자간에 사전 모의가 있어야 하는 것은 아니며, 암묵리에 서로 협력하여 공동의 범의를 실현하려는 의사가 상통하면 공모가 있다 할 것이고 공모가 있는 이상 반드시 각 범행의 실행을 분담할 것을 요하지 아니하고, 단순히 망을 보았어도 공범의 책임을 면할 수 없다할 것인바, 원심이 유지한 제1심 판결이 적법하게 인정한 사실에 의하면 피고인 2가 피고인 1과 강간을 모의한 후 피해자공소외 1을 강간하고 있는 동안에 피고인 1이 위 강간으로 항거불능 상태에 있는 공소외 1을 넥타이로 팔을 묶고 동녀의 딸 피해자공소외 2를 살해하고 피고인 2가 강간행위를 끝내고 마루로 나가 망을 보고있는 사이에 피고인 1은 후환이 두려워 증거를 남기지 않기 위하여 커피포트의 전선을 끊어 공소외 1의 팔, 다리를 묶고 기저귀로 목을 묶어 움직이지 못하게 한 후 이불 등을 씌우고 석유곤로의 석유를 쏟아 뿌린뒤 불을 놓아 현주건조물을 방화하고 이로 인하여 동녀를 일산화탄소 중독으로 사망하게 하여 살해하였음을 알 수 있고 위 인정사실에 의하면 피고인 2는 위 강간 이후의 범행에 대하여도 피고인 1과 암묵적인 의사의 연락이 있었다고 보여지며, 피고인 2는 망을 보는 등의 일련의 협력관계에서 저질러진 이 사건 살인죄 및 현주건조물방화죄에 대하여도 그 죄책을 면할 수 없다 할 것이므로 같은 취지에서 피고인 2의 위 소위를 공동정범으로 의률한 원심의 조치는 옳고 거기에 공동정범의 법리를 오해한 위법이 있다고는 할 수 없다.

〈구성요건적 행위는 아니지만 구성요건실현을 위해 중요한 행위〉

대법원 1971. 4. 6. 선고 71도311 판결 [특수강도,특수절도]

김문희, 항의진, 임광혁등과 서로 합동하여 1970.7.6. 2:00경 서울 영등포구 도림동 산14 김02 집안에 들어가서 피고인은 마당에서 망을 보고 위 공소외인들은 안방에 들어가서 잠을 자다 깨어 일어나는 위 김02와 그의 처 손01 등에게 "담요를 뒤집어 쓰고 앉아 있으라"고 강요 하다가 고분고분이 말을 듣지 않는다고 긴 몽둥이로 김02의 머리를 한번 때리고 위 손01 에게는 담요를 뒤집어 씌운뒤 손으로 목을 누르는 등 폭행을 가하여 항거할 수 없게 만든 다음 그곳에 있던 위 김02 소유의 금성 테레비 1대와 오리엔트 손목시계 1개 및 론손 라이타 1개등 싯가 계금 12,600원 상당을 빼앗아 달아남으로써 강취하였다는 것이므로 <u>피고인은 위 공소외인들과 같이 특수강도죄의 공동정범의 죄책을 면할 수 없는 것</u>으로서 이와같은 취지로 판단한 원판결은 정당하고 법리를 오해한 잘못이 있다할 수 없(다).

> #### 대법원 1968. 3. 26. 선고 68도236 판결 [특수절도]
> 피고인은 공소외 이×룡의 1심판시 절도범행 현장에서 파수를 보았다 함으로 피고인은 이 ×룡과 공모합동하여, 본건 특수절도 범행을 저지른 것이라 할 것이며, <u>절도범행의 파수행위는 범죄실행행위 자체는 아니고, 그 방조행위에 지나지 아니한다는 논지는 독자적 견해에 지나지 아니한다.</u>

〈범행기여의 중요성이 인정되지 않아 기능적 행위지배가 부정된 사안〉

대법원 2013. 1. 10. 선고 2012도12732 판결 [여신전문금융업법위반·범인도피·사기]

형법 제30조의 공동정범이 성립하기 위하여는 주관적 요건인 공동가공의 의사와 객관적 요건으로서 그 공동의사에 기한 기능적 행위지배를 통하여 범죄를 실행하였을 것이 필요하고, 여기서 공동가공의 의사란 타인의 범행을 인식하면서도 이를 제지함이 없이 용인하는 것만으로는 부족하고 공동의 의사로 특정한 범죄행위를 하기 위하여 일체가 되어 서로 다른 사람의 행위를 이용하여 자기의 의사를 실행에 옮기는 것을 내용으로 하는 것이어야 한다(대법원 2003. 3. 28. 선고 2002도7477 판결 등 참조). 한편, <u>공동정범의 본질은 분업적 역할분담에 의한 기능적 행위지배에 있다고 할 것이므로 공동정범은 공동의사에 의한 기능적 행위지배가 있음에 반하여 종범은 그 행위지배가 없는 점에서 양자가 구별된다</u>(대법원 1989. 4. 11. 선고

88도1247 판결).

나. 피고인에 대한 이 사건 공소사실 중 여신전문금융업법 위반 및 사기의 점에 대한 공소사실의 요지는, 다음과 같다.

원심 공동피고인 1과 공소외 1, 공소외 2(이하 원심 공동피고인 1은 단순히 '원심 공동피고인 1'이라 하고, 원심 공동피고인 1, 공소외 1, 공소외 2를 통칭하여 '원심 공동피고인 1 등'이라 한다)은 해외에서 사용되는 신용카드를 위조하여 그 신용카드로 담배 등을 구입하여 되팔기로 공모하고, 피고인은 원심 공동피고인 1의 요구에 따라 위조 대상이 될 해외 신용카드정보 구입비용(일명 '자료값')을 대 주는 대가로 원심 공동피고인 1을 통해서 위조 신용카드로 구입한 명품 팔찌, 가방 등을 받기로 공모하였다.

이에 따라 원심 공동피고인 1은 신용카드 위조에 필요한 장비를 구입하고, 피고인은 위조 대상이 될 해외 신용카드정보 구입비용으로 350만 원을 대고, 공소외 1은 위 장비와 불상의 자로부터 받은 해외 신용카드정보를 이용하여 신용카드 9개를 위조하였다.

원심 공동피고인 1 등은 그 후 수원시 영통구 일대 편의점을 돌며 65회에 걸쳐 합계 5,370,500원 상당의 담배 등을 구입하면서 위와 같이 위조된 신용카드를 사용하고, 담배 등을 교부받아 편취하였다.

다. 원심은 다음과 같은 이유로 이 부분 공소사실을 유죄로 인정하였다.

① 피고인은 검찰에서 350만 원 중 150만 원은 자료값 명목으로 보내 준 것이 맞고, 위조 신용카드로 명품 팔찌 등을 구입하게 하여 자료값 이상으로 명품을 받으려고 하였다는 취지로 진술하였고, 제1심법정에서는 이 부분 공소사실을 모두 자백하였던 점, ② 원심 공동피고인 1은 경찰에서부터 원심법정에 이르기까지 일관되게 피고인과의 공모관계를 인정하고 있는 점, ③ 피고인은 원심 공동피고인 1이 2008년에도 본건과 동일한 수법의 범행을 저질러 처벌받은 사실을 알고 있었던 점, ④ 피고인과 원심 공동피고인 1 사이의 통화 내용이 담겨 있는 녹취록을 보더라도 피고인의 가담사실을 부인하기 어려워 보이는 점 등을 종합하면, 피고인이 원심 공동피고인 1 등과 공모하여 신용카드를 위조·사용하는 범행에 가담하였음을 넉넉히 인정할 수 있고, 이에 대해 모르고 있었다거나 또는 가담하였더라도 단순한 방조범에 불과하다는 취지의 주장은 모두 이유 없다.

라. 그러나 원심의 판단은 다음과 같은 이유에서 그대로 수긍하기 어렵다.

원심판결 이유 및 원심이 적법하게 채택한 증거에 의하면, 다음과 같은 사정을 알 수 있다.

① 이 부분 공소사실 자체에 의하더라도, 피고인이 직접 신용카드 위조·사용 등 범행에 가

담한 것은 아니다. 피고인은 원심 공동피고인 1의 요구에 따라 범행 자금 중 일부를 제공하면서, 마침 처에게 결혼기념일 선물로 약속하였던 명품 팔찌 등을 구입해 오도록 요구하였을 뿐이다.

② 피고인은 2007년경 우연히 조직폭력배 출신인 원심 공동피고인 1을 알게 된 이래 자신이 운영하던 주점과 관련된 업무상의 필요에 의해 원심 공동피고인 1과 친분을 유지하여 왔으나, 원심 공동피고인 1 등이 2008년에 이 사건 범행과 동종의 범행을 저지를 당시 이에 가담하지 아니하였다. 이 사건의 경우에도 원심 공동피고인 1 등은 독자적으로 범행을 공모하여 이미 실행에 옮긴 상태에서 범행을 계속하는 데 필요한 자금을 조달하기 위해 피고인을 끌어들인 것에 불과하다.

③ 피고인이 자료값 제공 대가로 명품 팔찌 등을 요구할 당시 그 방법에 관하여는 원심 공동피고인 1 등에게 일임하였던 것으로 보인다. 원심 공동피고인 1 등이 신용카드를 위조·사용하여 명품 팔찌 등을 구입하리라는 것을 알고 있었다고 하나 달리 범행에 직접 관여한 흔적은 발견할 수 없고, 이 부분 공소제기 대상 범죄사실에는 피고인이 요구한 명품 팔찌 등 구입과 관련된 내용은 포함되어 있지 아니하다.

④ 원심 공동피고인 1 등은 이 사건 범행을 공모하면서 일정 비율에 따른 이익분배 등을 미리 약정하였다. 반면, 피고인이 요구한 명품 팔찌 등은 기본적으로 피고인이 제공한 자료값에 대한 일회적 대가로 보아야 하고, 그 대가가 원심 공동피고인 1 등이 예정하고 있는 범행의 실행을 통하여 획득된다고 하여 그 성격이 달라진다고 볼 수도 없다.

⑤ 원심 공동피고인 1은 2008년 범죄 및 이 사건 범죄의 수사, 재판 등과 관련된 여러 가지 이유로 피고인에게 상당한 반감을 품고 있는 것으로 보이고, 피고인이 이 사건 범행에 관여한 정도가 공동정범에 해당하는지 여부는 원심 공동피고인 1의 진술에 좌우될 것이 아니다. 사정이 이러하다면, 이 사건의 경우 검사가 제출한 증거만으로는 피고인과 원심 공동피고인 1 등이 공동의 의사로 이 사건 신용카드 위조·사용 등 범행을 위한 범죄공동체를 형성하였다거나, 피고인이 위 범행에 이르는 사태의 핵심적 경과를 조종하거나 저지·촉진하는 등으로 지배하여 자신의 의사를 실행에 옮기는 정도에 이르렀다고 인정하기에 부족하고, 피고인은 범행 자금을 제공하고 그 범행의 실행을 통하여 획득할 수 있는 명품 팔찌 등을 요구함으로써 단순히 원심 공동피고인 1 등의 신용카드 위조·사용 등 범행의 결의를 강화시키고 이를 용이하게 한 방조범에 불과하다고 볼 수 있을 따름이다.

다. 공모공동정범

(1) 의의 및 본질

〈공모공동정범의 의의 : 공동의사주체설〉

대법원 1983. 3. 8. 선고 82도3248 판결 [생 략]

공모공동정범은 공동범행의 인식으로 범죄를 실행하는 것으로 공동의사주체로서의 집단전체의 하나의 범죄행위의 실행이 있음으로 성립하고 공모자 모두가 그 실행행위를 분담하여 이를 실행할 필요가 없고 실행행위를 분담하지 않아도 공모에 의하여 수인간에 공동의사주체가 형성되어 범죄의 실행행위가 있으면 그 실행행위를 분담하지 않았다고 하더라도 공동의사주체로서 정범의 죄책을 지계하는 것이니 범죄의 집단화현상으로 볼 때 범행의 모의만 하고 실행행위는 분담하지 않아도 그 범행에 중요한 소임을 하는 것을 간과할 수 없기 때문에 이를 공모공동정범으로서 처단하는 것이다.

〈간접정범유사설〉

대법원 1988. 4. 12. 선고 87도2368 판결 [사기]

공모공동정범이 성립되려면 두사람 이상이 공동의 의사로 특정한 범죄행위를 하기 위하여 일체가 되어 서로가 다른 사람의 행위를 이용하여 각자 자기의 의사를 실행에 옮기는 것을 내용으로 하는 모의를 하여 그에 따라 범죄를 실행한 사실이 인정되어야 하는 것이고 이와 같이 공모에 참여한 사실이 인정되는 이상 직접 실행행위에 관여하지 안했더라도 다른 사람의 행위를 자기의사의 수단으로 하여 범죄를 하였다는 점에서 자기가 직접 실행행위를 분담한 경우와 형사책임의 성립에 차이를 둘 이유가 없는 것이다.

원심이 이 사건 공소사실 가운데 사기의 점을 무죄라고 판단한 이유를 보건대, 원심은 피고인이 법원등기과 소속 공무원이던 공소외 1과의 간에 나라소유의 이 사건 땅을 그에 관한 등기부등본을 위조하여 피고인의 형의 소유명의로 돌려 놓은 다음 그것을 행사하여 다른 사람을 기망하여 팔아먹기로 모의하여 위 등기부등본을 위조 행사한 사실까지는 인정되나 구체적으로 **이 사건 공소사실의 피해자인 공소외 2에 대한 사기의 범행에까지 공모한 사실은**

인정되지 않는다는 데 있는 바, 원심이 들고 있는 이와 같은 사실인정의 관계 증거자료를 살펴보면, 위와 같은 원심의 사실인정은 옳고 여기에는 채증법칙에 위배된 허물이 있다할 수 없다.

소론은 피고인과 위에서 본 공소외 1 그리고 피고인의 형인공소외 3과 사이에 등기부등본을 위조한 다음 그것을 이용하여 다른 사람에게 팔아먹기로 공모한 것은 결국 다시 말하면 다른 사람의 금원을 편취하기 위하여 등기부등본을 위조하기로 공모한 것이니, 그 때에 사기의 공모 또는 모의가 이루어진 것으로 보아야 하고 그 후 공소외 1이 다른 공모자와 관계없이 혼자 이 사건 피해자에게 위조된 등기부등본을 행사기망하여 원심설시와 같은 금품을 편취했다 하여도 사기죄의 성립에 아무런 영향이 없는 것이라는 뜻의 주장을 펴고 있으나 소론의 공모내용 가운데 사기죄 관계부분은 현행법상 범죄로 처벌되지 않는 사기죄의 예비단계의 모의라고 볼 것일 뿐만 아니라 소론의 사실관계만으로써는 피고인이 공소외 1의 사기피해자에 대한 행위를 자신의 범죄적 수단으로 이용하여 사기죄를 범하였다고도 볼 수 없는 점에서 위에서 본 공모공동정범의 법리에 비추어 원심의 무죄판단은 옳고 소론이 지적하는 당원의 판례는 이 사건에 적절한 것이 아니다.

〈공모공동정범의 객관화〉

대법원 2007. 4. 26. 선고 2007도235 판결 [생 략]

1. 형법 제30조의 공동정범은 공동가공의 의사와 그 공동의사에 기한 기능적 행위지배를 통한 범죄 실행이라는 주관적·객관적 요건을 충족함으로써 성립하는바, 공모자 중 구성요건 행위 일부를 직접 분담하여 실행하지 않은 자라도 경우에 따라 이른바 공모공동정범으로서의 죄책을 질 수도 있는 것이기는 하나, 이를 위해서는 전체 범죄에 있어서 그가 차지하는 지위, 역할이나 범죄 경과에 대한 지배 내지 장악력 등을 종합해 볼 때, 단순한 공모자에 그치는 것이 아니라 범죄에 대한 본질적 기여를 통한 기능적 행위지배가 존재하는 것으로 인정되는 경우여야 한다(대법원 1998. 5. 21. 선고 98도321 전원합의체 판결, 2004. 6. 24. 선고 2002도995 판결, 2005. 3. 11. 선고 2002도5112 판결, 2006. 12. 22. 선고 2006도1623 판결 등 참조). …

나. 그러나 원심판결 중 7. 15. 02:00경 이전에 이루어진 (이름 생략)노조 조합원들의 범행에 대하여도 피고인에게 공모공동정범의 죄책을 인정한 부분은 아래와 같은 이유로 이를 그대로 수긍하기가 어렵다.

원심이 적법하게 채택한 증거들에 의하면, 피고인은 (이름 생략)노조 조합장공소외 1의 주도 아래 조합원 약 500명이 7. 13. 14:15경 주식회사 포스코 본사 건물에 침입한 후인 7. 13. 22:00경 본사 건물에 도착하였으나 7. 14. 02:00경 귀가하였다가 09:00경 다시 본사 건물 앞으로 나와 앞서 본 바와 같이 7. 15. 02:00경 조합원 약 2,000명과 함께 본사 건물에 침입할 때까지 (이름 생략)노조 집행부와 함께 머무르면서 상급단체 간부로서 공소외 1 등 (이름 생략)노조 집행부로부터 본사 건물 점거 경위 등에 대하여 설명을 듣고 앞으로의 협상 내지 투쟁 계획 등에 대하여 설명을 듣고 상의하는 등 (이름 생략)노조 조합원들의 투쟁을 지지하는 태도를 취한 사실이 인정될 뿐, 피고인이 조합장공소외 1 등 (이름 생략)노조 집행부와 주식회사 포스코 본사 건물 침입을 사전에 미리 공모하였다거나 본사 건물을 상당기간 점거하기로 한 (이름 생략)노조 집행부의 최종 결정에 동조하였다거나 나아가 7. 15. 02:00경 본사 건물에 함께 침입하기 이전에 이루어진 (이름 생략)노조 조합원들의 행위에 대하여도 (이름 생략)노조 집행부를 통하여 범죄 경과를 지배 내지 장악하는 등 영향력을 미쳤다고 인정할 만한 증거는 찾아보기 어렵다.

그렇다면 7. 15. 02:00경 이전에 이루어진 (이름 생략)노조 조합원들의 범행 즉, 7. 13. 14:15 경부터 23:30경까지 이루어진 우리은행 및 포스코 직원들에 대한 감금행위, 7. 15. 02:00경 이전에 이루어진 (이름 생략)노조 조합원 약 500명의 주식회사 포스코 본사 건물 침입과 이로 인한 업무방해 및 손괴행위에 대하여는 피고인에게 각 범행에 대한 본질적 기여를 통한 기능적 행위지배가 존재한다고 보기 어려우므로 이 부분에 대하여는 공모공동정범의 죄책을 인정할 수 없다고 할 것이다.

(2) 공모공동정범의 성립요건

〈공동가공의 의사 : 피고인에게 다른 일행의 강간 범행에 공동으로 가공할 의사가 있었다고 볼 수 없다고 한 사례〉

대법원 2003. 3. 28. 선고 2002도7477 판결 [성폭력범죄의처벌및피해자보호등에관한법률위반(강간등치상)(인정된 죄명 : 강간상해·강간)]

형법 제30조의 공동정범은 2인 이상이 공동하여 죄를 범하는 것으로서, 공동정범이 성립하기 위하여는 주관적 요건으로서 공동가공의 의사와 객관적 요건으로서 공동의사에 기한 기능적 행위지배를 통한 범죄의 실행사실이 필요하고, 공동가공의 의사는 타인의 범행을 인식하면서도 이를 제지하지 아니하고 용인하는 것만으로는 부족하고 공동의 의사로 특정한 범죄행위를 하기 위하여 일체가 되어 서로 다른 사람의 행위를 이용하여 자기의 의사를 실행에 옮기는 것을 내용으로 하는 것이어야 하고(대법원 1998. 9. 22. 선고 98도1832 판결, 2001. 11. 9. 선고 2001도4792 판결 등 참조), 이와 같은 공동가공의 의사는 이른바 공모공동정범의 경우에 있어서도 마찬가지로 요구된다.

기록에 의하면, 피고인은 자신의 강간 상대방으로 정해졌다는 공소외 3을 강간하거나, 원심 공동피고인 2 및 원심공동피고인 1의 범행에 공동가공하여 피해자들을 폭행하거나 협박하는 등으로 실행행위를 한 바가 전혀 없다는 것이고, 나아가 원심공동피고인 1의 경찰에서의 진술에 의하면, 원심공동피고인 2의 제의에 따라 원심공동피고인 1은 공소외 2를, 원심공동피고인 2는 공소외 1을 각 강간하기로 하였으나, 피고인은 아무런 말도 하지 않았다는 것이며 (수사기록 61쪽), 원심공동피고인 2의 검찰에서의 진술에 의하면, 피고인은 처음부터 처벌이 두려워 강간할 마음이 없었던 것으로 알고 있다는 것이고(수사기록 142쪽), 공소외 3의 검찰에서의 진술에 의하면, 원심공동피고인 2와 원심공동피고인 1이 피해자들을 강간하기 위하여 숲 속으로 끌고갈 때 피고인은 야산 입구에 앉은 채 "우리 그대로 가만히 앉아 있자"고 하면서 자신의 몸에 손도 대지 않았고, 이에 피고인 옆에 앉아 서로 각자 가지고 있던 담배를 피우면서 피고인의 물음에 대하여 "고향은 거제이고, 현재 마산 구암동 이모집에서 살고 있고, 마산 창동의 미용실에 근무하고 있다."라고 말하였고, 자신의 휴대폰으로 수 차 전화를 걸어 온 공소외 2의 남자친구인공소외 4와 통화를 하기까지 하였는데, 그 때 피고인이 통화를 제지하지도 아니하였고, 자신이 피해를 당하고 있는 친구들에게 데려다 달라고 하거나, 피고인이 자신의 팔을 잡아 만류한 적은 없고 다만, 친구들이 애처로워 피고인에게 "우리 친구들을 좀 보내주면 안 되느냐"고 부탁하자, 피고인은 아무런 대꾸도 없이 그 자리에 앉아 있었다는 것인바(수사기록 158~160쪽), 이와 같은 전후 사정을 종합하여 볼 때, **피고인이 원심공동피고인 2 및 원심공동피고인 1로부터 피해자 일행을 강간하자는 제의를 받고 가부 간에 아무런 의사표시를 하지 아니한 채 가만히 있었다는 점만으로는 피고인이 원심공동피고인 2 및 원심공동피고인 1과 강간범행을 공모한 것으로 보기는 어렵고**, 이와는 달리 피고인과 사이에 강간범행을 공모하였다는 취지의 원심공동피고인 2 및 원심공동피고인 1의 수사기관에서의 일부 진술은 위와 같은 피고인의 태도가 강간범행에 참여하겠다는 의사로 비추어진 데에 기인하는 것으로 보이고, 처음에는 강간할 마음이 있었다는 피고인의 경찰에서의 일부 진술은, 심야에 젊은 남녀가 각기 3명씩 함께 어울려 드라이브를 하는 상황에서 피고인이 다른 일행들과 마찬가지로 욕정을 느꼈을 수도 있고, 다른 일행들의 강간 제의에 피고인으로서도 내심 자신의 욕정을 강간을 통하여서라도 해소하고 싶은 마음이 들었을 수도 있는데, 피고인이 경찰의 집요한 추궁에 이러한 심리상태에 대하여 진술한 것으로 보이고, 어쩔 수 없이 함께 강간하기로 모의하기는 하였다는 취지의 피고인의 검찰에서의 일부 진술은, **피고인이 사건 발생 당시 가석방 중이었던 관계로 가중 처벌될 것이 두렵기도 하는 등 내키지는 않았으나, 분위기 때문에 가부 간에 의사표시도 하지 못한 채 소극적으로 따라간 행동**(당시는 야간이었을 뿐만 아니라 피고인으로서는 원심공동피고인 1이 운전하는 승용차에 동승하여 시외 한적한 곳으로 나와 있던 관계로 일행들을 따라다니는 외에는 달리 행동을 취할 수도 없었다.)에 대하여 위와 같이 진술한 것으로 볼 수 있고, 특히 앞서 본 모의의 경위라든가 그 후의 진행경과 등에 비추어 볼 때, 이 정도의 심리상태나 행동만으로는 피고인이 원심공동피고인 2 및 원심공동피고인 1과 함께 피해자 일행을 강간하기로 모의하였다고 단정하기는 어렵고, 피고인이 원심공동피고인 2 및 원심공동피고인 1이 피해자들을 강간하려는 것을 보고도 이를 제지하지 아니하고 용인하였다고 하여 이들의 범행에 공동으로 가공할 의사가 있었다고 볼 수도 없다.

〈공모의 방법〉

대법원 2013. 7. 11. 선고 2011도15056 판결 [증권거래법위반]

2인 이상이 범죄에 공동 가공하는 공범관계에서 공모는 법률상 어떤 정형을 요구하는 것이 아니고, 2인 이상이 모의하여 어느 범죄에 공동 가공함으로써 그 범죄를 실현하려는 의사의 결합만 있으면 되는 것으로서, 비록 전체의 모의과정이 없었다고 하더라도 수인 사이에 순차적으로 또는 암묵적으로 상통하여 그 의사의 결합이 이루어지면 공모관계가 성립한다. 이러한 공모가 이루어진 이상 실행행위에 직접 관여하지 아니한 자라도 다른 공모자의 행위에 대하여 공동정범으로서의 형사책임을 지는 것이고, 이와 같은 공모에 대하여는 직접증거가 없더라도 정황사실과 경험법칙에 의하여 이를 인정할 수 있으며(대법원 2004. 12. 24. 선고 2004도5494 판결, 대법원 2012. 1. 27. 선고 2010도10739 판결 등 참조), 상명하복관계에 있는 자들 사이에서도 범행에 공동 가공한 이상 공동정범이 성립하는 데 아무런 지장이 없다(대법원 1995. 6. 16. 선고 94도1793 판결 등 참조).

나. 원심은, 피고인 2와 제1심 공동피고인 3의 각 진술 및 **이 사건 시세조종행위가 ○○그룹**
회장인 피고인 1의 지시에 따라 모두 차명계좌를 통하여 이루어진 점 등 그 판시와 같은 여
러 사정을 종합하여, **피고인 1, 피고인 2와 제1심 공동피고인 3 사이에 공소외 1 회사 주식**
거래가 성황을 이루는 듯이 잘못 알게 하거나 매매거래를 유인할 목적을 가지고 이 사건 시
세조종행위를 하는 데 대한 공모가 있었다고 판단하였다. 원심판결 이유를 앞서 본 법리와
원심이 적법하게 채택한 증거들에 비추어 살펴보면, 원심의 위와 같은 판단은 정당하다.

대법원 1975. 2. 25. 선고 74도2228 판결 「원심이 인정한 바에 의하면 피고인은 공소 적시 공소외인에게
"황소를 훔쳐오면 문제없이 팔아주겠다"고 말한 사실이 있었을 뿐이라는 것이니 <u>이는 위공소외인이</u>
<u>황소를 절취하여 오면 이 장물에 관하여 매각 알선을 하겠다는 의사표시를 한 것이라고 볼 수 있을</u>
<u>뿐, 이러한 언사만으로서 피고인이 바로 위공소외인의 이 사건 황소절취행위를 공동으로 하겠다는 이</u>
<u>른바 공모의 의사를 표시한 것이라고 볼 수는 없다.」</u>

대법원 1993. 4. 23. 선고 92도2628 판결 「<u>공동가공의 의사는 암묵리에 서로 의사가 상통하여도 되는 것</u>
<u>이고, 사전에 반드시 어떠한 모의과정이 있어야 하는 것은 아니며, 그 범의 내용에 대하여 포괄적 또</u>
<u>는 개별적인 의사연락이나 그 인식이 있었다면 그들 전원에 대하여 공모관계가 성립하는 것이다.</u> …
김천신용협동조합의 이사장인 피고인과 위 조합의 직원으로서 위임장위조 등 이 사건 범행의 실행행
위를 직접 담당한 공소외 1,2,3 사이에는 암묵리에 이 사건 범행에 관한 의사가 상통하였고, 그 범의
내용에 대하여 포괄적인 인식이 있었다고 볼 수 있는 것이므로 이러한 증거에 의하여 피고인을 이 사
건 범행의 공모공동정범으로 인정한 원심판결은 정당하고 소론과 같은 채증법칙위배의 잘못이나 공모
공동정범에 관한 법리오해의 위법이 있다고 할 수 없다.」

〈공동가공의 사실 : 공동피고인들의 강간범행에 대한 공동가공의 사실이 부정된 사례〉
대법원 1988. 9. 13. 선고 88도1114 판결 [강도강간·강도상해·절도·특수강도·특수절도미수]

공모공동정범에 있어서의 모의는 사전모의를 필요로 하거나 범인 전원이 일정한 시간과 장소
에 집합하여 행할 필요는 없고 그 가운데 한 사람 또는 두 사람 이상을 통하여 릴레이식으로
하거나 또는 암묵리에 서로 의사가 상통해도 된다 하겠으나 그 모의의 내용만은 두 사람 이
상이 공동의 의사로 특정한 범죄행위를 하기 위하여 일체가 되어 서로가 다른 사람의 행위를
이용하여 각자 자기의 의사를 실행에 옮기는 것을 내용으로 하는 것이어야 하고 <u>그에 따라</u>
<u>범죄를 실행한 사실이 인정되어야만 공모공동정범이 성립되는 것이고 이와 같은 공모에 참여</u>
<u>한 사실이 인정되는 이상 직접 실행행위에 관여하지 않았더라도 다른 사람의 행위를 자기 의</u>

사의 수단으로 하여 범죄를 하였다는 점에서 자기가 직접 실행행위를 분담한 경우와 형사책임의 성립에 차이를 둘 이유가 없는 것이다(당원 1988.4.12. 선고 87도2368 판결 참조).

한편 위에서 본 바와 같은 공모나 모의는 공모공동정범에 있어서의 "범죄될 사실"이라 할 것이므로 이를 인정하기 위하여서는 엄격한 증명에 의하지 않으면 안된다 할 것이고 그 증거는 판결에 표시되어야 하는 것이다.

이와 같이 공모나 모의가 공모공동정범에 있어서의 "범죄될 사실"인 이상 모의가 이루어진 일시, 장소 또는 실행방법, 각자 행위의 분담역할 따위의 구체적내용을 상세하게 판시할 필요는 없다 하겠으나 공모의 판시는 위에서 본 취지대로 성립된 것이 밝혀져야만 하는 것이다.

위와 같은 공모공동정범에 관한 법리를 염두에 두고 이 사건을 보건대, 우선 위에서 본 제1심판결에 나타난 증거에 의하여 문제의 강간이 이루어진 경위와 그때의 세 사람의 역할 동정을 보면 다음과 같다.

즉 제1심판결의 증거의 요지에 나타난 증거들에 의하면 위에서 본 사실 가운데 공모의 점을 제외하고 그 나머지의 사실은 모두 인정되나 **공모의 점에 관하여는 피해자의 집에 들어가기 전에 서로 강간하기로 이야기한 일이 없었다**는 것은 피고인 뿐만 아니라 원심공동피고인들까지도 제1심 법정에서 진술하고 있고 특히 **피고인은 당시 복면을 하였었고 물건을 뒤지느라 정신이 팔려 원심공동피고인 1이 피해자를 강간하는 것을 못보았는데 물건을 챙겨 돌아서면서 보니까 원심공동피고인 1이 강간을 하고 있어 빨리 가지고 재촉하여 그 집을 나왔다고 말하고 있으며**(공판기록85장), 원심공동피고인들은 피해자를 원심공동피고인 1이 강간할때 피고인은 알고 있었는지 모르겠다고 진술하고 있고(같은 기록 87장), 검사의 피고인에 대한 피의자신문조서에 보면 피고인은 사전에 강간 공모는 없었고 피고인이 장농을 뒤지다 보니 원심공동피고인 1이 그 아주머니 배 위로 올라가 강간하고 있더라고 진술하면서 같은 방에 있었으면서도 처음 원심공동피고인 1이 강간하는 것을 보지 못하였단 말인가요 라는 검사의 신문에 처음 유방을 원심공동피고인 2가 만지고 하였는데 나중에 원심공동피고인 1이 아주머니 배 위로 올라가 강간하였고 나중에 저희들이 나오면서 원심공동피고인 1이 그 아주머니 바지를 올려 주더라고 진술하고 있고(검찰기록 292장) 검사의 피해자에 대한 진술조서에 보면 원심공동피고인 2가 당시 먼저 저의 가슴을 만지고 원심공동피고인 1이 저를 강간할때 저의 얼굴을 잡고 강간하기 쉽도록 하여 주었고 이불을 저의 얼굴에 씌운 사람이며 복면한 사람(피고인을 지칭)은 원심공동피고인 1 등이 저를 강간할때 다만 장농 등만 뒤지고 있었다고 진술하고 있으며 당시 세 사람은 서로 상의하여 강간한 것이 아니고 다만 복면한 사람이 저의 집 화장대 등을 뒤지고 있을 때 원심공동피고인 1이 저를 강간하고 안경쓴 원심공동피고인 2가 저의 얼굴을 붙잡고 원심공동피고인 1이 강간하도록 도와주며 이불을 저의 얼굴에 씌워 놓았으며 당시 복면한 사람(피고인을 지칭)은 원심공동피고인 1에게 강간하라고 권한일도 없었고 다만 뒤돌아서 화장대와 장농을 뒤져 가져갈 물건만 찾고 있었고 반지 등을 찾아낸 다음 뒤돌아서서 강간하고 있는 사람에게 빨리 가자고 독촉한 일이 있었을 뿐이라고 진술하고 있고(이상 검찰기록 299장에서 301장까지) 다음 검사의 원심공동피고인 2에 대한 피의자신문조서(4)에 보면 피고인이 피해자를 원심공동피고인 1이 강간할 때 머리위에서 붙잡고 있다가 이불로 얼굴을 가려준 것은 원심공동피고인 1이 강간하는 것을 도와주기 위한 것이었고 원심공동피고인 1이 강간하기 전에 서로 강간까지 하자고 한 일은 없고 다만 원심공동피고인 1이 혼자 충동적으로 강간하여 친구된 도리로 옆에서 도와주었을 뿐이며 피고인은 당시 돌아서서 물건을 뒤지기만 하였지 처음에 원심공동피고인 1이 강간하는 것을 보지 못하였다고 진술하고 있고(검찰기록 305장) 검사의 원심공동피고인 1에 대한 피의자신문조서(4회)에 보면 저와 원심공동피고인 2, 피고인가 위 지하실 창문으로 함께 들어가 그집 안방으로 들어가 미리 준비한 과도를 …… 원심공동피고인 2와 피고인이 아주머니에게 들이대고 꼼짝말라고 조용히 하라고 위협한 다음 피고인이 전화선 등을 짤라 아주머니의 손을 뒤로 하여 묶고 다시 양발을 묶었는데 당시원심공동피고인 2가 소리지르지 말라고 하며 주먹과 발로 때렸으며 피고인은 장농등을 뒤지고 하는데 원심공동피고인 2가 그 아주머니 유방을 만졌으며 제가 그 아주머니를 묶어놓은 채로 아주머니 반바지와 팬티를…… 강간하였으며 당시 제가 강간할 때 원심공동피고인 2는 아주머니 머리 위에서 아주머니를 붙잡고 있다 이불로 얼굴을 가렸으며 제가 아주머니에게 강간할때 신고하면 자기가 창피할테니 신고하라고 하였으며 그곳에서 장농 등을 뒤져 금반지 등을 빼앗아 가지고 나오면서 신고를 하면 죽여버린다고 위협한 후 빼앗은 물건 등을 가지고 창문을 넘어 도망하여……왔……다(검찰기록 318장)고 되어 있고 같은 피의자신문조서(5회)에 보면 피고인은 당시 뒤돌아서서 장농을 뒤져 물건을 찾고 있었고 원심공동피고인 2는 공소외인의 머리위에서 공소외인을 붙잡아 저의 강간을 도와 주었고 피해자집에 들어갈때 강간에 대하여는 사전에 서로 전혀이야기는 없었으며 당시 제가 강간할 때 피고인은 몰랐으며 제가 강간하고 나서 위피고인이 저희들에게 뒤돌아서서 빨리 가자고 하면서 뒤돌아서 제가 강간하는 것을 알았읍니다(같은 기록 332의 끝에서 333장 첫머리까지)고 되어 있고 그밖에 제1심판결의 증거의 요지란에 나타나 있는 사법경찰관의 위에서 본 사람들의 피의자신문조서들이나 진술조서 등에는 위에 나타난 것 이외의 별다른 사실관계는 없는 것으로 되어 있다.

이로써 본다면 피고인은 원심공동피고인 1의 강간사실을 알게 된것은 이미 실행의 착수가 이루어지고 난 다음이었음이 명백하고 강간사실을 알고나서도 암묵리에 그것을 용인하여 그로 하여금 강간하도록 할 의사로 강간의 실행범인원심공동피고인 1과 강간 피해자의 머리 등을 잡아준 원심공동피고인 2와 함께 일체가 되어 원심공동피고인들의 행위를 통하여 자기의 의사를 실행하였다고는 볼 수 없다 할 것이고 따라서 결국 강도강간의 공모사실을 인정할 증거가 없다고 하지 않을 수 없다.

〈공모공동정범의 공모자들에게 공모한 범행 외에 부수적으로 파생된 범죄에 대하여도 암묵적 공모와 기능적 행위지배가 존재한다고 볼 수 있는 경우〉

대법원 2018. 4. 19. 선고 2017도14322 전원합의체 판결 [공직선거법위반·국가정보원법위반]

형법 제30조의 공동정범은 공동가공의 의사와 그 공동의사에 의한 기능적 행위지배를 통한 범죄 실행이라는 주관적·객관적 요건을 충족함으로써 성립하므로, 공모자 중 구성요건행위를 직접 분담하여 실행하지 않은 사람도 위 요건의 충족 여부에 따라 이른바 공모공동정범으로서의 죄책을 질 수 있다. 구성요건행위를 직접 분담하여 실행하지 않은 공모자가 공모공동정범으로 인정되기 위해서는 전체 범죄에서 그가 차지하는 지위·역할, 범죄 경과에 대한 지배나 장악력 등을 종합하여 그가 단순한 공모자에 그치는 것이 아니라 범죄에 대한 본질적 기여를 통한 기능적 행위지배가 존재한다고 인정되어야 한다(대법원 2010. 7. 15. 선고 2010도3544 판결 등 참조).

공모공동정범의 경우 범죄의 수단과 모습, 가담하는 인원과 그 성향, 범행 시간과 장소의 특성, 범행과정에서 타인과의 접촉 가능성과 예상되는 반응 등 여러 상황에 비추어, 공모자들이 공모한 범행을 수행하거나 목적을 달성하고자 나아가는 도중에 부수적인 다른 범죄가 파생되리라고 예상하거나 충분히 예상할 수 있는데도 그러한 가능성을 외면한 채 이를 방지하기에 충분한 합리적인 조치를 취하지 않고 공모한 범행에 나아갔다가 결국 그와 같이 예상되던 범행들이 발생하였다면, 비록 그 파생적인 범행 하나하나에 대하여 개별적인 의사의 연락이 없었더라도 당초의 공모자들 사이에 그 범행 전부에 대하여 암묵적인 공모는 물론 그에 대한 기능적 행위지배가 존재한다고 보아야 한다(대법원 2010. 12. 23. 선고 2010도7412

판결 등 참조).

(국가정보원의 원장 피고인 갑, 3차장 피고인 을, 심리전단장 피고인 병이 심리전단 산하 사이버팀 직원들과 공모하여 인터넷 게시글과 댓글 작성, 찬반클릭, 트윗과 리트윗 행위 등의 사이버 활동을 함으로써 국가정보원 직원의 직위를 이용하여 정치활동에 관여함과 동시에 제18대 대통령선거와 관련하여 공무원의 지위를 이용한 선거운동을 하였다고 하여 구 국가정보원법 위반 및 구 공직선거법 위반으로 기소된 사안에서, 사이버팀 직원들이 한 사이버 활동 중 일부에 대하여 피고인들에게 구 국가정보원법 위반죄와 구 공직선거법 위반죄를 인정한 원심판단이 정당하다고 한 사례)

대법원 2010. 7. 15. 선고 2010도3544 판결 「피고인이 위 회사를 유일하게 지배하는 자로서 회사 대표의 지위에서 장기간에 걸쳐 현장소장들의 뇌물공여행위를 보고받고 이를 확인·결재하는 등의 방법으로 현장소장들의 뇌물공여행위에 관여하였다면, 비록 피고인이 사전에 현장소장들에게 구체적인 대상 및 액수를 정하여 뇌물공여를 지시하지 아니하였다고 하더라도 이 사건 뇌물공여의 핵심적 경과를 계획적으로 조종하거나 촉진하는 등으로 현장소장들의 뇌물공여행위에 본질적 기여를 함으로써 기능적 행위지배를 하였다고 봄이 상당하다.」

대법원 2011. 12. 22. 선고 2011도12927 판결 「피고인들을 포함한 이 사건 해적들의 공모내용에 군인들에 대한 총격행위도 포함되어 있고 그러한 행위에 살인의 고의를 인정할 수 있다고 본 원심의 사실인정과 판단은 정당한 것으로 수긍할 수 있다. 그리고 원심의 사실인정 및 그 채용증거에 의하면, 피고인 3은 이 사건 해적들 내부의 업무분담에 따라 조타실 내에서 통신장비를 감시하는 역할을 하는 한편 소총을 소지한 채 외부 경계활동에도 가담하였음을 알 수 있고, 위와 같은 이 사건 전체 범행의 경위 및 공모내용, 이 사건 해적행위에 가담한 사람들의 전체적인 역할 분담 내용을 종합하여 보면, 위 피고인이 이 부분 범행에 관한 실행행위를 직접 분담하지 아니하였다고 하더라도 이에 대한 본질적 기여를 통하여 위 해상강도살인행위에 대하여 기능적 행위지배를 한 공모자라고 보아야 할 것이다.」

(3) 공모관계로부터의 이탈

〈다른 공모자가 실행행위에 이르기 전의 이탈〉

대법원 1972. 4. 20. 선고 71도2277 판결 [폭력행위등처벌에관한법률위반,특수폭행치사]

소위 공모공동정범에 있어서는 범죄행위를 공모한 이상 그 후 그 실행행위에 직접 가담하지 아니하더라도 다른 특별한 사정이 없는 한 다른 공모자의 분담실행한 행위에 대하여 공동정범의 죄책을 면할 수 없다고 함이 본원의 종래 판례이다(1948.1.2선고, 4281형상4 판결) 그러나 공모자중의 어떤 사람이 다른 공모자가 실행행위에 이르기 전에 그 공모관계에서 이탈한 때에는 그 이후의 다른 공모자의 행위에 관하여 공동정범으로서 책임은 지지 않는다고 할 것이요, 그 이탈의 의사 표시는 반드시 명시임을 요하지 않는다고 할 것이다.

본건에 있어서 원심이 적법히 확정한 사실에 의하면 **피고인은 피해자 1에 대한 치사의 범행이 있을 무렵 피해자 2를 데리고 인근 부락의 약방에 가고 없었다는 것**이고, 다시 원심이 인용한 제1심판결적시의 증거들을 기록에 의하여 검토하면 **피고인은 공소사실중의 (1)범죄사실(폭력행위등처벌에 관한법률위반사실)로 인하여 피해자 2가 그 판시와 같은 상해를 입고 약방으로 가는 것을 보자 자기의 잘못을 깨닫고 다른 공모자들이 또 동인에게 폭행을 하려는 것을 제지하는 한편 동인을 데리고 그곳에서 약 400미터 떨어진 약국으로 가서 응급치료를 받게 하였고**(그 후 피고인은 귀가하였다) 그 공소사실 (2)범죄사실(특수폭행치사)은 위와 같이 피고인이 위의 약국으로 간 뒤에 다른 공범자들 만에 의하여 저질렀다는 사실을 엿볼 수 있는 바 그렇다면 피고인이 공소사실적시 (1)폭력행위등처벌에 관한 법률 위반의 범행에는 가담하였다하여도 그 적시의 (2)사실인 특수폭행치사의 범행에 관하여는 피고인은 명시적 또는 묵시적으로 그 공모관계에서 이탈하였다고 볼 수 있을 것이므로 원심이 위와 같은 취지를 전제로 한 원심판단은 정당하다 할 것인 즉 위와 반대된 견해를 전제로 한 논지는 채용할 수 없다 할 것이다

〈이탈의사의 표시방법〉

대법원 1986. 1. 21. 선고 85도2371, 85감도347 판결 [강도살인,특정범죄가중처벌등에관한법률위반,강도강간,강도상해,사체유기]

공모자중의 어떤 사람이 다른 공모자가 실행행위에 이르기전에 그 공모관계에서 이탈한 때에는 그 이후의 다른 공모자의 행위에 관하여 공동정범으로서의 책임은 지지 않는다고 할 것이고 그 이탈의 표시는 반듯이 명시임을 요하지 않는다고 할 것이다.(당원 1972.4.20. 선고 71도2277 판결 참조) 원심이 확정한 사실에 의하면 **구체적인 살해방법이 확정되어 피고인을 제외한 나머지 공범들이 피해자의 팔, 다리를 묶어 저수지 안으로 던지는 순간에 피해자에 대한 살인행위의 실행의 착수가 있다 할 것이고 따라서 피고인은 살해모의에는 가담하였으나 다른 공모자들이 실행행위에 이르기전에 그 공모관계에서 이탈하였다** 할 것이고 그렇다면 피고인이 위 공모관계에서 이탈한 이후의 다른 공모자의 행위에 관하여는 공동정범으로서의 책임을 지지 않는다고 할 것이므로 위와 같은 취지의 원심판결은 정당하고 거기에 소

론과 같은 실행의 착수와 공동정범에 관한 법리오해의 위법이 있다 할 수 없으므로 논지 이유 없다.

> **[사안의 개요]** 피고인이 3명의 공범자들과 같이 피해자를 차에 태워 강간(강도는 미수)한 후, 다른 공범자의 제의로 피해자를 살해하기로 공모하고, 저수지 부근에서 피해자를 내리게 하여 공범자들과 같이 피해자를 데리고 저수지로 갔는데, 피고인은 그때 심경의 변화를 일으켜 공범자들에게 피해자를 놓아주자고 말하였으나 거절당하자 혼자 그 장소를 떠났고, 그 후 나머지 공범자들이 피해자를 저수지에 던졌다가, 피해자가 헤엄쳐 나오자, 다시 산으로 데리고 들어가 목을 졸라 살해한 사안

〈실행행위 착수 이후의 이탈〉

대법원 1984. 1. 31. 선고 83도2941 판결 [강도상해·특수절도]

이른바 공동정범은 범죄행위시에 그 의사의 연락이 묵시적이거나 간접적이거나를 불문하고 행위자 상호간에 주관적으로 서로 범죄행위를 공동으로 한다는 공동가공의 의사가 있음으로써 성립하는 것이며 범죄의 실행을 공모하였다면 다른 공모자가 이미 실행행위에 착수한 이후에는 그 공모관계에서 이탈하였다고 하더라도 공동정범의 책임을 면할 수 없는 것이므로 설사 소론 주장과 같이 피고인이 원심상피고인 1, 원심상피고인 2, 공소외 1, 공소외 2 등과 합동하여 부산직할시 영도구 (주소 생략) 소재 피해자 공소외 3, 공소외 4 부부의 집밖에서 **금품을 강취할 것을 공모하고 피고인은 집밖에서 망을 보기로 하였으나 상피고인들이 위공소외 3의 집에 침입한 후 담배생각이 나서 담배를 사기 위하여 망을 보지 않았다고** 하더라도 피고인은 판시 강도상해죄의 죄책을 면할 수가 없다.

> ### 대법원 2002. 8. 27. 선고 2001도513 판결 [사기]
>
> 피고인이 비록 1999. 10. 6. 유사금융업체인 ○○○○신용조합 △△지점의 관리이사직을 사임하였다 하더라도, 사임하기 전에 이미 제1심공동피고인 1 등 제1심공동피고인 등과 이 사건 사기범행의 공모와 이 사건 피해자들 4명에 대한 기망행위가 있었고 이에 따라 그들로부터 투자금명목으로 이 사건 피해금원의 대부분을 편취하였으며, 피고인이 사임한 이후 피해자들이 납입한 나머지 투자금명목의 편취금원에 대하여도 같은 기망상태가 계속된 가운데 같은 공범들에 의하여 같은 방법으로 수수됨으로써 피해자별로 포괄일죄의 관계에 있음을 알 수 있으므로, 이에 대하여도 피고인은 공범으로서의 책임을 부담한다.

〈기능적 행위지배의 해소〉

대법원 2008. 4. 10. 선고 2008도1274 판결 [강도상해·특수절도]

공모공동정범에 있어서 공모자 중의 1인이 다른 공모자가 실행행위에 이르기 전에 그 공모관계에서 이탈한 때에는 그 이후의 다른 공모자의 행위에 관하여는 공동정범으로서의 책임은 지지 않는다 할 것이나(대법원 1995. 7. 11. 선고 95도955 판결 참조), 공모관계에서의 이탈은 공모자가 공모에 의하여 담당한 기능적 행위지배를 해소하는 것이 필요하므로 공모자가 공모에 주도적으로 참여하여 다른 공모자의 실행에 영향을 미친 때에는 범행을 저지하기 위하여 적극적으로 노력하는 등 실행에 미친 영향력을 제거하지 아니하는 한 공모관계에서 이탈되었다고 할 수 없다.

원심이 채용한 증거와 기록에 의하면, 피고인은 21세로서 이 사건 강도상해의 범행 전날 밤 11시경에 14세 또는 15세의 원심공동피고인 1,2,3과 강도 모의를 하였는데 이때 피고인이 삽을 들고 사람을 때리는 시늉을 하는 등 주도적으로 그 모의를 한 사실, 피고인은 위원심공동피고인 1 등과 이 사건 당일 새벽 1시 30분경 특수절도의 범행을 한 후 함께 일대를 배회하면서 새벽 4시 30분경 이 사건 강도상해 범행을 하기까지 강도 대상을 물색한 사실, 위원심공동피고인 1,2가 피해자를 발견하고 쫓아 가자 피고인은 "어?"라고만 하고 위원심공동피고인 3에게 따라가라고 한 후 자신은 비대한 체격 때문에 위원심공동피고인 1,2를 뒤따라가지 못하고 범행현장에서 200m 정도 떨어진 곳에 앉아 있었던 사실, 결국 위원심공동피고인 1,2는 피해자를 쫓아가 폭행하여 항거불능케 한 다음 피해자의 뒷주머니에서 지갑을 강취하고 피해자에게 약 7주간의 치료를 요하는 우측 무릎뼈골절 등의 상해를 입히는 이 사건 강도상해의 범행을 한 사실을 알 수 있는바, 그렇다면 피고인은 위원심공동피고인 1 등과 공동가공의 의사와 공동의사에 기한 기능적 행위지배를 통한 범죄의 실행사실이 인정되므로 판시 강도상해죄의 공모관계에 있다고 할 것이고, 이와 같이 공모관계에 있는 위원심공동피고인 1,2가 피해자를 강도의 대상으로 지목하고 뒤쫓아 갈 때 피고인이 단지 "어?"라고 반응하였을 뿐이라면 위원심공동피고인 1,2가 강도상해죄의 실행에 착수하기까지 범행을 만류하는 등으로 그 공모관계에서 이탈하였다고 볼 수도 없으므로, 피고인은 판시 강도상해죄의 공동정범으로서의 죄책을 면할 수 없다.

〈범행결과가 발생하였고 범행이 지속되어 기능적 행위지배의 해소가 부정된 경우〉

대법원 2010. 9. 9. 선고 2010도6924 판결 [생 략]

공모공동정범에 있어서 공모자 중의 1인이 다른 공모자가 실행행위에 이르기 전에 그 공모 관계에서 이탈한 때에는 그 이후의 다른 공모자의 행위에 관하여는 공동정범으로서의 책임 은 지지 않는다 할 것이나, 공모관계에서의 이탈은 공모자가 공모에 의하여 담당한 기능적 행위지배를 해소하는 것이 필요하므로 공모자가 공모에 주도적으로 참여하여 다른 공모자의 실행에 영향을 미친 때에는 범행을 저지하기 위하여 적극적으로 노력하는 등 실행에 미친 영향력을 제거하지 아니하는 한 공모자가 구속되었다는 등의 사유만으로 공모관계에서 이탈 하였다고 할 수 없다(대법원 2007. 4. 12. 선고 2006도9298 판결, 대법원 2008. 4. 10. 선고 2008도 1274 판결 등 참조).

원심판결 이유를 위 법리와 기록에 비추어 살펴보면, 원심이 그 채택 증거들을 종합하여 피 고인이 공소외 1과 공모하여 2009. 5. 12. 피해자공소외 2(여, 16세)에게 낙태수술비를 별도 록 해 주겠다고 말하여 성매수 행위의 상대방이 되게 하였고, 홍보용 명함을 제작하기 위하 여 공소외 1로 하여금 위 피해자의 나체사진을 찍도록 하면서 자세를 가르쳐 주기도 한 사 실, 피고인은 위 피해자가 중도에 도망갈 것을 염려하여 위 피해자로 하여금 3개월간 공소 외 1의 관리를 받으면서 성매매를 하게 했으며 약속을 지키지 않을 경우에는 민형사상 책임 을 진다는 내용의 각서를 작성하도록 한 사실, 피고인이 별건으로 2009. 5. 13. 체포되어 수 원구치소에 수감되었다가 2009. 5. 28. 석방되었는데, 그 수감기간 동안 피해자공소외 2는 공소외 1의 관리 아래 2009. 5. 14.부터 2009. 5. 20.까지 사이에 12회에 걸쳐 불특정 다수 남성의 성매수 행위의 상대방이 되었고 그 대가로 받은 금원은 피해자공소외 2, 공소외 1, 피고인의 처인공소외 3 등이 나누어 사용한 사실 등을 인정한 다음, 그 판시와 같은 이유로 피해자공소외 2가 19세 미만의 청소년인지 알지 못하였다는 피고인의 주장을 배척하고, 비 록 위 피해자가 성매매를 하는 기간 동안 피고인이 수감되어 있었다고 하더라도 피고인은 공소외 1과 함께 이 사건 미성년자유인죄, 구 청소년의 성보호에 관한 법률 위반죄의 책임 을 진다고 판단한 조치는 정당하(다).

〈포괄일죄 범행의 일부를 실행한 후 공범에서 이탈한 경우〉

대법원 2011. 1. 13. 선고 2010도9927 판결 [증권거래법위반]

주식시세조종의 목적으로 허위매수주문행위, 고가매수주문행위 및 통정매매행위 등을 반복한 경우, 이는 시세조종 등 불공정거래의 금지를 규정하고 있는 구 증권거래법 제188조의4에 해당하는 수개의 행위를 단일하고 계속된 범의 하에서 일정기간 계속하여 반복한 범행이라 할 것이고, 이 범죄의 보호법익은 유가증권시장 또는 협회중개시장에서의 유가증권 거래의 공정성 및 유통의 원활성 확보라는 사회적 법익이고 각각의 유가증권 소유자나 발행자 등 개개인의 재산적 법익은 직접적인 보호법익이 아닌 점에 비추어 위 각 범행의 피해법익의 동일성도 인정되므로, 구 증권거래법 제188조의4 소정의 불공정거래행위금지 위반의 포괄일죄가 성립하는 것이고, 피고인이 포괄일죄의 관계에 있는 범행의 일부를 실행한 후 공범관계에서 이탈하였으나 다른 공범자에 의하여 나머지 범행이 이루어진 경우, 피고인이 관여하지 않은 부분에 대하여도 죄책을 부담한다(대법원 2005. 4. 15. 선고 2005도630 판결 등 참조).

원심은 그 채택 증거를 종합하여, 2005. 6. 7.경부터 2005. 10. 14.경까지 사이에 이루어진 이 사건 각 시세조종행위에 의한 구 증권거래법 위반의 공소사실은 계속된 범의 아래 일정기간 계속하여 반복된 행위로서 그 보호법익도 동일하므로 포괄일죄라고 인정하는 한편, 제1심이 들고 있는 사정들을 근거로 **피고인이 ㅇㅇㅇ투자금융에 입사하여 다른 공범들과 함께 공소외 1 주식회사 주식의 시세조종 주문을 내기로 공모한 후 시세조종행위의 일부를 실행하였으나 2005. 8. 18. 공소외 2로부터 해고를 당하여 공범관계로부터 이탈한 사실, 그 이후 다른 공범들이 2005. 8. 18. 이후의 나머지 시세조종행위를 계속한 사실**을 인정하였다. 사실관계가 이와 같다면, 위 법리에 비추어 피고인은 다른 공범들의 범죄실행을 저지하지 않은 이상, 피고인이 관여하지 않은 2005. 8. 18. 이후 나머지 공범들이 행한 시세조종행위에 대하여도 죄책을 부담한다.

그럼에도 불구하고 원심은 이와 달리 피고인이 2005. 8. 18. 이후에는 공소외 2로부터 해고되어 ㅇㅇㅇ투자금융을 퇴사함으로써 기존의 공모관계에서 이탈하였다는 사정만으로 피고인이 이미 실행한 공소외 1 주식회사 주식의 시세조종행위에 대한 기능적 행위지배가 해소되었다고 보아 2005. 8. 18. 이후의 각 구 증권거래법 위반의 점에 대하여 무죄를 선고한 제1심판결을 그대로 유지하였는바, 이러한 원심판결에는 공모공동정범에 관한 법리를 오해하여 판결에 영향을 미친 위법이 있다.

Ⅲ. 공동정범의 특수형태

1. 과실범의 공동정범

〈행위공동설 입장에서의 긍정〉

대법원 1962. 3. 29. 선고 4294형상598 판결 [업무상과실치사]

형법 제30조에 「공동하여 죄를 범한 때」의 「죄」는 고의범이고 과실범이고를 불문한다고 해석하여야 할 것이고 따라서 공동정범의 주관적 요건인 공동의 의사도 고의를 공동으로 가질 의사임을 필요로 하지 않고 고의 행위이고 과실 행위이고 간에 그 행위를 공동으로 할 의사이면 족하다고 해석하여야 할 것이므로 2인 이상이 어떠한 과실 행위를 서로의 의사연락 아래 하여 범죄되는 결과를 발생케 한 것이라면 여기에 과실범의 공동정범이 성립되는 것이다. 기록에 의하면 본건 사고는 경관의 검문에 응하지 않고 트럭을 질주함으로써 야기된 것인 바 제1심판결에서 본 각 증거를 종합하면 피고인은 원심 공동피고인과 서로 의사를 연락하여 경관의 검문에 응하지 않고 트럭을 질주케 하였던 것임을 충분히 인정할 수 있음이 명백하므로 피고인은 본건 과실치사죄의 공동정범이 된다고 할 것이므로 논지는 이유 있다.

[범죄사실] 피고인은 1960. 12. 31. 오후 5시경 충청북도 (주소 생략) 산판에서 부정임산물인 장작 9평을 원심공동피고인이 운전하는 (차량번호 생략) 화물자동차에 싣고 떠남에 있어 원심 공동피고인에게 도중 지서나 검문소 앞을 지날때는 정거하지 말고 통과하자고 말한바 있고 이어 그곳을 출발 대전을 향하여 진행중 같은날 오후 11시 10분경 서대전 경찰서 세천 검문소 전방 약35미터 지점에 이르렀을때 그 검문소 근무 순경 공소외 1(당시 29세)이 검문서 앞 노변에서 전지로 정거신호를 하고 있음을 발견하고 원심 공동피고인이 정거할것 같이 가장하여 속력을 저감하자 피고인은 「그냥가자」고 하여 이에 원심 공동피고인은 무면허 운전의 취체를 피고인은 화주로서 부정임산물의 취체를 각각 회피하기 위하여 경관의 검문에 응하지 않고 화물자동차를 질주할 의사를 상통하여 그 검문소 앞에 당도하였을때 전기 순경이 도로 좌측에서 그 차 전면을 횡단하여 우측 노변에 이르러 운전대 우측에 접근하려 할 찰나 원심 공동피고인은 돌연 가속질주로 도피하려하자 그 순경은 이를 추적하여 운전대 스템에 올라 검문을 하려 하였는데 계속 고속도로 질주한 결과 위 검문소로부터 약 150미−터 지점에서 위의 순경을 추락케하여 우측후륜으로 그 순경의 하복부를 치어 복부 내출혈을 이르켜 다음날인 1961. 1. 1. 오전 4. 30.경 사망케 하였다.

[초기 부정설] 대법원 1956. 12. 21. 선고 4289형상276 판결 [업무상실화,업무상과실치상]

공동피고인 2는 단기 4288년 12월 12일경 ○○호의 사무원 (3등사무장)에 취임하여 동선객의 안내승선자 명부정리, 입항계출, 선내 등화정비사무를 직접 담당하고 있어 등화단속에 대한 직접책임자가 특정되어 있음이 명백하므로 선장자신은 부하선원인피고인 2 등에 대하여 직무상 지휘감독할 행정상의 책임은 있을지언정 등화단속 등에 대한 직접책임자는 아니요 그 책임은 오로지피고인 2에게 있다 할 것이다. 그러므로 만일 선장인 피고인 1에게 과실이 있다면 이는 즉 지휘감독을 태만한 점에 대한 행정상의 과실이 있음에 불과하다 할 것이다 <u>그리고 과실에 있어서는 의사연결의 관념을 논할 수 없으므로 고의범과 같이 공동정범이 있을 수 없고 과실범에 교사방조도 있을 수 없다 할 것이므로 결국 기 동피고인 2외 실화책임을 피고인 1의 형사책임으로 돌릴 수 없다</u> 할 것이다.

〈성립 긍정 사례〉

대법원 1979. 8. 21. 선고 79도1249 판결 [도로교통법위반·업무상과실군용물손괴]

원심 판결이유에 의하면, 피고인은 운전병 제1심 공동피고인이 운전하던 이 사건 짚차의 선임탑승자로서 이 운전병의 안전운행을 감독하여야 할 책임이 있는 것이므로 운전병 제1심 공동피고인이 차량운행 중 음주를 한다면 이를 적극 제지하여야 할 뿐만 아니라, 동인이 안전운행을 할 수 있는 정도로 술에서 깰 때까지는 운전을 하지 못하도록 할 주의의무가 있음에도 불구하고, **오히려 운전병을 데리고 주점에 들어가서 각각 소주2홉 이상을 마신 다음 이를 운전케 한 결과, 위 운전병제1심 공동피고인은 음주로 인하여 취한 탓으로 차량의 전조등에 현기를 느껴 전후좌우를 제대로 살피지 못한 결과 본건 사고가 발생**한 것이라는 사실을 인정하고, 공동정범에 관한 형법 제30조를 적용 하여 피고인을 다스리고 있다.
<u>형법 제30조에 "공동하여 죄를 범한 때" 의 "죄" 라 함은 고의범이고 과실범이고를 불문한다고 할 것이고, 따라서 두 사람 이상이 어떠한 과실행위를 서로의 의사연락하에 이룩하여 범죄되는 결과를 발생케 한 것이라면 여기에 과실범의 공동정범이 성립된다고 볼 것이므로</u> (대법원 1962.3.29. 선고 4294형상598 판결) 원심이 같은 취지에서 위 인정사실에 기초하여 피고인을 과실범의 공동정범으로 보고 다스렸음은 정당하(다).

<성립 부정 사례>

대법원 1974. 7. 23. 선고 74도778 판결 [도로교통법위반·업무상과실치상]

원심판결이유에 의하면 원심은 이 사건 사고가 있기전 운전수인 피고인이 갑자기 머리가 아프고 오한이 들어 자동차를 운전할 수 없게 되자 이 차량의 차주이며 평소에 운전경험이 있는 공소외인이 자진하여 자기가 운전하겠다고 하므로 피고인이 그대로 이를 방치하게 되었고 위공소외인은 피고인이 오한으로 앓고 있는 사이에 이를 운전하다가 이사건 사고를 발생케 한 사실을 인정한 다음, 이러한 경우이므로 피고인이 차주인 위공소외인의 무면허운전을 방치한 행위와 이 사건 사고로 인한 상해의 결과발생과의 사이에는 다른 특별한 사정이 없는한 인과관계가 있다고 볼 수 없다고 판단하고 있다.

사실관계가 위와 같은 이상 앓고 있는 <u>피고인이 소론과 같이 이 차에 함께 타고 있으면서 위공소외인(본건 사고로 인하여 별건에서 벌금형을 선고 받았음)으로 하여금 비가 온 후의 도로의 미끄러움에 대비하도록 하거나 내리막 길에 있어서의 운전상의 주의를 교시하지 않았다 하여 위공소외인의 운전상의 과실행위에 피고인과의 상호간의 의사연락이 있었다고 보거나 또는 피고인이 위와 같은 경우에 위공소외인에게 운전행위를 저지하지 않은 원인행위가 공소외인의 운전상의 부주의로 인한 이 사건 결과발생에까지 미친다고 볼 수는 없다</u> 할 것이므로 같은 취지의 원심판단은 정당하다 할 것이다.

대법원 1986. 5. 27. 선고 85도2483 판결 [철도법위반,업무상과실군용물손괴]

원판시 군용 짚차는 그 운전병이 선임탑승한 피고인의 지시에 따라 사고지점의 철도선로를 무단횡단하여 피고인의 집에 들렸다가 귀대하기 위해 다시 돌아가던 도중에 위 운전병의 운전부주의로 사고지점 철도변의 배수로에 앞바퀴가 빠졌던 것이고, 그로 인하여 철도선로에 돌출된 차량의 앞부분이 때마침 그곳을 통과하던 화물열차에 부딪쳐 손괴되었던 것이므로 <u>그 손괴의 결과가 피고인이 사고지점을 횡단하도록 지시한 과실에 인한 것이라고 볼 수는 없고, 피고인이 운전병을 지휘감독할 책임있는 선임탑승자라 하여 그 점만으로는 곧 피고인에게도 손괴의 결과에 대한 공동과실이 있는 것이라고 단정할 수도 없다.</u>

대법원 1990. 11. 13. 선고 90도2106 판결「이 사건 사고장소는 바로 바다에 면한 수직 경사의 암반위로 바닷물에 씻겨 이끼가 많이 끼어 매우 미끄러우며 당시는 폭풍주의보가 발효 중이어서 평소보다 높은 파도가 치고 있던 상황이었음이 인정되는 바, 이러한 곳에서 공소사실내용과 같이 피고인등 여러 사람이 위 공소외 1의 손발을 붙잡아 헹가래를 쳐서 바다에 빠뜨리려고 하다가 위 공소외 1이 이에 저항하여 발버둥치자 동인의 발을 붙잡고 있던 피해자 공소외 2가 몸의 중심을 잃고 미끄러지면서 위 공소외 1과 함께 휩쓸려서 바다에 빠져 사망하였다면, 위와 같이 위 공소외 1을 헹가래쳐서 바다에 빠뜨리려고 한 행위와 위 공소외 2가 바다에 빠져 사망한 결과와의 사이에는 인과관계가 없다고 할 수 없고, 또 위와 같이 미끄럽고 넘어지기 쉬운 암반 위에서 위 공소외 1이 바다에 빠지지 않으려고 발버둥치며 저항한다면 동인을 붙잡고 있던 사람 중에서도 몸의 중심을 잃고 미끄러지거나 동인과 함께 휩쓸려서 바다에 빠질 위험성이 있음은 현장에 있는 사람으로서는 누구나 능히 예견할 수 있는 일이라고 할 것이다. 그렇다면 위와 같이 위 공소외 1을 붙들고 헹가래치려고 한 피고인들로서는 비록 피해자 공소외 2가 위와 같이 헹가래치려고 한 일행 중의 한 사람이었다고 하여도 동인의 사망에 대하여 과실책임을 면할 수 없을 것(이다).」

대법원 1992. 3. 10. 선고 91도3172 판결 「이 사건 사고의 발생 경위 및 그 상황에 비추어 보면, 피고인들은 위 원심상피고인과 피해자가 이 사건 "러시안 룰렛" 게임을 함에 있어 위 원심상피고인과 어떠한 의사의 연락이 있었다거나 어떠한 원인 행위를 공동으로 한 바가 없고, 다만 위 게임을 제지하지 못하였을 뿐인데 보통사람의 상식으로서는 함께 수차에 걸쳐서 흥겹게 술을 마시고 놀았던 일행이 갑자기 자살행위와 다름없는 소위 "러시안 룰렛" 게임을 하리라고는 쉽게 예상할 수 없는 것이고(신뢰의 원칙), 게다가 이 사건 사고는 피고인들이 "장난치지 말라"며 말로 위 원심상피고인을 만류하던 중에 순식간에 일어난 사고여서 음주 만취하여 주의능력이 상당히 저하된 상태에 있던 피고인들로서는 미처 물리력으로 이를 제지할 여유도 없었던 것이므로, 경찰관이라는 신분상의 조건을 고려하더라도 위와 같은 상황에서 피고인들이 이 사건 "러시안 룰렛" 게임을 즉시 물리력으로 제지하지 못하였다 한들 그것만으로는 위 원심상피고인의 과실과 더불어 중과실치사죄의 형사책임을 지울만한 위법한 주의의무 위반이 있었다고 평가할 수 없다.」

대법원 1994. 3. 22. 선고 94도35 판결 「형법 제30조 소정의 "2인 이상이 공동하여 죄를 범한 때"의 "죄"에는 고의범뿐만 아니라 과실범도 포함되는 것으로서, 이 사건의 경우 피고인 1과 공소외 2 및 원심공동피고인 등은 각자가 협력하여 이 사건 건물을 안전하고도 견고하게 신축하여야 할 주의의무가 있었을 뿐만 아니라, 서로 의사를 연락하여 이 사건 건물을 신축하였던 것이므로, 이들 사이에 형법 제30조 소정의 공동정범의 관계가 성립한다고 보아야 할 것(이다).」 (<우암상가아파트 붕괴사건> 건물을 부실하게 시공함으로써, 1993.1.7. 이 사건 건물의 1층 상가 중앙부분에서 화재가 나자 위와 같은 설계도서 작성상의 문제점과 부실시공이 원인이 되어 콘크리트 압축강도 등의 안전성이 크게 저하된 건물중심부의 취약한 기둥 1개 이상이 화해(火害)를 입고 안전율이 저하되어 붕괴되면서 주변 인접 4개 기둥의 축력이 가중됨과 동시에 연쇄적으로 붕괴가 확산되어 이 사건 건물이 완전히 붕괴되고 사상자가 발생한 사안)

〈분업적 협력에 의한 위험창출·증대로 인한 예견가능한 결과의 실현〉

대법원 1997. 11. 28. 선고 97도1740 판결 [업무상과실치사·업무상과실치상·업무상과실
일반교통방해·업무상과실자동차추락]

이 사건 성수대교와 같은 교량이 그 수명을 유지하기 위하여는 건설업자의 완벽한 시공, 감
독공무원들의 철저한 제작시공상의 감독 및 유지·관리를 담당하고 있는 공무원들의 철저한
유지·관리라는 조건이 합치되어야 하는 것이므로, 위 각 단계에서의 과실 그것만으로 붕괴
원인이 되지 못한다고 하더라도, 그것이 합쳐지면 교량이 붕괴될 수 있다는 점은 쉽게 예상
할 수 있고, 따라서 위 각 단계에 관여한 자는 전혀 과실이 없다거나 과실이 있다고 하여도
교량붕괴의 원인이 되지 않았다는 등의 특별한 사정이 있는 경우를 제외하고는 붕괴에 대한
공동책임을 면할 수 없다고 봄이 상당하다 할 것이다.

이 사건의 경우, **피고인들에게는 트러스 제작상, 시공 및 감독의 과실이 인정되고, 감독공무
원들의 감독상의 과실이 합쳐져서 이 사건 사고의 한 원인이 되었으며**, 한편 **피고인들은 이
사건 성수대교를 안전하게 건축되도록 한다는 공동의 목표와 의사연락이 있었다고 보아야
할 것이므로**, 피고인들 사이에는 이 사건 업무상과실치사상등죄에 대하여 형법 제30조 소정
의 공동정범의 관계가 성립된다고 보아야 할 것이다. …

2인 이상이 상호의사의 연락이 없이 동시에 범죄구성요건에 해당하는 행위를 하였을 때에는
원칙적으로 각인에 대하여 그 죄를 논하여야 하나, 그 결과발생의 원인이 된 행위가 분명하
지 아니한 때에는 각 행위자를 미수범으로 처벌하고(독립행위의 경합), 이 독립행위가 경합하
여 특히 상해의 경우에는 공동정범의 예에 따라 처단(동시범)하는 것이므로, 상호의사의 연
락이 있어 공동정범이 성립한다면, 이에는 독립행위경합 등의 문제는 제기될 여지가 없는
것이다(대법원 1985. 12. 10. 선고 85도1892 판결 참조).

이 사건의 경우도, 앞서 본 바와 같이 피고인들에 대하여 업무상과실치사상죄, 업무상과실일
반교통방해죄, 업무상과실자동차추락죄의 공동정범으로 인정되는 이상, 여기에는 독립행위
의 경합문제가 제기될 여지가 없다고 할 것이다.

뿐만 아니라, 이 사건 붕괴는 앞서 본 바와 같이 피고인들의 제작시공 및 감독상의 과실과 공
소외 2 등 서울시의 유지·관리담당 공무원들의 유지·관리의 잘못이 모두 합쳐져서 발생한
것이므로, 결과발생의 원인이 된 행위가 판명되지 아니한 경우에 해당한다고 볼 수도 없다.

대법원 2009. 6. 11. 선고 2008도11784 판결 [업무상과실일반교통방해]

피고인 1에게는 사고의 위험이 높은 이 사건 해상에서 재킷 및 해상크레인 운반작업을 함에 있어 재킷의 선적작업이 지연되어 그대로 출항할 경우에는 정조시점을 맞출 수가 없는데도 출항을 연기시키거나 대책을 강구한 사실이 없었고, 나아가 피고인 2로부터 출항을 연기할 것을 건의받았음에도 이를 받아들이지 아니하고 일정을 들어 출항을 강행하도록 지시한 업무상 과실이 인정되며, 피고인 2에게는 피고인 1의 지시에 따라 사고의 위험이 높은 시점에 출항하였고, 특히 물양장 앞 해상에 진도대교 방향으로 강조류가 흐르고 있었으므로 상황의 심각성을 인식하고 신중하게 예인선을 운항하여 물양장에 접근하여야 했음에도 무리하게 예인선을 운항한 업무상 과실이 인정된다. (위와 같은 업무상 과실로 무동력 부선에 적재된 철골 구조물이 해상에 추락하여 해상의 선박교통을 방해한 사안)

대법원 2018. 1. 25. 선고 2017도12537 판결 「PHMG 등을 원료물질로 하는 가습기살균제의 개발·제조·판매에 관여한 피고인 1, 피고인 2, 피고인 3, 피고인 4, 피고인 5, 피고인 7과 공소외 5 주식회사의 임직원인 공소외 6, 공소외 7, 공소외 8, 공소외 9 주식회사의 ◇◇◇◇ 사업본부의 임직원인 공소외 10, 공소외 11, 공소외 12, 공소외 13 회사의 품질보증(QA, Quality Assurance)팀에서 근무하면서 공소외 9 회사의 (제품명 3 생략)에 대한 품질을 검사하고 보증하는 품질보증 업무를 담당한 공소외 14, ☆☆☆☆의 대표자로서 공소외 5 회사와 공소외 9 회사에 가습기살균제를 제조하여 납품한 공소외 15는 공동의 주의의무와 인식 아래 업무상과실로 결함 있는 가습기살균제를 각각 제조·판매하였고, 그 결함으로 그중 두 종류 이상의 가습기살균제를 사용한 피해자들에게 사망 또는 상해의 결과가 발생하였으므로, 위 피고인들과 공소외 6, 공소외 7, 공소외 8, 공소외 10, 공소외 11, 공소외 12, 공소외 14, 공소외 15 중 특정 피해자가 중복 사용한 가습기살균제들의 제조·판매에 관하여 업무상과실이 있는 사람들 간에는 해당 피해자에 대한 업무상과실치사상죄의 공동정범이 성립한다.」

2. 결과적 가중범의 공동정범

〈결과적 가중범의 공동정범 성립요건 : 기본행위의 공동 및 중한 결과에 대한 예견가능성〉

대법원 1997. 10. 10. 선고 97도1720 판결 [생 략]

결과적가중범의 공동정범은 기본행위를 공동으로 할 의사가 있으면 성립하고 결과를 공동으로 할 의사는 필요 없으며(대법원 1978. 1. 17. 선고 77도2193 판결, 1990. 6. 26. 선고 90도765 판결 등 참조), 나아가 특수공무집행방해치사상죄는 단체 또는 다중의 위력을 보이거나 위험한 물건을 휴대하고 직무를 집행하는 공무원에 대하여 폭행, 협박을 하여 공무원을 사상에 이르게 한 경우에 성립하는 결과적가중범으로서 행위자가 그 결과를 의도할 필요는 없고 그 결과의 발생을 예견할 수 있으면 족하다 할 것이다(대법원 1990. 6. 22. 선고 90도767 판결 참조).

원심판결 이유에 의하면, 원심은, 종합관 지휘부에 속하는 피고인 1, 피고인 2, 피고인 3, 피고인 4는 종합관 농성학생들을 지휘하면서 옥상 사수대의 편성 및 배치 등에 관여하고, 피고인 5는 옥상 사수대의 총지휘자로서 사수대원들로 하여금 종합관으로 진입하는 경찰관들을 향하여 돌 등을 던지도록 지시하고, 피고인 6은 사수대원으로서 직접 돌 등을 던진 사실이 인정되는 이상, 피고인들과 옥상에 위치한 사수대원들 사이에는 순차적 또는 암묵적으로 의사가 상통하여 이 사건 특수공무집행방해의 범행에 대한 공모관계가 성립하였다 할 것이고, 따라서 의경 공소외인의 사망 당시 옥상에 있지 아니하였거나 그를 향하여 돌을 던지는 등의 실행행위를 직접 분담하지 아니하였다 하더라도 다른 공범자의 행위에 대하여 공동정범으로서 책임을 진다 할 것이며, 나아가 이 사건 종합관 옥상 사수대가 경찰 진입시 투척을 위하여 옥상에 쇠파이프, 보도블록, 벽돌 등을 미리 준비하고 있었던 사실을 잘 알고 있었던 피고인들로서는 6층 옥상에 위치한 사수대원들이 종합관으로 진입하는 경찰관들에게 준비된 보도블록, 벽돌 등을 던지리라는 점과 그로 인하여 종합관으로 진입하려는 경찰관이 맞아 사망에 이를 수도 있으리라는 점을 충분히 예견할 수 있었다 할 것이므로, 피고인들은 모두 다른 공범자의 한 사람인 성명불상의 사수대원이 보도블록을 던짐으로써 의경 공소외인이 그에 맞아 사망에 이른 이 사건 특수공무방해치사의 죄책을 면할 수 없다고 판단하였다.

기록과 앞서 본 법리에 비추어 살펴보면, 위와 같은 원심의 판단은 정당하고, 거기에 상고이유에서 주장하는 바와 같은 공동정범에 관한 법리오해의 위법이 있다고 할 수 없다.

대법원 1978. 1. 17. 선고 77도2193 판결 [상해치사]

결과적가중범인 상해치사죄(형법259조)의 공동정범은 죽일 의사는 없이 폭행 기타의 신체침해행위를 공동으로 할 의사가 있으면 성립되고, 결과를 공동으로 할 의사는 필요없는 법리이다.

이 사건에서 원심 공동 피고인에 대한 원판결이 인용한 제1심 판결설시에 따르면 **피고인은 상 피고인 ○○○들과 공모하여 피해자들의 패와 패싸움을 하여 서로 치고 맞고 때리던 중 ○○○이 사온 칼로 그가 찔러서 찔린자들이 죽게 된 사실**을 증거에 의하여 인정하고 있으니 피고인은 상 피고인 ○○○들과 폭행행위를 공동으로 하는 의사의 공동이 있다고 인정될 수 있어 피고인은 공동자로서 본건 죽음의 결과에 대하여 책임이 있다 하겠거늘, 도리어 원심이 피고인이상 피고인 ○○○과 상해에 관한 의사연락이 없다고 하여 상해죄의 공동정범으로 기소된 사건에서 무죄의 선언을 해버린 조치에는 결과적가중죄의 공동정범의 법리를 오해하여 결과에 영향을 미친 위법을 남겼다.

〈범행에 직접 가담하지 않은 자의 결과적 가중범의 공동정범으로서의 죄책〉

대법원 1991. 5. 14. 선고 91도580 판결 [상해치사,폭력행위등처벌에관한법률위반]

피고인이 원심공동피고인을 비롯한 공범들과 공동하여 피해자의 신체를 상해하거나 피해자의 신체에 대하여 폭행을 가하는 기회에, 원심공동피고인이 고의로 피해자를 살해한 사실을 충분히 인정할 수 있고, … 사실관계가 이와 같다면, 피고인이 살인행위를 공모하거나 공범의 살인행위에 관여하지 아니하였기 때문에 살인죄의 죄책은 지지 아니한다고 하더라도, 상해나 폭행행위에 관하여는 서로 인식이 있었고 예견이 가능한 공범의 가해행위로 사망의 결과가 초래된 이상, 상해치사죄의 죄책은 면할 수 없는 것이(다).

대법원 1984. 2. 14. 선고 83도3120 판결 [강간치상]

공동정범의 경우에 공범자 전원이 일정한 일시, 장소에 집합하여 모의하지 아니하고 공범자 중의 수인을 통하여 범의의 연락이 있고 그 범의내용에 대하여 포괄적 또는 개별적인 의사 연락이나 그 인식이 있었다면 그들 전원이 공모관계에 있다 할 것이고, 이와 같이 공모한 후 공범자중의 1인이 설사 범죄실행에 직접 가담하지 아니하였다 하더라도 다른 공모자가 분담실행한 공모자가 실행한 행위에 대하여 공동정범의 책임이 있다 할 것이며, 공범자 중 수인이 강간의 기회에 상해의 결과를 야기하였다면 다른 공범자가 그 결과의 인식이 없었 더라도 강간치상죄의 책임이 없다고 할 수 없(다).

대법원 1992. 12. 22. 선고 92도2462 판결 [강도살인, 강도치사, 특정범죄가중처벌등에관한 법률위반(강도), 폭력행위등처벌에관한법률위반, 특수절도, 공문서위조]

강도의 공범자 중 1인이 강도의 기회에 피해자의 신체에 대하여 폭행을 가하거나 피해자의 신체를 상해하여 피해자를 살해한 경우에, 다른 공범자에게도 재물을 강취하는 수단으로 폭행이나 상해가 가하여질 것이라는 점에 관하여 상호 의사의 연락이 있었던 것으로 보아야 할 것이므로, 구체적으로 살인에 관하여까지는 공모하지 않았다고 하더라도 폭행이나 상해로 생긴 결과에 대하여 공범으로서의 책임을 져야 할 것이다. 논지는 이와 상반되는 견해에서 위 피고인을 강도치사죄로 처단한 원심판결에 심리를 제대로 하지 아니한 채 법령을 잘못 적용한 위법이 있다고 비난하는 것이어서 받아들일 것이 못된다.

제4 자수범

Ⅰ. 의의

⟨직접 범죄를 실행하여야 성립하는 범죄⟩

대법원 2018. 2. 8. 선고 2016도17733 판결 [생 략]

강제추행죄는 사람의 성적 자유 내지 성적 자기결정의 자유를 보호하기 위한 죄로서 정범 자신이 직접 범죄를 실행하여야 성립하는 자수범이라고 볼 수 없으므로, 처벌되지 아니하는 타인을 도구로 삼아 피해자를 강제로 추행하는 간접정범의 형태로도 범할 수 있다. 여기서 강제추행에 관한 간접정범의 의사를 실현하는 도구로서의 타인에는 피해자도 포함될 수 있다고 봄이 타당하므로, 피해자를 도구로 삼아 피해자의 신체를 이용하여 추행행위를 한 경우에도 강제추행죄의 간접정범에 해당할 수 있다.

Ⅱ. 유형

1. 진정자수범

⟨행태관련적 범죄 : 특정 행태에 대한 비난가능성에 대해 불법이 인정되는 경우⟩

대법원 2004. 2. 27. 선고 2003도6535 판결 [주민등록법위반]

이 사건 공소사실 중 주민등록법위반죄의 요지는, 피고인이 2002. 12. 6. 온라인 게임 '뮤'에 회원으로 가입하면서, 이전에 허위의 주민등록번호를 알려 주는 인터넷 카페에서 알게 된 공소외 성명불상자가 주민등록번호 생성 프로그램으로 만든 주민등록번호를 입력하여 허위의 주민등록번호를 재산상 이익을 위해 사용하였다는 것이다.

형벌법규의 해석은 엄격하여야 하고 명문규정의 의미를 피고인에게 불리한 방향으로 지나치게 확장해석하거나 유추해석하는 것은 죄형법정주의의 원칙에 어긋나는 것으로서 허용되지 않는다(대법원 1992. 10. 13. 선고 92도1428 판결, 2002. 2. 8. 선고 2001도5410 전원합의체 판결 등 참조).

주민등록법 제21조 제2항 제3호는 같은 법 제7조 제4항의 규정에 의한 주민등록번호 부여 방법으로 허위의 주민등록번호를 생성하여 자기 또는 다른 사람의 재물이나 재산상의 이익을 위하여 이를 사용한 자를 처벌한다고 규정하고 있으므로, 위 공소사실과 같이 피고인이 이 사건 허위의 주민등록번호를 생성하여 사용한 것이 아니라 타인에 의하여 이미 생성된 주민등록번호를 단순히 사용한 것에 불과하다면, 피고인의 이러한 행위는 피고인에게 불리한 유추해석을 금지하는 위 법리에 비추어 위 법조 소정의 구성요건을 충족시켰다고 할 수 없다. 따라서 원심판결이 같은 취지에서 위 공소사실 부분에 대하여 무죄를 선고한 제1심을 그대로 유지한 조치는 정당한 것으로 수긍이 가고, 거기에 상고이유에서 주장하는 바와 같은 주민등록법이나 자수범에 관한 법리오해 등의 위법이 있다고 할 수 없으며, 또한 피고인이 허위의 주민등록번호를 생성한 자와 공범임을 전제로 하는 상고이유의 주장은 피고인이 공범으로 기소되지도 않았음이 위 공소사실 자체로 보아 명백할 뿐 아니라 기록상 주민등록번호를 생성한 자와 공범관계에 있다고 볼 수도 없으므로 이유 없다.

〈행위자형법적 범죄〉

대법원 1955. 7. 8. 선고 4288형상37 판결 [음행매개]

피고인은 생활난으로 과거부터 매음부의 포주로 생계를 유지하여 왔는데 단기 4287년 3월 1일부터 약1개월간 자가에서 영리의 목적으로 미성년자인공소외 1(당시 17세)를 자기집 창부로 고용한 후 성명불명의 남자를 소개하여 십수회에 걸쳐 밀매음케 하여 그 수입의 5할에 해당하는 금액 약 1만 2천환을 중개료 명목으로 받았다는 음행매개의 본건 공소사실에 부합하여 그 증거자료가 충족함에도 불구하고 원심은 단지 우공소외 1의 음행상습이 있었다는 것과 동녀가 본건 매음행위를 자진 희망하였음을 인정하고 피고인의 권유에 의한 것이 아니라는 사실만을 설시하고 막연히 본건 공소사실은 인정하기에 충분한 자료가 없다는 이유로 피고인에 대하여 무죄를 언도하였으나 전시 각 증거를 배척할 하등의 이유를 설시함이 없이 여사한 판단을 하였음은 이유불비의 위법이 있다 아니할 수 없다 원심이 전시와 같이 판단을 그릇한 원인은 형법 제242조 소정 미성년자에 대한 음행매개죄의 성립에 그 미성년자의 음행의 상습이나 동의의 유무는 하등 영향을 미치지 아니함을 간과한데 있다고 인정됨으로 결국 본건 상고는 이유있고 원판결은 파기를 면치 못할 것이다.

2. 부진정자수범(고도의 인격적 의무범)

〈대표적인 예로서 위증죄〉

대법원 1998. 2. 10. 선고 97도2961 판결 [위증교사(변경된 죄명 : 증거위조)]

형법 제155조 제1항에서 타인의 형사사건에 관하여 증거를 위조한다 함은 증거 자체를 위조함을 말하는 것으로서(당원 1995. 4. 7. 선고 94도3412 판결 참조), <u>선서무능력자로서 범죄 현장을 목격하지도 못한 사람으로 하여금 형사법정에서 범죄 현장을 목격한 양 허위의 증언을 하도록 하는 것은 위 조항이 규정하는 증거위조죄를 구성하지 아니한다</u> 할 것이다.

〈공문서위조죄〉

대법원 2001. 3. 9. 선고 2000도938 판결 [공문서위조·위조공문서행사·변조공문서행사]

<u>어느 문서의 작성권한을 갖는 공무원이 그 문서의 기재 사항을 인식하고 그 문서를 작성할 의사로써 이에 서명날인하였다면, 설령 그 서명날인이 타인의 기망으로 착오에 빠진 결과 그 문서의 기재사항이 진실에 반함을 알지 못한 데 기인한다고 하여도, 그 문서의 성립은 진정하며 여기에 하등 작성명의를 모용한 사실이 있다고 할 수는 없으므로</u>(대법원 1970. 7. 28. 선고 70도1044 판결 참조), <u>공무원 아닌 자가 관공서에 허위 내용의 증명원을 제출하여 그 내용이 허위인 정을 모르는 담당공무원으로부터 그 증명원 내용과 같은 증명서를 발급받은 경우 공문서위조죄의 간접정범으로 의율할 수는 없다</u> 할 것이다.

원심판결 이유에 의하면 원심은, '피고인 1, 피고인 2는 각기 공소외 1 주식회사와 공소외 2 주식회사의 대표이사인바, 1998. 6. 25. ○○광역시 종합건설본부에서 발주하는 △△연구단지 진입도로 확장공사에 위 각 회사가 공동으로 입찰하여 적격심사 1순위자로 선정되었으나, 위 건설본부에서 요구하는 공사실적이 부족하여 최종 낙찰에 탈락될 위기에 처하자, 관공서 등에서 발급하는 공사실적증명서를 위조하여 위 건설본부에 제출하기로 마음먹고, 공모하여, 행사할 목적으로 1998. 6. 30. 성남시 ㅁㅁ구청에서, 공소외 2 주식회사가 ㅁㅁ구에서 발주

한 ◇◇공원내 지하주차장 공사의 기본 및 실시 설계 용역만을 수주하였음에도 불구하고 마치 보수공사 전체를 수주한 것처럼 실적증명서의 사업명을 '◇◇공원내 지하주차장 보수공사'라고 허위기재한 다음, 그 정을 모르는 ㅁㅁ구청의 담당직원에게 제출하여 동인으로부터 위의 사실을 증명한다는 취지로 ㅁㅁ구청장의 직인을 날인받아 ㅁㅁ구청장 명의의 공사실적증명서 1장을 위조한 것을 비롯하여, 제1심판결문 별지 범죄일람표 4. 기재와 같이 총 12회에 걸쳐 공문서인 공사실적증명서 18장을 각 위조하고, 1998. 7. 초순 일자 미상경 ○○광역시 종합건설본부에서, 그 정을 모르는 담당직원에게 위와 같이 위조한 공사실적증명서 18장을 일괄 제출하여 이를 행사하였다'는 공소사실에 대하여, **피고인들이 각 관할관청에 사업마다 약 10부씩의 공사실적증명원을 제출하면서 그 가운데 1부씩의 증명원에는 사실과 다른 허위의 내용을 기재하였고, 각 관할관청의 담당공무원들은 제출된 약 10부의 증명원 전부가 사실에 맞게 기재된 것으로 생각하고(즉 그 중 1부가 사실과 다르게 허위로 기재된 사실을 모른 채) 증명원 기재와 같은 사실을 증명한다는 취지로 각 관할관청의 직인을 찍어 공사실적증명서를 작성한 사실**은 인정되나, 이 사건 허위 공사실적증명서는 공무원 아닌 자가 공무원에게 허위사실을 기재한 증명원을 제출하여 그것을 알지 못한 공무원으로부터 증명서를 받아낸 경우로서, 그 내용이 허위이기는 하지만 그 작성행위는 작성권한이 있는 공무원에 의하여 이루어진 것이므로 공문서위조죄가 성립하지 아니하며, 이를 행사하더라도 위조공문서임을 전제로 하는 위조공문서행사죄는 성립하지 아니한다는 이유로, 각 무죄를 선고하였는바, 앞서 본 법리에 비추어 살펴보면 원심의 이 같은 판단은 정당하고, 거기에 상고이유에서 주장하는 바와 같은 간접정범에 의한 공문서위조에 관한 법리오해의 위법이 없다.

대법원 1981. 7. 28. 선고 81도898 판결 [허위공문서작성·허위공문서작성행사·공정증서원 본불실기재·공정증서원본불실기재행사]

(1) 허위공문서작성죄의 주체는 그 문서를 작성할 권한이 있는 명의인인 공무원에 한하고 그 공무원의 문서작성을 보조하는 직무에 종사하는 공무원은 허위공문서작성죄의 주체가 되지 못하는 것인바, 이러한 보조직무에 종사하는 공무원이 허위공문서를 기안하여 허위 인정을 모르는 작성권자에게 제출하고 그로 하여금 그 내용이 진실한 것으로 오신케 하여 서명 또는 기명 날인케 함으로써 공문서를 완성한 때에는 허위공문서작성죄의 간접정범이 될 것이나(당원 1962.5.17. 선고 4293형성297 판결 참조), 이러한 결재절차를 거치지 아니하고 임의로 작성권자의 기명인이나 직인 등을 부정사용하여 허위내용의 문서에 압날함으로써 공문서를 완성한 때에는 공문서위조죄가 성립함은 모르되 허위공문서작성죄의 간접정범도 성립할 여지가 없는 것이다(당원1965.10.5. 선고 65도704 판결 참조).

(2) 이 사건에서 원심은 피고인이 당시 담양군 ○○면 △△계장이던공소외인과 공모하여 판시와 같은 ○○면장 명의의 인감증명서 1통을 작성한 행위에 대하여 허위공문서작성죄로 의율 처단하고 있는바 (위공소외인의 허위공문서작성죄에 대한 공동정범으로 본 취지이다), 위공소외인은 위 인감증명서의 작성권한 있는 명의인이 아니므로 허위공문서작성죄의 주체가 될 수 없음이 분명하고, 만일 위공소외인을 그 작성 명의인인 ○○면장의 작성행위에 대한 간접정범으로 본 취지라면 위공소외인 스스로 검찰에서 위 인감증명서는 인장의 결재도 받지 아니하고 면장 모르게 동면 호적계에 보관중인 면장 고무인과 직인을 피고인이 제출한 인감증명서 용지에 압날하여 완성하였다는 취지로 진술하고 있으므로(수사기록 67,68 정), 이 진술에 따른다면 위 인감증명서는 작성 명의인인 ○○면장의 결재를 받아 작성된 것이 아님이 명백하여 허위공문서작성죄의 간접정범도 성립되지 않는다고 볼 수밖에 없다.

〈부정수표단속법상 허위신고죄〉

대법원 1992. 11. 10. 선고 92도1342 판결 [부정수표단속법위반]

원심판결 이유에 의하면 원심은, 허위신고로 인한 부정수표단속법위반의 점에 대하여 부정수표단속법의 목적이 부정수표 등의 발행을 단속처벌함에 있고(제1조), 허위신고죄를 규정한 부정수표단속법 제4조가 "수표금액의 지급 또는 거래정지처분을 면하게 할 목적"이 아니라 "수표금액의 지급 또는 거래정지처분을 면할 목적"을 요건으로 하고 있는데 수표금액의 지급책임을 부담하는 자 또는 거래정지처분을 당하는 자는 오로지 발행인에 국한되는 점에 비추어 볼 때 그와 같은 발행인 아닌 자는 부정수표단속법 제4조가 정한 허위신고죄의 주체가 될 수 없고, 발행인이 아닌 자는 허위신고의 고의없는 발행인을 이용하여 간접정범의 형태로 허위신고죄를 범할 수도 없다 는 취지에서 이 사건 수표의 발행인이 아닌 피고인에 대한 허위신고죄는 범죄로 되지 아니한다고 판단하여 이 부분에 관하여 무죄의 선고를 하였는바, 원심의 위와 같은 판단은 정당하(다).

대법원 2007. 3. 15. 선고 2006도7318 판결 [부정수표단속법위반]

부정수표단속법 제4조가 '수표금액의 지급 또는 거래정지처분을 면할 목적'을 요건으로 하고, 수표금액의 지급책임을 부담하는 자 또는 거래정지처분을 당하는 자는 발행인에 국한되는 점에 비추어 볼 때 그와 같은 발행인이 아닌 자는 부정수표단속법 제4조가 정한 허위신고죄의 주체가 될 수 없고, 발행인이 아닌 자는 허위신고의 고의 없는 발행인을 이용하여 간접정범의 형태로 허위신고죄를 범할 수도 없다 할 것인바(대법원 1992. 11. 10. 선고 92도1342 판결), 타인으로부터 명의를 차용하여 수표를 발행하는 경우에 있어서도 수표가 제시됨으로써 당좌예금계좌에서 수표금액이 지출되거나 거래정지처분을 당하게 되는 자는 결국 수표의 지급인인 은행과 당좌예금계약을 체결한 자인 수표의 발행명의인이 되고, 수표가 제시된다고 하더라도 수표금액이 지출되거나 거래정지처분을 당하게 되는 자에 해당된다고 볼 수 없는 명의차용인은 부정수표단속법 제4조가 정한 허위신고죄의 주체가 될 수 없다 (대법원 2003. 1. 24. 선고 2002도5939 판결 참조).

같은 취지에서 이 사건 수표의 명의차용인인 피고인이 허위신고의 고의 없는 공소외 1 주식회사의 대표이사인공소외 2를 이용하여 허위의 신고를 하였다고 하더라도 부정수표단속법 제4조 위반죄가 성립되지 않는다고 한 원심의 판단은 정당하(다).

〈고도의 인격적 의무범죄 여부 판단기준 : 개별구성요건의 해석〉

대법원 2003. 6. 13. 선고 2003도889 판결 [농업협동조합법위반]

농업협동조합법 제50조 제2항은 "임원이 되고자 하는 자는 정관이 정하는 기간 중에는 선거운동을 위하여 조합원을 호별로 방문하거나 특정장소에 모이게 할 수 없다."고 규정하여 그 호별방문죄의 주체를 '임원이 되고자 하는 자'로 제한하고 있는바, 선거의 공정을 기하기 위하여 함께 규정된 같은 조 제1항, 제3항, 제4항의 선거운동 제한 규정이 "누구든지 …… 할 수 없다."고 하여 그 주체에 관하여 아무런 제한을 두고 있지 않음에 비하여(공직선거및선거부정방지법 제106조 제1항 소정의 호별방문죄도 행위 주체의 제한이 없다), 위의 호별방문죄는 그 주체를 '임원이 되고자 하는 자'로 특별히 제한하고 있어서 '임원이 되고자 하는 자'가 아닌 자의 호별방문은 금지되지 아니하고 있는 점, '방문'이라는 행위의 태양은 행위자의 신체를 수단으로 하는 것으로 행위자의 인격적 요소가 중요한 의미를 가지는 점, 형벌법규는 죄형법정주의 원칙상 문언에 따라 엄격하게 해석·적용하여야 하고 피고인에게 불리한 방향으로 확장해석하거나 유추해석하여서는 아니되는 점 등에 비추어 보면, 농업협동조합법상의 호별방문죄는 '임원이 되고자 하는 자'라는 신분자가 스스로 호별방문을 한 경우만을 처벌하는 것으로 보아야 하고, 비록 신분자와 비신분자와 통모하였거나 신분자가 비신분자를 시켜 방문케 하였다고 하더라도 비신분자만이 호별방문을 한 경우에는 신분자는 물론 비신분자도 같은 죄로 의율하여 처벌할 수는 없다고 봄이 상당하다.

원심은, 제1심과 원심의 채택 증거에 의하면, 피고인들이 공모하여 선거 공고일 이후에 선거운동을 위하여 조합원 공소외 1, 공소외 2, 공소외 3, 공소외 4, 공소외 5를 호별방문한 사실을 인정할 수 있다고 하여 이 부분 각 공소사실을 모두 유죄로 판단하였는데, 기록에 의하여 관련 증거들을 살펴보면, 선거 공고일 이후에 피고인들이 함께 조합원 공소외 2와 공소외 5를 호별방문한 사실이 인정되어 이에 관한 원심의 사실인정과 판단은 정당한 것으로 수긍되고, 거기에 채증법칙을 어겨 사실을 오인한 위법은 없다고 할 것이나, **조합원 공소외 1, 공소외 3, 공소외 4에 대하여는 조합장 선거에 출마한 피고인 1의 동생인 피고인 2가 단독으로 그들을 방문한 사실이 인정될 뿐** 피고인 1이 직접 그들을 방문한 사실을 인정할 증거는 없는바(원심도 호별방문의 기회에 이루어진 각 금품제공의 공소사실에 관한 사실인정에서 금품수수자 중 일부에 대하여는피고인 2 단독으로 조합원들을 방문한 것으로 인정하였다), <u>조합원 공소외 1, 공소외 3, 공소외 4에 대한 호별방문이 피고인 2 단독으로 행하여졌다면 그 부분 공소사실은 위와 같은 법리에 의하여 죄가 되지 아니한다</u>고 할 것이고, 따라서 원심이 그 부분 공소사실까지 유죄로 인정한 것에는 농업협동조합법상의 호별방문죄의 법리를 오해하여 판결의 결과에 영향을 미친 위법이 있다고 할 것이다.

대법원 2011. 7. 28. 선고 2010도4183 판결 「건설업자 아닌 위 피고인들이 한국산업규격을 위반한 레미콘임을 알지 못하는 피해 건설업체들을 이용하여 구 건설기술관리법 시행령 제47조의3 제2항 제1호에서 정한 건설공사에 위 레미콘을 사용하게 함으로써 간접정범의 형태로 '건설업자'라는 일정한 신분을 요하는 신분범인 위 법률 위반죄를 범할 수도 없(다).」

제2절 공범

제1 공범이론의 근본문제

Ⅰ. 공범의 개념

〈공범의 종속성 : 정범 없는 공범은 불가〉

대법원 1974. 5. 28. 선고 74도509 판결 [공정증서원본불실기재·공정증서원본불실기재행사·병역법위반]

<u>원래 방조범은 종범으로서 정범의 존재를 전제로 하는 것이다. 즉 정범의 범죄행위 없이 방</u>

조범만이 성립될 수는 없다. 이른바 편면적 종범에 있어서도 그 이론은 같다. 이 사건에서 볼 때 피고인은 스스로가 단독으로 자기 아들인공소외인에 대한 징집을 면탈케 할 목적으로 사위행위를 한 것으로서 위공소외인의 범죄행위는 아무것도 없어 피고인이 위공소외인의 범죄행위에 가공하거나 또는 이를 방조한 것이라고 볼 수 없음이 명백하니, 피고인을 방조범으로 다스릴 수 없다고 한 원심판결은 정당하(다).

〈공범은 정범의 존재를 전제로 하기에 '정범의 고의'가 요구됨〉

대법원 2011. 12. 8. 선고 2010도9500 판결 [방문판매등에관한법률위반방조·유사수신행위의규제에관한법률위반방조]

방조범은 정범의 실행을 방조한다는 이른바 방조의 고의와 정범의 행위가 구성요건에 해당하는 행위인 점에 대한 정범의 고의가 있어야 하나, 이와 같은 고의는 내심적 사실이므로 피고인이 이를 부정하는 경우에는 사물의 성질상 고의와 상당한 관련성이 있는 간접사실을 증명하는 방법에 의하여 입증할 수밖에 없고, 이때 무엇이 상당한 관련성이 있는 간접사실에 해당할 것인가는 정상적인 경험칙에 바탕을 두고 치밀한 관찰력이나 분석력에 의하여 사실의 연결상태를 합리적으로 판단하는 외에 다른 방법이 없다고 할 것이며, 또한 방조범에 있어서 정범의 고의는 정범에 의하여 실현되는 범죄의 구체적 내용을 인식할 것을 요하는 것은 아니고 미필적 인식 또는 예견으로 충분하다(대법원 1997. 4. 17. 선고 96도3377 전원합의체 판결, 대법원 2004. 6. 24. 선고 2002도995 판결, 대법원 2005. 4. 29. 선고 2003도6056 판결 등 참조).

〈정범개념의 우위성 : 2차적 개념으로서의 공범〉

대법원 2018. 9. 13. 선고 2018도7658, 2018전도54, 55, 2018보도6, 2018모2593 판결 [생 략]

법원은 공소사실의 동일성이 인정되는 범위 내에서 공소가 제기된 범죄사실보다 가벼운 범죄사실이 인정되는 경우, 그 심리의 경과 등에 비추어 볼 때 피고인의 방어에 실질적인 불이익을 주는 것이 아니라면 공소장변경 없이 직권으로 가벼운 범죄사실을 인정할 수 있으므로, 공동정범으로 기소된 범죄사실을 방조사실로 인정할 수 있다(대법원 2004. 6. 24. 선고 2002도995 판결 참조).

Ⅱ. 공범의 처벌근거

〈종속적 법익침해로서의 공범 : 함정교사자의 불가벌성 (공범의 독자적 법익침해 부재)〉

대법원 2008. 3. 13. 선고 2007도10804 판결 [특정범죄가중처벌등에관한법률위반(뇌물)]

원심은 그 인정 사실에 나타난 다음과 같은 사정, 즉 공소외 1이 2007. 1. 18. 피고인을 방문하여 뇌물의 대가로 공사를 줄 것을 독촉한 일과 관련하여, 사전에 공소외 6이 잘 아는 제3의 특정인물(A)과 공소외 1 사이에 어떠한 약속이 되어 있었고, 그 약속을 공소외 6도 미리알고 있었던 것으로 보이는 점, 공소외 1과 공소외 6 사이의 연락이 이 사건 뇌물수수 전인 2006. 12. 4. 시작되어 2007. 1. 18.의 통화시까지 주요 고비마다 긴밀하게 계속된 것으로 보아 위 2007. 1. 18.의 통화에서 언급된 약속은 이 사건 뇌물수수 이전부터 이미 있었던 것으로 보이는 점, 피고인이 2월 안으로 공사를 주겠다고 했음에도 불구하고, 공소외 1은 공소외 6에게 오로지 A와의 약속만이 중요하다고 말하였고, 그 후 공사를 주기를 기다리지 않고, 돈을 다시 돌려받으려는 어떠한 요구나 시도도 하지 아니한 채 피고인의 뇌물수수 사실을 서둘러 검찰에 알린 점, 뇌물을 교부하면서 이례적으로 그 현장을 녹음해 둔 점, 거짓으로 문자메시지를 보내는 방법으로 미리 증거조작을 시도한 점 등에 비추어 보면, 이 사건에서 공소외 1과 공소외 3이 피고인에게 공여한 1억 원의 뇌물은 공소외 6이 잘 아는 제3의 특정인물(A)과 공소외 1 사이의 사전 약속에 따라 제공된 것으로서, <u>적어도 공소외 1과 공소외 6, 5, 특정인물(A) 등 사이에서는 피고인을 함정에 빠뜨린다는 점에 관하여 상호 의사의 연락이 있었던 것으로 보이므로, 피고인의 이 사건 뇌물수수는 위 사람들의 함정교사에 의한 것이라고 인정하면서도, 이 사건에서 피고인의 뇌물수수가 공소외 1 등의 함정교사에 의한 것이라는 사정은 피고인의 책임을 면하게 할 사유가 되지 못한다고</u> 판단하였는바, 앞서 본 법리와 기록에 비추어 살펴보면, 원심의 위와 같은 판단은 옳은 것으로 수긍이 가고, 거기에 상고이유의 주장과 같은 함정수사에 관한 법리오해나 심리미진의 위법이 있다고 할 수 없다.

〈종속적 법익침해설(혼합적 야기설)의 근거 : 정범의 고의 외에 구성요건적 법익침해를 향한 방조의 고의를 요구하는 이유〉

대법원 2007. 10. 26. 선고 2007도4702 판결 [생 략]

방조범은 정범의 실행을 방조한다는 이른바 방조의 고의와 정범의 행위가 구성요건에 해당하는 행위인 점에 대한 정범의 고의가 있어야 하나, 이와 같은 고의는 내심적 사실이므로 피고인이 이를 부정하는 경우에는 사물의 성질상 고의와 상당한 관련성이 있는 간접사실을 증명하는 방법에 의하여 입증할 수밖에 없고, 이 때 무엇이 상당한 관련성이 있는 간접사실에 해당할 것인가는 정상적인 경험칙에 바탕을 두고 치밀한 관찰력이나 분석력에 의하여 사실의 연결상태를 합리적으로 판단하는 외에 다른 방법이 없다고 할 것이며, 또한 방조범에 있어서 정범의 고의는 정범에 의하여 실현되는 범죄의 구체적 내용을 인식할 것을 요구하는 것은 아니고 미필적 인식 또는 예견으로 족하다.

Ⅲ. 공범의 종속성

〈공범의 전제요건으로서 정범의 범죄행위〉

대법원 1981. 11. 24. 선고 81도2422 판결 [밀항단속법위반]

정범의 성립은 교사범, 방조범의 구성요건의 일부를 형성하고 교사범, 방조범이 성립함에는 먼저 정범의 범죄행위가 인정되는 것이 그 전제요건이 되는 것은 공범의 종속성에 연유하는 당연한 귀결이며, 따라서 교사범, 방조범의 사실 적시에 있어서도 정범의 범죄 구성요건이 되는 사실 전부를 적시하여야 하고, 이 기재가 없는 교사범, 방조범의 사실 적시는 죄가 되는 사실의 적시라고 할 수 없다 할 것인바, 원심이 유지한 제 1 심 판결은 "피고인은 1978.12.21. 15:00경 제주시 소재 제주공항대합실에서 제1심공동피고인으로부터 밀항자인공소외 1을 부산까지 인솔하여 달라는 부탁을 받고 동인이 밀항자인 점을 알면서도 부산항 국내선 여객선 터미널 대합실 입구까지 공소외 1을 데리고 가서 동소에서 공소외 2에게 인도하여 주어서 공소외 1로 하여 금전항과 같이 밀항 도일케 하여서 동인의 밀항을 용이하게 하여 이를 방조한 것이다"라고 피고인의 범죄사실을 적시하고 있으나, 주범이라고 보여지는 공소외 1의 범죄사실은 전혀 판시가 없을 뿐만 아니라 도시 판문에 기재된 "공소외 1로 하여금 전항과 같이"라는 전항은 판결문에 그 기재조차 없는 것으로 이는 범죄될 사실의 적시가 없는 것임이 명백하여 결국 원심판결에는 유죄판결에 명시될 이유를 갖추지 아니한 제 1심 판결을 유지하여 이유불비의 위법이 있어 이 위법은 판결결과에 영향을 미쳤음이 명백하므로 상고논지는 이 점에서 그 이유있다고 할 것이다.

> **대법원 1998. 2. 24. 선고 97도183 판결 [생 략]**
> 정범의 성립은 교사범의 구성요건의 일부를 형성하고 교사범이 성립함에는 정범의 범죄행위가 인정되는 것이 그 전제요건이 되는 것이(다).
>
> **대법원 1974. 5. 28. 선고 74도509 판결 [생 략]**
> 원래 방조범은 종범으로서 정범의 존재를 전제로 하는 것이다. 즉 정범의 범죄행위 없이 방조범만이 성립될 수는 없다. 이른바 편면적 종범에 있어서도 그 이론은 같다.

〈공범의 종속성〉

대법원 2011. 7. 14. 선고 2009도13151 판결 [생 략]

원심은 제1심이 적법하게 채택·조사한 증거들에 의하여 그 판시와 같은 사실을 인정한 다음, **이 사건 회의록의 변조·사용은 이 사건 회계서류 폐기에 정당한 근거가 존재하는 양 꾸며냄으로써 피고인들이 공범관계에 있는 문서손괴죄의 형사사건에 관한 증거를 변조·사용한 것으로 볼 수 있다**는 이유로, 이 사건 공소사실 중 피고인 2에 대한 증거변조 및 변조증거사용의 점을 무죄로 판단하고, 공범의 종속성 법리에 따라 피고인 1에 대한 증거변조교사 및 변조증거사용교사의 점도 무죄로 판단(한 것은 정당하다.)

〈제한적 종속형식의 의미〉

대법원 2021. 9. 9. 선고 2017도19025 전원합의체 판결 [저작권법위반방조]

공범의 성립에 관한 제한적 종속형식설에 따르더라도 방조범이 성립하는지는 정범의 구성요건 해당성과 위법성에 종속될 뿐 정범의 책임에까지 종속되지 않는다. 책임은 행위자 개인에 대한 법적 비난이므로 책임의 개별화가 실현되어야 하고, 이에 따라 방조범의 책임은 정범과는 독자적으로 확정된다. 정범보다 가벌성이 높은 방조범 고유의 책임을 인정하는 것 역시 방조범의 일반 법리상 이례적이지 않다. 책임의 개별화 원칙으로 가벌성이나 양형책임의 측면에서 정범보다 무거운 방조범도 있을 수 있다. 방조범의 형은 '정범'의 형보다 감경하지만(형법 제32조 제2항), 여기서 '감경한다.'는 것은 법정형의 감경을 뜻하고 선고형을 감경한다는 것이 아니므로, 방조범에 대한 '선고형'이 정범보다 가볍지 않더라도 위법하지 않다는 것이 판례이다(대법원 2015. 8. 27. 선고 2015도8408 판결 등 참조). 다수의견은 형사법의 대원칙인 개인책임의 원칙 또는 책임의 개별화 원칙에 따라 위와 같은 여러 정황들을 방조범인 피고인의 책임과 관련한 요소로서도 아울러 고려할 수 있다는 취지이지, 방조범이 정범과 독립하여 성립한다는 것이 아니다.

Ⅳ. 필요적 공범

⟨필요적 공범의 의의 및 법적 성격⟩

대법원 2008. 3. 13. 선고 2007도10804 판결 [특정범죄가중처벌등에관한법률위반(뇌물)]

뇌물공여죄와 뇌물수수죄는 필요적 공범관계에 있다고 할 것이나, 필요적 공범이라는 것은 법률상 범죄의 실행이 다수인의 협력을 필요로 하는 것을 가리키는 것으로서 이러한 범죄의 성립에는 행위의 공동을 필요로 하는 것에 불과하고 반드시 협력자 전부가 책임이 있음을 필요로 하는 것은 아니므로(대법원 1987. 12. 22. 선고 87도1699 판결, 대법원 2006. 1. 12. 선고 2005도2458 판결 등 참조), 오로지 공무원을 함정에 빠뜨릴 의사로 직무와 관련되었다는 형식을 빌려 그 공무원에게 금품을 공여한 경우에도 공무원이 그 금품을 직무와 관련하여 수수한다는 의사를 가지고 받아들이면 뇌물수수죄가 성립한다고 할 것이다.

대법원 1971. 3. 9. 선고 70도2536 판결 「뇌물수수죄는 필요적 공범으로서 형법 총칙의 공범이 아니므로, 이에 소론과 같이 형법 제30조를 따로 적용하여야 하는 것이 아니(다).」

〈편면적 대향범〉

대법원 2011. 4. 28. 선고 2009도3642 판결 [범인도피·공무상비밀누설(피고인2에대하여 인정된죄명:공무상비밀누설교사)]

2인 이상의 서로 대향된 행위의 존재를 필요로 하는 대향범에 대하여는 공범에 관한 형법총칙 규정이 적용될 수 없다(대법원 2007. 10. 25. 선고 2007도6712 판결 등 참조). 원심이 인정한 사실에 의하면 공무원인피고인 1이 직무상 비밀을 누설한 행위와 피고인 2가 그로부터 그 비밀을 누설받은 행위는 대향범 관계에 있다고 할 것인데, 형법 제127조는 공무원 또는 공무원이었던 자가 법령에 의한 직무상 비밀을 누설하는 행위만을 처벌하고 있을 뿐 직무상 비밀을 누설받은 상대방을 처벌하는 규정이 없는 점에 비추어, 직무상 비밀을 누설받은 자에 대하여는 공범에 관한 형법총칙 규정이 적용될 수 없다고 봄이 상당하다(대법원 2009. 6. 23. 선고 2009도544 판결 참조).

그럼에도 원심은, **피고인 2가 피고인 1에게 부탁을 하여 이 사건 체포영장 발부자 명단을 누설받은 행위**가 공무상비밀누설교사죄에 해당한다고 판단하였는바, 이러한 원심의 판단에는 공무상비밀누설죄에 있어 공범의 성립에 관한 법리를 오해한 위법이 있고, 이는 판결 결과에 영향을 미쳤음이 분명하다.

2인 이상의 서로 대향된 행위의 존재를 필요로 하는 대향범에 대하여는 공범에 관한 형법총칙 규정이 적용될 수 없다(대법원 1985. 3. 12. 선고 84도2747 판결, 대법원 1988. 4. 25. 선고 87도2451 판결, 대법원 2001. 12. 28. 선고 2001도5158 판결, 대법원 2002. 7. 22. 선고 2002도1696 판결, 대법원 2004. 10. 28. 선고 2004도3994 판결 등 참조).

> **대법원 2007. 10. 25. 선고 2007도6712 판결 [사문서위조·위조사문서행사·세무사법위반]**
> 2인 이상의 서로 대향된 행위의 존재를 필요로 하는 대향범에 대하여는 공범에 관한 형법총칙 규정이 적용될 수 없다(대법원 1985. 3. 12. 선고 84도2747 판결, 대법원 1988. 4. 25. 선고 87도2451 판결, 대법원 2001. 12. 28. 선고 2001도5158 판결, 대법원 2002. 7. 22. 선고 2002도1696 판결, 대법원 2004. 10. 28. 선고 2004도3994 판결 등 참조).
> 원심은 채용 증거를 종합하여, **피고인이 세무사 사무실 직원인공소외 1과 공모하여 위공소외 1로부터 세무사 사무실에서 보관하고 있던 임대사업자공소외 2 등의 이름, 주민등록번호, 주소, 사업자소재지가 기재된 서면을 교부받아 위공소외 1이 직무상 지득한 비밀을 누설하게 한 사실**을 인정한 다음, 피고인을공소외 1의 세무사법상 직무상 비밀누설죄의 공동정범으로 의율하였다.

그러나 세무사법 제22조 제1항 제2호, 제11조는 세무사와 세무사였던 자 또는 그 사무직원과 사무직원이었던 자가 그 직무상 지득한 비밀을 누설하는 행위를 처벌하고 있을 뿐 <u>세무사법에는 비밀을 누설받는 상대방을 처벌하는 규정이 없고, 세무사 사무실 직원인 위공소외 1이 직무상 지득한 비밀을 누설한 행위와 피고인이 그로부터 그 비밀을 누설받은 행위는 대향범 관계에 있다고 할 것이므로 이러한 대향범에 대하여는 공범에 관한 형법총칙 규정이 적용될 수 없다고 할 것인데도 불구하고</u>, 원심은 피고인을 위공소외 1의 직무상 비밀누설죄에 관한 공동정범으로 의율하였는바, 이러한 원심의 판단에는 세무사법상 직무상 비밀누설죄의 공동정범에 관한 법리를 오해하여 판결에 영향을 미친 위법이 있다.

대법원 1985. 3. 12. 선고 84도2747 판결 「소위 대향범은 대립적 범죄로서 2인 이상의 서로 대향된 행위의 존재를 필요로 하는 필요적 공범관계에 있는 범죄로 이에는 공범에 관한 형법총칙규정의 적용이 있을 수 없는 것이므로 원심이 이와 같은 취지로 <u>피고인 1이 피고인 2에게 미화 총계 800,000달라의 취득의 대상으로 원화 총계금 595,245,000원을 지급한 행위와 피고인 2가 미화총계 800,000달라의 양도의 대상으로 원화 총계 금 595,245,000원을 영수한 행위를 각각 대립되는 범죄 즉 대향범이라는 전제 아래 피고인 1의 판시범행에 대하여는 외국환관리법 제22조 제1호, 피고인 2의 판시범행에 대하여는 같은법 제22조 제2호 각 위반의 죄가 성립될 뿐 각 상피고인의 범행에 대하여는 공범관계가 성립되지 않는다고</u> 이 부분 공소사실에 관하여 무죄를 선고한 원심조치는 정당하(다).」

대법원 2014. 1. 16. 선고 2013도6969 판결 「금품 등의 수수와 같이 2인 이상의 서로 대향된 행위의 존재를 필요로 하는 관계에 있어서는 공범이나 방조범에 관한 형법총칙 규정의 적용이 있을 수 없다. 따라서 <u>금품 등을 공여한 자에게 따로 처벌규정이 없는 이상, 그 공여행위는 그와 대향적 행위의 존재를 필요로 하는 상대방의 범행에 대하여 공범관계가 성립되지 아니하고, 오로지 금품 등을 공여한 자의 행위에 대하여만 관여하여 그 공여행위를 교사하거나 방조한 행위도 상대방의 범행에 대하여 공범관계가 성립되지 아니한다.</u>」

대법원 2020. 6. 11. 선고 2016도3048 판결 「사용자는 쟁의행위 기간 중 그 쟁의행위로 중단된 업무의 수행을 위하여 당해 사업과 관계없는 자를 채용 또는 대체할 수 없고, 이를 위반한 자는 1년 이하의 징역 또는 1천만 원 이하의 벌금으로 처벌된다(노동조합법 제91조, 제43조 제1항). 여기서 처벌되는 '사용자'는 사업주, 사업의 경영담당자 또는 그 사업의 근로자에 관한 사항에 대하여 사업주를 위하여 행동하는 자를 말한다(제2조 제2호). 노동조합법 제91조, 제43조 제1항은 사용자의 위와 같은 행위를 처벌하도록 규정하고 있으므로, 사용자에게 채용 또는 대체되는 자에 대하여 위 법조항을 바로 적용하여 처벌할 수 없음은 문언상 분명하다. 나아가 <u>채용 또는 대체하는 행위와 채용 또는 대체되는 행위는 2인 이상의 서로 대향된 행위의 존재를 필요로 하는 관계에 있음에도 채용 또는 대체되는 자를 따로 처벌하지 않는 노동조합법 문언의 내용과 체계, 법 제정과 개정 경위 등을 통해 알 수 있는 입법 취지에 비추어 보면, 쟁의행위 기간 중 그 쟁의행위로 중단된 업무의 수행을 위하여 당해 사업과 관계없는 자를 채용 또는 대체하는 사용자에게 채용 또는 대체되는 자의 행위에 대하여는 일반적인 형법 총칙상</u>

의 공법 규정을 적용하여 공동정범, 교사범 또는 방조범으로 처벌할 수 없다고 판단된다.」

제2 교사범

Ⅰ. 의의

〈교사의 의의〉

대법원 1991. 5. 14. 선고 91도542 판결 [특정범죄가중처벌등에관한법률위반,특수절도교사]

교사범이란 타인(정범)으로 하여금 범죄를 결의하게 하여 그 죄를 범하게 한 때에 성립하는 것이고 피교사자는 교사범의 교사에 의하여 범죄실행을 결의하여야 하는 것이므로, 피교사자가 이미 범죄의 결의를 가지고 있을 때에는 교사범이 성립할 여지가 없고, 또 막연히 "범죄를 하라" 거나 "절도를 하라"고 하는 등의 행위만으로는 부족하다 하겠으나, 그렇다고 하더라도 타인으로 하여금 일정한 범죄를 실행할 결의를 생기게 하는 행위를 하면 되는 것으로서 교사의 수단방법에 제한이 없다 할 것이며, 교사범의 교사가 정범이 그 죄를 범한 유일한 조건일 필요도 없다.

기록을 살펴보면 이 사건의 경우 피교사자인 공동피고인 1, 공동피고인 2가 피고인의 절도교사행위 이전에 이미 판시2의 바 (1), (2)항의 절도의 결의를 하고 있었다고 인정되지는 아니한다.

그리고 피고인이 공동피고인 1, 공동피고인 2, 공동피고인 3 등이 절취하여 온 장물을 판시와 같이 상습으로 19회에 걸쳐 시가의 3분의1 내지 4분의 1의 가격으로 매수하여 취득하여 오다가, 공동피고인 1, 공동피고인 2에게 일제 드라이버 1개를 사주면서 " 공동피고인 3이 구속되어 도망 다니려면 돈도 필요할텐데 열심히 일을 하라(도둑질을 하라)"고 말하였다면, 그 취지는 종전에 위 공동피고인 3과 같이 하던 범위의 절도를 다시 계속하여 하라, 그러면 그 장물은 매수하여 주겠다는 것으로서 절도의 교사가 있었다고 보아야 할 것이고, 구체적으로 언제, 누구의 집에서, 무엇을 어떠한 방법으로 절도 하라고 특정하여 말하지 아니 하였다고 하여 이와 같은 피고인의 말이 너무 막연해서 교사행위가 아니라거나 절도교사죄가 성립하지 않는다고 할 수는 없다.

이와 같이 교사범이 성립하기 위하여는 범행의 일시, 장소, 방법 등의 세부적인 사항까지를 특정하여 교사할 필요는 없는 것이고, 정범으로 하여금 일정한 범죄의 실행을 결의할 정도에 이르게 하면 교사범이 성립된다 할 것이다.

또한 교사범의 교사가 정범이 죄를 범한 유일한 조건일 필요는 없으므로, 교사행위에 의하여 정범이 실행을 결의하게 된 이상 비록 정범에게 범죄의 습벽이 있어 그 습벽과 함께 교사행위가 원인이 되어 정범이 범죄를 실행한 경우에도 교사범의 성립에 영향이 없다 할 것이다.

따라서 공동피고인 1, 공동피고인 2가 절도의 습벽이 있었고 피고인의 교사 이전에도 다른 절도행위를 여러차례 한 바 있었다고 하여도, 피고인이 이들에게 드라이버를 사주면서 절도를 하라고 교사하여 판시 2의 바 (1), (2)항의 절도를 한 것인 이상, 피고인이 단순히 그 절도의 동기를 부여한 것이라고만 할 수 없다.

〈행위지배 없는 범죄실행의 야기〉

대법원 1967. 12. 19. 선고 67도1281 판결 [주거침입교사,위계에의한공무집행방해교사]

원판결에 의하면, 원심은 본건 공소사실 중 주거침입 교사의 점에 대하여 무죄를 선고하였다. 본건 주거침입 교사에 관한 공소사실은 다음과 같다. 즉, 피고인은 행정대서업을 하는 자로서 주로 병무관계 대서 사무를 취급한 자인바, 1966년 3월경 육군 제2군사령부는 1966년도 제2차 육군간부후보생 모집 공고를 하고, 1966.5.15 전라북도지구의 지원자들에게 대한 학과시험을 육군 제35사단 부관부에서 주관하게 되자 1966년 4월 초경부터 1966년 5월 초순경까지의 사이에 공소외 1외 11명으로부터 위의 시험에 합격 되도록 주선하여 달라는 부탁을 받자 위의 학과시험에 합격할 수 있는 실력 있는 대리응시자를 물색하여 위의 부탁한 응시자들과 한 사람씩 짝을 지어 시험장에 입장케 하고, 답안지에 수험번호와 이름을 바꾸어 씀으로서 대리응시자가 쓴 답안이 실지 응시한 자가 작성한 답안인 것처럼 제출케 하거나, 그렇지 않으면 서로 답안지를 일부러 보여주고, 또는 답안을 쪽지에 적어 건너 줌으로써 실지 응시자가 합격점을 얻을 수 있도록 하는 방법을 구상하고, 위의 대리응시자로 대학에 재학 중인 공소외 2외 11명을 물색한 다음 동인들에게 그 보수로서 1인당 금 2,000원씩을 주기로 한 후, 피고인은 위의 실지 응시자와 대리 응시자들 외 수험원서를 관계처에 접수케 한 다음, 1966.5.14 오후 2시경 피고인은 위의 소외인들(실지 응시자와 대리응시자들)에게 대하여 수험번호가 가까운 사람끼리 실지응시를 한자와 대리응시자간에 짝을 지워주고, 다음날 전북 대학교 교실에서 실시된 학과시험에서, 위에서 말한바와 같은 방법을 쓰도록 교사하는 동시 위와 같은 불법행위를 하도록 하기 위하여 위의 시험장에 침입하도록 교사하였다는 것이다. 그렇다면 주거침입죄는 사람의 주거, 간수 있는 저택 건물이나 선박에 대하여 그 주거자나 그 건물 등의 관리자들의 승낙없이 또는 위와 같은 자들의 의사나 추정된 의사에 반하여 정당한 이유없이 들어감으로써 주거침입죄가 성립되고, 위와 같은 침입이 평온, 공연하게 이루어졌다거나, 위의 주거자 또는 관리인등의 승낙이나 허가를 얻어 들어 갔다하여도 불법행위를 할 목적으로 들어간 때에는 위와 같은 주거자나 관리인의 의사 또는 추정된 의사에 반하여 들어간 것이라 아니할 수 없으므로 역시 주거침입죄가 성립된다고 해석하여야 할 것인바, 본건에 있어서의 대리 응시자인 공소외 2외 11명은 진실한 응시자인 것같이 가장하여 소정절차를 밟는 등의 시험관리자의 승낙을 얻어 시험장에 들어갔다 하더라도 만일 위의 시험관리자가 그 대리응시자들이 대리응시자이고 위에서 말한바와 같은 불법 된 행위를 할 목적으로 시험장에 들어간 것이라는 점을 알았다면 위와 같은 대리응시자에게의 입장을 승낙 또는 허락할리 만무하다 할 것인즉, <u>위의 대리응시자들의 시험장의 입장은 시험관리자의 승낙 또는 그 추정된 의사에 반한 불법침입이라 아니할 수 없고, 따라서 피고인은 위와 같은 불법침입을 교사한 이상 주거침입 교사죄가 성립된다고</u> 아니할 수 없을 것임에도 불구하고, 원심이 위와 반대된 견해로서 주거침입 교사죄가 성립되지 아니한다고 판단하였음은 주거침입죄에 있어서의 침입에 관한 법리를 오해한 위법이 있다고 아니할 수 없으므로 원판결은 부당하다하여 파기하기로 한다.

Ⅱ. 교사범의 성립요건

1. 교사자의 교사행위

가. 교사행위 : 범행결의의 야기

〈범행결의 야기의 판단기준〉

대법원 2013. 9. 12. 선고 2012도2744 판결 [낙태교사]

가. 교사범이란 정범인 피교사자로 하여금 범죄를 결의하게 하여 그 죄를 범하게 한 때에 성립하는 것이므로, 교사자의 교사행위에도 불구하고 피교사자가 범행을 승낙하지 아니하거나 피교사자의 범행결의가 교사자의 교사행위에 의하여 생긴 것으로 보기 어려운 경우에는 이른바 실패한 교사로서 형법 제31조 제3항에 의하여 교사자를 음모 또는 예비에 준하여 처벌할 수 있을 뿐이다.

한편 피교사자가 범죄의 실행에 착수한 경우에 있어서 그 범행결의가 교사자의 교사행위에 의하여 생긴 것인지 여부는 교사자와 피교사자의 관계, 교사행위의 내용 및 정도, 피교사자가 범행에 이르게 된 과정, 교사자의 교사행위가 없더라도 피교사자가 범행을 저지를 다른 원인의 존부 등 제반 사정을 종합적으로 고려하여 사건의 전체적 경과를 객관적으로 판단하는 방법에 의하여야 하고, 이러한 판단 방법에 의할 때 피교사자가 교사자의 교사행위 당시에는 일응 범행을 승낙하지 아니한 것으로 보여진다 하더라도 이후 그 교사행위에 의하여 범행을 결의한 것으로 인정되는 이상 교사범의 성립에는 영향이 없다고 할 것이다.

나. 원심판결 이유 및 원심이 적법하게 채택한 증거들에 의하면, 의사인 피고인은 결혼을 전제로 교제하던 공소외인이 아이를 임신한 사실을 알게 되자 전문의 과정을 마쳐야 한다는 등의 이유를 내세우며 공소사실 기재와 같이 수회에 걸쳐 낙태를 권유한 사실, 공소외인은 피고인에게 출산이나 결혼이 피고인의 장래에 방해가 되지 않도록 최선을 다하겠다고 하면서 아이를 낳겠다고 말한 사실, 이에 피고인은 공소외인에게 출산 여부는 알아서 하되 더 이상 결혼을 진행하지 않겠다고 통보한 사실, 피고인은 그 이후에도 공소외인에게 아이에 대한 친권을 행사할 의사가 없다고 하면서 낙태를 할 병원을 물색해 주기도 한 사실, 공소외인

은 피고인의 의사가 확고하다는 것을 확인하고 피고인에게 알리지 아니한 채 자신이 알아본 병원에서 낙태시술을 받은 사실 등을 알 수 있다.

다. 이러한 사실관계를 앞서 본 법리에 비추어 보면, 피고인은 공소외인에게 직접 낙태를 권유할 당시뿐만 아니라 출산 여부는 알아서 하라고 통보한 이후에도 계속하여 낙태를 교사하였고, 공소외인은 이로 인하여 낙태를 결의·실행하게 되었다고 봄이 타당하고, 공소외인이 당초 아이를 낳을 것처럼 말한 사실이 있다 하더라도 그러한 사정만으로 피고인의 낙태 교사행위와 공소외인의 낙태 결의 사이에 인과관계가 단절되었다고 볼 것은 아니다.

〈이미 범죄의 결의를 가지고 있는 경우 (omnimodo facturus)〉

대법원 2012. 8. 30. 선고 2010도13694 판결 [직무유기·증거은닉교사·범인도피교사]

교사범이란 정범으로 하여금 범죄를 결의하게 하여 그 죄를 범하게 한 때에 성립하는 것이고, 피교사자는 교사범의 교사에 의하여 범죄실행을 결의하여야 하는 것이므로, 피교사자가 이미 범죄의 결의를 가지고 있을 때에는 교사범이 성립할 여지가 없다(대법원 1991. 5. 14. 선고 91도542 판결 참조).

위 법리와 기록에 비추어 살펴보면, 원심이 그 판시와 같은 이유를 들어 피고인이 공소외 3,4로 하여금 명의상 업주에 불과한 공소외 3이 실제 업주라고 허위진술하도록 지시하여 타인의 형사사건에 관하여 범인도피를 교사하였다는 공소사실에 대하여 그 범죄의 증명이 없다고 판단하는 한편, 공소외 3이 공소외 5와 공소외 4로부터 이미 범인도피교사를 받아 허위로 진술할 결의를 하였던 이상 피고인에게 교사범이 성립할 여지도 없다고 판단하여 위 공소사실을 무죄로 인정한 것은 정당한 것으로 수긍할 수 있다.

〈교사의 수단〉

대법원 1969. 4. 22. 선고 69도255 판결 [생 략]

원심은 피고인 2가 1964.7.23 ○○읍 △동 ㅁㅁ여관에서 공소외 1, 공소외 2 등에게 도벌해도 좋으니 백송으로 해태상자 장함을 생산하여 주면 반출은 자기가 책임지겠으며, 새당 24원씩 주겠다고 말하고 자금으로 58만원을 주어, 같은 공소외인들로 하여금 같은 달 하순경 부터 같은 해 10월 하순경까지의 사이에 함양군 마천면 강청리 백무동 소재 국유임야내에서 30

년생 내외 되는 약 23,000새 당시 산원 싯가 26,800원 상당을 도벌케 한 사실을 인정하면서
원심 판시와 같은 이유로써 피고인의 청탁으로 도벌의 범의를 야기한 것이라고는 인정할 수
없다고 판시하였다. 그러나 설사 위 공소외인들이 피고인으로부터 부탁을 받기 전부터 산림
내에서 부정임산물 등의 제재를 업으로 하여오던 자들 이라고 하더라도 막연하게 도벌하라고
말한 것이 아니고, 백송을 도벌하여 해태상자 장함을 생산하여 달라고 말하였고, 도벌자금으
로 58만원을 교부하였으니 이는 지리산의 국유림을 도벌하라는 취지임이 분명하여 피고인의
청탁으로 위 공소외인들이 도벌의 범의를 일으켰다고 능히 인정할 수 있어서 교사죄가 성립
된다고 할 것이므로 필경 원심은 교사죄의 성립에 관한 법리를 오해한 위법이 있(다).

대법원 1984. 5. 15. 선고 84도418 판결 「피고인이 연소한 제1심상피고인에게 밥값을 구하여 오라고 말
한 점이 절도범행을 교사한 것이라고 볼 수 없다.」

대법원 1997. 6. 24. 선고 97도1075 판결 「피고인이 피해자를 정신차릴 정도로 때려주라고 교사하였다면
이는 상해에 대한 교사로 봄이 상당하다.」

〈교사범의 공범관계로부터의 이탈〉

대법원 2012. 11. 15. 선고 2012도7407 판결 [공갈교사]

1. 교사범이란 정범인 피교사자로 하여금 범죄를 결의하게 하여 그 죄를 범하게 한 때에 성
립하는 것이고, 교사범을 처벌하는 이유는 이와 같이 교사범이 피교사자로 하여금 범죄 실
행을 결의하게 하였다는 데에 있다. 따라서 교사범이 그 공범관계로부터 이탈하기 위해서는
피교사자가 범죄의 실행행위에 나아가기 전에 교사범에 의하여 형성된 피교사자의 범죄 실
행의 결의를 해소하는 것이 필요하고, 이때 교사범이 피교사자에게 교사행위를 철회한다는
의사를 표시하고 이에 피교사자도 그 의사에 따르기로 하거나 또는 교사범이 명시적으로 교
사행위를 철회함과 아울러 피교사자의 범죄 실행을 방지하기 위한 진지한 노력을 다하여 당
초 피교사자가 범죄를 결의하게 된 사정을 제거하는 등 제반 사정에 비추어 객관적·실질적
으로 보아 교사범에게 교사의 고의가 계속 존재한다고 보기 어렵고 당초의 교사행위에 의하
여 형성된 피교사자의 범죄 실행의 결의가 더 이상 유지되지 않는 것으로 평가할 수 있다면,
설사 그 후 피교사자가 범죄를 저지르더라도 이는 당초의 교사행위에 의한 것이 아니라 새
로운 범죄 실행의 결의에 따른 것이므로 교사자는 형법 제31조 제2항에 의한 죄책을 부담함
은 별론으로 하고 형법 제31조 제1항에 의한 교사범으로서의 죄책을 부담하지는 않는다고

할 수 있다.

한편 교사범이 성립하기 위해 교사범의 교사가 정범의 범행에 대한 유일한 조건일 필요는 없으므로, 교사행위에 의하여 피교사자가 범죄 실행을 결의하게 된 이상 피교사자에게 다른 원인이 있어 범죄를 실행한 경우에도 교사범의 성립에는 영향이 없다(대법원 1991. 5. 14. 선고 91도542 판결 등 참조).

2. 원심은, 그 채택 증거들에 의하여 피고인은 2011. 11. 초순경과 2011. 11. 20.경 공소외인에게 전화하여 ○○은행 노조위원장인 피해자의 불륜관계를 이용하여 공갈할 것을 교사한 사실, 이에 공소외인은 2011. 11. 24.경부터 피해자를 미행하여 2011. 11. 30.경 피해자가 여자와 함께 호텔에 들어가는 현장을 카메라로 촬영한 후 피고인에게 이를 알린 사실, 그러나 피고인은 2011. 12. 7.경부터 2011. 12. 13.경까지 공소외인에게 여러 차례 전화하여 그동안의 수고비로 500만 원 내지 1,000만 원을 줄 테니 촬영한 동영상을 넘기고 피해자를 공갈하는 것을 단념하라고 하여 범행에 나아가는 것을 만류한 사실, 그럼에도 공소외인은 피고인의 제안을 거절하고 2011. 12. 9.경부터 2011. 12. 14.경까지 위와 같이 촬영한 동영상을 피해자의 핸드폰에 전송하고 전화나 문자메시지 등으로 1억 원을 주지 않으면 여자와 호텔에 들어간 동영상을 가족과 회사에 유포하겠다고 피해자에게 겁을 주어 2011. 12. 14.경 피해자로부터 현금 500만 원을 교부받은 사실을 인정하였다.

원심은 위 인정 사실을 토대로 다음과 같이 판단하여, 피고인은 공범관계에서 이탈하였다는 등의 피고인의 주장을 배척하였다. 즉, 피고인은 위 범행을 교사하기는 하였으나 피교사자인 공소외인이 범죄의 실행에 착수하기 전에 범행을 중지시켰고, 그 이후의 공소외인의 실행행위는 공소외인의 독자적 판단하에 이루어진 단독 범행이므로 피고인의 교사는 공소외인의 공갈행위와 인과관계가 인정되지 않고, 또 피고인은 공범관계에서 이탈한 것이라고 주장한 데 대하여, 원심은 피고인의 교사행위로 인하여 공소외인이 범행의 결의를 가지게 되었고, 그 후 공갈의 실행행위에 착수하여 피해자로부터 500만 원을 교부받음으로써 범행이 기수에 이르렀으므로 피고인의 교사행위와 공소외인의 범행 결의 및 실행행위 사이에 인과관계가 인정되고, 또 피고인이 전화로 범행을 만류하는 취지의 말을 한 것만으로는 피고인의 교사행위와 공소외인의 실행행위 사이에 인과관계가 단절되었다거나 피고인이 공범관계에서 이탈한 것으로 볼 수 없다고 하여, 피고인을 유죄로 판단한 제1심판결을 그대로 유지하였다.

3. 원심이 인정한 위와 같은 사실관계 등에 의하면, 피고인은 공소외인으로 하여금 이 사건 공갈 범죄의 실행을 결의하게 하였고, 피고인의 교사에 의하여 범죄 실행을 결의하게 된 공

소외인이 그 실행행위에 나아가기 전에 피고인으로부터 범행을 만류하는 전화를 받기는 하였으나 이를 명시적으로 거절함으로써 여전히 피고인의 교사 내용과 같은 범죄 실행의 결의를 그대로 유지하였으며, 그 결의에 따라 실제로 피해자를 공갈하였음을 알 수 있다.

이를 앞서 본 법리에 비추어 보면, <u>피고인의 교사행위와 공소외인의 공갈행위 사이에는 상당인과관계가 인정된다 할 것이고, 피고인의 만류행위가 있었지만 공소외인이 이를 명시적으로 거절하고 당초와 같은 범죄 실행의 결의를 그대로 유지한 것으로 보이는 이상, 피고인의 공범관계에서 이탈한 것으로 볼 수도 없다.</u>

나. 교사자의 고의

〈미수의 교사(함정교사)의 문제〉

대법원 2008. 10. 23. 선고 2008도7362 판결 [음악산업진흥에관한법률위반]

<u>범의를 가진 자에 대하여 단순히 범행의 기회를 제공하거나 범행을 용이하게 하는 것에 불과한 수사방법이 경우에 따라 허용될 수 있음은 별론으로 하고, 본래 범의를 가지지 아니한 자에 대하여 수사기관이 사술이나 계략 등을 써서 범의를 유발케 하여 범죄인을 검거하는 함정수사는 위법함을 면할 수 없고, 이러한 함정수사에 기한 공소제기는 그 절차가 법률의 규정에 위반하여 무효인 때에 해당한다</u>고 볼 것이다(대법원 2005. 10. 28. 선고 2005도1247 판결 등 참조).

원심판결 이유에 의하면 원심은, 이 사건의 경우 경찰관들이 단속 실적을 올리기 위하여 손님을 가장하고 들어가 도우미를 불러 줄 것을 요구하였던 점, 피고인측은 평소 자신들이 손님들에게 도우미를 불러 준 적도 없으며, 더군다나 이 사건 당일 도우미를 불러달라는 다른 손님들이 있었으나 응하지 않고 모두 돌려보낸 바 있다고 주장하는데, 위 노래방이 평소 손님들에게 도우미 알선 영업을 해 왔다는 아무런 자료도 없는 점, 위 경찰관들도 그와 같은 제보나 첩보를 가지고 이 사건 노래방에 대한 단속을 한 것이 아닌 점, **위 경찰관들이 피고인측으로부터 한 차례 거절당하였으면서도 다시 위 노래방에 찾아가 도우미를 불러 줄 것을 요구하여 도우미가 오게 된 점** 등 여러 사정들을 종합해 보면, 이 사건 단속은 수사기관이 사술이나 계략 등을 써서 피고인의 범의를 유발케 한 것으로서 위법하고, 이러한 함정수사에 기한 이 사건 공소제기 또한 그 절차가 법률의 규정에 위반하여 무효인 때에 해당한다고

하여 이 사건 공소를 기각한 제1심판결을 유지하였다.

위 법리와 기록에 비추어 살펴보면, 원심의 위와 같은 사실인정과 판단은 수긍이 가고 거기에 주장과 같은 함정수사에 관한 법리오해의 위법이 없다.

2. 피교사자의 실행행위

〈기도된 교사〉

대법원 2013. 9. 12. 선고 2012도2744 판결 [낙태교사]

교사범이란 정범인 피교사자로 하여금 범죄를 결의하게 하여 그 죄를 범하게 한 때에 성립하는 것이므로, 교사자의 교사행위에도 불구하고 피교사자가 범행을 승낙하지 아니하거나 피교사자의 범행결의가 교사자의 교사행위에 의하여 생긴 것으로 보기 어려운 경우에는 이른바 실패한 교사로서 형법 제31조 제3항에 의하여 교사자를 음모 또는 예비에 준하여 처벌할 수 있을 뿐이다.

〈교사범의 성립요건으로서의 피교사자의 실행행위〉

대법원 2000. 2. 25. 선고 99도1252 판결 [폭력행위등처벌에관한법률위반(인정된 죄명 : 폭력행위등처벌에관한법률위반·협박교사)]

교사범이 성립하기 위해서는 교사자의 교사행위와 정범의 실행행위가 있어야 하는 것이므로, 정범의 성립은 교사범의 구성요건의 일부를 형성하고 교사범이 성립함에는 정범의 범죄행위가 인정되는 것이 그 전제요건이 된다(대법원 1981. 11. 24. 선고 81도2422 판결, 1998. 2. 24. 선고 97도183 판결 등 참조)고 함은 상고이유에서 주장하는 바와 같다. …

원심이 인용한 제1심판결의 채용 증거들에 의하면 피고인 1의 교사행위에 따라 원심 공동피고인 등이 피해자를 협박한 사실을 충분히 인정할 수 있고, 원심판결에 상고이유에서 주장하는 바와 같은 교사범 및 협박죄에 관한 법리를 오해하였거나 채증법칙을 위배하여 사실을 오인한 위법 등이 있다고 할 수 없다.

〈범인도피죄의 교사범〉

대법원 2006. 12. 7. 선고 2005도3707 판결 [범인도피교사]

원심은, 무면허 상태로 프라이드 승용차를 운전하고 가다가 화물차를 들이받는 사고를 일으켜 경찰에서 조사를 받게 된 피고인이 무면허로 운전한 사실 등이 발각되지 않기 위해, 동생 인공소외인에게 "내가 무면허상태에서 술을 마시고 차를 운전하다가 교통사고를 내었는데 운전면허가 있는 네가 대신 교통사고를 내었다고 조사를 받아 달라"고 부탁하여, 이를 승낙한 위공소외인으로 하여금 대전동부경찰서 교통사고조사계 사무실에서 자신이 위 프라이드 승용차를 운전하고 가다가 교통사고를 낸 사람이라고 허위 진술로 피의자로서 조사를 받도록 함으로써 범인도피를 교사하였다는 이 사건 공소사실에 대하여, 범인도피를 교사한 피고인은 범인 본인이어서 구성요건 해당성이 없고, 피교사자 역시 범인의 친족이어서 불가벌에 해당하므로 피고인이 타인의 행위를 이용하여 자신의 범죄를 실현하고, 새로운 범인을 창출하였다는 교사범의 전형적인 불법이 실현되었다고 볼 수 없을 뿐만 아니라, 피고인이 자기 방어행위의 범위를 명백히 일탈하거나 방어권의 남용에 속한다고 보기 어려워 위 공소사실은 죄가 되지 아니한다고 판단하였다.

그러나 범인이 자신을 위하여 타인으로 하여금 허위의 자백을 하게 하여 범인도피죄를 범하게 하는 행위는 방어권의 남용으로 범인도피교사죄에 해당하는바(대법원 2000. 3. 24. 선고 2000도20 판결 참조), 이 경우 그 타인이 형법 제151조 제2항에 의하여 처벌을 받지 아니하는 친족, 호주 또는 동거 가족에 해당한다 하여 달리 볼 것은 아니라 할 것이다.

Ⅲ. 교사의 착오

〈정범의 양적 초과〉

대법원 2002. 10. 25. 선고 2002도4089 판결 [생 략]

교사자가 피교사자에 대하여 상해 또는 중상해를 교사하였는데 피교사자가 이를 넘어 살인을 실행한 경우에, 일반적으로 교사자는 상해죄 또는 중상해죄의 죄책을 지게 되는 것이지만 이 경우에 교사자에게 피해자의 사망이라는 결과에 대하여 과실 내지 예견가능성이 있는 때에는 상해치사죄의 죄책을 지울 수 있는 것이다(대법원 1993. 10. 8. 선고 93도1873 판결 등 참조).

원심이 제1심판결 적시의 각 증거를 인용하여, 피고인 1이 상 피고인 3, 피고인 4, 피고인 5 및 원심 공동피고인 7에게 피고인과 사업관계로 다툼이 있었던 피해자를 혼내 주되, 평생 후회하면서 살도록 허리 아래 부분을 찌르고, 특히 허벅지나 종아리를 찔러 병신을 만들라는 취지로 이야기 하면서 차량과 칼 구입비 명목으로 경비 90만 원 정도를 주어 범행에 이르게 한 사실, 피고인 2는 위와 같이 피고인 1이 상 피고인들에게 범행을 지시할 때 그들에게 연락하여 모이도록 하였으며, "피고인 1을 좀 도와 주어라" 등의 말을 하였고, 그 결과 상 피고인들이 공소사실 기재와 같이 피해자의 종아리 부위 등을 20여 회나 칼로 찔러 살해한 사실을 인정한 다음, 그 당시 상황으로 보아 피고인 2 역시 공모관계에 있고, 피고인 1과 피고인 2는 피해자가 죽을 수도 있다는 점을 예견할 가능성이 있었다고 판단하여, 상해치사죄로 의율한 조치는 위 법리에 따른 것으로 정당하고, 거기에 상고이유에서 주장하는 바와 같은 상해치사죄 또는 공동정범에 관한 법리오해의 위법이 있다고 할 수 없다.

대법원 1993. 10. 8. 선고 93도1873 판결 [상해치사교사]

교사자가 피교사자에 대하여 상해 또는 중상해를 교사하였는데 피교사자가 이를 넘어 살인을 실행한 경우에, 일반적으로 교사자는 상해죄 또는 중상해죄의 교사범이 되는 것이지만 이 경우에 교사자에게 피해자의 사망이라는 결과에 대하여 과실 내지 예견가능성이 있는 때에는 상해치사죄의 교사범으로서의 죄책을 지울 수 있는 것이다.

원심이 같은 취지에서, 원심이 인용한 제1심판결 적시의 각 증거에 의하여, 피고인은 자신의 영업에 관하여 사사건건 방해를 하면서 협박을 해 오던 피해자를 보복하기 위하여 피해자의 경호원으로 있다가 사이가 나빠진 공소외인을 소개받아 착수금 명목으로 금 5,000,000원을 제공하면서 동인으로 하여금 피해자에게 중상해를 가해 활동을 못하도록 교사하였는데, 위 공소외인은 피해자의 온몸을 칼로 찔러 살해하였고, 그 당시 상황으로 보아 피고인은 중상해를 가하면 피해자가 죽을 수도 있다는 점을 예견할 가능성이 있었던 사실을 인정한 다음, 피고인을 상해치사죄의 교사범으로 처단한 조치는 정당한 것으로 수긍이 (간다).

Ⅳ. 교사범의 특수형태

1. 결과적 가중범의 교사범

〈결과적 가중범의 교사범으로 처벌되는 경우〉

대법원 2002. 10. 25. 선고 2002도4089 판결 [생 략]

교사자가 피교사자에 대하여 상해 또는 중상해를 교사하였는데 피교사자가 이를 넘어 살인을 실행한 경우에, 일반적으로 교사자는 상해죄 또는 중상해죄의 죄책을 지게 되는 것이지만 이 경우에 교사자에게 피해자의 사망이라는 결과에 대하여 과실 내지 예견가능성이 있는 때에는 상해치사죄의 죄책을 지울 수 있는 것이다(대법원 1993. 10. 8. 선고 93도1873 판결 등 참조).

2. 공동정범 형태에 의한 교사

〈형법 제31조의 교사범에 대한 공동정범〉

대법원 2002. 10. 25. 선고 2002도4089 판결 [생 략]

원심이 제1심판결 적시의 각 증거를 인용하여, 피고인 1이 상 피고인 3, 피고인 4, 피고인 5 및 원심 공동피고인 7에게 피고인과 사업관계로 다툼이 있었던 피해자를 혼내 주되, 평생 후회하면서 살도록 허리 아래 부분을 찌르고, 특히 허벅지나 종아리를 찔러 병신을 만들라는 취지로 이야기 하면서 차량과 칼 구입비 명목으로 경비 90만 원 정도를 주어 범행에 이르게 한 사실, 피고인 2는 위와 같이 피고인 1이 상 피고인들에게 범행을 지시할 때 그들에게 연락하여 모이도록 하였으며, "피고인 1을 좀 도와 주어라" 등의 말을 하였고, 그 결과 상 피고인들이 공소사실 기재와 같이 피해자의 종아리 부위 등을 20여 회나 칼로 찔러 살해한 사실을 인정한 다음, 그 당시 상황으로 보아 피고인 2 역시 공모관계에 있고, 피고인 1과 피고인 2는 피해자가 죽을 수도 있다는 점을 예견할 가능성이 있었다고 판단하여, 상해치사죄로 의율한 조치는 위 법리에 따른 것으로 정당하(다).

3. 연쇄교사

〈교사의 교사〉

대법원 1967. 1. 24. 선고 66도1586 판결 [허위진단서작성교사]

원심이 유지하고 있는 제1심 판결서에 기재된 적법인 확정사실에 의하면, 피고인은 피고인으로부터 상해를 입은 공소외 1이 동인의원에서 치료중임을 알자 위 의원의 의사인공소외 2의 진료가 허위임을 증명하여 위의 의사와 공소외 1을 공격할 목적으로 1966.2.9. 20:00경 충남대전시 은행동 객실에서 공소외 3에게 대하여 피고인의 위와 같은 목적을 말하고, 돈 2,000원의 비용을 교부하면서 환자로 가장하여 위의 동인의원에 가서 치료를 받고 위의 의사공소외 2로 하여금 허위진단서를 작성하게 하여 이것을 받아오라고 말하여, 위의 공소외 3으로 하여금 이것을 실행할 것을 승낙하게 함으로서 허위 진단서의 작성을 교사하였다는 것이다. 원심이 유지하고 있는 제1심 판결서에 열거된 여러 증거들을 종합하면 위와같은 범죄사실을 넉넉히 인정 할 수 있다. 논지는 허위진단서 작성죄의 교사죄가 성립되려면 환자가 환자와 관계있는 사람만이 의사에게 교사하였을 경우에만 성립되고, 교사자에게 대하여 교사를 한 경우에는 이것이 성립될 수 없는 양으로 주장한다. 그러나 비록 피고인이 의사가 아니기 때문에 진단서를 작성할 수 있는 지위에 있지 아니하고, 또한 피고인이 의사인공소외 2를 직접이건 간접이건 면담한 사실이 없다손 치더라도 피고인으로부터 교사를 받은 위의 공소외 3이 피고인이 교사한대로 의사공소외 2와 공모하여 허위진단서를 작성하였다면 (원심이유지한 제1심 판결이 인정) 형법 제33조에 의하여 피고인은 허위진단서작성의 교사죄의 죄책을 면할 길 없다 할 것이다. 위의 공소외 3이 의사가 아니라하여 피고인의 본건 교사죄가 성립될 수 없는 것은 아니다, 또 의사공소외 2가 위의 공소외 3과 공모하여 허위진단서를 작성하였다는 점에 관하여도 기록상 증거가 뚜렷하다, 원심판결에는 허위진단서작성죄와 이 교사죄의 성립에 관한 법리를 오해한 위법이 없다.

대법원 1974. 1. 29. 선고 73도3104 판결 [군용물사기교사]

원심이 본건에 관하여 인정한 사실은, 피고인은 1973.2.6. 09:30경 원심상피고인 전집종의 사무실에서 위 전집종으로부터 그 소속대 저장창고에 보관되어 있는 군용전차용 부속품인 로숀바를 부정인출 처분해 줄 것을 원심상피고인 박02에게 전해달라는 부탁을 받고, 그 요청에 군용물을 위법하게 처분하려고 교사한다는 점과 그 취지를 위 박01에게 전달하면 동인이 범의를 야기하여 군용물을 부정인출 처분 할 것이라는 점을 잘 알면서도 그 결과를 용인하여 그 시경 위 전집종의 사무실 옆방인 보좌관실에서 위 박02에게 위 저장창고에 보관되어 있는 로숀바를 부정인출 처분하여 전중령의 전출비에 부태주라고 강력히 요구하여 위 박01으로 하여금 범의를 야기하여 위 군용물을 부정인출 처분케 하므로서 위 박02의 군용물사기를 교사한 것이다 라는데 있다. … 본건 변경된 공소사실이 피고인은 위 전집종의 부탁을 전달하므로서 박02에 대하여 그 군용물 사기 행위를 교사하는 방법으로 삼았다고 인정한 원판결에 소론과 같은 여하한 위법도 없으니 원판결은 정당하다.

제3 방조범

Ⅰ. 의의

〈방조행위의 의미〉

대법원 1995. 9. 29. 선고 95도456 판결 [특정경제범죄가중처벌등에관한법률위반(사기)·특정경제범죄가중처벌등에관한법률위반(횡령)·사기·사문서위조·사문서위조행사]

형법상 방조행위는 정범의 실행행위를 용이하게 하는 직접, 간접의 모든 행위를 가리키는 것으로서 그 방조는 유형적, 물질적인 방조뿐만 아니라 정범에게 범행의 결의를 강화하도록 하는 것과 같은 무형적, 정신적 방조행위까지도 이에 해당한다고 할 것이다. 따라서 이 사건 주식의 입·출고 절차 등 주식의 관리에 관한 일체의 절차를 정확하게 알고 있는 증권회사의 중견직원인 피고인들이 제1심 공동피고인에게 피해자의 주식을 인출하여 오면 관리하여 주겠다고 하고, 나아가서 부정한 방법으로 인출해 온 주식을 피고인들이 관리하는 증권계좌에 입고하여 관리운용하여 주었다면, 이러한 피고인들의 행위는 정범인 위 제1심 공동피고인의 일련의 부정한 주식 인출절차에 관련된 출고전표인 사문서의 위조, 동행사, 사기 등 상호 연관된 일련의 이 사건 범행 전부에 대하여 방조행위가 된다 고 하지 않을 수 없다.

⟨공동정범과 방조범의 구별⟩

대법원 2011. 11. 10. 선고 2010도11631 판결 [게임산업진흥에관한법률위반]

게임산업진흥에 관한 법률(이하 '게임법'이라고 한다) 제26조 제2항은 "청소년게임제공업 또는 인터넷컴퓨터게임시설제공업을 영위하고자 하는 자는 문화체육관광부령이 정하는 시설을 갖추어 시장·군수·구청장에게 등록하여야 한다."고 규정하고 있고, 게임법 제45조 제2호는 '제25조 또는 제26조 제1항· 제2항· 제3항 본문의 규정을 위반하여 허가를 받지 아니하거나 등록을 하지 아니하고 영업을 한 자'를 처벌한다고 규정하고 있다. 위 규정형식 및 취지에 비추어 볼 때, 게임법 제45조 제2호 위반은 청소년게임제공업 등을 영위하고자 하는 자가 등록의무를 이행하지 아니하였다는 것만으로 구성요건이 실현되는 것은 아니고, 나아가 영업을 하였다는 요건까지 충족되어야 비로소 구성요건이 실현되는 것이므로 이를 진정부작위범으로 볼 것은 아니다.

한편, 여기서 '청소년게임제공업 등을 영위하고자 하는 자'라 함은 청소년게임제공업 등을 영위함으로 인한 권리의무의 귀속주체가 되는 자(이하 '영업자'라고 한다)를 의미하므로, 영업활동에 지배적으로 관여하지 아니한 채 단순히 영업자의 직원으로 일하거나 영업을 위하여 보조한 경우, 또는 영업자에게 영업장소 등을 임대하고 그 사용대가를 받은 경우 등에는 게임법 제45조 위반에 대한 본질적인 기여를 통한 기능적 행위지배를 인정하기 어려워, 이들을 방조범으로 처벌할 수 있는지는 별론으로 하고 공동정범으로 처벌할 수는 없다.

대법원 1996. 1. 26. 선고 95도2461 판결 [특정범죄가중처벌등에관한법률위반(뇌물)·뇌물공여·위계공무집행방해]

피고인 2가 상 피고인 1의 요청을 받아들여 상 피고인 1 및 원심 공동피고인을 특정 고사실의 감독관으로 배치하여 주었을 때 상 피고인 1이 특정 응시자가 다른 응시자의 답안을 보는 정도의 부정행위를 눈감아 주는 정도의 행위를 할 것으로 인식하였음은 인정할 수 있으나, 상 피고인 1은 검찰 이래 원심 법정에 이르기까지 특정 고사실에 자신 및 위 원심 공동피고인를 배치하여 줄 것을 요구하는 이유를 묻는 피고인 2에 대하여 자신이 계획한 범행 내용을 은폐하면서 친구가 시험에 응시하는데 마음 편하게 시험을 볼 수 있도록 자신이 감독관으로 들어가려는 것이라고만 대답하였고, 피고인 2와 사이에 범행을 공모한 바는 없다고 진술하고 있으며, 달리 상 피고인 1이 다른 고사실에서 다른 응시자의 답안지를 빼내는 방법으로 범행을 저지를 것임을 피고인 2가 알고 있었다는 점을 인정할 증거는 전혀 없는바, 그렇다면 피고인 2는 상 피고인 1이 특정 응시자의 경미한 부정행위(다른 응시자의 답안을 몰래 보고 쓰는 정도의 행위 등)를 눈감아 주는 위계공무집행방해 행위를 방조할 의사로 상 피고인 1의 요구대로 상 피고인 1및 원심 공동피고인을 특정 고사실의 감독관으로 배치하여 준 것에 불과하고, 피고인 2에게 상 피고인 1과 공동으로 일체가 되어 상 피고인 1의 행위를 이용하여 자신의 의사를 실행에 옮긴다는 의사가 있었다고 볼 수는 없으므로, 피고인 2에게는 상 피고인 1과 위계공무집행방해의 범죄를 공동으로 한다는 공동가공의 의사가 있었다고 볼 수 없고, 따라서 피고인 2는 위계공무집행방해의 공동정범에 해당한다고 볼 수는 없다.

〈방조범의 종속성〉

대법원 2017. 5. 31. 선고 2016도12865 판결 [사기·사기방조·업무상횡령]

방조범은 종범으로서 정범의 존재를 전제로 하는 것이므로, 정범의 범죄행위 없이 방조범만이 성립될 수는 없다(대법원 1974. 5. 28. 선고 74도509 판결 등 참조).

이 부분 공소사실 중 제1심판결의 별지 범죄일람표(2) 순번 18, 20, 21, 23, 76, 107, 108, 109의 요지는, 공소외 4와 공소외 4의 남편인 공소외 5 및 공소외 6이 위 범죄일람표 기재 입원일시란 기재 기간 동안 피고인 1이 운영하는 병원에 입원하여 치료를 받지 않았음에도, 피고인 1은 공소외 4, 공소외 5, 공소외 6이 위 기간 동안 입원하여 치료를 받은 것처럼 환자차트를 작성하고, 피고인 2, 피고인 3은 공소외 4, 공소외 5, 공소외 6이 위 기간 동안 정상 입원한 것으로 작성된 허위의 입·퇴원확인서를 작성한 후 공소외 4와 공소외 6에게 각 교부하여, 공소외 4와 공소외 6이 위 범죄일람표 기재 각 회사에 보험금을 청구하여 위 각 회사로부터 각 지급액란 기재 금액을 받도록 방조하였다는 것이다.

그런데 기록에 의하면, **공소외 4와 공소외 6은 위 각 범죄사실로 기소되었으나**(서울동부지방법원 2012고정1509), 2014. 1. 15.에 무죄를 선고받았고, 이에 검사가 항소하였으나 항소심 법원(서울동부지방법원 2014노133)도 2015. 1. 15. 검사가 제출한 증거만으로는 공소외 4와 공소외 6이 보험금을 부당하게 편취하였다고 인정하기 부족하다는 이유로 검사의 항소를 기각하여 위 판결이 그대로 확정되었음을 알 수 있다.

이와 같은 사정을 앞에서 본 법리에 비추어 살펴보면, 정범인 공소외 4와 공소외 6의 범죄가 성립되지 않는 이상 방조범에 불과한 피고인 1, 피고인 2, 피고인 3의 범죄도 성립될 수 없다고 할 것이다.

Ⅱ. 방조범의 성립요건

1. 종범의 방조행위

가. 방조행위

(1) 방조의 방법 및 유형

〈방조행위의 유형〉

대법원 1982. 9. 14. 선고 80도2566 판결 [변호사법위반]

형법상 방조행위는 정범이 범행을 한다는 정을 알면서 그 실행행위를 용이하게 하는 행위로서 그것은 정범의 실행에 대하여 물질적 방법(예컨대 흉기의 대여, 사기를 기도함을 알면서 범인을 피해자에게 소개하는 행위 등)이건, 정신적 방법(예컨대 정범에 대한 조언, 격려 등)이건, 직접적이건, 간접적이건(간접방조의 경우) 가리지 아니한다 할 것인바, 원심판결이 인용한 제1심 판결 이유에 의하면 제1심은 거시증거를 종합하여 원심공동피고인 1이 그가 사무국장으로 있는 판시 ○○기념사업회를 재단법인으로 발족시키기 위하여 필요한 설립기금 2억원을 마련하기 위하여 위 기념사업회에 관계하는 저명인사들을 통하여 판시 성남시 소재 △△△ 복개상가 건축사업허가를 행정당국으로부터 받아준다는 명목으로 동 기금 2억원을 제공받기로 판시 공소외 1 주식회사 대표이사인원심공동피고인 2와의 사이에 약속된 바있으나 공소외 1 주식회사는 위 복개상가 건축사업을 수행할 자금과 능력이 없는 것으로 판명이 되자 자금과 능력이 있는 자로 보이는 판시 공소외 2 주식회사 대표이사인원심공동피고인 3을 선택하여 1979.11. 말경 피고인 2에게 원심공동피고인 3과 위 문제를 교섭해달라는 부탁을 하고, 피고인 2는 이를 다시 원심공동피고인 3과 친분이 있는 피고인 1에게 부탁하여 피고인들은 그 수일 후 원심공동피고인 3을 만나 위와 같은 취지의 교섭을 하므로서 같은 해 12.초 원심공동피고인 1과 원심공동피고인 3을 만나게 하여 양자간에 원심공동피고인 1이 공소외 2 주식회사 명의로 위 복개상사 건축사업허가를 받아주는 조건으로 원심공동피고인 3으로부터 금 2억원을 위 기념사업회 설립기금조로 제공하겠다는 약정이 성립되도록 하는 한편 동 12.8에는 피고인들이 원심공동피고인 3이 위 금 2억원의 이행을 담보하는 취지로 제공하는 판시 보통예금통장사본 1매를 교부받아 원심공동피고인 1에게 전달하는 등 원심공동피고인 1의 위 변호사법 위반행위를 조력한 사실을 인정하여 피고인들에게 본건 방조범의 성립을 인정하고 있는 바, 원심이 인용한 제1심인정사실을 기록에 대조 검토하면 이는 정당한 것으로 수긍이 되고 위와 같은 사실관계하에서는 <u>피고인들이 정범인 원심공동피고인 1의 위 변호사법 위반행위를 하려한다는 정을 알면서, 원심공동피고인 3을 소개하고 교섭하는 등 정범에 가담, 조력한 것임이 명백하여 피고인들에게 본건 방조의 범의와 방조행위가 있었다 할 것</u>이니, 피고인들에 대하여 방조범의 성립을 인정한 원심판단은 정당하(다).

〈물질적·유형적 방조〉

대법원 2006. 1. 12. 선고 2004도6557 판결 [사기·사기방조]

원심은, 채택 증거들에 의하여 인정되는 다음과 같은 사정, 즉 피고인 1이 원심 공동피고인 2에게 입원 당시 보험가입 여부에 대한 질문을 하였고, 피고인 3에게는 '링거주사의 경우 입원치료를 받아야 보험혜택을 받을 수 있다.'고 말하기도 한 점, 환자들이 (병원명 생략)내과에서 입원확인서를 발급받아 이를 보험회사에 제출하면 4−5일 정도 지나 보험회사 직원이 조사를 하기 위해 병원에 와서 원장인 피고인 1 등을 만나곤 하였던 점에 비추어, <u>피고인 1은 자신이 발급한 입원확인서가 환자들의 보험회사에 대한 보험금청구에 사용된다는 것을 알았다고 봄이 상당하므로, 사무장인 제1심 공동피고인 5와 공모하여 **허위의 입원확인서를 발급해 주는 방법**으로 피고인 2, 피고인 4, 피고인 3, 피고인 5, 원심 공동피고인 2 및공소외 2로 하여금 보험금을 편취하는 것을 용이하게 하여 이를 방조하였음을 충분히 인정할 수 있다</u>는 이유로, 피고인 1에 대한 사기방조의 공소사실을 유죄로 인정한 제1심판결을 유지하였는바, 기록에 비추어 살펴보면, 이러한 원심의 조치는 옳(다).

〈정신적 방조 : 시위 현장 사진촬영을 통한 범행 결의의 강화〉

대법원 1997. 1. 24. 선고 96도2427 판결 [폭력행위등처벌에관한법률위반·특수공무집행방해·공용물건손상·집회및시위에관한법률위반·화염병사용등의처벌에관한법률위반]

형법상 방조행위는 정범이 범행을 한다는 정을 알면서 그 실행행위를 용이하게 하는 직접,

간접의 모든 행위를 가리키는 것으로서 <u>그 방조는 유형적, 물질적인 방조뿐만 아니라 정범에게 범행의 결의를 강화하도록 하는 것과 같은 무형적, 정신적 방조행위까지도 이에 해당한다</u>(대법원 1982. 9. 14. 선고 80도2566 판결, 1995. 9. 29. 선고 95도456 판결 등 참조).

원심이 적법하게 인정한 사실과 기록에 의하면, ① 피고인은 총학생회 사회부장으로 일하며 시위로 구속된 전력이 있는 자로서 이 사건 당일 ☆☆대학교 총학생회 사무실에 있다가 원심 공동피고인으로부터 "대원을 데리고 인천시청사에 기습투쟁을 가고 있으니 사진촬영할 사람을 내보내라"는 말을 직접 들어 그 시위의 양상이 폭력적으로 전개될 가능성을 충분히 예측할 수 있었고, 촬영한 사진의 대다수도 사후 게시를 예상하여 촬영한 것으로서 인천시청 옥상에서 학생들이 구호를 외치는 장면이었던 점 등에서 위 원심 공동피고인 등의 범행을 충분히 인식하고 있었던 것으로 보이며, ② **위 원심 공동피고인으로서는 피고인으로 하여금 자신들의 시위현장을 사진으로 찍게 하여 사후에 일반대중이 볼 수 있도록 게시한다는 생각에서 이 사건 범행을 함에 있어 정신적으로 크게 고무되고 그 범행결의도 강화한 것으로 보이며,** ③ 피고인은 위 원심 공동피고인 등의 범행을 돕겠다는 의도에서 이 사건 사진촬영 행위에 나아간 것으로 인정되는 점 등에 비추어 <u>피고인의 이 사건 사진촬영행위 등은 이 사건 폭력행위, 시위, 공용물건손상 등 범행의 방조행위가 된다고 하지 않을 수 없다.</u>

대법원 1983. 4. 12. 선고 82도43 판결 [병역법위반등범죄처벌에관한특별조치법위반방조]
원심은 거시증거를 종합하여 피고인 2가 판시와 같이 병역문제중앙대책위원회(위원장공소외 1)의 위원으로 가입하고 공소외 1 등과 함께 전남병무청에 항의하는 광주거주 대통령긴급조치 제9호 위반의 수형자로서 이 사건 본범인공소외 2(이하, 공소외인이라고 한다)등을 도와주자고 논의하여 판시와 같은 결의문을 작성 배포하는 등 일련의 행동을 한 사실을 인정한 다음 그 사실중 **위 공소외인이 입영일시로 지정된 1979.3.5.08:00를 지나 동일 10:00 경 집을 나서면서 당분간 피해있을 터이니 잘들 해보라고 하자 위 공소외인에 대하여 잘 되겠지 몸조심 하라하고 악수를 하면서 격려한 행위는** 단순한 행정시책의 시정을 위한 진정운동의 범주를 벗어나 이미 입영기피의 범죄실행에 착수한 위 공소외인에 대하여 그 범죄가 구체화되는 과정에 개입하여 그 범죄의사를 강화시킨 무형의 방조(정신적 방조)행위에 해당된다고 판단하여 동 피고인에 대한 이건 공소사실을 유죄로 인정한 제1심 판결을 유지하고 있다. … <u>이미 스스로 입영기피를 결심하고 집을 나서는 위 공소외인에 대하여 이별을 안타까와 하는 뜻에서 잘되겠지 몸조심하라 하고 악수를 나눈 동 피고인의 행위를 입영기피의 범죄의사를 강화시킨 방조행위에 해당한다고 볼 수도 없(다).</u>

〈정신적 방조 : 범행 장소 동석〉

대법원 2013. 4. 11. 선고 2010도13774 판결 [생 략]

형법상 방조행위는 정범이 범행을 한다는 사정을 알면서 그 실행행위를 용이하게 하는 직접, 간접의 모든 행위를 가리키는 것으로서 <u>그 방조는 유형적, 물질적인 방조뿐만 아니라 정범에게 범행의 결의를 강화하도록 하는 것과 같은 무형적, 정신적 방조행위까지도 이에 해당한다</u>(대법원 1997. 1. 24. 선고 96도2427 판결 등 참조).

원심판결 이유를 위 법리와 원심이 적법하게 채택한 증거들에 비추어 살펴보면, 원심이 그 판시와 같은 이유를 들어피고인 2의 판시 각 행위가 방조범에 해당한다고 판단하여 위 피고인에 대한 이 사건 공소사실을 모두 유죄로 인정한 조치는 정당하고, 거기에 상고이유 주장과 같은 방조범의 성립에 관한 법리오해의 위법이 없다.

서울중앙지방법원 2010. 10. 5. 선고 2009노3623 판결 [생 략]

위 범죄사실 및 위 인정사실에 비추어 알 수 있는 아래의 사정들 즉, ① 피고인 2는 미디어 행동단 팀장으로서 ☆☆☆에서 활발히 활동하고 있는 자인 점, ② 피고인 1은 2009. 5. 21. ☆☆☆ 카페에 "필독, ☆☆☆ 회원의 결정을 바랍니다—대표 피고인 1"이라는 제목으로 "불매운동을 시작하려 한다, 불매운동은 이 사건 언론사에만 광고하고 ㅁㅁㅁ와 ◇◇신문에는 광고를 하지 않는 기업을 대상으로 펼칠 것이다, 우선 한 개 기업만 선정하여 힘을 집중할 것이다"라는 내용의 게시글을 올렸는데, 피고인 2의 ☆☆☆에서의 지위 등에 비추어, 충분히 위 게시글을 읽었던 것으로 보이는 점(피고인 2도 당심 법정에서 "이 사건 기자회견 당일 오전에 ☆☆☆ 카페에서 기자 회견이 있다는 것을 알게 되었다"고 진술하였다), ③ 그로 인하여 피고인 2는 피고인 1로부터 카메라 촬영을 해줄 것을 요청받았을 당시 대상기업이 공소외 1 회사가 될 것이라는 사정까지는 알지 못하였다 하더라도, 피고인 1이 이 사건 언론사의 광고주 중 한 개의 기업을 대상으로 불매운동을 선언할 것이라는 것은 충분히 예상할 수 있었던 것으로 보이는 점, ④ **피고인 1로서는 이 사건 기자회견 장면을 찍게 하여 사후에 ☆☆☆ 회원들이나 일반 대중들이 볼 수 있도록 게시한다는 생각에서 이 사건 범행을 함에 있어 정신적으로 크게 고무되었던 것으로 보이는 점, ⑤ 피고인 1은 공소외 2로부터 만나자는 요청을 받고, 자칫 위해를 받을 지도 모른다고 불안감을 느꼈는데, 피고인 2가 동석함으로써 심리적 안정감을 준 것으로 보이는 점** 등에 비추어 보면, 피고인 2가 피고인 1의 이 사건 기자회견 장면을 촬영하고, 공소외 2를 만나는 자리에 피고인 1과 동석한 행위는 피고인 1의 이 사건 범행의 방조행위로 충분히 인정된다.

〈물질적 방조와 정신적 방조의 결합〉

대법원 2007. 4. 27. 선고 2007도1303 판결 [생 략]

원심이 적법하게 채택한 증거에 의하여 그 판시와 같은 사실을 인정한 뒤, 공소외 주식회사의 전무이사 겸 개발사업본부장인피고인 2가 공소외 주식회사가 시공 중인 서울 강남구 논현동 소재 브라운스톤 로얄스위트 아파트의 시행사 대표인피고인 1로부터 위 아파트에 관한 공소외 주식회사 대표이사 명의의 분양계약서, 분양대금 입금표 등을 위조하여 이를 담보로 중앙상호저축은행 등으로부터 대출금 명목으로 금원을 편취하겠다는 제의를 받은 다음 상호저축은행이 보내는 우편물에 대하여 아무런 답변을 하지 않는 방법으로 묵인하여 줄 것을 승낙하고 나아가 공소외 주식회사의 법인 인감증명서를 피고인 1에게 교부하여 준 행위는 <u>정범인 피고인 1에게 범행의 결의를 강화하도록 하고 그의 대출금편취 범행을 용이하게 하여 이를 방조한 행위에 해당한</u>다고 판단한 것은 정당하(다).

〈부작위에 의한 방조〉

대법원 1984. 11. 27. 선고 84도1906 판결 [방위세법위반 · 배임수재 · 배임증재 · 부정수표단속법위반 · 업무상배임 · 업무상배임방조 · 유가증권위조 · 유가증권위조행사 · 조세범처벌법위반]

원심이 인용한 제1심 판결의 거시증거들을 기록과 대조하여 살펴보면 **피고인은 부하직원인 정범들이 어음부정지급보증과 당좌부정결재의 방법으로 공소외 2 주식회사에 대하여 자금융통의 편의를 봐주고 있는 사실을 발견하였으면서도 이미 발생한 손해의 보전에 필요한 조치를 취하지 아니하고 이를 방치한 사실을 인정할 수 있는바 형법상 방조는 작위에 의하여 정범의 실행행위를 용이하게 하는 경우는 물론 직무상의 의무가 있는 자가 정범의 범죄행위를 인식하면서도 그 것을 방지하여야 할 제반조치를 취하지 아니하는 부작위로 인하여 정범의 실행행위를 용이하게 하는 경우에도 성립된다** 할 것이므로 피고인이 당시 공소외 1 주식회사 중앙지점장으로서 정범인 부하직원들의 범행을 인식하면서도 그들의 동 은행에 대한 배임행위를 방치한 소위에 대하여 원심이 같은 취지로서 배임죄의 방조범으로 의율처단한 조치는 정당하므로 논지 이유없다.

〈부작위에 의한 방조범의 성립요건〉

대법원 1996. 9. 6. 선고 95도2551 판결 [특정경제범죄가중처벌등에관한법률위반(횡령)·업무상횡령(업무상횡령방조)·뇌물수수]

형법상 방조는 작위에 의하여 정범의 실행을 용이하게 하는 경우는 물론, 직무상의 의무가 있는 자가 정범의 범죄행위를 인식하면서도 그것을 방지하여야 할 제반 조치를 취하지 아니하는 부작위로 인하여 정범의 실행행위를 용이하게 하는 경우에도 성립된다 할 것인바(당원 1984. 11. 27. 선고 84도1906 판결 등 참조), **비록 피고인들이 위 원심 공동피고인의 횡령범행을 알고 그 범죄행위로 발생한 피해를 최대한으로 줄이기 위하여 노력하였다고 하더라도 그 노력의 한 수단으로 △△업무의 주무계장인 피고인들이 새로 납입되는 입찰보증금에 대한 보관표를 제때에 제출받는 등의 조치를 취하지 않음으로써 새로 발생되는 입찰보증금의 횡령행위에 대하여서는 아무런 방지조치를 취하지 않은 것이 명백하므로 부작위에 의한 방조죄를 저질렀다고 보아야 할 것이다.**

한편, 형법상 부작위범이 인정되기 위해서는 형법이 금지하고 있는 법익침해의 결과 발생을 방지할 법적인 작위의무를 지고 있는 자가 그 의무를 이행함으로써 결과 발생을 쉽게 방지할 수 있었음에도 불구하고 그 결과의 발생을 용인하고 이를 방관한 채 그 의무를 이행하지 아니한 경우에 그 부작위가 작위에 의한 법익침해와 동등한 형법적 가치가 있는 것이어서 그 범죄의 실행행위로 평가될 만한 것이라면 작위에 의한 실행행위와 동일하게 부작위범으로 처벌할 수 있는 것임은 소론이 지적하는 바와 같고(당원 1992. 2. 11. 선고 91도2951 판결), 작위의무는 법적인 의무이어야 하므로 단순한 도덕상 또는 종교상의 의무는 포함되지 않으나 작위의무가 법적인 의무인 한 성문법이건 불문법이건 상관이 없고 또 공법이건 사법이건 불문하므로 법령, 법률행위, 선행행위로 인한 경우는 물론이고 기타 신의성실의 원칙이나 사회상규 혹은 조리상 작위의무가 기대되는 경우에도 법적인 작위의무는 있다고 할 것인바, 입찰사건에 관한 제반 업무를 주된 업무로 하는 피고인들이 자신이 맡고 있는 입찰사건의 입찰보증금이 계속적으로 횡령되고 있는 사실을 알았다면 담당 공무원으로서는 이를 제지하고 즉시 상관에게 보고하는 등의 방법으로 그러한 사무원의 횡령행위를 방지해야 할 법적인 작위의무를 지는 것이 당연하다고 할 것이고, 비록 피고인들의 그와 같은 행위가 배당불능이라는 최악의 사태를 막기 위한 동기에서 비롯된 것이라고 하더라도 자신의 작위의무를 이행함으로써 결과 발생을 쉽게 방지할 수 있는 피고인들이 위 원심 공동피고인의 새로운 횡령범행을 방조 용인한 것을 작위에 의한 법익 침해와 동등한 형법적 가치가 있는 것이 아니라고 볼 수는 없다.

대법원 1997. 3. 14. 선고 96도1639 판결 「백화점에서 바이어를 보조하여 특정매장에 관한 상품관리 및 고객들의 불만사항 확인 등의 업무를 담당하는 피고인 2으로서는 자신이 관리하는 특정매장의 점포에 가짜 상표가 새겨진 상품이 진열·판매되고 있는 사실을 발견하였다면 고객들이 이를 구매하도록 방치하여서는 아니되고 점주인 공동피고인 1이나 그 종업원에게 즉시 그 시정을 요구하고 바이어 등 상급자에게 보고하여 이를 시정하도록 할 근로계약상·조리상의 의무가 있다고 할 것임에도 불구하고 위 피고인이 이러한 사실을 알고서도 공동피고인 1 등에게 시정조치를 요구하거나 상급자에게 이를 보고하지 아니함으로써 공동피고인 1이 원심 판시와 같이 가짜 상표가 새겨진 위 상품들을 고객들에게 계속 판매하도록 방치한 것은 작위에 의하여 공동피고인 1의 판시 각 상표법위반 및 부정경쟁방지법위반행위의 실행을 용이하게 하는 경우와 동등한 형법적 가치가 있는 것으로 볼 수 있다고 할 것이므로, 피고인 2는 부작위에 의하여 공동피고인 1의 판시 각 상표법위반 및 부정경쟁방지법위반 행위를 방조하였다고 인정할 수 있다.」

대법원 2006. 4. 28. 선고 2003도4128 판결 「공소외 주식회사의 담당직원인 피고인들은 콘텐츠 제공업체들이 위 성인만화방에 게재하는 만화 콘텐츠를 관리·감독할 권한과 능력을 갖고 있었다고 할 것이고, 따라서 이 사건 음란만화들이 지속적으로 게재되고 있다는 사실을 안 이상 이를 게재한 콘텐츠 제공업체들에게 그 삭제를 요구할 조리상의 의무가 있었다고 할 것이다. 원심이 같은 취지에서 피고인들에게 위와 같은 작위의무가 있다고 판단하여 피고인들을 구 전기통신기본법 제48조의2 위반 방조죄로 처벌한 조치는 정당하(다).」

(2) 중립적 방조

〈중립적 행위에 의한 방조〉

대법원 2005. 10. 28. 선고 2005도4915 판결 [특정경제범죄가중처벌등에관한법률위반(배임){일부인정된죄명:특정경제범죄가중처벌등에관한법률위반(배임)방조}]

거래상대방의 대향적 행위의 존재를 필요로 하는 유형의 배임죄에 있어서 거래상대방으로서는 기본적으로 배임행위의 실행행위자와는 별개의 이해관계를 가지고 반대편에서 독자적으로 거래에 임한다는 점을 감안할 때, 거래상대방이 배임행위를 교사하거나 그 배임행위의 전 과정에 관여하는 등으로 배임행위에 적극가담함으로써 그 실행행위자와의 계약이 반사회적 법률행위에 해당하여 무효로 되는 경우 배임죄의 교사범 또는 공동정범이 될 수 있음은 별론으로 하고, 관여의 정도가 거기에까지 이르지 아니하여 법질서 전체적인 관점에서 살펴

볼 때 사회적 상당성을 갖춘 경우에 있어서는 비록 정범의 행위가 배임행위에 해당한다는 점을 알고 거래에 임하였다는 사정이 있어 외견상 방조행위로 평가될 수 있는 행위가 있었다 할지라도 범죄를 구성할 정도의 위법성은 없다고 봄이 상당하다 할 것이다(대법원 1975. 6. 10. 선고 74도2455 판결 참조).

위와 같은 법리에 비추어 살피건대, 원심이 인정한 바와 같이 **피고인 1 등은 상속세 납부자금 마련을 주된 목적으로 하는 주식매매계약이라는 개인적 거래에 수반하여 독립된 법인 소유의 이 사건 부동산을 피고인 2에게 담보로 제공하였고 피고인 2는 이러한 사정을 알면서 이 사건 가등기의 설정을 요구하고 그 등기를 경료한 것에 불과하다면**, 거래상대방의 지위에 있는 피고인 2에게 배임행위의 교사범 또는 공동정범의 책임뿐만 아니라 방조범의 책임도 물을 수 없다 할 것이다.

(3) 방조의 시기

〈실행의 착수 이전 예비단계에서의 방조행위〉

대법원 1996. 9. 6. 선고 95도2551 판결 [특정경제범죄가중처벌등에관한법률위반(횡령)·업무상횡령(업무상횡령방조)·뇌물수수]

종범은 정범의 실행행위 중에 이를 방조하는 경우뿐만 아니라 실행 착수 전에 장래의 실행행위를 예상하고 이를 용이하게 하는 행위를 하여 방조한 경우에도 정범이 실행행위를 한 경우에 성립하는 것이고(당원 1983. 3. 8. 선고 82도2873 판결 참조), 또한 자기가 의도한 바와 행위에 의하여 범죄사실이 발생할 것을 인식하면서 그 행위를 감행하거나 하려고 하면 족하고 그 결과 발생을 희망함을 요하지는 않는 것인바, **피고인들은 위 원심 공동피고인이 △△ 입찰보증금을 횡령, 착복하고 이미 횡령한 입찰보증금을 나중에 실시한 다른 △△의 입찰보증금으로 보전하는 이른바 '땜방'을 하고 있는 사실을 알고 이를 방지할 지위에 있으면서 이를 방치하였으니** 비록 피고인들이 적극적으로 '땜방'을 하라고 이야기하거나 종용한 사실이 없더라도 방조의 범의가 있다고 할 것이므로 피고인들에게 방조의 고의가 없다고 볼 수 없고, 앞서 본 바와 같이 업무상횡령죄의 불법영득의사라 함은 타인의 재물을 보관하는 자가 자기 또는 제3자의 이익을 꾀할 목적으로 업무상의 임무에 위배하여 보관하는 타인의 재물을 자기의 소유인 경우와 같이 처분하는 의사를 의미하고 반드시 자기 스스로 영득하여야만 성립하는 것은 아니므로 피고인들에게 불법영득의 의사가 없다고는 할 수 없다.

〈실행행위가 계속되는 동안 방조한 경우〉

대법원 2012. 8. 30. 선고 2012도6027 판결 [사기·범인도피교사·범인도피(피고인2에대하여인정된죄명:범인도피방조)]

범인도피죄는 범인을 도피하게 함으로써 기수에 이르지만, 범인도피행위가 계속되는 동안에는 범죄행위도 계속되고 행위가 끝날 때 비로소 범죄행위가 종료된다. 따라서 공범자의 범인도피행위의 도중에 그 범행을 인식하면서 그와 공동의 범의를 가지고 기왕의 범인도피상태를 이용하여 스스로 범인도피행위를 계속한 경우에는 범인도피죄의 공동정범이 성립하고(대법원 1995. 9. 5. 선고 95도577 판결 참조), 이는 그 공범자의 범행을 방조한 종범의 경우도 마찬가지이다.

기록에 의하면, 원심 공동피고인 2에 대한 이 사건 공소사실의 요지는 "원심 공동피고인 2가 피고인 1, 제1심 공동피고인 2의 범인도피교사에 따라 2010. 8. 31. 경찰 및 2011. 2. 17. 검찰에서 조사를 받고, 2011. 3. 18. 및 2011. 4. 8. 법원에서 제1심 재판을 받음에 있어 이 사건 휴대전화 문자발송 사기 범행을 자신이 저질렀다는 취지로 허위자백하였고, 이로써 피고인 1 및 제1심 공동피고인 2를 도피하게 하였다."는 것임을 알 수 있으므로, 원심 공동피고인 2의 위 범행은 2011. 4. 8. 이전에 이미 기수에 이르렀다고 볼 수 있다. 그러나 제1심이 적법하게 채택한 증거들에 의하면, 원심 공동피고인 2는 2011. 5. 23. 진실을 밝히는 내용의 항소이유서를 항소심 법원에 제출하기는 하였으나, 이후 2011. 6. 14. 열린 항소심 공판기일에서는 여전히 위 허위자백을 유지하는 태도를 취하였고, 2011. 6. 28. 오후 검찰에서 조사를 받으면서 비로소 피고인 1 및 제1심 공동피고인 2가 진범임을 밝혔음을 알 수 있으므로, **원심 공동피고인 2의 범행이 종료된 시점은 2011. 6. 28.**이라고 할 것이다.

따라서 원심이 이러한 전제하에, 피고인 2가 2011. 5. 2.경부터 2011. 6. 28. 오전 경까지 그 판시와 같은 행위를 통해 원심 공동피고인 2의 범인도피행위를 방조한 것으로 볼 수 있다고 판단한 것은, 위와 같은 법리에 비추어 정당한 것으로 수긍할 수 있(다).

〈범죄의 실질적 종료 이전의 방조행위〉

대법원 1982. 4. 27. 선고 82도122 판결 [보건범죄단속에관한특별조치법위반]

상고이유의 요지는 피고인 2의 방조행위는 피고인 1의 진료행위가 있은 뒤에 그 진료내용을 진료부에 기재한 것이므로 이른바 사후방조행위로서 종범으로 처단할 수 없다는 취지이다. 생각컨대, 종범은 정범의 실행행위 전이나 실행행위 중에 정범을 방조하여 그 실행행위를 용이하게 하는 것을 말하므로 정범의 범죄종료 후의 이른바 사후방조를 종범이라고 볼 수 없음은 소론과 같다.

그러나 기록에 의하면 이 사건 진료부는 환자진료상황을 기재하여 환자의 계속진료에 참고로 삼는 것임을 알 수 있으므로 피고인 2의 진료부 기재행위를 피고인 1의 진료종료 후의 사후행위에 불과하다고 볼 수는 없으니, 피고인 2의 판시 진료부 기재행위를 피고인 1의 무면허의료행위방조로 본 원심조치는 정당하고 논지 이유없다.

대법원 1983. 3. 8. 선고 82도2873 판결 「종범은 정범의 실행행위 중에 이를 방조한 경우 뿐만 아니라 실행착수전에 장래의 실행행위를 예상하고 이를 용이하게 하는 행위를 하여 방조한 경우에도 정범이 그 실행행위에 나아갔으면 성립하는 것이므로 피고인이 상피고인 2의 지시를 받고 원판시 미화를 취득하여줌에 있어 상피고인들이 그 미화를 금융기관 등에 매각집중시키지 아니할 것이라는 정을 알고 있었다면 피고인의 행위는 외국환관리법 제17조 제1항, 같은법시행령 제27조 제1항, 외국환관리규정(81.7.21 재무부고시 제893호)제6-1조, 제1, 2항 소정의 외국화폐불매각죄의 종범이 된다.」

대법원 1997. 4. 17. 선고 96도3377 전원합의체 판결 「피고인이 위 I, H가 기업인들로부터 뇌물을 수수하기 전에 그 면담을 주선한 것으로서, 정범이 실행행위에 나아가기 전에 방조하였을 뿐이므로 피고인을 수뢰죄의 종범으로 처벌할 수 없다는 것이나, 종범은 정범의 실행행위 중에 이를 방조하는 경우는 물론이고 실행의 착수 전에 장래의 실행행위를 예상하고 이를 용이하게 하는 행위를 하여 방조한 경우에도 정범이 그 실행행위에 나아갔다면 성립하는 것이(다).」

대법원 2004. 6. 24. 선고 2002도995 판결 「종범은 정범의 실행행위 중에 이를 방조하는 경우뿐만 아니라, 실행 착수 전에 장래의 실행행위를 예상하고 이를 용이하게 하는 행위를 하여 방조한 경우에도 성립하므로, 원심이 피고인들의 행위가 원심공동피고인 1의 부작위에 의한 살인행위를 방조한 것으로 본 데에 인과관계에 관한 법리오해 또는 채증법칙 위배로 인한 사실오인으로 판결 결과에 영향을 미친 위법이 없(다).」

〈승계적 종범의 문제〉

대법원 1982. 11. 23. 선고 82도2024 판결 [특정범죄가중처벌등에관한법률위반,사체유기, 자살교사미수,도박]

특정범죄가중처벌등에 관한 법률 제5조의 2 제2항 제1호 소정의 죄는 형법 제287조의 미성년자 약취유인행위와 약취 또는 유인한 미성년자의 부모 기타 그 미성년자의 안전을 염려하는 자의 우려를 이용하여 재물이나 재산상의 이익을 취득하거나 이를 요구하는 행위가 결합된 단순일죄의 범죄라고 봄이 상당하므로 비록 타인이 미성년자를 약취, 유인한 행위에는 가담한 바 없다 하더라도 사후에 그 사실을 알면서 약취, 유인한 미성년자의 부모 기타 그 미성년자의 안전을 염려하는 자의 우려를 이용하여 재물이 나 재산상의 이익을 취득하거나 요구하는 타인의 행위에 가담하여 이를 방조한 때에는 단순히 재물등 요구행위의 종범이 되는데 그치는 것이 아니라 결합범인 위 특정범죄가중처벌등에 관한 법률 제5조의 2제2항 제1호 위반죄의 종범으로 의율함이 상당하다 할 것이다.

따라서 피고인 A가 미성년자 E를 유인한 사실을 알면서 같은 피고인이 위 E의 안전을 염려하는 부모의 우려를 이용하여 금품을 요구한 범행을 원심판시와 같은 방법으로 방조한 피고인 C의 소위를 특정범죄가중처벌등에 관한 법률 제5조의 2 제2항 제1호 위반죄의 종범으로 의율한 원심판결은 위에 설시한 법리에 따른 것이므로 정당하(다).

(4) 방조행위의 인과관계

〈공중송신권을 침해한 정범에 대한 방조범의 성립요건〉

대법원 2021. 9. 9. 선고 2017도19025 전원합의체 판결 [저작권법위반방조]

1. 사건 개요와 쟁점

가. 공소사실 요지

이 사건 공소사실 요지는 다음과 같다.

피고인은 성명불상자들이 해외에 서버가 있는 동영상 공유사이트인 '(사이트명 1 생략)'등에 공중이 개별적으로 선택한 시간과 장소에서 접근하게 할 목적으로 저작권자의 영상저작물인 드라마·영화 등의 동영상(이하 '이 사건 영상저작물'이라 한다)을 임의로 업로드하고 계속하여 이를 게시하여 이용에 제공하고, 위 게시물에 접근한 이용자들이 이 사건 영상저작물을 클릭하면 개별적으로 송신이 이루어지게 하는 방법으로 저작권자의 전송권을 침해하고 있다는 사실을 알고 있었다. 그런데도 **피고인은 2015. 7. 25.부터 2015. 11. 24.까지 총 450회에 걸쳐, 자신이 개설하여 운영하면서 광고 수익을 얻는 이른바 '다시보기 링크 사이트'인 '(사이트 명 2 생략)' 사이트**(이하 '이 사건 사이트'라 한다) **게시판에 이 사건 영상저작물과 연결되는 링크를 게시하고**(이하 '이 사건 링크 행위'라 한다), **이 사건 사이트를 이용하는 사람들이 제목 등으로 이 사건 영상저작물을 검색하여 게시된 링크를 찾을 수 있게 한 뒤 이들이 링크를 클릭하면 성명불상자들이 이용제공 중인 이 사건 영상저작물의 재생 준비화면으로 이동하여 개별적으로 송신이 이루어지게 하였다.** 이로써 피고인은 영리를 목적으로 또는 상습으로 성명불상자들의 전송권 침해행위를 용이하게 하여 방조하였다. …

다. 쟁점

쟁점은 이 사건 링크 행위가 정범의 범죄를 방조한 행위에 해당하는지 여부이다. 정범의 범죄는 전송의 방법으로 공중송신권(공소사실 기재 '전송권'은 현행 저작권법상 '공중송신권'에 해당한다)을 침해한 행위이다. 이는 링크 행위만으로는 공중송신권 침해를 방조한 행위에 해당하지 않는다는 종전 판례를 유지할 것인지에 관한 문제이다. …

4. 침해 게시물 등에 연결되는 링크를 한 행위가 공중송신권 침해에 해당하는지 여부

침해 게시물이나 그 게시물이 위치한 웹페이지 등(이하 통틀어 '침해 게시물 등'이라 한다)에 연결되는 링크를 한 행위라도, 전송권(공중송신권) 침해행위의 구성요건인 '전송(공중송신)'에 해당하지 않기 때문에 전송권 침해가 성립하지 않는다. 이는 대법원의 확립된 판례이다(대법원 2009. 11. 26. 선고 2008다77405 판결, 대법원 2010. 3. 11. 선고 2009다4343 판결 등 참조).

링크는 인터넷에서 링크하고자 하는 웹페이지나 웹사이트 등의 서버에 저장된 개개의 저작물 등의 웹 위치 정보 또는 경로를 나타낸 것에 지나지 않는다. 인터넷 이용자가 링크 부분을 클릭함으로써 침해 게시물 등에 직접 연결된다고 하더라도, 이러한 연결 대상 정보를 전송하는 주체는 이를 인터넷 웹사이트 서버에 업로드하여 공중이 이용할 수 있도록 제공하는 측이지 그 정보에 연결되는 링크를 설정한 사람이 아니다. 링크는 단지 저작물 등의 전송을 의뢰하는 지시나 의뢰의 준비행위 또는 해당 저작물로 연결되는 통로에 해당할 뿐이므로, 링크를 설정한 행위는 전송에 해당하지 않는다. 따라서 전송권(공중송신권) 침해에 관한 위와 같은 판례는 타당하다.

5. 침해 게시물 등에 연결되는 링크를 영리적·계속적으로 한 행위가 공중송신권 침해의 방

조에 해당하는지 여부

가. 공중송신권 침해의 방조에 관한 종전 판례는 인터넷 이용자가 링크 클릭을 통해 저작자의 공중송신권 등을 침해하는 웹페이지에 직접 연결되더라도 링크를 한 행위가 '공중송신권 침해행위의 실행 자체를 용이하게 한다고 할 수는 없다.'는 이유로, 링크 행위만으로는 공중송신권 침해의 방조행위에 해당한다고 볼 수 없다는 법리를 전개하고 있다.

링크는 인터넷 공간을 통한 정보의 자유로운 유통을 활성화하고 표현의 자유를 실현하는 등의 고유한 의미와 사회적 기능을 가진다. 인터넷 등을 이용하는 과정에서 일상적으로 이루어지는 링크 행위에 대해서까지 공중송신권 침해의 방조를 쉽게 인정하는 것은 인터넷 공간에서 표현의 자유나 일반적 행동의 자유를 과도하게 위축시킬 우려가 있어 바람직하지 않다.

그러나 링크 행위가 어떠한 경우에도 공중송신권 침해의 방조행위에 해당하지 않는다는 종전 판례는 방조범의 성립에 관한 일반 법리 등에 비추어 볼 때 재검토할 필요가 있다. 이는 링크 행위를 공중송신권 침해의 방조라고 쉽게 단정해서는 안 된다는 것과는 다른 문제이다.

나. 정범이 침해 게시물을 인터넷 웹사이트 서버 등에 업로드하여 공중의 구성원이 개별적으로 선택한 시간과 장소에서 접근할 수 있도록 이용에 제공하면, 공중에게 침해 게시물을 실제로 송신하지 않더라도 공중송신권 침해는 기수에 이른다. 그런데 정범이 침해 게시물을 서버에서 삭제하는 등으로 게시를 철회하지 않으면 이를 공중의 구성원이 개별적으로 선택한 시간과 장소에서 접근할 수 있도록 이용에 제공하는 가벌적인 위법행위가 계속 반복되고 있어 공중송신권 침해의 범죄행위가 종료되지 않았으므로, 그러한 정범의 범죄행위는 방조의 대상이 될 수 있다.

다. 형법 제32조 제1항은 "타인의 범죄를 방조한 자는 종범으로 처벌한다."라고 정하고 있다. 방조란 정범의 구체적인 범행준비나 범행사실을 알고 그 실행행위를 가능·촉진·용이하게 하는 지원행위 또는 정범의 범죄행위가 종료하기 전에 정범에 의한 법익 침해를 강화·증대시키는 행위로서, 정범의 범죄 실현과 밀접한 관련이 있는 행위를 말한다(대법원 1965. 8. 17. 선고 65도388 판결, 대법원 1995. 9. 29. 선고 95도456 판결, 대법원 2006. 4. 28. 선고 2003도4128 판결, 대법원 2012. 8. 30. 선고 2012도6027 판결 등 참조). 방조범은 정범의 실행을 방조한다는 이른바 방조의 고의와 정범의 행위가 구성요건에 해당하는 행위인 점에 대한 정범의 고의가 있어야 한다(대법원 2005. 4. 29. 선고 2003도6056 판결 등 참조).

방조범은 정범에 종속하여 성립하는 범죄이므로 방조행위와 정범의 범죄 실현 사이에는 인과관계가 필요하다. 방조범이 성립하려면 방조행위가 정범의 범죄 실현과 밀접한 관련이 있고 정범으로 하여금 구체적 위험을 실현시키거나 범죄 결과를 발생시킬 기회를 높이는 등으로 정범의 범죄 실현에 현실적인 기여를 하였다고 평가할 수 있어야 한다. 정범의 범죄 실현과 밀접한 관련이 없는 행위를 도와준 데 지나지 않는 경우에는 방조범이 성립하지 않는다. 판례는 전송권(공중송신권) 침해를 방조하는 행위에 관하여 다음과 같이 판단하였다. 전송권 침해를 방조하는 행위란 정범의 전송권 침해를 용이하게 해주는 직접·간접의 모든 행위를 말한다. 위와 같은 방조행위는 정범의 전송권 침해행위 중에 이를 방조하는 경우는 물론, 전송권 침해행위에 착수하기 전에 장래의 전송권 침해행위를 예상하고 이를 용이하게 해주는 경우도 포함한다. 방조범은 정범이 실행하는 전송권 침해행위에 대한 미필적 고의가 있는 것으로 충분하고, 정범의 전송권 침해행위가 실행되는 일시, 장소, 객체 등을 구체적으로 인식할 필요가 없으며, 나아가 정범이 누구인지 확정적으로 인식할 필요도 없다(대법원 2013. 9. 26. 선고 2011도1435 판결 등 참조).

최근 저작재산권자의 이용허락 없이 전송되는 방송프로그램, 영화, 만화 등 침해 게시물로 연결되는 링크를 공중에게 제공하면서 배너 광고를 통해 광고 수익을 얻는 등의 방식으로 링크를 온라인상 저작권 침해물의 유통 경로로 악용하는 이른바 '다시보기' 사이트 등의 링크 사이트(이하 '저작권 침해물 링크 사이트'라 한다)나 모바일 애플리케이션이 급속히 확산되었다. 비록 링크 자체는 연결 통로의 역할을 하는 것으로서 중립적 기술이라고 할지라도 링크가 제공되는 환경, 링크의 게시 목적과 방법 등의 여러 사정을 고려하면 전송의 방법으로 저작재산권을 침해하는 정범의 범죄 실현에 조력하는 행위가 될 수 있다.

저작권 침해물 링크 사이트에서 이루어지는 링크 행위와 같이 링크 대상이 침해 게시물 등임을 알면서 그러한 게시물 등에 연결되는 링크를 영리적·계속적으로 제공한 자는 정범의 행위가 공중송신권 침해의 구성요건에 해당한다는 점을 충분히 인식하면서도 침해 게시물을 공중의 이용에 제공하는 행위를 용이하게 하여 공중송신권 침해를 강화·증대할 의사로 링크 행위를 하였다고 볼 수 있다.

저작권 침해물 링크 사이트에서 제공하는 링크가 없었더라면 정범이 게시한 저작권 침해물을 발견할 수 없었던 공중의 구성원까지 그 링크를 통해 원하는 시간과 장소에서 쉽게 저작권 침해물에 접근할 수 있게 되었다. 링크 행위로 말미암아 공중이 접근할 수 있도록 저작권 침해물을 이용에 제공하는 정범의 실행행위가 용이하게 되고 공중송신권이라는 법익의 침해가 강화·증대된다. 이와 같이 링크를 제공하는 행위가 공중의 구성원이 개별적으로 선택한 시간과 장소에서 침해 게시물에 쉽게 접근할 수 있도록 하는 정도에 이른다면, **침해 게시물**

을 공중의 이용에 제공하는 정범의 범죄 실현과 밀접한 관련이 있고 그 구성요건적 결과 발생의 기회를 현실적으로 증대함으로써 공중송신권이라는 법익의 침해를 강화·증대하였다고 볼 수 있다. 이러한 경우 단순히 공중송신권이 침해되고 있는 상태를 이용한 것에 지나지 않는다고 볼 수 없고 방조범 성립에서 요구되는 방조행위와 정범의 범죄 실현 사이의 인과관계를 인정할 수 있다.

라. 온라인에서 이루어지는 대량의 저작권 침해는 주로 해외 서버에서 일어나고 있다. 국제공조를 통하지 않고서는 정범을 특정하거나 적발하는 데 어려움이 있기 때문에 정범에 대한 단속과 처벌에는 현실적인 한계가 있다. 이러한 상황에서 저작권 침해물 링크 사이트를 통해 침해 게시물 등에 연결되는 링크를 영리적·계속적으로 제공하는 등으로 정범의 범죄 실현에 조력하는 행위자마저도 방조범으로 처벌하지 않는다면 저작권이 침해되는 상황을 사실상 방치하는 결과가 되고, 이는 권리자에게는 지나치게 가혹하다. 저작권 침해물 링크 사이트에서 제공하는 링크로 말미암아 침해 게시물에 대한 공중의 접근이 용이해지는 반면 피해자인 저작재산권자로서는 적법한 저작물 제공을 통한 수익이나 향후 수익 기회를 상실하게 된다는 점에서, 위와 같은 링크 행위가 정범의 범죄 실현에 기여하는 정도도 작지 않다.

마. 외국의 사례를 보더라도, 저작권 침해물로 연결되는 링크를 한 행위에 관하여 단지 링크가 링크 대상의 위치 정보나 경로를 나타낸 것에 지나지 않는다는 이유로 공중송신권 침해에 관한 간접적인 책임조차 전면적으로 부정한 사례는 찾기 어렵다. 저작권자의 허락 없이 위법하게 공개된 저작물에 대한 링크 행위가 저작권 침해에 해당하는지 여부가 쟁점이 된 사례에서, 미국에서는 우리나라의 공중송신권에 대응하는 권리인 배포권·전시권의 침해는 부정하면서도 일정한 요건을 충족하는 경우 간접침해 책임을 부담할 수 있다고 하였다. 유럽연합 사법재판소는 공중전달권·공중이용제공권의 직접침해를 긍정하였다. 한편 일본에서도 링크 행위가 공중송신권 침해에 대한 방조행위가 될 수 없다고 본 사례는 없고, 단지 링크 대상이 저작권 침해물인지 분명하지 않아 불법행위를 방조하거나 고의·과실을 인정할 수 없다는 이유로 공중송신권 침해에 대한 방조 책임을 부정한 사례가 있을 뿐이다.

바. 요컨대, 저작권 침해물 링크 사이트에서 침해 게시물에 연결되는 링크를 제공하는 경우 등과 같이, 링크 행위자가 정범이 공중송신권을 침해한다는 사실을 충분히 인식하면서 그러한 침해 게시물 등에 연결되는 링크를 인터넷 사이트에 영리적·계속적으로 게시하는 등으로 공중의 구성원이 개별적으로 선택한 시간과 장소에서 침해 게시물에 쉽게 접근할 수 있도록 하는 정도의 링크 행위를 한 경우에는 침해 게시물을 공중의 이용에 제공하는 정범의

범죄를 용이하게 하므로 공중송신권 침해의 방조범이 성립한다. 이러한 링크 행위는 정범의 범죄행위가 종료되기 전 단계에서 침해 게시물을 공중의 이용에 제공하는 정범의 범죄 실현과 밀접한 관련이 있고 그 구성요건적 결과 발생의 기회를 현실적으로 증대함으로써 정범의 실행행위를 용이하게 하고 공중송신권이라는 법익의 침해를 강화·증대하였다고 평가할 수 있다. 링크 행위자에게 방조의 고의와 정범의 고의도 인정할 수 있다.

6. 침해 게시물 등에 연결되는 링크를 한 행위에 대한 방조범 성립의 한계 설정

가. 인터넷 이용자들 사이에서 일상적으로 이루어지는 링크는 인터넷 공간의 본질적 가치인 정보의 자유로운 유통을 위한 핵심적이고 필수적인 수단이다. 위와 같이 저작권 침해물 링크 사이트에서 이루어지는 링크가 아니라면, 헌법 제21조에 따라 보장되는 표현의 자유나 헌법 제10조에 내재된 일반적 행동의 자유라는 관점에서 링크의 자유를 보호할 필요가 있다.

공중송신권 침해 게시물에 단순히 링크를 한 경우에 방조행위의 방법에 제한이 없다는 방조 법리만을 기계적으로 적용하여 공중송신권 침해의 방조행위라고 인정하는 것은 경계해야 한다. 방조행위가 정범의 실행행위를 용이하게 하는 직간접적인 모든 행위라는 이유만으로 링크를 통한 공중송신권 침해의 방조범 성립을 쉽게 인정할 경우 자칫 시민들이 인터넷 공간에서 링크 설정을 통해 자유롭게 정보를 교환하고 공유하는 일상적인 인터넷 이용행위를 위축시킬 수 있다. 결국 침해 게시물 등에 연결되는 링크를 한 행위가 공중송신권 침해의 방조행위로서 방조범이 성립하는지 판단하기 위해서는, 위에서 본 방조범의 고의 요건과 인과관계 요건 등을 엄격하게 적용하여 링크 행위 고유의 독자적인 기능과 가치가 훼손되지 않도록 합목적적인 결론을 도출할 필요가 있다.

나. 공소가 제기된 범죄사실의 주관적 요소인 고의의 존재에 대한 증명책임은 검사에게 있다. 유죄의 인정은 법관으로 하여금 합리적인 의심을 할 여지가 없을 정도로 공소사실이 진실한 것이라는 확신을 가지게 하는 증명력을 가진 증거로 하여야 하므로, 그와 같은 증거가 없다면 설령 피고인에게 유죄의 의심이 간다고 하더라도 피고인의 이익으로 판단할 수밖에 없다(대법원 2004. 5. 14. 선고 2004도74 판결 등 참조).

방조범 성립에 요구되는 방조의 고의와 정범의 고의를 침해 게시물 등에 대한 링크에 관하여 보면, 링크 대상이 침해 게시물 등으로서 불법성이 있다는 것을 링크를 한 사람이 인식하여야 한다는 것을 뜻한다. 물론 방조범에서 요구되는 정범 등의 고의는 정범에 의하여 실현되는 범죄의 구체적 내용을 인식할 것을 요하는 것은 아니고 미필적 인식이나 예견으로 충분하지만(대법원 2005. 4. 29. 선고 2003도6056 판결 등 참조), 이는 정범의 범행 대상인 침해 게

시물 등의 불법성에 대한 인식이 필요하다는 점과 모순되지 않는다.

위에서 보았듯이 링크의 자유에 대한 제한은 엄격하게 인정할 필요가 있고, 링크 대상인 게시물이 저작재산권자로부터 이용허락을 받은 것이거나 저작물의 공정한 이용의 대상이 될 여지가 있으며, 빠른 속도로 다양한 정보의 연결과 공유가 이루어지는 인터넷 공간의 특성상 링크 대상이 공중송신권 침해 등으로 위법한 게시물인 경우와 그렇지 않은 경우의 구별이 언제나 명확한 것도 아니다. 불법성에 대한 피고인의 인식은 적어도 공중송신권 침해 게시물임을 명확하게 인식할 수 있는 정도가 되어야 한다. 검사는 링크를 한 행위자가 링크 대상인 게시물이 공중송신권을 침해하는 게시물 등으로서 불법성이 있다는 것을 명확하게 인식할 수 있는 정도에 이르렀다는 점을 엄격하게 증명하여야 한다.

다. 침해 게시물 등에 연결되는 링크를 하였을 때 정범의 공중송신권 침해에 대한 방조행위가 성립하려면, 링크 행위가 정범의 범죄 실현과 밀접한 관련이 있고 공중송신권 침해의 기회를 현실적으로 증대시켜 정범의 범죄 실현에 현실적인 기여를 하였다고 평가할 수 있어야 한다. 위에서 보았듯이 저작권 침해물 링크 사이트에서 정범의 침해 게시물 등에 연결되는 링크를 영리적·계속적으로 게시하는 경우 등과 같이 공중의 구성원이 개별적으로 선택한 시간과 장소에서 그 공중송신권 침해 게시물에 쉽게 접근할 수 있도록 링크를 제공하는 행위가 이에 해당한다. 반면 위와 같은 정도에 이르지 않은 링크 행위는 정범의 공중송신권 침해와 밀접한 관련이 있고 그 법익 침해를 강화·증대하는 등의 현실적인 기여를 하였다고 보기 어려운 이상 공중송신권 침해의 방조행위라고 쉽사리 단정해서는 안 된다.

라. 요컨대, 저작권 침해물 링크 사이트에서 침해 게시물로 연결되는 링크를 제공하는 경우 등과 같이, 링크 행위는 그 의도나 양태에 따라서는 공중송신권 침해와 밀접한 관련이 있는 것으로서 그 행위자에게 방조 책임의 귀속을 인정할 수 있다. 이러한 경우 인터넷에서 원활한 정보 교류와 유통을 위한 수단이라는 링크 고유의 사회적 의미는 명목상의 것에 지나지 않는다. 다만 행위자가 링크 대상이 침해 게시물 등이라는 점을 명확하게 인식하지 못한 경우에는 방조가 성립하지 않고, 침해 게시물 등에 연결되는 링크를 영리적·계속적으로 제공한 정도에 이르지 않은 경우 등과 같이 방조범의 고의 또는 링크 행위와 정범의 범죄 실현 사이의 인과관계가 부정될 수 있거나 법질서 전체의 관점에서 살펴볼 때 사회적 상당성을 갖추었다고 볼 수 있는 경우에는 공중송신권 침해에 대한 방조가 성립하지 않을 수 있다.

7. 판례 변경

링크 행위자가 정범이 공중송신권을 침해한다는 사실을 충분히 인식하면서 그러한 침해 게시물 등에 연결되는 링크를 인터넷 사이트에 영리적·계속적으로 게시하는 등으로 공중의 구성원이 개별적으로 선택한 시간과 장소에서 침해 게시물에 쉽게 접근할 수 있도록 하는 정도의 링크 행위를 한 경우에는 위 5.에서 본 방조 요건을 충족하여 침해 게시물을 공중의 이용에 제공하는 정범의 범죄를 용이하게 하였다고 볼 수 있으므로 공중송신권 침해의 방조범이 성립할 수 있다.

이와 달리 저작권자의 공중송신권을 침해하는 웹페이지 등으로 링크를 하는 행위만으로는 어떠한 경우에도 공중송신권 침해의 방조행위에 해당하지 않는다는 취지로 판단한 종전 판례인 대법원 2015. 3. 12. 선고 2012도13748 판결 등은 이 판결의 견해에 배치되는 범위에서 이를 변경하기로 한다.

8. 이 사건에 대한 판단

가. 원심판결 이유와 원심이 적법하게 채택한 증거에 따르면 다음 사실을 알 수 있다.

성명불상자들은 저작재산권자의 이용허락 없이 해외 인터넷 동영상 공유사이트인 '(사이트명 1 생략)' 등에 영화·드라마·예능프로그램 등인 이 사건 영상저작물을 업로드하여 게시하였다. 성명불상자들의 위와 같은 행위는 저작재산권자의 허락 없이 공중의 구성원이 개별적으로 선택한 시간과 장소에서 접근할 수 있도록 이 사건 영상저작물을 이용에 제공하는 공중송신권 침해에 해당한다. 성명불상자들이 위와 같이 업로드한 이 사건 영상저작물을 삭제하지 않는 한 공중의 구성원이 개별적으로 선택한 시간과 장소에서 이 사건 영상저작물을 접근할 수 있도록 이용에 제공하는 공중송신권 침해의 범죄행위는 종료되지 않았다.

피고인은 성명불상자들의 이 사건 영상저작물에 대한 공중송신권 침해행위 도중에 그러한 범행을 충분히 인식하면서 총 450회에 걸쳐 이 사건 영상저작물로 연결되는 링크를 이 사건 사이트에 게시하였다. 이 사건 사이트의 이용자들은 피고인이 게시한 링크를 통해 이 사건 영상저작물에 용이하게 접근할 수 있고, 피고인은 그러한 사실을 충분히 알고 있었다.

이 사건 사이트는 피고인이 광고 수익을 얻기 위한 목적으로 개설하여 계속적으로 운영하는 저작권 침해물 링크 사이트로서, 피고인은 불특정 다수의 이용자들이 이 사건 영상저작물에 대한 링크를 손쉽게 찾을 수 있도록 링크를 영화·드라마·예능프로그램 등의 유형별로 구분하여 게시하고 이에 대한 검색기능을 제공하였다.

나. 위와 같은 사실관계를 위에서 본 법리에 비추어 살펴보면, 피고인은 성명불상자들의 공중송신권 침해행위 도중에 그 범행을 충분히 인식하면서 그러한 침해 게시물 등에 연결되는 링크를 이 사건 사이트에 영리적·계속적으로 게시하여 공중의 구성원이 개별적으로 선택한

시간과 장소에서 침해 게시물에 쉽게 접근할 수 있도록 하는 정도의 링크 행위를 하여 침해 게시물을 공중의 이용에 제공하는 성명불상자들의 범죄를 용이하게 하였으므로 공중송신권 침해의 방조범이 성립할 수 있다.

[대법관 조재연, 대법관 김선수, 대법관 노태악의 반대의견] 다음과 같은 이유로 다수의견에 동의할 수 없다. 첫째, 다수의견은 규제와 처벌의 필요성을 내세워 저작권 침해물 링크 사이트에서 침해 게시물에 연결되는 링크를 제공하는 링크 행위를 처벌하고자 형법 총칙상 개념인 방조에 대한 확장해석, 링크 행위 및 방조행위와 정범의 범죄 사이의 인과관계에 관한 확장해석을 통해 형사처벌의 대상을 확대하고 있는데, 이는 형사처벌의 과잉화를 초래하고 사생활 영역의 비범죄화라는 시대적 흐름에 역행하는 것이다. 둘째, 다수의견은 방조범 성립 범위의 확대로 말미암아 초래될 부작용을 축소하고자 영리적·계속적 형태의 링크 행위만을 방조범으로 처벌할 수 있다고 하나, 이는 일반적인 방조범의 성립과 종속성, 죄수 등의 법리에 반하고, 법원으로 하여금 방조범의 성립이 문제 될 때마다 그 성립 요건을 일일이 정해야만 하는 부담을 지우며, 죄형법정주의 원칙에 따른 법적 안정성과 예측가능성에 커다란 혼란을 가져올 수밖에 없다. 셋째, 저작권 침해물 링크 사이트에서 침해 게시물에 연결되는 링크를 제공하는 링크 행위에 대하여 종전 판례를 변경하여 유죄로 판단할 정당성은 인정되기 어렵다. 비록 저작권 침해물 링크 사이트에서의 영리적·계속적 링크 행위의 폐해가 증가하고 있다고 하더라도 이에 대해서는 입법을 통해 대처하는 것이 바람직하다. 링크 행위의 유형화와 그에 따른 처벌의 필요성 및 근거 조항 마련을 위한 입법 논의가 이루어지고 있는 현시점에서 대법원이 구성요건과 기본 법리를 확장하여 종전에 죄가 되지 않는다고 보았던 행위에 관한 견해를 바꾸어 형사처벌의 범위를 넓히는 것(사실상 소급처벌에 해당한다)은 결코 바람직하지 않다. 충분한 논의를 통해 사회적 합의를 끌어내고, 그에 따른 입법적 결단을 기다려주는 것이 올바른 제도 도입을 위해서도 필요하다. 결론적으로 쟁점에 관한 종전 판례의 견해는 여전히 타당하므로 유지되어야 한다.

〈방조범의 인과관계 판단기준 : 정범의 범죄 실현과 밀접한 관련이 있는 행위를 도와줬는지 여부〉

대법원 2021. 9. 16. 선고 2015도12632 판결 [특수공무집행방해치상·업무방해·폭력행위등처벌에관한법률위반(공동재물손괴등)·건조물침입]

나. 공소사실 중 업무방해방조 부분의 요지

전국금속노동조합(이하 '금속노조'라 한다) 공소외 회사 비정규직지회(이하 '비정규직지회'라 한다) 조합원 50여 명은 2010. 11. 15. 14:00경 사내하청 근로자의 정규직 전환 등을 요구하며 공소외 회사 (공장명 생략) 자동차 문짝 탈부착 생산라인(CTS 라인)을 점거하였고, 비정규직지회는 조합원들에게 공소외 회사 (공장명 생략)으로 집결하도록 투쟁 지침을 시달하여 900여명의 조합원들이 위 생산라인을 점거하였다(이하 '이 사건 생산라인 점거'라 한다). 비정규직지회는 2010. 11. 16. 07:00경 쟁의대책위원회를 개최하여 '공소외 회사 (공장명 생략) 점거를 계속한다.'는 취지의 결정을 하였고, 이에 따라 2010. 12. 9.경까지 25일간 공소외 회사 (공장명 생략)을 점거하여 (공장명 생략)의 생산라인 가동을 중단시키고, 자동차를 조립할 수 없게 하여 공소외 회사에 약 2,544억 원 상당의 재산상 손해를 입게 하였다.

이 사건 생산라인 점거 과정에서 금속노조 미조직비정규국장인 피고인 2는 ① 2010. 11. 15.경, 같은 달 17일경, 같은 달 20일경, 같은 달 21일경, 같은 달 30일경, 2010. 12. 3.경, 같은 달 5일경 공소외 회사 정문 앞 집회(이하 '이 사건 집회'라 한다)에 참가하여 이 사건 생산라인 점거 농성을 지원하였으며(이하 '이 사건 집회 참가'라 한다), ② 2010. 11. 17. 이 사건 생산라인 점거 농성장에 들어가 농성 중인 비정규직지회 조합원들을 독려하였고(이하 '이 사건 농성현장 독려'라 한다), ③ 2010. 11.경 금속노조 공문을 비정규직지회에 전달하는 등(이하 '이 사건 공문 전달'이라 한다)의 역할을 수행하였다.

이로써 피고인 2는 비정규직지회 및 그 조합원 900여 명이 2010. 11. 15.경부터 2010. 12. 9.경까지 25일간 공소외 회사 (공장명 생략) 등을 점거함으로써 위력으로써 공소외 회사의 자동차 생산 업무 등을 방해한다는 사실을 알면서도 위와 같은 방법으로 비정규직지회 조합원들의 범행을 용이하게 하여 방조하였다.

다. 상고이유에 관한 판단

1) 이 사건 농성현장 독려 행위에 관하여

앞서 본 법리와 적법하게 채택된 증거들에 비추어 살펴보면, 피고인 2의 이 사건 농성현장 독려 행위는 위법한 업무방해행위가 계속되고 있던 이 사건 생산라인 점거 현장에서 직접 이루어진 것으로 그 당시 피고인 2의 노동조합 내 지위와 영향력이나 현장에서의 구체적인 발언 내용 등에 비추어 볼 때 정범의 범죄 실현과 밀접한 관련성을 가지고, 현실적으로 범행을 실행하고 있던 정범으로 하여금 그 범행을 더욱 유지·강화시킨 행위에 해당하므로, 이를 쟁의행위에 대한 조력행위라거나 산업별 노동조합의 통상적인 조합활동으로서 정당하다고 볼 수는 없다. 따라서 피고인 2의 위 행위를 업무방해방조로 인정한 원심판단에는 관련 법리를 오해하는 등의 잘못이 없다.

2) 이 사건 집회 참가 및 이 사건 공문 전달 행위에 관하여

그러나 기록에 의하여 알 수 있는 다음 사정들을 앞서 본 법리에 비추어 살펴보면, <u>피고인 2의 이 사건 집회 참가 및 이 사건 공문 전달 행위가 업무방해방조죄에 해당한다고 단정하기는 어려워 보인다.</u>

가) 이 사건 집회는 비정규직지회의 쟁의행위 목적인 비정규직 근로자의 정규직 전환과 하청업체 근로자들의 직접 고용을 지지하기 위해 공소외 회사 정문 앞에서 개최된 것이다. 비록 이 사건 집회에서 피고인 2가 사회를 보거나 기자회견을 함으로써 공소외 회사 (공장명 생략) 내에서 생산라인을 점거하고 있던 조합원들에게 일정 정도의 영향력을 미쳤다고 하더라도, 이는 쟁의행위의 목적 자체를 지지하는 과정에서 발생한 간접적이고 부수적인 결과에 불과하다.

나) 그리고 이 사건 공문 전달 행위 역시 산업별 노동조합인 금속노조 내에서 미조직비정규국장으로서의 통상적인 활동에 해당하는 것인데, 공문 작성 경위 및 그 내용에 비추어 피고인 2가 공문 전달을 통해 비정규직지회에 이 사건 생산라인 점거 자체를 직접 독려하거나 지지하였다고 보기는 어렵다.

다) 위와 같은 사정에다가 비정규직지회의 이 사건 생산라인 점거 경위와 그 행위 태양, 진행 경과 등을 종합하여 보면, <u>피고인 2의 이 사건 집회 참가 및 이 사건 공문 전달 행위가 비정규직지회의 집단적 노무제공 거부를 포함한 쟁의행위를 전체적으로 보아 거기에 일부 도움을 준 측면이 있었다고 하더라도 업무방해 정범의 실행행위에 해당하는 이 사건 생산라인 점거로 인한 범죄 실현과 밀접한 관련성이 있다고는 단정하기 어렵다. 따라서 피고인 2의 위와 같은 조력행위는 방조범의 성립을 인정할 정도로 업무방해행위와 인과관계가 있다고 볼 수 없다.</u>

나. 방조범의 고의

〈방조범의 고의의 의미 및 판단기준〉

대법원 2005. 4. 29. 선고 2003도6056 판결 [특정범죄가중처벌등에관한법률위반(관세)·관세법위반]

(1) 형법상 방조행위는 정범이 범행을 한다는 정을 알면서 그 실행행위를 용이하게 하는 직접·간접의 행위를 말하므로, <u>방조범은 정범의 실행을 방조한다는 이른바 방조의 고의와 정</u>

범의 행위가 구성요건에 해당하는 행위인 점에 대한 정범의 고의가 있어야 하나, 이와 같은 고의는 내심적 사실이므로 피고인이 이를 부정하는 경우에는 사물의 성질상 고의와 상당한 관련성이 있는 간접사실을 증명하는 방법에 의하여 입증할 수밖에 없고, 이 때 무엇이 상당한 관련성이 있는 간접사실에 해당할 것인가는 정상적인 경험칙에 바탕을 두고 치밀한 관찰력이나 분석력에 의하여 사실의 연결상태를 합리적으로 판단하는 외에 다른 방법이 없다고 할 것이며(대법원 1999. 1. 29. 선고 98도4031 판결 참조), 또한 방조범에 있어서 정범의 고의는 정범에 의하여 실현되는 범죄의 구체적 내용을 인식할 것을 요하는 것은 아니고 미필적 인식 또는 예견으로 족하다고 할 것이다(대법원 2004. 6. 24. 선고 2002도995 판결 참조). ⋯ **공소외 2 주식회사는 공소외 1이 실질적으로 운영하는 회사이면서도 피고인과 그 친인척만이 임원으로 등재되어 있을 뿐 아니라 금을 제조가공하는 회사라면서도 이를 위한 물적 설비를 전혀 갖추지 못하였고, 공소외 1이 수출제품용 원재료로 구입한 금괴를 곧바로 가져간 후 당초 구입한 금의 양에 비하여 매우 적은 분량의 금제품을 수출품이라며 가져와 운송을 위탁하도록 지시하는 한편, 매입한 금괴의 행방, 처리내역 등은 비밀에 붙여오는 등 극히 비정상적인 행태를 보여 왔다고 할 것인바,** 이러한 사정만으로도 피고인은 공소외 2 주식회사에 근무하는 동안 공소외 1이 수출제품용 원재료로 구입한 금괴를 이용하여 불법적인 거래를 하고 있을지도 모른다고 의심하였을 것임을 경험칙상 넉넉히 추단할 수 있다. 나아가 이러한 사실관계와 함께, ⋯ 기록에 나타난 제반 사정을 종합하여 보면, 피고인은 적어도 공소외 3으로부터 공소외 1이 모조품을 포장하는 것을 보았다는 말을 전해들은 2001. 1.경부터는 공소외 1의 관세부정환급 범행까지도 미필적으로나마 인식 또는 예견하였다고 보는 것이 합리적인 증거판단이라고 할 것이다.

(4) 한편, 피고인의 위와 같은 행위는 정범인 공소외 1의 관세부정환급 범행의 실행을 직접적으로 용이하게 하는 것이므로, 피고인에게 방조의 고의가 있었음은 명백하다.

(5) 그런데 기록상 피고인은 2001. 1.경 이후라고 할 수 있는 같은 해 1. 10.부터 같은 해 3. 27.까지 모두 13회에 걸쳐 금괴매입과정에서 환전 또는 금괴인수 업무를 담당하였고, 위 기간 동안 매입한 금괴에 대한 관세환급은 같은 해 2. 19.부터 이루어졌음을 알 수 있으므로(수사기록 228~306면 각 서면 참조), 피고인은 적어도 위 공소사실 중 2001. 2. 19.부터 같은 해 3. 12.까지의 각 범행(위 범죄일람표 3. 13 내지 15번 기재 각 범행)에 대하여는 이를 미필적으로나마 인식 또는 예견하고 그 실행행위를 용이하게 하기 위하여 위와 같은 행위를 하였다고 볼 여지가 충분한데도 불구하고, 원심은 피고인이 공소외 1의 이 사건 관세부정환급

범행에 대하여 구체적인 인식이 없었다는 이유로 피고인에게 방조범의 고의가 없었다고 보고 위 공소사실에 대하여 전부 무죄를 선고하였으니, 원심판결의 무죄부분 중 2001. 2. 19.부터 2001. 3. 12.까지 사이의 각 관세부정환급으로 인한 관세법위반죄 및 특정범죄가중처벌등에관한법률위반(관세)죄 부분에는 채증법칙을 위배하여 사실을 오인하였거나 방조범의 성립요건으로서 방조의 고의 및 정범의 고의에 관한 법리를 오해하여 판결 결과에 영향을 미친 위법이 있다고 할 것이다.

〈'정범의 고의'의 내용〉

대법원 2007. 12. 14. 선고 2005도872 판결 [저작권법위반]

저작권법이 보호하는 복제권의 침해를 방조하는 행위란 정범의 복제권 침해를 용이하게 해주는 직접·간접의 모든 행위로서, 정범의 복제권 침해행위 중에 이를 방조하는 경우는 물론, 복제권 침해행위에 착수하기 전에 장래의 복제권 침해행위를 예상하고 이를 용이하게 해주는 경우도 포함하며(대법원 2004. 6. 24. 선고 2002도995 판결 참조), 정범에 의하여 실행되는 복제권 침해행위에 대한 미필적 고의가 있는 것으로 충분하고(대법원 2005. 4. 29. 선고 2003도6056 판결 참조), 정범의 복제권 침해행위가 실행되는 일시, 장소, 객체 등을 구체적으로 인식할 필요가 없으며, 나아가 정범이 누구인지 확정적으로 인식할 필요도 없다(대법원 1977. 9. 28. 선고 76도4133 판결 참조).

2. 그런데 원심이 적법하게 채택한 증거와 기록에 비추어 살펴보면, 피고인들은 P2P 프로그램과 관련된 외국의 분쟁사례 등을 통하여 P2P 프로그램의 이용을 통한 음악파일의 공유행위는 대부분 정당한 허락 없는 음악파일의 복제라는 결과에 이르게 됨을 예견하면서도(원심판결 이유에 의하면 실제로 이 사건 ○○○○ 이용자들이 교환한 음악파일의 70%가 저작권법이 보호하는 복제권을 침해하는 것이었다) 2000. 5. 중순경 MP3 파일 공유를 위한 P2P 프로그램인 이 사건 ○○○○ 프로그램을 개발하고 서버를 설치, 운영하면서 인터넷 웹사이트를 통하여 위 ○○○○ 프로그램을 무료로 널리 제공하였으며, 그 서버에 이용자 아이디, 패스워드, 이메일주소, 가입회원의 성별과 나이, 이용자의 인터넷 연결속도, 이용자의 최종접속 IP 주소 등의 접속정보를 보관하고, 이용자들이 서버에 접속하면 그 이용자의 컴퓨터 IP 주소를 송신받는 즉시 서버에서 보관하던 다른 이용자들의 IP 주소 등 접속정보를 5,000명 정도씩 묶어 제공함으로써 이용자가 용이하게 자신이 찾는 음악 MP3 파일을 검색할 수 있고, 나아가 최

적의 다운로드 위치를 찾을 수 있게 해 주어 ○○○○ 이용자들이 음악 MP3 파일을 다운로드할 수 있게 해주는 한편, 피고인들도 매일 한두 번 ○○○○ 서버에 직접 접속함으로써 운영상태를 점검해 왔을 뿐 아니라, 음반제작자인 이 사건 피해자들이 회원으로 가입되어 있는 한국음반산업협회의 법제이사인 공소외 4가 2000. 8.경피고인 1에게 ○○○○ 서비스가 저작권법에 위반되는 것임을 경고하면서 서비스의 중단 내지 보완을 요청한 이래 수차례 경고와 요청을 한 바 있음에도 위와 같은 프로그램의 배포와 서버의 운영을 계속하여, 공소외 1은 2000. 7.경부터, 공소외 2는 2000. 7. 26.경부터, 공소외 3은 2001. 7. 말경부터 각 2001. 8. 4.경까지 사이에 ○○○○ 이용자들이 ○○○○ 서버에 접속하여 다른 이용자들의 접속정보를 제공받아 다른 이용자들로부터 음악 MP3 파일을 다운로드 받고 나아가 다시 그 파일들을 자신들의 컴퓨터 공유폴더에 담아둠으로써 다른 이용자들이 다운로드 받을 수 있도록 하였다는 것이다.

위공소외 1 등의 이러한 행위는 음반을 복제한 음악 MP3 파일을 유형물의 일종인 컴퓨터 하드디스크에 전자적으로 저장하여 고정하는 것일 뿐, 음악 MP3 파일을 유형물로 다시 제작하는 것은 아니어서 구 저작권법이 적용되는 2000. 6. 30.까지는 같은 법 제2조 제14호의 복제에 해당한다고 할 수 없지만(따라서 2000. 7. 1. 이후에 MP3 파일을 다운로드 받았다고 단정하기 어려운 공소외 4, 공소외 5에 대해서는 피고인들이 복제권 침해행위의 방조범이 될 수 없다), 2000. 1. 12. 법률 제6134호로 개정된 저작권법이 적용되는 2000. 7. 1. 이후에는 같은 법 제2조 제14호의 복제에 해당한다고 할 것이다(나아가 위공소외 1 등의 이러한 행위가 음반의 복제물을 유형물의 형태로 일반 공중에게 양도하거나 대여하는 것에 해당하는 것은 아니므로 저작권법 제2조 제15호의 배포에 해당한다고는 할 수 없을 것이다).

결국, 위에서 본 여러 사정을 종합해보면 <u>피고인들은 적어도 미필적인 고의를 가지고 위와 같이 이 사건 ○○○○ 프로그램을 배포하고 ○○○○ 서버를 운영하여 위공소외 1, 공소외 2, 공소외 3의 2000. 7. 1. 이후의 복제권 침해행위를 용이하게 해준 것이라고 볼 것이다.</u>

대법원 1977. 9. 28. 선고 76도4133 판결 [상법위반·조세범처벌법위반]
<u>형법이 방조행위를 종범으로 처벌하는 까닭은 정범의 실행을 용이하게 하는 점에 있으므로 그 방조행위가 정범의 실행에 대하여 간접적이거나 직접적이거나를 가리지 아니하고 정범이 범행을 한다는 점을 알면서 그 실행행위를 용이하게 한 이상 종범으로 처벌함이 마땅하며 간접적으로 정범을 방조하는 경우 방조자에 있어 정범이 누구에 의하여 실행되어지는가를 확지할 필요가 없다 할 것이므로 위 판시와 같이 피고인이 외국상품을 위 B명을 위장</u>

수입하여 수입하는 실수요자의 조세를 포탈케 한 이상 그 실수요자가 실지 누구인지 그 소재나 실존유무를 확정 아니하였다 하여도 방조범의 성립엔 아무런 지장이 없다고 할 것이다.

〈과실에 의한 방조는 불가〉

대법원 2003. 1. 10. 선고 2002다35850 판결 [손해배상(기)]

수인이 공동하여 타인에게 손해를 가하는 민법 제760조의 공동불법행위의 경우 행위자 상호 간의 공모는 물론 공동의 인식을 필요로 하지 아니하고 객관적으로 그 공동행위가 관련공동 되어 있으면 족하며, 그 관련공동성 있는 행위에 의하여 손해가 발생함으로써 공동불법행위가 성립하고 (대법원 2001. 5. 8. 선고 2001다2181 판결 등 참조), 같은 조 제3항의 방조라 함은 불법행위를 용이하게 하는 직접·간접의 모든 행위를 가리키는 것으로서 <u>형법과 달리 손해의 전보를 목적으로 하여 과실을 원칙적으로 고의와 동일시하는 민법의 해석으로서는 과실에 의한 방조도 가능하다고 할 것이며</u>, 이 경우의 과실의 내용은 불법행위에 도움을 주지 않아야 할 주의의무가 있음을 전제로 하여 이 의무에 위반하는 것을 말한다

〈편면적 종범〉

대법원 1974. 5. 28. 선고 74도509 판결 [공정증서원본불실기재·공정증서원본불실기재행사·병역법위반]

원래 방조범은 종범으로서 정범의 존재를 전제로 하는 것이다. 즉 정범의 범죄행위 없이 방조범만이 성립될 수는 없다. <u>이른바 편면적 종범에 있어서도 그 이론은 같다.</u>

대법원 1970. 7. 28. 선고 70도1218 판결 「피고인은 1968.4.24. 14:00부터 15:00까지 사이에 박정희가에서 위 안01외 2명이 도박하는 자리에서 <u>위 안01의 도금으로 사용하리라는 정을 알면서 금 2,000원을 채무 변제한다고 교부하여 위 도박을 방조하였다</u>는 사실을 인정한 원심판결에 증거없이 사실을 인정한 위법이 있음을 찾아볼 수 없으니 피고인은 위 안01의 도금으로 사용하리라는 정을 몰랐는데 원심은 증거없이 그 정을 안 것으로 인정한 위법이 있다는 상고논지는 받아들일 수 없다.」

대법원 2000. 8. 18. 선고 2000도1914 판결 「피고인이 자동차운전면허가 없는 공소외인에게 승용차를 제공하여 그로 하여금 무면허운전을 하게 하였다면 이는 도로교통법위반(무면허운전) 범행의 방조행위에 해당한다.」

대법원 2011. 12. 8. 선고 2010도9500 판결 「공소외 1 등이 공소외 2 주식회사를 운영하면서 다단계조직을 이용하여 재화 등 거래를 가장한 금전거래 및 유사수신행위를 하였는데 피고인은 위 회사의 사업 내용과 회원 및 수당관리체계를 구체적으로 알고 있었던 점, 위 회사의 회원 및 수당관리체계는 사실상 재화 등의 거래 없이 금전거래만을 할 뿐 아니라 출자금을 초과하는 금액을 지급받도록 설계되어 있어 이러한 사업내용을 가지고 정상적인 금융업체로 인허가를 받는 것은 사실상 불가능한 점, 피고인은 1997년경부터 수백 개 업체에 위와 유사한 내용의 전산 프로그램을 제작·공급하여 오면서 출자금을 초과하는 금액을 지급하는 대부분의 업체들이 단기간 내에 폐업한 사실을 알고 있었던 점 등 그 판시와 같은 사정을 종합하면 피고인이 미필적으로나마 정범인 공소외 1 등의 이 사건 범행을 인식하고 이를 용이하게 하였다고 인정된다.」

2. 정범의 실행행위

〈정범의 실행행위의 존재〉

대법원 1970. 3. 10. 선고 69도2492 판결 [사기방조]

원심이 피고인의 사기방조의 본범인 박모의 가짜 외국제 화장품을 제조하여 타인을 기망하여 돈을 편취하였다는 증거가 없으므로 방조의 대상되는 본범의 실행행위의 착수가 없는 이상 사기방조죄가 성립할 수 없다하여 무죄선고를 한 조치는 정당하다. 원래 형법상 종범은 타인의 범죄를 방조함을 말하고 따라서 종범의 범죄는 정범의 범죄에 종속하여 성립하는 것이므로 본건에 있어 사기방조죄도 그 증명이 없음에 돌아가므로 원심의 위와같은 판단은 정당하고 반대의 견해로 종범 그 자체가 독립된 형식이라는 이론적 전제아래 원판결을 비의하는 상고논지는 이유없다.

Ⅲ. 방조의 착오

〈정범의 양적 초과〉

대법원 1985. 2. 26. 선고 84도2987 판결 [특정범죄가중처벌등에관한법률위반·관세법위반·방위세법위반]

1. 원심판결 이유에 의하면, 원심은 거시증거에 의하여 **피고인은 공소외인의 부탁에 의하여**

이 사건 관세포탈행위에 가담한 사실을 인정할 수 있으나 피고인은 그 내용물이 무엇인지 그 물품의 가액이 얼마인지를 인식하거나 예견하지도 못한 채 다만 밀수입품일 것이라는 막연한 인식만을 가지고 이 사건 범행에 가담한 사실을 인정할 수 있을 뿐이고 달리 피고인이 이 사건 물품이 특정범죄가중처벌등에관한법률 제6조 제2항에 해당된다는 범의를 가지고 방조하였다고 인정할 아무런 증거가 없다고 판시하였는 바 기록에 의하여 살펴건대, 원심의 그 와 같은 사실인정은 정당하고 거기에 소론과 같은 채증법칙 위배로 인한 사실오인의 잘못이 없다.

2. 방조자의 인식과 피방조자의 실행간에 착오가 있고 양자의 구성요건을 달리한 경우에는 원칙적으로 방조자의 고의는 저각되는 것이나 그러나 그 구성요건이 중첩되는 부분이 있는 경우에는 그 중복되는 한도내에서만 방조자의 죄책을 인정하여야 할 것이므로 위 사실인정과 같이 피고인이 정범인공소외인 등이 특정범죄가중처벌등에관한법률 제6조 제2항에 해당하는 범죄행위를 한것을 전연 인식하지 못하고 오로지 관세법 제180조에 해당하는 범죄를 방조하는 것으로만 인식하였다면 특정범죄가중처벌등에관한법률 제6조 제2항의 방조범으로서 처벌할 수는 없고 동 죄와 구성요건이 중복되는 관세법 제180조의 종범으로서만 처벌하여야 할 것인바 이와 같은 견해하에 피고인의 소위를 관세법 제180조, 동법 제182조 제1항에 의하여 의률 처단한 원심의 조치는 정당하(다).

Ⅳ. 방조범의 특수형태

〈결과적 가중범의 방조〉

대법원 1998. 9. 4. 선고 98도2061 판결 [특수폭행치사·특수폭행치사방조(인정된 죄명 : 특수폭행방조)]

원심은, 피고인 2가 처음에 피고인 1이 피해자를 폭행하려는 것을 제지하였고, 피고인 1이 취중에 남의 자동차를 손괴하고도 상급자에게 무례한 행동을 하는 피해자를 교육시킨다는 정도로 가볍게 생각하고, 각목을 피고인 1에게 건네주었던 것이고, 그 후에도 양인 사이에서 폭행을 제지하려고 애쓴 사실을 인정한 다음, 피고인으로서는 피해자가 피고인 1의 폭행으로 사망할 것으로 예견할 수 있었다고 볼 수 없다는 이유로 피고인에 대하여 특수폭행치사방조의 점은 무죄로 판단하고, 특수폭행의 방조로 인정하였는바, 관계 증거를 기록에 비추어 살펴보면 이러한 원심의 조치는 정당하(다).

〈수개의 방조행위가 하나의 정범의 범행을 방조한 경우 : 일죄〉

대법원 2007. 4. 27. 선고 2007도1303 판결 [생 략]

원심이 적법하게 채택한 증거에 의하여 그 판시와 같은 사실을 인정한 뒤, 공소외 주식회사의 전무이사 겸 개발사업본부장인피고인 2가 공소외 주식회사가 시공 중인 서울 강남구 논현동 소재 브라운스톤 로얄스위트 아파트의 시행사 대표인피고인 1로부터 위 아파트에 관한 공소외 주식회사 대표이사 명의의 분양계약서, 분양대금 입금표 등을 위조하여 이를 담보로 중앙상호저축은행 등으로부터 대출금 명목으로 금원을 편취하겠다는 제의를 받은 다음 상호저축은행이 보내는 우편물에 대하여 아무런 답변을 하지 않는 방법으로 묵인하여 줄 것을 승낙하고 나아가 공소외 주식회사의 법인 인감증명서를 피고인 1에게 교부하여 준 행위는 정범인 피고인 1에게 범행의 결의를 강화하도록 하고 그의 대출금편취 범행을 용이하게 하여 이를 방조한 행위에 해당한다고 판단한 것은 정당하(다).

V. 방조범의 처벌

〈방조범에 대한 필요적 감경의 예외〉

대법원 1976. 11. 23. 선고 75도363 판결 [특정범죄가중처벌등에관한법률위반]

관세법 제182조에 1, 그 정을 알고 제179조 내지 제181조의 규정에 의한 행위를 교사하거나 방조한 자는 정범에 준하여 처벌한다. 제179조 내지 제181조의 죄를 범할 목적으로 그 예비를 한 자와 미수범은 각각 해당하는 본죄에 준하여 처벌한다는 규정이나 특가법 제6조 제6항에 관세법 제182조에 규정된 죄를 범한 자는 전 5항의 예에 의한 그 정범 또는 본죄에 준하여 처벌한다고 규정한 정범이나 본죄에 준한다는 뜻은 정범이나 본죄에 정한 형으로 처벌하되 종범감경이나 미수감경을 아니한다는 취지로 새겨지므로(당원 1971.6.8 선고 71도34 판결 참조) 원심판결이 형법 제32조에 의한 종범감경을 아니한 조치는 정당하(다).

대법원 1978. 9. 26. 선고 78도2052 판결 [특정범죄가중처벌등에관한법률위반]

특정범죄가중처벌등에 관한법률 제6조 6항을 적용하고 형법 제32조 2항을 적용하지 아니하였음은 정당하(다).

제3절 공범과 신분

Ⅰ. 공범의 종속성과 신분

1. 형법 제33조의 취지

〈진정신분범 : 비신분자의 정범에 대한 공범 종속성의 완화 불인정〉

대법원 1983. 12. 13. 선고 83도1458 판결 [사문서위조 · 사문서위조행사 · 사문서변조 · 사문서변조행사 · 사기 · 허위공문서작성교사 · 건축법위반]

원심은 피고인이 그 판시와 같이 광주시 동구청세무1과 평가계에서 건축물조사 및 가옥대장 정리업무를 담당하는 지방행정서기 공소외 1을 교사하여 무허가 건축물인 광주시 동구 동명 2동 248의6 소재 건물 2층 부분건평 28.2평을 허가받은 건축물인 것처럼 가옥대장등에 등재케 하여 허위공문서를 작성케 한 사실을 인정하고 피고인을 허위공문서작성죄의 교사범으로 의율 처단하고 있는바, 기록에 의하여 원심이 채용한 증거관계를 살펴보면, 위 원심인정에 수긍이 가고 피고인을 허위공문서작성교사죄로 의율한 조치도 정당하(다).

2. 형법 제33조 본문과 단서의 관계

〈본문에 의한 진정신분범 및 부진정신분범의 성립, 단서에 의한 부진정신분범의 처단〉

대법원 2018. 8. 30. 선고 2018도10047 판결 [특정경제범죄가중처벌등에관한법률위반(사기)(인정된죄명:사기)·사기·업무상배임]

(1) 업무상배임죄는 업무상 타인의 사무를 처리하는 지위에 있는 사람이 그 임무를 위반하는 행위로써 재산상의 이익을 취득하거나 제3자로 하여금 이를 취득하게 하여 본인에게 손해를 입힌 때에 성립한다. 이는 타인의 사무를 처리하는 지위라는 점에서 보면 단순배임죄에 대한 가중규정으로서 신분관계로 형의 경중이 있는 경우라고 할 것이다. 따라서 그와 같은 업무상의 임무라는 신분관계가 없는 자가 그러한 신분관계 있는 자와 공모하여 업무상배임죄를 저질렀다면, 그러한 신분관계가 없는 공범에 대하여는 형법 제33조 단서에 따라 단순배임죄에서 정한 형으로 처단하여야 한다. 이 경우에는 신분관계 없는 공범에게도 같은 조 본문에 따라 일단 신분범인 업무상배임죄가 성립하고 다만 과형에서만 무거운 형이 아닌 단순배임죄의 법정형이 적용된다(대법원 1986. 10. 28. 선고 86도1517 판결, 대법원 2010. 9. 9. 선고 2010도6507 판결 등 참조).

(2) 이 부분 공소사실은 **피고인이 피해자 공소외 2에 대하여 업무상 타인의 사무를 처리하는 자의 지위에 있는 공소외 1의 업무상 배임행위에 공모하였다**는 것이므로, 업무상의 임무라는 신분관계가 없는 피고인에 대하여는 형법 제33조 본문에 따라 일단 신분범인 업무상배임죄가 성립하지만, 과형에서는 형법 제33조 단서에 따라 단순배임죄의 법정형을 적용하여야 한다. 그런데도 원심은 이 사건 업무상 배임에 대하여 형법 제356조, 제355조 제2항, 제30조만을 적용하여 업무상배임죄에 해당하는 형법 제356조의 법정형 중 징역형을 선택하였으므로, 원심판결은 형법 제33조 단서를 적용하지 않아 법률을 잘못 적용하였다.

> **대법원 1986. 10. 28. 선고 86도1517 판결 [업무상배임]**
> **피고인 2가 은행원들인 피고인 1, 원심공동피고인 1, 2, 3등과 공모하여 본건 업무상 배임죄를 저질렀다** 하여도, 이는 업무상 타인의 사무를 처리하는 신분관계로 인하여 형의 경중이 있는 경우이므로, 그러한 신분관계가 없는 피고인 윤병혁에 대하여는 형법 제33조 단서에 의하여 형법 제355조제2항에 따라 처단하여야 할 것이다.

대법원 1997. 12. 26. 선고 97도2609 판결 「상호신용금고법 제39조 제1항 제2호 위반죄는 상호신용금고의 발기인·임원·관리인·청산인·지배인 기타 상호신용금고의 영업에 관한 어느 종류 또는 특정한 사항의 위임을 받은 사용인이 그 업무에 위배하여 배임행위를 한 때에 성립하는 것으로서, 이는 위와 같은 지위에 있는 자의 배임행위에 대한 형법상의 배임 내지 업무상배임죄의 가중규정이고, 따라서 형법 제355조 제2항의 배임죄와의 관계에서는 신분관계로 인하여 형의 경중이 있는 경우라고 할 것이다. … 위와 같은 신분관계가 없는 자가 그러한 신분관계에 있는 자와 공모하여 위 상호신용금고법위반죄를 저질렀다면, 그러한 신분관계가 없는 자에 대하여는 형법 제33조 단서에 의하여 형법 제355조 제2항에 따라 처단하여야 할 것인바, 그러한 경우에는 신분관계가 없는 자에게도 일단 업무상배임으로 인한 상호신용금고법 제39조 제1항 제2호 위반죄가 성립한 다음 형법 제33조 단서에 의하여 중한 형이 아닌 형법 제355조 제2항에 정한 형으로 처벌되는 것으로 보아야 할 것이다.」

Ⅱ. 신분관계의 본질

〈신분관계의 의의 : 특별한 인적 표지〉

대법원 1994. 12. 23. 선고 93도1002 판결 [모해위증교사]

형법 제33조 소정의 이른바 신분관계라 함은 남녀의 성별, 내 외국인의 구별, 친족관계, 공무원인 자격과 같은 관계뿐만 아니라 널리 일정한 범죄행위에 관련된 범인의 인적관계인 특수한 지위 또는 상태를 지칭하는 것인 바, 형법 제152조 제1항은 '법률에 의하여 선서한 증인이 허위의 공술을 한 때에는 5년 이하의 징역 또는 2만 5천원 이하의 벌금에 처한다'고 규정하고, 같은 법조 제2항은 '형사사건 또는 징계사건에 관하여 피고인, 피의자 또는 징계혐의자를 모해할 목적으로 전항의 죄를 범한 때에는 10년 이하의 징역에 처한다'고 규정함으로써 위증을 한 범인이 형사사건의 피고인 등을 '모해할 목적'을 가지고 있었는가 아니면 그러한 목적이 없었는가 하는 범인의 특수한 상태의 차이에 따라 범인에게 과할 형의 경중을 구별하고 있으므로, 이는 바로 형법 제33조 단서 소정의"신분관계로 인하여 형의 경중이 있는 경우"에 해당한다고 봄이 상당하다.

따라서 피고인이 위 공소외 1을 모해할 목적으로 위 공소외 2에게 위증을 교사 한 이상, 가사 정범인 위 공소외 2에게 모해의 목적이 없었다고 하더라도, 형법 제33조 단서의 규정에 의하여 피고인을 모해위증교사죄로 처단할 수 있다고 할 것이므로 이와 같은 취지로 보여지는 원심의 판단은 정당하고, 거기에 소론과 같이 교사범 및 공범과 신분에 관한 법리를 오해한 위법이 있다고 할 수 없다.

〈물적 표지와의 구별〉

대법원 1988. 6. 28. 선고 88도601 판결 [폭력행위등처벌에관한법률위반]

피고인은 범행현장에 가기 전에 공범들과 미리 연락하는 등 공모한 바는 없었으나 범행장소에 도착하여 공범들로부터 전날 일어난 조직폭력배인 유탁파와 산지파간에 싸운 자초지종의 내용을 듣고 그들과 합세하여 일부 위험한 물건을 소지한 공범 등과 함께 반대파 패거리들인 유탁파의 습격에 대비하여 싸울 준비를 하고 있었다는 것이므로 피고인의 이와 같은 소위는 폭력행위등처벌에관한법률 제7조 위반의 공동정범으로 의율함이 타당하(다).

〈단순한 인적 표지(예컨대, 불법영득의사)와의 구별〉

대법원 1989. 7. 25. 선고 89도890 판결 [생 략]

원심공동피고인은 사건당시 공소외 1 주식회사(은행) 송정지점의 서무담당계장으로서 어음 및 수표용지의 모관 및 수불업무를 담당하는 위 은행 서무담당 대리를 보조하는 지위에 있었다는 것이므로 위 원심공동피고인의 업무중에는 위와 같은 어음 및 수표용지를 함부로 다른 사람에게 유출하여서는 아니되는 직무도 포함되어 있다고 할 것인즉, 그런데도 불구하고 피고인이 위와 같은 직무를 담당하는 위 원심공동피고인으로 하여금 어음 및 수표용지를 절취하게 하여 이를 수령하고서 그 사례금명목으로 금원을 제공하였다면 절도교사죄와 별도로 금융기관의 임직원에 대한 증재 등의 죄도 함께 성립된다.

대법원 1999. 4. 27. 선고 99도883 판결 「업무상배임죄는 업무상 타인의 사무를 처리하는 지위에 있는 사람이 그 임무에 위배하는 행위로써 재산상의 이익을 취득하거나 제3자로 하여금 이를 취득하게 하여 본인에게 손해를 가한 때에 성립하는 것으로서, 이는 타인의 사무를 처리하는 지위라는 점에서 보면 신분관계로 인하여 성립될 범죄이고, 업무상 타인의 사무를 처리하는 지위라는 점에서 보면 단순배임죄에 대한 가중규정으로서 신분관계로 인하여 형의 경중이 있는 경우라고 할 것이다. 그러므로 그와 같은 신분관계가 없는 자가 그러한 신분관계가 있는 자와 공모하여 업무상배임죄를 저질렀다면, 그러한 신분관계가 없는 자에 대하여는 형법 제33조 단서에 의하여 단순배임죄에 정한 형으로 처단하여야 할 것이다.」

대법원 2017. 5. 30. 선고 2017도4578 판결 「형법 제323조의 권리행사방해죄는 타인의 점유 또는 권리의 목적이 된 자기의 물건을 취거, 은닉 또는 손괴하여 타인의 권리행사를 방해함으로써 성립하는 것이므로 그 취거, 은닉 또는 손괴한 물건이 자기의 물건이 아니라면 권리행사방해죄가 성립할 수 없다. <u>물건의 소유자가 아닌 사람은 형법 제33조 본문에 따라 소유자의 권리행사방해 범행에 가담한 경우에 한하여 그의 공범이 될 수 있을 뿐이다.</u> 그러나 권리행사방해죄의 공범으로 기소된 물건의 소유자에게 고의가 없는 등으로 범죄가 성립하지 않는다면 공동정범이 성립할 여지가 없다.」

대법원 2020. 11. 5. 선고 2019도12284 판결 「<u>횡령으로 인한 특정범죄가중법 위반(국고등손실)죄는 회계관계직원의 지위라는 점에서 보면 형법상 횡령죄 내지 업무상횡령죄에 대한 가중규정으로서 신분관계로 인한 형의 경중이 있는 것이고,</u> 피고인에게는 회계관계직원 내지 H 자금의 업무상 보관자라는 신분이 없다고 판단하였다. 이러한 전제에서 원심은, 피고인이 H 자금을 횡령한 특정범죄가중법 위반(국고등손실) 범행에 공범으로 가담하였다면 공소시효기간의 기준이 되는 법정형은 단순 횡령방조죄의 법정형에 의해야 한다고 보아, 이 부분 공소사실에 대하여 공소시효가 완성되었다는 이유로 면소로 판단한 제1심판결을 그대로 유지하였다.원심의 판단에 상고이유 주장과 같이 특정범죄가중법 위반(국고등손실)죄의 법적 성격과 업무상보관자의 지위에 관한 법리를 오해한 잘못이 없다.」

Ⅲ. 형법 제33조의 적용범위

1. 형법 제33조 본문

가. 신분관계로 인하여 성립될 범죄의 범위

〈부진정신분범 포함〉

대법원 1965. 8. 24. 선고 65도493 판결 [군용물업무상횡령등]

<u>비점유자가 업무상 점유자와 공모하여 횡령한 경우에 비점유자도 형법 제33조 본문에 의하여 공범관계가 성립되며 다만 그 처단에 있어서는 동조단서의 적용을 받는다</u> 할 것이나 군용물에 관한 횡령죄에 있어서는 업무상 횡령이던 단순 횡령이던 간에 군형법 제75조에 의하여 그 법정형이 동일하게 되어 양죄사이에 형의 경중이 없게 되었으므로 원판결이 피고인 3에 대하여 업무상보관자인 공동 피고인 2 등과의 공범관계에 있는 군용물에 대한 업무상 횡

령사실에 대한 법률적용에 있어서 형법 제33조 단서의 적용을 하지 아니하여야 한다고 한 판단은 정당하여 이에 반하는 변호인 신오철의 상고논지는 이유없다.

나. "전 3조를 적용한다"의 의미

〈공동정범에의 적용〉

대법원 2012. 6. 14. 선고 2010도14409 판결 [지방공무원법위반]

형법 제33조 본문은 "신분관계로 인하여 성립될 범죄에 가공한 행위는 신분관계가 없는 자에게도 전3조의 규정을 적용한다."고 규정하고 있으므로, 비신분자라 하더라도 신분범의 공범으로 처벌될 수 있다. 그리고 구 지방공무원법 제58조 제1항 본문이 그 주체를 지방공무원으로 제한하고 있기는 하지만, 위 법조항에 의하여 금지되는 '노동운동이나 그 밖에 공무 외의 일을 위한 집단행위'의 태양이 행위자의 신체를 수단으로 하여야 한다거나 행위자의 인격적 요소가 중요한 의미를 가지는 것은 아니므로, 위 행위를 처벌하는 같은 법 제82조가 지방공무원이 스스로 위 행위를 한 경우만을 처벌하려는 것으로 볼 수는 없다. 따라서 지방공무원의 신분을 가지지 아니하는 사람도 구 지방공무원법 제58조 제1항을 위반하여 같은 법 제82조에 따라 처벌되는 지방공무원의 범행에 가공한다면 형법 제33조 본문에 의해서 공범으로 처벌받을 수 있다(대법원 2005. 10. 13. 선고 2004도5839 판결, 대법원 2007. 7. 12. 선고 2006도3150 판결 등 참조).

위 법리에 비추어 보면, 구 지방공무원법 제82조가 적용되지 않는 구 지방공무원법상 특수경력직공무원의 경우에도 위 법조항을 위반한 경력직공무원의 범행에 가공한다면 역시 형법 제33조 본문에 의해서 공범으로 처벌받을 수 있다고 보아야 하고, 특수경력직공무원에 대하여 구 지방공무원법 제82조가 직접 적용되지 않는다는 이유만으로 달리 볼 것은 아니다.

〈공무원과 비공무원이 신분범인 뇌물수수죄의 공동정범이 될 수 있는지 여부〉

대법원 2019. 8. 29. 선고 2018도13792 전원합의체 판결 [생 략]

신분관계가 없는 사람이 신분관계로 인하여 성립될 범죄에 가공한 경우에는 신분관계가 있는 사람과 공범이 성립한다(형법 제33조 본문 참조). 이 경우 신분관계가 없는 사람에게 공동가공의 의사와 이에 기초한 기능적 행위지배를 통한 범죄의 실행이라는 주관적·객관적 요건이 충족되면 공동정범으로 처벌한다(대법원 2011. 7. 14. 선고 2011도3180 판결 등 참조). 공동가공의 의사는 공동의 의사로 특정한 범죄행위를 하기 위하여 일체가 되어 서로 다른 사람의 행위를 이용하여 자기의 의사를 실행에 옮기는 것을 내용으로 한다(대법원 2001. 11. 9. 선고 2001도4792 판결, 대법원 2008. 4. 10. 선고 2008도1274 판결 등 참조). 따라서 비공무원이 공무원과 공동가공의 의사와 이를 기초로 한 기능적 행위지배를 통하여 공무원의 직무에 관하여 뇌물을 수수하는 범죄를 실행하였다면 공무원이 직접 뇌물을 받은 것과 동일하게 평가할 수 있으므로 공무원과 비공무원에게 형법 제129조 제1항에서 정한 뇌물수수죄의 공동정범이 성립한다.

형법은 제130조에서 제129조 제1항 뇌물수수죄와는 별도로 공무원이 그 직무에 관하여 뇌물공여자로 하여금 제3자에게 뇌물을 공여하게 한 경우에는 부정한 청탁을 받고 그와 같은 행위를 한 때에 뇌물수수죄와 법정형이 동일한 제3자뇌물수수죄로 처벌하고 있다. 제3자뇌물수수죄에서 뇌물을 받는 제3자가 뇌물임을 인식할 것을 요건으로 하지 않는다(대법원 2006. 6. 15. 선고 2004도3424 판결 등 참조). 그러나 위에서 본 것처럼 공무원이 뇌물공여자로 하여금 공무원과 뇌물수수죄의 공동정범 관계에 있는 비공무원에게 뇌물을 공여하게 한 경우에는 공동정범의 성질상 공무원 자신에게 뇌물을 공여하게 한 것으로 볼 수 있다. 공무원과 공동정범 관계에 있는 비공무원은 제3자뇌물수수죄에서 말하는 제3자가 될 수 없고(대법원 2017. 3. 15. 선고 2016도19659 판결 등 참조), 공무원과 공동정범 관계에 있는 비공무원이 뇌물을 받은 경우에는 공무원과 함께 뇌물수수죄의 공동정범이 성립하고 제3자뇌물수수죄는 성립하지 않는다.

뇌물수수죄의 공범들 사이에 직무와 관련하여 금품이나 이익을 수수하기로 하는 명시적 또는 암묵적 공모관계가 성립하고 공모 내용에 따라 공범 중 1인이 금품이나 이익을 주고받았다면, 특별한 사정이 없는 한 이를 주고받은 때 그 금품이나 이익 전부에 관하여 뇌물수수죄의 공동정범이 성립하고, 금품이나 이익의 규모나 정도 등에 대하여 사전에 서로 의사의 연락이 있거나 금품 등의 구체적 금액을 공범이 알아야 공동정범이 성립하는 것은 아니다(대법원 2014. 12. 24. 선고 2014도10199 판결 등 참조).

금품이나 이익 전부에 관하여 뇌물수수죄의 공동정범이 성립한 이후에 뇌물이 실제로 공동정범인 공무원 또는 비공무원 중 누구에게 귀속되었는지는 이미 성립한 뇌물수수죄에 영향을 미치지 않는다. 공무원과 비공무원이 사전에 뇌물을 비공무원에게 귀속시키기로 모의하였거나 뇌물의 성질상 비공무원이 사용하거나 소비할 것이라고 하더라도 이러한 사정은 뇌물수수죄의 공동정범이 성립한 이후 뇌물의 처리에 관한 것에 불과하므로 뇌물수수죄가 성립하는 데 영향이 없다.

대법원 1992. 12. 24. 선고 92도2346 판결 「피고인들에 대한 공소사실은 공소외 B(제1심 공동피고인)와 공모하여 군형법 제41조 위반죄를 범하였다는 것이므로, 가사 피고인들이 같은 법 제1조 제1항 소정의 군인이거나 제3항, 제5항 소정의 군무원 등 군인에 준하는 자에 해당되지 아니한다 할지라도 위 공소외인이 이 사건 공소사실 범행 당시 그와 같은 신분을 가지고 있었다고 인정되면 형법 제8조, 군형법 제4조의 규정에 따라 형법 제33조가 적용되어 공범으로서의 죄책을 면할 수 없을 것이다.」

대법원 1997. 4. 22. 선고 95도748 판결 「신분이 없는 자라 하더라도 신분이 있는 자의 행위에 가공하는 경우 본죄의 공동정범이 성립하는 것이고, 이 사건 기록상 병가중인 피고인들과 나머지 피고인들 사이에 직무유기의 공범관계가 인정되는 터이므로 병가중인 피고인들도 어차피 직무유기죄의 공동정범으로 처벌받아야 할 것(이다).」

대법원 1999. 8. 20. 선고 99도1557 판결 「원심이 ○○○○개량조합의 직원인 피고인 2, 피고인 3이 위와 같은 간부직원은 아니지만 그 간부직원에 해당하는 피고인 1과 공동하여 범행을 하였음을 이유로 그들을 형법 제33조 본문, 제30조를 적용하여 특정범죄가중처벌등에관한법률 제2조 제1항 제2호 위반죄로 처단한 제1심판결을 유지한 조치는 옳다.」

대법원 2003. 10. 24. 선고 2003도4027 판결 「신분관계로 인하여 성립될 범죄에 가공한 신분관계가 없는 자는 형법 제33조 본문의 규정에 의하여 공동정범의 책임을 지게 되는 것이므로, 동업으로 인한 배임죄의 신분관계가 있음을 전제로 배임죄의 공범으로 기소된 자에 대하여 심리 결과 동업관계는 인정되지 아니하나 동업관계가 없는 자가 비신분자로서 신분이 있는 자와 공모하여 배임죄를 저지른 사실이 인정되는 경우, 피고인의 방어권 행사에 실질적인 불이익을 초래할 염려가 없다면 공소장 변경 없이도 비신분자에 대하여 형법 제33조 본문에 의하여 배임죄의 공범으로 처단할 수 있다.」

〈간접정범에의 적용 여부〉

대법원 1992. 1. 17. 선고 91도2837 판결 [허위공문서작성,동행사]

공문서의 작성권한이 있는 공무원의 직무를 보좌하는 자가 그 직위를 이용하여 행사할 목적으로 허위의 내용이 기재된 문서초안을 그 정을 모르는 상사에게 제출하여 결제하도록 하는 등의 방법으로 작성권한이 있는 공무원으로 하여금 허위의 공문서를 작성하게 한 경우에는 간접정범이 성립되고 이와 공모한 자 역시 그 간접정범의 공범으로서의 죄책을 면할 수 없는 것이고(당원 1977.12.13. 선고 74도1990 판결, 1986.8.19. 선고 85도2728 판결 각 참조), 여기서 말하는 공범은 반드시 공무원의 신분이 있는 자로 한정되는 것은 아니라고 할 것이다. 원심이 인정한 바에 의하면 방위병인 B는 공문서작성권한이 있는 공무원을 보좌하는 자신의 직위를 이용하여 정을 모르는 그 작성권자로 하여금 허위의 공문서를 작성하게 함으로써 허위공문서작성죄의 간접정범인 죄책을 지게 되었다 할 것이니 그와 공모한 피고인으로서도 신분이 공무원인지 여부에 관계없이 그 공범으로서의 죄책을 면할 수 없는 것이다.

> **대법원 2011. 5. 13. 선고 2011도1415 판결 [생 략]**
> 허위공문서작성의 주체는 직무상 그 문서를 작성할 권한이 있는 공무원에 한하고 작성권자를 보조하는 직무에 종사하는 공무원은 허위공문서작성죄의 주체가 되지 못한다. 다만 공문서의 작성권한이 있는 공무원의 직무를 보좌하는 사람이 그 직위를 이용하여 행사할 목적으로 허위의 내용이 기재된 문서 초안을 그 정을 모르는 상사에게 제출하여 결재하도록 하는 등의 방법으로 작성권한이 있는 공무원으로 하여금 허위의 공문서를 작성하게 한 경우에는 허위공문서작성죄의 간접정범이 성립한다(대법원 1992. 1. 17. 선고 91도2837 판결, 대법원 2010. 1. 14. 선고 2009도9963 판결 참조).

2. 형법 제33조 단서

〈'중한 형으로 벌하지 아니한다'의 의미〉

대법원 1986. 10. 28. 선고 86도1517 판결 [업무상배임]

피고인 2가 은행원들인 피고인 1, 원심공동피고인 1, 2, 3등과 공모하여 본건 업무상 배임죄를 저질렀다 하여도, 이는 업무상 타인의 사무를 처리하는 신분관계로 인하여 형의 경중이 있는 경우이므로, 그러한 신분관계가 없는 피고인 윤병혁에 대하여는 형법 제33조 단서에 의하여 형법 제355조제2항에 따라 처단하여야 할 것이다.

그런데 원심이 유지한 제1심 판결은 동 피고인에 대하여 형법 제356조, 제355조 제2항, 제30조만을 적용하고 있으니, 이는 동 피고인에 대하여 형법 제356조의 소정형중 징역형을 선택한 형기범위내에서 처단한 것이라고 볼 수밖에 없어, 1심 판결이나 원심판결은 모두 법률적용을 그르친 위법을 저질렀다아니할 수 없(다).

Ⅳ. 신분자가 비신분자에 가담한 경우

〈부진정신분범에서 신분자가 비신분자에 가담한 경우 : 형법 제33조 단서의 적용〉

대법원 1994. 12. 23. 선고 93도1002 판결 [모해위증교사]

형법 제33조 소정의 이른바 신분관계라 함은 남녀의 성별, 내 외국인의 구별, 친족관계, 공무원인 자격과 같은 관계뿐만 아니라 널리 일정한 범죄행위에 관련된 범인의 인적관계인 특수한 지위 또는 상태를 지칭하는 것인 바, 형법 제152조 제1항은 '법률에 의하여 선서한 증인이 허위의 공술을 한 때에는 5년 이하의 징역 또는 2만 5천원 이하의 벌금에 처한다'고 규정하고, 같은 법조 제2항은 '형사사건 또는 징계사건에 관하여 피고인, 피의자 또는 징계혐의자를 모해할 목적으로 전항의 죄를 범한 때에는 10년 이하의 징역에 처한다'고 규정함으로써 위증을 한 범인이 형사사건의 피고인 등을 '모해할 목적'을 가지고 있었는가 아니면 그러한 목적이 없었는가 하는 범인의 특수한 상태의 차이에 따라 범인에게 과할 형의 경중을 구별하고 있으므로, 이는 바로 형법 제33조 단서 소정의 "신분관계로 인하여 형의 경중이 있는 경우"에 해당한다고 봄이 상당하다.

따라서 **피고인이 위 공소외 1을 모해할 목적으로 위 공소외 2에게 위증을 교사 한 이상, 가사 정범인 위 공소외 2에게 모해의 목적이 없었다고 하더라도,** 형법 제33조 단서의 규정에 의하여 피고인을 모해위증교사죄로 처단할 수 있다고 할 것이므로 이와 같은 취지로 보여지는 원심의 판단은 정당하고, 거기에 소론과 같이 교사범 및 공범과 신분에 관한 법리를 오해한 위법이 있다고 할 수 없다. …

그리고 '타인을 교사하여 죄를 범하게 한 자는 죄를 실행한 자와 동일한 형으로 처벌한다'고 규정한 형법 제31조 제1항은 협의의 공범의 일종인 교사범이 그 성립과 처벌에 있어서 정범에 종속한다는 일반적인 원칙을 선언한 것에 불과하고, 따라서 이 사건과 같이 신분관계로 인하여 형의 경중이 있는 경우에 신분이 있는 자가 신분이 없는 자를 교사하여 죄를 범하게 한 때에는 형법 제33조 단서가 위 제31조 제1항에 우선하여 적용됨으로써 신분이 있는 교사범이 신분이 없는 정범보다 중하게 처벌된다고 할 것이므로, 이와 달리 정범이 단순 위증죄로 처벌된 이상 위 형법 제31조 제1항에 따라 피고인도 단순 위증죄의 동일한 형으로 처벌할 수밖에 없다는 소론은 위에서 설시한 법리와 상치되는 독자적 견해에 불과하여 받아들일 수 없다.

V. 소극적 신분

〈소극적 신분범에는 형법 제33조 비적용〉

대법원 1986. 7. 8. 선고 86도749 판결 [의료법위반교사, 의료법위반]

원심이 유지한 제1심판결이 적법하게 확정한 바에 따르면 **피고인 2는 국민학교 4년을 중퇴한 학력밖에 없으면서 단지 치과병원에 조수로서 종사해온 사실로 간호보조원의 자격을 갖고 있는데 불과한바 피고인은 의사의 면허나 자격이 없음에도 치과의사인피고인 1 경영의 병원에서 그의 지시를 받아 1983.9.3경부터 1985.9.4까지 매일 평균 20명, 연인원 1,300명의 치과환자에게 그 환부의 엑스레이를 촬영하여 이를 판독하는등 초진을 하고 발치, 주사, 투약등 독자적으로 진료행위를 하였음**이 분명하다.

그렇다면 위와 같은 행위는 의료법 제25조 제1항이 규정한 의료행위에 해당한다 할 것이므로 원심이 같은 취지에서 피고인 2의 행위를 의료법 제66조 제3호, 제25조 제1항에 의율한 조치는 정당하고 거기에 채증법칙에 위배하거나 법리를 오해한 위법이 있다고 할 수 없다.

2. 변호인의 상고이유 제2점은, 원심은 피고인 1의 의료법위반 교사의 점에 대하여 교사죄의 성립에 관한 법리를 오해한 위법이 있다는 주장이나 교사범이라 함은 타인으로 하여금 범죄를 결의케 하여 실행케 함을 말하는 것이므로 피고인 1은 환자의 대량유치를 위해 피고인 2 외에 당시 같은 치과병원에 치과기공사로 근무하였던 제1심 공동피고인 1, 2등에게도 내원 환자들에게 진료행위를 하도록 지시하였고, 이에 따라 위에 설시한 바와 같이 그들이 각 단독으로 진료행위를 하였음을 인정한 원심의 조치는 수긍이 가고 거기에 소론과 같은 교사범의 법리를 오해한 위법이 없다.

> **대법원 1986. 2. 11. 선고 85도448 판결 [의료법위반,중과실치상]**
> 의료인일지라도 의료인 아닌 자의 의료행위에 공모하여 가공하면 의료법 제25조 제1항이 규정하는 무면허의료행위의 공동정범으로서의 책임을 져야 할 것이다. 이 사건에서 원심판결이 피고인이 원심상피고인과 공모하여 무면허의료행위를 한 사실을 인정하고 그 행위에 대하여 의료법 제66조 제3호, 제25조 제1항 및 형법 제30조를 적용한 조처는 정당하(다).

대법원 2017. 4. 7. 선고 2017도378 판결 「의료인이 비의료인의 의료기관 개설행위에 공모하여 가공하면 의료법 제87조 제1항 제2호, 제33조 제2항 위반죄의 공동정범에 해당한다.」

대법원 2004. 10. 28. 선고 2004도3994 판결 「변호사 아닌 자가 변호사를 고용하여 법률사무소를 개설·운영하는 행위에 있어서는 변호사 아닌 자는 변호사를 고용하고 변호사는 변호사 아닌 자에게 고용된다는 서로 대향적인 행위의 존재가 반드시 필요하고, 나아가 변호사 아닌 자에게 고용된 변호사가 고용의 취지에 따라 법률사무소의 개설·운영에 어느 정도 관여할 것도 당연히 예상되는바, 이와 같이 변호사가 변호사 아닌 자에게 고용되어 법률사무소의 개설·운영에 관여하는 행위는 위 범죄가 성립하는 데 당연히 예상될 뿐만 아니라 범죄의 성립에 없어서는 아니 되는 것인데도 이를 처벌하는 규정이 없는 이상, 그 입법 취지에 비추어 볼 때 변호사 아닌 자에게 고용되어 법률사무소의 개설·운영에 관여한 변호사의 행위가 일반적인 형법 총칙상의 공모, 교사 또는 방조에 해당된다고 하더라도 변호사를 변호사 아닌 자의 공범으로서 처벌할 수는 없다.」

부작위범

제1절 부작위범 일반이론

I. 부작위

〈부작위의 의의 및 본질〉

대법원 2015. 11. 12. 선고 2015도6809 전원합의체 판결 [생략]

범죄는 보통 적극적인 행위에 의하여 실행되지만 때로는 결과의 발생을 방지하지 아니한 부작위에 의하여도 실현될 수 있다. 형법 제18조는 "위험의 발생을 방지할 의무가 있거나 자기의 행위로 인하여 위험발생의 원인을 야기한 자가 그 위험발생을 방지하지 아니한 때에는 그 발생된 결과에 의하여 처벌한다."라고 하여 부작위범의 성립 요건을 별도로 규정하고 있다. 자연적 의미에서의 부작위는 거동성이 있는 작위와 본질적으로 구별되는 무에 지나지 아니하지만, 위 규정에서 말하는 부작위는 법적 기대라는 규범적 가치판단 요소에 의하여 사회적 중요성을 가지는 사람의 행태가 되어 법적 의미에서 작위와 함께 행위의 기본 형태를 이루게 되는 것이므로, 특정한 행위를 하지 아니하는 부작위가 형법적으로 부작위로서의 의미를 가지기 위해서는, 보호법익의 주체에게 해당 구성요건적 결과발생의 위험이 있는 상황에서 행위자가 구성요건의 실현을 회피하기 위하여 요구되는 행위를 현실적·물리적으로 행할 수 있었음에도 하지 아니하였다고 평가될 수 있어야 한다.

〈행위기대 및 개별적 행위능력(가능성)〉

대법원 2010. 1. 14. 선고 2009도12109, 2009감도38 판결 [현주건조물방화치사·현주건조물방화치상(인정된죄명:중과실치사·중과실치상·중실화)·치료감호]

형법이 금지하고 있는 법익침해의 결과발생을 방지할 법적인 작위의무를 지고 있는 자가 그 의무를 이행하지 아니한 경우, 이를 작위에 의한 실행행위와 동일하게 부작위범으로 처벌하기 위하여는, 그 의무를 이행함으로써 결과발생을 쉽게 방지할 수 있었음에도 불구하고 그 결과의 발생을 용인하고 이를 방관한 채 그 의무를 이행하지 아니한 결과, 그 부작위가 작위에 의한 법익침해와 동등한 형법적 가치를 가진다고 볼 수 있어 그 범죄의 실행행위로 평가될 만한 것이라야 한다(대법원 1992. 2. 11. 선고 91도2951 판결, 대법원 2006. 4. 28. 선고 2003도4128 판결 등 참조).

원심은, 이 사건 화재는 피고인이 모텔 방에 투숙하여 담배를 피운 후 재떨이에 담배를 끄게 되었으나 담뱃불이 완전히 꺼졌는지 여부를 확인하지 않은 채 불이 붙기 쉬운 휴지를 재떨이에 버리고 잠을 잔 과실로 담뱃불이 휴지와 옆에 있던 침대시트에 옮겨 붙게 함으로써 발생하였고, 이러한 피고인의 과실은 중대한 과실에 해당한다고 전제한 다음, 이와 같이 이 사건 화재가 피고인의 중과실로 발생하였다 하더라도, 이 부분 공소사실과 같이 부작위에 의한 현주건조물방화치사 및 현주건조물방화치상죄가 성립하기 위하여는, **피고인에게 법률상의 소화의무가 인정되는 외에 소화의 가능성 및 용이성이 있었음에도 피고인이 그 소화의무에 위배하여 이미 발생한 화력을 방치함으로써 소훼의 결과를 발생시켜야 하는 것인데**, 이 사건 화재가 피고인의 중대한 과실 있는 선행행위로 발생한 이상 피고인에게 이 사건 화재를 소화할 법률상 의무는 있다 할 것이나, **피고인이 이 사건 화재 발생 사실을 안 상태에서 모텔을 빠져나오면서도 모텔 주인이나 다른 투숙객들에게 이를 알리지 아니하였다는 사정**만으로는 피고인이 이 사건 화재를 용이하게 소화할 수 있었다고 보기 어렵고, 달리 이를 인정할 만한 증거가 없다는 이유로, 이 부분 공소사실에 대하여 무죄로 판단하였다.

앞서 본 법리에 비추어 기록을 살펴보면, 이러한 원심의 사실인정과 판단은 정당한 것으로 수긍이 되고

II. 진정부작위범과 부진정부작위범

〈진정부작위범〉

대법원 1993. 7. 13. 선고 92도2089 판결 [근로기준법위반]

근로기준법 제109조, 제30조에서 규정하는 퇴직금 등의 기일 내 지급의무는 사용자로 하여금 기일 내에 퇴직금을 근로자에게 어김없이 지급하도록 강제함으로써 근로자의 생활안정을 도모하고자 하는 데에 그 입법취지가 있으므로 사용자가 퇴직금 지급을 위하여 최선의 노력을 다하였으나 경영부진으로 인한 자금사정 등으로 도저히 지급기일 내에 퇴직금을 지급할 수 없었던 불가피한 사정이 인정되는 경우에는 위와 같은 퇴직금체불의 죄책을 물을 수 없다고 할 것이다(당원 1988.5.10. 선고 87도 2098 판결 참조).

원심판결 이유에 의하면, 원심은 그 채택한 증거들을 종합하여 피고인은 1990.9.19. 서울민사지방법원에 의하여 주식회사 B의 보전관리인으로 선임된 후 임금 및 퇴직금의 체불 없이 인원감축, 경영축소 등 갱생을 위하여 노력하였는데, 위 회사의 대표이사인 공소외 C가 유가증권위조죄 등으로 구속기소되자 거래처들과 회사 직원들의 동요가 한층 심각해지던 중 1990.11.15. 위 법원에서 갱생가능성이 없다는 이유로 위 회사에 대한 회사정리절차개시결정신청이 기각되어, 회사의 경영은 걷잡을 수 없게 되고 결국 1991년부터는 급격히 늘어나는 퇴직자들의 퇴직금을 지급할 수 없게 된 사실을 인정한 다음, 위 인정사실에 의하면 **피고인이 기일 내에 퇴직금을 지급하지 못하게 된 것은 당시 위 회사 대표이사의 구속에 따른 자금사정의 악화와 많은 종업원이 단기간 내에 퇴직한 점 등으로 인하여 도저히 퇴직금을 기일 내에 지급할 수 없었던 불가피한 사정이 있었던 때문**이라고 할 것이므로 피고인에게 퇴직금체불의 죄책을 물을 수 없다 하여 피고인에게 무죄를 선고하였는바, 기록에 비추어 살펴보면 원심의 위와 같은 인정판단은 앞서 본 법리에 따른 것으로 정당하(다).

〈부진정부작위범〉

대법원 2011. 11. 10. 선고 2010도11631 판결 [게임산업진흥에관한법률위반]

게임산업진흥에 관한 법률(이하 '게임법'이라고 한다) 제26조 제2항은 "청소년게임제공업 또는 인터넷컴퓨터게임시설제공업을 영위하고자 하는 자는 문화체육관광부령이 정하는 시설을 갖추어 시장·군수·구청장에게 등록하여야 한다."고 규정하고 있고, 게임법 제45조 제2호는 '제25조 또는 제26조 제1항· 제2항· 제3항 본문의 규정을 위반하여 허가를 받지 아니하거나 등록을 하지 아니하고 영업을 한 자'를 처벌한다고 규정하고 있다. 위 규정형식 및 취지에 비추어 볼 때, 게임법 제45조 제2호 위반은 청소년게임제공업 등을 영위하고자 하는 자가 등록의무를 이행하지 아니하였다는 것만으로 구성요건이 실현되는 것은 아니고, 나아가 영업을 하였다는 요건까지 충족되어야 비로소 구성요건이 실현되는 것이므로 이를 진정부작위범으로 볼 것은 아니다.

대법원 1994. 4. 26. 선고 93도1731 판결 「이 사건에서와 같이 일정한 기간 내에 잘못된 상태를 바로잡으라는 행정청의 지시를 이행하지 않았다는 것을 구성요건으로 하는 범죄는 이른 바 진정부작위범으로서 그 의무이행기간의 경과에 의하여 범행이 기수에 이름과 동시에 작위의무를 발생시킨 행정청의 지시 역시 그 기능을 다한 것으로 볼 것인 바, 2개월 내에 작위의무를 이행하라는 행정청의 지시를 이행하지 아니한 행위와 그 7개월 후 다시 같은 내용의 지시를 받고 이를 이행하지 아니한 행위는 그 성립의 근거와 일시 및 이행기간이 뚜렷이 구별되어 서로 양립이 가능한 전혀 별개의 범죄이고, 피고인의 전임자가 저지른 범죄의 책임이 후임자인 피고인에게 승계되어 두개의 행위가 하나로 이어지는 것도 아니라 할 것이므로 원심의 판단은 정당하(다).」

대법원 2008. 3. 27. 선고 2008도89 판결 「공중위생관리법 제3조 제1항 전단은 "공중위생영업을 하고자 하는 자는 공중위생영업의 종류별로 보건복지부령이 정하는 시설 및 설비를 갖추고 시장·군수·구청장에게 신고하여야 한다"고 규정하고 있고, 제20조 제1항 제1호는 '제3조 제1항 전단의 규정에 의한 신고를 하지 아니한 자'를 처벌한다고 규정하고 있는바, 그 규정 형식 및 취지에 비추어 신고의무 위반으로 인한 공중위생관리법 위반죄는 구성요건이 부작위에 의하여서만 실현될 수 있는 진정부작위범에 해당한다.」

대법원 2009. 2. 12. 선고 2008도9476 판결 「구 공중위생관리법(2008. 2. 29. 법률 제8852호로 개정되기 전의 것, 이하 '구법'이라고 한다) 제3조 제1항 전단은 "공중위생영업을 하고자 하는 자는 공중위생영업의 종류별로 보건복지부령이 정하는 시설 및 설비를 갖추고 시장·군수·구청장에게 신고하여야 한다."고 규정하고 있고, 제20조 제1항 제1호는 '제3조 제1항 전단의 규정에 의한 신고를 하지 아니한 자'를 처벌한다고 규정하고 있는바, 그 규정 형식 및 취지에 비추어 신고의무 위반으로 인한 구 공중위생관리법 위반죄는 구성요건이 부작위에 의하여서만 실현될 수 있는 진정부작위범에 해당한다.」

대법원 2021. 5. 7. 선고 2018도12973 판결 「구 정신보건법 제24조 제1항은 "정신의료기관 등의 장은 정신질환자의 보호의무자 2인의 동의(보호의무자가 1인인 경우에는 1인의 동의로 한다)가 있고 정신건강의학과 전문의가 입원 또는 입소가 필요하다고 판단한 경우에 한하여 당해 정신질환자를 입원 등을 시킬 수 있으며, 입원 등을 할 때 당해 보호의무자로부터 보건복지부령으로 정하는 입원 등의 동의서 및 보호의무자임을 확인할 수 있는 서류를 받아야 한다."라고 정하고, 제57조 제2호는 제24조 제1항을 위반하여 입원동의서 또는 보호의무자임을 확인할 수 있는 서류를 받지 아니한 자를 처벌한다고 정하고 있다. 그 규정 형식과 취지에 비추어 보면, 보호의무자 확인 서류 등 수수 의무 위반으로 인한 구 정신보건법 위반죄는 구성요건이 부작위에 의해서만 실현될 수 있는 진정부작위범에 해당한다.」

Ⅲ. 부작위범에 있어서 인과관계

〈부진정부작위범의 인과관계 판단기준 : 투입의 공식〉

대법원 1967. 10. 31. 선고 67도1151 판결 [유기치사]

원심은, 피고인의 원판시 유기행위와 피해자공소외 1의 사망사이에는 상당 인과관계가 없다고 판단하는 이유로서, 증거에 의하여 청산가리의 치사량은 0.1내지 0.3그램의 극소량으로서 이것을 음독했을 경우 미처 인체에 흡수되기 전에 지체없이 병원에서 위세척을 하는등 응급치료를 받으면 혹 소생할 가능성은 있을지 모르나, 이미 이것이 혈관에 흡수되어 피고인이 위 피해자를 원판시 변소에서 발견했을때의 피해자의 증상처럼 환자의 안색이 변하고, 의식을 잃었을 때에는 우리의 의학기술과 의료시설로서는 그 치료가 불가능하여 결국 사망하게 되는 것이고 또 일반적으로 병원에서 음독환자에게 위세척 호흡촉진제 강심제 주사등으로 응급가료를 하나, 이것이 청산가리 음독인 경우에는 아무런 도움도 되지 못하는 것이라고 판시하고 있는바 논지가 들고있는 증인공소외 2,3,4의 증언중 원판결의 인정하는바와 배치되는 부분은 원심이 이를 채택하지 아니하는 취지임이 원판문에 의하여 충분히 짐작할 수 있으므로 피고인의 원판시 유기행위와 피해자공소외 1의 사망사이에는 상당 인과 관계가 존재할 수 없다고 볼 것이니, 원심은 인과 관계에 대한 법리를 오해한 잘못은 없다.

> **대법원 2015. 11. 12. 선고 2015도6809 전원합의체 판결 [생 략]**
> 피고인 1이 해경 등 구조세력의 퇴선요청에 따라 퇴선 대피 안내방송을 실시하고 승객 등을 퇴선하기 좋은 외부 갑판으로 유도하거나 구호장비를 작동시키는 등 승객 등에 대한 구조조치를 하였다면, 적어도 승객 등이 사망에 이르지는 아니하였을 것으로 보이므로, 피고

인 1의 부작위와 피해자 공소외 3을 제외한 나머지 익사자 303명의 사망 결과 사이에 인과관계가 인정된다.

Ⅳ. 작위와 부작위의 구별

〈작위와 부작위의 구별기준 : 에너지 투입설〉

대법원 2004. 6. 24. 선고 2002도995 판결 [살인(인정된 죄명 : 살인방조)·살인]

어떠한 범죄가 적극적 작위에 의하여 이루어질 수 있음은 물론 결과의 발생을 방지하지 아니하는 소극적 부작위에 의하여도 실현될 수 있는 경우에, 행위자가 자신의 신체적 활동이나 물리적·화학적 작용을 통하여 적극적으로 타인의 법익 상황을 악화시킴으로써 결국 그 타인의 법익을 침해하기에 이르렀다면, 이는 작위에 의한 범죄로 봄이 원칙이고, 작위에 의하여 악화된 법익 상황을 다시 되돌이키지 아니한 점에 주목하여 이를 부작위범으로 볼 것은 아니며, 나아가 악화되기 이전의 법익 상황이, 그 행위자가 과거에 행한 또 다른 작위의 결과에 의하여 유지되고 있었다 하여 이와 달리 볼 이유가 없다.

이 사건의 경우 피고인들은 피고인 3에게 피해자를 집으로 후송하고 호흡보조장치를 제거할 것을 지시하는 등의 적극적 행위를 통하여 원심공동피고인 1의 부작위에 의한 살인행위를 도운 것이므로, 이를 작위에 의한 방조범으로 본 원심의 판단은 정당한 것으로 수긍할 수 있고, 거기에 피고인들이 상고이유로 주장하는 바처럼 형법상 작위와 부작위의 구별 및 방조행위의 성립에 관한 법리오해 등의 위법이 없다.

> 대법원 2011. 3. 17. 선고 2007도482 전원합의체 판결 [업무방해] [대법관 박시환, 대법관 김지형, 대법관 이홍훈, 대법관 전수안, 대법관 이인복의 반대의견]
> 다수의견은 단순 파업이라고 하더라도 파업은 그 자체로 부작위가 아니라 작위적 행위라고 보아야 한다는 것이나, 이러한 견해부터 찬성할 수 없다.
> 범죄행위를 이루는 기본 형태는, 형법상 다중불해산죄(제116조), 퇴거불응죄(제319조 제2항) 등과 같이 형벌법규에 정한 구성요건이 단순한 부작위에 의해서만 실현될 수 있는 진정부작위범을 제외하고는, 작위에 의하는 경우뿐만 아니라 부작위에 의하는 경우를 포함할 수 있는 것(이른바 부진정부작위범)으로 일반적으로 이해된다. 판례 역시, '어떠한 범죄가 적극

적 작위에 의하여 이루어질 수 있음은 물론 결과의 발생을 방지하지 아니하는 소극적 부작위에 의하여도 실현될 수 있는 경우에, 행위자가 자신의 신체적 활동이나 물리적·화학적 작용을 통하여 적극적으로 타인의 법익 상황을 악화시킴으로써 결국 그 타인의 법익을 침해하기에 이르렀다면, 이는 작위에 의한 범죄로 봄이 원칙'이라고 하여(대법원 2004. 6. 24. 선고 2002도995 판결 참조), 이를 분명히 하고 있다.

작위와 부작위는 대체로 사실적인 측면에서 구별하는 것이 일반적이다. 위의 판례도 적시하고 있는 바와 같이 신체적 활동이나 물리적·화학적 작용을 통한 적극적인 행위가 있는 경우를 작위에 의한 것으로 보고, 이와 달리 소극적으로 아무 것도 하지 않는 경우를 부작위에 의한 것으로 본다.

그렇다면 다수의견은 사실적인 측면에서 구별이 가능한 작위와 부작위 개념을 외면한 채 근로자가 아무런 일도 하지 않는 것에 불과한 단순 파업을 작위로 파악한 것부터가 잘못이다. 근로자가 사업장에 결근하면서 근로제공을 하지 않는 것은 근로계약상의 의무를 이행하지 않는 부작위임이 명백하다. 다수의견은 근로제공의 거부가 개별적인 것이 아니라 쟁의행위의 목적으로 집단적으로 이루어지는 점을 들어 작위로 보고 있는 듯하다. 그러나 한 사람이 아무 것도 하지 않는 것이나 여러 사람이 아무 것도 하지 않는 것이나, 그리고 여러 사람이 아무 것도 하지 않은 것의 목적이나 동기가 무엇이거나 가릴 것 없이, 어느 경우이건 신체적 활동 등 적극적인 행위가 없다는 점에서는 다를 바 없다. 따라서 근로자들이 쟁의행위의 목적에서 집단적으로 근로제공을 거부한 것이라는 사정이 존재한다고 하여 개별적으로 부작위인 근로제공의 거부가 작위로 전환된다고 할 수는 없다.

〈작위와 부작위의 구별〉

대법원 2016. 5. 12. 선고 2013도15616 판결 [통신비밀보호법위반]

원심은 그 판시와 같은 이유를 들어, 피고인이 ○○○신문사 빌딩에서 휴대폰의 녹음기능을 작동시킨 상태로 공소외 1 재단법인(이하 '공소외 1 법인'이라고 한다)의 이사장실에서 집무 중이던 공소외 1 법인 이사장인 공소외 2의 휴대폰으로 전화를 걸어 공소외 2와 약 8분간의 전화통화를 마친 후 상대방에 대한 예우 차원에서 바로 전화통화를 끊지 않고 공소외 2가 전화를 먼저 끊기를 기다리던 중, 평소 친분이 있는 △△방송 기획홍보본부장 공소외 3이 공소외 2와 인사를 나누면서 △△방송 전략기획부장 공소외 4를 소개하는 목소리가 피고인의 휴대폰을 통해 들려오고, 때마침 공소외 2가 실수로 휴대폰의 통화종료 버튼을 누르지 아니한 채 이를 이사장실 내의 탁자 위에 놓아두자, 공소외 2의 휴대폰과 통화연결상태에 있는 자신의 휴대폰 수신 및 녹음기능을 이용하여 이 사건 대화를 몰래 청취하면서 녹음한 사실을 인정한 다음, 피고인은 이 사건 대화에 원래부터 참여하지 아니한 제3자이므로, 통화연결상태에 있는 휴대폰을 이용하여 이 사건 대화를 청취·녹음하는 행위는 작위에 의한 구 통신비밀보호법 제3조의 위반행위로서 같은 법 제16조 제1항 제1호에 의하여 처벌된다고 판단하였다.

원심판결 이유를 앞서 본 법리와 적법하게 채택된 증거들에 비추어 살펴보면, 원심의 위와 같은 판단은 정당하고, 거기에 상고이유 주장과 같이 구 통신비밀보호법 제3조 제1항에 정한 '공개되지 아니한 타인간의 대화'의 의미와 같은 법 제16조 제1항 제1호의 처벌대상 및 형법상 작위와 부작위의 구별에 관한 법리를 오해하는 등의 잘못이 없다.

V. 부작위에 의한 정범과 방조범

1. 부작위범에 있어서 정범과 방조범의 구별

〈부작위범에서 정범과 방조범의 구별기준〉

대법원 1997. 3. 14. 선고 96도1639 판결 [상표법위반·부정경쟁방지법위반]

형법상 방조행위는 정범의 실행행위를 용이하게 하는 직접, 간접의 모든 행위를 가리키는 것으로서 작위에 의한 경우뿐만 아니라 부작위에 의하여도 성립되는 것이고(대법원 1984. 11. 27. 선고 84도1906 판결, 대법원 1985. 11. 26. 선고 85도1906 판결, 대법원 1995. 9. 29. 선고 95도 456 판결 등 참조), 형법상 부작위범이 인정되기 위하여는 형법이 금지하고 있는 법익침해의 결과발생을 방지할 법적인 작위의무를 지고 있는 자가 그 의무를 이행함으로써 결과발생을 쉽게 방지할 수 있었음에도 불구하고 그 결과의 발생을 용인하고 이를 방관한 채 그 의무를 이행하지 아니한 경우에, 그 부작위가 작위에 의한 법익침해와 동등한 형법적 가치가 있는 것이어서 그 범죄의 실행행위로 평가될 만한 것이라면, 작위에 의한 실행행위와 동일하게 부작위범으로 처벌할 수 있는 것이다(대법원 1992. 2. 11. 선고 91도2951 판결, 대법원 1996. 9. 6. 선고 95도2551 판결 등 참조).

이 사건에 관하여 보건대, 기록에 의하면 그랜드 백화점에서는 백화점과 계약을 하고 입점한 업주측에서 직원과 제품을 모두 책임지고 판매하는 특정매장의 경우 그 취급하는 상품에 대하여도 원칙적으로 상품관리과(검품과)에서 상품의 수량과 품질을 검사한 후 태그(tag, 0g 그랜드 백화점0h이라는 상호와 가격 및 바코드가 표시되어 있는 것)를 부착하여 전시·판매하도록 하고 있는데, 특정매장의 입점업체가 많은 양의 제품을 일시에 납품하는 경우에는 입점업체에서 백화점 태그를 미리 제품에 부착하여 검품과에서 표본검사의 형태로 검품을 받아 납품을 하거나 입점업체의 판매사원이 태그를 부착하기도 하여 특정매장의 상품에 관하여는 입점업체에 의하여 주로 상품관리가 이루어지고 있기는 하지만, 한편으로는 백화점 잡화부 소속 직원의 경우 바이어(주임, 계장, 대리의 직급)가 특정매장에 대한 입점계약의 체결, 매장관리, 고객관리, 상품관리를 담당하고 있어 특정매장의 경우에도 검품과정을 거쳐 상품이 매장에 나온 후에는 백화점 잡화부에서도 그 상품관리와 고객관리를 하게 되어 있는 사실, 잡화부 소속 평사원으로 바이어를 보조하는 피고인 2도 수시로 매장에 나가 고객들의 불만이 있는지를 조사하고 계약된 물품이 매장에 있는지를 확인하는 업무를 수행하여 왔고 이 사건 당시피고인 2은 담당 매장을 하루에도 10여 차례씩 순회하여 앞에서 인정한 바와 같이 공동피고인 1 경영의 특정매장 점포에서 위와 같이 가짜 상표가 새겨진 상품이 판매되고 있는 사실을 알고서도 이를 제지하거나 상급자인 바이어 등에게 보고하여 이를 제지하도록 하는 등의 조치를 취하지 아니함으로써 피고인 1은 위 가짜 상표가 새겨진 혁대 등을 원심 판시와 같이 계속하여 판매할 수 있었던 사실 등이 인정되는바, <u>그랜드 백화점에서 바이어를 보조하여 특정매장에 관한 상품관리 및 고객들의 불만사항 확인 등의 업무를 담당하는 피고인 2으로서는 자신이 관리하는 특정매장의 점포에 가짜 상표가 새겨진 상품이 진열·판매되고 있는 사실을 발견하였다면 고객들이 이를 구매하도록 방치하여서는 아니되고 점주인 공동피고인 1이나 그 종업원에게 즉시 그 시정을 요구하고 바이어 등 상급자에게 보고하여 이를 시정하도록 할 근로계약상·조리상의 의무가 있다고 할 것임에도 불구하고 위 피고인이 이러한 사실을 알고서도 공동피고인 1 등에게 시정조치를 요구하거나 상급자에게 이를 보고하지 아니함으로써 공동피고인 1이 원심 판시와 같이 가짜 상표가 새겨진 위 상품들을 고객들에게 계속 판매하도록 방치한 것은 작위에 의하여 공동피고인 1의 판시 각 상표법위반 및 부정경쟁방지법위반 행위의 실행을 용이하게 하는 경우와 동등한 형법적 가치가 있는 것으로 볼 수 있다고 할 것이므로, 피고인 2는 부작위에 의하여 공동피고인 1의 판시 각 상표법위반 및 부정경쟁방지법위반 행위를 방조하였다고 인정할 수 있다.</u>

2. 부작위에 의한 공동정범

〈부작위범에 의한 공동정범의 성립요건〉

대법원 2008. 3. 27. 선고 2008도89 판결 [공중위생관리법위반]

공중위생관리법 제3조 제1항 전단은 "공중위생영업을 하고자 하는 자는 공중위생영업의 종류별로 보건복지부령이 정하는 시설 및 설비를 갖추고 시장·군수·구청장에게 신고하여야 한다"고 규정하고 있고, 제20조 제1항 제1호는 '제3조 제1항 전단의 규정에 의한 신고를 하지 아니한 자'를 처벌한다고 규정하고 있는바, 그 규정 형식 및 취지에 비추어 신고의무 위반으로 인한 공중위생관리법 위반죄는 구성요건이 부작위에 의하여서만 실현될 수 있는 진정부작위범에 해당한다고 할 것이고, 한편 <u>부작위범 사이의 공동정범은 다수의 부작위범에게 공통된 의무가 부여되어 있고 그 의무를 공통으로 이행할 수 있을 때에만 성립한다고 할 것이다.</u> 그리고 <u>공중위생영업의 신고의무는 '공중위생영업을 하고자 하는 자'에게 부여되어 있고, 여기서 '영업을 하는 자'라 함은 영업으로 인한 권리의무의 귀속주체가 되는 자를 의미하므로, 영업자의 직원이나 보조자의 경우에는 영업을 하는 자에 포함되지 않는다고 해석함이 상당하다.</u>

원심은, 그 채택 증거를 종합하여 판시와 같은 사실을 인정한 다음, 이 사건 (상호 생략)케어코리아 각 지점의 실장직에 있었던 **피고인들은 위 회사의 근로소득자에 불과하고 영업상의 권리의무의 귀속주체가 아니라는 이유로 위 규정에 의한 신고의무를 부담하는 자에 해당하지 않는다**고 판단하고, 나아가 <u>피고인들에게 공통된 신고의무가 부여되어 있지 않은 이상 부작위범인 신고의무 위반으로 인한 공중위생관리법 위반죄의 공동정범도 성립할 수 없다</u>고 판단하였는바, 앞서 본 법리에 비추어 위와 같은 원심의 판단은 **옳**(다).

대법원 2021. 5. 7. 선고 2018도14546 판결 [정신보건법위반]

구 정신보건법 제24조 제1항은 "정신의료기관 등의 장은 정신질환자의 보호의무자 2인의 동의(보호의무자가 1인인 경우에는 1인의 동의로 한다)가 있고 정신건강의학과 전문의가 입원 등이 필요하다고 판단한 경우에 한하여 당해 정신질환자를 입원 등을 시킬 수 있으며, 입원 등을 할 때 당해 보호의무자로부터 보건복지부령으로 정하는 입원 등의 동의서 및 보호의무자임을 확인할 수 있는 서류를 받아야 한다."라고 정하고, 제57조 제2호는 제24조 제1항을 위반하여 입원동의서 또는 보호의무자임을 확인할 수 있는 서류를 받지 아니한 자를 처벌한다고 정하고 있다. 그 규정 형식 및 취지에 비추어 보면 보호의무자 확인 서류 등 수수 의무 위반으로 인한 구 정신보건법 위반죄는 구성요건이 부작위에 의해서만 실현될 수 있는 진정부작위범에 해당한다.

진정부작위범인 위 수수 의무 위반으로 인한 구 정신보건법 위반죄의 공동정범은 그 의무가 수인에게 공통으로 부여되어 있는데도 수인이 공모하여 전원이 그 의무를 이행하지 않았을 때 성립할 수 있다. 그리고 위 규정에 따르면 보호의무자 확인 서류 등의 수수 의무는 '정신의료기관 등의 장'에게만 부여되어 있고, 정신의료기관 등의 장이 아니라 그곳에 근무하고 있을 뿐인 정신건강의학과 전문의는 위 규정에서 정하는 보호의무자 확인 서류 등의 수수 의무를 부담하지 않는다고 보아야 한다.

〈부작위에 의한 공동정범의 성립여부가 문제된 사례 : 공모 부정 사례〉

대법원 2015. 11. 12. 선고 2015도6809 전원합의체 판결 [생 략]

피고인들이 간부 선원들로서 선장을 보좌하여 승객 등을 구조하여야 할 지위에 있음에도 별다른 구조조치를 취하지 아니한 채 사태를 방관하여 결과적으로 선내 대기 중이던 승객 등이 탈출에 실패하여 사망에 이르게 한 잘못은 있다고 할 것이나, 그렇다고 하여 그러한 부작위를 작위에 의한 살인의 실행행위와 동일하게 평가하기 어렵고, 또한 살인의 미필적 고의로 피고인 1의 부작위에 의한 살인행위에 공모 가담하였다고 단정하기도 어렵다.

① 우선 피고인 1은 이 사건 사고 직후 조타실로 복귀하여 조타실 내 평소 지휘 장소인 해도대 부근에 머물면서 피고인 9에게 엔진정지를 지시하거나 피고인 2, 피고인 3 등 조타실에 있던 나머지 갑판부 선원들이 구조세력과 교신하는 상황을 주시하면서 피고인 3에게 승객들에 대한 선내 대기 방송을 지시한 후 구조세력의 퇴선요구와 이에 대한 피고인 3의 대응지시 요청 등을 받고도 모두 묵살하여 승객 등의 선내 대기 상태가 그대로 유지되도록 하는 등 퇴선할 무렵까지 선박의 안전에 관한 선장으로서의 포괄적이고 절대적인 권한을 가지고 이 사건 사고 이후의 사태 변화를 주도하거나 조종하고 있었음을 알 수 있다. 반면 피고인 2, 피고인 3, 피고인 9는 비록 간부 선원이기는 하나 나머지 선원들과 마찬가지로 선박침몰과 같은 비상상황 발생 시 각자 비상임무를 수행할 현장에 투입되어 선장의 퇴선명령이나 퇴선을 위한 유보갑판으로의 대피명령 등에 대비하다가 선장의 실행지휘에 따라 승객들의 이동과 탈출을 도와주는 임무를 수행하는 자로서, 그 임무의 내용이나 중요도가 선장의 지휘 내용이나 구체적인 현장상황에 따라 수시로 변동될 수 있을 뿐 아니라 퇴선유도 등과 같

이 경우에 따라서는 승객이나 다른 승무원에 의해서도 비교적 쉽게 대체 가능하다. 따라서 승객 등의 퇴선을 위한 선장의 아무런 지휘·명령이 없는 상태에서 피고인 2, 피고인 3, 피고인 9가 단순히 비상임무 현장에 미리 가서 추가 지시에 대비하지 아니한 채 선장과 함께 조타실에 있었다거나 혹은 기관부 선원들과 함께 3층 선실 복도에서 대기하였다는 사정만으로, 선장과 마찬가지로 선내 대기 중인 승객 등의 사망 결과나 그에 이르는 사태의 핵심적 경과를 계획적으로 조종하거나 저지·촉진하는 등 사태를 지배하는 지위에 있었다고 보기 어렵다.

② 또한 선박 위험 시 퇴선조치는 선박 위험의 태양과 정도, 선박의 내부구조와 승선자의 선내 위치 및 규모, 수온·조류·기상상황 등 자연조건, 구명장비·구조세력 등에 의한 생존 또는 구조 가능성 등을 종합적으로 고려할 때 승선자로 하여금 사고 선박에 계속 머물게 하는 것보다 퇴선하게 하는 것이 오히려 안전하다고 판단되는 최악의 비상상황에서 선박공동체의 안전을 위하여 부득이하게 행하여지는 극단의 조치이므로, 퇴선조치의 필요성이나 시기·방법 등은 선박공동체의 총책임자인 선장의 전문적인 판단과 지휘에 따라야 하고, 다른 선원들이 함부로 이를 방해하거나 간섭하여서는 아니 된다. 따라서 비록 피고인 2, 피고인 3, 피고인 9가 구조세력과의 교신과정이나 선내 대기 안내방송 등을 통하여 승객 등에 대한 퇴선조치의 필요성을 어느 정도 인식할 수 있었다고 하더라도, 선장으로서의 경험이 풍부하고 연륜이 깊은 피고인 1을 중심으로 한 지휘명령체계가 그대로 유지되고 다른 승무원들과 마찬가지로 그 지휘체계에 편입되어 선장의 상황 판단과 지휘 내용에 의존하면서 후속 임무를 수행하여야 하는 지위에 있었을 뿐 아니라, 피고인 1이 명시적으로 퇴선조치에 대한 거부의사를 밝힌 것도 아니었던 당시 상황을 고려하면, 선장의 전문적인 판단과 지휘명령체계를 무시하면서까지 결과책임이 따를 수 있는 퇴선조치를 독단적으로 강행하여야 할 만큼 비정상적인 상황이 전개되고 있음을 쉽게 인식할 수 있었다고 단정할 수 없다.

③ 나아가 피고인 2, 피고인 3, 피고인 9는 조타실 또는 3층 기관부 선실 복도에 있던 나머지 선원들과 마찬가지로 구조세력에 구조요청을 하면서 대기하다가 해경 경비정 등 구조세력이 사고현장에 도착하여 해경을 중심으로 한 체계적인 구조작업이 개시된 후에야 피고인 1의 선원들에 대한 퇴선명령이나 해경의 구조유도에 따라 ○○호에서 퇴선하였고 그 과정에서 특별히 피고인 1의 지시에 불응하고 상황 판단에 혼란을 주거나 혹은 다른 승무원들의 승객 등에 대한 구조활동을 방해 또는 제지하지 아니하였음에도, 이들이 상대적으로 간부 선원의 지위에 있었다고 하여 조타실 또는 3층 기관부 선실 복도에 함께 있었던 3등 항해사인 피고인 4,

1등 기관사인 피고인 10 등 나머지 피고인들과 달리 승객 등에 대한 유기의 고의를 넘어 살인의 미필적 고의를 가지고 피고인 1의 범행에 가담하였다고 단정하기도 어렵다.

④ 한편 피고인 9는 당시 피해자 공소외 1, 공소외 2를 직접 보지는 못한 상태에서 함께 대기하던 다른 피고인들의 보고를 통해 상황을 파악하였을 뿐이며, 그 보고내용 중에는 피해자들이 생존 가능성이 없다는 취지도 있었고 이러한 상황보고가 허위라고 볼 만한 뚜렷한 사정이 보이지 아니한 점, 피고인 9를 제외한 나머지 기관부 소속 피고인들도 위 피해자들의 생존 가능성을 의심하여 퇴선 시 구조방안을 전혀 마련하지 아니하였을 뿐 아니라 아무도 피고인 9에게 위 피해자들을 데리고 나가자고 제안하지 아니하였던 점을 고려하면, 피고인 9가 적어도 퇴선 무렵에는 위 피해자들이 이미 사망한 것으로 오인하였을 가능성을 배제하기 어렵다.

2) 그렇다면 피고인 2, 피고인 3, 피고인 9의 위 공소사실에 대하여 부작위에 의한 살인의 고의를 인정하기 어렵다는 이유로 무죄를 선고한 원심의 조치는 앞서 본 관련 법리에 기초한 것으로서 정당하고, 거기에 상고이유 주장과 같이 논리와 경험의 법칙을 위반하여 자유심증주의의 한계를 벗어나거나 살인의 미필적 고의에 관한 법리를 오해하는 등의 잘못이 없다.

[피고인 을, 병의 살인·살인미수 무죄판단 부분에 대한 대법관 박보영, 대법관 김소영, 대법관 박상옥의 반대의견]

공범관계에서 전체의 모의과정이 없다 하더라도 수인 사이에 순차적으로 또는 암묵적으로 상통하여 공동 가공에 의한 범죄 실현 의사의 결합이 이루어지면 공모관계는 성립한다(대법원 2006. 2. 23. 선고 2005도8645 판결 참조). 한편 부작위범 사이의 공동정범은 다수의 부작위범에게 공통된 의무가 부여되어 있고 그 의무를 공통으로 이행할 수 있을 때에 성립하는데(대법원 2008. 3. 27. 선고 2008도89 판결 참조), 이때 각자의 역할 내지 부작위의 구체적 내용 등이 상호 간 다소 차이가 난다고 하더라도 의무의 공통성을 인정할 수 있다.

(2) 이 사건에서 피고인 2, 피고인 3은 비록 승객들에게 필요한 퇴선명령을 하지 않을 것과 승객 등을 그대로 방치한 채 먼저 퇴선하는 것 등에 관하여 피고인 1과 명시적으로 의견을 나누고 의사 합치에 이르는 등 모의를 한 것은 아니지만, **각자 자신의 의무의 존재와 불이행 사실 및 다른 피고인들의 불이행 사실까지도 모두 인식하였고 이와 같이 아무도 의무를 이행하지 않은 데에서 더 나아가 공동 퇴선에 의하여 향후의 이행 가능성까지 차단함으로 인하여 피해자들의 사망이라는 결과가 발생할 수 있다는 점을 모두 인식하고도 이를 용인하고 선장의 무책임한 행위에 편승하여 함께 퇴선행위를 하였으므로,** 순차적 또는 암묵적으로 공동 가공에 의한 구성요건 실현 의사의 결합이 이루어졌다고 충분히 인정할 수 있다.

사. 결론적으로, 피고인 2, 피고인 3은 선장인 피고인 1과 함께 부작위에 의한 살인 및 살인미수죄의 공동정범으로서의 죄책을 면할 수 없다고 할 것이다.

그럼에도 이와 달리 피고인 2, 피고인 3이 승객 등에 대한 구호조치를 취하지 아니한 부작위를 작위에 의한 살인의 실행행위와 동일하게 평가하기 어렵고, 살인죄의 미필적 고의가 인정되지 아니한다는 이유로 살인죄 및 살인미수죄가 성립하지 않는다고 본 다수의견에는 찬성할 수 없다.

Ⅵ. 부작위범의 구성요건

1. 객관적 구성요건

가. 구성요건적 상황

〈진정부작위범 : 개별 구성요건에 규정되어 있음〉

대법원 1992. 4. 28. 선고 91도2309 판결 [건조물퇴거불응]

피고인이 예배의 목적이 아니라 교회의 예배를 방해하여 교회의 평온을 해할 목적으로 교회에 출입하는 것이 판명되어 **위 교회건물의 관리주체라고 할 수 있는 교회당회에서 피고인에 대한 교회출입금지의결을 하고, 이에 따라 위 공소외인이 피고인에게 퇴거를 요구하게 된 사실을** 알 수 있는 바, 사정이 위와 같다면 피고인의 교회출입을 막으려는 위 교회의 의사는 명백히 나타난 것이기 때문에 그 의사결정이 절차위배등으로 교회법상 당연무효인가 여부는 별론으로 하고, 그 의사에 기하여 퇴거요구를 한 것은 정당하고 이에 불응하여 퇴거를 하지 아니한 것이라면 퇴거불응죄가 성립됨에 아무런 영향이 없다.

〈부진정부작위범 : 결과발생의 위험이 있으면 구성요건적 상황이 긍정됨〉

대법원 2015. 11. 12. 선고 2015도6809 전원합의체 판결 [생 략]

부작위는 법적 기대라는 규범적 가치판단 요소에 의하여 사회적 중요성을 가지는 사람의 행태가 되어 법적 의미에서 작위와 함께 행위의 기본 형태를 이루게 되는 것이므로, 특정한 행위를 하지 아니하는 부작위가 형법적으로 부작위로서의 의미를 가지기 위해서는, <u>보호법익의 주체에게 해당 구성요건적 결과발생의 위험이 있는 상황에서 행위자가 구성요건의 실현을 회피하기 위하여 요구되는 행위를 현실적·물리적으로 행할 수 있었음에도 하지 아니하였다고 평가될 수 있어야 한다.</u>

나. 기대되는 행위의 부작위

〈진정부작위범 : 법률에 규정된 행위의 부작위〉

대법원 1992. 4. 28. 선고 91도2309 판결 [건조물퇴거불응]

피고인의 교회출입을 막으려는 위 교회의 의사는 명백히 나타난 것이기 때문에 그 의사결정이 절차위배등으로 교회법상 당연무효인가 여부는 별론으로 하고, 그 의사에 기하여 퇴거요구를 한 것은 정당하고 <u>이에 불응하여 퇴거를 하지 아니한 것이라면 퇴거불응죄가 성립됨에</u> 아무런 영향이 없다.

〈부진정부작위범 : 구성요건의 실현을 회피하기 위하여 요구되는 행위의 부작위〉

대법원 2015. 11. 12. 선고 2015도6809 전원합의체 판결 [생 략]

부작위는 법적 기대라는 규범적 가치판단 요소에 의하여 사회적 중요성을 가지는 사람의 행태가 되어 법적 의미에서 작위와 함께 행위의 기본 형태를 이루게 되는 것이므로, 특정한 행위를 하지 아니하는 부작위가 형법적으로 부작위로서의 의미를 가지기 위해서는, 보호법익의 주체에게 해당 구성요건적 결과발생의 위험이 있는 상황에서 <u>행위자가 구성요건의 실현을 회피하기 위하여 요구되는 행위를 현실적·물리적으로 행할 수 있었음에도 하지 아니하였다고 평가될 수 있어야 한다.</u> … 선박침몰 등과 같은 조난사고로 승객이나 다른 승무원들이 스스로 생명에 대한 위협에 대처할 수 없는 급박한 상황이 발생한 경우에는 선박의 운항을 지배하고 있는 선장이나 갑판 또는 선내에서 구체적인 구조행위를 지배하고 있는 선원들은 적극적인 구호활동을 통해 보호능력이 없는 승객이나 다른 승무원의 사망 결과를 방지하여야 할 작위의무가 있다 할 것이므로, <u>법익침해의 태양과 정도 등에 따라 요구되는 개별적·구</u>

체적인 구호의무를 이행함으로써 사망의 결과를 쉽게 방지할 수 있음에도 **그에 이르는 사태의 핵심적 경과를 그대로 방관하여** 사망의 결과를 초래하였다면, 그 부작위는 작위에 의한 살인행위와 동등한 형법적 가치를 가진다고 할 것이고, 이와 같이 작위의무를 이행하였다면 그 결과가 발생하지 않았을 것이라는 관계가 인정될 경우에는 그 작위를 하지 않은 부작위와 사망의 결과 사이에 인과관계가 있는 것으로 보아야 할 것이다.

다. 개별적 행위능력

〈규범수범자에게 요구되는 행위를 물리적으로 기대할 수 없는 경우〉

대법원 2010. 1. 14. 선고 2009도12109, 2009감도38 판결 [현주건조물방화치사·현주건조물방화치상(인정된죄명:중과실치사·중과실치상·중실화)·치료감호]

이 사건 화재가 피고인의 중대한 과실 있는 선행행위로 발생한 이상 피고인에게 이 사건 화재를 소화할 법률상 의무는 있다 할 것이나, 피고인이 이 사건 화재 발생 사실을 안 상태에서 모텔을 빠져나오면서도 모텔 주인이나 다른 투숙객들에게 이를 알리지 아니하였다는 사정만으로는 피고인이 이 사건 화재를 용이하게 소화할 수 있었다고 보기 어렵고, 달리 이를 인정할 만한 증거가 없다.

라. 결과의 객관적 귀속

〈객관적 귀속의 기준〉

대법원 2015. 11. 12. 선고 2015도6809 전원합의체 판결 [생 략]

작위의무를 이행하였다면 그 결과가 발생하지 않았을 것이라는 관계가 인정될 경우에는 그 작위를 하지 않은 부작위와 사망의 결과 사이에 인과관계가 있는 것으로 보아야 할 것이다.

2. 주관적 구성요건

〈부진정부작위범의 고의〉

대법원 2015. 11. 12. 선고 2015도6809 전원합의체 판결 [생 략]

부진정 부작위범의 고의는 반드시 구성요건적 결과발생에 대한 목적이나 계획적인 범행 의도가 있어야 하는 것은 아니고 법익침해의 결과발생을 방지할 법적 작위의무를 가지고 있는 자가 그 의무를 이행함으로써 그 결과발생을 쉽게 방지할 수 있었음을 예견하고도 결과발생을 용인하고 이를 방관한 채 그 의무를 이행하지 아니한다는 인식을 하면 족하며, 이러한 작위의무자의 예견 또는 인식 등은 확정적인 경우는 물론 불확정적인 경우이더라도 미필적 고의로 인정될 수 있다. 이때 작위의무자에게 이러한 고의가 있었는지는 작위의무자의 진술에만 의존할 것이 아니라, 작위의무의 발생근거, 법익침해의 태양과 위험성, 작위의무자의 법익침해에 대한 사태지배의 정도, 요구되는 작위의무의 내용과 그 이행의 용이성, 부작위에 이르게 된 동기와 경위, 부작위의 형태와 결과발생 사이의 상관관계 등을 종합적으로 고려하여 작위의무자의 심리상태를 추인하여야 할 것이다.

> **대법원 2004. 5. 27. 선고 2003도4531 판결 [사기]**
> 피해자가 피고인에게 매매잔금을 지급함에 있어 착오에 빠져 지급해야 할 금액을 초과하는 돈을 교부하는 경우, 피고인이 사실대로 고지하였다면 피해자가 그와 같이 초과하여 교부하지 아니하였을 것임은 경험칙상 명백하므로, 피고인이 매매잔금을 교부받기 전 또는 교부받던 중에 그 사실을 알게 되었을 경우에는 특별한 사정이 없는 한 피고인으로서는 피해자에게 사실대로 고지하여 피해자의 그 착오를 제거하여야 할 신의칙상 의무를 지므로 그 의무를 이행하지 아니하고 피해자가 건네주는 돈을 그대로 수령한 경우에는 사기죄에 해당될 것이지만, 그 사실을 미리 알지 못하고 매매잔금을 건네주고 받는 행위를 끝마친 후에야 비로소 알게 되었을 경우에는 주고 받는 행위는 이미 종료되어 버린 후이므로 피해자의 착오 상태를 제거하기 위하여 그 사실을 고지하여야 할 법률상 의무의 불이행은 더 이상 그 초과된 금액 편취의 수단으로서의 의미는 없으므로, 교부하는 돈을 그대로 받은 그 행위는 점유이탈물횡령죄가 될 수 있음은 별론으로 하고 사기죄를 구성할 수는 없다.

Ⅶ. 부작위범에서의 위법성

⟨예외적으로 부작위범에서 위법성조각이 문제될 수 있는 경우 : 작위의무와 부작위 의무의 충돌⟩

대법원 2014. 6. 26. 선고 2009도14407 판결 [업무상과실치사]

우리 헌법은 인간의 생명을 최고의 가치로 존중하고 있고, 여기에 자살관여죄를 처벌하는 우리 형법의 태도와 생명 보존 및 심신상의 중대한 위해의 제거를 목적으로 하는 응급의료에 관한 법률의 취지 등을 보태어 보면, 회복가능성이 높은 응급의료상황에서 생명과 직결된 치료방법을 회피하는 것은 원칙적으로 허용될 수 없다고 보아야 한다.

그렇지만 환자의 자기결정권도 인간으로서의 존엄과 가치 및 행복추구권에 기초한 가장 본질적인 권리이므로, 특정한 치료방법을 거부하는 것이 자살을 목적으로 하는 것이 아닐 뿐만 아니라 그로 인해 침해될 제3자의 이익이 없고, 그러한 자기결정권의 행사가 생명과 대등한 가치가 있는 헌법적 가치에 기초하고 있다고 평가될 수 있다는 등의 특별한 사정이 있다면, 이러한 자기결정권에 의한 환자의 의사도 존중되어야 한다.

그러므로 환자의 명시적인 수혈 거부 의사가 존재하여 수혈하지 아니함을 전제로 환자의 승낙(동의)을 받아 수술하였는데 수술 과정에서 수혈을 하지 않으면 생명에 위험이 발생할 수 있는 응급상태에 이른 경우에, 환자의 생명을 보존하기 위해 불가피한 수혈 방법의 선택을 고려함이 원칙이라 할 수 있지만, 한편으로 환자의 생명 보호에 못지않게 환자의 자기결정권을 존중하여야 할 의무가 대등한 가치를 가지는 것으로 평가되는 때에는 이를 고려하여 진료행위를 하여야 한다.

어느 경우에 수혈을 거부하는 환자의 자기결정권이 생명과 대등한 가치가 있다고 평가될 것인지는 환자의 나이, 지적 능력, 가족관계, 수혈 거부라는 자기결정권을 행사하게 된 배경과 경위 및 목적, 수혈 거부 의사가 일시적인 것인지 아니면 상당한 기간 동안 지속되어 온 확고한 종교적 또는 양심적 신념에 기초한 것인지, 환자가 수혈을 거부하는 것이 실질적으로 자살을 목적으로 하는 것으로 평가될 수 있는지 및 수혈을 거부하는 것이 다른 제3자의 이익을 침해할 여지는 없는 것인지 등 제반 사정을 종합적으로 고려하여 판단하여야 할 것이다. 다만 환자의 생명과 자기결정권을 비교형량하기 어려운 특별한 사정이 있다고 인정되는 경우에 의사가 자신의 직업적 양심에 따라 환자의 양립할 수 없는 두 개의 가치 중 어느 하나를 존중하는 방향으로 행위하였다면, 이러한 행위는 처벌할 수 없다고 할 것이다.

Ⅷ. 부작위범에서의 책임

1. 부작위범에서의 금지의 착오

〈진정부작위범에서 금지의 착오〉

대법원 1961. 10. 5. 선고 4294형상208 판결 [국가보안법위반]

형법 제16조에 자기의 행위가 법령에 의하여 죄가 되지 아니하는 것으로 그릇 인정한 행위는 그 그릇 인정함에 정당한 이유가 있는 때에 한하여 벌하지 아니한다고 규정되어 있는 바 이는 단순한 법률의 부지의 경우를 말하는 것이 아니고 일반적으로는 범죄가 되는 행위이지만 자기의 특수한 경우에는 법령에 의하여 허락된 행위로서 죄가 되지 아니한다고 그릇인정하고 그와 같이 그릇 인정함에 있어서 정당한 이유가 있는 경우에는 벌하지 아니한다는 뜻인 바 이 사건에 있어서는 피고인 2는 다만 범인을 집에 재우면 범인 은닉죄가 된다는 것을 알고 피고인 1에 대하여 밤중에 집에서 나가라고 하여 내여 보냈으니 이것으로 족할 줄 알고 있었으며 이를 수사기관에 고지하지 아니하면 죄가 된다는 것은 몰랐다는 뜻의 진술을 하고 있음이 기록상 분명한 바이니 이는 결국 피고인은 국가보안법 제9조 불고지죄의 규정을 알지 못하였다는 것에 지나지 못하는 것이고 피고인이 고지하지 아니하여도 죄가 되지 아니한다고 적극적으로 그릇 인정한 경우에는 해당되지 아니하므로 이는 범죄의 성립에 아무런 지장이 될 바 아니니 원심이 이를 법률의 착오(형법 제16조)로 인정하고 무죄로 판단한 것은 중대한 사실을 그릇 인정하고 법률 적용에 그릇됨이 있었다 할 것이고 이는 판결 결과에 영향이 있다고 볼 것이니 원판결은 이 점에서 파기를 면할 수 없다.

> **대법원 2011. 10. 13. 선고 2010도15260 판결 [건축법위반]**
> 「형법」 제16조 에 의하여 처벌하지 아니하는 경우란 단순한 법률의 부지의 경우를 말하는 것이 아니고, 일반적으로 범죄가 되는 행위이지만 자기의 특수한 경우에는 법령에 의하여

허용된 행위로서 죄가 되지 아니한다고 그릇 인식하고 그와 같이 인식함에 있어 정당한 이유가 있는 경우에는 벌하지 아니한다는 취지이므로, 피고인이 자신의 행위가 「건축법」상의 허가대상인 줄을 몰랐다는 사정은 단순한 법률의 부지에 불과하고 특히 법령에 의하여 허용된 행위로서 죄가 되지 않는다고 적극적으로 그릇 인식한 경우가 아니어서 이를 법률의 착오에 기인한 행위라고 할 수 없다(대법원 1991.10.11.선고 91도1566판결 등 참조).

2. 부작위범에서의 기대가능성

⟨부작위범에서 기대가능성의 체계적 지위⟩

대법원 1997. 11. 28. 선고 97도1740 판결 [업무상과실치사·업무상과실치상·업무상과실일반교통방해·업무상과실자동차추락]

이 사건 성수대교는 위 가항에서 인정한 바와 같이 소위 게르버트러스 공법에 의해 시공된 교량으로서 교량에 부과되는 하중이 이 사건 에스트러스에 집중이 되고 수직재나 핀 등 중요 부재 중의 하나가 끊어지는 경우 바로 붕괴로 이어지는 특성이 있다는 것이고, 설사 피고인들이 이러한 특징을 알지 못하였다고 하더라도 기록에 나타난 피고인들의 학력 및 경력 등에 비추어 보면 트러스교는 일반적으로 교량의 하중이 용접과 용접볼트, 핀 등에 의하여 연결되는 각 부재로 지탱되는 특성이 있는 이상 트러스를 구성하는 각 부재의 용접이나 부재 상호간의 연결의 적정 여부가 교량의 구조에 결정적인 영향을 미친다는 것은 충분히 알 수 있는 것으로 보여지고, 여기에 위 가항에서 인정한 바와 같은 피고인들의 제작, 시공, 감독상의 주의의무 위반행위를 보태어 보면, 피고인들의 트러스의 제작, 시공 및 감독상의 과실은 이 사건 성수대교의 유지·관리상의 과실과 합쳐져서 결과적으로 교량의 붕괴원인이 될 수 있다는 것은 충분히 예상할 수 있었고, 당시 이 사건 사고발생의 방지조치에 대한 기대가능성도 있었던 것으로 인정할 수 있다고 할 것이다.

⟨기대불가능성 부정 사례⟩

대법원 2015. 11. 12. 선고 2015도6809 전원합의체 판결 [생 략]

피고인에게 적법행위를 기대할 가능성이 있는지 여부를 판단하기 위해서는 행위 당시의 구체적인 상황하에 행위자 대신에 사회적 평균인을 두고 이 평균인의 관점에서 그 기대가능성 유무를 판단하여야 한다(대법원 2008. 10. 23. 선고 2005도10101 판결 등 참조). … 피고인들이 승객 등에 대한 구호조치를 전혀 취하지 않고 ○○호를 탈출하여 승객 등으로 하여금 사상에 이르게 한 행위가 위 '상당한 이유 있는 행위'에 해당한다고 볼 수 없고, 당시 이 사건 사고로 인하여 당황한 상태에 있었다고 하더라도 위 구호조치 등 적법행위에 대한 기대가능성이 없었다고 보기 어렵다.

제2절 부진정부작위범

I. 보증인지위

1. 의의

〈법익침해의 결과발생을 방지할 법적인 작위의무를 지고 있는 자〉

대법원 1992. 2. 11. 선고 91도2951 판결 [살인]

형법 제18조에 의하면 위험의 발생을 방지할 의무가 있거나 자기의 행위로 인하여 위험발생의 원인을 야기한 자가 그 위험발생을 방지하지 아니한 때에는 그 발생된 결과에 의하여 처벌하도록 규정되어 있는바, 형법이 금지하고 있는 법익침해의 결과발생을 방지할 법적인 작위의무를 지고 있는 자가, 그 의무를 이행함으로써 결과발생을 쉽게 방지할 수 있었음에도 불구하고 그 결과의 발생을 용인하고 이를 방관한 채 그 의무를 이행하지 아니한 경우에, 그 부작위가 작위에 의한 법익침해와 동등한 형법적 가치가 있는 것이어서 그 범죄의 실행행위로 평가될 만한 것이라면, 작위에 의한 실행행위와 동일하게 부작위범으로 처벌할 수 있다고 할 것이다. 이 사건의 사실관계가 원심이 인용한 제1심판결이 확정한 바와 같이, 피고인이 조카인 피해자 공소외 1(10세)과 공소외 2(8세)를 살해할 것을 마음먹고, 피해자들을 불러내어 미리 물색하여 둔 저수지로 데리고 가서 인적이 드물고 경사가 급하여 미끄러지기 쉬운 제방쪽으로 유인하여 함께 걷다가, **피해자 공소외 1로 하여 금위와 같이 가파른 물가에서 미끄러져 수**

심이 약 2미터나 되는 저수지 물속으로 빠지게 하고, 그를 구호하지 아니한 채 앞에 걸어가고 있던 피해자 공소외 2의 소매를 잡아당겨 저수지에 빠뜨림으로써 그 자리에서 피해자들을 익사하게 한 것이라면, 소론과 같이 피해자 공소외 1이 스스로 미끄러져서 물에 빠진 것이고, 그 당시는 피고인이 살인죄의 예비단계에 있었을 뿐 아직 실행의 착수에는 이르지 아니하였다고 하더라도, 피고인은 피해자들의 숙부로서 위와 같은 익사의 위험에 대처할 보호능력이 없는 나이 어린 피해자들을 급한 경사로 인하여 미끄러지기 쉬워 위와 같은 익사의 위험이 있는 저수지로 데리고 갔던 것이므로, 피고인으로서는 피해자들이 물에 빠져 익사할 위험을 방지하고 피해자들이 물에 빠지는 경우 그들을 구호하여 주어야 할 법적인 작위의무가 있다고 보아야 할 것이고, 이와 같은 상황에서 피해자 공소외 1이 물에 빠진 후에 피고인이 살해의 범의를 가지고 그를 구호하지 아니한 채 그가 익사하는 것을 용인하고 방관한 행위는 피고인이 그를 직접 물에 빠뜨려 익사시키는 행위와 다름없다고 형법상 평가될 만한 살인의 실행행위라고 보는 것이 상당하다.

〈'법적인 작위의무'의 의미〉

대법원 1996. 9. 6. 선고 95도2551 판결 [특정경제범죄가중처벌등에관한법률위반(횡령) · 업무상횡령(업무상횡령방조) · 뇌물수수]

작위의무는 법적인 의무이어야 하므로 단순한 도덕상 또는 종교상의 의무는 포함되지 않으나 작위의무가 법적인 의무인 한 성문법이건 불문법이건 상관이 없고 또 공법이건 사법이건 불문하므로 법령, 법률행위, 선행행위로 인한 경우는 물론이고 기타 신의성실의 원칙이나 사회상규 혹은 조리상 작위의무가 기대되는 경우에도 법적인 작위의무는 있다고 할 것인바, 입찰사건에 관한 제반 업무를 주된 업무로 하는 피고인들이 자신이 맡고 있는 입찰사건의 입찰보증금이 계속적으로 횡령되고 있는 사실을 알았다면 담당 공무원으로서는 이를 제지하고 즉시 상관에게 보고하는 등의 방법으로 그러한 사무원의 횡령행위를 방지해야 할 법적인 작위의무를 지는 것이 당연하다고 할 것이고, 비록 피고인들의 그와 같은 행위가 배당불능이라는 최악의 사태를 막기 위한 동기에서 비롯된 것이라고 하더라도 자신의 작위의무를 이행함으로써 결과 발생을 쉽게 방지할 수 있는 피고인들이 위 원심 공동피고인의 새로운 횡령범행을 방조 용인한 것을 작위에 의한 법익 침해와 동등한 형법적 가치가 있는 것이 아니라고 볼 수는 없다.

2. 보증인지위의 발생근거

〈법령, 법률행위, 선행행위, 신의성실의 원칙, 사회상규·조리상 작위의무가 기대되는 경우〉

대법원 2005. 7. 22. 선고 2005도3034 판결 [공무상표시무효]

여기서 작위의무는 성문법과 불문법, 공법과 사법을 불문하고 법령, 법률행위, 선행행위로 인한 경우는 물론, 기타 신의성실의 원칙이나 사회상규 혹은 조리상 작위의무가 기대되는 경우에도 인정된다 할 것이다(대법원 1992. 2. 11. 선고 91도2951 판결, 1997. 3. 14. 선고 96도 1639 판결, 2003. 12. 12. 선고 2003도5207 판결 등 참조).

원심 판시와 같이 이 사건 압류시설의 보관자 지위에 있는 공소외 회사로서는 위 압류시설을 선량한 관리자로서 보관할 주의의무가 있다 할 것이고(대법원 2003. 9. 5. 선고 2002다44854 판결 참조), 그 대표이사로서 위 압류시설이 위치한 골프장의 개장 및 운영 전반에 걸친 포괄적 권한과 의무를 지닌 피고인으로서는 위와 같은 회사의 대외적 의무사항이 준수될 수 있도록 적절한 조치를 취할 위임계약 혹은 조리상의 작위의무가 존재한다고 보아야 할 것인데, 이러한 작위의무의 내용 중에 불특정의 고객 등 제3자에 의한 위 봉인의 훼손행위를 방지할 일반적 안전조치를 취할 의무까지 있다고 할 수는 없겠지만, 적어도 위 압류, 봉인에 의하여 사용이 금지된 골프장 시설물에 대하여 위 시설물의 사용 및 그 당연한 귀결로서 봉인의 훼손을 초래하게 될 골프장의 개장 및 그에 따른 압류시설 작동을 제한하거나 그 사용 및 훼손을 방지할 수 있는 적절한 조치를 취할 의무는 존재한다고 보아야 할 것이고, 그럼에도 피고인이 그러한 조치 없이 위 개장 및 압류시설 작동을 의도적으로 묵인 내지 방치함으로써 예견된 결과를 유발한 경우에는 부작위에 의한 공무상표시무효죄의 성립을 인정할 수 있다고 보아야 할 것이다.

그런데, 2003. 6. 30.자로 이 사건 압류시설에 대한 압류, 봉인 등의 조치가 이루어졌음을 피고인도 인지한 점, 골프장 고객들이 아무런 제지 없이 위 압류시설을 사용할 경우 부착된 봉인이 훼손될 위험성이 있는 점, 그럼에도 피고인이 2003. 7. 1. 골프장 개장을 방치하였고 그 결과 위 압류시설이 사용되고 그 봉인이 훼손된 점은 원심도 인정한 바와 같고, 한편 기록에 의하면 이 사건 압류, 봉인의 조치는 종전의 1차 압류 후 봉인이 훼손된 데 따른 재봉인 조치로서 그 때문에 특별히 압류시설 사용금지의 고지까지 수반하여 이루어진 점, 위 압류시설 사용시에 봉인이 훼손된다는 사정 또한 피고인이 이를 인식하고 있었던 점을 알 수 있는바, 앞서 본 법리 및 위 회사의 대표이사인 피고인에게 인정되는 작위의무의 내용에 비추어 위와 같은 피고인의 부작위(조치의무 불이행)는 위 봉인을 훼손하고 압류시설을 사용함으로써 그 효용을 해하는 적극적 작위로서의 행위와 다름없다고 형법상 평가될 만한 공무상표시무효죄의 실행행위라고 볼 수 있다 할 것이다.

> **대법원 2008. 2. 28. 선고 2007도9354 판결 [법무사법위반]**
> 피고인은 계약 당사자가 아니므로 적어도 공소외 5와 사이에 등기위임장이나 근저당권설정계약서를 작성함에 있어 자신이 법무사가 아님을 밝힐 계약상 또는 조리상의 법적인 작위의무가 있다고 할 것임에도, 이를 밝히지 아니한 채공소외 6 법무사 행세를 하면서 등기위임장 및 근저당권설정계약서를 작성함으로써 자신이공소외 6 법무사로 호칭되도록 계속 방치한 것은 작위에 의하여 법무사의 명칭을 사용한 경우와 동등한 형법적 가치가 있는 것으로 볼 수 있다고 할 것이다.

3. 보증인지위의 내용과 한계

가. 보호의무에 의한 보증인지위(보호보증인지위)

(1) 가족적·가족유사적 보호관계

〈사실혼 관계라고 볼 수 없는 경우〉

대법원 2008. 2. 14. 선고 2007도3952 판결 [유기치사]

단순유기죄를 범하여 사람을 사망에 이르게 하는 유기치사죄가 성립하기 위하여는 먼저 단순유기죄가 성립하여야 하므로, 행위자가 단순유기죄에 관한 형법 제271조 제1항이 정한 바에 따라 "노유, 질병 기타 사정으로 인하여 부조를 요하는 자를 보호할 법률상 또는 계약상 의무 있는 자"에 해당하여야 할 뿐만 아니라, 요부조자에 대한 보호책임의 발생원인이 된 사실이 존재한다는 것을 인식하고 이에 기한 부조의무를 해태한다는 의식이 있음을 요한다(대법원 1988. 8. 9. 선고 86도225 판결 참조).

그리고 <u>위 조항에서 말하는 법률상 보호의무 가운데는 민법 제826조 제1항에 근거한 부부간</u>
<u>의 부양의무도 포함되며, 나아가 법률상 부부는 아니지만 사실혼 관계에 있는 경우에도 위</u>
<u>민법 규정의 취지 및 유기죄의 보호법익에 비추어 위와 같은 법률상 보호의무의 존재를 긍</u>
<u>정하여야 하지만, 이러한 사실혼에 해당되어 법률혼에 준하는 보호를 받기 위하여는 단순한</u>
<u>동거 또는 간헐적인 정교관계를 맺고 있다는 사정만으로는 부족하고, 그 당사자 사이에 주</u>
<u>관적으로 혼인의 의사가 있고 객관적으로도 사회관념상 가족질서적인 면에서 부부공동생활</u>
<u>을 인정할 만한 혼인생활의 실체가 존재하여야 한다</u>(대법원 2001. 1. 30. 선고 2000도4942 판결,
대법원 2001. 4. 13. 선고 2000다52943 판결 참조).

<u>원심은, 판시와 같이 인정되는 피고인과 망 공소외인이 4년여 동안 동거하기도 하면서 내연</u>
<u>관계를 맺어왔다는 사정만으로는 두 사람의 관계를 사실혼 관계라고 보거나 두 사람의 사이</u>
<u>에 부부간의 상호 부양의무에 준하는 보호의무를 인정할 수 없을 뿐만 아니라, 판시 사실들</u>
<u>과 기록에 따라 인정되는 판시와 같은 사정들에 비추어 피고인이 공소외인이 치사량의 필로</u>
<u>폰을 복용하여 부조를 요하는 상태에 있다고 인식하였다는 점에 관하여 합리적인 의심이 생</u>
<u>기지 않을 정도로 확신하기에는 부족하다고 판단되므로, 이 사건 유기치사의 공소사실은 범</u>
<u>죄의 증명이 없는 경우에 해당한다는 이유로 위 공소사실에 대하여 무죄를 선고하였는바,</u>
<u>원심판결의 이유를 위 법리 및 기록에 비추어 살펴보면 원심의 인정 및 판단은 옳(다).</u>

(2) 보호기능의 인수

〈계약에 의한 보호기능의 인수〉

대법원 2000. 6. 27. 선고 2000도1858 판결 [생 략]

<u>원심 공동피고인 3과 제1심 공동피고인 1은 각기위 유치원의 원장과 교사로서 그 소속 유치</u>
<u>원생 42명을 인솔하여 여름캠프 활동을 위해 이 사건 건물의 301호실에 유치원생 18명과 그</u>
<u>보호자로서제1심 공동피고인 1을 투숙하게 하고, 302호실에 유치원생 24명과 그 보호자로서</u>
<u>공소외 1,2를 투숙하게 한 후 이를 보호하는 업무에 종사하게 되었으면, 위 어린이들은 5~6</u>
<u>세에 불과하여 사리변별력이 미약하고, 화재 등 돌발상황에 스스로 대처할 능력이 없을 뿐</u>
<u>만 아니라 상호 장난 등으로 인한 화재 등의 돌발상황이 언제든지 발생할 수 있음을 예상할</u>
<u>수 있으므로 이에 대처할 수 있도록 어린이들에게 이에 대한 적절한 사전교육을 시키고, 항</u>

상 어린이들과 함께 있으면서 보호함은 물론, 어린이들만 있는 방에 모기향을 피우려면 안전한 훈증식의 모기향을 사용하거나 부득이 점화식의 모기향을 피우더라도 전용 받침대를 사용하여 평평하고 안전한 곳에 놓고 주위의 가연성 물질에 유의해야 하며 수시로 주변의 위험요소를 점검하고, 더욱이 1999. 6. 24.경부터 사고당일인 같은 달 30일까지 화성군 지역에는 계속하여 비가 내리지 않아 건조(사고당일인 같은 달 29일 21:00경의 습도가 53%, 같은 날 24:00경 55% 정도였다)하여 화재발생의 위험성이 높았으므로 특히 모기향불 등 불씨가 될 수 있는 주변에는 가연성 물질을 놓지 않는 등 세심한 주의를 함으로써 사고의 발생을 방지해야 할 업무상 주의의무가 있음에도 불구하고 이를 게을리 한 채, 원심 공동피고인 3은 같은 날 19:00경 위 301호실에 일회용 가스라이터를 사용하여 점화식 모기향 2개를 피운 후 그 중 하나는 재떨이형 모기향 받침대를 이용하여 창틀 위에, 다른 하나는 양철로 된 모기향꽂이에 꽂아 일회용 은박지 접시위에 놓은 다음 이를 위 301호실 방안 화장실쪽 벽 밑에 놓여 있는 등나무로 만들어진 길이 50㎝, 너비 30㎝, 높이 30㎝ 가량의 소풍용 바구니의 경사진 뚜껑 위에 놓은 후 위와 같이 사용한 일회용 가스라이터를 모기향 밑에 놓고, 제1심 공동피고인 1은 같은 날 23:00경 위 301호실에서 어린이들을 모두 재운 다음 방을 정리하면서 점화식의 모기향이 피워진 위 등나무바구니 오른쪽 옆에는 어린이들이 사용한 드레스셔츠 18벌을 약 30㎝ 높이로, 그 왼쪽에는 씨티지를 50㎝ 가량 높이로 쌓아 놓고 그 옆에는 간식봉지 등을 놓은 후, 같은 날 23:30경부터 다음날 01:30경까지 314호실에서 음주와 잡담 등으로 시간을 보내면서 어린이들의 보호를 소홀히 한 잘못이 있다.

건물의 3층 301호실에 피워놓은 모기향에 의해 주변에 있는 인화성물질인 일회용가스라이터·씨티지·드레스셔츠·등나무바구니·간식봉지 등에 인화된 불이 스티로폼 등의 인화성이 강한 재질로 만들어진 화장실쪽 벽에 옮겨 붙은 다음, 인화성이 강한 건축자재와 내화구조의 미비 및 연통구실을 하는 일자형 복도로 인하여 순식간에 위 301호실을 비롯한 2, 3층의 모든 방실에 인화되어 함께 타면서 스티로폼 등으로부터 발생하는 대량의 유독가스와 화염에 휩싸임으로 말미암아 위 301호실 등에서 잠자고 있던 유치원생 등 23명이 사망하고, 4명이 화상을 입은 사안

(3) 조직상 지위·공무원으로서의 의무에 의한 보호보증인지위

〈은행지점장의 은행재산을 보호할 의무〉

대법원 1984. 11. 27. 선고 84도1906 판결 [방위세법위반·배임수재·배임증재·부정수표단속법위반·업무상배임·업무상배임방조·유가증권위조·유가증권위조행사·조세범처벌법위반]

피고인이 그 부하 직원인 정범들의 당좌부정결제 행위를 알면서도 은행지점장으로서 취하여야 할 필요한 조치를 취하지 아니한 채 그대로 방치함으로써 업무상 배임행위를 방조하였다는 원심판시 범죄사실을 넉넉히 인정할 수 있고 그 증거취사와 사실인정 과정에 소론과 같은 채증법칙을 위반한 위법사유가 있다고 할 수 없으며 피고인 이 위와 같은 행위로 인한 은행의 경제적 손실을 막기 위하여 소론과 같은 노력을 경주하였다 하여도 이는 정상에 참작할 사유는 될지언정 범죄의 성립에 아무런 소장을 가져오지 못한다 할 것이므로 이에 대한 논지 역시 이유없다.

〈공무원의 보호보증인지위〉

대법원 1983. 3. 22. 선고 82도3065 판결 [직무유기]

형법 제122조 소정의 직무유기죄는 이른바 부진정부작위범으로서 구체적으로 그 직무를 수행하여야 할 작위의무가 있는데도 불구하고 이러한 직무를 버린다는 인식하에 그 작위의무를 수행하지 아니한 사실이 있어야 하고(당원 1975.11.25 선고75도306 판결참조) 또 그 직무를 유기한 때라 함은 공무원이 법령내규 또는 지시 및 통첩에 의한 추상적인 충근의 의무를 태만하는 일체의 경우를 이르는 것이 아니고 직장의 무단이탈, 직무의 의식적인 포기등과 같이 그것이 국가의 기능을 저해하며 국민에게 피해를 야기시킬 가능성이 있는 경우를 말하는 것으로 해석 할 것인바(당원 1970.9.29 선고 70도1790판결; 1966.3.15 선고 65도984 판결참조) 기록에 의하여 살펴보면, 피고인 2와 3은 이 사건 도박사건을 직접 취급하지 아니한 관계로 그 조사처리과정에 일체 관여하지 아니하였으므로 위 도박사건을 적법하게 조사처리해야 할 직무를 담당하였다고 볼 수 없고, 또 피고인 1과 4의 위 도박사건의 처리조치가 직무유기의 의사에 의한 것이라고 인정할 수 있는 증거가 없다하여 무죄를 선고한 원심의 조치는 수긍이 가고, 거기에 소론과 같은 채증법칙 위반이나 직무유기죄에 관한 법리오해의 위법이 있음을 발견할 수 없으므로 논지는 채용할 수 없다.

> **대법원 1993. 12. 24. 선고 92도3334 판결 [허위공문서작성·허위공문서작성행사·직무유기]**
> 당진군의 농지사무를 담당하고 있던 피고인으로서는 위와 같이 그 관내에서 발생한 농지불법전용 사실을 알게 되었으면 당진군수에게 그 사실을 보고하여 당진군수로 하여금 원상회복을 명하거나 나아가 고발을 하는 등 적절한 조치를 취할 수 있도록 하여야 할 직무상 의무가 있다 할 것이고, 소론이 주장하는 농지관리에 대한 1차적인 책임이 읍장에게 있다고 하는 것은 어디까지나 내부위임에 의하여 그렇다는 것에 불과할 뿐 원상회복을 명하거나 고발을 하는 권한은 여전히 군수에게 있는 것이므로(당원 1985.8.13. 선고 85도1193 판결 참조), 피고인이 위 공소외 3의 농지불법전용사실을 애써 외면하고 아무런 조치를 취하지 아니한 것은 자신의 직무를 저버린 행위로서 농지의 보전, 관리에 관한 국가의 기능을 저해하며 국민에게 피해를 야기시킬 가능성이 있는 것이라고 하지 않을 수 없다.
> 그리고 피고인이 위 농지불법전용사실을 알고 이를 확인하게 된 경위나 그 업무내용, 특히 당시는 농지불법전용에 대하여 일제 조사를 하던 시기로서 피고인도 당진읍에 대한 조사자로 지정되어 있었던 점등 기록에 나타난 사정들로 미루어 보면 피고인에게 직무를 버린다는 데에 대한 주관적인 인식이 없었다고 할 수 없고, 소론 주장의 사정들만으로 이와 달리 볼 수는 없다.
> 원심이 이와 같은 취지에서 피고인의 위와 같은 소위를 직무유기죄로 처단한 조치는 옳(다).

〈경찰관의 범죄피해자에 대한 보호의무 인정 여부〉

대법원 2007. 5. 31. 선고 2007도1903 판결 [절도]

노상에 정신을 잃고 쓰러져 있는 피해자를 발견한 위 경찰관들로서는 경찰관직무집행법 제4조에 규정된 바에 따라 보건의료기관 또는 공공구호기관에 긴급구호를 요청하거나 경찰관서에 보호하는 등의 적당한 보호조치를 하였어야 마땅할 것인데도, 오히려 그러한 피해자의 상태를 이용하여 범죄수사에 나아간 것이고, 이는 지극히 부적절한 직무집행이라 할 것이다. 나아가, 국가경찰은 국민의 생명·신체 및 재산의 보호와 범죄의 예방·진압을 가장 우선적인 사명으로 삼고 있는바(경찰법 제3조 참조), 범죄 수사의 필요성을 이유로 일반 국민인 피해자의 생명과 신체에 대한 위험을 의도적으로 방치하면서까지 수사에 나아가는 것은 허용될 수 없고, 또 수사에 국민의 협조가 필요한 경우라 할지라도 본인의 동의 없이 국민의 생명과 신체의 안전에 대한 위험을 무릅쓰고 이른바 미끼로 이용하여 범죄수사에 나아가는 것을 두고 적법한 경찰권의 행사라고 보기도 어려울 것이다. 이 사건에서도 피해자의 상태나 저항

유무에 따라서는 잠재적 범죄자가 단순한 절도 범행이 아닌 강도의 범행으로 급작스럽게 나아갈 개연성도 배제할 수 없고, 더구나 정신을 잃고 노상에 쓰러져 있는 시민을 발견하고도 적절한 조치를 강구하지 아니하고 오히려 그러한 상태를 이용하여 이 사건과 같이 잠재적 범죄행위에 대한 단속 및 수사에 나아가는 것은, 경찰의 직분을 도외시하여 범죄수사의 한계를 넘어선 것이라 하지 아니할 수 없다.

그러나 위와 같은 사유들은 어디까지나 피해자에 대한 관계에서 문제될 뿐으로서, 위 경찰관들의 행위는 단지 피해자 근처에 숨어서 지켜보고 있었던 것에 불과하고, 피고인은 피해자를 발견하고 스스로 범의를 일으켜 이 사건 범행에 나아간 것이어서, 앞서 본 법리에 의할 때 잘못된 수사방법에 관여한 경찰관에 대한 책임은 별론으로 하고, 스스로 범행을 결심하고 실행행위에 나아간 피고인에 대한 이 사건 기소 자체가 위법하다고 볼 것은 아니라 할 것이다.

> 피고인이 범행 장소인 사당동 까치공원 옆 인도에 옆으로 누워 잠들어 있는 피해자를 발견하고 주변을 살피다가 경찰관들이 잠복근무 중이던 차량 옆까지 다가와 동정을 살핀 후, 피해자를 공원 옆 화단이 있는 으슥한 곳까지 약 10m 정도를 끌고 가, 위 차량 바로 앞(약 1m 정도 떨어진 곳)에서 멈추어 화단 옆에 있는 돌 위에 앉혀 놓고 피해자의 오른쪽 바지 주머니에 손을 넣어 지갑을 꺼냈고, 그 직후 경찰관들이 곧바로 잠복 중이던 위 차량 안에서 뛰어나가 피고인을 체포한 사안

대법원 1996. 9. 6. 선고 95도2551 판결 「비록 피고인들이 위 원심 공동피고인의 횡령범행을 알고 그 범죄행위로 발생한 피해를 최대한으로 줄이기 위하여 노력하였다고 하더라도 그 노력의 한 수단으로 △△업무의 주무계장인 피고인들이 새로 납입되는 입찰보증금에 대한 보관표를 제때에 제출받는 등의 조치를 취하지 않음으로써 새로 발생되는 입찰보증금의 횡령행위에 대하여서는 아무런 방지조치를 취하지 않은 것이 명백하므로 부작위에 의한 방조죄를 저질렀다고 보아야 할 것이다.」

나. 안전의무에 의한 보증인지위(안전보증인지위)

(1) 자기지배하의 위험한 물건에 대한 감독의무

〈수영장 경영인의 수영장의 위험원에 대한 감독의무〉

대법원 1992. 11. 13. 선고 92도610 판결 [업무상과실치상]

이 사건 미끄럼틀은 위와 같은 위험성이 있는 시설이라고 할 수 있으므로 수영장 경영의 일

반적 책임을 지고 있는 피고인으로서 그에 대한 안전대책을 강구할 의무가 있다고 할 것이나, 원심의 검증결과에 의하면, 미끄럼틀 끝부분에 수영금지 표시판 등을 설치하여 끈으로 뜨게 하는 방법을 쓰는 경우에는 그 끈에 걸려 수영자가 다칠 우려가 있기 때문에 그 대신 안전요원을 배치하여 손님들이 안전사고를 당하지 않도록 보살피도록 하였으며, 이에 따라 제1심공동피고인이 안전요원의 임무를 띠고 위 미끄럼틀에 배치되어 미끄럼틀 위를 오르내리는 아이들을 감시, 지도하였음을 알 수 있다. 그리고 이 사건 사고의 경위를 보면, 사고 당시 미끄럼틀에 배치되어 있던 제1심 공동피고인이 유아풀로 내려가는 미끄럼틀을 지키지 아니하고 성인풀 쪽을 지키고 있는 사이에, 피해자 공소외인(9세)이 미끄럼틀을 타고 내려가 끝부분에 다다랐을 때 갑자기 미끄럼틀 오른쪽에서 어린아기가 서서 다가오므로 피해자가 그 아이에게 부딪치지 않으려고 몸을 왼쪽으로 틀다가 미끄럼틀 왼쪽 손잡이에 입부분을 부딪쳐 4주간의 치료를 요하는 상악우측중절치탈락상을 입게 된 사실을 인정할 수 있는 바, <u>사정이 이와 같다면 피고인이 배치한 안전요원이 사고방지조치의무를 제대로 이행하지 않을 것에 대비하여 피고인이 안전조치지시 외에 판시와 같은 감독상의 조치를 취하여야 할 구체적이고 직접적인 업무상 주의의무가 있다고 할 수 없을 것이다. 따라서 수영장의 경영자인 피고인에게 이 사건 사고에 대한 형사상의 과실이 있다고 하기는 어려운 것이다.</u>

대법원 2017. 12. 5. 선고 2016도16738 판결 [업무상과실치상(인정된죄명:과실치상)]

피고인은 위 아크릴 벽면의 실리콘 접착 부분이 부식된 상태인 것을 확인하지 않았고 안전 바를 설치하지 않는 등 관리의무를 소홀히 한 과실로, 2015. 10. 11. 04:00경 위 건물 2층 주점에서 나오던 피해자가 신발의 지퍼를 올리기 위하여 아크릴 벽면에 기대는 과정에서 아크릴 벽면이 떨어지고 벽면이 개방되어 피해자로 하여금 약 4m 아래의 1층으로 추락하도록 함으로써 요추 1번 골절로 양 하지가 마비되는 치료일수 불상의 상해를 입게 하였다. … 업무상과실상죄의 '업무'란 사람의 사회생활면에서 하나의 지위로서 계속적으로 종사하는 사무를 말한다. 여기에는 수행하는 직무 자체가 위험성을 갖기 때문에 안전배려를 의무의 내용으로 하는 경우는 물론 사람의 생명·신체의 위험을 방지하는 것을 의무의 내용으로 하는 업무도 포함된다(대법원 1988. 10. 11. 선고 88도1273 판결, 대법원 2007. 5. 31. 선고 2006도3493 판결 등 참조). 그러나 <u>건물 소유자가 안전배려나 안전관리 사무에 계속적으로 종사하거나 그러한 계속적 사무를 담당하는 지위를 가지지 않은 채 단지 건물을 비정기적으로 수리하거나 건물의 일부분을 임대하였다는 사정만으로는 건물 소유자의 위와 같은 행위가 업무상과실상죄의 '업무'에 해당한다고 보기 어렵다</u>(대법원 2009. 5. 28. 선고 2009도1040 판결 참조).

원심은, 이 사건 건물의 소유자이고 임대인인 피고인이 건물에 대한 수선 등의 관리를 비정기적으로 하였으나 그 이상의 안전배려나 안전관리 사무에 계속적으로 종사하였다고 인정하기 부족하다고 보아 이 사건 업무상과실치상에 관한 공소사실을 이유에서 무죄로 판단하고 축소사실인 과실치상 부분을 유죄로 판단하였다. 원심판결 이유를 기록에 비추어 살펴보면, 원심의 판단에 상고이유 주장과 같이 업무상과실치상죄의 업무에 관한 법리를 오해한 잘못이 없다.

(2) 제3자의 범죄행위에 대한 감독의무

〈감독관계에 기한 감독의무〉

대법원 1997. 3. 14. 선고 96도1639 판결 [상표법위반·부정경쟁방지법위반]

이 사건에 관하여 보건대, 기록에 의하면 그랜드 백화점에서는 백화점과 계약을 하고 입점한 업주측에서 직원과 제품을 모두 책임지고 판매하는 특정매장의 경우 그 취급하는 상품에 대하여도 원칙적으로 상품관리과(검품과)에서 상품의 수량과 품질을 검사한 후 태그(tag, 0g 그랜드 백화점0h이라는 상호와 가격 및 바코드가 표시되어 있는 것)를 부착하여 전시·판매하도록 하고 있는데, 특정매장의 입점업체가 많은 양의 제품을 일시에 납품하는 경우에는 입점업체에서 백화점 태그를 미리 제품에 부착하여 검품과에서 표본검사의 형태로 검품을 받아 납품을 하거나 입점업체의 판매사원이 태그를 부착하기도 하여 특정매장의 상품에 관하여는 입점업체에 의하여 주로 상품관리가 이루어지고 있기는 하지만, 한편으로는 백화점 잡화부 소속 직원의 경우 바이어(주임, 계장, 대리의 직급)가 특정매장에 대한 입점계약의 체결, 매장관리, 고객관리, 상품관리를 담당하고 있어 특정매장의 경우에도 검품과정을 거쳐 상품이 매장에 나온 후에는 백화점 잡화부에서도 그 상품관리와 고객관리를 하게 되어 있는 사실, 잡화부 소속 평사원으로 바이어를 보조하는 피고인 2도 수시로 매장에 나가 고객들의 불만이 있는지를 조사하고 계약된 물품이 매장에 있는지를 확인하는 업무를 수행하여 왔고 이 사건 당시피고인 2은 담당 매장을 하루에도 10여 차례씩 순회하여 앞에서 인정한 바와 같이 공동피고인 1 경영의 특정매장 점포에서 위와 같이 가짜 상표가 새겨진 상품이 판매되고 있는 사실을 알고서도 이를 제지하거나 상급자인 바이어 등에게 보고하여 이를 제지하도록 하는 등의 조치를 취하지 아니함으로써 피고인 1은 위 가짜 상표가 새겨진 혁대 등을 원심 판시와 같이 계속하여 판매할 수 있었던 사실 등이 인정되는바, 그랜드 백화점에서 바이어를 보조하여 특정매장에 관한 상품관리 및 고객들의 불만사항 확인 등의 업무를 담당하는 피고인

2으로서는 자신이 관리하는 특정매장의 점포에 가짜 상표가 새겨진 상품이 진열·판매되고 있는 사실을 발견하였다면 고객들이 이를 구매하도록 방치하여서는 아니되고 점주인 공동피고인 1이나 그 종업원에게 즉시 그 시정을 요구하고 바이어 등 상급자에게 보고하여 이를 시정하도록 할 근로계약상·조리상의 의무가 있다고 할 것임에도 불구하고 위 피고인이 이러한 사실을 알고서도 공동피고인 1 등에게 시정조치를 요구하거나 상급자에게 이를 보고하지 아니함으로써 공동피고인 1이 원심 판시와 같이 가짜 상표가 새겨진 위 상품들을 고객들에게 계속 판매하도록 방치한 것은 작위에 의하여 공동피고인 1의 판시 각 상표법위반 및 부정경쟁방지법위반 행위의 실행을 용이하게 하는 경우와 동등한 형법적 가치가 있는 것으로 볼 수 있다고 할 것이므로, 피고인 2는 부작위에 의하여 공동피고인 1의 판시 각 상표법위반 및 부정경쟁방지법위반 행위를 방조하였다고 인정할 수 있다.

(3) 선행행위로 인한 결과발생 방지의무

〈선행행위로 인한 결과발생 방지의무〉

대법원 1992. 2. 11. 선고 91도2951 판결 [살인]

이 사건의 사실관계가 원심이 인용한 제1심판결이 확정한 바와 같이, 피고인이 조카인 피해자 공소외 1(10세)과 공소외 2(8세)를 살해할 것을 마음먹고, 피해자들을 불러내어 미리 물색하여 둔 저수지로 데리고 가서 인적이 드물고 경사가 급하여 미끄러지기 쉬운 제방쪽으로 유인하여 함께 걷다가, **피해자 공소외 1로 하여 금위와 같이 가파른 물가에서 미끄러져 수심이 약 2미터나 되는 저수지 물속으로 빠지게 하고, 그를 구호하지 아니한 채 앞에 걸어가고 있던 피해자 공소외 2의 소매를 잡아당겨 저수지에 빠뜨림으로써 그 자리에서 피해자들을 익사하게 한 것**이라면, 소론과 같이 피해자 공소외 1이 스스로 미끄러져서 물에 빠진 것이고, 그 당시는 피고인이 살인죄의 예비단계에 있었을 뿐 아직 실행의 착수에는 이르지 아니하였다고 하더라도, 피고인은 피해자들의 숙부로서 위와 같은 익사의 위험에 대처할 보호능력이 없는 나이 어린 피해자들을 급한 경사로 인하여 미끄러지기 쉬워 위와 같은 익사의 위험이 있는 저수지로 데리고 갔던 것이므로, 피고인으로서는 피해자들이 물에 빠져 익사할 위험을 방지하고 피해자들이 물에 빠지는 경우 그들을 구호하여 주어야 할 법적인 작위의무가 있다고 보아야 할 것이(다).

대법원 1978. 9. 26. 선고 78도1996 판결 [폭발물파열]

원심은 제1심 판결을 유지함으로써 그 판시 증거들에 의하면, 피고인은 그 판시와 같은 경위로 자기가 호송임무를 맡고 있던 그 판시 화약류 1,139상자(27,3195톤)가 적재된 화차내에서 금지되어있는 촛불을 켜놓은채 잠을 자다가 촛불이 다 타들어가서 촛물받이 종이와 인접된 3개의 다이나마이트 상자에 불이 붙어있는 순간 잠에서 깨어나 이를 발견하였는바, 그 정도의 화재라면 화약류에 대한 초보적인 상식이 있는 피고인으로서는 침랑이나 잠바로서 불이 붙어있는 상자를 덮거나 이를 뒤집어 엎어 놓으므로써 쉽게 진화할 수가 있고, 또는 불붙은 화약상자를 화차밖으로 던지는 방법등으로 본건과 같은 대형폭발사소만은 방지할 수 있었을 것인데도 불구하고, **피고인은 화약호송임무자로서 더구나 본건 위험발생의 원인을 스스로 야기한 자로서의 진화 및 위험발생원인제거에 관한 의무에 위반하여** 위와 같은 진화나 위험제거 방법을 취하지 아니한채 만연히 닭털침낭으로 불붙은 곳을 몇번 두드리다가 쉽게 진화되지 않게되자, 그대로 방치하면 화자안이 밀폐되어 있기 때문에 화세가 확대하여 그 압력으로 다이나마이트와 함께 모든 화약류가 한꺼번에 폭발하리라는 정을 예견하면서도 그 화차의 문을 열고 밖으로 도주하여 버림으로써 결국 불이 계속 확대하여 그 화차안에 있던 모든 화약류를 동시에 폭발케하여 본건 사고에 이르게 한 것이라는 사실을 인정한 다음, 부작위에 의한 폭발물파열죄로 의률하여 피고인을 처단하고 있다. 원심이 채택한 증거들을 기록에 의하여 대조검토하여 보면 원심이 인정한 사실관계가 충분히 긍인되는 바로서, 소론이 지적하는 제1심증인 양01(한국화약경비과장)의 증언이 허위였다고 볼 자료는 없고, 그외에 원심이 증거없이 사실일 인정하였거나 채증법칙에 위배하여 증거능력이 없는 증거들로서 사실을 인정한 위법이 있다고 할 수도 없고, 원심이 그 인정사실에 기초하여 피고인에게 적용한 법률관계 또한 정당한 것으로 인정되어 여기에 부작위범에 관한 법리오해가 있다고도 할 수 없다.

〈과실이 없는 사고운전자에게는 보증인지위가 인정되지 않음〉

대법원 1991. 5. 28. 선고 91도711 판결 [도주차량,특정범죄가중처벌등에관한법률위반]

특정범죄가중처벌등에관한법률 제5조의 3 제1항 소정의 "차의 교통으로 인하여 형법 제268조의 죄를 범한 당해 차량의 운전자"란 차의 교통으로 인한 업무상과실 또는 중대한 과실로 인하여 사람을 사상에 이르게 한 자를 가리키는 것이지 과실이 없는 사고운전자까지 포함하는 것은 아니며, 과실 없는 사고운전자가 도로교통법 제50조 제1항의 규정에 의한 조치를 취하지 아니하고 도주한 때에는 도로교통법 제106조 위반의 책임을 지는 것은 별론으로 하고 위 특례법에 의한 책임을 물을 수는 없다고 보아야 한다.

〈선행행위의 한계: 피해자의 단독책임 영역에 속하는 경우〉

대법원 1977. 1. 11. 선고 76도3419 판결 [상해치사·유기치사]

원판결에 따르면 원심은 피고인은 1976.1.26.16:00경 피해자 송돈호(41세)와 함께 마차4리를 향하여 가던 중 술에 취하였던 탓으로 도로 위에서 실족하여 2미터 아래 개울로 미끄러 떨어져 약 5시간 가량 잠을 자다가 술과 잠에서 깨어난 피고인과 피해자는 도로 위로 올라가려 하였으나 야간이므로 도로로 올라가는 길을 발견치 못하여 개울 아래위로 헤매든 중 피해자는 후두부 타박상을 입어서 정상적으로 움직이기가 어렵게 되었고 피고인은 도로로 나오는 길을 발견 혼자 도로 위로 올라왔으며 당시는 영하 15도의 추운 날씨이고 40미터 떨어진 곳에 민가가 있었으니 이러한 경우 피고인으로서는 인접한 민가에 가서 피해자의 구조를 요청하던가 또는 스스로 피해자를 데리고 올라와서 병원으로 대려가 의사로 하여금 치료케하는 등 긴급히 구조조치를 취하여야 할 사회상규상의 의무가 있음에도 불구하고 그대로 방치 유치하므로서 약 4, 5시간후 심장마비로 사망케한 것이라고 하여 피고인을 설시형으로 처벌하였다.

현행형법은 유기죄에 있어서 구법과는 달리 보호법익의 범위를 넓힌 반면에 보호책임없는 자의 유기죄는 없애고 법률상 또는 계약상의 의무있는 자만을 유기죄의 주체로 규정하고 있으니 명문상 사회상규상의 보호책임을 관념할 수 없다고 하겠으며 유기죄의 죄책을 인정하려면 보호책임이 있게 된 경위, 사정 관계등을 설시하여 구성요건이 요구하는 법률상 또는 계약상 보호의무를 밝혀야 될 것이다. 본건에 있어서 원판결이 설시 한대로 피고인과 피해자가 특정지점에서 특정지점까지 가기 위하여 길을 같이 걸어간 관계가 있다는 사실만으로서는 피고인에게 설혹 동행자가 구조를 요하게 되었다 하여도 보호할 법률상 계약상의 의무가 있다고 할 수 없으니 밑도 끝도 없이 일정거리를 동행한 사실만으로 유기죄의 주체로 인정한 원판결은 본죄의 보호책임의 법리를 오해한 위법이 있다고 하겠다. 그리고 또 피고인은 원심의 공판정에서 피고인이 유기하였다는 시각에는 술에 취하여 아무것도 알 수 없었으니 남을 구조할 여유가 없다는 취지로 변소하고 있음이 기록상 인정될 수 있고 사실이 인정된다면 본죄의 성립을 조각할 이유가 된다고 하리니 이점을 심고도 한바 없이 그 진술에 대한 판단도 아니 밝힌 원판결은 또 하나의 위법을 더하였다고 하겠다.

대법원 2010. 1. 14. 선고 2009도12109, 2009감도38 판결 「이 사건 화재가 피고인의 중대한 과실 있는 선행행위로 발생한 이상 피고인에게 이 사건 화재를 소화할 법률상 의무는 있다 할 것이나, 피고인이 이 사건 화재 발생 사실을 안 상태에서 모텔을 빠져나오면서도 모텔 주인이나 다른 투숙객들에게 이를 알리지 아니하였다는 사정만으로는 피고인이 이 사건 화재를 용이하게 소화할 수 있었다고 보기 어렵고, 달리 이를 인정할 만한 증거가 없다는 이유로, 이 부분 공소사실에 대하여 무죄로 판단하였다.」

대법원 1992. 11. 13. 선고 92도1749 판결 「피고인이 차량을 운전하다가 과실로 사람을 충격하여 상해를 입힌 사고를 발생시키고도 피해자를 구호하는 등 도로교통법 제50조 제1항의 규정에 의한 조치를 취하지 아니하고 도주한 범죄, 즉 특정범죄가중처벌등에관한법률 제5조의3 제1항 위반의 죄와 피고인이 위와 같은 교통사고를 내고서도 신속히 사고내용 등을 경찰관서에 신고를 하지 아니한 범죄, 즉 도로교통법 제50조 제2항 위반의 죄는 모두 교통사고 이후의 작위의무위반에 대한 것으로서 각 구성요건에서 본 행위의 태양, 시간적, 장소적인 연관성 등을 종합하여 보면 위 양죄는 실체적 경합관계에 있음이 분명하(다).」

Ⅱ. 작위에 의한 구성요건 실현과의 동등성

〈동등성(동치성)의 의미〉

대법원 1992. 2. 11. 선고 91도2951 판결 [살인]

형법 제18조에 의하면 위험의 발생을 방지할 의무가 있거나 자기의 행위로 인하여 위험발생의 원인을 야기한 자가 그 위험발생을 방지하지 아니한 때에는 그 발생된 결과에 의하여 처벌하도록 규정되어 있는바, 형법이 금지하고 있는 법익침해의 결과발생을 방지할 법적인 작위의무를 지고 있는 자가, 그 의무를 이행함으로써 결과발생을 쉽게 방지할 수 있었음에도 불구하고 그 결과의 발생을 용인하고 이를 방관한 채 그 의무를 이행하지 아니한 경우에, 그 부작위가 작위에 의한 법익침해와 동등한 형법적 가치가 있은 것이어서 그 범죄의 실행행위로 평가될 만한 것이라면, 작위에 의한 실행행위와 동일하게 부작위범으로 처벌할 수 있다고 할 것이다.

〈살인죄의 구성요건적 행위를 충족하는 것으로 평가할 수 있는 부작위〉

대법원 1982. 11. 23. 선고 82도2024 판결 [특정범죄가중처벌등에관한법률위반,사체유기, 자살교사미수,도박]

피고인이 원판시 미성년자를 유인하여 포박감금한 후 단지 그 상태를 유지하였을 뿐인데도 피감금자가 사망에 이르게 된 것이라면 피고인의 죄책은 소론과 같이 감금치사죄에만 해당한다 하겠으나, 나아가서 그 감금상태가 계속된 어느 싯점에서 피고인에게 살해의 범의가 생겨 위험발생을 방지함이 없이 포박 감금상태에 있던 피감금자를 그대로 방치함으로써 사망케 하였다면 피고인의 부작위는 살인죄의 구성요건적 행위를 충족하는 것이라고 평가하기에 충분하므로 피고인의 소위는 부작위에 의한 살인죄를 구성한다고 보아야 할 것이다.

그런데 원심판결 및 원심이 유지한 제1심 판결이 확정한 사실에 의하면, **피고인은 1980.11.13. 17:30경 피해자 E를 제1심 판시 아파트에 유인하여 양 손목과 발목을 노끈으로 묶고 입에는 반창고를 두겹으로 붙인 다음, 양 손목을 묶은 노끈은 창틀에 박힌 씨멘트못에, 양 발목을 묶은 노끈은 방문손잡이에 각각 잡아매고 얼굴에는 모포를 씌워 포박 감금한 후 수차 그 방을 출입하던중 같은달 15일 07:30경에 피고인이 그 아파트에 들어갔을 때에는 이미 피해자가 탈진상태에 있어 박카스를 먹여보려해도 입에서 흘려 버릴뿐 마시지 못하기에 얼굴에 모포를 다시 덮어씌워놓고 그대로 위 아파트에서 나와버렸는데** 그때피고인은 피해자를 그대로 두면 죽을 것 같은 생각이 들어 병원에 옮기고 자수할 것인가, 그대로 두어 피해자가 죽으면 시체를 처리하고 범행을 계속할 것인가 아니면 스스로 자살할 것인가등 두루 고민하다가 결국 병원에 옮기고 자수할 용기가 생기지 않아 그 대로 나와 학교에 갔다가 같은날 14:00경에 돌아와 보니 이미 피해자가 죽어 있었다는 것이니 이와 같은 사실관계로 미루어 보면, 피고인이 1980.11.15. 07:30경 포박 감금된 피해자의 얼굴에 모포를 덮어 씌워놓고 아파트에서 나올 때에는 그 상태로 보아 피해자를 방치하면 사망할 가능성이 있다는 것을 내심으로 인정하고 있었음이 분명하고, 여기에 피고인이 피해자와는 물론 그 부모와도 면식이 있는 사이였었다는 사정을 보태어 보면, 피고인이 위와 같은 결과발생의 가능성을 인정하고 있었으면서도 피해자를 병원에 옮기고 자수할 용기가 생기지 않았다는 이유로 사경에 이른 피해자를 그대로 방치한 소위에는 그로 인하여 피해자가 사망하는 결과가 발생하더라도 용인할 수 밖에 없다는 내심의 의사 즉 살인의 미필적 고의가 있었다고 볼 수 있다. 그렇다면 자기행위로 인하여 위험발생의 원인을 야기하였음에도 그 위험발생을 방지하지 아니한 피고인의 위와 같은 소위는 살인죄의 구성요건적 행위를 충족하는 부작위였었다고 평가하기에 충분하다 하겠으므로 같은 취지의 판단아래 소론판시 피고인의 소위를 특정범죄가중처벌등에 관한 법률 제5조의2 제2항 제2호에 해당하는 살인죄로 의률한 제1심 판결을 유지한 원심판결은 정당하(다).

〈적극적으로 익사시키는 행위와 다름없다고 볼 수 있는 퇴선조치의 불이행〉

대법원 2015. 11. 12. 선고 2015도6809 전원합의체 판결 [생 략]

① 피고인 1은 승객 등의 구조를 위한 가장 핵심적인 역할을 수행하여야 할 선장으로서, 퇴선명령 등을 통하여 적극적으로 선내 대기 상태에 있는 승객 등의 사망 결과를 방지하여야 할 의무가 있을 뿐 아니라 승객 등의 퇴선 여부 및 그 시기와 방법을 결정하고 선원의 비상임무 배치를 지시하는 등 승객 등의 인명구조를 위한 조치를 지휘·통제할 수 있는 법률상·사실상 유일한 권한을 가진 지위에 있었으며, 당시 피고인 3에게 승객으로 하여금 구명조끼를 입고 선내에 대기하라는 방송을 지시하여 ○○호 승무원들이 피고인 1의 다음 지시를 기다리고 있었고, 한편 승객 등은 이 사건 사고로 ○○호가 침몰할 수 있는 상황에서 각자의 인식과 판단에 따라 스스로 탈출할 가능성이 있었음에도, 선장인 피고인 1의 지시에 의한 선내 대기 안내방송에 따라 기울어져 가는 ○○호 선내에서 해경 등 구조세력을 기다리며 마냥 대기하고 있었으므로, 당시 사태의 변화를 지배하고 있었다고 할 것이다. ② 당시 ○○호가 상당한 정도로 기울어져 좌현과 우현 간의 이동이 자유롭지 아니하였다는 점을 감안하더라도 주어진 상황에서 승객 등에 대한 구조활동이 얼마든지 가능하였고, 무엇보다 적절한 시점의 퇴선에 대비한 대피명령이나 퇴선명령만으로도 상당수 피해자들의 탈출 및 생존이 가능하고, 이러한 대피명령이나 퇴선명령은 조타실 내의 장비이용 등 비교적 간단하고 쉬운 방법으로 충분히 이행할 수 있었으므로, 피고인 1은 적어도 승객 등이 선내 대기 안내방송에 따라 침몰하는 ○○호 선내에 계속 대기하다가 탈출 자체에 실패하여 사망에 이르게 되는 상황만큼은 쉽게 방지할 수 있었음을 알 수 있다. ③ 그럼에도 <u>피고인 1은 선내 대기 중인 승객 등에 대한 퇴선조치 없이 갑판부 선원들과 함께 해경 경비정으로 퇴선하였을 뿐 아니라 퇴선 이후에도 아무런 조치를 취하지 아니하여 승객 등이 스스로 ○○호에서 탈출하는 것이 불가능하게 되는 결과를 초래하였는바, 피고인 1의 이러한 퇴선조치의 불이행은 승객 등을 적극적으로 물에 빠뜨려 익사시키는 행위와 다름없다고 할 것이다.</u>

그렇다면 <u>피고인 1의 위와 같은 부작위는 작위에 의한 살인의 실행행위와 동일하게 평가할 수 있고, 승객 등의 사망 또는 상해의 결과는 작위행위에 의해 결과가 발생한 것과 규범적으로 동일한 가치가 있다고 할 것이다.</u>

〈적극적인 업무방해행위와 동등한 형법적 가치가 인정되지 않는 사안〉

대법원 2017. 12. 22. 선고 2017도13211 판결 [업무방해]

1. 이 사건 공소사실의 요지는, 피고인이 피해자와 이 사건 토지 지상에 창고를 신축하는 데 필요한 형틀공사 계약을 체결한 후 그 공사를 완료하였는데, 피해자가 공사대금을 주지 않는다는 이유로 위 토지에 쌓아 둔 건축자재를 치우지 않고 공사현장을 막는 방법으로 피해자의 창고 신축 공사를 방해함으로써 위력으로써 피해자의 업무를 방해하였다는 것이다.

2. 원심은, 피고인이 피해자의 추가 공사를 방해하기 위하여 일부러 건축자재를 치우지 않은 점 및 그로 인하여 피해자가 추가 공사를 진행할 수 없었던 점을 고려하면, 피고인이 위력으로써 피해자의 업무를 방해한 것으로 보아야 한다고 판단하여, 이 사건 공소사실을 유죄로 인정하였다.

3. 그러나 원심의 판단은 아래와 같은 이유로 받아들이기 어렵다.

업무방해죄와 같이 작위를 내용으로 하는 범죄를 부작위에 의하여 범하는 부진정 부작위범이 성립하기 위해서는 부작위를 실행행위로서의 작위와 동일시할 수 있어야 한다(대법원 2006. 4. 28. 선고 2003도80 판결 참조).

원심판결 이유와 기록을 살펴보면, 피고인이 일부러 건축자재를 피해자의 토지 위에 쌓아 두어 공사현장을 막은 것이 아니라, 피고인이 당초 자신의 공사를 위해 쌓아 두었던 건축자재를 공사 완료 후 치우지 않은 것에 불과한 사실을 알 수 있다.

비록 피고인이 공사대금을 받을 목적으로 위와 같이 건축자재를 치우지 않았다고 하더라도, 피고인이 자신의 공사를 위하여 쌓아 두었던 건축자재를 공사 완료 후에 단순히 치우지 않은 행위가 위력으로써 피해자의 추가 공사 업무를 방해하는 업무방해죄의 실행행위로서 피해자의 업무에 대하여 하는 적극적인 방해행위와 동등한 형법적 가치를 가진다고 볼 수는 없다.

대법원 2006. 4. 28. 선고 2003도80 판결 [전기통신기본법위반]

구 전기통신기본법(2001. 1. 16. 법률 제6360호로 개정되기 전의 것) 제48조의2 위반죄는 전기통신역무를 이용하여 음란한 부호·문언·음향 또는 영상을 반포·판매 또는 임대하거나 공연히 전시한 경우에 성립하는 것으로서 그 규정형식으로 보아 작위범이고, 이와 같이 작위를 내용으로 하는 범죄를 부작위에 의하여 범하는 부진정부작위범이 성립하기 위하여는 부작위를 실행행위로서의 작위와 동일시할 수 있어야 하는데, 이 사건에서 음란한 정보를 반포·판매한 것은 정보제공업체이므로, 위와 같은 작위의무에 위배하여 그 반포·판매를 방치하였다는 것만으로는 음란한 정보를 반포·판매하였다는 것과 동일시할 수는 없고, 따라서 피고인들이 정보제공업체들의 전기통신기본법 위반 범행을 방조하였다고 볼 수 있음은 별론으로 하고 위와 같은 작위의무 위배만으로는 피고인들을 전기통신기본법 위반죄의 정범에 해당한다고 할 수는 없다.

〈행위정형의 동등성에 의문이 제기되는 사례 : 거스름돈 사기〉

대법원 2004. 5. 27. 선고 2003도4531 판결 [사기]

사기죄의 요건으로서의 기망은 널리 재산상의 거래관계에 있어 서로 지켜야 할 신의와 성실의 의무를 저버리는 모든 적극적 또는 소극적 행위를 말하는 것이고, 그 중 소극적 행위로서의 부작위에 의한 기망은 법률상 고지의무 있는 자가 일정한 사실에 관하여 상대방이 착오에 빠져 있음을 알면서도 그 사실을 고지하지 아니함을 말하는 것으로서, 일반거래의 경험칙상 상대방이 그 사실을 알았더라면 당해 법률행위를 하지 않았을 것이 명백한 경우에는 신의칙에 비추어 그 사실을 고지할 법률상 의무가 인정된다 할 것인바(대법원 2000. 1. 28. 선고 99도2884 판결 참조), 피해자가 피고인에게 매매잔금을 지급함에 있어 착오에 빠져 지급해야 할 금액을 초과하는 돈을 교부하는 경우, 피고인이 사실대로 고지하였다면 피해자가 그와 같이 초과하여 교부하지 아니하였을 것임은 경험칙상 명백하므로, 피고인이 매매잔금을 교부받기 전 또는 교부받던 중에 그 사실을 알게 되었을 경우에는 특별한 사정이 없는 한 피고인으로서는 피해자에게 사실대로 고지하여 피해자의 그 착오를 제거하여야 할 신의칙상 의무를 지므로 그 의무를 이행하지 아니하고 피해자가 건네주는 돈을 그대로 수령한 경우에는 사기죄에 해당될 것이지만, 그 사실을 미리 알지 못하고 매매잔금을 건네주고 받는 행위를 끝마친 후에야 비로소 알게 되었을 경우에는 주고 받는 행위는 이미 종료되어 버린 후이므로 피해자의 착오 상태를 제거하기 위하여 그 사실을 고지하여야 할 법률상 의무의 불이행은 더 이상 그 초과된 금액 편취의 수단으로서의 의미는 없으므로, 교부하는 돈을 그대로 받은 그 행위는 점유이탈물횡령죄가 될 수 있음은 별론으로 하고 사기죄를 구성할 수는 없다고 할 것이다.

대법원 1996. 9. 6. 선고 95도2551 판결 「입찰사건에 관한 제반 업무를 주된 업무로 하는 피고인들이 자신이 맡고 있는 입찰사건의 입찰보증금이 계속적으로 횡령되고 있는 사실을 알았다면 담당 공무원으로서는 이를 제지하고 즉시 상관에게 보고하는 등의 방법으로 그러한 사무원의 횡령행위를 방지해야 할 법적인 작위의무를 지는 것이 당연하다고 할 것이고, 비록 피고인들의 그와 같은 행위가 배당불능이라는 최악의 사태를 막기 위한 동기에서 비롯된 것이라고 하더라도 자신의 작위의무를 이행함으로써 결과 발생을 쉽게 방지할 수 있는 <u>피고인들이 위 원심 공동피고인의 새로운 횡령범행을 방조 용인한 것을 작위에 의한 법익 침해와 동등한 형법적 가치가 있는 것이 아니라고 볼 수는 없다.」

대법원 2008. 2. 28. 선고 2007도9354 판결「피고인은 계약 당사자가 아니므로 적어도공소외 5와 사이에 등기위임장이나 근저당권설정계약서를 작성함에 있어 자신이 법무사가 아님을 밝힐 계약상 또는 조리상의 법적인 작위의무가 있다고 할 것임에도, 이를 밝히지 아니한 채공소외 6 법무사 행세를 하면서 등기위임장 및 근저당권설정계약서를 작성함으로써 <u>자신이 공소외 6 법무사로 호칭되도록 계속 방치한 것은 작위에 의하여 법무사의 명칭을 사용한 경우와 동등한 형법적 가치가 있는 것</u>으로 볼 수 있다.」

대법원 2005. 7. 22. 선고 2005도3034 판결「피고인의 부작위(조치의무 불이행)는 <u>위 봉인을 훼손하고 압류시설을 사용함으로써 그 효용을 해하는 적극적 작위로서의 행위와 다름없다</u>고 형법상 평가될 만한 공무상표시무효죄의 실행행위라고 볼 수 있다.」

CHAPTER

08

죄수론

제1절 죄수 일반이론

I. 죄수결정의 기준

1. 행위표준설

〈행위의 수를 기준으로 한 사안〉

대법원 1982. 12. 14. 선고 82도2442 판결 [미성년자의제강간치상·미성년자의제강간(택일적추가죄명:미성년자의제강제추행)]

미성년자의제강간죄 또는 미성년자의제강제추행죄는 행위시마다 1개의 범죄가 성립하므로 각 강간 또는 강제추행시마다 일시를 특정하여 공소사실을 기재하여야 한다는 전제하에, 원심이 이 사건 공소사실중 "피고인이 1980.12. 일자불상경부터 1981.9.5 전일경까지 사이에 피해자공소외인을 협박하여 약 20여회 강간 또는 강제추행(택일적 공소사실)하였다'는 부분은 그 범행일시가명시되지 아니하여 공소사실을 특정할 수 없어 위 공소사실부분에 대한 공소를 기각하는 판결을 선고한 원심의 조처는 정당하(다).

2. 법익표준설

<보호법익의 수를 기준으로 한 사안>

대법원 1979. 7. 10. 선고 79도840 판결 [위조외국통화취득·위조외국통화수입·위조외국통화행사·사기미수]

원심은 피고인들에 대한 공소사실 중 사기미수의 점에 대하여는 위조통화를 행사하여 상대방으로부터 재물을 편취하는 경우 위조통화행사죄는 위조통화행사 자체가 언제나 기망적인 요소를 포함하고 있을 뿐만 아니라 그 법정형이 가중되어 있으므로 유가증권위조나 문서위조 및 이의 각 행사로 인한 사기죄의 성립과는 달리 사기죄는 위조통화행사죄에 포함된다고 해석함이 타당하다고 하여 피고인들의 이 사건 사기미수 공소사실은 범죄가 성립되지 아니한다는 설시이유로서 무죄를 선고한 제1심 판결을 유지하였다.

살피건대 위조통화의 행사라고 함은 위조통화를 유통 과정에서 진정한 통화로서 사용하는 것을 말하고 그것이 유상인가 무상인가는 묻지 않는 것이므로 진정한 통화라고 하여 위조통화를 다른 사람에게 증여하는 경우에도 위조통화행사죄가 성립되고 이런 경우에는 그 행사자(증여자)는 아무런 재산의 불법영득이 없는 것이어서 위조통화의 행사에 언제나 재물의 영득이 수반되는 것이라고는 할 수 없는 것이다.

그렇다면 위조통화행사죄에 관한 규정이 사기죄의 특별규정이라고 할 수는 없는 것이다. 그뿐만 아니라 통화위조죄에 관한 규정은 공공의 거래상의 신용 및 안전을 보호하는 공공적인 법익을 보호함을 목적으로 하고 있고 사기죄는 개인의 재산법익에 대한 죄이어서 양죄는 그 보호법익을 달리하고 있으므로 위조통화를 행사하여 재물을 불법영득한 때에는 위조통화행사죄와 사기죄의 양죄가 성립되는 것으로 보아야 할 것이다.

> **대법원 2001. 12. 28. 선고 2001도6130 판결 [사기·의료법위반·방문판매등에관한법률위반]**
> 수인의 피해자에 대하여 각별로 기망행위를 하여 각각 재물을 편취한 경우에는 범의가 단일하고 범행방법이 동일하더라도 각 피해자의 피해법익은 독립한 것이므로 이를 포괄일죄로 파악할 수 없고 피해자별로 독립한 사기죄가 성립된다(대법원 1997. 6. 27. 선고 97도508 판결, 2000. 7. 7. 선고 2000도1899 판결 등 참조).
> 관련 증거를 기록에 비추어 살펴보면, 피해자 공소외 1에 대하여 단일한 범의 하에 계속적으로 이루어진 1999. 12. 29.부터 2001. 2. 23.까지의 사기행위를 포괄일죄로 본 외에는 그 죄

와 공소외 1에 대한 1999년 1월 하순경의 사기행위를 포함한 나머지 이 사건 각 사기행위에 대하여 포괄일죄가 아니라 실체적 경합범의 관계에 있다고 본 원심의 조치는 정당(하다).

3. 의사표준설

〈범죄의사를 기준으로 한 사안〉

대법원 1999. 1. 29. 선고 98도3584 판결 [특정범죄가중처벌등에관한법률위반(뇌물) · 뇌물수수]

뇌물을 여러 차례에 걸쳐 수수함으로써 그 행위가 여러 개이더라도 그것이 단일하고 계속적 범의에 의하여 이루어지고 동일법익을 침해한 때에는 포괄일죄로 처벌함이 상당하다(대법원 1990. 9. 25. 선고 90도1588 판결, 1985. 9. 24. 선고 85도1502 판결, 1982. 10. 26. 선고 81도1409 판결 등 참조).

원심이 유지한 제1심판결 이유에 의하면, 피고인 2은 장차 ○○대학교 △△대학 구강악안면외과학교실 교수로 채용되기를 희망하여 1995. 3.경 ○○대학교 대학원의 해당 학과 박사과정에 입학한 공소외 2으로부터 박사학위 취득 및 앞으로 있게 될 교수채용과 관련하여 선처하여 달라는 취지로 제공하는 **뇌물을 1995. 가을부터 1997. 12. 24.경까지 사이에 6차례에 걸쳐 합계 금 2,100만 원을 수령한 사실**을 인정할 수 있는바, 이와 같이 피고인 2가 같은 증뢰자로부터 같은 이유 등으로 합계 금 2,100만 원을 뇌물로 받은 것은 단일하고 계속된 범의에 의하여 이루어진 것으로 보아야 하므로 이를 포괄일죄로 보아야 할 것이다.

> **대법원 2000. 6. 27. 선고 2000도1155 판결 [특정경제범죄가중처벌등에관한법률위반(배임 · 수재등 · 증재등 · 사기 · 사금융알선등 · 알선수재) · 강제집행면탈]**
> 금융기관 임직원이 그 직무에 관하여 여러 차례 금품을 수수한 경우에 그것이 단일하고도 계속된 범의 아래 일정기간 반복하여 이루어진 것이고 그 피해법익도 동일한 경우에는 각 범행을 통틀어 포괄일죄로 볼 것이다(대법원 1998. 2. 10. 선고 97도2836 판결, 1999. 1. 29. 선고 98도3584 판결, 2000. 1. 21. 선고 99도4940 판결 등 참조).

대법원 1983. 4. 12. 선고 83도304, 83감도66 판결「위 제13의 폭행과 제14,15의 강간사실과는 시간적으로는 불과 1시간 전후에 이루어진 것이기는 하나 피고인이 강간의 범의를 일으킨 것은 제14의 상해범행의 실행 중이었음이 인정되므로 위 제13의 폭행사실은 별개의 독립한 죄를 구성한다고 봄이 상당하다.」

4. 구성요건표준설

〈구성요건의 충족 회수를 기준으로 한 사안〉

대법원 2000. 4. 20. 선고 99도3822 전원합의체 판결 [특정범죄가중처벌등에관한법률위반(조세)]

원래 조세포탈범의 죄수는 위반사실의 구성요건 충족 회수를 기준으로 하여 예컨대, 소득세포탈범은 각 과세년도의 소득세마다, 법인세포탈범은 각 사업년도의 법인세마다, 그리고 부가가치세의 포탈범은 각 과세기간인 6월의 부가가치세마다 1죄가 성립하는 것이 원칙이나, 본항은 연간 포탈세액이 일정액 이상이라는 가중사유를 구성요건화하여 조세범처벌법 제9조 제1항의 행위와 합쳐서 하나의 범죄유형으로 하고 그에 대한 법정형을 규정한 것이므로, 조세의 종류를 불문하고 1년간 포탈한 세액을 모두 합산한 금액이 본항 소정의 금액 이상인 때에는 본항 위반의 1죄만이 성립하고, 또한 본항 위반죄는 1년 단위로 하나의 죄를 구성하며 그 상호간에는 경합범 관계에 있다 할 것이고, 따라서 본항에 있어서 '연간'은 그 적용대상이 되는지 여부를 판단하기 위한 포탈세액을 합산하여야 할 대상기간을 의미할 뿐만 아니라, 그 죄수와 기판력의 객관적 범위를 결정하는 주요한 구성요건의 하나이므로 일반인의 입장에서 보아 어떠한 조세포탈행위가 본항 위반의 죄가 되고 또 어떤 형벌이 과하여지는지 알 수 있도록 그 개념이 명확하여야 하는데, 본항에서와 같이 연간이라는 용어를 사용하면서 그 기산시점을 특정하지 아니한 경우에는 역법상의 한 해인 1월 1일부터 12월 31일까지의 1년간으로 이해하는 것이 일반적이며 이렇게 보는 것이 형벌법규의 명확성의 요청에 보다 부응한다 할 것이고, 그리고 포탈범칙행위는 조세범처벌법 제9조의3 소정의 신고·납부기한이 경과한 때에 비로소 기수에 이르는(주세포탈 이외에는 미수범을 처벌하지 아니한다) 점 등에 비추어 보면, 본항에서 말하는 '연간 포탈세액 등'은 각 세목의 과세기간 등에 관계없이 각 연도별(1월 1일부터 12월 31일까지)로 포탈한 또는 부정 환급받은 모든 세액을 합산한 금액을 의미한다 할 것이다(대법원 1982. 5. 25. 선고 82도715 판결 참조).

Ⅱ. 수죄의 처벌

〈경합범의 처벌 : 가중주의·흡수주의·병과주의 및 동시에 판결할 경우와의 형평〉

대법원 2008. 9. 11. 선고 2006도8376 판결 [폭력행위등처벌에관한법률위반(집단·흉기등상해)]

1. 형법 제37조는 '판결이 확정되지 아니한 수개의 죄'(아래에서는 '전단 경합범'이라 한다) 또는 '금고 이상의 형에 처한 판결이 확정된 죄와 그 판결확정 전에 범한 죄'(아래에서는 '후단 경합범'이라 한다)를 경합범으로 하고, 제38조 제1항에서 전단 경합범을 그 처단형에 따라 흡수주의(제1호 : 가장 중한 죄에 정한 처단형이 사형 또는 무기징역이나 무기금고인 때), 가중주의(제2호), 병과주의(제3호)에 따라 처벌하도록 한 다음, 제39조 제1항에서 "경합범 중 판결을 받지 아니한 죄가 있는 때에는 그 죄와 판결이 확정된 죄를 동시에 판결할 경우와 형평을 고려하여 그 죄에 대하여 형을 선고한다. 이 경우 그 형을 감경 또는 면제할 수 있다."고 정하고 있다.

형법 제39조 제1항이 후단 경합범과 전단 경합범 사이에 처벌의 불균형이 없도록 하고자 하면서도, 경합범 중 판결을 받지 아니한 죄가 있는 때에는 "그 죄와 판결이 확정된 죄에 형법 제38조를 적용하여 산출한 처단형의 범위 내에서 전체형을 정한 다음 그 전체형에서 판결이 확정된 죄에 대한 형을 공제한 나머지를 판결을 받지 아니한 죄에 대한 형으로 선고한다."거나 "그 죄와 판결이 확정된 죄에 대한 선고형의 총합이 두 죄에 대하여 형법 제38조를 적용하여 산출한 처단형의 범위 내에 속하도록 판결을 받지 아니한 죄에 대한 형을 선고한다."고 하지 않고, "그 죄와 판결이 확정된 죄를 동시에 판결할 경우와 형평을 고려하여" 판결을 받지 아니한 죄에 대하여 형을 선고한다고 정한 취지는, 위와 같은 방법으로 전체형을 정하거나 처단형의 범위를 제한하게 되면, 이미 판결이 확정된 죄에 대하여 일사부재리 원칙에 반할 수 있고, 먼저 판결을 받은 죄에 대한 형이 확정됨에 따라 뒤에 판결을 선고받는 후단 경합범에 대하여 선고할 수 있는 형의 범위가 지나치게 제한되어 책임에 상응하는 합리적이고 적절한 선고형의 결정이 불가능하거나 현저히 곤란하게 될 우려가 있음을 감안한 것이다.

따라서 후단 경합범에 대하여 심판하는 법원은 판결이 확정된 죄와 후단 경합범의 죄를 동시에 판결할 경우와 형평을 고려하여 후단 경합범의 처단형의 범위 내에서 후단 경합범의 선고형을 정할 수 있는 것이고, 그 죄와 판결이 확정된 죄에 대한 선고형의 총합이 두 죄에 대하여 형법 제38조를 적용하여 산출한 처단형의 범위 내에 속하도록 후단 경합범에 대한 형을 정하여야 하는 제한을 받는 것은 아니며, 후단 경합범에 대한 형을 감경 또는 면제할 것인지는 원칙적으로 그 죄에 대하여 심판하는 법원이 재량에 따라 판단할 수 있는 것이다. 그러므로 무기징역에 처하는 판결이 확정된 죄와 후단 경합범의 관계에 있는 죄에 대하여 공소가 제기된 경우에도 법원은 두 죄를 동시에 판결할 경우와 형평을 고려하여 후단 경합범에 대한 처단형의 범위 내에서 후단 경합범에 대한 선고형을 정할 수 있고, 형법 제38조 제1항 제1호가 전단 경합범 중 가장 중한 죄에 정한 처단형이 무기징역인 때에는 흡수주의를 취하였다고 하여 뒤에 공소제기된 후단 경합범에 대한 형을 필요적으로 면제하여야 하는 것은 아니다.

제2절 일죄

Ⅰ. 법조경합

1. 특별관계

〈결과적 가중범과 고의범의 죄수관계〉

대법원 2008. 11. 27. 선고 2008도7311 판결 [특수공무집행방해치상·폭력행위등처벌에관한법률위반(집단·흉기등상해)·도로교통법위반(무면허운전)]

기본범죄를 통하여 고의로 중한 결과를 발생하게 한 경우에 가중 처벌하는 부진정결과적가중범에 있어서, 고의로 중한 결과를 발생하게 한 행위가 별도의 구성요건에 해당하고 그 고의범에 대하여 결과적가중범에 정한 형보다 더 무겁게 처벌하는 규정이 있는 경우에는 그 고의범과 결과적가중범이 상상적 경합관계에 있다고 보아야 할 것이지만(대법원 1995. 1. 20. 선고 94도2842 판결, 대법원 1996. 4. 26. 선고 96도485 판결 등 참조), 위와 같이 고의범에 대하여 더 무겁게 처벌하는 규정이 없는 경우에는 결과적가중범이 고의범에 대하여 특별관계에 있다고 해석되므로 결과적가중범만 성립하고 이와 법조경합의 관계에 있는 고의범에 대하여는 별도로 죄를 구성한다고 볼 수 없다. 따라서 직무를 집행하는 공무원에 대하여 위험한 물건을 휴대하여 고의로 상해를 가한 경우에는 특수공무집행방해치상죄만 성립할 뿐, 이와는 별도로 폭력행위 등 처벌에 관한 법률 위반(집단·흉기 등 상해)죄를 구성한다고 볼 수 없다.

기록에 의하면, 피고인이 승용차를 운전하던 중 음주단속을 피하기 위하여 위험한 물건인 승용차로 단속 경찰관을 들이받아 위 경찰관의 공무집행을 방해하고 위 경찰관에게 상해를 입게 하였다는 이 사건 공소사실에 대하여, 검사는 피고인의 행위가 폭력행위 등 처벌에 관한 법률 위반(집단·흉기 등 상해)죄와 특수공무집행방해치상죄를 구성하고 두 죄는 상상적 경합관계에 해당하는 것으로 보아 공소를 제기하였음을 알 수 있다.

이에 대하여 원심은, 피고인의 행위는 특수공무집행방해치상죄를 구성할 뿐, 폭력행위 등 처벌에 관한 법률 위반(집단·흉기 등 상해)죄는 특수공무집행방해치상죄에 흡수되어 별도로 죄를 구성하지 않는다고 보아 폭력행위 등 처벌에 관한 법률 위반(집단·흉기 등 상해)죄에 관하여 무죄로 판단하였는바, 앞서 본 법리와 기록에 비추어 살펴보면 원심의 위와 같은 판단은 정당하(다).

2. 보충관계

〈경과범죄〉

대법원 1965. 9. 28. 선고 65도695 판결 [살인미수·살인]

살해의 목적으로 동일인에게 일시 장소를 달리하여 수차에 걸쳐 단순한 예비행위를 하거나 또는 공격을 가하였으나 미수에 그치다가 드디어 그 목적을 달성한 경우에 그 예비행위 내지 공격행위가 동일한 의사 발동에서 나왔고 그 사이에 범의의 갱신이 없는 한 각 행위가 같은 일시 장소에서 행하여 졌거나 또는 다른 장소에서 행하여 졌거나를 막론하고 또 그 방법이 동일하거나 여부를 가릴것 없이 그 살해의 목적을 달성할 때까지의 행위는 모두 실행행위의 일부로서 이를 포괄적으로 보고 단순한 한개의 살인기수죄로 처단할 것이지 살인예비 내지 미수죄와 동 기수죄의 경합죄로 처단할 수는 없는 것이다.

그런데 원판결이 유지한 제1심 판결이 인정한 범죄사실에 의하면 피고인은 공범인 공소외 1

과 공모하여 동인의 실형공소외 2를 살해할 목적으로 1964.8.29 및 같은해 9.30 두차례에 걸쳐 그 예비행위를 하고 드디어 같은해 10.2 동인을 살해한 것이며 그간에 범의의 갱신이 있었다고는 할 수 없으므로 피고인에 대하여 단순한 1개의 살인기수죄로서 처단하여야 할 것임에도 불구하고 두개의 살인기수죄와 한개의 살인 기수죄로 인정하여 경합죄로 처단하였음은 잘못이라 하지 않을 수 없다.

3. 흡수관계

가. 불가벌적 수반행위

〈'불가벌적 수반행위'의 의미〉

대법원 2012. 10. 11. 선고 2012도1895 판결 [폭력행위등처벌에관한법률위반(공동폭행)·업무방해]

이른바 '불가벌적 수반행위'란 법조경합의 한 형태인 흡수관계에 속하는 것으로서, 행위자가 특정한 죄를 범하면 비록 논리 필연적인 것은 아니지만 일반적·전형적으로 다른 구성요건을 충족하고 이때 그 구성요건의 불법이나 책임의 내용이 주된 범죄에 비하여 경미하기 때문에 처벌이 별도로 고려되지 않는 경우를 말한다.
업무방해죄와 폭행죄는 그 구성요건과 보호법익을 달리하고 있고, 업무방해죄의 성립에 일반적·전형적으로 사람에 대한 폭행행위를 수반하는 것은 아니며, 폭행행위가 업무방해죄에 비하여 별도로 고려되지 않을 만큼 경미한 것이라고 할 수도 없으므로, 설령 피해자에 대한 폭행행위가 동일한 피해자에 대한 업무방해죄의 수단이 되었다고 하더라도 그러한 폭행행위가 이른바 '불가벌적 수반행위'에 해당하여 업무방해죄에 대하여 흡수관계에 있다고 볼 수는 없다.
2. 가. 원심은, 피고인들이 피해자 1,2의 택시운행을 방해하는 과정에서 이 부분 공소사실 기재와 같이 피해자들에 대한 폭행행위가 있었고, 이는 업무방해죄의 행위 태양인 '위력으로써 업무를 방해하는 행위'의 일부를 구성하는 것으로서 업무방해죄에 흡수되므로 업무방해죄 1죄만이 성립할 뿐 별도로 폭력행위 등 처벌에 관한 법률 위반(공동폭행)죄가 성립하지

않는다는 등 그 판시와 같은 이유를 들어 피고인들에 대한 이 사건 공소사실 중 폭력행위 등 처벌에 관한 법률 위반(공동폭행)의 점을 무죄로 판단한 제1심판결을 그대로 유지하였다.

나. 그러나 원심판결 이유를 앞서 본 법리에 비추어 살펴보면, **피고인들이 피해자들의 택시 운행업무를 방해하기 위하여 이루어진 폭행행위가 피해자들에 대한 업무방해죄의 수단이 되었다 하더라도** 그와 같은 폭행행위가 업무방해죄의 성립에 일반적·전형적으로 수반되는 것이 아닐 뿐 아니라 그 폭행행위가 업무방해죄에 비하여 별도로 고려되지 않을 만큼 경미한 것이라고 할 수도 없으므로, 피고인들의 폭행행위가 업무방해죄에 흡수되어 별도의 범죄를 구성하지 않는다고 할 수는 없다.

대법원 1984. 8. 21. 선고 84도1550 판결 「강간죄의 성립에는 언제나 필요한 수단으로 감금행위를 수반하는 것은 아니므로 이 사건에서 감금행위가 강간미수죄의 목적을 달하려고 일정한 장소에 인치하기 위한 수단이 되었다 하여 그 감금행위가 강간미수죄에 흡수되어 범죄를 구성하지 않는다고 할 수 없(다).」

대법원 1982. 6. 22. 선고 82도705 판결 「감금을 하기 위한 수단으로서 행사된 단순한 협박행위는 감금죄에 흡수되어 따로 협박죄를 구성하는 것이 아니(한다).」

대법원 1996. 9. 24. 선고 96도2151 판결 「공갈죄의 수단으로서 한 협박은 공갈죄에 흡수될 뿐 별도로 협박죄를 구성하지 않(는다).」

대법원 1992. 6. 9. 선고 92도77 판결 「신용카드업법 제25조 제1항은 신용카드를 위조·변조하거나 도난·분실또는 위조·변조된 신용카드를 사용한 자는 7년 이하의 징역 또는 5천만원 이하의 벌금에 처한다고 규정하고 있는바, 위 부정사용죄의 구성요건적 행위인 신용카드의 사용이라 함은 신용카드의 소지인이 신용카드의 본래 용도인 대금결제를 위하여 가맹점에 신용카드를 제시하고 매출표에 서명하여 이를 교부하는 일련의 행위를 가리키고 단순히 신용카드를 제시하는 행위만을 가리키는 것은 아니라고 할 것이므로, 위 매출표의 서명 및 교부가 별도로 사문서위조 및 동행사의 죄의 구성요건을 충족한다고 하여도 이 사문서위조 및 동행사의죄는 위 신용카드부정사용죄에 흡수되어 신용카드부정사용죄의 1죄만이 성립하고 별도로 사문서위조 및 동행사의 죄는 성립하지 않는다고 보는 것이 타당하다.」

나. 불가벌적 사후행위

〈'불가벌적 사후행위'의 의미〉

대법원 1993. 11. 23. 선고 93도213 판결 [사기]

금융기관 발행의 자기앞수표는 그 액면금을 즉시 지급받을 수 있는 점에서 현금에 대신하는 기능을 가지고 있어서 장물인 자기앞수표를 취득한 후 이를 현금 대신 교부한 행위는 장물 취득에 대한 가벌적 평가에 당연히 포함되는 불가벌적 사후행위로서 별도의 범죄를 구성하지 아니한다고 봄이 상당하다 할 것이므로 (당원 1987.1.20. 선고 86도1728 판결) 원심이 같은 견해 아래 **절도범인으로부터 그 정을 알면서 자기앞수표를 교부받아 이를 음식대금으로 지급하고 거스름돈을 환불받은 피고인의 소위를 사기죄가 되지 아니한다고 판단한 조처는 정당하(다).**

〈불가벌적 사후행위 여부 판단기준〉

대법원 2013. 2. 21. 선고 2010도10500 전원합의체 판결 [횡령]

횡령죄는 다른 사람의 재물에 관한 소유권 등 본권을 그 보호법익으로 하고 그 법익침해의 위험이 있으면 그 침해의 결과가 발생되지 아니하더라도 성립하는 위험범이다(대법원 2002. 11. 13. 선고 2002도2219 판결 참조).

그리고 일단 특정한 처분행위(이를 '선행 처분행위'라 한다)로 인하여 법익침해의 위험이 발생함으로써 횡령죄가 기수에 이른 후 종국적인 법익침해의 결과가 발생하기 전에 새로운 처분행위(이를 '후행 처분행위'라 한다)가 이루어졌을 때, 그 후행 처분행위가 선행 처분행위에 의하여 발생한 위험을 현실적인 법익침해로 완성하는 수단에 불과하거나 그 과정에서 당연히 예상될 수 있는 것으로서 새로운 위험을 추가하는 것이 아니라면 후행 처분행위에 의해 발생한 위험은 선행 처분행위에 의하여 이미 성립된 횡령죄에 의해 평가된 위험에 포함되는 것이라 할 것이므로 그 후행 처분행위는 이른바 불가벌적 사후행위에 해당한다.

그러나 후행 처분행위가 이를 넘어서서, 선행 처분행위로 예상할 수 없는 새로운 위험을 추가함으로써 법익침해에 대한 위험을 증가시키거나 선행 처분행위와는 무관한 방법으로 법익침해의 결과를 발생시키는 경우라면, 이는 선행 처분행위에 의하여 이미 성립된 횡령죄에 의해 평가된 위험의 범위를 벗어나는 것이므로 특별한 사정이 없는 한 별도로 횡령죄를 구성한다고 보아야 한다.

따라서 **타인의 부동산을 보관 중인 자가 불법영득의사를 가지고 그 부동산에 근저당권설정등기를 경료함으로써 일단 횡령행위가 기수에 이르렀다 하더라도 그 후 같은 부동산에 별개의 근저당권을 설정하여 새로운 법익침해의 위험을 추가함으로써 법익침해의 위험을 증가시키거나 해당 부동산을 매각함으로써 기존의 근저당권과 관계없이 법익침해의 결과를 발생시**

켰다면 이는 당초의 근저당권 실행을 위한 임의경매에 의한 매각 등 그 근저당권으로 인해 당연히 예상될 수 있는 범위를 넘어 새로운 법익침해의 위험을 추가시키거나 법익침해의 결과를 발생시킨 것이므로 특별한 사정이 없는 한 불가벌적 사후행위로 볼 수 없고, 별도로 횡령죄를 구성한다 할 것이다.

대법원 1984. 11. 27. 선고 84도2263 판결 「사람을 살해한 다음 그 범죄의 흔적을 은폐하기 위하여 그 시체를 다른 장소로 옮겨 유기하였을 때에는 살인죄와 사체유기죄의 경합범이 성립하는 것이므로 피고인이 공소외 망인을 살해한 후 그 시체를 그의 방과 연결된 마루의 연탄아궁이 덮개를 열고 마루 밑으로 떨어뜨리고 다시 마루 밑 안쪽 깊숙히 밀어 넣은 다음 그 덮개를 닫아 사체를 유기한 사실은 피고인의 강도살인죄와 경합범관계에 있어 원심이 유지한 제1심 판결이 이를 형법 제37조 전단의 경합범으로 처단한 조치는 정당하다 할 것이며 사체유기는 불가벌적 사후행위라는 소론 논지는 독자적 견해로서 채용할 것이 되지 못한다.」

대법원 1983. 4. 26. 선고 82도3079 판결 「피고인이 당초부터 공소외 1을 기망하여 위 약속어음을 교부받은 것이라면 그 교부받은 즉시 사기죄가 성립하고 그 후 이를 공소외 1에 대한 피고인의 채권의 변제에 충당하였다 하더라도 불가벌적 사후행위가 됨에 그칠 뿐, 별도로 횡령죄를 구성하지는 않는다.」

II. 포괄일죄

1. 결합범

⟨결합범 : 1개의 범죄완성을 위하여 수개의 실행행위가 포함되어 있는 포괄일죄⟩

대법원 2015. 10. 15. 선고 2015도8169 판결 [특정범죄가중처벌등에관한법률위반(절도)(인정된죄명:상습절도)·주거침입]

형법 제330조에 규정된 야간주거침입절도죄 및 형법 제331조 제1항에 규정된 특수절도(야간손괴침입절도)죄를 제외하고 일반적으로 주거침입은 절도죄의 구성요건이 아니므로 절도범인이 그 범행수단으로 주거침입을 한 경우에 그 주거침입행위는 절도죄에 흡수되지 아니하고 별개로 주거침입죄를 구성하여 절도죄와는 실체적 경합의 관계에 서는 것이 원칙이다(대법원 1984. 12. 26. 선고 84도1573 전원합의체 판결 참조). 또 형법 제332조는 상습으로 단순절도(형법

제329조), 야간주거침입절도(형법 제330조)와 특수절도(형법 제331조) 및 자동차 등 불법사용(형법 제331조의2)의 죄를 범한 자는 그 죄에 정한 각 형의 2분의 1을 가중하여 처벌하도록 규정하고 있으므로, 위 규정은 주거침입을 구성요건으로 하지 않는 상습단순절도와 주거침입을 구성요건으로 하고 있는 상습야간주거침입절도 또는 상습특수절도(야간손괴침입절도)에 대한 취급을 달리하여, 주거침입을 구성요건으로 하고 있는 상습야간주거침입절도 또는 상습특수절도(야간손괴침입절도)를 더 무거운 법정형을 기준으로 가중처벌하고 있다. 따라서 <u>상습으로 단순절도를 범한 범인이 상습적인 절도범행의 수단으로 주간(낮)에 주거침입을 한 경우에 그 주간 주거침입행위의 위법성에 대한 평가가 형법 제332조, 제329조의 구성요건적 평가에 포함되어 있다고 볼 수 없다. 그러므로 형법 제332조에 규정된 상습절도죄를 범한 범인이 그 범행의 수단으로 주간에 주거침입을 한 경우 그 주간 주거침입행위는 상습절도죄와 별개로 주거침입죄를 구성한다.</u> 또 형법 제332조에 규정된 상습절도죄를 범한 범인이 그 범행 외에 상습적인 절도의 목적으로 주간에 주거침입을 하였다가 절도에 이르지 아니하고 주거침입에 그친 경우에도 그 주간 주거침입행위는 상습절도죄와 별개로 주거침입죄를 구성한다.

2. 계속범

⟨위법한 상태를 유지하기 위한 행위가 같은 구성요건을 다시 충족시키는 포괄일죄⟩

대법원 2018. 2. 28. 선고 2017도21249 판결 [강간미수·체포미수]

형법 제276조 제1항의 체포죄에서 말하는 '체포'는 사람의 신체에 대하여 직접적이고 현실적인 구속을 가하여 신체활동의 자유를 박탈하는 행위를 의미하는 것으로서 그 수단과 방법을 불문한다. <u>체포죄는 계속범으로서 체포의 행위에 확실히 사람의 신체의 자유를 구속한다고 인정할 수 있을 정도의 시간적 계속이 있어야</u> 하나, 체포의 고의로써 타인의 신체적 활동의 자유를 현실적으로 침해하는 행위를 개시한 때 체포죄의 실행에 착수하였다고 볼 것이다.

> **서울북부지방법원 2008. 9. 2. 선고 2008노777 판결 [사기·무고·폭력행위등처벌에관한법률위반(공동주거침입)]**
> 주거침입죄는 사람의 신체의 전부 또는 일부가 주거에 들어가 사실상 주거의 평온을 해하면 기수에 이르나, 이른바 계속범에 해당하므로, <u>주거침입으로 인한 위법상태가 계속되는 한 일시적인 중단으로 범행이 종료되거나 재침입으로 별개의 범죄를 이루는 것이 아니라,</u>

하나의 행위로 포괄하여 1죄를 구성할 뿐이다.

3. 접속범

〈'접속범'의 의미〉

대법원 1979. 10. 10. 선고 79도2093 판결 [특수강도]

원심은 이 사건 피고인들의 특수강도의 소위가 동일한 장소에서 동일한 방법에 의하여 시간적으로 접착된 상황에서 이루어진 것이기는 하나 피해자가 여러 사람이므로 단순일죄가 아니고 경합범이 된다는 이유로 이를 단순일죄로 본 제1심 판결을 파기하고 있다.

그러나 당원은 일찌기 단일한 범의로써 절취한 시간과 장소가 접착되어 있고 같은 사람의 관리하에 있는 방안에서 소유자가 다른 물건을 여러 가지 절취한 경우에는 단순일죄가 성립한다고 판시한 바 있는데(1970.7.21 선고 70도1133 판결) 이는 이 사건과 같은 강도죄의 경우에도 적용이 되는 것이라 함이 상당하고 또 절도나 강도죄와 같은 도죄의 죄수를 정하는 표준이 반드시 법익 침해의 개수에만 의거하지 않는 경우가 있다는 것을 말한 것이라 (할 것이다).

> ### 대법원 1989. 8. 8. 선고 89도664 판결 [절도,절도미수,주거침입]
> 원심이 확정한 바와 같이 피고인이 공소외 1의 집에 침입하여 그 집의 방안에서 그 소유의 재물을 절취하고 그 무렵 그 집에 세들어 사는 공소외 2의 방에 침입하여 재물을 절취하려다 미수에 그쳤다면 위 두 범죄는 그 범행장소와 물품의 관리자를 달리하고 있어서 별개의 범죄를 구성한다 할 것이므로 원심이 위 두 범죄를 경합범으로 다스린 조치는 정당하고 거기에 지적하는 바와 같은 절도죄의 죄수에 관한 법리오해의 위법이 없다.

> ### 대법원 1987. 5. 26. 선고 87도527 판결 [강도상해]
> 강도가 한 개의 강도범행을 하는 기회에 수명의 피해자에게 각 폭행을 가하여 각 상해를 입힌 경우에는 각 피해자별로 수개의 강도상해죄가 성립하며, 이들은 실체적 경합범의 관계에 있다고 보아야 할 것이(다).

대법원 2001. 8. 21. 선고 2001도3447 판결 「절도범이 체포를 면탈할 목적으로 체포하려는 여러 명의 피해자에게 같은 기회에 폭행을 가하여 그 중 1인에게만 상해를 가하였다면 피고인의 이러한 행위는 포괄하여 하나의 강도상해죄만 성립한다.」

4. 연속범

〈연속범의 의미〉

대법원 2000. 1. 21. 선고 99도4940 판결 [특정범죄가중처벌등에관한법률위반(뇌물)·뇌물수수·뇌물공여]

단일하고도 계속된 범의 아래 동종의 범행을 일정기간 반복하여 행하고 그 피해법익도 동일한 경우에는 각 범행을 통틀어 포괄일죄로 볼 것이고(대법원 1998. 2. 10. 선고 97도2836 판결, 1997. 12. 26. 선고 97도2609 판결, 1990. 9. 25. 선고 90도1588 판결 등 참조), 수뢰죄에 있어서 단일하고도 계속된 범의 아래 동종의 범행을 일정기간 반복하여 행하고 그 피해법익도 동일한 것이라면 돈을 받은 일자가 상당한 기간에 걸쳐 있고, 돈을 받은 일자 사이에 상당한 기간이 끼어 있다 하더라도 각 범행을 통틀어 포괄일죄로 볼 것이다(대법원 1978. 12. 13. 선고 78도2545 판결 참조).

원심이 인정한 바에 의하면, **피고인 1은 1994. 2.부터 1998. 1. 사이에 설과 추석 및 연말마다 피고인 2로부터 매번 금 1,000,000원씩의 돈을 받아 왔다**는 것이고, 앞에서 살핀 바에 의하면 피고인 1이 그 각 돈을 받을 때마다 피고인 2가 특정하고 단일한 명시적 청탁을 하였다고 볼 수는 없다 할지라도, 그 각 돈은 피고인 1이 위 병원에서 약제부장으로서 담당하는 납품관련 업무와 관련하여 ○○○을 배려하여 준 데에 대한 사례나 앞으로도 잘 배려하여 달라는 뜻으로 주고받은 것이라고 봄이 상당하므로 피고인 1의 판시 각 수뢰행위는 단일하고도 계속된 범의 아래 동종의 범행을 일정기간 반복하여 행하고 그 피해법익도 동일한 경우에 해당하여 그 각 범행을 통틀어 포괄일죄로 볼 것이다

〈연속된 수개의 행위가 구성요건적으로 일치할 필요는 없음〉

대법원 2007. 5. 10. 선고 2007도1375 판결 [강도상해·특수강도·특수절도·여신전문금융업법위반·절도·도로교통법위반(무면허운전)]

예금주인 현금카드 소유자를 협박하여 그 카드를 갈취한 다음 피해자의 승낙에 의하여 현금카드를 사용할 권한을 부여받아 이를 이용하여 현금자동지급기에서 현금을 인출한 행위는

모두 피해자의 예금을 갈취하고자 하는 피고인의 단일하고 계속된 범의 아래에서 이루어진 일련의 행위로서 포괄하여 하나의 공갈죄를 구성한다고 볼 것이므로, 현금자동지급기에서 피해자의 예금을 인출한 행위를 현금카드 갈취행위와 분리하여 따로 절도죄로 처단할 수는 없는 것이다(대법원 1996. 9. 20. 선고 95도1728 판결 등 참조). 왜냐하면 위 예금 인출 행위는 하자 있는 의사표시이기는 하지만 피해자의 승낙에 기한 것이고, 피해자가 그 승낙의 의사표시를 취소하기까지는 현금카드를 적법, 유효하게 사용할 수 있으므로, 은행으로서도 피해자의 지급정지 신청이 없는 한 그의 의사에 따라 그의 계산으로 적법하게 예금을 지급할 수밖에 없는 것이기 때문이다.

그러나 강도죄는 공갈죄와는 달리 피해자의 반항을 억압할 정도로 강력한 정도의 폭행·협박을 수단으로 재물을 탈취하여야 성립하는 것이므로, 피해자로부터 현금카드를 강취하였다고 인정되는 경우에는 피해자로부터 현금카드의 사용에 관한 승낙의 의사표시가 있었다고 볼 여지가 없다. 따라서 강취한 현금카드를 사용하여 현금자동지급기에서 예금을 인출한 행위는 피해자의 승낙에 기한 것이라고 할 수 없으므로, 현금자동지급기 관리자의 의사에 반하여 그의 지배를 배제하고 그 현금을 자기의 지배하에 옮겨 놓는 것이 되어서 강도죄와는 별도로 절도죄를 구성한다고 할 것이다(대법원 2007. 4. 13. 선고 2007도1377 판결 참조).

〈신용카드사기의 포괄일죄〉

대법원 1996. 4. 9. 선고 95도2466 판결 [사기(인정된 죄명 절도)]

신용카드의 거래는 신용카드회사로부터 카드를 발급받은 사람이 위 카드를 사용하여 카드가맹점으로부터 물품을 구입하면 그 카드를 소지하여 사용하는 사람이 카드회사로부터 카드를 발급받은 정당한 소지인인 한 카드회사가 그 대금을 가맹점에 결제하고, 카드회사는 카드사용자에 대하여 물품구입대금을 대출해 준 금전채권을 가지는 것이고, 또 카드사용자가 현금자동지급기를 통해서 현금서비스를 받아 가면 현금대출관계가 성립되게 되는 것인바, 이와 같은 카드사용으로 인한 카드회사의 금전채권을 발생케 하는 카드사용 행위는 카드회사로부터 일정한 한도 내에서 신용공여가 이루어지고, 그 신용공여의 범위 내에서는 정당한 소지인에 의한 카드사용에 의한 금전대출이 카드 발급시에 미리 포괄적으로 허용되어 있는 것인바, 현금자동지급기를 통한 현금대출도 결국 카드회사로부터 그 지급이 미리 허용된 것이고, 단순히 그 지급방법만이 사람이 아닌 기계에 의해서 이루어지는 것에 불과하다.

그렇다면 이 사건에서와 같이 피고인이 카드사용으로 인한 대금결제의 의사와 능력이 없으면서도 있는 것 같이 가장하여 카드회사를 기망하고, 카드회사는 이에 착오를 일으켜 일정한도 내에서 카드사용을 허용해 줌으로써 피고인은 기망당한 카드회사의 신용공여라는 하자 있는 의사표시에 편승하여 자동지급기를 통한 현금대출도 받고, 가맹점을 통한 물품구입대금 대출도 받아 카드발급회사로 하여금 같은 액수 상당의 피해를 입게 함으로써, 카드사용으로 인한 일련의 편취행위가 포괄적으로 이루어지는 것이다.

따라서 이 사건에서 카드사용으로 인한 카드회사의 손해는 그것이 자동지급기에 의한 인출행위이든 가맹점을 통한 물품구입행위이든 불문하고 모두가 피해자인 카드회사의 기망당한 의사표시에 따른 카드발급에 터잡아 이루어지는 사기의 포괄일죄라 할 것이다.

> **대법원 1995. 7. 28. 선고 95도997 판결 [주거침입,절도,신용카드업법위반]**
> 피고인이 피해자 명의의 신용카드를 부정사용하여 현금자동인출기에서 현금을 인출하고 그 현금을 취득까지 한 행위는 앞서 본 바와 같이 신용카드업법 제25조 제1항의 부정사용죄에 해당할 뿐아니라 그 현금을 취득함으로써 현금자동인출기 관리자의 의사에 반하여 그의 지배를 배제하고 그 현금을 자기의 지배하에 옮겨 놓는 것이 되므로 별도로 절도죄를 구성한다 할 것이고, 위 양죄의 관계는 그 보호법익이나 행위태양이 전혀 달라 실체적경합 관계에 있는 것으로 보아야 할 것이다.

대법원 2006. 7. 27. 선고 2006도3126 판결「피고인이 타인의 명의를 모용하여 신용카드를 발급받은 경우, 비록 카드회사가 피고인으로부터 기망을 당한 나머지 피고인에게 피모용자 명의로 발급된 신용카드를 교부하고, 사실상 피고인이 지정한 비밀번호를 입력하여 현금자동지급기에 의한 현금대출(현금서비스)을 받을 수 있도록 하였다 할지라도, 카드회사의 내심의 의사는 물론 표시된 의사도 어디까지나 카드명의인인 피모용자에게 이를 허용하는 데 있을 뿐, 피고인에게 이를 허용한 것은 아니라는 점에서 피고인이 타인의 명의를 모용하여 발급받은 신용카드를 사용하여 현금자동지급기에서 현금대출을 받는 행위는 카드회사에 의하여 미리 포괄적으로 허용된 행위가 아니라, 현금자동지급기의 관리자의 의사에 반하여 그의 지배를 배제한 채 그 현금을 자기의 지배하에 옮겨 놓는 행위로서 절도죄에 해당한다 할 것이다. 또한, 위와 같이 타인의 명의를 모용하여 발급받은 신용카드의 번호와 그 비밀번호를 이용하여 ARS 전화서비스나 인터넷 등을 통하여 신용대출을 받는 방법으로 재산상 이익을 취득하는 행위 역시 미리 포괄적으로 허용된 행위가 아닌 이상, 컴퓨터등 정보처리장치에 권한 없이 정보를 입력하여 정보처리를 하게 함으로써 재산상 이익을 취득하는 행위로서 컴퓨터등사용사기죄에 해당한다고 할 것이다. 따라서 타인의 명의를 모용하여 발급받은 신용카드를 이용하여 현금자동지급기에서 현금을 인출하거나 ARS 전화서비스나 인터넷 등으로 신용대출을 받는 행위를 기망당한 카드회사가 카드사용을 포괄적으로 허용한 것에 기초한 것으로 파악하여 포괄적으로 카드회사에 대한 사기죄가 된다고 볼 수는 없다.」

〈저작재산권 침해에서 연속범과 실체적 경합범의 구별〉

대법원 2012. 5. 10. 선고 2011도12131 판결 [저작권법위반방조·저작권법위반(인정된죄명:저작권법위반방조)]

1. 상습범이라 함은 어느 기본적 구성요건에 해당하는 행위를 한 자가 그 범죄행위를 반복하여 저지르는 습벽, 즉 상습성이라는 행위자적 속성을 갖추었다고 인정되는 경우에 이를 가중처벌 사유로 삼고 있는 범죄유형을 가리키는 것이므로(대법원 2004. 9. 16. 선고 2001도3206 전원합의체 판결 등 참조), 상습성이 있는 자가 같은 종류의 죄를 반복하여 저질렀다 하더라도 상습범을 별도의 범죄유형으로 처벌하는 규정이 없는 한 그 각 죄는 원칙적으로 별개의 범죄로서 경합범으로 처단할 것이다.

저작권법은 제140조 본문에서 저작재산권 침해로 인한 제136조 제1항의 죄를 친고죄로 규정하면서, 제140조 단서 제1호에서 영리를 위하여 상습적으로 위와 같은 범행을 한 경우에는 고소가 없어도 공소를 제기할 수 있다고 규정하고 있으나, 상습으로 제136조 제1항의 죄를 저지른 경우를 가중처벌한다는 규정은 따로 두고 있지 않다. 따라서 수회에 걸쳐 저작권법 제136조 제1항의 죄를 범한 것이 상습성의 발현에 따른 것이라고 하더라도, 이는 원칙적으로 경합범으로 보아야 하는 것이지 하나의 죄로 처단되는 상습범으로 볼 것은 아니다. 그것이 법규정의 표현에 부합하고, 상습범을 포괄일죄로 처단하는 것은 그것을 가중처벌하는 규정이 있기 때문이라는 법리적 구조에도 맞다.

그리고 저작재산권 침해행위는 저작권자가 같더라도 저작물별로 침해되는 법익이 다르므로 각각의 저작물에 대한 침해행위는 원칙적으로 각 별개의 죄를 구성한다고 할 것이다. 다만 단일하고도 계속된 범의 아래 동일한 저작물에 대한 침해행위가 일정기간 반복하여 행하여진 경우에는 포괄하여 하나의 범죄가 성립한다고 볼 수 있다(대법원 2000. 1. 21. 선고 99도4940 판결, 대법원 2011. 7. 14. 선고 2009도10759 판결 등 참조).

2. 이 사건 공소사실의 요지는, 피고인 1이 2010. 4. 10.경부터 2010. 9. 21.경까지 인터넷 파일공유 웹스토리지 사이트인 ○○○○를, 2010. 4. 23.경부터 2010. 8. 17.경까지 같은 종류의 사이트인 △△△△를 운영하면서 위 각 파일공유 사이트를 통해 저작재산권의 대상인 디지털 콘텐츠가 불법 유통되고 있음을 알면서도 성명불상의 회원들로 하여금 수만 건에 이르는 불법 디지털 콘텐츠를 업로드하게 한 후 다수의 회원들로 하여금 이를 수십만 회에 걸쳐 다운로드하게 하여 저작재산권의 침해를 방조하였고, 피고인 2 주식회사는 그 대표이사

인피고인 1이 위와 같이 피고인 회사의 업무에 관하여 저작권법 위반의 방조행위를 함으로써 양벌규정의 적용대상이라는 것이다.

앞서 본 법리와 저작권법 규정에 비추어 볼 때, 피고인들에게 '영리 목적의 상습성'이 인정된다고 하더라도 이는 고소 없이도 처벌할 수 있는 근거가 될 뿐이므로 피고인들의 각 방조행위는 원칙적으로 서로 경합범의 관계에 있다고 보아야 하고, 다만 동일한 저작물에 대한 수회의 침해행위에 대한 각 방조행위는 포괄하여 하나의 범죄가 성립할 여지가 있다고 할 것이다.

그럼에도 원심은, 저작권법 제140조 단서 제1호가 제136조 제1항의 죄에 대한 상습범이라는 별도의 구성요건을 정한 것이라는 전제하에, 피고인들에게 '영리 목적의 상습성'이 인정되므로 위 두 개의 사이트를 통해 유통된 다수 저작권자의 다수 저작물 전체에 대한 피고인들의 이 사건 범행 전체가 하나의 포괄일죄라고 판단하였다. 또한 이 사건 범행이 상습범이 아니라고 하더라도 단일하고 계속된 범의하에 일정 기간 계속하여 행하여진 것이므로 그 전체가 하나의 포괄일죄를 구성한다는 취지로도 판단한 것으로 보이나, 서로 다른 저작물에 대한 침해행위를 포괄하여 하나의 죄로 볼 수는 없다. 위와 같은 원심판단에는 저작권법 위반죄의 죄수에 관한 법리를 오해하여 판결에 영향을 미친 위법이 있고, 이 점을 지적하는 상고이유의 주장은 이유 있다.

대법원 1998. 4. 14. 선고 97도3340 판결 「하나의 사건에 관하여 한 번 선서한 증인이 같은 기일에 여러 가지 사실에 관하여 기억에 반하는 허위의 진술을 한 경우 이는 하나의 범죄의사에 의하여 계속하여 허위의 진술을 한 것으로서 포괄하여 1개의 위증죄를 구성하는 것이고 각 진술마다 수 개의 위증죄를 구성하는 것이 아니므로, 비록 위 사건 공소사실에서 허위의 진술이라고 한 부분과 이 사건 공소사실에서 허위의 진술이라고 한 부분이 다르다 하여도 위 확정판결의 기판력은 이 사건에도 미치게 되어 이 부분은 면소되어야 한다.」

5. 집합범

가. 상습범

〈상습범의 의의 및 죄수〉

대법원 2004. 9. 16. 선고 2001도3206 전원합의체 판결 [사기]

가. 상습범이라 함은 어느 기본적 구성요건에 해당하는 행위를 한 자가 그 범죄행위를 반복하여 저지르는 습벽 즉 상습성이라는 행위자적 속성을 갖추었다고 인정되는 경우에 이를 가중처벌 사유로 삼고 있는 범죄유형을 가리킨다. 그리고 이러한 상습성을 갖춘 자가 여러 개의 죄를 반복하여 저지른 경우에는 각 죄를 별죄로 보아 경합범으로 처단할 것이 아니라 그 모두를 포괄하여 상습범이라고 하는 하나의 죄로 처단하는 것이 상습범의 본질 또는 상습범 가중처벌규정의 입법취지에 부합한다는 점은 일찍부터 대법원이 견지하여 온 견해이다(대법원 1978. 2. 14. 선고 77도3564 전원합의체 판결 등 다수).

나. 상습범으로서 포괄적 일죄의 관계에 있는 여러 개의 범죄사실 중 일부에 대하여 유죄판결이 확정된 경우에, 그 확정판결의 사실심판결 선고 전에 저질러진 나머지 범죄에 대하여 새로이 공소가 제기되었다면 그 새로운 공소는 확정판결이 있었던 사건과 동일한 사건에 대하여 다시 제기된 데 해당하므로 이에 대하여는 판결로써 면소의 선고를 하여야 하는 것인바(형사소송법 제326조 제1호), 다만 이러한 법리가 적용되기 위해서는 전의 확정판결에서 당해 피고인이 상습범으로 기소되어 처단되었을 것을 필요로 하는 것이고, 상습범 아닌 기본 구성요건의 범죄로 처단되는 데 그친 경우에는, 가사 뒤에 기소된 사건에서 비로소 드러났거나 새로 저질러진 범죄사실과 전의 판결에서 이미 유죄로 확정된 범죄사실 등을 종합하여 비로소 그 모두가 상습범으로서의 포괄적 일죄에 해당하는 것으로 판단된다 하더라도 뒤늦게 앞서의 확정판결을 상습범의 일부에 대한 확정판결이라고 보아 그 기판력이 그 사실심판결 선고 전의 나머지 범죄에 미친다고 보아서는 아니된다.

확정판결의 기판력이 미치는 범위를 정함에 있어서는 그 확정된 사건 자체의 범죄사실과 죄명을 기준으로 하는 것이 원칙이고 비상습범으로 기소되어 판결이 확정된 이상, 그 사건의 범죄사실이 상습범 아닌 기본 구성요건의 범죄라는 점에 관하여 이미 기판력이 발생하였다고 보아야 할 것이며, 뒤에 드러난 다른 범죄사실이나 그 밖의 사정을 부가하여 전의 확정판결의 효력을 검사의 기소내용보다 무거운 범죄유형인 상습범에 대한 판결로 바꾸어 적용하는 것은 형사소송의 기본원칙에 비추어 적절하지 않기 때문이다.

대법원 2016. 11. 24. 선고 2016도13885 판결 「절도에 있어서의 상습성은 절도범행을 반복 수행하는 습벽을 말하는 것으로서, 동종 전과의 유무와 그 사건 범행의 횟수, 기간, 동기 및 수단과 방법 등을 종합적으로 고려하여 상습성 유무를 결정하여야 하고, <u>단순절도, 특수절도의 범행이 동일한 절도습벽의 발현에 의한 것으로 인정되는 경우, 그중 법정형이 더 중한 상습특수절도죄에 나머지 행위들을 포괄시켜 하나의 죄만이 성립한다고 봄이 상당하다.」</u>

대법원 2018. 4. 24. 선고 2017도10956 판결 「폭행죄의 상습성은 폭행 범행을 반복하여 저지르는 습벽을 말하는 것으로서, 동종 전과의 유무와 그 사건 범행의 횟수, 기간, 동기 및 수단과 방법 등을 종합적으로 고려하여 상습성 유무를 결정하여야 하고, 단순폭행, <u>존속폭행의 범행이 동일한 폭행 습벽의 발현에 의한 것으로 인정되는 경우, 그중 법정형이 더 중한 상습존속폭행죄에 나머지 행위를 포괄하여 하나의 죄만이 성립한다고 봄이 타당하다.」</u>

나. 영업범

〈영업범의 의의 및 죄수〉

대법원 2013. 11. 28. 선고 2013도10467 판결 [도박개장·자본시장과금융투자업에관한법률위반·정보통신망이용촉진및정보보호등에관한법률위반(정보통신망침해등)]

<u>동일 죄명에 해당하는 수 개의 행위를 단일하고 계속된 범의로 일정기간 계속하여 행하고 그 피해법익도 동일한 경우에는 이들 각 행위를 통틀어 포괄일죄로 처단하여야 할 것이나, 수 개의 범행에서 범의의 단일성과 계속성이 인정되지 아니하거나 범행방법이 동일하지 않다면 각 범행은 실체적 경합범에 해당한다</u>(대법원 2005. 5. 13. 선고 2005도278 판결, 대법원 2006. 9. 8. 선고 2006도3172 판결 등 참조).

원심은 그 채택 증거에 의하여 인정되는 사정들, 즉 이 사건 약식명령이 확정된 범죄와 이 부분 공소사실의 범죄 사이에는 각 사설 사이트를 운영한 사무실의 위치, 사설 사이트 운영자, 회원들과의 입출금 방식이 서로 다른 점, 약식명령이 확정된 사건에서는 피고인이 단독범으로 기소되었으나 이 부분 공소사실에서는 피고인이 공동정범으로 기소된 점 등 여러 사정에 비추어 보면, 이 사건 약식명령이 확정된 범죄사실과 이 부분 공소사실은 양자 사이에

범의의 단일성과 계속성이 인정되지 아니하고 범행방법도 동일하지 아니하여 포괄일죄에 해당하지 아니하므로 이 사건 약식명령의 기판력이 이 부분 공소사실에 미치지 아니한다고 판단하였다.

앞서 본 법리 및 기록에 비추어 살펴보면, 원심의 위와 같은 판단은 정당하고, 거기에 상고이유 주장과 같이 포괄일죄 또는 면소에 관한 법리를 오해한 위법이 없다.

> **대법원 2012. 5. 10. 선고 2011도12131 판결 [저작권법위반방조 · 저작권법위반(인정된죄명:저작권법위반방조)]**
>
> 상습범이라 함은 어느 기본적 구성요건에 해당하는 행위를 한 자가 그 범죄행위를 반복하여 저지르는 습벽, 즉 상습성이라는 행위자적 속성을 갖추었다고 인정되는 경우에 이를 가중처벌 사유로 삼고 있는 범죄유형을 가리키는 것이므로(대법원 2004. 9. 16. 선고 2001도3206 전원합의체 판결 등 참조), 상습성이 있는 자가 같은 종류의 죄를 반복하여 저질렀다 하더라도 상습범을 별도의 범죄유형으로 처벌하는 규정이 없는 한 그 각 죄는 원칙적으로 별개의 범죄로서 경합범으로 처단할 것이다.
>
> 저작권법은 제140조 본문에서 저작재산권 침해로 인한 제136조 제1항의 죄를 친고죄로 규정하면서, 제140조 단서 제1호에서 영리를 위하여 상습적으로 위와 같은 범행을 한 경우에는 고소가 없어도 공소를 제기할 수 있다고 규정하고 있으나, 상습으로 제136조 제1항의 죄를 저지른 경우를 가중처벌한다는 규정은 따로 두고 있지 않다. 따라서 수회에 걸쳐 저작권법 제136조 제1항의 죄를 범한 것이 상습성의 발현에 따른 것이라고 하더라도, 이는 원칙적으로 경합범으로 보아야 하는 것이지 하나의 죄로 처단되는 상습범으로 볼 것은 아니다. 그것이 법규정의 표현에 부합하고, 상습범을 포괄일죄로 처단하는 것은 그것을 가중처벌하는 규정이 있기 때문이라는 법리적 구조에도 맞다.
>
> 그리고 저작재산권 침해행위는 저작권자가 같더라도 저작물별로 침해되는 법익이 다르므로 각각의 저작물에 대한 침해행위는 원칙적으로 각 별개의 죄를 구성한다고 할 것이다. 다만 단일하고도 계속된 범의 아래 동일한 저작물에 대한 침해행위가 일정기간 반복하여 행하여진 경우에는 포괄하여 하나의 범죄가 성립한다고 볼 수 있다(대법원 2000. 1. 21. 선고 99도4940 판결, 대법원 2011. 7. 14. 선고 2009도10759 판결 등 참조).

〈포괄일죄와 실체적 경합의 구분〉

대법원 2007. 3. 29. 선고 2007도595 판결 [음반 · 비디오물및게임물에관한법률위반]

동일 죄명에 해당하는 수개의 행위를 단일하고 계속된 범의하에 일정기간 계속하여 행하고 그 피해법익도 동일한 경우에는 이들 각 행위를 통틀어 포괄일죄로 처단하여야 할 것이다

(대법원 2007. 1. 11. 선고 2006도6620 판결 참조).

기록에 의하면, 피고인은 서울 강북구 미아동 (지번 생략) 주상복합상가 (호수 생략)호에 스크린 경마 게임기 42대를 설치하고 '(상호생략) 게임랜드'라는 상호로 일반게임장을 운영하면서, 사행성간주게임물의 경우 경품을 제공할 수 없음에도, 2005. 6. 16.경부터 같은 해 9. 4.경까지 사이에 위 게임장에서, 사행성간주게임물인 게임기에 경품으로 해피머니 문화상품권을 넣은 후 점수에 따라 손님들에게 제공함으로써 문화관광부장관이 고시하는 방법에 의하지 아니하고 경품을 제공하였다는 공소사실로 기소된 후(이하 이를 '제1 사건'이라 한다), 위 게임장에서 2006. 3. 23. 20:30경 게임을 한 손님들에게 점수에 따라 해피머니 문화상품권을 제공함으로써 문화관광부장관이 정하여 고시하는 종류 외의 경품을 제공하는 행위를 하였다는 공소사실로 다시 기소되었음(이하 이를 '제2 사건'이라 한다)을 알 수 있다. 위 각 공소사실은 모두 동일한 죄명에 해당하고 동일한 장소에서 동일한 게임물을 이용하여 게임장을 운영하는 과정에서 동일한 방법으로 상품권을 지급한 것인데다가 시간적으로도 근접하여 이루어졌으므로, 모두 단일하고 계속된 범의하에 연속적으로 이루어진 것으로 볼 것이다.

제3절 수죄

I. 상상적 경합

1. 의의 및 요건

〈상상적 경합과 법조경합의 구별〉

대법원 2002. 7. 18. 선고 2002도669 전원합의체 판결 [생 략]

원심판결 이유에 의하면 원심은, 제1심 판시 제2의 라의 (3)(나) 및 (3)(라)항, 제2의 마의 (3)의 별지 범죄일람표 (3) 기재 순번 1, 9 내지 18, 20 내지 25번, 제2의 사의 (3)항의 각 업무상배임의 점에 대하여, **타인의 사무를 처리하는 자가 그 사무처리상 임무에 위배하여 본인을 기망하고 착오에 빠진 본인으로부터 재물을 교부받은 경우에는 사기죄가 성립될 뿐, 설**

사 배임죄의 구성요건이 충족되어도 별도로 배임죄를 구성하는 것이 아니라 할 것이므로, **신용협동조합의 전무인 피고인이 조합의 담당직원을 기망하여 예금인출금 또는 대출금 명목으로 금원을 교부받은 위 각 행위**는 각 사기죄만이 성립된다고 판단하여 제1심판결을 파기·자판하면서, 위 각 사기의 점에 대하여만 유죄를 선고하고, 위 각 업무상배임의 점에 대하여는 무죄로 인정하되 위 각 사기죄와 일죄의 관계에 있는 것으로 보아 주문에서 따로 무죄의 선고를 하지 아니하였다.

그러나 상상적 경합은 1개의 행위가 실질적으로 수개의 구성요건을 충족하는 경우를 말하고 법조경합은 1개의 행위가 외관상 수개의 죄의 구성요건에 해당하는 것처럼 보이나 실질적으로 1죄만을 구성하는 경우를 말하며, 실질적으로 1죄인가 또는 수죄인가는 구성요건적 평가와 보호법익의 측면에서 고찰하여 판단하여야 한다고 할 것인바(대법원 2000. 7. 7. 선고 2000도1899 판결, 2001. 3. 27. 선고 2000도5318 판결 등 참조), 이 사건과 같이 업무상배임행위에 사기행위가 수반된 때의 죄수 관계에 관하여 보면, 사기죄는 사람을 기망하여 재물의 교부를 받거나 재산상의 이익을 취득하는 것을 구성요건으로 하는 범죄로서 임무위배를 그 구성요소로 하지 아니하고 사기죄의 관념에 임무위배 행위가 당연히 포함된다고 할 수도 없으며, 업무상배임죄는 업무상 타인의 사무를 처리하는 자가 그 업무상의 임무에 위배하는 행위로써 재산상의 이익을 취득하거나 제3자로 하여금 이를 취득하게 하여 본인에게 손해를 가하는 것을 구성요건으로 하는 범죄로서 기망적 요소를 구성요건의 일부로 하는 것이 아니어서 양 죄는 그 구성요건을 달리하는 별개의 범죄이고 형법상으로도 각각 별개의 장에 규정되어 있어, 1개의 행위에 관하여 사기죄와 업무상배임죄의 각 구성요건이 모두 구비된 때에는 양 죄를 법조경합 관계로 볼 것이 아니라 상상적 경합관계로 봄이 상당하다 할 것이고, 나아가 업무상배임죄가 아닌 단순배임죄라고 하여 양 죄의 관계를 달리 보아야 할 이유도 없다.

〈상상적 경합과 포괄일죄의 구별〉

대법원 2015. 4. 23. 선고 2014도16980 판결 [특정경제범죄가중처벌등에관한법률위반(사기)·사기·사문서위조·위조사문서행사·공정증서원본불실기재방조]

(1) 특정경제범죄 가중처벌 등에 관한 법률 제3조에서 말하는 이득액은 단순일죄의 이득액이나 혹은 포괄일죄가 성립하는 경우의 이득액의 합산액을 의미하는 것이고, 경합범으로 처벌될 수죄의 각 이득액을 합한 금액을 의미하는 것은 아니며(대법원 2000. 3. 24. 선고 2000도

28 판결 등 참조), 다수의 피해자에 대하여 각별로 기망행위를 하여 각각 재산상 이익을 편취한 경우에는 범의가 단일하고 범행방법이 동일하더라도 각 피해자의 피해법익은 독립한 것이므로 이를 포괄일죄로 파악할 수 없고 피해자별로 독립한 사기죄가 성립된다(대법원 1993. 6. 22. 선고 93도743 판결 참조). 다만 피해자들이 하나의 동업체를 구성하는 등으로 피해 법익이 동일하다고 볼 수 있는 사정이 있는 경우에는 피해자가 복수이더라도 이들에 대한 사기죄를 포괄하여 일죄로 볼 수도 있을 것이다(대법원 2011. 4. 14. 선고 2011도769 판결 등 참조). 그리고 1개의 기망행위에 의하여 다수의 피해자로부터 각각 재산상 이익을 편취한 경우에는 피해자별로 수 개의 사기죄가 성립하고, 그 사이에는 상상적 경합의 관계에 있는 것으로 보아야 한다(대법원 2011. 1. 13. 선고 2010도9330 판결 등 참조). … 기록에 의하면, ① 피해자 공소외 2, 공소외 1과 공소외 5는 1962. 5. 29. 만우리 부동산에 관하여 1962. 5. 10. 매매를 원인으로 각 3분의 1 지분에 관한 소유권이전등기를 마친 사실, ② 피해자 공소외 3은 2009. 9. 24. 만우리 부동산에 관한 공소외 5의 위 3분의 1 지분에 관하여 2002. 7. 5. 협의 분할에 의한 상속을 원인으로 지분이전등기를 마친 사실, ③ 피해자들은 법무사 사무실에서 함께 피고인 1 등을 만나 만우리 부동산에 관하여 매매대금을 14억 3,000만 원으로 하여 매매계약을 체결하였고, 매매계약서 및 근저당권설정계약서 등에 피해자들별로 각각 서명·날인한 사실, ④ 피해자 공소외 1은 검찰에서 '피해자 공소외 1에게 도와달라고 부탁하여 근저당권설정해지 서류를 피해자들에게 작성해 주지 않기로 하였다'는 원심 공동피고인 2의 변명에 대하여 '만우리 부동산은 3명이 공동명의로 되어 있어 혼자 허락할 수도 없는 상황이었다'라고 진술하며 원심 공동피고인 2의 변명에 대하여 반박한 사실을 알 수 있다.

이와 같이 피해자들이 만우리 부동산에 대한 각 공유지분을 취득한 경위와 피해자들이 함께 피고인 1을 만나 각자 자신의 공유지분에 대한 처분권을 행사한 점, 달리 피해자들이 하나의 동업체를 구성하는 등 피해법익이 동일하다고 볼만한 사정이 없는 점 등을 종합하여 보면, 각 피해자의 피해법익은 독립한 것이므로 피해자별로 독립한 사기죄가 성립하고, 피고인 1 등이 같은 일시, 장소에서 피해자들로부터 각 재산상 이익을 편취한 행위는 사회관념상 1개의 행위로 평가할 수 있으므로 위 각 사기죄 사이에는 상상적 경합의 관계에 있다 할 것이다.

⟨상상적 경합과 실체적 경합의 구별 1⟩

대법원 1991. 6. 25. 선고 91도643 판결 [특정범죄가중처벌등에관한법률위반·강도·절도·강도상해·강도예비·횡령]

강도가 동일한 장소에서 동일한 방법으로 시간적으로 접착된 상황에서 수인의 재물을 강취하였다고 하더라도, 수인의 피해자들에게 폭행 또는 협박을 가하여 그들로부터 그들이 각기 점유관리하고 있는 재물을 각각 강취하였다면, 피해자들의 수에 따라 수개의 강도죄를 구성하는 것이라고 보아야 할 것이다.

다만 강도범인이 피해자들의 반항을 억압하는 수단인 폭행·협박행위가 사실상 공통으로 이루어졌기 때문에, 법률상 1개의 행위로 평가되어 상상적경합으로 보아야 될 경우가 있는 것은 별문제이다.

이 사건의 경우 사실관계가 원심이 확정한 바와 같다면, 피고인들이 피해자 공소외 2와 공소외 3을 폭행·협박한 행위는 법률상 1개의 행위로 평가되는 것이 상당하다고 인정되는바, 그렇다면 위 공소외 2에 대한 강도행위와 위 공소외 3에 대한 강도행위가 소론과 같이 각별로 강도죄를 구성하는 것임에도 불구하고, 원심이 피고인들의 위와 같은 행위가 포괄하여 1개의 강도죄만을 구성하는 것으로 잘못 판단하였다고 하더라도, 피고인 2 및 피고인 3이 위 공소외 3에 대한 특수강도죄에 관하여 받은 유죄의 확정판결의 효력은 그 죄와 상상적경합의 관계에 있는 위 공소외 2에 대한 강도상해죄에 대하여도 어차피 미치게 되는 것이므로, 원심이 저지른 위와 같은 잘못은 판결에 영향을 미칠 것이 못된다.

대법원 2003. 1. 10. 선고 2002도4380 판결 [강도상해]

감금행위가 단순히 강도상해 범행의 수단이 되는 데 그치지 아니하고 강도상해의 범행이 끝난 뒤에도 계속된 경우에는 1개의 행위가 감금죄와 강도상해죄에 해당하는 경우라고 볼 수 없고, 이 경우 감금죄와 강도상해죄는 형법 제37조의 경합범 관계에 있다 고 보아야 한다.

이 사건에서 보면, 피고인은 공소외 1 등과 피해자로부터 돈을 **빼앗자고** 공모한 다음 그를 강제로 승용차에 태우고 가면서 공소사실과 같이 돈을 **빼앗고** 상해를 가한 뒤에도 계속하여 상당한 거리를 진행하여 가다가 교통사고를 일으켜 감금행위가 중단되었는데, 이와 같이 감금행위가 단순히 강도상해 범행의 수단이 되는 데 그치지 아니하고 그 범행이 끝난 뒤에도 계속되었으므로, 피고인이 저지른 감금죄와 강도상해죄는 형법 제37조의 경합범 관계에 있다고 보아야 하고, 따라서 위 감금의 범행에 관한 확정판결의 효력은 이 사건 강도상해의 공소사실에까지 미치지 아니한다.

〈상상적 경합과 실체적 경합의 구별 2〉

대법원 2010. 1. 14. 선고 2009도10845 판결 [특정범죄가중처벌등에관한법률위반(위험운전치사상)·도로교통법위반(음주운전)·도로교통법위반·도로교통법위반(무면허운전)]

1. 음주 또는 약물의 영향으로 정상적인 운전이 곤란한 상태에서 자동차를 운전하여 사람을 상해에 이르게 함과 동시에 다른 사람의 재물을 손괴한 때에는 특정범죄가중처벌 등에 관한 법률 위반(위험운전치사상)죄 외에 업무상과실 재물손괴로 인한 도로교통법 위반죄가 성립하고, 위 두 죄는 1개의 운전행위로 인한 것으로서 상상적 경합관계에 있다.

2. 이 사건 공소사실의 요지는, 피고인이 자동차 운전면허 없이 혈중알콜농도 0.201%의 술에 취하여 정상적인 운전이 곤란한 상태에서 (차량 번호 생략) 무쏘 차량을 운전하던 중, 전방에 신호대기로 정차하고 있던 포터 화물차량의 뒷부분을 들이받아 위 포터 화물차량이 밀리면서 그 앞에 정차하고 있던 포터II 화물차량을 들이받도록 함으로써, 피해자로 하여금 상해를 입게 함과 동시에 위 각 화물차량을 손괴하였다는 것이고, 원심은 이를 특정범죄가중처벌 등에 관한 법률 위반(위험운전치사상)죄, 도로교통법 위반(음주운전)죄, 도로교통법 위반(무면허운전)죄, 각 업무상과실 재물손괴로 인한 도로교통법 위반죄의 유죄로 인정하였는바, 앞서 본 법리에 따르면 특정범죄가중처벌 등에 관한 법률 위반(위험운전치사상)죄와 각 업무상과실 재물손괴로 인한 도로교통법 위반죄는 상상적 경합관계에 있다 할 것이다.

> 대법원 2008. 12. 11. 선고 2008도9182 판결 [특정범죄가중처벌등에관한법률위반(위험운전치사상)·교통사고처리특례법위반·도로교통법위반(음주운전)·도로교통법위반(무면허운전)]
>
> 음주로 인한 특정범죄가중처벌 등에 관한 법률 위반(위험운전치사상)죄는 그 입법 취지와 문언에 비추어 볼 때, 주취상태에서의 자동차 운전으로 인한 교통사고가 빈발하고 그로 인한 피해자의 생명·신체에 대한 피해가 중대할 뿐만 아니라 사고발생 전 상태로의 회복이 불가능하거나 쉽지 않은 점 등의 사정을 고려하여, 형법 제268조에서 규정하고 있는 업무상과실치사상죄의 특례를 규정하여 가중처벌함으로써 피해자의 생명·신체의 안전이라는 개인적 법익을 보호하기 위한 것이므로(대법원 2008. 11. 13. 선고 2008도7143 판결 참조), 그 죄가 성립되는 때에는 차의 운전자가 형법 제268조의 죄를 범한 것을 내용으로 하는 위 교통사고처리특례법 위반죄는 그 죄에 흡수되어 별죄를 구성하지 아니한다고 볼 것이다.

<연결효과에 의한 상상적 경합>

대법원 1983. 7. 26. 선고 83도1378 판결 [가중뇌물수수 · 허위공문서작성 · 허위공문서작성행사]

1. 원심판결 이유에 의하면, 원심은 예비군 중대장인 피고인이 그 판시와 같이 공소외인을 1982년 1년간 예비군훈련을 받지 않게 해주는 대가로 동인으로부터 180,000원을 교부받고 1982년 1년간 동인이 예비군훈련에 불참하였음에도 불구하고 참석한 것처럼 피고인 명의의 예비군 중대학급편성부(출석부)에 "참" 이라는 도장을 찍어 허위공문서를 작성하고 이를 예비군중대 사무실에 비치하여 행사함으로써 공무원이 그 직무에 관하여 뇌물을 수수하고 부정한 행위를 한 사실을 인정하고, 위 행위 중 수뢰후 부정처사의 점에 대하여는 형법 제131조 제1항, 제129조 제1항을, 허위공문서작성, 동행사의 점에 대하여는 형법 제227조 및 제229조를 각 적용한 후 이상은 형법 제37조 전단의 경합범에 해당한다고 하여 그 형이 중한 수뢰후 부정처사죄의 형에 경합가중을 하여 피고인에 대한 처단형을 정하고 있다.

2. 형법 제131조 제1항의 수뢰후 부정처사죄에 있어서 공무원이 수뢰후 행한 부정행위가 허위공문서작성 및 동행사죄와 같이 보호법익을 달리하는 별개 범죄의 구성요건을 충족하는 경우에는 수뢰후 부정처사죄 외에 별도로 허위공문서작성 및 동행사죄가 성립하고 이들죄와 수뢰후 부정처사죄는 각각 상상적 경합관계에 있다고 할 것인바, 이와 같이 허위공문서작성죄와 동행사죄가 수뢰후 부정처사죄와 각각 상상적 경합범관계에 있을 때에는 허위공문서작성죄와 동행사죄 상호간은 실체적 경합범관계에 있다고 할지라도 상상적 경합범관계에 있는 수뢰후 부정처사죄와 대비하여 가장 중한 죄에 정한 형으로 처단하면 족한 것이고 따로이 경합가중을 할 필요가 없다고 할 것이다.

3. 그럼에도 불구하고, 원심은 수뢰후 부정처사죄와 허위공문서작성죄 및 동행사죄를 모두 실체적 경합범으로 보고 경합가중을 하고 있으니 이 점에서 수뢰후 부정처사죄와 허위공문서작성죄 및 동행사죄의 죄수에 관한 법리를 오해하여 판결에 영향을 미친 허물이 있다고 할 것이다.

> 대법원 2001. 2. 9. 선고 2000도1216 판결 [수뢰후부정처사 · 공도화변조 · 변조공도화행사 · 뇌물수수]
>
> 원심이 유지한 제1심판결 이유에 의하면, 피고인의 행위 중 수뢰후부정처사의 점에 대하여는 형법 제131조 제1항, 제129조 제1항을, 공도화변조 및 동행사의 점에 대하여는 형법 제

225조 및 제229조를 각 적용한 후 위 각 죄(이와 별개인 1996년 9월 초순경의 뇌물수수죄 포함)는 형법 제37조 전단의 경합범에 해당한다고 하여 그 형이 가장 무거운 수뢰후부정처사죄의 형에 경합범 가중을 하여 피고인에 대한 처단형을 정하고 있다.

그러나 형법 제131조 제1항의 수뢰후부정처사죄에 있어서 공무원이 수뢰후 행한 부정행위가 공도화변조 및 동행사죄와 같이 보호법익을 달리하는 별개 범죄의 구성요건을 충족하는 경우에는 수뢰후부정처사죄 외에 별도로 공도화변조 및 동행사죄가 성립하고 이들 죄와 수뢰후부정처사죄는 각각 상상적 경합 관계에 있다고 할 것인바, 이와 같이 공도화변조죄와 동행사죄가 수뢰후부정처사죄와 각각 상상적 경합범 관계에 있을 때에는 공도화변조죄와 동행사죄 상호간은 실체적 경합범 관계에 있다고 할지라도 상상적 경합범 관계에 있는 수뢰후부정처사죄와 대비하여 가장 중한 죄에 정한 형으로 처단하면 족한 것이고 따로이 경합범 가중을 할 필요가 없다고 할 것이다(대법원 1983. 7. 26. 선고 83도1378 판결 참조).

대법원 1983. 4. 26. 선고 83도323 판결 「강간죄의 성립에 언제나 직접적으로 또 필요한 수단으로서 감금행위를 수반하는 것은 아니므로 이 사건에서 감금행위가 강간미수죄의 수단이 되었다 하여 감금행위는 강간미수죄에 흡수되어 범죄를 구성하지 않는다고 할 수는 없는 것이고, 원심인정의 위 사실관계에서 보면, 피고인이 피해자가 자동차에서 내릴 수 없는 상태를 이용하여 강간하려고 결의하고, 주행 중인 자동차에서 탈출불가능하게 하여 외포케 하고 50킬로미터를 운행하여, 여관앞까지 강제로 연행하여 강간하려다 미수에 그친 경우 위 협박은 감금죄의 실행의 착수임과 동시에 강간미수죄의 실행의 착수라고 할 것이고, 감금과 강간미수의 두 행위가 시간적, 장소적으로 중복될 뿐 아니라 감금행위 그 자체가 강간의 수단인 협박행위를 이루고 있는 경우로서 이 사건 감금과 강간미수죄는 일개의 행위에 의하여 실현된 경우로서 형법 제40조의 상상적 경합이라고 해석함이 상당할 것이므로 위 감금행위가 강간미수죄에 흡수되어 범죄를 구성하지 않는다는 원심판단에는 의율착오의 위법이 있다.」

대법원 1987. 2. 24. 선고 86도2731 판결 「피고인이 무면허인데다가 술에 취한상태에서 오토바이를 운전하였다는 것은 위의 관점에서 분명히 1개의 운전행위라 할 것이고 이 행위에 의하여 도로교통법 제111조 제2호, 제40조와 제109조 제2호, 제41조 제1항의 각 죄에 동시에 해당하는 것이니 두죄는 형법 제40조의 상상적 경합관계에 있다.」

대법원 1992. 7. 28. 선고 92도917 판결 「절도범인이 체포를 면탈할 목적으로 경찰관에게 폭행 협박을 가한 때에는 준 강도죄와 공무집행방해죄를 구성하고 양죄는 상상적 경합관계에 있으나, 강도범인이 체포를 면탈할 목적으로 경찰관에게 폭행을 가한 때에는 강도죄와 공무집행방해죄는 실체적 경합관계에 있고 상상적 경합관계에 있는 것이 아니다.」

대법원 2006. 12. 8. 선고 2006도6356 판결 「1개의 행위가 여러 개의 죄에 해당하는 경우 형법 제40조는 이를 과형상 일죄로 처벌한다는 것에 지나지 아니하고, 공소시효를 적용함에 있어서는 각 죄마다 따로 따져야 할 것인바, 공무원이 취급하는 사건에 관하여 청탁 또는 알선을 할 의사와 능력이 없음에도 청탁 또는 알선을 한다고 기망하여 금품을 교부받은 경우에 성립하는 사기죄와 변호사법 위반죄는 상상적 경합의 관계에 있으므로, 변호사법 위반죄의 공소시효가 완성되었다고 하여 그 죄와 상상적 경합관계에 있는 사기죄의 공소시효까지 완성되는 것은 아니다.」

대법원 2017. 3. 15. 선고 2016도19659 판결 「공무원이 직무관련자에게 제3자와 계약을 체결하도록 요구하여 그 계약 체결을 하게 한 행위가 제3자뇌물수수죄의 구성요건과 직권남용권리행사방해죄의 구성요건에 모두 해당하는 경우에는, 제3자뇌물수수죄와 직권남용권리행사방해죄가 각각 성립하되, 이는 사회 관념상 하나의 행위가 수 개의 죄에 해당하는 경우이므로 두 죄는 형법 제40조의 상상적 경합관계에 있게 된다.」

2. 상상적 경합의 법적 효과

〈상상적 경합의 처단형의 범위〉

대법원 1984. 2. 28. 선고 83도3160 판결 [강도강간미수·강도상해]

형법 제40조가 규정하는 1개의 행위가 수개의 죄에 해당하는 경우에는 「가장 중한 죄에 정한 형으로 처벌한다」함은 그 수개의 죄명중 가장 중한 형을 규정한 법조에 의하여 처단한다는 취지와 함께 다른 법조의 최하한의 형보다 가볍게 처단할 수는 없다는 취지 다시 말하면 수개의 죄에 대하여 형을 정함에 있어서는 각 법조중의 상한과 하한을 모두 중한 형의 범위 내에서 처단한다는 것을 포함하는 것으로 새겨야 할 것이다. 이는 그렇게 보지 아니하면 중한죄에 정한 형으로 처벌한다 함이 무의미하게 되기 때문이다. 이 사건에 있어서와 같이 1개의 행위가 강도강간미수의 죄와 강도상해의 죄에 해당하여 무거운 강도강간미수죄에 정한 형으로 처벌하기로 하여 소정형중 유기징역형을 선택한 다음 형법 제25조 제2항에 의한 미수감경과 형법 제53조에 의한 작량감경을 하여 그 처단형의 범위를 정함에 있어서는 먼저 강도상해죄가 기수이므로 강도상해죄 소정의 유기징역형의 하한의 범위내에서 강도강간미수죄 소정의 유기징역형을 미수감경한 다음 작량감경을 한 형기범위에 의하여야 할 것이다.

Ⅱ. 실체적 경합

1. 의의 및 요건

〈실체적 경합의 의의〉

대법원 2008. 11. 13. 선고 2008도7143 판결 [특정범죄가중처벌등에관한법률위반(위험운전치사상)·도로교통법위반(음주운전)]

원래 도로교통법은 도로에서 일어나는 교통상의 위험과 장해를 방지하고 제거하여 안전하고 원활한 교통을 확보함을 목적으로 하는 것이어서(도로교통법 제1조), 불특정다수의 사람 또는 차마의 통행을 위한 도로에서의 자동차 운전 등의 통행행위만을 법의 적용대상으로 삼고 도로 이외의 장소에서의 통행행위는 적용대상으로 하지 않고 있다(도로교통법 제2조 제1호, 제24호). 반면, 음주로 인한 특정범죄가중처벌 등에 관한 법률 위반(위험운전치사상)죄는 입법 취지와 그 문언에 비추어 볼 때, 주취상태에서의 자동차 운전으로 인한 교통사고가 빈발하고 그로 인한 피해자의 생명·신체에 대한 피해가 중대할 뿐만 아니라 사고발생 전 상태로의 회복이 불가능하거나 쉽지 않은 점 등의 사정을 고려하여, 형법 제268조에서 규정하고 있는 업무상과실치사상죄의 특례를 규정하여 가중처벌함으로써 피해자의 생명·신체의 안전이라는 개인적 법익을 보호하기 위한 것이어서, 그 적용범위가 도로에서의 자동차 운전으로 인한 경우뿐만 아니라 도로 이외 장소에서의 자동차 운전으로 인한 경우도 역시 포함되는 것으로 본다.

한편, 도로교통법 위반(음주운전)죄는 술에 취한 상태에서 자동차 등을 운전하는 행위를 처벌하면서, 술에 취한 상태를 인정하는 기준을 운전자의 혈중 알코올농도 0.05% 이상이라는 획일적인 수치로 규정하여, 운전자가 혈중 알코올농도의 최저기준치를 초과한 주취상태에서 자동차 등을 운전한 경우에는 구체적으로 정상적인 운전이 곤란한지 여부와 상관없이 이를 처벌대상으로 삼고 있는 바, 이는 위와 같은 혈중 알코올농도의 주취상태에서의 운전행위로 인하여 추상적으로 도로교통상의 위험이 발생한 것으로 봄으로써 도로에서 주취상태에서의 운전으로 인한 교통상의 위험과 장해를 방지하고 제거하여 안전하고 원활한 교통을 확보하는데 그 목적이 있다. 반면, 음주로 인한 특정범죄가중처벌 등에 관한 법률 위반(위험운전치사상)죄는 도로교통법 위반(음주운전)죄의 경우와는 달리 형식적으로 혈중 알코올농도의 법정 최저기준치를 초과하였는지 여부와는 상관없이 운전자가 음주의 영향으로 실제 정상적인 운전이 곤란한 상태에 있어야만 하고, 그러한 상태에서 자동차를 운전하다가 사람을 상해 또는 사망에 이르게 한 행위를 처벌대상으로 하고 있는 바, 이는 음주로 인한 특정범죄가중처벌 등에 관한 법률 위반(위험운전치사상)죄는 업무상과실치사상죄의 일종으로 구성요건적 행위와 그 결과 발생 사이에 인과관계가 요구되기 때문이다.

위와 같이 음주로 인한 특정범죄가중처벌 등에 관한 법률 위반(위험운전치사상)죄와 도로교통법 위반(음주운전)죄는 입법 취지와 보호법익 및 적용 영역을 달리하는 별개의 범죄로서 양죄가 모두 성립하는 경우 두 죄는 실체적 경합관계에 있는 것으로 보아야 할 것이다.

〈실체적 경합과 포괄일죄 및 상상적 경합과의 구별〉

대법원 1989. 11. 28. 선고 89도1309 판결 [배임·사기]

단일하고 계속된 범의하에 동종의 범행을 일정기간 반복하여 행하고 그 피해법익도 동일한 경우에는 각 범행을 통틀어 포괄일죄라고 볼 것이나 이러한 범의의 단일성이나 계속성을 인정할 수 없을 때에는 각 범행마다 별개의 죄가 성립된다 할 것인데 원심이 든 증거에 의하면 피고인이 위 원심상피고인과 공모하여 공소외 1로부터 3회에 걸쳐 돈을 편취함에 있어서 그 시간적 간격이 1985.3.25. 과 그해 5.30. 그해 8.4. 로 각 2개월 이상이 되고 그 기망방법에 있어서도 처음에는 경매보증금을 마련하여 시간을 벌어주면 경매목적물을 처분하여 갚겠다고 거짓말을 하였고 두번째는 한번만 더 시간을 벌면 위 부동산이 처분될 수 있다고 하여 돈을 빌려주게 하고 마지막에는 돈을 빌려주지 않으면 두번에 걸쳐 빌려준 돈도 갚을 수 없게 되었다고 거짓말을 함으로써 피해자로 하여금 부득이 그 돈을 빌려주지 않을 수 없는 상태에 놓이게 한 사실이 인정되는 바, 이와 같은 범행의 시간적 간격과 범행의 수단에 미루어 보면 피고인에게 범의의 단일성과 계속성이 있었다고 보여지지 아니하므로 원심이 이를 실체적 경합범으로 다스린 것은 정당하고 거기에 지적하는 바와 같은 죄수에 관한 법리의 오해나 채증법칙을 어긴 위법이 없다.

> ### 대법원 2006. 2. 23. 선고 2005도8645 판결 [특정경제범죄가중처벌등에관한법률위반(사기)]
> 사기죄에 있어서 동일한 피해자에 대하여 수회에 걸쳐 기망행위를 하여 금원을 편취한 경우, 그 범의가 단일하고 범행 방법이 동일하다면 사기죄의 포괄일죄만이 성립한다(대법원

2002. 7. 12. 선고 2002도2029 판결, 2005. 1. 28. 선고 2004도5598 판결 등 참조).

기록에 의하면, 이 사건 각 범행은 위 피고인들이 자산관리위탁계약서상의 약정 및 계약금 지급의 유예 사실을 숨기는 한편 분양 계약금이 입금된 것처럼 가장하여 피해 저축은행들로부터 10여 일의 짧은 기간 동안에 수백 회에 걸쳐 중도금 대출 명목으로 금원을 편취한 것으로, 단일한 범의하의 동일한 수법의 범행이므로 피해 저축은행 별로 사기죄의 포괄일죄가 성립된다고 할 것이다.

원심이 같은 취지에서 수분양자에 대한 대출마다 별개의 죄가 성립하지 않고 피해 저축은행별로 그 대출 전부에 대해 사기죄의 포괄일죄가 성립한다고 판단한 것은 정당하(다).

대법원 1993. 6. 22. 선고 93도743 판결 [특정경제범죄가중처벌등에관한법률위반(업무상배임)·공기호부정사용·부정수표단속법위반·특정경제범죄가중처벌등에관한법률위반(사기)]

수인의 피해자에 대하여 각별로 기망행위를 하여 각각 재물을 편취한 경우에는 비록 범의가 단일하고 범행방법이 동일하다고 하더라도 각 피해자의 피해법익은 독립한 것이므로 이를 포괄 1죄로 파악할 수는 없고 피해자별로 독립한 사기죄가 성립된다.

대법원 2011. 1. 13. 선고 2010도9330 판결 [사기·도박]

1개의 기망행위에 의하여 여러 피해자로부터 각각 재물을 편취한 경우에는 피해자별로 수개의 사기죄가 성립하고, 그 사이에는 상상적 경합의 관계에 있는 것으로 보아야 한다.

앞에서 본 사실관계를 위와 같은 법리에 비추어 살펴보면, 피고인 등이 피해자들을 유인하여 사기도박을 하여 도금을 편취한 행위는 사회관념상 1개의 행위로 평가함이 상당하므로, 피해자들에 대한 각 사기죄는 상상적 경합의 관계에 있다고 보아야 할 것이다.

대법원 1991. 9. 10. 선고 91도1722 판결「피고인이 예금통장을 강취하고 예금자 명의의 예금청구서를 위조한 다음 이를 은행원에게 제출행사하여 예금인출금 명목의 금원을 교부받았다면 강도, 사문서위조, 동행사, 사기의 각 범죄가 성립하고 이들은 실체적경합관계에 있다.」

대법원 2001. 8. 21. 선고 2001도3312 판결「포괄일죄로 되는 개개의 범죄행위가 다른 종류의 죄의 확정판결의 전후에 걸쳐서 행하여진 경우에는 그 죄는 2죄로 분리되지 않고 확정판결 후인 최종의 범죄행위시에 완성되는 것이라고 할 것인바, 피고인의 이 사건 각 범죄는 1999. 12. 8.자로 확정된 판시 도로교통법위반죄에 대하여 모두 그 후에 이루어진 범행임이 명백하다. 따라서 피고인의 판시 약사법위반행위 중 일부가 그 판시와 같이 실체적 경합범 관계에 있다고 보아 그 중 위 확정판결 이전의 범행에 대하여는 별도로 형법 제37조 후단, 제39조 제1항을 적용하여 피고인을 두 개의 형으로 처단한 원심판결에는, 죄수 및 경합범에 관한 법리를 오해함으로써 법령의 적용을 그르친 위법이 있다.」

대법원 2010. 11. 25. 선고 2010도10985 판결「이 사건 각 죄의 중간에 피고인에 대한 2009. 8. 28.자 확정판결이 존재하여 2009. 8. 26.자 및 2009. 8. 27.자 마약류관리에 관한 법률 위반(향정)죄와 2009. 9. 17.자 마약류관리에 관한 법률 위반(향정)죄는 서로 경합범 관계에 있지 않게 되었으므로, 형법 제39조 제1항에 따라 2개의 주문으로 형을 선고하여야 함에도 '피고인을 징역 10월 및 벌금 1,000만 원에 처한다'는 하나의 병과형을 선고하였으니, 원심판결에는 경합범에 관한 법리를 오해한 위법이 있다.」

대법원 2010. 11. 11. 선고 2010도10690 판결 「금원 편취를 내용으로 하는 사기죄에서는 기망으로 인한 금원 교부가 있으면 그 자체로써 피해자의 재산침해가 되어 바로 사기죄가 성립하고, 상당한 대가가 지급되었다거나 피해자의 전체 재산상에 손해가 없다 하여도 사기죄의 성립에는 그 영향이 없다. 한편 배임죄에 있어 재산상의 손해를 가한 때라 함은 현실적인 손해를 가한 경우뿐만 아니라 재산상 실해 발생의 위험을 초래한 경우도 포함되고, 재산상 손해의 유무에 대한 판단은 본인의 전 재산 상태와의 관계에서 법률적 판단에 의하지 아니하고 경제적 관점에서 파악하여야 하며, 따라서 법률적 판단에 의 하여 당해 배임행위가 무효라 하더라도 경제적 관점에서 파악하여 배임행위로 인하여 본인에게 현실 적인 손해를 가하였거나 재산상 실해 발생의 위험을 초래한 경우에는 재산상의 손해를 가한 때에 해당 한다. 그리고 <u>본인에 대한 배임행위가 본인 이외의 제3자에 대한 사기죄를 구성한다 하더라도 그로 인 하여 본인에게 손해가 생긴 때에는 사기죄와 함께 배임죄가 성립한다.</u>」

대법원 2018. 11. 29. 선고 2018도10779 판결 「의료기관의 개설자 명의는 의료기관을 특정하고 동일성 을 식별하는 데에 중요한 표지가 되는 것이므로, <u>비의료인이 의료기관을 개설하여 운영하는 도중 개설 자 명의를 다른 의료인 등으로 변경한 경우에는 그 범의가 단일하다거나 범행방법이 종전과 동일하다 고 보기 어렵다.</u> 따라서 개설자 명의별로 별개의 범죄가 성립하고 각 죄는 실체적 경합범의 관계에 있 다고 보아야 한다.」

대법원 2020. 5. 14. 선고 2020도1355 판결 「원심은 피고인이 이른바 집창촌 내의 이 사건 건물을 매수 한 후 계속하여 성매매 알선업자에게 건물을 임대하여 왔다는 변소를 중시한 나머지 확정된 위 각 약 식명령의 범죄사실과 본건 범죄사실이 동일사건에 해당한다고 단정하여 포괄일죄 관계에 있다고 보아 확정된 위 각 약식명령의 기판력이 이 사건 공소사실에 미친다고 판단하였으니, 이러한 원심의 판단에 는 성매매장소 제공에 의한 성매매알선 등 행위의 처벌에 관한 법률 위반(성매매알선등)죄에 있어서의 포괄일죄와 경합범의 구별 기준에 관한 법리를 오해하고 필요한 심리를 다하지 아니함으로써 판결에 영향을 미친 잘못이 있다.」

〈사후적 경합범의 성립범위〉

대법원 2014. 3. 27. 선고 2014도469 판결 [마약류관리에관한법률위반(향정)]

형법 제37조 후단 및 제39조 제1항의 문언, 입법 취지 등에 비추어 보면, <u>아직 판결을 받지 아니한 죄가 이미 판결이 확정된 죄와 동시에 판결할 수 없었던 경우에는 형법 제37조 후단 의 경합범 관계가 성립할 수 없고 형법 제39조 제1항에 따라 동시에 판결할 경우와 형평을 고려하여 형을 선고하거나 그 형을 감경 또는 면제할 수도 없다고 해석함이 상당하다</u>(대법원

2011. 10. 27. 선고 2009도9948 판결, 대법원 2012. 9. 27. 선고 2012도9295 판결 등 참조). 한편 <u>아직 판결을 받지 아니한 수개의 죄가 판결 확정을 전후하여 저질러진 경우 판결 확정 전에 범한 죄를 이미 판결이 확정된 죄와 동시에 판결할 수 없었던 경우라고 하여 마치 확정된 판결이 존재하지 않는 것처럼 그 수개의 죄 사이에 형법 제37조 전단의 경합범 관계가 인정되어 형법 제38조가 적용된다고 볼 수도 없으므로, 판결 확정을 전후한 각각의 범죄에 대하여 별도로 형을 정하여 선고할 수밖에 없다</u>(대법원 2011. 6. 10. 선고 2011도2351 판결 참조).

원심판결 이유 및 기록에 의하면, 이 사건 2012. 1. 5.자 및 2012. 1. 17.자 마약류 관리에 관한 법률 위반(향정)죄는 피고인이 서울중앙지방법원에서 같은 죄로 징역 8월에 집행유예 2년을 선고받은 판결이 2012. 2. 29. 확정되기 전에 범한 것이기는 하나, 피고인에게는 위 전과와 별도로 서울중앙지방법원에서 같은 죄 등으로 징역 1년에 집행유예 2년을 선고받아 2011. 11. 26. 판결이 확정된 전과가 있고, 2012. 2. 29. 판결이 확정된 죄는 위 2011. 11. 26. 판결 확정 전에 범한 것이어서 2012. 2. 29. 판결이 확정된 죄와 이 사건 2012. 1. 5.자 및 2012. 1. 17.자 범죄는 처음부터 동시에 판결할 수 없었음을 알 수 있다.

<u>따라서 2012. 2. 29. 판결이 확정된 죄와 이 사건 2012. 1. 5.자 및 2012. 1. 17.자 범죄 사이에 형법 제37조 후단의 경합범 관계가 성립할 수 없고, 경합범 중 판결을 받지 아니한 죄에 대하여 형을 선고할 때는 그 죄와 판결이 확정된 죄를 동시에 판결할 경우와 형평을 고려하도록 한 형법 제39조 제1항은 여기에 적용될 여지가 없다고 할 것이다. 그렇다고 하여 마치 2012. 2. 29. 확정된 판결이 존재하지 않는 것처럼 이 사건 범죄 중 위 판결 확정 전에 범한 2012. 1. 5.자 및 2012. 1. 17.자 범죄와 위 판결 확정 후에 범한 나머지 범죄 사이에 형법 제37조 전단의 경합범 관계가 인정되어 형법 제38조가 적용된다고 볼 수도 없다.</u> 따라서 이 사건 범죄 중 2012. 1. 5.자 및 2012. 1. 17.자 범죄와 나머지 범죄에 대하여 별도로 형을 정하여 선고할 수밖에 없다.

대법원 2021. 10. 14. 선고 2021도8719 판결 [특정범죄자에대한보호관찰및전자장치부착등에관한법률위반·재물손괴]

형법 제37조 후단 및 제39조 제1항의 문언, 입법 취지 등에 비추어 보면, <u>아직 판결을 받지 아니한 죄가 이미 판결이 확정된 죄와 동시에 판결할 수 없었던 경우에는 형법 제39조 제1항에 따라 동시에 판결할 경우와 형평을 고려하여 형을 선고하거나 그 형을 감경 또는 면제할 수 없다</u>(대법원 2011. 10. 27. 선고 2009도9948 판결, 대법원 2012. 9. 27. 선고 2012도9295 판결, 대법원 2014. 3. 27. 선고 2014도469 판결 등 참조). 한편 공직선거법 제18조 제1항 제3호에서 '선거범'이라 함은 공직선거법 제16장 벌칙에 규정된 죄와 국민투표법 위반의 죄를 범한 자를 말하는데(공직선거법 제18조 제2항), 공직선거법 제18조 제1항 제3호에 규정된 죄와 다른 죄의 경합범에 대하여는 이를 분리 선고하여야 한다(공직선거법 제18조 제3항 전단). 따라서 판결이 확정된 선거범죄와 확정되지 아니한 다른 죄는 동시에 판결할 수 없었던 경우에 해당하므로 형법 제39조 제1항에 따라 동시에 판결할 경우와의 형평을 고려하여 형을 선고하거나 그 형을 감경 또는 면제할 수 없다고 해석함이 타당하다.

2. 실체적 경합범의 처벌

〈동시적 경합범의 처벌〉

대법원 1985. 4. 23. 선고 84도2890 판결 [폭력행위등처벌에관한법률위반·존속상해]

경합범의 처벌례에 관한 형법 제38조 제1항 2호 본문은 각 죄에 정한 형이 사형 또는 무기징역이나 무기금고 이외의 동종의 형인 때에는 가장 중한 죄에 정한 장기 또는 다액에 그 2분의 1까지 가중하되 각 죄에 정한 형의 장기 또는 다액을 합산한 형기 또는 액수를 초과할 수 없다고 규정하고 그 단기에 대하여는 명문을 두지 아니하고 있으나 가장 중한 죄 아닌 죄에 정한 형의 단기가 가장 중한 죄에 정한 형의 단기보다 중한 때에는 위 본문의 규정취지에 비추어 그 중한 단기를 하한으로 한다고 새겨야 할 것 이다.

> **대법원 2004. 2. 13. 선고 2003도3090 판결 [위증교사]**
> 공직선거및선거부정방지법(이하 '공직선거법'이라 한다) 제18조 제3항(이하 '이 사건 법률조항'이라 한다)은 "선거범과 다른 죄의 경합범에 대하여는 형법 제38조의 규정에 불구하고 이를 분리 심리하여 따로 선고하여야 한다."고 규정하고 있는바, 그 취지는 선거범이 아닌 다른 죄가 선거범의 양형에 영향을 미치는 것을 최소화하기 위하여 형법상 경합범 처벌례에 관한 조항의 적용을 배제하고 분리 심리하여 형을 따로 선고하여야 한다는 것이다(대법원 1999. 4. 23. 선고 99도636 판결 참조).
> 공직선거법상의 선거범죄와 다른 범죄를 저지른 자가 공직선거법 제18조 제3항에 의하여 처벌을 받을 경우 따로 형이 선고될 선거범죄와 다른 범죄의 각 법정형의 상한의 합계가 형법 제38조에 의한 경합범 가중을 한 형벌의 상한보다 무거워지게 되는 수가 있으나, 판결이 확정되지 아니한 수개의 죄를 단일한 형으로 처벌할 것인지 수개의 형으로 처벌할 것인지 여부 및 가중하여 하나의 형으로 처벌하는 경우 그 가중의 방법은 입법자의 재량에 맡겨진 사항이라고 할 것이고, 이 사건 법률조항은 선거범에 대한 제재를 강화하여 선거풍토를 일신하고 공정한 선거문화를 정착시키려는 측면에서 그 입법목적의 정당성이 인정되고, 법원

으로서는 선거권 및 피선거권이 제한되는 사정을 고려하여 선고형을 정하게 되므로 이 사건 법률조항에 따른 처벌이 형법상 경합범 처벌례에 의한 처벌보다 항상 불리한 결과가 초래된다고 할 수 없어 이 사건 법률조항이 형법상 경합범 처벌례를 규정한 조항과 비교하여 현저히 불합리하게 차별하는 자의적인 입법이라고 단정할 수 없다.

〈사후적 경합범의 처벌 : 무기징역의 판결이 확정된 죄와 형법 제37조 후단 경합범의 관계에 있는 죄에 대하여 공소가 제기된 경우, 형을 필요적으로 면제하여야 하는지 여부 (소극)〉

대법원 2008. 9. 11. 선고 2006도8376 판결 [폭력행위등처벌에관한법률위반(집단·흉기등상해)]

형법 제39조 제1항이 후단 경합범과 전단 경합범 사이에 처벌의 불균형이 없도록 하고자 하면서도, 경합범 중 판결을 받지 아니한 죄가 있는 때에는 "그 죄와 판결이 확정된 죄에 형법 제38조를 적용하여 산출한 처단형의 범위 내에서 전체형을 정한 다음 그 전체형에서 판결이 확정된 죄에 대한 형을 공제한 나머지를 판결을 받지 아니한 죄에 대한 형으로 선고한다."거나 "그 죄와 판결이 확정된 죄에 대한 선고형의 총합이 두 죄에 대하여 형법 제38조를 적용하여 산출한 처단형의 범위 내에 속하도록 판결을 받지 아니한 죄에 대한 형을 선고한다."고 하지 않고, "그 죄와 판결이 확정된 죄를 동시에 판결할 경우와 형평을 고려하여" 판결을 받지 아니한 죄에 대하여 형을 선고한다고 정한 취지는, 위와 같은 방법으로 전체형을 정하거나 처단형의 범위를 제한하게 되면, 이미 판결이 확정된 죄에 대하여 일사부재리 원칙에 반할 수 있고, 먼저 판결을 받은 죄에 대한 형이 확정됨에 따라 뒤에 판결을 선고받는 후단 경합범에 대하여 선고할 수 있는 형의 범위가 지나치게 제한되어 책임에 상응하는 합리적이고 적절한 선고형의 결정이 불가능하거나 현저히 곤란하게 될 우려가 있음을 감안한 것이다. 따라서 후단 경합범에 대하여 심판하는 법원은 판결이 확정된 죄와 후단 경합범의 죄를 동시에 판결할 경우와 형평을 고려하여 후단 경합범의 처단형의 범위 내에서 후단 경합범의 선고형을 정할 수 있는 것이고, 그 죄와 판결이 확정된 죄에 대한 선고형의 총합이 두 죄에 대하여 형법 제38조를 적용하여 산출한 처단형의 범위 내에 속하도록 후단 경합범에 대한 형을 정하여야 하는 제한을 받는 것은 아니며, 후단 경합범에 대한 형을 감경 또는 면제할 것인지는 원칙적으로 그 죄에 대하여 심판하는 법원이 재량에 따라 판단할 수 있는 것이다.

그러므로 무기징역에 처하는 판결이 확정된 죄와 후단 경합범의 관계에 있는 죄에 대하여 공소가 제기된 경우에도 법원은 두 죄를 동시에 판결할 경우와 형평을 고려하여 후단 경합범에 대한 처단형의 범위 내에서 후단 경합범에 대한 선고형을 정할 수 있고, 형법 제38조 제1항 제1호가 전단 경합범 중 가장 중한 죄에 정한 처단형이 무기징역인 때에는 흡수주의를 취하였다고 하여 뒤에 공소제기된 후단 경합범에 대한 형을 필요적으로 면제하여야 하는 것은 아니다.

만약, 무기징역에 처하는 판결이 확정된 죄와 후단 경합범의 관계에 있는 죄에 대한 형은 필요적으로 면제하여야 한다면, 판결이 확정된 죄의 법정형은 사형 또는 무기징역이었으나 그 판결 당시에는 무기징역이 적절한 양형으로 판단되어 무기징역을 선택하여 선고하였던 것인데 후단 경합범의 법정형에는 사형이 포함되어 있지 않지만 중대한 범죄로서 죄질과 범정이 무거워 이들을 동시에 판결한다면 판결이 확정된 죄의 법정형 중 사형을 선택하여 선고하는 것이 책임에 상응하는 양형으로 평가되는 경우에도 후단 경합범에 대한 형을 면제하여야만 하는지(이 경우, 후단 경합범에 대하여 그 법정형이 아닌 사형을 선고할 수 없음은 분명하다), 무기징역에 처하는 판결이 확정된 죄의 법정형에는 사형이 포함되어 있지 않았는데 후단 경합범의 법정형에는 사형이 포함되어 있고 이들을 동시에 판결한다면 사형을 선택하여 선고하는 것이 책임에 상응하는 양형으로 평가되는 경우에도 역시 후단 경합범에 대한 형을 면제하여야만 하는 것인지 등과 같이 책임에 상응하는 합리적이고 적절한 선고형의 결정이 불가능하거나 현저히 곤란하게 되는 상황을 초래하게 된다. 형법 제39조 제1항이 '동시에 판결할 경우와 형평을 고려하여'라는 문구를 통하여 법원으로 하여금 합리적이고 적절한 선고형을 결정할 수 있도록 하는 유연한 입법 형식을 취한 것은 바로 위와 같은 상황이 초래되는 것을 막기 위한 것이다.

〈사후적 경합범의 처벌 : 법정형에 하한이 설정된 형법 제37조 후단 경합범에 대하여 형법 제39조 제1항 후문에 따라 형을 감경할 때에는 형법 제55조 제1항이 적용되지 아니하여 유기징역의 경우 그 형기의 2분의 1 미만으로도 감경할 수 있는지 여부 (소극)〉

대법원 2019. 4. 18. 선고 2017도14609 전원합의체 판결 [마약류관리에관한법률위반(향정)]

1. 사건의 경위와 쟁점

가. 피고인은 2016. 12. 9. 대전고등법원에서 '2015. 3. 11.부터 2015. 8. 7.까지 33회에 걸쳐 향정신성의약품을 판매하였다.'는 범죄사실이 인정되어 마약류 관리에 관한 법률 위반(향정) 죄로 징역 4년을 선고받았고, 그 판결은 2017. 2. 10. 대법원의 상고기각결정으로 확정되었다(이하 '이 사건 전과'라 한다).

나. 대전고등법원에서 위 재판이 계속 중이던 2016. 11. 22. 피고인에 대하여 대전지방법원 공주지원에 '2015. 10. 초순 향정신성의약품을 1회 판매하고, 2015. 11. 8. 향정신성의약품을 1회 판매하려다 미수에 그쳤다.'는 내용(이하 '이 사건 범죄'라 한다)의 각 마약류 관리에 관한 법률 위반(향정)의 공소사실로 이 사건 공소가 제기되었다. 이 사건 범죄는 향정신성의약품 매매와 매매미수에 해당하므로 마약류 관리에 관한 법률 제58조 제1항 제3호와 같은 법률 제58조 제3항, 제1항 제3호가 각 적용되어 법정형이 무기 또는 5년 이상의 징역이다.

다. 형법 제37조 후단은 "금고 이상의 형에 처한 판결이 확정된 죄와 그 판결확정 전에 범한 죄를 경합범으로 한다."라고 규정하고 있고, 형법 제39조 제1항은 "경합범 중 판결을 받지 아니한 죄가 있는 때에는 그 죄와 판결이 확정된 죄를 동시에 판결할 경우와 형평을 고려하여 그 죄에 대하여 형을 선고한다. 이 경우 그 형을 감경 또는 면제할 수 있다."라고 규정하고 있다. 그리고 형법 제55조 제1항 제3호는 "유기징역 또는 유기금고를 감경할 때에는 그 형기의 2분의 1로 한다."라고 규정하고 있다.

라. 제1심은 이 사건 범죄에 대하여 각 유기징역형을 선택하고, 이 사건 전과 범죄와 형법 제37조 후단 경합범(이하 '후단 경합범'이라 한다) 관계에 있다고 인정하여 형법 제39조 제1항에 따라 형법 제55조 제1항 제3호를 적용하여 법률상 감경을 한 다음, 형법 제37조 전단, 제38조 제1항에 따른 경합범 가중과 작량감경을 차례로 적용하여 산출한 처단형의 범위(징역 1년 3개월부터 11년 3개월까지) 내에서 피고인에게 징역 1년 6개월을 선고하였다.

마. 원심은 다음과 같은 이유로 제1심판결을 파기하고 피고인에게 징역 6개월을 선고하였다. 즉 이 사건과 같이 금고 이상의 형(사형 또는 무기징역이나 무기금고인 경우를 제외한다)에 처한 판결이 확정되기 전에 범한 후단 경합범에 해당하는 죄에 대하여 법정형의 하한이 정해져 있고, 그 죄에 대하여 정한 형과 판결이 확정된 죄에 정한 형이 형법 제38조 제1항 제2호에 규정된 '사형 또는 무기징역이나 무기금고 이외의 동종의 형'인 경우(이하 '쟁점 사안'이라 한다)에는 형법 제39조 제1항에 따라 형을 감경함에 있어 감경 한도에 제한을 두어서는 아니 되므로 법률상 감경에 관한 형법 제55조 제1항이 적용되지 않고 형법 제37조 전단 경합범(이하 '전단 경합범'이라 한다)으로 처벌되는 경우와 형평을 고려하여 공평하고 적절한 형을 정

하여야 한다는 것이다.

결국 원심은 이 사건 범죄에 대해 각 유기징역형을 선택하고, 이 사건 전과 범죄와 후단 경합범 관계에 있다고 인정한 다음, 형법 제37조 전단, 제38조 제1항을 적용하여 경합범 가중을 하고, 이어서 형법 제39조 제1항을 적용하여 후단 경합범 감경을 한 다음 작량감경을 하였다.

바. 검사의 상고이유의 요지는 후단 경합범에 대하여 형법 제39조 제1항 후문에 따라 형을 감경할 때에는 형법 제55조 제1항의 법률상의 감경 방식에 따라야 한다는 것이다.

사. 이 사건의 쟁점은 쟁점 사안과 같이 법정형의 하한이 설정된 후단 경합범에 대하여 형법 제39조 제1항 후문에 따라 형을 감경함에 있어 유기징역의 경우 형법 제55조 제1항 제3호를 적용하여 그 형기의 2분의 1 범위 내에서만 감경할 수 있다고 볼 것인지, 아니면 형법 제55조 제1항 제3호의 적용을 배제하여 그 형기의 2분의 1 미만으로도 감경할 수 있다고 볼 것인지 여부이다.

2. 대법원의 판단

가. 기존 대법원 판례에 따르면, 후단 경합범에 대하여 형법 제39조 제1항에 의하여 형을 감경할 때에도 법률상 감경에 관한 형법 제55조 제1항이 적용되어 유기징역을 감경할 때에는 그 형기의 2분의 1 미만으로는 감경할 수 없다(대법원 2006. 12. 21. 선고 2006도6627 판결 등 참조). 이러한 대법원 판례는 타당하고 앞으로도 유지되어야 한다. 그 이유는 다음과 같다.

나. 1) 형의 양정은 법정형 확인, 처단형 확정, 선고형 결정 등 단계로 구분된다. 법관은 형의 양정을 할 때 법정형에서 형의 가중·감경 등을 거쳐 형성된 처단형의 범위 내에서만 양형의 조건을 참작하여 선고형을 결정하여야 하고, 이는 후단 경합범의 경우에도 마찬가지이다(대법원 2008. 9. 11. 선고 2006도8376 판결 등 참조).

형법 제56조는 형을 가중·감경할 사유가 경합된 경우 가중·감경의 순서를 '1. 각칙 본조에 의한 가중, 2. 제34조 제2항의 가중, 3. 누범가중, 4. 법률상감경, 5. 경합범가중, 6. 작량감경' 순으로 하도록 정하고 있다. 법률상 감경을 먼저 하고 마지막으로 작량감경을 하도록 되어 있으므로 법률상 감경 사유가 있을 때에는 작량감경에 앞서 하여야 하고, 작량감경은 이와 같은 법률상 감경을 다하고도 그 처단형의 범위를 완화하여 그보다 낮은 형을 선고하고자 할 때에 한다(대법원 1991. 6. 11. 선고 91도985 판결, 대법원 2005. 9. 29. 선고 2005도6120 판결 등 참조). 법정형의 하한이 설정된 범죄에 대하여 형법 제55조, 제56조가 적용되면 법률상 감경과 작량감경을 거치더라도 감경된 하한이 유지된다.

2) 위와 같은 형법 규정에 비추어 보면, 처단형은 선고형의 최종적인 기준이 되므로 그 범위는 법률에 따라서 엄격하게 정하여야 하고, 별도의 명시적인 규정이 없는 이상 형법 제56조에서 열거하고 있는 가중·감경할 사유에 해당하지 않는 다른 성질의 감경 사유를 인정할 수는 없다. 형의 감경에는 법률상 감경과 재판상 감경인 작량감경이 있다. 작량감경 외에 법률의 여러 조항에서 정하고 있는 감경은 모두 법률상 감경이라는 하나의 틀 안에 놓여 있다. 따라서 형법 제39조 제1항 후문에서 정한 감경도 당연히 법률상 감경에 해당한다. 형법 제39조 제1항 후문의 "그 형을 감경 또는 면제할 수 있다."라는 규정 형식도 다른 법률상의 감경 사유들과 다르지 않다. 이와 달리 형법 제39조 제1항이 새로운 감경을 설정하였다고 하려면 그에 대하여 일반적인 법률상의 감경과 다른, 감경의 폭이나 방식이 제시되어야 하고 감경의 순서 또한 따로 정했어야 할 것인데 이에 대하여는 아무런 정함이 없다. 감경의 폭이나 방식, 순서에 관해 달리 정하고 있지 않은 이상 후단 경합범에 대하여도 법률상 감경 방식에 관한 총칙규정인 형법 제55조, 제56조가 적용된다고 보는 것이 지극히 자연스럽다.

다. 후단 경합범의 문제는 그 죄와 판결이 확정된 죄에 대하여 전단 경합범으로 동시에 판결할 수 있었음에도 그렇게 하지 못함으로 인하여 동시에 판결한 경우에 비하여 피고인에게 불리할 수 있기 때문에 생기는 것이지만, 후단 경합범을 어떻게 처리하여야 하는지는 기본적으로 입법정책에 달려 있다. 형 선고 단계에서 이를 고려할 것인지 말 것인지, 형 집행 단계에서 이를 고려할 것인지 말 것인지, 형 선고 단계나 형 집행 단계에서 이를 고려할 때 어떠한 방식으로 이를 고려할 것인지 모두 입법자의 의사에 따라야 하는 것이다.

형법 제39조는 형법 제정 당시부터 2005. 7. 29. 법률 제7623호로 현재와 같이 개정될 때까지 제1항에서 "경합범 중 판결을 받지 아니한 죄가 있는 때에는 그 죄에 대하여 형을 선고한다.", 제2항에서 "전항에 의한 수 개의 판결이 있는 때에는 전조의 예에 의하여 집행한다."라고 규정하고 있었다.

현행 형법 제39조 제1항이 후단 경합범과 전단 경합범 사이에 처벌의 불균형이 없도록 하고자 하면서도, 경합범 중 판결을 받지 아니한 죄가 있는 때에는 '그 죄와 판결이 확정된 죄에 형법 제38조를 적용하여 산출한 처단형의 범위 내에서 전체형을 정한 다음 그 전체형에서 판결이 확정된 죄에 대한 형을 공제한 나머지를 판결을 받지 아니한 죄에 대한 형으로 선고한다.'거나 '그 죄와 판결이 확정된 죄에 대한 선고형의 총합이 두 죄에 대하여 형법 제38조를 적용하여 산출한 처단형의 범위 내에 속하도록 판결을 받지 아니한 죄에 대한 형을 선고한다.'고 하지 않고, "그 죄와 판결이 확정된 죄를 동시에 판결할 경우와 형평을 고려하여"

판결을 받지 아니한 죄에 대하여 형을 선고한다고 정한 취지는, 앞선 두 경우와 같은 방법으로 전체형을 정하거나 처단형의 범위를 제한하게 되면, 이미 판결이 확정된 죄에 대하여 다시 심판하는 것이 되어 일사부재리 원칙에 반할 수 있고, 먼저 판결을 받은 죄에 대한 형이 확정됨에 따라 뒤에 판결을 선고받는 후단 경합범에 대하여 선고할 수 있는 형의 범위가 지나치게 제한되어 책임에 상응하는 합리적이고 적절한 선고형의 결정이 불가능하거나 현저히 곤란하게 될 우려가 있음을 감안하여 법원으로 하여금 합리적이고 적절한 선고형을 결정할 수 있도록 하는 유연한 입법 형식을 취한 것이다(앞의 대법원 2006도8376 판결 등 참조).

위 법률 개정 과정에서 현행 형법 제39조 제1항의 내용에 '형법 제55조 제1항의 감경 한도 이하로도 감경할 수 있다.'는 내용을 포함시켜 하한이 없는 감경을 가능하게 하려던 수정제안이 있었으나 최종적으로 채택되지 않았다. 즉 입법과정에서 후단 경합범에 대한 감경에 있어 형법 제55조 제1항의 적용을 배제하려는 의견이 제시되었으나 받아들여지지 않은 것이다. 이에 비추어 보면 후단 경합범에 따른 감경을 새로운 유형의 감경이 아니라 일반 법률상 감경의 하나로 보고, 후단 경합범에 대한 감경에 있어 형법 제55조 제1항에 따라야 한다고 보는 것은 문언적·체계적 해석에 합치될 뿐 아니라 입법자의 의사와 입법연혁 등을 고려한 목적론적 해석에도 부합한다.

라. 한편 형법 제39조 제1항 전문이 "경합범 중 판결을 받지 아니한 죄가 있는 때에는 그 죄와 판결이 확정된 죄를 동시에 판결할 경우와 형평을 고려하여 그 죄에 대하여 형을 선고한다."라고 규정한 것은 기존에 후단 경합범에 대하여 형의 집행단계에서 전단 경합범과 형평을 고려해 오던 것을 형의 선고단계에서 형평을 고려하여 형을 정한다는 취지를 밝힌 것일 뿐 후단 경합범에 대하여 동시에 판결할 경우와 완벽하게 형평을 기할 수 있도록 감경 한도의 제한 없이 감경할 수 있다는 뜻을 선언하는 것으로 볼 수는 없다.

즉 후단 경합범에 대하여 동시에 판결할 경우와 형평을 고려하여 형을 선고한다고 정한 것은 법원이 판결이 확정된 죄와 후단 경합범을 동시에 판결할 경우와 형평을 고려하여 후단 경합범에 대한 처단형의 범위 내에서 형을 선고한다는 원칙을 선언함으로써 형의 양정(형법 제51조)에 관한 추가적인 고려사항을 제시한 것이다. 이는 후단 경합범의 경우에 형의 양정 과정에서 판결이 확정된 죄와 후단 경합범을 함께 처벌할 경우와 비교하여 형평에 맞지 않는다고 판단되는 경우에는 형법 제39조 제1항 후문이 정한 바에 따라 형의 감경 또는 면제 등을 통하여 최대한 형평에 맞도록 하여야 한다는 의미이다. 양형재량에 비추어 형의 감경 만으로는 도저히 형평에 맞는 결과를 이끌어 낼 수 없다고 보이는 경우에는 형을 면제하면 족하다. 후단 경합범에 대한 형을 감경할 것인지 면제할 것인지는 원칙적으로 그 죄에 대하여 심판하는 법원이 재량에 따라 판단할 수 있다(앞의 대법원 2006도8376 판결 등 참조). 따라서 법정형의 하한이 있는 범죄에서 감경을 하더라도 일정한 하한을 유지해야 한다는 중대한 원칙에 반하여 처단형의 하한을 벗어난 형을 선고할 수 있다고 보아야 할 필요도 크지 않다. 이를 두고 법관의 양형재량이 중대하게 침해되었다거나 적절한 양형이 불가능하게 되었다고 보기도 어렵다.

마. 후단 경합범에 대한 형의 감경에 있어 형기에 하한을 두는 것이 피고인에게 불이익하고, 형기에 하한을 두지 않는 것이 피고인에게 이익이 된다고 일률적으로 말할 수 없다. 형의 하한을 없애어 형의 면제에 이르기까지 처단형이 연속되도록 한 후 형을 정한다면, 후단 경합범에 대하여 판결이 확정된 죄와 함께 처벌할 경우와 형평을 고려하여 그 죄에 대하여 형을 선고하도록 하면서 형의 감경뿐 아니라 면제까지도 할 수 있게 한 법의 취지에 어긋나고 오히려 피고인에게 불리한 결과를 가져올 수도 있다. 후단 경합범에 대한 감경에 형법 제55조 제1항을 적용하면, 감경을 한 후 처단형의 범위 내에서, 즉 형기의 하한이 있는 상태에서 형을 정하게 되는데, 이때 판결이 확정된 죄와 함께 처벌할 경우와 비교하여 형평에 맞지 않는다고 보이면 형의 선고가 아니라 형의 면제를 선택하게 될 것이고, 이 형의 면제가 처단형의 하한을 없앤 형의 선고보다 피고인에게 유리하기 때문이다.

바. 형의 면제는 처단형이 '0'인 경우가 아니다. 처단형의 획정은 형 선고의 전 단계에서 행해지는데 형의 면제는 범죄가 성립하여 형벌권은 발생하였으나 일정한 사유로 형벌을 과하지 않는 것, 즉 유죄판결이지만 형을 선고하지 않는 것이므로 처단형을 전제로 하지 않기 때문이다. 또한 후단 경합범에 관한 형법 제39조 제1항 후문은 "이 경우 형을 감경 또는 면제할 수 있다."라고 정하고 있지 '이 경우 형을 감경 및 면제할 수 있다.'고 정하고 있지 않아 형의 감경과 면제는 양립할 수 없는 것임이 문언상 명확하다. 따라서 형의 감경을 선택하면서 형 면제의 결과를 반영할 수는 없는 것이다. 그런데 형의 감경에 하한이 없다고 본다면 형의 감경 외에 형의 면제를 독자적으로 규정하고 있는 의미를 찾을 수 없게 된다.

3. 이 사건의 해결

이러한 법리에 비추어 살펴보면, 법정형인 무기 또는 5년 이상의 징역 중에서 유기징역을 선택하고 후단 경합범에 대한 감경과 작량감경을 하기로 한 원심으로서는 형법 제56조가 정한 가중·감경의 순서에 따라 형법 제39조 제1항에 따른 감경(제56조 제4호), 경합범 가중(같은 조 제5호), 작량감경(같은 조 제6호)의 순서로 가중·감경을 하되, 그 감경은 형법 제55조

제1항 제3호에 따라 '그 형기의 2분의 1'로 하여야 하므로 그 처단형인 징역 1년 3개월부터 11년 3개월까지의 범위 내에서 피고인에 대한 형을 정했어야 했다.

그런데도 이와 달리 원심은 후단 경합범에 대하여 형법 제39조 제1항에서 정한 감경을 할 때에는 형법 제55조 제1항이 적용되지 않는다는 잘못된 전제에서 위와 같은 법률상 처단형의 하한을 벗어난 징역 6개월을 선고하였다. 이러한 원심의 판단에는 형법 제39조 제1항에서 정한 형의 감경에 관한 법리를 오해하여 판결에 영향을 미친 잘못이 있다.

[대법관 김재형, 대법관 안철상, 대법관 김선수의 반대의견] ① 법률의 해석에서 문언이나 체계만으로는 두 가지 가능성 가운데 어느 한쪽이 우위에 있지 않다면 그 목적과 지향점이 더욱 중요한 의미를 갖게 된다. 이 사건에서 문제 되는 법률의 문언과 체계뿐만 아니라 그 목적을 고려하면, 후단 경합범을 감경할 때 형법 제55조 제1항이 적용되지 않고 법률상 감경한 형의 하한인 '그 형기의 2분의 1'보다 낮은 형으로도 감경할 수 있다고 보아야 한다. ② 후단 경합범에 관한 조항을 해석할 때 가장 중요한 원칙은 판결이 확정된 죄와 후단 경합범을 동시에 판결할 경우와 비교하여 피고인이 별개의 절차에서 심판받는다는 이유만으로 불이익을 받아서는 안 된다는 것이다. 범죄와 형벌 사이에 적정한 균형이 이루어져야 한다는 죄형 균형의 원칙과 형벌은 책임에 기초하고 그 책임에 비례하여야 한다는 책임주의 원칙은 형사책임의 기본원칙이다. 후단 경합범에 관한 이례적이고 독자적인 규정 형식은 후단 경합범을 심판하는 법원이 판결이 확정된 죄와 후단 경합범을 동시에 판결할 경우와 비교하여 단지 별개의 절차에서 심판받는다는 이유만으로 불이익을 받지 않도록 후단 경합범을 처벌할 때 죄형 균형의 원칙과 책임주의 원칙에 합당한 형을 발견하라는 요청에 따른 것이다. 이러한 독자적인 규정 형식과 내용, 입법 취지에 비추어 보면, '형평을 고려하여 형을 선고한다.'는 것은 형평을 고려하여 적절한 범위에서 형을 감경하여 선고형을 정하거나 형을 면제할 수 있다는 것이고, 이때 형법 제55조 제1항은 적용되지 않는다고 보아야 한다. 만일 형법 제39조 제1항에 따른 감경을 할 때 형법 제55조 제1항의 제한을 받는다고 본다면 형평에 맞지 않는 결과가 될 수도 있기 때문이다.

[대법관 이기택의 반대의견] ① '감경'과 '면제'가 함께 규정된 경우에 '감경 또는 면제'는 분절적인 의미가 아니라 일체로서의 단일한 개념으로 이해되어야 한다. 따라서 '감경 또는 면제'에 의한 처단형의 범위는 그 하한은 '0'이 되고, 그 상한은 장기나 다액의 2분의 1로 되며, 달리 그 중간에 공백의 여지는 없다. ② 법정형에 하한이 설정된 경우 '감경 또는 면제'의 법률효과를 위와 같이 일체로서의 단일한 개념으로 이해하여 처단형이 '0'부터 상한까지 연속되는 것으로 보지 않고, 다수의견과 같이 '감경 또는 면제'를 분절적 의미로 이해하게 되면 '0'부터 형법 제55조 제1항에 따라 감경된 하한 사이에 처단형의 공백이 생기는 결과를 초래하여 부당하다.

형벌론

03

PART

CHAPTER 01

형 벌

제1절 형벌의 개념 및 종류

Ⅰ. 의의와 종류

〈형벌과 책임주의〉

헌법재판소 2009. 7. 30. 선고 2008헌가16 전원재판부 [의료법제91조제1항위헌제청]

형벌은 범죄에 대한 제재로서 그 본질은 법질서에 의해 부정적으로 평가된 행위에 대한 비난이다. 일반적으로 범죄는 법질서에 의해 부정적으로 평가되는 행위, 즉 행위반가치(行爲反價値)와 그로 인한 부정적인 결과의 발생, 즉 결과반가치(結果反價値)라고 말할 수 있으나, 여기서 범죄를 구성하는 핵심적 징표이자 형벌을 통해 비난의 대상으로 삼는 것은 '법질서가 부정적으로 평가한 행위에 나아간 것', 즉 행위반가치에 있다.

만약 법질서가 부정적으로 평가한 결과가 발생하였다고 하더라도 그러한 결과의 발생이 어느 누구의 잘못에 의한 것도 아니라면, 부정적인 결과가 발생하였다는 이유만으로 누군가에게 형벌을 가할 수는 없다. 물론 결과의 제거와 원상회복을 위해 그 결과 발생에 아무런 잘못이 없는 개인이나 집단에 대해, 민사적 또는 행정적으로 불이익을 가하는 것이 공평의 관념에 비추어 볼 때 허용되는 경우도 있을 수 있다. 그러나 법질서가 부정적으로 평가할 만한 행위를 하지 않은 자에 대해서 형벌을 부과할 수는 없다. 왜냐하면, 형벌의 본질은 비난가능성인데, 비난받을 만한 행위를 하지 않은 자에 대한 비난이 정당화될 수 없음은 자명한 이치이기 때문이다.

이와 같이 '책임없는 자에게 형벌을 부과할 수 없다'는 형벌에 관한 책임주의는 형사법의 기본원리로서, 헌법상 법치국가의 원리에 내재하는 원리인 동시에, 국민 누구나 인간으로서의 존엄과 가치를 가지고 스스로의 책임에 따라 자신의 행동을 결정할 것을 보장하고 있는 헌법 제10조의 취지로부터 도출되는 원리이다(헌재 2007. 11. 29. 2005헌가10, 판례집 19-2, 520, 527).

〈형벌의 일신전속성〉

대법원 2007. 8. 23. 선고 2005도4471 판결 [주식회사의외부감사에관한법률위반]

회사합병이 있는 경우 피합병회사의 권리·의무는 사법상의 관계나 공법상의 관계를 불문하고 모두 합병으로 인하여 존속하는 회사에 승계되는 것이 원칙이지만, 그 성질상 이전을 허용하지 않는 것은 승계의 대상에서 제외되어야 할 것인바(대법원 2004. 7. 8. 선고 2002두1946 판결 등 참조), 양벌규정에 의한 법인의 처벌은 어디까지나 형벌의 일종으로서 행정적 제재처분이나 민사상 불법행위책임과는 성격을 달리하는 점, 형사소송법 제328조가 '피고인인 법인이 존속하지 아니하게 되었을 때'를 공소기각결정의 사유로 규정하고 있는 것은 형사책임이 승계되지 않음을 전제로 한 것이라고 볼 수 있는 점 등에 비추어 보면, 합병으로 인하여 소멸한 법인이 그 종업원 등의 위법행위에 대해 양벌규정에 따라 부담하던 형사책임은 그 성질상 이전을 허용하지 않는 것으로서 합병으로 인하여 존속하는 법인에 승계되지 않는다고 봄이 상당하다.

원심은 그 설시의 증거에 의하여 피고인 1이 공소외 2 회계법인 소속의 공인회계사로서 1999. 2. 12.경부터 같은 해 3. 2.경까지 공소외 1 회사의 1998회계연도 재무제표에 대하여 회계감사를 실시한 사실 및 1999. 5. 10. 공소외 2 회계법인이 피고인 2 회계법인에 흡수합병된 사실을 인정한 다음, 피고인 2 회계법인으로서는 피고인 1이 위 회계감사 과정에서 저지른 구 주식회사의 외부감사에 관한 법률 위반행위에 대하여 형사책임을 지지 않는다는 이유로 위 피고인에게 무죄를 선고한 제1심의 결론을 그대로 유지하였는바, 이러한 원심의 판단은 위 법리에 따른 것으로서 정당하(다).

〈사형제도의 합헌성〉

헌법재판소 2010. 2. 25. 선고 2008헌가23 전원재판부 [형법제41조등위헌제청]

[결정요지]

나. 사형제도가 위헌인지 여부의 문제는 성문 헌법을 비롯한 헌법의 법원을 토대로 헌법규범의 내용을 밝혀 사형제도가 그러한 헌법규범에 위반하는지 여부를 판단하는 것으로서 헌법재판소에 최종적인 결정권한이 있는 반면, 사형제도를 법률상 존치시킬 것인지 또는 폐지할 것인지의 문제는 사형제도의 존치가 필요하거나 유용한지 또는 바람직한지에 관한 평가를 통하여 민주적 정당성을 가진 입법부가 결정할 입법정책적 문제이지 헌법재판소가 심사할 대상은 아니다.

그리고 극악한 범죄 중 극히 일부에 대하여서라도 헌법질서내에서 사형이 허용될 수 있다고 한다면 사형제도 자체를 위헌이라고 할 수는 없고, 사형제도 자체의 합헌성을 전제로 사형이 허용되는 범죄유형을 어느 범위까지 인정할 것인지가 문제될 뿐이며, 이는 개별 형벌조항의 위헌성 여부의 판단을 통하여 해결할 문제이다.

다. 헌법 제110조 제4항은 법률에 의하여 사형이 형벌로서 규정되고 그 형벌조항의 적용으로 사형이 선고될 수 있음을 전제로 하여, 사형을 선고한 경우에는 비상계엄하의 군사재판이라도 단심으로 할 수 없고 사법절차를 통한 불복이 보장되어야 한다는 취지의 규정으로, 우리 헌법은 문언의 해석상 사형제도를 간접적으로나마 인정하고 있다.

라. 헌법은 절대적 기본권을 명문으로 인정하고 있지 아니하며, 헌법 제37조 제2항에서는 국민의 모든 자유와 권리는 국가안전보장·질서유지 또는 공공복리를 위하여 필요한 경우에 한하여 법률로써 제한할 수 있도록 규정하고 있어, 비록 생명이 이념적으로 절대적 가치를 지닌 것이라 하더라도 생명에 대한 법적 평가가 예외적으로 허용될 수 있다고 할 것이므로, 생명권 역시 헌법 제37조 제2항에 의한 일반적 법률유보의 대상이 될 수밖에 없다. 나아가 생명권의 경우, 다른 일반적인 기본권 제한의 구조와는 달리, 생명의 일부 박탈이라는 것을 상정할 수 없기 때문에 생명권에 대한 제한은 필연적으로 생명권의 완전한 박탈을 의미하게 되는바, 위와 같이 생명권의 제한이 정당화될 수 있는 예외적인 경우에는 생명권의 박탈이 초래된다 하더라도 곧바로 기본권의 본질적인 내용을 침해하는 것이라 볼 수는 없다.

마. (1) 사형은 일반국민에 대한 심리적 위하를 통하여 범죄의 발생을 예방하며 극악한 범죄에 대한 정당한 응보를 통하여 정의를 실현하고, 당해 범죄인의 재범 가능성을 영구히 차단함으로써 사회를 방어하려는 것으로 그 입법목적은 정당하고, 가장 무거운 형벌인 사형은 입법목적의 달성을 위한 적합한 수단이다.

(2) 사형은 무기징역형이나 가석방이 불가능한 종신형보다도 범죄자에 대한 법익침해의 정도가 큰 형벌로서, 인간의 생존본능과 죽음에 대한 근원적인 공포까지 고려하면, 무기징역형

등 자유형보다 더 큰 위하력을 발휘함으로써 가장 강력한 범죄억지력을 가지고 있다고 보아야 하고, 극악한 범죄의 경우에는 무기징역형 등 자유형의 선고만으로는 범죄자의 책임에 미치지 못하게 될 뿐만 아니라 피해자들의 가족 및 일반국민의 정의관념에도 부합하지 못하며, 입법목적의 달성에 있어서 사형과 동일한 효과를 나타내면서도 사형보다 범죄자에 대한 법익침해 정도가 작은 다른 형벌이 명백히 존재한다고 보기 어려우므로 사형제도가 침해최소성원칙에 어긋난다고 할 수 없다. 한편, 오판가능성은 사법제도의 숙명적 한계이지 사형이라는 형벌제도 자체의 문제로 볼 수 없으며 심급제도, 재심제도 등의 제도적 장치 및 그에 대한 개선을 통하여 해결할 문제이지, 오판가능성을 이유로 사형이라는 형벌의 부과 자체가 위헌이라고 할 수는 없다.

(3) 사형제도에 의하여 달성되는 범죄예방을 통한 무고한 일반국민의 생명 보호 등 중대한 공익의 보호와 정의의 실현 및 사회방위라는 공익은 사형제도로 발생하는 극악한 범죄를 저지른 자의 생명권이라는 사익보다 결코 작다고 볼 수 없을 뿐만 아니라, 다수의 인명을 잔혹하게 살해하는 등의 극악한 범죄에 대하여 한정적으로 부과되는 사형이 그 범죄의 잔혹함에 비하여 과도한 형벌이라고 볼 수 없으므로, 사형제도는 법익균형성원칙에 위배되지 아니한다.

바. 사형제도는 우리 헌법이 적어도 간접적으로나마 인정하고 있는 형벌의 한 종류일 뿐만 아니라, 사형제도가 생명권 제한에 있어서 헌법 제37조 제2항에 의한 헌법적 한계를 일탈하였다고 볼 수 없는 이상, 범죄자의 생명권 박탈을 내용으로 한다는 이유만으로 곧바로 인간의 존엄과 가치를 규정한 헌법 제10조에 위배된다고 할 수 없으며, 사형제도는 형벌의 경고기능을 무시하고 극악한 범죄를 저지른 자에 대하여 그 중한 불법 정도와 책임에 상응하는 형벌을 부과하는 것으로서 범죄자가 스스로 선택한 잔악무도한 범죄행위의 결과인바, 범죄자를 오로지 사회방위라는 공익 추구를 위한 객체로만 취급함으로써 범죄자의 인간으로서의 존엄과 가치를 침해한 것으로 볼 수 없다. 한편 사형을 선고하거나 집행하는 법관 및 교도관 등이 인간적 자책감을 가질 수 있다는 이유만으로 사형제도가 법관 및 교도관 등의 인간으로서의 존엄과 가치를 침해하는 위헌적인 형벌제도라고 할 수는 없다.

사. 절대적 종신형제도는 사형제도와는 또 다른 위헌성 문제를 야기할 수 있고, 현행 형사법령 하에서도 가석방제도의 운영 여하에 따라 사회로부터의 영구적 격리가 가능한 절대적 종신형과 상대적 종신형의 각 취지를 살릴 수 있다는 점 등을 고려하면, 현행 무기징역형제도가 상대적 종신형 외에 절대적 종신형을 따로 두고 있지 않은 것이 형벌체계상 정당성과 균형을 상실하여 헌법 제11조의 평등원칙에 반한다거나 형벌이 죄질과 책임에 상응하도록 비

례성을 갖추어야 한다는 책임원칙에 반한다고 단정하기 어렵다.

아. 형법 제250조 제1항이 규정하고 있는 살인의 죄는 인간 생명을 부정하는 범죄행위의 전형이고, 이러한 범죄에는 행위의 태양이나 결과의 중대성으로 보아 반인륜적 범죄라고 할 수 있는 극악한 유형의 것들도 포함되어 있을 수 있으므로, 타인의 생명을 부정하는 범죄행위에 대하여 5년 이상의 징역 외에 사형이나 무기징역을 규정한 것은 하나의 혹은 다수의 생명을 보호하기 위하여 필요한 수단의 선택이라고 볼 수밖에 없으므로 비례의 원칙이나 평등의 원칙에 반한다고 할 수 없다.

자. 구 '성폭력범죄의 처벌 및 피해자보호 등에 관한 법률'(1997. 8. 22. 법률 제5343호로 개정되고 2008. 6. 13. 법률 제9110호로 개정되기 전의 것) 제10조 제1항의 범죄구성요건은 살인과 성폭력범죄가 합쳐진 결합범인데, 성폭력범죄자가 타인의 생명까지 침해한 행위에 대하여 행위자의 사형이나 무기징역을 그 불법효과의 하나로서 규정한 것은 하나의 혹은 다수의 생명과 타인의 성적자기결정의 자유를 보호하기 위하여 필요한 수단의 선택이라고 볼 수 있고, 성폭력범죄로 인해 발생하는 개인의 성적자유침해라는 추가적 법익침해를 감안할 때 일반 살인죄의 법정형에서 5년 이상의 유기징역을 제외한 것을 가리켜 비례의 원칙이나 평등의 원칙에 반한다고 할 수 없다.

[재판관 이강국의 보충의견]

헌법 제10조에서 도출된 생명권과 헌법 제110조 제4항 단서와의 대립관계는 헌법의 통일성의 원칙이나 실제적 조화의 원칙에 따라 위 2개의 법익이 통일적으로, 그리고 실제적으로 가장 잘 조화되고 비례될 수 있도록 해석하여야 한다. 따라서 사형제는 헌법 자체가 긍정하고 있는 형(刑)이지만, 동시에 이와 충돌되는 생명권의 높은 이념적 가치때문에 그 규범영역은 상당부분 양보·축소되어야 할 것이므로 사형의 선고는 정의와 형평에 비추어 불가피한 경우에만, 그것도 비례의 원칙과 최소 침해의 원칙에 따라 행해져야 한다고 해석하는 것이 상당하고, 이러한 해석과는 달리, 생명권의 최상위 기본권성만을 내세워 실정 헌법에서 규정하고 있는 사형제를 가볍게 위헌이라고 부정하는 것은 헌법해석의 범위를 벗어나 헌법의 개정이나 헌법의 변질에 이르게 될 수 있다.

[재판관 민형기의 보충의견]

현행 헌법질서 내에서의 사형제 자체의 존재 이유 및 필요성은 인정될 수 있으나, 사형의 오·남용 소지와 그에 따른 폐해를 최대한 불식시키고, 잔혹하고도 비이성적이라거나 목적 달성에 필요한 정도를 넘는 과도한 형벌이라는 지적을 면할 수 있도록, 그 적용 대상과 범위를 최소화하는 것이 필요하며, 원칙적으로 사형 대상 범죄는 인간의 생명을 고의적으로 침해하는 범죄나 생명의 침해를 수반할 개연성이 매우 높거나 흉악한 범죄로 인해 치사의 결과에 이른 범죄, 전쟁의 승패나 국가안보와 직접 관련된 범죄 등으로 한정되어야 한다. 입법자는 외국의 입법례 등을 참고하여 국민적 합의를 바탕으로 사형제 전반에 걸친 문제점을 개선하고 필요한 경우 문제가 되는 법률이나 법률조항을 폐지하는 등의 노력을 게을리 하여서는 아니 될 것이다.

[재판관 송두환의 보충의견]

인간의 존엄성 및 인간 생명의 존엄한 가치를 선명하기 위하여, 역설적으로 그 파괴자인 인간의 생명을 박탈하는 것이 불가피한 예외적 상황도 있을 수 있으므로, 반인륜적인 범죄에 대비하여 사형을 규정한 것으로 한정적으로 이해하는 한 사형제도가 헌법 제10조에 반한다고 볼 수 없고, 반인륜적인 범죄에 대한 법정형 범위에 사형을 포함시킨 것 자체를 '생명권을 공동화한 것'이라고 평가하기 어려우므로 자유와 권리의 본질적인 내용을 침해한 것으로 볼 수 없다. 근본적인 문제는 사형제도 자체에 있는 것이 아니라 사형제도의 남용 및 오용에 있으므로, 형벌조항들을 전면적으로 재검토하여 사형이 선택될 수 있는 범죄의 종류를 반인륜적으로 타인의 생명을 해치는 극악범죄로 한정하고, 사회적, 국가적 법익에만 관련된 각종 범죄의 경우 등에는 법정형에서 사형을 삭제하며, 전체 사법절차가 엄격하고 신중한 적법절차에 의하여 진행되고 '잔혹하고 이상한 형벌' 또는 인간의 존엄성을 무시하거나 해하는 형벌이 되지 않도록 수사 및 재판, 형의 집행 등 모든 절차를 세심하게 다듬고 정비하여야 할 것이다.

[재판관 조대현의 일부위헌의견]

인간의 생명권은 지고(至高)의 가치를 가지는 것이므로 이를 제한하기 위한 사유도 역시 지고의 가치를 가지는 인간의 생명을 보호하거나 구원하기 위한 것이라야 하는데, 범죄에 대한 형벌로서 범죄자를 사형시키는 것은 이미 이루어진 법익침해에 대한 응보에 불과하고, 살인자를 사형시킨다고 하여 피살자의 생명이 보호되거나 구원되지 아니하므로, 사형제도는 인간의 생명을 박탈하기에 필요한 헌법 제37조 제2항의 요건을 갖추지 못하였으며, 생명권의 본질적인 내용을 침해하는 것이라고 보지 않을 수 없다. 다만, 헌법 제110조 제4항 단서가 비상계엄 하의 군사재판에서 사형을 선고하는 경우를 인정하고 있으므로, 비상계엄 하의 군사재판이라는 특수상황에서 사형을 선고하는 것은 헌법 스스로 예외적으로 허용하였다고 봄이 상당하다. 따라서 사형제도는 헌법 제110조 제4항 단서에 해당되는 경우에 적용하면 헌법에 위반된다고 할 수 없지만, 헌법 제110조 제4항 단서에 해당되지 않는 경우에 적용하면 생명권을 침해할 정당한 사유도 없이 생명권의 본질적인 내용을 침해하는 것으로서 헌법 제37조 제2항에 위반된다.

[재판관 김희옥의 위헌의견]

(1) 헌법 제110조 제4항 단서의 규정은 그 도입 배경이나 규정의 맥락을 고려할 때, 법률상 존재하는 사형의 선고를 억제하여 최소한의 인권을 존중하기 위하여 규정된 것이므로 간접적으로도 헌법상 사형제도를 인정하는 근거 규정이라고 보기 어렵다.

(2) 사형제도는 인간의 존엄과 가치를 천명하고 생명권을 보장하는 우리 헌법 체계에서는 입법목적 달성을 위한 적합한 수단으로 인정할 수 없고, 사형제도를 통하여 확보하고자 하는 형벌로서의 기능을 대체할 만한 가석방 없는 무기자유형 등의 수단을 고려할 수 있으므로 피해의 최소성 원칙에도 어긋나며, 사형 당시에는 사형을 통해 보호하려는 타인의 생명권이나 중대한 법익은 이미 그 침해가 종료되어 범죄인의 생명이나 신체를 박탈해야 할 긴급성이나 불가피성이 없고 사형을 통해 달성하려는 공익에 비하여 사형으로 인하여 침해되는 사익의 비중이 훨씬 크므로 법익의 균형성도 인정되지 아니한다. 또한 사형제도는 이미 중대 범죄가 종료되어 상당 기간이 지난 후 체포되어 수감 중인, 한 인간의 생명을 일정한 절차에 따라 빼앗는 것을 전제로 하므로, 생명에 대한 법적 평가가 필요한 예외적인 경우라고 볼 수 없어 생명권의 본질적 내용을 침해하고, 신체의 자유의 본질적 내용까지도 침해한다.

(3) 사형제도는 범죄인을 사회전체의 이익 또는 다른 범죄의 예방을 위한 수단 또는 복수의 대상으로만 취급하고 한 인간으로서 자기의 책임 하에 반성과 개선을 할 최소한의 도덕적 자유조차 남겨주지 아니하는 제도이므로 헌법 제10조가 선언하는 인간의 존엄과 가치에 위배되며, 법관이나 교도관 등 직무상 사형제도의 운영에 관여하여야 하는 사람들로 하여금 인간의 생명을 계획적으로 빼앗는 과정에 참여하게 함으로써 그들을 인간으로서의 양심과 무관하게 국가목적을 위한 수단으로 전락시키고 있다는 점에서 그들의 인간으로서의 존엄과 가치 또한 침해한다.

[재판관 김종대의 위헌의견]

(1) 헌법 제37조 제2항 후단은 그 내용이 본질적인 부분과 그렇지 않은 부분의 중층적 구조로 구성된 기본권의 제한에 관한 규정이고, 성질상 본질적인 부분과 그렇지 않은 부분이 구별되지 않는 생명권과 같은 경우에는 그 적용이 없으므로, 생명권에 대해서도 헌법 제37조 제2항 전단에 따라 그 제한이 가능하고 그 제한의 정당화 여부는 비례의 원칙에 따른 심사를 통해 판단하여야 한다.

(2) 형벌로서 사형을 부과할 당시에는 국가의 존립이나 피해자의 생명이 범인의 생명과 충돌하는 상황은 이미 존재하지 않으며, 국가가 범인을 교도소에 계속해서 수용하고 있는 한 개인과 사회를 보호하는 목적은 범인을 사형시켰을 때와 똑같이 달성될 수 있다. 사형제도는 범죄억제라는 형사정책적 목적을 위해 사람의 생명을 빼앗는 것으로 그 자체로 인간으로서의 존엄과 가치에 반하고, 사형제도를 통해 일반예방의 목적이 달성되는지도 불확실하다. 다만, 지금의 무기징역형은 개인의 생명과 사회의 안전의 방어라는 점에서 사형의 효력을 대체할 수 없으므로, 가석방이나 사면 등의 가능성을 제한하는 최고의 자유형이 도입되는 것을 조건으로 사형제도는 폐지되어야 한다.

[재판관 목영준의 위헌의견]

(1) 생명권은 개념적으로나 실질적으로나 본질적인 부분을 그렇지 않은 부분과 구분하여 상정할 수 없어 헌법상 제한이 불가능한 절대적 기본권이라고 할 수 밖에 없고, 생명의 박탈

은 곧 신체의 박탈도 되므로 사형제도는 생명권과 신체의 자유의 본질적 내용을 침해하는 것이다.

(2) 사형제도는 사회로부터 범죄인을 영원히 배제한다는 점 이외에는 형벌의 목적에 기여하는 바가 결코 명백하다고 볼 수 없고, 우리나라는 국제인권단체로부터 사실상의 사형폐지국으로 분류되고 있어 사형제도가 실효성을 상실하여 더 이상 입법목적 달성을 위한 적절한 수단이라고 할 수 없으며, 절대적 종신형제 또는 유기징역제도의 개선 등 사형제도를 대체할 만한 수단을 고려할 수 있음에도, 생명권을 박탈하는 것은 피해의 최소성 원칙에도 어긋나고, 사형을 통해 침해되는 사익은 범죄인에게는 절대적이고 근원적인 기본권인 반면, 이를 통해 달성하고자 하는 공익은 다른 형벌에 의하여 상당 수준 달성될 수 있어 공익과 사익 간에 법익의 균형성이 갖추어졌다고 볼 수 없다.

(3) 사형은 악성이 극대화된 흥분된 상태의 범죄인에 대하여 집행되는 것이 아니라 이성이 일부라도 회복된 안정된 상태의 범죄인에 대하여 생명을 박탈하는 것이므로 인간의 존엄과 가치에 위배되며, 직무상 사형제도의 운영에 관여하여야 하는 사람들로 하여금 그들의 양심과 무관하게 인간의 생명을 계획적으로 박탈하는 과정에 참여하게 함으로써, 그들의 인간으로서 가지는 존엄과 가치 또한 침해한다.

(4) 사형제도가 헌법에 위반되어 폐지되어야 한다고 하더라도 이를 대신하여 흉악범을 사회로부터 영구히 격리하는 실질적 방안이 강구되어야 하는바, 가석방이 불가능한 절대적 종신형제도를 사형제도를 도입하고, 엄중한 유기징역형을 선고할 수 있도록 경합범합산 규정을 수정하고 유기징역형의 상한을 대폭 상향조정해야 하므로, 형벌의 종류로서 사형을 열거하고 있는 형법 제41조 제1호를 위헌으로 선언함과 동시에, 무기징역형, 경합범 가중규정, 유기징역형 상한 및 가석방에 관한 현행 법규정들이 헌법에 합치되지 않음을 선언하여야 한다.

Ⅱ. 부가형(몰수, 추징)

1. 몰수의 의의 및 법적성격

〈몰수의 부가성〉

대법원 1973. 12. 11. 선고 73도1133 전원합의체 판결 [관세법위반]

원심은 피고인의 범죄사실에 대하여 징역1년의 주형은 그 선고를 유예하면서 부가형으로 이건 관세포탈로 인하여 취득한 물건의 몰수를 선고함으로써 당원의 종전판례와 상반되는 판결을 하고 있음에 대하여 살펴보건대, 형법 제49조 본문에 의하면 몰수는 타형에 부가하여 과한다라고 하여 몰수형의 부가성을 명정하고 있으나 같은 법조단서는 행위자에게 유죄의 재판을 아니할 때에도 몰수의 요건이 있는 때에는 몰수만을 선고할 수 있다고 규정함으로써 일정한 경우에 몰수의 부가형성에 대한 예외를 인정하고 있는 점으로 보아 형법 제59조에 의하여 형의 선고의 유예를 하는 경우에도 몰수의 요건이 있는 때에는 몰수형만의 선고를 할 수 있다고 해석함이 상당하다 할 것이므로 원판결이 피고인에 대한 형의 선고를 유예하면서 그 판시 관세포탈로 인하여 피고인이 취득한 물건을 몰수한 조치는 적법하다고 본다.

〈몰수와 비례의 원칙〉

대법원 2013. 5. 23. 선고 판결 [성매매알선등행위의처벌에관한법률위반(성매매알선등)]

형법 제48조 제1항 제1호에 의한 몰수는 임의적인 것이므로 그 몰수의 요건에 해당되는 물건이라도 이를 몰수할 것인지의 여부는 일응 법원의 재량에 맡겨져 있다 할 것이나, 형벌 일반에 적용되는 비례의 원칙에 의한 제한을 받으며(대법원 2008. 4. 24. 선고 2005도8174 판결 참조), 이러한 법리는 범죄수익법 제8조 제1항의 경우에도 마찬가지로 적용된다. 그리고 몰수가 비례의 원칙에 위반되는 여부를 판단하기 위하여는, 몰수 대상 물건(이하 '물건'이라 한다)이 범죄 실행에 사용된 정도와 범위 및 범행에서의 중요성, 물건의 소유자가 범죄 실행에서 차지하는 역할과 책임의 정도, 범죄 실행으로 인한 법익 침해의 정도, 범죄 실행의 동기, 범죄로 얻은 수익, 물건 중 범죄 실행과 관련된 부분의 별도 분리 가능성, 물건의 실질적 가치와 범죄와의 상관성 및 균형성, 물건이 행위자에게 필요불가결한 것인지 여부, 물건이 몰수되지 아니할 경우 행위자가 그 물건을 이용하여 다시 동종 범죄를 실행할 위험성 유무 및 그 정도 등 제반 사정이 고려되어야 할 것이다.

원심판결 이유 및 기록에 의하면, 공소외인은 처음부터 성매매알선 등 행위를 하기 위하여 원심 판시 이 사건 부동산(이하 '이 사건 부동산'이라 한다)을 취득하여 피고인에게 명의신탁한 후 약 1년 동안 성매매알선 등 행위에 제공하였고, 일정한 장소에서 은밀하게 이루어지는 성매매알선 등 행위의 속성상 장소의 제공이 불가피하다는 점, 이 사건 부동산은 5층 건물인데 카운터나 휴게실이 있는 1층과 직원 등이 숙소 등으로 사용하는 5층을 제외한 나머지 2층 내지 4층 객실 대부분이 성매매알선 등 행위의 장소로 제공된 점, 피고인은 이 사건 부동산에서 이루어지는 성매매알선 등 행위로 발생하는 수익의 자금관리인으로, 공소외인과 함께 범행을 지배하는 주체가 되어 영업으로 성매매알선 등 행위를 한 점, 이 사건 부동산에는 시가에 상응하는 정도의 금액을 채권최고액으로 한 근저당권이 설정되어 있을 뿐만 아니라 이와 별도로 담보가등기가 설정되어 있어 그 실질적인 가치는 크지 않은 반면, 피고인이 성매매알선 등 행위로 벌어들인 수익은 상당히 고액인 점, 피고인은 초범이나 공동정범 공소외인은 이 사건과 동종 범죄로 2회 처벌받은 전력이 있을 뿐 아니라 성매매알선 등 행위의 기간, 특히 단속된 이후에도 성매매알선 등 행위를 계속한 점 등을 고려하면, 원심이 그 판시와 같은 이유로 이 사건 부동산을 몰수한 조치는 앞서 본 법리에 따른 것으로서 정당하고, 거기에 상고이유에서 주장하는 바와 같이 비례의 원칙에 반하여 재량권을 남용한 잘못 등이 있다고 볼 수 없다.

2. 몰수의 대상

〈몰수의 대상인 '물건'의 의미〉

대법원 2021. 10. 14. 선고 2021도7168 판결 [국민체육진흥법위반·정보통신망이용촉진및정보보호등에관한법률위반(음란물유포)]

가. 형법 제48조 제1항은 '범죄행위로 인하여 생기였거나 이로 인하여 취득한 물건'으로서 범인 이외의 자의 소유에 속하지 아니하거나 범죄 후 범인 이외의 자가 정을 알면서 취득한 물건의 전부 또는 일부를 몰수할 수 있다고 규정하면서(제2호), 제2항에서는 제1항에 기재한 물건을 몰수하기 불능한 때에는 그 가액을 추징하도록 규정하고 있다. 이와 같이 <u>형법 제48조는 몰수의 대상을 '물건'으로 한정하고 있다.</u> 이는 범죄행위에 의하여 생긴 재산 및 범죄행위의 보수로 얻은 재산을 범죄수익으로 몰수할 수 있도록 한「범죄수익은닉의 규제 및 처벌 등에 관한 법률」이나 범죄행위로 취득한 재산상 이익의 가액을 추징할 수 있도록 한 형법 제357조 등의 규정과는 구별된다. <u>민법 제98조는 물건에 관하여 '유체물 및 전기 기타 관리할 수 있는 자연력'을 의미한다고 정의하는데, 형법이 민법이 정의한 '물건'과 다른 내용으로 '물건'의 개념을 정의하고 있다고 볼 만한 사정도 존재하지 아니한다</u>(대법원 2021. 1. 28. 선고 2016도11877 판결 참조).

나. 기록에 의하면, 피고인은 2018. 3.경부터 2019. 2.경 사이에 이 사건 웹사이트를 순차로 개설한 후 2019. 2.경부터 이 사건 웹사이트에 음란 사이트 링크배너와 도박 사이트 홍보배너를 게시하는 등의 방식으로 이를 운영하다가 2020. 3. 초순경 성명불상자에게 이 사건 웹사이트를 50,000,000원에 매각하고 현금으로 위 돈을 지급받은 사실이 인정된다. 이와 같은 사실관계를 앞서 본 법리에 비추어 살펴보면, 이 사건 웹사이트는 이 사건 각 범죄행위에 제공된 무형의 재산에 해당할 뿐 형법 제48조 제1항 제2호에서 정한 '범죄행위로 인하여 생하였거나 이로 인하여 취득한 물건'에 해당하지 않는다. 따라서 피고인이 이 사건 웹사이트 매각을 통해 취득한 대가는 형법 제48조 제1항 제2호, 제2항이 규정한 추징의 대상에 해당하지 않는다.

〈범인 이외의 자의 소유에 속하지 아니하는 물건〉

대법원 2006. 11. 23. 선고 2006도5586 판결 [상법위반]

형법 제48조 제1항의 '범인'에는 공범자도 포함되므로 피고인의 소유물은 물론 공범자의 소유물도 그 공범자의 소추 여부를 불문하고 몰수할 수 있는 것이고(대법원 1984. 5. 29. 선고 83도2680 판결, 2000. 5. 12. 선고 2000도745 판결 등 참조), 여기에서의 공범자에는 공동정범, 교사범, 방조범에 해당하는 자는 물론 필요적 공범관계에 있는 자도 포함된다.

그리고 피고인 이외의 제3자의 소유에 속하는 물건에 대하여 몰수를 선고한 판결의 효력은 원칙적으로 몰수의 원인이 된 사실에 관하여 유죄의 판결을 받은 피고인에 대한 관계에서 그 물건을 소지하지 못하게 하는 데 그치고 그 사건에서 재판을 받지 아니한 제3자의 소유권에 어떤 영향을 미치는 것은 아닌 점(대법원 1999. 5. 11. 선고 99다12161 판결 등 참조)과 형법 제49조 단서에 의하면 행위자에게 유죄의 재판을 아니할 때에도 몰수의 요건이 있는 때에는 몰수를 선고할 수 있는 점 등에 비추어 볼 때, 형법 제48조 제1항의 '범인'에 해당하는 공범자는 반드시 유죄의 죄책을 지는 자에 국한된다고 볼 수 없고 공범에 해당하는 행위를 한 자이면 족하다고 할 것이어서, 이러한 자의 소유물도 형법 제48조 제1항의 '범인 이외의 자의 소유에 속하지 아니하는 물건'으로서 이를 피고인으로부터 몰수할 수 있다 할 것이다.

원심은, 피고인이 공소외 2에게 부정한 청탁을 하면서 금원을 교부한 행위와 공소외 2가 이를 수수한 행위는 공소외 2에게 부정한 청탁의 대가로서 수수한다는 의사가 있었는지 여부를 불문하고(기록에 의하면, 공소외 2는 피고인의 이러한 범행을 폭로하는 데 증거로 활용하겠다는 의사로 피고인으로부터 위 금원을 수수한 것으로 보인다.) 필요적 공범에 해당하는 행위라고 보아, 이 사건 압수된 1억 원(증 제1호)이 공소외 2의 소유인 이상 피고인으로부터 이를 몰수할 수 있다고 판단하였는바, 이는 앞서 본 법리에 따른 것으로서 옳(다).

대법원 1990. 10. 10. 선고 90도1904 판결 「기록에 의하면 위 자동차가 피고인 소유라고 인정할 수 있는 증거로는 사법경찰리 작성의 피고인에 대한 제1회 피의자신문조서의 범행방법에 관한 진술대목에서 '......그 날 제 소유자차량인 임시넘버 ○○○○○호 르망승용차를......'이라는 부분(수사기록 42면)이 있을 뿐인데 피고인은 원심법정에서 위 자동차는 피고인 소유가 아니라 피고인의 처공소외인이 구입하여 등록한 동인 소유라고 진술하고 있고 변호인이 원심법원에 제출한 자동차등록증, 매매계약서, 통지서의 각 사본들의 기재도 모두 같은 취지이므로 피고인이 경찰에서 진술한 '제 소유 자동차'라는 표현만으로는 위 자동차가 피고인 소유로서 그 등록명의만을 그의 처인 위공소외인 앞으로 해 놓은 것인지 아니면 피고인이 사실상 이용하고 있는데 불과하다는 것인지 반드시 명백하다고 할 수 없으므로 위 경찰에서의 진술이 무슨 의미인지를 규명하여 그 소유관계를 보다 명확히 한 후 몰수여부를 판단하였어야 할 것으로 보여지는데도 이 점에 대하여 더 밝히지 않고 이를 피고인 이외의 자에 속하지 아니하는 것으로 단정한 것은 심리를 다하지 아니하고 채증법칙에 위반하여 판결결과에 영향을 미치게 하였다고 할 것(이다).」

대법원 1983. 6. 14. 선고 83도808 판결 「원심판결은 피고인이 월간 판매실적보고서를 작성함에 있어, 그 내용중 재고란과 판매란의 각 금액을 판시와 같이 허위기재하여 허위 공문서를 작성하였다는 사실을 인정하고 동 판매실적보고서 2부(증 제1, 2호)는 판시 허위공문서 작성의 범행으로 인하여 생긴 물건으로서 누구의 소유도 불허하는 것이라 하여 형법 제48조 제1항 제1호를 적용하여 몰수하고 있다. 그러나 공무원이 그 권한에 의하여 작성한 문서는 그 내용의 일부에 허위기재된 부분이 있다 하더라도 그 문서자체는 공무소의 소유에 속하는 것이라고 해석함이 상당할 것이다. 피고인이 작성한 위 월간판매실적보고서는 비록 그 내용에 일부 허위기재된 부분이 있다 하여도 소관육군부대의 소유에 속한다 할 것인즉 원심이 이 사건 월간 판매실적보고서를 범인 이외의 자의 소유에 속하지 아니한 것으로 보아 몰수하였음은 형법 제48조 제1항 제1호를 잘못 적용한 것이라 할 것이(다).」

〈범죄행위에 제공하였거나 제공하려고 한 물건〉

대법원 2006. 9. 14. 선고 2006도4075 판결 [특정범죄가중처벌등에관한법률위반(절도)]

형법 제48조 제1항 제1호의 "범죄행위에 제공한 물건"이라 함은, 가령 살인행위에 사용한 칼 등 범죄의 실행행위 자체에 사용한 물건에만 한정되는 것이 아니며, 실행행위의 착수 전의 행위 또는 실행행위의 종료 후의 행위에 사용한 물건이더라도 그것이 범죄행위의 수행에 실질적으로 기여하였다고 인정되는 한 위 법조 소정의 제공된 물건에 포함된다고 볼 것이다. 위에서 본 바와 같이 이 사건의 경우, 피고인은 대형할인매장을 1회 방문하여 범행을 할 때 마다 1~6개 품목의 수십만 원어치 상품을 절취하여 이를 자신의 소나타 승용차(증 제1호)에 싣고 갔고, 그 물품의 부피도 전기밥솥·해머드릴·소파커버·진공포장기·안마기·전화기· DVD플레이어 등 상당한 크기의 것이어서 대중교통수단을 타고 운반하기에 곤란한 수준이 었으므로, **이 사건 승용차는 단순히 범행장소에 도착하는 데 사용한 교통수단을 넘어서 이 사건 장물의 운반에 사용한 자동차라고 보아야 할 것**이며, 따라서 형법 제48조 제1항 제1호 소정의 범죄행위에 제공한 물건이라고 볼 수 있다.

〈범죄행위로 인하여 생하였거나 이로 인하여 취득한 물건〉

대법원 2007. 12. 14. 선고 2007도7353 판결 [부동산등기특별조치법위반·사문서위조·위 조사문서행사]

부동산등기 특별조치법 제2조 제2항에 의하면, 부동산의 소유권을 이전받을 것을 내용으로 하는 계약(이하 '1차 계약'이라 한다)을 체결한 자는 계약상 대가적인 반대급부의 이행을 완료 한 날 이후 그 부동산에 대하여 다시 제3자와 소유권이전을 내용으로 하는 계약(이하 '전매계 약'이라 한다) 등을 체결하고자 할 때에는 전매계약을 체결하기 전에 1차 계약에 따른 소유권 이전등기를 신청하여야 하는바, 같은 법 제8조 제1호에 의하면 위와 같은 경우에 조세부과 를 면하려 하거나 다른 시점 간의 가격변동에 따른 이득을 얻으려 하거나 소유권 등 권리변 동을 규제하는 법령의 제한을 회피할 목적으로 1차 계약에 따른 소유권이전등기를 신청하지 않는 때에는 형사처벌을 받게 된다. 따라서 전매계약에 의하여 제3자로부터 받은 대금은 같 은 법 제8조 제1호가 처벌대상으로 삼고 있는 1차 계약에 따른 소유권이전등기를 하지 않은 행위로 인하여 취득한 것이라고 볼 수 없으므로 형법 제48조 제1항 제2호, 제2항에 의하여 이를 몰수하거나 추징할 수 없다.

> 대법원 1976. 9. 28. 선고 75도3607 판결 [특정범죄가중처벌등에관한법률위반, 수뢰직무유 기, 직무유기, 업무상배임]
> 소비대차에 의하여 수뢰가 이루어졌을 경우의 뇌물은 금융이익이지 소비대차의 목적인 금 원등 자체는 아니므로 대여로 받은 그 금원등 자체는 형법 제134조에 의하여 몰수 또는 추 징할 수 없고 그 금원등 자체는 범죄행위로 인하여 취득한 물건으로서 피고인 이외의 자의

소유에 속하지 아니하므로 형법 48조 1항 2호에 의하여 몰수할 것이므로 원판결이 이와같은 견해에 입각하여 소비대차에 의하여 수수된 금 200만원을 추징한다고 판단하였음에 무슨 위법이 있을 수 없(다).

3. 추징

〈수인이 공모하여 뇌물을 수수한 경우에 몰수 불능으로 인한 가액의 추징방법〉

대법원 1975. 4. 22. 선고 73도1963 판결 [뇌물수수]

원판결에 의하면 원심은 그 설시 소위(피고인들이 공모하여 뇌물수수한 행위)를 설시 증거에 의하여 인정하고 주문 기재의 형으로 피고인을 처단함에 있어서 부가하여 「피고인들로부터 222,000원을 추징한다」고 하였다. 그러나 수인이 공모하여 뇌물을 수수한 경우에 몰수불능으로 그 가액을 추징하려면 어디까지나 개별적으로 추징할 것이며, 수수금품을 개별적으로 알 수 없을 때에는 평등하게 추징할 것이지 피고인 전원으로부터 수수한 금품의 가액을 공동으로 추징할 수 없다 할 것이니(당원 70.1.27. 선고 69도2225 판결 참조) 원심의 위와 같은 공동추징의 처사는 위법하다고 아니할 수 없(다).

〈징벌적 추징〉

대법원 1998. 5. 21. 선고 95도2002 전원합의체 판결 [뇌물공여·외국환관리법위반]

외국환관리법 제33조는 '제30조 내지 제32조의 각 호의 1에 해당되는 자가 당해 행위로 인하여 취득한 외국환 기타 증권, 귀금속, 부동산 및 내국지급수단은 이를 몰수하며, 이를 몰수할 수 없을 때에는 그 가액을 추징한다.'고 규정하고 있는바, 이 규정의 취지와 외국환관리법의 입법목적(제1조)에 비추어 보면, 외국환관리법상의 몰수와 추징은 일반 형사법의 경우와 달리 범죄사실에 대한 징벌적 제재의 성격을 띠고 있다고 할 것이므로, 여러 사람이 공모하여 범칙행위를 한 경우 몰수대상인 외국환 등을 몰수할 수 없을 때에는 각 범칙자 전원에 대하여 그 취득한 외국환 등의 가액 전부의 추징을 명하여야 하고, 그 중 한 사람이 추징금 전액을 납부하였을 때에는 다른 사람은 추징의 집행을 면할 것이나, 그 일부라도 납부되지 아니하였을 때에는 그 범위 내에서 각 범칙자는 추징의 집행을 면할 수 없다고 해석하여야 할 것이다(대법원 1982. 11. 23. 선고 81도1737 판결 참조).

이 견해와 달리 외국환관리법상의 추징이 범인들이 당해 범죄행위로 인하여 부당하게 얻은 이익을 박탈하려는 데에 그 목적이 있다고 보아 공범들이 개별적으로 얻은 이익의 한도에서 추징하여야 한다는 견해를 표명한 바 있는 대법원 1980. 4. 22. 선고 79도1847 판결과 1985. 3. 12. 선고 84도2747 판결은 이를 변경하기로 한다.

4. 대법관 천경송, 대법관 정귀호, 대법관 박준서, 대법관 송진훈의 반대의견은 다음과 같다.

다수의견은 외국환관리법 제33조에 규정된 추징은 범죄사실에 대한 징벌적 제재의 성격을 띠고 있으므로 공범이 여럿 있는 경우 공범 전원에 대하여 그 취득한 가액 전부의 추징을 명하여야 한다는 것이나, 이와 같은 다수의견에는 찬동할 수 없다. 그 이유는 다음과 같다.

다수의견은 외국환관리법상의 추징의 성격이 징벌적 제재의 성격을 가지고 있는가, 아니면 이익박탈의 성격을 가지고 있는가의 여부를 먼저 따져 본 후, 그 성격이 징벌적이라고 보아 범칙자 전원에 대하여 공동연대 추징을 하여야 한다는 결론을 도출하고 있다.

그러나 형벌법규는 죄형법정주의의 내용인 유추해석의 금지나 명확성의 원칙상 문리에 따라 해석하여야 한다. 외국환관리법상의 추징의 성격이 징벌적인가 아니면 이익박탈적인가의 여부는 먼저 외국환관리법상의 추징에 관한 규정을 문리해석하여 그 결과에 따라 판단해야 할 것이다. 즉, 추징의 성격이 징벌적인가 아니면 이익박탈적인가 여부는 추징에 관한 규정의 해석 기준이 아니고 해석의 결과일 따름이다. 따라서 다수의견과 같이 추징에 관한 규정의 해석에 앞서, 징벌적인가 아니면 이익박탈적인가의 여부를 따져보고 이에 기초하여 추징의 방법을 정하려는 것은 형벌법규에 대한 올바른 해석방법이 아니라고 생각한다.

물론 형벌법규 해석의 방법론으로 목적론적 해석이 전혀 배제되어야 할 것은 아니다. 다수의견이 외국환관리법의 입법목적까지를 고려하여 그 추징에 징벌적 제재의 성격을 강조하는 이유는, 외국환관리법위반 사범의 단속과 일반 예방의 철저를 기하기 위한 것으로 보여 타당한 면이 없지 아니하다. 그러나 외국환관리법위반 사범의 단속과 일반예방의 철저를 기할 필요가 있다면 그것은 주형을 엄하게 하여 그 목적을 달성해야 할 것이지, 부가형인 몰수에 대한 환형처분에 불과한 추징으로 이를 달성하려고 할 것은 아니라고 생각될 뿐만 아니라, 이는 추징의 본질이나 보충성에 비추어 보더라도 그 한계를 벗어나는 것이라고 하지 않을 수 없다.

다수의견에 따르면, 공동연대 추징을 선고받은 공범 중 1인에 대하여 추징이 집행되면 그 범위 내에서 나머지 범인들은 집행을 면하게 된다는 것이지만, 이는 추징의 징벌적 성격을 강조하는 다수의견의 기본입장과 논리가 일관되지 아니한다. 즉, 외국환관리법상의 추징에 대하여 징벌적 성격이 있다고 보는 이상 모든 공범들에 대하여 그 가액의 전액을 추징하는 것으로 보아야 논리적으로 일관되기 때문이다.

그리고 위와 같이 추징을 집행하게 되면 추징에 대한 선고와 집행이 분리되어 몰수대상 물건에 대하여 소유권 등 아무런 권리도 가진 바 없는 공범이 그 전액의 추징을 당하거나, 반대로 몰수대상 물건에 관하여 처분의 이익을 누린 주범 등이 추징의 집행을 면할 수도 있게 되는바, 이는 형벌개별화의 원칙에 반하게 되어 부당하다고 아니할 수 없다.

뿐만 아니라 다수의견에 따르면, 예컨대, 공범 중 1인이 먼저 재판을 받게 된 경우 기소되지 아니한 다른 공범이 소유 보관하는 것이 확실한데도 몰수대상 물건이 압수되어 있지 아니한 때에는 먼저 재판을 받고 있는 자에게 추징을 선고할 수밖에 없게 되는데, 이 또한 부당한 결론임이 분명하다.

따라서 외국환관리법상의 추징을 공동연대 추징으로 보는 것은 타당하지 아니하므로 다음과 같이 해석하여야 한다고 생각한다.

외국환관리법 제33조는 '제30조 내지 제33조의 각 호의 1에 해당되는 자가 당해 행위로 인하여 취득한 외국환 기타 증권, 귀금속, 부동산 및 내국지급수단은 이를 몰수하며, 이를 몰수할 수 없을 때에는 그 가액을 추징한다.'고 규정하고 있는바, 이를 몰수·추징에 관한 일반규정인 형법 제48조와 대비해 보면, 몰수의 대상을 형법 제48조 제1항 제2호 후단의 '범죄행위로 인하여 취득한 물건'만으로 한정하는 한편, 이를 필요적인 것으로 규정하고 있다. 그리고 아래에서 보는 바와 같이 관세법과 달리 몰수와 추징에 관하여 그 대상자를 하나의 조문에 동일하게 규정하고 있다. 따라서 외국환관리법 제33조의 몰수·추징에 관한 규정을 문리에 따라 해석하여 보면, 몰수의 대상이 된 외국환 등을 '취득한 사람'만이 추징의 대상자가 되는 것으로 해석함이 마땅하다. 예를 들면, 공범 갑, 을, 병 중에서 갑이 외국환 등을 전부 취득하여 소지하고 있은 경우에는 갑으로부터 그 외국환 등을 몰수하여야 하고, 그 외국환 등을 몰수할 수 없을 때에는 그 외국환 등의 취득자인 갑만이 추징의 대상자가 될 뿐이다.

여기서 공동연대 추징의 대표적인 경우로서 관세법상의 추징에 관한 규정과 비교하여 볼 필요가 있다.

종래 이 법원은 관세법 위반의 공범들에 대하여 관세법에 의한 추징을 명하는 경우에는 그 공범 전원에 대하여 각자 전액을 추징하여야 한다는 견해를 밝혀 왔는바(대법원 1976. 8. 24. 선고 76도2024 판결, 1983. 5. 24. 선고 83도639 판결, 1984. 2. 28. 선고 83도2470 판결 등 참조), 관세법상의 추징에 관하여는 그 규정상 다음과 같은 특징을 찾아볼 수 있다. 첫째, 관세법은 범인이 소유하는 범칙물건뿐만 아니라 점유하는 범칙물건에 대해서도 필요적으로 몰수·추징하되, 추징의 대상자를 포괄적으로 별도 규정하여(제198조 제2항, 제3항), 범인이 그 물건의 가액에 상당하는 이익을 보유한 소유자가 아니고 단지 이를 소지함에 불과한 자라고 하더라도, 몰수불능시 그 가액으로서 일률적으로 범칙 당시의 국내 도매가격에 상당한 금액을 추징하도록 하고 있다. 그뿐만 아니라 관세법은 수출입 금지물품을 수입 또는 수출한 경우에는 범인의 소유 또는 점유 여부를 불문하고 필요적으로 몰수·추징하도록 규정하고 있다(제198조 제1항, 제3항, 제179조 제1항).

둘째, 관세법은 예비를 한 자와 미수범을 기수범에 준하여 처벌한다고 규정하여(제182조 제2항), 범칙행위를 완성하지 못하여 아무런 이익을 실현하지 못한 자로부터도 기수범과 마찬가지로 범칙물건의 몰수불능시 추징하도록 하고 있다(대법원 1990. 8. 28. 선고 90도1576 판결, 1996. 10. 11. 선고 96도1999 판결 등 참조).

셋째, 관세법은 범칙물건을 운반·보관·알선·감정한 자에 대하여도 필요적으로 몰수·추징하도록 규정하여(제198조 제2항, 제3항, 제186조), 처음부터 범칙물건의 취득과는 관계없이 단지 그 유통 단계에 관여함에 불과한 경우에도 몰수불능시 그 가액 상당을 추징하도록 하고 있다.

이와 같은 관세법상의 추징에 관한 규정과 그에 대한 판례상의 해석론이 추징 본래의 목적에 비추어 볼 때 과연 합리적이라고 할 수 있는지에 관하여는 의문이 없지 아니하나, 관계 규정의 내용을 종합하여 볼 때, 관세법상의 추징은 범칙물건의 취득이나 그 유통에 관여한 범인 전원에 대하여 그가 소유자이든, 단순한 소지자이든 그로 인한 이익의 취득 여하를 불문하고 범칙물건의 가액 상당을 주형과는 별도로 추징한다는 취지로서, 이를 통하여 범죄의 철저한 억제를 도모하려는 징벌적 성격이 뚜렷하고, 따라서 관세법 위반의 관련 공범 전원에 대하여 각자 범칙물건의 가액 전부를 추징하여야 한다는 결론이 도출될 수 있다고 생각된다.

이상 보아온 것처럼 외국환관리법상의 추징은 관세법상의 추징과는 그 조문의 규정내용과 형식이 모두 다르다. 다만 외국환관리법상의 추징이 외국환 등의 취득에 소요된 비용 내지 대가의 유무·다과를 고려함이 없이 그 가액 전부를 추징한다는 점에서 그 성격이 이익박탈적이기보다는 징벌적이라고 볼 여지가 없지 아니하나, 그렇다고 하여 관련 규정의 문언과 공동연대 추징의 문제점 등에도 불구하고 군이 외국환관리법위반의 경우에까지 공동연대 추징의 유추해석을 도출하는 것은 죄형법정주의 원칙에 위배된다고 하지 않을 수 없다. 따라서 이와 다른 견해를 취한 대법원 1982. 11. 23. 선고 81도1737 판결은 변경되고, 다수의견이 변경하기로 한 판결들은 유지되어야 할 것이다.

이 사건의 경우, 피고인들은 이 사건 범행으로 원화 금 1,702,100,000원을 취득하여 그 중 피고인 1이 금 1,656,100,000원을, 피고인 2가 금 46,000,000원을 각각 나누어 소비하였음을 알 수 있으므로, 원심으로서는 피고인들이 각자 취득한 금액에 따라 피고인 1로부터 금 1,656,100,000원, 피고인 2로부터 금 46,000,000원을 각 추징하였어야 할 것임에도 불구하고, 원심은 피고인들 각자에 대하여 그 전액을 추징한다고 판단하였으니, 원심판결에는 외국환관리법 제33조에 규정된 추징에 관한 법리를 오해하여 판결에 영향을 미친 위법이 있고, 이 점을 지적하는 상고이유의 주장은 이유 있으므로, 원심판결 중 추징에 관한 부분은 파기하여야 할 것이다.

제2절 형의 양정

Ⅰ. 형의 양정 일반

〈형의 양정 및 '임의적 감경'의 의미 : 징역형에 대해 법률상 감경을 하는 경우 형법 제55조 제1항 제3호에 따라 상한과 하한을 모두 2분의 1로 감경하여야 하는지 여부 (적극)〉

대법원 2021. 1. 21. 선고 2018도5475 전원합의체 판결 [특수상해미수·폭행]

1. 사건의 개요와 쟁점

가. 피고인은 '2016. 12. 23.경 피해자 공소외 1을 폭행하고, 같은 날 위험한 물건인 식칼로 피해자 공소외 2의 가슴을 찔렀으나 피해자 공소외 2가 손으로 피고인의 손을 밀쳐 피해자 공소외 2의 옷만 찢어지게 하고 미수에 그쳤다.'는 폭행 및 특수상해미수의 공소사실로 공소가 제기되었다.

제1심은 피고인에 대한 위 공소사실 중 폭행의 점에 대해서는 형법 제260조 제1항을 적용하여 유죄로 인정하면서 징역형을 선택하였고, 특수상해미수의 점에 대해서는 형법 제258조의2 제3항, 제1항, 제257조 제1항을 적용하여 유죄로 인정하였다. 제1심이 선택한 폭행죄의 법정형은 '2년 이하의 징역'이고, 특수상해미수죄의 법정형은 '1년 이상 10년 이하의 징역'이다. 이어 제1심은 특수상해미수죄에 대해 형법 제25조 제2항, 제55조 제1항 제3호에 따라 감경한 뒤(특수상해미수죄의 형기가 징역 6월 이상 5년 이하로 되었다), 형이 더 높은 특수상해미수죄에 정한 형에 경합범가중을 하되 특수상해미수죄의 장기의 2분의 1을 가중한 형기(7년 6월)보다 특수상해미수죄와 폭행죄의 장기를 합산한 형기(7년)가 낮으므로 합산한 범위 내에서 처단형(징역 6월 이상 7년 이하)을 결정하였다. 그리고 처단형의 범위 내에서 피고인에게 징역 8월, 집행유예 2년을 선고하면서, 보호관찰 및 120시간의 사회봉사를 명하였다.

제1심판결에 대해 피고인이 양형부당을 이유로 항소하였다. 원심은 피고인의 항소를 기각하였다.

나. 형법 제25조 제2항은 "미수범의 형은 기수범보다 감경할 수 있다."라고 규정하고 있고, 위와 같이 형을 '감경할 수 있다.'고 규정한 경우를 임의적 감경이라고 한다. 임의적 감경사

유가 인정될 때 법률상 감경을 할 것인지에 대해 판례는 '임의적 감경사유에 대해 원심이 그에 따른 법률상 감경을 하지 않더라도 잘못이 아니다.'라는 취지로 판시하여(대법원 1991. 6. 11. 선고 91도985 판결, 대법원 2005. 9. 29. 선고 2005도6120 판결, 대법원 2015. 2. 12. 선고 2014도15131 판결 등 참조) 임의적 감경사유가 존재하더라도 감경을 할 것인지 여부는 법원의 재량이라는 입장이다. 그리고 유기징역형에 대한 감경을 결정하였다면 형법 제55조 제1항 제3호에 따라 형기의 상한과 하한을 모두 2분의 1로 감경하는 것이 현재 법원의 실무이다.

그런데 임의적 감경사유가 인정될 때 법원이 재량으로 감경 여부를 결정하는 것은 타당하지 않다는 문제 제기가 있다. 아울러 임의적 감경을 하면서 법정형의 상한과 하한을 모두 2분의 1로 감경하는 방식도 타당하지 않다고 한다. 구체적으로 이 사건에서 원심이 유지한 제1심이 특수상해미수죄에 대하여 형법 제25조 제2항에 따라 미수감경을 하면서 법정형의 상한과 하한을 모두 2분의 1로 감경한 것은 잘못이라고 한다. 그러므로 이 사건의 쟁점은 임의적 감경에 대한 현재의 해석론이 타당한지 여부이다.

2. 임의적 감경의 의미

형의 양정은 법정형 확인, 처단형 확정, 선고형 결정 등 단계로 구분된다. 법관은 형의 양정을 할 때 법정형에서 형의 가중·감경 등을 거쳐 형성된 처단형의 범위 내에서만 양형의 조건을 참작하여 선고형을 결정해야 한다(대법원 2008. 9. 11. 선고 2006도8376 판결 등 참조).

형법 제25조는 범죄의 실행에 착수하여 행위를 종료하지 못하였거나 결과가 발생하지 아니한 때에는 미수범으로 처벌하고(제1항), 미수범의 형은 기수범보다 감경할 수 있다(제2항)고 규정하고 있다. 형법 제25조 제2항에 따른 형의 감경은 법률상 감경의 일종으로서 재판상 감경인 작량감경(형법 제53조)과 구별된다. 법률상 감경에 관하여 형법 제55조 제1항은 형벌의 종류에 따른 감경의 방법을 규정하고 있다. 법률상 감경사유가 무엇인지와 그 사유가 인정될 때 반드시 감경을 하여야 하는지는 형법과 특별법에 개별적이고 구체적으로 규정되어 있다. 이와 같은 감경 규정들은 법문상 형을 '감경한다.'라거나 형을 '감경할 수 있다.'라고 표현되어 있는데, '감경한다.'라고 표현된 경우를 필요적 감경, '감경할 수 있다.'라고 표현된 경우를 임의적 감경이라 한다. 형법 제25조 제2항에 따른 형의 감경은 임의적 감경에 해당한다.

필요적 감경의 경우에는 감경사유의 존재가 인정되면 반드시 형법 제55조 제1항에 따른 법률상 감경을 하여야 함에 반해, 임의적 감경의 경우에는 감경사유의 존재가 인정되더라도 법관이 형법 제55조 제1항에 따른 법률상 감경을 할 수도 있고 하지 않을 수도 있다. 나아가 임의적 감경사유의 존재가 인정되고 법관이 그에 따라 징역형에 대해 법률상 감경을 하는 이상 형법 제55조 제1항 제3호에 따라 상한과 하한을 모두 2분의 1로 감경한다. 이러한 현재 판례와 실무의 해석은 여전히 타당하다. 구체적인 이유는 다음과 같다.

가. 형법은 법률상 감경의 방법, 내용, 사유를 구체적으로 규정하고 있고 그 의미도 명확하다. 형법은 범죄의 구성요건에 해당하는 행위에 상응하는 법정형을 정하여 두고, 법정형에 대한 법률상 가중·감경 및 작량감경을 통해 최종적인 처단형을 정하도록 하고 있다. 즉 처단형은 오직 법률 규정에 근거한 법관의 법률적용에 따른 결과이다. 작량감경은 오로지 법관의 재량에 의해 형을 감경하는 것인 반면, 법률상 감경은 형법이 정한 감경사유가 인정되는 경우 형을 감경하는 것이고, 작량감경이든 법률상 감경이든 감경의 방법은 형종에 따라 형법 제55조에서 정한 바에 따라야 한다. 법률상 감경은 감경사유의 존재가 인정되면 반드시 감경하여야 하는 필요적 감경과 감경사유의 존재가 인정되더라도 감경할 수도 있고 하지 않을 수도 있는 임의적 감경으로 구별된다. 형을 감경 또는 면제할 수 있다고 정한 경우에는 형의 감경과 형의 면제 중 어느 하나를 선택할 수도 있다.

구체적으로 형법이 정한 형의 필요적 감면사유는 중지미수(제26조), 예비·음모 단계에서의 자수에 관한 각칙 규정(제90조, 제101조, 제111조 제3항, 제120조, 제175조, 제213조), 위증·무고와 자백·자수(제153조, 제154조, 제157조), 장물범과 본범의 친족관계(제365조 제2항)이다. 형의 필요적 감경사유는 농아자(제11조), 방조범(제32조 제2항)이다. 임의적 감면사유는 과잉방위(제21조 제2항), 과잉긴급피난(제22조 제3항), 과잉자구행위(제23조 제2항), 불능미수(제27조), 사후적 경합범(제39조 제1항), 자수·자복(제52조)이다. 임의적 감경사유는 심신장애(제10조 제2항), 장애미수(제25조 제2항), 범죄단체조직(제114조), 피약취자 석방(제324조의6)이다. 한편 대법원 2019. 4. 18. 선고 2017도14609 전원합의체 판결에서 형법 제37조 후단 경합범에 대하여 형법 제39조 제1항에 의하여 형을 감경할 때에도 법률상 감경에 대한 형법 제55조 제1항이 적용되어 유기징역을 감경할 때에는 그 형기의 2분의 1 미만으로는 감경할 수 없음을 확인한 바 있다.

나. 죄형법정주의 원칙에 비추어 볼 때, 임의적 감경에 관한 현재 판례 및 실무의 해석은 법문에 충실하고 형법의 체계와 부합한다.

죄형법정주의는 국가형벌권의 자의적인 행사로부터 개인의 자유와 권리를 보호하기 위하여 범죄와 형벌을 법률로 정할 것을 요구한다. 그러한 취지에 비추어 보면 형벌법규의 해석은 엄격하여야 하고, 문언의 가능한 의미를 벗어나 피고인에게 불리한 방향으로 해석하는 것은 죄형법정주의의 내용인 확장해석금지에 따라 허용되지 아니한다(대법원 2016. 3. 10. 선고

2015도17847 판결 등 참조). 법률을 해석할 때 입법 취지와 목적, 제·개정 연혁, 법질서 전체와의 조화, 다른 법령과의 관계 등을 고려하는 체계적·논리적 해석 방법을 사용할 수 있으나, 문언 자체가 비교적 명확한 개념으로 구성되어 있다면 원칙적으로 이러한 해석 방법은 활용할 필요가 없거나 제한될 수밖에 없다. 죄형법정주의 원칙이 적용되는 형벌법규의 해석에서는 더욱 그러하다(대법원 2017. 12. 21. 선고 2015도8335 전원합의체 판결 참조).

형법은 필요적 감경의 경우에는 문언상 형을 '감경한다.'라고 표현하고, 임의적 감경의 경우에는 작량감경과 마찬가지로 문언상 형을 '감경할 수 있다.'라고 표현하고 있다. '할 수 있다.'는 말은 어떠한 명제에 대한 가능성이나 일반적인 능력을 나타내는 말로서 '하지 않을 수도 있다.'는 의미를 포함한다. '할 수 있다.'는 문언의 의미에 비추어 보면 입법자는 임의적 감경의 경우 정황 등에 따라 형을 감경하거나 감경하지 않을 수 있도록 한 것이고 그 권한 내지 재량을 법관에게 부여한 것이다. 이러한 해석은 문언상 자연스러울 뿐만 아니라 일상의 언어 사용에 가까운 것으로 누구나 쉽게 이해할 수 있다. 법문과 입법자의 의사에 부합하는 이상, 죄형법정주의 원칙상 허용되지 않는 유추해석에 해당하지도 않는다.

한편 형법 제55조 제1항은 형벌의 종류에 따라 법률상 감경의 방법을 규정하고 있는데, 형법 제55조 제1항 제3호는 "유기징역 또는 유기금고를 감경할 때에는 그 형기의 2분의 1로 한다."라고 규정하고 있다. 이와 같이 유기징역형을 감경할 경우에는 '단기'나 '장기'의 어느 하나만 2분의 1로 감경하는 것이 아니라 '형기' 즉 법정형의 장기와 단기를 모두 2분의 1로 감경함을 의미한다는 것은 법문상 명확하다. 처단형은 선고형의 최종적인 기준이 되므로 그 범위는 법률에 따라서 엄격하게 정하여야 하고, 별도의 명시적인 규정이 없는 이상 형법 제56조에서 열거하고 있는 가중·감경할 사유에 해당하지 않는 다른 성질의 감경사유를 인정할 수는 없다(대법원 2019. 4. 18. 선고 2017도14609 전원합의체 판결 참조). 따라서 유기징역형에 대한 법률상 감경을 하면서 형법 제55조 제1항 제3호에서 정한 것과 같이 장기와 단기를 모두 2분의 1로 감경하는 것이 아닌 장기 또는 단기 중 어느 하나만을 2분의 1로 감경하는 방식이나 2분의 1보다 넓은 범위의 감경을 하는 방식 등은 죄형법정주의 원칙상 허용될 수 없다.

다. 형법은 임의적 감경과 필요적 감경을 구별하고 있고, 판례 및 실무는 양자의 구별을 명확히 한다.

앞서 본 법률상 감경사유는 구성요건해당성, 위법성, 책임 등 범죄의 성립요건과 관련이 있거나 불법의 정도나 보호법익의 침해 정도 등과 관련 있는 사유들이 대부분이다. 입법자는 범죄의 성립 및 처벌과 관련된 중요한 사항들을 법률상 감경의 요건으로 정한 뒤 해당 요건이 범죄의 성립 또는 처벌 범위의 결정에 일반적으로 미치는 영향이나 중요성을 종합적으로 고려하여 필요적 감경, 임의적 감경으로 구별하여 규정하였다.

위와 같이 필요적 감경사유와 임의적 감경사유가 구별되어 규정되어 있는 취지를 고려하면 그 법률효과도 명확히 구별되어야 한다. 예를 들어 범죄의 실행에 착수하였으나 외부적인 사정에 의해 범죄행위의 완성에 이르지 못한 장애미수는 임의적 감경으로, 범죄의 실행에 착수하였다가 범죄 완성 전에 자의로 행위를 중지하거나 결과 발생을 방지한 중지미수는 필요적 감경으로 구별하여 규정한 취지에 따라 그 법률효과는 분명히 구별되어야 한다. 불법의 실현을 위해 범행의 실행에 착수하여 법익침해의 위험을 발생하게 하였으나 범인 스스로 적법으로 회귀하기 위해 노력한 경우(중지미수)와 범인의 불법 실현을 위한 의사는 변함이 없는데 외부적인 요인으로 법익침해의 결과가 발생하지 않은 경우(장애미수)에 대한 법률적 평가는 큰 차이가 있을 수밖에 없다. 이 경우 현재 실무 및 판례에 따르면, 중지미수의 경우에는 법정형의 상한과 하한 모두를 2분의 1로 감경하는 반면, 장애미수의 경우에는 법익침해의 위험 발생 정도에 따라 법정형에 대한 감경을 하지 않거나 법정형의 상한과 하한 모두를 2분의 1로 감경할 수 있게 되고, 그 선택은 법관의 재량에 맡기게 된다. 그런데 이와 달리 법정형의 하한은 중지미수와 장애미수 모두 동일하게 2분의 1로 감경하고, 법정형의 상한은 중지미수의 경우에만 2분의 1로 감경하고 장애미수의 경우에는 감경하지 않는다고 해석하면 중지미수와 장애미수에 관한 법률적 평가와 개별 사안에 따른 법관의 사안별 평가의 필요성을 고려하지 않고, 입법자가 필요적 감경과 임의적 감경으로 구별한 취지를 무색하게 한다.

라. 처단형의 하한을 낮출 필요가 없다면 굳이 임의적 감경을 할 필요가 없다는 현재 실무 관행을 잘못이라고 볼 수 없다.

형법은 형의 가중·감경할 사유가 경합된 때에 그 적용 순서에 관하여, 각칙 본조에 의한 가중, 제34조 제2항의 가중, 누범 가중, 법률상 감경, 경합범가중, 작량감경 순으로 규정하고 있고(제56조), 이러한 순서에 따른 형의 가중·감경 과정을 거쳐 처단형이 산출된다. 임의적 감경은 법률상 감경의 일종으로서 해당 감경사유의 존재가 인정되면 그에 따른 감경을 실시할 것인지 여부는 심신미약, 미수, 자수 등 해당 감경사유가 행위불법이나 결과불법의 측면에서 범행에서 차지하는 비중이나 범행에 미친 영향 등을 고려하여 독자적으로 결정함이 타당하다. 다만 해당 임의적 감경사유가 당해 범행의 행위불법이나 결과불법에서 차지하는 비중이나 범행에 미친 영향이 어느 정도인지를 판단하기 위해서는 다른 양형조건들에 대한 고려가 불가피할 것이다.

아울러 법관이 처단형을 결정하는 과정에서 피고인에 대한 양형조건들을 참작하여 최종 선고형을 머릿속에 그리면서 임의적 감경 여부를 결정하는 것이 법리적·논리적으로 잘못이라 할 수도 없다. 형의 양정 즉 양형은 법정형을 기초로 하여 형벌의 종류를 선택하고 이를 가중하거나 감경하여 처단형을 정한 다음 그 처단형의 범위에서 구체적인 선고형을 정하는 과정으로 이루어진다. 법률상 감경은 형법 제1편 제3장 제2절 '형의 양정' 부분에서 양형의 조건(제51조), 자수·자복(제52조), 작량감경(제53조), 선택형과 작량감경(제54조), 가중감경의 순서(제56조) 등과 함께 제55조에 규정되어 있는데, 임의적 감경은 형의 양정을 위한 과정 중 법률상 감경에 해당한다. 형의 양정을 함에 있어 형의 선택, 작량감경 등과 같이 법관에게 재량이 주어진 사항의 판단을 위해서는 양형조건에 대한 고려를 하지 않을 수 없다. 법관이 양형조건에 대한 고려 없이 형종을 선택하거나 작량감경 여부를 결정하는 것은 상상하기 어렵다. 따라서 입법자가 법관에게 임의적 감경에 대한 재량 내지 권한을 부여한 이상 법관이 다른 양형조건에 대한 고려를 완전히 배제하고 오로지 임의적 감경사유만을 심리하여 감경 여부를 결정하기는 사실상 어렵다.

현재 실무상 임의적 감경사유가 있더라도 처단형의 하한을 낮추기 위한 경우가 아니면 굳이 임의적 감경을 하지 않는 방식이 통용되어 왔다. 그러나 이러한 실무 관행이 선고형을 먼저 결정한 뒤 임의적 감경 여부를 결정한다는 의미는 아니다. 앞서 본 바와 같이 입법자가 임의적 감경을 법관의 재량 내지 권한으로 부여한 이상 법관은 임의적 감경 여부를 결정하기 위해 불가피하게 임의적 감경사유 이외의 다른 양형조건들에 대한 고려를 하지 않을 수 없고 그 과정에서 어느 정도 선고형에 대한 윤곽을 머릿속에 그릴 수 있다. 따라서 현재 실무는 이러한 판단과정 속에서 반드시 처단형의 하한을 낮출 필요가 있는 경우가 아니라면 굳이 임의적 감경을 할 실익이 없으므로 양형기준상의 양형인자나 양형조건으로 고려하면 충분하다는 취지로 이해할 수 있다. 처단형의 하한을 낮출 필요가 없다면 굳이 임의적 감경을 할 필요가 없다는 현재 실무 관행이 위법하다고 볼 것은 아니다.

마. 유죄 인정 후 선고형을 결정하기까지 법관에게 많은 재량이 주어져 있고, 임의적 감경에 관한 법관의 재량은 그중 하나로서 부당하다고 볼 수 없다.

형법은 1개의 죄에 여러 종류의 형벌로 처벌할 수 있도록 규정한 뒤 피고인에게 적용할 형벌의 종류를 법원이 결정하도록 하고 있다(제54조). 오로지 사형만을 규정한 여적죄(형법 제93조)를 제외한 대부분의 처벌규정은 형법 제41조 제1호 내지 제8호에서 규정한 형종(사형, 무기징역, 무기금고, 유기징역, 유기금고, 자격상실, 자격정지, 벌금, 구류, 과료) 중 2개 이상을 주형으로 규정하면서 해당 사안, 당해 피고인에게 가장 적합한 형종을 선택할 권한을 법관에게 부여하고 있다. 입법자는 개별 범죄의 처벌에 관하여 여러 형종과 넓은 범위의 형량을 규정한 뒤 법관으로 하여금 먼저 형종을 선택하고 처단형의 범위 내에서 구체적인 선고형을 결정하도록 하였다. 이는 개별 범죄에 있어 모든 양형조건을 고려한 적절한 선고형을 입법자가 미리 정할 수 없기에 형종의 선택부터 법관에게 상당한 재량을 부여한 것이다.

나아가 법관은 법률상 가중·감경이 모두 이루어진 처단형에 대해 범죄의 정상에 참작할 사유가 있는 때에 그 형을 감경할 수 있다(형법 제53조). 이는 재판상 감경, 작량감경 혹은 정상참작 감경으로 불리는데, 법률상 감경을 다하고도 그 처단형보다 낮은 형을 선고하여야 할 때에 최후에 하는 감경으로서(대법원 1991. 6. 11. 선고 91도985 판결 등 참조), 법정형이나 법률상 가중·감경을 마친 처단형이 지나치게 가혹한 경우 이를 시정하기 위한 장치로 기능하고 있다.

최종적으로 법관은 처단형의 범위 내에서 모든 양형조건을 고려하고 양형위원회의 양형기준을 참고하여 선고형을 결정하게 된다.

이와 같이 범죄사실이 유죄로 인정된 이후 법관이 선고형을 결정하기 위해 수행하는 구체적인 양형의 과정을 보면 법관에게 많은 재량이 주어져 있음을 알 수 있다. 이는 형종의 선택에서 시작하여 선고형의 결정에 이르기까지 개별 사안마다 모든 양형조건을 충분히 고려하여 객관적이고 합리적이며 구체적 타당성을 갖춘 양형을 위해 선택된 조치이다. 법관에게 주어진 이처럼 많은 재량들을 고려하면, 임의적 감경에 관해 감경 여부에 대한 결정 권한 내지 재량이 법관에게 있다고 해석하는 것을 부당하다고 할 수 없다. 이러한 법관의 재량에 대한 적절한 통제의 필요성이나 방법 등은 별개의 문제이다.

바. 임의적 감경에 따른 법률효과를 획일적으로 정할 필요가 없다.

임의적 감경사유의 존재가 인정되더라도 해당 사유에 따른 법률상 감경을 하는 것이 오히려 정의의 관념에 반하는 경우가 있다. 구성요건적 결과가 발생하지 않은 미수라 하더라도 기수와 거의 동일한 중한 결과가 발생한 경우(예를 들면, 살인죄에서 피해자가 사망에 이르지 않았으나 장기간 혼수상태에 빠지거나 식물인간이 된 경우)나 심신미약 상태에서 범행을 저질렀으나 심신미약에 따른 형의 감경을 하는 것이 부적절한 경우 등과 같이 임의적 감경사유는 인정되나 그에 따른 감경을 하지 않는 것이 타당하다고 인정되는 경우가 있다. 즉 형법이 '형을 감경할 수 있다.'고 규정하고 있는 것은 임의적 감경사유가 인정되더라도 그에 따른 감경이 필요한 경우와 필요하지 않은 경우가 모두 있을 수 있으니 임의적 감경사유로 인한 행위불법이나 결과불법의 축소효과가 미미하거나 행위자의 책임의 경감 정도가 낮은 경우에는 감경하지 않은 무거운 처단형으로 처벌할 수 있도록 한 것이다. 그리고 그에 대한 판단 권한 내지 재량을 법관에게 부여한 것이다. 이러한 다양한 상황에 대한 고려를 하지 않은 채 일률적인 법률효과를 발생하도록 해석해야 할 필요성이 없다.

3. 이 사안의 해결

가. 원심은 그 판시와 같은 이유로 폭행죄와 특수상해미수죄를 모두 유죄로 인정하고 특수상해미수죄에 대하여 형법 제25조 제2항에 따라 미수감경을 하면서 형법 제55조 제1항 제3호에 따라 그 형기의 상한과 하한 모두 2분의 1로 감경한 뒤 경합범가중을 거쳐 처단형을 결정한 제1심판결을 그대로 유지하였다. 앞서 본 법리에 비추어 보면, 위와 같은 원심의 조치는 적법하다.

[대법관 이기택의 별개의견] 임의적 감경은 다음과 같이 새롭게 해석되어야 한다(이하 '새로운 해석론'이라 한다).

다수의견은 '할 수 있다.'는 문언에 비추어 그 의미가 '하거나 하지 않을 수 있는 재량 내지 권한'이라고 해석하는 것이 타당하다고 주장하나 '할 수 있다.'라는 말은 문맥에 따라 추측, 능력, 가능성, 허가 등 다양한 의미를 나타내지만 그 기저에는 '잠재적 혹은 실제적 가능성'의 의미로 수렴한다.

이와 같이 '할 수 있다.'의 의미가 다의적으로 해석되는 이상, 이를 입법자의 의사에 최대한 부합되게 해석해야 한다. '할 수 있다.'는 것은 감경을 '하는 경우의 범위'와 '하지 않는 경우의 범위' 모두에 걸쳐서 선고형을 정할 수 있다는 의미로 보아야 한다. 즉 감경을 하는 경우와 하지 않는 경우가 모두 가능하다는 점을 고려하여 두 경우의 범위를 합하여 처단형을 정하여야 한다. 그렇다면 감경을 하지 않은 범위의 상한과 감경을 한 범위의 하한 사이의 범위가 임의적 감경의 처단형 범위가 된다. 이를 간단히 법정형의 하한만 감경된다고 이해할 수도 있다.

새로운 해석론에 따른 임의적 감경 방식은 법관의 재량이 개입할 여지가 없이 감경한 구간과 감경하지 않은 구간을 합한 영역이 처단형 범위로 '당연확정'되고, 그에 따라 처단형의 범위는 감경하지 않은 구간의 상한과 감경한 구간의 하한이라고 보는 것이다. 결과적으로는 법정형의 하한만 2분의 1로 감경하는 것과 동일한 결론에 이른다.

Ⅱ. 형의 가중

1. 각칙본조에 의한 가중

〈'그 죄에 정한 형의 2분의 1까지 가중한다'는 규정의 의미〉

대법원 2017. 6. 29. 선고 2016도18194 판결 [상습특수상해(인정된죄명:상습특수상해·상습폭행·업무방해·재물손괴·공갈미수)]

형법은 제264조에서 상습으로 제258조의2의 죄를 범한 때에는 그 죄에 정한 형의 2분의 1까지 가중한다고 규정하고, 제258조의2 제1항에서 위험한 물건을 휴대하여 상해죄를 범한 때에는 1년 이상 10년 이하의 징역에 처한다고 규정하고 있다. 위와 같은 형법 각 규정의 문언, 형의 장기만을 가중하는 형법 규정에서 그 죄에 정한 형의 장기를 가중한다고 명시하고 있는 점, 형법 제264조에서 상습범을 가중처벌하는 입법 취지 등을 종합하면, <u>형법 제264조는 상습특수상해죄를 범한 때에 형법 제258조의2 제1항에서 정한 법정형의 단기와 장기를 모두 가중하여 1년 6개월 이상 15년 이하의 징역에 처한다는 의미로 새겨야 한다.</u>

기록에 의하면, 원심은 이 사건 공소사실을 모두 유죄로 판단한 다음, 상습특수상해죄의 법정형이 형법 제258조의2 제1항에서 정한 법정형의 장기만을 가중한 1년 이상 15년 이하의 징역임을 전제로 하여, 상습특수상해죄에 정한 형에 경합범가중을 하고 작량감경을 하여 피고인에 대한 선고형을 징역 8개월로 정하였음을 알 수 있다.

앞서 본 법리에 비추어 살펴보면, 상습특수상해죄를 저지른 피고인에 대하여 작량감경을 하더라도 그 처단형이 징역 9개월 미만이 될 수 없는데도 징역 8개월을 선고한 원심의 판단에는, 그 처단형의 범위를 벗어나 선고형을 정한 잘못이 있음을 아울러 지적해 둔다.

2. 누범가중

<형법 제35조에 의한 누범가중의 요건>

대법원 1976. 9. 14. 선고 76도2071 판결 [강도상해]

형법 제35조의 규정에 의하면 금고이상의 형을 받아 그 집행을 종료하거나 면제를 받은 후 3년내에 금고이상에 해당하는 죄를 범한자를 누범가중하여 처단하게 되어 있고 동법 제76조에 의하면 가석방의 처분을 받은 후 그처분의 실효 또는 취소됨이 없이 무기에 있어서는 10년 유기형에 있어서는 그 잔형기를 경과한 때에는 형의 집행을 종료한 것으로 간주한다고 규정하고 있으므로 가석방 기간 중일때에는 아직 형집행종료라고 볼 수 없다고 할 것이기 때문이다. 그러므로 피고인에 대한 위 전과통보서에 의하면 피고인이 1974.4.11 위 전과 사실로 형의 선고를 받고 그 형의 집행을 마치고 출소한 날자가 마치 1975.11.8로 기재되어 있으나 사실상으로는 그 출소일자 이전인 그해 9.9 판시 범행을 한 것이라면 피고인이 그 형 집행중 형집행정지처분 또는 가석방 등의 특별사정이 있었던 여부가 의심이 될 뿐 아니라 검사의 피고인에 대한 피의자 신문조서 중의 진술기재에서 그해 6.20 가석방되었다는 것이므로 만일 그 잔형기 경과전인 가석방기간 중에 본건 범행을 저질렀다면 이를 위 형법 제35조에서 말하는 형집행종료 후에 죄를 범한 경우에 해당한다고 볼 수 없으므로 여기에 누범가중을 할 수 없는 이치라 할 것임에도 불구하고 제1심이 누범가중하였음은 필경 누범가중의 법리를 오해하여 형집행 종료 여부에 관한 심리를 다하지 아니한 위법을 범하였다 아니할 수 없(다).

<형이 실효된 경우 그 전과를 특정범죄가중법 제5조의4 제5항 소정의 징역형의 선고를 받은 경우로 볼 수 있는지 여부 : 소극>

대법원 2002. 10. 22. 선고 2002감도39 판결 [보호감호]

특정범죄가중처벌등에관한법률 제5조의4 제5항은, 형법 제329조 내지 제331조와 제333조 내지 제336조· 제340조· 제362조의 죄 또는 그 미수죄로 3회 이상 징역형을 받은 자로서 다시 이들 죄를 범하여 누범으로 처벌할 경우도 제1항 내지 제4항과 같다고 규정하고 있고,

한편 형의실효등에관한법률에 의하여 형이 실효된 경우에는 형의 선고에 의한 법적 효과가 장래에 향하여 소멸되므로 형이 실효된 후에는 그 전과를 특정범죄가중처벌등에관한법률 제5조의4 제5항 소정의 징역형의 선고를 받은 경우로 볼 수는 없다 할 것이다.

따라서 피감호청구인이 1992. 4. 23. 및 그 이전에 선고 받은 위 형이 모두 실효된 이상 피감호청구인은 특정범죄가중처벌등에관한법률 제5조의4 제5항에 규정된 죄로 3회 이상 징역형을 받은 자에 해당한다고 할 수 없다.

대법원 1964. 3. 31. 선고 64도34 판결 [살인]

원심이 인정한 본건 범죄이전에 피고인이 저지른 업무방해죄는 1963·12·14 공포된각령 1,678호 일반사면령에 의하여 사면되었으므로 위 업무방해에 대한 형의선고의 효력이 상실되었음이 명백함에도 불구하고 원심이 피고인에 대하여 누범가중하여 처단한 제1심 판결을 유지한 것은 법률적용에 있어 잘못을 저지른 위법이 있(다).

대법원 1986. 11. 11. 선고 86도2004 판결 [절도]

형의 선고를 받은 자가 특별사면을 받아 형의 집행을 면제받고, 또 후에 복권이 되었다 하더라도 형의 선고의 효력이 상실되는 것은 아니라 할 것이므로, 1983.5.6 광주지방법원에서 집회 및 시위에 관한 법률위반죄로 징역 1년을 선고받아 복역하다가 같은해 8.12 특별사면으로 출소한 후 3년 이내인 1986.4.2 본건 절도죄를 저지른 피고인에 대하여 누범가중을 한 원심판결은 정당하(다).

〈폭력행위처벌법상 누범가중의 요건〉

대법원 2016. 6. 23. 선고 2016도5032 판결 [폭력행위등처벌에관한법률위반(공동상해)·폭력행위등처벌에관한법률위반(공동강요)])

폭력행위 등 처벌에 관한 법률(이하 '폭력행위처벌법'이라 한다) 제2조 제3항은 "이 법(형법 각 해당 조항 및 각 해당 조항의 상습범, 특수범, 상습특수범, 각 해당 조항의 상습범의 미수범, 특수범의 미수범, 상습특수범의 미수범을 포함한다)을 위반하여 2회 이상 징역형을 받은 사람이 다시 제2항 각 호에 규정된 죄를 범하여 누범으로 처벌할 경우에는 다음 각 호의 구분에 따라 가중 처벌한다."라고 규정하고 있다. 그런데 형의 실효 등에 관한 법률에 따라 형이 실효된 경우에는 형의 선고에 의한 법적 효과가 장래를 향하여 소멸하므로 형이 실효된 후에는 그 전과를 폭력행위처벌법 제2조 제3항에서 말하는 '징역형을 받은 경우'라고 할 수 없다.

한편 형법 제65조는 "집행유예의 선고를 받은 후 그 선고의 실효 또는 취소됨이 없이 유예

기간을 경과한 때에는 형의 선고는 효력을 잃는다."라고 규정하고 있다. 여기서 '형의 선고가 효력을 잃는다'는 의미는 앞서 본 형의 실효와 마찬가지로 형의 선고에 의한 법적 효과가 장래를 향하여 소멸한다는 취지이다(대법원 2010. 9. 9. 선고 2010도8021 판결 등 참조). 따라서 형법 제65조에 따라 형의 선고가 효력을 잃는 경우에도 그 전과는 폭력행위처벌법 제2조 제3항에서 말하는 '징역형을 받은 경우'라고 할 수 없다.

그리고 어느 징역형의 실효기간이 경과하기 전에 별도의 집행유예 선고가 있었지만 그 집행유예가 실효 또는 취소됨이 없이 유예기간이 경과하였고 그 무렵 집행유예 전에 선고되었던 징역형도 그 자체의 실효기간이 경과하였다면 그 징역형 역시 실효되어 폭력행위처벌법 제2조 제3항에서 말하는 '징역형을 받은 경우'에 해당한다고 할 수 없다(대법원 2014. 9. 4. 선고 2014도7088 판결 참조).

〈특정범죄가중법 제5조의4 제5항의 절도와 형법상 누범가중의 관계〉

대법원 2020. 5. 14. 선고 2019도18947 판결 [특정범죄가중처벌등에관한법률위반(절도)·주거침입]

2016. 1. 6. 법률 제13717호로 개정·시행된 특정범죄 가중처벌 등에 관한 법률(이하 '특정범죄가중법'이라고 한다) 제5조의4 제5항은 "형법 제329조부터 제331조까지, 제333조부터 제336조까지 및 제340조·제362조의 죄 또는 그 미수죄로 세 번 이상 징역형을 받은 사람이 다시 이들 죄를 범하여 누범으로 처벌하는 경우에는 다음 각호의 구분에 따라 가중처벌한다."라고 규정하면서, 같은 항 제1호(이하 '이 사건 법률 규정'이라고 한다)는 '형법 제329조부터 제331조까지의 죄(미수범을 포함한다)를 범한 경우에는 2년 이상 20년 이하의 징역에 처한다'고 규정하고 있다. 이 사건 법률 규정은 그 입법 취지가 반복적으로 범행을 저지르는 절도 사범에 관한 법정형을 강화하기 위한 데 있고, 조문의 체계가 일정한 구성요건을 규정하는 형식으로 되어 있으며, 적용요건이나 효과도 형법 제35조와 달리 규정되어 있다. 이러한 이 사건 법률 규정의 입법 취지, 형식 및 형법 제35조와의 차이점 등에 비추어 보면, 이 사건 법률 규정은 형법 제35조(누범) 규정과는 별개로 '형법 제329조부터 제331조까지의 죄(미수범 포함)를 범하여 세 번 이상 징역형을 받은 사람이 그 누범 기간 중에 다시 해당 범죄를 저지른 경우에 형법보다 무거운 법정형으로 처벌한다'는 내용의 새로운 구성요건을 창설한 것으로 해석해야 한다. 따라서 이 사건 법률 규정에 정한 형에 다시 형법 제35조의 누범가중한 형

기범위 내에서 처단형을 정하여야 한다.

〈특정범죄가중법 제5조의4 제5항 제1호의 취지 및 규율 범위〉

대법원 2020. 2. 27. 선고 2019도18891 판결 [특정범죄가중처벌등에관한법률위반(절도)]

특정범죄 가중처벌 등에 관한 법률(이하 '특정범죄가중법'이라고 한다) 제5조의4 제5항의 규정 취지는 같은 항 각호에서 정한 죄 가운데 동일한 호에서 정한 죄를 3회 이상 반복 범행하고, 다시 그 반복 범행한 죄와 동일한 호에서 정한 죄를 범하여 누범에 해당하는 경우에는 동일한 호에서 정한 법정형으로 처벌한다는 뜻으로 보아야 한다(대법원 1990. 1. 23. 선고 89도2226, 89감도198 판결, 대법원 2010. 3. 25. 선고 2010도8 판결 등 참조). 그러므로 특정범죄가중법 제5조의4 제5항 제1호 중 '이들 죄를 범하여 누범으로 처벌하는 경우' 부분에서 '이들 죄'라 함은, 앞의 범행과 동일한 범죄일 필요는 없으나, 특정범죄가중법 제5조의4 제5항 각호에 열거된 모든 죄가 아니라 앞의 범죄와 동종의 범죄, 즉 형법 제329조 내지 제331조의 죄 또는 그 미수죄를 의미한다(대법원 2018. 2. 13. 선고 2017도19862 판결 등 참조).

원심은, 피고인이 2009. 5. 27. 강도죄, 절도죄 등으로 징역 2년 6월, 2012. 3. 23. 절도죄 등으로 징역 6월, 2013. 4. 3. 특수강도죄 및 특수강도미수죄로 징역 5년을 선고받아 2017. 11. 11. 그 최종형의 집행을 종료한 자로서 다시 2019. 6. 3. 및 2019. 6. 11. 이 사건 각 특수절도죄를 범하고 2019. 6. 7. 이 사건 특수절도미수죄를 범한 사실을 인정하고, 피고인에 대하여 특정범죄가중법 제5조의4 제5항 제1호, 형법 제331조 제1항, 제330조 및 특정범죄가중법 제5조의4 제5항 제1호, 형법 제342조, 제331조 제1항, 제330조를 적용하였다.

그러나 피고인이 2013. 4. 3. 형을 선고받은 특수강도죄 및 특수강도미수죄는 특정범죄가중법 제5조의4 제5항 제1호에서 정한 '형법 제329조부터 제331조까지의 죄 또는 그 미수죄'에 해당하지 않음이 명백하므로, 판시 자체만으로도 피고인을 특정범죄가중법 제5조의4 제5항 제1호에서 정한 '같은 항 제1호에 규정된 죄로 세 번 이상 징역형을 받은 사람'에 해당한다고 볼 수 없다. 그리고 기록에 의하여 확인되는 피고인의 다른 전과를 살펴보더라도, 피고인이 그 외에 형법 제329조부터 제331조까지의 죄 또는 그 미수죄를 범하여 징역형을 선고받은 것으로 보이지 않는다. 따라서 피고인은 특정범죄가중법 제5조의4 제5항 제1호에서 정한 '같은 항 제1호에 규정된 죄로 세 번 이상 징역형을 받은 사람'에 해당하지 않는다.

그런데도 원심은 피고인에게 특정범죄가중법 제5조의4 제5항 제1호 등을 적용하여 처단하였다. 이러한 원심판결에는 특정범죄가중법 제5조의4 제5항 제1호에서 정한 '세 번 이상 징역형을 받은 사람'의 해석 등에 관한 법리를 오해하여 판결에 영향을 미친 잘못이 있다.

대법원 1982. 9. 14. 선고 82도1702 판결 「형법 제35조 제1항에 규정된 "금고이상에 해당하는 죄" 라 함은 유기금고형이나 유기징역형으로 처단할 경우에 해당하는 죄를 의미하는 것으로서 <u>법정형 중 벌금형을 선택한 경우에는 누범가중을 할 수 없(다).</u>」

대법원 2006. 4. 7. 선고 2005도9858 전원합의체 판결 「형법 제35조 소정의 누범이 되려면 금고 이상의 형을 받아 그 집행을 종료하거나 면제를 받은 후 3년 내에 다시 금고 이상에 해당하는 죄를 범하여야 하는바, 이 경우 <u>다시 금고 이상에 해당하는 죄를 범하였는지 여부는 그 범죄의 실행행위를 하였는지 여부를 기준으로 결정하여야 한다. 따라서 3년의 기간 내에 실행의 착수가 있으면 족하고, 그 기간 내에 기수에까지 이르러야 되는 것은 아니다.</u>」

대법원 2020. 3. 12. 선고 2019도17381 판결 「특정범죄 가중처벌 등에 관한 법률 제5조의4 제5항 제1호는 '형법 제329조부터 제331조까지의 죄 또는 그 미수죄로 세 번 이상 징역형을 받은 사람이 다시 이들 죄(미수범을 포함한다)를 범하여 누범으로 처벌하는 경우에는 2년 이상 20년 이하의 징역에 처한다.'라고 규정하고 있다. 이 사건 조항은 전범(전범)과 후범(후범)이 모두 동종의 절도 고의범일 것이라는 실질적 관련성을 요구하고, 전범에 대하여 '3회 이상의 징역형'을 선고받아 형이 아직 실효되지 아니하여야 하며, 후범을 '누범'으로 처벌하는 경우여야 하는 등 상당히 엄격한 구성요건을 설정하고 있다. 그리고 그 구성요건을 충족하는 행위가 3차례에 걸친 전범에 대한 형벌의 경고기능을 무시하고 다시 누범기간 내에 동종의 절도 범행을 저지른 것이라는 점에서 그 불법성과 비난가능성을 무겁게 평가하여 징벌의 강도를 높임으로써 결국 이와 같은 범죄를 예방하려는 데 이 사건 조항의 목적이 있다. 위와 같은 이 사건 조항의 문언 내용 및 입법 취지, 형법 제37조 후단과 제39조 제1항의 규정은 법원이 형법 제37조 후단 경합범(이하 '후단 경합범'이라고 한다)인 판결을 받지 아니한 죄에 대한 판결을 선고할 경우 판결이 확정된 죄와 동시에 판결할 경우와의 형평을 고려하여야 한다는 형의 양정(형법 제51조)에 관한 추가적인 고려사항과 형평에 맞지 않는다고 판단되는 경우에는 형의 임의적 감면을 할 수 있음을 제시한 것일 뿐 판결이 확정된 죄에 대한 형의 선고와 그 판결확정 전에 범한 죄에 대한 형의 선고를 하나의 형의 선고와 동일하게 취급하라는 것이 아닌 점 등을 고려하면, <u>이 사건 조항 중 '세 번 이상 징역형을 받은 사람'은 그 문언대로 형법 제329조 등의 죄로 세 번 이상 징역형을 받은 사실이 인정되는 사람으로 해석하면 충분하고, 전범 중 일부가 나머지 전범과 사이에 후단 경합범의 관계에 있다고 하여 이를 이 사건 조항에 규정된 처벌받은 형의 수를 산정할 때 제외할 것은 아니다.</u>」

III. 형의 감경

〈자수의 의미와 요건〉

대법원 2004. 10. 14. 선고 2003도3133 판결 [특정범죄가중처벌등에관한법률위반(뇌물) · 특정경제범죄가중처벌등에관한법률위반(알선수재)]

형법 제52조 제1항에서 말하는 자수란 범인이 자발적으로 자신의 범죄사실을 수사기관에 신고하여 그 소추를 구하는 의사표시를 함으로써 성립하는 것으로서, 범행이 발각된 후에 수사기관에 자진 출석하여 범죄사실을 자백한 경우도 포함하며, 일단 자수가 성립한 이상 자수의 효력은 확정적으로 발생하고 그 후에 범인이 번복하여 수사기관이나 법정에서 범행을 부인한다고 하여 일단 발생한 자수의 효력이 소멸하는 것은 아니라고 할 것이지만(대법원 1997. 3. 20. 선고 96도1167 전원합의체 판결, 1999. 7. 9. 선고 99도1695 판결, 2001. 5. 15. 선고 2001도410 판결 등 참조), 수사기관에의 신고가 자발적이라고 하더라도 그 신고의 내용이 자기의 범행을 명백히 부인하는 등의 내용으로 자기의 범행으로서 범죄성립요건을 갖추지 아니한 사실일 경우에는 자수는 성립하지 않고, 일단 자수가 성립하지 아니한 이상 그 이후의 수사과정이나 재판과정에서 범행을 시인하였다고 하더라도 새롭게 자수가 성립할 여지는 없다고 할 것이며(대법원 1993. 6. 11. 선고 93도1054 판결, 1994. 10. 14. 선고 94도2130 판결, 1999. 7. 9. 선고 99도1695 판결, 1999. 9. 21. 선고 99도2443 판결 등 참조), 범인이 스스로 수사책임이 있는 관서에 자기의 범행을 자발적으로 신고하고 그 처분을 구하는 의사표시이므로 수사기관의 직무상의 질문 또는 조사에 응하여 범죄사실을 진술하는 것은 자백일 뿐 자수로는 되지 않는다고 할 것이고(대법원 2002. 6. 25. 선고 2002도1893 판결 참조), 자수는 범인이 수사기관에 의사표시를 함으로써 성립하기 때문에 내심적 의사만으로는 부족하고, 외부로 표시되어야 이를 인정할 수 있는 것이다.

위의 법리에 비추어 판단할 때, 피고인 2가 비록 수사기관에 자발적으로 출석하였고, 당시 자수서를 소지하고 있었다고 하더라도, 조사를 받으면서 자수서를 제출하지 않았을 뿐만 아니라 범행사실도 부인하였던 이상 그 단계에서 자수가 성립한다고 인정할 수는 없고, 그 이후 피고인 2가 그와 같은 범죄사실로 인하여 구속까지 된 상태에서 자수서를 제출하고 제4회 피의자신문 당시 범행사실을 시인한 것을 자수에 해당한다고 인정할 수도 없을 것이다.

대법원 1994. 10. 14. 선고 94도2130 판결 [강간치상]

형법 제52조 제1항 소정의 자수란 범인이 자발적으로 자신의 범죄사실을 수사기관에 신고하여 그 소추를 구하는 의사표시로서 이를 형의 감경사유로 삼는 주된 이유는 범인이 그 죄를 뉘우치고 있다는 점에 있으므로 범죄사실을 부인하거나 죄의 뉘우침이 없는 자수는 그 외형은 자수일지라도 법률상 형의 감경사유가 되는 진정한 자수라고는 할 수 없는 것이고 (당원 1993.6.11. 선고 93도1054 판결 참조), 또 수개의 범죄사실 중 일부에 관하여만 자수한 경우에는 그 부분 범죄사실에 대하여만 자수의 효력이 있다고 할 것이다(당원 1969.7.22. 선고 69도779 판결 참조).

그런데 피고인이 경찰에 자진출석한 당일 최초로 작성된 진술서와 피의자신문조서의 기재에 의하면, 피고인은 이 사건 범죄사실에 대한 조사를 받으면서 비록 '강간'이라는 낱말을 일부 사용하기는 하였으나 그 전체적인 진술취지가 그 범행 당일 피해자와 간음한 장소는 이 사건 범행장소인 남부순환도로 옆 야산이 아니라 서울 신월동 소재 ○○○여관이고 일시도 같은 날 06:00경이며 그것도 강제로 간음한 것은 아니라고 하여 (수사 11, 13, 16−19면 참조) 위 범죄사실과는 전혀 다른 진술을 한 사실을 엿볼 수 있고, 그 후 경찰이나 검찰, 그리고 제1심 및 원심법정에 이르기까지 일관하여 이 사건 범행을 부인한 사실이 기록상 인정되는바, 그렇다면 비록 피고인이 수사기관에 자진출석하였다 하더라도 위 범죄사실을 부인하고 있는 이상 이를 형법상 형의 감경사유가 되는 자수라고는 할 수 없을 것임에도 불구하고 원심이 피고인의 자수를 이유로 법률상 감경을 한 것은 형법상의 자수에 관한 법리를 오해하여 판결에 영향을 미쳤다고 할 것이(다).

대법원 1994. 3. 8. 선고 93도3608 판결「형법 제56조는 형을 가중 감경할 사유가 경합된 경우 가중 감경의 순서를 정하고 있고, 이에 따르면 법률상 감경을 먼저하고 마지막으로 작량감경을 하게 되어 있으므로, 법률상 감경사유가 있을 때에는 작량감경보다 우선하여 하여야 할 것이고, 작량감경은 이와 같은 법률상 감경을 다하고도 그 처단형보다 낮은 형을 선고하고자 할 때에 하는 것이 옳다고 할 것이다.」

대법원 1964. 10. 28. 선고 64도454 판결「형법 제53조는 작량감경을 할 수 있음을 규정하였을 뿐 그 감경의 방법에 관하여 직접적인 규정은 없으나 작량감경의 경우에 있어서도 일정한 범위를 정하여 그 범위 내에서만 각 범죄사정에 적합한 양형을 하게 하여야 할 것이며 작량감경의 방법도 형법 제55조 소정 감경의 방법에 의하는 것으로 해석함이 상당하다.」

제3절 형의 선고유예와 집행유예

I. 형의 선고유예

1. 의의 및 요건

〈선고유예의 요건〉

대법원 2012. 6. 28. 선고 2011도10570 판결 [상해]

형법 제59조 제1항은 형의 선고유예에 관하여 "1년 이하의 징역이나 금고, 자격정지 또는 벌금의 형을 선고할 경우에 제51조의 사항을 참작하여 개전의 정상이 현저한 때에는 그 선고를 유예할 수 있다. 단 자격정지 이상의 형을 받은 전과가 있는 자에 대하여는 예외로 한다."고 규정하고 있다. 여기서 그 단서에서 정한 "자격정지 이상의 형을 받은 전과"라 함은 자격정지 이상의 형을 선고받은 범죄경력 자체를 의미하는 것이고, 그 형의 효력이 상실된 여부는 묻지 않는 것으로 해석함이 상당하다. 한편 형의 집행유예를 선고받은 사람이 형법 제65조에 의하여 그 선고가 실효 또는 취소됨이 없이 정해진 유예기간을 무사히 경과하여 형의 선고가 효력을 잃게 되었더라도, 이는 형의 선고의 법적 효과가 없어질 뿐이고 형의 선고가 있었다는 기왕의 사실 자체까지 없어지는 것은 아니므로, 그는 형법 제59조 제1항 단서에서 정한 선고유예 결격사유인 "자격정지 이상의 형을 받은 전과가 있는 자"에 해당한다고 보아야 한다(대법원 2008. 10. 9. 선고 2007도8269 판결 등 참조).

원심은 이 사건 공소사실을 유죄로 인정하고 피고인에 대하여 형의 선고를 유예한 제1심판결을 그대로 유지하였다.

그러나 기록에 의하면 **피고인은 2002. 8. 20. 서울중앙지방법원에서 강간상해죄로 징역 2년에 집행유예 3년을 선고받고 2002. 8. 28. 그 판결이 그대로 확정된 사실**을 알 수 있으므로, 앞서 본 법리에 비추어 보면 피고인에게는 위와 같은 집행유예의 전과가 있어 선고유예의 판결을 할 수 없다. 따라서 제1심판결을 유지한 원심판결에는 형법 제59조 제1항 단서의 적용을 그르쳐 판결에 영향을 미친 위법이 있다.

> **대법원 2004. 10. 15. 선고 2004도4869 판결 [업무방해]**
> 형법 제59조 제1항 단행에서 정한 "자격정지 이상의 형을 받은 전과" 라 함은 자격정지 이

상의 형을 선고받은 범죄경력 자체를 의미하는 것으로서, 그 형의 효력이 상실되었는지 여부는 묻지 않는 것으로 해석함이 상당하고, 구 형의실효등에관한법률(1993. 8. 5. 법률 제4569호) 제7조 제1항 제1호가 징역 또는 금고형을 받은 사람이 자격정지 이상의 형을 받음이 없이 형의 집행을 종료하거나 그 집행이 면제된 날로부터 10년이 경과한 때에는 그 형은 실효된다고 규정한 취지는 집행유예기간이 경과한 때에는 형의 선고는 효력을 잃는다고 규정한 형법 제65조와 마찬가지로 그저 형의 선고의 법률적 효과가 없어진다는 의미일 뿐, 형의 선고가 있었다는 기왕의 사실 자체의 모든 효과까지 소멸한다는 뜻은 아니므로, 일단 자격정지 이상의 형을 선고받은 이상 그 후 그 형이 구 형의실효등에관한법률 제7조에 따라 추후 실효되었다 하여도 이는 형법 제59조 제1항 단행에서 정한 선고유예 결격사유인, "자격정지 이상의 형을 받은 전과가 있는" 경우에 해당한다고 보아야 한다(대법원 1995. 12. 22. 선고 95도2446 판결, 2003. 12. 26. 선고 2003도3768 판결 등 참조).

〈'개정의 정상이 현저할 것'의 의미 : 피고인이 범죄사실을 부인하는 경우도 선고유예 가능〉

대법원 2003. 2. 20. 선고 2001도6138 전원합의체 판결 [공직선거및선거부정방지법위반]

형법 제59조 제1항은 "1년 이하의 징역이나 금고, 자격정지 또는 벌금의 형을 선고할 경우 제51조의 사항을 참작하여 개전의 정상이 현저한 때에는 그 선고를 유예할 수 있다. 단 자격정지 이상의 형을 받은 전과가 있는 자에 대하여는 예외로 한다."고 규정하고 있는바, 여기서의 선고유예가 주로 범정이 경미한 초범자에 대하여 형을 부과하지 않고 자발적인 개선과 갱생을 촉진시키고자 하는 제도라는 점 및 형법 제59조의2가 형의 선고를 유예하는 경우에 재범방지를 위하여 지도 및 원호가 필요한 때에는 보호관찰을 받을 것을 명할 수 있다고 규정하고 형법 제61조가 선고유예의 실효 사유로 새로운 유죄판결의 확정이나 전과의 발각 또는 보호관찰 준수사항 위반을 규정하고 있는 점 등에 비추어 보면, 선고유예의 요건 중 '개전의 정상이 현저한 때'라고 함은, 반성의 정도를 포함하여 널리 형법 제51조가 규정하는 양형의 조건을 종합적으로 참작하여 볼 때 형을 선고하지 않더라도 피고인이 다시 범행을 저지르지 않으리라는 사정이 현저하게 기대되는 경우를 가리킨다고 해석할 것이고, 이와 달리 여기서의 '개전의 정상이 현저한 때'가 반드시 피고인이 죄를 깊이 뉘우치는 경우만을 뜻하는 것으로 제한하여 해석하거나, 피고인이 범죄사실을 자백하지 않고 부인할 경우에는 언제나 선고유예를 할 수 없다고 해석할 것은 아니다.

⟨형법 제37조 후단에 규정된 '금고 이상의 형에 처한 판결이 확정된 죄'의 형도 형법 제59조 제1항 단서에서 선고유예의 예외사유로 규정한 '자격정지 이상의 형을 받은 전과'에 포함되는지 여부 : 적극⟩

대법원 2018. 4. 10. 선고 2018오1 판결 [조세범처벌법위반·특정범죄가중처벌등에관한법률위반(허위세금계산서교부등)]

형법 제59조 제1항은 "1년 이하의 징역이나 금고, 자격정지 또는 벌금의 형을 선고할 경우에 형법 제51조의 사항을 참작하여 개전의 정상이 현저한 때에는 그 선고를 유예할 수 있다. 단, 자격정지 이상의 형을 받은 전과가 있는 자에 대하여는 예외로 한다."라고 규정하고 있다. 형법 제39조 제1항에 따라 형법 제37조 후단 경합범 중 판결을 받지 아니한 죄에 대하여 형을 선고하는 경우 형법 제37조 후단에 규정된 '금고 이상의 형에 처한 판결이 확정된 죄'의 형도 형법 제59조 제1항 단서에서 규정한 '자격정지 이상의 형을 받은 전과'에 포함된다(대법원 2010. 7. 8. 선고 2010도931 판결 참조).

원판결 이유와 기록에 의하면, 피고인이 2013. 2. 13. 광주고등법원에서 특정경제범죄 가중처벌 등에 관한 법률 위반(사기)죄 등으로 징역 6년을 선고받고 2013. 2. 21. 그 판결이 확정된 사실, 원판결이 피고인에 대하여 징역 1년 6월을 선고하면서 벌금형의 선고를 유예한 사실, 원판결 중 피고인에 대한 각 공소사실은 모두 위 판결 확정 전에 범한 죄를 내용으로 하는 사실, 원판결은 위 확정판결과 동시에 판결할 경우와의 형평을 피고인에게 유리한 양형요소로 고려한 사실을 알 수 있다.

앞서 본 법리에 따라 위 사실관계를 살펴보면, 원판결의 공소사실이 위 판결 확정 전에 범한 죄를 내용으로 하더라도, 위 확정판결의 형은 형법 제59조 제1항 단서에서 규정한 '자격정지 이상의 형을 받은 전과'에 해당하므로, 원판결에서 피고인에 대하여 형의 선고를 유예할 수 없다. 그런데도 원판결이 피고인에 대하여 벌금형의 선고를 유예한 것은 그 심판이 법령에 위반된 경우에 해당한다.

대법원 1995. 12. 12. 선고 95도1893 판결 「회사 대표자의 위반행위에 대하여 징역형의 형량을 작량감경하고 병과하는 벌금형에 대하여 선고유예를 한 이상 양벌규정에 따라 그 회사를 처단함에 있어서도 같은 조치를 취하여야 한다는 논지는 독자적인 견해에 지나지 아니하여 받아들일 수 없다.」

2. 선고유예의 실효

〈선고유예 실효의 요건〉

대법원 2007. 6. 28.자 2007모348 결정 [선고유예실효결정에대한재항고]

기록에 의하면, 재항고인은 2004. 8. 17. 춘천지방법원 원주지원에서 사기죄로 징역 1년의 형에 대한 선고유예의 판결을 선고받아 위 판결이 2005. 2. 24. 확정된 사실, 그 후 재항고인은 2005. 4. 19. 춘천지방법원 원주지원에서 무고죄로 징역 10월에 집행유예 2년의 판결을 선고받았다가 그 항소심인 춘천지방법원에서 징역 6월에 집행유예 2년을 선고받아 이 판결이 2005. 10. 28. 확정된 사실, 검사는 2006. 11. 13. 형의 선고유예를 받은 재항고인이 유예기간 중에 자격정지 이상의 형에 처한 판결이 확정되었다는 이유로 이 사건 선고유예의 실효 청구를 하였고, 이에 따라 제1심이 2006. 12. 6. 재항고인에 대하여 선고유예 실효의 결정을 하고 유예한 형을 선고하였으며, 재항고인의 즉시항고가 있자 원심은 2007. 5. 4. 제1심결정이 정당하다는 이유로 즉시항고를 기각하였음을 알 수 있다.

그런데 형법 제60조, 제61조 제1항, 형사소송법 제335조, 제336조 제1항의 각 규정에 의하면, <u>형의 선고유예를 받은 자가 유예기간 중 자격정지 이상의 형에 처한 판결이 확정되더라도 검사의 청구에 의한 선고유예 실효의 결정에 의하여 비로소 선고유예가 실효되는 것이고, 또한 형의 선고유예의 판결이 확정된 후 2년을 경과한 때에는 형법 제60조가 정하는 바에 따라 면소된 것으로 간주되고, 그와 같이 유예기간이 경과됨으로써 면소된 것으로 간주된 후에는 실효시킬 선고유예의 판결이 존재하지 아니하므로 선고유예 실효의 결정(선고유예된 형을 선고하는 결정)을 할 수 없다 할 것이며, 이는 원결정에 대한 집행정지의 효력이 있는 즉시항고 또는 재항고로 인하여 아직 그 선고유예 실효 결정의 효력이 발생하기 전 상태에서 상소심에서 절차 진행 중에 그 유예기간이 그대로 경과한 경우에도 마찬가지라 할 것이다.</u>

그렇다면 재항고인에 대한 제1심의 선고유예 실효의 결정이 재항고인의 즉시항고로 인하여 효력을 발생하지 아니한 상태에 있던 중 원심결정이 있기 이전에 이미 재항고인에 대한 유예기간이 경과되었음이 역수상 명백한 이 사건에서, 원심결정 당시에는 재항고인이 선고유예의 판결을 선고받은 위 피고사건은 이미 면소된 것으로 간주되어 실효시킬 선고유예의 판결이 존재하지 아니하게 되었다고 할 것인바, 따라서 원심법원으로서는 제1심결정을 취소하고 검사의 이 사건 선고유예 실효 청구를 기각하였어야 함에도 재항고인의 즉시항고를 기각하였으니, 원심결정에는 선고유예의 실효에 관한 법리를 오해한 위법이 있고, 이러한 위법은 재판에 영향을 미쳤음이 분명하다.

〈선고유예 실효 결정의 시기〉

대법원 2018. 2. 6.자 2017모3459 결정 [선고유예실효인용결정에대한재항고]

형법 제60조, 제61조 제1항, 형사소송법 제335조, 제336조 제1항에 의하면, 형의 선고유예를 받은 자가 유예기간 중 자격정지 이상의 형에 처한 판결을 선고받아 그 판결이 확정되더라도 검사의 청구에 의한 선고유예 실효의 결정에 의하여 비로소 선고유예가 실효된다. 형의 선고유예 판결이 확정된 후 2년을 경과한 때에는 형법 제60조에 따라 면소된 것으로 간주하고, 그 뒤에는 실효의 대상이 되는 선고유예의 판결이 존재하지 않으므로 선고유예 실효의 결정을 할 수 없다. 이는 원결정에 대한 집행정지의 효력이 있는 즉시항고 또는 재항고로 인하여 아직 선고유예 실효 결정의 효력이 발생하기 전 상태에서 상소심 절차 진행 중에 선고유예 기간이 그대로 경과한 경우에도 마찬가지이다(대법원 2007. 6. 28.자 2007모348 결정, 대법원 2016. 5. 13.자 2016모799 결정 등 참조).

기록에 의하면, 재항고인은 2015. 12. 10. 서울북부지방법원에서 명예훼손죄로 벌금 1,000,000원의 형에 대한 선고유예의 판결을 선고받아 그 판결이 2015. 12. 18. 확정된 사실, 그 후 재항고인은 2016. 3. 11. 서울북부지방법원에서 폭력행위 등 처벌에 관한 법률 위반(공동강요)죄 등으로 징역 1년, 집행유예 2년의 판결을 선고받았고 그 항소심인 서울북부지방법원에서 항소기각 판결을, 대법원에서 상고기각 판결을 각 선고받아 그 판결이 2017. 5. 31. 확정된 사실, 검사는 2017. 7. 25. 선고유예 기간 중 재항고인에 대하여 자격정지 이상의 형에 처한 판결이 확정되었다는 이유로 이 사건 선고유예의 실효 청구를 한 사실, 이에 따라 원심이 2017. 9. 11. 재항고인에 대하여 선고유예한 형을 정하는 결정을 한 사실, 재항고인은 적법한 재항고기간 내인 2017. 12. 1. 원심법원에 재항고장을 제출하여 그 소송기록이 2017. 12. 8. 대법원에 송부된 사실을 알 수 있다.

그렇다면 재항고인에 대하여 선고유예된 형을 정한 원심결정이 이 사건 재항고로 인하여 아직 선고유예 실효 결정의 효력이 발생하기 이전에 선고유예 기간이 경과하였음이 역수상 명백한 이 사건에서 재항고인에 대한 선고유예의 판결이 선고된 피고사건은 이미 면소된 것으로 간주되어 실효의 대상이 되는 선고유예의 판결이 존재하지 않으므로, 재항고인에게 형법 제61조 제1항의 사유가 있음을 전제로 한 검사의 이 사건 선고유예 실효 청구는 받아들일 수 없게 되었다.

Ⅱ. 형의 집행유예

1. 의의 및 요건

〈집행유예의 대상 : 하나의 형의 일부에 대한 집행유예 불가〉

대법원 2007. 2. 22. 선고 2006도8555 판결 [폭력행위등처벌에관한법률위반(집단·흉기등 상해)]

집행유예의 요건에 관한 형법 제62조 제1항 본문은 "3년 이하의 징역 또는 금고의 형을 선고할 경우에 제51조의 사항을 참작하여 그 정상에 참작할 만한 사유가 있는 때에는 1년 이상 5년 이하의 기간 '형'의 집행을 유예할 수 있다."고 규정하고, 같은 조 제2항은 "형을 '병과'할 경우에는 그 형의 '일부'에 대하여 집행을 유예할 수 있다."고 규정하고 있는바, 비록 형법 제62조 제1항이 '형'의 집행을 유예할 수 있다고만 규정하고 있다고 하더라도, 이는 같은 조 제2항이 그 형의 '일부'에 대하여 집행을 유예할 수 있는 때를 형을 '병과'할 경우로 한정하고 있는 점에 비추어 보면, 조문의 체계적 해석상 하나의 형의 전부에 대한 집행유예에 관한 규정이라 할 것이다.

또한, 하나의 자유형에 대한 일부집행유예에 관하여는 그 요건, 효력 및 일부 실형에 대한 집행의 시기와 절차, 방법 등을 입법에 의해 명확하게 할 필요가 있으므로, 그 인정을 위해서는 별도의 근거 규정이 필요하다고 할 것이다.

원심은 이와 달리 형법 제62조 제1항이 일부집행유예를 인정하고 있다고 보아 대법원 2002. 2. 26. 선고 2000도4637 판결을 원용하여 피고인에 대하여 하나의 징역형 중 일부에 대한 집행유예를 선고하였으나, 위 판결은 형법 제37조 후단의 경합범 관계에 있는 각 죄에 대하여 두 개의 자유형을 선고하는 경우 그 중 하나의 자유형에 대한 집행유예를 인정한 것으로서, 하나의 자유형 중 일부에 대하여 집행유예를 선고한 이 사건과 사안을 달리하여 원용하기 부적절하다.

> **대법원 2001. 10. 12. 선고 2001도3579 판결 [특정범죄가중처벌등에관한법률위반(뇌물)·뇌물수수]**
>
> 형법 제37조 후단의 경합범 관계에 있는 두 개의 범죄에 대하여 하나의 판결로 두 개의 자유형을 선고하는 경우 그 두 개의 자유형은 각각 별개의 형이므로 형법 제62조 제1항에 정한 집행유예의 요건에 해당하면 그 각 자유형에 대하여 각각 집행유예를 선고할 수 있는 것이고, 또 그 두 개의 징역형 중 하나의 징역형에 대하여는 실형을 선고하면서 다른 징역형에 대하여 집행유예를 선고하는 것도 우리 형법상 이러한 조치를 금하는 명문의 규정이 없는 이상 허용되는 것으로 보아야 할 것이다.

〈집행유예 기간 중에 범한 죄에 대하여 공소가 제기된 후 그 재판 도중에 집행유예 기간이 경과한 경우 집행유예 기간 중에 범한 죄에 대하여 다시 집행유예를 선고할 수 있는지 여부 : 적극〉

대법원 2007. 2. 8. 선고 2006도6196 판결 [병역법위반]

형법 제62조 제1항 단서에서 규정한 '금고 이상의 형을 선고한 판결이 확정된 때'는 실형뿐 아니라 형의 집행유예를 선고한 판결이 확정된 경우도 포함된다고 해석되며, 형의 집행유예를 선고받은 자가 형법 제65조에 의하여 그 선고가 실효 또는 취소됨이 없이 정해진 유예기간을 무사히 경과하여 형의 선고가 효력을 잃게 되었다고 하더라도, 형의 선고의 법률적 효과가 없어진다는 것일 뿐, 형의 선고가 있었다는 기왕의 사실 자체까지 없어지는 것은 아니라 할 것이고, 더구나 집행유예 기간 중에 죄를 범하였다는 역사적 사실마저 소급적으로 소멸되는 것은 아니다.

그러나 <u>형벌법규는 그 규정 내용이 명확하여야 할 뿐만 아니라 그 해석에 있어서도 엄격함을 요하고, 명문규정의 의미를 피고인에게 불리한 방향으로 지나치게 확장해석하거나 유추해석하는 것은 죄형법정주의의 원칙에 어긋나는 것으로서 허용되지 아니한다</u>(대법원 1992. 10. 13. 선고 92도1428 전원합의체 판결, 2005. 11. 24. 선고 2002도4758 판결, 2006. 6. 2. 선고 2006도265 판결 등 참조). 따라서 <u>위 단서 조항이 형의 집행종료나 집행면제 시점을 기준으로 집행유예 결격기간의 종기를 규정하고 있는 만큼, 이를 무시한 채 유예기간이 경과되어 집행가능성이 소멸되었기 때문에 집행종료나 집행면제의 시기를 특정할 수 없게 된 경우까지를</u>

위 단서 조항의 요건에 포함된다고 볼 수는 없고, 상고이유의 주장과 같이 집행유예를 선고한 판결의 경우에는 그 유예기간의 장단 및 경과 여부를 불문하고 일률적으로 그 판결의 확정시로부터 3년간이 결격기간으로 되는 것으로 유추해석할 수도 없다. 또한, 이와 달리 집행유예 기간이 경과한 때를 위 결격기간의 종기에 해당하는 것으로 해석하는 것도 같은 이유로 허용될 수 없다 할 것이다.

그렇다면 집행유예 기간 중에 범한 죄에 대하여 형을 선고할 때에 위 단서 소정의 요건에 해당하는 경우란, 이미 집행유예가 실효 또는 취소된 경우와, 그 선고 시점에 미처 유예기간이 경과하지 아니하여 형 선고의 효력이 실효되지 아니한 채로 남아 있는 경우로 국한된다고 해석할 수 밖에 없다. 이에 반하여 집행유예가 실효 또는 취소됨이 없이 유예기간을 경과한 때에는, 형의 선고가 이미 그 효력을 잃게 되어 '금고 이상의 형을 선고'한 경우에 해당한다고 보기 어려울 뿐 아니라, 집행의 가능성이 더 이상 존재하지 아니하여 집행종료나 집행면제의 개념도 상정하기 어려우므로 위 단서 소정의 요건에의 해당 여부를 논할 수 없다 할 것이다. 이 점은 이 사건과 같이 집행유예 기간 중에 범한 죄에 대한 기소 후 그 재판 도중에 유예기간이 경과한 경우라 하여 달리 볼 것은 아니다.

결국, 피고인에게 징역형의 집행을 유예한 제1심의 판단을 그대로 유지한 원심의 조치는 정당하고, 거기에 상고이유로 주장하는 바와 같은 형법 제62조 제1항 단서 소정의 집행유예 결격사유에 관한 법리오해의 위법이 있다고 할 수 없다.

[사안의 개요] 피고인은 2005. 2. 18. 병역법위반죄로 징역 6월, 집행유예 1년을 선고받아 같은 달 26. 위 판결이 확정된 자이고, 이 사건 범행은 2005. 6. 28.부터 같은 해 7. 29.까지에 걸쳐 통산 8일 이상의 기간 공익근무요원으로서의 복무를 이탈하였다.

〈집행유예의 결격사유〉

대법원 2019. 1. 17. 선고 2018도17589 판결 [상해·특수상해·업무방해]

형법 제62조 제1항 단서는 집행유예 결격사유로 '금고 이상의 형을 선고한 판결이 확정된 때부터 그 집행을 종료하거나 면제된 후 3년까지의 기간에 범한 죄에 대하여 형을 선고하는 경우'를 정하고 있다. 이는 실형을 선고받고 집행종료나 집행면제 후 3년이 지나지 않은 시점에서 범한 죄에 대하여 형을 선고하는 경우뿐만 아니라, 집행유예 기간 중에 범한 죄에 대하여 형을 선고할 때 이미 집행유예가 실효 또는 취소된 경우와 그 선고 시점에 집행유예

기간이 지나지 않아 형 선고의 효력이 실효되지 않은 채로 남아 있는 경우도 포함한다(대법원 2007. 2. 8. 선고 2006도6196 판결 등 참조).

기록에 따르면, 피고인은 2016. 11. 28. 울산지방법원에서 도로교통법 위반(음주운전)죄로 징역 1년에 집행유예 2년을 선고받아 그 판결이 2017. 4. 1. 확정되었는데, 위 판결에 따른 집행유예 기간 중 이 사건 각 범죄를 저질렀다. 원심은 피고인에게 징역 6개월의 실형을 선고한 제1심판결을 유지하였다. 이러한 원심의 판단에 상고이유 주장과 같이 형법 제62조 제1항 단서에서 정한 집행유예 결격사유에 관한 법리를 오해한 잘못이 없다.

2. 집행유예와 보호관찰, 사회봉사명령 및 수강명령

〈보호관찰과 사회봉사명령을 동시에 명할 수 있는지 여부 : 적극〉

대법원 1998. 4. 24. 선고 98도98 판결 [폭력행위등처벌에관한법률위반·절도·도박]

형법 제62조의2 제1항은 "형의 집행을 유예하는 경우에는 보호관찰을 받을 것을 명하거나 사회봉사 또는 수강을 명할 수 있다."고 규정하고 있는바, 그 문리에 따르면, 보호관찰과 사회봉사는 각각 독립하여 명할 수 있다는 것이지, 반드시 그 양자를 동시에 명할 수 없다는 취지로 해석되지는 아니할 뿐더러, 소년법 제32조 제3항, 성폭력범죄의처벌및피해자보호등에관한법률(1997. 8. 22. 법률 제5358호로 개정된 것) 제16조 제2항, 가정폭력범죄의처벌등에관한특례법(1997. 12. 31. 법률 제5436호로 제정된 것) 제40조 제1항 등에는 보호관찰과 사회봉사를 동시에 명할 수 있다고 명시적으로 규정하고 있는바, 일반 형법에 의하여 보호관찰과 사회봉사를 명하는 경우와 비교하여 특별히 달리 취급할 만한 이유가 없으며, 제도의 취지에 비추어 보더라도, 범죄자에 대한 사회복귀를 촉진하고 효율적인 범죄예방을 위하여 양자를 병과할 필요성이 있는 점 등을 종합하여 볼 때, 형법 제62조에 의하여 집행유예를 선고할 경우에는 같은 법 제62조의2 제1항에 규정된 보호관찰과 사회봉사 또는 수강을 동시에 명할 수 있다고 해석함이 상당하다.

원심이, 피고인에 대하여 집행유예를 선고하면서 보호관찰과 사회봉사를 동시에 명한 것은 이와 같은 견해에 따른 것이어서 정당하고, 거기에 상고이유에서 주장하는 바와 같은 형법 제62조의2 제1항에 관한 법리오해의 위법이 있다고 할 수 없다.

〈'사회봉사'의 의미 : 일정한 금원의 출연을 내용으로 하는 사회봉사명령이 허용되는지 여부(소극)〉

대법원 2008. 4. 11. 선고 2007도8373 판결 [생 략]

우리 헌법은 "모든 국민은 신체의 자유를 가진다. 누구든지 … 법률과 적법한 절차에 의하지 아니하고는 처벌·보안처분 또는 강제노역을 받지 아니한다."(헌법 제12조 제1항)라고 정하여 처벌·보안처분·강제노역에 관한 법률주의 및 적법절차 원리를 선언하고 있다. 이를 이어받아 이른바 범죄인에 대한 사회내 처우의 한 유형으로 도입된 사회봉사명령 등에 관하여 구체적인 사항을 정하고 있는 형법 제62조의2와 보호관찰 등에 관한 법률 제59조 내지 제64조, 특히 제59조 제1항 "법원은 형법 제62조의2의 규정에 의한 사회봉사를 명할 때에는 500시간 … 의 범위 내에서 그 기간을 정하여야 한다." 등의 내용을 종합적으로 검토하여 보면, 현행 형법의 사회봉사는 형의 집행을 유예하면서 부가적으로 명하는 것이고 집행유예 되는 형은 자유형에 한정되고 있는 점 등에 비추어, 현행 형법에 의하여 법원이 형의 집행을 유예하는 경우 명할 수 있는 사회봉사는 자유형의 집행을 대체하기 위한 것으로서 500시간 내에서 시간 단위로 부과될 수 있는 일 또는 근로활동을 의미하는 것으로 해석된다. 따라서 법원이 형법 제62조의2의 규정에 의한 사회봉사명령으로 피고인에게 일정한 금원을 출연하거나 이와 동일시 할 수 있는 행위를 명하는 것은 허용될 수 없다고 본다.

한편, 법원이 피고인에게 유죄로 인정된 범죄행위를 뉘우치거나 그 범죄행위를 공개하는 취지의 말이나 글을 발표하도록 하는 내용의 사회봉사를 명하고 이를 위반할 경우 형법 제64조 제2항에 의하여 집행유예의 선고를 취소할 수 있도록 함으로써 그 이행을 강제하는 것은, 헌법이 보호하는 피고인의 양심의 자유, 명예 및 인격에 대한 심각하고 중대한 침해에 해당하므로, 이는 허용될 수 없다(헌법재판소 1991. 4. 1. 선고 89헌마160 결정, 헌법재판소 2002. 1. 31. 선고 2001헌바43 결정 등 참조).

또, 법원이 명하는 사회봉사의 의미나 내용은 피고인이나 집행 담당 기관이 쉽게 이해할 수 있어 집행 과정에서 그 의미나 내용에 관한 다툼이 발생하지 않을 정도로 특정되어야 한다. 특히, 피고인으로 하여금 자신의 범죄행위와 관련하여 어떤 말이나 글을 공개적으로 발표하도록 하는 것은 경우에 따라 피고인의 명예나 인격에 대한 심각하고 중대한 침해를 초래할 수 있는바, 법원이 피고인에게 유죄로 인정된 범죄행위와 관련하여 어떤 말이나 글을 공개적으로 발표하라는 사회봉사를 명한 경우, 그 말이나 글이 어떤 의미나 내용이어야 하는 것인지 쉽게 이해할 수 없어 집행 과정에서 그 의미나 내용에 관한 다툼이 발생할 가능성이 적지 않고, 유죄로 인정된 범죄행위를 뉘우치거나 그 범죄행위를 공개하는 취지의 말이나 글을 발표하도록 하는 취지의 것으로도 해석될 가능성이 적지 않다면 이러한 사회봉사명령은 위법하다고 볼 수밖에 없다.

오늘날 범죄인의 사회내 처우에 대한 관심과 지원의 필요성이 증대하고 있고, 형사정책적·특별예방적 견지에서 볼 때 다양하고 효과적인 내용의 사회봉사명령 및 특별준수사항이 개발 시행되는 것은 바람직하다 할 것이다. 그러나 헌법 제12조 제1항이 선언한 죄형법정주의의 정신에 비추어 볼 때 그 요건과 절차 등에 관한 사항은 가능한 한 구체적으로 법률에서 정해져야 하고, 적법 절차의 원리에 따른 것이어야 하며, 함부로 확장·유추 해석하여 운용되어서는 아니 된다.

원심은, 피고인들이 경영하던 주식회사 소유 자금을 횡령하였다는 등의 범죄사실이 유죄로 인정된다는 이유로 각 징역형을 선고하고 그 집행을 유예하면서, 형법 제62조의2에 규정된 **사회봉사명령으로서 사회공헌기금으로 일정액의 금전을 출연하는 것을 주된 내용으로 하는 사회공헌약속 및 준법 경영을 주제로 한 강연과 국내 일간지 등 기고를 이행하도록 명하였다.**

그러나 앞서 본 법리에 비추어 살펴보면, 원심의 위와 같은 사회봉사명령은 위법하여 허용될 수 없는 것으로 보인다.

먼저, 원심의 사회봉사명령 중 사회공헌기금으로 일정액의 금전을 출연하는 것을 주된 내용으로 하는 사회공헌약속 이행을 명한 부분은, 500시간 내에서 시간 단위로 부과될 수 있는 일 또는 근로활동이 아닌 일정한 금원을 출연할 것을 명하는 것이어서, 현행 형법 제62조의2에 의한 사회봉사명령으로 허용될 수 없는 것이다.

한편, 원심이 "준법 경영을 주제"로 한 강연과 국내 일간지 등 기고를 명한 부분의 정확한 취지가 뒤에서 보는 바와 같이 분명하지 아니하나, 만약 그 취지가 준법 경영을 주제로 한 강연과 기고를 통하여 유죄로 인정된 자로 하여금 횡령 등 사실을 뉘우치는 뜻을 다수인에게 공개적으로 밝힐 것을 피고인들에게 요구하는 것이라면 그것은 헌법이 보호하는 피고인들의 양심의 자유 등에 관한 심각하고 중대한 침해에 해당하는 것이어서 허용될 수 없는 것임이 명백하다.

나아가, 원심은 단순히 "준법 경영을 주제"로 한 강연과 기고를 명한다고 할 뿐이어서 위 명령만으로는 준법 경영을 주제로 하여 구체적으로 어떤 의미나 내용의 강연 또는 기고를 해야 하고 또 할 수 있다는 것인지, 예컨대 자신의 범행에 대한 사죄 또는 반성의 취지를 담아야 하는 것인지, 준법 경영에 관한 것이기만 하면 경영 일반론에 관하여 언급하는 것이어도 무방하다는 것인지, 자신의 행위를 유죄로 인정한 법원의 판단을 납득하기 어렵다고 변명하고 반박하는 것도 허용되는 것인지 명확히 알기 어렵다. 이로 인하여 피고인들과 집행 담당 기관은 위 강연 또는 기고가 구체적으로 어떤 의미나 내용을 담은 것으로 이행되어야 하는지를 쉽게 파악하기 어렵고, 이로 인하여 집행 과정에서 위 사회봉사명령의 의미나 내용에 관한 다툼이 발생할 가능성이 적지 않은 것으로 보인다. 또, 형벌을 대체하는 불이익한 처분이라는 사회봉사명령의 성격에 비추어 볼 때 현실적으로 위 강연과 기고는 앞서 본 바와 같이 피고인들로 하여금 유죄로 인정된 범죄행위를 뉘우치거나 그 범죄행위를 공개하는 취지의 말이나 글을 발표하도록 하는 취지의 것으로 이해되고 집행될 가능성이 없지 않다 할 것이다. 따라서 이러한 사회봉사명령은 그 의미나 내용이 특정되지 아니할 뿐만 아니라, 그에 따라 헌법이 보호하는 피고인들의 양심의 자유 등에 관한 심각하고 중대한 침해를 초래할 가능성이 적지 않아 위법하다고 볼 수밖에 없다.

⟨보호관찰법상 특별준수사항과 사회봉사명령의 관계⟩

대법원 2020. 11. 5. 선고 2017도18291 판결 [개발제한구역의지정및관리에관한특별조치법위반]

1. 가. 우리 헌법 제12조 제1항은 "모든 국민은 신체의 자유를 가진다. 누구든지 … 법률과 적법한 절차에 의하지 아니하고는 처벌·보안처분 또는 강제노역을 받지 아니한다."라고 규정하여 처벌, 보안처분, 강제노역에 관한 법률주의 및 적법절차원리를 선언하고 있다.

이에 따라 범죄인에 대한 사회 내 처우의 한 유형으로 도입된 사회봉사명령 등에 관하여 구체적인 사항을 정하고 있는 형법 제62조의2 제1항은 "형의 집행을 유예하는 경우에는 보호관찰을 받을 것을 명하거나 사회봉사 또는 수강을 명할 수 있다."라고 규정하고 있다. 나아가 「보호관찰 등에 관한 법률」(이하 '보호관찰법'이라고 한다) 제59조 제1항은 "법원은 형법 제62조의2에 따른 사회봉사를 명할 때에는 500시간 … 의 범위에서 그 기간을 정하여야 한다. 다만 다른 법률에 특별한 규정이 있는 경우에는 그 법률에서 정한 바에 따른다."라고 규정하고 있다.

위 각 규정을 종합하면, <u>법원이 형의 집행을 유예하는 경우 명할 수 있는 사회봉사는 다른 법률에 특별한 규정이 없는 한 500시간 내에서 시간 단위로 부과될 수 있는 일 또는 근로활동을 의미하는 것으로 해석된다</u>(대법원 2008. 4. 11. 선고 2007도8373 판결, 대법원 2008. 4. 24.

선고 2007도8116 판결 등 참조).

나. (1) 한편 보호관찰, 사회봉사명령·수강명령은 당해 대상자의 교화·개선 및 범죄예방을 위하여 필요하고도 상당한 한도 내에서 이루어져야 하고, 당해 대상자의 연령·경력·심신상태·가정환경·교우관계 기타 모든 사정을 충분히 고려하여 가장 적합한 방법으로 실시되어야 하므로, 법원은 특별준수사항을 부과하는 경우 대상자의 생활력, 심신의 상태, 범죄 또는 비행의 동기, 거주지의 환경 등 대상자의 특성을 고려하여 대상자가 준수할 수 있다고 인정되고 자유를 부당하게 제한하지 아니하는 범위 내에서 개별화하여 부과하여야 한다는 점, 보호관찰의 기간은 집행을 유예한 기간으로 하고 다만 법원은 유예기간의 범위 내에서 보호관찰기간을 정할 수 있는 반면, 사회봉사명령·수강명령은 집행유예기간 내에 이를 집행하되 일정한 시간의 범위 내에서 그 기간을 정하여야 하는 점, 보호관찰명령이 보호관찰기간 동안 바른 생활을 영위할 것을 요구하는 추상적 조건의 부과이거나 악행을 하지 말 것을 요구하는 소극적인 부작위조건의 부과인 반면, 사회봉사명령·수강명령은 특정시간 동안의 적극적인 작위의무를 부과하는 데 그 특징이 있다는 점 등에 비추어 보면, <u>사회봉사명령·수강명령 대상자에 대한 특별준수사항은 보호관찰 대상자에 대한 것과 같을 수 없고, 따라서 보호관찰 대상자에 대한 특별준수사항을 사회봉사명령·수강명령 대상자에게 그대로 적용하는 것은 적합하지 않다</u>(대법원 2009. 3. 30.자 2008모1116 결정 참조).

(2) 보호관찰법 제32조 제3항은 법원 및 보호관찰 심사위원회가 판결의 선고 또는 결정의 고지를 할 때 보호관찰 대상자에게 "범죄행위로 인한 손해를 회복하기 위하여 노력할 것(제4호)" 등 같은 항 제1호부터 제9호까지 정한 사항과 "그 밖에 보호관찰 대상자의 재범 방지를 위하여 필요하다고 인정되어 대통령령으로 정하는 사항(제10호)"을 특별준수사항으로 따로 과할 수 있다고 규정하고 있다. 이에 따라 보호관찰 등에 관한 법률 시행령(이하 '보호관찰법 시행령'이라고 한다) 제19조는 보호관찰 대상자에게 과할 수 있는 특별준수사항을 제1호부터 제7호까지 규정한 데 이어, 제8호에서 "그 밖에 보호관찰 대상자의 생활상태, 심신의 상태, 범죄 또는 비행의 동기, 거주지의 환경 등으로 보아 보호관찰 대상자가 준수할 수 있고 자유를 부당하게 제한하지 아니하는 범위에서 개선·자립에 도움이 된다고 인정되는 구체적인 사항"을 규정하고 있다.

나아가 보호관찰법 제62조는 제2항에서 사회봉사명령·수강명령 대상자가 일반적으로 준수하여야 할 사항을 규정하는 한편, 제3항에서 "법원은 판결의 선고를 할 때 제2항의 준수사항 외에 대통령령으로 정하는 범위에서 본인의 특성 등을 고려하여 특별히 지켜야 할 사항을 따로 과할 수 있다."라고 규정하고 있다. 이에 따라 보호관찰법 시행령 제39조 제1항은 사회봉사명령·수강명령 대상자에 대한 특별준수사항으로 위 보호관찰법 시행령 제19조를 준용하고 있다.

위 각 규정을 종합하면, 보호관찰법 제32조 제3항이 보호관찰 대상자에게 과할 수 있는 특별준수사항으로 정한 "범죄행위로 인한 손해를 회복하기 위하여 노력할 것(제4호)" 등 같은 항 제1호부터 제9호까지의 사항은 보호관찰 대상자에 한해 부과할 수 있을 뿐, 사회봉사명령·수강명령 대상자에 대해서는 부과할 수 없다.

2. 원심은, 피고인이 원심공동피고인 2와 공모하여 영리를 목적으로 관할관청의 허가 없이 개발제한구역 내에서 7건의 개발행위를 하였다는 공소사실에 대하여 「개발제한구역의 지정 및 관리에 관한 특별조치법」 위반죄의 성립을 인정한 뒤, **피고인에 대하여 징역형의 집행을 유예함과 동시에 120시간의 사회봉사를 명하면서 "2017년 말까지 이 사건 개발제한행위 위반에 따른 건축물 등을 모두 원상복구할 것"이라는 내용의 특별준수사항**(이하 '이 사건 특별준수사항'이라고 한다)**을 부과한** 제1심판결을 그대로 유지하였다.

3. 가. 그러나 앞서 본 법리에 비추어 살펴보면, 형법과 보호관찰법 및 보호관찰법 시행령은 시간 단위로 부과될 수 있는 일 또는 근로활동만을 사회봉사명령의 방법으로 정하고 있고, 사회봉사명령에 부수하여 부과할 수 있는 특별준수사항도 사회봉사명령 대상자의 교화·개선 및 자립을 유도하기 위한 보안처분적인 것만을 규정하고 있을 뿐이며, 사회봉사명령이나 그 특별준수사항으로 범죄에 대한 응보 및 원상회복을 도모하기 위한 것은 허용하지 않고 있다. 따라서 법원이 사회봉사명령의 특별준수사항으로 피고인에게 범행에 대한 원상회복을 명하는 것은 법률이 허용하지 아니하는 피고인의 권리와 법익에 대한 제한과 침해에 해당하므로 죄형법정주의 또는 보안처분 법률주의에 위배된다. 이 사건 특별준수사항도 피고인의 범행에 대한 원상회복을 명하는 것이므로 현행법에 의한 사회봉사명령의 특별준수사항으로 허용될 수 없다고 할 것이다.

나. 또한 기록에 의하면, 이 사건 특별준수사항에서 정한 원상복구의 의미, 내용, 기한 등이 구체적이지 않고 불명확하여 집행과정에서 피고인과 집행담당기관 사이에 그에 관한 다툼이 발생할 여지가 크다는 점, 이 사건 특별준수사항이 피고인의 개선·자립보다는 침해된 법익의 복구에 중점을 두고 있는 점, 2017년 말까지로 종기가 정해져 있는 이 사건 특별준수사항으로 인해 개발제한행위에 대한 행정절차에서 피고인이 불복할 수 있는 권리가 제한되거나 침해되는 점 등을 알 수 있다. 이러한 사정에 비추어 보더라도 이 사건 특별준수사항은

피고인의 자유를 부당하고 과도하게 제한하는 것이어서 위법하다. …

라. 한편 보호관찰법 제32조 제3항 제4호는 보호관찰 대상자에게 과할 수 있는 특별준수사항으로 '범죄행위로 인한 손해를 회복하기 위해 노력할 것'을 정하고 있는데, 이 사건 특별준수사항은 범죄행위로 인한 손해를 회복하기 위하여 노력할 것을 넘어 일정 기간 내에 원상회복할 것을 명하는 것으로서 보호관찰법 제32조 제3항 제4호를 비롯하여 같은 항 제1호부터 제9호까지 정한 보호관찰의 특별준수사항으로도 허용될 수 없음을 밝혀 둔다.

3. 집행유예의 효과

대법원 2003. 12. 26. 선고 2003도3768 판결 「형법 제59조 제1항은 "1년 이하의 징역이나 금고, 자격정지 또는 벌금의 형을 선고할 경우 제51조의 사항을 참작하여 개전의 정상이 현저한 때에는 그 선고를 유예할 수 있다. 단, 자격정지 이상의 형을 받은 전과가 있는 자에 대하여는 예외로 한다."고 규정하고 있는바, 선고유예가 주로 범정이 경미한 초범자에 대하여 형을 부과하지 않고 자발적인 개선과 갱생을 촉진시키고자 하는 제도라는 점, 형법 제61조가 유예기간 중 자격정지 이상의 형에 처한 판결이 확정되거나 자격정지 이상의 형에 처한 전과가 발각된 경우 등을 선고유예의 실효사유로 규정하고 있는 점 등을 종합하여 보면, 형법 제59조 제1항 단행에서 정한 "자격정지 이상의 형을 받은 전과"라 함은 자격정지 이상의 형을 선고받은 범죄경력 자체를 의미하는 것이고, 그 형의 효력이 상실된 여부는 묻지 않는 것으로 해석함이 상당하다고 할 것이다. 따라서 형의 집행유예를 선고받은 자는 형법 제65조에 의하여 그 선고가 실효 또는 취소됨이 없이 정해진 유예기간을 무사히 경과하여 형의 선고가 효력을 잃게 되었다고 하더라도 형의 선고의 법률적 효과가 없어진다는 것일 뿐, 형의 선고가 있었다는 기왕의 사실 자체까지 없어지는 것은 아니므로, 형법 제59조 제1항 단행에서 정한 선고유예 결격사유인 "자격정지 이상의 형을 받은 전과가 있는 자"에 해당한다고 보아야 할 것이다.」

4. 집행유예의 실효와 취소

〈집행유예 취소의 요건〉

대법원 2001. 6. 27.자 2001모135 결정 [집행유예취소에대한재항고]

1. 기록에 의하면 다음과 같은 사실을 알 수 있다.

가. 피고인은 1998. 4. 13. 창원지방법원 98고단362 폭력행위등처벌에관한법률위반, 공무집행방해 사건(이하 '98고단362 사건'이라 한다)으로 징역 10월에 2년간 집행을 유예하는 판결을 선고받아 같은 해 4월 21일 위 판결이 확정되었다. 위 법원은 위 판결의 집행유예기간 중인 1999. 6. 30. 피고인에 대한 같은 법원 99고단1310 교통사고처리특례법위반, 도로교통법위반 사건(이하 '99고단1310 사건'이라 한다) 선고시 위 확정판결이 있음을 알지 못하고 금고 1년에 2년간 집행을 유예하는 판결을 선고 같은 해 7월 8일 위 판결이 확정되었다.

나. 검사는 2000. 11. 10.에 이르러, 피고인에 대하여 99고단1310 사건으로 금고 1년, 2년간 집행유예의 판결이 선고되어 확정된 후 형법 제62조 제1항 단행에 해당하는 사유로서 98고단362 사건의 징역 10월, 2년간 집행유예의 판결이 선고된 사실이 발각되었음을 내세워, 형법 제64조 제1항에 의하여 이 사건 99고단1310 사건의 형집행유예취소청구를 하기에 이르렀다.

다. 위 98고단362 사건이 확정된 후인 1998. 10. 14. 피고인의 주민등록번호가 정정·변경되었다(피고인의 주민등록번호가 정정된 것은 호적부와 주민등록대장의 주민등록번호가 서로 일치하지 아니하여 호적부의 번호로 일치시키기 위한 것으로 보이는데, 피고인의 요구에 의한 것인지 행정기관의 직권에 의한 것인지는 확인할 길이 없다). **피고인은 위 99고단1310 사건 범행 후 1999. 4. 22. 수사기관에서 조사받을 때 정정된 주민등록번호를 진술하였을 뿐 주민등록번호가 정정된 사실을 밝히지 않았으며, 아무런 전과가 없다고 진술하였고, 수사기관에서는 위와 같이 정정된 주민등록번호로 범죄경력조회를 한 결과 피고인에게 아무런 전과가 없는 것으로 나타났다. 그러나 피고인의 운전면허를 조회하는 과정에서 정정되기 전의주민등록번호가 기재된 운전면허대장 조회내용이 회보되어 수사기록에 편철되었다**(수사기록 29면). **수사기관은 운전면허대장 조회내용에 기재된 주민등록번호와 종전에 피고인이 진술한 주민등록번호가 다른 사실을 알아차리지 못한 채 정정 전의 주민등록번호에 따른 범죄경력조회를 하지 아니하였다.**

2. 원심은, 피고인의 주민등록번호가 정정된 경위 등에 비추어 볼 때 검사가 피고인에 대한 운전면허대장 조회내용에 기재된 변경 전 주민등록번호로 범죄경력조회를 하지 아니하여 위 99고단1310 사건에 대한 집행유예 결격사유인 위 98고단362 사건 판결을 알지 못하였다고 하더라도, 그 사유만으로 검사가 99고단1310 사건의 판결확정 전에 집행유예의 장애가 되는 98고단362 사건의 전과의 존재를 쉽사리 알 수 있었던 경우에 해당된다고는 보기 어렵다고 하여, 검사의 피고인에 대한 위 사건 형집행유예취소청구를 기각한 제1심결정을 취소하고,

피고인에 대한 같은 법원 99고단1310 사건에 관하여 위 법원이 한 금고형에 대한 집행유예의 선고를 취소하였다.

3. 대법원의 판단

가. 형법 제64조 제1항에 의하면 집행유예의 선고를 받은 후 형법 제62조 단행의 사유가 발각된 때에는 집행유예의 선고를 취소한다고 규정되어 있는바, 여기에서 집행유예를 선고받은 후 형법 제62조 단행의 사유 즉 금고 이상의 형을 선고받아 집행을 종료한 후 또는 집행이 면제된 후로부터 5년을 경과하지 아니한 자인 것이 발각된 때라 함은 집행유예 선고의 판결이 확정된 후에 비로소 위와 같은 사유가 발각된 경우를 말하고 그 판결확정 전에 결격사유가 발각된 경우에는 이를 취소할 수 없으며(대법원 1976. 4. 14.자 76모12 결정 등 참조), 이 때 판결확정 전에 발각되었다고 함은 검사가 명확하게 그 결격사유를 안 경우만을 말하는 것이 아니라 당연히 그 결격사유를 알 수 있는 객관적 상황이 존재함에도 부주의로 알지 못한 경우도 포함된다고 할 것이다.

나. 돌이켜 이 사건에서 살펴보면, **피고인이 비록 주민등록번호의 정정사실이나 전과사유의 존재 등에 대하여 적극적으로 밝히지 아니하였다고 하더라도, 피고인에 대한 운전면허를 조회하는 과정에서 피고인이 진술한 주민등록번호와 운전면허대장상의 주민등록번호가 일치하지 아니하는 것이 수사기록에 나타나 있었으므로, 수사기관에서 운전면허대장에 기재된 정정 전의 주민등록번호로 범죄경력조회를 해 보았다면 검사는 위 집행유예 결격사유가 되는 전과의 존재사실을 알게 되었을 것이고, 그렇다면 위 99고단1310 사건에 대한 집행유예 판결이 선고된 후 검사는 상소의 방법으로 위 판결의 잘못을 바로잡을 수 있었을 것이다.**

결국, 이러한 사실관계에서라면 이 사건 집행유예 선고 확정 전에 수사단계에서 이미 그 결격사유를 당연히 알 수 있는 객관적 상황이 존재하였음에도 검사의 부주의로 이를 알지 못하였다고 볼 것이므로, 형법 제64조 제1항에서 말하는 '집행유예의 선고를 받은 후 제62조 단행의 사유가 발각된 때'에 해당한다고 할 수 없음에도, 이와 반대의 취지에서 집행유예의 취소청구를 받아들인 원심결정은 위법하여 파기를 면하지 못한다.

제4절 형의 집행

Ⅰ. 형집행의 방법 및 형기의 계산

헌법재판소 2009. 6. 25. 선고 2007헌바25 전원재판부 「헌법상 무죄추정의 원칙에 따라 유죄판결이 확정되기 전에 피의자 또는 피고인을 죄 있는 자에 준하여 취급함으로써 법률적·사실적 측면에서 유형·무형의 불이익을 주어서는 아니되고, 특히 미결구금은 신체의 자유를 침해받는 피의자 또는 피고인의 입장에서 보면 실질적으로 자유형의 집행과 다를 바 없으므로, 인권보호 및 공평의 원칙상 형기에 전부 산입되어야 한다. 따라서 형법 제57조 제1항 중 "또는 일부 부분"은 헌법상 무죄추정의 원칙 및 적법절차의 원칙 등을 위배하여 합리성과 정당성 없이 신체의 자유를 침해한다.」

헌법재판소 2013. 5. 30. 선고 2011헌마861 전원재판부 「수형자에 따라 실제 복역하는 자유형의 일수에 차이가 나는 경우가 있는데 이는 자유형의 형기를 '연월'로 규정하고 있고, 한 달의 일수가 28일에서 31일까지 차이가 있으며, 형기기산의 시작과 끝이 연중 어느 구간에 걸쳐 있느냐에 따라 실제 일수가 같지 않다는 점에서 기인한다. 이 사건 법률조항에 의해 자유형의 형기산정은 '역수'에 따라 계산되는데, 이는 형기 산정의 명확성과 편의성을 도모하기 위한 것이고, 태양력의 오차를 시정하기 위한 윤달이 주기적으로 생성되고, 형기를 연월로 정하는 이상 실제 복역일수에 차이가 생길 수 밖에 없으며, 2월이 형기에 포함되지 않은 경우에 비하여 1, 2일 덜 복역하게 되는 등 결과적으로 이 사건 법률조항이 수형자에게 일반적으로 유리하거나 불리하다고 볼 수 없다는 점에 비추어 볼 때, 윤달이 있는 해에 형집행 대상이 되는 경우에 관하여 형기를 감하여 주는 보완규정을 두지 않았다고 하더라도 신체의 자유를 침해하지 아니한다.」

Ⅱ. 가석방

〈가석방 기간중에 범한 죄에 대한 누범가중 여부 : 소극〉

대법원 1976. 9. 14. 선고 76도2071 판결 [강도상해]

피고인은 1974.4.11 폭력행위등 처벌에 관한 법률위반죄로 징역 단기 1년 6월, 장기 1년 8월의 형을 선고받고 1975.11.8 위 형의 집행을 종료하고 출소한자로서 1975.9.9. 22:00경 피해자에 대한 그 판시 강도상해범죄 사실을 범행하였다는 사실을 인정하고 이를 강도상해죄를 적용 처단하면서 위 전과사실이 있다하여 형법 제35조에 따라 누범 가중을 하여 처단하였음이 명백하고 원판결은 이를 유지하여 피고인의 항소를 기각하였다. 그러나 위 제1심판결 이유에 따를 것 같으면 그 판시 범행당시에 피고인은 위 전과사실로 선고받은 징역형의 집행을 위하여 복역중에 있어야 되는 논리이므로 그 이유설시에 모순이 있고 이에는 필경 사실의 적시에 있어서 어떤 착오가 있었음이 명백하다 할 것이고 일건 기록에 비추어 보더라도 피고인은 1974.4.11 위 전과사실로 징역형을 선고받았던 사실이 있고(피고인의 법정에서의 진술 및 제1심판결이 열거한 전과통보서 기재 수사기록중 제128장) 그 형의 집행중 1975.6.20 가석방으로 출소하였다는 것이므로(검사의 피고인에 대한 피의자신문조서의 기재내용 위 기록 제109장) 사실이 그러하다면 판시 범행일시가 피고인의 가석방 후 그 잔형기를 경과한 여부에 따라 누범가중을 할 수 있는 여부가 결정된다고 할 것이다.

즉 형법 제35조의 규정에 의하면 금고이상의 형을 받아 그 집행을 종료하거나 면제를 받은 후 3년내에 금고이상에 해당하는 죄를 범한자를 누범가중하여 처단하게 되어 있고 동법 제76조에 의하면 가석방의 처분을 받은 후 그처분의 실효 또는 취소됨이 없이 무기에 있어서는 10년 유기형에 있어서는 그 잔형기를 경과한 때에는 형의 집행을 종료한 것으로 간주한다고 규정하고 있으므로 가석방 기간 중일때에는 아직 형집행종료라고 볼 수 없다고 할 것이기 때문이다. 그러므로 피고인에 대한 위 전과통보서에 의하면 피고인이 1974.4.11 위 전과 사실로 형의 선고를 받고 그 형의 집행을 마치고 출소한 날자가 마치 1975.11.8로 기재되어 있으나 사실상으로는 그 출소일자 이전인 그해 9.9 판시 범행을 한 것이라면 피고인이 그 형 집행중 형집행정지처분 또는 가석방 등의 특별사정이 있었던 여부가 의심이 될 뿐 아니라 검사의 피고인에 대한 피의자 신문조서 중의 진술기재에서 그해 6.20 가석방되었다는 것이므로 만일 그 잔형기 경과전인 가석방기간 중에 본건 범행을 저질렀다면 이를 위 형법 제35조에서 말하는 형집행종료 후에 죄를 범한 경우에 해당한다고 볼 수 없으므로 여기에 누범가중을 할 수 없는 이치라 할 것임에도 불구하고 제1심이 누범가중하였음은 필경 누범가중의 법리를 오해하여 형집행 종료 여부에 관한 심리를 다하지 아니한 위법을 범하였다 아니할 수 없고 이를 간과한 원판결 또한 위법하다 할 것이(다).

대법원 1976. 3. 9. 선고 75도3434 판결 「원심이 유지한 1심판결 이유에 의하면 피고인은 1974.5.30.14:00 경 현역병입영명령서를 받았으나 그 입영기일이 5일간 경과하도록 입영하지 아니하였으며 그전 피고인은 1968.1.26 광주지방법원에서 폭력행위등 처벌에 관한 법률위반죄 및 특수절도죄로 징역 단기 2년 6월 장기 3년의 형을 선고받고 의정부교도소에서 위 장기형을 복역하던 중 형기만료 3개월을 앞두고

1970.6.20 가석방으로 출소된 바 있어 그 후 그 가석방처분이 실효 또는 취소된 바 없이 위 잔여 형기 기간이 경과한 사실을 각 확정하고 있는바 그렇다면 형법 제76조 1항의 규정에 의하여 피고인은 위 장기 3년의 징역형의 복역을 완료한 것으로 간주된다 할 것이고 따라서 피고인은 병역법 제33조의 규정에 의하여 현역병의 징집대상에서 제외되어 법률상 현역병으로 입영할 의무가 없는 자이므로 원심이 위 전남병무청장의 현역병입영명령에 응하지 아니한 피고인의 행위는 죄가 되지 아니한다고 판단하여 피고인에게 무죄를 선고한 1심판결을 유지하였음은 정당하(다).」

III. 형의 시효

〈벌금형의 시효중단 사유로서의 '강제처분 개시'의 의미〉

대법원 2009. 6. 25.자 2008모1396 결정 [재판의집행에관한이의기각결정에대한재항고]

벌금에 있어서의 시효는 강제처분을 개시함으로 인하여 중단되고(형법 제80조), 여기서 채권에 대한 강제집행의 방법으로 벌금형을 집행하는 경우에는 검사의 징수명령서에 기하여 '법원에 채권압류명령을 신청하는 때'에 강제처분인 집행행위의 개시가 있는 것으로 보아 특별한 사정이 없는 한 그때 시효중단의 효력이 발생하며, 한편 그 시효중단의 효력이 발생하기 위하여 집행행위가 종료되거나 성공하였음을 요하지 아니하고, 수형자에게 집행행위의 개시 사실을 통지할 것을 요하지 아니한다. 따라서 일응 수형자의 재산이라고 추정되는 채권에 대하여 압류신청을 한 이상 피압류채권이 존재하지 아니하거나 압류채권을 환가하여도 집행비용 외에 잉여가 없다는 이유로 집행불능이 되었다고 하더라도 이미 발생한 시효중단의 효력이 소멸하지는 않는다.

〈벌금의 일부납부와 형의 시효의 중단〉

대법원 2001. 8. 23.자 2001모91 결정 [재판의집행에관한이의신청기각에대한재항고]

수형자가 벌금의 일부를 납부한 경우에는 이로써 집행행위가 개시된 것으로 보아 그 벌금형의 시효가 중단된다고 봄이 상당하고, 이 경우 벌금의 일부 납부란 수형자 본인이 스스로 벌금을 일부 납부한 경우, 즉 벌금의 일부를 수형자 본인 또는 그 대리인이나 사자가 수형자 본인의 의사에 따라 이를 납부한 경우를 말하는 것이고, 수형자 본인의 의사와는 무관하게 제3자가 이를 납부한 경우는 포함되지 아니한다.

기록에 의하면, 다음과 같은 사실을 알아볼 수 있다.

재항고인 1은 재항고인 2와 함께 1996. 8. 20. 서울고등법원에서 특정경제범죄 가중처벌등에 관한법률위반(관세, 조세)죄로 각 징역 2년 6월에 3년간 집행유예, 벌금 31억 8,500만 원 및 추징금 158억 64,439,500원을 선고받고, 그에 대한 상고가 기각됨으로써 1996. 12. 23. 그 형이 확정되었다. 서울지방검찰청 검사는 그 중 벌금형과 추징금의 집행을 위하여 1997년경 징수명령서를 작성하여 강제집행을 명하였으나 그 주거지를 찾지 못하고, 다시 노역장유치의 집행을 위하여 형집행장을 발부하였으나, 역시 그의 주거지를 찾을 수 없자, 같은 검찰청 소속 공무원이 연고지로 파악된 그의 장인의 집을 방문하여 장인인공소외인에게 재항고인 1에 대한 벌금의 일부라도 납부할 것을 종용하였다. 이에 공소외인이 1999. 10. 21. 자신의 이름으로 재항고인 1에 대하여 확정된 31억 8,500만 원의 벌금형 중 2만 원을 우체국 통상환증서로 우편송부하자, 서울지방검찰청에서는 이를 재항고인 1이 벌금을 일부 납부한 것으로 처리하였다.

그런데 이와 같은 사실관계에 비추어 보면, 공소외인이 재항고인 1의 의사와는 무관하게 그에 대한 벌금의 일부를 우편송부한 것이 아닌가 하는 강한 의심이 들고, 만일 사실관계가 그러하다면, 재항고인 1에 대한 벌금형은 그 시효가 중단됨이 없이 1999. 12. 22.이 지남으로써 완성되었고, 그에 대한 검사의 징수명령은 그 효력이 상실되었다고 보아야 할 것이다.

〈유체동산 경매의 방법으로 추징형을 집행하는 경우 시효중단의 시점〉

대법원 2006. 1. 17.자 2004모524 결정 [재판의집행에관한이의결정에대한재항고]

형법 제80조에서 추징에 있어서의 시효는 강제처분을 개시함으로 인하여 중단된다고 규정하고 있는바, 여기에서 유체동산 경매의 방법으로 추징형을 집행하는 경우에는 검찰징수사무규칙 제17조에 의한 검사의 징수명령서를 집행관이 수령하는 때에 강제처분의 개시가 있는 것으로 보아야 하고, 다만 집행관이 그 후에 집행에 착수하지 못하면 시효중단의 효력이 없어진다고 할 것이다(대법원 2000. 9. 19.자 99모140 결정 참조).

기록에 의하면 피고인에 대하여 추징을 선고한 판결이 1999. 12. 17. 확정되었고, 검사는 추징의 시효 만료 전인 2002. 12. 10. 추징을 위하여 이 사건 징수명령을 발하였으며, 집행관은 2002. 12. 13. 이 사건 징수명령서에 기재된 피고인의 주소지인 서울 성북구 (주소 생략)

에 갔으나 위 장소에 있는 주택은 다가구주택임에도 피고인이 거주하는 호수가 특정되지 아니하고 일부 세대는 폐문 부재하여 집행을 하지 못하였고, 그 후 피고인이 거주하는 호수를 알아낸 다음 2003. 2. 10. 피고인의 주거지에 가서 피고인 소유의 동산을 압류하였음을 알 수 있는바, 사정이 이와 같다면 **집행관이 1999. 12. 17.부터 3년이 경과하지 아니한 2002. 12. 13. 이전에 이 사건 징수명령서를 수령하였음이 분명하고, 그 후 상당한 기간이 경과되기 전에 이 사건 징수명령이 집행되었으므로, 위 동산압류에 의한 강제처분은 추징의 시효가 완성된 후의 집행이 아니라 할 것이다.**

그렇다면 원심이 이와 달리 집행관이 추징금의 집행을 위하여 납부의무자의 주거지에 갔으나 그 장소가 수세대가 거주하는 주택으로 호수가 특정되지 아니하고 일부 세대는 폐문 부재라는 이유로 집행을 하지 못하였다는 사정만을 들어 이 사건 추징은 판결이 확정된 때로부터 3년이 경과한 시점에 시효완성으로 인하여 집행이 면제되었다고 단정해 버린 것은 추징의 시효 중단에 관한 법리를 오해하여 판결의 결과에 영향을 미친 위법을 저지른 것이다.

> **대법원 1992. 12. 28.자 92모39 결정 [재판의해석에관한이의신청기각결정에대한재항고]**
> 확정된 벌금형을 집행하기 위한 검사의 집행명령에 기하여 집달관이 집행을 개시하였다면 이로써 벌금형에 대한 시효는 중단되는 것인바(형법 제80조), 이 경우 <u>압류물을 환가하여도 집행비용 외에 잉여가 없다는 이유로 집행불능이 되었다고 하더라도 이미 발생한 시효중단의 효력이 소멸하지는 않는다</u>고 할 것이고, 따라서 동 벌금형의 미납자에 대하여는 형사소송법 제492조에 의해 노역장유치의 집행을 할 수 있음은 물론이다.

제5절 형의 실효, 사면 및 복권

I. 형의 실효

〈형의 실효의 요건〉

대법원 2010. 3. 25. 선고 2009도14793 판결 [특정범죄가중처벌등에관한법률위반(절도)·특수절도]

<u>「형의 실효 등에 관한 법률」제7조 제1항은 수형인이 자격정지 이상의 형을 받음이 없이 형</u>

의 집행을 종료하거나 그 집행이 면제된 날부터 같은 항 각 호에서 정한 기간이 경과한 때에는 그 형은 실효된다고 규정하고 있으며, 같은 항 제1호에서 3년을 초과하는 징역·금고형의 경우는 그 기간을 10년으로 정하고 있다. 위와 같은 법 규정의 내용 및 취지에 비추어 볼 때, 형이 실효되기 위해서는 수형자가 형의 집행을 종료한 후 자격정지 이상의 형을 받음이 없이 「형의 실효 등에 관한 법률」제7조 제1항 각 호에서 정한 기간을 경과하여야 한다(대법원 1983. 9. 13. 선고 83도1840, 83감도339 판결 등 참조).

그런데 기록에 비추어 살펴보면, 피고인 2는 1992. 11. 27. 특정범죄가중처벌 등에 관한 법률 위반(절도)죄로 징역 5년을 선고받고 1999. 1. 26. 그 형의 집행을 종료하였으나, 그로부터 「형의 실효 등에 관한 법률」제7조 제1항 제1호에서 정한 10년의 기간이 경과되기 전인 2004. 12. 2. 같은 죄로 자격정지 이상의 형에 해당하는 징역 4년을 선고받았으므로, 위 징역 5년의 형은 실효되지 아니한다.

〈형의 실효의 효과〉

대법원 2002. 10. 22. 선고 2002감도39 판결 [보호감호]

1. 원심판결 이유에 의하면, 원심은, 피감호청구인이 1984. 3. 22. 서울지방법원에서 특정범죄가중처벌등에관한법률위반(절도)죄로 징역 2년에 보호감호 7년을, 1991. 1. 9. 서울지방법원에서 절도죄로 징역 1년을, 1992. 4. 23. 서울지방법원 동부지원에서 폭력행위등처벌에관한법률위반죄 등으로 징역 8월을, 2000. 10. 6. 인천지방법원에서 절도죄로 징역 10월을 각선고 받아 그 집행을 마친 사실을 인정한 다음, 형의실효등에관한법률에 의하여 피감호청구인이 1992. 4. 23. 및 그 이전에 선고 받은 위 형은 모두 실효되어, 피감호청구인은 사회보호법 제5조 제1호 소정의 감호요건에는 해당하지 아니하지만, 피감호청구인이 보호감호의 집행을 마친 후 다시 동종 또는 유사한 특정범죄가중처벌등에관한법률 제5조의4 제5항 소정의 죄를 저질렀으므로 사회보호법 제5조 제3호 소정의 보호감호 요건에 해당하고, 판시와 같은 사정에 비추어 재범의 위험성이 인정된다고 판단하여 피감호청구인을 보호감호에 처한 제1심판결을 유지하였다.

2. 그러나 원심의 판단은 다음과 같은 이유로 수긍하기 어렵다.

특정범죄가중처벌등에관한법률 제5조의4 제5항은, 형법 제329조 내지 제331조와 제333조 내지 제336조·제340조·제362조의 죄 또는 그 미수죄로 3회 이상 징역형을 받은 자로서 다시 이들 죄를 범하여 누범으로 처벌할 경우도 제1항 내지 제4항과 같다고 규정하고 있고, 한편 형의실효등에관한법률에 의하여 형이 실효된 경우에는 형의 선고에 의한 법적 효과가 장래에 향하여 소멸되므로 형이 실효된 후에는 그 전과를 특정범죄가중처벌등에관한법률 제5조의4 제5항 소정의 징역형의 선고를 받은 경우로 볼 수는 없다 할 것이다.

따라서 피감호청구인이 1992. 4. 23. 및 그 이전에 선고 받은 위 형이 모두 실효된 이상 피감호청구인은 특정범죄가중처벌등에관한법률 제5조의4 제5항에 규정된 죄로 3회 이상 징역형을 받은 자에 해당한다고 할 수 없다.

그럼에도 불구하고, 원심은, 피감호청구인이 특정범죄가중처벌등에관한법률 제5조의4 제5항에 규정된 죄로 3회 이상 징역형을 받은 자로서 사회보호법 제5조 제3호 소정의 보호감호 요건에 해당한다고 판단하였으므로 이러한 원심의 판단에는 형의 실효와 사회보호법 제5조 제3호에 관한 법리를 오해한 위법이 있다 할 것이다.

〈2회 이상 선고받은 징역형에 대한 형 실효기간의 산정 시기 및 실효의 범위〉

대법원 2010. 3. 25. 선고 2010도8 판결 [특정범죄가중처벌등에관한법률위반(절도)]

특정범죄 가중처벌 등에 관한 법률 제5조의4 제5항의 규정 취지는 같은 조 제1항, 제3항 또는 제4항에 규정된 죄 가운데 동일한 항에 규정된 죄를 3회 이상 반복 범행하고, 다시 그 반복 범행한 죄와 동일한 항에 규정된 죄를 범하여 누범에 해당하는 경우에는 상습성이 인정되지 아니하는 경우에도 같은 조 제1항 내지 제4항 가운데 해당되는 항에서 정한 법정형으로 처벌한다는 뜻으로 보아야 한다(대법원 1995. 7. 14. 선고 95도1137, 95감도54 판결 등 참조). 한편, 형의 실효 등에 관한 법률 제7조 제1항은 수형인이 자격정지 이상의 형을 받음이 없이 형의 집행을 종료하거나 그 집행이 면제된 날부터 같은 항 각 호에서 정한 기간이 경과한 때에는 그 형은 실효된다고 규정하고 있으며, 같은 항 제2호에서 3년 이하의 징역·금고형의 경우는 그 기간을 5년으로 정하고 있다. 위 규정에 따라 형이 실효된 경우에는 형의 선고에 의한 법적 효과가 장래에 향하여 소멸되므로 그 전과를 특정범죄 가중처벌 등에 관한 법률 제5조의4 제5항에서 정한 징역형의 선고를 받은 경우로 볼 수 없다(대법원 2002. 10. 22. 선고 2002감도39 판결 참조). 또한, 형의 실효 등에 관한 법률의 입법 취지에 비추어 보아 과거 2번 이상의 징역형을 받은 자가 자격정지 이상의 형을 받음이 없이 마지막 형의 집행을 종료한 날부터 위 법에서 정한 기간을 경과한 때에는 그 마지막 형 이전의 형도 모두 실효되는 것으로 보아야 할 것이다(대법원 1983. 9. 13. 선고 83도1840, 83감도339 판결 등 참조).

원심이 그대로 유지한 제1심판결은 피고인이 1992. 11. 24. 절도죄로 징역 10월, 2007. 1. 12. 준강도미수죄로 징역 1년, 2008. 3. 18. 절도미수죄로 징역 4월을 선고받고 2008. 6. 21. 그 최종형의 집행을 종료한 자로서 다시 2009. 8. 1. 이 사건 특수절도미수죄를 범한 사실을 인정하고, 피고인을 특정범죄 가중처벌 등에 관한 법률 제5조의4 제5항, 제1항, 형법 제342조, 제331조 제2항에 의하여 처단하고 있으나, 피고인의 위 준강도미수죄는 특정범죄 가중처벌 등에 관한 법률 제5조의4 제1항에 규정된 형법 제329조 내지 제331조에 해당하지 아니함이 명백하므로, 그 판시 자체만으로는 피고인을 특정범죄 가중처벌 등에 관한 법률 제5조의4 제5항에 규정된 '같은 조 제1항에 규정된 죄로 3회 이상 징역형을 받은 자'에 해당한다고 볼 수 없다.

그런데 기록에 의하면, 피고인은 위 전과 외에도 1992. 11. 24. 이전에 절도죄로 5회, 상습절도죄로 1회 징역형을, 2000. 6. 30.에는 강도상해죄로 징역형을 선고받은 전력이 있으며, 한편 1992. 11. 24. 절도죄로 선고받은 징역 10월의 형에 대하여는 1993. 7. 15. 그 형의 집행을 종료한 사실을 인정할 수 있다.

위에서 본 형의 실효에 관한 법리에 비추어 보면, 피고인이 1992. 11. 24. 선고받은 형의 집행을 종료한 1993. 7. 15.부터 그 후 강도상해죄로 징역형을 선고받은 2000. 6. 30.까지 형의 실효 등에 관한 법률 제7조 제1항 제2호에서 정한 5년의 기간이 경과하였음이 역수상 명백하므로, 이로써 피고인이 1992. 11. 24. 선고받은 형 및 그 이전에 선고받은 형은 모두 실효되었다 할 것이다.

따라서 원심이 그대로 유지한 제1심판결에서 판시한 전과 외 피고인의 다른 전과들을 살펴보더라도 피고인은 특정범죄 가중처벌 등에 관한 법률 제5조의4 제5항에 규정된 3회 이상 징역형을 받은 자라고 볼 수 없다.

Ⅱ. 사면

〈일반사면의 효과〉

대법원 1995. 12. 22. 선고 95도2446 판결 [업무상횡령·사기·사문서위조·위조사문서행사·변호사법위반·문서은닉]

사면법 제5조 제1항 제1호 소정의 '일반사면은 형의 언도의 효력이 상실된다.'는 의미는 형법 제65조 소정의 '형의 선고는 효력을 잃는다.'는 의미와 마찬가지로 단지 형의 선고의 법률적 효과가 없어진다는 것일 뿐 형의 선고가 있었다는 기왕의 사실 자체의 모든 효과까지 소멸한다는 뜻은 아니다(당원 1983. 4. 2.자 83모8 결정 참조).

따라서 <u>확정판결의 죄에 대하여 일반사면이 있다 하더라도 일사부재리의 효력 등은 여전히 계속 존속하는 것이고, 확정판결이 있었던 사실에 의하여 그 전의 죄와 후의 죄 등이 형법 제37조 후단의 경합범관계에 있었다고 하는 효과도 일반사면에 의하여 좌우되는 것은 아니라 할 것이다.</u>

원심이 인정한 확정판결의 죄가 일반사면령에 의하여 사면되었으므로 이 사건 죄가 형법 제37조 후단의 경합범에 해당하지 않음을 전제로 하는 논지는 독자적 견해에 지나지 아니하여 채용할 수 없다.

〈특별사면의 효력범위〉

대법원 1997. 10. 13.자 96모33 결정 [재판의집행에관한이의신청기각에대한재항고]

원심결정의 이유에 의하면, 원심은 재항고인이 1994. 2. 16. 서울고등법원에서 특정범죄가중처벌등에관한법률위반(조세), 조세범처벌법위반, 골재채취법위반, 공유수면관리법위반 등의 죄로 징역 2년 및 벌금 1,000,000,000원에 처하되, 위 징역형의 집행을 3년간 유예한다는 내용의 판결을 선고받아 그 판결이 확정된 사실, 재항고인은 1996. 2. 25. 사면법 제5조, 제7조의 규정에 따라 집행유예된 위 징역형에 대하여 형의 선고의 효력을 상실케 하는 동시에 복권하는 특별사면을 받은 사실, 검사가 신청인에 대하여 인천지방검찰청 94년 징제16922호로 미납한 벌금 255,000,000원의 징수 명령을 하여 위 벌금형의 집행처분을 한 사실을 인정한 다음, 신청인에 대한 위 특별사면은 집행유예를 선고받은 징역형에 대하여 그 유예기간이 경과하지 아니하였음에도 그 선고의 효력을 상실케 한다는 것일 뿐 벌금형까지 그 선고의 효력을 상실케 한다는 것으로 볼 수 없고, 기록에 편철된 **사면장에도 특별사면이 되는 '형명과 형기'를 '징역 2년, 집행유예 3년'이라고만 기재하고 벌금형에 대하여는 전혀 기재하지 아니하였으므로 벌금형의 집행이 면제된다고 볼 수 없다고** 판단하였다.

형법 제41조, 사면법 제5조 제1항 제2호, 제7조 등의 규정의 내용 및 취지에 비추어 보면, 여러 개의 형이 병과된 사람에 대하여 그 병과형 중 일부의 집행을 면제하거나 그에 대한 형의 선고의 효력을 상실케 하는 특별사면이 있은 경우, 그 특별사면의 효력이 병과된 나머지 형에까지 미치는 것은 아니라고 해석함이 상당하다고 할 것이다.

같은 취지에서, 징역형의 집행유예와 벌금형이 병과된 신청인에 대하여 징역형의 집행유예의 효력을 상실케 하는 내용의 이 사건 특별사면이 그 벌금형의 언도의 효력까지 상실케 하는 것은 아니라고 판단한 원심결정은 정당하고, 거기에 소론과 같은 헌법 규정과 사면에 관한 법리를 오해하거나 또는 사면권에 관한 헌법 제79조와 재산권 보장에 관한 헌법 제23조에 위반한 위법이 있다고 볼 수도 없다.

Ⅲ. 복권

〈복권의 의의 및 효력범위〉

대법원 1986. 7. 3. 선고 85수2 전원합의체 판결 [국회의원선거무효]

헌법 제54조에 의하면, 대통령은 사면법이 정하는 바에 따라 사면, 감형, 복권을 명할 수 있다고 규정되어 있고, 사면법 제8조에 의하면 복권에는 대통령령으로 일정한 요건을 정하여 이에 해당하는 모든 사람에게 일반으로 행하는 일반복권과 특정인에 대하여 개별적으로 행하는 특별복권이 있으며, 헌법 제54조, 제64조 및 사면법 제10조, 제15조, 제27조의 각 규정을 종합하면 특정인에 대한 개별적인 특별복권은 법무부장관이 직권 또는 검찰총장의 상신신청이 이유있다고 인정될 때(단, 군사법정에서 형의 선고를 받은 자에 대하여는 국방부장관이 직권 또는 군검찰관의 상신신청이 이유있다고 인정될 때) 대통령에게 복권의 상신을 하고 대통령은 국무회의의 심의를 거쳐 복권을 명할 수 있도록 되어 있고 한편 사면법 제16조에 의하면 복권의 상신을 신청하는 서장에는 복권의 심사대상이 될 판결서의 등본 또는 초본을 반드시 첨부하여야 한다고 규정되어 있다.

그런데 복권이란 죄를 범하여 형의 선고를 받은 자가 그 형의 선고의 부수적 효력으로서 다른 법령에 의하여 자격이 상실 또는 정지된 경우에 그 상실 또는 정지된 자격의 회복을 목적으로 하는 것이므로(사면법 제5조 제1항 제5호) 복권대상자가 수개의 죄를 범하여 수개의 형의 선고를 받은 경우에 그 수개의 형이 모두 다른 법령에 의한 자격제한의 효력을 수반하고 있을 때에는 그 각 형의 선고의 효력으로 인하여 각각 상실 또는 정지된 자격을 일시에 일괄하여 회복하지 아니하면 자격회복의 목적을 달성할 수 없는 것이고 수개의 형의 선고의 효력으로 인하여 각각 상실 또는 정지된 자격이 일괄 회복되려면 자격제한의 효력을 수반하고 있는 모든 수형범죄사실이 복권의 심사대상으로 빠짐없이 상신되어 그 모든 수형범죄사실을 일괄 심사한 후 그 심사결과를 토대로 복권이 이루어져야 할 것이다.

그러므로 자격제한의 효력을 수반하고 있는 수개의 수형사실이 있는 자에 대하여 그중 어느 특정수형사실만을 복권의 심사대상으로 상신하여 그 특정수형사실로 인하여 상실 또는 정지된 자격을 회복케 한다는 취지의 복권을 명한다고 하더라도 이와 같은 복권으로서는 복권의 심사대상에 포함되지 아니한 다른 수형사실에 의한 자격제한의 효력까지 일괄 해소케 할 수는 없는 것이므로 이와 같은 복권은 결국 자격회복의 목적을 달성할 수 없는 것으로 귀착되고 만다 할 것이다. … 원고에 대한 위의 복권명령은 각기 자격제한의 효력을 수반하고 있는 원고의 위의 2개의 수형사실중(위의 2개의 수형사실에는 국회의원선거법 제12조 제2호에 따라 모두 국회의원피선거권을 상실케 하는 효력을 수반하고 있다) 위의 계엄포고위반죄로 인한 수형사실만을 그 심사대상으로 삼았음이 분명하고, 더우기 동 계엄포고위반죄로 인한 수형사실에 수반된 자격제한의 효력만을 소멸케 한다는 뜻을 명백히 하고 있어, 이와 같은 복권으로서는 앞서 설시한 복권의 법리에 비추어 **그 심사대상으로 삼지 아니한 위의 공문서위조, 동행사등 죄로 인한 수형사실에 부수된 자격제한의 효력까지 일괄하여 모두 소멸케 할 수는 없는 것**이므로 위의 복권명령은 결국 자격회복의 목적을 달성할 수 없는 것으로 귀착되어 원고에게는 위의 복권에도 북구하고국회의원선거법 제12조 제2호에 의하여 국회의원피선거권이 없다고 할 수 밖에 없다.

따라서 서울특별시 제6선거구 선거관리위원회가 원고의 국회의원 후보자등록을 무효로 처리한 조치는 결국 적법하다 할 것이므로 동 무효처리조치가 위법임을 전제로 한 원고의 본소

청구는 이유없어 이를 기각하고, 소송비용은 패소자인 원고의 부담으로 하여 관여법관의 일치된 의견으로 주문과 같이 판결한다.

제1절 의의 및 종류

Ⅰ. 보안처분의 의의

〈보안처분의 의의〉

헌법재판소 2012. 12. 27. 선고 2010헌가82, 2011헌바393 전원재판부 [특정범죄자에대한위치추적전자장치부착등에관한법률부칙제2조제1항위헌제청등]

형사제재에 관한 종래의 일반론에 따르면, 형벌은 본질적으로 행위자가 저지른 과거의 불법에 대한 책임을 전제로 부과되는 제재를 뜻함에 반하여, 보안처분은 행위자의 장래 위험성에 근거하여 범죄자의 개선을 통해 범죄를 예방하고 장래의 위험을 방지하여 사회를 보호하기 위해서 형벌에 대신하여 또는 형벌을 보충하여 부과되는 자유의 박탈과 제한 등의 처분을 뜻하는 것으로서 양자는 그 근거와 목적을 달리하는 형사제재이다. 연혁적으로도 보안처분은 형벌이 적용될 수 없거나 형벌의 효과를 기대할 수 없는 행위자를 개선·치료하고, 이러한 행위자의 위험성으로부터 사회를 보호하기 위한 형사정책적인 필요성에 따라 만든 제재이므로 형벌과 본질적인 차이가 있다. 즉, 형벌과 보안처분은 다 같이 형사제재에 해당하지만, 형벌은 책임의 한계 안에서 과거 불법에 대한 응보를 주된 목적으로 하는 제재이고, 보안처분은 장래 재범 위험성을 전제로 범죄를 예방하기 위한 제재이다.

그런데 오늘날에는 형벌과 보안처분의 형태가 다양해지고 형벌 집행에 있어서 범죄자에 대한 특별예방적·형사정책적 관심과 배려를 강조하는 새로운 형사제재수단들, 예를 들어 보호관찰, 사회봉사명령이나 수강명령 등이 등장하면서 형벌과 보안처분의 경계가 모호해지고 있다. 따라서 새로운 형사제재의 법적 성격을 논함에 있어서 종전과 같은 '과거 행위에 대한 응보-재범의 위험성에 따른 사회 예방'이라는 이분법적 논리를 단순히 적용하기에는 타당하지 않은 면이 있다.

그러나 형벌과 보안처분이 본질적으로 다른 점이 있음은 부인할 수 없다. 외국의 입법례나 판례를 보아도 독일의 경우 보안처분은 재판시법에 따른다는 규정(형법 제2조 제6항)을 두고 있고, 미국의 경우 강력한 가석방 조건의 부과가 소급입법금지원칙에 위배되지 않는다고 보는 등 형벌과 보안처분을 구분하고 있으므로, 이 사건에서도 전자장치 부착명령의 법적 성격을 살펴보는 것이 필요하다. 다만 동일한 형태의 형사제재에 있어서도 그 목적, 요건, 운영방식에 따라 법적 성격을 달리할 수 있으므로 관련 제도의 목적, 요건 등을 고려하여 그 법적 성격을 구분해야 한다.

Ⅱ. 보안처분의 종류

〈대인적 보안처분〉

헌법재판소 2010. 4. 29. 선고 2008헌마622 전원재판부 [치료감호법제4조제1항위헌확인]

치료감호는 심신장애 상태, 마약류·알코올이나 그 밖의 약물중독 상태 등에서 범죄행위를 한 자로서 재범의 위험성이 있고 특수한 교육·개선 및 치료가 필요하다고 인정되는 자에 대하여 적절한 보호와 치료를 함으로써 재범을 방지하고 사회복귀를 촉진하는 것을 목적(법 제1조)으로 하는바, 고도의 사회적 위험성을 가지고 있음에도 불구하고 전통적인 사회방위 수단인 형벌을 과할 수 없거나 형벌을 기대할 수 없는 범죄성 심신장애자 및 마약류 중독자 등을 일정한 감호시설에 수용하는 보안처분이라 할 수 있다. 이처럼 치료감호는 책임능력의 결함으로 인하여 형벌의 효과를 기대하기 어렵거나 재범의 우려가 있는 자를 일정기간 또는 무기한 정신병동 등 일정한 시설에 수용하여 치료·개선하는 한편, 사회의 안전을 도모하는 조치로서 '대인적 자유박탈적 보안처분'에 속한다.

〈대물적 보안처분〉

헌법재판소 2008. 12. 26. 선고 2005헌바30 전원재판부 [구관세법제198조제2항등위헌소원]

관세범은 그 성질이 이욕범이고 재정범이므로 범죄로 인한 이익을 환수할 필요성이 크다는 점에서 재산형을 형벌의 원칙적인 모습으로 하며, 그 범죄이익의 환수를 위하여 몰수·추징을 빠짐없이 할 필요가 있고, 따라서 행위의 불법성이 다소 크더라도 자유형 보다는 벌금형이 효율적인 경우에는 주형으로 벌금형을 고려할 수 있으며, 범죄이익 등의 환수를 위하여 그것이 벌금액보다 크다 하더라도 이를 필요적으로 몰수·추징하는 것이 필요하므로, <u>주형인 벌금형에 비하여 상대적으로 많은 몰수·추징이 있다 하여 그것이 곧 과도한 형벌이라고 단정할 수 없고, 이는 몰수가 형식적으로는 일종의 형벌이지만 실질적으로는 범죄의 반복 위험성을 예방하고 범인이 범죄로부터 부당한 이득을 취하지 못하도록 하는 것을 목적으로 하는 대물적 보안처분의 성격을 가진다는 점에 비추어 보더라도 더욱 그러하다</u>(헌재 2004. 3. 25. 2001헌바89, 판례집 16-1, 346, 365).

〈자유박탈보안처분〉

헌법재판소 2021. 1. 28. 선고 2019헌가24, 2019헌바404 전원재판부 [치료감호 등에 관한 법률 제4조 제7항 위헌제청 등]

이 사건 법률조항들은 검사에게만 치료감호 청구권한을 부여하고, 검사로 하여금 법원의 치료감호청구 요구에 응하여야 한다거나 법원이 직권으로 치료감호를 선고할 수 있도록 하고 있지는 않다. 그러나 검사는 공익의 대표자로서 범죄수사 및 공소제기와 그 유지에 필요한 사항, 재판집행의 지휘·감독, 국가를 당사자 또는 참가인으로 하는 소송과 행정소송의 수행 또는 그 수행에 관한 지휘·감독 등을 그 직무로 하고, 아울러 이를 수행함에 있어 국민 전체에 대한 봉사자로서 정치적 중립을 지켜야 하며 부여된 권한을 남용하여서는 아니 되도록 그 공익적 지위와 객관적 의무를 부여받고 있다. 또한, 검사는 정당한 법령 적용의 청구 및 피고인의 이익을 위하여도 상소할 수 있는 준사법기관적 성격을 가지고 있다. 따라서 이러한 검사로 하여금 치료감호청구를 하게 하는 것은 개인적인 감정이나 집단적 이해관계 또는 여론에 좌우되지 않고 국가 형벌권을 객관적으로 행사하도록 하여 재판의 적정성 및 합리성을 기하고자 하는 것이다(헌재 2010. 4. 29. 2008헌마622).

더욱이 치료감호는 치료감호대상자를 치료감호시설에 수용하여 치료를 하는 것으로서 본질적으로 자유박탈적이고 침익적인 처분이다. 치료감호와 형이 병과된 경우 치료감호를 먼저 집행하고 그 기간을 형기에 산입하기는 하나, 치료감호는 실형이 아니라 집행유예를 선고할 때에도 가능하고, 법에는 치료감호 기간의 장기만 규정하고 있어서(법 제16조 제2항) 실제 치료감호 기간이 형기보다 길 수도 있으며, 치료감호가 가종료된 경우 또는 치료감호기간이 만료되고 치료감호심의위원회의 결정이 있는 경우에는 3년 동안 보호관찰을 받아야 하는 등(법 제32조 제1항, 제2항) 치료감호가 치료감호대상자에게 유리한 것만은 아니다. 헌법재판소 역시 치료감호가 침익적인 처분임을 전제로, 치료감호기간의 상한을 정한 법 제16조 제2항이 신체의 자유를 침해하는지 여부를 판단한 바 있다(헌재 2012. 12. 27. 2011헌마276; 헌재 2017. 4. 27. 2016헌바452 참조).

그 외에도 법에서는 치료감호를 청구할 때 정신건강의학과 등 전문의의 진단이나 감정을 거치도록 하고(제4조 제2항), 치료감호사건을 필요적 변호사건으로 하여 변호인 없이 개정하지 못하도록 하고 있으며(제15조 제2항, 형사소송법 제282조), 나아가 치료감호 청구주체와 판단주체를 분리함으로써, 법원이 일방적으로 치료감호를 명하거나 법원에서의 정식재판절차 없이 검사나 치료감호심의위원회의 일방적인 결정만으로 치료감호를 할 수 없도록 하여 치료감호 개시절차가 보다 객관적이고 공정하게 이루어지도록 한 것이다. 따라서 검사만 치료감호를 청구할 수 있도록 하였다고 하여 적법절차원칙에 반한다고 보기는 어렵다.

〈자유제한보안처분〉

대법원 2019. 10. 17. 선고 2019도11540 판결 [성폭력범죄의처벌등에관한특례법위반(통신매체이용음란)]

취업제한명령은 범죄인에 대한 사회내 처우의 한 유형으로서 형벌 그 자체가 아니라 보안처분의 성격을 가지는 것이지만, 실질적으로 직업선택의 자유를 제한하는 것이다. 따라서 원심이 제1심판결에서 정한 형과 동일한 형을 선고하면서 제1심에서 정한 취업제한기간보다 더 긴 취업제한명령을 부가하는 것은 전체적·실질적으로 피고인에게 불리하게 변경한 것이므로, 피고인만이 항소한 경우에는 허용되지 않는다.

제2절 치료감호

〈치료감호의 요건〉

대법원 1986. 2. 25. 선고 85감도419 판결 [치료감호(폭력행위처벌등에관한법률위반,주거침입)]

사회보호법 제8조 제1항 제1, 2호가 정하는 치료감호는 심신장애자로서 형법 제10조 제1항의 규정에 의하여 벌할 수 없는 자가 금고 이상의 형에 해당하는 죄를 범하거나 형법 제10조 제2항의 규정에 의하여 형이 감경되는 자가 금고 이상의 형에 해당하는 죄를 범하고 재범의 위험성이 있다고 인정하는 때에 과하는 것이므로 그 범하는 죄는 그 심신장애의 원인이 되는 병적 심신상태로 인하여 저질러져야 하고 심신장애와 관계없이 죄를 범하였을 때에는 치료감호를 과할 수 없다 고 풀이하여야 할 것이다.

따라서 원심이 유지한 제1심판결이 이와 같은 취지에서 사회보호법 제8조 제1항 제2호에 따라 치료감호에 처할 경우에는 재범의 위험성이 있어야 하고 이 때의 재범의 위험성은 피감호청구인이 다시 심신미약의 상태를 일으켜 범행을 저지를 상당한 개연성이 있어야 한다고 전제하고 피고인이 정신병적인 간질성 인격장애를 나타내는 상태에 있었기는 하나 피감호청구인은 간질증상이 나타난 이래 과거 7-8년동안 간질발작으로 인하여 어떠한 충동적 범행도 저지른 일이 없을뿐만 아니라 이 사건 감호청구서 기재 범행도 간질증세 발작중 또는 그로 인한 1-2시간 동안의 후유의식장애 상태에서 이루어진 것이라고 볼 수 없고 이는 피감호청구인이 간질증세로 가정과 이웃 그리고 사회로부터 버림받고 멸시당하여 이로 인한 심적 갈등이 심화되고 또 열등감에 사로잡혀 나타낸 형상에 지나지 않는다고 하여 이 사건 치료감호청구를 기각한 조치는 정당하(다).

〈'재범의 위험성'의 의미〉

대법원 2000. 7. 4. 선고 2000도1908, 2000감도62 판결 [무고·치료감호]

치료감호의 요건이 되는 재범의 위험성이라 함은 피감호청구인이 장래에 다시 심신장애의 상태에서 범행을 저지를 상당한 개연성이 있는 경우를 말하고, 그 위험성 유무는 피감호청구인에 대한 위험성의 하나의 징표가 되는 원인행위로서 당해 범행의 내용과 판결선고 당시의 피감호청구인의 심신장애의 정도, 심신장애의 원인이 될 질환의 성격과 치료의 난이도, 향후 치료를 계속 받을 수 있는 환경의 구비여부, 피감호청구인 자신의 재범예방 의지의 유무 등 제반 사정을 종합적으로 평가하여 객관적으로 판단하여야 하는 것인바(대법원 1990. 8. 28. 선고 90감도103 판결 참조), 기록상 나타나는 위와 같은 제반 사정, 특히 피고인은 자신이 피해형 망상장애라는 심신장애가 있다는 것을 전혀 인식하지 못한 채 아직도 사실을 밝히는 고소는 하겠다는 취지의 주장을 하고 있을 뿐만 아니라 실제로 제1심 증인 박상동을 위증으로 고소하는 내용의 고소장을 작성하기까지 한 점에 비추어 보면, 피고인은 적절한 정신과적 치료를 받지 아니하는 경우 다시금 무고 범행을 저지를 개연성이 높다고 할 것이므로 재범의 위험성이 있다고 하지 않을 수 없다.

〈'재범의 위험성'의 판단 기준〉

대법원 2003. 4. 11. 선고 2003감도8 판결 [치료감호]

사회보호법 제8조 제1항 제2호는 보호대상자가 마약·향정신성의약품·대마 기타 남용되거나 해독작용을 일으킬 우려가 있는 물질이나 알코올을 식음·섭취·흡입·흡연 또는 주입받는 습벽이 있거나 그에 중독된 자가 금고이상의 형에 해당하는 죄를 범한 때에 해당하고 재범의 위험성이 있다고 인정되는 때에는 치료감호에 처한다고 규정하고 있고, 여기서 말하는 "재범의 위험성"이라 함은 피감호청구인이 장차 그 물질 등의 주입등 습벽 또는 중독증세의 발현에 따라 다시 범죄를 저지를 것이라는 상당한 개연성이 있는 경우를 말한다 할 것인데, 그 위험성 유무는 ① 판결선고 당시의 피감호청구인의 습벽 또는 중독증세의 정도, 치료의 난이도, 향후 치료를 계속 받을 수 있는 환경의 구비여부, 피감호청구인 자신의 치료에 관한 의지의 유무와 그 정도, ② 피감호청구인의 연령, 성격, 가족관계, 직업, 재산정도, 전과사실, 개전의 정 등 사정, ③ 피감호청구인에 대한 위 습벽 또는 중독증세의 발현에 관한 하나의 징표가 되는 당해 감호청구원인이 된 범행의 동기, 수법 및 내용, ④ 전에 범한 범죄의 내용 및 종전 범죄와 이 사건 범행 사이의 시간적 간격 등 제반 사정을 종합적으로 평가하여 객관적으로 판단하여야 할 것이다(대법원 1988. 3. 8. 선고 87감도195 판결, 1995. 3. 10. 선고 94감도69 판결, 2000. 7. 4. 선고 2000도1908, 2000감도62 판결 등 참조).

국립서울병원장 및 서울시립병원장 작성의 각 정신감정서의 기재, 제1심 증인 공소외인의 증언 등 기록에 의하면, 피감호청구인은 각 정신감정 당시 메스암페타민(이하 '이 사건 마약류

'라 한다) 남용이라고 하는 물질사용장애의 진단범주에 포함되는 정신과적 질환에 빠져있는 사실, 피감호청구인은 1989. 10. 28. 서울지방검찰청에서 마약법위반죄로 기소유예 처분을 받고, 1991. 7. 9. 수원지방법원에서 향정신성의약품관리법위반죄로 치료감호를 선고받고, 1994. 2. 3. 서울지방검찰청 남부지청에서 같은 죄로 기소유예 처분을 받고 1997. 2. 25. 서울지방법원에서 같은 죄로 징역 2년에 집행유예 3년을 선고받고, 1998. 7. 25. 서울고등법원에서 같은 죄로 벌금 800만 원 및 치료감호를 선고받는 전력이 있는 사실, 그런데도 피감호청구인은 다시 2001. 8. 초순부터 2002. 4. 10.까지 약 8개월 사이에 모두 10회에 걸쳐 유흥업소 종사 여성들과 함께 주사기를 사용하여 이 사건 마약류를 투약한 사실이 적발되어 이 사건 감호청구에 이른 사실 등을 종합하여 보면, **피감호청구인에게는 이 사건 마약류에 대한 위 습벽이 있음을 인정할 수 있고**, 나아가 기록에서 알 수 있는 제반 정황에 의할 때, **피감호청구인의 이러한 습벽은 지속적인 입원 및 통원치료가 필요할 정도로 심각한 상태에 이르렀다고 판단됨에도 피감호청구인이 처한 가정적, 사회적 환경과 여건은 그러한 치료에 있어서 큰 도움이 되지 못함은 물론이고 피감호청구인이 원심에 이르기까지 한 주장에도 불구하고 그 치료에 관한 의지는 오히려 미약하다고 보이며**, 그 밖에 피감호청구인의 연령, 성격, 가족관계, 직업, 재산정도, 전과사실, 개전의 정, 이 사건 범행의 동기, 수법 및 내용, 종전 범죄의 내용 및 종전 범죄와 이 사건 범행 사이의 시간적 간격 등 제반 사정을 종합적으로 고려하여 평가할 때 피감호청구인에게 재범의 위험성도 충분히 있다고 판단된다.

대법원 1983. 5. 10. 선고 83도794, 83감도149 판결 「피고인 겸 피감호청구인은 폐결핵 환자이므로 치료감호대상자임에도 불구하고 보호감호대상자로 인정하였음은 위법이라는 취지이나 사회보호법상 치료감호대상자는 같은법 제8조 제1항 각호의 1에 해당하는 때임을 요하는 것으로서 폐결핵 환자라 하여 곧 바로 치료감호대상자가 되는 것이 아니며 제1심 판결 거시의 증거에 의하면 피고인 겸 피감호청구인은 같은법 제5조 제1항 제1호 소정의 보호감호대상자임을 인정하기에 충분하므로 이를 유지한 원심의 조치는 정당하(다).」

제3절 그 밖의 보안처분

I. 「보호관찰 등에 관한 법률」에 의한 특별준수사항

〈'보호관찰'의 법적 성격 및 준수사항 부과의 허용 한계〉

대법원 2010. 9. 30. 선고 2010도6403 판결 [근로기준법위반·도박개장]

형법 제62조의2 제1항은 '형의 집행을 유예하는 경우에는 보호관찰을 받을 것을 명하거나 사회봉사 또는 수강을 명할 수 있다'고 규정하고 있고, 보호관찰 등에 관한 법률(이하 '법'이라 한다) 제32조 제2항은 보호관찰 대상자가 일반적으로 준수하여야 할 사항을 제1호부터 제4호까지 규정한데 이어, 같은 조 제3항은 법원 및 심사위원회는 판결의 선고 또는 결정의 고지를 함에 있어서 위 일반준수사항 외에 범죄의 내용과 종류 및 본인의 특성 등을 고려하여 필요하면 보호관찰기간의 범위에서 기간을 정하여 보호관찰 대상자에게 '야간 등 재범의 기회나 충동을 줄 수 있는 특정 시간대의 외출 제한'(제1호), '재범의 기회나 충동을 줄 수 있는 특정 지역·장소의 출입 금지'(제2호), '피해자 등 재범의 대상이 될 우려가 있는 특정인에 대한 접근 금지'(제3호) 등 같은 항 제1호부터 제9호까지 정한 사항과 '그 밖에 보호관찰 대상자의 재범 방지를 위하여 필요하다고 인정되어 대통령령으로 정하는 사항'(제10호)을 특별준수사항으로 따로 과할 수 있다고 규정하고 있다. 이에 따라 보호관찰 등에 관한 법률 시행령(이하 '시행령'이라 한다) 제19조는 보호관찰 대상자에게 과할 수 있는 특별준수사항으로 '범죄와 관련이 있는 특정 업무에 관여하지 않을 것'(제3호), '그 밖에 보호관찰 대상자의 생활상태, 심신의 상태, 범죄 또는 비행의 동기, 거주지의 환경 등으로 보아 보호관찰 대상자가 준수할 수 있고 자유를 부당하게 제한하지 아니하는 범위에서 개선·자립에 도움이 된다고 인정되는 구체적인 사항'(제8호) 등을 규정하고 있다.

형법 제62조의2 제1항에서 말하는 보호관찰은 형벌이 아닌 보안처분의 성격을 갖는 것으로서, 과거의 불법에 대한 책임에 기초하고 있는 제재가 아니라 장래의 위험성으로부터 행위자를 보호하고 사회를 방위하기 위한 합목적적인 조치이다(대법원 1997. 6. 13. 선고 97도703 판결). 보호관찰은 위와 같은 형사정책적 견지에서 때로는 본래 개인의 자유에 맡겨진 영역이거나 또는 타인의 이익을 침해하는 법상 금지된 행위가 아니더라도 보호관찰 대상자의 특성, 그가 저지른 범죄의 내용과 종류 등을 구체적·개별적으로 고려하여 일정기간 동안 보호관찰 대상자의 자유를 제한하는 내용의 준수사항을 부과함으로써 대상자의 교화·개선을 통해 범죄를 예방하고 재범을 방지하려는 데에 그 제도적 의의가 있다.

법치주의와 기본권 보장의 원칙 아래에서 보호관찰 역시 자의적·무제한적으로 허용될 수 없음은 물론이다. 보호관찰은 필요하고도 적절한 한도 내에서 이루어져야 하며, 가장 적합한 방법으로 실시되어야 하므로(법 제4조 참조), 대상자가 준수할 수 있고 그 자유를 부당하게 제한하지 아니하는 범위 내에서 구체적으로 부과되어야 한다(시행령 제19조 제8호 참조).

원심은, 버스회사 노동조합 지부장인 피고인이 운전기사 신규 채용 내지 정년 도과 후 촉탁직 근로계약의 체결과 관련하여 취업, 정년 후 계속 근로를 원하는 운전기사들로부터 청탁의 대가로 돈을 받아 이익을 취득한 행위에 대하여 근로기준법 위반죄의 성립을 인정한 뒤, 피고인에 대하여 형의 집행을 유예함과 동시에 집행유예기간 동안 보호관찰을 받을 것을 명하면서 "보호관찰기간 중 노조지부장 선거에 후보로 출마하거나 피고인을 지지하는 다른 조합원의 출마를 후원하거나 하는 등의 방법으로 선거에 개입하지 말 것"이라는 내용의 특별준수사항을 부과하였다.

위 법리에 비추어 기록에 나타난 다음과 같은 사정들, 즉 이 사건 버스회사에서는 운전기사 신규 채용시 노동조합 지부장의 추천이 있을 경우 대체로 추천을 받은 사람이 채용되었고, 이력서 등 채용에 필요한 서류도 노동조합에 제출하고 노동조합을 통하여 회사에 전달되곤 하였던 점, 회사는 노동조합과 협의하여 정년에 도달한 운전기사들 중 누구와 촉탁계약을 체결할 것인지 여부를 결정하였고, 그 과정에서도 지부장의 추천이 계약 체결 여부를 결정짓는 상당히 중요한 요소였던 점, 위와 같은 상황에서 피고인은 노동조합 지부장의 업무를 수행하면서 취업 내지 정년 도달 후 계속근로를 원하는 운전기사들로부터 수차례에 걸쳐 청탁의 대가로 돈을 받아 이익을 취득한 점, 피고인은 1992년 9월경 임기 3년직의 노동조합 지부장으로 당선된 이래 여섯 차례 연임되어 18년 동안 지부장으로 일해 왔고, 그 결과 이 사건 버스회사의 노사관계에 결정적인 영향력을 행사해 온 점, 피고인은 원심 공판이 진행되던 중 지부장으로서 적절하지 못한 처신을 했음을 통감하고 반성하는 의미에서 지부장직을 사퇴하였다며 자발적으로 원심법원에 사퇴서를 제출하기도 한 점 등 범행에 이르게 된 동기와 내용, 피고인의 지위, 업무 환경, 생활상태, 기타 개별적·구체적 특성들을 종합하여 볼 때, 원심이 피고인의 재범을 방지하고 개선·자립에 도움이 된다고 판단하여 피고인에게 보호관찰기간 동안 한시적으로 위와 같은 내용의 특별준수사항을 부과한 것은 정당하고, 상고이유에서 다투는 바와 같이 피고인의 자유를 부당하게 제한하는 위법한 것이라고 보기 어렵다.

II. 「아동·청소년의 성보호에 관한 법률」에 의한 공개명령 및 고지명령 제도

〈공개명령 및 고지명령 제도의 의의와 법적 성격 : 일종의 보안처분〉

대법원 2012. 5. 24. 선고 2012도2763 판결 [생 략]

아동·청소년의 성보호에 관한 법률(이하 '아동·청소년성보호법'이라고 한다)이 정한 공개명령 절차는 아동·청소년대상 성범죄자의 신상정보를 일정기간 동안 정보통신망을 이용하여 공개하도록 하는 조치를 취함으로써 필요한 절차를 거친 사람은 누구든지 인터넷을 통해 공개 명령 대상자의 공개정보를 열람할 수 있도록 하는 제도이다. 또한 위 법률이 정한 고지명령 절차는 아동·청소년대상 성폭력범죄자의 신상정보 등을 공개명령기간 동안 고지명령 대상자가 거주하는 지역의 일정한 주민 등에게 고지하도록 하는 조치를 취함으로써 일정한 지역 주민 등이 인터넷을 통해 열람하지 않고도 고지명령 대상자의 고지정보를 알 수 있게 하는 제도이다. 위와 같은 <u>공개명령 및 고지명령 제도는 아동·청소년대상 성폭력범죄 등을 효과적으로 예방하고 그 범죄로부터 아동·청소년을 보호함을 목적으로 하는 일종의 보안처분으로서, 그 목적과 성격, 운영에 관한 법률의 규정 내용 및 취지 등을 종합해 보면, 공개명령 및 고지명령 제도는 범죄행위를 한 자에 대한 응보 등을 목적으로 그 책임을 추궁하는 사후적 처분인 형벌과 구별되어 그 본질을 달리한다고 할 것이다</u>(대법원 2011. 3. 24. 선고 2010도 14393, 2010전도120 판결 등 참조).

한편 아동·청소년성보호법 제38조 제1항 단서, 제38조의2 제1항 단서는 '아동·청소년대상 성범죄 사건에 대하여 벌금형을 선고하거나 피고인이 아동·청소년인 경우, 그 밖에 신상정보를 공개하여서는 아니 될 특별한 사정이 있다고 판단되는 경우'를 공개명령 또는 고지명령의 선고에 관한 예외사유로 규정하고 있는바, 위와 같은 <u>공개명령 및 고지명령의 성격과 본질, 관련 법률의 내용과 취지 등에 비추어 공개명령 등의 예외사유로 규정되어 있는 위 '피고인이 아동·청소년인 경우'에 해당하는지 여부는 사실심 판결의 선고시를 기준으로 판단하여야 할 것이다.</u>

원심판결 이유에 의하면, 원심은, 피고인이 제1심판결 선고 당시에는 아동·청소년성보호법에서 정한 '아동·청소년'으로서 공개명령·고지명령의 대상에 해당하지 않았으나, 원심에 이르러 만 19세에 도달하는 해의 1월 1일이 경과되어 '아동·청소년'에서 제외됨으로써 공개명령·고지명령의 대상이 된다고 보아, 아동·청소년대상 성폭력범죄에 관한 공소사실을 유죄로 인정하여 실형을 선고하고도 공개명령·고지명령을 선고하지 아니한 제1심판결을 파기하고 직권으로 피고인에 대하여 각 3년간의 공개명령 및 고지명령을 선고하였다.

앞서 본 법리에 비추어 기록을 살펴보면 원심의 위와 같은 조치는 정당한 것으로 수긍할 수 있고, 거기에 상고이유의 주장과 같이 아동·청소년성보호법상 공개명령·고지명령에 관한 법리를 오해하는 등의 위법이 없다.

Ⅲ. 「전자장치 부착 등에 관한 법률」에 의한 위치추적 전자장치의 부착

〈위치추적 전자장치 부착의 법적 성격 : 일종의 보안처분〉

대법원 2011. 7. 28. 선고 2011도5813, 2011전도99 판결 [아동·청소년의성보호에관한법률위반(강간등)·감금·상해·부착명령]

특정 범죄자에 대한 위치추적 전자장치 부착 등에 관한 법률에 의한 성폭력범죄자에 대한 전자감시제도는, 성폭력범죄자의 재범방지와 성행교정을 통한 재사회화를 위하여 그의 행적을 추적하여 위치를 확인할 수 있는 전자장치를 신체에 부착하게 하는 부가적인 조치를 취함으로써 성폭력범죄로부터 국민을 보호함을 목적으로 하는 일종의 보안처분이다. 이러한 전자감시제도의 목적과 성격, 그 운영에 관한 위 법률의 규정 내용 및 취지 등을 종합해 보면, 전자감시제도는 범죄행위를 한 자에 대한 응보를 주된 목적으로 그 책임을 추궁하는 사후적 처분인 형벌과 구별되어 그 본질을 달리한다(대법원 2009. 5. 14. 선고 2009도1947, 2009전도5 판결, 대법원 2009. 9. 10. 선고 2009도6061, 2009전도13 판결 등 참조). 따라서 성폭력범죄를 다시 범할 위험성이 있는 사람에 대한 전자장치 부착명령의 청구 요건의 하나로 위 법률 제5조 제1항 제4호에서 규정한 '16세 미만의 사람에 대하여 성폭력범죄를 저지른 때'란 피부착명령청구자가 저지른 성폭력범죄의 피해자가 16세 미만의 사람인 것을 말하고, 더 나아가 피부착명령청구자가 자신이 저지른 성폭력범죄의 피해자가 16세 미만이라는 점까지 인식하여야 하는 것은 아니라고 할 것이다.

헌법재판소 2012. 12. 27. 선고 2010헌가82, 2011헌바393 전원재판부 [특정범죄자에대한위치추적전자장치부착등에관한법률부칙제2조제1항위헌제청등]

전자장치 부착명령은 전통적 의미의 형벌이 아닐 뿐 아니라, 성폭력범죄자의 성행교정과 재범방지를 도모하고 국민을 성폭력범죄로부터 보호한다고 하는 공익을 목적으로 하며, 전자장치의 부착을 통해서 피부착자의 행동 자체를 통제하는 것도 아니라는 점에서 이 사건 부칙조항이 적용되었을 때 처벌적인 효과를 나타낸다고 보기 어렵다. 그러므로 <u>이 사건 부착명령은 범죄행위를 한 사람에 대한 응보를 주된 목적으로 그 책임을 추궁하는 사후적 처분인 형벌과 구별되는 비형벌적 보안처분으로서 소급효금지원칙이 적용되지 아니한다.</u>

〈부착명령의 요건인 '살인범죄를 다시 범할 위험성'의 의미, 판단기준·시기〉

대법원 2012. 5. 10. 선고 2012도2289, 2012감도5, 2012전도51 판결 [살인미수·현존건조물방화·치료감호·부착명령]

가. 특정 범죄자에 대한 위치추적 전자장치 부착 등에 관한 법률 제5조 제3항에 규정된 '<u>살인범죄를 다시 범할 위험성</u>'이라 함은 재범할 가능성만으로는 부족하고 피부착명령청구자가 <u>장래에 다시 살인범죄를 범하여 법적 평온을 깨뜨릴 상당한 개연성이 있음을 의미한다. 살인죄의 재범의 위험성 유무는 피부착명령청구자의 직업과 환경, 당해 범행 이전의 행적, 그 범행의 동기, 수단, 범행 후의 정황, 개전의 정 등 여러 사정을 종합적으로 평가하여 객관적으로 판단하여야 하고, 이러한 판단은 장래에 대한 가정적 판단이므로 판결시를 기준으로 하여야 한다</u>(대법원 2010. 12. 9. 선고 2010도7410, 2010전도44 판결 등 참조).

한편 치료감호와 부착명령이 함께 선고된 경우에는 특정 범죄자에 대한 위치추적 전자장치 부착 등에 관한 법률 제13조 제1항에 따라 치료감호의 집행이 종료 또는 가종료 되는 날 부착명령이 집행되고, 치료감호는 심신장애 상태 등에서 범죄행위를 한 자로서 재범의 위험성이 있고 특수한 교육·개선 및 치료가 필요하다고 인정되는 자에 대하여 적절한 보호와 치료를 함으로써 재범을 방지하고 사회복귀를 촉진하는 것을 목적으로 하며, 치료감호법에 규정된 수용기간을 한도로 치료감호를 받을 필요가 없을 때 종료되는 사정들을 감안하면, <u>법원이 치료감호와 부착명령을 함께 선고할 경우에는 치료감호의 요건으로서의 재범의 위험성과는 별도로, 치료감호를 통한 치료 경과에도 불구하고 부착명령의 요건으로서의 재범의 위험성이 인정되는지를 따져보아야 하고, 치료감호 원인이 된 심신장애 등의 종류와 정도 및 그 치료 가능성, 피부착명령청구자의 치료의지 및 주위 환경 등 치료감호 종료 후에 재범의 위</u>

험성을 달리 볼 특별한 사정이 있는 경우에는 치료감호를 위한 재범의 위험성이 인정된다 하여 부착명령을 위한 재범의 위험성도 인정된다고 섣불리 단정하여서는 안 된다.

나. 원심은, ① 피부착명령청구자는 다른 사람들과 함께 죽으려는 의도로 미리 범행장소를 물색하고, 범행도구를 준비하여 많은 사람들이 이용하는 독서실에 불을 놓아 독서실을 이용하는 다수의 피해자들을 살해하려 하였던 점, ② 피부착명령청구자는 중증 우울증, 심리적 불안상태로 인하여 판단력이 크게 떨어지고, 불특정 다수의 피해자들을 대상으로 이 사건 범행을 저지른 점, ③ 감정인공소외인 작성의 정신감정서에 의하면 "피부착명령청구자는 중증 우울증 상태로 현실적 판단력이 크게 떨어져 있으며 비관으로 인하여 극단적 행동을 할 수 있고, 재범 가능성을 배제하기 어렵다."고 기재되어 있는 점 등 이 사건 범행의 동기, 수단, 피해자와의 관계 등을 종합하면, 피부착명령청구자는 다시 살인범죄를 범할 재범의 위험성이 인정된다고 판단하여 피부착명령청구자에 대하여 10년간 위치추적 전자장치의 부착을 명한 제1심판결을 유지하였다.

다. 그런데 원심이 부착명령을 허용하면서 논거로 삼은 사유들 중 상당 부분은 원심이 치료감호청구에 관하여 치료의 필요성 및 재범의 위험성의 논거로 삼은 사유들, 즉 '피고인이 중증 우울증, 심리적 불안상태로 인하여 현실적 판단력이 크게 떨어지는 점, 극단적인 자기비하 및 경멸 등 비관으로 인하여 극단적 행동을 할 가능성이 있는 점, 그 밖에 피고인의 연령, 성행'과 중복된다.

아래에서 보는 바와 같은 피부착명령청구자의 성격이나 생활태도, 범행전력 등에 비추어 보면 이 사건 범행은 피부착명령청구자에게 내재된 폭력성이나 악성이 발현된 것이라기보다는 우울증에 기인한 것으로 보이고, 원심도 이를 고려하여 치료감호를 명한 것인데, 피고인을 치료하여 온 의사 임채홍은 원심법정에서 우울증이 치료되면 재범의 위험성이 높지 않다는 의견을 진술하였고, 앞서 본 부착명령의 집행시기, 치료감호의 목적과 기능 및 그 집행방법 등을 감안하면, 치료감호가 종료된 후에는 이 사건의 원인이 된 우울증이 호전되어 재범의 위험성이 상당히 줄어들 것을 기대할 수 있다.

라. 그리고 이 사건 기록에 의하면 다음과 같은 사정들을 알 수 있다.

(1) 피부착명령청구자는 원심판결 선고 당시 만 19세 미만으로서 법적으로 부착명령을 집행할 수 없을 정도의 어린 나이이고, 이 사건 이전에 아무런 범죄전력이 없다.

(2) 피부착명령청구자는 원래 차분하고 온순한 성격으로 초등학교 때에는 친구들과도 잘 어울리고 학교생활을 적극적으로 하였으나, 초등학교 6학년 때 이른바 왕따를 당하면서 성격

이 어두워져 중학교 때부터는 혼자 있기를 좋아하고 친구들과 어울리지 않다가 고등학교 1학년 때 자퇴를 한 후 2년 이상을 주로 집에서만 지내면서 우울증에 빠져 자살을 시도하는 과정에서 혼자 죽기는 무섭다는 생각에 이 사건 범행에 이르게 되었다.

(3) 피부착명령청구자는 중학교 3학년 때에도 자살을 시도한 적이 있으나 그때에는 집에서 혼자 목을 매어 자살하려고 하였을 뿐, 타인에게 위해를 가하는 방법으로 자살시도를 한 적은 없다.

(4) 이 사건 범행으로 인한 인적, 물적 피해의 정도도 비교적 가볍다.

(5) 이제 갓 성년이 될 나이인 피부착명령청구자에게 징역 장기 4년, 단기 3년의 형과 치료감호에다가 10년의 위치추적 전자장치 부착명령까지 집행된다면 이 사건 범행의 결과에 비하여 피부착명령청구자에게 미칠 불이익이 너무 커 가혹한 것으로 보이고, 피부착명령청구자를 치료한 정신과 전문의의 증언에 의하면, 위치추적 전자장치의 부착이 대인관계에 어려움을 겪는 피부착명령청구자의 우울증을 악화시킬 가능성도 배제할 수 없다.

(6) 피부착명령청구자는 회사원인 아버지와 주부인 어머니 사이의 외아들로서 정상적인 가정에서 부모들과 동거를 하고 있었고, 이 사건 형 집행 후에도 변동이 생길 것으로 보이지는 않으며, 이 사건 후 부모들이 피해자들과 합의를 하고 부모들을 비롯한 여러 친척들이 피부착명령청구자를 잘 지도하고 치료를 받도록 하여 정상적인 사회인으로 만들겠다는 취지의 탄원서를 제출하는 등 주변의 많은 사람들이 피부착명령청구자에게 관심을 갖고 있다.

(7) 피부착명령청구자는 수사과정에서 관계없는 사람들에게 피해를 끼친 점 무척 죄송하고 어떤 죄라도 달게 받겠다고 진술하였으며, 법원에도 부모님과 피해자들에게 죄송하고 병을 치유하여 정상인으로 살고 싶다는 취지의 반성문을 다수 제출하는 등 우울증에 대한 치료의지와 현저한 개전의 정이 있다.

마. 사정이 위와 같다면, 원심이 부착명령을 허용하면서 논거로 삼은 사유들을 참작한다고 하더라도, 치료감호에 의하여 장기간 치료를 마친 후에도 피부착명령청구자가 우울증으로 인하여 극단적 행동을 할 수 있고, 또한 다시 범죄를 저지를 가능성을 배제할 수 없다는 추상적인 재범의 가능성에서 더 나아가 다시 살인범죄를 범할 상당한 개연성이 있다고 단정하기는 쉽지 않아 보인다.

바. 따라서 제1심에서 치료감호가 청구되지 않은 채 부착명령이 내려졌다가 원심에서 치료감호청구가 추가된 이 사건에서, 원심으로서는 치료감호 요건으로서의 재범의 위험성과는 별도로, 치료감호를 통한 치료 경과에도 불구하고 부착명령 요건으로서의 살인범죄를 다시

범할 위험성이 인정되는지에 대하여 심리하여야 하고, 이에 필요한 객관적인 자료를 추가로 확보하고 여러 사정을 종합적으로 평가한 후에 신중하게 부착명령청구를 받아들일 것인지 여부를 판단하여야 함에도, 이에 이르지 아니한 채 위와 같은 사유만을 근거로 하여 부착명령청구를 받아들인 제1심판결을 그대로 유지하였으니, 이 부분 원심판결에는 앞서 본 부착명령청구 요건으로서의 '살인범죄를 다시 범할 위험성'에 관한 법리를 오해하였거나 그 판단에 필요한 심리를 다하지 아니하여 판결에 영향을 미친 위법이 있다 할 것이(다).

대법원 2012. 8. 30. 선고 2011도14257, 2011전도233 판결 「특정 범죄자에 대하여 집행유예를 선고할 경우에 보호관찰을 받을 것을 함께 명할지 여부 및 그 구체적인 준수사항의 내용, 나아가 법 제28조 제1항에 따라 전자장치의 부착을 명할지 여부 및 그 기간 등에 대한 법원의 판단은 그 전제가 되는 집행유예의 선고와 일체를 이루는 것으로서, 그 보호관찰명령이나 부착명령이 관련 법령에서 정하고 있는 요건에 위반한 것이 아닌 한, 형의 집행유예를 선고하는 것과 마찬가지로 법원의 재량사항에 속한다.」

Ⅳ. 「성폭력범죄자의 성충동 약물치료에 관한 법률」에 의한 약물치료 명령

〈치료감호와 함께 치료명령을 선고하기 위한 요건〉

대법원 2014. 12. 11. 선고 2014도6930, 2014감도25, 2014전도126, 2014치도3 판결
[생 략]

가. 성폭력범죄자의 성충동 약물치료에 관한 법률(이하 '성충동약물치료법'이라고 한다)에 의한 약물치료명령(이하 '치료명령'이라고 한다)은 사람에 대하여 성폭력범죄를 저지른 성도착증 환자로서 성폭력범죄를 다시 범할 위험성이 있다고 인정되는 19세 이상의 사람에 대하여 약물 투여 및 심리치료 등의 방법으로 도착적인 성기능을 일정기간 동안 약화 또는 정상화하는 치료를 실시하는 보안처분으로, 원칙적으로 형 집행 종료 이후 신체에 영구적인 변화를 초래할 수도 있는 약물의 투여를 피청구자의 동의 없이 강제적으로 상당 기간 실시하게 된다는 점에서 헌법이 보장하고 있는 신체의 자유와 자기결정권에 대한 가장 직접적이고 침익적인 처분에 해당하므로, 장기간의 형 집행이 예정된 사람에 대해서는 그 형 집행에도 불구하고 재범의 방지와 사회복귀의 촉진 및 국민의 보호를 위한 추가적인 조치를 취할 필요성이

인정되는 불가피한 경우에 한하여 이를 부과함이 타당하다(대법원 2014. 2. 27. 선고 2013도 12301, 2013전도252(병합), 2013치도2(병합) 판결 참조).

한편 치료감호법 제2조 제1항 제3호는 성폭력범죄를 저지른 성적 성벽이 있는 정신성적 장애자를 치료감호대상자로 규정하고 있는데, 성충동약물치료법 제2조 제1호, 제4조 제1항은 치료감호법 제2조 제1항 제3호의 정신성적 장애자를 치료명령의 대상이 되는 성도착증 환자의 한 유형으로 규정하고 있다. 따라서 성폭력범죄를 저지른 정신성적 장애자에 대하여는 치료감호와 치료명령이 함께 청구될 수도 있는데, 앞서 본 바와 같이 피청구자의 동의 없이 강제적으로 이루어지는 치료명령 자체가 피청구자의 신체의 자유와 자기결정권에 대한 중대한 제한이 되는 점, 치료감호는 치료감호법에 규정된 수용기간을 한도로 피치료감호자가 치유되어 치료감호를 받을 필요가 없을 때 종료되는 것이 원칙인 점, 치료감호와 치료명령이 함께 선고된 경우에는 성충동약물치료법 제14조에 따라 치료감호의 종료·가종료 또는 치료위탁으로 석방되기 전 2개월 이내에 치료명령이 집행되는 점 등을 감안하면, <u>치료감호와 치료명령이 함께 청구된 경우에는, 치료감호를 통한 치료에도 불구하고 치료명령의 집행시점에도 여전히 약물치료가 필요할 만큼 피청구자에게 성폭력범죄를 다시 범할 위험성이 있고 피청구자의 동의를 대체할 수 있을 정도의 상당한 필요성이 인정되는 경우에 한하여 치료감호와 함께 치료명령을 선고할 수 있다고 보아야 한다.</u>

나. 기록에 의하면, 피고인이 2003. 4.경부터 2003. 8.경 사이에 저지른 성폭력범죄로 징역 10년을 선고받고 9년가량 복역 중이던 2012. 9.경 위 범행과 비슷한 시기인 2003. 7.과 2003. 9.에 있었던 이 사건 범행의 범인이 뒤늦게 피고인으로 드러난 사실, 이에 검사는 2013. 2.경 피고인에 대하여 치료감호소 소속 정신과 전문의로부터 정신감정을 받고 보호관찰관의 청구전조사를 거친 다음 피고인을 이 사건 범죄사실로 공소제기하면서 치료감호, 부착명령과 함께 치료명령을 청구한 사실, 위 정신감정결과 피고인은 비폐쇄적 유형의 소아기호증과 반사회적 인격장애가 있는 것으로 진단되었고, 감정의사는 피고인에게 치료감호를 통한 인지행동치료와 성충동 약물치료가 필요하다는 의견을 제시한 사실, 위 청구전조사를 실시한 보호관찰관도 한국 성범죄자 재범 위험성 평가척도, 정신병질자 선별도구 적용결과와 피고인과의 면담결과 등에 비추어 볼 때 피고인의 재범 위험성이 '상'으로 평가된다는 의견을 제시한 사실을 알 수 있다.

다. 그러나 <u>원심이 피고인에 대한 치료명령의 근거로 삼고 있는 위와 같은 정신감정서와 청구전조사서의 기재는 그 내용에 비추어 볼 때 감정 또는 조사시점에서의 피고인의 재범 위</u>

험성 등을 평가한 것으로 보일 뿐 치료명령의 집행시점, 즉 치료감호가 종료되는 시점에서의 재범 위험성 등을 평가한 것으로 보기는 어렵다. 또한 정신성적 장애의 종류와 정도에 따라서는 치료감호소에서의 적절한 치료를 통해 그 장애가 치유되거나 개선될 가능성을 배제할 수 없으므로, 치료감호와 치료명령이 함께 청구된 경우에는 치료감호를 통해 실시할 구체적인 치료의 내용과 이를 통해 기대할 수 있는 치료 효과, 치료감호 후에도 치료명령이 필요한 이유와 치료감호 후 예상되는 치료명령의 기간 등이 중요한 고려요소가 된다고 할 것인데, 원심에 이르기까지 이러한 점에 관한 자료는 제출되지 않은 것으로 보인다.

그렇다면 원심으로서는 치료감호의 요건으로서의 재범의 위험성과는 별도로, 치료감호를 통한 치료의 경과에도 불구하고 치료명령의 집행시점에도 성폭력범죄를 다시 범할 위험성이 인정되는지에 관하여 필요한 객관적인 자료를 추가로 확보하고 여러 사정을 종합적으로 평가한 후에 신중하게 치료명령청구를 받아들일 것인지 여부를 판단하였어야 할 것이다.

그럼에도 원심이 이에 이르지 아니한 채 위 정신감정서 및 청구전조사서의 기재와 피고인의 범행전력 등 그 판시와 같은 사유만을 근거로 하여 치료명령청구를 받아들이고 말았다. 이 부분 원심판결에는 앞서 본 치료명령청구 요건으로서의 '성폭력범죄를 다시 범할 위험성'에 관한 법리를 오해하거나 그 판단에 필요한 심리를 다하지 아니하여 판결에 영향을 미친 위법이 있다.

신양균

연세대학교 정법대학 졸업
연세대학교 대학원 법학과 석사, 박사
전북대학교 전임강사, 조교수, 부교수, 교수
전북대학교 법학전문대학원 교수
독일 막스 플랑크 외국형법 및 국제형법연구소 방문교수
독일 트리어대학 독일·유럽형사소송법 및 경찰법연구소 방문교수
전북대학교 법과대학 학장, 법학전문대학원 원장
한국형사법학회 회장·비교형사법학회·형사정책학회 부회장
국가생명윤리심의위원회 위원
법학교육위원회 위원장·변호사시험관리위원회 위원
(현) 전북대학교 법학전문대학원 명예교수

저역서 및 논문

- 형법총론(공저)
- 신판 형사소송법
- 형사소송법(공저)
- 쟁점 및 사례에 대한 질문과 답변 형사소송법(공저)
- 형사특별법(공저)
- 형집행법
- 독일행형법(공역)
- 형법총론의 이론구조(역)
- 판례교재 형법각론(공저)
- 판례교재 형사소송법(공저)

- 형법의 의의, 기능 및 적용
- 형법총칙개정의 기본방향
- 죄형법정주의
- 죄형법정주의에 관한 한국판례의 동향
- 구성요건의 일반이론
- 인과관계와 객관적 귀속
- 객관적 귀속에 대한 구체적 검토
- 독립행위의 경합
- 과실범의 인과관계
- 과실범에 있어서 적법한 대체행위의 문제
- 미필적 고의와 인식있는 과실의 구별

- 구성요건착오
- 방법의 착오
- 정당화 사유의 전제사실에 대한 착오
- 의사의 치료행위와 가정적 승낙
- 판례에 나타난 소극적 방어행위의 문제
- 금지착오
- 결과적 가중범의 불법구조에 대한 연구
- 결과적 가중범의 미수
- 판례에 나타난 중지미수
- 불능미수의 법적 성격
- 정범과 공범의 구별(상)(중)(하)
- 과실의 공동정범
- 정범의 객체의 착오와 교사자의 책임
- 중립적 행위에 의한 방조
- 부진정부작위범에 있어서 보증인적 지위
- 형면제사유로서의 양심범죄
- 절대적 종신형을 통한 사형폐지?
- 사형확정자의 처우
- 보호감호 재도입 논의에 관한 비판적 검토
- 강제추행죄에 있어서 성적 의도 여부
- 절도와 사기의 구별
- 배임행위의 거래상대방의 책임 등 다수

조기영

전북대학교 법과대학 졸업
서울대학교 대학원 법학과 석사, 박사
전북대학교 사회교육학부 전임강사, 조교수
전북대학교 법학전문대학원 조교수, 부교수, 교수
University of California, Irvine, School of Law 방문교수 (LG연암문화재단)
한국형사법학회 정암형사법학술상 수상
한국비교형사법학회 해전학술상 수상
법무부 형사법 개정 자문위원
대검찰청 과거사진상조사단 외부단원
변호사시험·변호사모의시험 출제위원
행정고시·경찰·검찰공무원시험 출제위원
(현) 전북대학교 법학전문대학원 교수

저역서 및 논문

- 형사소송법(공저)
- 쟁점 및 사례에 대한 질문과 답변 형사소송법(공저)
- 판례교재 형법각론(공저)
- 판례교재 형사소송법(공저)
- 독일행형법(공역)

- 판례변경과 소급효금지의 원칙
- 구성요건과 위법성의 구분-객관적 귀속이론의 관점에서-
- 고의와 법률의 부지의 구별
- 기본권과 위법성조각
- 직접성의 원칙과 결과적 가중범의 보호목적
- 불능미수와 객관주의 미수론
- 예비단계에서의 관여행위와 공동정범
- 정신적 방조와 방조범의 인과관계
- 승계적 종범

- 협박과 경고의 구별
- 재산범죄와 '보호할 가치 있는 신뢰관계'
- 배임죄의 제한해석과 경영판단의 원칙-경영판단 원칙 도입론 비판-
- 지명채권 양도인이 양도통지 전 채권을 추심하여 소비한 행위의 죄책
- 사회복지법인 운영권 양도와 배임수재죄의 '부정한 청탁'
- 장물알선죄의 성립시기
- 벽면낙서행위와 재물손괴죄
- 피의사실공표죄의 구성요건요소 해석-'피의사실'과 '공표'의 의미를 중심으로-
- 피의사실공표죄의 보호법익과 개선방안
- 직권남용과 블랙리스트
- 직권남용죄의 개정방향 등 다수

제2판
판례교재 형법총론

초판발행   2014년 2월 27일
제2판발행   2022년 2월 28일
제2판2쇄발행   2023년 1월 20일

지은이   신양균·조기영
펴낸이   안종만·안상준

편 집   윤혜경
기획/마케팅   최동인
표지디자인   이수빈
제 작   고철민·조영환

펴낸곳   (주) **박영사**
                  서울특별시 금천구 가산디지털2로 53, 210호(가산동, 한라시그마밸리)
                  등록 1959. 3. 11. 제300-1959-1호(倫)

전 화   02)733-6771
f a x   02)736-4818
e-mail   pys@pybook.co.kr
homepage   www.pybook.co.kr
ISBN   979-11-303-4163-7   93360

copyright©신양균·조기영, 2022, Printed in Korea

정 가   50,000원